GRANDES BIOGRAFIAS

GRANDES BIOGRAFIAS

OCEANO

Es una obra de

OCEANO
GRUPO EDITORIAL

EQUIPO EDITORIAL

Dirección: Carlos Gispert

Subdirección y Dirección de Producción: José Gay

Dirección de Edición: José A. Vidal

* * *

Dirección de obra: Sebastián Puigserver

Redacción de textos: Alejandro Montiel, Marcelo Pascual

Redacción de epígrafes: Antonio Tello

Edición: Santiago Guisán, Carina Esteve, Ramon Sort

Maqueta e ilustración: Esther Amigó, María Balsells

Sistemas de Cómputo: Mª Teresa Jané, Gonzalo Ruiz

Producción: Antonio Corpas, Antonio Surís, Alex Llimona, Antonio Aguirre, Ramón Reñé

© MM OCEANO GRUPO EDITORIAL, S.A.
Milanesat, 21-23
EDIFICIO OCEANO
08017 Barcelona (España)
Tel: 932 802 020*
Fax 932 041 073
http://www.oceano.com
e-mail: info@oceano.com

ISBN 84-494-1014-2

Impreso en España- Printed in Spain

Depósito legal: B-46493-XLI
10293949

PRÓLOGO

La biografía comparte con la ciencia histórica la pasión por el dato objetivo, el conocimiento exacto de los hechos y la comprensión de las circunstancias y las mentalidades. Pero es, además, un género literario que a menudo se acerca a la ficción en su capacidad para, con los recursos propios de la narrativa, penetrar en el mundo interior de sus personajes y describir sus motivaciones.

La importancia que la historiografía actual reconoce al género biográfico estriba precisamente en esa doble naturaleza que lo caracteriza. En efecto, superadas las posiciones extremas representadas por el historiador británico Thomas Carlyle, que concibió la Historia como la obra de los genios y los héroes, y por los historiadores materialistas, que tendieron a negar la influencia de los grandes hombres en la Historia buscando siempre explicaciones meramente socioeconómicas, la historiografía actual ha destacado que el hombre es a la vez sujeto activo y pasivo del proceso histórico, que lo contingente y lo inevitable, el azar y la necesidad, se entremezclan de forma inextricable en la maraña de la Historia.

Desde esta nueva perspectiva historiográfica la relevancia del género biográfico como acercamiento a la realidad histórica resulta palmaria, puesto que su vocación es precisamente la de comprender a los grandes protagonistas de la historia en relación a sus circunstancias, mostrando cómo detrás de las grandes revoluciones sociopolíticas, estéticas y científicas, que han conducido hasta el mundo contemporáneo, existieron hombres y mujeres que se movieron por sus anhelos y motivaciones personales, a veces nobles, otras ruines, pero siempre comprensibles para nosotros, que, como ellos, nos movemos, a tientas, por los nuestros.

Ése es el espíritu que ha presidido la elaboración de estas semblanzas biográficas que OCEANO se complace en presentar: acercar a sus lectores la vida y la obra de un escogido grupo de hombres y mujeres de todos los tiempos, pero trascendiendo la insipidez del dato puramente informativo para hacerlos revivir en su momento histórico, junto a las personas que los educaron y los ayudaron, amaron u odiaron, siguieron o persiguieron. Son textos que ofrecen un amplio caudal de información objetiva, pero que también abundan en anécdotas reveladoras, en pinceladas psicológicas e interpretaciones históricas.

En la elección de los personajes se ha cubierto un amplio abanico de actividades y vocaciones, de países, épocas históricas y circunstancias personales. Artistas, políticos, científicos, escritores, reyes, militares, viajeros, músicos, religiosos, inventores..., ciertamente el campo de actividades humanas representadas en este volumen biográfico es muy vasto. También son muchas las áreas geográficas y culturales y las épocas históricas que los lectores cruzarán en el curso de su periplo a través de estas páginas: de Asia a Europa, de América a África, del Antiguo Egipto al mundo contemporáneo. Sin embargo, los criterios de selección, como ocurre en todas las operaciones que requieren la elección de unas opciones determinadas, implican en cierto modo un sesgo, que en nuestro caso no podía ser otro que el de haber primado los personajes del área hispano-hablante, ya que son aquellos que más directamente han conformado la compleja realidad social y cultural del mundo latinoamericano.

El aspecto iconográfico ha sido especialmente cuidado; las biografías están ilustradas con reproducciones de óleos, grabados o fotografías del personaje biografiado en diversos momentos de su trayectoria personal, junto a personas que fueron importantes en su vida o en entornos que fueron escenario privilegiado de su peripecia vital.

En definitiva, la obra que hoy nos complacemos en presentar se inscribe plenamente en los postulados actuales del género biográfico, recurriendo a la historia, la psicología y las técnicas narrativas para crear semblanzas biográficas llenas de vida y utilizando las ilustraciones para situar la imaginación del lector en el entorno y la época. Pero además el carácter antológico y el orden cronológico de presentación dan a la obra una nueva dimensión: al recorrer personaje a personaje las sucesivas etapas de la Historia, ésta se convierte en el verdadero protagonista del libro y el conjunto de semblanzas biográficas inconexas adquiere una unidad: la de articular una biografía de la Historia.

LOS EDITORES

BUDA
(h. 566-h. 486 a.C.)

A lo largo de los siglos, se ha representado la imagen de Buda tantas veces que su efigie nos resulta tan familiar como cualquier otro objeto artístico, incluso en Occidente. Solemos verle sentado sobre sus piernas en actitud meditativa, caracterizado por una protuberancia más o menos saliente en la cúspide del cráneo y por un lunar piloso entre las cejas, cubierto por un vaporoso manto sacerdotal y aureolado su rostro por una serenidad y una dulzura entrañables. Hay algo, sin embargo, que llama la atención por encima de todo: para ser un asceta que ha renunciado a los placeres del mundo y que conoce a fondo las miserias humanas, parece excesivamente bien alimentado y demasiado satisfecho.

Es creencia común considerar que los santos llevaban una vida eremítica de lucha y sacrificio en busca de la paz interior, y así era, efectivamente, en la India que Buda conoció, unos quinientos años a. C. La idea de la purificación a través del sufrimiento era usual entre los jóvenes, horrorizados y confusos ante la perversidad de sus contemporáneos. Con frecuencia, abandonaban a sus familias y se refugiaban en las montañas, cubiertos de harapos y con un cuenco de madera como única posesión, que usaban para mendigar comida ocasionalmente. Antes de convertirse en Buda, que significa «el Iluminado», Siddharta Gautama también practicó estas disciplinas corporales abnegadamente, pero no tardó en decidir que eran ridículas, porque se convertían en un fin en sí mismas y sólo beneficiaban al eremita, convertido así en un ser cercano a la perfección pero vuelto de espaldas a sus semejantes. Examinemos los jalones biográficos de Buda para comprender mejor su actitud.

Siddharta Gautama sintió un día que estaba llamado a liberar a los hombres del miedo y la ignorancia, causas del sufrimiento, y que el camino para lograrlo era el del conocimiento. Abandonó así a su esposa y a su hijo para convertirse en Buda, el Iluminado.

Una juventud cortesana

El origen de Buda fue principesco. Su padre era el rey del clan Sakya y poseía un espléndido palacio en Kapilavastu, a orillas del sagrado Ganges. A su madre, la virtuosa Maya, no la visitó un ángel como a María, sino un delicioso y pequeño elefante provisto de seis colmillos que, según la leyenda, hirió delicadamente su regazo sin causarle dolor. El nacimiento de Siddharta Gautama, nueve meses después, fue igualmente prodigioso: apareció ante su madre sobre un loto mientras una suave lluvia de pétalos caía sobre ambos, descendió de la flor y dijo: «Triunfaré del nacimiento y de la muerte y venceré a todos los demonios que hostigan al hombre.»

Pero tan portentosa concepción no tuvo continuidad, al menos inmediatamente. Siddharta pasó una infancia despreocupada y una juventud mundana. Al contrario que Cristo, fue instruido por los mejores maestros y aprendió un montón de cosas inútiles pero placenteras, como exigía su condición aristocrática. Se enamoró de una prima, Yasodhara, contrajo matrimonio y tuvo un hijo al que llamó Rahula. Fiestas, cacerías y amor; tales fueron las ocupaciones principales de Buda hasta que cumplió veintinueve años. A esa edad, una oscura noche de luna nueva, dejó el palacio de su padre sin pronunciar palabra. Cuentan las crónicas que fue ese el momento más angustioso de su vida, que miró a su esposa y a su retoño, plácidamente dormidos, y que estuvo a punto de sucumbir al deseo de permanecer a su lado. Pero se armó de valor, volvió la cabeza y se fue. Su voluntad era de hierro, y prefirió dejar de ser un discreto príncipe aburrido para convertirse en un insigne príncipe de ascetas. La inquietud fue más fuerte que la molicie del lujo, el ansia de saber venció sobre las comodidades y Siddharta se dispuso a convertirse en Buda.

El difícil camino hacia la sabiduría

Peregrinando como un santón más, lacerando su cuerpo con ayunos y penitencias, predicando la virtud a quien quisiera escucharle, Siddharta Gautama conoció en sus semejantes las enfermedades, el dolor, el desconsuelo, la desesperación, la vejez y la muerte. Supo que estaba llamado a liberar a los hombres del miedo y la ignorancia, caldos de cultivo del sufrimiento, y comprendió que la única vía para conseguirlo era el conocimiento, la total sabiduría. Para llegar a ella, practicó rigurosamente el yoga, la meditación y diversas mortificaciones hasta hacer de su cuerpo un montón de huesos tambaleantes atacado de violentos dolores.

Nada de ello dio el resultado apetecido. Ningún padecimiento le aclaró el secreto del Universo. El conocimiento del hombre no le concedía el privile-

Aunque el budismo es una religión contemplativa, también celebra ceremonias religiosas en homenaje a Buda y posee lugares de culto, como esta gruta de la ciudad india de Ellora (Maharashtra) decorada con relieves.

gio de la sublime percepción, sino que tan sólo le enturbiaba la mente. Para averiguar la causa del dolor, el sufrimiento no era necesario, o al menos no era suficiente. Por ello decidió adoptar un término medio entre el ascetismo absoluto y una prudente sensualidad, refugiándose en la soledad y haciéndolo todo con moderación. Ese «término medio» de Gautama era, desde nuestro punto de vista moral y dietético, una heroicidad: su castidad era absoluta, ingería alimento una vez al día y sólo arroz, apenas dormía y meditaba sin descanso. Como Sócrates, se había propuesto emplear la inteligencia como única arma; como Epicuro, no rechazaba los placeres moderados y pretendía salvar al hombre de la esclavitud del miedo y de los dioses.

Las noches de la revelación

Gautama se sentó un día bajo una higuera sagrada y dijo: «No me moveré de aquí hasta que sepa.» La suerte estaba echada. El malvado dios Mara, comprendiendo la gravedad y el peligro que encerraba tal desafío, le envió una cascada de tentaciones, la más importante en forma de un trío de libidinosas odaliscas que agitaron histéricamente sus vientres ante la cabeza inclinada de Siddharta; cuando éste levantó sus ojos hacia ellas, el fulgor de su mirada las convirtió en torpes ancianas de repugnante apariencia. Al caer la noche entró en trance, y la luz acudió en su auxilio, permitiéndole ver con radiante claridad toda la intrincada cadena de las causas y los efectos que regulan la vida y el camino para alcanzar la salvación y la gloria. En la llamada primera vigilia de la noche le fue otorgado el conocimiento de sus existencias anteriores. En la segunda fue provisto del tercer ojo o visión divina. Al despuntar el alba penetró en el saber omnisciente y el entero sistema de los diez mil mundos quedó iluminado. El que ha ido más allá, el liberado, despertó embriagado de saber. Había nacido de nuevo y el Nirvana iba a ser su nueva patria.

El nacimiento del budismo

Con el alma purificada y dichosa, Buda se lanzó a los caminos ansioso de predicar la buena nueva y anunciar su mensaje de salvación. Reunió a unos cuantos discípulos y les hechizó con uno de los más bellos sermones jamás pronunciados. Su voz y su fama se extendieron como el tañido de un gong que estuviera suspendido del firmamento. En breve tiempo consiguió convertir a muchos maestros famosos, a reyes descreídos y a decenas de irreductibles ascetas misántropos.

Una de las conversiones que más fama le procuró fue la de su primo Devadatta, hombre ambicioso que le detestaba tanto como para urdir un plan que acabara con su vida. Confabulado con unos cuantos secuaces, preparó un atentado que no podía fallar: sabiendo que Buda atravesaría un desfiladero, se apostó en lo alto del mismo y dispuso un enorme peñasco a medias desprendido que debía aplastar a aquel a quien tanto odiaba; en el momento preciso en que Buda transitaba por debajo, la gran piedra fue movida y cayó con estrépito; oyéronse gritos y se temió por la vida del maestro, pero Buda emergió indemne de la polvareda, con su sempiterna sonrisa beatífica en los labios.

Buda continuó predicando durante cuarenta y cinco años. Visitó varias veces su ciudad natal y recorrió el valle del Ganges, levantándose cada día al amanecer y recorriendo entre veinticinco y treinta kilómetros por jornada, enseñando generosamente a todos los hombres sin esperar recompensa ni distinción alguna. No era un agitador y jamás fue molestado ni por los brahmanes, a los que se oponía, ni por gobernante alguno. Las gentes, atraídas por su fama y persuadidas de su santidad, salían a recibirle, se agolpaban a su paso y sembraban su camino de flores. Su mensaje les reconfortaba. Les inducía a ser una parte humilde y a la vez importante del Universo. Les transmitía la paz sublime que nace de la comprensión y les proponía el Nirvana como estado ideal y perpetuo de felicidad.

Una tolerante soledad sin dioses

Aunque Buda nunca habló de dioses, su ascetismo provenía de las antiguas religiones. Era evidente, sin embargo, que su propósito no era tranquilizar a sus semejantes presentándoles una nueva deidad o renovar ritos anteriores, sino hacer a cada uno consciente de su radical soledad y enseñarle que ésta era el arma principal para luchar contra los males de la existencia. Además, al sustituir las liturgias y sacrificios por la contemplación extasiada del mundo, Buda otorgó una importancia suprema a algo muy parecido a la oración individual y privada, valorando por encima de todo la meditación, ensalzando el recogimiento y situando el corazón del hombre en el centro del Universo.

Otra de las causas de su éxito fue, sin duda, su asombrosa tolerancia. No existe ningún dogma budista y, por lo tanto, ningún budista es perseguido por hereje. Al volver la vista atrás, entre siglos preñados de violencia y fanatismo, lo que más sorprende de Buda es el sereno llamamiento que hace a la razón y a la experiencia de cada hombre: «No creas en cualquier cosa porque te enseñen el testimonio escrito de un viejo sabio. No creas en cualquier cosa porque provenga de la autoridad de maestros y sacerdotes. Cualquier cosa que esté de acuerdo con tus propias experiencias y después de una ardua investigación se manifieste de acuerdo con tu razón, y conduzca a tu propio bien y al de todas las cosas vivientes, aquello acéptalo como la verdad y vive de acuerdo a ello.»

Siddharta Gautama tenía ochenta años cuando, según fabulosos testimonios, le sobrevino una disentería sangrante tras ingerir un plato de carne de cerdo que le había preparado el herrero Chunda, uno de sus más fieles seguidores. Sobrellevó la enfermedad con entereza admirable y un perfecto dominio de sí mismo, sin descuidar por un solo momento su esfuerzo misionero. Al fin, sintiendo que se acercaba su hora, se envolvió en su manto amarillo y se acostó en un lecho de hojas para instruir a su discípulo predilecto, el humilde y silencioso Ananda, en las últimas cuestiones relativas a la Verdad que le había sido revelada. Murió sereno y confiado, de la misma manera noble que había vivido, en un suburbio de Kusinagara. Después de él, ya no es posible vivir impunemente en la ignorancia.

Relieves de las grutas budistas de Long-men, en la provincia de Honan, China, país en el que el budismo se implantó en el siglo II a.C.

(Las fechas son aproximadas, dado que ninguna fuente coincide.)

566 a.C.	Nace Siddharta Gautama, **BUDA**, en Kapilavastu.
539 a.C.	Contrae matrimonio con Yasodhara.
537 a.C.	Nace Rahula, su único hijo.
534 a.C.	A los veintinueve años, abandona su familia para convertirse en un eremita errante.
533 a.C.	Se somete a penitencias extremas sin encontrar el resultado apetecido.
532 a.C.	Empieza a practicar una vida moderada y a buscar en la soledad la esencia del hombre.
531 a.C.	Alcanza la iluminación bajo una higuera sagrada.
530 a.C.	Convierte también a su padre, su esposa y su hijo.
528 a.C.	Sufre un atentado preparado por su primo Devadatta, del que sale indemne.
486 a.C.	Enferma de disentería y muere en los alrededores de la ciudad de Kusinagara.

CONFUCIO
(h. 551-h. 479 a.C.)

*E*l aspecto del hombre que moldeó el pensamiento y las costumbres de la China altomedieval nos parecería un tanto cómico si pudiéramos conocerle en persona: tenía la nariz con anchas aletas acampanadas, los ojos saltones y cándidos, una curiosa depresión en la cúspide del cráneo y los bigotes colgándole del rostro en largos flecos. El quimono y un alto bonete de colores completarían la extravagante imagen. Era un hombre de aventajada estatura y complexión vigorosa. Fue cazador infatigable, músico inspirado y un genio en el campo intelectual. Pero lo que se sabe del verdadero Confucio histórico es muy poco: algunos nombres, escasas fechas aproximativas y una serie de anécdotas de dudosa autenticidad.

Administrador, enseñante y político

Kong-Fu-Tsen nació en Ku-Fu, aldea del pequeño país de Lu (actual Shan-tong), en el seno de una familia que pretendía descender de antiguos reyes. Creció huérfano y pobre, y desde niño mostró una gran inclinación por los objetos rituales. Era sumamente ordenado y meticuloso. Se especializó en la preparación de ceremoniales, aprendió a tocar el laúd y la cítara y se trasladó a la capital para estudiar en profundidad las reglas de la música y la etiqueta. A los dieciocho años contrajo matrimonio. Después desempeñó las funciones de intendente de graneros y rebaños en casa del barón Ki, haciendo que todo prosperase en torno suyo, fueran cosechas o bueyes. Apenas se le encomendaba una nueva misión, se aplicaba a ella con afán minucioso. A la edad de veintidós años se puso a enseñar lo que aprendía en los libros antiguos y encontró gran placer en el ejercicio del magisterio. No cobraba una cantidad fija; a los jóvenes carentes de recursos pero dotados de talento les impartía sus enseñanzas

gratuitamente. Se dice que conoció al viejo Lao-Tse y que llegó a reunir hasta tres mil discípulos apiñados en torno suyo para oír sus enseñanzas..

Al mismo tiempo, luchó denodadamente para que alguno de los príncipes feudales le confiase cargos importantes en la administración pública y le diese ocasión de llevar a cabo las reformas sociales que imaginaba. No lo consiguió hasta los cincuenta y dos años, cuando el duque Ding de Lu le nombró gobernador de Tchan-Fu, que de la noche a la mañana se convirtió en una ciudad modélica. Luego ascendió a ministro de Justicia del país, mandó ejecutar a los promotores de desórdenes y convirtió Lu en una balsa de aceite. Pero procedía con más franqueza de lo que conviene a un político. El duque lo relevó de sus deberes y Confucio tuvo que abandonar Lu, acompañado por el primer núcleo de sus fieles. Viajó de corte en corte y sufrió diversas desgracias que le proporcionaron la oportunidad de demostrar su madera de santo. En 481 a.C., durante el curso de una cacería, se capturó un animal que nadie había visto nunca: el maestro Kong reconoció al unicornio y comprendió que su último día se acercaba. Dos años después cayó enfermo y murió, a los setenta y dos años.

Maestro para diez mil generaciones

Confucio no habló sobre Dios o el alma. Tampoco hizo metafísica. Su enseñanza es moral y política, una apuesta arriesgada para la China feudal y corrupta. No pretendió ser santo, ni profeta, ni poseer la clave de los secretos del Universo. Su doctrina se resume en un precepto: «No hagas a los demás lo que no desees que los demás te hagan a ti.» Propuso una nueva ética personal basada en la idea de justicia y otorgó al término «nobleza» un sentido de perfección moral. Su mente enfocaba los problemas de un modo científico, invitando a reemplazar el dogma por la investigación de los hechos. Combatió las supersticiones y la subordinación del pensamiento al deseo. Ensalzó las virtudes de la sinceridad y la meditación. Trató de racionalizar las antiguas religiones y minimizó el poder de los cielos para que el hombre fuera un poco más dueño de sí mismo.

Como haría Platón doscientos años después, Confucio trazó los planes de una república ideal, mas no ideó una sociedad estricta y reglamentada sino una sola, vasta y bien avenida familia en la que la relación entre soberano y súbdito fuese la misma que entre padre e hijo. No creía en la aristocracia de sangre y afirmaba que, por naturaleza, todos los hombres eran iguales. Pero era descabellado pedir a los chinos, acostumbrados a estrechos vínculos familiares, que tratasen a todos sus semejantes como a parientes. Por ello, Confucio murió creyendo que su predicación había sido inútil y su vida un total fracaso.

Sus discípulos le lloraron como a un padre. Y puesto que en China era entonces costumbre que los hijos guardasen tres años de luto por su progenitor, ellos emplearon ese tiempo en anotar y recordar las enseñanzas del maestro. Las compilaciones resultantes se convirtieron en textos sagrados. Confucio pasó a ser el «rey sin reino» y el «maestro para diez mil generaciones». Hubo persecuciones de confucionistas y una nueva religión nació entre errores y malentendidos. Confucio soñó a los hombres libres, virtuosos y

bien gobernados, pero no devotos ni fanáticos. Por eso, si pudiéramos conocerle en persona, le veríamos mesarse su barba rala y chasquear la lengua ante tanto desatino.

Confucio, 500 años a. C., propuso una nueva ética basada en la perfección moral y la justicia, cuya enseñanza conmovió los cimientos de la China feudal y corrupta.

551 a.C.	Kong-Fu-Tsen, **CONFUCIO**, nace en la aldea de Ku-Fu.
533 a.C.	Se casa con una joven de su pueblo.
531 a.C.	Ocupa diversos cargos para el barón Ki.
529 a.C.	Inicia su carrera como maestro.
510 a.C.	Cientos de discípulos se congregan para oírle.
498 a.C.	Es nombrado gobernador de Tchan-Fu.
496 a.C.	El duque Ding le nombra ministro de Justicia del Estado de Lu.
494 a.C.	Es relevado de su cargo. Abandona el país de Lu en compañía de sus seguidores y viaja por diversas cortes de China.
485 a.C.	Regresa a la capital de su país y se dedica a la organización de su escuela.
481 a.C.	La captura de un unicornio le anuncia la proximidad de su muerte.
479 a.C.	Muere a la edad de setenta y dos años.

SÓCRATES
(h. 470-399 a.C.)

*S*ócrates es casi un personaje literario. El protagonista de los inmortales *Diálogos* platónicos era viejo y por ello la imaginación occidental representa siempre a Sócrates anciano, a la vez que lo sorprende discutiendo incansablemente con otros atenienses en el ágora, en el gimnasio, en las asambleas populares y en los festines a los que le convidaban sus amigos aristocráticos. Era por entonces pobre, testarudo e irritante, capaz de convencer a un héroe de la guerra, Laques, de que no sabía qué era la valentía, de demostrar al modesto Cármides que ignoraba lo que era la modestia y de beber y hablar sobre el amor en un banquete durante toda la noche, mientras sus contertulios iban cayendo dormidos uno tras otro. A excepción de unos cuantos maravillados discípulos, debió de ser tomado por loco por la mayoría, porque no obtenía ningún rendimiento económico de su abnegada tarea como educador de la juventud, e incluso reprendía duramente a los sofistas que negociaban con su saber y vendían a los hijos de los nobles con aspiraciones políticas el arte de la palabra embaucadora.

El don de la palabra

Por aquellos tiempos, su ciudad, Atenas, de la que presumía no haber salido jamás si no era por razones de fuerza mayor, como en el caso de una guerra, tenía a timbre de gloria no servir a reyes, sino a leyes. Este legítimo orgullo —nunca mejor dicho— diferenciaba a los atenienses de los bárbaros, aquellos extranjeros que no tenían el don de la palabra. Los griegos se denominaban a sí mismos hombres de voz articulada y su religión, aunque prolija en dioses olímpicos, augures y profetisas, era en realidad la Democracia, un sistema de gobierno de la ciudad que competía a un gran número de ciudadanos y no sólo a los más brutos y belicosos o a los hijos de los más brutos

Hijo del escultor Sofroniso y de la comadrona Fenareta, Sócrates aprendió del oficio de su madre el arte de dar a luz las ideas que el hombre lleva en su interior, a través del examen y del diálogo. Su profunda honestidad y la coherencia de su pensamiento le granjearon la admiración de sus discípulos, entre ellos el célebre Platón, y el odio de los sofistas y de algunos políticos.

y belicosos. Naturalmente, la política, o sea, la responsabilidad de atender los asuntos colectivos de la *polis*, no era competencia de todos y cada uno de los habitantes de Atenas, sino que de ella estaban excluidos los esclavos y las mujeres, además de los niños. Pero algunos de estos niños estaban destinados en el futuro a hacerse cargo de dichos menesteres y para ello debían prepararse estudiando materias como música y retórica. Por otra parte, los principales libros de texto de los escolares griegos del siglo V a.C. eran los poemas homéricos, ya que entre otros muchos rasgos originales de aquella insólita cultura debe señalarse que su religión era más un invento de poetas que de sacerdotes. Fue el legendario Homero, o tal vez los homéridas, una secta de hombres inspirados por las musas, quienes dieron cuerpo a esos hermosos cuentos sobre dioses portadores de rayo o diosas bellas y caprichosas que intervenían en la azarosa vida de los mortales.

Homero también creía que el arte del bien hablar era estigma inequívoco de nobleza y, si bien su héroe Aquiles tiene los pies más ligeros que la lengua, el endiosado Ulises es ante todo un hombre astuto, capaz de seducir con la palabra y de vencer con la inteligencia. Esta virtud no es hereditaria, aunque el hijo de Ulises, Telémaco, también la poseyó y por ella fue reconocido por el viejo Néstor, un hombre sabio que había participado en la guerra de Troya. Cuando el muchacho fue en su busca para obtener noticias de su padre, perdido en los mares procelosos a causa de las tempestades enviadas por Poseidón, Néstor lo recibió con cautela y le dejó hablar. El elocuente Telémaco expuso con belleza la razón de su visita y, al acabar su parlamento, Néstor le facilitó de buen grado noticias que le pedía sobre Ulises en Troya:

> *Nadie allí en ingenio pudo nunca emular*
> *a tu padre*
> *porque a todos lograba exceder en*
> *ardides innúmeros*
> *Ulises divino, tu padre, si realmente eres*
> *hijo suyo, y te miro y me asalta un*
> *asombro profundo.*
> *En verdad que tu hablar aseméjase*
> *al suyo; diríase*
> *que no puedes, tan joven, hablar como*
> *hablaba tu padre.*

La palabra era pues para los griegos el más precioso instrumento con que contaban los ciudadanos para triunfar en la vida pública. No es de extrañar que proliferasen los charlatanes, maestros a sueldo de los ricos que enseñaban a sus prometedores vástagos a salir victoriosos en las contiendas dialécticas y a enredar con el verbo las razones del contrario. Pero estos doctores en arterías, los llamados sofistas, se encontraron con la horma de su zapato al entrar en escena el invencible Sócrates.

El hijo de la comadrona

Ese hombre de rasgos más animales que humanos que aparece retratado en mármol en el Museo de Nápoles, había nacido en Alópece, Ática, en el 470 a. C. Con los años llegaría a tener ese aspecto de anciano feo, de ojos vivos y nariz roma, pero no sabemos cómo era de niño. Su padre, Sofronisco, trabajaba como escultor, y muy probablemente el muchacho ejerció durante algún tiempo ese duro oficio. Fenareta, su madre, era comadrona, y siempre se dice que el método dialéctico que dio al filósofo fama intemporal, el denominado método socrático, la mayéutica, consistía en una pura aplicación al mundo de las ideas del arte con que su madre se ganaba la vida en el mundo de las realidades. Durante sus años de magisterio Sócrates procuró ayudar a que vieran la luz las ideas que cada hombre llevaba en su interior. Su técnica no consistía en proveer de nuevos conocimientos a sus discípulos, sino en hacer posible por medio del examen y el diálogo el alumbramiento de la verdad de cada cual, que fatalmente debía coincidir con la verdad de todos. Lo que ocurría es que a menudo los hombres la poseían, sin saberlo, confundida oscuramente con la ignorancia y la mentira, y había que asistirles en el difícil parto hasta que la vieran presentarse ante sus ojos luminosa y clara.

Sócrates poseía, según parece, un carácter templado y disfrutaba de un estado anímico constante, aunque Espíntaro lo describe en sus escritos como un varón de temperamento violento. De todos modos, se labró una gran reputación de soldado valeroso en las diversas batallas en que participó, que fueron varias, porque durante aquellos años se desataron las devastadoras gue-

Sócrates y Platón en una miniatura de un códice inglés del siglo XIII. En sus célebres Diálogos, *Platón expresa que la mayéutica socrática consiste en obtener la verdad compartida a través de una lucha dialéctica que se entabla entre el maestro y sus discípulos, a diferencia de los sofistas, para quienes la palabra no es sinónimo de logos, principio de inteligibilidad del mundo, sino de artificio retórico.*

hacer evidentes las contradicciones lógicas del adversario en la disputa dialéctica, de modo que así pudiera avanzarse en la averiguación una verdad compartida. También es irónico el modo como llegó a dedicarse tan febrilmente a denunciar las falsedades de sus conciudadanos.

«Sólo sé que no sé nada.»

Su amigo Jenofonte preguntó a la pitonisa de Delfos quién era el más sabio y virtuoso de los atenienses. El oráculo respondió sin ninguna vacilación el nombre de Sócrates, algo verdaderamente notable, puesto que la ciudad estaba bien nutrida de filósofos con mucha más nombradía que nuestro modesto personaje y, además, mucho más ricos y poderosos. Cuando se enteró el hijo de la partera, supuso que era porque él sabía, al menos, que no sabía nada, pero a pesar de esa argucia y esa paradoja que acredita su humildad, el oráculo le granjeó la envidia de todos aquellos que juzgaron que se les había declarado ignorantes. Entre éstos se encontraba Anito, según cuenta Platón en el *Menón*, diálogo donde curiosamente se sostiene que la virtud puede ser enseñada.

El poco virtuoso y celosísimo Anito instó a Aristófanes a que se mofase del sabio y el comediógrafo lo escarneció en la escena, llegando incluso a presentarlo flotando en las nubes. Pero con esto no le bastó: Anito participará activamente en la fabricación de las calumnias que hicieron posible el ominoso proceso público de Sócrates.

Al filósofo se le atribuyen como maestros a Pródico y a Teodoro de Sirene, y está atestiguada la relación con Arquelao, discípulo de Anaxágoras. Comenzó estudiando la Naturaleza, ciencia jonia que había penetrado en Atenas, pero a la vista de los horrores de la guerra consagró su inteligencia al hombre y se convirtió en un seductor taumaturgo que confiaba en mejorar a sus contemporáneos por medio del conocimiento, ya que para él la ignorancia era la causa de la maldad. No le arredraban las razones de Gorgias, el político práctico que anteponía los derechos del más fuerte a las palabras del filósofo, y consiguió sacarle de sus casillas con su terquedad. También venció en su cruzada personal a Polos, cuando éste le concedió que la retórica es ajena a la

rras del Peloponeso, un prolongado y cruel enfrentamiento entre atenienses y espartanos. Tuvo un comportamiento heroico en Potidea, donde combatió junto a su querido amigo Alcibíades; en Delion salvó la vida arrojadamente al hermoso Jenofonte, que se había caído del caballo; en la ciudad de Anfípolis asistió a la derrota de su bando y vio morir a los estrategas Brásidas y Cleón.

Aunque lo que se conoce como ironía socrática no designa exactamente lo que hoy entendemos por ese recurso retórico y humorístico, su tono en el diálogo era frecuentemente burlón, lo que ponía en serios aprietos a sus interlocutores y les hacía perder la paciencia. Su *ironía* era en realidad programática. La utilizaba para rastrear y

Este cuadro de Lipparini, Sócrates y Alcibíades *(Galería Treves, Venecia, Italia), muestra a aquél con gesto elocuente y noble en oposición a la voluptuosidad del grupo de jóvenes y a sus equívocas miradas, en cuyo centro se halla el apasionado Alcibíades. Este afirmaba que el maestro desdeñaba su hermosura física y sus riquezas y que jamás consintió en ser su amante carnal. «Y no soy yo el único a quien ha tratado así, porque también ha engañado a Charmides, hijo de Glauco, a Authydemos, hijo de Diocles, y a una porción más de jóvenes aparentando ser su amante cuando más bien representaba cerca de ellos el papel del bien amado», concluía Alcibíades dolido.*

moralidad de los actos, y a Callicles, cuando se contradice e identifica primero el Bien con la fuerza para más tarde retractarse y equipararlo al placer. Su pensamiento se puede rastrear con nitidez, según la crítica moderna, en los primeros diálogos platónicos, aunque después sus ideas y las de su sucesor y cronista se confundan hasta el punto de que no pueden diferenciarse. No obstante, su máxima más querida ha quedado grabada con letras de oro en la conciencia occidental: «Conócete a ti mismo.»

Infatigable *tábano de los dioses*

Sócrates se llamaba a sí mismo *tábano de los dioses,* porque sabía que su destino era incordiar. Su insobornable sentido de la justicia le obligó a acrecentar el número de sus enemigos con ocasión de un juicio celebrado en 406 a.C. En él participaba como jurado o tal vez como presidente. En cualquier caso, la asamblea popular condenó a muerte a los generales de la victoriosa batalla de Arginusas porque no pudieron proteger a los náufragos en un mar tempestuoso. Aunque fuera inútil, Sócrates se opuso con valentía al inicuo proceso. También criticó sin paliativos la provisión de cargos por sorteo y, en general, mantuvo una abierta oposición a la masa, aunque nunca a la ley. En la *Apología* que escribió Platón denuncia a los Treinta Tiranos que gobernaron en Atenas por imposición de los espartanos, y a pesar de que en aquel período se intentó comprometer a todo el mundo, él se mantuvo firme. En cierta ocasión le ordenaron ir en busca de León de Salamina para ejecutarlo, pero Sócrates se desentendió y se fue tranquilamente a su casa. Con todo ello, el poderoso Critias, que antes había formado parte de sus fieles, se convirtió en su encarnizado adversario.

Impío y corruptor de la juventud

Su talón de Aquiles fue, al parecer, su esposa Jantipa, mujer bronca e irritante que a menudo ponía a prueba su entereza. Le dio tres hijos, y probablemente fue su único matrimonio, aunque Aristóteles, en *Sobre la nobleza*, le atribuye segundas nupcias con una mujer muy pobre, Mirto, hija de Arístides, un hombre con fama de justo. En el banquete al que fue invitado por Agatón, cuando fue premiada la primera tragedia de éste, tuvo que atemperar los celos de su amigo Alcibíades, que llegó tarde, borracho y coronado de guirnaldas. El joven le acusaba de coquetear con el anfitrión: «El amor de este hombre —dice entonces Sócrates— es para mí un verdadero apuro. Desde que empecé a amarle no puedo mirar ni hablar a ningún joven sin que, por despecho o celos, se libre a excesos increíbles, colmándome de injurias y conteniéndose con dificultad para no unir los golpes a las recriminaciones.» Ya más sereno, Alcibíades comienza un elogio de Sócrates en el que compara su físico al Sátiro Marsyas, le motea de presumido burlón y le juzga el más grande de los oradores, superior en elocuencia al propio Pericles. «Para alejarme de él —dice el joven— tengo que taparme los oídos como para escapar de las sirenas, porque si no estaría constantemente a su lado hasta el fin de mis días. Este hombre despierta en mí un sentimiento del que nadie me creería susceptible: es el de la vergüenza.» Y después cuenta cómo, a pesar de sus numerosas tentativas, Sócrates siempre desdeñó su hermosura y su riqueza, sin consentir jamás en convertirse en su amante carnal. «Y no soy yo solo a quien ha tratado así —concluye Alcibíades—, porque también ha engañado a Charmides, hijo de Glauco, a Authydemos, hijo de Diocles, y a una porción más de jóvenes aparentando ser su amante cuando más bien representaba cerca de ellos el papel del bien amado.»

Pese al *platonismo* de sus amores viriles, o precisamente también por esta causa, este hombre zumbón, sereno e inquebrantable se ganó la animadversión general y hubo de sufrir un humillante juicio público en 399 a.C. Licón y Melito formaban parte de los acusadores, el primero en nombre de los oradores y el segundo en nombre de los poetas, a todos los cuales reprendía en sus discursos Sócrates. Pero la redacción de la denuncia fue obra de su antiguo enemigo Anito, en representación de los magistrados y de los artesanos del pueblo. La oración acusatoria decía más o menos así, según Diógenes Laercio en *Vida de los filósofos más ilustres*: «Sócrates quebranta las leyes negando la existencia de los dioses que la ciudad tiene recibidos e introduciendo otros nuevos; y obra contra las mismas leyes corrompiendo la juventud. La pena debida es la muerte.» Su amigo Lisias compuso una apología en su defensa, pero aunque se lo agradeció dijo que no le convenía. Durante el juicio, el jovencísimo Platón intentó hablar a su favor, pero los jueces le abuchearon, le interrumpieron nada más comenzar y le hicieron bajar del estrado. El recalcitrante Sócrates empeoró las cosas mostrándose irreverente con el tribunal y examinando minuciosamente con su habitual método irónico los términos de la acusación. El jurado le declaró culpable por 281 votos a favor contra 220 en contra, pero luego le condenó a muerte por una mayoría más holgada, 300 votos contra 201.

Una embajada sagrada de Delos demoró la ejecución, Critón le propuso la huida, que por otra parte hubiese contado con la complicidad general, pero él prefirió morir como había vivido, leal a su palabra, a sus convicciones y a las leyes de su ciudad. Fedón cuenta, en el diálogo platónico que lleva su nombre, que murió rodeado de unos pocos amigos y que mandó despedir a Jantipa, su esposa, a quien se llevaron unos criados de Critón «chillando y golpeándose el pecho». Después de haber tomado la cicuta, se paseó para que el veneno le hiciera efecto más rápidamente. Luego, según le habían aconsejado, se tumbó boca arriba y se cubrió la cara esperando la muerte. Así narra Critón su último acto:

«Tenía ya casi fría la región del vientre cuando, descubriendo su rostro dijo éstas, que fueron sus últimas palabras:

—*Oh, Critón, debemos un gallo a Asclepio. Pagad la deuda, y no lo paséis por alto.*»

En este bello cuadro de Jacobo David, que se halla en el Museo Metropolitano de Nueva York, se ve a Sócrates, cuya coherencia ética lo llevó a rechazar la fuga y a aceptar la muerte, en el momento de beber la cicuta rodeado de sus más fieles discípulos.

h. **470 a.C.**	**SÓCRATES** nace en Alópece, Ática, hijo de un escultor y una comadrona.
460 a.C.	Pericles llega al poder en Atenas.
450 a.C.	Nacimiento de Alcibíades.
431 a.C.	Comienzo de la guerra del Peloponeso. Sócrates participa como soldado en la batalla de Potidea.
424 a.C.	Participa en la batalla de Delion.
423 a.C.	El comediógrafo Aristófanes lo ridiculiza en *Las nubes*.
422 a.C.	Combate en Anfípolis, ciudad fundada en 436 a. C. por los atenienses, que es tomada ahora por Esparta.
406 a.C.	Se opone a la sentencia de los generales condenados por no socorrer a los náufragos tras la victoriosa batalla de Arginusas.
404 a.C.	Fin de la guerra del Peloponeso. Los Treinta Tiranos gobiernan Atenas por imposición de Esparta. Muerte de Alcibíades.
403 a.C.	Restauración de la Democracia ateniense y amnistía general.
399 a.C.	Sócrates es condenado por impiedad y por corromper a la juventud. Se da muerte tomando la cicuta, tras rechazar un plan de evasión.

ALEJANDRO MAGNO
(356-323 a.C.)

La historia y la leyenda se funden en la vida del macedonio Alejandro Magno, cuya inteligencia y valor lo condujeron a la construcción de un imperio como jamás soñaron sus contemporáneos.

Para la historia de la civilización antigua las hazañas de Alejandro Magno supusieron un torbellino de tales proporciones que aún hoy se puede hablar sin paliativos de un antes y un después de su paso por el mundo. Y, aunque su legado providencial —la extensión de la cultura helénica hasta los confines más remotos— se vio favorecido por todo un abanico de circunstancias favorables que reseñan puntualmente los historiadores, su biografía es en verdad una auténtica epopeya, la manifestación en el tiempo de las fantásticas visiones homéricas y el vivo ejemplo de cómo algunos hombres descuellan sobre sus contemporáneos para alimentar incesantemente la imaginación de las generaciones venideras.

La falange macedónica

Hacia la segunda mitad del siglo IV a.C., un pequeño territorio del norte de Grecia, menospreciado por los altivos atenienses y tachado de bárbaro, inició su fulgurante expansión bajo la égida de un militar de genio: Filipo II, rey de Macedonia. La clave de sus éxitos bélicos fue el perfeccionamiento del «orden de batalla oblicuo», experimentado con anterioridad por Epaminondas. Consistía en disponer la caballería en el ala atacante, pero sobre todo en dotar de movilidad, reduciendo el número de filas, a las falanges de infantería, que hasta entonces sólo podían maniobrar en una dirección. La célebre *falange macedónica* estaba formada por hileras de dieciséis hombres en fondo con casco y escudo de hierro, y una lanza llamada *sarissa*.

El año 346 a.C. proporcionó numerosas felicidades a la ambiciosa comunidad macedonia: uno de sus más reputados generales, Parmenión, venció a los ilirios; uno de sus jinetes resultó vencedor en los Juegos celebrados en Olimpia, y Filipo tuvo un hijo que en su imponente trayectoria guerrera jamás conocería la derrota. Quiere la leyenda que ese mismo día en que nació Alejandro, un extravagante pirómano incendiase una de las Siete Maravillas del Mundo, el templo de Artemisa en Éfeso, aprovechando la ausencia de la diosa que había acudido a tutelar el nacimiento del príncipe. Cuando fue detenido, confesó que lo había hecho para que su nombre pasara a la historia. Las autoridades lo ejecutaron, ordenaron que desapareciese hasta el más recóndito testimonio de su paso por el mundo y prohibieron que nadie pronunciase jamás su nombre. Pero más de dos mil años después todavía se recuerda la infame tropelía del perturbado Eróstrato.

Alejandro fue creciendo mientras los macedonios aumentaban sus dominios y Filipo su gloria. Desde temprana edad, su aspecto y su valor fueron parangonados con los de un león, y cuando contaba sólo quince años, según narra Plutarco, tuvo lugar una anécdota que anticipa su deslumbrante porvenir. Filipo quería comprar un caballo salvaje de hermosa estampa, pero ninguno de sus aguerridos jinetes era capaz de domarlo, de modo que había decidido renunciar a ello. Alejandro, encaprichado con el animal, quiso tener su oportunidad de montarlo, aunque su padre no creía que un muchacho triunfara donde los más veteranos habían fracasado. Ante el asombro de todos, el futuro conquistador de Persia subió a lomos del que sería su amigo inseparable durante muchos años, Bucéfalo, y galopó sobre él con inopinada facilidad. Habiendo visto esto, Filipo exclamó: «Busca, hijo mío, un reino igual a ti porque en Macedonia no cabes.»

El discípulo de Aristóteles

El gran filósofo Aristóteles fue el encargado de la educación del joven príncipe, y él le enseñó a amar los poemas homéricos, en particular *La Ilíada*, que con el tiempo se convertiría en una verdadera obsesión del Alejandro adulto. El nuevo Aquiles fue en cierta ocasión interrogado por su maestro respecto a sus planes para con él cuando hubiera alcanzado el poder. El prudente

Alejandro contestó que llegado el momento le daría respuesta, porque el hombre nunca puede estar seguro del futuro. Aristóteles, lejos de alimentar suspicacias respecto a esta reticente réplica, quedó sumamente complacido y le profetizó que sería un gran rey. Por su parte, el discípulo sintió siempre por el pensador ateniense una sincera gratitud.

Desde el año 380 a.C., un griego visionario, Isócrates, había predicado la necesidad de que se abandonaran las luchas intestinas en la península y de que se formara una liga panhelénica. Pero décadas después, el ateniense Demóstenes mostraba su preocupación por las conquistas de Filipo, que se había apoderado de la costa norte del Egeo. A instancias suyas, Atenas se alió con Tebas para combatir a las huestes macedonias, pero el resultado fue catastrófico. Las gloriosas falanges tebanas, invictas desde su formación por el genial Epaminondas, fueron completamente devastadas. Hasta el último soldado tebano murió en la batalla de Queronea, donde el joven Alejandro capitaneaba la caballería macedonia.

Por fin, Filipo terminó por dominar prácticamente toda Grecia y, en 337 a.C., reunió a los representantes de las ciudades para votar una expedición de castigo conjunta contra el común enemigo persa. Los compromisarios eligieron a Filipo como comandante en jefe y se comenzaron

Sometida toda Grecia al dominio macedonio, Alejandro se hizo nombrar por aclamación general en jefe de los ejércitos helenos y, al mando de treinta y siete mil hombres, cruzó el Helesponto e invadió los dominios persas, en la primavera del año 334 a.C. Cuenta la leyenda que los habitantes de Gordion plantearon a Alejandro que desatara un intrincado nudo, pues aquél que lo consiguiera dominaría el mundo. El joven macedonio no dejó pasar la ocasión y de un certero golpe de espada lo deshizo. «Era así de sencillo», comentó con sorna. A su muerte, los Diadocos se repartieron los vastos territorios que conquistó.

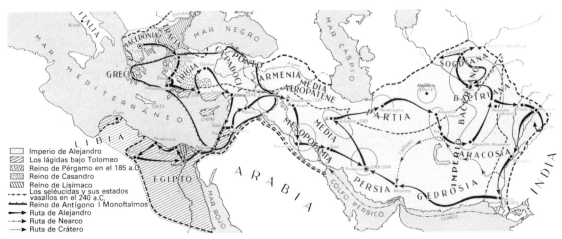

Las conquistas del ambicioso Filipo II de Macedonia, quien al frente de sus magníficas falanges había logrado la unificación griega, abrieron el camino para las grandes conquistas de su hijo Alejandro. «Busca, hijo mío, un reino igual a ti porque en Macedonia no cabes», le había dicho con premonitoria admiración.

los preparativos, pero el rey fue misteriosamente asesinado al año siguiente. Alejandro, apenas con veinte años, ocupó el trono de Macedonia y debió asumir los vastos poderes de su predecesor. Los atenienses suspiraron entonces de nuevo por liberarse del yugo de un pueblo al que juzgaban indigno de liderar los destinos griegos, y fomentaron revueltas e insumisiones fiando de la inexperiencia del flamante monarca. Alejandro hubo de dar muestras de energía y fortaleza sofocando la insurrección de Tebas, ciudad que mandó arrasar hasta su cimientos, aunque respetando la casa del poeta Píndaro, cantor de sus antepasados.

Estos graves acontecimientos sucedían en Corinto, donde habitaba un extraño personaje que había ganado fama de insolente, sabio y excéntrico. Diógenes *el Cínico* andaba buscando con una lamparilla en pleno día a un hombre de verdad y hacía el amor en público, como los animales, en medio de la ciudad. Se albergaba en un humilde tonel, donde lo visitó Alejandro para invitarle a que le pidiese lo que deseara. El desafiante Diógenes le contestó que lo único que podía hacer por él era apartarse de allí porque le

tapaba el sol. El victorioso general contestó —no sabemos si con franqueza, petulancia o deportividad— que si no fuera Alejandro le gustaría ser Diógenes. Mientras preparaba su partida hacia Persia le comunicaron que la estatua de Orfeo, el tañedor de lira, sudaba, y Alejandro consultó a un adivino para averiguar el sentido de esta premonición. El augur le pronosticó un gran éxito en su empresa, porque la divinidad manifestaba con este signo que para los poetas del futuro resultaría arduo cantar sus hazañas. Después de encomendar a su general Antípatro que conservara Grecia en paz, en la primavera del año 334 a.C. cruzó el Helesponto con treinta y siete mil hombres dispuestos a vengar las ofensas infligidas por los persas a su patria en el pasado. No regresará jamás.

El nudo gordiano

Después de visitar Troya, su ejército se enfrentó por primera vez a los persas en Gránico. En la fragorosa y cruenta batalla Alejandro estuvo a punto de perecer, y sólo la oportuna ayuda en el último momento de su general Clito le salvó la vida. Pese a las dificultades, la victoria fue completa, y el camino quedó abierto hasta Gordión, la ciudad que fuera corte del legendario rey Midas, donde los gordianos plantearon al invasor un dilema en apariencia irresoluble. Un intrincado nudo ataba un yugo a un carro, y desde antiguo se afirmaba que quien fuera capaz de deshacerlo dominaría el mundo. Todos habían fracasado hasta entonces, pero el intrépido Alejandro no pudo sustraerse a la tentación de desentrañar el acertijo. De un certero y violento golpe con el filo de su espada, cortó la cuerda, y luego comentó con sorna: «Era así de sencillo.»

En su imparable marcha, los griegos encontraron el río Cnido, en cuyas aguas heladas Alejandro, imprudentemente, tomó un baño. Las consecuencias de ello no se hicieron esperar: cayó enfermo y tuvo que ponerse en manos de su médico personal. Una mañana recibió un anónimo en el que se le avisaba de que éste se había conjurado con otros sediciosos para envenenarlo. Cuando el galeno le mandó tomar un bebedizo, Alejandro le entregó la carta que denunciaba su traición, aunque antes de asistir a la horrorizada reacción de su

En las llanuras de Isos el poderoso ejército de Darío III y las disciplinadas tropas de Alejandro, inferiores en número, se enfrentaron en una batalla decisiva para el futuro del Imperio Persa. Durante su curso, Darío huyó, tal como se ve en este mosaico hallado en la casa del Fauno, en Pompeya, y expuesto en el Museo Nacional de Nápoles, y Alejandro arrasó y saqueó ciudades, y aprehendió a la esposa e hijas del monarca persa.

supuesto asesino bebió dócilmente la medicina. Con su temeridad quiso dejar bien sentado que tenía plena confianza en sus amigos y que no hacía caso de calumnias. Afortunadamente se trataba de una falsa acusación.

En el otoño del año 333 a.C. tuvo lugar en la llanura de Isos la gran batalla contra Darío, rey de Persia. Antes del enfrentamiento arengó a sus tropas, temerosas por la abultada superioridad numérica del enemigo. Alejandro confiaba en la victoria porque estaba convencido de que nada podían las muchedumbres contra la inteligencia, y de que un golpe de audacia vendría a decantar la balanza del lado de los griegos. Cuando el resultado de la contienda era todavía incierto, el cobarde Darío huyó, abandonando a sus hombres a la catástrofe. Las ciudades fueron saqueadas y la mujer y las hijas del rey fueron apresadas como rehenes, de modo que Darío se vio obligado a presentar a Alejandro unas condiciones de paz extraordinariamente ventajosas para el victorioso macedonio. Le concedía la parte occidental de su imperio y la más hermosa de sus hijas como esposa. Al noble Parmenión le pareció una oferta satisfactoria, y aconsejó a su jefe: «Si yo fuera Alejandro, aceptaría.» A lo cual éste replicó: «Y yo también si fuera Parmenión.»

La fundación de Alejandría

Alejandro ambicionaba dominar toda Persia y no podía conformarse con ese honroso tratado. Para ello debía hacerse con el control del Mediterráneo oriental. Destruyó la ciudad de Tiro tras siete meses de asedio y estableció una nueva colonia griega en la desembocadura del Nilo. Para determinar su emplazamiento contó con la inspiración de Homero. Solía decir que el poeta se le había aparecido en sueños para recordarle unos versos de *La Ilíada*: «En el undoso y resonante Ponto/ hay una isla a Egipto contrapuesta/ de Faro con el nombre distinguida.» En la isla de Faro y en la costa próxima planeó la ciudad que habría de ser la capital del helenismo y el punto de encuentro entre Oriente y Occidente. Como no pudieron delimitar el perímetro urbano con cal, Alejandro decidió utilizar harina, pero las aves acudieron a comérsela destruyendo los límites establecidos. Este acontecimiento fue interpretado como un augurio de que la influencia de Alejandría se extendería por toda la Tierra.

Antes de presentar de nuevo batalla a Darío, visitó el templo de Amón, dios egipcio que los griegos identificaban con el más grande de los moradores del Olimpo, y allí fue consagrado hijo de Zeus. En la primavera siguiente, se enfrentaron en Gaugamela otra vez los griegos contra las impresionantes tropas persas, que en esta ocasión contaban con una aterradora fuerza de choque: elefantes. Parmenión era partidario de atacar amparados por la oscuridad, pero Alejandro no quería ocultar al sol sus victorias. Aquella noche durmió confiado y tranquilo mientras sus hombres se admiraban de su extraña serenidad. Había madurado un plan genial para evitar las maniobras del enemigo. Su mejor arma era la rapidez de la caballería, pero también contaba con la escasa entereza de su contrincante y planeaba descabezar el ejército a la primera oportunidad. Efectivamente, Darío volvió a mostrarse débil y huyó ante la proximidad de Alejandro, sufriendo una nueva e infamante derrota. Sus propios soldados le darían muerte pocos días después. Muchas fueron las anécdotas y leyendas que a partir de entonces fueron acumulándose alrededor de este semidiós que parecía invencible. La Historia da cuenta de que vistió la estola persa, ropaje extraño a las costumbres griegas, para simbolizar que era rey tanto de unos como de otros. Sabemos que, movido por la venganza, mandó quemar la ciudad de Persépolis; que, iracundo, dio muerte con una lanza a Clito, aquel que le había salvado la vida en Gránico; que mandó ajusticiar a Calístenes, el filósofo sobrino de Aristóteles, por haber compuesto versos alusivos a su crueldad, y que se casó con una princesa persa, Roxana, contraviniendo las expectativas de los griegos. Alejandro incluso se internó en la India donde hubo de combatir contra el noble rey hindú Poros. Como consecuencia de la trágica batalla, murió su fiel caballo Bucéfalo, en cuyo honor fundó una ciudad llamada Bucefalia. El punto más oriental que alcanzó fue el río Hifasis, a partir del cual, y contra su deseo, sus hombres se negaron a avanzar. Durante el regreso, el ejército se dividió: mientras el general Nearco buscaba la ruta por mar, Alejandro conducía el grueso de las tropas por el infernal desierto de Gedrosia. Miles de hombres murieron en el empeño. La sed fue más devastadora que las lanzas enemigas.

Aunque diezmado, el ejército consiguió llegar a su destino, y con la celebración de las bodas de ochenta generales y diez mil soldados se dio por terminada la conquista de Oriente. Sin repudiar a Roxana, Alejandro se casó también con una hija de Darío III y con la hija menor de Artajerjes III,

y se entregó desde entonces a la molicie de la paz y a trasegar inmoderadamente copiosas dosis de vinos embriagadores. En Babilonia tuvo una premonición de su muerte cuando un asno mató de una coz a uno de sus leones. Fue presa de la melancolía tras el fallecimiento de su mejor amigo, Hefestión, y, agotado por unas fiebres malignas, expiró el 13 de junio del año 323 a.C., cuando apenas contaba treinta y tres años de edad. Aquel mismo día, libre de fabulosas esperanzas, sin nada que legar a los hombres excepto su mísero tonel, con casi noventa años moría también en Corinto su desabrida contrafigura, el ceñudo filósofo Diógenes *el Cínico*.

Cuenta la leyenda, no obstante, que el más grande de los conquistadores estuvo a punto de beber en la fuente de la inmortalidad, pero una doméstica traición de su cocinero hizo que este privilegio recayese en su hija. Encolerizado y envidioso, el implacable general condenó a la muchacha a vivir eternamente desterrada en las inmensas aguas del océano. Pero ella surge a veces a la superficie, vestida de algas y montando a lomos de un delfín, para sobresaltar a los navegantes siempre con la misma pregunta: «¿Vive aún Alejandro?.»

La boda entre Alejandro y la bella princesa Roxana, aquí recreada en un fresco de Sodoma, en el palacio de la Farnesiana de Roma, que se celebró según los ritos macedonios, respondía a la intención del joven conquistador de promover entre los suyos una política de integración racial y de hacer realidad su sueño de un imperio en el que confluyeran las virtudes de Oriente y Occidente.

356 a.C.	Nacimiento de **ALEJANDRO MAGNO**. Incendio del templo de Artemisa en Éfeso.
353 a.C.	Filipo II de Macedonia, padre de Alejandro, conquista Tesalia.
351 a.C.	El ateniense Demóstenes lanza su Primera Filípica, advirtiendo del peligro macedonio.
342 a.C.	Aristóteles se convierte en el tutor de Alejandro.
338 a.C.	Filipo II derrota a Atenas en la batalla de Queronea.
336 a.C.	Asesinato de Filipo y elevación al trono de Alejandro.
335 a.C.	Alejandro incendia la ciudad de Tebas.
334 a.C.	Alejandro cruza el Helesponto e invade Persia. Vence en Gránico.
333 a.C.	Victoria sobre los persas en Isos e invasión de Tiro.
332 a.C.	Campaña y conquista de Egipto.
331 a.C.	Fundación de Alejandría.
330 a.C.	El ejército griego incendia Persépolis.
326 a.C.	Victoria de Alejandro sobre Poros en Hidaspes.
323 a.C.	Muerte de Alejandro. Muerte de Diógenes, el filósofo cínico.

ANÍBAL
(247-183 a.C.)

*F*ue juzgado por los romanos como un personaje cruel, pérfido y avaro; pocos generales, no obstante, dio su pueblo, Cartago, más audaces y gloriosos, pero ese gran estratega que fue Aníbal ha sido víctima de que la posteridad sólo conserve documentos provenientes del bando contrario. Aníbal puso en jaque durante años a las soberbias legiones romanas y fue el eminente vástago de una admirable casta de militares.

Su padre, Amílcar Barca, lo llevó con él a pelear cuando contaba sólo nueve años. Al quedar huérfano continuó al servicio de su cuñado Asdrúbal, y, cuando éste también murió en 221 a.C., Aníbal

Aníbal, el genial estratega cartaginés, hizo honor al juramento proferido en su infancia de odiar a Roma, desencadenando contra ella la Segunda Guerra Púnica, con el ánimo de restituir a Cartago el dominio del Mediterráneo.

se puso al frente de los ejércitos que Cartago tenía extendidos por la península Ibérica. Dos años después, al atacar y tomar Sagunto desatará una de las contiendas más impresionantes que se entablaron durante la Antigüedad, la llamada Segunda Guerra Púnica.

El historiador romano Tito Livio inicia así el relato de aquellos acontecimientos: «Voy a narrar la guerra más memorable de todas las que han tenido lugar: voy a contar la de los cartagineses, mandados por Aníbal, cuando éstos la llevaron a efecto contra los romanos. En verdad que jamás midieron sus armas otras naciones o ciudades más poderosas; nunca las mismas Roma o Cartago dispusieron de mayores fuerzas o poderío. No luchaban entonces sin conocimientos de la guerra, sino con la experiencia adquirida en la Primera Guerra Púnica, y la fortuna fue tan varia, y tan incierta la lucha, que salió vencedor el bando que estuvo en mayor peligro.» (*TITO LIVIO, Décadas*, Libro XXI, I).

Primera Guerra Púnica

En el siglo III a.C., Roma y sus aliados ocupaban la península Itálica, mientras que los cartagineses dominaban el norte de África, el sur de la península Ibérica y las principales islas del Mediterráneo occidental, entre ellas las Baleares, Córcega y Cerdeña. El primer gran enfrentamiento entre estos dos pueblos tuvo lugar cuando el siciliano Hierón de Siracusa se alió con Cartago contra los romanos; pero la alianza fue vencida por Roma y Hierón se pasó al bando contrario. En el 260 a.C., los romanos, que se habían dotado de modernos quinquerremes, a imitación de los de su experimentado enemigo, y utilizaban garfios en el abordaje, derrotaron a la escuadra cartaginesa en la batalla naval de Mila. Poco después los vencedores desembarcaron en la costa norteafricana,

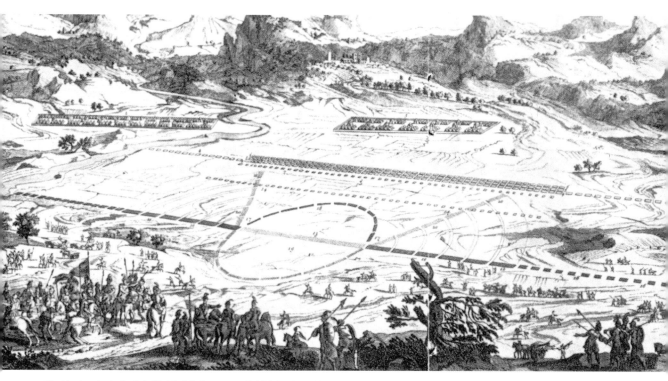

El ejército de Aníbal infligió el 2 de agosto del 216 a.C. en la batalla de Cannas, representada arriba en este grabado de la Biblioteca Nacional de París, la más grande derrota que hubiesen sufrido hasta entonces las poderosas legiones romanas. En la ocasión, la aguerrida y aterradora caballería cartaginesa maniobró hasta cercar al ejército romano y aniquiló a más de cincuenta mil soldados.

pero su campaña sufrió un revés en la batalla de Túnez, donde un mercenario espartano, Jantipo, a la cabeza de los cartagineses, les derrotó con una ligera caballería y aterradores elefantes como fuerza de choque. Incluso una tempestad devastó más tarde a la flota de los vencidos mientras trataban de retirar a los restos de su ejército. No obstante, Roma se repuso de esta catástrofe. Tras infligir una gran derrota a sus enemigos en las islas Egates (241 a.C.), Cartago se vio obligada a renunciar a Sicilia, que se convirtió en la primera provincia romana, quedando comprometida a pagar 3.200 talentos en los siguientes diez años.

Como consecuencia de todo ello, y de la pérdida de Cerdeña, el jefe de los ejércitos cartagineses, Amílcar Barca, decide reorientar su política de expansión, y para resarcirse de las últimas contrariedades conquista España, funda Alicante (Akra Leuke) y, gracias a las minas de metales preciosos de Sierra Morena, puede cubrir los últimos plazos de las reparaciones de guerra con Roma (231 a.C.). Pero Amílcar, el padre de Aníbal, muere dos

años después, dejando el gobierno en manos de su yerno Asdrúbal, quien en 226 a.C. firmará el decisivo tratado del Ebro con Roma, según el cual los romanos reconocen la soberanía cartaginesa al sur del Ebro mientras que Asdrúbal renuncia a cruzar el río. Asesinado el general en 221 a. C. por un esclavo celta, su cuñado Aníbal se convertirá en el jefe supremo cartaginés.

Juramentado contra Roma

Tito Livio se hace eco en su obra *Décadas* del odio que Aníbal sintió desde su juventud por el eterno enemigo romano: «Se dice que Aníbal, cuando apenas tenía nueve años de edad, había suplicado a su padre, entre mil caricias infantiles, que le llevase a España. Entonces Amílcar, que estaba preparando por medio de un sacrificio a su ejército para trasladarlo a este país, llevó a su hijo ante el altar, hizo que con sus pequeñas manos tocase las ofrendas, y le obligó a que jurase hacerse

Al frente de un poderoso ejército, Aníbal emprendió la conquista de Sagunto, la ciudad más rica y poderosa al sur del Ebro. El sitio, durante el cual el general cartaginés fue herido, dio lugar a una heroica defensa de los saguntinos, que no se rindieron hasta que la ciudad quedó en ruinas (arriba, ruinas de Sagunto). La toma de Sagunto fue el origen de la Segunda Guerra Púnica.

peligros, también era sorprendente la prudencia que demostraba en ellos. Gozaba de una naturaleza inagotable, resistente hasta lo inhumano frente al calor y el frío; su cuerpo no parecía conocer la fatiga ni su espíritu el abatimiento. Era muy morigerado en su hábitos gastronómicos y jamás comía por placer, sino solamente lo justo para cubrir sus necesidades. Trabajaba día y noche, pero cuando tenía un momento de asueto se ponía a descansar en cualquier parte, sin que le resultaran imprescindibles la dulzura y el silencio del lecho: frecuentemente se le veía tendido en el duro suelo, el rostro cubierto con un casco de soldado, no lejos de los centinelas. Vestía modestamente y sólo sus armas y sus caballos eran excepcionales. Descollaba entre los jinetes, aunque era también el mejor de los infantes: salía el primero a combatir y regresaba el último.

Pero, además de estas virtudes, Tito Livio atribuye a Aníbal «feroz crueldad, perfidia más que púnica, ninguna franqueza, ningún pudor, ni sombra de miedo a los dioses, ningún respeto a la fe del juramento y ninguna religión» (*TITO LIVIO, Décadas*, XXI, IV). El historiador no podía pasar por alto tan espectaculares defectos, que tal vez fueran reales, pero que, más probablemente, forman parte de la leyenda negra con la que trata de infamarse siempre a los grandes hombres que son al mismo tiempo grandes enemigos de la patria del interesado cronista.

enemigo del pueblo romano, todo lo antes que pudiera, porque aquel espíritu altivo estaba dolido por la pérdida de Sicilia y Cerdeña» (*TITO LIVIO, Décadas*, Libro XXI, I).

No obstante, la descripción que el romano nos hace de este general singular y tan temible para su pueblo, también está trufada de admiración. Desde sus primeras intervenciones en la batalla, Aníbal se había ganado el respeto de sus soldados, porque nadie parecía estar a la vez más dotado tanto para mandar como para obedecer. Hubiera sido difícil saber quién le quería más, si su general, que era a la vez su padre, o el ejército, que estaba llamado un día a servir bajo sus órdenes. Su comportamiento era a menudo intrépido e infaliblemente se ponía a la cabeza de los golpes militares más audaces. Pero si era increíblemente atrevido a la hora de arrostrar los

El sitio de Sagunto

Tan pronto como fue nombrado general en jefe de las tropas cartaginesas, Aníbal emprendió la conquista de Sagunto, pero sabedor de que este acto suponía entrar en conflicto abierto con los romanos, tomó primero el territorio de los olcados y redujo y saqueó su opulenta capital, Carteya. Su propósito era someter todo el territorio que se encontraba al sur del Ebro para aislar a los saguntinos, quienes pidieron socorro a Roma. El Senado romano dudaba, no queriendo romper el tratado de paz, y las opiniones se dividían entre quienes eran partidarios de un ataque conjunto por mar y tierra, y quienes, más cautos, recomendaban esperar. Por su parte, Sagunto mantuvo su fe en las alianzas hasta el extremo de costarle la ruina. La ciudad era, con mucha diferencia, la más impor-

La batalla de Zama (arriba), en el 202 a. C., significó la derrota definitiva de Aníbal y el fin de la Segunda Guerra Púnica. El general cartaginés, que había alcanzado el máximo esplendor de su campaña en Cannas, prosiguió su avance hacia Roma, pero sus ejércitos, sin recibir ayuda para continuar su empresa, se vieron obligados a detenerse en Campania. Más tarde, aunque conquistó Tarento, fracasó en su intento de tomar Roma y finalmente fue derrotado por Publio Cornelio Escipión.

tante y poderosa de aquel país, estaba situada no lejos del mar y contaba con una enorme población, pero de poco le valió todo esto.

Aníbal penetró con un ejército formidable en el rico territorio, acaso con unos ciento cincuenta mil hombres, arrasó su campos y atacó la ciudad por numerosos puntos a la vez. Un ángulo de la muralla se adelantaba en un valle más llano y desprotegido que el terreno aledaño, y por ahí se propuso Aníbal utilizar el ariete, pero como los defensores eran conscientes de que se trataba de su flanco débil, habían reforzado los muros en ese tramo y dispuesto en aquella zona una torre inmensa. Una lluvia de dardos alejaba reiteradamente a los asaltantes; a veces los saguntinos salían a campo abierto para lanzarse contra el enemigo dando prueba de insólito arrojo, y en una ocasión en que Aníbal se acercó demasiado a la muralla fue herido en un muslo causando la alarma y la confusión entre sus hombres.

Así las cosas, el resultado de la contienda permaneció incierto durante algún tiempo. Por un lado, los cartagineses consideraban inminente la victoria y, por otro, los saguntinos defendían desesperadamente con sus cuerpos los trozos derruidos de muralla. Además, los sitiados contaban con una eficacísima arma arrojadiza llamada falarica, una suerte de jabalina de abeto con un extremo largo de hierro, capaz de atravesar la armadura y el cuerpo del enemigo o de causarle, en caso de que quedara clavada en el escudo, un espanto terrible, porque llevaba fuego en el centro, y las llamas encendidas en la estopa empapada en pez se avivaban con la velocidad y el aire.

Por fin, un saguntino llamado Alcón se entrevistó secretamente con Aníbal para ofrecerle una

Tras la derrota de Zama, Aníbal se refugió en la corte del rey de Abisinia, pasando más tarde a Tiro, luego a Creta y, por último, a Bitinia. Allí, el rey Prusias lo entregó a Roma y Aníbal, antes de sufrir la humillación de someterse al enemigo, se suicidó, tal como muestra este grabado medieval de las Décadas *de Tito Livio.*

paz honrosa, pero las condiciones que exigió el militar cartaginés eran abrumadoras. Si se entregaban, les concedía la vida y la posibilidad de abandonar Sagunto con un solo vestido, pero debían entregar al vencedor todo el oro y la plata públicos así como el de los particulares. A ese pueblo humillado se le designaría más adelante un lugar donde establecerse. Alcón, que había ido como mediador, se convirtió entonces en desertor y se quedó con el enemigo alegando que

sus compatriotas le matarían si tenía la osadía de proponer una paz a tan elevado precio.

No obstante, esta proposición fue hecha a los saguntinos por Alorco, un soldado de Aníbal que había sido en el pasado huésped y amigo de aquel pueblo. Atravesó las fortificaciones y pidió entrevistarse con el pretor. Fue recibido por el Senado y a su alrededor se congregó una gran multitud. Cuando los senadores hubieron oído la propuesta, se precipitaron a sus casas y de allí tomaron todo el oro que poseían, así como todas las riquezas públicas. Inmediatamente las arrojaron a una gran pira encendida en la plaza y después ellos mismos y sus familias se lanzaron a ella y dejaron que el fuego les consumiese. Mientras, los últimos bastiones de la ciudad eran abatidos y Aníbal entraba victorioso en Sagunto.

La Segunda Guerra Púnica

Después de estos acontecimientos, los romanos se decidieron por fin a hacer valer su alianza con Sagunto. Pese a hallarse esta ciudad en el área cartaginesa, al sur del Ebro, y contravenir con ello el acuerdo firmado con Asdrúbal en 226 a.C., exigieron su devolución y la entrega de Aníbal. La rotunda negativa de Cartago significó el recrudecimiento de las hostilidades entre los dos grandes pueblos del Mediterráneo. El plan romano consistía en atacar al mismo tiempo Hispania y el norte de África, partiendo de Sicilia, pero su enemigo les sorprendió con la más aventurada y genial de las estrategias: Aníbal, tras dejar Hispania a cargo de su hermano Asdrúbal Barca, intentó invadir Italia por tierra. Con cincuenta mil hombres, nueve mil caballos y treinta y siete elefantes se aprestó a atravesar audazmente los Pirineos.

Por medio de alianzas, Aníbal se ganó el favor de la mayoría de los galos, quienes le permitieron avanzar por su territorio como huésped y no como enemigo, y cuando algunos le presentaron batalla, los venció. Pero su ejército pasó grandes trabajos para cruzar los Alpes: hombres y bestias rodaban sin cuento por el abismo desde los estrechos desfiladeros. Casi la mitad de las tropas perecieron.

A finales de septiembre de 218 a.C., no obstante, el exhausto contingente entró en el valle del

Po. La aventura había durado unos cinco meses, el paso de los Alpes quince días y habían sobrevivido sólo 20.000 infantes y 6.000 jinetes en un estado desastroso. Para Aníbal era vital que los galos indecisos se pasaran a su bando, y por lo tanto, apenas sin tomarse respiro, asedió Turín y tomó la ciudad en tres días. A partir de ese momento, su caballería dio muestras de una asombrosa eficacia: venció en ese mismo otoño a los romanos en la batalla junto al río Tesino, y en diciembre en Trebia. Los galos se aliaron entonces con los cartagineses y se levantaron en armas contra Roma.

Las victorias de Aníbal se sucedieron y el terror que esto causó en Roma hizo que, tras la batalla entablada junto al lago Trasimeno, se eligiera como dictador a Quinto Fabio Máximo, quien conduciría la guerra con criterios defensivos. Ello no impidió que el 2 de agosto de 216 a.C. los romanos sufrieran en Cannas la máxima derrota de su historia. La caballería cartaginesa cercó las alas del ejército romano, provocando la muerte de casi cincuenta mil soldados enemigos.

El héroe vencido

Este fue el momento de mayor esplendor de la campaña de Aníbal. Luego sus ejércitos quedaron paralizados en Campania al no recibir ayuda para continuar su empresa; se alió más tarde con Filipo V de Macedonia; conquistó Tarento en 212 a.C.; intentó tomar Roma, pero abandonó Italia reclamado por Cartago tras un largo período de dificultades; fue vencido en Zama, quedando allí aniquilado el ejército cartaginés. Aunque atribuyó su derrota al egoísmo e incomprensión de los dirigentes cartagineses, de quienes no había recibido socorro, lo cierto es que los avances del ejército romano en otros frentes estaban cambiando el signo de la guerra. En 195 a.C. tuvo que huir a Tiro, en 188 a Creta y, después a la corte de Prusias en Bitinia. Allí los romanos, convertidos ya en la potencia hegemónica del Mediterráneo oriental, consiguieron que les fuera entregado.

El orgulloso Aníbal había pasado demasiadas penalidades como para acatar este infamante destino. Había sufrido numerosas heridas en combate, había salvado los crudos inviernos y los riscos de las altas montañas. Cruzando los neblinosos pantanos de Etruria, cuando los soldados no encontraban ningún lugar seco donde descansar su extenuación excepto los cadáveres de los caballos, él, montado en el único elefante que le quedaba, había sobrevivido a costa de perder un ojo. Antes que caer en manos de los enemigos contra los que se había juramentado desde niño, Aníbal, el héroe vencido, se envenenó.

247 a.C.	Nace **ANÍBAL**, hijo del general y estadista cartaginés Amílcar Barca.
238 a.C.	Sigue a su padre en las campañas de la península Ibérica.
229 a.C.	Muere Amílcar Barca en Elche.
221 a.C.	A la muerte de su cuñado Asdrúbal, Aníbal es proclamado jefe de los ejércitos.
219 a.C.	Aníbal pone sitio a Sagunto. Inicio de la Segunda Guerra Púnica. Emprende la extraordinaria aventura de llegar a Italia por tierra.
218 a.C.	Bate a los romanos en Trebia.
211 a.C.	Fracasa en su intento de tomar Roma.
202 a.C.	Es derrotado en Zama.
195 a.C.	Huye a Tiro y se refugia en la corte de Antíoco *el Grande*, rey de Siria.
188 a.C.	Antíoco lo deja huir a pesar de las exigencias de los romanos. Se traslada a Creta y luego a la corte de Prusias de Bitinia.
183 a.C.	Para evitar ser entregado a los romanos se envenena en Bitinia.

JULIO CÉSAR
(100 - 44 a.C.)

«En César hay muchos Marios», dijo Sila de Julio César, comparándolo con su tío Mario. Desde joven César demostró el carácter de los hombres destinados a regir la vida de un pueblo.

*I*ncansablemente los historiadores y los poetas han abundado en la gloria de César, el calvo gènial, el envidiado amante de Cleopatra, el invencible militar, el elocuente orador, el ambicioso político que acumuló para sí todos los poderes y prebendas, el dictador inmolado por los puñales de los senadores. Cicerón, Salustio, Lucano, Suetonio y Plutarco, entre tantos otros, dejaron constancia de su inteligente prodigalidad, de sus numerosos matrimonios, de sus impresionantes campañas bélicas y de la incomparable lucidez y determinación de su carácter.

En *Vida de los doce césares*, el desvergonzado Suetonio lo describe en toda su magnificencia, pero sin descuidar ninguno de los rasgos humanos, o demasiado humanos, que presentaba su figura: «Su estatura era, según cuentan, elevada, la tez blanca, los miembros bien conformados, el rostro algo lleno, los ojos negros y penetrantes, su salud buena, aunque en los últimos años solía perder de repente el conocimiento y sobresaltarse cuando dormía. Sufrió por dos veces un ataque de epilepsia mientras despachaba asuntos públicos. Era muy exigente en el cuidado de su persona, hasta el extremo de que no sólo hacía que lo afeitaran y le cortaran el pelo con todo esmero sino que incluso se hacía depilar, como algunos le reprocharon, y le enojaba mucho esa calvicie que tanto le afeaba y que le exponía, como había podido comprobar más de una vez, a las chanzas de sus enemigos. Por este motivo hacía caer más de una vez su escaso pelo desde la coronilla hasta la frente, y de cuantos honores le fueron concedidos por el pueblo y el Senado, no hubo ninguno que recibiera y usara con más agrado que el derecho de llevar siempre una corona de laurel.» (Libro I, 45).

Reina de Bitinia

Cuando César contaba diecisiete años, el 82 a.C., su tío Mario, cabeza del partido popular, fue derrotado por Sila en una espantosa guerra civil que elevaría a este último a la dignidad de dictador. El joven pertenecía, pues, a una noble familia afiliada al bando de los vencidos, aunque hasta entonces había podido sustraerse a las denuncias de sus adversarios y a la cruenta venganza de Sila. No obstante, al contraer matrimonio con Cornelia, hija de Cina, un encarnizado enemigo del dictador, se decidió a contravenir la inmediata orden de repudiarla enviada por Sila, y de ese modo ingresó en las listas de los proscritos, fue exonerado del cargo sacerdotal que ostentaba, hubo de exilarse y esconderse, y vio cómo se le arrebataba impunemente la dote de su esposa. Perseguido, enfermo y obligado a ocultarse cada noche en un lugar distinto, consiguió durante algún tiempo burlar a sus hostigadores, aunque en ocasiones hubiera de recurrir al soborno. Por fin obtuvo el perdón a regañadientes del hombre que gobernaba los destinos de Roma, el cual había columbrado enseguida el temible porvenir del muchacho cuando afirmó que *Caesari multos Marios inesse*, «en César hay muchos Marios», queriendo significar con esa frase el formidable peligro que entrañaba su resuelta personalidad.

Aunque salvado de la primera embestida del destino, sucumbió pronto a los reveses de la fama. Mientras realizaba su primer servicio militar en Asia, fue enviado por el pretor Marco Termo con una embajada a la suntuosa y corrompida corte del rey Nicomedes en Bitinia, y una vez cumplida su misión encontró un pretexto para volver a ella. No tardó en extenderse el rumor de que se había entregado a las veleidades sodomitas del monarca, lo que le procuró las injurias de todos y manchó gravemente su reputación. Sus enemigos le recordarían a menudo este oprobioso episodio, llegando a bautizarle con el infamante sobrenombre de *Bithynicam reginam*, «reina de Bitinia».

Pero de su arrojo y valentía en la batalla también dio muestras precoces y fehacientes, obteniendo en la toma de Mitilene, la actual isla de Lesbos, una corona de hojas de roble como reconocimiento a sus méritos bélicos. Luego sirvió en Cilicia, de donde regresaría precipitadamente a Roma enterado de la muerte de Sila y con el propósito de sumarse a la inminente revuelta encabezada por Marco Lépido. Sin embargo, no participó en la revuelta por desconfianza hacia el carácter de su principal promotor y por juzgar que la coyuntura no era favorable.

Consideró entonces que su formación aún no había sido completada y viajó a Rodas para estudiar retórica con Apolonio de Molón, un brillante y renombrado maestro quien encontró en su discípulo excelentes cualidades innatas para la elocuencia. Sólo Cicerón, que también había recibido lecciones de Apolonio, le superó entre sus contemporáneos en el arte de la oratoria.

Durante su viaje tuvo la desgracia de caer en manos de los piratas, quienes le impusieron un elevado rescate de 50 talentos. Enseguida envió a sus emisarios a juntar el dinero, pero hubo de permanecer durante cuarenta días en manos de sus secuestradores sólo con un médico y dos

Además de un extraordinario estratega militar, era un escritor de estilo elegante, como lo demuestran sus extraordinarias campañas de las Galias y Britania, a la que pertenece este grabado del siglo XVII que recrea su desembarco en Inglaterra, y libros como el De bello gallico, *del que Cicerón dijo que era «sobrio, sin artificio», «como un cuerpo que se hubiera despojado de su vestimenta».*

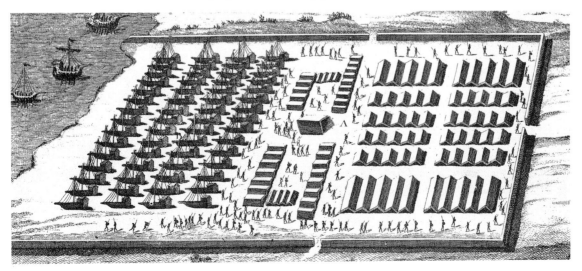

cubicularios, una suerte de ayudas de cámara, a sus órdenes directas. Durante este tiempo amenazó a los corsarios con que serían crucificados en castigo a su temeridad, y cuando, tras pagar el rescate, fue liberado en una playa, fletó inmediatamente una escuadra en su persecución. Cuando los hubo atrapado cumplió la promesa, dada en su cautiverio, pero indulgentemente los mandó primero degollar.

De la estirpe de Venus

De regreso en Roma, empeñó hasta su último sextercio en obtener su primer puesto público por sufragio popular. Nombrado por abrumadora mayoría tribuno militar, ayudó a los partidarios de restablecer la potestad tribunicia cuyas atribuciones habían sido grandemente menguadas por Sila, y así mismo consiguió la repatriación de los desterrados partidarios del insurrecto Marco Lépido. Más tarde, cuando ya había alcanzado la dignidad de cuestor —magistrado que tenía principalmente atribuciones fiscales—, pronunció un admirable discurso fúnebre tras la muerte de su tía Julia en el que hacía remontar su linaje a Venus. En efecto, la diosa era madre de Eneas, el piadoso héroe troyano cantado por Virgilio, quien a su vez era el progenitor de *Iulius*, también llamado Ascanio, fundador de la dinastía Julia, a la que César pertenecía.

César celebró nuevas nupcias con Pompeya, nieta de Sila; se divorciaría de ella cuando fue incriminada en un proceso por haber sido seducida por Publio Clodio. Según las malas lenguas, éste se había aprovechado de la fiesta de la *Bona Dea*, original solemnidad romana a la que sólo tenían acceso las mujeres, y vestido como una de ellas se había colado subrepticiamente en la casa de César. Éste no quiso dar crédito a la denuncia

y absolvió a ambos del delito de adulterio en el que se habían visto inculpados. Todo el mundo se asombró de que aun así repudiara a su esposa, pero él contestó con una frase que se ha hecho famosa: «la mujer de César no sólo debe ser casta, sino parecerlo».

En ejercicio de sus funciones de gobierno se trasladó a la Hispania Ulterior. Cuentan que César lloró ante la estatua de Alejandro Magno, erigida en la ciudad de Cádiz, pensando en qué poco podía parangonarse su carrera con la del conquistador de Oriente y cuánto deseaba emular en su fuero interno al invencible general macedonio. No había nada que César ambicionara más que el poder político y la gloria histórica. En cierta ocasión quedó trastornado por un sueño en el que aparecía violando a su propia madre, pero los adivinos le profetizaron por ello buenos augurios, puesto que interpretaron que la madre simbolizaba la Tierra, madre de todas las cosas, y ello significaba que se adueñaría del mundo. Y lo cierto es que, vertiginosamente, fue acumulando dignidades en los años sucesivos: edil, pontífice máximo, pretor, cónsul..., jalones todos ellos para hacerse con el poder absoluto en Roma. Al final de su vida había obtenido, violentando la ley,

varios consulados seguidos, y disfrutaba de la dictadura perpetua, de la prefectura de las costumbres, del prenombre de Imperator, del sobrenombre de Padre de la Patria, de una estatua entre los reyes, de un trono de oro en la curia y de un mes designado con su nombre del que aún hoy hace uso el Occidente entero. Cicerón escribió en *Sobre los deberes* que Julio César repetía a menudo estos versos de Eurípides: «Cuando está de por medio un trono sé quebrantar el Derecho, fuera de este caso mi vida está consagrada al deber» (Libro III).

Alea iacta est

Todos sabemos que César conquistó las Galias y que escribió sobre ello un libro, *De bello gallico*, elogiado por Cicerón como «sobrio, sin artificio, elegante», «como un cuerpo que se hubiera despojado de su vestidura». En aquella campaña, según afirma Plutarco, tomó mil ochocientas ciudades, venció a tres millones de adversarios, un millón de los cuales murió y otro fue hecho prisionero, y sometió bajo su égida a trescientos pueblos. Al final de esta guerra y del libro, César

ha de volver a Italia, pero duda si hacerlo acatando las órdenes del Senado o revolverse contra él, porque en Roma le estaban aguardando varias legiones al mando de su enemigo Pompeyo: «Nadie dudaba de lo que se tramaba contra César —escribe en las últimas líneas de su obra el propio César—; no obstante, éste decidió que debía soportarlo todo mientras le quedase alguna esperanza de decidir legalmente el conflicto antes de recurrir a las armas.»

En esa tesitura, vacilante e indeciso, se hallaba frente al pequeño río Rubicón, que separa la Galia Cisalpina de Italia, cuando, según unos por su proverbial osadía y según otros por imperativo de los hados, fue presa de un impulso irrefrenable y arrastró sus tropas tras de sí exclamando *Iacta alea est*, «¡la suerte está echada!» Esta acción desencadenaría la guerra civil: ocupó Picenas, Umbría y Etruria, se dirigió a Brindisi a interceptar el paso a Pompeyo, aunque no lo consiguió, y volvió sobre sus pasos para entrar en Roma, convocó al Senado e impuso sus condiciones. La batalla definitiva tendría lugar en Farsalia, epopeya cantada por Lucano en versos inmortales. El poeta describe a Pompeyo «en el declinar de sus años hacia la vejez», como «sombra de un

La Vía Apia (arriba) fue testigo del ir y venir de Julio César, descrito por Lucano como un hombre «fogoso e indomable», que iba allí «dondequiera que le llamara la esperanza o la cólera».

gran nombre», y a César como «fogoso e indomable», un hombre que acudía a actuar «dondequiera que le llamara la esperanza o la cólera». Allá se encontraron «enseñas leonadas frente a enseñas iguales y hostiles, idénticas águilas frente a frente y picas amenazando idénticas picas». Plugo a los dioses que la victoria se inclinase a favor de César. Por fin, persiguió a su enemigo hasta Alejandría donde, finalmente, se lo entregaron ya muerto.

En aquella prodigiosa ciudad egipcia topó con la nariz de Cleopatra, remontó con ella el Nilo y se hubiera demorado mucho más en tan placentera compañía si sus tropas no hubiesen dado muestras de impaciencia. Venció a los enemigos de la reina en circunstancias adversas, la elevó al trono de Egipto, engendró en ella un hijo que se llamó Cesarión y la llevó a Roma para desesperación de los moralistas. Antes de su regreso, hubo de sofocar también la rebelión de Farnaces, hijo de Mitrídates, que se había levantado en el Ponto. Cinco días después de llegar, le presentó batalla y en unas cuantas horas devastó las tropas enemigas. Inmediatamente cursó al Senado romano una célebre y lacónica relación de los hechos: *veni, vidi, vici*, «llegué, vi, vencí». Jamás fue derrotado personalmente en ningún combate que entablase, aunque sí lo fueron sus generales, y en sus últimas intervenciones como estratega ven-

ció a Escipión y a Juba, que intentaban reanimar en África los vestigios del partido desbaratado durante la guerra civil, así como a los hijos de Pompeyo en Hispania.

Como consecuencia de esta última lid disfrutó los honores del triunfo en Roma por quinta vez, porque la primera había sido para celebrar su victoria sobre los galos, en cuyos festejos accedió al Capitolio flanqueado por cincuenta elefantes portadores de antorchas. Estos festejos solían ir acompañados de grandes muestras de munificencia por parte del homenajeado, que ofrecía dinero a espuertas, colaciones suntuosas y magníficos espectáculos. Suetonio los describe: carreras de cuádrigas, bigas y carros, representaciones mímicas, riñas entre fieras salvajes, contiendas de gladiadores y naumaquias, (batallas navales organizadas en un lago artificial...).

En los últimos años de su vida despertó la suspicacia de sus enemigos, temerosos de que la abrumadora acumulación de cargos y privilegios que recaían en su persona terminase por darle la puntilla a la desvencijada República y César se proclamase a sí mismo rey. De hecho, algunos comentaristas ponen en su boca estas jactanciosas y desafiantes palabras: «La República no es nada, es sólo un nombre sin cuerpo ni figura». Pese a todo, este hombre que resistía la fatiga más allá de lo verosímil, bebía morigeradamente y había acaparado una rica colección de joyas y antigüedades —se decía que había hecho incursión en Bretaña con la sola esperanza de hallar perlas en la isla— en tiempos de paz se ocupó de administrar justicia con probidad, embelleció Roma, enmendó el calendario dejándolo en 365 días al año con uno de cada cuatro bisiesto tal como aún lo respetamos hoy y se entregó con incontinencia a los placeres sensuales. Muchas fueron según la florida leyenda las mujeres de la nobleza que sedujo, pero su favorita fue Servilia, a quien benefició con lujosos regalos. Este amor sufriría un patético revés en el instante mismo de su muerte, cuando descubrió al hijo de aquélla, Bruto, a quien había acogido como hijo adoptivo y colmado de honores, formando parte de los conjurados en los idus de marzo para dar muerte al dictador. La sanguinaria escena, augurada por los adivinos y que desataría una nueva guerra fratricida, acredita, siguiendo la descripción de Suetonio, la postrera elegancia del héroe:

En los años que precedieron su muerte, Julio César despertó la suspicacia de sus enemigos, quienes temían que su poder acabara con la República y se autoproclamara emperador. Pese a ello, en tiempos de paz, César embelleció Roma, administró la justicia con probidad, promulgó el calendario juliano dejando el año en 365 días y no desdeñó el ocio ni los placeres sexuales. De él se decía que había seducido tanto a los hombres como a las mujeres más hermosas de la nobleza romana y a la inteligente y bella Cleopatra. Al final, su encanto personal no evitó que Bruto, su hijo adoptivo, conspirara contra él. Muerte de César, *cuadro de Karl von Piloty (Landesmuseum, Hannover, Alemania).*

«Entonces, al darse cuenta de que era el blanco de innumerables puñales que contra él se blandían de todas partes, se cubrió la cabeza con la toga, y con la mano izquierda hizo descender sus pliegues hasta la extremidad de las piernas para caer con más dignidad.»

100 a.C.	13 de julio: nace **CAYO JULIO CÉSAR.**
82-79 a.C.	Dictadura de Sila. César es nombrado sacerdote de Júpiter. Rompe su compromiso con Cosutia y se casa con Cornelia. Sila lo persigue.
78 a.C.	En Bitinia se convierte en el amante de Nicomedes.
75-74 a.C.	Viaja a Rodas para recibir lecciones de retórica de Apolonio de Molón, maestro de Cicerón.
73 a.C.	Es elegido tribuno militar.
69 a.C.	Muere Cornelia tras quince años de matrimonio.
68 a.C.	Muere su tía Julia. Ingresa en el Senado como cuestor de la Hispania Ulterior.
63 a.C.	Conjuración de Catilina.
60 a.C.	Inicio del llamado «Primer Triunvirato», acuerdo secreto entre Pompeyo, Craso y César.
58-51 a.C.	César conquista las Galias.
55-54 a.C.	Campañas de César en Bretaña.
49 a.C.	César cruza el Rubicón.
48 a.C.	Batalla de Farsalia. Muerte de Pompeyo. César, dictador.
47 a.C.	El 2 de agosto derrota en Zela a Farnaces.
45 a.C.	Se celebra en Roma el triunfo de la última victoria de César sobre los hijos de Pompeyo.
44 a.C.	El 15 de marzo es asesinado por los senadores, entre los que se halla su hijo adoptivo Bruto.

CLEOPATRA
(69-30 a.C.)

La hermosa y legendaria Cleopatra tenía sólo diecisiete años cuando, presentándose desnuda ante Julio César, cautivó al maduro general romano. Éste, tras derrotar a las últimas legiones de Pompeyo y ejecutar a aquellos que lo asesinaron, se convirtió en el hombre más poderoso del mundo e hizo de la joven princesa la que sería la última reina de Egipto. Cleopatra, mujer culta, inteligente y ambiciosa, perteneciente a la estirpe macedonia de los Lágidas e hija de Tolomeo XII Auletes, no dudó en utilizar todo su talento intelectual y su capacidad de seducción para tener el poder del reino. Tras la muerte de Julio César, su aliado y amante fue el noble Marco Antonio, con quien tuvo tres hijos y compartió la muerte. Escultura de Balzico (Galería de Arte Moderno, Roma.)

*E*n las intrincadas callejuelas de Alejandría reina la confusión, el terror de los vencidos y el tiránico albedrío de los soldados victoriosos. Octavio, el futuro Augusto, ha dado caza por fin a los sediciosos amantes derrotados en Actium, y todos buscan afanosamente a la odiosa Cleopatra y al hombre más noble de la Tierra, a Marco Antonio, quien en los últimos meses se ha entregado, según las noticias, a una negra misantropía.

El suicidio de un dios

Desde que el vengador de César huyera vergonzosamente de la batalla de Actium para seguir la nave de su amante, traicionando así la confianza depositada en él por su tropas, había edificado en el puerto occidental un templo en honor de Timón *el Misántropo*, había fundado una patética secta de adeptos al suicidio, en fin, había perdido la cordura. El glorioso romano que engrandeció Oriente, que conquistó Fenicia, Celesiria, Chipre, una parte de Cilicia, de Judea y de Arabia, el mismo que fue deificado en Éfeso, se había escabullido y buscado un lugar solitario para ejecutar su última voluntad. Octavio encontró su cuerpo inerte, arrojado con serena determinación sobre su espada, y todos se sobrecogieron ante el imponente espectáculo del suicidio de un dios. Pero, ¿dónde se había refugiado Cleopatra?

Cleopatra contaba sólo diecisiete años cuando fue entronizada reina de Egipto (51 a.C.), un imperio agonizante tras cincuenta siglos de esplendor. Previamente había contraído matrimonio, según la costumbre, con su hermano Tolomeo XIII, impotente y cómico monarca a sus tiernos diez años. Mudado en jardín de infancia, el suntuoso palacio alejandrino permanecía no obstante alerta ante el incierto duelo entre César y Pompeyo, de cuyo resultado pendían los destinos del mundo. Por su parte, el preceptor del joven Tolomeo, el eunuco Potino, conspiraba para gobernar por su cuenta.

Mujer culta, altanera, ladina y ambiciosa, dotada por la naturaleza y el artificio de las más bellas y peligrosas prendas, Cleopatra hablaba numerosos idiomas, incluidos el latín, el hebreo y el árabe. Había convertido en su amante a Cneo Pompeyo, primogénito de Pompeyo *el Grande* y cabeza de una breve pero asombrosa lista de generales seducidos por su majestad y su ingenio. Con su ayuda pretendía asumir el poder en solitario, pero esta primera mano de su triunfante carrera como tahúr le costará el exilio. No se dio por vencida y, cuando ya se preparaba para asestar un nuevo golpe a las tropas leales a su hermano, recaló en las costas egipcias el vencido Pompeyo, quien confiaba en encontrar allí asilo pero que recibió pronto una muerte infausta. La inminente llegada de Julio César a Alejandría abrirá para Cleopatra las puertas monumentales de la Historia, que la temeraria muchacha no dudó un instante en traspasar vestida con el incorruptible traje de la leyenda.

El viejo y la niña

César, por entonces un hombre maduro, en la plenitud de su gloria y de su lucidez, se alojaba en las dependencias del antiguo palacio de la realeza

Marco Antonio repudió a su esposa Octavia para casarse con Cleopatra, a cuya disposición puso todo su poder político y militar. Enfrentados a Roma, la derrota naval en Actium (31 a.C.) condujo a ambos al suicidio.

egipcia y pasaba las noches en vela, bebiendo vino, temeroso de las bellaquerías de Potino. Un día, después de atardecido, recién arribada a puerto y en la sola compañía del siciliano Apolodoro, compareció ante su presencia Cleopatra. Para burlar a la guardia, venía enfundada en el más picante de los envoltorios, escondida dentro de un basto saco y arrebujada entre lujosas telas orientales. Como Venus saliendo de su concha, poco a poco fue entreviéndose la piel sedosa, desnuda y perfumada de una pícara adolescente de veinte años. Luego la imaginación popular hablaría de la entrada triunfal de Cleopatra enrollada en ricas alfombras orientales, de una trampa calculada y original para deslumbrar al romano, pero la escena pudo ser en realidad mucho más tierna, accidental y doméstica.

Pero puesto que le iba a ser imposible gobernar desde el trono, Cleopatra se las ingenió para gobernar desde el lecho. Al lado de su amante resistió la feroz revuelta acaecida en la ciudad entre agosto del 48 y enero del 47 a.C., en una de cuyas tumultuosas refriegas perecieron bajo las llamas miles de preciosos libros de la gran Biblioteca de Alejandría. Habiéndose ahogado su hermano en la última batalla, Cleopatra se dedicó a hacer de cicerone para el vetusto extranjero y juntos re-

Ante la presencia de sus damas Iras y Carmiana, Cleopatra se hizo morder los senos por sendas serpientes, en una escena que Jean-André Rixens inmortalizó en el lienzo La muerte de Cleopatra, *arriba (Museo de Bellas Artes de los Agustinos, Toulouse, Francia).*

montaron con gran pompa el Nilo, hasta Etiopía, visitando las antigüedades egipcias. Tamaña exhibición de insolencia, que atrajo hacia la omnipotente pareja las más enconadas iras, se repitió tal vez luego en la opulenta Roma. El contradictorio mito fabricado alrededor de esta nueva y pérfida Helena quiere que la voluptuosa reina llevase su audacia tan lejos como para desfilar, fastuosamente engalanada, por las avenidas de la capital del mundo. Sea como fuere, en el aciago idus de marzo del año 44 a.C., su protector, el padre de su hijo Cesarión, es muerto por las dagas de los senadores, y de este modo se cierra un capítulo rutilante de su biografía para dar paso a otro aún más romántico, inmortalizado por Shakespeare en *Antonio y Cleopatra.*

Dueño Marco Antonio del Imperio tras vencer a los asesinos de César, la reina fue a encontrarse con él en Siria, y esta vez no se presentó ataviada de insinuantes promesas de placer, sino ostentosamente exornada de joyas en una barcaza de oro. Deslizándose sensualmente por las aguas, centro de una constelación de destellos, ofreció al rudo militar el espectáculo de su magnificencia, organizó para él una representación donde Afrodita, interpretada por la propia Cleopatra, aparecía rodeada de gracias y cupidos, y por fin se consumó la aparatosa seducción en la febril intimidad de la alcoba. Heredera de una lejana tradición sibarita, la reina se convirtió en la iniciadora del austero Marco Antonio a un sofisticado epicureísmo y, gracias a una astuta y deliberada volubilidad, mantuvo incesantemente encendida la pasión del romano. En un memorable pasaje del drama de Shakespeare, Cleopatra manda a una dama de su séquito en busca de Antonio con este sibilino recado: «Ved dónde está, con quién y qué hace; obrad como si yo no os hubiera enviado. Si le encontráis triste, decidle que bailo; si le halláis alegre decidle que he caído súbitamente enferma.»

La Nueva Isis

La ciudad fundada por Alejandro en el siglo IV a.C. fue de nuevo entonces, durante un breve lapso de tiempo, la capital de Oriente, mientras la parte occidental del Imperio quedaba en manos del sobrino de César, Octavio. La reina dio a luz tres hijos, a los que puso significativamente los nombres de Alejandro, Cleopatra Selene y Antonio, que serían más adelante educados en Roma, y el hombre más poderoso del mundo fue elevado a la condición de dios, erigiéndose en su honor un templo, llamado luego Caesareum, que fue adornado con dos obeliscos antiguos conocidos como las Agujas de Cleopatra. Antonio, que durante este período adquirió y repudió a su esposa romana, Octavia, hermana de Octavio, hizo que Cleopatra fuera igualmente adorada como diosa con el nombre de Nueva Isis y Cesarión fue coronado con el rimbombante título de Rey de Reyes. Los egregios amantes parecían disfrutar de un poder ilimitado, hasta el punto de que Pascal pudo escribir, muchos siglos después, aludiendo al rasgo fisonómico más llamativo de la reina, que los destinos humanos estuvieron sometidos a los caprichos más fútiles, porque «si la nariz de Cleopatra hubiera sido más corta, la faz de la Tierra hubiera cambiado».

Pero la historia cruenta arrasó la felicidad pública y furtiva de los amantes. En Roma, las noticias sobre sus excesos habían suscitado animadversión unánime, de la que el propio Horacio se hace eco con violentas invectivas. El poeta celebrará su muerte con el mejor vino del barril más viejo, porque, según él, Cleopatra estaba urdiendo los funerales y minando los cimientos del Imperio. Así escribe: «Una manada de hombres viciosos/ la mantenían en su demencia,/ y ella, embriagada por la Fortuna,/ creyó propicia tenerla siempre.»

Sin embargo, el revés de la Fortuna tiene un nombre y una fecha precisos, Actium, batalla librada el 2 de septiembre del año 31 a.C. En ella, las naves de Octavio descalabraron irreversiblemente el gigantesco ejército de Antonio. Al parecer, Cleopatra se habría puesto en fuga antes de tiempo, y su enamorado, preso de la desesperación, en un gesto indigno e infamante, la siguió.

El penúltimo acto de la tragedia está teñido de sordidez y es también él último de una fúnebre nobleza. El vencedor persigue implacablemente al enemigo; en la pareja se producen turbios resentimientos y desavenencias; al entrar Octavio en Alejandría, Cesarión es inmediatamente asesinado y Marco Antonio se da muerte. Nadie encuentra a la vencida reina, a la mujer más bella del mundo, a la lasciva y temible criatura que ha hecho vulnerables, con las añagazas de una concubina y las habilidades fascinadoras de una sacerdotisa, los bastiones más firmes del Imperio.

La sucia boca del áspid

Ahora todo había terminado. Cleopatra ya no era la adolescente caprichosa de la que se enamorase el infeliz Cneo Pompeyo, ni la deslumbrante joven que hacía las delicias del embelesado Julio César, ni la hábil cortesana que gobernaba desde el tálamo la voluntad de Antonio. No podía esperar a sus treinta y nueve años ni la compasión del fanático Octavio ni que sucumbiese al regalo de las caricias, la música y el perfume del ámbar. Pero le quedaba la dignidad y el orgullo de una raza sutil, el valor de enfrentarse a una muerte ritual ante el dolor y la admiración de sus damas Iras y Carmiana. Cleopatra se levanta y camina majestuosa, levemente, hacia la cesta de mimbre donde se agitan las sierpes rumorosas. Al levantar la tapa, un hedor animal provoca un mohín bajo la nariz más controvertida de la Tierra. Mira detenidamente, retadora y resignada, la piel viscosa y la forma extrañamente retorcida del áspid. Luego descubre sus senos y una agónica voluptuosidad recorre sus entrañas. Toma con firmeza del cuello las inquietas serpientes. Ha sido una virgen temeraria, una bailarina huidiza en la intimidad de la alcoba, una misteriosa reina y una falsa diosa. Todo está consumado. Tiene los ojos abiertos. Con sombría nobleza aplica sobre sus pechos desnudos las bocas venenosas.

69 a.C.	Nace en Alejandría **CLEOPATRA**, hija del rey de Egipto Tolomeo XII Auletes.	
51 a.C.	Cleopatra, reina de Egipto a la muerte de su padre.	
49 a.C.	9 de agosto: derrota de Pompeyo en Farsalia y posterior asesinato en Egipto.	
48 a.C.	Julio César, vencedor de Farsalia, entra en Alejandría.	
48-47 a.C.	César y Cleopatra resisten las revueltas de la capital egipcia. Incendio de la Biblioteca de Alejandría.	
44 a.C.	15 de marzo: asesinato de Julio César en Roma. Alianza de Cleopatra con Marco Antonio, gobernador de Oriente.	
39 a.C.	Marco Antonio deifica a Cleopatra con el nombre de *Nueva Isis*.	
31 a.C.	Augusto derrota a Marco Antonio y Cleopatra en la batalla de Actium.	
30 a.C.	Tras la muerte de Marco Antonio, suicidio ritual de Cleopatra.	

LUCIO ANNEO SÉNECA
(h. 3 a.C.-65 d.C.)

Siglo y medio antes del nacimiento de Séneca (3 a.C), se había establecido en Córdoba, Hispania, la *gens Annaea,* una familia patricia (hombres de abolengo, amparados por el dios Júpiter) procedente de Roma que enseguida emparentó con los indígenas. Descendiente de ella era su padre, Marco o tal vez Lucio, que fue un retórico conservador de moral rigurosa perteneciente a la «orden ecuestre», clase terrateniente privilegiada en las votaciones para la provisión de cargos públicos, aunque es muy probable que su adscripción a la misma fuera reciente. Su madre, la noble Helvia Albina, descendía de un opulento e ilustre linaje cordobés, acaso hispanorromano. Fueron sus hermanos Marco Anneo Noveto y Marco Anneo Mela, este último padre del poeta Lucano, autor de la *Farsalia,* impresionante monumento literario que canta la batalla decisiva de la guerra civil romana librada entre César y Pompeyo. La familia se radicó en Roma durante la era de Augusto (27 a.C.-14 d.C.), donde el joven Lucio recibió hasta los dieciocho años una provechosa formación de retórica a cargo del orador Fabiano Papirio. No obstante, su verdadero mentor fue el filósofo estoico Attalo, y también recibió influencias del pitagórico Soción, aunque pronto, siguiendo su exacerbada inclinación hacia el lujo y las fortunas rápidamente amasadas, abandonó sus veleidades filosóficas en favor de las más rentables, desde un punto de vista crematístico, actividades abogadescas.

El irresistible ascenso de la sabiduría

A causa de sus endémicas dolencias, buscó un cambio de aires en Alejandría cuando contaba poco más de treinta años, y fue a residir a casa de su tío el prefecto Cayo Galerio en la egregia ciudad helenística. A su regreso a Roma, reanudó sus prácticas como orador y también publicó *Del país y religión de los egipcios,* una obra que no ha alcanzado la posteridad. Obtuvo el rango de cuestor, magistrado que se ocupaba de la Hacienda pública, en el año 33- 34, cuando los destinos del Imperio estaban en manos de Tiberio. En el período dominado por su sucesor, Calígula, Séneca adquirió una enorme reputación en el Senado, pero su suerte sufrió un grave revés al ser procesado por estupro, delito concerniente al comercio carnal con una menor, en la persona de Julia Livilla, por lo que fue condenado al destierro en la isla de Córcega.

Nacido en la Córdoba romana y educado en el estoicismo por Attalo, Séneca tuvo una vida cuya conducta no siempre coincidió con su pensamiento. El autor de Consolationes *y de* De Providentiae *fue acusado de estupro y de enriquecerse abusivamente.*

Influido por estas amargas circunstancias, víctima del aislamiento y de la postergación, compuso sus tres célebres *Consolationes*, el tratado filosófico *De providentiae* y sus violentas y apasionadas tragedias. Siete años después, durante el frágil gobierno de Claudio, fue exonerado de su castigo y pudo volver a Roma, pero de su ingratitud hacia el emperador dejó prueba fehaciente en *Apocolocyntosis*, obra en la que Claudio aparece transformado en calabaza.

Fue preceptor del joven Nerón, que cuando disfrutó del rango imperial lo mantuvo como auténtico timón del Imperio. No obstante, progresivamente el emperador irá adquiriendo los más abominables vicios y entregándose a toda suerte de depravaciones, y, por último, se convertirá en el verdugo de su maestro. Siendo testigo cotidiano de la degradación del incendiario de Roma, Séneca escribirá *De Clementia ad Neronem* y *De vita beata* asumiendo radicalmente los resignados preceptos del estoicismo. Mas en el ínterin, el pregonero de la moderación y de la austeridad se había enriquecido abusivamente si hay que dar crédito a las denuncias de que fue objeto por haber acumulado «trescientos millones de sextercios en cuatro años».

A pesar de todo, permaneció en la corte durante ocho años, tiempo en que se ocupará de la redacción de *De tranquillitate animi*, *De otio* y *Naturales quaestiones*, antes de retirarse de la vida política convencido de la irreversible locu-

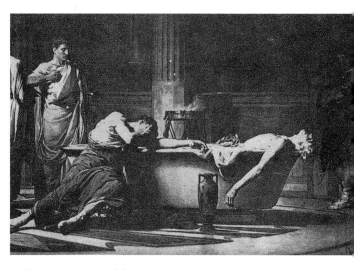

Séneca, preceptor del joven Nerón, conspiró contra él en el bando de Cayo Calpurnio Pisón y, tras fracasar, se suicidó. Muerte de Séneca, *de Manuel Domínguez Sánchez (Museo de Arte Contemporáneo, Madrid).*

ra del emperador. Posteriormente corrigió las tragedias, escribió *Epístolas a Lucilio* y militó en las filas de Cayo Calpurnio Pisón para derrocar la infame y caprichosa tiranía de Nerón. Desbaratada la conspiración, fue condenado a quitarse la vida abriéndose las venas, al igual que otros literatos, como su sobrino Lucano, a quien por envidia el emperador le había prohibido escribir versos, y el autor del *Satiricón*, Petronio, maestro de la narrativa realista y burlona.

h. **3 a.C.**	**LUCIO ANNEO SÉNECA** nace en Córdoba, Hispania, a la sazón provincia romana.
12 d.C.	La familia de Séneca se instala en Roma.
29	Se traslada a Alejandría para restaurar su precaria salud.
33-34	Obtiene la dignidad de cuestor y poco después el rango de senador.
42	Es procesado por estupro a causa de sus relaciones con Julia Livilla. Destierro en Córcega.
54	Nerón, discípulo de Séneca desde los once años, es nombrado emperador.
62	Nerón se divorcia de Octavia, la destierra y le da una muerte cruel; luego se casa con Popea. Séneca abandona la vida pública.
64	En verano, un incendio que dura seis días devasta Roma.
65	Conjura contra el régimen de terror capitaneada por C. Calpurnio Pisón. Son forzados a quitarse la vida los poetas Lucano y Petronio, autor del *Satiricón*. El filósofo sufre una muerte premiosa y truculenta ordenada por el emperador.

CALÍGULA
(12-41)

*Calígula, el sucesor del cruel y caprichoso Tiberio, fraguó su fama
histórica en las más sádicas excentricidades y en los más
horrendos y extravagantes crímenes, que, en palabras de Suetonio,
eran «obras más bien de un monstruo» antes que de un emperador.
Busto anónimo (Museo Arqueológico de Berlín, Alemania).*

*C*alígula era hermoso y se maquillaba para que su aspecto resultara siniestro, fue pródigo en crueldades y padeció la demencia más célebre y extravagante de todas cuantas se han reseñado en los anales de la Historia. Su rostro era extremadamente blanco, su estatura elevada, sus brazos y piernas de una deslucida delgadez que afeaba un tanto su espléndida estampa. Tenía hundidos los ojos y las sienes, la frente despejada, pocos cabellos en la cabeza y abundantes en el resto del cuerpo. Desde niño sufría ataques de epilepsia y desvanecimientos, y estaba aquejado de insomnio. Su locura la atribuyen algunos a un raro filtro de amor que le dio a beber su amante Cesonia, otros a una exacerbada egolatría combinada con insuperables ataques de terror. En cierta ocasión deseó que el pueblo romano tuviera una sola cabeza para poder degollarlo de un solo tajo. No obstante, cuando fue promovido al trono hubo en Roma una general explosión de regocijo. Disfrutaba de una enorme popularidad merced a su atractivo y al buen recuerdo que todos guardaban de su padre.

La hastiada y maltrecha nobleza romana no podía sospechar que el hijo del gran cónsul y general Germánico aventajara en crueldad y sobrepasara con creces los caprichosos crímenes de su abuelo y antecesor Tiberio.

El hombre que pedía la luna

En la admirable obra teatral de Albert Camus titulada *Calígula*, el dramaturgo retrata un emperador benéfico en su juventud, que «era como es debido: escrupuloso e inexperto», pero aquejado del vano sueño de alcanzar la luna. En la ficción, incapaz de resignarse a no satisfacer su deseo, abomina de toda virtud y practica cínicamente el más disparatado despotismo. Al final de su vida, Camus pone en su boca estas palabras: «Hubo un tiempo en el que creí haber llegado al límite del dolor. Pues bien, no, todavía es posible ir más lejos. En el confín de esta comarca hay una felicidad estéril y magnífica.» (Acto IV. Escena XIII.) Cayo César Augusto Germánico, había nacido en los cuarteles y compartió su infancia y su primera juventud con los soldados, quienes le pusieron el sobrenombre de Calígula, que viene de *cáliga*, sandalia que calzaban las legiones hasta el grado de centurión, consistente en una gruesa suela de cuero guarnecida de clavos, a la que iban cosidas una serie de tiras paralelas. Su padre, Germánico, pronto sería víctima de las malas artes de Tiberio, quien contó con la complicidad de Cneo Pisón, por entonces gobernador de Siria, para deshacerse de un peligroso competidor que a sus treinta y cuatro años se hallaba en la cumbre de la popularidad y la gloria. Tras esta infamia, la multitud encrespada apedreó los templos y después guardó luto inconsolable.

Dotado precozmente para la oratoria, Calígula pronunció en el año 29 el elogio fúnebre de su bisabuela Livia, la maquiavélica esposa del emperador Augusto, con quien había vivido algunos años tras el destierro de su madre Agripina. Ésta había sido igualmente diana de las crueldades de su propio padre, Tiberio, quien la envió a la isla Pandataria tras hacer que un centurión le propinara tan violenta paliza que le vació un ojo. Allí trató de dejarse morir de hambre, pero se lo impidieron haciéndole ingerir alimentos abriéndole la boca por la fuerza. A pesar de todo, merced a su tenacidad consiguió quitarse la vida y Tiberio, airado, propuso al Senado que se declarase nefando el día de su nacimiento.

A los diecinueve años, Calígula vistió en Capri la toga viril y se afeitó por primera vez la barba, ceremonias de ingreso en la vida pública, pasando a residir en la corte de su abuelo Tiberio. Su comportamiento fue en relación al emperador de un oprobioso servilismo, dando pábulo a toda suerte de injurias y humillaciones, que él soportaba con infinito disimulo. Por el contrario, le gustaba asistir a las torturas y ejecuciones, donde se refocilaba con el sufrimiento de los condenados. En realidad, aguardaba pacientemente el momento de tomar venganza sobre Tiberio, para lo cual contó con la complicidad de Macrón, quien lo estranguló con sus propias manos y le entregó el anillo imperial. Un liberto asistió a la espantosa escena y prorrumpió en gritos, por lo cual fue inmediatamente crucificado.

Este crimen fue saludado unánimemente como una liberación y Calígula fue aclamado por el Senado y por las muchedumbres esperanzadas como el emperador que habría de enmendar los desafueros del odiado Tiberio. Y en efecto, las primeras medidas del encumbrado joven hicieron que se granjeara la gratitud y la simpatía de la plebe, los senadores y los soldados. Decidió que, en memoria de su padre, el mes de septiembre se llamara Germánico, concedió el consulado a su tío Claudio, futuro emperador, pero que hasta entonces había sido objeto de enconadas burlas y relegado a las más modestas dignidades, confirió el título de Príncipe de la Juventud a su hermano adoptivo Tiberio. Fue pródigo en sextercios, en halagos y en maravillosos espectáculos públicos, terminó el templo de Augusto y el teatro de Pompeyo, mostró ostentosamente respeto por el Senado, hizo regresar a los exiliados y castigó a los culpables de delación bajo Tiberio. Pero, inopinadamente, a los ocho meses de haber satisfecho con largueza las expectativas más optimistas de sus súbditos, dio un giro copernicano a su generosa política.

La metamorfosis del monstruo

Hactenus quasi de principe, reliqua ut de monstro narranda sunt, escribe Suetonio sobre Calígula en *Las vidas de los doce césares*. O sea: «Lo que hasta aquí he dicho cuadra con un emperador; las cosas que de aquí en adelante he de contar son obra más bien de un monstruo» (*Calígula*, 22). Y el biógrafo enumera a renglón seguido una retahíla interminable de crímenes atroces y de sádicas excentricidades. Para empezar y sin simulacro de juicio alguno, Calígula ordenó ejecutar a quien

Asesinado Tiberio con la ayuda de Macrón, Calígula fue aclamado como emperador y los primeros ocho meses de su gobierno fueron como la calma que precede a la tempestad. En ese tiempo satisfizo las expectativas optimistas del pueblo, hizo ostentación de su respeto al Senado y halagó a las masas con extraordinarios espectáculos públicos en el Coliseo. Pollice verso, *lienzo de Jean-Léon Gérome (Museo del Louvre, París).*

le había permitido acceder al trono, su secuaz Macrón. Nadie sabe cuáles fueron las causas de esta espiral de horror y demencia, pero durante los años sucesivos Roma asistió a una intolerable elevación de los impuestos, a la introducción en palacio del ceremonial propio de las monarquías orientales y al desaforado endiosamiento del emperador que llegó a exigir honores similares a los de Júpiter.

El megalómano Calígula hizo construir un puente que unía su residencia con el templo del padre de los dioses olímpicos y solía oírsele amenazar a Júpiter diciéndole: «O acabarás tú conmigo o acabaré yo contigo».

Fue amante de todas sus hermanas, y tal vez desfloró a una de ellas, Drusila, a quien casó luego con el cónsul Lucio Casio Longino sólo para darse después el gusto de arrebatársela. Cuando la joven falleció en el año 38, ordenó que se suspendieran todos los actos públicos y prohibió a los romanos, bajo amenaza de la pena capital, reír, bañarse y sentarse a la mesa con la familia.

Hacía que sus esclavos poseyeran en público a sus otras hermanas, Agripina y Livila, a quienes quería mucho menos, e incluso las condenó por adulterio después de sofocar la rebelión contra él encabezada por Emilio Lépido, ex-esposo también de Drusila.

Al igual que Rómulo y Augusto, que habían contraído matrimonio respectivamente con Hersilia y Livia después de robárselas a sus maridos, despojó de su legítima esposa al patricio G. Pisón durante el banquete nupcial y se la llevó consigo.

Se encaprichó sobre todo con Cesonia, una mujer entrada en años y que no descollaba por su belleza, pero que le ofrecía los placeres más ardientes y lujuriosos, y más tarde le concedió el título de esposa tras dar a luz a su hija Julia Drusila, una niña que tempranamente dio muestras de su crueldad arañando a sus compañeros de juegos en el rostro y en los ojos.

Tenía la costumbre de hacer marcar a ciudadanos de honorable condición con hierro candente. Cuenta Suetonio que «dio la orden de que cortaran la lengua a un caballero romano que, al ser arrojado a las fieras, gritaba que era inocente, y dispuso que volvieran a echarlo a la arena». A

otro que había echo votos de combatir como gladiador si Calígula se restablecía de una grave enfermedad, le obligó después a cumplir su promesa, por lo que hubo de combatir espada en mano y, tras su victoria, rogar reiteradamente la clemencia de su emperador hasta alcanzar el perdón.

Los padres estaban obligados por antojo suyo a presenciar las ejecuciones de los hijos, luego les invitaba a su mesa para obligarles a reír sus chistes inmisericordes.

Creía que le estaba permitido todo y contra todos. No consentía nunca que sus venganzas se llevaran a cabo con celeridad, sino que, por el contrario, tenía dada a sus verdugos una implacable consigna: *Ita feri ut se mori sentiat*, «hiérele de tal manera que se dé cuenta de que muere». No le importaba que le odiasen mientras le temieran. Hubiera deseado que durante su gobierno sobreviniese alguna catástrofe, una peste, un terremoto o un inextinguible incendio, para que fuera memorable su época. Seguía en sus años adultos disfrutando de las decapitaciones mientras comía. A un esclavo que había robado una incrustación de plata de un mueble hizo que le cortaran las manos y que lo pasearan delante de sus invitados con ellas colgando de su cuello sobre el pecho.

Dice Suetonio que «se ensañó contra todos los hombres de todos los siglos, con tanto rencor y envidia como soberbia y crueldad», por lo que derribó las estatuas de muchos hombres ilustres y las hizo añicos para que no sobreviviesen a la posteridad. Juzgaba que Virgilio, el autor de la *Eneida*, había carecido de ingenio, que el historiador Tito Livio, que compuso las *Décadas*, era responsable de numerosas torpezas e inexactitudes, y que su contemporáneo Séneca apenas era capaz de «simples ejercicios escolares», por lo que se propuso también hacer desaparecer todas sus creaciones.

Escasamente respetuoso fue así mismo con el pudor de sus súbditos, y satisfizo su voluptuosidad con actores de pantomima, rehenes, cortesanas y mujeres de la nobleza. Se cuenta que hacía desfilar a estas últimas delante de él en presencia de sus maridos y que si en alguna ocasión una de ellas escondía su rostro avergonzada les levantaba la cabeza tomándolas del mentón como si se

El 24 de enero del año 41, «el nueve de calendas de febrero, cerca de la hora séptima», según Suetonio, la guardia pretoriana (representada en la ilustración superior) al grito de ¡Hoc age! acabó con la vida de Cayo César Augusto Germánico, Calígula, el más atroz de los emperadores romanos.

tratara de esclavas. Si alguna le apetecía, la arrastraba fuera de la sala y volvía al poco sin cuidar de ocultar los vestigios de su lascivia.

Los dislates del megalómano

Era despilfarrador y arrojaba a la plebe desde la azotea de su palacio cantidades ingentes de monedas, por lo que llegó a encontrarse en la más absoluta ruina, y ello fue causa de que arbitrara los más ingeniosos sistemas de rapiña. Los testamentos que no le favorecían personalmente, los anulaba aduciendo algún falso testigo que podía afirmar que el difunto le había confesado antes de morir su firme determinación de nombrar heredero al emperador. Asustados por estas

draconianas medidas, muchos fueron los varones que lo beneficiaban en su última voluntad con buena parte de su patrimonio para ganar su favor, pero entonces Calígula se indignaba, porque decía que pretendían burlarse de él al instituirle como asignatario mientras seguían obstinándose en permanecer vivos.

Organizó una fantástica e innecesaria expedición a la Galia, donde dio pruebas irrefutables de una colosal cobardía. No abandonó en esa circunstancia sus hábitos extravagantes ni cedió un palmo el gran amor que sentía por sí mismo, de modo que se hacía transportar en una litera que cargaban ocho porteadores y obligaba a la plebe de las ciudades a que barrieran los caminos por donde había de pasar y luego los regasen para que no le ofendiera el polvo. Como no encontraba enemigo con quien combatir, arregló una truculenta farsa disponiendo que algunos de sus partidarios le comunicaran la preocupante nueva de que estaba a punto de atacarles un ejército invencible y numeroso. Haciendo ostentación de indomeñable arrojo y gallardía, rabioso y magnífico, se puso a la cabeza de sus huestes y emprendió una infernal batalla contra un adversario inexistente. Esta asombrosa victoria fue celebrada con grandes fastos en Roma. En la conmemoración no se mencionó que el glorioso emperador había huido de todos los peligros por remotos que fueran, que sentía pavor a las tormentas y que el miedo le hacía a menudo esconderse debajo de la cama.

El último crimen

En la mencionada obra de Camus, Calígula exclama en el último acto: «Tengo miedo. Qué asco, después de haber despreciado a los demás, sentir la misma cobardía en el alma. Pero no importa. Tampoco el miedo dura. Voy al encuentro de ese gran vacío donde el corazón se sosiega. ¡Todo parece tan complicado! Sin embargo, ¡todo es tan sencillo! Si yo hubiera conseguido la luna, si bastara el amor, todo habría cambiado. ¿Pero dónde saciar esta sed? ¿Qué corazón, qué dios tendrían para mí la profundidad de un lago? Nada hay, ni en este mundo ni en el otro, hecho a mi medida.» El frenético e infeliz emperador se había ganado con una originalidad digna de mejor causa la animadversión universal, pero sin conquistar el balsámico consuelo de la soledad insaciable, omnipotente y aventurada.

Su voracidad iba a hallar en breve una eficiente cortapisa y, a causa del intolerable estado de cosas en que había dejado los asuntos públicos y de las ofensas privadas que había infligido por doquier, no eran pocos quienes acariciaban la idea de acabar abruptamente y de un plumazo con la extraviada tiranía de Calígula. La primera y la segunda intentona fracasaron, pero «el nueve de calendas de febrero, cerca de la hora séptima», según señala Suetonio, o sea el 24 de enero del año 41 hacia la una de la tarde, le llegó su hora.

Fue convencido por sus allegados para que se levantara del lecho. Estaba aquejado de una dolencia de estómago por culpa de los excesos de la noche anterior y remoloneó un buen rato antes de abandonar su dormitorio. Tras abandonar su habitación, recorrió una galería palaciega donde ensayaban unos actores procedentes de Asia y que habían de regalarle con una representación teatral. Les exhortó a que sin más dilación dieran comienzo a la obra, pero el destino, adulador como uno más de la miríada de sus servidores, le había reservado que fuera él quien protagonizara el inminente magnicidio. Allí mismo hirió su espalda confiada un conjurado llamado Quereas mientras se jaleaba a sí mismo gritando *Hoc age!*, ¡hiérele!, repitiendo con gran entusiasmo una fórmula ritual propia de los sacrificios religiosos. Luego otro le atravesó el pecho con su espada y hasta treinta conspiradores enterraron después sus puñales en el desvalido cuerpo del cruel Calígula.

Lascivo y caprichoso, Calígula tuvo por amantes a todas sus hermanas y satisfizo su voluptuosidad con actores, rehenes, cortesanas y mujeres de la nobleza, a las cuales solía poseer en presencia de sus maridos.
A su regreso de las grotescas campañas a Galia y Germania, en las que manifestó su enfermiza cobardía, deseó que Roma tuviese una sola cabeza para cortarla de un tajo y llegó al colmo de su megalomanía nombrando cónsul a su caballo.

12	31 de agosto: nace en Ancio el hijo de Germánico y Agripina, que recibirá el sobrenombre de **CALÍGULA**.
19	El 10 de octubre su padre es asesinado por orden de Tiberio.
26	El emperador Tiberio abandona Roma para instalarse en Capri, donde se educará su nieto Calígula.
37	Con la complicidad de su amigo Macrón, asesina a Tiberio, iniciándose su imperio, que durará tres años, diez meses y ocho días.
38	Fallecimiento de su hermana Drusila, a quien había nombrado heredera universal.
39	Campaña «decorativa» en Germania y Galia Septentrional. Envía al exilio a sus hermanas Agripina y Julia, después de abortar una conspiración contra su persona.
40	Ostentosa ceremonia del *triunfo* en Roma para celebrar la inútil victoria de Calígula sobre los galos.
41	El 24 de enero es asesinado por numerosos conjurados. Le sucede Claudio.

ADRIANO
(76-138)

Adriano, hombre culto y refinado, arbitrario y sensible, sucedió a Trajano en el trono del Imperio Romano y dio a éste uno de sus momentos de mayor esplendor cultural y político. Escultura de la galería de los Oficios, Florencia, Italia.

*E*l helenizado emperador Adriano, máximo responsable de veintiún años de relativa paz y prosperidad en Roma, promotor de numerosos monumentos extendidos a lo ancho del imperio, sodomita culto y hombre de una vasta curiosidad, fue el decimoquinto hijo de Elio Adrio, oriundo de Itálica, Hispania, y de la gaditana Domicia Paulina. Nació el 24 de enero de 76 y con él, hombre culto y refinado, la vida cultural romana emitirá sus últimos destellos.

Casi dos mil años después, su biografía será objeto de una extraordinaria recreación literaria por parte de una de las escritoras más notables del siglo XX, Marguerite Yourcenar. En *Memorias de Adriano* (París, 1951), la gran narradora francesa imagina las sinceras y sutiles confesiones de un anciano que lo ha sido todo: filósofo, poeta, jurista, militar, pintor, escultor, músico, médico, matemático y amante apasionado. «Como todo el mundo —advierte el Adriano soñado por Yourcenar—, sólo tengo a mi servicio tres medios para evaluar la existencia humana: el estudio de mí mismo, que es el más difícil y peligroso, pero también el más fecundo de los métodos; la observación de los hombres, que logran casi siempre ocultarnos sus secretos o hacernos creer que los tienen; y los libros, con los errores particulares de perspectiva que nacen entre sus líneas.»

Una personalidad tan polifacética y lejana se resiste, necesariamente, a dejarse atrapar en unos pocos párrafos, pero las imágenes del emperador, barbado según el uso griego, preservadas por el metal y el mármol, dejan constancia de un carácter versátil sobremanera. Celoso, pedante y severo, se deshizo del arquitecto Apolodoro de Damasco por tener la osadía de censurar algunas de sus pinturas; magnánimo, benéfico y cabal en otras, prohibió los sacrificios humanos y suprimió los ergástulos, cárceles dedicadas a los esclavos. «Sólo en un punto me siento superior a la mayoría de los hombres —dice Adriano por boca de Yourcenar—: soy a la vez más libre y más sumiso de lo que ellos se atreven a ser.»

La ecuanimidad de un dios

La familia del futuro dueño del orbe y Padre de la Patria, título que se concedía como protector de los pobres y desvalidos, se trasladó desde Hispania a la ciudad italiana de Adria, de donde tomó su nombre Adriano. Huérfano a los diez años, quedó bajo la tutela del que más tarde sería su antecesor en el trono, el emperador Trajano. Mostró precozmente excepcionales cualidades intelectuales, hasta el punto de que se decía que le bastaba leer un libro una sola vez para aprenderlo de memoria. Era conocido desde muy joven como *Graeculus*, el pequeño griego, por su amor a las letras y a las Bellas Artes helenas. Fue un hombre de inagotable erudición, un exquisito coleccionista y un gran conocedor de Oriente. Tertuliano dice de él que fue *curiositatum omnium explorator*, indagador entusiasta de todas las curiosidades. Vivió sus setenta años de existencia con prodigiosa intensidad, entregándose con igual pasión a la huidiza sabiduría, al ejercicio del poder y a las frágiles dichas del cuerpo.

Aunque casó por interés político con Vibia Sabina, nieta de Marciana, hermana de Tertuliano, a quien, según parece, mandó envenenar más tarde, no conoció nunca la paternidad. Prefirió siempre sus bardajes, sodomitas pasivos a quienes dedicaba inflamados versos, a la monótona gravedad de la vida doméstica. Incluso sedujo a cierto bello jovencito preferido por Trajano, lo cual estuvo a punto de arruinar su carrera y le malquistó durante años con el emperador.

«Por gusto y por política —se lee en *Memorias de Adriano*— me he opuesto siempre al partido de la guerra, pero hubiera sido algo más o menos que un hombre si las grandes empresas de Trajano no me hubieran embriagado.» Ocupó en sus primeros servicios de guerra puestos bajos en el escalafón militar, aunque demostró un enorme coraje, y hasta temeridad, en algunas acciones heroicas y superfluas. Su ideal estoico, no obstante, le hacía preferir otro tipo de valor, aquel que se nutre de la indiferencia y permite aparecer ante el mundo con la ecuanimidad impasible de los dioses.

Nombrado gobernador de Siria, recibió en Antioquía la noticia de la muerte de Trajano, así como el conocimiento de que el emperador, perdonando antiguas desavenencias, le había adoptado para sucederle al frente del imperio. Ello fue probablemente debido a la intercesión de la emperatriz Plotina, de quien era el preferido, y a quien se acusa de haber falsificado el testamento de su esposo. Confirmada su elección por el Senado, asumió el nombre de emperador César Adriano Augusto, renunció a parte de las conquistas de su predecesor para asegurarse una paz perdurable y emprendió eficaces reformas en la burocracia del Estado. Sin embargo, su auténtica devoción fueron los viajes. Más de la mitad de los veintiún años de su mandato los pasó fuera de la capital: recorrió incansablemente las provincias sembrándolas de monumentos y dejó huellas de su munificencia en los más remotos confines del vasto Imperio.

Una libertad tranquila

La posteridad ha guardado memoria de la célebre definición de la paz que dio Adriano: «Una libertad tranquila.» Y a la pregunta de qué era la libertad, respondía: «Inocencia y virtud». Fiel a su programa civilizador, no sostuvo más que una sola guerra, y ésta de carácter religioso contra los hebreos sublevados. Su enemistad hacia las costumbres del pueblo judío se debía a la lógica incomprensión de un escéptico, que probablemente ya no creía en sus dioses, respecto a una religión insurgente capaz de poner en entredicho la pragmática autoridad de las armas con pasivas y heroicas inmolaciones y tercos sacrificios. Con objeto de humillar a sus adversarios, prohibió la circuncisión, fundó la colonia Elia Capitolina en Jerusalén y pretendió edificar en ella un templo dedicado a Júpiter.

Estas provocaciones encendieron la revuelta, desatando una guerra de guerrillas al frente de la cual se puso el «mesías» Simón Bar-Koheba (Hijo de la Estrella).

El propio Adriano se personó entonces en Palestina, país al que sometió a atroces y sistemáticas devastaciones hasta sofocar por fin el levantamiento. El balance de aquella trágica campaña fue de 50 fortalezas, 985 aldeas destruidas y más de medio millón de hombres muertos sin contar los que perecieron a causa del hambre y de las enfermedades. A los supervivientes hebreos se les prohibió visitar Jerusalén más de una vez al año, gran número de cautivos fueron vendidos como esclavos y quienes consiguieron huir se diseminaron por todo el Imperio.

Pero salvo esta excepcional matanza, la época de Adriano se distinguió por el importante desarrollo de las artes y las ciencias romanas. En sus incesantes viajes se acompañaba de arquitectos, artistas y obreros.

En Nimes hizo levantar un anfiteatro; Atenas fue exornada con espléndidos monumentos, entre ellos un templo dedicado a Júpiter Olímpico, y fue llamada *Ciudad nueva de Adriano*; en Roma levantó el gigantesco templo a Venus; las medallas de aquella época llevaban la inscripción *Restitutori orbis terrarum*.

Su afanosa pasión por el conocimiento le movió a emprender la ascensión al monte Etna para estudiar la refracción de la luz solar. Escribió abundantes obras sobre ciencia, filosofía y arte, el poema *Alexandriada* y diversos tratados sobre gramática y el arte de la guerra. Se cuenta que dictaba varias cartas al mismo tiempo. No constituye el menor de sus legados que mandara que los edictos de los pretores fueran recopilados por los jurisconsultos Salvio Juliano, Prisco y

Celso, y más tarde publicados bajo el título común de *Edictum perpetuum*.

El bello Antinoo

En la ya varias veces citada novela de Marguerite Yourcenar, Antinoo, el favorito de Adriano, al que el emperador otorgó los honores de la divinidad tras su muerte, ocupa un lugar señalado. Se dice de este joven griego que había nacido en Bitinia en el seno de una familia humilde. Era hermoso, poco instruido, a veces astuto, otras crédulo. Acompañó a Adriano en todo sus viajes y durante la época más feliz de su existencia. «Su presencia era extraordinariamente silenciosa —describe el Adriano de Marguerite Yourcenar—; me siguió en la vida como un animal o como un genio familiar. De un cachorro tenía la infinita capacidad para la alegría y la indolencia, así como el salvajismo y la confianza. Aquel hermoso lebrel ávido de caricias y de órdenes se tendió sobre mi vida. Yo admiraba esa indiferencia casi altanera para todo lo que no fuera su delicia o su culto; en él reemplazaba al desinterés, a la escrupulosidad, a todas las virtudes estudiadas y austeras. Me maravillaba su dura suavidad, de esa sombría abnegación que comprometía todo su ser. Y sin embargo aquella sumisión no era ciega; los párpados, tantas veces bajados en señal de aquiescencia o de ensueño, volvían a alzarse; los ojos más atentos del mundo me miraban a la cara; me sentía juzgado. Pero lo era como lo es un dios por uno de sus fieles; mi severidad, mis accesos de desconfianza (pues los tuve más tarde), eran paciente, gravemente aceptados. Sólo una vez he sido amo absoluto; y lo fui de un solo ser.»

La muerte de Antinoo supuso para Adriano una verdadera catástrofe. Dueño y siervo de aquel dechado de belleza inmortalizado en las medallas y las estatuas, no pudo soportar la tristeza de la abrupta separación. Antinoo se ahogó en el Nilo, ateniéndose a un rito supersticioso, para prolongar la vida del emperador. Adriano no sólo lo deificó, sino que en el año 130 fundó en su honor la ciudad de Antinópolis e hizo reproducir hasta la saciedad su imagen por los mejores artistas de su tiempo.

Los últimos años de su vida se sintió aquejado por una honda melancolía y prefería el retiro en la

Adriano fue un verdadero mecenas de las artes y las ciencias. En sus incesantes viajes por todo el Imperio, se hizo acompañar de arquitectos, artistas y obreros, levantando monumentos que mostraran que Roma había recogido la antorcha del genio creador helénico. La Villa Adriana, residencia imperial situada en las proximidades de Tívoli, al este de Roma, calificada como el Versalles del Imperio porque reunía, a modo de grandioso museo, todas las obras de la Antigüedad que le habían deslumbrado en sus viajes, es un testimonio elocuente de su pasión artística.

villa Tiburtina, un lujoso museo donde había reunido infinidad de curiosidades, a las ocupaciones propias de su cargo. En el año 136 adoptó para que le sucediese al joven Lucio Cejonio Cómodo Vero, un muchacho de salud delicada sin otro mérito que su notable belleza. Pero, como murió antes que él, hubo de designar un nuevo sucesor, recayendo el nombramiento en el consejero imperial Antonino Pío, a condición de que adoptara al joven Marco Annio Vero, el futuro emperador Marco Aurelio, y a Lucio Elio, hijo de 8 años del heredero fallecido. Embriagado de recuerdos, presenció en Baia su último crepúsculo estival el 10 de julio del año 138.

76	24 de enero nace en Roma **ADRIANO**.
97	Adriano es enviado a Germania en calidad de tribuno.
98	Trajano, su tutor, emperador de Roma.
117	Se convierte en gobernador de Siria. Muere Trajano. Es nombrado emperador de Roma.
130	Funda Antinópolis en honor de Antinoo, su amante muerto.
131	Promulga un edicto por el que se prohibe la circuncisión.
132	Estalla en Judea una insurrección general.
135	Adriano sofoca cruelmente la rebelión de los judíos.
136	Adopta como sucesor a Lucio Cejonio Cómodo Vero, que fallece antes que él.
138	Nombra como sucesor al miembro del consejo imperial Tito Aurelio Antonino. 10 de julio: muere a los setenta años de hidropesía.

SAN AGUSTÍN
(354-430)

*E*xcelentes pintores han ilustrado la vida de San Agustín recurriendo a una escena apócrifa que no por serlo resume y simboliza con menos acierto la insaciable curiosidad y la constante búsqueda de la verdad que caracterizaron al santo africano. En lienzos, tablas y frescos, estos artistas le presentan acompañado por un niño que, valiéndose de una concha, intenta llenar de agua mari-

Nacido en Tagaste, en el África romana, Aurelio Agustín abrazó el maniqueísmo, pero, al descubrir sus errores, halló en el cristianismo un nuevo mundo para su espíritu. En su obra, cuya influencia llega hasta hoy, procuró la salvación a través de la razón.

na un agujero hecho en la arena de la playa. Dicen que San Agustín encontró al chico mientras paseaba junto al mar intentando comprender el misterio de la Trinidad y que, cuando trató sonriente de hacerle ver la inutilidad de sus afanes, el niño repuso: «No ha de ser más difícil llenar de agua este agujero que desentrañar el misterio que bulle en tu cabeza.»

A lo largo de toda su existencia, San Agustín se esforzó en acceder a la salvación por los caminos de la más absoluta racionalidad. Sufrió y se extravió numerosas veces, porque es tarea de titanes acomodar las verdades reveladas a las certezas científicas y matemáticas, alcanzar la divinidad mediante los saberes enciclopédicos. Y aún es más difícil si se posee un espíritu ardoroso que no ignora los deleites del cuerpo. La personalidad de San Agustín era de hierro e hicieron falta durísimos yunques para forjarla.

Los primeros pasos errados

Aurelio Agustín nació en Tagaste, en el África romana, el 13 de noviembre de 354. Su padre, llamado Patricio, era un funcionario pagano al servicio del Imperio. Su madre, la dulce y abnegada cristiana Mónica, luego santa, poseía un genio intuitivo y educó a su hijo en su religión, aunque no llegó a bautizarlo. El niño, según él mismo cuenta en sus *Confesiones*, era irascible, soberbio y díscolo, aunque excepcionalmente dotado. Romaniano, mecenas y notable de la ciudad, se hizo cargo de sus estudios, pero Agustín, a quien repugnaba el griego, prefería pasar su tiempo jugando con otros mozalbetes. Tardó en aplicarse a los estudios, pero lo hizo al fin porque su deseo de saber era aún más fuerte que su amor por las distracciones; terminadas las clases de gramática en su municipio, estudió las artes liberales en Metauro y después retórica en

Cartago. Pero Agustín quería también amar y ser amado. Tal cosa, que a nosotros nos parece tan comprensible, es descrita por el santo con estas palabras: «Levantándose nieblas y vapores del cenagal de mi concupiscencia y pubertad, nublaban y oscurecían mi corazón y espíritu de tal modo que no discernía entre la clara serenidad del amor casto y la inquietud tenebrosa del amor impuro. Uno y otro hervían confusamente en mi corazón y entrambos arrebataban mi flaca edad, llevándola por unos precipicios de deseos desordenados y sumergiéndola en un piélago de maldades.»

A los dieciocho años, Agustín tuvo su primera concubina, que le dio un hijo al que pusieron por nombre Adeodato. Los excesos de ese «piélago de maldades» continuaron y se incrementaron con una afición desmesurada por el teatro y otros espectáculos públicos, la comisión de algunos pequeños hurtos y el desagrado con que leyó por aquel entonces las Sagradas Escrituras, cuyo estilo le parecía en exceso simple y llano. Esta vida le hizo renegar de la religión de su madre. Sus intereses le inclinaban hacia la filosofía y este territorio encontró acomodo junto a los escépticos moderados, aunque por breve tiempo: la doctrina de la incapacidad no podía satisfacer sus exigencias de verdad. Entretanto inició su carrera de profesor, que iba a llevarle de Tagaste a Cartago y luego a Roma y Milán, donde comenzaría a cultivar su fama de excelente retórico y a imbuirse de latinidad.

El espejismo maniqueo

Sin embargo, el hecho fundamental en la vida de San Agustín en estos años es su adhesión al dogma maniqueo. Se trataba de la religión de moda en aquella época. Los maniqueos presentaban dos sustancias opuestas, una buena (la luz) y otra mala (las tinieblas), eternas e irreductibles. Era preciso conocer el elemento luminoso y bueno que cada hombre posee y vivir de acuerdo con él para alcanzar la salvación. A San Agustín le seducía este dualismo y la fácil explicación del mal y de las pasiones que comportaba, pues ya por aquel entonces eran estos los temas centrales de su pensamiento. La doctrina de Manes, aún más que el escepticismo, se asentaba en un pesimismo radical, pero denunciaba inequívocamente al monstruo de la materia tenebrosa enemiga del espíritu, justamente aquella materia, «piélago de maldades», que Agustín quería conjurar en sí mismo.

Durante diez años, a partir del 374, vivió Agustín esta amarga y loca religión. Fue colmado de atenciones por los altos cargos de la jerarquía maniquea y no dudó en hacer proselitismo entre sus amigos. Se entregó a los himnos ardientes, los ayunos y las variadas abstinencias y complementó todas estas prácticas con estudios de astrología que le mantuvieron en la ilusión de haber encontrado la buena senda.

A partir del año 379, sin embargo, su inteligencia empezó a ser más fuerte que el hechizo maniqueo. Se apartó de sus correligionarios lentamente, primero en secreto y después denun-

En Milán, donde enseñaba oratoria, Agustín escuchó con delectación los sermones de San Ambrosio, los cuales le hicieron comprender la trascendencia de Dios y la posibilidad de alcanzarlo a través de las empresas más elevadas el espíritu. (Pintura de Sánchez Coello, monasterio de El Escorial, Madrid).

ciando sus errores en público. La llama de amor al conocimiento que ardía en su interior le alejó del materialismo maniqueo como le había apartado del precario e improductivo escepticismo.

En 384 lo encontramos en Milán ejerciendo de profesor de oratoria. Allí lee sin descanso a los clásicos, profundiza en los antiguos pensadores y devora algunos textos de Plotino. El neoplatonismo va a ser tan determinante en la orientación futura de sus creencias como los sermones de San Ambrosio, arzobispo de Milán, a quien escucha con delectación, quedando «maravillado, sin aliento, con el corazón ardiendo». El arzobispo empleaba la filosofía de Plotino para explicar el dogma católico. La revelación de la vida del alma, su auténtica espiritualidad, la trascendencia de Dios y, sin embargo, la posibilidad de alcanzarlo mediante las empresas más elevadas del espíritu, trastornaron a Agustín. Un mundo nuevo se abría ante sus ojos y su corazón.

Toma y lee

Es preciso recurrir de nuevo a las palabras autobiográficas de las *Confesiones* para relatar el momento de su conversión. En el libro octavo de esta obra nos cuenta que, tras experimentar una enconada lucha entre las inclinaciones corporales y espirituales, «se formó en mi interior una tempestad muy grande, que venía cargada de una copiosa lluvia de lágrimas. Para poder libremente derramarla toda y desahogarme en los gemidos y sollozos que le correspondían, me levanté de donde estaba con mi amigo Alipio, conociendo que para llorar me era la soledad más a propósito. (...) Fuime y me eché debajo de una higuera; no sé cómo ni en qué postura me puse. (...) Conociendo yo que mis pecados eran los que me tenían preso, decía a gritos con lastimosas voces: ¿Por qué no ha de ser en esta misma hora poner fin a todas mis maldades? Estaba yo diciendo esto y llorando con amarguísima contrición cuando he aquí que de la casa inmediata oigo una voz como de niño o niña, que cantaba y repetía muchas veces: Toma y lee, toma y lee. (...) Reprimiendo el ímpetu de mis lágrimas me levanté de aquel sitio, no pudiendo interpretar de otro modo aquella voz sino como una orden del cielo, en la que de parte de Dios se

me mandaba que abriese el libro de las Epístolas de San Pablo, que llevaba conmigo, y leyese el primer capítulo que casualmente se me presentase. (...) Cogí el libro, lo abrí y leí para mí aquel capítulo que primero se presentó a mis ojos, y eran estas palabras: "No en banquetes ni embriagueces, no en vicios ni deshonestidades, no en contiendas ni emulaciones, sino revestíos de nuestro Señor Jesucristo y no empleéis vuestro cuidado en satisfacer los apetitos del cuerpo." No quise leer más adelante, ni tampoco era menester, porque luego que acabé de leer esta sentencia, como si se me hubiera infundido en el corazón un rayo de luz clarísima, se disiparon enteramente todas las tinieblas de mis dudas».

Tan maravillosa conversión tuvo efectos fulminantes en la vida de Agustín. Renunció a su cátedra de retórica e invitó a los amigos que había arrastrado al maniqueísmo a que le siguieran en su nueva fe. Poco después, en la noche de Pascua del año 387, recibió el bautismo de manos de San Ambrosio junto con su hijo Adeodato. Ese mismo año murió su madre, dejando en él una profunda huella de prístina religiosidad y fe renovada. De regreso a África, fue ordenado sacerdote y luego obispo coadjutor de Hipona, pequeña villa de pescadores desde la que proyectaría su pensamiento iluminando a todo Occidente.

Una obra ingente

Tras la muerte de Valerio, obispo titular de Hipona, San Agustín se consagró a la instrucción de los fieles y a la lucha contra las herejías. Sus antiguos correligionarios maniqueos, y también los donatistas, los arrianos, los priscilianistas y otros muchos sectarios vieron combatidos sus errores por el nuevo campeón de la Cristiandad. Al tiempo elaboraba una ingente obra filosófica, moral y dogmática. Entre sus libros destacan los *Soliloquios*, las *Confesiones* y *La ciudad de Dios*, extraordinarios testimonios de su fe y de su sabiduría teológica.

San Agustín fue testigo del hundimiento de Roma en el año 410, hecho que marcó hondamente la concepción de sus últimos escritos. Sin embargo, no perdió la serenidad ante los acontecimientos, pues para él los bárbaros no hacían sino incorporarse al seno de la Iglesia. Veinte años

Consagrado obispo de Hipona en el 395, Agustín, cuyo pensamiento dejó explícito en sus Soliloquios, Confesiones *y* La ciudad de Dios, *dedicó su vida a la instrucción de los fieles y a combatir las herejías anatematizando el fanatismo y la flagelación. Aunque creía que la tendencia de los bárbaros era incorporarse al seno de la Iglesia, murió cuando éstos sitiaban Hipona en el 430.*

más tarde, los vándalos sitiaron Hipona. Tres semanas antes de la toma de la ciudad, Agustín moría como un patriarca, rodeado de fieles e impartiendo bendiciones. Sus últimas órdenes fueron que, en previsión de posibles desmanes, se velara con el máximo cuidado la biblioteca episcopal; todo lo había aprendido de los libros e incluso su conversión era fruto de la lectura reveladora pero azarosa de unas frases en un libro santo. Posidio, su biógrafo, concluye: «No hizo testamento, pues este pobre de Cristo no tenía de qué hacerlo.»

354	El día 13 de noviembre **SAN AGUSTÍN** nace en Tagaste (África).
372	Tiene un hijo, al que da por nombre Adeodato.
374	Ingresa en las filas de los maniqueos.
376	Profesor de retórica en Cartago.
383	Descubre los errores de los maniqueos. Ejerce de maestro en Roma.
384	Profesor de oratoria en Milán. Escucha los sermones de San Ambrosio.
387	Es bautizado junto con su hijo.
389	Es ordenado sacerdote.
395	Es ordenado obispo de Hipona.
396	Termina los *Soliloquios*.
397	Escribe las *Confesiones*.
413	Impresionado por la caída de Roma, comienza a redactar *La ciudad de Dios*.
430	28 de agosto: cercada la ciudad de Hipona por los vándalos, muere San Agustín.

MAHOMA
(h. 570-632)

*E*l que fue jefe militar y civil, legislador, hombre político y líder religioso en la ciudad de Medina era en sus orígenes un joven pastor de ovejas, al igual que lo fueron otros profetas como Moisés o David.

En esa etapa de su vida, ni él mismo imaginaba que más adelante sería el portavoz de la palabra divina para el pueblo árabe. «El Enviado de Dios», como él mismo se proclama, el último de los mensajeros o profetas cuya misión era la revelación del orden divino al pueblo árabe y a toda la Tierra. El Islam, doctrina y orden religio-so fundado por Mahoma, tiene su origen en las revelaciones divinas que a lo largo de varios años recibió del ángel Gabriel durante sus retiros espirituales en una gruta del monte Hira.

Este hombre providencial ganó desde la fecha hasta el presente a millones de hombres para su doctrina y realizó el milagro de reunir bajo la misma fe e idéntica bandera a las dispersas e independientes tribus de la península Arábiga. Como consecuencia de ello, y bajo el gobierno de los califas sucesores de Mahoma, Abu Bakr (632-634), Omar, Señor de los Creyentes (634-644), Otmán (644-656), Alí, primo y yerno de Mahoma (656-661), y la dinastía omeya (661-750), el pueblo musulmán entrará como un torbellino en la historia, conquistará vertiginosamente la España visigoda y llegará hasta Poitiers, creando un inmenso imperio desde el Indo hasta el Atlántico. La ulterior historia medieval europea estará marcada por la enconada lucha entre dos culturas y dos mundos situados a ambos lados del Mediterráneo, pero será el Islam de al-Andalus el brillante foco que dará lugar a una civilización culta y refinada, que iluminará durante siglos con su esplendor todo el Viejo Mundo.

Mahoma, que según la leyenda ascendió a los cielos poco antes de la Hégira, como lo muestra esta miniatura persa del siglo XVII, era un hombre de bella figura y con fama de justo, que sintió la llamada de Alá y recibió la misión de pregonar el Islam.

Nació circunciso

El vacío de datos acerca del nacimiento del Profeta ha sido suplido por la leyenda y la tradición a través de una serie de hechos extraordinarios que han rodeado la concepción de Mahoma, el embarazo de su madre y su nacimiento. La leyenda cuenta que nació circunciso y que una luz iluminó el mundo en el momento de su alumbramiento, mientras las estrellas errantes cambiaban su curso. Algunos de estos hechos recuerdan en gran medida aquellos que según la tradición cristiana envuelven los orígenes de Jesucristo.

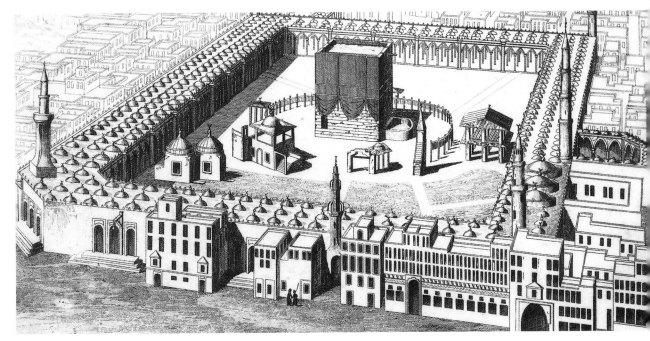

En La Meca, la ciudad santa donde se adoraba la Kaaba, nació hacia el 570 Mahoma o Muhammad, el Alabado, en el seno de la familia Hashem de la tribu de los Koreis. Cuando el profeta inició la prédica de la doctrina de Alá y ésta fue seguida por los humildes, la aristocracia de La Meca reaccionó persiguiéndolo y obligándolo a abandonar la ciudad y a establecerse en Medina, por entonces llamada Yazrib. La fecha de este éxodo, conocido históricamente como la hégira, *sitúa el comienzo de la era musulmana.*

Mahoma, hijo único de Abdallah y Amina, nació en el año 569 (o 570 según algunos autores) en la ciudad santa de La Meca, donde se adoraba la Kaaba, en el seno de una de las grandes familias coreiscitas, los Banu Hashem, de la tribu de los Koreis. Su padre murió al poco tiempo en Yazrib, que después se conocerá, tras la llegada de Mahoma, como Medina al-Nabi, Ciudad del Profeta. A los seis años perdió a su madre, por lo que se trasladó a vivir con su abuelo Abd al-Muttalib y a su muerte, dos años más tarde, pasó a la tutela de su tío Abu Thaleb, padre de Alí, compañero de juegos y uno de sus primeros adeptos.

Poco se sabe a ciencia cierta de la infancia y juventud del Profeta excepto acerca de su participación en diversas expediciones comerciales en dirección al norte acompañando la caravana de su tutor. Contaba doce años cuando en uno de estos viajes a Siria fueron hospedados por un monje cristiano, Bahira, quien advirtió en el muchacho las señales del favorecido por el cielo. Si bien no queda testimonio material de sus rasgos físicos debido a la ausencia de tradición figurativa de la época, se sabe que fue un joven de gran belleza y su rostro, de tez morena sonrosada y ojos negros y brillantes, adoptaba una expresión sagaz y amable. Estigma común de su estirpe era una vena en forma de herradura en la frente que se hinchaba ostensiblemente durante los accesos de ira.

A los veinte años entró al servicio de una adinerada viuda de La Meca, Jadiya, con la que contrajo matrimonio cinco años más tarde. Fue la suya una unión de constante felicidad de la que nacieron cuatro hijas. Mahoma le guardó fidelidad hasta su muerte, aunque después se casó con otras catorce mujeres, en ocasiones para sellar alianzas políticas, entre las que cabe destacar a la bella Aisa, la hija de su fiel amigo y sucesor Abu Bakr.

Jadiya, primera persona que creyó y apoyó al Profeta, fue una esposa complaciente de la que una tradición hace hablar a Adán: «Una de las superioridades que Alá ha concedido a mi hijo respecto a mí, es que su esposa Jadiya ha sido

Establecido en Yazrib, llamada tras su muerte Medina al-Nabi, Ciudad del Profeta, Mahoma se convirtió en un jefe político y militar que reunió bajo el Islam las tribus y clanes de Arabia y declaró la guerra santa contra los infieles. Durante esos días inició el dictado del libro sagrado, que los musulmanes llaman Corán, cuyas páginas han iluminado desde entonces a millones de personas. Coherente con su prédica, dos días antes de morir se dirigió a los fieles y preguntó si había alguien a quien hubiese ofendido o perjudicado «Mejor sufrir esta vergüenza ahora que en el Juicio Final», dijo. Arriba, El Corán y la Vida de Mahoma, manuscrito árabe del siglo XVII (Biblioteca Nacional, París).

para él una ayuda para cumplir las órdenes de Alá, mientras que la mía fue una ayuda para desobedecerlas.»

Las visiones del profeta

Hasta los cuarenta años vivió practicando la religión tradicional, una idolatría tolerante con diversos dioses, muy útil para establecer vínculos comerciales con los vecinos. Fue entonces cuando se manifestó en él una crisis religiosa que le hizo concebir a Alá como el Dios único, momento que marcó el comienzo de la religión musulmana.

Desde el principio Mahoma confesó sus visiones a Jadiya, estando todavía bajo el terror que le provocaron; después, su esclavo Said, su primo Alí y su amigo Abu Bakr se hicieron adeptos a la nueva doctrina. Inmediatamente, los humildes hicieron suya la nueva creencia, pero este apostolado chocó frontalmente con los intereses de la aristocracia comerciante de La Meca.

Como jefe religioso, Mahoma será más que un revolucionario, un innovador, un reformador dispuesto a conservar todo lo que había de válido en la tradición pagana y a transmitir muchas

creencias judaicas y cristianas, manteniendo inconmovible el dogma del monoteísmo.

Mahoma intentó comunicar la revelación a sus conciudadanos, pero diversos atentados criminales e incluso la persecución de su familia (su tío Abu Lahab) le obligaron a él y a sus discípulos a abandonar La Meca en el año 622, episodio que ha pasado a la historia con el nombre de *Hégira* y que marca el comienzo del año 1 de la nueva era.

La ciudad de Yazrib

Yazrib, que más tarde se llamó Medina al-Nabi (Ciudad del Profeta), fue la ciudad que albergó una creciente comunidad cuyo jefe temporal y espiritual fue Mahoma. En Medina comenzó su obra política, además de religiosa, y se preparó con paciencia para el día del retorno a su ciudad natal, haciendo alarde alternativamente de dureza y ductibilidad. Primero, organizó la comunidad musulmana de acuerdo únicamente con el vínculo religioso y no en clanes o tribus, y más tarde, convertido en jefe político y militar, predicó la "guerra santa" contra los infieles y asaltó las caravanas de los comerciantes de La Meca. Las guerras que entre los años 622-630 enfrentaron a Medina con La Meca terminaron con la victoria de Mahoma sobre la ciudad que le había rechazado.

En los primeros años, la plegaria se dirigió hacia Jerusalén en un intento de aproximarse a la comunidad judía, pero en el 624 la ruptura fue definitiva. Mahoma proclamó que la verdadera fe era la de Abraham, constructor de la Kaaba, y que las plegarias debían dirigirse hacia ella. Esta ruptura se saldó con la única mancha de la biografía del Profeta, la masacre innecesaria de los Banu Quraiza, cuyos hombres fueron muertos y las mujeres y niños vendidos como esclavos.

Mahoma se consagró entonces a la organización del joven estado musulmán. Se impuso con las armas a los beduinos, pero sus objetivos coincidían con los de los mercaderes de La Meca y los organizadores de las caravanas. Cuando entró de nuevo victorioso en La Meca en el año 630, culminando una sucesión muy hábil de ofensivas militares y pactos diplomáticos, ya no existían ni siquiera las raíces de la antigua aversión, como se desprende de que a su causa se adhirieron los jefes militares que habían dirigido las primeras batallas de los «confederados» contra los «emigrados». El Islam estaba preparado para su prodigiosa expansión en tres continentes.

«Yo no hago milagros»

Paciente, tenaz, sensible y hábil, Mahoma pregonó a los cuatro vientos con meritoria sinceridad que su misión consistía en transmitir la doctrina que Alá le había revelado, pero que no se podía esperar de él que hiciese milagros. Aunque la leyenda le atribuye un fabuloso viaje a los cielos poco antes de la Hégira, su vida no está envuelta en la aparatosidad de otros grandes hombres. El Profeta tuvo en La Meca una juventud casta y monógama para luego gozar de una madurez plena de sensualidad al lado de sus catorce esposas y varias esclavas. La casa donde recibía a sus discípulos era extremadamente modesta y, a su imagen y semejanza, levantó la mezquita en Medina.

En 632 Mahoma, ya enfermo, realizó su última peregrinación a La Meca acompañado de gran número de fieles. Cumplió todos los ritos, declaró sagrado el suelo de La Meca y exhortó a sus fieles a permanecer unidos.

A su regreso a Medina, donde pasó los dos últimos años de su vida, su salud empeoró, muriéndo poco después, posiblemente de paludismo. Su esposa Aisa le acompañó en sus últimos momentos.

Mahoma no había dejado un heredero ni una estructura de poder y a su muerte la debilidad de los lazos que unían a la comunidad musulmana se hizo patente. Sus colaboradores decidieron restringir la elección a los miembros de la tribu coreiscita y ésta recayó en el anciano Abu Bakr, suegro de Mahoma a quien se puso el apelativo de Califa, jefe político-religioso de una comunidad que comprende en la actualidad a más de 870 millones de fieles repartidos prácticamente por los cinco continentes.

h. **570**	Nace en La Meca **MAHOMA** o Muhammad, *el Alabado*.
619	Muere su esposa, la adinerada viuda Jadiya.
622	15 de junio: emigración de Mahoma y los suyos a Medina, *Hégira*; esta fecha se tomará como punto de partida de la era musulmana.
623	Mahoma organiza ataques por sorpresa a los habitantes de La Meca.
627	Asedio de Medina. Mahoma salva la ciudad y expulsa de ella a los judíos.
628	Una tregua permite a los musulmanes peregrinar a la Kaaba en La Meca.
630	Los habitantes de La Meca rompen la tregua y Mahoma toma la ciudad el 1 de noviembre.
631	Nuevas victorias de Mahoma sobre las tribus árabes rebeldes y sobre los beduinos.
632	Prácticamente toda Arabia está sometida al Islam cuando Mahoma cae enfermo y muere en Yazrib, llamada después Medina al-Nabi, Ciudad del Profeta.

CARLOMAGNO
(742-814)

*C*arlos *el Grande, Carolus Magnus* o Carlomagno, rey de los francos, emperador de Occidente, fundador de Europa, juez por derecho divino, «Nuevo David», guerreó durante toda su vida para apuntalar la difícil unidad de territorios dispares del continente que, sin embargo, volverían a desmembrarse poco después de su muerte. Ello no obsta para que su legendaria grandeza, convertida durante los siglos venideros en un auténtico mito, dejara indelebles huellas en la historia y fecunda simiente en la ulterior cultura europea. Hubo un renacimiento de las artes y de las letras en los siglos

Cuatro siglos después de la caída del Imperio Romano de Occidente, Carlomagno hizo de la idea de la restauración de un imperio romano cristiano la causa que sentó las bases de la futura unidad europea. Estatua de Carlomagno en la basílica de San Pedro.

VIII y IX que con toda justicia lleva su nombre. Llamamos Renacimiento carolingio al asombroso florecimiento de una época en que comenzaron a proliferar los libros, manuscritos copiados minuciosamente en los monasterios, se reanudaron los estudios de la Antigüedad clásica y de teología, se crearon nuevas escuelas palatinas, se restableció el latín como lengua oficial y se fomentaron las artes liberales. También fue enormemente influyente su visión de una Europa espiritualmente gobernada por la Iglesia de Roma y unida contra el peligro sarraceno. Pero, ante todo, Carlomagno fue ese hombre providencial y capaz por sí solo de dar un vuelco extraordinario e inopinado a los destinos de miles de sus contemporáneos y una referencia irrevocable a la legión de gobernantes que le sucedieron.

Como un héroe de cantar de gesta

Disuelto el Imperio Romano de Occidente en un mosaico de pueblos bárbaros, la historia de la llamada Alta Edad Media es un continuo entrechocar de pueblos belicosos y un permanente reñir por asentar los mojones en las inestables fronteras. Y hete aquí que una idea antigua y revolucionaria vino a poner en cuestión este estado de cosas. Fue la *renovatio imperio* o restauración del Imperio, una voluntad y un programa de Carlomagno para reconstruir el *imperium* sobre el *populus romanus*. Nuestro héroe de cantar de gesta se sintió llamado a gobernar el auténtico imperio cristiano, puesto que ya no se concebía un imperio romano que no fuera cristiano. Quiso ser, pues, al mismo tiempo que el descendiente legítimo de los monarcas francos, el sucesor remoto de los reyes hebreos del Antiguo Testamento y el demorado heredero de los emperadores romanos. Este infinito abolengo debió de serle reconocido por Harum al-Rashid, califa de Bagdad, cuando le regaló un juego de ajedrez, un reloj de agua y un elefante.

Carlos había sido el hijo bastardo del rey Pipino *el Breve* y Berta, hija de uno de sus oficiales, Cariberto, conde de Laon. Su madre era una mujer alegre y despreocupada, veinte años más joven que su amante, con el que legalizó la situación antes de dar a luz un segundo hijo, Carlomán. Su padre, empecinado en reunir un

En la tosquedad de esta moneda de la época de Pipino el Breve se refleja la rudeza de la vida de la Alta Edad Media, que Carlomagno modificó impulsando un extraordinario florecimiento cultural al que se conoce como Renacimiento carolingio.

colosal imperio pero sin fuerzas para consolidarlo, murió a los cincuenta y cuatro años dejando inacabada su obra. Berta repartió entonces sus dominios entre sus dos vástagos, aunque Carlomagno se haría pronto con todo el territorio franco tras la muerte precoz de su hermano.

Su gran acierto fue permanecer fiel al papado desde el primer momento, sabedor de que constituía una inapreciable autoridad espiritual que le sería muy útil en el futuro para llevar a término sus grandiosos planes, y eso a pesar de que la curia romana pasaba por grandes apuros y estrecheces. La Iglesia se veía asediada al mismo tiempo por los vecinos bárbaros, que trataban de apoderarse de sus bienes, y por la aristocracia romana, que presionaba sobre las elecciones pontificias por razones mercantiles. A pesar de ello, cuando Desiderio, rey lombardo, puso en marcha sus intrigas para nombrar un papa de su agrado, encontró la oposición de los cardenales, que eligieron a Adriano, descendiente egregio de una familia senatorial y muy bregado en las dificultades propias de los tiempos tumultuosos. Así las cosas, Desiderio organizó sus tropas para tomar Roma en el verano de 772 y el papa lanzó una llamada de socorro a Carlomagno, que a la

Confiado en que recibiría Zaragoza a cambio de su apoyo al emir de Barcelona contra el de Córdoba, Carlomagno llevó sus huestes al fracaso. A su retirada, los indómitos vascos, codo a codo con los sarracenos, lo emboscaron en Roncesvalles (miniatura iluminada de las «Grandes Crónicas de Francia», siglo XIV), donde murió Roldán, el más valiente de sus capitanes, cuyas hazañas inmortalizó el Cantar de Roldán.

sazón estaba ocupado en la preparación de la campaña contra los irreductibles sajones. Éste envió rápidamente un emisario para advertir a Desiderio de que su acción hostil contra la Santa Sede constituía *casus belli*, motivo de guerra, lo que hizo vacilar a su adversario hasta el punto de que abandonó sus posiciones a las puertas de Roma y se dirigió a los Alpes para atajar el ejército enemigo en los pasos montañosos. Pero llegó tarde, cuando ya Carlomagno se dirigía imparablemente hacia el sur de Italia para poner cerco a la ciudad de Pavía.

En marzo de 777 Carlomagno decidió celebrar la fiesta de Pascua en Roma acompañado de un selecto grupo de caballeros. Cuando Adriano tuvo noticia de ello formó una comitiva, encabezada por él mismo con la cruz alzada seguido por los niños de las escuelas y de su propia milicia, y salió a recibirlo a dos kilómetros de la ciudad. Al producirse el encuentro, Carlomagno descabalgó

y se postró ante el pontífice para recibir su bendición. Luego el cortejo entró solemnemente en Roma cantando y agitando palmas hasta llegar a la antigua basílica de San Pedro, cuyos escalones besó Carlomagno uno a uno hasta alcanzar el atrio.

Todo ello iba encaminado a ratificar los antiguos acuerdos que su padre, Pipino *el Breve*, había establecido con las máximas autoridades eclesiásticas. Los francos se comprometieron a defender la Iglesia contra sus enemigos y le reconocieron a ésta soberanía sobre un extenso territorio circundante a Roma. Por su parte, Adriano concedió a Carlomagno el título de patricio romano, arrogándose un poder que pretendían monopolizar los bizantinos, quienes se consideraban los únicos herederos legítimos del Imperio, ya que habían venido ejerciendo su privilegio de nombrar emperadores ininterrumpidamente desde la época de Julio César. Carlomagno regresó luego a Pavía, donde imprimió una mayor dureza al asedio hasta lograr la capitulación de la ciudad. Desiderio y sus hijas fueron internados en un convento, al tiempo que el rey franco se anexionaba el territorio y asumía también el rango de rey de los lombardos.

La forja de una leyenda

La esposa de Carlomagno, la reina Hildegarda, le dio varias hijas, pero no tuvo un hijo varón hasta el año 777, y a éste le puso el nombre de su abuelo, Pipino. Carlomagno contaba a la sazón treinta y cinco años, edad a la que acarició su sueño más ambicioso, aunque sólo pudo ejecutarlo restringidamente. Al rey le llegaron noticias de que el emir de Barcelona, rebelado contra el de Córdoba, proponía una alianza a cambio de la plaza musulmana de Zaragoza. Ésta era la ocasión para librar a Europa de la amenaza sarracena, y el confiado Carlomagno emprendió ilusionado la más catastrófica de sus campañas.

Hildegarda le acompañó hasta Burdeos, donde hubo de detenerse para dar a luz un segundo hijo que la historia conocerá como Luis *el Piadoso*. Cuando el monarca llegó a las puertas de Zaragoza se encontró, no con la rendición anunciada, sino con el más enérgico de los rechazos. Aunque puso sitio a la ciudad, la ardua conquista hubo de interrumpirse cuando le llegaron nuevas alarmantes de otra frontera: un jefe sajón, Witikindo, se había sublevado, pasado a cuchillo a los sacerdotes cristianos y devastado una guarnición militar de los francos. Carlomagno decidió la retirada en 776, pero la vuelta estaría también salpicada de dificultades.

El *Cantar de Roldán* refiere épicamente la gran matanza que el enemigo produjo en la retaguardia del ejército de Carlomagno cuando éste atravesaba los desfiladeros de Roncesvalles en su regreso a Francia por los Pirineos. El héroe del inmortal poema, Roldán, era el más bravo y brillante de los capitanes de Carlomagno, además de su sobrino favorito. Su muerte está narrada con memorable belleza:

> *Li quens Rollant se jut desuz un pin*
> *envers Espaigne in ad turnet sus vis.*

O sea: «El conde Roldán se tiende bajo un pino y vuelve el rostro hacia España.» Y seguidamente se lee: «Se pone a recordar muchas cosas: tantas

En la Navidad del 800, Carlomagno fue coronado emperador de Occidente por el papa León III, según el antiguo ritual romano. Tras ceñir la corona de hierro lombarda en la cabeza del rey franco, el Santo Padre se inclinó ante él en señal de sumisión.

tierras que como barón ha conquistado, la dulce Francia, los hombres de su linaje, a Carlomagno, su señor, que lo crió. No puede retener el llanto ni los suspiros; pero no quiere olvidarse de sí mismo y enumera sus pecados y pide perdón a Dios. Ofrece a Dios su guante diestro; San Gabriel lo toma de su mano. Le sostiene con el brazo la cabeza inclinada. Con las manos juntas ha ido a su fin. Dios envió a su ángel Querubín y a San Miguel del Peligro; junto con ellos viene San Gabriel. Llevan al paraíso el alma del conde.»

El guerrero cansado y el mago

A pesar de tan grande desdicha, Carlomagno atravesó rápidamente Francia para enfrentarse cuanto antes a la insurrección sajona. En aquel país persiguió tenazmente al rebelde Witikindo durante dos años antes de viajar por segunda vez

Aunque como guerrero Carlomagno no escatimó crueldades, como político fue hábil y como cortesano seductor. Entre batallas, buscó en sus cuatro esposas y en sus amantes las dulzuras del amor. Escenas de su vida, en el museo francés de Chantilly.

a Roma, donde el papa estaba determinado a poner fin a las querellas de las imágenes y a reconciliar Bizancio con la Santa Sede. Fue recibido con grandes festejos y solemnidades; el papa bautizó y fue el padrino del pequeño Pipino; su hija Rothrude se comprometió con el heredero del trono de los Césares Constantino VI. Pero de nuevo hubo de volver precipitadamente a Sajonia a sofocar las osadas incursiones del feroz Witikindo, dejando para el futuro su programada coronación como emperador de Occidente.

Su devastación del territorio de los sajones fue esta vez sistemática: taló bosques, quemó aldeas, sentenció a cualquier sospechoso de complicidad con los rebeldes y en una sola tarde, en Verdún, segó la vida de 4.500 convictos. Por fin, a finales del año 785, extenuado el ejército enemigo, Witikindo se presentó ante el conquistador para pedir clemencia para su pueblo. Como siglos antes lo hiciera Vercingetórix, el noble Witikindo pidió que su sacrificio sirviera para salvar a los suyos, pero Carlomagno quiso deshonrar a su orgulloso enemigo antes de ejecutarlo y organizó una patética ceremonia donde fueron bautizados a la fuerza el jefe sajón y todos sus correligionarios. Poco después, en un lugar apartado se les dio una muerte vil.

Mientras tanto, en la península Itálica, el compromiso de la hija de Carlomagno con el joven emperador de Oriente había sido roto, y el duque de Baviera intrigaba en el principado de Benevento. El rey franco se dirigió inmediatamente al teatro de operaciones y sometió por el terror al duque. Éste y su familia hubieron de sufrir la afrenta de dejarse afeitar la cabeza y fueron internados en un monasterio; Baviera pasó a ser regida por gobernadores francos.

Más tarde Carlomagno, en una operación preparada minuciosamente, se internó desde Italia y Alemania en el territorio eslavo, iniciando una conquista que le llevó cuatro años y que le permitió apoderarse de ricos tesoros almacenados por sus enemigos durante siglos de pillaje que trasladó fatigosamente a Italia.

El prestigio y los beneficios que le reportaron estas acciones coadyuvaron a la feliz consecución de sus planes, y también los escandalosos acontecimientos del 25 de abril de 799. En ese día el Santo Padre, mientras se dirigía a caballo desde Letrán a San Lorenzo, fue atacado por un grupo de sublevados que lo golpearon y se lo llevaron detenido. A pesar de que sus gritos y la huida de la guardia pusieron sobre aviso a sus amigos, que consiguieron liberarlo aquella noche y devolverlo a su palacio en un lamentable estado, la Cristiandad entera se estremeció por esta insolencia y esta profanación. Al año siguiente, cuando Carlomagno contaba cincuenta y ocho años y estaba casado con Lutgarda, su cuarta esposa, fue finalmente coronado emperador de Occidente en el día de Navidad. La ceremonia reprodujo cuidadosamente el ritual romano, vigente aún en Bizancio. Después de ceñir la corona en las sienes de Carlomagno, el papa se inclinó ante él reconociéndolo de ese modo como su dueño y emperador. Una de sus primeras acciones como tal fue buscar, juzgar y castigar a aquellos que habían participado en la infamante acción llevada a cabo contra el pontífice en el año anterior.

El tiempo que le quedó de vida se consagró a la tarea de afianzar las fronteras en la península Ibérica contra los moros, en Alemania contra las tribus germánicas, en el Danubio contra los eslavos y en las costas contra los daneses y suecos. Antes de morir sólo le quedaba un hijo, Luis, a quien hizo coronar emperador y él mismo le ciñó la corona sin que interviniera el papa. Después del fallecimiento de Lutgarda no se volvió a casar, pero se le conocieron varias amantes que le dieron nuevos bastardos a los que reconoció. Aunque murió en enero de 814 su incesante leyenda, donde la historia se entrevera con grandes dosis de fantasía, ha pervivido durante más de mil años. Uno de esos hermosos cuentos lo recoge maravillosamente el narrador Italo Calvino en su libro *Seis propuestas para el próximo milenio*:

«El emperador Carlomagno se enamoró, siendo ya viejo, de una muchacha alemana. Los nobles de la corte estaban muy preocupados porque el soberano, poseído de ardor amoroso y olvidado de la dignidad real, descuidaba los asuntos del Imperio. Cuando la muchacha murió repentinamente, los dignatarios respiraron aliviados, pero por poco tiempo, porque el amor de Carlomagno no había muerto con ella.

El emperador, que había hecho llevar a su aposento el cadáver embalsamado, no quería separarse de él. El arzobispo Turpín, asustado de esta macabra pasión, sospechó un encantamiento y quiso examinar el cadáver. Escondido debajo de la lengua encontró un anillo con una piedra preciosa. No bien el anillo estuvo en manos de Turpín, Carlomagno se apresuró a dar sepultura al cadáver y volcó su amor en la persona del arzobispo. Para escapar de la embarazosa situación, Turpín arrojó el anillo al lago Constanza. Carlomagno se enamoró del lago Constanza y no quiso alejarse nunca más de sus orillas.»

742	Nace el futuro **CARLOMAGNO**, primogénito de Pipino *el Breve* y de Berta, hija de Cariberto, conde de Laon.
768	24 de septiembre: muere Pipino. Carlomagno asume el poder junto a su hermano Carlomán.
771	4 de diciembre: muere Carlomán.
772	Comienza la guerra contra los sajones, que durará treinta años.
774	5 de junio: tras la capitulación de Desiderio, Carlomagno recibe la corona de hierro de los lombardos.
778	Tras el fracasado asedio de la plaza musulmana de Zaragoza, la retaguardia del ejército de Carlomagno es deshecha en el paso pirenaico de Roncesvalles.
781	Crea el Reino de Aquitania para su hijo Luis. Tasilón, duque de Baviera, tiene que reconocer la soberanía franca.
782	Carlomagno ejecuta a 4.500 sajones en Verdún.
785	Conquista de Gerona.
788	Se interna a Tasilón en un monasterio y se le confiscan todos sus bienes.
799	Sajonia es incorporada al Estado franco.
800	25 de diciembre: Carlomagno es coronado por el papa León III.
801	Conquista de Barcelona.
811	Conquista de Tortosa. Establecimiento de la Marca Hispánica.
813	Corona a su hijo Luis como sucesor.
814	Muere en Aquisgrán.

EL CID CAMPEADOR
(1043-1099)

Rodrigo Díaz de Vivar, El Cid Campeador, participa por igual del carácter de los héroes épicos y del peso histórico de sus hazañas. Detalle de la Crónica del muy esforzado caballero el Cid Ruy Díaz Campeador, *de Jacobo Ciomberger, Sevilla, 1525.*

*H*acia el año 1043 nació Rodrigo Díaz en la aldea de Vivar, al norte de Burgos. Era su padre Diego Laínez, excelente caballero que le inculcó los principios antiguos de los infanzones: fidelidad inquebrantable al monarca y culto al esfuerzo personal. Muerto su padre, Rodrigo entró a los quince años en el mundo de la corte por intercesión de su tío Rodrigo Álvarez, figura señera en el séquito del rey castellano Fernando I. Sancho, hijo primogénito del rey, se ocupó personalmente del muchacho, le armó caballero y le llevó consigo en cuantas campañas le encomen-

dó su padre. Pronto fue rumor entre los caballeros el cariño que ambos jóvenes se profesaban. Una vez rey de Castilla, Sancho II hizo de Rodrigo el *ármiger* o alférez de su tropa, con el título de príncipe de las huestes. Rápidamente, por su destreza en los combates singulares, sería considerado Campeador (*Campidoctor* o guerrero experto e invicto) y poco después, tras sus gestas en la batalla contra el rey de Zaragoza Moctádir, se le llamaría *Cidi*, término hebreo equivalente al afectuoso «mío Cid» (mi Señor) con que el caballero sería designado familiarmente. No tardarían en unirse los dos sobrenombres, al tiempo que el Cid Campeador se convertía en brazo derecho de Sancho II en las guerras contra sus hermanos, entre los que había sido desmembrado el reino tras la muerte de Fernando I.

La trágica muerte de Sancho II

En Sancho había recaído Castilla, considerada ya entonces el reino más importante de la dinastía. Alfonso se quedaba con León, García con Galicia y las dos hijas, Urraca y Elvira, con algunos señoríos y ciudades. Sancho y Alfonso comenzaron casi inmediatamente a disputarse la posesión de toda la herencia. Entre los años 1065 y 1072, Alfonso fue derrotado varias veces por los ejércitos castellanos, con el Cid como invencible alférez. Las batallas se contaban por triunfos. Sólo quedaba conseguir el señorío de Zamora, en manos de Urraca.

Las fortificaciones de la ciudad eran poco menos que inexpugnables. Sancho, de temperamento muy nervioso, apenas dormía desazonado por la imposibilidad de entrar en la ciudad. Los zamoranos, afligidos ya por el hambre, maquinaron un desesperado golpe contra el mismísimo don Sancho. Enviaron a un misterioso caballero de extraordinaria osadía llamado Vellido Adolfo, el cual aprovechó la oscuridad de la noche para infiltrarse en el campamento de los sitiadores, sorprendió al rey descuidado y le atravesó el corazón con su lanza. Luego salió del campamento al galope, pudo ganar las murallas y entró a salvo en la ciudad. Sancho moría en la flor de la edad, en el momento culminante de su gloria.

El hecho se atribuyó a una conspiración entre Alfonso y Urraca. Nada pudo demostrarse. Cuando Alfonso, refugiado en Toledo, reclamó sus derechos al trono de Castilla, los castellanos no hallaron a otro de estirpe real que pudiera ocuparlo, y convinieron aceptarle como señor a condición de que antes jurase no haber participado en la muerte de su hermano.

Después, como ninguno se atreviese a exigir tal juramento al nuevo rey, Rodrigo Díaz de Vivar se ofreció voluntario y lo hizo en Santa Gadea de Burgos, por lo cual ya nunca sería grato a los ojos de Alfonso.

En la nueva corte, Rodrigo dejó de ser un vasallo preferido y se convirtió en uno de tantos, y más bien marginado. No obstante, buscando una reconciliación duradera con tan temible caballero, Alfonso VI le ofreció a su sobrina doña Jimena en matrimonio.

El destierro

El nuevo favorito del rey era García Ordóñez, conde de Nájera, quien pretendía no sólo sobrepujar en brillo guerrero al Cid, sino ocupar el primer puesto en la corte. Aun cuando Alfonso VI no utilizaba a Rodrigo Díaz más que para embajadas o asesorías jurídicas, en 1079 le envió a Sevilla para que cobrara los impuestos que le debía Motámid, reyezuelo árabe vasallo del rey castellano-leonés. Cuando llegó el Cid a Sevilla se encontró con el ejército del rey de Granada dispuesto a echarse sobre el sevillano. Rodrigo advirtió, con sorpresa, que entre las filas de los granadinos se hallaban mesnaderos cristianos al mando de García Ordóñez. El Cid les rogó que no atacaran a un súbdito de su propio rey, pero los ricos hombres se burlaron de su ruego y entraron por la tierra de Motámid, robándola y devastándola. Rodrigo, a quien hacía siete años que Alfonso tenía ocioso de hazañas, vio que su hora había llegado, se puso al frente de su pequeña tropa y trabó con el ejército castellano-granadino una dura batalla. La victoria fue total. García Ordóñez quedó prisionero y el Cid le mesó la barba, afrenta gravísima que los fueros declaraban causa de enemistad perpetua.

Ante las sospechas de haber instigado el asesinato de su hermano Sancho II, el nuevo rey Alfonso VI, por exigencia del Cid, debió juramentar su exculpación en Santa Gadea, cerca de Burgos. Cuadro de A. Ferrant, palacio del Senado, Madrid.

La humillación de su favorito fue muy desagradable al rey. Además, los envidiosos y cizañeros de la corte instigaban a Alfonso VI contra el Cid y lanzaron la calumnia de que el Campeador había retenido para sí lo mejor de los impuestos del rey sevillano. El monarca escuchó las sugerencias de los que el inmortal *Cantar de Mío Cid* llama «malos mestureros», porque él mismo estaba tocado por la envidia, y decidió el destierro del Cid, quien tuvo que abandonar su casa e ir a ganar el pan con su mesnada en tierras ajenas. Como relata el Cantar, sale de Vivar con la gente de su casa dejando sus palacios yermos y solitarios:

De los sus ojos tan fuertemente llorando,
tornaba la cabeza y estábalos mirando.
Vio puertas abiertas y puertas sin
                                        candados,
perchas vacías, sin pieles y sin
                                        mantos y
sin halcones y sin azores
                                        mudados.

Los vecinos de Burgos compadecen al desterrado, pero no se atreven a hospedarle porque el rey lo ha prohibido bajo pena de confiscación y ceguera. Sólo una niña de nueve años le dirige la palabra para pedirle que se aleje:

Ya Campeador, ¡en buena hora ceñiste
                                        espada!
El rey lo ha vedado, anoche entró su carta,
con gran despacho y fuertemente sellada.
No osamos abriros ni a recogeros por
                                        nada;
si no perderemos los haberes y las casas,
y todavía más los ojos de la cara.
Cid, en nuestro mal vos no ganáis nada;
pero que el Creador os valga con todas
                                        sus virtudes.

En boca de cuantos contemplan el penoso paso de Rodrigo Díaz está la misma sentencia:

¡Dios, qué buen vasallo,
si hubiese buen señor!

Mientras siguieron en tierra castellana, la marcha de los deudos del Cid fue un duro peregrinar que la palabra poética de Manuel Machado plasmaría en versos imperecederos: «*Por la terrible estepa castellana... /polvo, sudor y hierro, el Cid cabalga.*»

Durante cinco años, las relaciones de Alfonso y Rodrigo estuvieron teñidas de ambigüedad. Aunque el desterrado tenía derecho a combatir a su rey, el Cid rehusó enfrentarse a las huestes de Alfonso VI, pero se puso al servicio de los Beni Hud, reyes moros de Zaragoza, cuyo principado era tributario de Castilla y codiciado por catalanes y aragoneses. Así, el Cid se convirtió en jefe de una poderosa tropa de mercenarios a sueldo del Reino de Zaragoza, al frente de cuyas tropas derrotó e hizo prisionero al conde cristiano de Barcelona, Ramón Berenguer II, y luchó contra los reyes musulmanes de Lérida y Valencia. Incluso se ofrecería a conquistar para sus nuevos señores el Reino de Valencia. La única limitación que se impuso fue evitar un enfrentamiento directo con el rey de Castilla, de quien seguía considerándose vasallo.

Los almorávides

Entretanto, eran tiempos gloriosos para Alfonso VI. La Cristiandad había acogido con alborozo su reconquista de Toledo, la antigua capital de la monarquía visigoda, donde entró ofreciendo generosas condiciones de autonomía a las comunidades musulmana y mozárabe, pero también alardeando de la imbatibilidad de sus ejércitos, hablando con desprecio de los príncipes moros y anunciando un severo aumento de los tributos. Los señores árabes, temerosos e impotentes ante esta demostración de fuerza, decidieron pedir auxilio a sus poderosos hermanos norteafricanos: los almorávides.

Se trataba de una valerosa dinastía beréber fanática y nómada, total desconocedora de la cultura hispánica y gobernada por un austero rey: Yusuf. Éste no mostró al principio ninguna prisa por acudir en defensa de sus sedentarios y corrompidos hermanos, a quienes despreciaba por su vida muelle y su incapacidad guerrera. Pero en 1086 envió a la Península un ejército experimentado y de gran movilidad que se paseó tranquilamente por toda Andalucía. Alfonso se apresuró a defender su frontera meridional, pero en un breve choque cerca de Badajoz, la caballería almorávide destrozó inesperadamente al ejército cristiano mediante un ataque de flanco, y el rey Alfonso a duras penas pudo salvar su vida.

Si bien es cierto que esta batalla no tuvo consecuencias militares o políticas decisivas y que Yusuf regresó prontamente a África, Alfonso no

Siguiendo al autor del Cantar de Mío Cid, *cuando no guerreaba, el* Cid *solía vestir calzas de buen paño; zapatos muy ornamentados; camisa de fino ranzal, con bordados de oro y plata en los puños, y una prenda muy propia de él, una pelliza bermeja de bandas doradas. Así vio Goya al Cid lanceando un toro, en su serie de grabados sobre la* Tauromaquia.

tuvo más remedio que reconocer la gravedad de sus errores, entre los cuales el peor había sido prescindir de su mejor caballero: el Cid. La reconciliación era obligada y se produjo poco después en Toledo. Sin embargo, Alfonso y Rodrigo volverían a enemistarse en diversas ocasiones, debido a los recelos del monarca ante vasallo tan sobresaliente y a las insidias de los cortesanos.

La leyenda

El Cid estaba en plenitud de sus facultades guerreras. Estratega de primer orden como era, dedujo que el terreno más adecuado para combatir a los seguidores de Yusuf era el Levante. A partir de ese momento, no cejaría en su empeño por apoderarse del Reino de Valencia, e invadió las tierras de Denia, Tortosa y Lérida convirtiéndolas en heredad para sus descendientes, según privilegio concedido por Alfonso. Los ecos del

nombre bélico del Cid Campeador despertaban por doquier la admiración o el temor. El caballero había penetrado en la leyenda, en las viejas historias que las familias contaban al anochecer en torno al fuego del hogar. En tierra de moros, el Cid era «el Campeador que Alá confunda», «el infiel perro gallego» y «el caudillo maldito», encarnación de un mal incombatible, peligroso como la muerte imprevista. También se hicieron legendarios su caballo, el velocísimo Babieca, y su espada Tizona, que Rodrigo blandía con certeros mandobles como si fuera una pluma.

Otra de las leyendas del Campeador se refiere a sus dos hijas. Según el *Cantar de Mío Cid,* doña Elvira y doña Sol se habrían casado con Diego y Fernando González, infantes de Carrión. En el poema, al dar éstos muestras de gran cobardía y no poder sufrir las disimuladas burlas de que son objeto por ese motivo, deciden afrentar al Cid en sus hijas y en el robledo de Corpes las maltratan cruelmente dejándolas medio muertas. Aunque

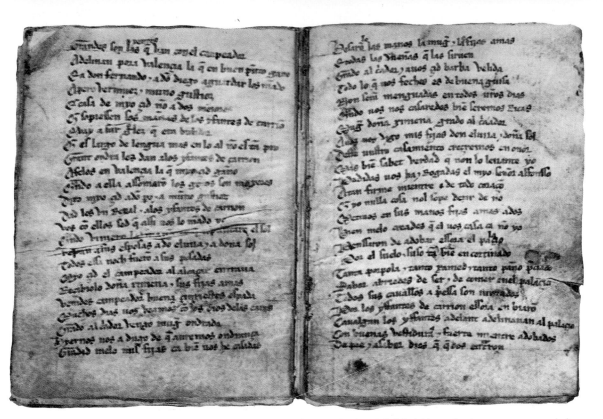

El Cantar de Mío Cid, *cuyo manuscrito se halla en la Biblioteca Nacional de Madrid, es el primer monumento de la literatura española que se conserva, aunque no es necesariamente el primero que se escribió. Este magnífico poema épico, que narra la vida y las hazañas de Rodrigo Díaz de Vivar, fue creado hacia 1140 y publicado en 1779 por Tomás Antonio Sánchez, basándose en una copia firmada por Pedro Abad, a la que le faltaban una hoja en el comienzo y dos en el interior del códice.*

la historia sabe que las hijas del Cid se llamaban María y Cristina, y que ambas hicieron excelentes casamientos, la verdad comprobada palidece ante la fuerza poética de un relato que contribuye a engrandecer el mito del héroe.

El Cid, señor de Valencia

La llegada a la Península de una nueva oleada almorávide desató en Valencia una revolución que depuso al rey Alcádir, protegido del Cid, sustituyéndolo por el cadí Ben Jehhaf. El Cid no dudó en cercar inmediatamente la ciudad y el usurpador hubo de capitular, aceptando las por otra parte generosas condiciones impuestas por el caballero cristiano. Rodrigo mantuvo a Ben Jehhaf en el puesto de cadí comprometiéndose a respetar su persona y sus bienes, conservó el gobierno municipal anterior, brindó protección a quienes colaborasen, congeló los impuestos y fue tolerante en materia de religión.

La noticia de la toma de Valencia por el Cid llenó de dolor y humillación a Yusuf, el caudillo almorávide, quien organizó un impresionante ejército de ciento cincuenta mil jinetes y tres mil peones al mando de su sobrino Mohámmad, con la misión de recuperar Valencia, capturar al Cid y llevarlo a África cargado de cadenas. Confiado en su potencial, Mohámmad llegó ante Valencia. Aún no había tenido tiempo de preparar el sitio cuando de la ciudad salieron como relámpagos los caballeros del Cid, convirtiendo el campo de Cuarte en el escenario de una matanza. Tan diestra y rápida fue la acometida de los castellanos que el desconcierto invadió a los árabes y su ejército se retiró destrozado. Las tropas del Cid persiguieron a los almorávides a uña de caballo hasta su campamento, donde hicieron miles de prisioneros y capturaron un copioso botín. Los almorávides habían sufrido el primer gran descalabro, derrotados estrepitosamente por el Cid.

El Campeador quedó más dueño que nunca de la situación, pero, irritado por las continuas conspiraciones contra su gobierno, endureció su política respecto a los musulmanes, ejecutó sin pestañear a Ben Jehhaf, impuso una durísima represión y convirtió la mezquita en iglesia cristiana.

Aun cuando el Campeador había de conseguir en lo sucesivo nuevas victorias sobre los almorávides, una serie de hechos comenzaron a socavar su fortaleza. Yusuf volvió a atravesar el estrecho en 1097, iniciando una incursión por tierras de Toledo. Alfonso VI intentó detenerle en tierras de Consuegra con ayuda del único hijo varón del Cid, enviado por su padre al efecto. Pero las tropas del monarca sufrieron una completa derrota y el hijo del Campeador pereció.

Rodrigo sufrió un duro golpe del que no pudo reponerse. Además, minaban la resistencia del héroe una grave enfermedad padecida en Daroca, las múltiples heridas recibidas en tantos combates y, en suma, el derroche de esfuerzo y osadía realizado a lo largo de toda su existencia. Por fin, el domingo 10 de julio de 1099, a la edad de cincuenta y seis años, murió el Cid en Valencia, la ciudad de sus más grandes sueños. Las señales de duelo entre sus parientes y vasallos fueron, como era costumbre en la época, extremadas y crueles. Los hombres golpearon sus pechos y rasgaron sus vestiduras; las mujeres arañaban sus mejillas y cubrían su frente de ceniza; los lamentos de todos estremecieron el aire y su llanto se prolongó durante muchos días. El cronicón del monas-

Grabado del siglo XIX que muestra al Cid Campeador en el cerco que impuso a Valencia tras la llegada de una nueva oleada almorávide a la Península, que depuso al rey Alcádir, protegido del Cid, y colocó en su lugar al cadí Ben Jehhaf, quien tuvo que capitular ante la audacia del Campeador y sus mesnadas.

terio de Maillezais, en Francia, consignaba refiriéndose a su muerte: «En España, dentro de Valencia, falleció el conde Rodrigo, y su muerte causó el más grave duelo en la Cristiandad y gozo grande entre los enemigos musulmanes.»

1043	Rodrigo Díaz, el futuro **CID CAMPEADOR**, nace en Vivar (Burgos), España.
1058	Entra al servicio de Sancho de Castilla.
1072	Sitio de Zamora y muerte de Sancho II. Toma juramento a Alfonso VI en Santa Gadea.
1074	Contrae matrimonio con doña Jimena.
1080	Alfonso VI ordena el primer destierro del Cid.
1081	Entra al servicio del rey de Zaragoza.
1085	Toma de Toledo por Alfonso VI.
1086	Reconciliación entre Alfonso VI y el Cid.
1090	Derrota y hace prisionero a Ramón Berenguer II, conde de Barcelona, en el pinar de Tévar.
1094	Entrada del Cid en Valencia.
1097	Muere Diego, hijo del Cid, en la batalla de Consuegra.

SALADINO
(1138-1193)

Saladino I, guerrero valiente y diplomático de refinada inteligencia, fue el campeón del Islam en Tierra Santa y el gran rival de los cruzados cristianos, que tuvieron en Felipe Augusto de Francia y en Ricardo Corazón de León a sus grandes adalides.

Ayub y Sirkuh eran hijos del jefe de una tribu nómada originaria de la montañas del Kurdistán. Salvajes y duros, estos montañeses se habían convertido a la doctrina de Mahoma tras la caída del Imperio Persa, como tantos otros pueblos asiáticos y africanos. Era usual entre los kurdos que los jóvenes fueran enviados a servir a los diferentes caudillos árabes para que hiciesen fortuna, y así fue como los dos hermanos se trasladaron a Bagdad para entrar en la guardia mercenaria del califa. Su rectitud, su fuerza y su inte-

ligencia llamaron la atención de los ministros, que les confiaron delicadas misiones. Bien pagados y en contacto con la civilización, los jóvenes ya no quisieron regresar con su padre. Ayub, el mayor, fue nombrado gobernador de la pequeña ciudad de Tekrit, y allí tuvo, en el año 1138, producto de una efímera aventura, un hijo al que llamó Saladino.

Crecer con la guerra

Poco después, Sirkuh sostuvo un altercado con un oficial, al que mató. A consecuencia de este hecho, los dos hermanos fueron destituidos de sus cargos y se refugiaron junto a Zenquis, rey de Alepo, quien no tardó en apreciar las cualidades de los nuevos reclutas. Zenquis era uno de los más encarnizados enemigos de los cruzados, establecidos en Jerusalén y bastiones de la Cristiandad en el Oriente Medio. Para entonces, la guerra entre los reinos musulmanes y los Estados cristianos incrustados en sus territorios era ya permanente. En 1146, dos años después de que Zenquis arrebatara a los occidentales la ciudad de Edesa, San Bernardo propuso acometer una Segunda Cruzada. La inminencia de un huracán europeo más terrible que el de 1099 aterrorizó al mundo árabe. Sin embargo, los príncipes cristianos malgastaron sus fuerzas en vanas disputas y la empresa fue un fracaso.

Saladino tenía nueve años cuando Zenquis fue asesinado. Su hijo Nur-ed-Din le sucedió, siguiendo sus pasos y renovando el espíritu de *djihad*, la guerra santa coránica, entre sus súbditos. Inmerso en este espíritu, entre proclamas y desfiles militares, iba a crecer Saladino. En 1154, cuando Nur-ed-Din se apoderó de Damasco, Saladino acababa de cumplir los dieciséis. Era un joven silencioso y nervudo, ágil y ya extraordinariamente diestro en el manejo de las armas. De entre todos sus rasgos sobresalían sus ojos profundamente negros, en los que se adivinaba una energía interior arrolladora y una inteligencia sutil y refinada. De ambas cualidades iba a dar prueba a lo largo de su vida.

Saladino no tardó en incorporarse a las huestes de Nur-ed-Din como lugarteniente de su tío Sirkuh. La primera gran campaña en la que participó fue también el inicio de su fulgurante ascenso. Nur-ed-Din envió en 1164 un ejército comandado por tío y sobrino a Egipto, con objeto de apoderarse de un valioso territorio que no se había visto envuelto en los disturbios de la reconquista cristiana. El sultán de Egipto, incapaz de ofrecerles resistencia, pidió auxilio a Amaury, rey cristiano de Jerusalén, que acudió inmediatamente con sus soldados. Durante cinco años, ambos bandos guerrearon y pactaron armisticios sucesivamente, llegando en ocasiones a confraternizar mostrándose sus armas y contándose sus proezas. Saladino, excelente consejero de Sirkuh, consiguió alternar victorias y tratados según le convenía, y, tras la muerte de su tío en 1169, se convirtió en visir de Egipto bajo la lejana soberanía de Nur-ed-Din, habiendo convencido a Amaury de la necesidad de mantener relaciones de buena vecindad con el nuevo soberano de la tierra de los faraones.

El rey leproso

Fue entonces cuando la fortuna le sonrió de nuevo: Nur-ed-Din murió el 15 de mayo de 1174, dejando como heredero a un hijo menor de edad, y Amaury falleció también el 11 de julio del mismo año, siendo sucedido por un muchacho de trece años, Balduino IV, que padecía lepra. Saladino, actuando con tanta rapidez como sentido de la realidad, se apoderó de Damasco y de todas las plazas fuertes de Siria y persiguió al hijo de su antiguo soberano hasta Alepo, convirtiéndose en emperador de Siria y Egipto; era el nuevo azote de los cristianos.

Una figura de la talla de Saladino había de tener un antagonista poco corriente. Balduino IV, el nuevo rey de Jerusalén, era casi un niño y estaba enfermo de lepra desde los cinco años. Poseía, sin embargo, una voluntad férrea, y era tan hábil como su oponente. Mientras reinó, su principal preocupación después de Saladino iba a

ser uno de sus vasallos, Renaud de Châtillon, un aventurero incorregible que poseía un castillo en el desierto. Renaud atacó en más de una ocasión a Saladino, violando los armisticios suscritos por los dos soberanos y obligándoles a emprender las hostilidades muy a su pesar, pues ambos se respetaban y profesaban mutua admiración. Hasta después de la muerte del rey leproso, las batallas que Saladino y Balduino IV libraron en Palestina nunca se decidieron claramente a favor de ninguno de los dos bandos.

En agosto de 1183, Saladino reunió en Damasco un poderoso ejército con el fin de descargar sobre Jerusalén el golpe definitivo. A los cuarenta y seis años, había atesorado una larga experiencia, estaba en el apogeo de sus cualidades y gozaba de la absoluta confianza de sus hombres. Su finalidad era la unificación de Oriente Medio bajo su mando, constriñendo así a los cristianos a abandonar el país. Balduino IV, que en aquella época ya estaba casi ciego, montó a caballo, se puso al frente de sus hombres y obligó a Saladino a esperar mejor ocasión. Entretanto, Châtillon organizó una flotilla corsaria en el Mar Rojo y saqueó los puertos árabes, insuficientemente guarnecidos. Harto de sus desmanes, Saladino puso sitio al castillo del imprudente, pero el rey leproso, transportado sobre una camilla, tomó el mando de una expedición de socorro y libró al aventurero. El 16 de marzo de 1185, el lacerado rey expiró a los veinticuatro años, lamentando no continuar vivo para conocer lo que la posteridad deparaba a su digno enemigo.

La aplastante victoria de Hattin

Guy de Lusignan fue designado rey de Jerusalén. Todo lo que Lusignan tenía de apuesto, le faltaba en inteligencia; el rey leproso le había llegado a expulsar solemnemente del Consejo de la ciudad por su notoria ineptitud. Cuando Saladino sitió la ciudad de Tiberíades, los cruzados decidieron correr alocadamente en ayuda de la plaza y, tras una marcha interminable a través del desierto, hicieron alto sobre la colina de Hattin sin haber podido aplacar la sed que los abrasaba.

Saladino había dispuesto su ejército de manera que la colina quedaba cercada, impidiendo a sus ocupantes aprovisionarse de agua. Al rayar el día,

mandó incendiar a contraviento las hierbas secas, cuyo humo vino a hacer más insostenible la posición de los cristianos. Guy de Lusignan y los principales barones se lanzaron a una carga desesperada para llegar a los pozos, logrando por un instante que los batallones musulmanes se replegaran, aunque sin romper sus filas. Empleando una táctica móvil y echando mano de monturas de refresco, los árabes prefirieron dispersarse para volver de nuevo al ataque a galope tendido. Algunos cristianos lograron traspasar la línea enemiga y huir hacia la costa. El resto del ejército fue aniquilado. Los soldados de Saladino, cansados de tanto matar, agruparon a los prisioneros, desnudos bajo un sol de plomo con las manos atadas a la espalda, junto a las armas y armaduras apiladas sobre las rocas.

Ante Saladino fueron conducidos el rey Guy de Lusignan y Renaud de Châtillon. Ganada la partida, el sultán, siguiendo su costumbre, quiso mostrarse amable. Hizo entrar a los vencidos en su tienda y ofreció a Guy de Lusignan un sorbete de agua de rosas hecho con nieve traída expresamente del Líbano. Después de beber, Guy tendió la copa a Renaud, pero Saladino se la arrebató y

cubrió de insultos al oportunista, reprochándole todos sus incumplimientos y rapiñas.

—¿Cuántas veces has faltado a tu palabra? —le preguntó.

—Yo he seguido la costumbre de los reyes árabes —respondió Renaud.

Saladino desenvainó la espada y le recordó que se hallaba a su merced.

—Si yo estuviera en tu lugar —replicó Renaud de Châtillon—, hace mucho tiempo que estarías muerto.

Estas fueron sus últimas palabras. La espada del sultán se abatió sobre él. Luego los guardias le cortaron la cabeza y se la presentaron a su amo. Todos los caballeros prisioneros fueron igualmente ejecutados.

Deshecho el ejército cristiano, Saladino acabó de conquistar el país con toda tranquilidad y se encaminó a Jerusalén. Allí entabló negociaciones para rendir la plaza, actuando con moderación para no alentar con una vana crueldad una nueva cruzada. Después de arduas discusiones, quedó convenido que los cristianos se retirarían con armas y bagajes a un lugar desde el que serían embarcados con plenas garantías. El día señalado

Miniatura que representa el duelo entre Saladino y Ricardo Corazón de León, con ocasión de la Tercera Cruzada a Tierra Santa. En 1191 los caballeros cristianos pusieron sitio a la guarnición de San Juan de Acre tomándola poco después. Durante el curso de la guerra, Saladino alternó los ataques con la diplomacia y llegó a firmar un armisticio con el rey inglés, quien nunca se animó a ocupar la ciudad de Jerusalén.

El rey de Francia Felipe Augusto y el de Inglaterra Ricardo Corazón de León se pusieron de acuerdo para partir en julio de 1190. Un año después, ambos se encontraban ante San Juan de Acre, pusieron sitio a la guarnición y la tomaron a los pocos días. Las tornas habían cambiado; para los príncipes occidentales, Jerusalén volvía a estar muy cerca. Pero afortunadamente para el Islam, no tardaron en estallar las disputas en el campo cristiano. Felipe Augusto, más preocupado por los asuntos de Francia que por la Cruzada, se retiró pretextando una enfermedad. En cuanto a Ricardo Corazón de León, jefe único ya de los cruzados, empezó por mandar degollar a tres mil prisioneros musulmanes y tuvo algunos éxitos espectaculares que le convirtieron en ídolo de la caballería occidental y terror de los sarracenos. Ante la fortaleza del Plantagenet, Saladino decidió cambiar de táctica, replegándose hacia el interior y dejando tras de sí ciudades destruidas y campos asolados por el fuego, con objeto de que no pudieran ser ocupados por los cristianos.

A pesar de que Ricardo estaba ya cansado y nervioso por las disputas entre franceses e ingleses, se encaminó bruscamente hacia Jerusalén y el día de Navidad de 1191 se encontraba a sólo veinte kilómetros de la Ciudad Santa. Sin embargo, inquieto por los movimientos de Saladino, que le seguía paso a paso dispuesto a aprovecharse del menor error, decidió prudentemente volver a la costa para allí reagrupar sus fuerzas.

El sultán, siempre dispuesto a combinar batallas y diplomacia, le envió inmediatamente a sus emisarios, proponiendo la paz y comprometiéndose a permitir la peregrinación a los Santos Lugares. Ricardo atendió estos mensajes, pero las negociaciones se prolongaron a lo largo de varios meses sin que se vislumbrara un final feliz. Además, los cristianos siguieron realizando incursiones por los territorios de Saladino, como la que les llevó de nuevo ante las puertas de

en los acuerdos, Saladino hizo su entrada solemne en la Ciudad Santa, al tiempo que era abatida la gran cruz que había mandado colocar Godofredo de Bouillon sobre el templo del Señor.

La Tercera Cruzada

Saladino era un político demasiado sutil como para ignorar que la caída de Jerusalén provocaría violentas reacciones en el bando cristiano. En efecto, las peticiones de ayuda que llegaron a Occidente suscitaron tal emoción y entusiasmo entre numerosos prelados y caballeros, que inmediatamente se organizó una nueva Cruzada. En ella iban a intervenir los principales soberanos europeos.

El primero fue el emperador alemán Federico Barbarroja, que partió de Ratisbona el 11 de mayo de 1189 con destino al Asia Menor. Pero una vez allí, cuando se disponía a descender hacia Siria con sus tropas para atacar a Saladino por retaguardia, tuvo un percance marítimo y se ahogó en Cilicia, provocando la desbandada completa de la cruzada alemana.

Los modos refinados y caballerescos de Saladino impresionaron vivamente a los cristianos europeos, que dejaron de verle como a un terrible fanático y propagaron su reputación por todas las cortes europeas. Durante su gobierno procuró reprimir los abusos, trató a musulmanes y no musulmanes con cierta benevolencia, administró con prudencia y actuó siempre de acuerdo con su profunda fe islámica. Página del Corán en la que aparecen La Meca y el Monte Arafat, y el palacio Hazem de Damasco.

Jerusalén en junio de 1192. Sin embargo, temerosos de verse atacados por la retaguardia, los ejércitos de las cruzadas nunca osaron poner sitio a la ciudad.

Saladino continuó dando muestras de preferir una solución negociada. En una ocasión, enterado de que Ricardo se encontraba pasajeramente enfermo, le envió con un mensajero especial melocotones y sorbetes. Esta vigilante y cortés diplomacia acabó por producir sus frutos. El 3 de septiembre de 1192, el monarca inglés, que recibía alarmantes noticias de su reino, accedió a firmar un armisticio en virtud del cual los cristianos conservaban el litoral, pero Saladino se quedaba con la gran apuesta de la lucha: Jerusalén.

El hecho de haber podido conservar la ciudad de Jerusalén fue un inmenso triunfo para el paciente sultán, y su satisfacción fue completa cuando supo que Ricardo había reembarcado el 9 de octubre, abandonando a los colonos a sus propias fuerzas en los territorios conquistados. La tensión bélica por ambas partes había sido demasiado fuerte y, tanto humana como financieramente todos deseaban sino la paz un modus vivendi que alejara el espectro de la guerra.

Era evidente que Saladino podía haber roto el pacto y recuperado lo perdido sin gran esfuerzo. Sin embargo, prefirió cumplir su palabra, organizando y consolidando el estado de cosas emanado del armisticio, reprimiendo los abusos y tratando a todos con suma benevolencia. Esta conducta le hizo enormemente popular entre los latinos, que dejaron de ver en él al terrible enemigo y empezaron a considerarle un verdadero aliado, incluso no pocas leyendas lo hacían un verdadero caballero cristiano.

Durante el invierno de 1192, Saladino se encontraba cabalgando al frente de una caravana, de regreso de La Meca, cuando la temperatura descendió bruscamente.

El sultán enfermó de pulmonía y sintió que había llegado su hora. Los médicos intentaron curarle ensayando toda clase de remedios. En las mezquitas, la muchedumbre se agolpaba para suplicar su curación.

También en algunas iglesias, grupos de cristianos rezaban por él. Pero Saladino, clarividente como era, no se engañó respecto a su destino. Consciente de que la muerte estaba a punto de cerrar sus ojos con su negro velo, dedicó sus últimos días a aleccionar a su hijo mayor sobre las cuestiones de gobierno. El 27 de febrero de 1193, en Damasco, entregó su alma al todopoderoso Alá.

El armisticio firmado entre Saladino I y Ricardo Corazón de León fue escrupulosamente respetado por el sultán, a pesar de que el monarca inglés regresó a su reino, del que le llegaban alarmantes noticias, abandonando a su suerte a los colonos cristianos. Según dicho pacto Saladino mantuvo el interior de Siria y Palestina, incluyendo Jerusalén, y los cristianos se quedaron con casi toda la franja costera. A la muerte de Saladino, cuya tumba se halla en Damasco, sus hijos y hermanos se repartieron el Imperio.

1138	**SALADINO** nace en la ciudad de Tekrit.
1146	Se inicia la Segunda Cruzada.
1158	Saladino se incorpora al ejército de Nur-ed-Din.
1164	Se dirige a Egipto como lugarteniente de su tío Sirkuh.
1169	Saladino, visir de Egipto.
1174	Emprende la ocupación de la Siria musulmana.
1182	Se proclama emperador de Siria y Egipto.
1187	Vence a los cristianos en Hattin y toma Jerusalén, con lo que se inicia la conquista de Palestina.
1189	Comienza la Tercera Cruzada.
1191	Los cruzados recuperan San Juan de Acre. Ricardo Corazón de León llega a las puertas de Jerusalén.
1192	Armisticio entre Saladino y los cruzados.
1193	27 de febrero: Saladino muere en Damasco.

GENGIS KHAN
(1167-1227)

*Q*uien estaba llamado a forjar el más vasto imperio que ha conocido la humanidad nació en las desoladas estepas de Mongolia, allí donde el frío y el viento hacen a los hombres duros como el diamante, insensibles como las piedras y tenaces como la hierba áspera que crece bajo la nieve helada. Su padre era Yesugei, caudillo del clan Borjigin, y su madre se llamaba Ilun. Hasta los trece años, Temudjin, verdadero nombre de Gengis Khan, no tuvo oportunidad de demostrar su temple extraordinario. A esa edad parecía ya un hombre por su estatura y su vigor. Era capaz de cabalgar durante un día entero y de disparar un arco como el más diestro de los soldados.

Una fuerza sin sentimientos

Muerto Yesugei en extrañas circunstancias, el jovencísimo Temudjin se mostró dispuesto a sucederle como jefe de aquella tribu de nómadas feroces. Los lugartenientes de su padre se burlaron de aquel mozalbete, pero, temerosos de su constitución física, decidieron ponerle un pesado yugo de madera al cuello y le amarraron a él las muñecas para venderlo como esclavo. Una noche, Temudjin derribó a su guardián, le aplastó el cráneo con el yugo y escapó, ocultándose en el cauce seco de un arroyo. Desde allí oía el galope de los jinetes que recorrían la llanura en su busca. Al amanecer, salió a rastras de su escondite y convenció a un cazador errante para que le librase del yugo y le ocultase. Unos días después, sano y salvo, se reunió con algunos leales y emprendió una lucha a muerte contra sus enemigos.

Junto a Toghrul Khan, el más poderoso de los reyes mongoles de la época, Temudjin encontró el apoyo que necesitaba. A los diecisiete años se casó con Bordu, una de las hijas de Toghrul, y consiguió reunir una pequeña tropa de fieles y vigorosos seguidores. Inmediatamente reem-

prendió la lucha. Atraídos por su fama, muchos hombres acudían ahora de todos lados para alistarse bajo su mando y aceptar su disciplina, a la vez exigente y justa. Veinte años de continuas victorias hicieron de Temudjin el *khan* más temido del desierto, no sólo por el número y el valor de sus guerreros, sino también por su prodigioso sentido de la organización.

Pero Temudjin era también inexorable y despiadado como la estepa y su terrible clima. Invariablemente mataba a cuantos pretendían compartir con él el poder o simplemente le desobedecían. Tal fue el caso de Yamuga, su primo y compañero de juegos en la infancia, con quien había compartido el lecho en los días de adversidad y repartido fraternalmente los escasos alimentos de que disponían. Disconforme con su papel de subordinado, Yamuga le plantó cara y, tras diversas escaramuzas, se refugió en las montañas seguido únicamente por cinco hombres. Un día, cansados de huir, sus compañeros se arrojaron sobre él, le ataron sólidamente a su caballo y le entregaron a Temudjin. Cuando los dos primos se encontraron, Yamuga reprochó a Temudjin que tratara con aquellos cinco felones que habían osado alzar la mano contra su señor. Reconociendo la justicia de tales críticas, Temudjin ordenó detener a los traidores y decapitarlos. Seguidamente, sin inmutarse, dio orden de que estrangularan a su querido primo.

El más poderoso de los *khanes*

En el curso de una importante asamblea de jefes, Temudjin expuso su idea de que el interés general exigía nombrar un *khan* supremo, capaz de reunir toda la fuerza nómada y lanzarla a la conquista de ciudades fabulosas, de llanuras salpicadas de prósperas casas de labranza y de puertos riquísimos donde atracaban los navíos extranjeros.

Veinte años de continuas victorias convirtieron al joven Temudjin en el guerrero más poderoso del desierto y en el temido khan *que llegaría a forjar el imperio más vasto de la historia. En poco más de una década Gengis Khan logró extender sus dominios desde las costas del Pacífico hasta el corazón de Europa.*

Ante la enumeración de estas posibilidades, los mongoles se estremecieron de codicia. ¿Quién podía ser ese caudillo de caudillos? El nombre de Temudjin, que ya había sido aclamado jefe de una importante confederación de tribus y era a la vez respetado y temido, voló de boca en boca. Oponerse a su idea podía ser peligroso, y apoyarla no era sino consagrar un estado de cosas y quizás conseguir grandes botines. Simulando modestia, Temudjin se dejó proclamar en 1206 jefe supremo con el nombre de Gengis Khan, que significa «rey universal». Inmediatamente se rodeó de una insobornable guardia personal y comenzó a enseñar a sus antiguos camaradas lo que él entendía por disciplina. Gengis Khan organizó su reino de modo que sirviese exclusivamente para la guerra. Inculcó a sus súbditos la idea de nación y les puso a trabajar en la producción de alimentos y material bélico para su ejército, reduciendo sus necesidades al mínimo exigido por la vida diaria con objeto de que todos los esfuerzos y las riquezas sirviesen para sostener a los combatientes.

Antes de cumplir cuarenta y cuatro años, Gengis Khan tenía ya dispuesta su formidable máquina guerrera. No obstante, si en aquella época una flecha enemiga hubiera penetrado por una de las juntas de su armadura, la Historia no habría recogido ni siquiera su nombre, pues las mayores proezas de su vida iban a tener lugar a partir de aquel momento.

En Karakorum, llamada la ciudad de las arenas negras, donde ha establecido su cuartel general, Temudjin se pasea meditando en las conquistas que ha planificado. Camina con el paso torpe de quien se pasa la vida a caballo. Viste una especie de larga zamarra forrada de cuero durísimo. La piel de su cara, correosa y surcada de profundas arrugas, está revestida de una capa de grasa natural que lo protege contra el frío y el cortante azote del viento. Sus ojos, muy separados y enrojecidos por el polvo, brillan con gran intensidad. Habla poco y está a punto de ordenar que el ejército se ponga en marcha. Un ejército que nunca será derrotado.

Los invencibles jinetes tártaros

Al este de su imperio estaba China, con su antiquísima civilización. Al oeste, el Islam, o el conjunto de naciones que habían surgido tras la estela de Mahoma. Más a occidente se extendía Rusia, que era entonces un conglomerado de pequeños estados, y la Europa central. Gengis Khan decidió atacar primero China. En 1211 atravesó el desierto de Gobi y cruzó la Gran Muralla. En 1215 conquistó Pekín. Al cabo de tres años se dirigió hacia el oeste, arrasó la bella Samarkanda y la opulenta Bujara y envió varias unidades hasta el Reino de Delhi, en la India. En 1222 invadió el norte de Irán, rodeó el mar Caspio por el sur y penetró en el Cáucaso y en Crimea, llegando hasta la actual Bulgaria. En poco más de diez años, el Imperio había crecido hasta abarcar desde las orillas del Pacífico hasta el mismo corazón de Europa, incluyendo casi todo el mundo

Gengis Khan al frente de sus feroces jinetes mongoles cruzó el desierto de Gobi y rebasó la Gran Muralla en 1211, entrando, cuatro años más tarde, en Pekín. Desde esa conquista, Karakorum se convirtió en el centro del mundo oriental y el invencible ejército mongol de Gengis Khan en uno de los ejemplos del arte militar, junto a la legión romana y la falange macedónica.

conocido y más de la mitad de los hombres que lo poblaban. Karakorum, la capital de Mongolia, era el centro del mundo oriental, y los mongoles amenazaban incluso con aniquilar las fuerzas del cristianismo. Gengis Khan no había perdido jamás una batalla, a pesar de enfrentarse a naciones que disponían de fuerzas muy superiores en número. Es probable que jamás lograra poner a más de doscientos mil hombres en pie de guerra; sin embargo, con estas huestes relativamente pequeñas, pulverizó imperios de muchos millones de habitantes.

¿Por qué su ejército era indestructible? La materia prima de Gengis Khan eran los jinetes y los caballos tártaros. Los primeros eran capaces de permanecer sobre sus cabalgaduras un día y una noche enteros, dormían sobre la nieve si era necesario y avanzaban con igual ímpetu tanto cuando comían como si no probaban bocado. Los corceles podían pasar hasta tres días sin beber y sabían encontrar alimento en los lugares más inverosímiles. Además, Gengis Khan proveyó a sus soldados de una coraza de cuero endurecido y barnizado y de dos arcos, uno para disparar desde el caballo y otro más pesado, que lanzaba flechas de acero, para combatir a corta distancia. Llevaban también una ración de cuajada seca, cuerdas de repuesto para los arcos y cera y aguja para las reparaciones de urgencia. Todo este equipo lo guardaban en una bolsa de cuero que les servía, inflándola, para atravesar los ríos.

La táctica desplegada por Gengis Khan era siempre un modelo de precisión. Colocaba a sus tropas en cinco órdenes, con las unidades separadas por anchos espacios. Delante, las tropas de choque, formidablemente armadas con sables, lanzas y mazas. A retaguardia, los arqueros montados. Éstos avanzaban al galope por los espacios que quedaban entre las unidades más adelantadas, disparando una lluvia de flechas. Cuando llegaban cerca del enemigo desmontaban, empuñaban los arcos más pesados y soltaban una granizada de dardos con punta de acero. Luego era el turno de las tropas de asalto. Tras la legión romana y la falange macedónica, la caballería tártara se erigió en ejemplo señero del arte militar.

Propaganda y terror

Pero Gengis Khan supo también ganar más de una batalla sin enviar ni un solo soldado al frente, valiéndose exclusivamente de la propaganda. Los mercaderes de las caravanas formaban su quinta columna, pues por medio de ellos contrataba los servicios de agentes en los territorios que proyectaba invadir. Así llegaba a conocer al detalle la situación política del país enemigo, se enteraba de cuáles eran las facciones descontentas con los reyes y se las ingeniaba para provocar guerras intestinas. También se servía de la propaganda para sembrar el terror, recordando a sus enemigos los horrores que había desencadenado en las naciones que habían osado enfrentársele. Someterse o perecer, rezaban sus advertencias.

La práctica del terror era para él un eficaz procedimiento político. Si una ciudad le oponía resistencia, la arrasaba y daba muerte a todos sus habitantes. Al continuar la marcha sus huestes, dejaba a un puñado de sus soldados y a unos cuantos prisioneros ocultos entre las ruinas. Aquéllos obligaban después a los cautivos a recorrer las calles voceando la retirada de los tártaros. Y así, cuando los contados supervivientes de la degollina se aventuraban a salir de sus escondites, hallaban la muerte. Por último, para evitar que ninguno se fingiese muerto, les cortaban la cabeza. Hubo ciudades en que sucumbieron medio millón de personas.

Tal fue la extraordinaria máquina militar con que Gengis Khan conquistó el mundo. En 1227, cuando se hallaba culminando la conquista de China, decidió dividir sus dominios entre sus cuatro hijos. Ninguna enfermedad se había manifestado en él, pero su instinto certero para la muerte le advirtió de que su fin estaba próximo. Expiró en el lecho de su tienda imperial, tras explicar a su hijo Ogodei los planes de conquista para los próximos días. Tras su fallecimiento, el enorme rodillo mongol siguió aplastando gentes y naciones. Sus sucesores dominaron toda Asia, penetraron aún más en Europa y derrotaron a húngaros, polacos y alemanes.

Después, el Imperio decayó hasta desaparecer. Los mongoles son hoy un ramillete insignificante de tribus nómadas, y Karakorum yace sepultada bajo las arenas movedizas del desierto de Gobi. Hasta su mismo nombre se ha borrado de la memoria de las gentes.

1167	Nace en Mongolia Temudjin, futuro **GENGIS KHAN**.
1180	Tras la muerte de su padre es hecho cautivo, pero no tarda en liberarse.
1184	Se casa con la hija de un poderoso *khan*.
1184-1195	Mantiene incesantes y victoriosos combates tribales.
1206	Se impone a la nobleza mongol y le es otorgado el título de Gengis Khan (rey universal).
1207	Somete a las tribus norteñas de los ríos Selenga y Yenisey.
1211	Atraviesa el desierto de Gobi rumbo a China.
1215	Conquista Pekín.
1218	Destruye hasta los cimientos Samarkanda y Bujara.
1219	Penetra en el noroeste de la India.
1222	Llega a Crimea.
1226-1227	Se dispone a culminar la conquista de China. Destruye el reino Tangut.
1227	En agosto, muere en Kansu.

ALFONSO X EL SABIO
(1221-1284)

Durante siglos la figura de Alfonso X, el rey poeta e historiador, ha sido objeto de una viva polémica. Considerado en la época barroca un monarca arrogante y envanecido por sus conocimientos, la crítica reciente ha llegado a ver en él un paradigma del gobernante cultivado y europeísta, fiel reflejo de la España que hubiera podido ser; pero en los destinos de Castilla mediaron después hechos como la pujanza de la Inquisición, la política de los Reyes Católicos o la conquista de América, que obstaculizaron el desarrollo de ese Estado con el que soñara Alfonso.

El docto y bondadoso Alfonso X, hijo de Fernando III el Santo, soñó con un reino fundado en la cultura y la tolerancia y todos sus esfuerzos se centraron en difundir entre los cristianos, los avanzados conocimientos científicos, filosóficos y artísticos atesorados por los sabios islámicos y judíos.

Es evidente que el Rey Sabio fue víctima de las dificultades y peligros que supone la asunción del poder para todo hombre culto e impregnado de idealismo. Si aceptamos que Alfonso X fue un intelectual, salvando las distancias entre el Medioevo y la época actual, no debe extrañarnos que triunfase en el aspecto cultural pero fracasara estrepitosamente en las vertientes política, económica y social, donde topó con resistencias que hubieran requerido un pulso mucho más firme y un sentido práctico que nunca tuvo. Además, obsesionado como estaba por dar una dimensión europea a su reinado, consumió abundantes recursos en vanas querellas dinásticas, para acabar quemando sus últimos años y energías en una trifulca provinciana y absurda. Así pues, aun siendo semejante en tantas cosas a los soberanos de su tiempo, fue sin embargo radicalmente distinto y original en lo que concierne a la ingente tarea de erudición emprendida bajo su tutela, por su talento y por su tolerancia, que le hizo ganarse el apelativo de «rey de las tres religiones» y convertirse en ejemplo de monarca bondadoso, docto y protector, empeñado en difundir los conocimientos científicos entre sus súbditos, mas un poco torpe a la hora de afrontar la cruda realidad.

Libros y conquistas

Toledo, ciudad cargada de una gran tradición cultural, vio nacer a Alfonso en 1221. Desde muy niño pudo escuchar por boca de su padre Fernando III, que luego sería canonizado, detallados relatos sobre los progresos de la reconquista en tierras andaluzas y extremeñas, paralelos al avance aragonés por Levante y Baleares. Tenía diez años cuando murió su madre, Beatriz de Suabia, y a partir de ese momento comenzaron a proyectarse matrimonios sobre su persona. La elección recaería

Alfonso dictaba a sus escribas y músicos Las Cantigas de Santa María *(manucristo iluminado del siglo XIII, El Escorial), en galaicoportugués, porque entendía que ésta, por su musicalidad y lirismo, era la lengua idónea para el género poético. Pero dio muestras de su amplia visión cultural ordenando la traducción directa al castellano de libros esenciales de las bibliotecas musulmana y clásica, lo cual permitió eliminar arcaísmos, fijar la ortografía y corregir las vacilaciones fonéticas y sintácticas de esta lengua, que él empleó en sus trabajos científicos y convirtió en la lengua oficial de la administración del reino.*

en Violante, hija de Jaime I y de Violante de Hungría. El matrimonio se consumó en 1246, cuando el príncipe contaba veinticinco años.

Ya por aquellas fechas era patente el interés de Alfonso por las cuestiones culturales. Rodeado de un nutrido grupo de colaboradores, su sueño era hacer asequibles para los cristianos los tesoros de la cultura islámica. La literatura, la ciencia y la historia musulmanas, superiores a las occidentales en ese momento, ya eran objeto de traducciones sistemáticas en su ciudad natal, donde una Escuela de Traductores, creada bajo patrocinio cluniacense, trabajaba desde mediados del siglo anterior. De este modo, latinizados a partir del texto árabe, habían podido difundirse por toda Europa las obras de Aristóteles, los comentarios de Averroes y muchos libros de filósofos griegos y orientales, así como tratados de magia y astrología. Alfonso se propuso dar nuevo aliento a este proceso y ampliarlo llevándolo al ámbito de la creación original, en la medida en que la origina-

lidad era posible en una época en la que se consideraba obligada la imitación y la fidelidad a modelos y maestros.

En 1252, Alfonso fue coronado rey. Cuatro décadas de expansión territorial habían llevado las fronteras del reino hasta Granada, y su primer reto consistió en conseguir la integración de la rica Andalucía en la recién consolidada unidad política castellano-leonesa. Pero los soldados victoriosos exigían un generoso botín y los habitantes musulmanes de las ciudades y campos conquistados hubieron de ser desalojados para satisfacer sus demandas. La expulsión de los artesanos, mercaderes y agricultores árabes no iba a tardar en provocar una terrible decadencia económica y en suscitar el odio de los expulsados, obligados a emigrar hacia el Reino de Granada y el norte de África. La falta de esta mano de obra especializada, unida al ansia de los nuevos propietarios cristianos por enriquecerse lo más rápidamente posible aun a costa de esquilmar tierras y poblados,

El Libro de las Leyes *o de las Posturas, llamado a partir del siglo XIV* Las siete partidas, *representa el esfuerzo de Alfonso X por dotar de un corpus legislativo común a todos los territorios de la corona.*

hizo que las zonas antaño cultivadas se abandonasen o fueran transformadas en grandes explotaciones ganaderas y que en las ciudades del sur el hambre empezase a ser algo más que un hecho ocasional.

«Electo Rey de Romanos»

Impotente ante estos hechos, Alfonso X prefirió volverles la espalda iniciando su reinado con una política de reivindicaciones territoriales que le condujo a enfrentarse con otros reinos cristianos. El Algarve portugués, Navarra y Gascuña fueron los territorios que pretendió anexionar a la corona alegando antiguos y caducados derechos dinásticos, pero todos los intentos se saldaron con ro-

tundos fracasos. Su siguiente empeño, igualmente desproporcionado y temerario, estuvo encaminado a obtener el nombramiento como emperador del Sacro Imperio Romano Germánico, que abarcaba gran parte de Europa central e Italia, y cuyo trono estaba vacante desde la muerte del rey Federico II en 1250.

Esta aspiración se basaba en los derechos emanados del parentesco de su madre con la dinastía de los Staufen alemanes, y contaba con el respaldo de los gibelinos italianos y con la oposición del papado, que no deseaba una autoridad superior a la suya en la península italiana. En enero de 1256, la candidatura de Alfonso fue votada por la mitad de los príncipes electores, mientras que la otra mitad dio su apoyo a Ricardo de Cornualles, hermano del rey de Inglaterra, que inmediatamente se convirtió en su enemigo. Don Alfonso, que deseaba frenar el aumento de la influencia inglesa en el continente, comenzó a emplear el título de «Electo Rey de Romanos» y a buscar aliados en Europa, a los que no dudó en ofrecer grandes sumas de dinero a cambio de apoyo. Mientras tanto, Ricardo de Cornualles ocupó media Alemania y se hizo coronar en Aquisgrán, la ciudad de Carlomagno, consiguiendo que el papa tomase partido por él. Alfonso respondió enviando importantes contingentes de hombres de armas castellanos en auxilio de sus partidarios.

Europa se hallaba al borde de la guerra cuando Ricardo de Cornualles murió en 1271. La desaparición de su rival hizo pensar a Alfonso que su camino hacia el cetro imperial se encontraba expedito, y con objeto de conseguirlo definitivamente se dirigió a la ciudad de Beaucaire para entrevistarse con el pontífice Gregorio X y recibir su bendición como emperador. Su Santidad, sin embargo, ya había elegido para el puesto al duque Rodolfo de Habsburgo y se negó en redondo una vez más a reconocer los derechos del soberano de Castilla, arguyendo de forma incontrovertible que Alfonso no era alemán.

Problemas internos

Al mismo tiempo que fracasaban todas las gestiones ante el papa, Alfonso recibió desde Castilla dos malas noticias: había tenido lugar una nueva ofensiva musulmana en la Península tras el desem-

A pesar de descollar por su gran labor cultural basada en la tolerancia entre cristianos, judíos y musulmanes, Alfonso X cometió graves errores políticos y acabó expulsando a los árabes de los territorios conquistados, para entregar sus tierras a cristianos que no vacilaron en esquilmarlas o convertirlas en campos de pastoreo, propiciando la decadencia económica de Castilla. Sin la energía suficiente para corregir estos hechos, Alfonso optó por empeñar su prestigio en vanas disputas sucesorias y en pretender la corona del Sacro Imperio Romano Germánico. Miniatura de las Cantigas de Santa María.

barco de los benimerines africanos y, lo que era peor, su amado hijo y heredero, don Fernando de la Cerda, había muerto. El Rey Sabio regresó raudo y se encontró con un panorama inquietante: la nobleza había elegido como sucesor a su segundo hijo y rival político, el futuro Sancho IV, y además, a causa del obsesivo pleito por la corona del Sacro Imperio, su popularidad había descendido a cotas alarmantes y la economía del reino estaba en plena crisis.

Aunque Castilla se había integrado en la corriente comercial europea a través del puerto de Sevilla, donde confluían las mercancías del Mediterráneo y del Atlántico, su situación económica era desastrosa debido a la desaparición de las fuentes tradicionales de riqueza. Los cuantiosos botines conseguidos durante la guerra y la percepción de tributos impuestos a los reinos musulmanes habían sido los ejes de la relativa prosperidad castellana, fundamentada pues en la propia dinámica de la reconquista. Culminada ésta prácticamente, la secular debilidad productiva del país se hizo evidente en toda su crudeza, corregida y aumentada tras la expulsión de los musulmanes, mucho más avanzados que los cristianos en cuestiones de agricultura, artesanía y comercio.

Grandes campos despoblados, recorridos por caballeros ávidos de fáciles fortunas sobre los que se cierne el fantasma de la paz, salpicados de aldeas hambrientas de donde han sido desterrados los únicos hombres laboriosos, tal es la imagen que ofrece desde un punto de vista económico la España de Alfonso X. Todo cuanto se le ocurrió al monarca fue arbitrar medidas de tipo monetario, como hubiera hecho cualquier experto en nuestros tiempos. En primer lugar, promulgó leyes para manipular el régimen de intercambios, provocando un inmediato encarecimiento de los productos; luego, dictó diversos ordenamientos destinados al control de precios, lo que incitó al acaparamiento y a la retirada del mercado de los bienes por parte de los mercaderes. En resumen, carestía y desabastecimiento fueron los efectos de un gobierno que además se veía pronto sumergido en una guerra civil de nefastas consecuencias.

Amor por la palabra escrita

Ya hemos apuntado que Alfonso mostró desde sus primeros años una notable afición por la ciencia y la literatura. A partir de 1252, año en que había sido coronado, incrementó el número de sus colaboradores y reunió en torno a sí a juglares, poetas, historiadores y jurisconsultos hispanos y de otras tierras, tanto cristianos como judíos y musulmanes. A todos ellos consagró especial atención, dispuso su alojamiento, les proporcionó libros e instrumentos de trabajo y los distribuyó en grupos ubicados en varias ciudades de la Península. Su intervención en las obras promovidas por él oscilaba entre la supervisión general y la redacción directa de algunos textos que le interesaban o le afectaban de modo particular.

En aquella época, las traducciones se realizaban normalmente en dos etapas sucesivas: del árabe al romance y del romance al latín. Alfonso, sin embargo, empezó a considerar definitivo el texto romance, al principio infravalorado como mero intermedio hacia la versión latina, y ordenó verter al castellano libros inestimables como el *Calila e Dimna*, colección de cuentos y apólogos de gran importancia en la historia de la fabulística, las *Etimologías* de San Isidoro, el *Tesoro* de Brunetto Latini o los famosos *Libros de ajedrez, dados y tablas*. Eliminando arcaísmos, fijando la ortografía y corrigiendo muchas vacilaciones fonéticas y sintácticas, consiguió que el castellano se afianzase y alcanzase un nivel literario y científico, a la vez que se convertía en lengua oficial de la administración del reino.

Como legislador, Alfonso X continuó la obra de su padre Fernando III, que deseaba unificar y refundir los diversos fueros municipales en un corpus legislativo común para todos los territorios de la corona. El resultado de este esfuerzo fue el *Libro de las leyes* o *Libro de las posturas*, conocido a partir del siglo XIV como *Las siete partidas*. En este texto quedaba incorporado lo más sustancial del Derecho romano y el caudal de las legislaciones extranjeras, recurriéndose también a la autoridad de la Biblia y de los Padres de la Iglesia y conformándose un vasto mosaico de consideraciones jurídicas, religiosas y morales que hoy son un testimonio histórico de extraordinario interés.

Fue precisamente en el dominio de la Historia en el que Alfonso X abordó uno de sus proyectos más ambiciosos. En efecto, hacia 1270 el rey puso manos a la obra en una nueva historia nacional: «Mandamos ayuntar quantos libros pudimos auer de istorias en que alguna cosa contassen de los fechos d'Espanna (...), et compusiemos este libro de todos los fechos que fallar se pudieron della, desdel tiempo de Noé fasta este nuestro.» Casi simultáneamente, nacía otro empeño todavía mayor: la compilación de una gigantesca historia universal, en la que se contasen «...todos los fechos sennalados, tan bien de las estorias de la Biblia como de las otras grandes cosas que acahescieron por el mundo, desde que fue començado fastal nuestro tiempo». En marcha uno y otro libro, el rey advirtió que la *Estoria de España* se desbordaba hasta adquirir ímpetu de crónica universal, en tanto la escala a que había sido concebida la historia del mundo permitía acoger en sus páginas la materia hispana. De esta forma, la segunda contenía y anulaba a la primera, así que Alfonso interrumpió su primer proyecto y se concentró en el segundo. El resultado fue la *General e grand estoria*, cuyas seis extensas partes conservadas fueron concebidas según el ideal de exhaustividad que inspiraba las grandes sumas y enciclopedias de la época, constituyendo uno de los escasos textos castellanos verdaderamente dignos de contarse entre las grandes producciones de las letras europeas medievales.

Si bien el Rey Sabio escogió el romance para sus trabajos científicos e historiográficos, consideró que el cultivo de la lírica requería la utilización del galaicoportugués, tradicionalmente apreciado como más musical y poético que el castellano. *Las Cantigas de Santa María*, colección de 430 poemas difundida en preciosos códices ilustrados con miniaturas y donde se consigna además la melodía de cada composición, son quizás su obra más personal. Verdadera joya de la lírica de todos los tiempos, ofrecen un maravilloso conjunto de leyendas medievales y son reflejo de una fe rebosante de ingenuidad y ternura que se expresa, no sin virtuosismo, denotando la influencia que la poesía trovadoresca y provenzal ejercía en el entorno del Rey Sabio.

Abandonado por todos

La desaparición del infante Fernando a la edad de veinte años fue un duro golpe para el rey. Él, que aspiraba a convertirse en emperador de media Europa, hubo de afrontar un pleito doméstico que no tardó en desembocar en una guerra civil. Don Sancho, su segundo hijo y aspirante a sucederle, contaba con el apoyo de Pedro *el Grande* de Aragón y de la mayor parte de la nobleza, que veía en él un defensor de sus derechos frente a los intentos de racionalización de la vida colectiva promovidos por Alfonso. El rey quiso que se reconociese como herederos a sus nietos Alfonso y Fernando, hijos del primogénito fallecido, pero sus súbditos y el príncipe Sancho se sublevaron

y las Cortes reunidas en Valladolid en 1282 declararon a éste último gobernador del reino, aunque sin reconocerle el título real mientras viviese su padre. Alfonso X fue víctima del abandono más absoluto; al partido rebelde se unieron sus otros hijos, don Juan y don Pedro, y su hermano menor don Manuel. Incluso la reina Violante llegó a apoyar las pretensiones de Sancho.

En estos años postreros, la figura de Alfonso X nos recuerda en alto grado a la del shakespeariano rey Lear. Es una época que consume luchando patéticamente por sus derechos y recurriendo a todo tipo de alianzas desesperadas que sólo sirvieron para disipar sus bienes y llevarle al agotamiento. Poco antes de su muerte iba a comprender lo desatinado de muchas de sus actitudes y a percibir la sordidez en que se había desarrollado esta última querella sucesoria. Él mismo se llamaría «viejo mezquino» en uno de sus últimos escritos, en los que se percibe la lúcida amargura de quien teme que su recuerdo no suscite entusiasmos y sabe que muchos de sus actos no darán el fruto deseado.

En efecto, las polémicas sobre su vida y su obra continuaron durante siglos, impregnadas del apasionamiento que sólo suscita la huella de los grandes hombres.

1221	**ALFONSO X** nace en Toledo.
1246	Contrae matrimonio con Violante, hija de Jaime I.
1252	Muere su padre, Fernando III. Alfonso X es coronado rey.
1256	Concluye *Las siete partidas*.
1257	Se inicia la recopilación de las *Cantigas de Santa María*.
1261	Conquista las ciudades de Niebla y Cádiz.
1264-1266	Sublevación de los musulmanes en Murcia y Andalucía.
1270	Se acomete la redacción de la *Estoria de España*.
1273	Creación del Concejo de la Mesta, organización del poder ganadero.
1274	Se inicia el trabajo de la *General e grand estoria*.
1275	Alfonso X se entrevista con el papa Gregorio X. Fallece su primogénito Fernando de la Cerda.
1276	Pleito dinástico con su hijo Sancho.
1282	Las Cortes, reunidas en Valladolid, declaran a Sancho gobernador del reino.
1284	Muere Alfonso X en Sevilla.

MARCO POLO
(1254-1324)

Casi siete siglos después de su muerte, el legendario Marco Polo sigue representando el arquetipo del viajero infatigable, cuyos relatos tienen la atmósfera de los cuentos maravillosos.

A finales del siglo XIII, Venecia seguía siendo una de las mayores potencias comerciales y marítimas del mundo. Era habitual escuchar allí, a la sombra de las cúpulas de ópalo, junto a los suntuosos palacios y a la vista de las doradas góndolas, las historias más extraordinarias y peregrinas. Pero las que contaba *maese* Marco Polo, recién llegado de los confines del mundo, eclipsaban a todas. Aseguraba haber visto extraer de las entrañas de la tierra, en la China, unas piedras negras que ardían mejor que la leña. Los venecianos, al oírle, se burlaban; para ellos, el carbón de piedra era una cosa de lo más fantásti-

ca. También hablaba de otra piedra que podía hilarse como si fuera lana, pero que era incombustible; sus oyentes reventaban de risa: aún más difícil de concebir que el carbón era el amianto. Tampoco le creían cuando describía una fuente que había contemplado en algún país remoto de la que no manaba agua, sino negrísimo aceite: sus conciudadanos no podían siquiera sospechar la existencia de los campos petrolíferos de Bakú. Sin embargo, no era posible que un hombre, aun dotado de una portentosa fantasía, imaginara todo aquello. Marco Polo había regresado de sus viajes trayendo consigo grandes riquezas, entre las cuales quizás la más valiosa era la experiencia acumulada a lo largo de veinticuatro años de ausencia. Mil peripecias y hechos inverosímiles para sus contemporáneos cruzaban por su mente. Tenía mucho que contar, pues no en balde era uno de los más grandes viajeros que la humanidad ha conocido.

La saga de los Polo

Originarios de Dalmacia, los Polo se habían establecido en Venecia a mediados del siglo XI. No tardaron en integrarse en el dinámico mundo comercial veneciano, convirtiéndose en una familia de audaces mercaderes. El abuelo de Marco tuvo tres hijos: Andrea, Nicolás y Mateo. A ninguno de los tres les arredraban las fatigas ni las distancias·si vislumbraban una sustanciosa transacción económica. Andrea, el primogénito, se estableció en Constantinopla y estableció fructíferas relaciones con los hombres de las caravanas que venían de lejanos países situados más allá del mar Negro. Las noticias que hablaban de las conquistas de los mongoles en el Asia Occidental hicieron pronto mella en su agudo sentido comercial, de modo que llamó a sus hermanos, que permanecían en Venecia, y les animó a no desaprovechar aquella magnífica ocasión de hacer grandes negocios. Mateo y Nicolás cerraron sus sucursales, se embarcaron en el viejo puerto de su ciudad y, con sus bártulos a cuestas, se adentraron en la inmensa llanura rusa conducidos por un guía. El viaje no fue fácil, pero los Polo eran una raza de pioneros infatigables; compraron aquí, vendieron allá, aprendieron extrañas lenguas y descubrieron nuevos mercados, recibiendo buen trato en todas partes y estableciendo provechosos acuerdos con los mongoles. Éstos, que tanto pavor causaban a la Cristiandad, resultaron ser unos hábiles administradores que vivían en paz con los pueblos sometidos. La muralla musulmana, que desde el siglo VII impedía todo contacto entre China y Occidente, no era ya más que una simple cortina. Los hermanos Polo habían sido los primeros en cruzarla con éxito.

El Gran Khan y el papa de Roma

En la ciudad de Bujara, en el corazón de Asia y a casi cinco mil kilómetros de distancia de su país de origen, Mateo y Nicolás se establecieron durante tres años entregados de lleno al comercio. Un día llegó hasta ellos una comisión enviada por el gran Kubilai Khan, cuyo imperio se extendía desde el mar Ártico hasta el océano Índico, y desde las costas del Pacífico hasta las fronteras de Europa Central. El Khan no había visto nunca europeos occidentales y era un hombre extremadamente curioso. Nieto del mítico Gengis Khan, Kubilai tenía 43 años cuando los Polo fueron conducidos a su presencia. Se trataba de un déspota inteligente y experimentado, excelente gobernante y buen general, que poseía además un espíritu ávido de conocimientos. Les hizo mil preguntas sobre las costumbres europeas, en especial sobre

En 1271, Marco Polo tenía sólo diecisiete años, cuando, maravillado por las historias que narraban su padre y su tío, consiguió que éstos lo llevaran en el siguiente viaje al otro extremo del mundo. Gracias a su insaciable curiosidad, a una memoria privilegiada y a una gran tenacidad, dotes que cautivaron a Kubilai Khan, Marco Polo pudo transmitir a Europa los conocimientos adquiridos que, aún dos siglos más tarde, sirvieron a Fra Mauro para hacer su famoso mapamundi de San Miguel de Murano, publicado por primera vez en 1606, del que se reproduce un fragmento.

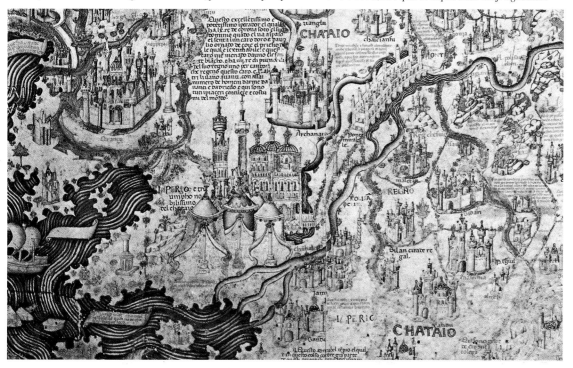

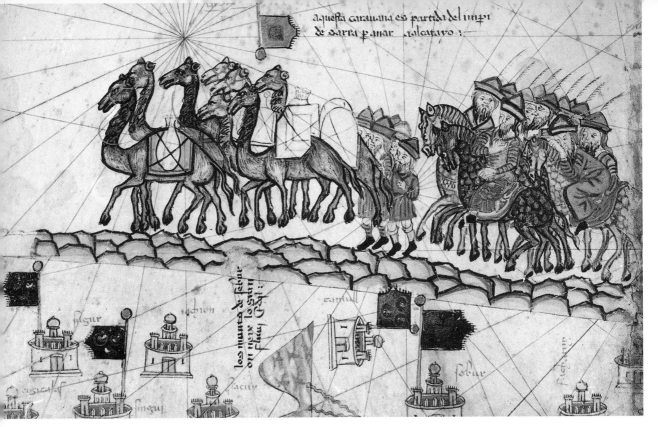

Nicolás y Mateo Polo, inteligentes y audaces mercaderes venecianos, y el joven Marco, emprendieron el segundo viaje a la fabulosa China medieval, salvando peligros y comerciando con todos los pueblos que encontraban a su paso. Atlas de Abraham Cresques, 1375.

su religión y el papa de Roma, de quien había oído hablar en términos elogiosos. Para éste último les dio además un sorprendente encargo. Kubilai, demostrando que era sumamente abierto en materia religiosa, pedía al papa que le enviara cien hombres doctos en el credo cristiano, a fin de que tuviesen una controversia con los bonzos, los monjes budistas de su país, prometiendo convertirse él y su pueblo al cristianismo si demostraban que la suya era mejor religión. Y como prueba de su eclecticismo, pidió también a los mercaderes que le llevasen aceite de la lámpara del Santo Sepulcro.

Dispuestos a cumplir los encargos del Gran Khan, los hermanos Polo emprendieron el regreso, llegando a Venecia en 1269, tras catorce años de ausencia. La mujer de Nicolás había muerto, y él pudo llorarla abrazado al hijo nacido poco antes de su partida: se llamaba Marco, como su abuelo, y contaba quince años de edad.

Mateo y Nicolás permanecieron dos años en su patria. Se entrevistaron con el papa Gregorio X, quien escuchó distraídamente sus relatos sobre hombres amarillos de ojos oblicuos cuyo podero-

so señor solicitaba el envío de cien sabios y no abrigaba ninguna hostilidad hacia la religión de Cristo. Accedió a escribir una respuesta de cortesía para el Khan y se limitó a permitir que un par de monjes les acompañasen en el siguiente viaje.

A comienzos de 1271, cansados de que nadie los tomara en serio y sintiendo de nuevo la llamada de la aventura, y, porqué no, del lucro, decidieron partir de nuevo hacia la corte del Gran Khan. El hijo de Nicolás, Marco, suplicó a su padre que le permitiera unirse a la expedición. Hacía dos años que escuchaba día tras día los relatos de los viajeros, y creía ciegamente en sus historias. Les había acompañado en la visita al papa y, aunque sólo tenía diecisiete años, estaba imbuido del espíritu de la familia. Nicolás no pudo negarse. Sabía que Marco era capaz de cualquier cosa, que poseía una curiosidad insaciable, una memoria privilegiada y una capacidad para sobreponerse a las contrariedades posiblemente mayor que la suya.

Gracias a los antiguos salvoconductos del emperador, los tres viajeros pudieron avanzar sin tropiezos. Sin embargo, los dos frailes que les acompañaban decidieron volver atrás a la primera señal del peligro. Los Polo continuaron su camino, que duró más de tres años, hasta que volvieron a encontrar al Gran Khan en Shang-Tu, donde había instalado su esplendorosa corte. Kubilai recordó perfectamente a sus amigos, leyó la carta del papa sin dar muestras de decepción por la ausencia de los cien sabios y puso el aceite del Santo Sepulcro junto a sus demás tesoros.

Favorito de Kubilai

Entre el Khan y el joven Marco se produjo muy pronto una corriente de mutua simpatía. «¿Quién es este gallardo muchacho?», había preguntado Kubilai al mayor de los hermanos Polo. Con orgullo, Nicolás había presentado a su hijo diciendo: «Es mi hijo, señor, y vuestro siervo.»

Tan satisfecho quedó el Khan con los mercaderes, que no les dejó partir y les nombró sus embajadores personales. Durante diez años, los

Durante diez años los Polo sirvieron a Kubilai, quien nombró a Marco gobernador de Yangchow, la ciudad de los doce mil puentes de piedra, según su descripción. Ilustración de una obra francesa del siglo XV.

tres Polo permanecieron a su lado sin que ninguna nube ensombreciera su amistad. Con frecuencia, Kubilai invitaba a Marco a sus mansiones de recreo o le llevaba consigo de cacería. También le nombró gobernador de la ciudad de Yangchow, y fue enviado en misiones especiales a Birmania, a las selvas de la China Occidental, a las fronteras del Tíbet e incluso a la India. Para entonces, Marco ya dominaba varias lenguas y dialectos orientales y podía, por lo tanto, recorrer sin intérprete los diversos países que se integraban en el vasto imperio mongol. Los vívidos y brillantes relatos de sus experiencias y la facilidad con que recordaba miles de detalles encantaban al Khan, aburrido de la monotonía de los informes de sus funcionarios.

Marco vio y describió la maravillosa civilización de la China medieval. Los adelantos de este país en relación a la Europa de la época pueden comprobarse por las cosas que el infatigable viajero recordaría luego como admirables y nuevas para él: calles amplias, papel moneda, rondas de policía por la noche, carruajes públicos, puentes de altura suficiente para permitir el paso de los barcos, desagües bajo las calles o caminos bordeados a ambos lados por árboles fragantes y exquisitamente cuidados.

El difícil regreso

Marco sirvió durante diecisiete años al Khan mientras su padre y su tío se enriquecían con el comercio. Discretos, eficientes y fieles, los tres venecianos jamás habían decepcionado a su señor, que sentía por ellos un verdadero aprecio. Se habían hecho ricos, pero se sentían cansados y tenían nostalgia de las suaves brisas del Adriático, del brillo de la cúpula de San Marcos, de la llamada de los gondoleros y del dulce acento de la lengua italiana. Ya era tiempo de regresar a la patria para gozar de su fortuna y establecer a Marco. La dificultad estribaba en encontrar un pretexto para separarse de Kubilai sin ofenderlo y, sobre todo, sin poner en peligro el precio de sus fatigas.

Con tal fin, los astutos mercaderes vendieron cuanto poseían, invirtieron el producto en piedras preciosas y confeccionaron tres vestidos forrados de guata, a la que cosieron las joyas. Luego de

Al regresar a Venecia, el relato de los Polo pareció tan increíble que se decía «¡Éste es un Polo!» para designar a un charlatán. En 1324 Marco dictó su última voluntad y, en el lecho de muerte, cuando el sacerdote le pidió que se arrepintiera de sus mentiras, contestó: «No he contado ni la mitad de lo que vi.»

estos preparativos, esperaron una ocasión favorable, que no tardó en presentarse. El gobernador mongol de Persia, primo de Kubilai, había enviudado. La última voluntad de su esposa consistía en que la nueva consorte fuera escogida por el emperador entre los descendientes de Gengis Khan. Recibió este encargo Kubilai y designó a una hermosa princesa de diecisiete años, dando inmediatamente la orden de que fuera llevada hasta la lejana Persia. Los Polo se ofrecieron para cumplir esta misión. Marco acababa de regresar de la India y había traído valiosos informes. Era fácil, decía, llegar al golfo Pérsico costeando el continente para evitar los numerosos peligros que jalonaban las rutas terrestres. De mala gana, el Khan aceptó. Puso a disposición de los venecianos trece bajeles, tripulación y una escolta, les entregó una gran fortuna en oro y les confió a la doncella. Por fin, a mediados del año 1292, los Polo abandonaron Pekín.

El viaje resultó desastroso. Durante la travesía se perdieron varios barcos y muchos tripulantes, pero los venecianos no eran hombres que se dejaran abatir por los obstáculos. Tras entregar a la princesa sana y salva a su prometido, prosiguieron su ruta, y llegaron al puerto de Venecia un día de invierno de 1295.

Un extranjero rico y charlatán

Cuando llamaron a la puerta de su casa, en el canal de San Juan Crisóstomo, alguien que no conocían fue a abrir. Durante su larga ausencia, sus parientes les habían creído muertos y sus bienes habían sido vendidos. Nadie reconoció a aquellos tres extraños peregrinos ataviados con ropas andrajosas y sucias. Las palabras de su dialecto véneto se les enredaban en la lengua, de modo que les suponían extranjeros.

Para probar su identidad, los Polo dieron un banquete al que invitaron a numerosas personalidades. Durante la velada cambiaron sus vestidos varias veces y, por último, se pusieron los harapos que les cubrían al regresar, descosieron los forros y mostraron sus riquezas ante la estupefacta concurrencia. Tal abundancia de zafiros, diamantes, rubíes y perlas fue para aquellos cresos mercaderes una prueba más tangible que todos los relatos del mundo. Los viajeros respondieron de buen grado a cuantas preguntas les fueron hechas. Su historia, sin embargo, pareció tan fantástica a todos, que en adelante, para designar a un charlatán, se solía decir en Venecia: «¡Éste es un Polo!»

Aunque tachados de fantasiosos, los Polo eran extraordinariamente ricos. Tanto, que cuando se suscitó la guerra entre Génova y Venecia, Marco armó una galera a su costa y la mandó como capitán. Pero el Marco Polo guerrero no tuvo tanta fortuna como el explorador y comerciante. En la batalla de Curzola cayó prisionero y fue llevado a Génova, donde fue obligado a desfilar descalzo por las empedradas calles antes de ser encerrado en un calabozo. A esta desgracia, sin embargo, le debe Marco Polo parte de su celebridad. Porque fue durante su cautiverio cuando dictó el maravilloso libro de sus viajes. En efecto, un hombre de letras prisionero como él, Rusticello de Pisa, se sintió fascinado por sus narraciones y les dio forma durante las largas horas que ambos pasaron juntos en la cárcel genovesa.

Al concertarse la paz, tres años después del desastre de Curzola, Marco fue puesto en libertad y regresó a Venecia con el manuscrito, lo hizo copiar por unos amigos y lo mandó editar con el título *Libro de las Maravillas del Mundo*. La narración obtuvo un éxito extraordinario, a pesar de que fue considerado como pura fantasía. Antes de que el gran viajero muriera, a los setenta años, le pidieron que rectificara sus embustes puesto que

Durante los tres años de cautiverio en Génova, Marco Polo dictó a Rusticello de Pisa el Libro de las Maravillas del Mundo *que, considerado como relato de fantasía, inspiró numerosos bestiarios y otros libros de seres fabulosos durante la Edad Media.*

iba a encontrarse con el Creador. Su respuesta fue rotunda e hizo tragar saliva a su confesor: «No he contado ni la mitad de lo que vi.»

Medio siglo después, otros viajeros confirmaron, punto por punto, lo relatado por Marco. Se requirió mucho más tiempo para que el halo de fábulas que rodeaba su libro se disipara. Y ciento cincuenta años después, su información de que un gran océano bañaba Asia por oriente sugirió a un marino la idea de que, navegando hacia occidente a través del Atlántico, era posible llegar hasta China. Se trataba de Cristóbal Colón y hoy sabemos que llevó consigo durante sus viajes un volumen de la fabulosa historia de Marco Polo.

1254	Nace en Venecia **MARCO POLO**, hijo de Nicolás Polo.
1260	Primer viaje de Mateo y Nicolás a Oriente.
1261	Los dos hermanos Polo se establecen en Bujara.
1264	Mateo y Nicolás son llevados ante el Gran Khan.
1269	Los Polo regresan a Venecia.
1271	Nicolás y Mateo, acompañados por Marco Polo, dejan Venecia y emprenden su segundo viaje.
1275	Los Polo llegan a la corte de Kubilai.
1277	El Gran Khan nombra a Marco embajador y consejero privado.
1284	Misión de Marco en Ceilán y la India.
1292	Los Polo salen de Pekín con destino a Persia y Venecia.
1295	Mateo, Nicolás y Marco llegan a Venecia.
1296	Marco Polo es capturado y encarcelado en Génova
1299	Paz entre Venecia y Génova. Marco Polo es puesto en libertad.

DANTE ALIGHIERI
(1265-1321)

Dante, a quien retrató Luca Signorelli (catedral de Orvieto, Italia), era hombre irascible, libertino y con una lengua tan afilada como su pluma. Su genio le llevó a concebir un mundo particular, en cuyo cielo o infierno destinó a los hombres, según sus propios sentimientos.

A mediados del siglo XIII Florencia era una pujante ciudad mercantil, dotada de autoridades e instituciones municipales propias, protegida por unas sólidas murallas y liberada del yugo del feudalismo. Considerada por el historiador Jakob Burckhardt «el primer Estado moderno del mundo», sus habitantes, sin embargo, se encontraban inmersos en las mismas luchas partidistas que sacudían a toda la península Italiana. En principio, los nobles eran gibelinos, partidarios de la unificación de Italia bajo la soberanía del Sacro Imperio Romano Germánico. Los burgueses, por el contrario, eran güelfos, patriotas urbanos que sostenían al papa en su lucha contra el emperador Federico II, pero se le oponían tan pronto como el pontífice amenazaba sus libertades municipales. Las sangrientas y enconadas batallas entre güelfos y gibelinos se sucedieron en Florencia a lo largo de toda la vida de Dante, y esta circunstancia histórica determinó su pensamiento y su actividad política e influyó notablemente en su obra. Pero iba a ser una mujer, o por mejor decir una niña, la máxima fuente de inspiración del poeta, su musa indiscutible y el crisol de todos sus ideales.

Beatriz, gloriosa señora

Se desconoce el día exacto del nacimiento de Dante, aunque debió de ser entre mayo y junio de 1265. Su padre era el abogado Alighiero de Bellincione, buen burgués y, por supuesto, güelfo. La madre, hermosa dama de delicada salud, se llamaba Gabriella, aunque todos le daban el cariñoso nombre de Bella. Al parecer, el abogado no fue un marido demasiado atento y Bella se consoló con su hijo, a quien prodigó sus atenciones y su cariño de un modo exclusivo. Dante le correspondió con una pasión casi furiosa, llegando a despreciar a su padre y a considerarle un enemigo. El niño tenía ocho años cuando Bella enfermó y unos trece cuando murió. El abogado no tardó en reemplazarla por una indiferente madrastra y Dante se refugió en el sufrimiento y en el odio. Fue entonces cuando vio por vez primera a Beatriz, que se convirtió en la «gloriosa señora de sus pensamientos».

Él tenía nueve años y ella ocho. Cualesquiera que fuesen los méritos de belleza y bondad de la niña, hija del banquero Portinari, Dante hizo de Beatriz su razón de ser y dejó que renaciese el amor infantil que había profesado a su madre, viviendo un idilio imaginario en el que intervenían fragmentos de fábulas, poemas y relatos escuchados de los labios de Bella. Curiosamente, la joven pareja no volvió a encontrarse hasta

1283, cuando Dante contaba dieciocho años; durante ese tiempo, la llama de aquella honesta pasión había continuado encendida en el pecho del muchacho, y el nuevo encuentro la avivó con virulencia. Además, en esta ocasión parece que Beatriz llegó a sonreír y hasta a saludar a Dante, lo que produjo en él un efecto extraordinario: la doncella pasó a ser definitivamente un símbolo poético, amoroso y religioso que Alighieri mantuvo vivo a lo largo de toda su existencia. De esas fechas datan sus primeros versos, fiel reflejo de su amor idealizado: «De los ojos de mi dama brota una luz tan bella, que donde ella luce se ven cosas inefables...»

Ni siquiera el compromiso y posterior matrimonio de Beatriz con el rico banquero Simón dei Bardi aplacó el platónico ardor que el recién estrenado poeta sentía en lo más profundo de su alma. Dante se refugió en el mundo maravilloso de su imaginación, compuso nuevas rimas para la dulce dueña de su corazón y se resignó a verla tan sólo cuando era voluntad del azar; las pocas veces que se encontraban en las calles de Florencia, ella le saludaba con una breve inclinación de cabeza y Dante volvía a ser el hombre más feliz del universo.

Sus poesías fueron rápidamente difundidas y apreciadas. Los jóvenes las recitaban en sus reuniones y Beatriz, al escucharlas, se reconoció en ellas. En su dignidad de mujer virtuosa, desposada y gazmoña, se ofuscó por haber inspirado una pasión culpable y, al tropezarse un día con su admirador, volvió su linda faz hacia otro lado. Dante, privado de su único consuelo, casi enloqueció de tristeza: ya no podría consolar su sed de amor mirando fugazmente el rostro angelical de su amada en aquellos breves encuentros. Pero esto no fue todo: meses después, Beatriz cayó enferma y no tardó en exhalar su último suspiro. Dante, que acababa de cumplir veinticinco años, sólo pudo seguir apartadamente el cortejo fúnebre y acercarse a su tumba cuando todos se fueron para pronunciar su última bendición.

Matrimonio y política

Dante se extravió, según él mismo cuenta en la primera estrofa de la *Divina Comedia*, en «una selva oscura», en una vida crapulosa y disipada.

La visita que Dante, en compañía de Virgilio, hace al Quinto Círculo, donde en el fango de la laguna Estigia se hallan sumergidos los iracundos, sugirió esta escena a Gustave Doré.

Él, que había sido hasta entonces un enamorado lleno de espiritualidad, se rodeó de numerosas amantes y permitió que su alma se abandonara a los placeres. Tres años después de la muerte de su amada se casó sin amor, por cansancio, con Gemma Donati, a quien su padre le había elegido como esposa tiempo atrás. Gemma descendía de una antigua familia florentina y sentía por el poeta una admiración tierna y apacible. Respetaba sus cambios de humor y parecía admitir que su marido no era como los demás hombres. Gracias a ella, Dante escapó durante algunos meses de la «oscura selva» y llevó una existencia normal. Al mismo tiempo terminó la *Vida Nueva*, obra mitad en prosa mitad en verso donde se dedicaba a cantar su amor por Beatriz.

Por su nombre y condición, Dante, hijo del abogado florentino Alighiero de Bellincione, decidió participar en la vida política y el 14 de diciembre de 1295 fue elegido miembro del Consejo del Capitán del Pueblo de Florencia, y más tarde del Consejo de los Ciento. Arriba, grabado de la ciudad de Florencia del siglo XV.

Dante resolvió interesarse por la vida municipal, tal como le permitían su nombre y sus relaciones. El 14 de diciembre de 1295 fue elegido miembro del Consejo del Capitán del Pueblo de Florencia y al año siguiente entró a formar parte del Consejo de los Ciento y se le encargaron misiones diplomáticas. Sus amigos y parientes se felicitaron por aquella actividad, que devolvía a su puesto en la sociedad al prometedor descendiente de una familia honorable. Por desgracia, Dante no justificó las esperanzas que los suyos habían puesto en él. Disipó rápidamente sus rentas, la herencia paterna y la dote de su mujer, se alejó de Gemma Donati, que le había dado cuatro hijos, porque le aburría, y se cargó de deudas. Sin embargo, una serie de acontecimientos de orden político iban a transformar su vida dispendiosa y mortecina de Dante Alighieri de un modo radical.

El anuncio de que el ambicioso papa Bonifacio VIII deseaba apoderarse de Florencia cayó sobre la ciudad como un mazazo. Sus emisarios se habían introducido en el Consejo de los Ciento y trataban de inclinar la balanza a favor de los güelfos negros, partidarios de la anexión a los Estados Pontificios. Dante se opuso a esta acción y fue nombrado embajador ante el pontífice, pero no pudo impedir que Corso Donati, jefe de los güelfos negros, iniciase una feroz venganza contra los blancos después de que el papa tomase la ciudad por la fuerza en noviembre de 1301. Dante se hallaba retenido en Roma y escuchó consternado las noticias procedentes de Florencia. Acusado de diversos delitos, el poeta fue desterrado de la ciudad junto con otros seiscientos güelfos blancos partidarios de la independencia. Se le condenó al pago de una cuantiosa multa, a no intervenir nunca más en los asuntos públicos y a permanecer dos años fuera de Florencia; en

Dante fue desterrado de Florencia y sus bienes confiscados por el ambicioso papa Bonifacio VIII, cuyas tropas habían ocupado la ciudad. El papa, con su actitud despótica, se ganó un lugar en la fosa de los simoníacos en el Infierno *del poeta.* Dante y su poema, *de Domingo di Francesco, llamado Michelino da Besozzo, de la catedral de Florencia..*

realidad, Dante no regresó nunca más, iniciando una vida errante entre Verona, Rímini y Rávena.

La vasta obra del exilio

Gemma permaneció en Florencia con sus hijos, pues su partida habría significado la confiscación general de los bienes del matrimonio. Dante anduvo errante entre palacios de amigos y monasterios. Abatido al principio por la injusticia de que había sido víctima, al cabo de algunos meses se sorprendió al encontrarse más ligero, liberado de la vida burguesa, de las preocupaciones cotidianas, de las veladas familiares e incluso de la política. Ahora podía encontrar la paz y volcar su inteligencia en la lectura, dejarse llevar por la fantasía, admirar durante horas las curvas de una escultura y escribir cuanto quisie-

ra. Entre 1304 y 1305 comenzó dos libros: el *Convite* y la *Lengua Vulgar*. El primero, escrito en italiano, era un tratado enciclopédico mediante el cual se proponía divulgar la ciencia medieval; el segundo, redactado en latín, analizaba los diferentes dialectos de Italia y abordaba la cuestión de si la lengua romance era apta para la literatura.

Tras viajar por diversas ciudades del norte de Italia sin quedarse por mucho tiempo en ninguna, se estableció en Lunigiana con los Malaspina, y luego en Casentino, como huésped del conde Battifolle. Fueron días en los que Dante reflexionó sobre la amargura del exilio:

> *Sentirás lo salado que es el pan*
> *comido en el extranjero y qué duro es el*
> *camino*
> *de subir y bajar las escaleras de otros...*

Mientras soñaba en estancias anónimas y escuchaba ruidos desconocidos, sintió surgir en él un canto más real que la propia vida. Volvió su mente a la silueta de Beatriz, la adorada en su adolescencia, y su rostro le pareció más puro y más bello que nunca. Fue así como concibió uno de los más maravillosos poemas jamás escritos: la *Divina Comedia*. En esta obra, que comenzó a elaborar en 1307, Dante quiso erigirse en símbolo y espejo de la humanidad pecadora protagonizando un viaje al infierno, el purgatorio y el paraíso en compañía, primero, del poeta Virgilio, y luego, a partir del paraíso terrenal, de Beatriz, su compañera y guía celeste. La *Divina Comedia* es un periplo extraordinario por estos ámbitos, donde el hombre se enfrenta a sus pecados y a sus consecuencias, purificándose paulatinamente hasta llegar a la plena liberación espiritual, a la contemplación del origen y fuente de todo saber y toda perfección. Al mismo tiempo, Dante realizaba un examen de la historia contemporánea, dirigiendo su minuciosa mirada hacia los engranajes que pulsan y mueven la máquina del mundo y la vida: codicias, usurpaciones, vicios e injusticias. Al abarcar el vasto y complejo cuadro de su época y convocar en su poema a decenas de personajes conocidos por todos, Dante pretendía conseguir que cada lector meditase sobre sí mismo y sobre su propia existencia, y para alcanzar este objetivo optó por servirse de la lengua florentina que cualquiera podía comprender, rechazando el culto y elitista latín. Afirmaba que la lengua llamada popular había evolucionado lo bastante para poder ser empleada con eficacia. Además, sus dotes de observación y las expresiones escuchadas y recogidas en calles, plazas y tabernas, daban a su estilo un carácter que habría sido imposible de alcanzar con el latín.

Bajo pena de muerte

Dante fue elaborando la primera parte de su poema, el *Infierno*, a medida que se trasladaba. Le gustaba ir a pie, con un hatillo a la espalda, uniéndose a las caravanas de mercaderes o a los grupos de peregrinos que encontraba en los caminos. Viajó por Francia y en la primavera de 1309 llegó a París, donde se sumergió en los ambientes universitarios y dedicó miles de horas a la lectura y a la redacción de su obra. Sin preocupaciones, perdido e ignorado, Dante tra-

bajó en paz, llenando página tras página. De pronto, a finales de 1310 supo que el emperador de Alemania, Enrique VII, iba a ser coronado rey de Italia en Milán. Pensó que llegaba el momento y la oportunidad de regresar a Florencia, aunque, después de una ausencia de tantos años, poco le importaban la política local, su mujer y su futura posición. A principios de 1311 se presentó ante el emperador mientras los ejércitos alemanes proseguían una difícil campaña entre las ciudades italianas, tan pronto aliadas como hostiles. Dante no quería deber su regreso a los soldados extranjeros, pero deseaba una Florencia liberada de las ambiciones papales. Sin embargo, las tenues esperanzas del proscrito se vinieron abajo momentáneamente cuando, el 24 de agosto de 1313, Enrique VII murió envenenado mientras viajaba de Pisa a Nápoles.

Entretanto, sus poesías y muchas de sus cartas se habían publicado. Muerto Bonifacio VIII, aplacadas las luchas entre güelfos y gibelinos y habiendo alcanzado su reputación como escritor elevadas cotas entre sus contemporáneos, muchas voces se alzaron pidiendo el retorno de Dante a su patria. Gemma continuaba en Florencia, dispuesta a reanudar su vida en común; incluso sus hijos Pedro y Jacobo fueron a visitar a su padre, ávidos de compartir su fama y de rehabilitarle. En 1315, la Señoría de Florencia concedió una amnistía bajo ciertas condiciones para todos los desterrados, pero Dante consideró que se trataba de una concesión deshonrosa y no se acogió a ella. En represalia, el 15 de octubre, la Señoría dictó contra él sentencia de muerte y la hizo extensiva a sus hijos varones. El poeta reanudó su vida errante. Verona, Treviso, la Romaña y algunas ciudades de Toscana le vieron pasar sin detenerse más de lo estrictamente necesario. Al fin, en 1318 se estableció en Rávena bajo la protección de su amigo Guido Novello da Polenta, que gobernaba la ciudad. Fue entonces cuando empezó a escribir en latín la *Monarquía*, donde exponía sus teorías políticas.

En agosto de 1321, Guido le confió una misión para la República de Venecia. Al regresar del viaje Dante cayó enfermo, víctima de las fiebres que a finales de cada verano se declaraban en aquellas insalubres regiones. Su gastado organismo no pudo superar la crisis. Sus hijos corrieron a su cabecera y le velaron hasta que la muerte le sobrevino, en la noche del 13 al 14 de septiembre, después de varios días en los que el poeta delirante no cesó de llamar con desesperación a Beatriz Portinari, como si la estuviera viendo al pie de su lecho.

Las últimas hojas del manuscrito de la *Divina Comedia*, ya publicada por fragmentos, fueron halladas bajo su almohada. Entre ellas, la única mujer que había amado verdaderamente, no con el cuerpo sino a través del entendimiento, era exaltada por última vez: «... el amor me obligó a volver los ojos hacia Beatriz. Si cuanto hasta aquí se ha dicho de ella se encerrara todo en un solo elogio, sería poco para llenar su menester. La belleza que vi no sólo está por encima de nosotros, sino que tengo por cierto que sólo su Hacedor puede gozarla completa. En este pasaje me confieso vencido; más que nadie fue superado por un punto de su tema, fuese cómico o trágico, pues como el sol deslumbra la vista más débil, así el recuerdo de aquella dulce sonrisa enajena mi mente. Desde el primer día en que vi su rostro en esta vida hasta la presente visión, la he seguido con mi canto; pero conviene que desista de seguir su belleza con mi poema, como el artista que ha llegado al último punto de su arte.»

«La vida mezquina que los hizo deformes les hace hoy oscuros y desconocidos...», le dice Virgilio a Dante en un pasaje del Canto VII de la Divina Comedia *que Gustave Doré ilustró de este modo.*

1265	Nace **DANTE ALIGHIERI** en Florencia.
1275	Se produce su primer encuentro con Beatriz Portinari.
1277	Gemma Donati es elegida prometida de Dante.
1278	Muere su madre Bella.
1283	Dante encuentra a Beatriz por segunda vez. Comienza a escribir poesía.
c. 1290	Muere Beatriz.
1293	Contrae matrimonio con Gemma Donati. Termina la *Vida Nueva*.
1296	Es elegido miembro del Consejo de los Ciento de Florencia.
1301	El papa Bonifacio VIII toma Florencia. Los güelfos blancos son desterrados de la ciudad.
1304-1305	Empieza a escribir el *Convite* y la *Lengua Vulgar*.
1307	Siendo huésped del conde de Battifolle inicia la redacción de la *Divina Comedia*.
1309	Se traslada a París.
1311	Dante se entrevista con el emperador Enrique VII.
1315	La Señoría de Florencia dicta contra él sentencia de muerte.
1318	Se establece en Rávena y empieza a escribir la *Monarquía*.
1321	Termina la última parte de la *Divina Comedia*. Muere en la noche del 13 al 14 de septiembre víctima de unas fiebres contraídas en Venecia.

GIOTTO DI BONDONE
(h. *1267-1337*)

Giotto, consciente de su genio, acaso se autorretrató en el fresco del Juicio Final, en la capilla Scrovegni de Padua.

*E*n el *Purgatorio* de Dante puede leerse «Credette Cimabue nella pittura/ tener lo campo, e ora ha Giotto il grido» (XI, 94-95), que traducido libremente significa que el llamado Cimabue, en realidad Cenni di Peppo, creía ser el maestro indiscutible de la pintura de su tiempo, pero ya Dante, el gran poeta toscano contemporáneo de ambos, juzgaba que estos laureles eran más propios de su discípulo Giotto, padre de la pintura moderna y gran renovador de la representación plástica occidental a principios del siglo XIV.

Cimabue, a diferencia de Giotto, pertenecía a una noble familia florentina, y estaba destinado por ello al estudio de la gramática, la retórica y las letras, pero pronto dio prueba de excepcionales dotes para la pintura e ingresó en el taller de los artistas griegos, que a la sazón practicaban un arte hierático, de matriz bizantina y caracterizado por un rígido academicismo. Su rápido aprendizaje le permitió descollar enseguida como un artesano sobresaliente, capaz de realizar con mayor precisión y gracia los convencionales dibujos y pinturas de santos, vírgenes y cristos que la sociedad de la época demandaba. Sus apenas perceptibles variaciones sobre el estilo de los iconos de la época supusieron, en realidad, un notorio perfeccionamiento de la línea y el color respecto a sus rutinarios colegas. En Pisa, adonde había sido llamado para pintar un gran Cristo sobre una cruz de madera, realizó una magistral pintura, también sobre tabla, que representaba a San Francisco de Asís, muy celebrada por los expertos. Solicitado desde entonces por todos los conventos, iglesias y palacios, fue llamado a Asís, población de Umbría, donde consagró su genio a una técnica y unos temas del todo inéditos en la decoración de la nueva iglesia de San Francisco, fundador de la insurgente orden franciscana partidaria de la pobreza de la Iglesia, a imitación de la prístina doctrina de Cristo, y por ende de la reforma eclesiástica. A la muerte de Cimabue ocupó su misma casa en Florencia su discípulo más aventajado, un muchacho talentudo y pobre al que había incorporado a su taller muchos años antes: Giotto di Bondone.

El pastorcillo pintor

Las noticias sobre el arte y la biografía de Giotto, amén de su encumbramiento a la categoría de genio innovador de la pintura, se deben esencialmente a la obra de Giorgio Vasari, polifacético artista toscano que publicó en 1550 *Vite de' più eccellenti architetti, scultori e pittori*. Vasari indica que este gran hombre nació de una humilde familia de labradores, en la aldea de Vespignano, cerca de Florencia, en 1276. Su padre, apellidado Bondone, no pudo darle, a causa de su pobreza, ninguna instrucción al niño, pero el muchacho gozó desde su infancia de una vasta curiosidad y un carácter decidido que suplió con creces esta carencia.

Hasta los diecisiete años, Giotto ejerció el oficio de pastor de ovejas. Durante el tiempo que le ocupaban estas labores dividía su atención entre el trabajo que tenía encomendado y la atenta observación de la naturaleza. En sus largas estadías en el campo dibujaba por entretenimiento aquello que al azar se presentaba ante sus ojos.

Un día, por casualidad, acertó a pasar por Vespignano un reputado pintor procedente de Florencia, Cimabue, quien lo encontró enfrascado en la sorprendente tarea de dibujar del natural una oveja sobre una piedra, para lo cual utilizaba el rudimentario instrumento de un punzón. Admirado por la exactitud y belleza del caprichoso trabajo, preguntó a otro pastorcillo quién le había enseñado ese arte tan depurado a aquel muchacho. Su asombro no tuvo límites cuando le respondieron que el espontáneo dibujante jamás había recibido lección alguna. Ello le decidió a preguntarle a Giotto si quería irse con él para trabajar en su taller.

En este extraño y providencial encuentro no puede asegurarse quién de los dos personajes dio muestras de mayor perplejidad, si el concienzudo Cimabue, sabedor de las dificultades enormes que entrañaba la práctica de su oficio, al descubrir a un muchacho tan extraordinariamente dotado por la naturaleza, o el joven Giotto, convidado a un sueño de inesperada prosperidad gracias a unos infantiles juegos a los que no concedía la menor importancia. Tanto es así que, como no terminaba de creerse tanta felicidad, condicionó la aceptación de la generosa oferta al explícito permiso paterno, y se dirigió con su nuevo protector a casa del bueno de Bondone. Naturalmente, el agradecido campesino otorgó su beneplácito sin pensárselo un momento, y también sin más tardanza Giotto pasó a residir en Florencia bajo la tutela de Cimabue.

Su maestro resultó ser un hombre muy pagado de sí mismo, pero a quien los negocios le iban viento en popa, por lo que pronto se encariñó con su aprendiz y, aunque a los veinte años ya no tenía nada que enseñarle, jamás dio muestras de celos, sino que, por el contrario, estaba entusiasmado con sus instantáneos progresos. Pero lejos de acomodarse sin mayores inquietudes a

Algunas obras juveniles de Giotto di Bondone, como este San Francisco *de preciso trazo, se hallan en la iglesia de Asís.*

las rentables técnicas que se ponían tan graciosamente a su disposición, Giotto no dejó ni por un momento de seguir estudiando con libertad la naturaleza, sorprendiendo con ojos limpios sus formas y colores nunca reproducidos. Amigo de las bromas, quiso en cierta ocasión burlarse de su maestro, para lo cual pintó una mosca revoltosa sobre la nariz de un retrato que éste acababa de completar. Cuando Cimabue regresó al taller intentó obcecadamente espantarla varias veces con la mano hasta que cayó en la cuenta de la superchería.

La venganza de la realidad

El a menudo exagerado Vasari exclama, refiriéndose a la obra de Giotto y repudiando el arte tosco y adocenado de sus contemporáneos, que

La viveza de los colores y el dinamismo y profundidad de las figuras, elementos propios de su estilo y patentes en las escenas de la vida de la Virgen, en los frescos de la capilla Scrovegni de Padua, dieron a la obra de Giotto una gran fuerza dramática, al tiempo que rompían con las formas adocenadas de la tradición bizantina. No en vano, como apuntaba Vasari en su libro de biografías de artistas, «hacía por lo menos doscientos años que no se pintaba así».

«hacía por lo menos doscientos años que no se pintaba así». Hoy sabemos que jamás se había pintado así y que, a pesar de sus inmediatos imitadores, jamás se volverá a pintar como Giotto. Momento irrepetible de la conciencia de Occidente, durante esos años finales del siglo XIII y primeros del siglo XIV algunos adelantados abogaron por un nuevo orden espiritual que regateaba sus seculares derechos a la dogmática autoridad de la Iglesia para devolvérselos al postergado hombre común. Y a este hombre común, disfrazado de San José o de San Francisco, pintó con inédita torpeza y sobresaliente belleza Giotto,

conciliando una tradición esterilizada por los clichés con una representación de lo visible que testimoniaba lo real, lo cotidiano, lo próximo, lo auténticamente revolucionario: la fragilidad inestable de los cuerpos en el mundo. Así retrató a su amigo Dante, el autor de la *Divina Comedia*, el poeta que con sus versos resumió a la perfección, al tiempo que liquidaba, la vieja concepción medieval del Universo.

Entregado en sus años de madurez a una actividad infatigable, algunas pinturas salían de su taller, otras las realizaba directamente al fresco. En Asís se encargó de completar la inacabada

Hombre ingenioso y seguro de sí mismo, Giotto supo emplear su talento plástico para conferir a su obra el realismo que caracterizaría la pintura del Renacimiento y transmitir el drama interior de los personajes que pintaba. En poco tiempo ganó fama y fortuna, fue colmado de honores y reclamado por ricos nobles, reyes y papas. En 1310 realizó esta bella tabla con la imagen de la Virgen entronizada, que se halla en el altar mayor de la iglesia de Todos los Santos, en Florencia, Italia.

obra de su maestro Cimabue, y en gran medida sirvió lealmente a la propagación de la doctrina franciscana con sus retratos del santo y la representación de las escenas más significativas de su vida. En Pisa, donde se acababa de concluir el suntuoso templo del Camposanto según los planos del arquitecto Juan Pisano, pintó la vida del pacienzudo Santo Job en tres grandes murales sobresalientes por la expresión humana de los personajes. «Hay allí figuras y más figuras, destacando las de unos aldeanos que, traspasados por la pena de haber perdido tierras y rebaños, van a decírselo a Job, quien, cubierto de llagas

leprosas, los recibe mientras un criado espanta con un abanico las moscas que acuden a las heridas del santo. Y el mismo criado, al cumplir su cometido, lleno de un asco que se nota en el gesto, se aprieta la nariz con una mano para no oler aquel hedor. Alienta estos frescos un realismo que se juzgaba imposible expresar con la pintura», describe Vasari este lienzo. La realidad, en efecto, soterrada durante siglos por convenciones que la niegan, irrumpe de nuevo en la representación occidental con Giotto, vigorosa, inapelable, y hasta vengativa. El inminente Renacimiento calificará a todo aquel arte simbólico de la

Encargado de construir el campanario de la catedral florentina de Santa María del Fiori, Giotto realizó, además, todos los modelos de las pinturas que lo decorarían, fijando con gran precisión los colores. La muerte, no obstante, le sorprendió antes de ver el magnífico campanario concluido.

Edad Media, consagrado a la exclusiva tarea de glorificar el Dios único e implacable, como *gótico*, esto es, como bárbaro.

El círculo rojo milagroso

Giotto ganó en poco tiempo gran fama y abundantes riquezas, convirtiéndose en un caballero respetable e influyente. El propio papa Benedic-

to IX se interesó por él y pensó en pedirle que se trasladara a Roma para intervenir en la decoración de la basílica de San Pedro. Pero antes, un enviado papal fue a rogarle al pintor que le diera alguno de sus dibujos recientes para mostrárselos a Su Santidad. Giotto sabía que no era el único de los artistas que el emisario había visitado en Florencia, pero seguro de sí mismo y un punto insolente, hizo una reverencia al comisionado y tomó el pincel. De un solo trazo y sobre un cartón, trazó en un santiamén un círculo rojo, tan perfecto como si hubiera sido realizado con ayuda de un compás, y se lo entregó a su demandante. El comisionado, cariacontecido y mohíno, replicó que si era sólo aquello lo que pretendía entregarle, a lo que Giotto contestó que le parecía suficiente, y que estaba seguro de que en Roma sabrían apreciar este gesto y preferirlo a cualquier otro dibujo.

Efectivamente, Benedicto y sus exquisitos allegados, muy entendidos en las bellas artes, celebraron la ocurrencia y concedieron que era prueba suficiente como para demostrar la superioridad de este artesano sobre cualquier otro. La anécdota se convirtió en proverbio y en Italia aún se dice que *Tu sei più tondo che l'O di Giotto* (eres más redondo, o tonto, que la O de Giotto).

Llegado a Roma, fue colmado de elogios, honores y encargos generosamente remunerados. Trabajó en la basílica, representando escenas de la vida de Cristo, y entabló estrecha amistad con el miniaturista Odderico Aggobio, pintor de numerosos libros, códices y documentos de la nutrida y valiosísima Biblioteca Pontificia. Después viajó con el nuevo papa, Clemente V, a la corte que éste decidió establecer en Avignon, donde dejó igualmente huellas de su arte en varias iglesias y palacios. De vuelta a su patria florentina, no tuvo tiempo de disfrutar de la paz en la abundancia, porque, debido a su. fama, continuamente le solicitaban desde Padua, Arezzo, Ferrara, Rávena, Nápoles...

El asno del monarca

En esta última ciudad recibía a menudo la visita del rey Roberto, que gustaba de verle pintar. A sus comentarios oponía Giotto su inagotable agudeza y su gran ingenio, lo que complacía mucho al monarca. En cierta ocasión, para divertirse, pintó un asno enjaezado con una aparatosa montura que lucía en uno de su lados ostentosamente las armas del rey. Roberto le preguntó qué significaba aquello, a lo que Giotto respondió que el asno era el pueblo pacientemente dispuesto a que, sobre la suntuosa alabarda, sentara el amo sus reales posaderas, lo cual no enfadó en absoluto al aludido monarca, sino que rió a carcajadas la irreverente humorada.

En Rímini pintó para Malatesta, señor de la ciudad, la historia de la una joven acusada de adulterio por haber parido un hijo negro: «Está ella —escribe Vasari—, que es una mujer hermosísima, delante de su marido, que la mira con furia, en tanto que la joven esposa le contempla con expresión de candor, mientras jura su inocencia con la mano puesta sobre el Evangelio.»

En 1334 fue encargado de trazar, calcular y dirigir la construcción del campanario de la catedral de Florencia, para lo cual realizó todos los modelos de las pinturas que debían decorarlo, estableciendo con precisión los colores, entre los que dominaba el negro, el rojo y el blanco. Puntual, exigente y perfeccionista, cuentan que mandaba desmontar una y otra vez partes de la obra hasta que obtenía satisfactoriamente el resultado armónico que él había imaginado, provocando incluso la desesperación de los obreros. Al parecer no solamente intervino como arquitecto y

pintor, sino que incluso esculpió con sus propias manos algunos relieves y figuras exentas de la decoración.

Giotto, el amigo del pícaro literato Boccaccio, autor del *Decamerón*, quien alababa sin paliativos su arte, no habría de ver el monumental campanario concluido. Con la asistencia del obispo y rodeado de altos magistrados, murió en Florencia en el año 1337. Sus trabajos fueron exaltados, entre otros, por Petrarca, Sachetti, Lorenzo de Médicis, Miguel Ángel y el poeta Angelo Poliziano. Este último escribió para él un digno epitafio:

Estando muerta entonces la pintura,
yo la resucité,
y en ella se mostró Naturaleza
en todo su esplendor.
Mi fama se elevó hasta las estrellas
como son de campana de la torre.
Yo soy Giotto y mi nombre
lo dice todo más que el mejor cántico.

Lúcido y burlón, Giotto confeccionó espejos para que el hombre descubriera la gravedad y la noble tristeza de su cuerpo; bajo el vuelo inefable de los ángeles pintó el olor de la peste y la expresión del hambre; contra el dorado fondo de los sueños narró el advenimiento de la risa. Todo, después de él, se hizo más claro: los crueles privilegios de la Iglesia y el irreductible grito de los pueblos.

1267	Supuesto año del nacimiento de **GIOTTO DI BONDONE** cerca de Florencia.
1278	Cenni di Peppo, llamado Cimabue, pinta en Asís un gran ciclo sobre el Apocalipsis.
1280	Giotto ingresa en el taller del pintor Cimabue.
1290-1295	Pinta los frescos con temas del Antiguo y del Nuevo Testamento de la iglesia de San Francisco de Asís.
1298	Inicia la *Leyenda de San Francisco* en Asís.
1302	Muere su maestro Cimabue.
1310-1314	Pinta la Madonna de Ognisanti (*c.* 1310) y el extraordinario crucifijo del templo Malategtiano de Rimini (1314).
1325-1328	Entre estos años pinta la *Historia de San Francisco* en la capilla de Bardi de la iglesia de Santa Croce de Florencia.
1334	Proyecta el campanario de la catedral de Florencia.
1337	Giotto muere en Florencia.

TAMERLÁN
(1336-1405)

*E*l célebre conquistador tártaro Timur Lang —que significa *el Cojo*—, más conocido históricamente como Tamerlán, procedía de una familia aristocrática, posiblemente de origen turco, y era hijo del emir Taragai, de la casta de Barlass, quien gobernaba en nombre del visir Kazgán las provincias de Nachkeb y Kech. En esta última nació y creció Tamerlán, pletórico de fortaleza física y de ardor guerrero. Muy pronto dio muestras de sus cualidades marciales y emprendió, a las órdenes directas de su visir, una campaña contra el insurrecto Hussein Kert, quien se había levantado contra el soberano. A los 33 años, aprovechándose de una revuelta, se reclamó sucesor del gran Gengis Khan y se hizo coronar como príncipe de Transoxiana. Era el principio de una carrera gloriosa que pondría bajo los cascos de su caballo un inmenso territorio de Oriente. Primero se extendió desde el Indo hasta el Éufrates, luego ocupó sucesivamente Siria, el sur de Rusia, Asia Menor, Esmirna, etc.

El caballero lejano

Pero la fama postrera de Tamerlán no se funda en estas hazañas, sino en la providencial literatura que ha rescatado su nombre del olvido, convirtiéndole en un héroe remoto y fantástico. En gran medida su autobiografía es responsable de haber abonado la leyenda. Allí cuenta, entre otras cosas, cómo en sus primeros años fue a consultar a un *consejero de conciencia,* un guía religioso sufí, que le auguró su inaudita prosperidad; años más tarde, en señal de agradecimiento, le nombraría *sadr*, príncipe espiritual de los musulmanes. Al mismo tiempo, las fabulaciones populares hicieron que su figura terminara por adquirir los sobrehumanos atributos de un caballero nobilísimo como los de la saga del rey Arturo. A este respecto

El gran conquistador Tamerlán (arriba en una miniatura india del siglo XVIII, Biblioteca Nacional de París) logró reunir bajo su mando a la mayoría de los pueblos de Asia central, invadió Persia, los dominios de la Horda de Oro, el sultanato de Delhi y Siria, pero a su muerte su imperio se desintegró.

escribe el erudito León Cahun: «Es necesario insistir en la novela de juventud de Timur; crea un tipo al que los príncipes de Asia, sucesores de Timur, se esforzaron después en asemejarse. Hasta la llegada de los rusos, es Timur a quien todo caballero de aventura asiático toma por modelo. No se ve en qué este asiático musulmán difiere de cualquier *condottiere* italiano y hasta de cualquier otro príncipe católico de Occidente que pretendió fundar un reino en el siglo XV. Los sentimientos, la moral, la política son los mismos en tierra cristiana y en el país del Islam. Tamerlán era duro como un capitán de salteadores, pero no cruel como se le imagina. Son los relatos rencorosos de los vencidos y la perturbación óptica de la distancia quienes lo han deformado en furioso tirano.»

Los protocolos del emperador

En la cumbre de su poder y celebridad, Tamerlán fue visitado en la capital de su imperio, Samarcanda, por unos embajadores de Enrique III de Castilla, quien trataba de aliarse con él para combatir a los corsarios musulmanes. Uno de los enviados del monarca castellano, Ruy González Clavijo, pudo conocer así la suntuosa corte mongol y la magnificencia de su soberano, lo que le movió a escribir un influyente libro titulado *Vida y hazañas del gran Tamerlán.* Por él conocemos cierta curiosa y teatral circunstancia que se produjo durante la recepción de los emisarios españoles.

En la gran sala de audiencia se hallaban con Tamerlán, además del citado Clavijo, el maestro de la Orden de Predicadores, Alonso Páez de Santa María y un tercero llamado Gómez de Salazar. Llegó en aquel momento un embajador de China con la misión de reclamar el tributo debido a Tamerlán y ocupó el lugar que protocolariamente le correspondía. Ahora bien, al reparar Tamerlán en que los castellanos estaban sentados en un asiento debajo del que ocupaba el enviado chino, hizo bajar a éste para que los representantes de Enrique III ocuparan su puesto. Este gesto, cuidadosamente preparado, estaba en realidad encaminado a humillar a su gran enemigo, con quien en los últimos años de su vida estaba obsesionado. No obstante, el héroe no pudo consumar antes de su muerte ni la alianza con Castilla ni la soñada invasión de China.

La otra cara de la moneda de la grandeza del tártaro es su pretendida crueldad. La imagen moderna de Tamerlán procede de su leyenda negra y se debe, en gran medida, al dramaturgo inglés Christopher Marlowe (1564-1593). Inspirándose en un libro escrito por el español Pero Mexía, este autor escribió en 1586 la larga tragedia *El gran Tamerlán,* donde relata los triunfos del personaje hasta convertirse, como Atila, en «el azote de Dios». En la obra se le atribuyen las más caprichosas formas de tiranía. Al vencido sultán Bayaceto lo manda enjaular y lo mantiene hambriento, delante de la mesa de su banquete, alargándole de vez en cuando una migaja con la punta de su espada. En otra ocasión aparece montado en un carro tirado por reyes cautivos. Cierto día incendia una ciudad entera para celebrar los funerales de su esposa Zenocrate. Por fin, muere cuando prepara su campaña contra China, pero con la gallardía de quien nada temió en vida y tampoco en esa hora se acobarda.

1336	9 de abril: nace **TAMERLÁN** en el arrabal aristocrático Cheher-i-sebz de Kech, ciudad próxima a Samarcanda.
1358	Tamerlán forma parte del ejército del visir Kazgán en su campaña contra Hussein Kert.
1369	Haciendo uso de las antiguas fórmulas turcas, Tamerlán se proclama príncipe de Transoxiana.
1389	Guerra contra el sultán otomano Bayaceto.
1395	Se declara sucesor de Gengis Khan.
1398	Toma la ciudad de Delhi.
1402	Victoria sobre Bayaceto en la llanura de Tchibukora.
1405	Tamerlán muere en Ostrar, a orillas del Syr.

SANTA JUANA DE ARCO
(1412-1431)

La vida de Juana de Arco bien pudiera ser una ficción imaginada por el desconocido autor de un poema épico en el que una humilde pastorcilla oye voces sobrenaturales y, guiada por ellas, decide salvar a su patria para acabar ignominiosamente procesada y quemada en la hoguera. Sin embargo, los franceses saben mejor que nadie que aquella simple campesina fue real y obró

Juana de Arco, una pastorcilla de las tierras de Lorena, alteró el curso de la guerra de los Cien Años gracias a una milagrosa fuerza que la condujo al martirio. Juana de Arco en Donrémy, *estatua de H. Chapu (Museo del Louvre, París).*

prodigios tales que acabaron por convertirla en heroína oficial de su país. Aun aquellos que vieron en ella una neurótica víctima de las alucinaciones o una joven ingenua engañada por los curas, no pudieron ocultar la admiración que les suscitaba la Doncella. Por ejemplo, el escritor Anatole France, librepensador y anticlerical, escribió: «Dio su vida por una idea, sobrevivió a su causa y su devoción permanece como ejemplo imperecedero. Sufrió el martirio, sin el cual nada de grande ni de útil han fundado los hombres en el mundo. Ciudades, imperios y repúblicas se basan en el sacrificio. No carece, pues, de motivo ni de justicia que Juana haya llegado a ser el símbolo de la patria en armas.»

Una época turbulenta

Nació en el año 1412, probablemente el 6 de enero, día de la Epifanía, en la aldea lorenesa de Domrémy. Sus padres, campesinos de modesta condición, tuvieron cinco hijos, la penúltima de los cuales era Juana, a la que llamaban Jeannette. Desde muy pequeña se ocupó de las labores del campo y de los menesteres caseros, de modo que no tuvo tiempo de aprender a leer ni escribir. Su madre se encargó de iniciarla en las reglas del comportamiento honesto y le enseñó el padrenuestro, el avemaría y el credo, con lo que dio por terminada su instrucción. El fruto fue una joven profundamente devota y propensa a arrodillarse y rezar en todo lugar y ocasión propicios.

Los caóticos tiempos que sacudían Francia eran también perceptibles en Domrémy, pues junto a la aldea discurría el antiguo camino romano que cruzaba el río Mosa uniendo las tierras de Bélgica, Renania y Borgoña. Las bandas de hombres armados y frailes peregrinos que transitaban esa ruta se detenían con frecuencia y hablaban de los crímenes y saqueos que habían presenciado. Los reyes de Inglaterra reclamaban la corona de Francia y desde hacía tres cuartos de siglo ambos países estaban empeñados en una contienda que habría de llamarse la guerra de los Cien Años. Gran parte del territorio francés se encontraba bajo el dominio del duque de Borgoña, Juan *Sin Miedo*, que había renegado de su sangre aliándose con los ingleses y reconociendo a Enrique V de Inglaterra como rey de Francia.

El descalabro francés se había iniciado en 1415 con la batalla de Azincourt, quizás la más sanguinaria de la época, en la que pereció la flor y la nata de la caballería gala, dejando diez mil hombres sobre el campo. Los ingleses resultaron vencedores y obligaron a firmar a los derrotados el tratado de Troyes, que equivalía al fenecimiento de la corona francesa. Catalina, hija del rey de Francia Carlos VI, se había casado con el monarca inglés, Enrique V. En 1422 los dos reyes murieron. El heredero inglés, Enrique VI, era un niño de diez meses que asumió también la corona de Francia, siendo representado en París por un regente, el duque de Bedford. Por su parte, Carlos VI, el rey demente, dejaba el trono a un hijo enclenque y enfermizo, declarado ilegítimo por su propia madre, Isabel de Baviera. El delfín, detestado por los borgoñeses, parecía condenado a no ceñir nunca la corona de su país y a presenciar impotente cómo su reino pasaba a manos de los ingleses. Entretanto, no había moneda, ni policía, ni justicia. Los habitantes de los pueblos habían de protegerse a sí mismos y tener preparados refugios en los bosques. Bandas de soldados hambrientos erraban por los caminos exigiendo rescates y saqueándolo todo. Sólo un milagro podía resolver la situación en favor de los franceses, y ese milagro iba a producirse en la pequeña aldea de Domrémy.

El mandato de Dios

Al cumplir trece años, Jeannette comienza a oír las famosas «voces» de las que tanto se hablará en su proceso. Un soleado día de junio, encontrándose en el jardín de su casa, una intensísima luz la envuelve y el arcángel San Miguel, patrón del delfín, se aparece ante ella vestido de caballero, anunciándole que Santa Catalina y Santa Margarita le acompañarán en próximas apariciones

En esta casa del pueblo de Domrémy nació Juana de Arco, el 6 de enero de 1412, y en sus cercanías oyó las voces del arcángel San Miguel y de las santas Catalina y Margarita.

nes para darle instrucciones según la voluntad de Dios. En efecto, en los tres años siguientes las dos santas departirán con ella a menudo, invitándola a comportarse honestamente y aleccionándola en temas religiosos. Por fin, cuando Juana acaba de cumplir diecisiete años, el arcángel comparece de nuevo para ordenarle ir en auxilio del delfín y liberar la ciudad de Orleáns, sitiada por los ingleses. Sus palabras fueron:

— Ve a buscar a Robert de Baudricourt, jefe de la fortaleza de Vaucouleurs. Él te proporcionará soldados para cumplir tu misión. Se negará al principio, pero cederá a la tercera tentativa. Yo te protegeré y te conduciré a la victoria.

Sin decir nada a sus padres, Juana se dirigió a Vaucouleurs, lugar situado a dieciséis kilómetros de su aldea, en compañía de un tío suyo. Una vez allí se presentó a Baudricourt, que la tomó por loca, le propinó dos sonoras bofetadas y ordenó a su acompañante que la llevara de regreso a casa. Pero en Domrémy las voces y las apariciones se repitieron insistentemente. Tras una segunda intentona fallida en la que también fue despedida, aunque esta vez más cortésmente, Juana repitió la visita el 12 de febrero de 1429. El señor de Vaucouleurs había escrito a Chinon, en

Comment la pucelle fit tirer larmee

La Doncella de Orléans, siguiendo instrucciones celestiales, continuó la batalla contra los ingleses, pero fue derrotada por primera vez en su asedio a París y herida cuando asaltaba una torre. «Juana de Arco ante Carlos VII», en Vigilías de Carlos VII, *grabado de la Biblioteca Nacional de París.*

cuyo castillo residía el delfín, anunciando que una muchacha de su feudo tenía visiones celestiales y pretendía ser capaz de liberar Orleáns y hacer coronar al heredero en Reims. La respuesta fue clara: en aquellos momentos angustiosos era preciso escuchar a todo aquel que hablase de valor y de resistencia.

Así pues en su tercera visita Juana fue atendida. Primero, como medida preventiva, fue sometida a una sesión de exorcismo en presencia de varios testigos. Como quiera que la muchacha no se moviera ni pronunciara palabra sacrílega alguna, el oficiante concluyó que su alma estaba limpia y que las voces que oía no eran diabólicas. Impresionado por la firmeza de Jeannette y deslumbrado por el aura milagrosa que la rodeaba, Baudricourt accedió a proporcionarle la guardia militar solicitada. Juana se hizo cortar el cabello como un varón y, animada por las voces que le repetían «¡Avanza sin temor!» emprendió camino hacia Chinon. El delfín, un joven tímido y vacilante marcado por la traición de su madre y la

locura de su padre, y acosado por sus poderosos enemigos, la recibió recurriendo a una treta para desconcertarla. Cuando Jeannette la campesina entró en el salón de honor, magníficamente iluminado por antorchas y lleno de cortesanos, el delfín se hallaba oculto entre éstos, modestamente vestido. Juana, sin titubear, se dirigió hacia él y se arrodilló. Entonces, Carlos señaló a otro de los presentes y dijo: «Aquel es el rey.» Juana no se dejó engañar y repuso: «En el nombre de Dios, noble príncipe, el rey sois vos y nadie más.»

La milagrosa Doncella de Orleáns

Juana expuso sin rodeos la misión que estaba llamada a cumplir: derrotar a los ingleses y conseguir que el delfín fuese coronado en la catedral de Reims. Carlos habló largamente con la joven y su rostro resplandeció ante sus respuestas. Sin embargo, indeciso como era, temió que Juana fuese instrumento de alguna potencia diabólica y la hizo interrogar por ciertos clérigos eruditos de Poitiers. Días después, impacientada por tantas precauciones y demoras, Juana se dirigió al delfín con palabras reveladoras de una extraña y previsora sabiduría:

«Sólo viviré un año y un poco más. En este tiempo debemos realizar una gran obra. Los guerreros lucharán y Dios dará la victoria.»

Carlos, por una vez diligente, reunió un ejército e hizo confeccionar para Juana una armadura de acero bruñido hecha a su medida. Luego, ella pidió que fuesen a buscar una espada de la que nadie había oído hablar en una capilla consagrada a Santa Catalina. Sobre la hoja debían encontrarse grabadas cinco cruces. La espada fue encontrada y era en efecto tal como ella la había descrito. Vieja y completamente herrumbrosa, bastó que el armero del rey la limpiase ligeramente y que Juana la tomase en su mano para que volviera a refulgir como si fuese nueva.

A partir de ese momento, Juana de Arco desempeñó su misión divina con sorprendente celeridad y prodigiosa eficacia. Primero fue la liberación de Orleáns, plaza decisiva en los planes ingleses de abrirse paso hacia el valle del Loira. Los ingleses habían construido alrededor de la ciudad una docena de baluartes inexpugnables para proceder al asedio, que duraba ya seis meses. Uno de esos bastiones estaba defendido por una gran muralla de piedra reforzada con poderosas torres. Juana dictó una carta e hizo que la lanzaran por encima de la muralla. En ella se decía: «El Rey de los Cielos os envía por mí, Juana la Doncella, orden y aviso de que abandonéis los fuertes y regreséis a vuestro país. Si no lo hacéis, lanzaré contra vosotros un grito de guerra que será recordado eternamente.»

Luego, la batalla dio comienzo y se prolongó por espacio de varios días. Arengados por los gritos de la Doncella, los soldados lucharon como posesos. En cuanto a los capitanes franceses, descontentos al principio con aquella mujer que pretendía enseñarles a ellos, maestros del oficio, el modo de hacer la guerra, acabaron por rendirse a la evidencia: aquel menudo ser era capaz de proezas que ellos ni siquiera soñaban. Durante una de las escaramuzas, Juana fue alcanzada en el pecho por una flecha. Cuando la retiraron del

Cinco meses después de salir de su pueblo natal, Juana cumplía su misión logrando que Carlos VII fuese coronado en la catedral de Reims, hecho que consolidó la unidad de Francia y desalentó las pretensiones inglesas al trono. Juana de Arco durante el asedio de Orleáns, *grabado de la Biblioteca Nacional de París.*

Víctima de la traición, la envidia y oscuros intereses políticos, Juana fue abandonada a su suerte. Sometida a juicio por el Santo Oficio fue encontrada culpable de herejía y condenada a morir en la hoguera, sin que el rey al que había ayudado a coronar hiciera nada por ella. La sentencia se cumplió el 30 de mayo de 1431. Tenía diecinueve años. Suplicio de Juana de Arco, fresco de Jules Lenepveu (Panteón, París).

campo de batalla, ella misma se arrancó la saeta. Las trompetas empezaron a tocar retirada, pero la Doncella se incorporó como arrebatada por una energía sobrenatural y volvió a lanzarse al combate. Ese día, todos los bastiones cayeron y Orleáns

fue liberada del cerco. Sólo después de recorrer las calles de la ciudad entre el repicar de campanas, Juana se hizo vendar su herida y tomó alimento: cinco rebanadas de pan mojadas en vino y agua. Así fue como una niña de diecisiete años cambió el curso de la guerra de los Cien Años.

La estrella declina

Tras la victoria, Carlos volvió a sus vacilaciones. Aunque le obsesionaba el sueño de la coronación, no se decidía a realizarlo y demoraba su decisión reuniéndose una y otra vez con sus consejeros. De nuevo, Juana intervino persuadiéndole de que sólo si ceñía la corona en Reims se consolidaría la unidad de Francia y quedarían burladas las pretensiones de Inglaterra. Al fin, el 17 de julio de 1429, Carlos se dirigió a la catedral de Reims al frente de un espléndido cortejo. Junto al trono estaba Juana. Cinco meses después de salir de Domrémy, su misión estaba cumplida.

En los días siguientes, Juana de Arco intervino en una serie de campañas para el recién estrenado rey. Sin embargo, su estrella pareció declinar y abandonarle: fue derrotada a las puertas de París, Carlos VII empezó a retirarle su apoyo y sus ya familiares voces sobrenaturales le anunciaron que iba a ser apresada por el enemigo. En efecto, en mayo de 1430, cuando se disponía a defender Compiègne, amenazada por el duque de Borgoña, cayó prisionera. Su rey no movió un dedo para ayudarla. Los clérigos de la Universidad de París, simpatizantes de los borgoñones, solicitaron que Juana fuese entregada al obispo de Beauvais, Pierre Cauchon, hombre astuto y ambicioso vendido a los ingleses. De esta forma, el proceso inquisitorial que se preparó contra ella en Rouen tendría un carácter religioso y no político. Cauchon eligió con habilidad entre sus amigos los jueces eclesiásticos que formaron el tribunal. Además, nadie osó enfrentarse a la autoridad del obispo aceptando defender a Juana, con lo que aquella campesina analfabeta de diecinueve años se encontró sola frente a un impresionante tribunal formado por eruditos en leyes humanas y divinas.

La celda en que fue encerrada era oscura y húmeda. Para impedir cualquier intento de evasión se la sujetó con pesadas cadenas por el cuello, tobillos y muñecas. Primero se la sometió a un examen para verificar su virginidad, que de resultar negativo habría sido una prueba concluyente de brujería. Al comprobarse la doncellez de Juana, se pensó en entregarla a la soldadesca, lo que fue evitado en última instancia por la duquesa de Bedford, esposa del regente inglés.

El proceso

Los interrogatorios se iniciaron el 21 de febrero. Preguntas y respuestas fueron consignadas por escrito. Juana, llena de paciencia, juventud, ingenuidad y fe, empezó a impacientar a sus jueces sin contradecirse jamás ni contestar al margen de la más pura ortodoxia. Había oído voces y nadie tenía la obligación de creerla. A las preguntas sucedieron las amenazas y a éstas las humillaciones. Se le privó de los sacramentos y fue conducida a la sala de tortura, en un intento de que la visión de potros, embudos, ganchos y tenazas quebrasen su resistencia. Pero Juana no se desdijo de sus declaraciones ni negó que hubiera conversado con los santos.

El 23 de mayo, en sesión solemne, se leyó a la prisionera una nueva amonestación para que reconociese sus errores. Juana respondió:

«Aunque viera la leña encendida y al verdugo al lado, no diría otra cosa que la que ya he dicho y sostendré hasta la muerte.»

«¡Responsio superba!», anotó el escribano al margen de la página.

De vuelta a la celda, Juana fue entregada a tres hombres que la torturaron, le pegaron hasta hacerla derramar abundante sangre y probablemente abusaron de ella. Cuando Cauchon volvió a verla, apenas pudo reconocerla. La Doncella tenía el rostro tumefacto y un constante temblor agitaba su cuerpo. Ante la pregunta de si había vuelvo a oír las voces, Juana contestó:

«Las he oído. Me han dicho: "Serás condenada en la hoguera pero salvarás tu alma". Es cierto que Dios me ha enviado. Si dijera, como vos queréis, que Dios no me ha enviado, mentiría.»

«¡Responsio mortífera!», anotó el escribano.

El 29 de mayo, el tribunal la condenó a ser quemada viva por relapsa, es decir, por reincidir en la herejía. Al día siguiente fue llevada al lugar del suplicio en una carreta. La multitud esperaba. Pidió una cruz. Nadie tenía ninguna. Fue atada en la pira y comenzó a rezar en voz alta entre sollozos. El capellán leyó la oración de los agonizantes. La llama prendió en los haces de leña y se elevó de golpe. El humo ocultó el cuerpo de Juana a los ojos de la muchedumbre. Oyóse un grito desgarrador.

El verdugo, súbitamente enloquecido, echó a correr despavorido, con la antorcha humeante en la mano, y saltando sobre el pretil del puente, se arrojó al Sena.

1412	Nace **JUANA DE ARCO** en Domrémy, pueblecito de la Lorena francesa.
1425	Comienzan a aparecérsele San Miguel, Santa Catalina y Santa Margarita.
1428	El arcángel San Miguel le ordena socorrer al delfín y liberar la ciudad de Orleáns.
1429	Juana visita por tres veces a Robert de Baudricourt para pedirle ayuda. Por fin es recibida por el delfín en el castillo de Chinon. Mayo: libera Orleáns. Junio: derrota a los ingleses en Patay. 17 de julio: coronación de Carlos VII en Reims. Septiembre: es derrotada tras asediar París.
1430	Mayo: Juana cae prisionera de los ingleses.
1431	21 de febrero: se inicia su proceso por herejía, presidido por el obispo Cauchon. 29 de mayo: es condenada a la hoguera. 30 de mayo: se cumple la sentencia.
1450	Carlos VII revisa el proceso para rehabilitar su memoria.
1456	El papa Calixto III anula la sentencia de Cauchon.
1909	Juana de Arco es beatificada.
1920	Juana de Arco es canonizada.

CRISTÓBAL COLÓN
(1451-1506)

Convencido de la redondez de la Tierra e influido por la lectura de los relatos de Marco Polo, Cristóbal Colón soñó con llegar al Catay viajando hacia el Oeste. El empeño fructificó en la más grande hazaña individual de todos los tiempos.

Durante muchos siglos, filósofos, teólogos y hombres de ciencia habían asegurado que la Tierra era plana como un disco y estaba limitada por un mar infernal que se extendía, al oeste, más allá del cabo Finisterre y del estrecho de Gibraltar, situados en los extremos occidentales del mundo conocido. Ese océano, afirmaban, no era navegable, y todo aquel que se aventuraba por sus aguas no regresaba nunca, engullido por sus terribles abismos o devorado por los numerosos monstruos que lo poblaban.

Colón no fue el primero en creer que la Tierra era redonda, pues en su tiempo eran ya muchos quienes sostenían esta tesis. En todos los puertos europeos se contaban historias semilegendarias de hombres que habían atravesado aquel enorme mar y encontrado tierra al otro lado, por lo que no debía de ser imposible seguir su ejemplo y alcanzar por vía marítima el extremo oriental de Asia, tal como Marco Polo había hecho por tierra. Ese fue el propósito de Colón, quien no podía sospechar que entre Europa y las míticas Catay y Cipango (nombre que sus contemporáneos daban a China y Japón) había nada menos que un continente ignorado por todos. Este desconocimiento hizo que protagonizase la hazaña individual más importante de la historia de la humanidad, el descubrimiento de América, aunque muriera sin tener conciencia de ello.

Naufragio en Portugal

Giovanni Colombo y Susana Fontanarossa fueron los padres de Cristóbal, nacido en Génova en 1451. Las noticias sobre su juventud son escasas y de dudoso crédito, pues proceden en su mayoría de la *Historia del Almirante*, escrita por su hijo Hernando mezclando hechos verídicos con episodios fantásticos. Parece cierto que trabajó en el taller de su padre, tejedor de oficio, hasta que se hizo a la mar cuando aún no había cumplido los dieciocho años. Puesto que Génova era una importante ciudad-estado de gran tradición marinera, Cristóbal no tuvo dificultades para seguir su vocación ni para aprender las artes de la navegación y la cartografía, lo que hizo de un modo autodidacto.

Existen documentos de numerosos viajes primerizos de Colón, entre los que destacan uno a Islandia, diversas travesías por el Egeo y varias expediciones comerciales a Flandes y Portugal. Fue precisamente frente a las costas portuguesas donde el barco, de cuya tripulación formaba parte sufrió el ataque de un navío francés y se fue a pique. El joven fue recogido por unos pescadores y conducido a Lisboa, donde iba a gestarse el primer episodio de su odisea. Corría el año 1476 y la capital lusa resultaba el lugar ideal para todo hombre que soñara con el mar. Allí se estableció como comisionado de los mercaderes genoveses y contrajo matrimonio con Felipa Moniz de Perestrello, hija de un importante personaje en la corte portuguesa, lo que le abrió un buen número de puertas importantes.

Influido por la lectura de los relatos de Marco Polo, Colón concibió la idea de llegar a las fabulosas tierras de Oriente por mar, puesto que sin duda la Tierra era redonda. En 1484, aunque nunca había navegado más que como marinero, se presentó ante Juan II, rey de Portugal, asegurando ser capaz de llevar a cabo su aparentemente descabellada idea. El monarca se mostró benévolo con él, le concedió el grado de capitán e hizo pasar el asunto a una comisión de expertos. Contra lo que se ha venido admitiendo, Juan II acabó por aceptar el proyecto, pero se negó a que Colón navegara hacia el oeste, en la latitud de las islas Canarias, reservadas a Castilla por el Tratado de Alcaçobas, y propuso que el viaje se realizase por una ruta más septentrional, lo que Colón no aceptó. Además, las perspectivas portuguesas de abrir una vía comercial hacia Oriente por el sur de África hicieron que la expedición planeada por el genovés pasase a un segundo plano. Sin embargo, Colón no estaba dispuesto a renunciar a su idea ni a la gloria que, estaba seguro, aquélla iba a proporcionarle.

Negociaciones interminables

Colón se trasladó a España y en 1485 se presentó en el convento franciscano de La Rábida sin una moneda en el bolsillo ni un pedazo de pan que llevarse a la boca. Aquellos monjes, que habían tenido la nunciatura de Guinea con jurisdicción sobre todos los archipiélagos atlánticos, estaban muy vinculados a las islas Canarias y al mundo marinero, de modo que no les fue difícil poner al genovés en contacto con Alonso Pinzón, armador local, persona muy estimada en el puerto de

Cristóbal Colón, despedido, entre otros, por los frailes del convento de la Rábida, Antonio de Marchena y Juan Pérez, partió de Palos de Moguer el 3 de agosto de 1492. El recién nombrado Gran Almirante de la Mar Océana había conseguido la colaboración del armador Alonso Pinzón y el decisivo apoyo de la reina Isabel para llevar a cabo su fantástica empresa. Salida de Colón del puerto de Palos, grabado de J.P. Davis a partir de un cuadro de A. Gisbert.

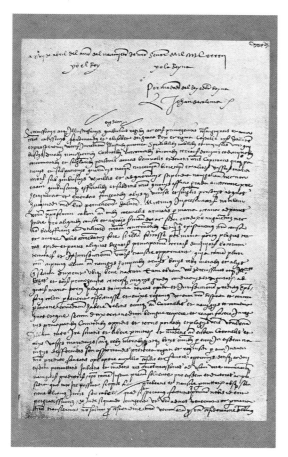

Después de un incidente entre el marino y el rey Fernando, el 17 de abril de 1492, los Reyes Católicos otorgaron a Colón las capitulaciones pertinentes. Arriba, reproducción fascimilar.

Palos y verdadero apasionado por los descubrimientos de tierras nuevas. Pinzón se entusiasmó inmediatamente con el proyecto de Colón y le llevó ante el duque de Medinaceli, quien le dio dinero y una elogiosa carta de presentación para los Reyes Católicos.

Reconfortado por la generosidad del duque y por la bondad y comprensión de los franciscanos y el armador, el genovés se dirigió a la corte, instalada en Córdoba, provisto de la valiosa recomendación ducal. El 20 de enero de 1486 consiguió ser recibido por los monarcas. Durante la audiencia, Fernando se mostró frío y evasivo, pero no así Isabel, quien juzgó conveniente someter los planes de Colón a una comisión de peritos, tal como había sucedido en Portugal. Además, le fue concedida una pequeña pensión

en tanto los expertos deliberasen y se le procuró alojamiento en Salamanca, ciudad donde se instaló Colón con su hijo Diego, a quien hizo venir de Portugal después de que su esposa falleciese.

En principio, la junta de técnicos fue contraria a los planes colombinos, por considerarlos erróneos; en efecto, los cálculos de Colón situaban las costas o archipiélagos asiáticos a 750 leguas al oeste de las islas Canarias, lo que realmente era inexacto. Los reyes dieron a conocer esta resolución al interesado en Málaga, aunque le prometieron volver a tratar el asunto cuando finalizase la guerra de Granada contra los musulmanes. Durante la espera, el descubrimiento del cabo de Buena Esperanza por parte portuguesa, que suponía la apertura de una ruta hacia la India circunnavegando el continente africano, restó interés al proyecto colombino de llegar a las mismas tierras por occidente. Ante la lentitud de la monarquía española en tomar una decisión, el genovés decidió buscar fortuna en Francia. Se puso en camino y pasó de nuevo por La Rábida, donde su viejo amigo el prior le propuso demorar la partida y apremiar a los reyes. El Reino de Granada acababa de caer y la situación parecía volverse en su favor.

Durante una nueva audiencia con los soberanos, Colón exigió ser nombrado Gran Almirante de la Mar Océana y virrey de todas las tierras que descubriese, además de pedir un 10 por 100 de los beneficios generados por la expedición. Fernando se enfadó y puso fin a la entrevista; Colón, resignado a continuar su peregrinación, emprendió de nuevo viaje hacia Francia. Llevaba dos horas de camino cuando fue alcanzado por un emisario: un judío converso, el tesorero del reino Luis Santángel, había hecho triunfar su causa y convencido a la reina Isabel, ofreciéndose a adelantar el dinero necesario para la expedición. Por fin, el sueño de Colón iba a hacerse realidad.

¡Tierra!

Tras firmarse las capitulaciones de Santa Fe el 17 de abril de 1492, en pocos días se reunieron dos millones de maravedíes y se armaron dos carabelas, la *Pinta* y la *Niña*, y una nao, la *Santa María*, que partieron de Palos de Moguer rumbo a San Sebastián de la Gomera el 3 de agosto de ese

mismo año. Eran éstos unos navíos pequeños y fuertes, capaces de alcanzar con buen tiempo velocidades de seis o siete nudos y que, cuando amainaba el viento, podían ser impulsados a fuerza de remos sin excesiva dificultad. Cada uno tenía un solo camarote para el capitán, pues la tripulación dormía en cubierta. Una vez al día, en un pequeño horno instalado en el centro del barco, se guisaba una comida caliente con gran provisión de ajo. El tiempo lo iban marcando relojes de arena de media hora, a los que regularmente daban vuelta los grumetes.

La tripulación de las tres naves era de unos ochenta y siete hombres, incluyendo tres médicos, un despensero, un intérprete y un represen-

La expedición de Colón constaba de dos carabelas, la Pinta y la Niña (izquierda, carabela del siglo XV, cuyo grabado figuró en la primera edición romana de una carta de Colón; abajo, Colón avistando tierra, *litografía coloreada, Biblioteca Nacional, París)*, **y** una nao, la Santa María. *A los treinta días, el vigía avistó tierra y el 12 de octubre de 1492, la expedición desembarcó en la isla de Guanahani, llamada San Salvador por Colón, hoy Watling, en las Bahamas.*

tante de la reina que llevaba la cuenta del oro y de las piedras preciosas que había a bordo. Los grumetes proporcionaban casi todo el entretenimiento: cada vez que daban vuelta a los relojes o servían una comida lo hacían cantando. Por la noche, toda la tripulación se reunía y entonaba un himno religioso, por lo general el *Salve Regina*. A pesar de lo que cuentan muchas historias, los marineros no eran presidiarios, aunque tres de ellos habían tenido algunos roces con la ley.

La travesía duró treinta y tres días. Impulsados por los vientos favorables del este, los tres barcos arribaron el 12 de octubre de 1492 a la isla de Guanahani, llamada por Colón San Salvador (hoy isla de Watling, en las Bahamas), después de que el marinero Juan Rodríguez Bermejo, conocido como Rodrigo de Triana, diese el preceptivo grito de «¡Tierra!», ganándose los mil maravedíes que el rey Fernando había prometido al primero que viese las costas de Asia.

El orgulloso descubridor

El almirante descendió a tierra con el notario real, el capellán y los oficiales; luego se arrodilló, dio gracias a Dios y con gran pompa tomó

Los privilegios otorgados a Colón en las capitulaciones de Santa Fe le fueron confirmados tras su hazaña. Abajo, escudo de armas del Gran Almirante.

posesión de la isla en nombre de los Reyes Católicos, mientras grupos dispersos de indígenas, desnudos y aparentemente inofensivos, contemplaban con curiosidad a los recién llegados. Colón escribiría: «Son tan ingenuos y tan generosos con lo que tienen que nadie lo creería de no haberlo visto. Si alguien quiere algo de lo que poseen, nunca dicen que no; al contrario, invitan a compartirlo y demuestran tanto cariño como si toda su alma fuera en ello...» Estas gentes fueron posteriormente identificadas como los indios tainos, una etnia desaparecida después. Ante ellos, el asombro de los navegantes fue considerable, pues hablaban un idioma completamente desconocido y pertenecían a una raza que no se parecía a ninguna de las descritas en los libros de los exploradores y antiguos cronistas, desde Herodoto hasta Marco Polo. Pero a nadie se le ocurrió pensar, por supuesto, que aquellas tierras no pertenecían a Asia.

Desde San Salvador, Colón puso rumbo hacia el sur, deseoso de alcanzar el país del Gran Khan. Descubrió nuevas islas, entre ellas Cuba, a la que llamó Juana, donde los nativos fumaban cigarros metiendo un extremo de los mismos en la nariz e inhalando profundamente, cosa nunca vista en Europa, donde se desconocía el tabaco. Luego llegó a La Española, isla que hoy forman Haití y la República Dominicana. Allí embarrancó la *Santa María* y fue imposible ponerla de nuevo a flote. Después de transbordar su tripulación a la *Niña* y recorrer el litoral, Colón decidió dejar unos cuarenta hombres en un fuerte bautizado con el nombre de Navidad, situado en la costa norte de la isla. El 16 de enero de 1493, los dos barcos restantes emprendieron el regreso a España, adonde llegaron semanas después.

La historia del descubrimiento causó sensación. Colón fue recibido apoteósicamente en Palos y desde allí se dirigió por tierra a Barcelona para entrevistarse con los monarcas, llevando como prueba de su hazaña pájaros y frutas exóticas e incluso habitantes de las lejanas tierras descubiertas. Cuando se arrodilló ante Fernando e Isabel y éstos le mandaron sentarse a su lado, su orgullo ya no tuvo límites. Las capitulaciones acordadas en Santa Fe, en las que tanto se le ofrecía, fueron escrupulosamente respetadas, y además los soberanos insistieron en que se hiciera de nuevo a la mar para consolidar y extender sus

Colón regresó a España trayendo como pruebas de su gesta exóticos pájaros, frutos e indígenas. Este cuadro de Ricardo Balaca, del siglo XIX, recrea el triunfal recibimiento que los monarcas le dispensaron en el Salón Tinell de Barcelona.

descubrimientos. Cuando el rey preguntó a quién debía entregar los mil maravedíes prometidos al primero que avistase las tierras asiáticas, el almirante, cegado por la ambición, contestó que le correspondían a él, porque la noche anterior al desembarco había visto una hoguera lejana. Rodrigo de Triana, enojado, pasó a Marruecos, donde, quizás por despecho, se convirtió al Islam.

Un pésimo gobernante

El segundo viaje de Colón, iniciado en 1493, significó en cierto modo el comienzo de su declive, pues reveló el terrible error que había cometido dejando aquellos cuarenta hombres y puso de manifiesto sus pocas dotes de mando. Una vez más la travesía se hizo sin contratiempos y en poco más de un mes la expedición, compuesta por una flota de diecisiete naves con mil doscientos hombres a bordo, llegó a La Española. Su misión era establecerse sólidamente en las Indias y ampliar el descubrimiento para alcanzar los territorios de Catay, todo ello bajo las órdenes de Cristóbal Colón.

El almirante reconoció fácilmente el lugar en el que había mandado construir el rudimentario fuerte Navidad: todo había sido incendiado y los cadáveres descompuestos de los españoles asomaban entre los escombros. Al efectuar un reconocimiento del interior de la isla fue encontrado el cacique Guacanagari, pero resultó totalmente

Los últimos años de la vida del Gran Almirante están marcados por sus insistentes reclamaciones al rey Fernando, para que le fuesen restituidos los cargos de los que había sido desposeído. Decepcionado y enfermo murió, el 20 de mayo de 1506, ignorando que había descubierto un nuevo continente. Muerte de Colón, *de Ortega, Museo del Prado, Madrid.*

imposible obtener de él una explicación del convincente y escrupuloso desastre acaecido.

A partir de ese momento Colón empezó a tener problemas con los indígenas, a quienes amenazó con convertir en esclavos si no le entregaban grandes cantidades de oro y especias, y con sus propios compañeros, descontentos con la realidad de un viaje que dejaba de ser prometedor para aparecer en extremo dificultoso e incómodo. Colón, alternativamente demasiado duro o demasiado blando ante la conducta de unos y otros, fue incapaz de imponerse: empezó a ser palmario que el gran navegante era un pésimo administrador, iracundo, vengativo e indeciso, tanto que hasta sus colaboradores empezaron a detestarlo y no perdieron ocasión de criticarlo ásperamente en sus informes a la corte.

Cinco años después, en su tercer viaje, todos estos problemas se acentuaron, hasta el punto de ser designado por los reyes un comisario real, Francisco de Bobadilla, que se trasladó a las Indias con plenos poderes para tratar de poner orden en la gobernación de Colón. Bobadilla, poco cauteloso, mandó apresar al genovés y a sus hermanos y los envió a España, encontrándolos culpables de varios crímenes, incluyendo los de severidad excesiva e injusticia manifiesta. El almirante regresó a la Península encadenado, y aunque Isabel de Castilla ordenó al saberlo que fuese puesto en libertad inmediatamente, cuando Colón pidió la parte de los beneficios generados por la expedición que según lo acordado le correspondía, los soberanos se mostraron reacios a satisfacer sus demandas. Además, decidieron destituirle de su cargo de gobernador y suprimir sus privilegios, dejándole no obstante los títulos de virrey y almirante.

Último viaje

En mayo de 1502, por cuarta vez, Colón desplegó velas. Visitó Honduras, Nicaragua, Costa Rica y Jamaica, donde a consecuencia de un huracán sus naves quedaron inmovilizadas durante un año. Cuando llegaron socorros desde Santo Domingo, los náufragos españoles se hallaban extenuados y el almirante padecía fuertes dolores producidos por la artritis. Hacía poco que había cumplido los cincuenta años, pero aparentaba muchos más. Tenía el cabello prácticamente blanco, pesadas arrugas que le surcaban el rostro y unas profundas ojeras en torno a los ojos.

Su regreso definitivo a España se produjo el 7 de noviembre de 1504. En cuanto su nave echó anclas, pidió una audiencia con el rey Fernando, que le recibió en Segovia. Isabel había muerto y su esposo escuchó de mala gana las reclamaciones del descubridor, quien suplicaba le fuesen restituidos sus antiguos privilegios, puesto que, si bien disfrutaba de los beneficios económicos que se le habían prometido en Santa Fe, en cambio, ya no gozaba del título de gobernador de las nuevas tierras.

Abrumado por las preocupaciones, Fernando se negó obstinadamente a atender las quejas de Colón, quien durante todo el año de 1505 le persiguió con sus asuntos por toda la Península. El monarca se desplazaba con rapidez de una ciudad a otra, según las exigencias del gobierno o del ejército. En Valladolid, Colón logró finalmente alcanzarle, pero una vez más le fue negada la audiencia. Enfermo y cansado, el almirante se instaló en un convento franciscano y redactó su testamento. El 20 de mayo de 1506 la muerte puso fin a sus desvelos. Exhaló su último suspiro pensando todavía que había llegado a las Indias Orientales y que el palacio del Gran Khan de Catay estaba en algún lugar de Costa Rica. Había pretendido encontrar el camino que conducía por mar a los exóticos lugares descritos por Marco Polo y, sin saberlo, era el descubridor de un nuevo continente al que una serie de azarosas circunstancias darían el nombre de América. Con su hallazgo concluía la Edad Media y daba comienzo una nueva era.

1451	Fecha probable del nacimiento de **CRISTÓBAL COLÓN** en Génova.
1476	El barco en el que viaja de marinero naufraga frente a las costas de Portugal y Colón es llevado a Lisboa.
1478	Se casa con Felipa Moniz de Perestrello. Se introduce en la corte portuguesa.
1484	Ofrece su proyecto descubridor al rey de Portugal, Juan II.
1485	Se traslada a España. Llega al monasterio de La Rábida. Fallecimiento de su esposa.
1486	Primera entrevista con los Reyes Católicos.
1492	Capitulaciones de Santa Fe. Primer viaje y descubrimiento de América.
1493	Regreso a la Península. Entrevista en Barcelona con los reyes, que le confirman sus privilegios. Inicia el segundo viaje.
1494	Exploración de Cuba y La Española.
1495	Primeras guerras entre españoles e indios. Quejas en la corte contra Colón.
1496	Regreso de su segundo viaje.
1499	Nombramiento de Francisco de Bobadilla para sustituirle en la gobernación de las Indias.
1502	Inicio del cuarto viaje. Descubrimiento del istmo centroamericano.
1504	Regreso definitivo a España. Intenta sin éxito que el rey le restituya en sus cargos.
1506	Redacta su testamento y muere el 20 de mayo.

LOS REYES CATÓLICOS
ISABEL DE CASTILLA
(1451-1504)
FERNANDO DE ARAGÓN
(1452-1516)

Durante el reinado de Isabel II de Castilla y Fernando II de Aragón, los Reyes Católicos (arriba, retratos de Isabel y Fernando, en el palacio de Windsor, Gran Bretaña), sucedieron dos acontecimientos que cambiaron el acontecer histórico de Europa y del mundo. En 1492, estos reyes lograron la rendición del rey Boabdil en Granada, que determinó el fin de la presencia árabe en la Península, y las naves de Colón, fletadas por ellos, descubrieron América.

*E*s archisabido que durante el período en que los Reyes Católicos rigieron los destinos de la península Ibérica, en las postrimerías del siglo XV, un marino cuya patria ha suscitado infatigables controversias franqueó los tempestuosos océanos buscando el fértil Oriente, rico en especias, y topó con un continente no previsto. Origen de la irreparable decadencia de los pueblos indígenas que halló en aquellas tierras y llave de una tan improvisada como imprevisible colonización, este accidente desencadenó una nueva era en los destinos de la humanidad.

Ello ocurría cuando la España cristiana bajomedieval acababa de arrebatar sus últimas fortalezas a los musulmanes afincados en el sur de Europa. Para el escritor argentino Leopoldo Lugones, los rasgos étnicos de aquella España eran «el fatalismo, la tendencia fantaseadora que suscitó las novelas caballerescas, parientas tan cercanas de las *Mil y una noches*, y el patriotismo, que es más bien un puro odio al extranjero, tan característico de España entonces como ahora.»

A esta visión, trufada de prejuicios, si no de rencor, añade Lugones en *El imperio jesuítico*: «Además España, militarizada en absoluto por aquella secular guerra de Independencia, se encontró detenida en su progreso social; y este estado semibárbaro, unido al predominio del espíritu arábigo-medieval antes mencionado, le dio una capacidad extraordinaria para cualquier empresa en la que el espíritu ciego, que es decir esencialmente militar, fue condición de la victoria». En su opinión, la inundación de riquezas que produjo el llamado Descubrimiento no podía llegar en peores circunstancias a la Península «pues fueron un tesoro en manos de un adolescente».

Perpetuador de la leyenda negra, Lugones se hace eco de cierta narración histórica al uso, de extravagante y ramplón psicologismo, según la cual los españoles estuvieron aquejados, hace

quinientos años, de una locura furiosa, patología que exportaron irremediablemente a sus dominios en Ultramar. No obstante, el reinado de Isabel y Fernando, sobremanera glorioso según otras interpretaciones extraviadas y, en el peor sentido de la palabra, patrióticas, estuvo sujeto a las mismas leyes del azar y de la necesidad, del acierto y del error, que cualquier otro período histórico en cualquier otro país del mundo.

La casa de los Trastámara

Lugones también recuerda oportunamente que el *Llibre del Consulat de Mar*, una especie de código marítimo internacional, fue promulgado en Cataluña durante la Baja Edad Media, época en la que esta nación situada al este de la península Ibérica dominaba el comercio en el Mediterráneo. Para el escritor argentino, como para muchos historiadores catalanes, la posterior unificación dinástica y política con España vino a ser «un azote para la Península».

Isabel, nacida, en 1451, en el pueblo avilés de Madrigal de las Altas Torres (abajo), sucedió en el trono de Castilla a su hermano Enrique IV, pero debió enfrentarse a los partidarios de Juana, marginada de la sucesión merced a una acusación de bastardía que le valió, además, el mote de la Beltraneja, *alusivo a Beltrán de la Cueva, presunto amante de su madre, Juana de Portugal.*

Lo cierto es que Martín I *el Humano*, último rey de la casa de Barcelona, había muerto sin herederos directos en 1410. El regente de Castilla, futuro Fernando I (1412-1416), pertenecía a la casa de Trastámara y tras gastar unos cuarenta y cinco millones en hacer prevalecer su candidatura, fue coronado rey en virtud del compromiso de Caspe (30 de junio de 1412).

Su sucesor, Juan II de Aragón (1419-1454) pertenecía también a la misma casa de Trastámara, y fue coronado igualmente rey de Navarra (1429) tras su boda con Blanca I. Se casó en segundas nupcias con Juana Enríquez, hija del Almirante de Castilla Fadrique Enríquez, de cuyo matrimonio nacería Fernando, II en la cronología catalanoaragonesa y más conocido como *el Católico*.

Como segundón que era no fue reconocido como sucesor al trono hasta que no le sobrevino la muerte, probablemente a causa de la tuberculosis, a su hermano Carlos, príncipe de Viana, cortesano culto, refinado y mujeriego, y personaje responsable de haber desencadenado toda suerte de intrigas novelescas. Fernando contaba entonces nueve años, por lo que los aragoneses no quisieron reconocerle como gobernador del reino, y su madre, Juana, a finales del invierno de 1462, se refugió con él en Gerona para sustraerle a las posibles conspiraciones de sus enemigos. Durante su infancia cortesana hubo de sortear numerosas asechanzas que templaron su carácter y le enseñaron a elegir oportunamente entre la diplomacia y la violencia. A los 15 años participa en la batalla de Prats del Rei, donde dio muestras de gran arrojo y valentía. Pocos meses después de la muerte de su madre, acaecida el 13 de febrero de 1468, su padre le concedió la soberanía de Sicilia con objeto de presentarlo como un buen partido para su futura esposa, Isabel, princesa de Castilla.

La princesa de ojos claros

Isabel era hija de Juan II de Castilla y de su segunda mujer, Isabel de Portugal. Había nacido en Madrigal de las Altas Torres, en la provincia de Ávila, el 22 de abril de 1451, y era por lo tanto apenas unos meses mayor que Fernando. «La cristianísima reina Isabel era de mediana estatura, bien compuesta en su persona y en la proporción de sus miembros. Era muy blanca y rubia, los ojos entre verdes y azules, el mirar muy gracioso y honesto, las facciones del rostro bien puestas, la cara toda muy hermosa y alegre...», leemos en una crónica de la época. Cuando contaba tres años, su hermano Enrique IV, *el Impotente*, sucedió a Juan II, e Isabel fue apartada de la corte, aunque sería reclamada de nuevo a ella en 1463. Cuando a la muerte de su otro hermano, Alfonso, fue instada a encabezar el partido opuesto a Enrique IV, se negó taxativamente, reconociéndole a éste plena legitimidad. No obstante, se ofreció como mediadora en la búsqueda de una solución que pudiera poner fin a las guerras civiles. Merced a la grandeza e inflexibilidad de su decisión se ganó el respeto de todos, por lo que se convino con el rey que le concediera el principado de Asturias, patrimonio inherente al sucesor de las coronas de Castilla y León. En un lugar llamado Toros de Guisando, Enrique IV la proclamó su heredera, ceremonia ratificada posteriormente por las Cortes de Ocaña, postergando con ello los derechos de prelación de Juana *la Beltraneja*.

Quisieron entonces casarla con el rey de Portugal, pero sus obstinadas preferencias se orientaban sin disputa hacia un primo hermano suyo, Fernando. Recalcitrante en esta decisión, Isabel arrostró las amenazas de Enrique IV y anduvo en peligro de ser encarcelada, lo que provocó nuevos disturbios civiles.

Tanto monta, monta tanto...

El primer encuentro de los futuros cónyuges constituye un novelesco episodio. Muchos eran los enemigos que Fernando se había granjeado en la corte castellana, pues muchos eran también los pretendientes de la joven princesa. La cita se concertó en Dueñas, y para asistir a ella Fernando hubo de burlar durante su viaje el acoso de emboscados y de gentes apostadas en la frontera con el encargo de atentar contra su libertad o contra su vida. En su empeño por entrevistarse con Isabel no rechazó el impropio disfraz de arriero, y así enmascarado pudo por fin entrar en Dueñas. Sorteadas estas dificultades, quedaba únicamente por obtener el beneplácito de Isabel, aunque en este punto las crónicas señalan unánimemente que los egregios y rozagantes novios se encantaron el uno al otro.

El célebre cuadro de F. Pradilla, La rendición de Granada *(Metropolitan Museum of Art, Nueva York), recoge el momento en que el rey nazarí, Boabdil, entrega las llaves de la ciudad a los Reyes Católicos, el 2 de enero de 1492. Isabel creyó que el único bien que podía dejar a sus súbditos era la unidad de la fe católica, lo que motivó la expulsión de miles de mudéjares y judíos que no se cristianizaron. Sin embargo, el legado que dejaron ella y su esposo a la posteridad europea fue el decidido apoyo a la empresa del visionario Cristóbal Colón.*

Isabel y Fernando contrajeron matrimonio en Valladolid el 19 de octubre de 1469. Apenas dieciocho años contaba la princesa castellana y diecisiete el heredero de la Corona de Aragón. Con su proceder desataron las iras del partido de Juana *la Beltraneja*, pero la boda había resultado problemática también por otros conceptos. En primer lugar, debió resolverse el problema del ordenamiento político de los dos reinos, obstáculo que se soslayó al resignarse Fernando a residir en Castilla, no pudiendo ausentarse de ella sin permiso de Isabel, y asumiendo los compromisos de no nombrar extranjeros para los cargos públicos, de seguir la guerra contra los moros y de no firmar ningún documento público sin que apareciese a su lado así mismo la rúbrica de su esposa. Por otra parte, siendo primos hermanos, su boda debía contar con la bula del Santo Padre. Para zanjar este inconveniente, el arzobispo de Toledo, Alfonso de Carrillo, obrando al dictado del trapacero rey aragonés, presentó sin empacho alguno un pliego falso, supuestamente expedido por Pío II, donde se dispensaba a los contrayentes de todos los grados de consanguinidad. Tras descubrirse el embuste, aún habrían de pasar dos años hasta que el nuevo papa, Sixto IV, se aviniese a legalizar la situación.

Los flamantes esposos debieron refugiarse enseguida en fortificaciones y plazas leales para escapar a la persecución del airado Enrique IV, pero a la muerte de éste Isabel fue proclamada reina de Castilla el 13 de diciembre de 1474. Juan II de Aragón falleció el 19 de enero de 1479, y pocos meses después Fernando asumió la máxima dignidad de Aragón, Cataluña y Valencia.

Los Reyes Católicos instituyeron el Santo Oficio con objeto de imponer la unidad católica de la Península, y con el mismo propósito de consolidar la unidad demolieron importantes fortalezas y castillos que se extendían desde Galicia a Andalucía y que constituían focos de resistencia de la nobleza frente a la monarquía.

Era preciso convertir aquella renuente aristocracia feudal en cortesana, regalándola con cargos y dignidades, para acrecentar la autoridad monárquica. Así mismo se intentó recortar el poder de las opulentas órdenes militares y ganar el favor del campesinado catalán y gallego librándolo de la opresión señorial. Y todo ello armonizando las dos administraciones, castellana y catalana, al tiempo que se respetaban las respectivas tradiciones.

1492, un año histórico

Los moros, cuya presencia en la Península se remontaba al año 711, hubieron de rendir sus armas en el año de gracia de 1492, fecha señalada también porque en la misma se expulsó del país a los judíos que no quisieron convertirse y porque Colón y sus carabelas desembarcaron en las ignotas costas del Nuevo Mundo. Fue el 2 de enero de este año cuando Isabel pudo entrar por fin en Granada como conquistadora del postrer reducto musulmán, coronando de ese modo una campaña que había dirigido personalmente con incansable constancia a pesar de haber estado alejada del teatro de operaciones por consejo de sus allegados. Fundadora del primer hospital militar que se conoce en la historia para socorrer a sus bravos vasallos, había dado órdenes directas a generales y emisarios y había convivido con sus soldados en el campo de Santa Fe, próximo a Granada. Su temeridad estuvo a punto de costarle la vida en dos ocasiones: una, al sufrir un criminal atentado por parte de un mahometano, y otra cuando el campamento en que se hallaba fue incendiado. Mientras tanto, Fernando había colaborado decisivamente en esta gran victoria, haciendo trabajos de zapa entre las fracciones enemigas, instigando para desunirlas y enfrentándolas mutuamente. Del mismo modo, su participación en el Descubrimiento, con ser empeño principal de su esposa, está bien documentada, y consta que benefició a Cristóbal Colón con sustanciosos préstamos a pesar de que sus proyectos le pareciesen sobremanera fantásticos.

Quien confió en el genial marinero desde un principio fue Isabel, que lo hizo llamar a su campamento de Santa Fe para concertar las condiciones generales de la fecunda expedición. Isabel asumió plenamente el enorme riesgo de la empresa a pesar de que sus riquezas estaban muy menguadas por la campaña militar, y así dijo a su esposo: «No expongáis el tesoro de vuestro Reino de Aragón; yo tomaré esta empresa a cargo de mi Corona de Castilla, y cuando esto no bastara, empeñaré mis alhajas para recurrir a sus gastos.»

Amor constante más allá de la muerte

Tras un próspero reinado, Isabel murió el 26 de noviembre de 1504. Tres días antes había añadido a su testamento un codicilo en una de cuyas cláusulas se recomendaba tratar a los indios con más dulzura y benevolencia.

Dicho testamento estipula así mismo el lugar elegido para el descanso eterno, dejando constancia de una inquebrantable lealtad hacia Fernando: «E quiero e mando, que mi cuerpo sea sepultado en el monasterio de Sant Francisco, que es en el Alhambra de la ciudad de Granada, en una sepultura baxa que no tenga bulto alguno, salvo una losa baxa en el suelo, llana, con sus letras esculpidas en ella; pero quiero e mando, que si el rey mi señor eligiese sepultura en otra cualquier iglesia o monasterio de cualquier otra parte o lugar destos mis reynos, que mi cuerpo sea allí trasladado e sepultado junto con el cuerpo de Su Señoría, porque el ayuntamiento que tovimos viviendo y que nuestras almas espero en la misericordia de Dios tendrán en el cielo, lo tengan e representen nuestros cuerpos en el suelo.»

La reina no hubiera imaginado que dos años después el viudo Fernando contraería matrimonio con su sobrina Germana de Foix, matrimonio celebrado en la misma localidad, Dueñas, en que con riesgo de su vida se había entrevistado por primera vez con la joven Isabel.

A los tres años nació un heredero de la corona aragonesa, pero murió a las pocas horas, y aunque el rey se mantenía vigoroso aún a los sesenta años, se dice que tomaba drogas para remozarse y concebir el hijo anhelado que perpetuase su dinastía, y que ellas fueron las causantes del rápido deterioro de su robustez. Sea como fuere, en el curso de uno de sus viajes su hidropesía se agravó y tuvieron que llevarlo a una casa del camino cerca de Madrigalejo, en la provincia de Cáceres, donde expiró el 23 de enero de 1516. Doña Juana, tristemente recordada como *la Loca*, fue nombrada heredera universal.

Romántica alianza o mero ardid diplomático, la convivencia de Isabel y Fernando da pábulo a la especulación y a la fábula. Mas sus íntimos secretos, su raro amor o su tenaz indiferencia, quedarán sempiternamente ocultos bajo las católicas estampas públicas y los rimeros de documentos oficiales.

En esta ilustración del Libro de la Coronación de los Reyes *(siglo XIV, Biblioteca del Escorial) aparece Isabel a caballo y rodeada de nobles guerreros castellanos, la base del poderoso ejército con el que los Reyes Católicos pudieron llevar adelante sus planes. De forma atípica para su época, la brava Isabel mantuvo con sus generales un trato directo y convivió con sus soldados, aun a riesgo de su vida, en más de una ocasión, como en el campamento de Santa Fe, cerca de Granada, donde fundó el primer hospital para socorrer a los heridos en los enfrentamientos con los musulmanes que defendían la ciudad.*

1451	22 de abril: nace en Madrigal de las Altas Torres, Ávila, **ISABEL**, hija de Juan II, rey de Castilla y de su segunda esposa Isabel de Portugal.
1452	10 de mayo: nace en Sos, Zaragoza, **FERNANDO**, hijo de Juan II de Aragón y su segunda esposa doña Juana Enríquez.
1462	11 de marzo: Fernando se refugia con su madre en Gerona.
1465	Fernando interviene en la batalla de Prats del Rei.
1469	19 de octubre: contraen matrimonio Isabel y Fernando en Valladolid.
1474	13 de diciembre: Isabel es proclamada reina de Castilla.
1478	Se crea la Inquisición.
1492	2 de enero: Isabel entra en Granada, último bastión de los moros en la Península. Expulsión de los judíos. Cristóbal Colón cruza el Atlántico.
1504	26 de noviembre: Isabel muere en el Castillo de la Mota, en Medina del Campo (Valladolid).
1506	22 de marzo: Fernando se casa con Germana de Foix.
1516	23 de enero: fallece Fernando sin descendencia de su segundo matrimonio, nombrando heredera universal a su hija doña Juana.

LEONARDO DA VINCI
(1452-1519)

Leonardo da Vinci, aquí autorretratado, es, como pocos en la historia, la figura del hombre entero, la representación del artista y del científico, cuyo saber abarcó las más diversas disciplinas adelantándose en muchos siglos a sus contemporáneos

*E*n el diario de uno de los personajes más fecundos de la historia de la humanidad, Leonardo da Vinci, puede leerse, acaso con un mohín de perplejidad, y hasta de rabia, la siguiente exclamación: «¡He malgastado mis horas!» Paradigma del genio creador, Leonardo se siente insatisfecho. ¿Qué más puede pedirse a un hombre? Revolucionó la pintura, la mecánica, la arquitectura militar, la anatomía, las ciencias; vivió regalado por los poderosos y gozó de la devoción de los efebos; desentrañó los secretos de la Naturaleza con la habilidad de sus manos y la penetración de su mirada; murió, como dice la Biblia, lleno de días... No obstante, eso es cierto, el ambicioso Leonardo jamás remontó el vuelo con aquellas alas de murciélago que soñó construir.

El hombre que quiso volar

Como en tantas otras cosas, Leonardo se avanzó en varias generaciones a sus contemporáneos con su obsesivo propósito de surcar los aires. Con escrupulosa racionalidad investigó el vuelo de las aves. Observando que el pájaro, que es más denso que el aire, se sostiene y viaja por él, supuso que era «porque hace que sea más denso el aire por donde pasa que por donde no ha pasado», afirmación que coincide con los fundamentos de la futura teoría del aeroplano esgrimida siglos más tarde. Inventó asimismo la hélice aérea y también, adelantándose en más de doscientos años a Garnerin, el paracaídas. Su descripción de este utilísimo ingenio, que él imaginó, es muy precisa: «Si un hombre forma un pabellón con lienzo bien tupido, que tenga doce brazas de largo y otras tantas de ancho, podrá, amparándose por él, arrojarse desde gran altura sin riesgo de sí mismo.»

Su manía de volar puede estar en relación con el primer recuerdo de su infancia, que solía relatar al final de su vida y del que Freud extrajo las más pintorescas conclusiones psicoanalíticas. Contaba que se veía en su cuna, siendo apenas un recién nacido, y que hasta ella llegaba un milano. El pájaro le abría entonces la boca con la cola y con ella le golpeaba repetidamente los labios. Freud deduce de ello una homosexualidad reprimida, conclusión tanto más extravagante cuanto que los datos documentales parecen indicar fehacientemente que dicha preferencia erótica no se mantuvo en absoluto reprimida.

Lo cierto es que desde su adolescencia hasta su vejez Leonardo se empeñó en triunfar como ingeniero aeronáutico, única tarea en la que puede decirse que en parte fracasó, puesto que no supo desarrollar un propulsor independiente de la fuerza humana; quizás como contrapartida, sus estudios sobre el vuelo de las aves resultaron extraordinariamente útiles para la zoología. Dibujó los planos de sus raros artefactos en Florencia y en Milán, construyó aparatos de madera, cañas y tela con alas articuladas, estudió los fenómenos atmosféricos e inventó instrumentos de medida como anemómetros, analizó cuidadosamente los movimientos de los murciélagos y de las aves de presa, pero todo fue en vano. Sus exquisitos bocetos estaban condenados a convertirse en una imperecedera obra de arte, pero parecían dar testimonio tan solo de la más loca de las fantasías y la más bella de las alucinaciones.

El zurdo sensual

En sus años de madurez, Leonardo dejó escrito que «la pasión intelectual hace desvanecer la sensualidad». Sin embargo, el muchacho que había comenzado su aprendizaje artístico con el pintor, escultor y orfebre Verrocchio tenía fama de ser el más bello, fuerte y sabio de los adolescentes. Sobre su personalidad escribe Vasari con ilimitada admiración: «Vemos cómo la Providencia hace llover los más preciados dones sobre

El estudio de la naturaleza propició el avance científico que el genio de Leonardo aprovechó para inventar máquinas como el helicóptero de la derecha de esta página o, retomando el viejo sueño de Ícaro, trazó las líneas del ingenio volador ilustrado abajo.

ciertos hombres, a menudo con naturalidad, a veces con profusión; la vemos reunir en un mismo ser, belleza, gracia, talento, y llevar cada una de estas cualidades a una perfección tal que aparecen como otorgadas por Dios y no adquiridas por la industria humana. Esto es lo que ha podido verse en Leonardo da Vinci, quien reunía junto a una belleza física más allá de todo elogio, una gracia infinita en todos sus actos; su talento era tal que, no importa la dificultad que se presentara a su espíritu, él la resolvía sin esfuerzo. En él la destreza se aliaba a una fuerza enorme. En fin, su reputación aumentó de tal modo que, extendida por doquier durante su vida, se difundió más aún después de su muerte.»

Alto, rubio, de ojos azules, era un infalible domador de caballos, a los que trataba con mimo —incluso llegó a poseer un establo—, y podía doblar una herradura con una sola mano como si

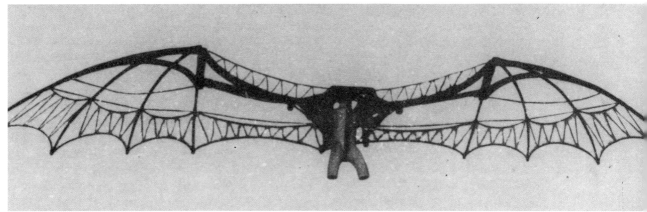

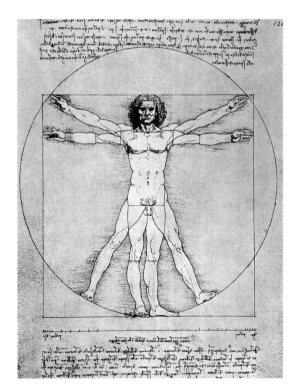

Homo ad Circulum *de Leonardo. El círculo, símbolo de la perfección divina a la vez que forma natural y medida de todas las cosas, era el ideal espiritual y estético, cuya perfección sólo podía ser comprendida cuando el hombre la observaba desde su centro.*

fuera de plomo. Por sus autorretratos sabemos que su carácter era extraño, complejo, distante y profundo. Rico, pero completamente desinteresado, fue generoso durante toda su vida con los amigos, a muchos de los cuales alimentó y protegió. Cantaba, acompañándose con una lira, poemas improvisados por él mismo. Vegetariano, detestaba la carne por juzgar injusta la muerte de los animales, y se cuenta que compraba pajarillos en el mercado por el solo placer de dejarlos en libertad. Sus escritos nos lo muestran como un observador sereno, impasible, que analiza las desgracias y catástrofes de su tiempo con la misma frialdad científica con que describe minuciosamente las postreras agonías de un ajusticiado. Sus íntimos lo definen como apasionado y mencionan su insaciable curiosidad, su infinito desasosiego interior, que le obliga a explorar más allá de las fronteras de lo conocido.

La personalidad de Leonardo no deja de ser contradictoria. A pesar de que detestaba la guerra, inventó las más eficaces y mortíferas armas, y se alineó con el ejército más feroz de Italia, el de César Borgia; a pesar de que le repugnaba la violencia, dibujó con escrupulosa exactitud los rasgos del asesino de Juan de Médicis en el momento en que éste era ahorcado. Su impaciencia y su inquietud hizo que concluyese muy pocas cosas de las muchas que comenzó. Durante toda su existencia fue escéptico en materia de religión, pero, según Vasari, aunque en esta ocasión su testimonio sea poco fiable, murió como un cristiano ejemplar. Veía en la pintura la forma superior de conocimiento, el origen de la ciencia. Se cuenta que en cierta ocasión cuidó con exquisita piedad a un pobre desahuciado en un hospital, pero apenas éste hubo fallecido no perdió ni un momento de duelo para practicar la anhelada autopsia. Curiosamente, en la Italia renacentista, la disección de cadáveres era un privilegio de los artistas, y una práctica vedada a los médicos; Leonardo llegó a efectuar más de treinta.

La minuciosidad inconstante

Es proverbial la lentitud con que realizaba sus pinturas el genial Leonardo. Sólo en *La Última Cena* invirtió diez años, permaneciendo ocupado en este fresco desde 1488 a 1498. Se cuenta que el prior del convento de Santa María de la Gracia, en cuyo refectorio pintaba el pasaje evangélico, desconcertado al ver que la obra no progresaba se quejó a Ludovico *el Moro*, poderoso señor que había hecho el encargo al artista y por el cual le pagaba una abultada suma. Ludovico hizo llamar a Da Vinci y le interrogó en estos o similares términos:

—¿Es cierto que lleváis sin aparecer algún tiempo por Santa María de la Gracia?

El pintor contestó que, efectivamente, llevaba tres meses sin dar una sola pincelada en el fresco.

—¿Y cuál es la razón? —inquirió Ludovico.

Leonardo le explicó que había ya perfilado el rostro de once de los apóstoles, pero que había encontrado serias dificultades en hallar un modelo idóneo para Judas. Todos los días paseaba por uno de los barrios de peor fama de Milán, el Borghetto, escudriñando los rostros malcarados de los transeúntes, pero sin dar con aquel que tuviese la cara de renegado que buscaba.

La Última Cena, *que se halla en el convento de Santa María de la Gracia, es una de las pinturas más imponentes que se hayan pintado jamás. Leonardo por un lado experimentó en ella, aun tratándose de un fresco, la técnica del óleo sobre yeso, y por otro realizó un sutil estudio de la expresión de los discípulos y la tensión que se crea en el momento en que Cristo revela que uno de ellos le traicionará. Este tratamiento psicológico supuso un aporte novedoso y significativo en la pintura renacentista.*

—No obstante —prosiguió el pintor—, todo se resolvería si el prior accediera a servirme de modelo. Sin duda alguna es el rostro ideal que tan afanosamente persigo, pero no me atrevo a ridiculizarle de ese modo en su convento.

Cuando Ludovico informó de dicha conversación al prior, éste se apresuró a concederle licencia a Leonardo para que se tomase el tiempo que juzgara conveniente para terminar la obra. El anónimo viandante inmortalizado en el refectorio de Santa María de la Gracia investido con los atributos de Judas, no tardó en aparecer, y *La Última Cena*, una de las pinturas más imponentes de la Historia del Arte, pudo concluirse, pero, por desgracia, el fresco fue sometido ulteriormente a una devastadora incuria: una puerta fue abierta para que las viandas llegaran con más celeridad desde la cocina al refectorio, destruyendo de ese modo la parte inferior de la representación, y un bombardeo dañó el edificio durante la Segunda Guerra Mundial, arruinando en gran medida esta incomparable obra maestra; lo cual es más de lamentar si se piensa que Leonardo, aunque dibujó incansablemente, pintó muy poco.

Su actividad como pintor había comenzado en el taller de Verrocchio, un soberbio artesano que estableció un puente entre la primera generación de artistas del Renacimiento florentino —Ghilberti, Donatello, Massaccio, Brunelleschi, Alberti— y la de Leonardo, a la que pertenecían, entre otros, Paolo Uccello, Luca della Robbia, Benozzo Gozzoli, Pollaiuolo, Signorelli, Botticelli y Perugino, este último muy amigo de Da Vinci y maestro de Rafael. Según se dice, Verrocchio retrató al bello adolescente que fuera Leonardo en una deliciosa estatua broncínea que representa al vencedor de Goliat. En el Museo Nacional Bargello de Florencia puede admirarse ese David, que se nos antoja un jovencito aristocrático, casi un paje de la corte de los Médicis, con la cabeza escindida del gigante filisteo yaciendo a sus pies, la mano derecha empuñando

Por sus autorretratos, abajo, se sabe que Leonardo era un hombre de carácter extraño, complejo y contradictorio. Fruto de esa inquietud que anidaba en su espíritu es su Mona Lisa *o la Gioconda, arriba, cuadro que se halla en el Museo del Louvre, París, y cuya extraordinaria belleza se fundamenta tanto en los recursos técnicos utilizados como en esa atmósfera de impenetrable misterio de la mujer y del paisaje.*

con decisión la espada corta, el brazo izquierdo en jarras, el frágil y delgado cuerpo vestido de arnés con orillas adornadas y breve faldón, las torneadas piernas desnudas y una delicada sonrisa impresa en el rostro altanero. Este bronce mórbido, sinuoso, triste, pletórico de vida, a un tiempo reposado y desafiante, sea o no el retrato de Leonardo, simboliza a la perfección ese instante prodigioso en que el hombre asumió con orgullo su destino melancólico. Pico della Mirandola escribiría por entonces en su *Discurso sobre la dignidad del hombre*: «Entendamos, pues, que somos unas criaturas nacidas con el don de llegar a ser lo que nosotros elijamos ser, y que una especie de elevada ambición invada nuestro espíritu, de modo que, despreciando la mediocridad, ardamos en deseos de cosas superiores y, puesto que podemos alcanzarlas, dirijamos toda nuestra energía a tenerlas.» Emblemáticamente, Leonardo fue ese hombre universal, de ambición insaciable y altas miras, pletórico de curiosidad y de vigor, que el Renacimiento ofreció al mundo como modelo.

Parece ser que la primera obra en que se reveló el genio del muchacho fue en el *Bautismo de Cristo* (1470), pintura en la que colaboró con Verrocchio y que conserva la Academia de Florencia. La figura del ángel que allí aparece es, según Vasari, de la mano del joven Leonardo. Desde 1477 estuvo bajo la protección de Lorenzo de Médicis, y en 1478 los monjes de Scopeto le encargaron una *Adoración de los Magos*, obra que como tantas otras no llegó a terminar, pero de la que se conserva un precioso trabajo preparatorio, monocromo, en el Museo de los Uffizi de Florencia. En 1482 pasó al servicio de Ludovico *el Moro* en Milán, donde, además de *La Última Cena*, realizó *La Virgen de las Rocas*, que hoy conserva el Museo del Louvre, aunque existe una réplica en la National Gallery de Londres cuya autoría disputan los especialistas. En diciembre de 1499 se dirigió a Venecia y hacia 1504 pintó el retrato de una dama napolitana, esposa del patricio florentino Zanobi del Giocondo, universalmente célebre como la *Mona Lisa* o la *Gioconda*. En 1511 regresó a Milán, pero al año siguiente se trasladó con sus discípulos a Roma, donde la fama de dos jóvenes artistas, Miguel Ángel y Rafael, comenzaba a eclipsar la del anciano Leonardo.

Su muerte acaeció en el palacio de Cloux, cerca de Amboise, en la primavera de 1519.

«Ojepse ed arutircse» o nada es lo que parece

Vasari, el cronista de los pintores florentinos, siempre anecdótico, narra hermosas fantasías sobre la vida de Leonardo. Entre otras cosas cuenta que este extraño artista tenía abarrotado el desván de una multitud de bichos, disecados o no, que le eran muy útiles para sus apuntes: «Había allí búhos, serpientes, alacranes, mariposas negras, lagartos, ratas, aguiluchos, cangrejos, dragones, arañas, grillos, sapos y otras especies de animales semejantes, cuya sola vista repugnaba y producía con el asco un temor instintivo.» Así mismo cuenta que ensayaba infatigablemente nuevas técnicas buscando efectos insólitos, como por ejemplo aplastar una hoja de papel contra otra donde había puesto unas gotas de tinta o un poco de color. En cierta ocasión su padre, Piero da Vinci, a quien Leonardo veneraba, le hizo un singular encargo. Un amigo suyo, compañero de caza y de pesca, se había comprado una rodela y quiso que alguien pintara en ella una alegoría, según se estilaba por entonces. Piero se la llevó a su hijo, pero sin encomendarle un tema preciso ni mencionar el destinatario. Creyendo Leonardo que se trataba del escudo de un caballero, se esmeró en la confección de una figura espantosa que in-

fundiese a quien la mirara un pavor insuperable. Cuando la hubo terminado quiso gastarle una broma a su padre, como era habitual entre ellos. Dispuso la rodela en un caballete e hizo que la velada luz de una ventana la iluminara convenientemente. Después pidió a su padre que descorriera la gran cortina que escondía la terrible imagen. El viejo Piero así lo hizo, pero se llevó una impresión tan atroz que intentó salir huyendo. Aunque Leonardo lo retuvo y le tranquilizó enseguida, aquella pesadilla le duró años, y naturalmente se negó a llevar la horrible estampa al aldeano. Para sustituirla adquirió a un chamarilero una rodela del mismo tamaño, pintarrajeada con colores chillones cuyo motivo era un corazón traspasado por una flecha, y su amigo quedó encantado con el ridículo escudo.

Entre otros muchos caprichos del genio leonardesco se encuentra su manía de escribir de derecha a izquierda, lo cual, junto a las demás excentricidades señaladas, que difícilmente podían comprenderse en la época, le granjearon fama de brujo. No obstante, el único secreto esotérico de Leonardo fue haber vivido siempre devorado por el ansia de saber, paradójica e irresistible vocación de quien escribió lúcidamente en su breviario: «oiciuj oiporp ortsenu omoc osoñagne nat yah adaN»

1452	14 de abril: nace **LEONARDO DA VINCI**, hijo de Piero da Vinci.
1469	Leonardo ingresa en el taller de Verrocchio.
1475	Se acusa de sodomía a todos los discípulos de Verrocchio.
1478	Pinta *La Adoración de los Magos*.
1482	Se traslada a Milán.
1483	Pinta *La Virgen de las Rocas*.
1498	Concluye *La Última Cena*, fresco empezado diez años antes.
1502	Leonardo realiza estudios topográficos y trabaja como arquitecto e ingeniero militar para César Borgia. Realiza estudios sobre el vuelo de las aves.
1504	Pinta la famosa *Mona Lisa*.
1507	Entra al servicio de Luis XII de Francia.
1513	Se instala en Roma.
1515	Leonardo envía a Lyon un león mecánico para la coronación de Francisco I.
1519	El 23 de abril muere en Amboise.

AMÉRICO VESPUCIO
(1454-1512)

*C*omo es sabido, Cristóbal Colón murió creyendo que había llegado a las Indias, sin sospechar que aquellas islas de las que había tomado posesión en nombre de la Corona de Castilla pertenecían a un nuevo continente. Un amigo suyo, Américo Vespucio, fue el encargado de decir a la vieja Europa que las tierras halladas por Colón no eran las asiáticas, sino que formaban parte de una «cuarta pars» del mundo a la que daría su nombre involuntariamente. Este hombre, insignificante frente a la gran figura de Colón, también murió sin conocer los efectos de su revolucionaria noticia: la póstuma gloria, derivada de ese bautismo casual, para él y para su linaje.

De mercader a descubridor

Amerigo Vespucci era un florentino que había llegado a España como empleado de comercio poco antes de la primera salida de Colón. La casa bancaria de los Médicis lo envió a Castilla para una misión mercantil por cuenta de un tal Beraldi, y el italiano se acomodó en las cercanías de la corte estableciendo contactos y proyectando negocios con algunos destacados señores. Cuando el 15 de marzo de 1493 regresó Colón de su primera singladura y habló de las inmensas riquezas encontradas, las casas comerciales de Génova y Venecia empezaron a especular con la posibilidad de abrir nuevas rutas para el transporte de las especias, producto codiciadísimo en aquella época. También los Médicis trataron de informarse con vistas a orientar sus futuros negocios, y posiblemente las primeras noticias de la hazaña de Colón llegaron a ellos a través de las cartas, más o menos precisas, de Vespucci.

La repentina muerte de Beraldi, sin embargo, dejó a Amerigo sin patrón y sin medios de vida. Así nació su propósito de emprender él mismo viaje a las Indias, lo que hizo en 1497 y luego en mayo de 1499. En esta segunda expedición, dirigida por Alonso de Ojeda, siguió la ruta del tercer viaje de Colón y exploró las islas de Trinidad y Margarita, descubrió la de Curação y penetró en el golfo de Maracaibo, donde un poblado lacustre inspiró a los viajeros el nombre de Venezuela, es decir, pequeña Venecia.

A su regreso, Vespucci continuó con su labor informativa para los Médicis y, según parece, se dispuso a emprender nuevos viajes. Aunque la autenticidad de sus posteriores expediciones ha sido puesta en duda por numerosos historiadores, el mismo Vespucci da cuenta en sus cartas de dos más. En el tercer viaje, al servicio del rey de Portugal, asegura haber costeado Brasil y regresado a Lisboa en julio de 1502; y en el cuarto, también por cuenta portuguesa, debió de recorrer de nuevo las costas brasileñas a finales de 1503. Lo cierto es que en 1504 se publicó en Augsburgo el opúsculo *Mundus Novus*, donde se reproducía una carta de Vespucci a Lorenzo de Médicis en la que narraba sus viajes, y al año siguiente se imprimía su segunda obra, *Lettera di Amerigo Vespucci delle isole nuovamente ritrovate in quattro suoi viaggi*, en la que expresaba su convencimiento de que entre Europa y Asia existían tierras nuevas.

El malentendido

Tan extraordinarias revelaciones fascinaron al cosmógrafo alemán Martin Waldseemüller, quien decidió editar en 1507 las cartas de Vespucci junto a su *Cosmographiae Introductio*. En este trabajo incluía los retratos de Ptolomeo y Vespucci, y en su prefacio escribió: «Ahora que esas partes del mundo han sido extensamente examinadas y otra cuarta parte ha sido descubierta por Américo Vespucio, no veo razón para que no la llamemos América, es decir, tierra de Américo, su descubridor, así como Europa, África y Asia recibieron nombres de mujeres.»

El nombre de América empezó a difundirse y a inundarlo todo. Poco antes, en 1505, Amerigo Vespucci se había convertido en Américo Vespucio al serle concedida la naturalización en los reinos de Castilla y León. Su fama como marino y comerciante había crecido considerablemente, hasta el punto de llevarle a participar en la Junta de Burgos al lado de marinos, descubridores y cartógrafos tan ilustres como Pinzón, Solís y Juan de la Cosa en 1507, y a ser nombrado piloto mayor de la Casa de Contratación al año siguiente.

A su muerte, acaecida en 1512, el Nuevo Mundo se había convertido definitivamente en América. Pasados algunos años, Waldseemüller tuvo noticias del verdadero descubridor del cuarto continente y quiso enmendar su yerro en una nueva edición de su obra que vio la luz en 1516. Era demasiado tarde y nadie le escuchó. Sólo un trozo de tierra americana adoptó el apellido del almirante pionero: Colombia. A principios del siglo XIX, Simón Bolívar soñó con un vasto país llamado Gran Colombia e intentó infructuosamente dar vida a su sueño. Hubiera sido una mediana compensación para el hombre que protagonizó la más deslumbrante epopeya de la Era Moderna, pero el destino tampoco la permitió.

AMERICUS VESPUTIUS

Por un malentendido, en 1507, Américo Vespucio dio su nombre a un «cuarto continente». Cuando en 1516 se intentó enmendar el error ya era demasiado tarde y fue inútil pretender quitar el nombre de América que habían recibido las tierras descubiertas por Cristóbal Colón .

1454	Nace **AMÉRICO VESPUCIO** en Florencia.
1491	Se traslada a España al frente de una misión comercial.
1493	Informa a los Médicis del primer viaje de Colón.
1497	Realiza su primera expedición a las Indias.
1499	Se embarca de nuevo con Alonso de Ojeda y Juan de la Cosa.
1501	Participa en un tercer viaje a las costas del Brasil pagado por el rey de Portugal.
1503	Cuarto viaje a América, también por cuenta de la corona portuguesa.
1504	Se publica en Augsburgo *Mundus Novus*, con la reproducción de una carta de Vespucio a Lorenzo de Médicis.
1505	Se imprime *Lettera di Amerigo Vespucci delle isole nuovamente ritrovate in quattro suoi viaggi*. Obtiene la naturalización en Castilla y León.
1507	Martin Waldseemüller incluye en su obra *Cosmographiae Introductio* las cartas de Vespucio. Participa en la Junta de Burgos.
1508	Es nombrado piloto mayor de la Casa de Contratación.
1512	Muere en Sevilla.

MOCTEZUMA
(1467-1520)

Moctezuma II, Xocoyotain, «el señor iracundo» en lengua nahuatl, fue el último emperador azteca anterior y coetáneo a la llegada de los españoles. Cuando en 1517 comenzaron a llegar noticias del desembarco, en las costas de Yucatán, de unos extranjeros que procedían del mar, Moctezuma había logrado extender sus dominios territoriales hasta la frontera entre América Central y América del Sur.

*E*l gobierno y la vida del noveno *tlatoani* o emperador de México-Tenochtitlán, llamado Moctezuma o Motecuhzoma, están marcados por un acontecimiento que no tiene parangón en la historia del planeta: lo que Salvador de Madariaga calificó magistralmente de «encuentro entre dos mundos», el choque de dos civilizaciones que se contemplaban por primera vez y cuya evolución cambiaría radicalmente a partir de ese contacto inaugural. Si Hernán Cortés no hubiera desembar-

cado en el Yucatán para adentrarse después en territorio azteca, la existencia de Moctezuma habría transcurrido sin duda por caminos muy distintos. Cuando los barbudos extranjeros irrumpieron en su imperio, él se hallaba en el apogeo de su poder; apenas un año después, la muerte encontró a un Moctezuma derrotado y escarnecido por sus propios súbditos. No fue la primera víctima de esa tremenda colisión histórica, pero seguramente fue una de las más ilustres y quizás la más emblemática.

El «señor iracundo»

Según cuentan los textos virreinales, Moctezuma nació en 1467 en Aticpac, uno de los barrios nobles de Tenochtitlán. Era hijo de Axayácatl, sexto señor de los aztecas, y recibió una educación acorde con su abolengo, destacándose antes de ser coronado por sus aptitudes como militar y por su exacerbada religiosidad, lo que le llevaría a convertirse en sacerdote del templo de Huitzilopochtli. En 1502, tras la muerte de su tío, el emperador Ahuitzotl, fue elegido entre sus hermanos para ocupar el trono, siendo aclamado rey con entusiasmo debido al prestigio que se había labrado tanto en los campos de batalla como en los lugares sagrados.

Nada más ceñir la corona, Moctezuma experimentó, según los cronistas españoles, una transformación radical, convirtiéndose en un gobernante despótico que conmocionó la vida del Imperio. Para empezar, ignoró la antigua relación de armonía entre los tres Estados que integraban la alianza azteca (Tenochtitlán, Tetzcoco y Tlacopán), pues impuso su autoridad e intervino sin disimulo en los asuntos internos de los reinos confederados, llegando a exigir que los señores de aquellas tierras mantuvieran a sus hijos en la corte de Tenochtitlán, para así asegurarse la fidelidad de los padres. Al mismo tiempo, y a pesar de haber presumido de humilde con anterioridad a su entronización, se mostró muy aficionado al lujo y a recibir el homenaje de sus súbditos. Para dar mayor lustre a su corte alejó de ella a cuantos no eran nobles de nacimiento y destituyó de todas sus funciones y dignidades a los plebeyos, alegando que éstos no podían ser capaces de albergar elevados sentimientos. Incluso con los aristócratas se mostró soberbio y duro, obligándoles a ir descalzos cuando comparecían en su presencia y permitiéndoles ostentar sus adornos sólo en las grandes ceremonias, para no ver eclipsado su propio esplendor.

Además, Moctezuma emprendió diversas campañas para consolidar el Imperio y conquistar nuevas tierras. Una de sus iniciativas guerreras le llevó a enviar un ejército para terminar con la independencia de Tlaxcala, al frente del cual puso a su hijo Tlacahuepantzin. Éste penetró en aquella república pero fue derrotado por los belicosos soldados tlaxcaltecas y pereció él mismo en una de las sangrientas escaramuzas. La pérdida de su hijo fue tan dolorosa para el monarca méxica que quiso vengarse a toda costa de sus enemigos y, tras reunir todas las fuerzas de la confederación, rodeó con ellas la provincia de Tlaxcala para atacarla por varios lados al mismo tiempo. Pero tampoco en esta ocasión le fue propicia la suerte, pues, cuando traspasaban las fronteras, sus huestes fueron de nuevo aplastadas por los temibles tlaxcaltecas. Moctezuma hubo de renunciar para siempre a la conquista de aquel indomable país, cuyos bravos combatientes serían luego sometidos por Cortés en su marcha hacia la capital del Imperio Azteca.

En el punto álgido de su poder

Las campañas de Moctezuma quedaron aplazadas en 1504 a causa del hambre que se enseñoreó del país tras un largo período de sequía. El azote fue tan tremendo que muchas familias se vieron obligadas a vender a sus hijos y a trasladarse a otras

Su valentía en el campo de batalla, su carácter humilde y su fervor religioso, le granjearon el prestigio que lo llevó al trono con el beneplácito popular. Sin embargo, una vez coronado, Moctezuma se convirtió, según las crónicas de los conquistadores, en un tirano cruel, engreído y aficionado al lujo. Grabado que muestra a Moctezuma en labores de gobierno.

zonas menos castigadas por la escasez de agua y alimentos. Pero en cuanto aquella calamidad empezó a remitir, Moctezuma reanudó sus ataques, venciendo en los años siguientes a un buen número de tribus que o bien se habían sublevado o se negaban a pagar tributos al soberano azteca. Por último, realizó la más atrevida de sus empresas en unión de sus aliados de Tetzcoco y Tlacopán: llevar sus ejércitos hasta las fronteras de América Central con América del Sur, pasando por Chiapas y Guatemala y apoderándose de Honduras y Nicaragua.

Así pues, puede decirse que Moctezuma se hallaba en la cúspide de su poder cuando, en 1517, comenzaron a llegar a Tenochtitlán extrañas noticias sobre la presencia en los confines del Imperio de unos extranjeros que procedían del mar y decían representar a un poderosísimo señor, mitad humano y mitad divino. Aquellos desconcertantes visitantes no eran otros que los marinos españoles encabezados por Francisco Fernández de Córdoba, que en esos días habían explorado el golfo de México y recorrido las costas de Yucatán. Moctezuma, que a causa de su tiránico proceder era un gobernante tan poderoso como impopular, recibió aquellos informes con cautela; sus súbditos, sin embargo, pensaron que aquellos sorprendentes viajeros eran los hijos del bondadoso y justo dios Quetzalcoatl que venían para acabar con el déspota de Tenochtitlán, quien desde su coronación había hecho con creces honor a su nombre, pues Moctezuma significa en lengua nahuatl, «el señor iracundo».

Estos negros presagios para el soberano se acentuaron con la llegada de Hernán Cortés, quien a principios de 1519 desembarcó en el Yucatán y se dispuso a llevar sus huestes hasta la capital azteca. Quizás Moctezuma pensó también en un primer momento que aquellos extranjeros eran los legendarios hijos de Quetzalcoatl, y llevado por el temor decidió alejarlos enviándoles ricos presentes que, lejos de surtir el efecto deseado, no hicieron sino aumentar la codicia de los conquistadores.

Choque de culturas

Ni las numerosas embajadas cargadas de regalos ni la intervención de los hechiceros, cuya misión consistía en detener mediante conjuros a los invasores, lograron disuadir a Cortés, que el 8 de noviembre entró en Tenochtitlán precedido de una terrible fama: había sojuzgado a los tlaxcaltecas, ahora aliados suyos, y asesinado sin miramientos en la ciudad sagrada de Cholula a más de mil indígenas, súbditos fieles de Moctezuma. Además, traía consigo mortales armas que escupían fuego y monstruosos animales sobre los cuales sus hombres cabalgaban sembrando el pánico entre los aztecas. Ante estas noticias, el emperador consideró preferible dejar que los barbudos penetraran en la ciudad, imaginando que si las cosas se torcían no iba a ser difícil cercarlos y derrotarlos en su propio feudo, por mucho que fuera su poder.

El encuentro entre el *tlatoani* azteca y Hernán Cortés, al que los indios llamaban Malinche por ser también éste el sobrenombre de su compañera Marina, tuvo lugar en medio de una espléndida

ceremonia. Los españoles desfilaron en perfecta formación con los pendones desplegados, exhibiendo sus caballos y sus arcabuces y seguidos por los fieros guerreros tlaxcaltecas, a los que Moctezuma no había conseguido vencer. En cuanto al soberano azteca, se presentó sobre andas y bajo palio, acompañado por sus caciques, ataviado con sus mejores galas y haciendo ostentación de sus extraordinarias riquezas.

Nunca en la historia de México se había recibido a unos extranjeros con tanta pompa y boato. Aquel magnífico recibimiento parecía sellar la amistad entre españoles y aztecas, pero la tensión enmascarada por los discursos respetuosos y el intercambio de presentes no iba a tardar en aflorar a la superficie. El recelo contra los recién llegados se acentuó pocos días después, cuando los hombres de Cortés empezaron a buscar oro por todos los rincones de la ciudad y el propio Malinche cometió la imprudencia de criticar severamente a los dioses aztecas, exigiendo a Moctezuma que cesaran los sacrificios humanos y se permitiera erigir un altar cristiano en el templo principal de la urbe.

El descontento de los indígenas alcanzó entonces su clímax. No estaban dispuestos a prestar acatamiento a un rey lejano llamado Carlos, al que no conocían, ni a servir a unos dioses que negaban sus más antiguas tradiciones. Los rumores sobre un ataque inminente comenzaron a llegar hasta las filas de los conquistadores, y Cortés decidió adelantarse a los acontecimientos tomando como rehén a Moctezuma, quien aceptó su suerte con una mezcla de resignación y entereza. El orgulloso monarca, el déspota semidivino, conseguía así salvar la vida y apaciguar momentáneamente los ánimos de sus súbditos, a quienes aseguró que se encontraba entre los soldados españoles por propia voluntad.

El infierno del desprecio

Como es sabido, este delicado equilibrio se rompió cuando Cortés hubo de dirigirse sin demora a Veracruz para enfrentarse a Pánfilo de Narváez, enviado al frente de un gran ejército por

137

el gobernador Diego de Velázquez. El extremeño derrotó sin demasiadas dificultades a Narváez, pero no pudo evitar que el imprudente Pedro de Alvarado, jefe de la guarnición que había dejado custodiando a Moctezuma en Tenochtitlán, desencadenara una matanza entre los aztecas durante una de sus celebraciones religiosas, lo cual acabó provocando realmente una violenta sublevación.

Cortés regresó precipitadamente y consiguió reunirse con los suyos, que se encontraban asediados en uno de los barrios de la ciudad. Tanto el español como Moctezuma iban a pagar caro la irresponsable actuación de Alvarado: el primero, viendo cómo lo más granado de su ejército caía bajo el empuje azteca; el segundo, entregando su propia vida tras un último y desesperado intento por aplacar a los suyos. En la mañana del día 27 de junio de 1520, las tropas aztecas atacaron de nuevo las posiciones españolas con renovada furia. Tratando de impedir la predecible derrota, Cortés pidió a Moctezuma que compareciese ante sus súbditos para tratar de calmarles una vez más. El soberano aceptó, sin sospechar que ya había sido elegido un nuevo *tlatoani* en su lugar; la muchedumbre vociferante, tras guardar silencio unos breves instantes ante el que había sido su soberano, le insultó llamándole bellaco y afeminado, lanzándole acto seguido una lluvia de saetas, piedras y jabalinas. Moctezuma fue alcanzado por varios proyectiles y cayó al suelo bañado en sangre. Los españoles retiraron al maltrecho monarca y se apresuraron a contener el ataque de los indígenas.

A los pocos días apareció su cadáver. Cortés y los suyos afirmaron que su muerte se debía a las heridas recibidas durante la algarada. Los aztecas la atribuyeron a una estocada asestada por los propios conquistadores. Algunos historiadores han sostenido que Moctezuma se negó a tomar alimento durante sus últimos días de cautiverio y que falleció por esta causa. Sea como fuere, podemos asegurar que sus dolores postreros no emanaron tanto del cuerpo como del espíritu, pues debió de ser para él mayor infierno que las heridas verse preso, enfermo y despreciado cuando había sido el más grande emperador de los aztecas. Pocas horas después de su muerte, los conquistadores, amparados por las sombras de la noche, se retiraban furtivamente de la ciudad, incapaces de enfrentarse a sus perseguidores aztecas, en la famosa Noche Triste.

A pesar del boato con que se celebró el encuentro entre Moctezuma y Hernán Cortés, izquierda, que parecía sellar la amistad entre los españoles y los aztecas, la sangre no tardó en correr. El más grande de los emperadores aztecas murió en oscuras circunstancias, tras haber sido increpado y apedreado por su pueblo, que lo desautorizó por su servilismo frente a los españoles, grabado de la derecha.

1467	Nacimiento de **MOCTEZUMA** en Tenochtitlán.
1502	Sucede en el trono a su tío Ahuitzotl.
1504-1506	Campañas contra los tlaxcaltecas, itzecas, tecuhtepecas e itzcuintepecas. Años de sequía en el Imperio Azteca.
1507	Moctezuma asola las ciudades de Tzolán y Mictlán.
1508	Primer intento de penetrar en América Central.
1512	Somete a los xochitepecas y a los yopitzingas.
1515	Sus ejércitos se apoderan de Honduras y Nicaragua.
1517	Expedición de Fernández de Córdoba al golfo de México. Llegan a Tenochtitlán las primeras noticias sobre los españoles.
1518	En noviembre, Hernán Cortés zarpa de Cuba rumbo al Yucatán.
1519	Cortés funda Veracruz el 21 de abril. 8 de noviembre: los españoles entran en Tenochtitlán; Moctezuma es hecho prisionero.
1520	21 de mayo: Pedro de Alvarado desencadena una matanza de indígenas en ausencia de Cortés. Tras el regreso de éste, Moctezuma intenta apaciguar a los suyos durante el ataque del 27 de junio. Entre ese día y el 30 de junio, el emperador azteca muere por causas aún no aclaradas.

MAQUIAVELO
(1469-1527)

El florentino Nicolás Maquiavelo, cabal ejemplo del pensador y político del Renacimiento, concibió el Estado como una obra creada por el hombre y la política como un fin en sí mismo. En su polémico libro El príncipe *expuso con crudeza la amoralidad de los hombres enceguecidos por el ejercicio del poder.*

*E*l retrato de Maquiavelo conservado en el Palacio Viejo de Florencia, obra del pintor Santi di Tito, muestra la contrafigura de lo que en lengua española se conoce como *maquiavelismo*, una suerte de doblez ladina y eficiente. El personaje aparece inseguro, suspicaz, medroso, fatigado, como si la suerte le fuera a ser inminentemente contraria y la vida le hubiera pasado facturas exorbitantes: rostro delgado y anguloso, cabello ralo, frente despejada, sienes hundidas, labios sensuales, ojos vivaces, desconfiados y un tanto ausentes.

El autor de *El príncipe*, uno de los libros más lúcidos y controvertidos de todos los tiempos, se entregó en cuerpo y alma a una inédita franqueza, expuso sin trampantojos las reglas del arte amoral de los poderosos en ejercicio. Él mismo disfrutó durante algunos años del favor de los grandes de su época, pero la fortuna le fue adversa y en su retiro hubo de conformarse con soñar ambiciosamente la deliciosa compañía de los señores de todos los tiempos. Así, en una carta fechada el 10 de diciembre de 1513, tras haber sido apartado de sus misiones diplomáticas y sufrido cárcel y tortura, en su retiro de San Casciano escribe: «Llegado el atardecer, me vuelvo a casa, y entro en mi escritorio, y en el umbral me despojo de esta veste cotidiana, llena de fango y de lodo, y me pongo vestiduras reales y cortesanas; y, revestido decentemente, entro en las antiguas cortes de los antiguos hombres, donde, recibido por ellos amorosamente, me nutro de ese alimento que solo es mío, y para el que nací; y ahí no me avergüenzo de hablar con ellos, y les pregunto las razones de sus acciones, y ellos, por humanidad, me responden; y no siento ninguna molestia en el tiempo de cuatro horas, se me olvida todo afán, no temo la pobreza, no me altera la muerte.» El postergado y resentido cortesano Maquiavelo, a sus cuarenta y tres años, adulador y erudito, recogido en sus fantasías, devorado no por la pasión del poder, sino por la pasión de la sabiduría al servicio de un poder tan despiadado como benéfico, acaba de escribir un opúsculo titulado *El príncipe*, uno de los libros más denostados por los moralistas, aunque acaso sea la más sutil e intemporal venganza contra el envanecido despotismo de los hombres que jamás se haya escrito.

El diplomático avisado

Nació el estadista y escritor Niccolò Machiavelli en Florencia, corriendo el año de 1469, en el seno de una familia noble aunque de escasa fortuna. Tras la restauración de la República en su ciudad natal, fue nombrado, a los veintinueve años, Secretario de la Segunda Cancillería de Florencia, durante el llamado Gobierno de los Diez. Ejerció a su servicio misiones diplomáticas en la corte de Luis XII de Francia, de Maximiliano I de Alemania y de otros soberanos europeos. En 1502 conoció y admiró a César Borgia, quien se mantenía firme en el poder recurriendo a toda suerte de traiciones, trapacerías y crímenes sin el menor escrúpulo. Fruto de su experiencia, compuso libros sobre lo que había visto como *Descripción de las cosas de Alemania* (1508, aunque publicado por primera vez en 1532) y *Descripción de las cosas de Francia* (1510, también editado póstumamente en 1532). Su partido fue derrotado en la batalla de Prato, que dejó abiertas las puertas de Florencia para los españoles y devolvió el gobierno de la ciudad a los Médicis. Éstos desconfiaron del antiguo servidor de la República y, no conformes con apartarlo de su cargo, multarle y exonerarle de sus dignidades, temiendo que hubiera participado en una conjura contra ellos, lo encarcelaron y lo sometieron a crueles torturas.

Tras recuperar su libertad, se refugió en una finca de la familia situada cerca de San Casciano, donde escribió los *Discursos sobre la primera Década de Tito Livio* (1513-1519) y su obra más célebre, *El príncipe* (1513). Con ella trataba de ganar infructuosamente el favor de Lorenzo *el Magnífico*, a quien dedicó zalameramente el tratado, aunque, según la leyenda, el magnánimo señor correspondió a este gesto enviándole meramente una partida de botellas de vino.

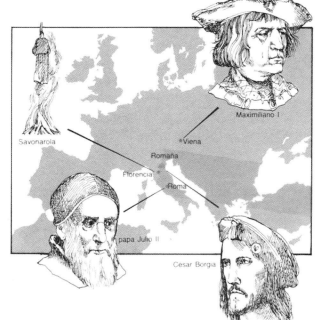

En 1498, tras la ejecución de Savonarola, representante de una concepción medieval del Estado, Maquiavelo inició su carrera diplomática realizando diversas misiones en la corte papal dominada por César Borgia, inspirador de El príncipe; en la del pontífice Julio II y en la del emperador Maxiliano I.

Entre 1516 y 1520 redactó uno de sus estudios teóricos, *Sobre el arte de la guerra*, y en ese último año Giulio de Médicis, el futuro Clemente VII, le encargó *Historias florentinas*. Fue así mismo un discreto poeta y un excelente comediógrafo y autor satírico. En 1527 murió como dijo haber nacido, pobre, en su adorada Florencia.

El proscrito en su rincón

Los años más fecundos de la producción intelectual de Maquiavelo corresponden a aquellos en que se vio apartado, contra su voluntad, de la vida pública. Fue por entonces cuando se engalanaba suntuosamente para entrar en su estudio y viajar con la imaginación a las cortes legendarias y opulentas donde moraban los poderosos del mundo. Pero antes de alcanzar esa modesta dicha en la que se «olvida todo afán» se entrega cotidianamente a una ruin mundanidad que él mismo describe en una carta ya aludida. En septiembre de 1513, Maquiavelo se levantaba antes del alba, se arreglaba, cargaba con un montón de jaulas y salía al campo a cazar tordos. Era común que capturase entre dos y seis piezas, y este

IL PRENCIPE
DI NICOLO MA=
CHIAVELLI,

Al Magnifico Lorenzo di Piero
de Medici.

*Con alcune altre operette, i titoli delle quali trouerai nella
seguente facciata.*

IN PALERMO
Appresso gli heredi d'Antoniello dagli Antonielli
a xxviij. di Gennaio, 1584.

*La desgracia en que se vio sumido Maquiavelo,
apartado del poder, perseguido y humillado por los
Médicis, devino fuente de inspiración para crear este
frío retrato de la crueldad y mezquindad del poder,* El
príncipe *(arriba, portada de una edición de 1584), pero
que constituye el primer tratado de ciencia política,
donde las instituciones humanas pierden su carácter
sobrenatural para recobrar su naturaleza histórica.*

pasatiempo le entretenía sobremanera. Poco después sin embargo, para acudir a su sustento, se vio obligado a talar un bosque de su propiedad, lo cual le procuraba no pocas incomodidades. Las dos primeras horas de la mañana las pasaba revisando los resultados del día anterior y en tratos con los leñadores, de quienes se había formado una pésima opinión porque «siempre tenían alguna riña entre ellos o con los vecinos». Pero, cuando Maquiavelo puede librarse de esas enojosas labores, se solaza cerca de una bucólica fuentecilla frecuentada por pajarillos canores, llevando bajo el brazo un libro «de Dante, o Petrarca, o uno de esos poetas menores, como Tibulo Ovidio y semejantes; leo aquellas amorosas pasiones y aquellos amores suyos: me acuerdo de los míos, disfrutando un poco de aquellos pensamientos». Bien es cierto que, más tarde, se entrega a placeres menos espirituales: «Luego me voy al camino, a la taberna, hablo con los que pasan, oigo cosas variadas y me fijo en diversos gustos y diversas fantasías de los hombres. Llega en esto, mientras, la hora de comer, cuando con los míos me como los alimentos que esta mi pobre aldea y el escaso patrimonio comportan. Comido que he, vuelvo a la taberna: allí están el tabernero y, ordinariamente, un matarife, un molinero y dos tahoneros. Con éstos me echo a perder del todo jugando a la *cricca*, al *tric-trac*, con lo que se arman mil peleas e infinitas ofensas de palabras injuriosas, y las más de las veces se juega un cuarto, y sin embargo se nos oye gritar desde San Casciano. Así enredado entre estos piojosos, quito el moho a los sesos y desahogo la malignidad de mi suerte, estando contento de que me pisotee de esta manera, por ver si se avergüenza.» Pero no parece que la suerte se avergonzara de ensañarse con Maquiavelo, de tenerlo reducido al indeseable trato con los fulleros de cantina, al ruin comercio de sus exiguas pertenencias y a la mendicidad inútil de su obstinadamente negada rehabilitación.

El instructor del tirano

Su desgracia sirvió, no obstante, para estimular su ingenio de humanista, siempre añorante de la claridad de la época clásica. Si con el estudio de Tito Livio se había convertido en un entusiasta de la república romana, ahora, escarmentado, escribía al comenzar *El príncipe*: «Todos los estados y todos los señoríos que tuvieron y tienen autoridad han sido y son repúblicas o principados.» Y no parece demostrar en absoluto su antigua preferencia por la primera de estas formas de gobierno: fríamente aplica su atención a los principados vigentes y estudia la manera óptima de dominarlos y conservarlos. Su actitud es realista, imparcial, científica: los hombres son perversos, egoístas y violentos, los leñadores no más ni menos que César Borgia o Fernando *el Católico*, presuntos modelos de su ideal de gobernante. La diferencia estriba exclusivamente en el lugar que ocupan en el ordenamiento social, en el éxito de su misión, en el pragmatismo con que cada uno acomete sus designios. Así «el príncipe no ha de tener otro objetivo que no sean la guerra y su organización y disciplina, ni debe asumir alguna otra profesión, porque es esta la que se espera de quien manda...», a lo cual apostilla, sibilinamente, que la fuerza «no solo sostiene a quienes han nacido príncipes, sino que muchas veces hace que simples ciudadanos lleguen a aquella altura». El servil instructor de tiranos fue por este libro enseguida odiado por todos, incluidos los supuestos beneficiarios de sus lecciones, como suele ocurrir siempre que se iluminan demasiado descarnadamente los recovecos de la perfidia del hombre. Una anécdota revela el ambiguo sentido y las consecuencias imprevisibles de este escrito nada maquiavélico, deslumbrante en su racionalidad. Cuando alguien reprochó a Maquiavelo haber enseñado a los déspotas el arte de conquistar el poder, éste contestó que, efectiva-mente, así lo había hecho, pero que también había enseñado a los pueblos cómo se derroca a los dictadores.

Su opúsculo fue incluido en el *Index* de la Inquisición en 1559; Rousseau, por el contrario, lo consideraba el libro de cabecera de los republicanos y Napoleón lo estudió minuciosamente inspirándole numerosas acotaciones en los márgenes. Aún hoy este patético pataleo de la lucidez impotente contra un destino adverso mantiene una insospechada vigencia. Proféticamente, en 1936, escribió el poeta español Antonio Machado en su *Juan de Mairena*: «Carlos Marx —decía mi maestro— fue la criada que le salió respondona a Nicolás Maquiavelo. Propio es de siervos tardar algunos siglos en insolentarse con sus señores. (...) Pronto asistiremos a la gran contienda entre estos dos fantasmas, o gran disputa de "más eres tú", en que, excluida la moral, las razones se convierten en piedras con que achocarse mutuamente. Pero nuestros nietos asistirán a una reconciliación entre ambos, que será Maquiavelo quien inicie, a su manera epistolar florentina: *Honorando compare...*»

1469	3 de mayo: nace Niccolò Machiavelli, **MAQUIAVELO**, en Florencia.
1494	Implantación de la República de Florencia.
1498	Es nombrado Secretario de la Segunda República de Florencia.
1500	Misión diplomática cerca de Luis XII de Francia.
1502	Conoce y trata a César Borgia.
1506	Rinde servicios al papa Julio II.
1507	Visita la corte del emperador Maximiliano I de Alemania.
1512	Los Médicis retornan al poder. Maquiavelo es encarcelado y torturado. En su retiro cerca de San Casciano comienza la redacción de los *Discursos sobre la primera Década de Tito Livio*.
1513	Dedica *El príncipe* a Lorenzo de Médicis.
1520	Compone la comedia *La mandrágora*.
1521	Redacción de *Historias florentinas*, libro encargado por Clemente VII.
1527	22 de junio: muere en Florencia .

VASCO DA GAMA
(1469-1524)

La figura de este gran marino portugués, inmortalizado por el poeta Luis Vaz de Camoens (Camões) en su epopeya *Os Lusíadas*, es fundamental para comprender las transformaciones que se operaron en Occidente entre los siglos XV y XVI.

La llamada del mar

Vasco da Gama nació en Sines, pueblecito situado en el Bajo Alentejo. Su padre, llamado Esteban, era de noble linaje y gozaba de una excelente reputación en la corte. Su madre, doña Isabel Sodre, quiso que el segundo de sus hijos, Vasco, se preparase para seguir la carrera eclesiástica, pero a pesar de los designios maternos el joven decidió, juntamente con su hermano Paulo, vincular su vida a los negocios del mar. Desde temprana edad, Vasco da Gama pudo entregarse de lleno a la vida marinera, participando en varias expediciones a la costa africana y dando en ellas prueba de una gran capacidad. De este modo, la experiencia y la fama adquiridas fueron suficientes para que, tras realizar estudios de matemáticas y cosmografía, fuese nombrado capitán.

Un episodio aventurado vino a acentuar su prestigio como navegante. En 1493, los franceses apresaron una nave portuguesa cargada de oro procedente de una de las posesiones lusas en la costa africana, Costa da Mina. Vasco, nombrado comisionado por el soberano para embargar como represalia los barcos franceses anclados en sus dominios, llevó a cabo su misión con notable rapidez y acierto, llegando a embargar diez de estas naves sólo en el puerto de Lisboa. Presionado tan eficazmente, el rey francés Carlos VII se resignó a devolver el barco apresado sin que faltara un ápice de su cargamento. A partir de ese momento, Vasco atrajo especialmente sobre sí la atención oficial. En 1495, la muerte sorprendió a Juan II y el trono pasó a su heredero, Manuel I

el *Afortunado*. Recogiendo un ambicioso proyecto de su antecesor, el nuevo monarca organizó una expedición que debía ir a la India contorneando África, con el fin de abrir una nueva ruta para el comercio de las tan preciadas especias. El nombre de los Gama se barajó desde un principio entre aquellos más idóneos para dirigir la difícil travesía; en 1496, Esteban da Gama fue elegido para ello, pero su repentina muerte hizo que sus dos hijos asumieran «el honor y el peligro» de encabezar la difícil empresa.

Almirante de los mares de la India

El 8 de julio de 1497, Vasco da Gama partía de Lisboa al frente de 200 hombres y 3 barcos, el *San Gabriel*, el *Bernio* y el *San Rafael*. Tras pasar por las islas de Cabo Verde, los expedicionarios se dirigieron hacia el sur y en noviembre llegaron al extremo meridional del continente africano, llamado poco antes por Bartolomé Díaz, cabo de las Tormentas, en alusión al continuo estado de agitación de aquellas aguas donde se encuentran los océanos Atlántico e Índico, y rebautizado por Juan II con el sugestivo y profético nombre de cabo de Buena Esperanza.

Da Gama continuó navegando a lo largo de la costa y el día de Navidad avistó un saliente en la que denominaría Natal. Posteriormente pasó por Sofala y el 1 de marzo estaba ante Mozambique, en una isla donde recalaban barcos árabes; Gama comprobó que llegaban hasta allí las especias y, tras llenar sus bodegas de tan preciados artículos, puso rumbo hacia Mombasa y Melinda.

En esta última ciudad el sultán proporcionó a los portugueses un piloto árabe muy experto, Aben-Macbid, al parecer de religión cristiana. Éste, aprovechando el monzón del verano, les condujo en sólo veintitrés días hasta las costas de la India. El 20 de mayo llegaban los expedicionarios a Calicut, en la costa Malabar, el puerto mercantil más importante del mundo árabe. A partir de ese instante, muchas fueron las peripecias y negociaciones que Vasco da Gama hubo de afrontar para llevar a cabo su principal objetivo: conseguir para los portugueses el control absoluto del mercado de las especias.

Vasco da Gama permaneció en la India cuatro meses. Luego inició un accidentado regreso durante el cual se perdieron el *San Rafael* y el *San Gabriel*, pereciendo de escorbuto gran parte de la tripulación y su propio hermano, que pudo llegar hasta las islas Azores pero no volvió a ver Lisboa. El 18 de septiembre de 1499, Portugal entero acogió a los supervivientes con entusiasmo desbordado. Vasco da Gama fue nombrado «Almirante de los mares de la India» y «Señor de la Conquista, Navegación y Comercio de Etiopía, Arabia, Persia e India».

Aún volvería Vasco da Gama a la India en 1502 y 1524, capitaneando expediciones que tuvieron un carácter más militar que comercial o diplomático, pues se trataba de consolidar el monopolio de las especias empleando la fuerza de las armas. Fue nombrado gobernador con título de virrey e impuso el dominio portugués desde Goa hasta Cochín, consiguiendo así que el pequeño reino lusitano se convirtiese en una potencia colonial y mercantil de primer orden.

Mientras Colón abría las puertas del Nuevo Mundo, Vasco da Gama hacía posible el acceso marítimo directo entre Europa y Asia a través del extremo meridional de África. Esto significó profundos cambios en la política y en la economía europeas y un avance importante en los conocimientos geográficos del mundo.

1469	**VASCO DA GAMA** nace en Sines (Portugal).
1481	Accede al trono Juan II.
1483	Participa en su primera expedición a la costa africana.
1493	Es comisionado por el rey para embargar los barcos franceses anclados en aguas portuguesas.
1495	Muere Juan II. Manuel I *el Afortunado* es coronado rey.
1496	Su padre, Esteban da Gama, es elegido para dirigir la expedición a la India. Tras su fallecimiento, Vasco es puesto al frente de la misma.
1497	8 de julio: parte de Lisboa rumbo a la costa oeste africana. En noviembre dobla el cabo de Buena Esperanza.
1498	1 de marzo: se encuentra frente a Mozambique. 20 de mayo: llega a Calicut. Firma un tratado comercial con el príncipe Zamorin.
1499	Regresa a Portugal. Es nombrado «Almirante de los mares de la India».
1502	Segundo viaje a la India.
1524	Tercer viaje. Muere en Cochín.

BARTOLOMÉ DE LAS CASAS
(1474 -1566)

escritor riguroso y coherente, todo ello al servicio de unos principios sin duda justos, nobles y generosos. Si bien en ocasiones actuó como un propagandista impetuoso y exagerado, es necesario señalar que no hubo menos arbitrariedades y exageraciones entre sus adversarios doctrinales, que llegaron a afirmar que los indígenas no eran verdaderos seres humanos para legitimar su cruel explotación. A pesar de que murió desacreditado y oscurecido, su *Brevísima relación de la destrucción de las Indias* continúa siendo hoy más que nunca el testimonio vivo y fecundo de lo que el hispanista estadounidense Lewis Hanke ha definido como «la lucha española por la justicia en la conquista de América».

La conversión

Fray Bartolomé de las Casas era hijo de un modesto comerciante de Tarifa (Cádiz) que en su juventud había participado en el segundo viaje de Colón. En Sevilla, su ciudad natal, estudió latín y humanidades, embarcándose luego para La Española en la expedición que Nicolás de Ovando realizó en 1502. En la isla recibió de Diego Colón una heredad y una encomienda de indígenas, cesión por la cual un español percibía los frutos del trabajo de los súbditos indígenas a cambio de evangelizarlos, instruirlos y hacerles mudar sus salvajes costumbres. En 1512 se convirtió en el primer sacerdote ordenado en América, y un año después se trasladó con Pánfilo de Narváez a Cuba como capellán castrense, y al poco obtuvo una nueva y suculenta encomienda.

Así pues, en sus primeros años defendió la legitimidad de las encomiendas y no dudó en beneficiarse de ellas; como él mismo dirá más tarde, por aquel entonces sólo se ocupaba «de mandar a los indígenas de la encomienda a las minas a sacar oro y a hacer sementeras, aprovechando de ellos cuanto más podía». Aunque estaba acostumbrado a hacer oídos sordos ante los

Bartolomé de las Casas fue consejero de Carlos I, escritor riguroso y temido polemista. El radicalismo con que defendió sus principios contribuyó a paliar los abusos cometidos contra los indígenas y a humanizar el régimen colonial español en América.

*L*a polifacética, fascinante y a la vez controvertida figura del dominico Bartolomé de las Casas, considerado el primer europeo que se atrevió a denunciar sin tapujos los abusos del colonialismo, ha llegado hasta nosotros aureolada de dignidad y consideración. Sin embargo, durante mucho tiempo fue acusado de fomentar con su obra y su lucha la «leyenda negra» antiespañola, y se olvidó su contribución decisiva a la humanización del régimen español en América y a la suavización de las penosas condiciones de vida de los indígenas. El padre Las Casas fue a la vez un abogado de la causa de los nativos, un consejero de los gobernantes de su tiempo, un temido polemista y un misioneros dominicos que predicaban condenando a los encomenderos por los abusos que muchos de ellos cometían, comenzó a albergar serias dudas sobre el comportamiento de sus compatriotas y acerca de la validez de sus relaciones con los indígenas, y llegó a convencerse de que ellos eran los únicos señores legítimos del Nuevo Mundo y de que ningún hombre de armas castellano podía imponerles sus leyes por la fuerza. Al caer en la cuenta de que la única solución era la reforma de las vigentes Leyes de Indias, renunció a sus encomiendas y regresó a Sevilla en 1515, decidido a consagrarse a la defensa de los indígenas y a luchar en pro de una nueva legislación que regulase las relaciones de la metrópoli con sus colonias.

Primero se entrevistó en Plasencia con Fernando *el Católico*, pero el monarca se encontraba agonizante y apenas prestó atención a sus inflamados alegatos en favor de los indígenas. Posteriormente logró que el cardenal Cisneros se interesara por sus tesis y le nombrase «Protector de indígenas». Investido por este nuevo título,

creado casi especialmente para él, Bartolomé de las Casas elaboró el llamado Plan de Reformación de las Indias, basado en la creación de comunidades indígenas administradas por españoles que no quisieran enriquecerse; el propio Cisneros confió la implantación y organización de algunas de estas colectividades a tres padres jerónimos que inmediatamente partieron para las Indias.

Tras el fallecimiento del cardenal, Las Casas continuó su lucha incansable en la corte de Carlos I, denunciando ante sus consejeros flamencos los abusos de los funcionarios que en la Península administraban el negocio de la conquista.

Misioneros en vez de soldados

Contra la conquista pura y dura, Bartolomé de las Casas propugnaba una colonización pacífica realizada a través de instalaciones de labradores y misioneros. El punto central de su doctrina era la afirmación de la libertad de los indígenas; ante el

La vida y la obra de fray Bartolomé de las Casas están marcadas por su decidida defensa de la causa de los indígenas americanos, cruelmente explotados por los conquistadores. La difusión interesada de su obra dio lugar a que se le acusara de fomentar la «leyenda negra» de la conquista española. Abajo, Catecismo para indios, *Biblioteca Nacional, Madrid.*

hecho consumado de la colonización, consideraba que éstos pasaban a tener todos los derechos de los súbditos del rey castellano, sin que los españoles pudieran privarles de ninguno de ellos. Según él, la colonización sólo se justificaba por la autoridad del papa para desarrollar la misión evangelizadora de la Iglesia en todo el mundo; en este sentido, los reyes debían limitarse a organizar y dirigir esa evangelización una vez legitimados expresamente para ello por el Santo Padre. Por lo tanto, la presencia de los españoles en el Nuevo Mundo sólo estaba justificada en la medida en que fuesen agentes y súbditos del rey de Castilla, e indirectamente delegados del Sumo Pontífice.

La colonización era justa en tanto fuese pacífica y estuviera subordinada a la labor misional. Los indígenas no podían tener otros deberes que los comunes a los súbditos de la corona; había que dejarles vivir en plena libertad y bajo el gobierno de sus propios jefes. Éstos serían supervisados por funcionarios del monarca que al mismo tiempo administrarían justicia y tutelarían a los nativos hasta que estuviesen plenamente civilizados, hispanizados y convertidos a la verdadera religión. Como hemos visto anteriormente, Las Casas aceptaba e intentaba incentivar la presencia de campesinos y artesanos españoles en el Nuevo Mundo con objeto de que sirviesen de modelo y diesen ejemplo con sus conocimientos y su laboriosidad. Importante era también el papel de los misioneros, enviados para predicar la fe. Todos los demás, violentos conquistadores, rapaces encomenderos y corruptos funcionarios, sobraban en las Indias y ni siquiera podía otorgárseles permiso para trasladarse allí.

Las encomiendas fueron violentamente combatidas por Bartolomé de las Casas, después de haber sido él mismo encomendero en Cuba. La lucha como «Protector de indios» lo llevó a elaborar el Plan de Reformación de las Indias, que contemplaba la creación de comunidades indígenas administradas por españoles sin voluntad de lucro. Grabado de una de sus obras publicada en 1580.

Incomprensión mutua

Tales eran las tesis de Bartolomé de las Casas, fundamentadas en su propia experiencia y paralelas a las de otros frailes dominicos, entre los que cabe destacar a Antonio de Montesinos y a Francisco de Vitoria. Pero como han señalado algunos de sus más avezados críticos actuales, tal doctrina, amén de ser en extremo eurocentrista, paternalista e idealista, pecaba de cierto desconocimiento de la realidad histórica y humana, comprensible en su tiempo pero también reprochable y perjudicial para el conjunto de sus opiniones. En efecto, para Las Casas no existía la complejidad psicológica de los hombres, ni sus peculiaridades étnicas, ni sus diferencias culturales, ni sus naturales debilidades, ni sus razonables ambiciones. Si bien al principio las relaciones entre indígenas y castellanos habían sido poco menos que idílicas, muy pronto la mutua incomprensión produjo un trágico choque de culturas. Los naturales no podían descubrir lógica alguna en la conducta de los españoles, pues a pesar de verlos bien equipados e incansables, se mostraban a sus ojos en extremo ignorantes, ya que desconocían lo que era la mandioca, iban siempre vestidos a pesar de quejarse de un calor insoportable y acometían toda suerte de empresas extravagantes y sin sentido, entre las que destacaba la obtención de oro, metal que no servía para nada práctico.

En cuanto a los colonos, se mostraron igualmente obtusos ante los indígenas, a los que describieron como glotones, devoradores de arañas y serpientes, holgazanes, embusteros y libidinosos; la sodomía, la idolatría y el canibalismo, arraigados entre algunos caribes, no podían por menos que repugnar a los cristianísimos castellanos, quienes no tardaron en considerar a los indígenas como salvajes degenerados e incluso subhumanos. El siguiente paso había de ser forzosamente la implantación del trabajo obligatorio para los indígenas, lo que debía hacerlos virtuosos y a la vez reportaba jugosos beneficios. Al principio serviciales y generosos, los nativos se resistieron luego a un trabajo, como el de la extracción del oro, al que no veían ningún sentido. La incomprensión acabó por convertirse en intolerancia y poco después en odio; las matanzas de indígenas no tardaron en producirse.

Logros importantes

De esta realidad terrible y quizás irreparable iba a ser víctima precisamente el primer experimento llevado a cabo por Bartolomé de las Casas, con el que pretendía demostrar la viabilidad de sus ideas. En 1520, tras obtener del rey el territorio de Cumaná (Venezuela) para aplicar en él sus teorías, partió de nuevo para América en compañía de un selecto grupo de frailes y colonos, que se instalaron en la nueva encomienda llenos de entusiasmo y afán renovador. Sin embargo, durante una breve ausencia de su promotor, los indígenas arrasaron los poblados recién fundados, mataron a los españoles y dieron al traste con la esperanzadora experiencia. Las Casas, lejos de rectificar, ingresó en la orden dominicana dispuesto a continuar en la brecha.

Durante dieciséis años recorrió las actuales tierras de Santo Domingo, Guatemala y Nicaragua dedicado al apostolado y a la redacción de su *Historia de las Indias*. Además, continuó dando cuenta al Consejo de Indias de los desmanes cometidos y llevó a cabo nuevos intentos de conquista pacífica que cosecharon resultados no demasiado alentadores, aunque menos traumáticos que la experiencia de Cumaná. Después de conseguir que el papa Paulo III proclamase dogmáticamente por medio de la bula *Sublimis Deus* la racionalidad de los indígenas y su capacidad para la fe y los sacramentos, regresó a la Península sin licencia alguna, convencido de que era en el corazón del Imperio donde había que plantear batalla contra los crueles abusos de los colonizadores.

Su retorno fue oportuno y fructífero. Primero logró que el Consejo de Indias extendiese reales cédulas que facilitaban su labor en la misión de la Vera Paz (Guatemala). Luego se dirigió a Valladolid y pudo acceder al círculo de consejeros del rey Carlos, con lo que reanudó su actividad tendente a reformar la insuficiente legislación que regulaba la conquista. Allí persistió en sus críticas a los funcionarios, esta vez ante un auditorio mucho más poderoso y, sorprendentemente, receptivo. En efecto, el monarca, calificado por un embajador veneciano como «uomo religiosissimo», se debatía en un mar de dudas sobre la legitimidad y moralidad de su dominio en América, movido por la opinión de cuantos religiosos habían hecho suya la causa de los indígenas. El vehemente fray Bartolomé encontró, pues, un caldo de cultivo inmejorable para sus actividades, y llegó a sostener que era preciso abandonar la conquista del Perú, puesto que los incas eran los dueños del país y tomarlo por la fuerza constituiría un simple latrocinio. El soberano estuvo a punto de decidirse por el abandono, y sólo la intervención de Francisco de Vitoria le persuadió de que era necesario continuar, argumentando que una retirada de los españoles significaría la muerte de la semilla cristiana en aquellos territorios.

Exagerado e incómodo

La insistencia de fray Bartolomé fue, sin embargo, decisiva: en 1542 Carlos I accedió a sancionar las llamadas Leyes Nuevas, restringiendo las encomiendas y la esclavitud de los indígenas. A pesar de todo, la reacción del infatigable dominico fue contraria a este reglamento, que consideraba a todas luces insuficiente. El mismo año concluyó su *Brevísima relación de la destrucción de las Indias*, donde se acusaba a los conquistadores del Nuevo Mundo, uno por uno, de espeluznantes crímenes, atropellos y robos exagerados pero sin duda fundamentados en una terrible realidad. Sus contemporáneos consideraron el libro fantasioso, deliberadamente monstruoso y ostensiblemente falso sin preguntarse si no había algo de cierto en sus páginas. Tal reacción contraria al efecto que se pretendía hizo que, en lugar de prohibirse las exploraciones con gente armada, como fray Bartolomé deseaba, aumentase el ritmo de concesión de encomiendas y capitulaciones a varios capitanes, limitando su actuación a los acuerdos que en cada caso se estableciesen con los misioneros y autorizándoles a emprender tan sólo guerras defensivas. Nuevamente, las doctrinas de Bartolomé de las Casas atemperaban los dictados de los gobernantes, aunque en la práctica no pasaran de ser papel mojado.

A pesar de todo, la influencia ejercida por el dominico continuó pesando en la corte e inspirando a los funcionarios de más recto sentido jurídico, como el virrey Mendoza de México, y a otros sacerdotes favorables a los indígenas, como el padre Vitoria. Fray Bartolomé de las Casas

aceptó en 1543 el obispado de Chiapas (Guatemala), tras haber rechazado el de Cuzco, y emprendió viaje en cuanto estuvo consagrado. En su nuevo destino fue acogido con manifiesta hostilidad, ya que se le consideraba responsable de las Leyes Nuevas y no podía mirársele salvo como a un huésped incómodo. Además, como las encomiendas no habían llegado a suprimirse, denunció el incumplimiento de la nueva legislación ante la protesta unánime de los colonos, que en Perú y Nicaragua tomaría las proporciones de una insurrección armada.

Las Casas *versus* Sepúlveda

Un nuevo escándalo provocaron sus *Avisos y reglas para los confesores*, donde enumeraba una serie de normas draconianas según las cuales los fieles que quisieran confesarse debían, en caso de poseer esclavos, darles la libertad, y si eran encomenderos estaban obligados a poner toda su hacienda, ante un escribano, en manos del confesor, restituyendo a los indígenas cuantos tributos hubieran percibido.

De este modo, fray Bartolomé infringía las leyes establecidas y su lucha tomaba un cariz claramente provocador. Al ser aplicadas a la diócesis de Chiapas, sus instrucciones causaron una espiral de disturbios y excomuniones, y el nuevo obispo sólo pudo permanecer en su cargo algunos meses. En 1546 volvió a difundir sus *Avisos* en México, provocando que una junta de prelados le desautorizase públicamente y obligase a los sacerdotes a desoír tan disolventes y revolucionarias proposiciones.

En 1547 Las Casas regresó definitivamente a España. Tras pasar unos meses en Sevilla se retiró al convento de San Gregorio de Valladolid, donde hubo de soportar una nueva etapa de descrédito y feroces críticas, como le había ocurrido después del fracaso de Cumaná. Su única posibilidad para poder seguir defendiendo la causa indígena consistía en resignarse a ceder en algunos terrenos, y así lo hizo: en 1548 reconoció que los dominicos, franciscanos y mercedarios obraban santamente admitiendo esclavos indígenas conforme a las leyes, e incluso aceptó que sus *Avisos* no eran aplicables en todas partes por igual. Ante esta suavización de sus posturas, que no retractación, Carlos I dispuso que discutiera sus teorías públicamente con el cronista regio Juan Ginés de Sepúlveda, partidario de la conquista. Sepúlveda, por otra parte excelente humanista y afamado erudito, creía en la licitud de una aristocracia y de una servidumbre naturales, y consideraba que los españoles, más sabios y racionales que los indígenas, estaban en su derecho de emplear la fuerza sobre ellos con objeto de librarlos de su estado salvaje y civilizarlos. Aunque rechazaba la crueldad y la codicia, legitimaba plenamente el recién nacido imperialismo e ignoraba sus funestas consecuencias. Las discusiones entre Las Casas y Sepúlveda se llevaron a cabo en Valladolid en 1550 y 1551 ante el Consejo de Indias y un grupo de hombres doctos que sin vacilar se inclinaron por los argumentos del segundo. En los años siguientes, desprestigiado, fray Bartolomé hubo de soportar que los más allegados a sus doctrinas renegasen de ellas y defendiesen las encomiendas ante quien quisiera escucharles. Oscurecido, triste y sintiéndose traicionado, el ya anciano dominico se instaló en Madrid y se entregó a sus escritos sin variar ni un ápice sus posturas. Con esa amargura en el espíritu, falleció en 1566, a la edad de noventa y dos años.

La idea central de la doctrina del autor de la Brevísima relación de la destrucción de las Indias *se basaba en que la colonización sólo era justa en tanto fuese pacífica y estuviese subordinada a la labor evangelizadora de los misioneros. Escenas relativas a la colonización de Guatemala, donde Fray Bartolomé de las Casas fundó reducciones sustraídas a la encomienda.*

1474	Nace en Sevilla **BARTOLOMÉ DE LAS CASAS.**
1502	Parte para la Española en la expedición de Nicolás de Ovando.
1512	Es el primer eclesiástico ordenado en América.
1513	Se traslada a Cuba como capellán de Pánfilo de Narváez. Ejerce de encomendero.
1516	Es nombrado «Protector de indígenas» por el cardenal Cisneros. Elabora su Plan de Reformación de las Indias.
1514	Condena por primera vez en público las injusticias cometidas con los indígenas.
1518	Renuncia a su encomienda. Regresa a Sevilla.
1521	Se propone llevar a la práctica sus teorías en Cumaná (Venezuela), pero fracasa.
1522	Ingresa en los dominicos.
1542	De regreso en España, consigue que Carlos I sancione las Leyes Nuevas. Concluye su *Brevísima relación de la destrucción de las Indias.*
1543	Es nombrado obispo de Chiapas.
1545	Elabora sus *Avisos y reglas para los confesores.*
1547	Vuelve definitivamente a España.
1550	Se le permite discutir en público sus tesis con Juan Ginés de Sepúlveda.
1566	Muere en Madrid.

FERNANDO DE MAGALLANES
(h. *1480-1521*)

Fernando de Magallanes (arriba en un grabado del siglo XVI) fue un visionario que creyó firmemente en la posibilidad de llegar a Asia navegando hacia el oeste.

*E*n los albores del siglo XVI, el comercio de especias —principalmente clavo, canela, nuez moscada, pimienta y azafrán— era uno de los más lucrativos de Europa. Las especias resultaban tan imprescindibles en una buena mesa como caras en ferias, mercados y almacenes. Esa carestía estaba justificada: era preciso traerlas desde las islas Molucas, en la actual Indonesia, a través de una larga ruta por tierras y mares, durante la cual pasaban por no menos de una docena de manos, se utilizaban los más variados transportes y se corrían múltiples peligros.

Durante siglos, genoveses y venecianos habían mantenido en sus manos el monopolio de este suculento mercado, abasteciéndose en Constantinopla y Alejandría. Pero cuando Vasco da Gama dobló el cabo de Buena Esperanza y arribó a la India costeando el continente africano, el comercio de especias cambió de vías de transporte y, por tanto, de dueños. Ya no era preciso atravesar Persia o Egipto para que tan valiosos productos llegasen a Europa; los portugueses podían salir de Lisboa y llegar directamente por mar a la región productora. Así estaban las cosas cuando Magallanes tuvo una idea genial: acceder a las Molucas navegando por Occidente. Gracias a su iniciativa se dio por primera vez la vuelta al mundo y pudo demostrarse la redondez de la Tierra.

Del Atlántico al Pacífico

Fernando de Magallanes había nacido en Oporto, pertenecía a una familia hidalga y se había educado en la corte portuguesa. Después de estudiar geografía y náutica, participó en diversas expediciones a la India, Sumatra y Malaca, donde pudo forjarse como navegante. Tras regresar a Portugal, tomó parte en una campaña militar en el norte de África, pero fue herido en una pierna y hubo de volver a Lisboa. Una vez repuesto, solicitó algunos cargos o un aumento de su pensión al monarca Manuel I, pero éste se negó a atender sus peticiones y Magallanes cayó rápidamente en desgracia. Dolido por el pago que se daba a sus servicios, abandonó Portugal y se dirigió a Sevilla en 1517. Allí, gracias a los buenos oficios de su compatriota Diego Barbosa, con cuya hija Beatriz se casó, y apoyado por Juan de Aranda, factor de la Casa de Contratación, y por Cristóbal Haro, mercader de Amberes, logró entrevistarse con el rey Carlos I y presentarle sus proyectos.

Magallanes se proponía llegar a las Molucas por una ruta distinta a la de sus compatriotas, siguiendo la trayectoria del Nuevo Mundo, y encontrar el paso que se suponía comunicaba el Atlántico con el ignoto Mar del Sur, al oeste del continente americano. Por aquel entonces, muchos creían ya en la existencia de ese paso, que el astrónomo y cartógrafo Martín Behaim situaba en sus mapas a los 40 grados de latitud, pero que ninguna expedición había conseguido localizar. Secundado por el poderoso obispo Juan Rodríguez de Fonseca y por los consejeros flamencos del rey, el 22 de marzo de 1518 firmó Magallanes una capitulación por la que se le nombraba capitán general de una flota de cinco naos y gobernador de las tierras que descubriese. La expedición debía llegar a las islas de las Especias por la ruta occidental de jurisdicción española, atravesando el estrecho que se hallara en el extremo más meridional de Sudamérica.

Entre marzo de 1518 y septiembre del año siguiente, Magallanes estuvo inmerso en los preparativos de la empresa. Una de las mayores dificultades fue la recluta de la tripulación, constituida finalmente por 265 hombres, entre los que había 22 portugueses y otros muchos extranjeros. Se decidió que las naves fuesen las siguientes: la *San Antonio*, la *Trinidad*, la *Victoria*, la *Concepción* y la *Santiago*. La primera era la mayor, e iría mandada por Juan de Cartagena, nombrado veedor (o inspector) de la flota y adjunto de Magallanes. Al frente de la nave *Victoria* se designó a Luis de Mendoza, que iba a ejercer también las funciones de tesorero. Aparte de desempeñar sus misiones reconocidas, estos dos hombres fueron elegidos para vigilar a Magallanes y contrarrestar en cierto modo la enorme influencia portuguesa que pesaba sobre el grupo. La nave capitana era la *Trinidad*, dirigida por Magallanes; a su lado, en el bando portugués, figuraban su cuñado Duarte Barbosa, su primo Álvaro Mezquita y Esteban Gómez, que tenía fama de buen piloto. Además, dos hombres que aún no eran importantes pero que lo serían para la posteridad se incorporaron a la expedición: el italiano Antonio Pigafetta, a quien debemos la crónica del viaje, y Juan Sebastián Elcano, un guipuzcoano que partía como maestre o segundo de la *Concepción* y que estaba llamado a culminar la obra de Magallanes.

Rebelión a bordo

La flota salió de Sevilla el 10 de agosto de 1519. Tras una breve estancia en Tenerife, las cinco naves pusieron rumbo a Sierra Leona, en la costa africana, donde comenzó a manifestarse el descontento de la tripulación con Magallanes, al que acusaban de ser excesivamente autoritario. Aunque Pigafetta atribuye esta tensión a que los oficiales españoles no podían sufrir el estar supeditados a un portugués, es bien cierto que Magallanes poseía un carácter despótico, no admitía el menor reparo a sus decisiones y jamás consultaba con los restantes jefes de la flota, por lo que éstos se sentían menospreciados.

Sea como fuere, a la altura de Guinea se produjo una fuerte discusión entre Magallanes y Juan de Cartagena, que pretendía compartir el mando del convoy. El portugués mandó apresar al español y lo entregó, con los pies en un cepo, a Luis de Mendoza, capitán de la nave *Victoria* y tesorero de la flota. Además, puso la *San Antonio* en manos de su primo Álvaro Mezquita.

En este ambiente enrarecido, la expedición cruzó por fin el Atlántico y llegó a Río de Janeiro a mediados de diciembre de 1519, bordeando

Atraído por la fantástica aventura de llegar a las Molucas navegando hacia Occidente, Fernando de Magallanes se propuso descubrir el paso que supuestamente comunicaba el Atlántico con el lejano Mar del Sur, navegando en carabelas como la que aparece en el grabado inferior.

luego la costa hasta la bahía de San Julián, donde Magallanes se dispuso a invernar. Allí entablaron contacto con los indios patagones (patas grandes), llamados así por sus enormes zapatos de piel de guanaco, con los que se protegían del frío invernal.

Meses después estalló la rebelión. Los capitanes, desconfiando de hallar el famoso paso, propusieron poner rumbo al este y alcanzar las Molucas por el cabo de Buena Esperanza. La noche del 2 de abril, Juan de Cartagena y Luis de Mendoza se apoderaron de la nave *San Antonio* y desde allí enviaron a Magallanes una comisión para exponerle sus quejas y sus exigencias. El portugués, interesado tan sólo en reafirmar su autoridad, planeó un audaz golpe de mano: Duarte Barbosa y una veintena de hombres armados atacaron la nao rebelde, asesinaron a Mendoza y apresaron a Cartagena. Una vez sofocado el motín, la flota partió de San Julián; Juan de Cartagena fue abandonado en una playa inhóspita con algunos de sus partidarios; nunca se volvió a tener noticia de ellos.

El largo final

En los días siguientes, la nave *Santiago* se perdió durante un viaje exploratorio por el río de Santa Cruz; parecía que Magallanes empezara a estar desorientado. Las noticias sobre el desconocido paso debían de ser falsas, pues Behaim lo situaba en el grado 40 de latitud y ellos habían rebasado ya el 49. Fueron días angustiosos, durante los cuales, como siempre, a nadie confesó su desorientación. Si fracasaba la expedición, él quedaría como un embustero y un fantoche; no estaba dispuesto a permitirlo. Continuó su marcha hacia el sur y, a mediados de octubre el grupo descubrió, al doblar el cabo Vírgenes, la entrada del anhelado paso que conducía al Pacífico. Pero allí desertó la *San Antonio* y regresó a España. Al fin, el 28 de noviembre de 1520, las tres naves restantes atravesaron el estrecho, llamado en la actualidad de Magallanes, aunque éste le puso el nombre de Todos los Santos. Aquel hombre duro, áspero e inflexible, no pudo evitar que se le saltaran las lágrimas: su empeño alcanzaba al fin la ansiada recompensa y una nueva ruta hacia las islas de las Especias había sido descubierta.

La flota se adentró en el Mar del Sur y navegó durante más de tres meses empujada por suaves vientos alisios. Aquel mar inmenso se convirtió en un infierno por las altísimas temperaturas y la falta de víveres. La galleta se convirtió en polvo mezclado con gusanos y empapado en orines de rata. El agua se volvió pútrida y hedionda. El escorbuto hizo estragos entre las tripulaciones. Aquellas tranquilas aguas movieron a Magallanes a rebautizar el Mar del Sur con el nombre de océano Pacífico.

El 6 de marzo de 1521, la expedición arribó a la isla de Guam, en el archipiélago de las Marianas. Allí repostaron y fueron víctimas de la rapiña de los indígenas, que trepaban a las naves y se llevaban cuanto podían; por eso la llamaron Isla de los Ladrones. Diez días después llegaban a las Filipinas y Magallanes decidió navegar de isla en isla en vez de ir directamente a las Molucas, quizás con la secreta intención de fundar, bajo el dominio de España, un nuevo imperio del cual ser gobernador absoluto o virrey.

En la isla de Cebú fue acogido favorablemente por su soberano, Hammabar, que se convirtió al cristianismo y pidió al portugués que le ayudase a someter a sus vecinos. Magallanes accedió y, con el propósito de lograr mediante esta alianza el predominio español sobre el archipiélago, desembarcó con sesenta hombres en la isla de Mactam, donde se encontraba uno de los reyezuelos enemigos. Magallanes, que era tan buen marino como Colón, se asemejaba a él también por su incompetencia en tierra; en la isla se vio atacado por más de mil indígenas y no supo reaccionar. En medio de la refriega, una flecha le atravesó la pierna izquierda. Ordenó entonces la retirada, que se convirtió en desbandada ante los aullidos de los indígenas. El portugués pudo atravesar a uno de ellos con su lanza, pero otro le alcanzó con su machete y le derribó: el descubridor del estrecho que lleva su nombre murió al ser alcanzado por una multitud de guerreros.

Los supervivientes quemaron la *Concepción*, que había quedado inutilizada, y lograron alcanzar las Molucas el 8 de noviembre de 1521. El mando de la flota recayó en diversos capitanes, hasta que Juan Sebastián Elcano, otro extraordinario navegante, se hizo cargo de ella tras sobresalir entre todos por sus conocimientos, su firme voluntad y su honradez a la hora de ejercer el

Este fantástico grabado, realizado por Jean-Théodore Bry hacia 1590, recrea el emotivo momento en que Fernando de Magallanes avista el anhelado paso del Mar del Sur, que con el tiempo llevaría su nombre. La expedición que el marino portugués no llegó a concluir fue un hecho clave en la carrera luso-española por el dominio del mundo y el control de la «ruta de las especias».

mando. En las Molucas, la *Trinidad* y la *Victoria* fueron cargadas de especias, pero sólo la segunda, al mando de Elcano, pudo llegar al puerto de Sanlúcar el 6 de septiembre de 1522, a los tres años y veintisiete días de su salida de Sevilla. De los 265 hombres que habían iniciado la expedición, sólo sobrevivieron 18: eran los primeros que conseguían dar la vuelta al mundo.

h. **1480**	Nace **FERNANDO DE MAGALLANES** en Oporto (Portugal).
1505	Se embarca para la India en la expedición del virrey Francisco de Almeida.
1509	Toma parte en un viaje a Sumatra y Malaca.
1510	Interviene en la expedición de Alburquerque que conquista Goa.
1513	Regresa a Portugal.
1514	Abandona el servicio del rey Manuel I de Portugal.
1518	22 de marzo: firma con Carlos I de España las capitulaciones de su arriesgada expedición.
1519	10 de agosto: sale del puerto de Sevilla al frente de cinco naos. 13 de diciembre: llega a Río de Janeiro.
1520	En enero explora el estuario del Plata. 31 de marzo: llega a la bahía de San Julián. 28 de noviembre: cruza el estrecho que en adelante llevará su nombre.
1521	6 de marzo: arriba a la isla de Guam. 16 de marzo: desembarca en las Filipinas. 27 de abril: muere en la isla de Mactam a manos de los indígenas.

MIGUEL ÁNGEL
(1475-1564)

*M*ichelangelo Buonarroti fue un hombre solitario, iracundo y soberbio, constantemente desgarrado por sus pasiones y su genio. Dominó las cuatro nobles artes que solicitaron de su talento: la escultura, la pintura, la arquitectura y la poesía, siendo en esto parangonable a otro genio polifacético de su época, Leonardo da Vinci. Durante su larga vida amasó grandes riquezas, pero era sobrio en extremo, incluso avaro, y jamás disfrutó de sus bienes. Si Hipócrates afirmó que el hombre es todo él enfermedad, Miguel Ángel encarnó su máxima fiel y exageradamente, pues no hubo día que no asegurase padecer una u otra dolencia. Quizás por ello su existencia fue una continua lucha, un esfuerzo desesperado por no ceder ante los hombres ni ante las circunstancias. Acostumbraba a decir en sus últimos días que para él la vida había sido una batalla constante contra la muerte. Fue una batalla de casi noventa años, una lucha incruenta cuyo resultado no fueron ruinas y cadáveres, sino las más bellas y grandiosas obras de arte que la humanidad ha conocido.

Miguel Ángel, en cuyo estilo sus contemporáneos alababan la terribilità, *simboliza, junto a Leonardo da Vinci, el punto culminante del arte del Renacimiento y con razón es considerado como el mayor escultor, pintor y dibujante de todos los tiempos, además de figurar entre los grandes arquitectos y poetas.*

La dorada Florencia

En Caprese, hermosa aldea rodeada de prados y encinares, nació Miguel Ángel, hijo de Ludovico Buonarroti y de Francesa di Neri di Miniato del Sera. Su padre descendía de artesanos y, quizás por ello, siempre se opuso a la vocación de su hijo; consideraba que el comercio era mucho más rentable y distinguido que cualquier actividad manual plebeya. Miguel Ángel siempre estuvo agradecido a su nodriza, mujer de un cincelador, pues aseguraba que con su leche había mamado «el escoplo y el mazo para hacer las estatuas».

Cuando el joven Buonarroti se trasladó a Florencia, siendo apenas un adolescente, la ciudad vivía uno de sus momentos más esplendorosos. Lorenzo de Médicis, llamado *el Magnífico*, reinaba sobre los florentinos impregnándolo todo de belleza y sabiduría. Era un extraordinario príncipe poeta, refinado y abrumadoramente inteligente, considerado un erudito por los helenistas, un guerrero invencible por los soldados y un amante insuperable por los libertinos. En la corte de este dechado de virtudes, rodeado de pensadores de la talla de Pico della Mirandola, Poliziano o Marsilio Ficino, junto a maestros como Ghirlandaio, Sandro Botticelli o Gian Batista Alberti, Miguel Ángel dio sus primeros pasos por el rutilante camino de las bellas

Muerto el sensible e inteligente Lorenzo de Médicis, el Magnífico, *protector de Miguel Ángel, su sucesor debió huir ante la presión de las tropas francesas y españolas y los terribles ataques de Girolamo Savonarola. El fanático dominico hizo de la bella plaza de la Señoría el escenario de autos de fe y piras purificadoras hasta que, en el mismo lugar, fue quemado víctima de su celo y ardor puritanos y de su enfrentamiento al papado.* Auto de fe de Girolamo Savonarola frente al palacio Viejo. *Anónimo florentino. Óleo sobre tabla (Museo de San Marcos, Florencia, Italia).*

artes. En el jardín de San Marcos, que Lorenzo había hecho decorar de antiguas estatuas, el joven escultor pudo estudiar a los autores del pasado e imbuirse de su técnica. El lugar se había convertido en una especie de academia al aire libre donde los jóvenes se ejercitaban bajo la dirección de un discípulo de Donatello, el maestro Bertoldo. El talento precoz de Miguel Ángel se reveló al cincelar una cabeza de fauno que suscitó el interés del propio príncipe, siempre en busca de nuevos valores a los que acoger bajo su protec-

ción. Inmediatamente, Miguel Ángel ingresó en la reducida y selecta nómina de sus favoritos.

Un día, mientras admira los frescos de Masaccio en el claustro de la iglesia del Carmine junto a Pietro Torrigiano, amigo y condiscípulo, surge entre ambos una agria disputa. A Buonarroti le fascina la plasticidad de las figuras, que casi poseen relieve; para Torrigiano, los frescos carecen de brillantez y expresividad. La discusión acaba en reyerta, los muchachos se intercambian algunos golpes y Pietro propina a Miguel Ángel un puñetazo que le fractura la nariz. El rostro de nuestro héroe queda marcado por esa pequeña deformidad, que le amargará en lo sucesivo. Sin embargo, un dolor aún mayor se adueña de su corazón a raíz de la súbita muerte de Lorenzo *el Magnífico*, sobrevenida cuando el príncipe acababa de cumplir cuarenta y tres años. Ni Florencia ni Miguel Ángel volverán a ser como antes.

Primeras obras maestras

Tras la desaparición del *Magnífico*, Buonarroti dejó la corte y regresó a la casa paterna durante algunos meses. El nuevo señor de la ciudad, Piero de Médicis, tardó en acordarse de él, y cuando lo hizo fue para proponerle una efímera fama mediante un encargo sorprendente; había nevado en Florencia y quiso que Miguel Ángel modelara en el patio de su palacio una gran estatua de nieve. El blanco monumento fue tan de su agrado que, de un día para otro, el artista se convirtió por voluntad suya en un notorio personaje. Miguel Ángel aceptó los honores en silencio, ocultando el rencor que le producía tal afrenta, y luego decidió marcharse de Florencia antes que seguir soportando a aquel estúpido que en nada se parecía a su predecesor.

Además, negros nubarrones se cernían sobre la ciudad. Los ejércitos franceses y españoles luchaban muy cerca de las murallas y, en el interior, un terrible fraile dominico llamado Girolamo Savonarola agitaba a las masas con su verbo ardiente contra el lujo pagano de los Médicis. Piero acabó huyendo y Savonarola se apresuró a instaurar una república teocrática, pródiga en autos de fe y piras purificadoras donde se consumían libros, miniaturas, obras de arte y otros objetos impuros. Miguel Ángel nunca olvidó las prédicas de aquel iluminado, ni las llamas que terminaban para siempre con el sueño de una Florencia joven, alegre, culta y confiada.

Buonarroti se trasladó por primera vez a Roma en 1496. Allí estudió a fondo el arte clásico y esculpió dos de sus mejores obras juveniles: el delicioso *Baco* y la conmovedora *Piedad*, en las que su personalísimo estilo empezaba a manifestarse de manera rotunda e incontrovertible. Luego, de regreso a Florencia, acometió uno de sus proyectos más valientes, aceptando un desafío que ningún creador había osado hasta entonces: trabajar en un bloque de mármol de casi cinco metros de altura que yacía abandonado desde un siglo antes en la cantera del «duomo» florentino; Miguel Ángel hizo surgir de él la impresionante estatua de *David* con abrumadora seguridad, como si la figura se hallase desde siempre en el interior de la piedra, creando para sus contemporáneos una imagen orgullosa e impresionante del joven héroe, en clara rivalidad con las dulces y adolescentes representaciones anteriores de Donatello y Verrocchio.

La Capilla Sixtina

En marzo de 1505 el artista fue requerido de nuevo en Roma por el papa Julio II, llamado Giuliano della Rovere. Se trataba de un pontífice de fuerte personalidad, vigoroso y tenaz, que iba a presidir el gran momento artístico e intelectual de la Roma renacentista, en la que destacarían por encima de todos dos artistas sublimes: Miguel Ángel y Rafael. Julio II encargó a Buonarroti la realización de su monumento funerario. El proyecto original elaborado por Miguel Ángel preveía un vasto conjunto escultórico y arquitectónico con más de cuarenta estatuas destinadas a enaltecer el triunfo de la Iglesia. Pero algunos consejeros interesados susurraron al oído del papa que no podía ser de buen agüero construirse un mausoleo en vida, y Julio II arrinconó el proyecto de su monumento funerario para dedicarse a los planos que Bramante había realizado para la nueva basílica de San Pedro.

Miguel Ángel, despechado, abandonó Roma dispuesto a no regresar nunca más. Sin embargo, en mayo de 1508 aceptó un nuevo cometido del papa, quien deseaba distraerle de la obra de su sepulcro y compensarle de algún modo confiándole la decoración de la Capilla Sixtina. Miguel Ángel aceptó aunque estaba seguro de que el inspirador del nuevo encargo no podía ser otro que Bramante, su enemigo y competidor, que ansiaba verle fracasar como fresquista para sustituirle por su favorito, Rafael Sanzio de Urbino.

Pero Buonarroti no se arredró. Tras mandar construir un portentoso andamio que no tocaba la pared de la Sixtina por ningún punto, despidió con soberbia infinita a los expertos que se habían

Il divino Michelangelo trabajó durante cuatro años, entre 1508 y 1512, en la bóveda de la Capilla Sixtina, a la que el conjunto de las pinturas divide en nueve paneles, pequeños y grandes, que dan la sensación de abrirse al cielo. Los tres primeros tratan del origen del mundo, los tres siguientes refieren el origen del hombre y los tres últimos el origen del mal, tema que obsesionaba al artista. La magnificencia del estilo es más un canto a la grandeza del hombre que a la omnipotencia de Dios.

ofrecido a aconsejarle y comenzó los trabajos completamente solo, ocultándose de todas las miradas y llegando a enfermar del esfuerzo que suponía pintar durante horas recostado en aquellas duras tablas a la luz de un simple candil. Sólo Julio II estaba autorizado a contemplar los progresos de Miguel Ángel y, aunque el artista trabajaba con rapidez, el pontífice comenzó a impacientarse, pues sentía cercano el día de su muerte. «¿Cuándo terminaréis?», preguntaba el papa, y Miguel Ángel respondía: «¡Cuando acabe!» En cierta ocasión, el Santo Padre amenazó a Buonarroti con tirarle del andamio, y éste repuso que estaba dispuesto a abandonar Roma y dejar los frescos inacabados. Las disputas entre ambos menudearon a lo largo de los cuatro años que duró la decoración de la bóveda de la capilla, concluida al fin el día de Todos los Santos de 1512, cuatro meses antes del fallecimiento de Julio II.

A juicio de Giorgio Vasari, historiador del arte, arquitecto y pintor contemporáneo de Miguel Ángel, los frescos de la Capilla Sixtina eran «una obra cumbre de la pintura de todos los tiempos, con la que se desvanecían las tinieblas que durante siglos habían rodeado a los hombres y oscurecido el mundo». Julio II, en su lecho de muerte, se declaró feliz porque Dios le había dado fuerzas para ver terminada la obra de Miguel Ángel, pudiendo así conocer de antemano a través de ella cómo era el reino de los cielos. Buonarroti se había inspirado en la forma real de la bóveda para insertar en ella gigantescas imágenes de los profetas y las sibilas, situando más arriba el desarrollo de la historia del Génesis y dejando la parte inferior para las figuras principales de la salvación de Israel y de los antepasados de Cristo. Mediante una inmensa variedad de perspectivas y la adaptación libre de cada personaje a la profundidad de la bóveda, Miguel Ángel consiguió crear uno de los conjuntos más asombrosos de toda la Historia del Arte, una obra de suprema belleza cuya contemplación sigue siendo hoy una experiencia inigualable.

Misterio y poesía

Desaparecido Julio II y finalizada la Sixtina, Miguel Ángel quiso reemprender los trabajos para el mausoleo del pontífice, pero una serie de modificaciones sobre el proyecto primitivo y de pleitos con los herederos del fallecido impidieron su consecución, lo que contribuyó a mortificar su ya de por sí amargado carácter. De la célebre tumba quedarían tan sólo dos obras, insignificantes comparadas con la grandiosidad del conjunto pero extraordinarias por sí mismas: los portentosos *Esclavos* o *Cautivos* que se conservan en el Museo del Louvre y el famoso *Moisés*, que expresa con su atormentada energía el mismo ideal de majestad que había inspirado las figuras de la Capilla Sixtina.

Luego, a partir de 1520, iba a trabajar ante todo en la Capilla Médicis de San Lorenzo, preparando los sepulcros de los hermanos Giuliano y Lorenzo de Médicis y de sus descendientes homónimos, Giuliano, duque de Nemours, y Lorenzo, duque de Urbino. Será una de sus obras más orgánicas y armoniosas, en la que arquitectura y escultura se funden en un todo excepcionalmente unitario y equilibrado. Las estatuas del *Día*, la *Noche*, la *Aurora* y el *Crepúsculo*, presididas por la *Virgen con el Niño*, están envueltas en un halo de misteriosa hermosura que ya en su tiempo y durante siglos sería objeto de conjeturas e interpretaciones contradictorias. Miguel Ángel, halagado por la admiración que suscitaban y a la vez cansado de escuchar hipótesis sobre lo que podían significar, quiso dar voz a sus esculturas y acallar a los parlanchines que tanto disputaban con estos hermosos versos:

> *Me es grato el sueño y más ser de piedra;*
> *mientras dura el engaño y la vergüenza,*
> *no sentir y no ver me es gran ventura;*
> *mas tú no me despiertes; ¡habla bajo!*

Fue precisamente en esta época cuando Miguel Ángel empezó a prodigarse como poeta, mientras culminaba su intervención en la Capilla Sixtina con la realización del *Juicio Universal* sobre la pared del altar en 1536, el mismo año que conocería a Vittoria Colonna, marquesa de Pescara. A ella iba a dedicar sus mejores sonetos, en los que refleja al mismo tiempo su pasión platónica y su admiración por la que sería la única mujer de su vida. Vittoria representó para el alma desilu-

sionada y solitaria de Miguel Ángel un consuelo y un remanso de paz, erigiéndose en guía espiritual y moral del artista y dando un nuevo sentido a su vida. Incluso después de la muerte de su amiga, quizás el único ser que supo comprenderle y amarle, Miguel Ángel mantuvo una actitud muy distinta al constante y angustiado batallar que había caracterizado hasta entonces su existencia, con lo que pudo afrontar con un insólito sosiego el paso de la madurez a la ancianidad.

Superior a los clásicos

En los últimos años de su vida, Buonarroti se reveló como un gran arquitecto. Fue en 1546 cuando el papa Paulo III le confió la dirección de las obras de San Pedro en sustitución de Sangallo. Primero transformó la planta central de Bramante y luego proyectó la magnífica cúpula, que no vería terminada. Esta cúpula, una de las piezas más perfectas y más felizmente unitarias jamás concebidas, es junto al proyecto de la Plaza del Campidoglio y al Palacio Farnesio la culminación de las ideas constructivas de Miguel Ángel, que en este aspecto se mostró, si cabe, aún más audaz y novedoso que en el ámbito de la pintura o la escultura. En su arquitectura buscaba ante todo el contraste entre luces y sombras, entre macizos y vacíos, logrando lo que los críticos han denominado «fluctuación del espacio» y anticipándose a las grandes creaciones barrocas que más tarde llevarían a cabo grandes artistas como Bernini o Borromini.

A partir de 1560, el polifacético e hipocondríaco genio comenzó a padecer una serie de dolencias y achaques propios de la ancianidad. Mientras los expertos empezaban a considerarle superior a los clásicos griegos y romanos y sus detractores le acusaban de falta de mesura y naturalidad, Buonarroti se veía obligado a guardar cama y era víctima de frecuentes desvanecimientos. A finales de 1563 se le desencadenó un proceso arteriosclerótico que le mantuvo prácticamente inmóvil hasta su muerte. Poco antes, aún tuvo tiempo de reunir, ayudado por su discípulo Luigi Gaeta, cuantos bocetos, maquetas y cartones había diseminado por su taller, con objeto de quemarlos para que nadie supiese jamás cuáles habían sido los postreros sueños artísticos del genio.

El 18 de febrero se extinguió lentamente. Sus últimas palabras fueron: «Dejo mi alma en manos de Dios, doy mi cuerpo a la tierra y entrego mis bienes a mis parientes más próximos.» Cuatro hombres le acompañaron en esos instantes: Daniello da Volterra, Tomaso dei Cavalieri y Luigi Gaeta, sus más fieles ayudantes, y su criado Antonio, que fue el único capaz de cerrar sus párpados cuando expiró. Con él moría toda una época y concluía ese portentoso momento histórico que conocemos como Renacimiento italiano.

Su epitafio bien podría ser aquel que el mismo Miguel Ángel escribió para su amigo Cechino dei Bracci, desaparecido en la flor de la edad:

Quien muerto aquí me llora
en vano espera,
regando así mis huesos con su luto,
devolverme como árbol seco al fruto;
que un muerto no resurge en primavera.

Si vivo estuve, sólo tú, mi losa,
lo sabes, y si alguien me recuerda
parécele soñar; rauda es la muerte:
que nunca fue parece lo que fuera.

Por siempre de la muerte soy, y vuestro
sólo una hora he sido; con deleite
traje belleza, mas dejé tal llanto
que valiérame más no haber nacido.

Durante su estancia en Roma, en 1496, Miguel Ángel esculpió sus primeras obras maestras, entre ellas su serena Pietà, *en la que se observa el perfecto dominio de la anatomía y la armónica composición piramidal que forman la Virgen y el Cristo muerto. Primera capilla de la derecha de San Pedro del Vaticano.*

1475	6 de marzo: nace Michelangelo Buonarroti, **MIGUEL ÁNGEL**, en Caprese (Italia).
1488	Ingresa en el estudio de Ghirlandaio, en Florencia.
1489-1492	Trabaja en el jardín de San Marcos bajo la protección de Lorenzo *el Magnífico*.
1496-1497	En Roma, a donde se ha trasladado, esculpe el *Baco ebrio*. Comienza a trabajar en la *Piedad*.
1501	De nuevo en Florencia, trabaja en el *David*.
1505	El papa Julio II le encarga su monumento funerario.
1508	Julio II le confía la decoración de la Capilla Sixtina.
1512	Termina la Capilla Sixtina.
1513	Muere Julio II y Miguel Ángel reemprende los trabajos para su tumba.
1521	Empieza las esculturas para el mausoleo de los Médicis en San Lorenzo.
1536	Comienza el *Juicio Final* en la Capilla Sixtina. Traba amistad con Vittoria Colonna.
1547	Proyecta la Plaza del Campidoglio.
1557	Primera maqueta de la cúpula de San Pedro.

VASCO NUÑEZ DE BALBOA
(1475-1517)

Armado con la certidumbre de que al otro lado del Caribe existía otro mar, Vasco Núñez de Balboa cruzó el istmo de Panamá y al cabo del vigésimo quinto día lo avistó y lo llamó Mar del Sur.

*C*uando el 25 de septiembre de 1513 Vasco Núñez de Balboa tomó posesión del que había llamado Mar del Sur, estaba lejos de imaginar que se encontraba ante la mayor masa de agua existente en el planeta, una inmensa extensión de sesenta millones de millas cuadradas cuajada de minúsculas islas en su mayoría habitadas por pueblos muy primitivos. Rápidamente, aquel mar recién descubierto se convirtió en una nueva vía de navegación para las naves españolas, y tan sólo seis años después dos excelentes marinos, Magallanes y Elcano, lo surcaron para alcanzar por occidente las islas de las Especias, consi-

guiendo probar con su heroico viaje la esfericidad de la Tierra. Fue a partir de entonces cuando el ignoto Mar del Sur empezó a revelar sus secretos bajo un nuevo nombre, el de océano Pacífico.

El polizón

Vasco Núñez de Balboa era originario de Jerez de los Caballeros (Badajoz) y había pasado al Nuevo Mundo en la expedición de Rodrigo de Bastidas en 1501, logrando establecerse como colono en las cercanías de Santo Domingo. Allí consiguió pronto fama de hábil esgrimidor y al parecer contrajo numerosas deudas, pues en 1510 lo vemos huir de los acreedores embarcándose como polizón en la nave que el bachiller Martín Fernández de Enciso dirige rumbo a Nueva Andalucía, zona costera situada en la actual Colombia.

A su llegada, el pequeño establecimiento de San Sebastián, fundado poco antes por Alonso de Ojeda, estaba a punto de ser abandonado por sus escasos pobladores a causa de los continuos ataques lanzados por los indígenas, que en aquellos pagos eran temibles debido a sus flechas envenenadas. Curiosamente, el viajero clandestino salió de su tonel y en poco tiempo se hizo dueño de la situación, proponiendo una serie de medidas que fueron inmediatamente aceptadas. A su juicio, era preciso trasladar el campamento a la margen izquierda del golfo de Urabá, donde al menos los indios no emponzoñaban sus flechas. Eran aquellas las tierras llamadas Castilla del Oro, sometidas al gobernador Diego de Nicuesa y ricas en el preciado metal amarillo. Allí iba a fundar Balboa el primer establecimiento que perduró en el continente, Santa María de la Antigua del Darién.

Al conocer Nicuesa aquella intromisión en sus territorios, se dispuso a castigar a los advenedizos

Después de derrotar a Diego de Nicuesa, gobernador de las tierras de Castilla del Oro, por la supuesta abundancia de este metal que había en ellas, Vasco Núñez de Balboa fundó el establecimiento de Santa María de la Antigua del Darién y fue designado por el virrey Diego Colón gobernador interino de Darién. En 1514, al año siguiente de su descubrimiento del Mar del Sur, del cual fue nombrado Adelantado, además de gobernador de Panamá y Coiba, comenzaron sus enfrentamientos con el cruel y ambicioso Pedrarias.

acaudillados por Balboa, pero éste consiguió capturar al iracundo caballero en un alarde de destreza y anticipación, embarcándolo luego en una nave desvencijada y dejándolo solo en las aguas del Caribe, donde sin duda debió de hundirse antes de avistar tierra.

El malvado Pedrarias

Esta hazaña hizo que el virrey don Diego Colón, suprema autoridad entonces en el Nuevo Mundo, le nombrase gobernador interino del Darién. Así

se iniciaba el período más brillante de su vida. Desde Santa María de la Antigua fue incorporando el territorio circundante por medio de las armas o estableciendo alianzas con los indígenas, y el primer día de septiembre de 1513 atravesó el istmo de Panamá al frente de 190 españoles y 800 indios con el propósito de llegar hasta un gran mar en cuyas riberas, según se decía, abundaba el oro. Fue el 25 de septiembre cuando, por primera vez, Balboa divisó el océano Pacífico, que por su situación respecto al punto de partida llamaría Mar del Sur. El explorador tomó posesión de aquellas aguas en nombre de los reyes de Castilla y el

Aunque en general fue benévolo con los indios, Núñez de Balboa castigó con severidad la homosexualidad, como se ve en el grabado.

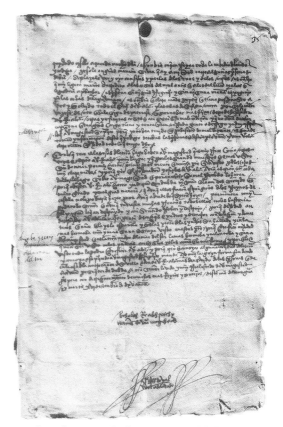

Los abusos que Pedrarias y sus soldados cometían contra los indígenas fueron denunciados por Balboa al rey. Arriba, documento autógrafo del descubridor.

escribano levantó acta del hecho, en donde constaron los nombres de varios testigos entre los que se encontraba Francisco Pizarro. No obstante, las fabulosas riquezas esperadas no aparecieron por ninguna parte.

Al año siguiente, Fernando *el Católico* envió como gobernador del Darién a Pedro Arias de Ávila, más conocido como Pedrarias Dávila, un militar de áspero trato e inteligencia tortuosa cuya misión consistía en colonizar el supuestamente rico territorio de Castilla del Oro. Al mismo tiempo nombró a Balboa Adelantado de la Mar del Sur y gobernador de Panamá y Coiba. Desde el principio, las relaciones entre Pedrarias y Balboa fueron tensas. Los recién llegados componían una nutrida corte de oficiales, funcionarios y clérigos, todos lujosamente ataviados y seguros de encontrar inagotables fortunas para sí y para sus orgullosas familias. Además, no tardaron en maltratar a los indios, a quienes consideraban seres inferiores.

La colonia de Santa María, que Balboa había mantenido próspera, quedó reducida a la miseria por la incompetencia de Pedrarias Dávila. En 1515, el descubridor del Mar del Sur denunció al rey los abusos que el nuevo gobernador y sus capitanes cometían contra los indígenas. Al año siguiente, la relación entre ambos mejoró al concertarse y celebrarse por poderes el matrimonio de Balboa con la hija de Pedrarias, que estaba en España. Se hicieron preparativos para acometer nuevas exploraciones del Mar del Sur y Balboa se ocupó de la construcción de varios barcos para emprender el viaje. Luego exploró el golfo de Panamá y repobló Acla, ciudad que había sido abandonada a causa de los ataques indígenas.

Corría el año de 1516 cuando el nuevo gobernador Lope de Sosa anunció su llegada como sustituto de Pedrarias, cuya fama de cruel e incapaz había llegado a la Península por medio de las denuncias de Balboa. Sin embargo, éste pensó que debía apoyar a su suegro y regresó a Acla, donde se encontraba Pedrarias, para declarar a su favor si se le sometía a juicio.

Pedrarias añadió entonces a la lista de sus infamias la deslealtad y una mentira ultrajante; temeroso de que Balboa hablase en su contra, lo hizo prender por su amigo Francisco Pizarro, el futuro conquistador del Perú, y lo acusó de conspiración contra la corona sentenciándolo a muerte tras un juicio sumarísimo. Hacia el atardecer de un día de enero de 1517, Vasco Núñez de Balboa se aproximó sereno al cadalso y colocó su frente en el madero. Segundos después, el verdugo le cercenó el cuello de un limpio golpe de hacha. Pedrarias Dávila, no satisfecho aún su odio, ordenó hincar la cabeza de Balboa en un palo y la dejó expuesta durante varios días en la plaza de Acla.

El espíritu inquieto y el afán de descubrir nuevas tierras impulsaron a Núñez de Balboa a explorar el golfo de Panamá y el Mar del Sur, para lo cual construyó barcos, a los que transportó por el istmo. Por entonces la construcción de barcos y los métodos de orientación habían avanzado notablemente y el astrolabio permitía determinar con exactitud la posición de una nave en el mar.

1475	Nace **VASCO NUÑEZ DE BALBOA** en Jerez de los Caballeros (Badajoz).
1500	Parte hacia el Nuevo Mundo en la expedición de Rodrigo de Bastidas.
1502	Se establece como colono en Santo Domingo.
1510	Se introduce como polizón en el barco de Fernández de Enciso y se dirige al Darién. Funda Santa María de la Antigua en el Darién.
1511	Captura y abandona a Diego de Nicuesa en alta mar y expulsa del Darién a Enciso. Los indígenas le hablan de la existencia del océano Pacífico. Es nombrado gobernador interino del Darién.
1512	Descubre el río Atrato, al que llama San Juan. Explora el territorio de su gobernación.
1513	Cruza el istmo de Panamá y descubre el Mar del Sur el día 25 de septiembre.
1514	Es nombrado Adelantado de la Mar del Sur y gobernador de Panamá y Coiba.
1515	Denuncia los abusos contra los indios cometidos por Pedrarias Dávila. Se casa por poderes con la hija de Pedrarias Dávila.
1516	Construye varios barcos y los transporta a través del istmo. Repuebla la ciudad de Acla. Explora el golfo de Panamá. Es detenido y encarcelado por Francisco Pizarro por orden de Pedrarias Dávila.
1517	Entre el 12 y el 21 de enero es ejecutado en Acla.

JUAN SEBASTIÁN ELCANO
(1476-1526)

*E*l primer hombre que dio la vuelta al mundo nació en Guetaria, un pueblecito vasco, dieciséis años antes de que Cristóbal Colón pisara una isla hoy casi olvidada del archipiélago de las Bahamas creyendo encontrarse a las puertas de China y Japón, o, para él, Catay y Cipango. Desde su juventud, hizo del mar su elemento y su profesión, llegando a intervenir, al mando de una nave de su propiedad, en una expedición militar a Argel dirigida por el mismísimo cardenal Cisneros. Mas no le fueron bien pagados los excelentes servicios prestados a la corona, y poco después tuvo que vender su barco a unos extranjeros para satisfacer a sus deudores, lo que era un grave delito en aquella época. Así pues, hallándose sujeto a la acción de la justicia, fue «invitado» a enrolarse en una flota de la que muy pocos querían formar parte: la que debía llevar a Magallanes hasta las islas Molucas por Occidente, atravesando el estrecho que, según se creía, comunicaba en el extremo más meridional de Sudamérica el Atlántico con el denominado Mar del Sur, el océano Pacífico.

La expedición de Magallanes

La fama de buen piloto que tenía Elcano hizo que se le confiase el cargo de maestre, o sea de segundo de a bordo, en una de las cinco naves que partían hacia lo desconocido, la *Concepción*. El 10 de agosto de 1519 partía la expedición desde Sevilla, e inmediatamente comenzaron a surgir dificultades.

Magallanes, hombre de carácter despótico, se enfrentó a los capitanes de las naos, hubo de sofocar una violenta rebelión y, antes de cruzar el famoso estrecho que hoy lleva su nombre, perdió dos de sus barcos, uno porque encalló en el río de Santa Cruz y el otro que puso rumbo a España sin darle tiempo a detenerlo.

Elcano, prudente como era, supo mantenerse al margen de los motines, aunque en una ocasión Magallanes estuviera a punto de condenarle a muerte, y compartió con sus compañeros la dicha de cruzar por primera vez en la historia de un océano a otro sin pisar tierra firme, demostrando que era posible llegar a las Molucas por una ruta distinta a la descubierta por otro gran navegante, Vasco da Gama, seguida habitualmente por los portugueses, que bordeaban África y doblaban el cabo de Buena Esperanza para adentrarse después en el Índico. Magallanes puso nombre al estrecho y también al vasto mar que se abría al otro lado, al que por sus vientos calmados y sus aguas quietas llamaría Pacífico. Tras navegar durante tres meses y veinte días hacia el oeste, bajo un sol de justicia y privados de víveres, los marinos llegaron a la isla de Guam en marzo de 1521. Luego, Magallanes rechazó dirigirse directamente a las Molucas y dio comienzo a un absurdo itinerario por las Filipinas. Allí, deseoso de lograr tierras para España y honores para él, se dedicó a establecer extrañas alianzas con los nativos y a comprometerse en sus luchas. Fueron precisamente los indígenas quienes acabaron con su vida en la isla de Mactam, dejando a la flota descabezada y a merced del desconcierto.

La hora de Elcano

El primero en hacerse cargo de las tres naves que aún quedaban, la *Trinidad*, la *Victoria* y la *Concepción*, fue el cuñado de Magallanes, Duarte Barbosa. No habían pasado cuatro días desde la muerte de su capitán general cuando se le ocurrió aceptar una invitación del rey de Cebú, a la que acudió con veinte hombres; todos fueron asesinados. Elcano se salvó de milagro, pues no pudo acompañarles por encontrarse indispuesto. Las tres naos, con 115 tripulantes de los 265 que

Al suceder en el mando de la expedición a Fernando de Magallanes, muerto en Filipinas, al navegante vasco Juan Sebastián Elcano le cupo la gloria de ser el primer hombre en circunnavegar la Tierra.

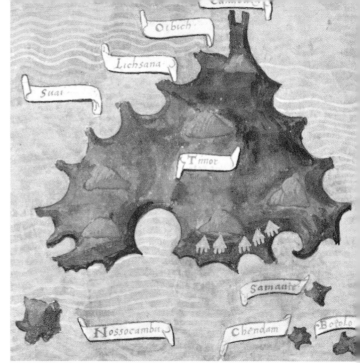

En enero de 1522, tras dar por finalizado el errático navegar por el archipiélago filipino, Elcano llegó a la isla de Timor, en el grabado, donde cargó sus naves con las preciadas especias.

habían salido de España, abandonaron aquellos parajes a toda prisa y, comandadas ahora por el portugués Carvalho, siguieron navegando de isla en isla en lugar de, como era obligado y sensato, dirigirse a las Molucas, su verdadero destino desde un principio. En este deambular iba a perderse la *Concepción* pasto de las llamas, lo que originó la destitución de Carvalho y la designación de nuevos capitanes: Gómez de Espinosa pasó a mandar la *Trinidad* y Juan Sebastián Elcano la *Victoria*; además, a éste último se le encomendó el cargo de tesorero de la flota, lo que demuestra la fama de honradez de que gozaba ya en ese momento.

Durante los días siguientes, la falta de alimentos les obligó a piratear. En septiembre apresaron un junco en el que viajaba el gobernador de Palauán e impusieron un rescate de 400 medidas de arroz, 200 cerdos, 100 cabras y 50 gallinas. El gobernador, agradecido al ver que respetaban su vida, les entregó además nueces de coco, bananas, caña de azúcar y vino de palma, siendo tanta la alegría del secuestrado y de sus raptores que parte del botín fue consumido en común festejo, despidiéndose al fin los interesados como excelentes amigos.

Aunque el mando era compartido por Espinosa y Elcano, la autoridad moral de este último, su prestigio, su honradez y sus conocimientos náuticos acabaron por imponerse. Ejecutaba su misión en silencio, sin gestos vanos y sin arrogancia, dejando patente a través de los hechos cuán eficaz era y cuánto merecía la confianza que se depositaba en él. Pronto alcanzó lo que posiblemente ni siquiera había soñado: el mando total de la expedición iniciada por Magallanes.

Un regreso dramático

No obstante, lo más difícil quedaba por hacer: llegar a las Molucas y regresar a España. Elcano, en cuanto se vio aupado a la cabeza de la flota, empezó a tomar decisiones con mano firme. Para empezar, dio por terminado el errático vagar de isla en isla y, tras aprovisionarse de manera conveniente, puso rumbo a las Molucas, adonde llegaron en noviembre de 1521. En la isla de Timor establecieron excelentes relaciones con los nativos y las dos naves quedaron abarrotadas de especias, mercancía en la que se basaba uno de los comercios más lucrativos de la época.

Juan Sebastián Elcano, quien ya había hecho testamento (arriba testamento autógrafo), volvió a embarcarse en 1525 y murió al año siguiente víctima del escorbuto.

Con las bodegas repletas de nuez moscada, canela, clavo, azafrán y pimienta, Elcano decidió enfilar las proas hacia España sin perder un minuto. Pero al salir del puerto, la *Trinidad* comenzó a escorar peligrosamente debido a una enorme vía de agua. La reparación se reveló imposible y el guipuzcoano, considerando que ya se había perdido demasiado tiempo, adoptó una grave resolución: la nave averiada se quedaría en Timor y él emprendería el viaje solo, al frente de la *Victoria*. Dicho y hecho: el 21 de diciembre de 1521, la *Victoria* salió de Timor con 43 europeos y 13 indígenas a bordo.

Lo que pretendía Elcano era verdaderamente arriesgado: dirigirse al cabo de Buena Esperanza, doblarlo y poner rumbo al norte, hacia España, eludiendo a los portugueses y sin recalar en ninguno de sus puertos, lo que equivalía a reco-

rrer la distancia entre las Molucas y Sevilla sin tocar tierra, ya que esa era la ruta portuguesa de las especias y se hallaba plenamente bajo dominio de Lisboa.

Para eludir a los portugueses, Elcano se internó en el océano Índico por parajes desconocidos hasta entonces. Pronto hizo su aparición el espectro del hambre: la carne almacenada se pudrió por falta de sal y el resto de víveres se agotó en pocas semanas. Ante tan grave situación, muchos quisieron entregarse a los lusos en Mozambique, pero Elcano fue inflexible. Más tarde escribiría al rey Carlos I: «Determinamos morir antes que caer prisioneros de los portugueses y dejar de culminar nuestra hazaña.» En el cabo de Buena Esperanza, una terrible tormenta se abatió sobre los navegantes y rompió de cuajo el trinquete de la *Victoria*; sólo la pericia de Elcano pudo sortear la amenaza de los elementos y rescatar la nave de unas aguas que estuvieron a punto de tragársela. No obstante, el agotamiento y el escorbuto se encargaron de diezmar la tripulación, llevando la muerte a 22 marineros.

«Primus circumdedisti me»

Las islas portuguesas de Cabo Verde fueron avistadas por el vigía de la *Victoria* el 9 de julio de 1522. Era preciso conseguir alimentos o todos morirían irremediablemente. Pero si les apresaban, se perdería el fruto y la gloria del periplo cuando España se encontraba ya a menos de dos meses de navegación. Elcano recurrió a la astucia: envió a una docena de hombres en una chalupa con el encargo de decir que formaban parte de la tripulación de un barco procedente de América averiado por una tormenta. Los emisarios pudieron hacer dos viajes cargados de arroz antes de que les detuvieran; Elcano largó velas y las naves mandadas en su persecución no pudieron darle alcance.

Por fin, el 6 de septiembre, la *Victoria* fondeaba en Sanlúcar de Barrameda, tres años y veintisiete días después de haber partido de Sevilla. El barco hacía agua por todas partes y, durante los últimos días, los supervivientes se habían visto obligados a achicarla frenéticamente con grandes cubos. De los 265 tripulantes que componían originalmente la expedición, regresaban tan sólo 18, enfermos y agotados, pero felices. Habían dado por primera vez la vuelta alrededor del globo e iban a ser honrados por ello.

El rey Carlos concedió a Elcano un escudo de armas en el que figuraba una esfera terrestre con la inscripción *Primus circumdedisti me*. Se le perdonó la pena que podía corresponderle por haber vendido su nave a extranjeros y se le asignó una pensión anual de 500 ducados, que nunca llegó a cobrar porque la entidad pagadora, la Casa de Contratación de La Coruña, se declaró insolvente días después. De todos modos, la gloria tuvo también su vertiente material: las especias que la maltrecha *Victoria* llevaba en sus bodegas reportaron cuantiosos beneficios a todos los heroicos tripulantes.

En 1525, Elcano volvió a alistarse en una expedición a las Molucas que iba a seguir de nuevo la ruta del estrecho de Magallanes. Iba como segundo jefe del comendador Loaysa, capitaneaba una de las naos y se le había concedido el título de piloto mayor de la flota. Meses después de la partida, en plena travesía por el océano Pacífico, fue víctima del escorbuto. Su cuerpo fue arrojado al mar, y nadie pudo imaginar mejor y más digna sepultura para uno de los más grandes navegantes de todas las épocas.

Después de tres años y veintisiete días de penosa navegación, Elcano y un reducido grupo de supervivientes arribaron al puerto de Sanlúcar de Barrameda habiendo demostrado la redondez de la Tierra y la posibilidad de acceder a Asia viajando hacia el oeste. Carlos I otorgó al marino vasco un escudo de armas con la inscripción Primus circumdedisti me *sobre una esfera terrestre.*

1476	**JUAN SEBASTIÁN ELCANO** nace en Guetaria (Guipúzcoa).
1509	Interviene en una expedición militar a Argel.
1519	Se alista en la expedición de Magallanes.
1520	Durante una rebelión se hace cargo del *San Antonio*, el mayor barco de la flota. Magallanes está a punto de ejecutarle.
1521	En abril muere Magallanes a manos de los indígenas. En agosto es elegido capitán de la nave *Victoria*. 8 de noviembre: llega a Timor, en las Molucas. A finales de diciembre, parte rumbo a España.
1522	9 de julio: la expedición llega a Cabo Verde. 6 de septiembre: la *Victoria* fondea en Sanlúcar de Barrameda.
1523	Carlos I le concede un escudo de armas con la inscripción *Primus circumdedisti me*.
1525	Se alista en una expedición a las Molucas mandada por el comendador Loaysa.
1526	Muere en algún punto del Pacífico y su cadáver es arrojado al mar.

FRANCISCO PIZARRO
(1478-1541)

*E*l hombre que cambió radicalmente los destinos del área andina no sabía escribir y firmaba con una cruz. Su cuna era humilde, prefería la acción a los discursos y en más de una ocasión se avergonzó de su incultura. Sin embargo, su figura es en sí misma un ejemplo de la grandeza que determinados caracteres pueden alcanzar en momentos históricos excepcionales. Junto con Hernán Cortés, Pizarro fue el alma de la conquista de América y ha de ser considerado uno de los más genuinos representantes de las virtudes y defectos que llevaron a un puñado de españoles hasta el Nuevo Mundo, donde dieron testimonio tanto de su audacia y valor, cuanto de su perfidia, astucia y crueldad. Su biografía refleja esta contradicción. Veamos cuáles son los hechos principales de la vida de este hombre singular.

De porquerizo a descubridor

Había nacido en Trujillo y era hijo natural del capitán Gonzalo Pizarro y de una mujer llamada Francisca Mateos o quizás Morales, considerada por unos historiadores sirviente en un convento de monjas y por otros simple cortesana. Si bien no es cierta la leyenda que le presenta abandonado de recién nacido a la puerta de una iglesia y amamantado por una maternal lechona, no hay duda de que fue porquerizo durante algún tiempo antes de dirigirse a Sevilla, adonde escapó, según el cronista López de Gómara, porque se le habían desmandado los cerdos que cuidaba y quiso eludir el castigo. Poco más se sabe de su infancia y juventud, salvo que entre 1494 y 1498 sirvió con su padre en las guerras de Italia.

La escasez de noticias fidedignas hace difícil saber con exactitud cuándo se produjo su marcha a las Indias, aunque se da por buena la fecha de 1502 y se supone que viajó con Nicolás de Ovando. Sea como fuere, en 1508 lo encontramos en Santo Domingo dispuesto a embarcarse en la expedición que Alonso de Ojeda iba a dirigir a la costa norte de la actual Colombia. Allí participó en la fundación de la colonia de San Sebastián y resistió como el primero los repetidos ataques de los indios, provistos de un arma desconocida para los españoles: las flechas envenenadas con curare. Hasta San Sebastián llegó poco después el denominado «caballero del barril», Vasco Núñez de Balboa, así llamado por

Francisco Pizarro, aunque de humilde cuna e inculto, fue uno de los grandes soldados de la conquista de Perú. Este extremeño de Trujillo compartió con Diego de Almagro la gloria y las miserias de tal hazaña, al frente de un puñado de hombres, a los que alentaba la ilusión de hallar fabulosas ciudades de oro.

haber huido de esta guisa de los acreedores que le acosaban en La Española. Con él fundó Pizarro Santa María de la Antigua del Darién y poco después atravesó el istmo de Panamá para llegar al Mar del Sur, rebautizado luego por Magallanes con el nombre de océano Pacífico. De este último acontecimiento levantó acta el escribano real, consignando el nombre de Francisco Pizarro en tercer lugar, mas sin su firma, porque era iletrado.

Nombrado Pedro Arias de Ávila gobernador del Darién, tierra también llamada Castilla del Oro, encomendó a Pizarro una delicada operación: apresar a Balboa, al que se acusaba falsamente de preparar una conspiración. Aunque la orden le desagradaba, Pizarro la cumplió sin protestar. En 1517 Balboa era ejecutado, pero en sus muchos escritos desde la prisión nunca se quejó del que había sido su amigo y fiel subordinado.

Los trece de la fama

El antiguo porquerizo se convirtió en uno de los hombres de pro de Panamá. Había hecho fortuna y en 1523 era un tranquilo hacendado que administraba sus posesiones con sobriedad y eficacia. Pero esta paz era sólo el preludio de grandes empresas. Las noticias que sobre el río Birú o Pirú trajo Andagoya de sus exploraciones hacia el sur despertaron su interés por recorrer tan fantásticas tierras, que se encontraban en el límite de lo conocido. Para ello se asoció con Diego de Almagro y el clérigo Hernando Luque y partió de Panamá a fines de 1524 con una nave, dos canoas y ochenta hombres. El viaje resultó desastroso y quedó interrumpido en Chicama, desde donde los expedicionarios decidieron regresar.

Pizarro no se dio por vencido e inmediatamente preparó una segunda expedición, que iba a resultar tan penosa como heroica. Tras recorrer las islas de las Perlas y el golfo de San Mateo perpetuamente hostigados por los indígenas, los viajeros llegaron a la isla del Gallo agotados y hambrientos. Pizarro resolvió enviar a Almagro a Panamá en busca de refuerzos y permanecer en la inhóspita isla alimentándose de los escasísimos víveres que les quedaban. El nuevo gobernador de Panamá, Pedro de los Ríos, al conocer por Almagro su desesperada situación, autorizó la salida de dos barcos en misión de rescate. Cuan-

Pizarro se curtió como soldado en Italia y hacia 1502 viajó a las Indias, donde hallaría fama y fortuna. Arriba, escudo de armas de Francisco Pizarro.

do las naves llegaron a la isla del Gallo, Pizarro se negó a regresar e hizo algo que ha pasado a los anales del más puro heroísmo: dando grandes voces, llamó la atención de todos y, desenvainando la espada, trazó en el suelo una línea simbólica, pasando luego sobre ella e invitando a los que la atravesaran a seguir con él hacia el sur en busca de la gloria que sin duda les esperaba. Fueron trece hombres los que cruzaron la línea marcada por Pizarro en la húmeda tierra de la isla del Gallo; se les llamó después «los trece de la fama» y, aunque sus nombres poco pueden decirnos, no hay duda de que por sus venas corría la mejor sangre de la vieja y luchadora Hispania.

Regreso triunfal

De la isla del Gallo, los trece robinsones pasaron a la de la Gorgona, donde esperaron cinco largos meses a que se uniera a ellos Bartolomé Ruiz, quien desde Panamá traía víveres, nuevos hom-

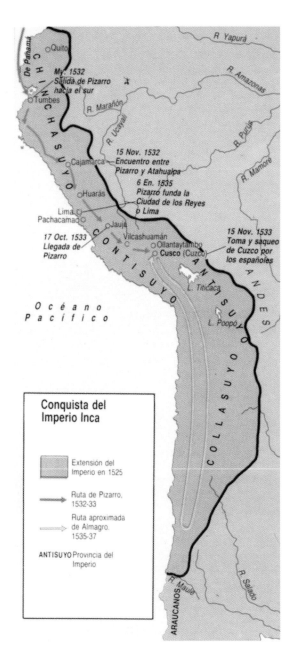

Conquista del Imperio Inca

Extensión del Imperio en 1525

Ruta de Pizarro, 1532-33

Ruta aproximada de Almagro. 1535-37

ANTISUYO Provincia del Imperio

El Imperio Inca, el Tahuantinsuyo, a la llegada de los españoles ocupaba los vastos territorios que iban desde Quito, en el actual Ecuador, hasta el río Maule, en los confines meridionales de Chile. Pizarro supo aprovechar las disputas por el trono entre Huáscar, el inca legítimo que residía en Cuzco, y su hermano Atahualpa, asentado con su ejército en Cajamarca, para internarse con sus hombres en el país y fundar San Miguel de Piura. Atahualpa recibió a los españoles en su fortaleza y fue apresado por éstos.

bres y un permiso del gobernador para explorar durante seis meses más las ignotas tierras del sur. El grupo de esforzados continuó la marcha y recorrió el golfo de Guayaquil, pasando luego por las ciudades incas de Túmbez, Payta, Sechura, Tangarata, Motupe y Coaque, y por las costas donde después se fundarían San Miguel y Trujillo. En todos estos lugares fueron bien acogidos por los indígenas, celebrando con ellos varios banquetes al fin de los cuales Pizarro les instaba a que acataran la soberanía española alzando el pendón de Castilla; los indios siempre dieron gusto a su huésped en esta ceremonia, aunque sin comprender su significado, con lo que el descubridor se daba por satisfecho.

A finales de 1527, Pizarro regresó triunfante a Panamá, donde se le dispensó un recibimiento apoteósico. Había descubierto la costa norte del actual Perú (así llamado por el río Birú) y penetrado en los dominios del Imperio Inca, el Tahuantinsuyo. Ante las posibilidades de conquistar aquel vasto territorio, Pizarro y sus socios solicitaron el apoyo del gobernador Pedro de los Ríos. Como éste se mostrase reacio a ayudarles, el de Trujillo se trasladó a España, donde fue magníficamente acogido por el emperador Carlos I, que le concedió la hidalguía y le nombró capitán general, adelantado, alguacil mayor y gobernador de 200 leguas en la costa de Nueva Castilla, pues así fueron bautizadas las tierras del Perú.

El 19 de enero de 1530 Pizarro salió de Sevilla con destino a las Indias. Le acompañaban nuevos expedicionarios, entre ellos sus hermanos Hernando (el mayor y único legítimo de todos), Gonzalo y Juan. Precisamente la confianza y respaldo que tendría para con Hernando, intrigante y ambicioso, iba a crear dificultades entre los socios. De aquella época datan los primeros desacuerdos entre Pizarro y Almagro, que se sentía defraudado por los escasos privilegios recibidos por él en comparación con los otorgados a su compañero.

Un año después, Pizarro emprendió el viaje con 180 hombres y 3 navíos. En Túmbez tuvo noticias de la guerra civil que escindía el Imperio Inca: Huáscar, el rey legítimo, residía en Cuzco y estaba enfrentado a su hermano Atahualpa, cuyo centro de operaciones se encontraba en Cajamarca. Aprovechando estas luchas intestinas, Pizarro se internó en el país y fundó la primera población española, que llamó San Miguel de Piura. A continuación se dirigió a Cajamarca a fin de encontrarse con Atahualpa, que había conseguido derrotar a su hermano y proclamarse caudillo de los incas.

Muerte de Atahualpa

Cajamarca era una formidable fortaleza en torno a la cual se hallaban acampadas las fuerzas de Atahualpa. Los españoles, tras ser invitados por el nuevo soberano, entraron en la ciudad temiendo ser víctimas de una encerrona y se entrevistaron con él en la explanada del castillo. Pizarro había decidido emular a Hernán Cortés en su encuentro con Moctezuma y, a una señal suya, sus huestes comenzaron a disparar los arcabuces y a voltear sables y picas mientras él tomaba prisionero a Atahualpa. Se produjo una gran matanza de indios atemorizados por la metralla y los caballos, a los que consideraban seres inmortales, y el ejército del jefe inca quedó fuera de la fortaleza y no pudo rescatarle.

Atahualpa ofreció a Pizarro, en pago por su libertad, tanto oro como cupiera en una de las más grandes salas de su palacio. Entre tanto, desde el interior del mismo, el caudillo inca continuó dando órdenes a sus tropas. Una de ellas fue el ajusticiamiento de Huáscar, que había sido capturado. La cabeza de éste llegó a sus manos poco después sin conocimiento de los españoles, disimulada como vasija para beber ceñida por una lámina de oro y con un tubo de plata entre los labios. Así la mantuvo Atahualpa a la vista, regocijándose de ser rey absoluto. Poco después intentó dar órdenes secretas para que sus grandes caciques levantaran el país contra Pizarro. Se formó juicio contra el inca ante el temor a un levantamiento y Pizarro, presionado por sus oficiales y por Almagro, lo sometió a un rápido proceso y, en el colmo del cinismo, le ejecutó después de bautizarle, con lo que al menos quedaba garantizado su inmediato ingreso en el Paraíso. Seguido por el grueso de sus huestes, Pizarro partió hacia Cuzco, pero antes, para dar cierta legitimidad a su política con los indios, proclamó nuevo emperador inca a Túpac Hualpa. El recién designado jefe murió camino de la ciudad y fue sucedido por su hermano Manco Inca, con quien Pizarro hizo su entrada en Cuzco el 15 de noviembre de 1533. En los meses siguientes, todas las provincias incaicas cayeron en poder de los capitanes del adelantado, con lo que se consumaba la ocupación de aquel imperio por los conquistadores españoles.

El díscolo Almagro

Por aquel entonces, el adelantado de Guatemala, Pedro de Alvarado, acababa de llegar a las costas del Perú con un importante contingente de hombres y caballos dispuesto a conquistar el Reino de Quito. Como había invadido su gobernación, Pizarro envió para detenerle a Belalcázar y Almagro. Durante la expedición, el primero conquistó Quito y se unió después al segundo, el cual había logrado que Alvarado desistiese de su propósito comprándole sus fuerzas por ciento cincuenta mil monedas de oro. Convertido así también en la práctica en único dueño del Perú, Pizarro fundó las ciudades de Jauja, Río de Bamba, Trujillo y Lima, a la que el 6 de enero de 1535 puso el nombre de Ciudad de los Reyes y proclamó capital de los territorios conquistados.

Por orden suya, su hermano Hernando se trasladó a España para comunicar al emperador la toma de Nueva Castilla, entregar la parte que correspondía a la corona del tesoro de Atahualpa y exponer las peticiones del adelantado y su lugarteniente Almagro. El emperador Carlos I concedió a Francisco Pizarro el título de marqués, así como la ampliación de su gobernación de 200 a 270 leguas. Para Almagro obtuvo Hernando el gobierno de Nueva Toledo, de 200 leguas, situada al sur de las posesiones de Pizarro, y el nombramiento de sucesor para cuando éste falleciese.

Desde el descubrimiento del Perú, Almagro había soñado con gobernar en solitario aquel rico país. Ahora que se veía equiparado en jerarquía a su socio a raíz de los nombramientos, la ruptura se hizo inevitable. La opulenta Cuzco fue inmediatamente el objeto de la primera disputa seria entre ambos, pues cada uno consideró que por razones geográficas correspondía a su gobernación. Aprovechando la ausencia de Pizarro, Almagro tomó posesión de la ciudad y sus alre-

El 15 de noviembre de 1533, las huestes de Francisco Pizarro entraron en la ciudad de Cuzco, la capital del Imperio, cuya opulencia asombró y llenó de regocijo a los conquistadores. Su magnificencia y riqueza debidas a la generosidad de los sucesivos soberanos eran tales que sus mismos habitantes le llamaban Coricancha, *que en el idioma nativo significaba «lugar del oro».*

dedores y encarceló a sus hermanos Juan y Gonzalo. El adelantado acudió presto a liberarlos y logró llegar a un acuerdo con su díscolo capitán, convenciéndole además de que emprendiese la conquista de Chile. Almagro aceptó el reto y preparó la expedición para el invierno de 1536.

El viaje de Almagro fue un completo desastre. Las ásperas soledades del desierto de Atacama se atragantaron a los españoles, que hubieron de renunciar a su propósito y regresaron a principios del año siguiente. El regreso del decepcionado Almagro coincidió con el levantamiento de Manco Inca, provocado por los abusos que los hermanos de Francisco Pizarro habían cometido contra los indígenas. Lima y Cuzco fueron asediadas, aunque las tropas indias, carentes de la debida preparación, se revelaron incapaces de tomarlas. Almagro aprovechó estas turbulentas circunstancias para entrar de nuevo en Cuzco con su ejérci-

to, prender a Hernando Pizarro y obligar al cabildo municipal a que le declarase gobernador de la ciudad.

Una cruz de sangre en el suelo

La guerra entre ambos bandos estaba servida. Aunque Pizarro exigió y logró que su hermano fuera puesto en libertad, Almagro se negó a abandonar Cuzco y se preparó para luchar contra su antiguo jefe. La mediación de fray Tomás de Berlanga, obispo de Tierra Firme, fracasó estrepitosamente. Las hostilidades dieron comienzo inmediatamente: una vez más, la guerra civil entre españoles, fruto de su desmesurada codicia, era una trágica realidad en América. Almagro se retiró con sus hombres a Guaytará, donde el terreno le era más propicio. Tras unos meses en que ninguno de los dos ejércitos consiguió imponerse al otro, los almagristas se hicieron fuertes en las antiguas salinas indias de Cachipampa, situadas a unos cinco kilómetros al sur de la ciudad de Cuzco. Allí tuvo lugar el choque definitivo el 26 de abril de 1538, alcanzando los pizarristas una victoria completa. En aquella batalla, bautizada con el nombre de Las Salinas, formaron en el bando de Francisco Pizarro dos hombres importantes: Francisco de Orellana, que sería el descubridor del río Amazonas, y Pedro de Valdivia, que años después conseguiría culminar con éxito la obra en la que Almagro había fracasado: la conquista de Chile.

Pizarro no dudó en ajusticiar a Almagro, hecho prisionero en el campo de batalla. Una vez Cuzco en su poder, el adelantado convirtió su gobernación en el centro de la expansión colonizadora y procedió a la distribución de encomiendas para la explotación agrícola y minera del país, al tiempo que fundaba nuevas ciudades. La resistencia contra sus tropas continuó, fomentada tanto por Manco Inca como por los almagristas, organizados en torno al hijo de Almagro. El descontento contra Pizarro subió de tono y la corona hubo de encargar a Vaca de Castro que zanjara la disputa entre los dos bandos, lo que aceleró una conspiración acaudillada por Almagro *el Mozo* y secundada por «los de Chile», almagristas acérrimos que habían acompañado a su desaparecido jefe en las penosas jornadas de Atacama. El 26 de junio de 1541, los conjurados asaltaron el palacio limeño de Pizarro al grito de: «¡Viva el rey! ¡Mueran los tiranos! ¡Almagro! ¡Almagro!» Pasando a cuchillo a cuantos les salieron al paso, llegaron a las estancias del adelantado, quien se sorprendió de tan fiera irrupción y exclamó: «¿Qué desvergüenza es ésta? ¿Por qué me queréis matar?» Por toda respuesta, los amotinados se lanzaron contra él. El viejo capitán de la conquista, aunque ya contaba sesenta y tres años, se defendió bravamente del aluvión de estocadas con·la armadura entreabierta y una capa enrollada en el brazo. Por fin, un puntazo en el cuello le hizo sentir el frío de la muerte. Después de caer al suelo, aún tuvo tiempo de trazar con su sangre una cruz, la única firma que siempre supo hacer, y besarla murmurando lúgubremente el nombre de Cristo.

1478	**FRANCISCO PIZARRO** nace en Trujillo (Cáceres), España.
1494-1498	Participa con su padre en las guerras de Italia.
1502	Parte para las Indias, posiblemente en la expedición de Nicolás de Ovando.
1508	Se encuentra en el Darién con Alonso de Ojeda.
1513	Forma parte de las huestes de Balboa en el descubrimiento del Pacífico.
1515	Pedro Arias de Ávila le encomienda apresar a Balboa.
1519	Toma parte en la fundación de Panamá.
1524	14 de noviembre: parte en dirección sur-sudeste.
1526	Segunda salida. Permanece en la isla de la Gorgona con «los trece de la fama». Recorre la costa norte del Perú.
1527	Regresa triunfante a Panamá.
1529	En España se entrevista con Carlos I y firma las capitulaciones para la conquista de Nueva Castilla o Perú.
1531	De regreso al Nuevo Mundo emprende la expedición de conquista del Perú.
1532	14 de noviembre: llega a Cajamarca. Captura de Atahualpa.
1533	Ejecución de Atahualpa. Entrada en Cuzco.
1535	26 de enero: fundación de Lima.
1537	Almagro ocupa Cuzco y apresa a Hernando Pizarro.
1538	6 de abril: batalla de Las Salinas. Ejecución de Almagro.
1541	26 de junio: un grupo de almagristas asesina a Pizarro en Lima.

LUCRECIA BORGIA
(1480-1519)

*H*ija y amante de un papa, Alejandro VI, tía abuela de un santo, San Francisco de Borja, y hermana de un criminal sifilítico, César Borgia, Lucrecia fue una de las mujeres más extraordinariamente hermosas de la Italia del Renacimiento, belleza angelical inmortalizada por Pinturicchio que floreció en aquellas exquisitas y depravadas cortes donde era común servir pócimas envenenadas a los invitados con elegante ademán y sonrisa obsequiosa. Su familia procedía de Borja, una región española situada en los confines orientales de la sierra del Moncayo, en la actual

Lucrecia Borgia en un fresco que Pinturicchio realizó en el palacio del Vaticano. Aquí, la bella hija del papa Alejandro VI se entregó a una vida disoluta y a los excesos sexuales, dando a luz un hijo, fruto de los amores incestuosos con su padre.

provincia de Zaragoza, aunque en el siglo XIII se estableció en Valencia. Uno de sus antepasados, el obispo Alonso de Borja (1378-1458), dio el salto desde Játiva a Roma y allí se convirtió en papa con el nombre de Calixto III, practicando desde entonces un desfachado nepotismo del que fue principal beneficiario su sobrino Rodrigo, padre de Lucrecia, quien, tras sortear la animadversión desatada por los romanos contra los Borja a la muerte de su tío, se valió de su cuantiosa fortuna para obtener la tiara en 1492, adoptando el nombre de Alejandro VI.

El veneno de los Borgia

La familia se escindió en dos ramas cuando el mayor de los hijos de Rodrigo de Borja, Pedro Luis (1458-1488), compró el ducado de Gandía a Fernando *el Católico* y casó con una prima de éste, María Enríquez. Pronto ducado y esposa serían heredados por su hermano menor, Juan, mandado asesinar en 1497 por otro de sus terribles y envidiosos hermanos, César Borgia, aunque los duques de Gandía permanecerían desde entonces ajenos a los asuntos de Italia, dando origen a una casta jalonada de personalidades notables entre las que destacan San Francisco de Borja, nieto de Juan, y el virrey del Perú Francisco de Borja y Aragón (1577-1658). Mientras tanto, entre la fecha en que Alejandro VI fue promovido a la dignidad pontificia y la de su muerte, acaecida en 1503, los Borja, que habían italianizado su apellido convirtiéndose en los Borgia, se fortalecieron en el poder hasta el extremo de que, por un momento, pareció que se podían adueñar de toda Italia, suscitando con su actitud la unánime inquina de las familias patricias de Roma.

Además de Pedro Luis y Juan, Alejandro VI fue el progenitor de César, nacido en Roma en

1475, y de Lucrecia, cinco años más joven que éste, todos ellos nacidos de su amante Vanozza Catanei. El escudo de su familia llevaba un toro de oro sobre terraza recortada de sinople con bordura de gules cargada de ocho llamas también de oro. A pesar de la acomodación de su apellido a la lengua del país de adopción, padre e hijos mantenían en su correspondencia privada el catalán, dando con ello origen a una estrafalaria leyenda sobre el lenguaje cifrado utilizado por los Borgia, naturalmente alimentada por sus capciosos enemigos.

Veraz es sin embargo el recurso frecuente que se les atribuye a un veneno secreto, probablemente arsénico, con el que despachaban expeditivamente a sus contrincantes políticos, pero esta apelación a los bebedizos ponzoñosos era relativamente habitual en aquella turbulenta y poco escrupulosa época, y no patrimonio exclusivo de los Borgia como se ha pretendido maliciosamente. Baste recordar que Alfonso *el Grande* recibió una advertencia de sus galenos para que no leyera el libro de Tito Livio que Cosme de Médicis le había regalado, porque las páginas estaban impregnadas de un polvillo tan invisible como letal; que la silla de mano del papa Pío II apareció untada de un extraño veneno, y que toda Italia estaba intrigada por la composición del tósigo líquido con que fue asesinado el gran pintor Rosso Fiorentino.

Rodrigo Borja, sobrino del papa Calixto III, se convirtió a su vez en el papa Alejandro VI gracias a su cuantiosa fortuna. Este pontífice fue el padre y amante de Lucrecia Borgia, una de las mujeres más enigmáticas y controvertidas de la historia.

Un tejido de conspiraciones palaciegas

Alejandro VI, cuya actividad diplomática más relevante fue la célebre bula *Inter caetera* (1493), que repartía las tierras del Nuevo Mundo entre España y Portugal, casó a los trece años a su hija Lucrecia con Giovanni Sforza, pero cuatro años más tarde logró deshacer el compromiso alegando impotencia del marido. En realidad, su propósito era unirla, como así haría en agosto de 1498, con su segundo cónyuge, Alfonso, príncipe de Bisceglie, bastardo de la familia real de Nápoles, con quien tuvo un hijo, llamado Rodrigo, en noviembre del año siguiente.

Por aquel entonces César Borgia, que, como era de esperar, había tenido una fulgurante carrera eclesiástica, siendo nombrado obispo de Pamplona a los dieciséis años (1491) y arzobispo de Valencia y cardenal a los veinte, abandonó su condición sacerdotal y se casó con Catalina de Albret, hermana del rey de Navarra. En su cuerpo comenzaban a advertirse los estragos de la sífilis, pero ello no le impidió aliarse con el rey Luis XII de Francia y, tras recibir el título de duque de Valentinois, acompañarle en su conquista del Reino de Nápoles en 1501. Como prueba de buena voluntad, previamente había hecho estrangular en las gradas mismas de las escaleras de San Pedro al esposo de su hermana, Alfonso de Aragón, en agosto de 1500. Se cuenta que la víctima venía de asistir a un espectáculo muy poco edificante protagonizado por cinco meretrices. Éstas habían sido detenidas, acusadas de diversos crímenes y condenadas a la horca, pero se les ofreció la gracia de que se les conmutaría la pena si se prestaban a actuar como estatuas de la Voluptuosidad en la arena durante una corrida de toros. Ante la alternativa de una muerte segura, naturalmente aceptaron y aparecieron en la plaza desnudas sobre un pedestal y cubiertas por un barniz dorado. Los astados mataron a dos de

En medio de la disoluta vida romana, Lucrecia Borgia, prisionera a su vez en un laberinto de intrigas, ejerció por tres veces el gobierno de la Iglesia, situación en la que la pintó Boschetto, sin que nadie tuviera autoridad moral para condenar su conducta.

ellas, que se movieron presas de pánico, antes de que los señores acribillasen con sus flechas a la bestia, pero las otras tres, que salieron ilesas de aquella fiesta atroz y fueron paseadas triunfalmente en el mismo carro que transportaba a los toros muertos, no corrieron mejor suerte, porque a pesar de los esfuerzos que hicieron por la noche para desprenderse del indeleble barniz que las cubría fallecieron en medio de espantosas agonías.

Fue entre esta fecha y la de su posterior y postrero matrimonio, en diciembre de 1501, con Alfonso de Este, primogénito del duque de Ferrara, cuando la vida disoluta de la Lucrecia veinteañera dio pábulo a la leyenda negra que se cierne sobre ella. Durante este período de alegre viudez se entregó a todos los excesos y orgías en el escenario corrompido del Vaticano, dando a luz un hijo fruto de amores incestuosos con su propio padre y llegando incluso a desempeñar por tres veces la máxima dignidad en los asuntos de la Iglesia.

Roma, *Civitas Meretrix*

El eximio poeta vanguardista y desaforado pornógrafo francés Guillaume de Apollinaire noveló aquellos festines, desmesuras, obscenidades y escándalos en una obra maldita y poco conocida que se tituló *La Roma de los Borgia*, publicada en 1913 y raramente reeditada. Aunque el relato se centra sobre todo en las perfidias maquiavélicas de César Borgia, ofrece así mismo numerosos pasajes en los que describe las perversiones de su deslumbrante hermana. La novela atribuye, por ejemplo, los amores entre Lucrecia y Alejandro VI a una mala jugada de César. Fue en el curso de una de esas locas y licenciosas fiestas a las que se entregaban con gran pasión los romanos de la época. Estaban en ella presentes, junto a una multitud selecta de cortesanos, además del papa, sus dos extraordinarios hijos y la que, por entonces, era su amante preferida, Julia

Farnesio. Después del banquete, amenizado con música de laúd, arpa, rabel y violón, y bien surtido de exquisitos vinos de Capri, Sicilia y moscatel de Asti, los regalados cuerpos sintieron llegada la hora voluptuosa. César Borgia, que actuaba siempre de maestro de ceremonias, organizó entonces el juego de las candelas, un divertimento consistente en que, mientras se apagaban las luces, los convidados se entrelazaban libremente y se besaban a su sabor. Las bocas de las mujeres eran copas donde los hombres bebían vinos generosos, al tiempo que las aliviaban de sus rasos y terciopelos y soltaban sus cabellos para que cayeran libremente sobre los senos desnudos. El juego, en el que estaba prohibido hablar y que servía de pretexto para desatar los apetitos febriles en una apoteosis

orgiástica, consistía en mantener en la boca una candela ardiendo mientras todo el mundo hacía esfuerzos para apagarla, y era obligatorio caminar a cuatro patas. Por lo común las cortesanas reemplazaban enseguida las bujías por confituras que los hombres trataban de atrapar en la misma boca y nunca se tardaba demasiado en que la oscuridad se hiciera completa. Alejandro VI buscaba a su amante, a la que apenas podía reconocer por su collar, pero en el remolino de cuerpos César había quitado esa joya a Julia Farnesio y la había puesto al cuello de Lucrecia. Alejandro VI creyó tener así entre sus brazos a su amante cuando en realidad poseía a su adorable hija. La lasitud sobrevino tras los jadeos, y una luz tenue reveló la figura yaciente y encantadora de Lucrecia que dormía con placidez. Lejos de arre-

pentirse de aquella indeliberada monstruosidad, tras sobreponerse de la sorpresa inicial, el papa acarició los bucles sedosos de su linda niña.

En otra ocasión, cuenta también Apollinaire, un tal Eliseo Pignatelli ofendió de palabra a Lucrecia, siendo sus invectivas acogidas con agrado y sonrisas por los presentes. Indignada por esta afrenta pública, la hija del papa concibió una horrible venganza, y para ello se aprovechó de una de las fiestas habituales que ofrecía en el lujoso palacio de Santa María, en Roma, adonde acudían las damas más nobles y las más hermosas cortesanas.

Durante los espectáculos que se representaban en el jardín, sus invitadas se acompañaban de delicados pajes de labios pintados de rojo y perfumados con algalia, almizcle y ámbar, cuya

El intrigante y malévolo César Borgia, hermano de Lucrecia, inspiró presumiblemente a Maquiavelo uno de sus libros más cínicos y lúcidos acerca de la corrupción del poder, El Príncipe.

misión consistía en ofrecer a las mujeres, sentadas sobre los tapices que las protegían del fresco contacto con la hierba, trozos de torta, mazapanes y refrescos en bandejas de plata. Pero entre todos destacaba uno, admirable por su moldeado torso desnudo y sus blancos brazos de Narciso, que la anfitriona confió deferente a la encantadora cortesana Alessandra. La representación comenzó con la lectura de poemas de amor mientras el jardín iba siendo invadido por una completa oscuridad, a la que siguió una comedia con escenas mitológicas, amenizada por grotescas máscaras, disputas de locos y jorobados que se propinaban golpes con vejigas de cerdo. Pero antes de que la farsa concluyera las embriagadas damas habían hallado mejor distracción en los cuerpos flexibles y serviciales de los mancebos, quienes desarreglaban entre risas las sedas y encajes y dejaban la huella bermeja de sus labios en los rostros complacientes de sus frenéticas compañeras. Estando muy avanzada la velada y los cuerpos

molidos y saciados, se convino en repetir aquellas orgías, y las alegres mujeres se despidieron envidiando sobre todo a la agraciada Alessandra. Pero la más feliz aquella noche era Lucrecia, sabedora de que la satisfecha Alessandra, amante del ahora cornudo Eliseo Pignatelli, no tardaría en contagiar a su detractor la ponzoñosa sífilis que su joven paje le había transmitido.

Sea o no cierta esta cruel travesura y las anteriores circunstancias que rodearon el incesto que los historiadores parecen haber confirmado, la depravada Roma, que asistía impasible a que el Vaticano se hubiera convertido en un lupanar y a que en su seno proliferaran los crímenes sin tasa, difícilmente podía condenar la inmoralidad de Lucrecia, víctima de un tejido perenne de conspiraciones y de una época en que la vida humana apenas poseía ningún valor.

La derrota de los Borgia

Lo cierto es que Lucrecia celebró después su tercer matrimonio con el heredero del ducado de Ferrara y que, cuando se trasladó a su nuevo hogar, en febrero de 1502, apenas contaba veintidós años. Al año siguiente moría su padre y el ilusorio poder omnímodo de los Borgia se desmoronaba a manos de otras familias igualmente desalmadas y expeditivas. Algunos de los bastardos de César Borgia se refugiaron en la corte de su tía, en Ferrara, mientras que Jofre, uno de los hermanos menores de Lucrecia, se retiró a Nápoles donde ostentó el título de príncipe de Squillace. Por su parte, el artero César Borgia sobrevivió muy poco tiempo al descalabro general, y después del breve pontificado de Pío III, desde el 22 de septiembre al 18 de octubre de 1503, la elección como sucesor del peor de sus enemigos, el cardenal Giuliano della Rovere, que adoptó el nombre de Julio II, acabó de un plumazo con sus ambiciones. Julio II no tuvo empacho en faltar a la palabra que le había dado a César y mandarlo detener en Ostia, obligándole a abdicar de todas sus posesiones en la Romaña, y perseguirle más tarde con saña hasta que consiguió que Gonzalo Fernández de Córdoba, le arrestase y le enviase a España. Allí padeció prisión durante dos largos años en los castillos de Chinchilla y de la Mota hasta que, en un nuevo alarde de

Al morir Alejandro VI, cuyo sarcófago se halla en la Basílica Vaticana, el poder de los Borgia comenzó a desmoronarse. Acosados por otras familias tan terribles como la de ellos y perseguidos por el papa Julio II, César, despojado de sus posesiones en la Romaña, murió en Navarra, y Lucrecia, después de algunos años y en la plenitud de su belleza, se apartó de los fastos cortesanos.

astucia, determinación y temeridad logró evadirse de este último. Murió, no obstante, poco después, a consecuencia de las heridas sufridas en una escaramuza, en Navarra, en cuya corte se había refugiado.

A partir de 1505, Lucrecia se convirtió, tras la muerte de su último esposo, en la duquesa de Ferrara, y durante algunos años por su brillante corte desfilaron artistas famosos como Ariosto y Pietro Bembo que se consagraron a cantar su belleza y sus visibles encantos. Misteriosamente, por algún motivo inexplicado, en 1512, con sólo treinta y dos años y sin que su lozanía se hubiese aún marchitado, comenzó a gustar de la soledad y se apartó de los fastos cortesanos y de las pompas ceremoniosas. Mostrábase retraída y como si fuera la contramoneda misma de la dulce, alegre y desaprensiva joven que había sido, y esta actitud inopinada, lejos de delatar un carácter voluble y tornadizo, no hizo sino acreditar su obstinación y su firmeza, porque permaneció en ella hasta el fin de sus días, durante siete interminables años. Todas las especulaciones son válidas para explicar tan extraña actitud, incluso las de quienes suponen un tardío arrepentimiento y un recogimiento encaminado a rumiar las culpas y excesos de la vida pasada. Pero aunque esta beatífica e improbable versión de los hechos sea cierta, no podrá nunca creerse que Lucrecia se encerró en sus últimos años en una intransigente castidad, porque murió en 1519, desgarrada por los dolores, a consecuencia de un aborto.

1480	Nace **LUCRECIA BORGIA** en Roma, hija de Rodrigo de Borja y Vanozza Catanei.
1492	Su padre, con el nombre de Alejandro VI, asume el pontificado.
1493	Por iniciativa del papa, se casa con Giovanni Sforza.
1497	Se anula su primer matrimonio alegando impotencia del marido.
1498	Lucrecia contrae matrimonio con Alfonso, príncipe de Bisceglie.
1499	En noviembre nace Rodrigo, hijo de Lucrecia y Alfonso.
1500	César Borgia hace matar a Alfonso, el marido napolitano de Lucrecia.
1501	Nace el misterioso «infante romano», probablemente fruto de los amores incestuosos de Lucrecia y el papa. Lucrecia asume por tres veces la gestión de los asuntos de la Iglesia. En diciembre, contrae su tercer matrimonio con Alfonso de Este, duque de Ferrara.
1505	A la muerte de su marido se convierte en duquesa de Ferrara.
1519	Muere a consecuencia de un aborto.

MARTÍN LUTERO
(1483-1546)

*E*scritor paradójico, tumultuoso, agresivo e hiperbólico, Lutero, al tiempo que desencadenó con su doctrina herética crueles guerras de religión, sentó las bases de la lengua literaria moderna en Alemania. Su traducción de la Biblia y, en general, su estilo polémico, atropellado y en ocasiones sarcástico se situó en las antípodas del moroso y lento discurrir por silogismos de la escolástica vigente. Algunas de sus palabras, coladas como de rondón en su versión de las Sagradas Escrituras, constituyeron una auténtica hecatombe en la Cristiandad, hasta entonces preservada eficazmente de toda desviación por la Iglesia católica, apostólica y romana. Por ejemplo, en la Carta a los romanos, 3, 28, puede leerse: *Arbitramur hominen iusticari ex fide absque operibus*, o sea, «consideramos que el hombre se justifica por la fe sin obras de ley». Lutero añadió la decisiva palabra *solamente* («allein») por la fe, arrimando claramente el ascua a su doctrina, pero tan poco inocente desliz lo atribuyó al «genio de la lengua alemana». Y así escribe en su *Carta sobre el traducir* de 1530: «Pues no se debe preguntar a la lengua latina cómo hay que hablar propiamente, según lo hacen los asnos, sino que se le debe preguntar a la madre en la casa, a los niños en la calle, al hombre corriente en el mercado, y verles en la boca cómo hablan...»

Este «como hacen los asnos» no es sino una más de las muchas lindezas con que tacha y escarnece a sus enemigos dialécticos, como por ejemplo a Erasmo de Rotterdam, a quien lanza la invectiva, en *Sobre el albedrío esclavo* (1525) de «miserable vasallo de los papas» para luego espetarle: «no entendéis nada de lo que decís». Y en los últimos años de su vida, estando ya muy avanzada su enfermedad, el obstinado monje agustino se despidió con esta fórmula de sus allegados: *Deus vos impleat odio Papae*, «Dios os llene de odio hacia el Papa.»

Martín Lutero (arriba en un retrato de H. Holbein el Joven, Galería Corsini, Roma) rechazó la autoridad de Roma y fue el artífice de la reforma protestante.

Una infancia desdichada

Nació Lutero en Eisleben (Sajonia) el 10 de noviembre de 1483, siendo su padre un rudo minero llamado Hans Luther, de quien se decía que había abandonado su lugar de origen, Möhra, tras perpetrar un asesinato en un ataque de ira, y su madre la severa y fanática campesina Margarita Ziegler. Por sus cartas sabemos que fue a menudo sometido a crueles castigos, como una vez que su padre le azotó tan violentamente que el joven huyó de casa y tardó mucho tiempo en perdonarle en su corazón, o en otra ocasión en que su madre le golpeó hasta hacerle sangrar a causa de que se había comido sin permiso una nuez. En un pasaje de su obra se duele de que en una sola mañana fue apaleado en la escuela quince veces.

El origen de la tozudez y rebeldía de su carácter puede acaso buscarse en esos años desgraciados y ásperos, cuando si quería disponer de algunas monedas debía mendigarlas cantando ante las casas y, en Navidad, entonando y bailando villancicos de pueblo en pueblo. Martín fue alejándose de aquellas terribles condiciones a medida que avanzaba en sus estudios. A los catorce años, su curiosidad estuvo orientada por los Hermanos de la Vida Común en Magdeburgo y más tarde cursó Leyes en la universidad de Erfurt. En esta misma ciudad tomó los hábitos y, tras un año de noviciado en el monasterio de los agustinos, se ordenó sacerdote, diciendo su primera misa a los 21 años. Cuando participó sus propósitos al contrariado Hans, su padre declaró «¡Con tal de que tu vocación no sea trampa de Satanás!», expresión airada que quedó impresa en su atribulado ánimo durante toda su vida.

En 1509, Lutero obtuvo el título de *Baccalaureus Biblicus*, que le concedía el derecho de practicar la exégesis bíblica públicamente. Joven profesor en la recién creada universidad de Wittenberg, pronto dio muestras de gran intemperancia y osadía en sus manifestaciones, al tiempo que se sentía acuciado en su intimidad por graves escrúpulos de conciencia y devastadoras tentaciones. Por aquel tiempo, un viejo fraile agustino le recomendó la consoladora lectura de San Pablo, en cuyo estudio se enfrascó ávidamente para deducir de él las primeras simientes de su dramática disidencia con la ortodoxia religiosa. En la *Epístola a los romanos* de San Pablo encuentra respuesta a sus angustias sobre la salvación, entendiendo que el hombre encuentra su *justificación* en la gracia de Dios, generosamente otorgada por el Creador y con independencia de sus propias obras. Paradójicamente es en su poco tranquilizadora idea de que *solamente* la fe y no los méritos salvan, doctrina individualista que condena al hombre, en cierto modo, a una soledad abismada, donde Martín Lutero encuentra una cierta paz y certidumbre espiritual que le moverá a una irreductible diatriba con el Vaticano, a templar su turbulento carácter en una batalla perenne y a fundar la nueva doctrina protestante.

En la puerta de la iglesia del palacio de Wittenberg, de la que Lucas Cranach realizó esta xilografía, Martín Lutero clavó las noventa y cinco tesis contra la inutilidad de las indulgencias otorgadas por Roma. Este fue el principio de su disidencia.

Los gestos del inconformismo

Su primera visita a Roma tendrá lugar en 1510; pero al parecer le fue denegado un permiso de sus superiores para permanecer estudiando allí durante diez años sin vestir el hábito religioso. Probablemente muy contrariado por este hecho, no por ello Lutero flaqueó en su fe, pero sí se tornó ácidamente crítico respecto al espectáculo de corrupción y decadencia que reinaba en la ciudad de los papas y menos afecto a las obligaciones anejas a su estado. De regreso a Wittenberg, se doctoró en teología el 18 de octubre de 1512, aunque en su obra demuestra el enorme desapego que sintió por la filosofía y la teología escolástica imperante en su época. Apenas se interesó por los grandes pensadores del siglo XIII, por Tomás de Aquino, Buenaventura o Escoto, aunque exploró con apasionada intensidad la Biblia y algunos escritos de San Agustín.

Por aquellos años asumió el cargo de vicario de su distrito, lo que suponía la dirección de once conventos, a lo que había que sumar sus leccio-

Ante el cariz violento que tomaban los acontecimientos, en 1521, Carlos V citó al monje alemán y a sus discípulos a la dieta imperial de Worms para que se retractaran, pero al fracasar sus buenos oficios debió promulgar el edicto que los proscribía. Lutero ante Carlos V en la Dieta de Worms. *Litografía de la Biblioteca Nacional de París.*

nes en la universidad y el gobierno, la administración económica y la dirección espiritual de su convento de Wittenberg. Abrumado de trabajo, llegó incluso a visitar en sólo dos días todos los conventos que estaban bajo su férula, permaneciendo en uno de ellos escasamente una hora. Dormía apenas cinco horas sobre una dura tarima, aunque disfrutaba de los placeres de la mesa con la misma inmoderación que le caracterizó durante toda su vida. A veces se encerraba en su celda para rezar siete veces los oficios y suplir de ese modo la negligencia en que había incurrido durante la semana acuciado por sus ocupaciones. En ese torbellino de actividades, e inspirado obsesivamente por unas palabras de San Agustín, «lo que la ley pide, lo consigue la fe», concibió sus célebres noventa y cinco tesis sobre la ineficacia de las indulgencias otorgadas por Roma, que clavó desafiante en la iglesia de Wittenberg el 31 de octubre de 1517.

Como consecuencia de ello, el papa León X inició contra él un juicio por herejía que concluirá con la excomunión de Lutero en 1520, el mismo año en que, recalcitrante, publica uno de sus libros fundamentales, *Sobre la libertad del cristiano*. El pontífice le amenazó con la excomunión si no se retractaba en sesenta días por medio de la bula *Exurge*, pero el arrogante Lutero contestó con el libelo *La bula del Anticristo* y quemó públicamente el documento, junto con un ejemplar del *Corpus iuris canonici*, en la plaza de Wittenberg.

En 1521 el emperador Carlos V exigió que él y sus discípulos se retractasen; ante su negativa, promulgó el edicto de Worms, por el que se les declaraba proscritos, pero para entonces su causa contaba ya con el favor de un amplio movimiento popular en Alemania y con la protección del príncipe elector de Sajonia Federico III *el Prudente*, quien lo hizo conducir secretamente hasta las dependencias del castillo de Wartburg.

Allí comenzó Lutero su traducción al alemán del *Nuevo Testamento*, que se llamaría la *Biblia de Septiembre* por haber aparecido ese mes y que conocería un éxito tan enorme que hubo de mandarse imprimir de nuevo en diciembre. De la

Excomulgado en 1520 por León X, Martín Lutero respondió con virulencia quemando en la plaza de Wittenberg la bula papal Exurge *y el* Corpus iuris canonici *ante el regocijo de gran parte del pueblo que recoge el grabado superior. La mecha de la Reforma había sido encendida.*

fortaleza huyó, faltando a su palabra, el 1 de Mayo de 1522, y pasó de nuevo a Wittenberg, donde continuó con su predilecta actividad de cubrir de vituperios a sus contradictores y concibió su libro *Opinión sobre las órdenes monásticas*, que era una vibrante exhortación a los monjes y monjas para que rompieran sus votos de castidad, recomendación que fue muy bien acogida, de modo que no pocos religiosos agustinos de ambos sexos se comprometieron en uniones sacrílegas.

El propio Lutero contrajo matrimonio con la exclaustrada monja cisterciense Catalina de Bora en 1525, mujer veinte años más joven que él y que le daría seis hijos. Después de su boda el príncipe elector de Sajonia le regaló el antiguo convento de los agustinos en Wittenberg, donde la laboriosa Catalina estableció una pensión de estudiantes para paliar en alguna medida sus estrecheces económicas. Los estudiantes tenían el privilegio de compartir la mesa con Lutero, quien tras la colación condescendía a responder a sus preguntas, de resultas de las cuales nació el libro *Dichos de sobremesa*.

El triunfo del heresiarca

En diciembre de 1525, Lutero publicó *De la voluntad esclava*, réplica al libro de Erasmo de Rotterdam *De la voluntad libre*, aparecido el año anterior, pero sus obras que gozaron de mayor aceptación popular fueron el *Pequeño catecismo* y el *Gran catecismo*. En aquel tiempo se desató la sangrienta guerra de los campesinos contra sus señores; no fue ajeno a ese levantamiento el que el pueblo postergado hubiera extraído sus propias consecuencias de la Reforma luterana. Alentado por ese nuevo concepto religioso el pueblo se rebeló contra el derecho sagrado de los nobles y de los ricos. Pero en esta ocasión nuestro monje no consiguió apaciguar el levantamiento con su pluma, y, gran paradoja, llegó incluso a incitar a los poderosos a matar como perros a los campesinos en *Contra las ladronas y asesinas cuadrillas de los campesinos* de 1525. Para entonces los príncipes, ciudades y nobles habían obtenido tal número de bienes como consecuencia de las confiscaciones eclesiásticas que el triunfo de la Reforma parecía irreversible. En 1530 fue su más destaca-

Los puntos de vista defendidos por Martín Lutero (a la izquierda con sus colaboradores Melanchton, Pomeranus y Cruciger, en un grabado del siglo XVI, traduciendo la Biblia al alemán; abajo, firma autógrafa de Lutero en la Biblia) encontraron el apoyo de los príncipes alemanes, interesados en emanciparse de la autoridad imperial creando iglesias nacionales, y Lutero pudo así desarrollar una tarea múltiple (como satiriza la caricatura de la derecha, donde aparece representado con siete cabezas), teórica y práctica a la vez, que supuso la consolidación de laReforma.

do colaborador e infatigable corresponsal Philipp Melanchthon quien redactó la profesión de fe conocida como *Confesión de Augsburgo*, que contenía veintiocho puntos de definitiva discrepancia con el catolicismo. En 1532, el emperador Carlos V, obligado a luchar en otro frente contra los turcos, hubo de transigir en el luteranismo en la paz de Nuremberg, estableciendo la libertad de ejercer libre y públicamente el nuevo culto. Cuando, tardíamente, el papa convocó el Concilio de Trento, el ensoberbecido y encumbrado Lutero lanzó un violentísimo libelo que tituló significativamente *Contra el papado establecido por el demonio* (1545).

Sus últimos años los pasó aquejado de una dolorosa lesión en la arteria coronaria y amargado por la insurgente corrupción moral que él había indeliberadamente ayudado a desatar en Alema-

nia, por lo cual este hombre infatigable y sorprendente quiso aún entregarse a la tarea de predicar como misionero la naciente religión por todo el país, pero su precaria salud y sus tormentos espirituales no se lo permitieron. Al final de su vida, segada el día 18 de febrero de 1546 en su aldea natal, confesaba sostener en su intimidad arduas y extenuantes batallas con el diablo.

Un año después de su muerte, el emperador Carlos V entró en la ciudad donde había sido enterrado, Wittenberg, tras la victoria sobre los protestantes en Mühlberg y obligó a la esposa del Elector de Sajonia a entregarle aquella plaza a cambio de la vida de su marido hecho prisionero. En aquellas circunstancias, el duque de Alba, poco amigo de miramientos, propuso al emperador desenterrar el cadáver, incinerarlo y aventar las cenizas, pero Carlos no consintió en ello, arguyendo que él hacía la guerra contra los vivos y no contra los muertos.

Los mejores retratos del fundador del protestantismo se deben a la mano maestra de Lucas Cranach *el Viejo*, autor así mismo de célebres caricaturas del papa, incorporadas como ilustraciones en *Contra el papado...* El retrato que conserva el Museo de los Uffizi de Florencia, gemelo a otro que representa a su esposa, muestra un rostro gordezuelo, con papada, albo y de nariz prominente.

Los labios reflejan hosquedad y férrea determinación mientras los penetrantes ojos oscuros estremecen por su altanería. Algo de esa personalidad febril, atormentada, heroica, de infinita vanidad, intelectualmente vigorosa y secretamente alucinada se ha conservado mejor en esta imagen que en sus copiosos escritos. Debe hacerse constar, no obstante, que Martín Lutero gozó según dicen de un excelente sentido del humor, y era aficionado a los juegos de palabras según atestigua su obra. En su último libelo finge equivocarse y luego rectifica, refiriéndose a los leguleyos del papa y escribe: «Drecketen —Dekreten wollt' ich sagen...», o sea, «excrementos —decretos quiero decir...»

En esta casa de Wartburg se refugió Lutero, bajo la protección del príncipe Federico de Sajonia, cuando Carlos V lo proscribió en 1521. Allí tradujo la Biblia, *conocida como la* Biblia de Septiembre, *y dio a la lengua alemana su primera gran obra literaria.*

1483	10 de noviembre: nace **MARTÍN LUTERO** en la aldea alemana de Eisleben.
1501	Se matricula en la universidad de Erfurt.
1505	Ingresa en la orden de los agustinos y dice su primera misa el 2 de mayo.
1509	Obtiene el título de *Baccalaureus Biblicus*, que le cualificaba para explicar públicamente la *Biblia*.
1510	Viaja a Roma y descubre la corrupción del Vaticano.
1516	Comentarios a la *Epístola a los Romanos* de San Pablo.
1517	31 de octubre: clava sus 95 famosas tesis en la puerta de la iglesia de Wittenberg.
1520	Quema públicamente en Wittenberg la bula *Exurge* de León X, que contenía una amenaza de excomunión.
1521	Publica la traducción de la *Biblia* al alemán.
1525	En diciembre aparece su obra *De servo arbitrio*, contestación al libro de Erasmo de Rotterdam *De libero arbitrio* (1524). 13 de junio: se casa con la monja cisterciense Catalina de Bora.
1545	Aparece su libelo titulado *Contra el papado establecido por el demonio*.
1546	Muere de apoplejía en la mañana del 18 de febrero en su pueblo natal.

PEDRO DE ALVARADO
(1485-1541)

*C*uentan los cronistas que, hallándose Hernán Cortés y su lugarteniente Pedro de Alvarado en territorio azteca, un ballestero de sus huestes que se llamaba Mora tomó a la fuerza dos gallinas de una casa; Cortés, enojado por esta acción que ponía en peligro sus por aquel entonces buenas relaciones con los indígenas, lo mandó ahorcar. Pero cuando el soldado se hallaba suspendido con la soga al cuello, Alvarado cortó la cuerda de un tajo y lo libró de la muerte, no por compasión, sino pensando que cuando los indios atacaran, aquel hombre sería más útil vivo que muerto.

Esta anécdota ilustra a la perfección el carácter de ambos conquistadores y nos permite establecer diferencias fundamentales entre uno y otro. Cortés, siempre prudente y hábil diplomático, intentaba atraerse a los naturales por medios pacíficos en cuanto las circunstancias lo permitían; Alvarado, impetuoso y soldado ante todo, utilizó en su trato con los indígenas la fuerza y la violencia incluso cuando no era necesario. El primero prefería sacrificar a uno de los suyos si el ejemplo servía para que no se derramara sangre inútilmente; el segundo optaba por mantener vivo al infractor porque consideraba que en la guerra todos los hombres eran imprescindibles, incluso los más viles. Y no hay duda de que Alvarado creía estar en guerra perpetua con los indígenas, que prefería ser temido a ser respetado y que por iniciativa suya se cometieron algunos de los más tremendos desafueros de la historia de la conquista de América.

Al lado de Cortés

Pedro de Alvarado nació en Badajoz en 1485, el mismo año en que Hernán Cortés veía por primera vez la luz en la vecina ciudad de Medellín. Sus padres descendían de antiguas familias extremeñas pertenecientes a la baja nobleza y algunos de sus antepasados reposaban en la mismísima catedral de la villa. Como muchos de sus paisanos y coetáneos, en su mayoría también hijosdalgos, a los veinticinco años decidió cruzar el Atlántico en busca de mayor fortuna, yendo a establecerse en Cuba como colono encomendero en 1511. Pero los hechos pronto vinieron a confirmar que sus ambiciones iban mucho más allá y que no estaba dispuesto a conformarse con una tranquila vida de terrateniente. En efecto, deseaba ser un conquistador de renombre y ganar para él y para la corona vastas tierras en heroicas batallas, así que participó en diversas expediciones y, a partir de 1519, tuvo junto a Hernán Cortés un destacado papel en la conquista de México.

Alvarado se unió a Cortés en 1518 y pronto se convirtió en uno de sus hombres de confianza y en su principal capitán. Juntos penetraron en la península de Yucatán y llegaron a Tenochtitlán, cabeza de la confederación azteca, a finales de 1519. Allí fue cuando al año siguiente, mientras Cortés se encontraba fuera de la ciudad, Alvarado cometió una de sus primeras y mayores atrocidades. Había llegado a sus oídos el rumor de que los mexicas se iban a alzar contra los españoles para matarlos y liberar a Moctezuma, su caudillo, preso por los españoles. Sin dudarlo, aprovechó que aquéllos se encontraban reunidos celebrando la festividad de Tóxcatl, y desarmados como exigía el ritual, para desencadenar una matanza que causó cerca de mil víctimas. El resultado inmediato de esta tragedia fue la insurrección de los aztecas; ni la intervención de Moctezuma ni los esfuerzos de Cortés por llegar a un arreglo pacífico evitaron que, ante la creciente hostilidad de los mexicas, los españoles se viesen obligados a abandonar Tenochtitlán en la llamada Noche Triste. Luego vendría la batalla de Otumba y la sangrienta reconquista de la ciudad, en la que, como era de esperar, Alvarado destacó por su fiereza y su extrema crueldad. Tenochtitlán fue arrasada y el Imperio Azteca devastado: daba comienzo el largo dominio español en lo que se iba a llamar Nueva España.

El Adelantado Tunadiú

Concluida la conquista de México, Cortés decidió enviar a Pedro de Alvarado a las tierras de Guatemala, cuya fama de riqueza había llegado a oídos de los dos extremeños. El 6 de diciembre de 1523, Alvarado partía al frente de una nutrida hueste compuesta por unos trescientos soldados de a pie y de a caballo, que en la primavera del año siguiente hubieron de emplearse a fondo ante los aguerridos quichés. En el choque decisivo, que tuvo lugar en los llanos de Pinal, Alvarado dio muerte a Tecum Umán, jefe de los indígenas. A partir de ese momento, la fama del Adelantado Tunadiú, nombre con el que le conocían los nativos, aumentó de forma considerable, acompañada siempre de una aureola de extrema violencia e inmisericordia. Una crónica indígena nos lo cuenta con expresiva sencillez: «De esta manera llegaron los castellanos mandados por el Adelantado. ¡Oh, hijos míos! En verdad infundían miedo cuando llegaron. Sus caras eran extrañas. No tenía compasión por la gente el corazón del Adelantado Tunadiú durante la guerra.»

La primera ciudad fundada por Alvarado en Guatemala fue Santiago de los Caballeros; antes y después, muchas tribus fueron derrotadas por sus tropas. Los zutuhiles, los xincas, los pipiles, los cakchiqueles, los pocomanes y los mames, entre otros, cayeron ante su ímpetu y padecieron su falta absoluta de clemencia. Cuando años después se le acuse de cometer abusos y violencias contra las poblaciones invadidas, él se defenderá arguyendo que toda guerra conlleva excesos, legítimos cuando se trata de someter reinos y señoríos al emperador: «... pues si se hubiera hecho de otra manera, bien pudiera ser que nos mataran con su modo de proceder y traiciones, con el resultado de que Su Majestad no tendría las tierras y vasallos que hemos conseguido».

En 1526, cansado de que Cortés le tuviera relegado a un papel secundario, embarcó para España a fin de dar cuenta a la corona de sus servicios y solicitar las mercedes que por ellos le

Pedro de Alvarado, cuyo retrato es copia del original que poseía el conde José Gómez de la Cortina, fue un conquistador cruel y despiadado, que respondió a las acusaciones por sus excesos escribiendo a Carlos I que si hubiese actuado de otro modo «Su Majestad no tendría las tierras y vasallos que hemos conseguido.»

correspondían. Alvarado se movió en la corte con sorprendente destreza y consiguió atraerse a Carlos I, quien al verle exclamó: «No tiene este hombre talle de haber hecho las violencias que de él se dicen.» La influencia del comendador mayor de Castilla, Francisco de los Cobos, con cuya hija casó Alvarado, aseguró el éxito de sus gestiones: en 1527 era nombrado gobernador, capitán general y Adelantado de Guatemala.

Un buen gobernador

Alvarado emprendió el viaje de regreso ufano por los cargos obtenidos y desembarcó en Veracruz en octubre de 1528. Pero la suerte pareció volverle la espalda inmediatamente. Para empezar, Francisca de la Cueva, su joven esposa, murió nada más poner los pies en el Nuevo Mundo. Además, el presidente de la Audiencia de México, Nuño de Guzmán, le abrió un proceso en el que se le acusaba de defraudar oro, plata y joyas a la Real Hacienda, de someter a extorsiones y tormentos a los caciques indios y de ordenar la famosa matanza previa a la Noche Triste. Sin embargo, cuando la situación se tornaba más difícil para el Adelantado, la fortuna le volvió a sonreír: Cortés acudió en su ayuda y propició la suspensión de las pesquisas.

Una vez instalado en su gobernación, Alvarado concluyó la pacificación de Guatemala, fundó la ciudad de San Miguel, organizó la búsqueda de recursos mineros y dictó ordenanzas reglamentando la vida civil. Culminada la implantación española en Guatemala, Alvarado decidió acometer una nueva y ambiciosa empresa: la exploración y conquista del Mar del Sur, descubierto por Vasco Núñez de Balboa en 1513 y rebautizado por Fernando de Magallanes con el nombre de océano Pacífico en 1521.

La corona accedió a financiar la expedición y a principios de 1534 Alvarado partía al mando de la armada más considerable que hasta entonces se había visto en las Indias, compuesta de doce naves y más de quinientos tripulantes.

Últimas aventuras

Si bien en un principio había pensado cruzar el océano, Alvarado se sintió atraído por las noticias de las riquezas del Perú y desembarcó en la bahía de Caráquez. Renunció sin grandes vacilaciones a descubrir la ruta de las islas de las Especias y prefirió internarse por tierra en dirección a Quito. Hasta entonces, nadie había intentado atravesar la selva ecuatoriana; Alvarado tardó seis meses en llegar a Quito en un viaje lleno de sufrimientos y penalidades, en el que perdió gran número de hombres y casi todo su bagaje, incluido el oro y las joyas que llevaba consigo.

Para colmo de males, Alvarado encontró en Quito a Diego de Almagro, y se enteró de que aquellas tierras ya tenían dueño: nada menos que Francisco Pizarro, que había entrado triunfante el año anterior en Cuzco, capital del Imperio Inca. Alvarado se vio obligado a renunciar a sus proyectos de conquista y a aceptar la fusión de su ejército con el de Almagro, lugarteniente de Pizarro, pues sus soldados prefirieron quedarse en Quito a emprender la búsqueda de nuevas tierras. Perdidos los hombres, consintió también en vender su flota a los conquistadores del Perú y emprendió el regreso a Guatemala en 1536.

Desde allí el Adelantado hizo un segundo viaje a España, y, como en su primera estancia en la corte, su habilidad dio frutos: consiguió que se le reconociese la gobernación de Guatemala por siete años más y que se le otorgase también la gobernación de Honduras, además de obtener el permiso real para explorar las costas occidentales de México y las islas Molucas. También aprovechó su viaje para encontrar esposa, y contrajo nuevas nupcias con doña Beatriz de la Cueva, hermana de su primera mujer.

Tras retornar a América, y mientras se hallaba preparando con todo entusiasmo un segundo viaje hacia la codiciada tierra de las especias, fue requerido por el gobernador de Nueva Galicia, Cristóbal de Oñate, para pacificar una zona de su territorio en la que se habían alzado los indios caxcanes. Siempre dispuesto a afrontar nuevas batallas, Alvarado acudió presto a la liza. El día 4 de julio de 1541, después de ser herido en una refriega y mientras retrocedía con sus hombres perseguido de cerca por los indígenas, un lastimoso accidente, nada heroico, acabó con su vida. Nos lo cuenta el cronista franciscano Antonio Tello: «Iba el Adelantado con sus soldados a pie en retaguardia, y uno de los de a caballo, que se llamaba Baltasar, espoleó a su corcel en una cuesta. El Adelantado le dijo: Sosegaos, que los indios nos han dejado: pero como el miedo es gigante y le había ocupado, no atendió a las razones que le dijo, sino a huir, se le fueron de los estribos los pies y fue rodando el caballo, y de un encuentro se llevó por delante a Alvarado, siendo tal el golpe que le dio en los pechos, que se los hizo pedazos y lo llevó rodando por la cuesta abajo hasta un arroyuelo, a donde estaba caído echando sangre a borbotones...».

Ausente Hernán Cortés y aprovechando el rumor de que los aztecas se iban a alzar para liberar a Moctezuma, Pedro de Alvarado asesinó a cerca de mil indígenas desarmados durante la festividad de Tóxcatl, no sin antes torturarlos para que confesaran el presunto alzamiento. Presos de horror y odio, los aztecas se rebelaron y los españoles debieron abandonar Tenochtitlán en la llamada Noche Triste. Representación de la matanza en Historia de Indias, *de Diego Durán, Biblioteca Nacional de Madrid.*

1485	Nace **PEDRO DE ALVARADO** en Badajoz.
1511	Participa en la conquista de Cuba y se establece allí como encomendero.
1519	Forma parte de la expedición de Cortés a la península de Yucatán.
1520	Ordena la matanza de la fiesta de Tóxcatl. Dirige la retaguardia en la Noche Triste.
1521	Manda una de las columnas que participan en la toma de Tenochtitlán.
1524	Combate a los quichés en América Central. Funda Santiago de los Caballeros en Guatemala.
1526	Regresa a España. El rey le nombra gobernador de Guatemala. Contrae matrimonio con Francisca de la Cueva.
1528-1529	Enviuda nada más volver a México. Se le incoa un proceso del que le salva Hernán Cortés.
1530	Toma posesión del gobierno de Guatemala.
1534-1535	Desembarca en Ecuador y, tras un penoso viaje, llega a Quito. Cede sus tropas y su flota a Diego de Almagro.
1537	Nuevo viaje a España. Se le confirma como gobernador de Guatemala. Se casa con Beatriz de la Cueva.
1541	4 de julio: fallece en Guadalajara, adonde había ido a sofocar una sublevación india.

HERNÁN CORTÉS
(1488-1547)

*Como muchos otros españoles, Hernán Cortés, el
conquistador de México, viajó al Nuevo Mundo con el
obsesivo sueño de hacer fortuna y ganar fama y honores.
Grabado de la época, Biblioteca Nacional, Madrid.*

*A*l cronista Bernal Díaz del Castillo debemos la
siguiente descripción de Cortés cuando contaba
poco más de treinta años: «Era de buena estatura
y cuerpo bien proporcionado y membrudo (...);
los ojos, en el mirar, unas veces amorosos y otras
graves (...); tenía el pecho alto y la espalda de
buena manera, y era cenceño y de poca barriga y
algo estevado, y las piernas y muslos bien saca-
dos, y era buen jinete y diestro con todas las
armas, así a pie como a caballo, y sabía muy bien

menearlas, con corazón y ánimo, que es lo que
hace al caso». Sabemos también que era discreto
en el vestir, moderado en la mesa y amigo de
largas pláticas y educadas conversaciones, dando con ello muestra, como dice Bernal, «de su
carácter de gran señor». Hasta ese momento, sin
embargo, su biografía era tan sólo un conjunto de
hechos vulgares y anécdotas dudosas; antes de
1518, ni su nacimiento, ni sus estudios, ni sus
amoríos, ni sus negocios, ni sus aventuras ofre-

cían rasgos excepcionales. Fue a partir de ese año cuando Cortés se reveló el más sufrido en los peligros, el más valeroso en la lucha, un hábil diplomático y un esforzado administrador, consiguiendo que su figura empezase a cobrar una dimensión universal.

En busca de fortuna

Hernán Cortés vio la luz en Medellín (Badajoz) el año 1488, sin que se conozca el mes ni el día de su nacimiento. Era hijo de don Martín, hacendado de noble linaje, y de doña Catalina, mujer de gran religiosidad. Como la posición económica de la familia era lo suficientemente desahogada, Hernán fue enviado a la Universidad de Salamanca, donde estudió durante dos años latín, gramática y leyes. Don Martín quería verle convertido en juez o catedrático, pero el joven era demasiado inquieto y dos años de aulas y libros bastaron para cansarle. Fue entonces cuando, al parecer, inició su dilatada carrera de donjuán con un lance tan narrado como legendario: una cita nocturna, una tapia que se derrumba en el momento más inoportuno, un marido celoso que sale al ruido y unas cuchilladas que dieron con el señor Cortés en el hospital; tanto las cicatrices como la afición a las damas lo acompañarían hasta su muerte.

Recobrada la salud, y viéndose sin oficio ni beneficio, determinó trasladarse a Nápoles, pero no pasó de Valencia y allí permaneció cerca de un año. Luego regresó a Medellín y, al escuchar las narraciones de sus paisanos sobre el Nuevo Mundo, comprendió claramente cuál era su destino: viajar a las Indias y allí labrarse un porvenir, alcanzar la fama, hacer fortuna, conseguir honores. No era el único en tener ese sueño, pero sería el primero en realizarlo plenamente.

En 1504, Cortés partió para La Española, estableciéndose en la isla como escribano de la villa de Azúa. Siete años después se alistó en la empresa conquistadora de la isla Fernandina (Cuba), organizada por Diego Colón y llevada a cabo por Diego de Velázquez, pero no llegó a desempeñar cargos militares sino burocráticos, siendo nombrado tesorero de la Real Hacienda. Recién fundada Santiago de Baracoa, se instaló en la ciudad como agricultor y negociante, dedicándose a la cría de vacas, ovejas y cabras.

Surge el conquistador

Al tiempo que sus asuntos prosperaban, mantuvo algunas diferencias, tanto en el terreno amoroso como político, con el gobernador Velázquez; pasó algunos meses entre rejas y se fugó dos veces, para acabar casándose con Catalina Juárez y reconciliándose con el gobernador. El joven impulsivo y calavera fue dejando paso al hombre maduro, sereno y diplomático, animoso y diestro, tal como nos lo retrata Bernal Díaz del Castillo. Por ello, cuando se planteó una ambiciosa expedición a tierra firme, Velázquez no dudó en nombrarle capitán de la misma, pensando que en él se combinaban las necesarias condiciones de atrevimiento, ingenio y capacidad de obediencia.

Después de derrotar a los aguerridos tlaxcaltecas, Hernán Cortés, tal como muestra un códice de la época, fue recibido con flores en la ciudad de Tlaxcala, sellando así una importante alianza.

El 8 de noviembre de 1519, en una ceremonia de gran boato, Moctezuma recibió a Hernán Cortés cerca de Tenochtitlán y juntos entraron en la sorprendente capital azteca. Con la ayuda de la india Malinche el conquistador español expuso las razones de su presencia al emperador, quien se reconoció vasallo del rey de Castilla.

El 18 de noviembre de 1518, Cortés zarpó rumbo al Yucatán al frente de once navíos en los que viajaban cien marineros, quinientos soldados, doce cañones y dieciocho caballos, los cuales habrían de resultar de una importancia decisiva. A principios de marzo la flotilla recaló en la desembocadura del río Tabasco después de recoger a un náufrago llamado Jerónimo de Aguilar, que había aprendido la lengua maya durante su estancia entre los indios yucatecos y que les serviría de intérprete. En Tabasco tuvo lugar el primer choque con los autóctonos, que fueron sometidos después de una dura refriega y tras la intervención providencial de la caballería. Los nativos nunca habían visto este tipo de animales; caballo y jinete, recubiertos de brillante armadura, eran a sus ojos monstruos portentosos, una especie de dioses terribles como el trueno y el rayo. Cortés descubrió inmediatamente la causa del espanto de los indígenas y, desde entonces, cuando alguno de sus corceles moría en el combate, ordenaba que lo enterraran secretamente, para que los amerindios no llegasen a saber que aquellos extraordinarios seres eran vulnerables.

Una vez ganada la primera batalla, Cortés entabló negociaciones valiéndose de los buenos oficios de Jerónimo de Aguilar. Los naturales empezaron a pensar que aquellos extranjeros eran poco menos que dioses y los colmaron de regalos, entre los que se incluían veinte doncellas; una de ellas, bautizada con el nombre de Marina, se convirtió en compañera y fiel auxiliar de Cortés. Esta indígena, llamada también Malinche, que hablaba las lenguas azteca y maya, pronto aprendió el idioma de los conquistadores y pudo actuar en los años siguientes como insustituible emisaria e intérprete de Cortés.

Destino: Tenochtitlán

Los jefes de aquellas tribus regalaron también a los expedicionarios presentes de oro y, cuando se les preguntó de dónde procedía el codiciado metal, contestaron: «Moctezuma, señor del Imperio

El territorio tlaxcalteca lo formaban cuatro señoríos autónomos, cada uno de ellos regido por un senado de cuatro miembros, tres hereditarios y el cuarto de elección popular. Arriba, una de sus reuniones imaginada por el pintor mexicano Rodrigo Gutiérrez en el lienzo El Senado de Tlaxcala, *Escuela de San Carlos, México.*

Azteca, es quien lo posee». A partir de ese momento, la ciudad de Tenochtitlán, la capital del emperador Moctezuma, se convirtió en el objetivo primordial de los españoles, más aún cuando empezaron a llegar emisarios del soberano con regalos valiosísimos, puesto que Moctezuma había decidido causar buena impresión a aquellos hombres blancos, llamados también «hijos del dios Quetzalcoatl» a consecuencia de una antigua leyenda según la cual un día llegarían procedentes del mar y ocuparían sus territorios.

Cortés bordeó la costa hacia el norte y fundó la ciudad de Veracruz, donde fue nombrado por sus acompañantes capitán y justicia mayor. Con ello, los lazos de dependencia respecto al gobernador de Cuba quedaron rotos, y el conquistador sólo tendría que justificar en adelante su actuación ante el propio rey Carlos I. Para recabar la aprobación del monarca, Cortés decidió enviar un buque a España con diversas cartas y parte de los tesoros recogidos. Pero cuando la nave se hizo a la mar, descubrió una conspiración tramada por algunos

de sus subordinados partidarios de Diego de Velázquez para capturar el bergantín y asesinar a sus oficiales. Cortés castigó severamente a los responsables y, para cortar toda comunicación con Cuba e impedir futuras deserciones, ordenó que los barcos fuesen barrenados. A partir de ese instante, no quedaba otra posibilidad que seguir adelante.

La marcha hacia el corazón del Imperio Azteca fue emprendida a continuación. Las huestes de Cortés entablaron relaciones amistosas con algunas tribus que encontraron, aprovechando que muchas de ellas albergaban sentimientos hostiles hacia Moctezuma, quien aparte de gravarlas con impuestos excesivos les arrebataba a los hombres para hacerlos soldados y a las doncellas para que sirviesen como esclavas.

Al llegar al rocoso y helado país de los tlaxcaltecas, tribu indomable que se había negado siempre a pagar tributo a Moctezuma y a la que los aztecas no habían podido subyugar, Cortés se dispuso a intercambiar presentes con los caci-

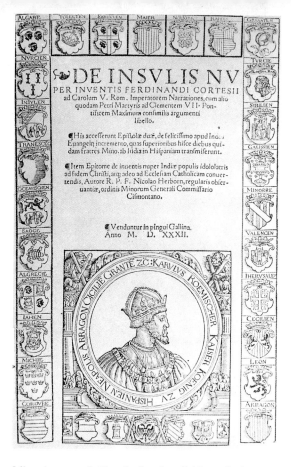

Libro de cartas *de Hernán Cortés, edición en latín impresa en Colonia, en 1532. En ellas, con un estilo directo y atractivo, Cortés hace una prolija descripción de la conquista de México.*

ques para ganarse su apoyo. Sin embargo, los indígenas hicieron gala ante los españoles de su talante belicoso y los obligaron a librar una de las más sangrientas batallas de toda la historia de la conquista de América. Una vez más, la caballería fue el artífice de la victoria y los bravos tlaxcaltecas fueron rechazados; al día siguiente, Cortés era invitado a entrar en la ciudad de Tlaxcala bajo una lluvia de flores, pues quien había derrotado a tan temibles guerreros merecía ser considerado un héroe y un amigo. En adelante, los tlaxcaltecas iban a ser aliados de Cortés y a prestarle una serie de inapreciables servicios.

En la capital del Imperio Azteca

Poco después tendría lugar el negro episodio de la matanza llevada a cabo en la ciudad sagrada de Cholula, una de las más firmes aliadas de

Moctezuma. Allí, los españoles fueron recibidos con notable hostilidad y pronto llegó a oídos de Cortés que se preparaba un plan para dar muerte a los indeseables extranjeros. El jefe de los expedicionarios reaccionó con extrema dureza y ordenó asesinar fríamente a los principales personajes de la ciudad y a los soldados que la protegían, en total más de dos mil indígenas, mientras varios cientos de tlaxcaltecas llamados secretamente por Cortés invadían el lugar impidiendo toda resistencia. Así pues, sólo faltaba la etapa final para alcanzar la soñada meta de Tenochtitlán. Unos cuatrocientos españoles y alrededor de cinco mil tlaxcaltecas componían la expedición que se puso en camino hacia la capital mexicana.

El 8 de noviembre de 1519 los conquistadores llegaron por fin a Tenochtitlán, actual ciudad de México, donde fueron bien recibidos por Moctezuma, asignándoseles incluso el palacio de Axayacatl para su alojamiento. Durante la primera semana todo marchó bien y Cortés se dedicó a recorrer la ciudad, magnífica por sus calles y edificios, provista en abundancia de todo lo necesario y fiel reflejo del esplendor y el lujo de la corte del soberano azteca. Pero a pesar de la amistosa acogida dispensada por Moctezuma, los indígenas se mostraron desde el primer momento remisos a aceptar la soberanía española y a prestar acatamiento a un monarca lejano al que no conocían. Además, Cortés cometió una imprudencia que contribuyó a hacer la situación más difícil: al contemplar los altares del gran templo de la capital, ennegrecidos por la sangre seca de los sacrificios humanos y envueltos en una fetidez que los aztecas consideraban sagrada, perdió los estribos y exigió al emperador que le permitiera limpiar aquel sitio y erigir en su lugar un altar cristiano, tachando a los dioses locales de demonios indeseables y ávidos de sangre.

La reacción no se hizo esperar. Una noche, la fiel Marina, compañera de Cortés, se presentó con la noticia de que los españoles estaban a punto de ser atacados. El extremeño decidió asestar un golpe de audacia y tomó como rehén a Moctezuma, quien, avergonzado y con lágrimas en los ojos, no tuvo más remedio que dejarse conducir por los soldados españoles fuera de su palacio, siendo llevado a la residencia de los hombres blancos.

La imprudencia de Alvarado

A partir de ese momento, la vida de los conquistadores empezó a correr serio peligro. Aunque Moctezuma trató de que sus súbditos no se alarmasen y procuró que pagasen de buen grado los tributos que inmediatamente fueron exigidos por Cortés, la tensión entre unos y otros llegó casi al límite. Además, por aquellas fechas se supo que una flota española enviada por Velázquez al mando de Pánfilo de Narváez había anclado en Veracruz con el propósito de apresar a Cortés y conducirle a Cuba sin demora. El extremeño decidió abandonar Tenochtitlán y enfrentarse a las tropas que venían en su busca, dejando en la ciudad una guarnición al mando de Pedro de Alvarado.

Cortés logró vencer a Narváez e incluso consiguió que parte de sus soldados pasaran a engrosar sus propias filas, pero no pudo impedir la actuación imprudente de Alvarado, que desencadenó en Tenochtitlán una matanza ante el rumor de que iba a ser atacado, provocando con ello realmente la insurrección de los indígenas. Los españoles fueron sitiados. Ni el rápido regreso de Cortés ni la intervención de Moctezuma consiguieron aplacar las iras del pueblo azteca; el primero pidió al segundo que intentara calmar a sus súbditos, el soberano accedió y se presentó ante los suyos, pero en la vorágine de la revuelta ya había sido elegido un nuevo emperador y Moctezuma fue apedreado e insultado por quienes unas horas antes se postraban ante él.

Tener como rehén a un soberano que ya no gobernaba no podía servir de nada a los españoles; se le dio, pues, muerte, con la confianza de que la celebración de los funerales daría un respiro a los conquistadores. El plan de Cortés funcionó sólo en parte: la precipitada huida de los españoles ante el tenaz acoso de los aztecas ha pasado a la Historia como la famosa «Noche Triste» del 30 de junio de 1520.

Grabado de Tecnochtitlán, ciudad de México que, según Cortés, estaba "fundada en medio de la dicha laguna de dos leguas" y a la que conducía una calzada "tan ancha como dos lanzas, y muy bien obrada".

Aunque aquella jornada costó cientos de vidas a los conquistadores y a sus aliados tlaxcaltecas, Cortés logró reorganizar sus huestes e infundirles nuevos ánimos, con tanto éxito que en plena retirada fue posible vencer a los aztecas en Otumba de un modo casi milagroso. Por fin, los españoles llegaron a Tlaxcala, donde se preparó la segunda conquista de Tenochtitlán.

De la gloria a la tumba

La idea de volver a la carga parecía propia de un loco, pero una vez más la fortuna iba a acompañar al esforzado extremeño. Una feliz casualidad hizo que arribaran a Veracruz tres naves con provisiones y refuerzos, recibidos con alborozo por los quebrantados soldados. Los planes del nuevo asedio fueron preparados minuciosamente y se llevaron a cabo durante los meses de junio, julio y agosto de

197

Detalle del Lienzo de Tlaxcala, *que describe la "Noche Triste" del 30 de junio de 1520, durante la cual los españoles, víctimas de sus propios excesos y de la reacción violenta de los aztecas, debieron huir de Tenochtitlán amparados por las sombras.*

1521. Pese a la denodada defensa que hizo de la ciudad el nuevo emperador azteca Cuauhtémoc, Tenochtitlán cayó en manos de los españoles el 13 de agosto: la capital azteca era ese día una vasta extensión de ruinas ardientes sembradas de cadáveres, la más cruda estampa de la desolación, la destrucción y la guerra.

Los primeros meses después de la conquista fueron dedicados a la reconstrucción de la urbe, mientras los capitanes de Cortés consumaban la incorporación de los territorios que habrían de constituir el Reino de Nueva España o México, del que el extremeño fue nombrado gobernador y capitán general por el emperador Carlos I. Siete años después, un viajero declaraba que no había en Europa ciudad superior a la capital del nuevo reino, tanto por su belleza como por su buen gobierno y contento de sus habitantes.

Veinticuatro años pasó Cortés en tierras americanas hasta su primer regreso a España, donde fue recibido como un héroe nacional a pesar de

que se intrigaba activamente contra él e incluso se indujo al rey a sospechar que pretendía hacer de Nueva España un estado independiente. Por ello, la política del soberano, tendente a substituir en todos los casos a los conquistadores por funcionarios, no hizo excepción con Cortés, al que le fue retirado el título de gobernador.

Durante varios años, Cortés continuó sus exploraciones y recorrió las costas californianas, llegando a dar su nombre al actual golfo de California. Aunque se le había otorgado el marquesado del Valle de Oaxaca, con cerca de veintitrés mil vasallos, su proverbial prodigalidad y los costes de sus últimas empresas no agregaron nada a su fama y consumieron su fortuna en breve tiempo. En 1540 volvió de nuevo a España y se encontró abocado a la vejez careciendo de recursos. De tal situación se quejaba ante su soberano, cuyo auxilio imploró en un memorial del año 1544, donde puede leerse: «Pensé que haber trabajado en la juventud me aprovechara para que en la vejez tuviera descanso, y así ha cuarenta y cinco años que me he ocupado en no dormir, mal comer, y a las veces ni bien ni mal; traer las armas a cuestas, poner la persona en peligros, gastar mi hacienda y edad, todo en servicio de Dios, trayendo ovejas a su corral desde lugares muy remotos de nuestro hemisferio, y dilatando el nombre y patrimonio de mi rey. Véome viejo, pobre y cargado de deudas. Paréceme que al coger del fruto de mis trabajos, no debía echarlo en vasijas rotas y dejarlo en juicio de pocos, sino tornar a suplicar a Vuestra Majestad. (...) No ha de perderse lo que me otorguéis, porque no tengo ya edad para andar por mesones, sino para recogerme en mi casa a aclarar mi cuenta con Dios, pues la tengo larga, y poca vida para dar los descargos, y será mejor dejar la hacienda que el ánima.»

Permaneció Cortés en España por espacio de siete años, esperando recibir al fin alguna muestra de gratitud de la corona. Como ésta no llegó, quiso regresar a su hogar en México, pero la muerte le sorprendió cuando se dirigía a puerto para embarcarse. Su última voluntad fue que sus restos fueran trasladados a la tierra que había descubierto y, sin duda alguna, amado.

En el verano de 1521, Cuauhtémoc (arriba, el lienzo El tormento de Cuauhtémoc) *defendió tenazmente Tenochtitlán, pero no pudo evitar que las tropas de Hernán Cortés la reconquistaran. Ya prisionero, el último emperador azteca fue torturado para que revelara el escondite del tesoro de los aztecas y, finalmente, ahorcado.*

1488	Nace **HERNÁN CORTÉS** en Medellín (Badajoz), España.
1504	Parte para La Española. Se establece en la isla como escribano.
1511	Participa con Diego Velázquez en la conquista de Cuba.
1518	El 18 de noviembre sale rumbo al Yucatán al frente de una escuadra de once barcos.
1519	En Tabasco, primer choque armado con los indígenas. Fundación de Veracruz. Ruptura con el gobernador de Cuba. Alianza con los tlaxcaltecas. Matanza de Cholula. El 8 de noviembre, Cortés llega a Tenochtitlán. Moctezuma es hecho prisionero.
1520	Cortés se enfrenta a Pánfilo de Narváez. Sublevación de Tenochtitlán. Los españoles abandonan la ciudad en la llamada Noche Triste (30 de junio-1 de julio). Victoria de los conquistadores en Otumba.
1521	Asedio de Tenochtitlán, que cae el 13 de agosto.
1522	Cortés es nombrado gobernador y capitán general de México.
1524	Reúne en sus *Ordenanzas* las directrices de su gobierno.
1528	Regreso triunfal a España.
1530-1539	Realiza varias expediciones por las costas de California.
1540	De vuelta en España, solicita el auxilio del rey ante sus numerosas deudas y litigios.
1547	Muere en Castilleja de la Cuesta (Sevilla) cuando se disponía a embarcar para México.

ENRIQUE VIII
(1491-1547)

Enrique VIII accedió al trono de Inglaterra a los diecisiete años, pero pronto demostró una fuerte personalidad y gran capacidad política, que lo llevarían a subordinar su vida y las de sus súbditos a las razones de Estado y a los intereses dinásticos de los Tudor. Holbein el Joven lo retrató en esta pose desafiante.

*E*l reinado de quien estaba llamado a transformar el curso de la historia de Inglaterra se caracterizó y proyectó a partir, curiosamente, de la agitada vida conyugal de su protagonista. Seis esposas y un incontable número de amantes desfilaron por el lecho de Enrique VIII, un monarca de fuerte carácter abrumado por la responsabilidad de asegurar la continuidad de la dinastía Tudor con un heredero varón que el destino tardó demasiado tiempo en concederle. Todos sus hijos, salvo uno, nacieron muertos o expiraron a las pocas horas de ver la luz. Al margen del papel que pueda imputarse al azar, algunos autores han atribuido el hecho a una posible tara sifilítica del soberano, pero esta tesis no ha podido ser demostrada. Parece seguro que nunca padeció una dolencia venérea y no hay duda de que él mismo achacó su desdicha a un castigo divino por haberse casado con la esposa de su hermano, lo que condicionó todo su comportamiento a lo largo de su vida. Por lo tanto, para tener de él una imagen certera es preciso aproximarse a las principales mujeres que le hicieron concebir esperanzas y acabaron siendo víctimas de su decepción.

El esposo sustituto

Ocho años antes de ser coronado rey, Enrique asistía como infante a los desposorios de su hermano Arturo, príncipe de Gales y heredero del trono, con Catalina de Aragón, hija menor de los Reyes Católicos. Arturo era el primogénito de Enrique VII, quien con esta unión pretendía consolidar su alianza con España y asegurar una prolífica descendencia a su linaje. Todo parecía ir viento en popa para los Tudor cuando, cinco meses después, siendo aún recientes los jubilosos ecos de la boda, el príncipe de Gales moría víctima de una gripe aguda ante la que los médicos de la época se mostraron impotentes.

Súbitamente, todo pareció venirse abajo. La salud del rey era notoriamente mala y su único hijo superviviente, el príncipe Enrique, no había alcanzado aún la mayoría de edad. Inmediatamente fue declarado sucesor en previsión de cualquier contingencia. Siete años después fallecía Enrique VII y su segundogénito ocupó el trono otrora destinado a su difunto hermano. Enrique VIII tenía a la sazón diecisiete años y era un apuesto mozo a quien no faltaba entendimiento ni habilidad política. Tras ceñir la corona en sustitución de su hermano muerto, consideró que por razones de Estado era preciso reemplazarle también como esposo. Desde el súbito fallecimiento de Arturo, Catalina había permanecido recluida en la fortaleza galesa de Ludlow, entregada a rezos y lutos y en espera de lo que le deparase el destino. Desprenderse de la infanta y devolverla a su país suponía perder la cuantiosa dote aportada por sus padres y, lo que era aún más importante, cortar un lazo de inestimable valor con la corona española, más necesario que nunca en el revuelto contexto político europeo de aquel entonces. La solución consistió en declarar nulo el enlace de la princesa con Arturo y casarla con el nuevo heredero, cinco años menor que ella. La propia Catalina reconoció ante un tribunal eclesiástico que la unión anterior no se había consumado por incapacidad del cónyuge y que, por tanto, ella continuaba siendo doncella. La Santa Sede no tuvo inconveniente en otorgar la dispensa y dos meses después de subir al trono, Enrique VIII se casó con su cuñada.

Catalina de Aragón, que tenía dieciséis años al llegar a Inglaterra y cuya larga cabellera rubia sorprendió a los cortesanos, ya por aquel entonces habituados a los estereotipos raciales, se había convertido durante su largo encierro en una matrona de marchita apariencia y exageradas costumbres devotas. Tras su boda con Enrique VIII dio a luz seis veces, pero el único varón nacido con vida sólo alentó durante cincuenta y dos días. El monarca empezó a tener interesados

Las capitulaciones matrimoniales entre Enrique VIII y Catalina de Aragón no fueron obstáculo para que el rey se divorciara e Inglaterra rompiera con la iglesia de Roma. Página miniada de un libro de la época.

escrúpulos de conciencia y a considerar que el origen del maleficio estaba en la Biblia. «No debes descubrir la desnudez de la mujer de tu hermano», sentencia el Levítico. Así pues, su matrimonio no había sido válido, sino pecaminoso y prohibido. Catalina estaba maldita y era preciso deshacerse de ella.

La ambiciosa Ana Bolena

La coyuntura internacional permitió la adopción de medidas drásticas. La preponderancia en Europa del todopoderoso Carlos de España, emperador romano-germánico y dueño de medio mundo, indujeron a Enrique a aproximarse a Francia para contrarrestar su fuerza. Podía, pues, desembarazarse de Catalina sin perder aliados, aunque no iba a ser fácil encontrar un modo legal o aparentemente legal de hacerlo. Entretanto, una muchacha sin relieve llamada Ana Bolena, doncella al servicio de la reina, empezó a ser objeto de las seductoras y urgentes atenciones

Con el apoyo de los obispos ingleses, Enrique VIII, en el centro en un acto con el obispo de Sherburne, se proclamó cabeza de la Iglesia Anglicana, consolidando así su poder político frente al Papa y sentando las bases del nuevo estado. La secularización de los bienes religiosos supuso una fuente importante de recursos que financiaron el primer desarrollo industrial del país.

del monarca, acostumbrado a fáciles conquistas y a escoger caprichosamente a sus amantes. Sin embargo, Ana poseía una voluntad de hierro y una ambición sin límites que no la predisponían a contentarse con ocupar transitoriamente el lecho real como una cortesana más. Su intención era ceñir la corona y para lograrlo resistió estoicamente las reiteradas solicitudes del soberano, alimentando al mismo tiempo su fogosidad con inocentes caricias y rechazándolo alternativamente con objeto de incrementar su deseo. Enrique se hallaba perdidamente enamorado y sus sentimientos fueron meticulosamente manipulados por aquella mujer calculadora, atractiva y sensual.

En 1527, el rey entabló negociaciones con el papa Clemente VII para lograr la nulidad de su matrimonio con Catalina de Aragón. El pontífice se negó en redondo a sus pretensiones y Enrique VIII optó por la salida más drástica: solicitar la anulación ante el propio clero inglés, a costa de someterlo a sus designios y separarlo de Roma. Convocó al Parlamento para que dictase la derogación de muchos privilegios eclesiásticos, obtuvo del arzobispo de Canterbury la cancelación de su matrimonio y la aceptación de su enlace con Ana Bolena e hizo aprobar el Acta de Supremacía, mediante la cual se declaraba la independencia de la Iglesia Anglicana y se erigía al rey en máxima autoridad de la misma. Las cabezas de quienes se opusieron a secundarle no tardaron en rodar, entre ellas la de Tomás Moro, autor de la obra *Utopía* y señalado humanista.

Aun habiendo sido excomulgado y hallándose descontento consigo mismo y víctima de los remordimientos, nada le impidió disfrutar de los favores de Ana, que se le había entregado con

pasión en cuanto los acontecimientos comenzaron a favorecerle. A mediados de marzo de 1533 ella comunicó a su regio amante que estaba embarazada. Enrique, loco de júbilo, dispuso la ceremonia, que tuvo lugar el 1 de junio en la abadía de Westminster. Pocos vítores se escucharon entre la multitud: las gentes veían en ella a la concubina advenediza carente de escrúpulos que había hechizado a su buen rey con malas artes. Tres meses después, la nueva reina dio a luz una hija que se llamaría Isabel y llegaría a ser una de las más grandes soberanas inglesas, pero Enrique VIII no podía saberlo y se sintió muy decepcionado. ¡Todo el escándalo no había servido para nada! El alumbramiento de una hembra debilitó considerablemente la situación de la favorita. El 7 de enero de 1536 fallecía Catalina de Aragón, sola, abandonada y lejos de la corte. Veinte días después, Ana Bolena parió de nuevo,

OPERIBVS÷CREDITE

esta vez un hijo muerto. Enrique ni siquiera se dignó visitarla; la altiva y calculadora cabeza de Ana no iba a tardar en caer.

Una rosa sin espinas

Mientras, el rey no había perdido el tiempo. Su nueva favorita se llamaba Juana Seymour y era una joven dama descendiente por rama colateral de Eduardo III. Magníficamente educada y de gran timidez, su carácter reservado y dócil contrastaba con el de su enérgica predecesora. Para poder casarse con ella, Enrique VIII volvió a recurrir a métodos expeditivos: Ana Bolena fue acusada de mantener relaciones ilícitas con una caterva de criados y obligada mediante tortura a firmar una confesión. Los complacientes prelados ingleses se apresuraron a reconocer que su matrimonio con el monarca había sido nulo. El

19 de mayo de 1536, el verdugo segó su cabeza, cuarenta y ocho horas antes de que el rey se prometiera oficialmente con lady Juana.

La nueva reina, a quien Enrique solía llamar «mi rosa sin espinas», fue posiblemente la mujer a quien más quiso el soberano. Además de extender una sombra benéfica sobre su vida, le dio un hijo y con ello le colmó de felicidad. El futuro Eduardo VI era un niño endeble, pálido y enfermizo, pero al fin y al cabo era varón y vivía. Por fin parecía alejarse la maldición que pesaba sobre los Tudor. Además, el rey estaba seguro de que Juana podría darle otros hijos varones, más fuertes y más sanos, con los que asegurar la pervivencia de su linaje. La alegría duró poco. Atacada por unas fulminantes fiebres puerperales, Juana expiró quince días después del parto. Enrique VIII escribiría por aquellas fechas: «La Divina Providencia ha confundido mi gozo con la amargura de la muerte de aquella que me ha dado tanta dicha». Juana fue la primera reina oficialmente reconocida, y el soberano dio instrucciones para que fuera enterrada en el panteón real de Windsor, junto al sepulcro destinado a recibir sus propios restos cuando llegase su hora.

La yegua y la ninfa

Transcurrieron dos años antes de que el monarca se decidiera a contraer nuevas nupcias. Cumplidos los cuarenta y siete y repuesto ya de la desaparición de Juana, decidió probar fortuna una vez más alentado por su valido Thomas Cromwell, quien le mostró un cautivador retrato de la princesa Ana de Cleves pintado por Hans Holbein, en el que aparecía una muchacha adorable de angelicales facciones. Perteneciente a la nobleza alemana, Ana vivía lejos de Londres y jamás había pisado Inglaterra, pero ello no fue óbice para que se firmaran solemnemente las capitulaciones y para que se dispusiera el encuentro del rey con su futura esposa. Por desgracia para Enrique, el maestro Holbein había sido en exceso piadoso con su modelo; Ana tenía el semblante marcado por la viruela, la nariz enorme y los dientes horrorosamente saltones. Además, desconocía otro idioma que no fuera el alemán y su voz recordaba el relincho de un caballo. El desdichado marido aceptó el yugo que se le imponía y accedió al casamiento por tratarse de una obligación contraída de antemano, pero no pudo consumar la unión porque, según sus palabras, le era imposible vencer la repugnancia que sentía «en compañía de aquella yegua flamenca de pechos fláccidos y risa destemplada». Apenas seis meses después de la boda, la reina fue «expedida» al palacio de Richmond y se iniciaron los trámites para sentenciar la disolución del vínculo. Ana de Cleves fue compensada con dos vastas residencias campestres y una jugosa pensión a cambio de no aparecer nunca más por la corte. Nombrada honoríficamente «Su Gracia la Hermana del Rey», permaneció recluida en sus posesiones el resto de su existencia y cumplió con los términos del pacto.

El caso de la siguiente esposa, Catalina Howard, tuvo un comienzo completamente opuesto. Si bien los retratos que se conservan de ella no le hacen justicia, hoy se sabe que en persona resultaba deslumbrante. En presencia de aquella ninfa, el rey creyó estar soñando. Sus avellanados ojos, sus cabellos rojizos y su figura perfecta hechizaron de tal modo al monarca que la boda fue dispuesta con una inusual celeridad. Todo el boato de la corte de los Tudor, extinguido tras la muerte de Juana Seymour, apareció de nuevo bajo el estímulo de la nueva reina, esplendorosa, vivaz y siempre risueña. Enrique parecía estar viviendo una segunda juventud, pero su entusiasmo fue breve. Cuanto se había inventado para desacreditar a Ana Bolena y llevarla al patíbulo resultó ser una verdad incontrovertible en el caso de Catalina Howard: al parecer, la caprichosa muchacha había sostenido relaciones amorosas con su preceptor y con varios músicos desde la edad de trece años, actividad que había continuado incluso después de su enlace con el rey. La nómina de amantes se incrementó por momentos y algunos galanes de la corte fueron descuartizados tras confesar sus relaciones con Catalina. La reina fue tildada crudamente de «ser ramera antes del matrimonio y adúltera después de él». El 12 de febrero de 1542 fue ejecutada en el mismo lugar que Ana Bolena y por el mismo verdugo.

Un oasis postrero

Con este currículum a sus espaldas, no es de extrañar que, cuando una bellísima duquesa recibió años después a unos comisionados reales encargados de pedir su mano en nombre de Enrique, ella respondiese sin pestañear: «Digan a Su Majestad que me casaría con él si tuviera una cabeza de repuesto». Porque el rey, a pesar de haber engordado considerablemente y ser víctima de intensos ataques de gota, deseaba una nueva esposa. El príncipe heredero era demasiado débil y no hacía concebir esperanzas, así que para asegurar la sucesión era necesaria una nueva reina que le diese más hijos. Sin embargo, él era el primero en mostrarse escéptico, sobre todo después de las muchas decepciones y pesadumbres que las mujeres le habían proporcionado: «Ahora soy viejo y necesito más una enfermera que una esposa; dudo que haya alguna mujer dispuesta a soportarme y a cuidar de mi pobre cuerpo.»

Sin embargo, esa mujer apareció. Se trataba de Catalina Parr, dama de noble condición que había estado casada dos veces, poseía una considerable fortuna y era extraordinariamente culta para su tiempo. Hacendosa, responsable, estudiosa e inteligente, no había duda de que se trataba de la persona idónea para acompañar al rey en sus últimos años. Al acceder al trono no dio ni una sola muestra de arrogancia. Discretamente pero con eficacia tomó a su cargo todos los asuntos domésticos y supo proporcionar a Enrique cinco años de paz y sosegada vejez.

El soberano murió el 28 de enero de 1547. En su entierro, junto al estandarte real, se colocaron las enseñas familiares de Juana Seymour y Catalina Parr, las dos únicas mujeres que oficialmente habían contraído matrimonio con Enrique VIII y por lo tanto figuraban como reinas. Atrás quedaban la devota Catalina de Aragón, la ambiciosa Ana Bolena, la poco agraciada Ana de Cleves y la lujuriosa Catalina Howard, forjadoras de un funesto destino del que la casa Tudor escapó milagrosamente. No obstante, es preciso señalar que, gracias al papel que jugaron en la vida de Enrique y a consecuencia del Acta de Supremacía, los destinos de Inglaterra tomaron un rumbo bien distinto a los que podían señalarse como probables. La hegemonía del monarca sobre la Iglesia fue el fundamento sobre el que se asentó un nuevo estado soberano, enriquecido además con los beneficios obtenidos con la venta de los bienes eclesiásticos y que permitieron un primer desarrollo industrial. Así pues, por muy paradójico que resulte, puede atribuirse a las esposas de Enrique VIII un papel indirecto pero decisivo en la formación de la Inglaterra moderna. Que tal influencia baste para rehabilitar su desacreditada memoria.

1491	El futuro rey **ENRIQUE VIII** nace en Greenwich.
1509	Es coronado rey de Inglaterra. Dos meses después contrae matrimonio con Catalina de Aragón.
1513	Se alía con España contra Francia.
1527	Emprende negociaciones con el papa Clemente VII para conseguir la anulación de su matrimonio.
1533	23 de mayo: obtiene la anulación del arzobispo de Canterbury. 1 de junio: se casa con Ana Bolena. 11 de julio: es excomulgado por el papa.
1534	El Parlamento aprueba el Acta de Supremacía.
1535	Hace ejecutar a Tomás Moro.
1536	19 de mayo: Ana Bolena es decapitada.
1537	La nueva reina, Juana Seymour, da a luz un hijo varón y muere días después.
1540	Boda con Ana de Cleves, de quien se separa a los seis meses. Nueva boda con Catalina Howard.
1542	12 de febrero: Catalina Howard es ejecutada.
1543	12 de julio: se une a su última esposa, Catalina Parr.
1545	Crea la potencia marítima de Inglaterra al mandar construir una poderosa flota.
1547	28 de enero: muere en Londres.

SOLIMÁN EL MAGNÍFICO
(1494-1566)

*P*ara cuando Solimán, Sulimán, o Süleyman en turco, llamado «el Magnífico» en Occidente y «el Legislador» por sus compatriotas, sucede a su padre en el trono otomano en 1520, este pueblo belicoso que los mongoles ha empujado hasta el extremo oriental del Mediterráneo, en concreto hacia la península de Anatolia, la actual Turquía, ha arrostrado numerosas batallas con los países europeos. Ya en 1354, Orjan conquistaba Gallípoli, primer dominio otomano en Europa, al tiempo que fundaba un nuevo ejército formado por un escuadrón de caballería ligera, *akhingi*, y un ala constituída por los grandes señores feudales, *spahis*, que estaba compuesta por los célebres y temibles jenízaros. En 1453, Mehmet II el Conquistador, que había establecido la expeditiva costumbre de que cada sultán eliminase a sus hermanos para garantizar la sucesión dinástica, entra el 25 de mayo en Constantinopla, último reducto del Imperio Romano de Oriente, Bizancio, defendido desesperadamente por bizantinos, genoveses y venecianos. Este hecho trascendental, amén de señalar la fecha exacta en que el Imperio Turco Otomano cobra un decisivo poder en el Mediterráneo y se convierte en una persistente amenaza para los pueblos de Europa, arrojará a los doctos emigrados griegos a Italia, lo que supondrá el florecimiento del humanismo, y así mismo cerrará para los europeos el acceso al mar Negro, y por lo tanto su vía de comunicación con la India, obligándoles de ese modo a buscar nuevas rutas que conducirán al descubrimiento de América por Colón en 1492.

La herencia del califato

El padre de Solimán, Selim I, conquistador de Siria, Arabia y Egipto, adoptó el título de califa tras la toma de La Meca. A su muerte, acaecida en 1520, su temerario hijo, Solimán II, presente en numerosas batallas que no dudaba en encabezar, tomará las riendas del Imperio para catapultarlo al máximo poderío de toda su historia merced a una política de expansión en Europa que está jalonada por tres importantes victorias. En primer lugar, en 1521, conquista Belgrado; al año siguiente, en la isla de Rodas, obtiene la capitulación de los Caballeros Hospitalarios de San Juan, con lo que a partir de entonces el tráfico marítimo veneciano y genovés queda bajo su control; y, por último, con su victoria en la batalla de Mohács, acaba con la independencia de Hungría e impone en el trono a Juan Zapolya, vasallo del Imperio Otomano.

A la expansión de Solimán el Magnífico se opondrán enérgicamente España y Austria, con la ayuda de Polonia y Venecia, siendo el mayor adalid de esta defensa el emperador Carlos I de España y V de Alemania. Mas como el enemigo juramentado de éste, el rey francés Francisco I, no veía con buenos ojos el liderazgo europeo del hijo de Juana la Loca, no dudó en aliarse con el turco para reducir su poder. Nadie como Solimán se aprovechará más de la inagotable rivalidad de los dos obstinados monarcas cristianos. Con admirable oportunidad y con una astucia diplomática que le hace merecedor de ser calificado como uno de los mayores estadistas de la época, el califa supo sacar provecho del río revuelto que era por aquel entonces Occidente, desangrado y dividido por guerras de religión y con fronteras movedizas que respondían a un verdadero mosaico de ambiciones. Así es preciso señalar la paradoja de que a la llamada Liga Clementina, encabezada por el papa Clemente VII y que, además del Vaticano, reunía a Francia, Florencia y Milán contra Carlos I, prestase una impagable ayuda Solimán el Magnífico, invadiendo Hungría. En 1529, su audacia llega hasta el extremo de asediar por primera vez Viena, campaña en la que fracasó, pero que volvió a intentar en 1532, año en el que Carlos I, el gran abanderado del catolicismo, hubo de pactar con los protestantes para lograr rechazar la ofensiva.

Aunque más tarde Solimán orientará sus conquistas fuera del territorio europeo, invadiendo Bagdad y Mesopotamia y llegando hasta la India, a la muerte de su vasallo Juan Zapolya en 1541, Hungría quedará anexionada al Imperio Otomano y en 1543, el mismo año en que Persia pasa a sus dominios, Fernando I de Austria quedará obligado a pagar al Imperio un tributo anual de 30.000 ducados. Precisamente como consecuencia de la negativa de su sucesor, Maximiliano II, a pagar el tributo, se producirá en 1566 el asalto turco a Szeged, ciudad defendida valientemente por el héroe nacional húngaro Zriny, donde hallará la muerte Solimán. Antes de eso, el gran dignatario musulmán había llevado a cabo igualmente una extraordinaria actividad legisladora, que le valió su sobrenombre entre los turcos; había impuesto a las familias cristianas la obligación de entregar un hijo de cada cinco para integrarlo en sus compañías de jenízaros y había practicado también el rapto de niños, *devsirme*, para nutrir sus tropas; había dividido las tierras conquistadas en *timar*, feudos militares sometidos al gobierno de un bajá; había dejado su impronta urbanística en Constantinopla y había visto cómo la preferida de su harén, la bella Roxelana, lo traicionaba mandando asesinar a su primogénito el príncipe Mustafá, para lograr que el sultanato recayera en su hijo Selim.

Solimán, llamado "el Magnífico" entre los europeos y "el Legislador" entre los suyos, fue uno de los grandes estadistas del siglo XVI. Fomentó y aprovechó la rivalidad existente entre Francisco I de Francia y Carlos I de España y V de Alemania, de quien era su digna contrafigura, para conducir al Imperio Otomano a su máximo poder y extensión .

1494	Nace **SOLIMÁN**, hijo del sultán otomano Selim I.
1520	Sucede a su padre en el trono.
1521	Aplasta una revuelta en Siria y toma Belgrado.
1522	Toma Rodas tras un prolongado sitio.
1526	Derrota al rey de Hungría en Mohács.
1529	Asedia Viena, pero no logra conquistar la ciudad.
1532	Invade Estiria, pero es derrotado en el mar.
1534	Ataca Persia y toma Bagdad.
1553	Roxelana, su favorita, asesina al primogénito del sultán, Mustafá.
1566	Muere Solimán en la batalla de Szeged, Hungría. Le sucede Selim II.

PEDRO DE VALDIVIA
(1497-1553)

Pedro de Valdivia (arriba en un grabado existente en la Biblioteca Nacional, Madrid) fue el verdadero conquistador de Chile, después que Almagro abandonara el territorio.

*E*l cronista Góngora Marmolejo nos ha dejado una suculenta descripción de Pedro Gutiérrez de Valdivia a sus cuarenta años: «Hombre de buena estatura, de rostro alegre; la cabeza grande conforme al cuerpo, que se había hecho gordo; generoso en todas sus cosas, amigo de andar bien vestido, de comer bien y de beber mejor, afable y humano con todos; mas tenía dos cosas con que oscurecía todas esas virtudes: que aborrecía a los hombres nobles y que de ordinario estaba amancebado». La Historia nos cuenta que en esa época Valdivia era experto militar hábil estratega y, como casi todos los conquistadores, ambicioso, impulsivo, valeroso y capaz de las más grandes y arduas temeridades.

Vencedor y sucesor de Almagro

Nacido en Villanueva de la Serena (Badajoz) en 1497, antes de cumplir los veinticinco años había participado en hechos de armas tan señeros como el sitio de Milán, la batalla de Valenciennes, la batalla de Pavía o el Saco de Roma, siempre al servicio del rey de España. De regreso a Extremadura en 1526, contrajo matrimonio, adquirió tierras y comenzó a aburrirse soberanamente. Por eso, cuando tuvo la oportunidad de cruzar el Atlántico en busca de aventuras y fortuna, no lo dudó un instante. En 1535 era ya maestre de campo de Francisco Pizarro, junto al que luchó en la guerra civil que lo enfrentó a Diego de Almagro, su antiguo socio y descubridor de Chile o Nueva Extremadura. En la batalla de Las Salinas, Almagro fue derrotado y Valdivia tuvo una destacada actuación. Así pues, mientras el primero era capturado y sometido a garrote vil por Pizarro, el segundo obtuvo de las mismas manos una mina de oro en agradecimiento por los servicios prestados.

A tenor de estos acontecimientos, era lógico que Valdivia se ocupase de continuar la obra de Almagro, y Pizarro así lo autorizó. A principios de 1540 salía de Cuzco para emprender la conquista de Chile y, después de atravesar el desierto de Atacama y derrotar a cuantos indígenas le salieron al paso, fundaba su primera ciudad: Santiago del Nuevo Extremo, de la que se hizo proclamar gobernador y capitán general en nombre de Su Majestad el Rey. No obstante, la futura capital de Chile pronto sufrió los ataques de los nativos, fue destruida y hubo de ser trasladada y reedificada varias veces.

En 1541, los partidarios de Diego de Almagro aún tenían fuerza suficiente como para asesinar a Francisco Pizarro en venganza por la muerte de su jefe. Gonzalo, el más joven de los hermanos Pizarro, se sublevó tras la llegada al Perú del primer virrey, Blasco Núñez Vela. Desde el sur, Valdivia consideró que era su deber combatir al hermano díscolo y colaboró decisivamente en la victoria de Jaquijaguana, lo que le valió el título de gobernador de Chile. No hay duda de que sabía aprovechar sus oportunidades.

Muerte al sur del Bío-Bío

Tras participar en la campaña peruana, Valdivia regresó a Santiago y emprendió viaje hacia el sur. Más allá del río Bío-Bío, un numeroso pueblo indígena lo esperaba inquieto por la aparición de aquellos nuevos invasores, más temibles que los lejanos incas derrotados por sus abuelos: los españoles los llamaron araucanos. De baja estatura y gran resistencia física, eran feroces guerreros y estaban dispuestos a vender cara su derrota. En principio, ante el avance de las tropas de Valdivia, optaron por replegarse en espera de una ocasión propicia para contraatacar. Mientras los españoles fundaban las ciudades de La Imperial, Villarrica y Los Confines, los araucanos se limitaron a hostigarlos, obligándolos a construir también sólidos fuertes como los de Arauco, Purén y Tucapel.

Fue precisamente este último el que eligieron para desencadenar su primer ataque a gran escala. Valdivia preparó una expedición de castigo y cuando llegó al fuerte lo encontró destruido y sin guarnición de ninguna clase. Inmediatamente, su instinto de experto soldado le hizo temer que iba

Valdivia, autorizado por Francisco Pizarro, emprendió en 1540 la conquista de Chile avanzando más allá del desierto de Atacama y fundando Santiago del Nuevo Extremo, la primera ciudad y capital del país. El conquistador español escribió de su puño y letra, abajo, las incidencias de la hazaña que lo conduciría a su trágico fin a manos de los araucanos al sur del río Bío-Bío.

Hostigado por los araucanos, Valdivia se vio obligado a alzar varios fuertes, entre ellos el de Tucapel, donde fue objeto de una emboscada. Capturado por los indígenas, escena que recrea el cuadro de arriba, el conquistador español fue llevado ante el cacique Lautaro, su antiguo prisionero y caballerizo, quien ordenó darle muerte después de hacerle sufrir horribles torturas.

a ser víctima de una emboscada. En efecto, los araucanos cayeron como una tromba sobre los españoles cuando éstos apenas habían descendido de los caballos. Valdivia, comprendiendo que cualquier resistencia sería inútil, ordenó la retirada. Para distraer a los indígenas decidió abandonar el equipaje; pero, al contrario de lo que solían hacer, los araucanos salieron en persecución de los fugitivos, que se desparramaron tratando de encontrar una salida en aquel infierno.

El nuevo *toqui* o caudillo de este pueblo era Lautaro, que tres años antes había sido prisionero y caballerizo de Valdivia con el nombre de Alonso. Reunido después con su gente y proclamado jefe poco antes de la sublevación, Lautaro conocía bien a los colonizadores y sabía cómo vencerlos. La trampa de Tucapel, planeada por él en todos sus detalles, resultó ser la tumba de Valdivia. Aunque llevaba un magnífico caballo, el extremeño fue capturado y llevado ante la presencia del *toqui*.

Éste, después de ordenar que se despedazase ante su enemigo a su fiel criado Agustinillo, capturado también en la refriega, mandó que se hiciese una hoguera delante de él y con unas cáscaras de almejas que denominaban *pellos* le descarnaron a Valdivia los brazos desde el codo a las muñecas, y asaron y comieron su propia carne en su presencia. Por fin, después de otras torturas, le dieron muerte y pusieron su cabeza en lo alto de una lanza. En esta ocasión, los autóctonos superaron y vengaron algunas de las peores atrocidades cometidas por los conquistadores españoles.

De esta trágica manera terminó la vida de Pedro de Valdivia. La rebelión y consiguiente reacción que causó su muerte arrasó por completo todo lo que los españoles habían construido al sur del Bío-Bío. Animados por su éxito, los araucanos dejaron sus impenetrables selvas y llegaron a sitiar la ciudad de Santiago, que fue salvada in extremis de una segura destrucción por el sucesor de Valdivia, Francisco de Villagrán. Las gestas de Lautaro y de su sucesor, Caupolicán, fueron inmortalizadas por Alonso de Ercilla en su poema épico *La Araucana*, el mejor de cuantos se inspiraron en los hechos del descubrimiento y conquista del Nuevo Mundo.

Después de la espantosa muerte de Valdivia, los araucanos arrasaron todas las poblaciones y fuertes construidos por los españoles al sur del río Bío-Bío. Su desesperada resistencia a la colonización fue cantada por Alonso de Ercilla en el poema épico La Araucana. *Abajo, grabado "Descubrimiento y conquista de Chile" de la* Historia de América *de Ballesteros (Biblioteca Nacional, Madrid).*

1497	Nace **PEDRO DE VALDIVIA** en Villanueva de la Serena (Badajoz), España.
1521	Se incorpora a los ejércitos imperiales que marchan a Italia.
1526	Regresa a su tierra y contrae matrimonio con Marina Ortiz de Gaete.
1535	Parte rumbo al Nuevo Mundo. Francisco Pizarro le nombra su maestre de campo.
1538	Combate en la batalla de Las Salinas contra Diego de Almagro.
1540	Dirige una expedición a Nueva Extremadura (Chile).
1541	12 de febrero: funda la ciudad de Santiago.
1547	Lucha contra Gonzalo Pizarro, enfrentado al virrey del Perú tras la muerte de su hermano Francisco.
1548	Derrota a Gonzalo Pizarro en la batalla de Jaquijaguana.
1550	En enero, Valdivia cruza el río Bío-Bío, frontera natural con el territorio de los araucanos. Funda la ciudad de Concepción.
1552	Funda Villarrica y Los Confines. Ordena levantar los fuertes de Arauco, Tucapel y Purén.
1553	En diciembre, es apresado por los araucanos en Tucapel y muerto a manos de Lautaro, cabecilla de los indígenas.

ATAHUALPA
(1500-1533)

*P*oco antes de su muerte, acaecida cuando sólo contaba treinta y tres años, Atahualpa fue descrito por los escribanos y cronistas españoles como un hombre apuesto, de anchas cejas y mirada penetrante. Su complexión era robusta y su persona irradiaba una majestuosidad que infundía respeto incluso a los rudos conquistadores, poco dados a tomar en consideración otra cosa que no fuese su emperador, su Dios y su ambición. No en vano era Atahualpa hijo de Huayna Cápac, undécimo soberano de su pueblo y, por tanto, heredero de un antiguo linaje que durante cerca de un siglo había reinado sobre el fabuloso Tahuantinsuyu, el vasto Imperio Inca, una de las más excepcionales y fascinantes civilizaciones de la América precolombina.

Primeras noticias de los hombres barbudos

Huayna Cápac, sucesor de Túpac Yupanqui, había logrado consolidar el dominio inca sobre los territorios de la zona norte del imperio, el país de los indios caranquis. Una de las consecuencias de estas campañas por la región quiteña fue que Huayna Cápac desposó a la princesa Paccha, hija del último *shiri* o soberano de Quito, y tuvo un hijo, Atahualpa, nacido un día del año 1500.

Su infancia transcurrió rodeada de lujo y atenciones tal como exigía su rango. Se educó junto a los hijos de la más alta nobleza y muy pronto aprendió el arte de la guerra, pues estaba destinado a mandar enormes ejércitos y a conducirlos por el camino de la victoria. Su destreza y habilidad en los juegos de competición y en las pruebas de estrategia despertaron la admiración y el orgullo de su padre, que no tardó en convertirlo en su compañero de campañas.

Mientras el chico crecía, Huayna Cápac había logrado que el Tahuantinsuyu alcanzase su mayor extensión, desde la región del Pasto, al norte, hasta el río Maule, en la frontera meridional. Convertido ya en joven guerrero, Atahualpa colaboró con su padre en mantener pacificada la zona septentrional, y pronto empezó a brillar con luz propia. Con la asidua presencia del Inca en el norte del imperio, la corte quedó dividida entre las dos capitales más importantes, a cual más esplendorosa, del reino: Cuzco y Quito.

Tal era la situación cuando una noticia inquietante vino a alterar los ánimos del todopoderoso y ya envejecido Huayna Cápac: el mar había arrojado de su seno unas extrañas criaturas que viajaban en enormes cajas de madera flotantes, unos seres fantásticos de cabellos brillantes y rostros blancos terminados en increíbles lanas rojas. Se aseguraba también que poseían enormes cuchillos capaces de partir en dos a un hombre de un solo golpe, hondas mágicas que lanzaban fuego en medio de un ruido como de trueno y, sobre todo, animales monstruosos que corrían a gran velocidad obedeciendo a la voluntad de los extranjeros subidos encima de ellos.

Lucha entre hermanos

Aquellos insólitos seres no eran otros que los españoles o, para ser más exactos, la reducida hueste que a las órdenes de Francisco Pizarro había recorrido la costa norte del actual Perú en su primera exploración. Luego, según decían los mensajeros, aquellos extraños hijos del mar se habían marchado como llegaron, en sus portentosas casas flotantes. Por ello, la visita de los extranjeros quedó pronto sumida en el recuerdo, más

Atahualpa, decimocuarto Inca o emperador del Tahuantinsuyu, es descrito por Pedro Pizarro en sus Relaciones *como un indio "muy tenido de los suyos" que "poníase este Señor la manta por encima de la cabeza y atábasela debajo de la barba tapándose las orejas. Esto traía él por tapar una oreja que tenía rota y que, cuando lo prendieron los de Huáscar, se la quebraron..."*

aún cuando una serie de importantes acontecimientos sacudieron el mismo centro del imperio.

Huayna Cápac, que había permanecido una larga temporada en Quito, se disponía a regresar a Cuzco cuando una terrible epidemia se desató en las tierras andinas. El soberano fue presa de las fiebres y murió en pocos días; se planteaba el problema de su sucesión. Todo parecía indicar que entre sus hijos siempre había preferido a uno llamado Huáscar y al propio Atahualpa, pero ese favoritismo nunca se había decantado claramente por ninguno de los dos. Así pues, la crisis sucesoria y la guerra civil entre ambos hermanos estaban servidas.

Tanto Huáscar como Atahualpa se consideraban los herederos legítimos de su padre. A la muerte de Huayna Cápac, Huáscar fue aclamado en Cuzco como emperador, mientras Atahualpa era apoyado por el pueblo y el ejército en Quito. De esta forma se consolidaban en el imperio dos núcleos políticos: uno en el centro y el sur y otro en el norte, ahora separados y enemigos. En 1530 se iniciaron las hostilidades entre ambos bandos, pues los dos hermanos ambicionaban la posesión de todo el imperio del Tahuantinsuyu.

Con el apoyo de las tribus cañaris, Huáscar consiguió que los primeros encuentros le fueran favorables, pero posteriormente los soldados mejor entrenados de Atahualpa se impusieron en Riobamba, invadiendo el territorio cuzqueño. La resistencia fue inútil y Huáscar fue definitivamente vencido en Cotobamba, donde cayó en poder de los generales de su hermano. Éste ordenó que fuese conducido a su presencia con una escolta armada que impidiera cualquier intento de sus fieles, aún activos, de ponerlo en libertad.

Guerra de nervios

Entretanto Pizarro había regresado y, aprovechando aquellas luchas intestinas, había penetrado en el país y se había dirigido a marchas forzadas hacia Cajamarca, donde Atahualpa tenía su fortaleza y su centro de operaciones. De nuevo los singulares forasteros, que se hacían llamar cristianos o españoles, aparecían en los aledaños del Imperio, pero esta vez eran más numerosos, avanzaban con rapidez y no parecían tan pacíficos como en su anterior visita. De hecho, los blancos barbudos empezaban a ser un problema mayor que la guerra con Huáscar, ya prácticamente resuelta.

Atahualpa proyectó someter a los audaces viajeros a una espera que pusiera a prueba el temple de sus nervios y optó por asumir ante ellos una actitud de franca superioridad. Dispuso que la ciudad quedara prácticamente desierta y situó su numeroso ejército en los alrededores, esperando desconcertar a los extranjeros. Los españoles entraron en la gran plaza de Cajamarca el 14 de noviembre de 1532 y esa misma tarde tuvo lugar el primer contacto entre el soberano de los incas y los extraños barbudos, impresionados por el lugar y por la magnitud de la guarnición que habían visto al llegar. Francisco Pizarro aceptó el reto de esta guerra de nervios y resolvió no entrevistarse en un primer momento con Atahualpa, sino enviarle una embajada encabezada por Hernando de Soto y otra al frente de la cual iba su hermano Hernando Pizarro. Fue un verdadero tanteo de fuerzas al fin del cual se concertó formalmente un encuentro entre los jefes de ambas huestes.

Los españoles observaban con angustia poco disimulada la movilización de las tropas incas en el exterior de la ciudad, seguros de que iban a ser víctimas de una celada. Al fin, el impresionante cortejo de Atahualpa se puso en marcha hacia el lugar donde se encontraban los extranjeros. En medio de la plaza desierta el desfile se detuvo y el Inca bajó de su litera, creyendo que los recién llegados no se atreverían a asomarse ante la magnificencia desplegada por su nutrido séquito. El dominico fray Vicente de Valverde, acompañado por un intérprete, fue el único que salió enviado por Pizarro para invitar a Atahualpa a que se adelantase de su gente con objeto de hablar con él. Intentó el fraile justificar su presencia en aquellas tierras disertando sobre la fe cristiana y la autoridad del emperador Carlos. Le mostró una Biblia, asegurando que las palabras de su Dios se hallaban allí contenidas. Atahualpa tomó el libro sin comprender cómo aquel pequeño y extraño objeto, plagado de misteriosos signos, podía contener voz alguna. Incluso debió de acercarlo a su oído para comprobar si ciertamente se escuchaban aquellas palabras. Después lo arrojó lejos de sí con gesto airado.

Inteligencia y crueldad

Algunos cronistas aseguran que en ese momento Atahualpa dio la orden de ataque. En todo caso, Pizarro fue más rápido: desde su puesto de observación se lanzó, blandiendo la espada y seguido de sus peones, al tiempo que hacía una señal convenida a los hombres de a caballo y a los artilleros, distribuidos previamente en lugares estratégicos. En breves minutos el soberano inca fue capturado y sus acompañantes huyeron en desbandada, dejando en la plaza decenas de cadáveres. El ejército inca, que se encontraba fuera de las fortificaciones de la ciudad, no pudo hacer nada para liberar a su señor.

Durante su cautiverio, Atahualpa demostró ser un hombre sagaz, inteligente y capaz de adaptarse a las más adversas circunstancias. Su perspicacia le hizo ver que, por encima de todo, los españoles codiciaban las riquezas de su reino. Por ello, propuso comprar su libertad llenando la enorme estancia donde se hallaba preso de piezas de oro y plata traídas de los más recónditos lugares de su imperio, con lo cual consiguió ganar tiempo. Al mismo tiempo, continuó dando órdenes a sus tropas situadas en el exterior mediante mensajeros consentidos por sus captores: una de ellas fue que se ajusticiase inmediatamente a Huáscar, con objeto de que su rival no menoscabase ante los españoles su categoría de gran y único señor de los incas.

Día tras día, Atahualpa actuó de forma que no se despertase el enojo de los hombres de Pizarro. Uno de los escribanos consigna: «Era tan agudo que en veinte días supo la lengua de los cristianos.» Otro cuenta cómo «... aprendió a jugar diestramente al ajedrez y a varios juegos de naipes». El propio Francisco Pizarro no podía ocultar su admiración por el prisionero, al que nunca dejó de considerar un caballero en el sentido hispánico. El comportamiento final de los españoles, sin embargo, no estuvo a la altura de estas consideraciones. Aunque el enorme tesoro que debía servir para pagar su rescate fue reunido, Atahualpa no fue puesto en libertad. Pizarro creyó que no podía permitirse en momentos tan comprometidos renunciar a la baza de retener al caudillo de los incas en su poder. Además, la inseguridad y el malestar creciente entre los españoles, que veían en él la fuente de todo peligro, hicieron pensar en su muerte. La ocasión se presentó con la noticia del asesinato de Huáscar, llevado a cabo por orden suya. El hecho de que la cabeza del desdichado llegase a manos de Atahualpa convertida en botijo horrorizó a los cristianos; en efecto, la cabeza había sido vaciada, revestida de oro y provista de un caño entre los dientes. Atahualpa bebía de ella y la mantuvo muchos días ante su vista, regocijándose de ser ya el dueño total y absoluto, aunque cautivo, del Tahuantinsuyu.

Durante el juicio a que se le sometió, Atahualpa fue acusado de parricidio, idolatría, poligamia y conspiración contra los españoles y condenado a muerte. El tiempo apremiaba: habían llegado hasta oídos de los capitanes de Pizarro rumores ciertos de que se preparaba un levantamiento contra ellos, y era sabido que, a pesar de encontrarse prisionero, ni siquiera las hojas de los árboles se movían en su imperio sin que él lo ordenase. La sentencia se cumplió el 16 de julio de 1533, después de que Atahualpa consintiese en ser bautizado para ahorrarse el tormento del fuego. A muchos repugnó el ahorcamiento de Atahualpa, e incluso Pizarro quiso resistirse a aceptar el resultado del proceso, pues si bien lo consideraba necesario políticamente nunca había sido visto un indígena que pudiera ser comparado con el prisionero de Cajamarca.

1500	Fecha probable del nacimiento de **ATAHUALPA**.
1517	Acompaña a su padre Huayna Cápac en las guerras contra las tribus ecuatorianas.
1524 (?)	Primeras noticias sobre la llegada de la expedición de Francisco Pizarro a la frontera norte del Imperio Inca.
1525	Muerte de Húayna Cápac. Ruptura de las hostilidades entre sus hijos Huáscar y Atahualpa.
1531	Pizarro sale de Panamá y llega por tercera y definitiva vez a Perú.
1532	Pizarro se interna en tierras del Imperio Inca. Encuentro entre incas y españoles en Cajamarca. 16 de noviembre: Atahualpa es hecho prisionero.
1533	Muerte de Huáscar. 16 de julio: Atahualpa es ahorcado en Cajamarca.

CARLOS I
(1500-1558)

Carlos I, coronado emperador de Alemania como Carlos V en 1519, recibió también de manos del papa Clemente VII las coronas de rey y emperador de Occidente. Considerado "el guardián de la Cristiandad", el hijo de Felipe el Hermoso y Juana la Loca gobernó un imperio cuya extensión hizo decir que en él "jamás se ocultaba el sol". Arriba, Tratado de Bolonia entre Carlos V y Clemente VII, *cuadro de Marco Vecellio (Palacio Ducal de Venecia).*

*C*uenta el místico español San Juan de la Cruz, en una carta conservada en el Archivo de Simancas, que Juana la Loca, hija de Isabel la Católica y madre de Carlos I, decía que «un gato de algalia había comido a su madre e iba a comerla a ella», extraña fantasía de una mujer misteriosa. Sobre su regia locura se han esgrimido las más caprichosas hipótesis, desde la que afirma que no padecía enajenación ninguna, sino intolerable protestantismo cruelmente castigado con el apartamiento, hasta la versión más común que pretende, según la tesis de Marcelino Menéndez y Pelayo, que «la locura de Doña Juana fue locura de amor, fueron celos de su marido, bien fundados y anteriores al luteranismo».

Tampoco los historiadores han dejado de tachar a Carlos I, a quien las circunstancias convirtieron en el más acendrado valedor del catolicismo de su época, de haber incurrido en la heterodoxia, y ello amparándose en el proceso que el papa Paulo VI mandó formar al emperador como cismático y factor de herejes. Mas fue aquel un episodio motivado por aviesos intereses políticos, cuyas razones se compadecen mal con la rectitud de los sentimientos religiosos del emperador, quien en su retiro en Yuste confesaba a los frailes: «Mucho erré en no matar a Lutero, y si bien lo dejé por no quebrantar el salvoconducto y palabra que le tenía dada, pensando de remediar por otra vía aquella herejía, erré, porque yo no era obligado a guardarle la palabra, por ser la culpa de hereje contra otro mayor Señor, que era Dios, y así yo no le había ni debía guardar palabra, sino vengar la injuria hecha a Dios.»

Marcelino Menéndez y Pelayo apostilla que «al hombre que así pensaba podrán calificarle de fanático, pero nunca de hereje».

Un monarca, un imperio y una espada

Carlos I de España y V de Alemania era nieto por la rama paterna del emperador Maximiliano I de Austria y de María de Borgoña, y por la rama materna de los Reyes Católicos. Fueron sus padres Felipe el Hermoso y Juana la Loca. Nació en Gante el 24 de febrero de 1500 y llegó por primera vez a España diecisiete años después. En el ínterin se había formado intelectualmente con Adriano de Utrecht, que sería promovido al pontificado con el nombre de Adriano VI, y con Guillaume de Croy, señor de Chièvres, personaje sobre el que recaen las acusaciones de avaricia y fanfarronería. Pasó su infancia en los Países Bajos, y en sus estudios siempre mostró gran afición por las lenguas, las matemáticas, la geografía y, sobre todo, la historia. Parejamente, sus educadores no olvidaron que un hombre llamado a tan altos designios debía poseer un organismo robusto, de modo que estimularon los ejercicios físicos del joven Carlos, quien sobresalía en la equitación y la caza, al tiempo que se mostraba singularmente diestro en el manejo de la ballesta. La firmeza de su carácter, rasgo del que dio sobradas muestras en el curso de su vida, parece ponerse en entredicho en sus primeros años, pues, llamado a gobernar Flandes en 1513, fue en realidad su ayo, el señor de Chièvres, quien llevó las riendas del Estado. Pero este hecho se comprende fácilmente cuando se cae en la cuenta de que Carlos tenía por entonces sólo trece años, de igual modo que apenas sobrepasaba los diecisiete cuando recaló en las costas asturianas para hacerse cargo de la corona española.

Su viaje había sido retrasado de forma injustificada durante varios meses después de la muerte de su predecesor, Fernando el Católico, y en este interregno había ejercido la más alta magistratura en España el cardenal Jiménez de Cisneros. Este último emprendió viaje, para recibirle, a las playas de Asturias, pero cayó enfermo y hubo de

Tras la batalla de Mühlberg, Carlos V, que vestía una armadura en la que brillaban el rojo y el oro, dijo: "¡He venido, he visto y Dios ha triunfado!" Arriba, El emperador Carlos V en Mühlberg, *óleo de Tiziano de 1548 (Museo del Prado, Madrid).*

refugiarse en el monasterio de San Francisco de Aguilera, donde recibió la noticia de la llegada del rey con un séquito extranjero. Lo acompañaban su hermana Leonor, el señor de Chièvres, el canciller de Borgoña y numerosos nobles flamencos. Cisneros mandó con urgencia una recomendación al monarca rogándole que despidiese a su séquito, temeroso, y con razón, de que ello no haría sino irritar a los cortesanos españoles. Desatendiendo tan prudentes consejos, Carlos mantuvo a su lado a sus amigos y se dirigió a Valladolid, no sin antes visitar a su pobre madre, quien sobrellevaba su demencia en Tordesillas. Cisneros murió sin lograr entrevistarse con el mozo flamenco y atribulado por un inminente porvenir que él, mejor que nadie, preveía conflictivo.

Los tropiezos comenzaron inmediatamente después de que la ciudad de Valladolid recibiese con grandes agasajos, fiestas, justas y torneos al monarca extranjero. Carlos se propuso reinar con el exclusivo apoyo de sus compatriotas, repartiendo entre ellos prebendas y altos cargos, lo cual indignó sobremanera a la nobleza local, que enseguida le presentó un memorial con 88 peticiones. Acaso la principal era la exigencia de que el rey firmase los documentos oficiales con su madre, incluso debajo de la rúbrica de ésta, y que si ella recobraba la razón, gobernase sola. También se pedía que el rey hablase castellano y que se revocaran los títulos otorgados a los extranjeros, pero Carlos siguió sin dar su brazo a torcer, lo que le causó graves problemas para obtener el juramento de las Cortes en Zaragoza (1518), Barcelona (1519) y Santiago (1520). Una copla de la época declara vívidamente, y con gracia socarrona, la animadversión que los españoles sentían hacia los allegados al monarca: «Sálveos Dios,/ducado de a dos,/que mesié de Chièvres/no topó con vos.»

Por aquel entonces murió su abuelo paterno, el emperador Maximiliano, cuya corona no era hereditaria sino electiva, y la Dieta reunida en Francfort, tras la renuncia de Federico el Prudente, hizo recaer su designación en el que sería Carlos V de Alemania, coronado en Aquisgrán el 22 de octubre de 1520. Mientras, en España se estaban produciendo distintas sublevaciones populares. Las Comunidades de Castilla, capitaneadas por Padilla, Bravo y Maldonado fueron derrotadas en Villalar el 23 de abril de 1521 y sus cabecillas fueron decapitados. Las Germanías de Valencia y Mallorca fueron reducidas igualmente, pero a costa de más de catorce mil víctimas. Por fin, en 1522, Carlos decidió desprenderse de sus nobles flamencos y gobernar solo, aunque lo más preocupante de las asechanzas a que se vería sometido su imperio comenzaron a reclamarle una atención extrema y absorbente. Fueron ellas la extensión del luteranismo, la inquietante presencia de los mahometanos en el Mediterráneo y la inveterada enemistad que le profesó el rey francés Francisco I.

Dueño de Europa y América

La expediciones por Europa, las incursiones en África y las continuas conquistas en América hicieron del imperio de Carlos el más dilatado del mundo. Durante su reinado se descubrió Nicaragua y el cabo de Honduras; se conquistó México (1518-1521), Guatemala, Perú y Chile (1526-1535); Juan Sebastián Elcano dio la primera vuelta al mundo; se realizaron exploraciones en La Florida, Quito y las fuentes del Amazonas, y se comenzó la colonización de los márgenes del Río de la Plata.

Pero si en Ultramar todo eran logros, en Europa acuciaban los problemas. Carlos mantuvo con Francisco I cuatro guerras entre 1521 y 1525, terminando con la rotunda victoria española de Pavía, donde cayó prisionero el rey francés. Al monarca vencido se lo trasladó a Madrid y, aunque fue confinado en el Alcázar, se lo trató con todos los honores hasta que se decidió a firmar un tratado (14 de enero de 1526) en el que se comprometía a entregar Borgoña, acuerdo que incumplió en el mismo momento en que se sintió seguro en París. Y no conforme con ello, creó además la Liga Clementina, alianza bélica contra Carlos que incluía, paradójicamente, al papa Clemente VII y, aunque de forma circunstancial, a Solimán el Magnífico, además de las ciudades de Venecia, Florencia y Milán. Una de las consecuencias de esta nueva confrontación fue el ominoso saqueo de Roma (6 de mayo de 1526), en el que ocho mil habitantes de esta ciudad fueron pasados a cuchillo y los alemanes y españoles compitieron en innumerables actos de vandalismo. Las hostilidades concluyeron con la llamada «paz de las Damas», conocida por ese nombre por haber sido preparada por la gobernadora de Flandes y tía de Carlos I, doña Margarita, y por la madre de Francisco I, doña Luisa de Saboya. Allí se concertó que Carlos fuera coronado por el papa Clemente VII (5 de noviembre de 1529) y que Francisco I contrajera matrimonio con la hermana de Carlos, doña Leonor. Con ello, no obstante, no cesarían para siempre los enfrentamientos, que se reprodujeron tras la invasión de Francisco I del ducado de Saboya y de

El reinado de Carlos I de España y V de Alemania se caracterizó por una constante actividad bélica en prácticamente toda Europa, sobre todo por su enemistad con Francisco I de Francia, al que se enfrentó en cuatro ocasiones, derrotándolo definitivamente en la batalla de Pavía en 1525, representada en este tapiz de Van Orley del Museo Nacional de Nápoles.

nuevo en 1541, cuando el rey francés, aliado con Solimán el Magnífico, presentó batalla a las tropas de Carlos I y de Enrique VIII. Firmada la paz de Crépy (18 de septiembre de 1544), por la que Carlos y Francisco se devolvían las tierras que mutuamente se habían arrebatado y se aliaban para luchar contra el turco y para afianzar la unidad de la Iglesia, no por ello finalizó la rivalidad entre los dos poderosos monarcas. Tras la muerte de Francisco, acaecida el 30 de marzo de 1547, su hijo y sucesor Enrique II mantendría con idéntica obstinación su enemistad contra Carlos.

El emperador no sólo tuvo que enfrentarse con el monarca francés. Durante su reinado, el corsario Barbarroja asolaba las costas de España e Italia, y previendo que podría convertirse en una gravísima amenaza, emprendió una campaña contra Túnez para la que reunió cuatrocientas veinte embarcaciones y cerca de treinta mil soldados. La expedición salió del puerto de Barcelona el 30 de mayo de 1535 y el terrible choque con las también abultadas fuerzas de su adversario se produjo ese mismo mes de junio. En los combates dio prueba Carlos de gran ardor y temeridad, acudiendo siempre a los enclaves de mayor peligro y lidiando, lanza en ristre, contra los jinetes enemigos. Por fin, tras el asalto general a la fortaleza de la Goleta (14 de junio de 1535), se internó hasta la ciudad de Túnez, donde puso en fuga a Barbarroja. Antes de entrar en la ciudadela algunos comisionados se llegaron hasta el emperador para entregarle las llaves y pedir su protección; sin embargo, Carlos no pudo sujetar la violencia de sus encrespadas tropas, los cuales se entregaron a toda suerte de atropellos y desafueros.

Cruzado de la causa del catolicismo, el emperador trató de detener los avances del luteranismo por medio de pactos tales como la Dieta de Worms (17 de abril de 1521), las Dietas de Spira (de

1526 a 1529), la Dieta de Augsburgo (1530) y la paz de Nüremberg (1532), pero hubo de hacer valer las armas en la batalla de Mühlberg (24 de abril de 1547) y mostrarse altamente conciliador con los protestantes cuando reunió la Dieta de Passau (1552) en la que se establecía la libertad de cultos, que fue protestada enérgicamente por el pontífice Julio III.

El emperador asiste a sus funerales

El emperador había dado sobradas muestras de heroísmo en múltiples batallas, como por ejemplo cuando sus tropas desembarcaron en Argel el 13 de octubre de 1541 y al día siguiente una espantosa tempestad dispersó los barcos de su escuadra, destruyó las tiendas de campaña y causó la muerte de numerosos soldados. En aquella ocasión, Carlos vendió sus magníficos caballos para socorrer en algo a sus hombres y en la retirada combatió a pie. Como sus soldados temían que los abandonase, el emperador embarcó en la última galera de forma que todos pudieran verlo. Pero en 1555 su ánimo estaba definitivamente abatido y padecía terribles dolores a causa de la gota. Sostener su colosal imperio había agotado sus fuerzas, por lo que decidió abdicar en favor de su hijo Felipe II, que fue coronado el 16 de enero de 1556, y de su hermano Fernando, a quien la Dieta de Francfort concedió los dominios hereditarios de los Habsburgo en Alemania y Austria, que se unieron a sus posesiones de Hungría y Bohemia.

Por su parte, él decidió retirarse del mundanal ruido y pasar sus últimos años entregado a la oración. El lugar de reposo elegido fue el austero monasterio de Yuste, en la provincia española de Cáceres, situado en un abierto valle y rodeado de hermosos robledales y grandes castaños. Ingresó allí el 3 de febrero de 1557, aunque mantuvo una intensa comunicación con Felipe II, que a menudo requería sus consejos, y no dejó nunca de interesarse por los asuntos públicos. Llevó a aquel apartado lugar sus preciosos muebles, su vajilla de plata, su magnífico vestuario y 50 servidores;

una vez instalado, ocupaba sus horas en largas charlas sobre religión con el jesuita Francisco de Borja, que antes había sido el gran duque de Gandía, y pudo de nuevo consagrarse a sus aficiones, las matemáticas y la mecánica, e incluso llegó a construir algunos relojes. De hecho, sus embajadores en el extranjero, conocedores de su debilidad por ellos, le enviaban los más preciosos y artísticos relojes procedentes de diversos países europeos, piezas únicas en su género con las que entretenía su tiempo.

Coleccionó así mismo pintura de los grandes artistas de su tiempo, como Tiziano, y de los primitivos italianos y flamencos. Leía libros piadosos y de historia, sobre todo a Julio César, Tácito, Boecio y San Agustín, cantaba con los monjes en el coro y organizaba solemnes funerales por su alma que presenciaba tétricamente en la iglesia del monasterio.

Tras recibir la extremaunción, falleció en la madrugada del 21 de septiembre de 1558, dejando tres hijos legítimos de su matrimonio con doña Isabel de Portugal, Felipe II, María, reina de Bohemia, y Juana, princesa de Portugal, además de varios bastardos, entre los cuales el más célebre sería don Juan de Austria, joven de simpatía arrolladora concebido por la rolliza campesina Barbara Blomberg.

Los más bellos retratos del emperador, a quien no desagradaba posar para los pintores, se conservan en el Museo del Prado de Madrid y son obra del gran pintor veneciano Tiziano Vecellio. En el que tuvo ocasión de realizar en 1533 en Bolonia, el modelo viste el suntuoso traje con que fue coronado por el pontífice Clemente VII y sujeta con la mano izquierda el collar de un lebrel. El más majestuoso lo muestra a caballo según apareció en la batalla de Mühlberg, pomposamente cubierto de armadura, portando una larga lanza y tocado con yelmo empenachado. Aunque éste es quince años posterior, en ambos el genio de Tiziano supo revelar en la mirada de Carlos I el más acusado de los rasgos de su carácter: su inextinguible tristeza, su pertinaz melancolía.

El 10 de marzo de 1526, Carlos V desposó con la dispensa pontificia a su prima Isabel de Portugal, hija de María de Aragón. La emperatriz, que, según un embajador veneciano que asistió a la boda, "era una de las mujeres más bellas del mundo", dio a luz al año siguiente en Valladolid a su primer hijo, el futuro Felipe II. Arriba, Carlos V y la emperatriz, *en una copia de Rubens de un cuadro de Tiziano (Colección Duque de Alba, Madrid).*

1500	24 de febrero: nace **CARLOS I** de España y V de Alemania en Gante.
1517	19 de septiembre: desembarca en Asturias para hacerse cargo de la corona de España. 8 de noviembre: muere el regente español, el cardenal Jiménez de Cisneros.
1519	28 de junio: es designado emperador de Alemania.
1520	Levantamiento de las Comunidades de Castilla. Germanías en Valencia.
1525	El ejército de Carlos vence a Francisco I en Pavía.
1526	14 de enero: firma el tratado de Madrid con Francisco I. 6 de mayo: el condestable de Borbón entra a saco en Roma.
1530	Dieta de Augsburgo para atajar la expansión del luteranismo.
1535	Conquista de Túnez.
1547	Muere Francisco I.
1552	Tratado de Passau, por el cual quedaba provisionalmente establecida la libertad de cultos.
1555	Por la paz de Augsburgo (25 de septiembre), los católicos se ven privados de la mitad de Alemania.
1556	8 de marzo: se proclama a Felipe II rey de España tras la abdicación de su padre Carlos. Renuncia igualmente a la corona imperial de Alemania en favor de su hermano Fernando.
1557	3 de febrero: ingresa en el monaterio de Yuste.
1558	Fallece en la madrugada del 21 de septiembre.

NOSTRADAMUS
(1503-1566)

Michel de Nostredame, o Nostradamus, como él prefirió ser conocido, descendía de judíos conversos; en sus crípticas Centurias *mezcló voces latinas, francesas, castellanas y hebreas.*

«Sentado en la noche, en secreto estudia,
Solitario se sienta en sede de bronce,
La llama tenue que brilla sola,
Nos da aliento para no creer en vano.»

*E*nigmáticas y sugerentes, las cuartetas proféticas reunidas por Nostradamus en sus *Centurias* brillan como las estrellas lejanas, cuya claridad es más misteriosa que la del sol. Estos cuatro versos son, quizás los más fáciles de entender de toda su obra. Podemos imaginar al sabio solitario, sentado a la manera de los antiguos oráculos sobre un trípode de bronce, como la Pitia de Delfos, contemplando el firmamento y alumbrándose con una pequeña vela que simboliza la hermética ciencia que guía sus pasos.

No obstante, Nostradamus no redactó sus profecías pretendiendo rigor, sino llevado por su olfato y su inspiración. En 1542 escribirá a su hijo César: «Estando a veces durante toda una semana penetrado de la inspiración que llenaba de suave olor mis estudios nocturnos, he compuesto, mediante largos cálculos, libros de profecías un poco obscuramente redactados, y que son vaticinios perpetuos desde hoy hasta el año 3797. Es posible que algunas personas muevan con escepticismo la cabeza en razón de la extensión de mis profecías sobre tan largo período, y sin embargo todas ellas se realizarán y se comprenderán inteligiblemente en toda la Tierra.»

Michel de Nostredame

Jean-Aimes de Chavigny, magistrado de la ciudad de Beaune en 1548 y doctor en Derecho y Teología, nos informa cumplidamente de los primeros años del enigmático profeta: «Michel Nostradamus, el hombre más renombrado y el más famoso de cuantos se han hecho famosos desde hace largo tiempo por la predicación deducida del conocimiento de los astros, nació en la villa de Saint-Rémy, en Provenza, el año de gracia de 1503, un jueves 14 de diciembre, alrededor de las doce del mediodía. Su padre se llamaba Jacobo de Nostredame, notario del lugar; su madre, Renata de Saint-Rémy. Sus abuelos paternos y maternos pasaron por muy sabios en matemáticas y en medicina, habiendo recibido él de sus progenitores el conocimiento de sus antiguos parientes.»

Esos antepasados eran judíos, de la tribu de Isacar, al parecer pródiga en adivinos. En torno a 1480, un edicto regio había amenazado a todos los hebreos de Provenza con la confiscación si no se convertían, de modo que el bisabuelo de nuestro profeta, llamado Abraham Salomón, pensó que era más práctico bautizarse que perderlo todo. Tomó el apellido de Nostredame, que más tarde Michel latinizaría y convertiría en Nostradamus, en un intento de revestirlo de dignidad y misterio. Así pues, Nostradamus nació en el catolicismo y rodeado de sabios que muy pronto le iniciaron en las profundidades de las matemáticas, lo que por aquel entonces significaba adentrarse en la astrología, y también en el arte de la medicina y la farmacia.

Desde muy joven aprendió a manejar el astrolabio, a conocer las estrellas y a describir el destino de los hombres en sus aparentemente caprichosas conjunciones. En Avignon y Montpellier estudió letras, además de medicina y filosofía, asombrando a compañeros y profesores por sus raras facultades y su infalible memoria. Tenía veintidós años cuando, durante una epidemia de peste que asoló la ciudad de Montpellier, inventó unos polvos preventivos que tuvieron mucho éxito. Su espíritu inquieto y errabundo le llevó a recorrer Francia e Italia, donde tuvo lugar una ya famosa anécdota: en Génova, paseando con otros viajeros, encontró a un humilde monje franciscano, antiguo porquerizo, llamado Felice Peretti. Nostradamus se arrodilló ante él, en medio del estupor de quienes presenciaban la escena. «No hago otra cosa que rendir el debido respeto a Su Santidad», dijo con sencillez el adivino; en 1585, Peretti subiría al trono pontificio con el nombre de Sixto V.

Pócimas prodigiosas

Convertido en boticario y perfumista, se instaló en Marsella y dedicó su ingenio a la elaboración de elixires, perfumes y filtros de amor. Fue en esos días de 1546 cuando tuvo lugar un acontecimiento que llevaría a Nostradamus a los umbrales de la fama: la terrible epidemia llamada del «carbón provenzal». Aix-en-Provence fue el centro de la plaga. Los afectados por ella se volvían negros como el carbón antes de morir atacados por tremendos dolores, de ahí el nombre que se le asignó con ironía no exenta de crueldad. Nostradamus inventó un mejunje compuesto de resina de ciprés, ámbar gris y zumo de pétalos de rosa que habían de recogerse en cestos cada madrugada. El fármaco, inexplicablemente consiguió cortar el contagio y revistió a su creador de honores y prestigio, hasta el punto de ser requerida su presencia en Lyon cuando allí se declaró un nuevo brote de peste.

Al año siguiente, Nostradamus se instaló en la villa de Salon, que entonces se llamaba Salon-de-Crau. En una casa de modesta apariencia abrió su consulta y se dedicó a atender a una nutrida clientela, ansiosa de adquirir sus aceites, pócimas y bebedizos contra todo tipo de males.

En esa época elaboró una de sus más apreciadas mixturas, capaz de curar la esterilidad. La fórmula se componía de los siguientes ingredientes: orina de cordero, sangre de liebre, pata izquierda de comadreja sumergida en vinagre fuerte, cuerno de ciervo pulverizado, estiércol de vaca y leche de burra.

Al parecer, Nostradamus empleó este remedio para poner fin a los desvelos de la florentina Catalina de Médicis, nieta del papa Clemente VII, hija de Lorenzo de Médicis y esposa del rey de Francia Enrique II. Catalina era tan inteligente como víctima de las supersticiones, se rodeaba de una nube de adivinos, nigromantes y astrólogos y encontró en Nostradamus el crédulo sosiego que necesitaba. Había permanecido once años sin hijos y sufría viendo a su regio marido rodeado de amantes. Tras ingerir el que suponemos repugnante preparado de Nostradamus, Catalina empezó a parir de forma prodigiosa hasta alcanzar la cifra de diez hijos.

Versos proféticos

Nostradamus atendía a sus clientes durante el día y permanecía durante la noche encerrado en un observatorio que había hecho instalar en la parte alta de su casa. Todos lo consideraban un maravilloso hechicero y un habilísimo médico, lo que para las gentes era lo mismo, pero muy pocos conocían su relación con los astros. En aquellos días abundaban los pronosticadores y Nostradamus no quería ser uno más, sino el mejor. El magistrado Chavigny nos cuenta cómo «... él preveía las grandes revoluciones y cambios que habían de ocurrir en Europa y aun las guerras civiles y sangrientas y las perniciosas perturbaciones que iban a asolar el mundo, y lleno de entusiasmo y como arrebatado por un furor enteramente nuevo, se puso a escribir sus *Centurias y demás presagios*». Por miedo a que la novedad de la materia suscitase maledicencias y calumnias, como efectivamente ocurrió, Nostradamus prefirió guardar sus profecías para sí mismo, hasta que en 1555 decidió darlas a la luz. El éxito de

esos crípticos cuartetos fue inmediato. En la corte, el rey y su esposa quedaron maravillados. Nostradamus fue reclamado en París, donde Enrique II lo colmó de regalos y su impresionante figura barbada hechizó a los cortesanos. En los años siguientes, su prestigio aumentaría hasta límites inconcebibles cuando una de sus predicciones, la relativa a la muerte del rey, se cumplió tal como él había escrito.

Años antes, el astrólogo Luca Gaurico, consultado por Catalina de Médicis, ya había pronosticado que su marido perecería en duelo. Convertido en rey, Enrique había escrito: «No existe apariencia alguna de que yo vaya a morir de tal manera. El rey de España y yo acabamos de hacer la paz, y aunque no la hubiéramos hecho, dudo mucho de que llegásemos a batirnos en duelo ocupando tan alta dignidad». Cuando aparecieron las profecías de Nostradamus, fue grande la curiosidad en la corte. ¿Era el profeta de Salon de la misma opinión que Gaurico? Los más aficionados a los criptogramas no tardaron en encontrar en las *Centurias* una cuarteta en la que podía encontrarse la respuesta:

«El joven león al viejo ha de vencer,
En campo del honor, con duelo singular.
En jaula de oro, sus ojos sacará,
De dos heridas una, para morir muerte cruel.»

Posteriormente, los comentadores han encontrado que todo está muy claro. De los dos leones, el primero trataba de representar el signo astrológico de Francia y de su rey; el otro era el león heráldico de Escocia, bajo cuyo blasón combatía el conde de Montgomery, lugarteniente entonces de la guardia escocesa en la corte de Francia. Los hechos ocurrieron así. En uno de los torneos que festejaban el fin de la guerra con España, el rey quiso medir sus fuerzas con Montgomery. Este último golpeó involuntariamente con su lanza la coraza de Enrique, con tan mala fortuna que una astilla penetró bajo la visera del yelmo real, que brillaba como el oro. Como auguraba la profecía, el joven león escocés era doce años más joven que el rey y de las dos heridas, fractura de cráneo y ojo atravesado, sólo la segunda era mortal, como indicaron los médicos. La crueldad de la muerte se advierte en que la agonía de Enrique duró más de doce días. Los versos se habían cumplido con fatídica precisión. Nostradamus nada más se equivocó en un detalle: no fueron los dos sino un solo ojo el herido. Lo demás aparecía tan exacto que la reputación de Nostradamus no iba a decaer ya hasta su muerte.

Los últimos días del profeta son también narrados con rigor de letrado por Jean-Aimes de Chavigny: «Había pasado ya de los sesenta años y estaba muy débil a causa de las enfermedades frecuentes que lo afligían, en especial artritis y gota. Falleció el 2 de julio de 1566, poco antes de la salida del sol. Podemos muy bien creer que le fue conocido el tiempo de su muerte, y aun el día y la hora, puesto que, a finales de junio de dicho año, había escrito de su propia mano estas palabras latinas: 'Hic prope mors est', mi muerte está próxima. Y el día antes de pasar de esta vida a la otra, habiéndolo yo asistido durante largo tiempo y habiendo estado cuidándolo desde el anochecer hasta el día siguiente por la mañana, me dijo estas palabras: '¡No me verá con vida la salida del sol!'»

Al pie de un retrato de Nostradamus aparecido después de su muerte, una mano anónima consignó esta estrofa que él mismo pudo haber escrito:

«Por unos versos oscuros
me hice calificar de profeta,
pero la gloria es imperfecta
cuando sólo la conceden los necios.»

Catalina de Médicis, reina consorte de Enrique II de Francia, confiaba ciegamente en las predicciones de Nostradamus; abajo, el profeta mostrándole el futuro en un espejo, según un grabado del siglo XVII.

1503	14 de diciembre: nace Michel de Nostredame, **NOSTRADAMUS**, en Saint-Rémy (Francia).
1529	Tras estudiar en Avignon, se doctora en la universidad de Montpellier.
1530-1532	Recorre Francia e Italia. Finalmente se instala en Agen, junto al río Garona.
1543	Se traslada a Marsella.
1546	Elabora un brebaje contra la epidemia que asolaba la región de Aix-en-Provence.
1547	Se instala en la ciudad de Salon-de-Crau.
1555	Publica sus *Centurias*, que incluyen profecías hasta el año 3797.
1556	Es llamado a la corte por Enrique II y su esposa, Catalina de Médicis.
1559	30 de junio: el rey resulta gravemente herido en un torneo y muere doce días después, tal como había predicho Nostradamus.
1564	Carlos IX le visita en Salon para nombrarlo su consejero y médico de cabecera.
1566	2 de julio: fallece en Salon a los sesenta y dos años, seis meses y diecisiete días de su nacimiento.

CAUPOLICÁN
(h. 1510-1558)

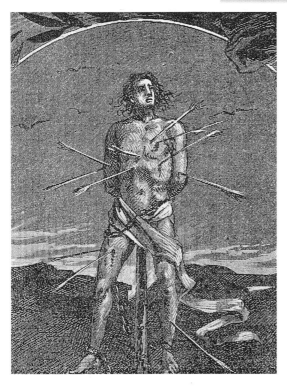

Caupolicán, toqui *(jefe guerrero) araucano inmortalizado por el gran poema épico de Alonso de Ercilla* La Araucana, *en un grabado del siglo XIX, arriba, con la representación de su ejecución por empalamiento.*

Cuando los españoles, encabezados por Pedro de Valdivia, emprendieron la conquista de las tierras de Chile, llamadas entonces Nueva Extremadura, un bravo y numeroso pueblo indígena los esperaba al sur del Bío-Bío, río que vierte sus aguas en el Pacífico a la altura de lo que hoy es la ciudad de Concepción. Se trataba de los araucanos, tribu de origen amazónico que practicaba la agricultura y también la pesca y la caza, menester éste último en el que se adiestraba a los niños desde los ocho años. Los araucanos vivían en sociedades patriarcales, practicaban la poligamia y las distintas familias se hallaban reunidas como una asociación libre, pues su vínculo más fuerte era la ocupación del territorio y no reconocían un jefe salvo en caso de guerra.

En tiempo de paz, el individuo más anciano, el más valiente o el más rico se convertía en cacique. Pero cuando era menester hacer frente a un enemigo común, la tribu se reunía y era elegido un jefe denominado *toqui,* cuya autoridad duraba lo que la campaña. Entonces, los araucanos se convertían en tenaces guerreros organizados en grupos, expertos en el manejo del arco, la maza, las boleadoras y la pica o *huasqui,* una larga lanza de punta aguzada y endurecida al fuego. Todo un arsenal que los españoles no tardaron en conocer en su propia carne.

A las órdenes de Lautaro

En primer choque a gran escala entre los hombres del conquistador Pedro de Valdivia y los araucanos se produjo en el valle de Tucapel, donde los primeros habían levantado uno de sus fuertes fronterizos. Al atardecer del día 2 de diciembre de 1553, el conquistador sufrió una aplastante derrota después de una batalla que hizo correr ríos de sangre. En la refriega se destacó por primera vez un guerrero llamado Caupolicán que actuaba a las órdenes del recién elegido *toqui,* el caudillo Lautaro. Caupolicán, que a la sazón debía de contar con poco más de cuarenta años había sido uno de los caciques de su pueblo antes del comienzo de las hostilidades. Con la llegada de los invasores se puso a las órdenes de Lautaro y fue uno de sus principales lugartenientes y el artífice de diversas victorias araucanas sobre los españoles. La primera fue precisamente la de Tucapel, donde el mismísimo Valdivia fue hecho prisionero y muerto tras pasar por terribles tormentos. Según cuentan algunos cronistas, sólo Caupolicán se opuso a que el jefe de los conquistadores fuese sacrificado, pues consideraba que su muerte era inútil y no haría sino despertar las iras de sus enemigos. No obstante, la victoria de Tucapel había encendido los ánimos de

Lautaro, quien ordenó a Caupolicán que emprendiese nuevas campañas inmediatamente. El araucano, fiel y obediente, dirigió sus tropas contra la ciudad de Concepción, donde el sucesor de Valdivia, Francisco de Villagrán, no pudo contenerlo. La ciudad fue saqueada y la misma suerte estuvo a punto de sufrir Imperial, otro de los asentamientos fundados por Valdivia.

Animado por estos éxitos, Lautaro decidió abandonar las selvas araucanas del Bío-Bío y penetrar por el norte en los dominios españoles para atacar la ciudad de Santiago, capital de Chile desde su fundación el 12 de febrero de 1541. Su intento resultó frustrado, y tras un combate librado junto al río Mataquito, el gobernador Villagrán consiguió acercarse con sus hombres al campamento indio y dar muerte a Lautaro.

Leyenda y poesía

Se imponía elegir un nuevo *toqui* y los araucanos no dudaron: Caupolicán sustituiría a Lautaro. Curiosamente, la buena estrella que había acompañado al guerrero se esfumó una vez convertido Caupolicán en jefe absoluto de los araucanos. García Hurtado de Mendoza le derrotó en Monte Pinto (Concepción) y poco después en otra batalla en la que los autóctonos perdieron más de seis mil hombres. A principios de 1558 Caupolicán atacó de nuevo a los españoles, pero sufrió un nuevo descalabro en los desfiladeros de Pasén, después del cual se vio obligado a retirarse a las montañas. Los conquistadores batieron los refugios araucanos y Caupolicán fue descubierto junto con otros caciques, hecho prisionero y enviado a Cañete, donde se lo juzgó y condenó a muerte. Cuentan las viejas crónicas que para obtener el perdón ofreció devolver el casco, la espada y una cadena de oro que habían pertenecido a Valdivia y que él había guardado; quizás los españoles aceptaron, pero viendo que pasaban los días sin que volviese el mensajero que debía traer aquellos objetos, resolvieron no esperar más y empalar al *toqui* en la plaza de Cañete.

La fama que adquirió Caupolicán y la leyenda que circuló sobre sus hazañas fue debida tanto a su propio valor como a los magníficos versos que le dedicó Alonso de Ercilla en su gran poema épico *La Araucana*, del cual es protagonista junto con Lautaro. En esta obra, Caupolicán es presentado como héroe colosal de la empresa imposible emprendida por los aguerridos araucanos: la desigual lucha de los habitantes de un pequeño valle por su independencia y su libertad. El poeta nicaragüense Rubén Darío contribuyó también a inmortalizar al caudillo araucano con uno de sus más bellos sonetos, titulado *Caupolicán*, en cuyos versos palpita la figura del valeroso héroe.

1510	Probable fecha del nacimiento de **CAUPOLICÁN** en Palmaiquén (Chile).
1541	Pedro de Valdivia funda la ciudad de Santiago.
1550	Valdivia cruza el río Bío-Bío, frontera natural con el territorio de los araucanos. Caupolicán es uno de los caciques de su tribu.
1551	Fundación de la ciudad de Imperial.
1552	Valdivia ordena levantar varios fuertes, entre ellos el de Tucapel. Lautaro es elegido *toqui* de los araucanos.
1553	Valdivia es derrotado por Lautaro y Caupolicán en Tucapel y asesinado a continuación.
1554	En abril, Caupolicán derrota a Francisco Villagrán, sucesor de Valdivia. Saqueo e incendio de Concepción.
1555	Caupolicán sitia la ciudad de Imperial, pero no consigue tomarla.
1556	Lautaro se dirige hacia el norte para apoderarse de Santiago.
1557	Lautaro muere a manos de Villagrán cerca del río Mataquito. Caupolicán es elegido *toqui* en sustitución de Lautaro.
1558	Tras sufrir varias derrotas, se refugia en las montañas, donde es capturado por los españoles. Es empalado en la aldea de Cañete.

GONZALO JIMÉNEZ DE QUESADA
(h. *1509-1579*)

La gloria histórica ha sido mezquina con Gonzalo Jiménez de Quesada, soldado valiente e instruido, que en 1537 conquistó el vasto y feraz territorio del futuro Nuevo Reino de Granada. Arriba, retratado por Félix Badillo, grabado publicado en La Ilustración Española y Americana.

*F*rente a las colosales figuras de Cristóbal Colón, Hernán Cortés o Francisco Pizarro, el nombre de Gonzalo Jiménez de Quesada apenas es recordado en la actualidad salvo por los expertos. Se trata, sin duda, de un olvido injusto, pues la importancia de sus conquistas y el esfuerzo realizado por él fueron parejos, si no superiores, a los de aquellos protagonistas indiscutibles de la colonización, aun siendo cierto que los logros de Quesada se producen de forma tardía y en cierto modo resultan menos espectaculares. Examinemos a grandes rasgos la peripecia vital de este hombre a quien la posteridad ha negado caprichosamente un lugar privilegiado entre los grandes.

Hombre de armas y letras

No hay certeza de que fuera en Córdoba donde nació Gonzalo Jiménez de Quesada, ni de que transcurriese el año 1509, aunque los historiadores dan por buenos ambos datos a falta de otros documentos que los contradigan. De lo que no hay duda es de su estancia en Italia como soldado hasta 1530, fecha en que regresó a España y comenzó la carrera jurídica en la ciudad de Granada. Terminados los estudios con gran brillantez, el título de licenciado y su fama de combatiente veterano fueron las llaves que le abrieron las puertas de la Real Chancillería de Granada, donde ocupó un puesto de letrado que acabaría catapultándolo al otro lado del océano.

Había muerto el gobernador de Santa Marta, ciudad situada en la costa caribeña de lo que hoy es Colombia, y como sustituto fue elegido Pedro Fernández de Lugo, a quien se concedió unas capitulaciones con el título de adelantado y derecho a llevar hasta aquellos pagos a su personal de confianza. Fernández de Lugo no dudó en designar a Quesada para el cargo de justicia mayor y teniente general de la expedición, considerando con acertado juicio que era «hombre despierto y de agudo ingenio, no menos apto para las armas que para las letras». La travesía fue emprendida de inmediato y en 1536 Quesada se encontraba ya en el Nuevo Mundo.

Muchas habían sido las intentonas que desde la costa, ya fuera partiendo de Santa Marta o de Cartagena de Indias, se habían realizado buscando las ricas tierras que seguramente existían en el interior del continente. Todas habían fracasado debido a las dificultades que suponía adentrarse en las abruptas selvas y sortear los impetuosos ríos que las surcaban. Esta fue la misión que, poco después de su llegada, Fernández de Lugo le encomendó a Jiménez de Quesada. Éste remontó el río Magdalena, exploró los valles de su curso medio y en 1537 alcanzó las llanuras de la meseta de Cundinamarca, situada en el centro de Colombia. Para ello hubo de afrontar numerosos peligros —plagas tropicales, legiones de mosquitos, ataques de amerindios provistos de flechas envenenadas— y superar una barrera geográfica hasta entonces infranqueable, la formada por la cadena de los Andes septentrionales.

El pleito de los tres capitanes

En el altiplano de Cundinamarca encontró Quesada la civilización artesana y agrícola de los chibchas o muiscas, a los que sometió apenas sin derramamiento de sangre, sirviéndose más de la razón que de la espada. Además, la labor de los españoles fue facilitada por el hecho de que la cruz era un signo sagrado para los nativos, que, como en otros sitios, consideraron a los recién llegados hijos del Sol, dios al que veneraban.

El 5 de agosto de 1538, el licenciado Quesada fundaba la ciudad de Santa Fe de Bogotá, que iba a ser la capital del Nuevo Reino de Granada. La importancia estratégica y la extensión de los territorios conquistados podían compararse con las del México ocupado por Cortés, pero desgraciadamente para nuestro héroe la metrópoli estaba ya cansada de gestas y muy necesitada de riquezas y era evidente que en la sabana de Cundinamarca no había un Moctezuma ni una Tenochtitlán plagada de palacios, sino simples agrupaciones de tipo aldeano cuya única riqueza eran los gigantescos árboles y las feraces tierras.

Así fue como la conquista de Quesada nació condenada a ocupar en la Historia un inmerecido segundo plano. Este hecho se hizo patente bien pronto, después de que a comienzos de 1539 llegaran a Bogotá dos nuevas expediciones: la de Sebastián de Belalcázar, procedente de Perú, y la del alemán Nicolás Federmann, que había partido de Venezuela.

Los tres capitanes estuvieron a punto de entablar una guerra, pero al fin determinaron regresar juntos a España para que el monarca decidiese a quién correspondía la gobernación de Nueva Granada. A pesar de que todo el mérito correspondía a Quesada y de que él era el único que había actuado legítimamente por orden de un superior (tanto Belalcázar como Federmann lo habían hecho por cuenta propia), el Consejo de Indias

El 5 de agosto de 1538 Jiménez de Quesada fundó la que sería capital del Nuevo Reino de Granada y de la actual República de Colombia, Santa Fe de Bogotá (a la derecha, cuadro que recrea el acto fundacional, Academia de la Historia de Bogotá), en el lugar donde hoy se levanta la catedral primada (abajo). A los primeros cien habitantes de la ciudad (entre ellos don Juan de los Barrios, su primer arzobispo), Felipe II confirió, en 1575, el título de "muy noble y leal".

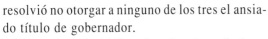

resolvió no otorgar a ninguno de los tres el ansiado título de gobernador.

Hasta mayo de 1547, ocho años después de su regreso, no se recompensó a Quesada con el nombramiento honorífico de Mariscal del Nuevo Reino de Granada, aunque jamás conseguiría un mando con jurisdicción sobre las tierras que había conquistado. El licenciado regresó a Santa Fe de Bogotá y aún combatió contra el rebelde Lope de Aguirre e hizo un intento fracasado de conquista de la región de los Llanos orientales, pero las riberas del impetuoso Orinoco fueron superiores a sus ya menguadas fuerzas.

Los últimos años de su vida los dedicó a escribir una serie de obras de las cuales se ha perdido la mayor parte. No se conserva ni su *Relación de la conquista del Nuevo Reino de Granada*, ni el libro titulado *Ratos de Suesca* ni el llamado *Compen-*

dio historial de las conquistas del Nuevo Reino, donde al parecer abordaba una historia completa de los primeros años de colonización. Sí ha llegado hasta nosotros su *Antijovio*, texto en el que narra los acontecimientos principales ocurridos en Europa en la primera mitad del siglo que le tocó vivir, rebatiendo al cronista Paulo Jovio, historiador de fortuna que gozó de cierto improcedente predicamento en la época. La última hazaña de Gonzalo Jiménez de Quesada fue resistir durante cuatro largos años a un enemigo invencible: la lepra. Fue esta terrible enfermedad la que acabó con su vida en 1579, días después de que dictase testamento y pusiera en orden los numerosos papeles que habían brotado de su pluma. Sus hombres le rindieron honores de adelantado, pues consideraban que él, y sólo él, había descubierto y conquistado las tierras de Nueva Granada.

1509	Año posible en que nace **GONZALO JIMÉNEZ DE QUESADA** en Córdoba, España.
1530	Tras servir algunos años como soldado en Italia, regresa a España.
1531	Se establece en Granada y estudia leyes.
1535	Obtiene su licenciatura. Ocupa un puesto de letrado en la Real Chancillería.
1536	Pasa a Santa Marta como justicia mayor y teniente general en la expedición de Pedro Fernández de Lugo. En abril sale hacia las tierras del interior remontando el río Magdalena.
1537	Llega al altiplano de Cundinamarca. Conquista el territorio chibcha.
1538	5 de agosto: funda Santa Fe de Bogotá.
1539	Llegada a sus dominios de las expediciones de Belalcázar y Federmann. Regreso a España de los tres capitanes que reclaman la gobernación de Nueva Granada.
1540	El Consejo de Indias decide no conceder la gobernación a ninguno de los tres.
1547	Quesada es nombrado Mariscal del Nuevo Reino de Granada.
1561	Organiza la campaña contra Lope de Aguirre.
1567	Redacta su libro *Antijovio*.
1579	6 de febrero: firma su testamento y muere en la ciudad de Mariquita días después.

FRANCISCO DE ORELLANA
(1511-1546)

*D*urante la exploración y conquista del continente americano, muchos hombres hicieron gala de una resistencia, un valor y una intrepidez absolutamente excepcionales. Uno de ellos fue, sin duda, Francisco de Orellana, el descubridor de la selva amazónica y primer navegante del río más caudaloso de la Tierra. Poco conocido y eclipsado por nombres de la talla de Hernán Cortés o Francisco Pizarro, Orellana protagonizó, sin embargo, uno de los episodios más brillantes de la historia española en el Nuevo Mundo, siendo su vida un ejemplo de heroísmo y honestidad puestos al servicio de los ambiciosos ideales que movieron, con mayor o menor fortuna, a tantos y tan esforzados caballeros. Su intervención en el descubrimiento de América ha de ser considerada, pues, muestra de las cualidades manifestadas por aquellos primeros conquistadores entre cuyos objetivos se encontraba el de alcanzar la inmortalidad.

De Trujillo a Guayaquil

Francisco de Orellana había nacido en el cacereño pueblo de Trujillo en 1511. Su abuela materna pertenecía a la familia Pizarro, de modo que tanto por su patria chica como por su linaje no le eran ajenos los aromas americanos. Nada se sabe de su infancia, pero no hay duda de que desde niño quiso emular las gestas de sus paisanos, ya que en 1527, siendo sólo un mozalbete, se trasladó al Nuevo Mundo para integrarse en la reducida hueste de su pariente, Francisco Pizarro. Junto a él participó en la conquista del imperio de los incas revelando ser un soldado hábil y sobre todo fogoso, tanto que en cierta ocasión pecó de temerario y perdió un ojo luchando contra los indios manabíes. Antes de cumplir los treinta años,

Orellana había tomado parte en la colonización del Perú, había fundado la ciudad de Guayaquil y era, según los cronistas, inmensamente rico.

Al estallar la guerra civil entre Francisco Pizarro y Diego de Almagro, Orellana no dudó en decantarse a favor de su pàriente. Organizó un pequeño ejército e intervino en la batalla de Las Salinas, donde Almagro fue derrotado. Luego se retiró a sus tierras ecuatorianas y desde 1538 fue gobernador de Santiago de Guayaquil y de la Nueva Villa de Puerto Viejo, etapa en la que se distinguió por su carácter emprendedor y por su generosidad. Además, hizo algo verdaderamente encomiable y singular: puesto que deseaba ligar su existencia a aquellos territorios, juzgó necesario aprender las lenguas indígenas y se dedicó concienzudamente a su estudio. Este afán, que le honra y distingue de sus rudos pares, iba a contribuir en gran medida a que alcanzase la ansiada gloria, como veremos más adelante.

Aun cuando podía haber terminado sus días rodeado de paz y prosperidad, ni las riquezas ni el bienestar podían calmar su sed de aventuras y nuevos horizontes. Por este motivo, cuando supo que el gobernador de Quito, Gonzalo Pizarro, estaba organizando una expedición al legendario País de la Canela, Orellana no vaciló ni un momento y se ofreció a acompañarlo.

El País de la Canela

Las noticias acerca de la abundancia de la preciada especia en las tierras del oriente ecuatoriano se remontaban a una época anterior a la llegada de los españoles, y eran tan prometedoras como las que daban cuenta del fabuloso reino de Eldorado. El hermano pequeño del conquistador del Perú estaba decidido a encontrar la gloria en el descubrimiento de aquel fructífero País de la Canela y con ese propósito salió de Quito en febrero de 1541 al frente de 220 españoles y 4.000 indígenas. Por su parte, Orellana intentó reunirse con él, pero al llegar a la capital tuvo conocimiento de que Gonzalo ya había partido dejando el encargo de que siguiera sus pasos.

A la cabeza de un reducido grupo de 23 hombres, Orellana se dispuso a atravesar los temibles Andes ecuatorianos. Tras recorrer la altiplanicie, comenzó una lenta y fatigosa ascensión sorteando profundas quebradas, laderas pobladas de una maleza impenetrable y pendientes rocosas desprovistas de toda vegetación. En las cumbres andinas, los expedicionarios padecieron a causa del viento gélido y sobrecogedor; más tarde, tras un penoso descenso, el calor tórrido y la atmósfera asfixiante de la selva volvieron a quebrantarles. Al fin, macilentos y diezmados, llegaban al campamento de Gonzalo con un rayo de esperanza brillándoles en los ojos.

La decepción fue enorme. El campamento no se encontraba en ningún fragante bosque de árboles de la canela, sino en una zona pantanosa e inhabitable. Hundiéndose en las ciénagas y tropezando continuamente con las gruesas raíces que alfombran la jungla, los hombres buscaron por los alrededores el codiciado producto, encontrando tan solo pequeños arbustos silvestres escuálidos y desparramados entre el follaje, de una canela casi sin aroma.

La situación se hizo insostenible. Los víveres escaseaban y los supervivientes estaban extenuados. Ante la imposibilidad de avanzar por la selva, Pizarro resolvió seguir el curso de un río cercano con el auxilio de un bergantín que, por supuesto, deberían construir en aquel mismo sitio. Famélicos y empapados de sudor, los hombres se apresuraron a cortar árboles, preparar hornos, hacer fuelles con las pieles de los caballos muertos y forjar clavos con las herraduras. Cuando la improvisada nave estuvo lista, comprobaron con alborozo que flotaba sobre las aguas. Había sido una tarea ímproba pero sus esfuerzos se veían, por fin, recompensados.

Después de participar en la conquista del Perú, fundar Santiago de Guayaquil y amasar una enorme fortuna, Francisco de Orellana cedió al deseo de vivir nuevas aventuras y acompañó a Gonzalo Pizarro en una azarosa expedición en la que descubrió el más grande de los ríos, el Amazonas. Arriba, monumento a Orellana en Quito, Ecuador.

Orellana se separa

Gonzalo Pizarro pidió a Orellana que se embarcase con sesenta hombres y fuese río abajo en busca de alimentos, considerando que su lugarteniente podría entenderse directamente con los indígenas en caso de encontrarlos, pues conocía a la perfección sus dialectos. Navegando por los ríos Coca y Napo, el grupo de aventureros continuó la marcha durante días y días sin encontrar poblado alguno. El hambre atenazaba sus estómagos y hubieron de devorar cueros, cintas y suelas de zapatos cocidos con algunas hierbas. Durante estas jornadas dramáticas, Orellana supo mostrarse firme y logró mantener la moral y la disciplina de sus hombres predicando con el ejemplo antes que con las palabras. Al fin, el día 3 de enero de 1542, llegaron a las tierras de un cacique llamado Aparia, que los recibió generosamente y les ofreció grandes cantidades de comida.

Cumplida la primera parte de su misión, Orellana dio las órdenes pertinentes para emprender el regreso río arriba con objeto de ir en busca de Pizarro, quien, según lo acordado, iba a descender lentamente por la orilla hasta encontrarse con su lugarteniente. No obstante, sus hombres se resistieron. Juzgaban que era materialmente imposible remontar la briosa corriente con su insegura nave, y que, aun cuando lo consiguiesen, no podrían cargar víveres, pues el húmedo calor de la selva los echaba a perder en pocas horas. Se negaban a sacrificar estérilmente sus vidas por obedecer una orden suicida. Orellana, convencido por estos razonamientos, se sometió a sus hombres, poniendo como condición que esperasen en aquel lugar dos o tres semanas para dar tiempo a que Gonzalo pudiese alcanzarlos.

Transcurrido un mes y puesto que no había noticias de Pizarro, los exploradores embarcaron de nuevo. Descendieron por las cada vez más turbulentas aguas y el 11 de febrero vieron que «el río se partía en dos». En realidad, habían llegado a la confluencia del río Napo con el Amazonas, al que bautizaron con este nombre después de tener un sorprendente encuentro con las legendarias mujeres guerreras.

La fascinante Amazonia

Puesto que se desvanecía toda esperanza de reunirse con Gonzalo Pizarro, verdadero jefe de la expedición, Orellana fue elegido de forma unánime capitán del grupo. Se decidió construir un nuevo bergantín, al que se puso por nombre *Victoria*, y continuar por el río hasta mar abierto. Durante el trayecto, los heroicos exploradores arrostraron mil peligros, fueron atacados varias veces por los indígenas y dieron muestras de un valor extraordinario. El viaje les deparó continuas sorpresas: árboles inmensos, selvas de lujuriosa vegetación y un río que más bien parecía un mar de agua dulce y cuyos afluentes eran mayores que los más caudalosos de España. Cuando dejaron de divisar las orillas de aquel grandioso río, Orellana ordenó que se navegara en zigzag para observar ambas riberas.

En la mañana del 24 de junio, día de San Juan, fueron atacados por un grupo de amerindios encabezado por las míticas amazonas. Los españoles, ante aquellas mujeres altas y vigorosas que disparaban sus arcos con destreza, creyeron estar soñando. En la refriega consiguieron hacer prisionero a uno de los hombres que acompañaban a las aguerridas damas, quien les relató que las amazonas tenían una reina que se llamaba Conori y poseían grandes riquezas. Maravillados por el encuentro, los navegantes bautizaron el río en honor de tan fabulosas mujeres.

El 24 de agosto, Orellana y los suyos llegaron a la desembocadura de aquella impresionante masa de agua. Durante dos días lucharon contra las olas que se formaban al chocar la corriente del río con el océano y, al fin, consiguieron salir a mar abierto. El 11 de septiembre llegaban a la isla de Cubagua, en el mar Caribe, culminando uno de los más apasionantes periplos de la historia de los descubrimientos.

Orellana aún regresaría a España en mayo de 1543, después de rechazar en Portugal una tentadora oferta de someter las regiones que había explorado en nombre del rey Juan III. Tuvo que declarar ante el Consejo de Indias de las acusaciones formuladas contra él por Gonzalo Pizarro, que había conseguido salir de la selva ecuatoriana y volver a Quito. Los cargos de abandono, alzamiento y traición fueron desestimados ante las exhaustivas declaraciones de sus hombres, que dieron cuenta de su rectitud y de la honradez de sus actos. Al año siguiente, Orellana contrajo matrimonio con una joven sevillana de buena familia llamada Ana de Ayala, fue nombrado adelantado de la Nueva Andalucía y firmó con el príncipe Felipe las capitulaciones para una nueva expedición al Amazonas. Sin embargo, en sus negociaciones con mercaderes, intermediarios y prestamistas, entabladas al efecto de preparar el viaje, Orellana fue víctima de su nobleza y su buena fe. Quien había superado todas las dificultades en el mundo manifiestamente hostil de la selva no fue capaz de vencer las que le planteaba el mundo aparentemente amistoso de la urbe.

En la primavera de 1545 había conseguido reunir cuatro naves, pero estaba arruinado y no podía dotarlas de lo más necesario. Se le comunicó que, dado que no había cumplido lo estipulado en las capitulaciones, la expedición quedaba anulada. Orellana no pudo aceptar esta deshonra y partió a pesar de la prohibición expresa de las autoridades y del precario estado de sus naves. Durante la travesía cometió incluso actos de piratería para conseguir lo imprescindible. El 20 de diciembre llegaba de nuevo a la desembocadura del Amazonas y, sin escuchar los consejos de sus tripulantes, decidió lanzarse inmediatamente río arriba a la aventura.

Sus sueños de gloria terminaron en el mes de noviembre de 1546 en algún punto de la selva amazónica, a orillas del río al que había dado lo mejor de sí mismo. Las fiebres dieron cuenta de la existencia de aquel hombre indomable en medio del silencio de la jungla, roto tan sólo por los gritos de los pájaros. Su tumba fue una cruz más al pie de un árbol, en el escenario más grandioso que pueda concebirse.

En esta casa de Trujillo, nació Francisco de Orellana en 1511, y la abandonó para reunirse con Francisco Pizarro, empeñado en la conquista del Perú. Soldado de carácter emprendedor y audaz soñó con la gloria antes que con las riquezas.

1511	Nace **FRANCISCO DE ORELLANA** en Trujillo (Cáceres), España.
1527-1531	Participa con Francisco Pizarro en la conquista del Perú.
1538	Lucha contra Almagro en la batalla de Las Salinas.
1541	Gonzalo Pizarro parte en busca del País de la Canela. Orellana se une a la expedición. Pizarro y Orellana se separan.
1542	Navegación por el Amazonas. 11 de septiembre: llega a Cubagua.
1543	Regresa a la Península. Declara ante el Consejo de Indias.
1544	Se casa con Ana de Ayala. Es nombrado Adelantado de la Nueva Andalucía. Firma las capitulaciones para una nueva expedición al Amazonas.
1545	Tras una desastrosa travesía, arriba a la desembocadura del Amazonas y empieza a remontarlo.
1546	Noviembre: muere víctima de las fiebres y es enterrado junto al río bautizado por él.

TERESA DE JESÚS
(1515-1582)

TERESIÆ natione Hispanæ, patriâ Abulensis, genere perilluſtris, coeleſti ſapientia dotibus, v ſplendidæ, divinarum affectionum experientia insignis, myſticæ theologiæ ſcriptione m. laborum patientia clariſſimæ, Carmeli reformatione et miraculorum gloria toto orbe lauda

Santa Teresa de Jesús impulsó las reformas del Carmelo, y de su pluma salieron algunas de las mejores páginas de la literatura mística castellana.

«*E*ra esta Santa de mediana estatura, antes grande que pequeña. Tuvo en su mocedad fama de muy hermosa y hasta su última edad mostraba serlo... Era su cuerpo fornido, todo él muy blanco y limpio, suave y cristalino, que en alguna manera parecía transparente. El rostro nada común, ni redondo ni aguileño, con las cejas de color rubio oscuro, anchas y algo arqueadas. Tenía el cabello negro, reluciente y blandamente crespo... Los ojos negros, vivos y redondos... Los dientes iguales y muy blancos... Daba gran contento mirarla y oírla, porque era muy apacible y graciosa en todas sus palabras y acciones... La vestidura o ropa que llevaba, aunque fuera un harapo viejo y remendado, toda le caía muy bien.»

Así describirían quienes pudieron conocerla a la que Gregorio Marañón consideró «la más grande mujer de su tiempo». Teresa de Jesús fue, sin duda, una mujer excepcional en una época no menos excepcional. Humilde y sencilla, supo compaginar a lo largo de su vida la más perfecta humanidad con un hondo espiritualismo, lo que le permitió estar a la vez próxima a las gentes y cerca de Dios. Porque la gran mística que fue no se conformaba con la oración pasiva, sino que creía firmemente en la acción y en el ejercicio constante de la fe. «Obras quiere el Señor», era la máxima que repetía con frecuencia y ponía en práctica sin descanso. Veamos cuáles fueron sus espléndidas obras y conozcámosla con mayor profundidad a través de ellas.

Una muchacha impetuosa

El 28 de marzo de 1515 nació Teresa en Ávila, fruto del matrimonio de don Alonso Sánchez de Cepeda y doña Beatriz de Ahumada. Su abuelo había sido un judío converso condenado en 1485 por la Inquisición a desfilar siete viernes por las iglesias de Toledo tocado de un sambenito, acusado de hereje al haber incurrido en ritos de su anterior religión. Tras la condena, decidió trasladar a Ávila su negocio de paños, donde prosperó y educó a sus hijos cristianamente, casando a todos ellos con familias muy hidalgas.

Entre ellos estaba Alonso, padre de Teresa, que tras la muerte de su primera esposa contrajo en 1509 segundas nupcias con Beatriz, a la sazón una joven de quince años. Teresa sería la primera de diez hermanos, que, sumados a los dos del matrimonio anterior, hicieron un total de doce vástagos en la casa. Ella fue, entre todos, la más querida por su padre y la que más duramente trabajó para sacar la prole adelante.

Con siete años, Teresa era una niña eufórica, extrovertida, tierna y bastante seria, buena conversadora y capaz de adaptarse a cualquier persona y circunstancia. Sabía ya escribir con desenvoltura y destacaba por su habilidad y presteza a la hora de desempeñar las labores caseras. Pero por encima de todo era intrépida y fogosa, como demostró cuando, con su hermano Rodrigo, decidió ir «a tierra de moros para que les decapitasen por Cristo.» Afortunadamente, la aventura fue frustrada por su tío, que pudo alcanzar a la pareja cuando resueltamente cruzaban ya el puente de Adaja rumbo al martirio. Con idéntico entusiasmo, Teresa se entregaba con otros niños a juegos tan devotos como rezar sin pausa, hacer limosnas o, lo que prefería por encima de todo, simular que eran ermitaños y se imponían imaginarias penitencias.

Tras cumplir los doce años, sin embargo, su piedad empezó a enfriarse y poco a poco trocó los juegos de santidad por los libros de caballerías, que devoraba afanosamente. Teresa comenzó también a cultivar sus encantos femeninos y a pensar en casarse con alguno de sus primos, y en más de una ocasión burló la vigilancia a que su padre la había sometido, propiciando encuentros furtivos y prodigando promesas de amor al amparo de olmos rumorosos. Don Alonso, que buscaba un pretexto para apartarla de aquellos devaneos, lo halló tras morir su esposa y casarse la mayor de sus hijas, y confió a Teresa a las monjas agustinas de Santa María de Gracia para que, a sus dieciséis años, no quedara sola en casa como única hija.

Muy pronto se renovó el entusiasmo religioso de la muchacha en tan santa compañía, de modo que inmediatamente quiso tomar los hábitos en el convento carmelita de La Encarnación, donde se encontraba su amiga Juana Suárez. Pero su padre no accedió. Como en tantas otras ocasiones, Teresa acabaría imponiendo su voluntad de una manera no poco arriesgada: en la madrugada del 2 de noviembre de 1535 huyó de casa, se refugió en el convento y desde allí escribió una conmovedora misiva a don Alonso, quien no tuvo más remedio que otorgar su licencia. Como a una hidalga, se le

Este dibujo recrea el encuentro entre Santa Teresa y San Juan de la Cruz en Medina del Campo. Ambos místicos, unidos por la contemplación y la oración, lucharon contra todo tipo de adversidades para llevar a cabo la necesaria reforma de la orden carmelitana.

asignó una espléndida dote y una celda propia. Al año siguiente tomó el hábito de carmelita.

El nacimiento de una mujer nueva

Teresa, siendo de natural apasionado y testarudo, se entregó a los ideales del Carmelo con tan extrema vehemencia que no tardó en caer gravemente enferma. Su mal, que posiblemente procedía de la angustia interior de un alma hambrienta de Dios pero incapaz de hallar la paz en medio de tanto fuego, sería tratado por una curandera mediante terribles purgas que crispaban sus músculos y parecían desgarrarle las entrañas, sumiéndola en un estado de postración absoluta. Luego aparecieron otros síntomas alarmantes, en especial una suerte de violentos ataques nerviosos que hicieron suponer a quienes la atendían que su enfermedad era la rabia, nombre tras el que sin duda se ocultaba lo que en la actualidad se conoce como epilepsia.

La noche del día 15 de julio de 1539, a los veinticuatro años, Teresa cayó en coma profundo y la dieron por muerta. El espejo aplicado a sus labios no se empañaba. Le echaron cera sobre los párpados, la amortajaron y se preparó el luto. Pero durante cuatro días, don Alonso se opuso a que la enterraran, aduciendo que no estaba muerta, sino experimentando una transformación. Su instinto fue certero. Cuando la paciente despertó delirando, todos se maravillaron. Inmóvil, encogida y con la mirada extraviada en el infinito, Teresa inició una lenta recuperación que duraría tres largos años.

De esta tremenda crisis, no menos emocional que física, surgió una mujer completamente nueva. Desde su curación hasta que cumpliera los cuarenta años, Teresa de Jesús iba a emprender una durísima travesía del desierto espiritual en la que se alternaron visiones ascéticas y nuevas crisis, afrontadas con su proverbial ímpetu pero con una entereza y una resistencia que desconocía en sí misma. Sentía tan vivamente la presencia de Dios que era capaz de verlo ante sí, mas no con los ojos del cuerpo sino con los del alma, la imaginación y la inteligencia. Y cuando los clérigos afirmaban que tales arrobos eran cosa del demonio y que debía «hacer higas» a las apariciones, ella era capaz de vencer el desaliento refugiándose en la oración. Una voz le decía: «Yo no quiero que tengas conversación con hombres, sino con ángeles»; entre los dictados opuestos de Dios y los hombres, Teresa supo elegir el camino verdadero.

Por sus obras los conoceréis

Fue en 1560, tras tener una visión espantosa del infierno, cuando Teresa se propuso reformar la Orden del Carmelo según la regla primitiva. Su amiga doña Guiomar de Ulloa se comprometió entusiasmada con la idea, pero el provincial, los letrados y los consejeros carmelitas se opusieron, temerosos de toda novedad. Incluso su confesor se negó a absolverla «mientras no dejase el escándalo». Teresa no se achicó ante las dificultades, sino que, convencida de que se trataba de un mandato del Señor, puso todo su empeño en materializar la reforma recabando la opinión favorable de hombres como fray Pedro de Alcántara, el famoso franciscano y futuro santo, o el padre Francisco de Borja, también canonizado más tarde, quienes la animaron a seguir adelante con el proyecto. Por fin, tras vencer todas las resistencias, obtuvo la licencia del obispo y el 24 de agosto de 1562, al amanecer, la pequeña campana del nuevo convento de San José anunciaba a la ciudad de Ávila que se había iniciado una gran aventura.

A partir de ese momento, la madre Teresa y sus hijas, soportando las incomodidades y sufriendo la incomprensión, cuando no la persecución, de la propia Iglesia, sembraron más de media España de comunidades carmelitas, de «palomarcicos de Dios», como Teresa llamaba a sus conventos empleando uno de sus cariñosos diminutivos. Aquella simiente daría muy pronto una espléndida cosecha, pues los centros de carmelitas descalzos, de hombres y mujeres, llegarían a extenderse por todo el mundo, conservando, hasta hoy, el testimonio vivo de su fundadora.

Santa Teresa, escritora

El legado de Teresa de Jesús no se detiene aquí, pues también como escritora supo alcanzar la excelencia. Publicadas por fray Luis de León en 1588, sus obras se erigieron pronto en obligada referencia de la literatura mística de todos los tiempos. Teresa gustaba de mostrarse como una monja sencilla e iletrada, lo que explica en sus libros la constante presencia de elementos autobiográficos, intercalados con modestia, que hacen su lectura a la vez amena y aleccionadora. Toda la vitalidad y la gracia con que fueron escritos se ha conservado íntegramente en textos tan señeros como el *Libro de la vida*, relato de su biografía y de su apasionante experiencia mística, el *Libro de las fundaciones*, en el que da cuenta de su inmensa labor reformadora, el opúsculo *Camino de perfección*, con valiosos consejos para sus seguidoras, o las *Moradas del castillo interior*, donde concibe alegóricamente el alma como un castillo compuesto por siete cámaras, correspondientes a siete grados de oración, en el centro de las cuales espera pacientemente el Creador. Como poetisa, Teresa dejó deliciosos villancicos populares y versos de cristalino e intenso lirismo:

«Vivo sin vivir en mí
y tan alta vida espero
que muero porque no muero.»

Sus escritos hacen gala de un estilo llano y natural ajeno a todo artificio, que nos conmueve por su espontaneidad y su acierto a la hora de describir en tan precisas como brillantes imágenes tanto los afanes cotidianos como los más graves esfuerzos de su peripecia interior.

Una vida tan plenamente vivida, tan activa y al mismo tiempo tan profundamente recogida, estaba llamada a tener un final pacífico, dulce y elocuente. La muerte sorprendió a Teresa en Alba de Tormes, atareada como siempre en sus fundaciones. A las nueve de la noche del día 4 de octubre de 1582, reclinada la cabeza en los brazos de una de sus discípulas, expiró con una sonrisa en los labios. El cadáver despedía un olor celestial. En 1583 fue desenterrada, íntegra y perfumada, encontrándose en su cuerpo una sangre tan fresca como si acabara de morir. En 1614 fue proclamada beata. En 1622 fue canonizada y en 1970 el papa Pablo VI la declararía solemnemente Doctora de la Iglesia Católica, título que por primera vez en la Historia se otorgaba a una mujer.

1515	28 de marzo, miércoles de Pasión: nace Teresa Sánchez de Cepeda y de Ahumada, **TERESA DE JESÚS,** en Ávila.
1522	Huye con su hermano Rodrigo «a tierra de moros.»
1535	Deja su casa e ingresa en el convento de La Encarnación, de la orden del Carmelo.
1539	Entra en coma y se la da por muerta.
1558	Su confesor asegura que sus visiones son obra demoníaca.
1562	24 de agosto: inaugura el nuevo convento de San José. Concluye el *Libro de la vida*.
1567	El general carmelita le autoriza a fundar nuevos conventos reformados y a ampliar la reforma a la rama masculina.
1568	Funda en Duruelo el primer convento masculino con tan sólo dos frailes, uno de ellos el joven Juan de la Cruz.
1573	Firma y aprueba una copia de *Camino de perfección*.
1577	Termina el *Libro de las fundaciones*. Escribe las *Moradas del castillo interior*.
1582	4 de octubre: muere en Alba de Tormes, Salamanca.

LOPE DE AGUIRRE
(1515-1561)

*E*n septiembre de 1561, desde Nueva Valencia (Venezuela), Lope de Aguirre dictó una carta dirigida a Felipe II que comenzaba con estas palabras:

«Rey Felipe, natural español, hijo de Carlos el Invencible.

Yo, Lope de Aguirre, tu mínimo vasallo, cristiano viejo, de medianos padres y en mi prosperidad hidalgo, natural vascongado, en el reino de España, de la villa de Oñate vecino.

En mi mocedad pasé el océano a estas partes de Indias por valer más con la lanza en la mano y por cumplir con la deuda que debe todo hombre de bien, y asimismo y por esa razón te he hecho muchos servicios en el Perú en conquistas de indios y en poblar pueblos en tu servicio, especialmente en batallas y encuentros que ha habido en tu nombre, siempre conforme a mis fuerzas y posibilidades sin importunar a tus oficiales por paga ni socorro, como parecerá por tus reales libros.

Creo bien, excelentísimo rey y señor, que para mí y mis compañeros no has sido tal, sino cruel e ingrato, y también creo que te deben de engañar los que te escriben desta tierra, que está lejos para averiguar la verdad. Y tú no te precias mucho a buscarla...»

La forja de un rebelde

Estos primeros párrafos, junto con los demás que componen la misiva, nos permiten reconstruir la historia y la experiencia humana de Aguirre y constatar la magnitud de su rebelión. Este hombre, cuyo carácter violento e inspirado por la locura se manifestó a lo largo de toda su vida, no sólo se permitía hacer reproches a su soberano y criticarle a él y a sus funcionarios, sino que llegó a declarar abiertamente la guerra a Felipe II, algo que jamás había sucedido en una expedición española por el Nuevo Mundo y que nunca más habría de ocurrir. En cuantos conflictos hubo por ese tiempo que enfrentaron a los conquistadores entre sí, en ningún momento se puso en cuestión la fidelidad al rey, e incluso muchos sucesos sangrientos, resueltos por la fuerza de las armas, se llevaron a cabo en servicio del emperador e invocando su nombre. Aguirre fue una excepción a esta regla, y por ello su figura ha llegado hasta nosotros marcada no sólo por su extrema brutalidad, sino también envuelta por un halo de romanticismo revolucionario y utópico.

Como dice en su carta, Lope de Aguirre había nacido en Oñate el día 4 de febrero de 1515. Pertenecía a la baja nobleza y tuvo la posibilidad de acceder a cierto grado de educación, pues en su juventud estudió en una escuela de caballeros sita en Altuna. En el año 1536 se embarcó para América y, tras un tiempo de permanencia en las Antillas, se trasladó al Perú, donde tomó parte activa en las luchas entre Almagro y Pizarro en el bando de éste último. En 1553, tras haber participado en la sublevación de Sebastián de Castilla en La Plata contra el corregidor Pedro de Hinojosa, fue condenado a muerte e indultado, llevando a partir de entonces una vida de continua rebeldía, siempre involucrado en motines, conspiraciones y revueltas.

Así pues, en 1559 se encontraba Aguirre entre los soldados de peor fama del Perú, donde era conocido con el sobrenombre de «el Loco». Era de corta estatura pero vigoroso, tenía el aire atravesado y arrastraba una cojera, secuela de las heridas recibidas en el campo de batalla. Su mala

El mito de El Dorado nació en 1534, en el reino de Quito cuando el indio Muequetá, del cacicazgo de Bogotá, contó a Banalcázar que el pueblo de los muiskas, que hablaba la lengua chibcha, tenía por costumbre ritual que el cacique recién nombrado, arrojara joyas y piedras preciosas a la laguna, donde se bañaba cubierto de oro. Arriba, grabado antiguo del ritual chibcha.

reputación era para él una especie de gloria, pero para los administradores españoles la presencia de aquel hombre pendenciero e indomeñable suponía un peligro. Por ello se decidió embarcarle con el grupo de agitadores del cual era cabecilla en la primera expedición a tierras lejanas que se dispusiera, para mantenerlo a raya. Y esa expedición fue la que Pedro de Ursúa, del que Aguirre había sido compañero en varios viajes, emprendió con el objetivo de conquistar la legendaria tierra de El Dorado.

En pos de una leyenda

El Dorado, nombre acuñado por los descubridores españoles del siglo XVI, era el país imaginario donde habían de encontrarse fabulosas riquezas en oro y piedras preciosas al alcance de la mano. Los exploradores creían ciegamente en su existencia, y lo habían buscado en todas las montañas y selvas conocidas de Sudamérica. El mito había nacido a partir de los relatos que hablaban de cierto rey que se sometía a una ceremonia especial al tomar posesión de su cargo: empolvado de oro y provisto de valiosas ofrendas, navegaba en compañía de altos dignatarios por una laguna para presentar sacrificios a la divinidad que en ella moraba, tomando después un baño ritual y dejando el polvo de oro y las joyas en el fondo del lago. Era, pues, comprensible, que muchos hombres considerasen que aquel fantástico reino debía de estar repleto de tesoros y que se empeñaran en aventurarse a descubrirlo y conquistarlo para apoderarse de ellos.

Tal fue la intención de don Andrés Hurtado de Mendoza, virrey del Perú, al organizar una expedición que, si se cumplían sus predicciones, podía aumentar su prestigio ante la corona y, simultáneamente, llenar sus menguadas arcas. Tras una serie de laboriosos y accidentados preparativos, partió el 26 de septiembre de 1560 de un astillero situado a orillas del río Huallaga. El navarro Ursúa iba al frente de trescientos soldados y un elevado número de indios peruanos en un viaje que ha sido considerado como el mayor drama de la conquista americana. Los viajeros descendieron por el Huallaga hasta el Amazonas, y comenzaron a sufrir con los constantes hostigamientos a que les sometían los naturales, con el hambre, el clima húmedo y las picaduras de los mosquitos. Las fricciones entre los expedicionarios aumentaban día tras día. Por fin, después de varias semanas de penalidades, avistaron el poblado de Machifaro, cerca de la desembocadura del Putumayo. Contra todas las expectativas, fueron recibidos de forma amistosa por los indígenas quienes les facilitaron las provisiones necesarias a cambio de cuentas de collar, espejos y otras baratijas.

Cambio de planes y de príncipe

El grupo permaneció en Machifaro treinta y tres días. El descontento entre la tropa era general, en parte debido a las contradictorias informaciones proporcionadas por los indios respecto a la ubicación exacta de El Dorado, que habían sembrado el desánimo entre aquellos soñadores. Las murmuraciones fueron en aumento y terminaron por materializarse en torno a un grupo de oficiales encabezado por Fernando de Guzmán, alférez general y hombre de confianza de Ursúa. Parte de los expedicionarios le animó a que protagonizase un levantamiento, a lo que finalmente accedió.

Aunque la primera intención de Guzmán era apoderarse de los navíos y regresar a Perú, Lope de Aguirre y los suyos impusieron la idea de que era preciso matar al gobernador y continuar la búsqueda. La opinión de Aguirre prevaleció y en la madrugada del día 1 de enero de 1561 los

conjurados dieron muerte a don Pedro de Ursúa y a su teniente general, Juan de Vargas. A partir de ese momento, Guzmán se convirtió en un instrumento de los designios de Aguirre, verdadero «hombre fuerte» de la expedición; aunque para guardar las apariencias el primero fue elegido nuevo capitán general y al segundo correspondió el cargo de maese de campo. La flota continuó río abajo; de nuevo, toda suerte de dificultades jalonaron el viaje. El descontento ya había arraigado entre aquellos hombres y volvió a manifestarse, circunstancia que Aguirre aprovechó para eliminar a todo el que no estuviera de su lado y para proponer un cambio totalmente revolucionario en el destino del viaje: desconfiando de hallar alguna vez El Dorado, consiguió que Guzmán declarase explícitamente, frente a la tropa reunida, su intención de enfrentarse al rey de España y conquistar el Perú. Una vez allí, el mismo Guzmán sería coronado rey.

La insurrección se había consumado, pero el rumbo que tomaban los acontecimientos hizo que don Fernando y alguno de sus oficiales, arrepentidos de su participación en la muerte de Ursúa, decidiesen matar a Lope de Aguirre. Mientras, el de Oñate, confiando ciegamente en su propio poder, iba engrosando las filas de sus adeptos, a los que prometía u otorgaba nombramientos a cambio de fidelidad.

«Ira de Dios»

Pero Aguirre pronto supo lo que se tramaba contra él y decidió adelantarse a los acontecimientos. Al amanecer del día 22 de mayo de 1561, al frente de un grupo de adeptos, dio un audaz golpe de mano y asesinó a Fernando de Guzmán, lo que, según las últimas disposiciones adoptadas por los exploradores, equivalía a cometer regicidio, y, también, a todos los capitanes que habían participado en la conspiración. Momentos después, con las manos aún chorreando sangre, reunió a la tropa y se autoproclamó «Ira de Dios, Príncipe de la Libertad y del reino de Tierra Firme y provincia de Chile». A partir de ese instante, todos los dominios españoles en América se convertían en

Mapa del Atlas portugués, de Miller, representando el Brasil. Destaca la contraposición entre las figuras de indígenas emplumados y con arcos y flechas y la de los doblados por el esfuerzo del trabajo. La situación de indígenas en el virreinato del Perú era ciertamente más difícil: los conquistadores españoles, ávidos de metales preciosos, redujeron a muchos a la esclavitud para disponer de mano de obra para el laboreo en las minas. Esa misma avidez de metales preciosos fue el motivo que impulsó al virrey Andrés Hurtado de Mendoza a organizar la expedición en busca de El Dorado en que tomó parte Lope de Aguirre.

243

objetivos de conquista, y los súbditos del emperador pasaban a ser sus enemigos.

Aguirre ordenó seguir el curso del río hasta el océano, con la intención de pasar luego a Panamá y desde allí emprender la conquista del Perú. En la desembocadura del Amazonas, los barcos se perdieron entre una maraña de islas e islotes, confundidos por el efecto de las mareas, que impedían conocer con certeza la dirección de la corriente. Reunidos de nuevo en mar abierto, los expedicionarios bordearon la costa y el 20 de junio de 1561 llegaron a la isla Margarita, al norte de la actual Venezuela. La inesperada presencia de aquellos bergantines produjo el consiguiente revuelo entre los habitantes de la isla, por lo que el gobernador, don Juan de Villandrado, mandó que salieran a su encuentro algunos vecinos en botes y chalupas con el fin de obtener información. Entre tanto, Aguirre había dispuesto el desembarco de los enfermos y ordenado que el resto de la tropa permaneciese bajo cubierta, de modo que los emisarios del gobernador sólo pudieron ver un grupo reducido de gente macilenta y poco amenazadora y les suministraron los alimentos que solicitaban.

¡Viva Lope de Aguirre!

Al día siguiente, el propio gobernador acudió a visitar a los recién llegados. Después de los saludos de rigor, y cuando las autoridades ya no mostraban ningún recelo, Aguirre dio la orden convenida y sus tropas, aprovechando la sorpresa, desarmaron y detuvieron a toda la comitiva. Un grupo de soldados desembarcó y se dirigió a la población. Al grito de «¡Libertad! ¡Libertad! ¡Viva Lope de Aguirre!» recorrieron sus callejuelas hasta la fortaleza que la protegía y la tomaron sin dificultad. Lope de Aguirre era el nuevo señor de la isla Margarita.

Pocos días después, al enterarse de que ante la cercana tierra firme había fondeado un barco propiedad del provincial de los dominicos, decidió apoderarse de él, y con ese propósito envió a uno de sus capitanes, Pedro de Monguía, al frente de un grupo de catorce hombres. Además, confiando en el éxito de la operación, dispuso la

quema de sus bergantines para evitar posibles fugas, gesto que después de Hernán Cortés se había convertido en habitual entre los conquistadores más temerarios y audaces.

A los pocos días, un nativo llegado a la isla en piragua informó de que Monguía se había pasado a las fuerzas realistas. Aguirre tuvo la certeza de que el desertor habría relatado a los oficiales del emperador su propósito de marchar hacia el Perú por mar, por lo cual alteró sus planes y optó por dirigirse a Burburata y llegar a su objetivo por tierra, a través de la gobernación de Venezuela y el Nuevo Reino de Granada, hoy Colombia. El 31 de agosto de 1561, en cuatro navíos confiscados y con sólo 150 hombres bajo su mando, abandonó Margarita; en dos meses habían sido ajusticiadas veinticinco personas entre soldados y vecinos, las haciendas estaban arruinadas y la desolación reinaba en toda la isla.

Muerte de «el Peregrino»

El 7 de septiembre, Lope de Aguirre llegaba al puerto de Burburata. Una vez desembarcadas tropas y pertrechos, volvió a ordenar el incendio de las naves. En el camino hacia Nueva Valencia, todos los sospechosos de planear la fuga fueron ajusticiados sin piedad. Fue entonces cuando Aguirre dictaría su famosa carta a Felipe II, en la que expuso las razones de su rebeldía frente a la corona española: «... yo, por no poder sufrir más las crueldades de tus gobernadores, he salido con mis compañeros de tu obediencia y, desnaturalizándome con ellos de nuestra tierra, que es España, voy a hacerte la más cruel guerra que nuestras fuerzas pueden sustentar y sufrir, y esto cree, rey y señor, nos obliga a hacerlo el no poder sufrir los grandes apremios y castigos injustos que nos dan tus ministros...»

La noticia de la presencia de los insurrectos se extendió pronto por la gobernación de Venezuela. En Barquisimeto, su próxima etapa, se concentraron tropas y voluntarios bajo el estandarte real con la misión de hacerles frente. El 22 de octubre, Aguirre y sus hombres entraban en Barquisimeto, encontrando la ciudad despoblada.

Las escaramuzas comenzaron poco después. Algunos soldados rebeldes, temerosos de su caudillo, se pasaron a las filas realistas, provocando la cólera de Lope de Aguirre. Las deserciones y las ejecuciones aumentaron vertiginosamente. Tras una breve batalla, el maese de campo de los realistas, Diego García de Paredes, penetraba en el campamento de los rebeldes, donde Aguirre acababa de dar muerte a su hija, «para que ningún bellaco goce de tu beldad y hermosura, ni te baldone llamándote hija del traidor Lope de Aguirre». Junto al lunático caudillo se encontraba el único hombre que le había permanecido fiel, el capitán Antón Llamoso.

En aquel tenso momento, los arcabuces de los acompañantes de García de Paredes encañonaron a Aguirre, quien lejos de rendirse se abalanzó hacia ellos blandiendo la espada que había segado la vida de su hija. El cronista relata así la escena: «... al primer arcabuzazo, que le dio algo alto encima del pecho, habló entre dientes, no se supo qué, y luego, como le tiraron el segundo, cayó muerto sin encomendarse a Dios, sino como hombre mal cristiano y, según sus obras y palabras, como muy gentil hereje...» Así terminaba la terrible existencia de quien, al término de su misiva dirigida a Felipe II, había escrito: «Hijo de fieles vasallos tuyos vascongados, y yo, rebelde hasta la muerte por tu ingratitud, Lope de Aguirre, el Peregrino.»

Lope de Aguirre se rebeló contra la autoridad del rey Felipe II (arriba, en un retrato de Tiziano, Museo del Prado, Madrid), a quien, en una célebre misiva, declaró "la más cuel guerra", hecho único en la historia de la conquista de América.

1515	4 de febrero: nace **LOPE DE AGUIRRE** en Oñate (Guipúzcoa), España.
1536	Se traslada a las Indias.
1538	Interviene en la guerra civil entre Pizarro y Almagro.
1553	Se une en La Plata a la sublevación de Sebastián Castilla contra el corregidor Pedro de Hinojosa.
1554	Es condenado a muerte e indultado.
1560	26 de septiembre: parte con la expedición de Pedro de Ursúa en busca de El Dorado. Llegada a Machifaro.
1561	1 de enero: una conjura encabezada por Fernando de Guzmán y Aguirre acaba con la vida de Ursúa. 22 de mayo: Aguirre asesina a Guzmán. 20 de junio: llegada a la isla Margarita. 22 de octubre: tras recalar en Burburata llega a Barquisimeto. 27 de octubre: muere a manos de los realistas.

LUIS VAZ DE CAMOENS
(1524-1580)

*E*l autor de la más vasta y brillante epopeya escrita en lengua portuguesa nació, según las diversas hipótesis, en Santarem, Coimbra o Lisboa, siendo esta última ciudad la señalada por Pedro de Maria, su primer biógrafo, como más plausible candidata. Pertenecía a una familia de la pequeña nobleza originaria de Bayona (Galicia) y establecida en Portugal tres generaciones antes. El apellido había sido llevado a Portugal por el trovador Vasco Pires de Camoens, antepasado del poeta. El padre, Simón Vaz de Camoens, realizó algunas expediciones a la India y murió en Goa después de sufrir un naufragio. La familia quedó en una delicada posición económica y se estableció en Coimbra, donde Camoens cursó estudios humanísticos y recibió una sólida formación cultural; no es aventurado suponer que en aquella época empezara a escribir poesía.

La accidentada vida de un donjuán

A los veinte años Camoens se encontró con un linaje ilustre y una bolsa vacía. Frecuentó los medios cortesanos y aristocráticos en busca de fortuna, se acogió a la protección del conde de Linares y se dedicó a enamorar damas adineradas. Según parece fueron ciertos lances demasiado arriesgados la causa de su viaje a África, donde residió en Ceuta y participó en algunos hechos de armas. A consecuencia de las heridas recibidas en uno de esos combates quedó tuerto del ojo derecho; el negro parche debió de redoblar su atractivo, pues, tras regresar a Lisboa en 1546, lo encontramos como gentilhombre al servicio del rey Juan III el Piadoso y enormemente atareado con el bello sexo. Aunque la vida amorosa del poeta no tenga más base documental que sus propios versos, Camoens no debía de ser un fanfarrón: los nombres poéticos y reales de Natercia, Isabel de Tavares, Francisca de Aragón,

Bárbara, Catalina de Ataide y la mismísima doña María, hija del rey, se suceden con sorprendente celeridad en su supuesta nómina de lírico donjuán.

Según la leyenda, el destierro debido a una riña en la que hirió de gravedad a otro cortesano fue la causa de que en 1553 se embarcase para la India, donde volvió a ejercer como soldado; luego, instalado en Goa, llevó una accidentada vida como funcionario: se le acusó de malversación de fondos y de escribir contra algunos personajes importantes amparado en el anonimato. La fortuna no parecía sonreírle: conoció a una joven china de la que se enamoró perdidamente, pero cuando navegaban por el río Mekong su barco naufragó y la muchacha pereció ahogada. A su amada oriental la bautizaría con el nombre poético de Dinamene, inmortalizado en uno de los más bellos sonetos del poeta.

En Mozambique, poco después, obtuvo una buena posición al amparo de don Pedro Barreto Rolim, capitán de Safala, pero perdió su protección y, en 1569, el cronista Diego de Couto, que le rindió visita, lo describe en un estado de lamentable pobreza. Con la ayuda de otros jóvenes portugueses amigos suyos y admiradores del poeta, Diego consiguió reunir el dinero suficiente para pagar sus numerosas deudas y facilitar su regreso a Lisboa.

Os Lusíadas, poema épico nacional

De su naufragio en el río Mekong, Camoens logró salvar varios cantos de una larga composición que debía llamarse *Os Lusíadas*. Cuando, gracias a los oficios de su amigo Diego, pudo regresar a Lisboa el poema estaba ya terminado y se dedicó a preparar su edición. *Os Lusíadas* fue publicado al fin en 1572, el mismo año en que el joven rey don Sebastián le concedió una modesta pensión vitalicia. Ese hermoso poema es una magna epopeya que evoca las gestas ultramarinas de los portugueses. Aunque su eje central es la expedición de Vasco de Gama, el poema desgrana, a través de sus diez cantos, todos los episodios heroicos de la historia lusa.

Son múltiples los recursos estilísticos y las riquezas de información y expresivas que adornan el poema. Vigorosos o sensuales, caballerescos o líricos, los versos de Camoens dan siempre la sensación de ser el producto espontáneo y natural de una imaginación todopoderosa:

> «Las armas y los ínclitos varones
> que de la playa occidental de Lusitania
> por mares nunca antes navegados
> pasaron más allá de Taprobana
> y en peligros y guerras esforzándose
> más de lo que promete fuerza humana
> entre remota gente edificaron
> un nuevo reino que tanto sublimaron,(...)
> yo daré a conocer por toda parte
> si ayudan a mi canto ingenio y arte.»

Luis Vaz de Camoens murió en Lisboa en 1580, viendo cómo su libro iba convirtiéndose poco a poco en el poema épico nacional de su patria. Aún hoy, los soldados portugueses aprenden algunas de las más bellas octavas de *Os Lusíadas* y sienten la misma emoción que este poeta universal quiso plasmar en cada uno de sus versos.

Camoens, príncipe de los poetas portugueses, gozó de prebendas y amor cortesanos, pero también sufrió persecución y pobreza. A él se debe Os Lusíadas, *el más bello poema épico de la lengua portuguesa* .

1524	Nace **LUIS VAZ DE CAMOENS** en Lisboa.
1540	Estudia en la universidad de Coimbra.
1544-1545	Termina sus estudios y se traslada a Lisboa. Se acoge a la protección del conde de Linares.
1546	Se traslada a Ceuta y prueba fortuna como soldado, perdiendo el ojo derecho. Regresa a Lisboa y entra en la corte.
1552	Es encarcelado a causa de una riña con otro caballero.
1553	Tras ser indultado, se embarca para la India.
1554-1566	Vive en Goa como funcionario. En un naufragio pierde a su amante Dinamene.
1569	Diego de Couto paga sus deudas y le facilita el regreso a Lisboa.
1570	De nuevo en Portugal, se dedica a preparar la edición de *Os Lusíadas*.
1572	Se edita *Os Lusíadas*. El rey don Sebastián le concede una pensión vitalicia.
1580	10 de junio: muere en Lisboa.

FELIPE II
(1527-1598)

Felipe II, el más importante y controvertido monarca del siglo XVI, arriba en un retrato de Tiziano (Museo del Prado, Madrid). Su reinado está marcado por su profunda religiosidad, la extraña muerte de su primogénito don Carlos y el desastre de la Armada Invencible

*F*igura histórica de perfiles controvertidos, Felipe II de España fue sin duda el mayor monarca del siglo XVI europeo. Sus enemigos han tejido a su alrededor una leyenda sombría, mientras que sus apologistas quieren ver en su grave porte la cifra de todas las virtudes. Desde que murió su primogénito, el príncipe Carlos, siempre vistió de negro; Lope de Vega escribió de este hombre que era ya todo alma «cuando acabó de morir»; para entonces su cuerpo, castigado durante veinte años por la gota, era una verdadera llaga. Como el marqués de Bradomín, aquel personaje crepuscular que inventara Valle-Inclán, este rey bajito bien pudiera brevemente describirse como «feo, católico y sentimental».

El hombre de luto

Había nacido en Valladolid el 21 de mayo de 1527, hijo de Carlos I de España y V de Alemania y de su esposa Isabel, descendiente del rey don Manuel de Portugal. Sus maestros inculcaron en él el amor a las artes y las letras, y con Juan Martínez Silíceo, catedrático de la universidad de Salamanca, aprendió latín, italiano y francés, llegando a dominar la primera de estas lenguas de forma sobresaliente. Juan de Zúñiga, comendador de Castilla, lo instruyó en el oficio de armas. Durante su juventud los acontecimientos se precipitaron: a los once años quedó huérfano de madre, lo que lo afectó hondamente y marcó para siempre su carácter taciturno; a los quince participó personalmente en la defensa de Perpiñán y a los dieciocho había tenido su primer hijo, Carlos, y había quedado viudo de su primera esposa, su prima doña María Manuela de Portugal.

Su segundo matrimonio, contraído muy a disgusto, fue con una mujer que lo aventajaba en

Hasta 1548 Felipe II no había salido nunca de España y no conocía la geografía de Europa, no tenía conciencia de la extensión del imperio que heredaría. Por ello su padre, Carlos V, dispuso ese año que el príncipe se diera "una gran vuelta" por Italia, Alemania y los Países Bajos. A ese viaje y a su entrada en Mantua corresponde este magnífico cuadro de Tintoretto, Felipe II en Mantua, *1549, Pinacoteca de Munich, Alemania.*

once años, María Tudor de Inglaterra, la cual impuso además unas condiciones leoninas para celebrar la boda. Como no le dejó sucesión a su muerte, acaecida en 1558, todos los esfuerzos y concesiones del rey español fueron vanos y su política de alianza con Inglaterra se saldó con un estrepitoso fracaso. De su tercer matrimonio con Isabel de Valois nacieron dos niñas, Isabel Clara Eugenia y Catalina, y de su postrero himeneo con Ana de Austria no lo sobrevivió más que un varón, su sucesor Felipe III, que defraudará tristemente las esperanzas paternas a causa de la debilidad y negligencia de su carácter y de sus escasas luces.

Desde los primeros momentos de su reinado obtuvo muestras de simpatía en sus posesiones de España e Italia, pero no consiguió hacerse agradable a los flamencos y el problema de los Países Bajos constituyó siempre una dificultad insuperable. En gran medida este hecho condicionó toda su política exterior, porque en la guerra de Flandes iban íntimamente ligados los nuevos sentimientos religiosos protestantes y el auge de las ideas nacionalistas.

Esta posesión patrimonial de la casa de Borgoña tenía a mediados del siglo XVI tres millones de habitantes y disfrutaba de una satisfactoria prosperidad económica gracias a su riqueza agrícola, a la industria textil y a las actividades comerciales concentradas en Amberes. Desde la partida de Felipe II de aquellas tierras, en 1559, había quedado a cargo del gobierno su hermana natural Margarita de Parma, asesorada por el cardenal Granvela, un hombre fuerte pero extranjero, indeseable para los flamencos. Éstos, encabezados por el conde de Egmont y el príncipe de Orange, Guillermo de Nassau, exigieron su destitución y marcha, que Felipe II acabó por aceptar. No

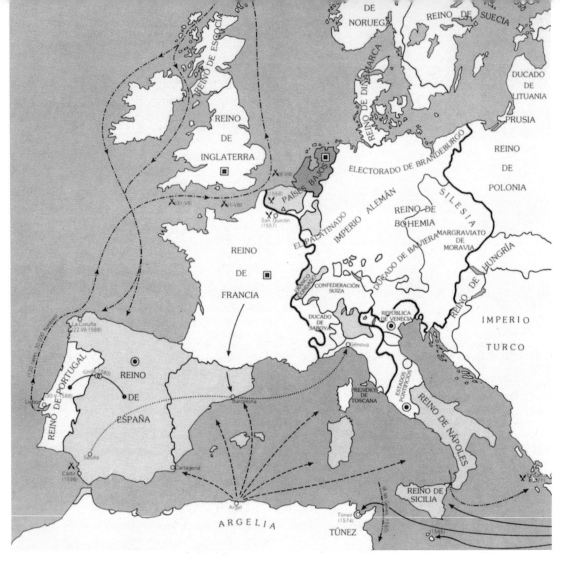

A pesar de que Carlos V dividió sus vastos territorios europeos entre su hermano Fernando y su hijo Felipe, el mapa político de Europa continuó siendo de gran complejidad, ya que los dominios de Milán y Flandes del monarca español proyectaban sus intereses sobre el continente y su papel de defensor del catolicismo reforzaba la concepción universalista de su monarquía.

obstante, el rey se negó a transigir en otras condiciones, como la libertad de culto reclamada por los calvinistas, quienes se oponían a los nuevos obispados que se pensaba establecer en el territorio y, naturalmente, a los decretos del Concilio de Trento encaminados a combatir la herejía.

En 1565, la pequeña nobleza flamenca y la burguesía mercantil se aliaron en una liga llamada por sus adversarios Liga de los Mendigos, que inmediatamente próvocó tumultos en diversas ciudades y se entregó al saqueo de iglesias y a la destrucción de imágenes sagradas. La enérgica reacción de Felipe II consistió en enviar al duque

de Alba para sofocar la revuelta, quien procedió muy duramente creando un expeditivo tribunal, conocido como «Tribunal de la Sangre» por los flamencos, cuyas más ilustres víctimas fueron en 1568 los condes de Egmont y de Horn. Lejos de resolver la situación, esta actitud insensible y cruel desató una auténtica guerra al frente de la cual se colocó Guillermo de Orange.

Uno de los episodios más ominosos de la misma fue el saqueo, por parte de las mal pagadas tropas españolas, de la ciudad de Amberes en 1576, lo que dio origen a la leyenda sobre la furia española. Por fin se llegó a un acuerdo con las provincias católicas del sur a través de la llamada Unión de Arrás firmada en enero de 1579, pero los protestantes contestaron fundando la Unión de Utrecht en el norte, esbozándose de ese modo lo que sería la solución definitiva. En cualquier caso, las sucesivas guerras de Flandes costarían a España entre 1566 y 1654 más de doscientos dieciocho millones de ducados, lo que supone más del doble de los ingresos que la nación recibió en el mismo período de las Indias. O dicho de otro modo: en ellas, y en los onerosos conflictos secundarios que ocasionaron, la corona española dilapidó sin tasa los célebres y cuantiosos tesoros americanos.

La última cruzada

Convertido en el tan magnánimo como desafortunado campeón del catolicismo en Europa, Felipe II emprendió una campaña contra los turcos que estuvo sazonada de gran ventura. Desde finales del siglo XV los piratas musulmanes no habían dejado de ejercer presión sobre el Mediterráneo occidental, pero su audacia se hizo mucho más temible cuando entre 1560 y 1570 tomaron Túnez y Chipre. Para atajarlos, España, Venecia y Roma formaron la Santa Liga con objeto de emprender lo que sería la última cruzada de la Cristiandad. Bajo el mando de Juan de Austria, hijo natural de Carlos I, el gran ejército se enfrentó a los turcos el 7 de octubre de 1571 en la batalla naval de Lepanto, y como consecuencia de la gran victoria obtenida se puso coto a la amenaza que hasta entonces los belicosos vecinos habían significado.

Mas la otra magna epopeya naval española del período se resolvió en una vergonzante bufonada. La llamada a posteriori y caricaturescamente «Armada Invencible» fue enviada por Felipe II como una expedición de castigo contra Inglaterra, cuyos más insignes piratas, o héroes nacionales si se mira por el lado británico, acosaban incesantemente los intereses españoles. El corsario John Hawkins, por ejemplo, comerciaba ilíci-

Si bien los planos primitivos de El Escorial corresponden a Juan Bautista de Toledo, las obras fueron realizadas por Juan de Herrera, quien las terminó en 1583. Su concepción, monumental y ascética al mismo tiempo, responde con plenitud al carácter de un hombre solitario e introvertido, que, paradójicamente, se sentía alejado del mundo pero gozaba con el ejercicio del poder terrenal.

tamente con las colonias del Caribe; otro famoso navegante, Francis Drake, regresó de su viaje por el mundo, realizado entre 1577 y 1580, con un portentoso botín arrebatado a los españoles tras abordar el galeón conocido como «Cacafuegos». Por su parte, la reina Isabel de Inglaterra apoyaba financieramente a los rebeldes flamencos, lo que decidió a Felipe II a emprender la invasión del territorio inglés.

La Armada, compuesta por 130 buques, 8.000 marineros, 2.000 remeros y casi 20.000 soldados, zarpó del puerto de Lisboa en mayo de 1588 con destino a Flandes, donde las tropas habían de engrosarse aún más. En su primer encuentro con el enemigo en el mes siguiente se demostró fehacientemente la superioridad técnica de los ingleses, cuya artillería aventajaba de manera notoria a la española. Tras algunas desastrosas batallas en el mar del Norte, la Armada regresó, pero a la vuelta halló fuertes galernas que terminaron por malbaratar la expedición. Se dice que enterado Felipe II de este descalabro exclamó compungido y contrariado: «He mandado mis tropas a luchar contra los hombres, no contra las tempestades». Lo cierto es que a partir de entonces la jactancia en el mar de los ingleses no hizo sino acrecentarse, llegando su osadía a incendiar Cádiz en 1596.

El demonio del Sur

Triunfos y derrotas, alegrías y sinsabores, se suceden en la vida de un monarca situado en la cúspide del poder y por ende envidiado y denostado. De nada le valió haber obtenido la brillante victoria contra los franceses en San Quintín, o haber reunido los territorios de la península Ibérica bajo un mismo cetro en 1581, haber colonizado las islas Filipinas sin derramamiento de sangre, haber completado y clasificado los importantes archivos de Simancas, el de la embajada de Roma y el de las Indias, haber fundado una Academia de Matemáticas en Madrid, haber intentado unir el Atlántico con el Pacífico por un canal similar al actual de Panamá, haber mandado redactar *Relaciones* de los pueblos de Améri-

ca y España para acometer una *Historia General*, haber fundado el admirable monasterio de El Escorial, donde reunió lo mejor de las artes y las ciencias de su tiempo... De nada le valió porque Felipe II fue víctima de las difamaciones de sus perseguidores, enfrascados en una auténtica guerra ideológica. La leyenda negra edificada alrededor de su persona se basaba en un libro del protestante español, refugiado en Francfort, Reginaldo Gonzalo Montañés, en la *Brevísima relación de la Destrucción de Indias* del padre Las Casas y en la *Apología* publicada a fines de 1580 por su exacerbado enemigo Guillermo de Orange. Con estos mimbres se fabricó un cesto lleno de auténticas inmundicias: se le acusó de haber asesinado a su esposa Isabel de Valois, a su hijo Carlos y a su hermano Juan; se le presumía amancebado incestuosamente con su hermana, la princesa viuda de Portugal, doña Juana; se le achacaba que había espoleado la crueldad y el fanatismo de la Inquisición; se le responsabilizaba de las innumerables atrocidades cometidas por los españoles en América; por último, se hizo célebre el apodo con que era conocido, el «demonio del Sur».

Así, el poderoso adalid de la Contrarreforma fue tachado de verdadero monstruo y se le imputó haber intentado confundir la defensa del catolicismo con las ambiciones de hegemonía española, pero lo cierto es que, con hipocresía o fanatismo devoto, Felipe II prohibió a los españoles enseñar y aprender en las universidades extranjeras, a excepción de la de Roma y Nápoles y escribió el 12 de agosto de 1566 a su embajador en Roma, Lluís de Requesens: «Podréis certificar a Su Santidad que antes que sufrir la menor quiebra del mundo en lo de la religión y servicio de Dios, perderé todos mis Estados y cien vidas que tuviere, porque yo no pienso ni quiero ser señor de herejes.»

Fiel a ese espíritu profundamente religioso, el rey fue durante su vida enemigo del adorno, siempre vestía con sencillez y hasta con seca austeridad; era extraordinariamente diligente e infatigable en el trabajo, siempre quería estar enterado de todo y pasaba larguísimas horas en su gabinete; solía llevar consigo una abultada cartera y corregía y firmaba personalmente la mayoría de los documentos. Esta escrupulosidad que le movía a un detenido estudio de los asuntos de su reino obraba a veces contra la propia eficacia de los trámites y provocaba inconvenientes dilaciones, pero no por ello cedió nunca en su celo ni en su desconfianza hacia sus más estrechos allegados. Los últimos años de su vida, devastado por la gota, apenas podía tenerse en pie y sin embargo no dejó de entregarse obsesivamente a las tareas del gobierno, incluso después de que un martes 30 de junio de 1598 se hiciera trasladar, recostado en una litera, a El Escorial, donde había decidido prepararse para bien morir.

En los días postreros no se podía mudar las sábanas porque se le pegaban a las carnes ulceradas y hediondas. Pasó así las últimas cincuenta y tres jornadas de su existencia, silencioso y sin queja, mientras su amada hija Isabel Clara le leía capítulos de libros devotos. Poco antes de expirar llamó a su medroso sucesor y le pidió que mirara su cuerpo con atención para que supiera qué cosa era la muerte y esa imagen le ayudara en

En su madurez, Felipe II (arriba en un retrato de A. Sánchez Coello, Museo del Prado, Madrid) profundizó los rasgos de sobriedad y severidad que caracterizaron su carácter.

las graves tareas a las que estaba llamado. Cuentan que se le oyó murmurar «jamás he cometido injusticia a sabiendas» después de recibir la Extremaunción; cuando murió sostenía en sus manos el crucifijo que acompañó a su padre, el emperador Carlos V, en idéntico trance.

1527	El 21 de mayo nace en Valladolid **FELIPE II**, hijo de Carlos I de España y de doña Isabel, hija de don Manuel, rey de Portugal.
1538	Muere su madre, circunstancia que le afecta grandemente.
1542	Toma parte personalmente en la defensa de Perpiñán.
1543	Asume la regencia de España. 15 de noviembre: contrae matrimonio con su prima doña María Manuela de Portugal.
1545	Nace su primogénito, Carlos. A los cuatro días muere su esposa.
1554	25 de julio: se casa en Winchester con la reina de Inglaterra, María Tudor.
1555	22 de octubre: Carlos I abdica de su soberanía sobre Flandes en favor de su hijo, y en enero del año siguiente Felipe II asume también las coronas de Castilla y Aragón.
1557	10 de agosto: obtiene la victoria de San Quintín contra los franceses.
1558	Tratado con Francia de Cateau-Cambresis, muy ventajoso para España. Muere María Tudor.
1571	Don Juan de Austria somete a los moriscos de las Alpujarras. 7 de octubre: en la batalla de Lepanto, victoria de los cristianos sobre los turcos.
1581	En abril, las Cortes portuguesas le reconocen como rey.
1588	En agosto un temporal destruye la Armada Invencible.
1598	13 de septiembre: muere en El Escorial.

IVÁN EL TERRIBLE
(1530-1584)

Iván el Terrible gobernó Rusia entre 1533 y 1584, amplió como ninguno de sus antecesores los territorios de su imperio y consolidó el absolutismo zarista, que duraría hasta 1917.

*E*l nombre de Iván el Terrible, uno de los zares más odiados y poderosos nacidos en ese vasto territorio, imprecisamente denominado Rusia, que ocupa aproximadamente una sexta parte de la superficie terrestre del globo, está íntimamente ligado a la ciudad de Moscú y a ese conjunto de determinaciones geográficas y azares históricos que procuraron que durante el siglo XVI la ciudad se convirtiera en una de las capitales más deslumbrantes de Europa. Su abuelo, Iván III el Grande (1462-1505) había convertido en sede del imperio a Moscú, a causa de estar situada en el centro de una red fluvial que ofrecía más seguridad que la estepa y permitía una expansión

en todas las direcciones. Iván III se sintió heredero del vencido Imperio Romano de Oriente y quiso resucitar allí una nueva Constantinopla, la tercera Roma revivida del cristianismo ortodoxo. Bajo su égida, los príncipes moscovitas se deshicieron por fin del tradicional enemigo tártaro, triplicaron sus dominios y adoptaron como enseña real el águila negra y bicéfala bizantina, arrogándose también por primera vez el título de *Tsar*, o sea César, de Todas las Rusias. El primer tsar o zar se casó con Zoe, Sofía Paleólogo, la sobrina del último emperador de Constantinopla, e hizo que el arquitecto renacentista italiano Fioravante levantara en su capital el suntuoso Palacio de las Facetas, primera residencia de piedra que tuvo un gobernante de aquel territorio hasta entonces semibárbaro.

La conjura de los boyardos

La ahora codiciada capital de Todas las Rusias se había erigido a despecho de los nobles o boyardos, ricos terratenientes, dueños absolutos de enormes extensiones de tierra que, a diferencia de lo que era habitual en el sistema feudal establecido en otros países europeos, no eran vasallos ni tributarios del príncipe de Moscú sino completamente independientes. Aunque Iván III había tratado de gobernar con el consejo de los boyardos, su progresivo endiosamiento no podía menos que irritar a los nobles, relegados a un papel secundario, y provocar toda suerte de querellas e intrigas.

En la corte moscovita, rodeado por este malsano ambiente, nació el que sería Iván IV, hijo del emperador Basilio III y de Elena Glinski. Iván IV sería primero apodado *Grozny*, o sea «el Temido», y después, sañudamente, «el Terrible». Tras el fallecimiento de su padre, acaecido cuando el muchacho sólo contaba tres años, Iván le sucedió en el trono, pero habida cuenta de su corta edad asumió la regencia su madre, apoyada por un consejo de boyardos. Sólo tenía ocho años cuando Elena apareció envenenada como consecuencia de una triunfante conspiración de sus infieles allegados; a renglón seguido se desató una caótica lucha por el poder protagonizada por las más nobles y poderosas familias rusas, cruel batalla que estuvo sembrada de numerosos encarcelamientos, forzados destierros e innumerables muertes violentas. Desde su más tierna infancia, sometido a las burlas despiadadas y constantes de los boyardos, sucesivamente rehén de los Glinski, los Bilski y los Shuiski, Iván dio pruebas de un carácter violento y cruel. Gustaba de subir a la muralla del Kremlin y arrojar gatos desde lo alto, para divertirse más tarde observando los despojos de los animales destrozados.

Rememorando de adulto las tropelías cometidas por los boyardos cuando era niño, Iván afirma: «Mataron a los amigos de mi padre. Se apoderaron de las casas, de las aldeas y de las tierras de mi tío. Nos trataron como a extraños, como a pordioseros. Íbamos mal vestidos, pasábamos frío y, a menudo, hambre.»

Pero ya a los trece años dio muestras de que no soportaría eternamente esta postergación. A esa edad un ilustre boyardo se llegó una noche a su habitación para escarnecerlo. Se tumbó sobre el lecho donde había muerto el padre de Iván, puso los pies sobre la almohada y se despachó a su sabor en hirientes insultos y groseras baladronadas. Ante aquel atropello poco podía hacer el muchacho en ese momento, pero su instinto le decía que debía comenzar lo antes posible a ejercer sus privilegios como príncipe y, al día siguiente, durante la asamblea de los boyardos, levantó la mano y exigió silencio. Aunque su gesto firme y severo no logró acallar todas las risitas y befas, sí obtuvo en aquella ocasión que se ejecutara su implacable orden: mandó a sus servidores que apresaran al ofensor y lo arrojaran a los perros lobos. La orden fue cumplida y el muchacho pudo contemplar cómo la jauría despedazaba el cuerpo de su enemigo.

"Mataron a los amigos de mi padre. Se apoderaron de las casas, de las aldeas y de las tierras de mi tío. Nos trataron como a extraños..." solía recordar Iván IV aludiendo a los boyardos, una embajada de los cuales envió, en 1576, a la Dieta de Ratisbona. Abajo, reproducción de un grabado ruso de los embajadores boyardos.

El zar enamorado

Cuando en 1547 el joven de diecisiete años Iván Vasílievich, esto es, hijo de Basilio, se convirtió en Iván IV, zar de Todas las Rusias, decidió que debía hallar prontamente esposa. Para ello cursó una carta a todos los nobles de Rusia a que se presentaran inmediatamente junto con todas sus hijas casaderas, amenazándolos con que perderían su favor si alguno se atrevía a ocultarle a cualquiera de ellas. De entre setecientas doncellas que llegaron al Kremlin, Iván eligió para sí a la hermosa joven Anastasia Romanova. Contra toda expectativa, Iván disfrutó con Anastasia de la mayor felicidad, hasta el punto de que sólo tras su muerte, sucedida trece años después, se desató la cólera furiosa del tirano resentido.

Ello no quiere decir que aplazase lo más mínimo su combate frontal contra los boyardos, sino únicamente que hasta entonces la batalla no se había librado en toda su espectacular crueldad. Al principio se limitó a tratar de ganar al pueblo como peón útil que podría ir socavando el poder de la aristocracia, al tiempo que exigía a los terratenientes que pusieran a su disposición guerreros completamente armados, aboliendo de esa manera su privilegio de no tener que prestar ningún servicio militar al zar. Así mismo aumentó el número de la pequeña nobleza favorecida directamente por él, y por ende a su servicio, y reunió en su derredor un notable ejército, los *strelsty*, de su absoluta confianza.

Cuando su amada esposa Anastasia murió en 1560, Iván quedó persuadido de que que había sido envenenada. Poco después, uno de sus mejores amigos y consejeros, el príncipe Kurbski, desertó y se pasó al servicio del rey de Polonia, incrementando hasta un punto intolerable el dolor, el miedo y la soledad del zar. Inopinadamente, en 1564 el zar, tras cargar en sus trineos todos los tesoros del Kremlin, se retiró a una población próxima, la villa de Alexandrovskoie, y desde allí lanzó su ultimátum al pueblo ruso, amenazando con abdicar a causa de las persistentes traiciones de los boyardos. Aterrorizados, los moscovitas enviaron sin dilación a unos comisionados para que el zar declinara su actitud, a lo cual accedió

Iván imponiendo una sola pero decisiva condición, con la que se inauguraría un auténtico reino de terror: acabar con los boyardos por todos los medios a su alcance.

La venganza y la locura

Para conseguir su objetivo último de destrucción completa de la nobleza como clase política se valió de dos armas. La primera consistió en una provocación estratégica, pues dividir el país, como lo hizo, en dos regiones, una bajo su férula y otra bajo el control de los boyardos, era tanto como una abierta invitación a la guerra civil. La segunda fue contar con el concurso de una tropa fiel, al principio de mil hombres pero que llegaría a contar con seis mil, siniestramente uniformada de negro y portando un distintivo con una cabeza de perro y una escoba. La cabeza del animal simbolizaba la lealtad perruna que exigía a sus hombres y el instrumento doméstico su fanática decisión de barrer a los traidores del suelo ruso.

De ese modo comenzó una espantosa carnicería en la que los niños vieron a sus padres descuartizados delante de su puerta y los maridos fueron obligados a sentarse a la mesa con sus esposas asesinadas, sobre cuyos cadáveres pesaba la prohibición de ser enterrados. Durante siete años se sucedieron las tropelías, los allanamientos de morada, las confiscaciones, la arbitraria repartición de las haciendas entre los fieles seguidores de Iván. La furia del zar era tan irrefrenable y paranoica que, en un acceso de locura, dio muerte a su propio hijo. Disfrutaba asistiendo a las numerosas ejecuciones e imaginando nuevas torturas, que no tardaba en hacer llevar a la práctica. Cuando el Pope de la Iglesia moscovita osó denunciar los desmanes fue secuestrado, deportado a un pequeño monasterio de las afueras y estrangulado. Como consecuencia de esta sanguinaria ostentación de poder, Iván obtuvo una completa victoria sobre sus enemigos, sustituyendo la antigua nobleza hostil por una nueva dominada a plena satisfacción por el zar. No obstante, también fruto de esta brutal actitud se desató una grave crisis social y política y, a la muerte del implacable Iván, Rusia quedó al borde de un colapso que duró casi cien años.

Figura controvertida y contradictoria, piadosa en materia de religión y sin ningún escrúpulo en sus ambiciones públicas, Iván fue un zar odioso para muchos, pero también, curiosamente, el más amado por el pueblo. Amplió como ningún otro el territorio ruso, sentó las bases del omnipotente zarismo que no sería abolido hasta la Revolución de Octubre de 1917 y, aun con todo, los historiadores soviéticos lo enaltecen como un auténtico héroe nacional. El propio cineasta S. M. Eisenstein relató su epopeya en un gran film titulado *Iván Grozny* (1943-1945), cuya segunda parte sin embargo fue prohibida por Stalin y no autorizada hasta 1958, impidiéndosele así mismo realizar la tercera parte proyectada. La causa argüida por los responsables comunistas de la censura de la URSS fue el carácter vacilante, íntimamente dramático, con que el genial Eisenstein retrató al extraño, enfebrecido y megalómano compatriota que se carteaba con Isabel I de Inglaterra y que incluso llegó a pedir su mano, aunque la prudente reina rehusó cortésmente. No hubiera sido éste el único caso en que una sola palabra de la Reina Virgen habría cambiado el curso de la historia.

Al morir su amada Anastasia, Iván IV desencadenó su odio contra los boyardos (arriba noble boyardo posando junto al zar), que acabó con el exterminio de éstos y su reemplazo por la nueva nobleza de los oprichtniks.

1530	Nace **IVÁN EL TERRIBLE**.
1533	A la muerte de su padre Basilio III se convierte en zar de Rusia.
1538	Fallece su madre Elena Glinski.
1547	Inaugura su reino personal. Se casa con Anastasia Romanova.
1551	Hace codificar en el *Sudiébnik* las ordenanzas de sus predecesores.
1552	Destruye el janato musulmán de Kazán.
1554	Conquista Astraján.
1560	Muere la princesa Anastasia.
1564	Huida a Lituania del gran boyardo Iván Kurbski. Retiro en la villa de Alexandrovskoie. Comienzo del período del terror.
1570	Iván destruye parcialmente Nóvgorod.
1581	Asesina a su primogénito en un arrebato de cólera.
1583	Entrega la región de Nerva al rey de Suecia y renuncia a abrir Rusia al mar Báltico.
1584	Fallece Iván Grozny o el Temido, según era conocido en su época.

ISABEL I DE INGLATERRA
(1533-1603)

El reinado de esta mujer excepcional, hija de Enrique VIII y prototipo del monarca autoritario del Quinientos, tiene un interés histórico de primera magnitud por cuanto fue fundamento de la grandeza de Inglaterra y sentó las bases de la preponderancia británica en Europa, que alcanzaría su cenit en los siglos XVIII y XIX. Pero la protagonista de esta edad de oro, que conocemos con el nombre de «era isabelina», se destaca ante nosotros por su no menos singular vida privada, plena de enigmas, momentos dramáticos, peligros y extravagancias. Isabel I, soberana de un carácter y un talento arrolladores, sintió una aversión casi patológica por el matrimonio y quiso ser recordada como la «Reina Virgen», aunque de sus múltiples virtudes fuese la virginidad la única absolutamente cuestionable.

La hija de Ana Bolena

Tras repudiar a la primera de sus seis esposas, la devota española Catalina de Aragón, Enrique VIII de Inglaterra contrajo matrimonio con su amante, la altiva y ambiciosa Ana Bolena, que se hallaba en avanzado estado de gestación. Este esperado vástago, debía resolver el problema derivado de la falta de descendencia masculina del monarca, a quien Catalina sólo había dado una hija, María Tudor. Aunque el nuevo matrimonio no había sido reconocido por la Iglesia de Roma y Enrique VIII acababa de ser excomulgado por su pecaminosa rebeldía, el próximo y ansiado alumbramiento del príncipe llenó de alegría todos los corazones y el del rey en primer lugar. Sólo faltaba que la soberana cumpliera con su misión pariendo un hijo vivo y sano que habría de llamarse Enrique, como su padre. El 7 de sep-

tiembre de 1533 se produjo el feliz acontecimiento, pero Ana Bolena cometió un error biológico imperdonable dando a luz una hija, la futura Isabel I de Inglaterra.

El monarca sufrió una terrible decepción. El hecho de haber alumbrado una hembra debilitó considerablemente la situación de la reina, más aún cuando el desencantado padre se vio obligado a romper definitivamente con Roma y a declarar la independencia de la Iglesia Anglicana, todo por un príncipe que nunca había sido concebido. Cuando dos años después Ana parió un hijo muerto, su destino quedó sellado: fue acusada de adulterio, sometida a juicio y decapitada a la edad de veintinueve años. Su hija fue declarada bastarda y quedó en la misma situación que su hermanastra María, diecisiete años mayor que ella, desposeída de sus legítimos derechos hereditarios al trono de Inglaterra.

Ana Bolena fue sustituida en el tálamo y el trono por la dulce Juana Seymour, la única esposa de Enrique VIII que le dio un heredero varón, el futuro rey Eduardo VI. Muerta Juana, la esperpéntica Ana de Cleves y la frívola Catalina Howard ciñeron sucesivamente la corona, siendo por fin relevadas por una dama, dos veces viuda a los treinta años, que iba a ser para el decrépito monarca, ya en la última etapa de su vida, más enfermera que esposa: la amable y bondadosa Catalina Parr. En 1543, poco antes de la sexta boda del rey, los decretos de bastardía de María e Isabel fueron revocados y ambas fueron llamadas a la corte; los deseos de Catalina tenían para el viejo soberano rango de ley y ella deseaba que aquellas niñas, hijas al fin y al cabo de su marido y por lo tanto responsabilidad suya, estuviesen en su compañía.

En los brazos de Thomas Seymour

Isabel tenía diez años cuando regresó a Greenwich, donde había nacido y estaba instalada la corte. Era una hermosa niña, despierta, pelirroja como todos los Tudor y esbelta como Ana Bolena. La reina Catalina fue para ella como una madre hasta la muerte de Enrique VIII, quien antes de expirar dispuso oficialmente el orden sucesorio: primero Eduardo, su heredero varón; después María, la hija de Catalina de Aragón; por último Isabel, hija de su segunda esposa. Catalina Parr mandó apresurar los funerales y quince días después se casó con Thomas Seymour, hermano de la finada reina Juana, a cuyo amor había renunciado tres años atrás ante la llamada del deber y de la realeza. Esta precipitada boda con Seymour, reputado seductor, fue la primera y la única insensatez cometida por la prudente y discreta Catalina a lo largo de toda su vida.

Thomas Seymour ambicionaba ser rey y había estudiado detalladamente todas sus posibilidades. Para él, Catalina no era más que un trampolín hacia el trono. Puesto que Eduardo VI era un muchacho enfermizo y su inmediata heredera, María Tudor, presentaba también una salud delicada, se propuso seducir a la joven Isabel, cuyo vigor presagiaba una larga vida y cuya cabeza parecía la más firme candidata a ceñir la corona en un próximo futuro. Las dulces palabras, los besos y las caricias aparentemente paternales no tardaron en enamorar a Isabel; cierto día, la propia Catalina sorprendió abrazados a su esposo y a su hijastra; la princesa fue confinada en Hatfield, al norte de Londres, y las sensuales familiaridades del libertino comenzaron a circular por boca de los cortesanos.

Catalina Parr murió en septiembre de 1548 y los ingleses empezaron a preguntarse si no habría sido «ayudada» a viajar al otro mundo por su infiel esposo, que no tardó en ser acusado de «mantener relaciones con Su Gracia la princesa Isabel» y de «conspirar para casarse con ella, puesto que, como hermana de Su Majestad Eduardo, tenía posibilidades de sucederle en el trono». El proceso subsiguiente dio con los hue-

El reinado de Isabel I de Inglaterra (arriba en una imagen de la época) significó el principio de la preponderancia europea de Inglaterra. La hija de Enrique VIII y Ana Bolena fue una mujer cuya inteligencia política y fuerte personalidad dieron a su país una era de esplendor: la "isabelina".

sos de Seymour en la lóbrega Torre de Londres, antesala para una breve pero definitiva visita al cadalso; la quinceañera princesa, caída en desgracia y a punto de seguir los pasos de su ambicioso enamorado, se defendió con insólita energía de las calumnias que la acusaban de llevar en las entrañas un hijo de Seymour y, haciendo gala de un regio orgullo y de una inteligencia muy superior a sus años, salió incólume del escándalo. El 20 de marzo de 1549, la cabeza de Thomas Seymour fue separada de su cuerpo por el verdugo; al saberlo, la precoz Isabel se limitó a decir fríamente: «Ha muerto un hombre de mucho ingenio y poco juicio.»

Esposa del reino

Por primera vez se había mostrado una cualidad que la futura reina conservó durante toda su existencia: un talento excepcional para hacer frente a los problemas y salir airosa de las situaciones más comprometidas. Si bien su aversión por el matrimonio pareció originarse en el trágico episodio de Seymour, Isabel aprendió también a raíz del suceso el arte del rápido contraataque y el inteligente disimulo, esenciales para sobrevivir en aquellos días turbulentos. Fue así, alternando prudencia y audacia, como, tras la muerte de Eduardo VI en 1553, consiguió conservar la cabeza sobre los hombros durante el reinado de su hermanastra, convencida católica que pretendió restaurar la fe de su madre y llegó a acusar a Isabel, esperanza de los protestantes, de aliarse con los elementos anticatólicos. Isabel fue encerrada en la Torre, pero declaró públicamente su lealtad a María y logró sortear el peligro hasta la muerte de la reina, acaecida en 1558.

Al ser entronizada, Isabel contaba veinticinco años. Tenía la tez muy blanca, los ojos pequeños y vivos y el rostro anguloso, más atractivo que bello. Estaba orgullosa de su cabellera roja y de sus manos largas y finas, pero detestaba el tono masculino de su voz y sus dientes irregulares. Todos sus biógrafos coinciden en señalar que lo más fascinante en ella no eran sus atractivos femeninos, sino su poderosa personalidad. Isabel

aborrecía todo cuanto semejase a una influencia o un dominio sobre ella. No tenía el menor deseo de renunciar a su independencia, le repugnaba el matrimonio y sabía que un sucesor no tardaba en convertirse en un enemigo. Por eso, cuando la Cámara de los Comunes le suplicó que se casara «para asegurar el incierto porvenir de la dinastía, falta de herederos ingleses», Isabel respondió sin titubear que ya se había unido a un esposo, el reino de Inglaterra, y que todos y cada uno de sus súbditos eran sus hijos.

Isabel I gobernó personalmente, pero supo rodearse de un magnífico equipo de consejeros y colaboradores. Como se ha apuntado, su principal logro fue cimentar la economía inglesa, asentándola en la potenciación de la marina y el comercio, al tiempo que impulsaba la existencia de un campesinado libre y mitigaba la miseria de las clases populares. En el delicado terreno religioso, Isabel era heredera de la tradición anglicana inaugurada por su padre y se inclinó por favorecer una Iglesia que estuviese sometida a la corona, lo que la llevó a restaurar el culto protestante y a enfrentarse a la reacción católica, encabezada en el interior por la escocesa María Estuardo y en el exterior por el rey de España Felipe II, viudo de María Tudor. A la primera, tras mantenerla encerrada durante diecisiete años, la hizo decapitar en 1587, lo que provocó la airada reacción del soberano español.

Una momia descarnada

La rivalidad entre Isabel y Felipe no era sólo por cuestiones religiosas. Por pintoresco que parezca, el devotísimo soberano se había planteado la posibilidad de casarse con aquella soltera empedernida, no por amor, por supuesto, sino «para combatir la herejía en su mismo centro y por el bien de la fe católica». Pero luego el enfrentamiento se había trasladado al ámbito colonial, cuando Isabel autorizó oficialmente las piraterías de Drake, Hawkins y otros corsarios, que desvalijaron sin miramientos las naves hispanas cargadas de oro en ruta por el Atlántico. El asesinato de María Estuardo fue la gota que colmó la paciencia de Felipe II: erigido en vengador, fletó la Armada Invencible con el fin de invadir de una vez por todas Inglaterra, llamada la «pérfida Albión». Como es sabido, la gran flota sucumbió víctima de los barcos ingleses y los temporales, y una vez más Isabel sorteó airosa un peligroso trance, posiblemente el más difícil de su reinado.

Mucho antes de su muerte, Isabel expresó su deseo de que en su tumba se grabase el siguiente epitafio: «Aquí yace Îsabel, que reinó virgen y murió virgen». Tal alarde, a pesar del empeño regio, fue puesto en duda por sus contemporáneos. Calificada por unos de frígida, por otros de homosexual y por no pocos de erotómana, no hay duda de que la reina «jugó al amor sin quemarse», según el eufemismo de uno de sus supuestos amantes, con una nutrida nómina de apuestos caballeros, entre los que destacan Robert Dudley, conde de Leicester, y Robert Devereux, conde de Essex, el último favorito de la Reina Virgen. Si estos amores fueron algo más que platónicos es algo que pertenecerá siempre a los secretos de alcoba de la soberana inglesa.

Hacia el año 1598, Isabel parecía, según expresión de un mordaz cortesano, «una momia descarnada y cubierta de joyas». Calva, marchita y grotesca, pretendía ser aún para sus súbditos la encarnación de la virtud, la justicia y la belleza perfectas. Poco a poco fue hundiéndose en las sombras que preludian la muerte. La agonía fue patética. Aunque su cuerpo se cubrió de úlceras, continuó ordenando que la vistieran lujosamente y la adornaran con sus ostentosas joyas, y no dejó de sonreír mostrando sus descarnadas encías cada vez que un cortesano ambicioso y adulador la galanteaba con un mal disimulado rictus de asco en sus labios.

No prosigamos: las miserias de la decrepitud no degradan a quien las padece sino a quienes las contemplan sin respeto. Isabel murió el 24 de marzo de 1603, después de designar como sucesor a Jacobo I, hijo de María Estuardo.

Su último gesto fue colocar sobre su pecho la mano en que lucía el anillo de la coronación, testimonio de la unión, más fuerte que el matrimonio, de la Reina Virgen con su reino y con su amado pueblo.

1533	7 de septiembre: nace en el palacio de Greenwich la futura **ISABEL I.**
1536	Su madre, Ana Bolena, es ejecutada. Isabel es declarada hija bastarda.
1543	Enrique VIII reconoce sus derechos sucesorios.
1547	Fallece Enrique VIII.
1548	Relaciones con Thomas Seymour, esposo de Catalina Parr.
1553	Muere el rey Eduardo VI.
1555	Es acusada de conspiración anticatólica por María I Tudor y encerrada en la Torre de Londres.
1558	Es coronada reina de Inglaterra tras la muerte de María.
1559	Mantiene relaciones con Robert Dudley, conde de Leicester.
1561	Afronta la crisis religiosa derivada de la reacción católica.
1587	Ordena decapitar a María Estuardo.
1588	Rechaza a la Armada Invencible, enviada por Felipe II de España para invadir Inglaterra.
1595	Entabla relaciones con Robert Devereux, conde de Essex.
1596	Saqueo de Cádiz por el conde de Essex.
1603	24 de marzo: fallece en Richmond.

GARCILASO DE LA VEGA, *EL INCA*
(1539-1616)

El Inca Garcilaso no fue un conquistador. Su fama la ganó con la pluma, y su mérito principal consistió en saber aunar tanto en sus obras como en su vida el ser español y el ser indígena, consiguiendo con ello dar una dimensión distinta a la cultura nacida de la colonización. Nunca olvidó su origen peruano ni sus raíces incas, reivindicó su naturaleza mestiza y contribuyó decisivamente a disipar los prejuicios raciales de los habitantes de la metrópoli española, esgrimiendo siempre las armas de la razón y el convencimiento. A lo largo de su existencia solitaria y austera, su principal objetivo fue comprenderse a sí mismo y hacer comprender a los demás el significado de su tez, ni blanca ni completamente cobriza, para que después de él los indios mestizos gozasen para siempre de un lugar bajo el sol de la corona española.

De Cuzco a Montilla

El 12 de abril de 1539 vino al mundo en la ciudad de Cuzco quien estaba llamado a ser el más célebre autor del clasicismo peruano. Era su padre el capitán español Sebastián Garcilaso de la Vega Vargas, compañero de armas y amigo de Pizarro, y su madre la princesa inca Chimpu Ocllo, quien al ser bautizada había cambiado su nombre genuino por el de Isabel Suárez. El niño, nacido fuera del matrimonio, fue llamado Gómez Suárez de Figueroa y pasó su infancia con su madre; no hay duda, pues, de que sus primeros balbuceos y sus primeras palabras fueron pronunciadas en lengua quechua, pues Chimpu Ocllo nunca supo otro idioma. En 1552, su padre casó con Luisa Martel de los Ríos y su madre con el mercader Juan de Pedroche, decidiéndose que el muchacho viviese con el capitán y su madrastra. Fue entonces cuando dio comienzo su educación castella-

na, que se prolongó por espacio de siete años; Juan de Alcobaza y Juan de Cuéllar fueron los maestros de aquel mestizo aplicado y brillante, el primero que compondría obras en castellano y conseguiría editarlas en España.

El joven Gómez Suárez tenía veinte años cuando, tras el fallecimiento de su padre, decidió dar por concluida su etapa cuzqueña y viajar a España. De Cartagena de Indias pasó a Lisboa y de allí a Sevilla, para establecerse al fin en la ciudad cordobesa de Montilla. En este lugar conoció al que sería hasta su muerte su protector y mecenas, su tío Alonso de Vargas. Don Alonso no sólo enseñó a su sobrino muchas cosas sobre la patria de sus ancestros paternos, sino que le apoyó moral y económicamente y le convenció para que cambiase su nombre por el de Garcilaso de la Vega. El joven, que no deseaba renunciar a sus raíces indias, siempre lo acompañará con el apelativo de *Inca* en honor a su madre. A finales de 1561, Garcilaso de la Vega, *el Inca*, se dirigió a Madrid con la pretensión de que se reconocieran en la corte los servicios prestados por su padre en América y obtener así las mercedes reales que creía le correspondían como hijo de un conquistador. Todas sus gestiones fueron vanas y *el Inca* se dispuso a seguir, como su padre, la carrera de las armas.

Vocación literaria

En 1588, Garcilaso se trasladó a la ciudad de Córdoba y resolvió entregarse a su vocación literaria, un impulso que había sentido desde su viaje a España pero que las circunstancias no le habían permitido materializar hasta que la muerte de su tío Alonso le proporcionó una situación económica más segura. Su ingreso en la república de las letras se produjo con una excelente traducción de los *Diálogos de Amor* de León Hebreo, publicada en 1590. Posteriormente acometió la redacción de la historia de *La Florida*, obra en la que narra la expedición realizada a aquella península por Hernando de Soto en 1539; en ella *el Inca* describe como si de un libro de caballería se tratara las peripecias de los españoles, declarando que su propósito es lograr que no caigan en el olvido «obras tan heroicas» y colaborar para que «en aquella tierra tan larga y ancha se extienda la religión cristiana». Pero el trabajo más importante de Garcilaso de la Vega son sin duda sus *Comentarios Reales*, crónica del reinado de los reyes incas dividida en dos partes: la primera, publicada en Lisboa en 1606, trata de los orígenes, soberanía y costumbres de los incas, y la segunda, titulada *Historia General del Perú*, relata el proceso de descubrimiento, conquista y guerras civiles ocurrido en tierras peruanas. En esta obra, considerada por la crítica moderna no demasiado fiable desde el punto de vista de la objetividad histórica, *el Inca* alcanza su madurez como escritor y desarrolla su principal objetivo: la reivindicación del mestizaje y la unión de la cultura renacentista europea con la autóctona americana.

Garcilaso de la Vega, el Inca, *según un retrato de Francisco González Gamarra. Escuela de Bellas Artes de Lima, Perú.*

1539	Nace en Cuzco, el día 12 de abril, Gómez Suárez de Figueroa, que se hará llamar **GARCILASO DE LA VEGA, EL INCA.**
1552	Su padre contrae matrimonio con Luisa Martel de los Ríos. *El Inca* es separado de su madre.
1560	Pasa a España y cambia su nombre por el de Garcilaso de la Vega, al que añade el apelativo de *Inca*.
1561	Se establece en Montilla (Córdoba).
1562	Intenta infructuosamente que se reconozcan los servicios prestados por su padre como conquistador.
1569	Como capitán del ejército, interviene en la guerra de las Alpujarras contra los moriscos.
1590	Se imprime su traducción de los *Diálogos de Amor* de León Hebreo.
1605	Se publica en Lisboa la primera parte de los *Comentarios Reales*.
1612	Adquiere en la mezquita-catedral de Córdoba la capilla de las Ánimas.
1616	Fallece en Córdoba el día 24 de abril.
1617	Publicación póstuma de la segunda parte de los *Comentarios Reales*, titulada *Historia General del Perú*.

FRANCIS DRAKE
(h. *1543-1596*)

Francis Drake (arriba, en un grabado francés del siglo XVI) fue una figura clave en las luchas que enfrentaron a la España de Felipe II y la Inglaterra de Isabel I.

A principios de 1568, John Hawkins, conspicuo mercader de esclavos, se encuentra como de costumbre en el Caribe y recala en Santa Marta, Cartagena y Santo Domingo para abastecerlas de carne trabajadora. Pero cuando regresa con las arcas bien repletas, un huracán le desarbola algunas naves. Ha de arribar a puerto forzosamente y es en el de Veracruz donde se refugia la escuadra del contrabandista, fondeando sus barcos junto al castillo de San Juan de Ulúa.

En éstas están cuando aparecen tres naves del virrey español de México. La situación se tensa, el virrey exige explicaciones y Hawkins haciendo uso de su dialéctica parece haber convencido a los españoles. Súbitamente éstos desencadenan un ataque y Hawkins y los ingleses se dan a la fuga perdiendo la nave capitana, una carabela y tres naves más. Uno de sus lugartenientes, pariente suyo, ha escapado como alma que lleva el

diablo al oír el sálvese quien pueda. Se llama Francis Drake y desde aquella acción no descansará en sus deseos de revancha contra los españoles, pues, como tantas veces repetiría, «España me debe mucho dinero...»

Un perro de presa

Tras la desbandada de San Juan de Ulúa, Drake pasa dos años rumiando su venganza. No se sabe con certeza la fecha de su nacimiento, aunque se acepta el año de 1543 propuesto por sus biógrafos. Sí es conocido el lugar: Crowndale, en el condado de Devon. De familia pobre, su padre era un antiguo marino reconvertido a granjero, ferviente protestante y hombre de principios. De él heredó Francis el ardor anglicano y el amor al mar. No tenía aún veinticinco años cuando participó en el tercer viaje de John Hawkins, primero como oficial y luego como capitán del *Judith*, un navío de cincuenta toneladas, atacado por los españoles frente a San Juan de Ulúa.

Enriquecido y héroe

Madurada su venganza, Drake zarpa del puerto de Plymouth con el *Swan* y el *Pasco* y en mayo de 1572 aparece en aguas del Caribe. Desembarca en la costa panameña y se dispone a atacar la plaza. Pero la suerte no le sonríe: herido en los primeros momentos de la refriega, se ve obligado a retirarse, no sin antes caer sobre un convoy español que transporta por tierra firme grandes cantidades de oro y plata del Potosí.

La fama y el dinero lo impulsan a preparar un segundo viaje durante tres años. Son dispuestas cinco naves y reclutados los marineros, pero, debido al mal tiempo, naufragan dos barcos. Durante el difícil paso del estrecho de Magallanes los sorprende una furiosa tempestad, y sólo el *Golden Hind*, con Drake a bordo, puede continuar.

Tras saquear Valparaíso, Drake navega hacia el norte y cerca de Quito avista al *Nuestra Señora de la Concepción*, más conocido como «Cacafuego», un galeón español cuyas bodegas encierran un tesoro. El asalto se produce con éxito y Drake, embriagado con sus hazañas, se atreve a regresar a Inglaterra cruzando el Pacífico y dando la vuelta a la Tierra. Cuando en febrero de 1580 llega a su patria, es festejado como un héroe. Ha sido el primer inglés en circunnavegar el planeta y su expedición ha reportado unos beneficios del 1.400 por cien sobre el capital invertido.

Al servicio de Su Majestad

Drake es hecho caballero y se convierte en un capitán venerado por todos. Cuando zarpa para su tercer viaje lleva treinta naves y dos mil trescientos hombres. Saquea e incendia Santo Domingo, Riohacha y Cartagena de Indias, pero se ve obligado a regresar porque la confrontación directa entre Felipe II, e Isabel I se ha hecho inevitable. En mayo de 1588 zarpa del litoral español una gran flota cuyo aparente poderío fue la causa de que fuera llamada la «Armada Invencible». Drake se incorpora al selecto grupo de *sea-dogs*, lobos de mar, que va a dirigir las fuerzas inglesas y se da cuenta de que los galeones españoles poco van a poder contra los rápidos veleros ingleses, mejor artillados y más maniobrables. El choque se produce a finales de julio y Drake es uno de los jefes que se destaca. Fue un golpe de muerte para la potencia naval española, pues la flota perdió gran parte de los barcos.

La muerte del pirata

Su Majestad la Reina, satisfecha por los servicios prestados le asignó en 1595 una nueva misión, esta vez en compañía del ya anciano John Hawkins. Se trataba de atacar San Juan de Puerto Rico para apoderarse de los tesoros que encerraba. Ante una serie de circunstancias adversas, Drake fue muy pronto consciente de que la expedición no había sido bien preparada y se dispuso a asaltar Las Palmas de Gran Canaria, pero una escuadra española le cerró el paso y no tuvo más remedio que continuar hacia el Caribe. Una vez allí, Drake rodea Puerto Rico, pero el ataque de los corsarios fracasa y Hawkins perece en el cañoneo. Drake recorre la costa en busca de ciudades en las que entrar a saco, pero la suerte parece haberlo abandonado. La expedición está sentenciada y Drake cae enfermo de disentería. El dragón de los mares finaliza sus días en su escenario, el Caribe, el 28 de enero de 1596.

h. 1543	Nace **FRANCIS DRAKE** en Crowndale, condado de Devonshire, Inglaterra.
1566	Primer viaje con su pariente John Hawkins, traficante de esclavos.
1568	La flota de Hawkins, desbatarada por los españoles en San Juan de Ulúa.
1572	Incursión en el istmo de Panamá.
1578	Drake aborda con éxito el «Cacafuego» y consigue un importantísimo botín.
1580	Triunfal regreso a Inglaterra después de dar la vuelta al mundo.
1585	Incursión en las posesiones hispanas del Caribe.
1587	Ataque a Cádiz.
1588	Drake es uno de los capitanes ingleses que derrotan a la Armada Invencible española.
1589	Expedición fracasada a Lisboa.
1595	Expedición fracasada contra Puerto Rico y Panamá.
1596	28 de enero: navegando rumbo a Honduras muere de disentería.

MIGUEL DE CERVANTES
(1547-1616)

Miguel de Cervantes concibió con Don Quijote de la Mancha *el más bello libro de la literatura universal. Arriba, supuesto retrato atribuido a Juan de Jáuregui (Academia de la Lengua, Madrid).*

*L*a ciudad de Alcalá de Henares está situada en el centro de la península Ibérica, en la meseta de Castilla la Nueva, llamada durante mucho tiempo así por ser una región trufada de castillos y porque había sido el último territorio arrebatado a los moros de aquella llanura fatigada ora por un sol sin paliativos ora por la nieve lenta o estremecida por el cierzo. En ella y en una fecha inconcreta del año 1547, probablemente beneficiado por la clemencia del otoño, bajo un cielo añil, daba las primeras bocanadas de aire fino el conspicuo poeta castellano que, algunas décadas después, escribiría este hermoso endecasílabo:

«libre nací y en libertad me fundo». Cuarto hijo de un cirujano sordo y sin posibles llamado Rodrigo de Cervantes y de su esposa doña Leonor de Cortinas, fue bautizado el 9 de octubre en la medieval iglesia de Santa María la Mayor, pero pronto pasó a Valladolid donde su padre ejercía su oficio, poco más lucido que el de sangrador o barbero, acaso en el Hospital de la Resurrección, escenario de las fantasías de la niñez evocado por el escritor en la obra *El coloquio de perros*.

Es probable que estudiara Miguel en el colegio de la Compañía de Jesús en Sevilla o en Salamanca, y es seguro que fue discípulo en Madrid del maestro de humanidades Juan López de Hoyos, aunque este «ingenio lego», en feliz expresión de Tamayo de Vargas, aprendió más en las adversidades de la vida que en la familiaridad con los libros. Por los azares de la pobreza que atenazaba a su familia y que lo perseguiría tercamente hasta el fin de sus días residió en diversas ciudades españolas y viajó en su juventud a Italia con el séquito del cardenal Acquaviva, admirándose de las bellezas renacentistas de Florencia, Milán, Palermo, Venecia, Parma, Ferrara y Roma. En la ciudad del Vaticano se alistó como soldado a las órdenes de Diego de Urbino y, en 1571, participó heroicamente en aquella gloriosa batalla naval en la que don Juan de Austria demostró que los turcos no eran invencibles en el mar y que se trabó en el golfo de Lepanto.

El caballero de la dulce herida

Allí se produjo el último gran encontronazo entre barcos de guerra resuelto por la técnica del abordaje y en aquella lid jugó un papel menos decisivo la artillería que el arrojo de los hombres, enfrentados cuerpo a cuerpo sobre las cubiertas en medio del rebullir y entrechocar de armas blancas, los aullidos de los heridos, las arengas de los capitanes y las explosiones de los arcabuces. Ese día, un 7 de octubre, hallábase el soldado Miguel de Cervantes enfermo a bordo de *La Marquesa*, una de las 208 galeras españolas. Abatido como estaba por la fiebre, los amigos y el propio capitán le recomendaron que permaneciese en la cámara, pero el ardoroso joven protestaba que más quería ser muerto en combate por su Dios y por su rey que permanecer a resguardo. Y así, cuando se entabló la lucha, dio muestras de singular temeridad hasta que recibió un arcabuzazo en el pecho y otro en la mano izquierda que le dejó manco para siempre.

El benemérito soldado, que se describiría a sí mismo muchos años después, en 1613, en el prólogo de las *Novelas ejemplares*, se muestra en dicho autorretrato orgulloso de su nobilísima herida: «Este que veis aquí de rostro aguileño, de cabello castaño, frente lisa y desembarazada, de alegres ojos y de nariz corva, aunque bien proporcionada, las barbas de plata, que no ha veinte años que fueron de oro, los bigotes grandes, la boca pequeña, los dientes ni menudos ni crecidos, porque no tiene sino seis, y esos mal acondicionados y peor puestos, porque no tienen correspondencia los unos con los otros; el cuerpo entre dos extremos, ni grande ni pequeño, la color viva, antes blanca que morena; algo cargado de espaldas, y no muy ligero de pies. Este, digo, que es el rostro del autor de *La Galatea* y de *Don Quijote de la Mancha*, y de otras obras que andan por ahí descarriadas y quizás sin el nombre de su dueño, llámase comúnmente Miguel de Cervantes Saavedra. Fue soldado muchos años, y cinco y medio cautivo, donde aprendió a tener paciencia en las adversidades. Perdió en la batalla de Lepanto la mano izquierda de un arcabuzazo, herida que, aunque parece fea, él la tiene por hermosa, por haberla cobrado en la más memorable y alta ocasión que vieron los pasados si-

El 7 de octubre de 1571, la flota española mandada por don Juan de Austria, en la que iba Cervantes como soldado, libró en el golfo de Lepanto, contra una poderosa escuadra turca, la batalla (abajo, en un mural del siglo XVII en la catedral de Sevilla) que el autor del Quijote *consideró con orgullo "la más alta ocasión que vieron los siglos pasados, los presentes, ni esperan ver los venideros".*

glos, ni esperan ver los venideros, militando debajo de las vencedoras banderas del hijo del rayo de la guerra, Carlos V, de feliz memoria.»

En efecto, sanadas las heridas, el joven Cervantes permaneció en el ejército varios años: ingresó en el tercio de don Lope de Figueroa y aún combatió en Navarino, la Goleta y Túnez. Más adelante, regresando a España desde Nápoles en la galera *Sol*, fue capturado, junto con su hermano Rodrigo, por el terrible pirata Arnaute-Mamí, quien lo vendió como esclavo a Dali-Mamí el Cojo, un griego renegado, opulento y despótico. Durante los cinco años largos que duró su penoso cautiverio consagró su ingenio y su valor a la improbable esperanza de la fuga, pergeñando audaces planes tanto para su beneficio como para que otros ganaran la libertad. De sus diversas tentativas frustradas sacó escaso provecho, por no decir ninguno, a no ser, como él mismo escri-

be, el de templar para siempre su entereza o la inspiración para su novela *El cautivo*, sus dramas *El trato de Argel* y *Los baños de Argel*, así como para otros pasajes dispersos por su obra. En cierta ocasión, cuando Rodrigo ya había sido rescatado, se tramó una conspiración con ayuda del exterior que fue desbaratada por la traición de un jardinero español llamado «el Dorador», y en otra, el delator también fue un compatriota, el doctor Blanco de Paz, cuya extraña animadversión a Cervantes lo llevó incluso a entorpecer las diligencias para intentar su rescate. También estudió la manera de conquistar Argel y pretendió hacer llegar el fruto de sus investigaciones y de su atento espionaje al secretario del rey, Mateo Vázquez, pero descubierta esta actividad hostil u otra del mismo jaez sólo consiguió ser condenado a recibir mil azotes en las costillas, castigo que probablemente no se completó, pues de otro modo

Equívocos y negocios mal avenidos dieron varias veces con los huesos de Miguel de Cervantes en la cárcel. Hay constancia de que fue encarcelado en 1592 en Castro del Río, tres meses en Sevilla, en 1597, y una tercera vez en 1602-1603. Sin embargo, no consta que esta cárcel de Argamasilla de Alba (abajo) albergara al escritor y menos que allí escribiera su obra maestra.

"Como quien se engendró en una cárcel, donde toda incomodidad tiene su asiento y donde todo triste ruido hace su habitación", escribe Cervantes en la primera parte del Quijote, *aludiendo al lugar donde imaginara su libro, pero es difícil saber por estas palabras si habla de una cárcel física o del cuerpo como prisión del alma. Arriba, el cuadro de Mariano de la Roca y Delgado,* Miguel de Cervantes imaginando el Quijote *(Universidad de Barcelona, España).*

su enflaquecido cuerpo no lo hubiera resistido. Por fin, gracias a las providencias de fray Juan Gil, se juntaron los 500 escudos que franquearían la salida del hidalgo, produciéndose su anhelada partida de Argel rumbo a Valencia el 24 de octubre de 1580. Tenía treinta y tres años.

La azarosa vida de un hidalgo

El cúmulo de desdichas que sobrevinieron a Miguel de Cervantes durante su vida posterior puedo hacer creer en que el destino quiso distinguirlo con un ensañamiento singular. Fuera de algún presumible momento de breve ventura en su amoroso comercio con Ana Franca de Rojas, quien le dio por hija natural a Isabel de Saavedra, pronto se casó infortunadamente con la modesta hacendada de diecinueve años Catalina de Palacios, mujer tan apegada a su pueblo natal que no quiso nunca seguir a su marido en su obligada itinerancia. El lugar se llamaba Esquivias, del que Cervantes dice humorísticamente que es «por

mil causas famoso, una por sus ilustres linajes, y otra por sus ilustrísimos vinos.»

Tratando de ganarse honradamente el sustento se entrometió en negocios muy ajenos a su afición y dotes y obtuvo una encomienda para la compra y venta de aceite y cebada, que le imponía permanentes viajes por Andalucía. Fue ésta, como tantas otras, tarea en la que se mostró poco ducho, cayendo en todas las celadas con que le burlaban los pícaros y terminando por dar con sus huesos en la cárcel.

Tal vez en una prisión sevillana, «donde toda incomodidad tiene su asiento y donde todo triste ruido hace su habitación», trazara el borrador de las aventuras bufas de un caballero flaco, con el seso menguado y descrecido por el mucho leer y el poco alimento, al que llamará don Quijote; pero lo cierto es que el caprichoso sino de ese incompetente adalid de causas perdidas imaginario y el del muy real desafortunado comisionista comienzan por entonces a ofrecer un trasfondo idéntico, del mismo modo que la tragedia y la

El ingenioso hidalgo don Quijote de la Mancha es, después de la Biblia, el libro más editado del mundo. Entre los miles de ediciones que se han hecho de él, a la realizada por el impresor español Joaquín Ibarra, en Madrid, en 1780, con la colaboración del dibujante Antonio Carnicero y el grabador Fernando Selma, se la sigue considerando como la más hermosa de todas.

parodia no son sino dos caras de la misma moneda. Vino a sumarse a todo ello otro episodio lamentable, éste protagonizado por el caballero don Gaspar de Ezpelate, que recibió varias cuchilladas de unos emboscados enfrente de la casa vallisoletana donde Cervantes residía con sus hermanas Andrea y Magdalena y su hija Isabel, la cual había quedado a sus expensas. Aunque unos vecinos trataron de restañar sus heridas, todos los cuidados fueron en vano, y el juez don Cristóbal de Villarroel inició las diligencias para esclarecer lo que acabó siendo un asesinato. Fruto de sus primeras pesquisas fue el descubrimiento de que la víctima estaba implicada en un peligroso y subrepticio lío de faldas, aunque no consiguió arrancarle al agonizante la confesión del nombre de la dama ni los de sus agresores. Atando cabos, o más bien dando crédito a habladurías y a pruebas circunstanciales, concluyó que alguna de las mujeres que vivían bajo la protección de Cervantes era la responsable del desaguisado, de modo que sin encomendarse ni a Dios ni al diablo mandó encerrar a todos los habitantes de la casa. Aunque al poco fueron puestos en libertad, se les impuso la humillación de permanecer bajo vigilancia y la prohibición de recibir visitas en aquella ciudad.

Naturalmente Cervantes se apresuró a cambiar de residencia y se trasladó definitivamente a Madrid, adonde también lo siguió fielmente el infortunio. Allí procurará viajar con el conde de Lemos a Nápoles, pero este favor le es igualmente negado al terciar para mal Lupercio de Argensola, e incluso reclamará un puesto vacante en las Indias, pero esta solicitud, como casi siempre, tampoco será atendida. Por fin, resigna-

"En resolución, él se enfrascó tanto en su lectura, que se le pasaban las noches leyendo de claro en claro, y los días de turbio en turbio; y así, del poco dormir y del mucho leer se le secó el cerebro de manera que vino a perder el juicio. Llenósele la fantasía de todo aquello que leía en los libros (...), y así asentósele de tal modo en la imaginación que era verdad toda aquella máquina de aquellas soñadas invenciones que leía, que para él no había otra historia más cierta en el mundo", escribe Cervantes de su héroe en un pasaje que, siglos más tarde, el romántico Gustave Doré ilustraría de este modo.

do a la estrechez o convertido más bien en maestro de la desesperanza, se ocupará enteramente de la literatura, dando a luz lo más notorio de su impresionante obra y asistiendo a tertulias tan célebres como la que se reunía en casa de Francisco Silva, en la calle Atocha, y que se denominaba Academia Selvaje.

Las dos muertes

En el verano de 1604, Cervantes entregó el manuscrito del *Quijote* al librero del rey Francisco de Robles, quien negoció la solicitud de la licencia de impresión. La cifra que por ello cobrara este escritor semidesconocido debió de ser exigua y en todo caso inferior a los 1.600 reales que obtuvo en 1612 con la publicación de sus *Novelas ejemplares,* cuando ya era un literato de cierto renombre. Su parodia de un hidalgo altruista y alucinado, propenso a descalabrarse en todos los lances a los que lo llevaban su desvarío y su sin igual generosidad, le valió un inopinado éxito: tras la primera edición en enero de 1605 se sucedieron ese mismo año otras seis, dos en Madrid por Juan de la Cuesta, dos clandestinas en Lisboa y dos en Valencia; apareció en Bruselas en 1607 y de nuevo en Madrid en 1608; en vida de Cervantes se tradujo al inglés y al francés, en 1622 al italiano y en 1648 al alemán. Pese a ello, y a que el fantástico personaje fue objeto de una apropiación indebida por el oportunista y hábil Avellaneda, el libro no procuró gran alivio económico a su autor. Picado, no obstante, por las apócrifas aventuras de don Quijote, compuso una segunda parte de sus andanzas que, además de ser de un calado mayor y más admirable que las anteriores, contenían el tan formidable como práctico episodio de la cristiana e inapelable muerte del protagonista. La redacción de esta patética escena fue llevada a cabo cuando el propio Cervantes presentía su inminente fallecimiento: si la segunda parte del *Quijote* apareció en 1615, su última obra, *Los trabajos de Persiles y Segismunda,* se publicó póstumamente en 1616; en su magistral prólogo, acaso dictado desde el lecho, el escritor se despide emocionadamente

de sus lectores. Es curioso comparar estas dos muertes, una acaecida en la fantasía y otra en el siglo, no tanto en la anécdota de su representación como en las palabras de quien se sabe al final de sus días.

En el último capítulo del *Quijote,* la súbita lucidez del moribundo y la resistencia del fiel Sancho a asistir a la muerte de su querido amo constituye el más triste de los pasajes de esta obra maravillosa:

«Y volviéndose a Sancho le dijo:

—Perdóname, amigo, de la ocasión que te he dado de parecer loco como yo, haciéndote caer en el error en que yo he caído de que hubo y hay caballeros andantes en el mundo.

—¡Ay! —respondió Sancho, llorando—. No se muera vuesa merced, señor mío, sino tome mi consejo, y viva muchos años; porque la mayor locura que puede hacer un hombre en esta vida es dejarse morir, sin más ni más, sin que nadie le mate, ni otras manos le acaben que las de la melancolía. Mire no sea perezoso, sino levántese desa cama, y vámonos al campo vestidos de pastores, como tenemos concertado: quizá tras de alguna mata hallaremos a la señora Dulcinea desencantada, que no haya más que ver. Si es que se muere de pesar de verse vencido écheme a mí la culpa, diciendo que por haber yo cinchado mal a Rocinante le derribaron; cuanto más que vuesa merced habrá visto en sus libros de caballerías ser cosa ordinaria derribarse unos caballeros a otros, y el que es vencido hoy será vencedor mañana.»

En la misma sazón y mezcolanza patética, bromas y veras se reúnen en el citado prólogo al lector de *Los trabajos de Persiles y Segismunda.* En él describe el anciano escritor cómo halló por casualidad a un estudiante en su viaje en rocín hacia Esquivias, y cómo anduvieron un trecho juntos en amena conversación:

«Y con paso asentado seguimos nuestro camino, en el cual se habló de mi enfermedad, y el buen estudiante me desahució al momento, diciendo:

—Esta enfermedad es la hidropesía, que no la sanará toda el agua del mar Océano que bebiese.»

Don Quijote era, según los vecinos del campo de Montiel, "el más casto enamorado y el más valiente caballero" y Sancho Panza (a la derecha, juntos en un espléndido grabado de G. Doré) el escudero que reunía en sí todas "las gracias escuderiles que en la caterva de los libros vanos de caballerías están esparcidas".

Cervantes conviene en ello, y aún añade: «Mi vida se va acabando, y, al paso de las efemérides de mis pulsos, que, a más tardar, acabarán su carrera este domingo, acabaré yo la de mi vida.»

Y con esa melancolía que ha traspasado el corazón de millones de lectores se despide el pobre escritor de una existencia jalonada de calamidades: «Tiempo vendrá, quizá, donde anudado este roto hilo, diga lo que aquí me falta y lo que sé convenía. ¡Adiós gracias, adiós donaires, adiós regocijados amigos! que yo me voy muriendo y deseando veros presto contentos en la otra vida.»

1547	29 de noviembre (?): nace **MIGUEL DE CERVANTES** en Alcalá de Henares, España. Es bautizado el 9 de octubre.
1568	Asiste a la escuela de Humanidades de Juan López de Hoyos en Madrid. Se hace soldado.
1571	7 de octubre: en la batalla de Lepanto recibe un arcabuzazo que lo deja manco.
1574	Cae en manos del pirata Arnaute-Mamí y comienza su cautiverio en Argel.
1580	Es rescatado merced a los buenos oficios de fray Juan Gil. 24 de octubre: embarca rumbo a Valencia.
1583	Nace una hija natural, Isabel, de su relación con Ana Franca de Rojas.
1584	Se casa con Catalina de Palacios.
1585	Escribe su novela pastoril *La Galatea*.
1587	Obtiene un beneficio para la comisión de compra y venta de aceites y cebadas.
1605	Publica la primera parte de *El ingenioso hidalgo don Quijote de la Mancha*.
1613	Publica las *Novelas ejemplares*.
1615	Segunda parte del *Quijote*.
1616	23 de abril: fallece en su casa de la madrileña calle del León.

GALILEO GALILEI
(1564-1642)

*V*íctima de una persecución secular por parte de la Iglesia de Roma, que sólo muy recientemente ha reconocido la injusticia del proceso incoado contra él, el obstinado Galileo Galilei profesó una tan verdadera como audaz doctrina cuya influencia se dejó sentir desde el mismo momento de su exposición y cuyos principios no han perdido vigencia desde entonces. Si el irrefutable científico fue rechazado hasta la desesperación durante su vida, también el hombre Galileo, acaso el de más amplias miras de su tiempo, padeció una existencia cercada por las estrecheces. Nacido en Pisa el 15 de febrero de 1564 y muerto en el destierro de Arcetri en 1642, se inscribió a los diecisiete años en la universidad de su ciudad natal para cursar estudios de Medicina, pero no concluyó la carrera reconociendo desde muy pronto su auténtica vocación de matemático. Sus investigaciones fueron desde un principio encaminadas tanto a la teoría, estudiando empeñosamente a Euclides y Arquímedes, como a la práctica, preocupándose de manera absorbente por la mecánica y atento siempre a la observación directa de la Naturaleza.

El péndulo de la catedral

Como consecuencia de esta decidida tendencia a las investigaciones empíricas, a los diecinueve años observó sagazmente que las oscilaciones de una lámpara colgada de la bóveda de la catedral de Pisa eran isócronas, o sea que tenían siempre la misma duración, por lo que se le ocurrió aplicar estos movimientos constantes a la medición del tiempo. Y pocos años después, en 1586, construyó una balanza que permitía medir el peso específico de los cuerpos.

Hacia 1589 se había convertido en profesor de matemáticas, posición ganada merced al prestigio y al respeto con que contaba entre los cultivadores de esta ciencia, pero dicho empleo estaba dotado de una exigua retribución que apenas le daba para malvivir. Su penuria económica se agravó un par de años después con la muerte de su padre, porque el primogénito Galileo se vio obligado entonces a hacerse cargo de su familia. Por fin, en 1592, logró algún desahogo para su extremada pobreza al acceder a la cátedra de Matemáticas de la Universidad de Padua, aunque tampoco con ello pudo asistir satisfactoriamente a los requerimientos continuos de su madre y de sus hermanos más pequeños, por lo que se veía obligado, a menudo, a pedir adelantos y aumentos de sueldo al gobierno veneciano, del que dependía la universidad, así como a impartir clases particulares a un buen número de selectos discípulos atraídos a Padua por su fama.

En esta ciudad, y a pesar de las presiones económicas a las que hubo de dedicar su permanente atención, pasó los dieciocho años mejores y tal vez más fecundos de su vida, acompañado de su amante Marina Gamba, que le dio dos hijas y un hijo, y de algunos buenos amigos, como Gianfrancesco Sagredo, nombre inmortalizado en su polémico *Diálogo acerca de los dos máximos sistemas del mundo, tolomeico y copernicano*. En el período que va desde 1592 a 1616, Galileo conoció el anteojo que se venía utilizando en los Países Bajos y en Francia y construyó un instrumento mucho más potente que los usados en su tiempo, con el que podrá entregarse a la observación de los fenómenos celestes. Con comprensible alegría pudo establecer la existencia de los cuatro satélites de

Júpiter, a los que denominó mediceos en honor de la conspicua familia toscana, y estudiar por primera vez las manchas de la Luna y el Sol, de todo lo cual dio cumplida noticia en su libro *Sidereus nuntius*, aparecido en Venecia en 1610.

Lejos de granjearse con ello el aplauso general, sus descubrimientos no hicieron sino desatar la más abierta hostilidad contra él de un buen número de pensadores demasiado apegados a la tradición. Se le acusó entonces de haberse aprovechado de aparatos construidos por otros y de haber imaginado que estaban en el cielo las manchas que en realidad se hallaban en su defectuoso instrumento de observación, pero de esta primera andanada de sus enemigos logró salir airoso merced al reconocimiento de las autoridades científicas de la época, tanto de Johannes Kepler como de los astrónomos de la Compañía de Jesús. Con ello, vio por un momento, cómo su precaria posición social se volvía más sólida, ya que Cosme II de Médicis le concedió el puesto de Matemático extraordinario del Estudio de Pisa y lo adscribió a su erudita corte con el título de Filósofo del Serenísimo Gran Duque.

No obstante, aceptar estas prebendas no era una decisión exenta de riesgos, pues Galileo sabía bien que el poder de la Inquisición, escaso en la República de Venecia, era notoriamente superior en su patria toscana donde ahora habría de trasladarse. En una carta fechada en 1613 ya deja constancia inequívoca de que su revisión de la estructura general del firmamento lo ha llevado a las mismas conclusiones que a Copérnico y a rechazar frontalmente el sistema de Tolomeo, o sea a preconizar el heliocentrismo frente al geocentrismo vigente. Desgraciadamente, por esas mismas fechas tales ideas interesaban igualmente a los inquisidores, pero éstos abogaban por la solución contraria y comenzaban a hallar a Copérnico sospechoso de herejía.

Ahora bien, como estas circunstancias no se le ocultaban en absoluto a Galileo, hay que pensar que el rechazo de la prudencia que le aconsejaban su allegados y su actitud desafiante se debe tanto a una personalidad demasiado apegada a sus convicciones como excesivamente confiada

Convencido de la verdad de la teoría heliocéntrica de Copérnico, Galileo Galilei, quien en 1636 había posado para Joost Susterman, arriba, dedicó toda su vida a dar base científica a la hipótesis del movimiento terrestre, rechazando frontalmente el sistema tolemaico que tenía a la Tierra como centro del Universo, pero chocó con la doctrina de la Iglesia Católica.

en que la Iglesia terminaría por aceptar sus axiomas. El astrónomo creía que los textos sagrados no contenían, si eran bien interpretados, contradicción alguna con el sistema heliocéntrico, por lo que combatió con todas sus fuerzas para que la Iglesia no se encastillara en teorías científicas equivocadas. Por el contrario, en Roma se concibió el proceso contra Galileo como una forma enérgica de proclamar el poder y preservar la autoridad católica. De hecho, si bien se mira, la actitud moderada de Galileo comportaba en realidad una radical transformación ideológica: hasta la fecha, cuando se hallaba incompatibilidad entre la religión y la ciencia, se declaraba a ésta falsa sin más contemplaciones; Galileo no negaba la religión, pero sostenía que era ella la que debía acomodarse permanentemente a los descubrimientos científicos, sin renunciar a su contenido sagrado, pero transformando sutilmente erróneas interpretaciones humanas asentadas en la tradición y no en el conocimiento.

¡Y sin embargo se mueve!

En 1616 Galileo es reclamado por primera vez en Roma para responder a las acusaciones esgrimidas contra él, batalla a la que se apresta sin temor alguno presumiendo una resolución favorable de la Iglesia que supondrá una nueva victoria en la guerra por conquistar la libertad de la ciencia. El astrónomo es en un primer momento recibido con grandes muestras de respeto, y hasta de entusiasmo, en la ciudad; pero, a medida que el debate se desarrollaba, fue quedando claro que los inquisidores no darían su brazo a torcer ni seguirían de buen grado las brillantes argumentaciones del pisano. Muy al contrario, este episodio pareció convencerles definitivamente de la urgencia de incluir la obra de Copérnico en el Índice de obras proscritas y de conminar bajo coacción a Galileo a que abandonase para siempre dichas teorías.

Tres años después, no obstante, el terco Galileo estaba enfrascado en una violenta polémica con el jesuita Orazio Grassi sobre los cometas y la inalterabilidad del cielo, y, más adelante, sus inquebrantadas opiniones fueron expuestas en un espléndido ensayo de 1623 con el título *Il Saggiatore*. Así mismo, confiado en la elevación al trono pontificio de Urbano VIII, un hombre magnánimo y liberal perteneciente a la familia de los Barberini, afrontó de nuevo el tema proscrito y escribió su famoso *Diálogo acerca de los dos máximos sistemas del mundo, tolomeico y copernicano* en 1632. Cautelosamente, procurando parecer que adoptaba un punto de vista

aparentemente neutral, redactó su obra como si se tratara de una pequeña pieza dramática en la que un aristotélico, al que llamó Simplicio, y un copernicano, Salviati, eran invitados a exponer sus respectivas convicciones por un tercero, Sagredo, quien deseaba formarse un juicio exacto de los términos precisos en los que se desenvolvía la controversia.

Interpretado este hecho como un nuevo acto de desacato e insolencia, sus inveterados enemigos lo reclamaron de nuevo en Roma, ahora en términos menos diplomáticos, para que respondiera de sus ideas ante el Santo Oficio. El anciano y sabio Galileo, a sus setenta años de edad, se vio sometido a un humillante y fatigoso proceso que duró veinte días, enfrentado inútilmente a unos inquisidores que de manera cerril, ensañada y sin posible apelación calificaban su libro de «execrable y más pernicioso para la Iglesia que los escritos de Lutero y Calvino». Encontrado culpable, fue obligado a pronunciar de rodillas la abjuración de su doctrina y condenado a prisión de por vida, aunque este castigo se aminoró permitiéndosele aislarse del mundo en su villa rural de Arcetri.

Quiere una piadosa tradición, de sobras conocida, que el orgullo y la terquedad del astrónomo lollevaran, tras su vejatoria renuncia a creer en lo que creía, a golpear enérgicamente con el pie en el suelo y a proferir delante de sus perseguidores: «¡Y sin embargo se mueve!» No obstante, muchos de sus correligionarios no le perdonaron la cobardía de su abjuración, actitud que amargó los últimos años de su vida, junto con el ostracismo al que de forma injusta se vio condenado, su progresiva ceguera y la triste muerte de su adorada hija Virginia, quien, curiosamente, había profesado en religión.

Cuatrocientos años después, en 1939, el dramaturgo alemán Bertold Brecht escribió una pieza teatral basada en la vida del astrónomo pisano en la que discurre sobre la interrelación de la ciencia, la política y la revolución social. Aunque en ella Galileo termina diciendo «Yo traicioné mi profesión», el célebre dramaturgo opina, cargado de melancólica razón, que «desgraciada es la tierra que necesita héroes».

La creencia en el puesto central de la Tierra en la obra creadora de Dios sustentada por la Iglesia fue cuestionada por los estudios de Galileo. El dogmatismo de la jerarquía eclesiástica motivó el vergonzoso juicio a que el gran científico fue sometido por la Inquisición, recreado en este cuadro de Robert Henry (Museo del Louvre, París). Galielo fue obligado a abjurar de su doctrina, pero tercamente pronunció su célebre "¡Y sin embargo se mueve!"

1564	15 de febrero: **GALILEO GALILEI** nace en Pisa en el seno de una familia florentina.
1592	Es nombrado profesor de matemáticas de la universidad de Padua.
1609	Construye su anteojo.
1610	12 de marzo: publica en Venecia *Sidereus nuncius*.
1616	Es llamado por primera vez a a Roma para dar cuenta de su propensión al copernicanismo.
1619	Polémica con el jesuita Orazio Grassi sobre los cometas y la inalterabilidad de los cielos.
1623	Escribe *Il Saggiatore*.
1632	Aparece su obra *Diálogo acerca de los dos máximos sistemas del mundo, tolomeico y copernicano*.
1633	Es procesado, obligado a abjurar y condenado al aislamiento.
1634	Muere su hija Virginia, sor María Celeste.
1636	Recibe la visita de Hobbes.
1638	Publica en Holanda *Discursos y demostraciones matemáticas sobre dos nuevas ciencias*.
1642	8 de enero: condenado al ostracismo de la comunidad intelectual, muere, completamente ciego, en su villa de Arcetri.

WILLIAM SHAKESPEARE
(1564-1616)

William Shakespeare tuvo una vida privada tan enigmática como genial fue su obra dramática. Sus personajes, convulsionados por el amor, el odio y el destino, reflejan con poética crudeza las pasiones y las dudas que conciernen al corazón humano.

*E*n torno a 1860, al tiempo que culminaba su obra *Los miserables*, Victor Hugo escribió desde el destierro: «Shakespeare no tiene el monumento que Inglaterra le debe». A esas alturas del siglo XIX, el nombre y la obra del que hoy es considerado el autor dramático más grande de todo el universo eran ignorados por la mayoría y despreciados por los exquisitos. Las palabras del patriarca francés cayeron como una maza sobre las conciencias patrióticas inglesas; decenas de monumentos a Shakespeare fueron erigidos inmediatamente. En la actualidad, el volumen de

sus obras completas es tan indispensable como la Biblia en los hogares anglosajones; Hamlet, Otelo o Macbeth se han convertido en símbolos y su autor es un clásico sobre el que corren ríos de tinta. A pesar de ello, William Shakespeare sigue siendo, como hombre, una incógnita.

Shakespeare nunca escribió

Grandes lagunas, un ramillete de relatos apócrifos y algunos datos dispersos conforman su biografía. Ni siquiera se sabe con exactitud la fecha de su nacimiento. Esto daría pie en el siglo pasado a una extraña labor de aparente erudición, protagonizada por los «antiestratfordianos», tendente a difundir la maligna sospecha de que las obras de Shakespeare no habían sido escritas por el personaje histórico del mismo nombre, sino por otros a los que sirvió de pantalla: Francis Bacon, Cristopher Marlowe, Edward de Vere, Walter Raleigh, la reina Isabel I e incluso la misma esposa del bardo, Anne Hathaway, fueron los candidatos a ese ficticio Shakespeare propuestos por los especuladores estudiosos. Ciertos aficionados a la criptografía creyeron encontrar, en sus obras, claves que revelaban el nombre de los verdaderos autores. En consonancia con las carátulas teatrales, Shakespeare fue dividido en el Seudo-Shakespeare y en Shakespeare el Bribón. Bajo esta labor de mero entretenimiento alentaba un curioso esnobismo: un hombre de cuna humilde y pocos estudios no podía haber escrito obras de tal grandeza. Afortunadamente, con el transcurrir de los años, ningún crítico serio, menos dedicado a injuriar que a discernir, más preocupado por el brillo ajeno que por el propio, ha suscrito estas anécdotas ingeniosas. Pero de las muchas refutaciones con que han sido invalidadas, ninguna tan concluyente, aparte de los escasos pero incontrovertibles datos históricos, como el testimonio de la obra misma; porque a través de su estilo y de su talento inconfundibles podemos descubrir al hombre.

El cazador cazado

En el sexto año del reinado de Isabel I de Inglaterra, el 26 de abril, fue bautizado William Shakespeare en Stratford-upon-Avon, un pueblecito del condado de Warwick que no sobrepasaba los dos mil habitantes, orgullosos todos ellos de su iglesia, su escuela y su puente sobre el río. Uno de éstos era John Shakespeare, comerciante en lana, carnicero y arrendatario que llegó a ser concejal, tesorero y alcalde. De su unión con Mary Arden, señorita de distinguida familia, nacieron cinco hijos, el tercero de los cuales recibió el nombre de William.

Así pues, no fue su cuna tan humilde como asegura la crítica adversa, ni sus estudios tan escasos como se supone. A pesar de que Ben Johnson, comediógrafo y amigo del dramaturgo, afirmase exageradamente que «sabía poco latín y menos griego», lo cierto es que Shakespeare aprendió la lengua de Virgilio en la escuela de Stratford, aunque fuera como alumno poco entusiasta, extremos ambos que sus obras confirman. Sin embargo, no debió de permanecer mucho tiempo en las aulas, pues cuando contaba trece años la fortuna de su padre se esfumó y el joven hubo de ser colocado como dependiente de carnicería. A los quince años, según se afirma, era ya un diestro matarife que degollaba las terneras con pompa, esto es, pronunciando fúnebres y floreados discursos. Se lo pinta también deambulando indolente por las riberas del Avon, emborronando versos, entregado al estudio de nimiedades botánicas o rivalizando con los más duros bebedores y sesteando después al pie de las arboledas de Arden.

A los dieciocho años hubo de casarse con Ana Hathaway, una aldeana nueve años mayor que él cuyo embarazo estaba muy adelantado. Cinco meses después de la boda tuvo de ella una hija, Susan, y luego los gemelos Judith y Hamnet. Pero Shakespeare no iba a resultar un marido ideal ni ella estaba tan sobrada de prendas como para retenerlo a su lado por mucho tiempo. Los intereses del poeta lo conducían por otros derroteros antes que camino del hogar. Seguía escribiendo versos, asistía hipnotizado a las represen-

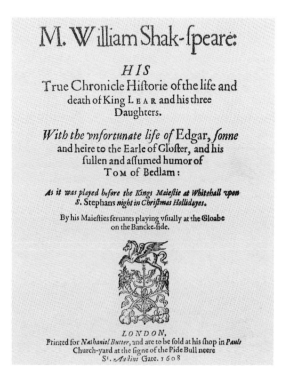

En 1608 apareció la primera edición de La verdadera crónica histórica de la vida y la muerte del rey Lear y sus tres hijas *(arriba), tragedia inspirada en una leyenda de la crónica de Holinshed.*

taciones que las compañías de cómicos de la legua ofrecían en la Sala de Gremios de Stratford y no se perdía las mascaradas, fuegos artificiales, cabalgatas y funciones teatrales con que se celebraban las visitas de la reina al castillo de Kenilworth, morada de uno de sus favoritos.

Según la leyenda, en 1586 fue sorprendido in fraganti cazando furtivamente. Nicholas Rowe, su primer biógrafo, escribe: «Por desgracia demasiado frecuente en los jóvenes, Shakespeare se dio a malas compañías, y algunos que robaban ciervos lo indujeron más de una vez a robarlos en un parque perteneciente a sir Thomas Lucy, de Charlecote, cerca de Stratford. En consecuencia, este caballero procesó a Shakespeare, quien, para vengarse, escribió una sátira contra él. Este, acaso, primer ensayo de su musa resultó tan agresivo, que el caballero redobló su persecución, en tales términos que obligó a Shakespeare a dejar sus negocios y su familia y a refugiarse en Londres». Es más plausible que el virus del teatro le impulsara a unirse a alguna farándula de cómicos nómadas de paso por Stratford, abandonando hijos y esposa y trocándolos por la a la vez sombría y espléndida capital del reino.

"El magno César, muerto y en barro convertido, un agujero al viento taparle habrá podido". Con estos versos recrea Shakespeare la escena del cementerio de su obra Hamlet. *Abajo, cuadro del romántico francés Eugène Delacroix,* Hamlet y Horacio *(Museo del Louvre, París).*

Shakespeare en la ciudad de los teatros

A partir de ese momento hay una laguna en la vida de Shakespeare, un período al que los biógrafos llaman «los años oscuros». No reaparece ante nuestros ojos hasta 1593, cuando es ya un famoso dramaturgo y uno de los personajes más populares de Londres. Entretanto se le atribuyen los siguientes empleos: pasante de abogado, maestro de escuela, soldado de fortuna, tutor de noble familia e incluso guardián de caballos a la puerta de los teatros. Pasarían varios meses hasta que pudiera ingresar en ellos y meterse entre bastidores, primero como traspunte o criado del apuntador, luego como comparsa, más tarde como actor reconocido y, por fin, como autor de gran y merecido prestigio.

Prohibidos por un ayuntamiento puritano que los consideraba semillero de vicios, los teatros se habían instalado al otro lado del Támesis, fuera de la jurisdicción de la ciudad y de la molestia de sus alguaciles. La Cortina, El Globo, El Cisne o Blackfriars no eran muy distintos de los corrales hispanos donde se representaba a Lope de Vega. La escenografía resultaba en extremo sencilla: dos espadas cruzadas al fondo del proscenio significaban una batalla; un actor inmóvil empolvado con yeso era un muro, y, si separaba los dedos, el muro tenía grietas; un hombre cargado de leña, llevando una linterna y seguido por un perro, era la luna. El vestuario se improvisaba en un rincón de la escena semioculto por cortinas hechas jirones, a través de las que el público veía a los actores pintándose las mejillas con ladrillo en polvo o tiznándose el bigote con corcho carbonizado. Mientras los actores gesticulaban y declamaban, los hidalgos y los oficiales, acomodados a su mismo nivel sobre la plataforma, les desconcertaban con sus risas, sus gritos y sus juegos de cartas, prestos a lucir su ingenio improvisando réplicas y a echar a perder la representación si la obra no les complacía. En torno al patio, las galerías acogían a las damas de alcurnia y los caballeros. Y en el fondo de «la cazuela», envueltos en sombras, sentados en el suelo entre jarras de cerveza y humo de pipas, se veía a «los hediondos», el maloliente pueblo.

En 1954, al reanudarse la vida teatral, William Shakespeare compró acciones de la compañía de teatro más prestigiosa de Inglaterra, la Lord Chamberlain's Men, que nueve años más tarde pasó a llamarse King's Men. Esta compañía era propietaria del teatro El Globo, a la derecha, donde, a partir de 1599 y hasta su incendio en 1613 se representaron casi todas las obras de Shakespeare.

En todo caso, se trataba de un público con más imaginación que el actual o, al menos, buen conocedor de las convenciones teatrales impuestas por la penuria o por la ley. Inspirándose en el severo primitivismo del Deuteronomio, los legisladores puritanos prohibían la presencia de mujeres en la escena. Las Julietas, Desdémonas y Ofelias de Shakespeare fueron encarnadas por jovencitos bien parecidos de voz atiplada, ascendidos a Hamlets, Macbeths y Otelos en cuanto les despuntaba la barba y les cambiaba la voz. Tal era el teatro en que Shakespeare empezó su carrera dramática.

La fecundidad en persona

Hacia 1589, Shakespeare comenzó a escribir. Lo hacía en hojas sueltas, como la mayoría de los poetas de entonces. Los actores aprendían y ensayaban sus papeles a toda prisa y leyendo en el original, del que no se sacaban copias por falta de tiempo, de ahí que ya no existan los manuscritos.

281

Como cada tarde se ofrecía una obra diferente, el repertorio había de ser muy variado. Si la obra fracasaba ya no se volvía a escenificar. Si gustaba era repuesta a intervalos de dos o tres días. Una obra de mucho éxito, como todas las de Shakespeare, podía representarse unas diez o doce veces en un mes. Se conocen actores capaces de improvisar a partir de un somero argumento los diálogos de la obra conforme se iba desarrollando la acción. Shakespeare nunca los necesitó.

Acuciado por este ritmo vertiginoso y espoleado por su genio, Shakespeare empezó a producir dos obras por año. En 1591, cuando el muy católico rey Felipe II pensaba en organizar una nueva armada contra Inglaterra, más afortunada que la primera porque no se botó nunca, compuso las tres partes de *El rey Enrique VI*; en 1594, mientras se miraban de reojo los monarcas de España, Inglaterra y Francia diciendo los tres al unísono «mi hermosa ciudad de París», completó *El sueño de una noche de verano*; en 1596, año en que Felipe II arrojó de su presencia a una mujer por reír al verle sonarse las narices, compuso *La tragedia de Romeo y Julieta*; en 1600, cuando el duque de Lerma convenció a Felipe III de que trasladase su corte a Valladolid, escribió *Hamlet, príncipe de Dinamarca*; en 1604, al perder la corona española sus últimos dominios en los Países Bajos, hizo *Otelo, el moro de Venecia*; en 1606, año en que nacía Felipe IV, sojuzgador de díscolos catalanes, terminó *El rey Lear y La tragedia de Macbeth*; en 1611, mientras los moriscos, expulsados por Felipe III, se arrastraban penosamente fuera de España, compuso *La tempestad*.

Aparte de ser un autor fecundo, Shakespeare actuaba en obras propias y ajenas y aún le quedaba tiempo para dirigir su propia compañía y ocuparse de la explotación de los teatros El Globo y Blackfriars, privilegio en extremo rentable que habíale concedido el nuevo rey Jacobo I. Además, no se limitó a triunfar en la escena, en 1593 su reputación como poeta quedó firmemente establecida con la publicación de *Venus y Adonis*, poema reeditado seis veces en los once años siguientes, algo muy notable para su época.

Más importantes aún son sus *Sonetos*, cuyo posible contenido autobiográfico ha dado pie a tan infinitas como infecundas interpretaciones. En ellos, por ejemplo, el poeta se declara esclavo tanto de un hombre joven de clase superior, posiblemente el conde de Southampton, como de una misteriosa mujer infiel, la llamada «Dama Morena», datos que pueden ser por igual veraces como imaginarios.

El último acto

Shakespeare tuvo siempre obras en escena, pero nunca aburrió. Entre 1600 y 1610 no dejó de estar en el candelero con sus príncipes impelidos a acometer lo imposible, sus monarcas de ampuloso discurso, sus cortesanos vengativos y lúgubres, sus tipos cuerdos que se fingen locos y otros locos que pretenden llegar a lo más negro de su locura, sus hadas y geniecillos vivaces, sus bufones, sus monstruos, sus usureros y sus perfectos estúpidos. Esta pléyade de criaturas capaces de abarrotar cielo e infierno le llenaron la bolsa.

A fines de siglo ya era bastante rico y compró o hizo edificar una casa en Stratford, que llamó New-Place. En 1597 había muerto su hijo, dejando como única y escueta señal de su paso por la tierra una línea en el registro mortuorio de la parroquia de su pueblo. Susan y Judith se casaron, la primera con un médico y la segunda con un comerciante. Susan tenía talento; Judith no sabía leer ni escribir y firmaba con una cruz. En 1611, cuando Shakespeare se encontraba en la cúspide de su fama, se despidió de la escena con *La tempestad* y, cansado y quizás enfermo, se retiró a su casa de New-Place dispuesto a entregarse en cuerpo y alma a su jardín y resignado a ver junto a él cada mañana el adusto rostro de su mujer.

En el jardín plantó la primera morera cultivada en Stratford; a su mujer legaría «la segunda de mis mejores camas, con su guarnición», en testamento firmado con mano temblorosa y espíritu aún jovial. Murió el 23 de abril de 1616 a los cincuenta y dos años, pocos días después que otro genio de su misma talla, el también inmortal Miguel de Cervantes.

La configuración del teatro El Globo, similar a todos los de la época, permitía representar al mismo tiempo varias escenas en distintos escenarios accesorios, aunque en esta reconstrucción se ha privilegiado el escenario central.

1564	Nacimiento y bautizo (26 de abril) de **WILLIAM SHAKESPEARE** en Stratford-upon-Avon, condado de Warwick, Inglaterra.
1577	Su padre, John Shakespeare, cae en la ruina.
1582	Se desposa con Ana Hathaway.
1586	Es descubierto cazando furtivamente en la finca de Sir Thomas Lucy, y en el mismo año huye a Londres.
1590	Escribe su primera obra: *Pericles, príncipe de Tiro.*
1590-1591	Da fin a las tres partes de *El rey Enrique VI.*
1596	*Romeo y Julieta.*
1600	*Hamlet.*
1604	*Otelo.*
1606	*Macbeth.*
1611	Se representa ante la corte con éxito extraordinario *La tempestad*, su última obra.
1615	A finales de año comienza a redactar su testamento.
1616	23 de abril: muere en su finca New-Place, en su pueblo natal.
1623	John Heminge y Henry Condell, actores y amigos del dramaturgo, publican por primera vez sus obras completas en la célebre edición *in-folio.*

RICHELIEU
(1585-1642)

La figura del cardenal Richelieu, encarnación del poder absoluto de la Francia del siglo XVII, jamás despertó estima entre sus contemporáneos, ni siquiera admiración o respeto; fue auténtico miedo lo que nobles, cortesanos, burgueses y gentes del pueblo, hombres y mujeres, sintieron en su presencia. A su muerte, los franceses estallaron de júbilo como si hubieran sido liberados de un terrible yugo, a pesar de que el cardenal sólo había pretendido que entre ellos reinara la igualdad. Por supuesto, se trataba de la igualdad en la sumisión, establecida mediante el hacha del verdugo y sostenida por sus siniestros agentes, capaces de llegar con su largo brazo hasta los más lejanos rincones del país. En su boca fueron puestas estas palabras, terribles en un sacerdote: «Nunca emprendo nada sin haber reflexionado previamente, pero una vez que he tomado una determinación, voy directo a mi objetivo, si es preciso lo derribo todo y lo siego todo, y luego cubro el resultado con mi roja sotana.»

Si bien es cierto que Richelieu no puede resultar simpático, al menos quizás sea posible absolverlo en nombre de la razón de Estado, que en su tiempo era equivalente a la razón de la realeza. Sus acciones tuvieron un único fin: el triunfo de la monarquía absoluta y del despotismo. «Francia es monárquica —dijo— y todo depende de la voluntad del príncipe, que juzga y ordena como le place, según sean las necesidades del reino». Esta es la teoría, puesta en práctica durante su vida, a partir de la cual debe ser juzgado.

A la sombra de la reina madre

Armand Jean du Plessis nació en París el 5 de septiembre de 1585. Era el tercer hijo del duque de Richelieu de Turena, histórica provincia francesa situada junto al Loira, y recibió una educación esmerada en la que destacaron los estudios filosóficos. Doctor en teología y obispo de Luçon con sólo veintidós años, desempeñó su cargo con entrega e inteligencia, enmendando antiguos errores, combatiendo abusos y procurando la conversión de los caídos en herejía. Sin embargo, un obispado en provincias no era suficiente para su ambición y el joven Richelieu no desaprovechó cuantas ocasiones tuvo de mostrarse en la corte o de dejar oír su voz desde los púlpitos de París. Muerto en 1610 el rey Enrique IV, que lo había alentado a seguir la carrera eclesiástica, corrió a dar el pésame a su viuda María de Médicis, designada regente en tanto el futuro Luis XIII, a la sazón un niño de nueve años, fuese menor de edad. Muy pronto sus hábiles sermones y su tacto exquisito comenzaron a reportarle cierta fama como predicador y teólogo, lo que le llevó a ser nombrado diputado del clero por el Poitou en los Estados Generales de 1614, al tiempo que el heredero de la corona era declarado mayor de edad.

María de Médicis lo había acogido bajo su protección e impulsó decididamente la carrera del joven prelado. Richelieu estableció su residencia en la corte, se rodeó de personajes importantes y en noviembre de 1616 fue nombrado Secretario de Estado para la guerra. Sus colegas más ancianos, la aristocracia y los notables del reino, sin embargo, desaprobaron tan fulgurante ascenso, promovido por la reina madre y auspiciado por su favorito el aventurero Concini, cuya política consistía en acumular riquezas mientras imponía el poder real combatiendo a la nobleza. Por lo tanto, cuando Concini fue asesinado al año siguiente y María de Médicis recluida en el castillo de Blois, Richelieu comprendió que no podía permanecer en el Consejo de Estado y acompañó a su protectora a su retiro forzoso.

Todo por la monarquía

Lo que parecía ser el fin de la carrera de Richelieu no tardó en revelarse sólo como un ligero contratiempo. En febrero de 1619, la reina madre se evadía de Blois y dirigía a sus partidarios contra Albert de Luynes, al que Luis XIII había colocado al frente de sus ministros. Luynes se vio obligado a apelar a los buenos oficios de Richelieu en un intento de reconciliar al rey con su madre, lo que el obispo consiguió a finales de 1620. A partir de ese momento, una vez ganada la confianza del joven monarca, continuó progresando rápidamente: en 1622 fue designado cardenal y en 1624 obtuvo la presidencia del Consejo Real, convirtiéndose en director máximo de la política del reino francés.

Durante dieciocho años, el cardenal Richelieu protagonizó la historia de Francia y dispuso de un poder casi absoluto, aunque formalmente supeditado a la voluntad del soberano. Luis XIII, poco apto para el ejercicio de la política, iba a mantener siempre con él unas tensas relaciones personales, fluctuando entre la admiración que le suscitaba el cardenal y el temor y la prevención que sentía ante un ministro tan extraordinario. En cuanto a Richelieu, insaciable en su ambición pero fiel servidor de una causa que consideraba justa, se proponía reforzar la autoridad regia en el país aun a costa de arruinar a la nobleza, permanentemente enfrentada con su soberano, combatiendo en el exterior a la casa de Austria y eliminando así los obstáculos que impedían la expansión francesa.

Su primer objetivo cristalizaría con la entrada en vigor en 1629 del llamado Código Michau, que declaraba al monarca señor director de la nobleza. Además, restringió la distribución de fondos del Tesoro entre los grandes del reino, disminuyó sus pensiones, cercenó sus patrimonios y limitó el poder de que disponían en las

Richelieu (arriba, retratado por Philippe de Champaigne, Museo del Louvre, París) fue un político inteligente, ambicioso y autoritario. Durante la minoría de edad de Luis XIII ocupó la Secretaría de Estado y, entre 1624 y 1642, la jefatura del Consejo Real. Desde ambos cargos sentó las bases del absolutismo monárquico que se consolidó con Luis XIV.

provincias. Por supuesto, los nobles no permanecieron impasibles y planearon desembarazarse del cardenal en varias ocasiones, conspirando siempre bajo los auspicios de Gastón de Orleáns, el peligroso hermano de Luis XIII, que aspiraba a sustituirlo en el trono. Pero todas las intrigas fueron inútiles y la autoridad de Richelieu permaneció inconmovible.

El cardenal resolvió también combatir a los hugonotes, protestantes franceses que conservaban una serie de privilegios desde que en 1598 se firmase el edicto de Nantes y que además mantenían su oposición al rey y pretendían organizar un Estado dentro del Estado en su capital, La Rochelle. Richelieu dirigió personalmente las operaciones militares que desembocaron en la ocupación de esta ciudad en 1628 y promulgó después el Edicto de Gracia de Alais, mediante el cual se respetaba la libertad de conciencia y de culto de los protestantes pero se les arrebataban sus fortalezas y sus prerrogativas militares y políticas, quedando prohibidas sus asambleas republicanas.

La conspiración permanente

En el exterior, su oposición a los Habsburgo lo llevó a establecer alianzas con todos aquellos que pudieran socavar el poderío de la casa de Austria, que gobernaba en España y Portugal, la cuenca del Danubio, parte de Italia, Alemania, Flandes y los dominios de Ultramar. Durante años, suecos y holandeses fueron los principales aliados de Richelieu contra su único enemigo, al que consiguió arrebatar importantes territorios como Alsacia, Picardía o el Rosellón. En su opinión, la guerra era un mal inevitable que en ocasiones resultaba absolutamente necesario, ya que cabía obtener de ella sustanciosos beneficios para la corona. Esta idea lo llevó a potenciar y reorganizar tanto el ejército como la marina, con el objetivo de garantizar para Francia una futura superioridad.

Mientras acometía sus proyectos políticos, se desataron nuevas conspiraciones contra el todopoderoso cardenal. En noviembre de 1630 estuvo

a punto de perder el favor real en la llamada *Journée des dupes* (Día de los chascos), pero sus enemigos fueron burlados ante la rápida intervención de Richelieu, que supo ganarse una vez más la voluntad de Luis XIII en una entrevista secreta. En septiembre de 1632 hubo de hacer frente a la revuelta protagonizada por Montmorency, que acabó decapitado. A finales de 1636 estuvo cerca de ser asesinado por el conde de Soissons, pero en el momento decisivo el valor abandonó a los conspiradores. Por último, en 1642, un joven llamado «Cinq-Mars», nuevo favorito del monarca, encabezó un complot tendente a derribarle de una vez por todas; como en otras ocasiones, la intervención in extremis de Luis XIII salvó la cabeza del cardenal.

Después de cada una de estas intentonas, Richelieu desencadenó una feroz represión: muchos gentilhombres fueron ejecutados o enviados a galeras, decenas de ciudades en las que gobernaban los conjurados fueron tomadas por los agentes del cardenal, ministros y obispos fueron depuestos de sus cargos y las prisiones se llenaron de cómplices y sospechosos. Aunque Richelieu había potenciado la industria nacional, impulsado la expansión colonial y creado múltiples instituciones culturales, la férrea imposición de su autoridad, el vertiginoso aumento de los impuestos y las continuas levas de ciudadanos necesarios para el ejército provocaron el descontento por doquier. La miseria y el hambre comenzaron a adueñarse de campos y ciudades, pero todas las protestas, fueran de campesinos, artesanos, comerciantes o señores, fueron acalladas mediante la tortura o la fuerza de las armas. Todo rastro de libertad había desaparecido: sólo debía haber en Francia un poder, el del rey, y una voluntad, la de su primer ministro. Luis XIII envidiaba la grandeza de su valido, pero no podía prescindir de él.

Pero aunque su energía y su fuerza de voluntad parecían inagotables, su resistencia física empezó a ceder acosada por una multitud de pequeñas enfermedades. En más de una ocasión se había presentado ante los cortesanos o despachado con el rey aparentando encontrarse perfectamente, cuando en realidad sus piernas temblaban y apenas podía mantenerse en pie. A finales de 1642, pocos días después de haber desmantelado la conjura de Cinq-Mars, unas extrañas fiebres lo obligaron a guardar cama. El 28 de noviembre, en medio de terribles convulsiones, hizo llamar al párroco de Saint-Eustache para que le llevase el viático. Luego, conservando hasta el último momento su coraje y su fortaleza de espíritu, recibió al rey y le habló pausadamente en favor de Mazarino, su principal colaborador. Antes de serle administrados los sacramentos, miró la Sagrada Forma y dijo: «He aquí mi único juez». Cuando el sacerdote le preguntó si no perdonaba a sus enemigos, el cardenal respondió que sólo había tenido los del propio Estado. El 4 de diciembre expiró, a los cincuenta y ocho años de edad.

A pesar de que no había sido un enemigo del pueblo, el pueblo celebró su muerte como si se tratara de un feliz acontecimiento. Aquel hombre terrible y sinuoso ya no volvería a planear sobre sus vidas y haciendas. Aquellos ojos penetrantes y fríos, que parecían capaces de ver en la oscuridad, no volverían a escudriñar en sus conciencias. Aquellas manos sarmentosas y aparentemente frágiles no volverían a firmar sentencias de muerte, de destierro o de encarcelamiento. Sin embargo, la obra realizada por el cardenal Richelieu iba a ser un día no muy lejano apreciada e incluso aplaudida por la posteridad.

Si bien el Edicto de Nantes de 1598 selló la paz entre católicos y protestantes, la Reforma produjo un gran impacto político y Richelieu ocupó el feudo hugonote de La Rochelle, en 1628.

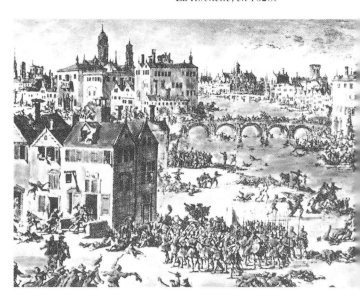

1585	5 de septiembre: Armand Jean du Plessis, futuro cardenal **RICHELIEU**, nace en París.
1607	Es consagrado obispo de Luçon. Obtiene el título de doctor en Teología.
1614	Es nombrado diputado del clero por el Poitou.
1616	Se le designa Secretario de Estado para la guerra.
1617	Se retira de la vida pública al ser recluida María de Médicis, madre del rey, en el castillo de Blois.
1620	Regresa a la corte llamado por Luynes, favorito de Luis XIII.
1622	Es designado cardenal.
1624	Pasa a presidir el Consejo Real.
1628	Ocupa La Rochelle, feudo de los hugonotes.
1629	Entra en vigor el Código Michau, mediante el cual se refuerza la autoridad regia frente a la nobleza.
1630	Está a punto de perder el favor real en la llamada *Journée des dupes.*
1632	Se enfrenta a una revuelta protagonizada por Montmorency.
1635	Funda la Academia Francesa.
1642	4 de diciembre: muere en París.

RENÉ DESCARTES
(1596-1650)

*C*onsideró Descartes que su pensamiento era dato suficiente que proclamaba sin duda su existencia, curiosa y pintoresca tesis a caballo entre un escolasticismo que detestaba y un programa nuevo del que no llegó a saberse fundador y que se llamó «idealismo». Más dudoso es aún su método, la llamada «duda metódica», que parece implicar una contradicción en sus propios términos; pero es que Descartes, filósofo genial, fue antes que nada hombre mundano, y como mundano y como hombre no pudo o no quiso desgajar del todo las limpias abstracciones de la inconfortable vida, y su mayor acierto fue encontrar acomodo para las ideas en un lugar insólito y provisional: en el cuerpo, en la historia, en la biografía.

En manos de los jesuitas

Nació el francés René Descartes como hijo de un consejero del Parlamento de Rennes que amaba las letras. Se crió como un buen burgués pese a pertenecer a una noble familia de magistrados y cursó estudios con los jesuitas en el prestigioso colegio de La Fléche. Esta carrera duraba tres años: en el primero se leía y comentaba la *Lógica* de Aristóteles y la *Introducción* de Porfirio, entre otros libros; en el segundo se estudiaba la *Física* y la *Matemática* del filósofo ateniense, y el último se dedicaba a la *Metafísica* aristotélica. La orden de Loyola imponía claramente tanto el procedimiento de la enseñanza como la estricta ortodoxia de los contenidos que allí se impartían. Durante el desarrollo de una clase, el profesor dictaba y explicaba a Aristóteles o a Santo Tomás; en la glosa de alguna parte de sus tratados aislaba y discutía un problema conceptual, la *quaestio*, desmenuzaba sus partes y, procediendo por silogismos, probaba su verdad. Por su parte, los alumnos venían obligados a actuar de igual modo en disputas y argumentaciones que en algunos

René Descartes (arriba en un retrato de Frans Hals, Museo del Louvre, París), matemático y filósofo, hizo de la duda metódica el punto de partida para un sistema filosófico cuyo objetivo último es la certeza de la verdad. "Cogito, ergo sum, pienso, luego soy" ha sido la frase mágica que, según sus propias palabras constituyó "el primer principio de la filosofía que andaba buscando". Una filosofía que abarca todas las ciencias, como "un árbol, cuya raíz es la metafísica, cuyo tronco es la física, y las ramas que salen de ese tronco, todas las demás ciencias, que, en lo esencial, se reducen a tres: medicina, artes mecánicas y moral".

casos eran públicas y constituían un auténtico espectáculo donde se derrochaba convencional ingenio y florida oratoria. Además, en los estatutos de la Compañía de Jesús quedaba así mismo perfectamente estipulado todo aquello y sólo aquello que debía enseñarse: «Cuiden los maestros de no apartarse de Aristóteles, a no ser en lo que haya de contrario a la fe o a las doctrinas universalmente recibidas; nada se defienda ni se enseñe que sea contrario, distinto o poco favorable a la fe, tanto en filosofía como en teología.»

El aventajado discípulo que fue René Descartes se formó generosa opinión de sus maestros, como así lo expresa en una significativa carta a un amigo, pero realizó su aprendizaje con profundas reservas y ya en edad madura se apartó de manera más decisiva de lo que él mismo supuso de la rígida doctrina de sus mentores, y aun de todos sus contemporáneos, razón por la cual no dejaría de tener algún desagradable tropiezo con los celosos inquisidores católicos.

Al calor de la estufa

Al terminar su formación su familia quiso que se dedicara al ejercicio de las armas. Descartes pasó un tiempo primero en Rennes y luego en París, donde, perdido el primer entusiasmo por las armas, llevó una vida más o menos disoluta, hasta que se enroló como voluntario en el ejército del príncipe Mauricio de Nassau. En los años siguientes estaría al servicio del duque de Baviera y del conde de Bucquoy y durante esta época viajó por casi todos los países europeos. En medio de este peregrinaje, apartado del estruendo de las batallas, comenzó a intuir los principios de su inédito método de filosofar. Ya durante sus años de juventud, la rigidez de la escolástica le había provocado una antipatía visceral, pues, aunque siguiera con brillantez los estudios, no veía que la filosofía antigua ofreciera el verdadero método para la conquista de la verdad. Los instrumentos de análisis que manejaba el pensamiento escolástico ortodoxo se le antojaban a todas luces insuficientes y parciales, y, además, había llegado a la conclusión de que resultaban contaminados y distorsionados durante la enseñanza. Las matemáticas, por contra, sí habían despertado su interés «a causa de la certeza y evidencia de sus razones»; en las demostraciones matemáticas, la verdad brillaba sin dejar lugar a dudas. A Descartes le extrañaba que «sobre fundamentos tan firmes y sólidos no se hubiese edificado algo más sólido» y se propuso trasladar el razonamiento matemático a todos los demás terrenos del pensamiento: «Estas largas cadenas de razones, tan sencillas y fáciles, de que los geómetras acostumbran a servirse para llegar a sus más complicadas demostraciones, me habían dado ocasión de pensar que todas las cosas que pueden caer

Descartes (abajo en un grabado de la época pisando un infolio de Aristóteles) sentó la filosofía sobre nuevas bases introduciendo en ella los métodos de razonamiento deductivo propios de la geometría. Partió del principio de la incertidumbre de los datos del mundo sensible y, haciendo de la duda sistemática el fundamento de su método, halló una certeza irrefutable en la conciencia de existir como ser que duda.

En 1649, la reina Cristina de Suecia invitó a Descartes a su corte y el filósofo, sensible al prestigio que significaba su relación con la soberana sueca, respondió afirmativamente al requerimiento que ésta le hacía. En octubre de ese mismo año fue a Estocolmo, donde, a pesar de ser recibido por los gramáticos de la corte y tratado con gran deferencia, Descartes se sintió al principio incómodo y más tarde aburrido. Poco después, el rigor del invierno sueco y las intempestivas horas que la reina dedicaba a la filosofía acabaron con él. Cristina de Suecia recibe a Descartes, detalle de un óleo de P. Dumesnil, Versalles.

bajo el conocimiento humano se entrelazan de la misma manera, y que con tal de abstenerse de tomar ninguna por verdadera que no lo sea y que se tenga cuidado de seguir el orden conveniente en el deducir las unas de las otras, no habrá ninguna tan remota a la cual al fin no se llegue, ni tan oculta que no se descubra.»

En 1629 trasladó su residencia a los Países Bajos, donde moraría durante veinte años y donde dio a la imprenta sus principales obras: *El Discurso del método, Dióptrica, Meteoros*, y *Geometría* en 1637; *Meditaciones metafísicas* en 1641; *Principios de filosofía* en 1644; *Tratado de las pasiones humanas* en 1650. Celebrado por ilustres adeptos, sus ideas se hicieron sospechosas para el rector Voetius, que lo acusó de ateísmo y

calumnia. Contrariado Descartes por esta condena, aceptó la hospitalidad de la reina Cristina de Suecia en 1649, pero al cabo de doce meses los rigores del clima y una pulmonía acabaron con su vida a los cincuenta y tres años. Trasladados sus restos a París en 1667, durante su inhumación en la parisina iglesia de Santa Geneviève du Mont le fue prohibido al padre Lallemand, canciller de la universidad, pronunciar su elogio fúnebre. Sus libros fueron incluidos en el Índice de obras prohibidas por la Iglesia Católica.

No obstante, siglos después, aún emociona leer en su influyente *Discurso del método* cómo se produjo en él la revolucionaria iluminación que transformó la filosofía del porvenir cierta jornada invernal, exactamente el 10 de noviembre de

1619, cuando se hallaba, según cuenta él mismo, «en un lugar en donde, no encontrando conversación alguna que me divirtiera y no teniendo tampoco, por fortuna, cuidados ni pasiones que perturbaran mi ánimo, permanecía el día entero solo y encerrado junto a una estufa».

Y así mismo aún resulta perturbadora y estimulante su extraña argumentación y su vago epigrama: «Considerando que todos los pensamientos que nos vienen estando despiertos pueden también ocurrírsenos durante el sueño, sin que ninguno entonces sea verdadero, resolví fingir que todas las cosas que hasta entonces habían entrado en mi espíritu no eran más verdaderas que las ilusiones de mis sueños.

»Pero advertí luego que, queriendo yo pensar de esa suerte que todo es falso, era necesario que yo, que lo pensaba, fuese alguna cosa; y observando que esta verdad: 'yo pienso, luego soy', era tan firme y segura que las más extravagantes suposiciones de los escépticos no son capaces de conmoverla, juzgué que podía recibirla, sin escrúpulo, como el primer principio de la filosofía que andaba buscando». La humanidad no ha dejado de repetir desde entonces, interpretándolo cada cual a su aire, el feliz silogismo. Así este insigne filósofo, que ha dado nombre a un adjetivo, «cartesiano», con el significado de metódico, y que gustó de la vida placentera, en sus períodos de gran concentración dio forma a toda la filosofía futura.

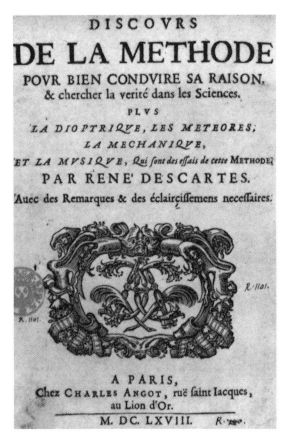

Portada de una de las primeras ediciones del Discurso del Método, *de Descartes, que se halla en la Biblioteca Nacional de París. La obra fue publicada por primera vez en 1637 en Leiden, Holanda.*

1596	Nace **René DESCARTES** en La Haya, localidad de la Turena.
1604	Ingresa en el colegio de La Flèche, regentado por los jesuitas.
1617	Se alista voluntario en el ejército de Mauricio de Nassau.
1629	Se traslada a los Países Bajos, donde permanecerá veinte años.
1637	Publica el *Discurso del método*, prefacio a *Dióptrica, Meteoros y Geometría*.
1641	Publica *Meditaciones metafísicas*.
1644	Publica en latín *Principia philosophiae*.
1649	Publica *Pasiones del alma*. Es requerido a su corte por la reina Cristina de Suecia.
1650	11 de febrero: muere en Estocolmo a consecuencia de una pulmonía.

OLIVER CROMWELL
(1599-1658)

«**D**epende de mi voluntad el convocar Parlamentos, así como permitir que celebren sesiones o bien disolverlos; y según los frutos que den, consentiré o no que prosigan sus tareas. No toméis esto como una amenaza, pues nunca amenazo a los que no son mis iguales». Con estas palabras se dirigió el rey inglés Carlos I a la Cámara de los Comunes en 1625, poco después de acceder al trono. En Inglaterra, el Parlamento se alzaba frente al poder casi absoluto de los monarcas como un eficaz contrapeso. Enrique VIII lo había tenido siempre de rodillas ante su despótica voluntad, e Isabel I tuvo la habilidad de manejarlo conforme a sus deseos. Pero Carlos I no contaba ni con la inteligencia de Isabel ni con la fortaleza de Enrique.

Además de con un Parlamento receloso, el nuevo monarca tuvo que enfrentarse con otros dos graves problemas. Primero, el auge de los puritanos, protestantes exacerbados que se declaraban enemigos no sólo de los papistas y de la Iglesia de Roma, sino también de la Anglicana, cuyo jefe y cabeza era el propio soberano. Se preciaban de observar una religión más pura que la del Estado y clamaban contra el lujo despótico de los obispos, exigiendo lisa y llanamente la abolición del episcopado. Otro espinoso asunto era el financiero, pues Inglaterra estaba en guerra con España, las arcas se encontraban vacías y el gobierno necesitaba dinero a toda costa.

Un oscuro puritano

Entre 1625 y 1629 Carlos I convocó al Parlamento tres veces, sin conseguir en ninguna de ellas que los parlamentarios se inclinasen ante sus deseos. En la última ocasión, las sesiones no se prolonga-

ron más allá de mes y medio, pues el monarca ordenó la disolución casi inmediatamente. Fue en este tercer Parlamento, el 11 de febrero de 1629, cuando habló por primera vez en la cámara un diputado de treinta años, mal vestido y peor orador, llamado Oliver Cromwell. Había nacido en Huntingdon el 25 de abril de 1599, hijo de una familia de modestos terratenientes, y descendía de Thomas Cromwell, el famoso ministro de Enrique VIII que con su maquiavélica actuación había contribuido decisivamente un siglo antes a la ruptura entre Inglaterra y Roma. Oliver era un puritano rudo y austero, empapado en los estudios bíblicos e inflamado de odio contra los católicos y los anglicanos. Con dieciséis años había ingresado en la Universidad de Cambridge, pero no destacó en los estudios. Luego, al morir su padre, y al ser el único varón, tuvo que hacerse cargo del patrimonio familiar. Casado a los veintiún años con la hija de un magistrado, tuvo nueve hijos y parece ser que durante toda su vida fue un buen esposo y un buen padre. Elegido diputado por Huntingdon, su primera intervención ante el Parlamento no fue por asuntos políticos, sino religiosos: acusó a un obispo anglicano de mostrarse excesivamente indulgente ante un despreciable predicador papista. Ni su elocuencia ni su aspecto llamaron la atención. Hablaba torpemente, sus facciones eran vulgares y sus ojos carecían por completo de expresión.

Cuando el rey disolvió el tercer Parlamento, Cromwell regresó a sus tierras discretamente. Durante los once años que Carlos I gobernó sin el auxilio de los diputados, él se mantuvo al margen de la política y pagó religiosamente sus impuestos. La arbitrariedad monárquica fue en aumento mientras en todo el país surgían ligas, asociaciones y sectas que defendían la libertad religiosa, los derechos de los ciudadanos y la validez del Parlamento. Por fin, en abril de 1640, el rey convocó de nuevo a los diputados. Cromwell regresó a su escaño y sus intervenciones versaron de nuevo sobre temas religiosos, llegando a presentar un proyecto para la abolición del episcopado. Una vez más, sus arengas y sus iniciativas fueron ignoradas.

La guerra civil

Los parlamentarios volvieron a resistirse a las pretensiones del soberano. Carlos, que tenía muy poco carácter y menos habilidad, en un alarde de orgullosa energía decidió contraatacar y acusó de traición a cinco importantes diputados, dirigiéndose al Parlamento para proceder a su detención. Ante las puertas de la institución su atrevimiento vaciló; prefirió dejar su escolta fuera y penetró solo en la Cámara de los Comunes, pidiendo al presidente que le entregara a los acusados. La simbólica bofetada que recibió entonces no pudo ser más teatral: el presidente se hincó de rodillas ante él y con palabras tan humildes como decididas se negó a acatar su voluntad. El monarca abandonó airado la sala resuelto a imponerse a aquella gente que osaba alardear de un poder superior al suyo. Ocho días después abandonó Londres y el 22 de agosto de 1642 enarboló el estandarte real en Nottingham. Había dado comienzo la guerra civil.

El Parlamento aceptó el reto y se dispuso a organizar un ejército. La hora de Cromwell había llegado. Si bien no era un buen orador, pronto se reveló como un sobresaliente hombre de acción. Inmediatamente comenzó a reclutar y a instruir voluntarios, interesándose más por la calidad de sus tropas que por su número. Quería soldados de profundas convicciones puritanas, que luchasen por un ideal y se sintieran identificados con sus jefes. Nombrado primero capitán y luego coronel por el Parlamento, Cromwell empezó a destacar en el campo de batalla al mando de sus soldados, conocidos con el nombre de *Ironsides* (Costillas de Hierro).

Concluido un acuerdo entre el Parlamento y los presbiterianos escoceses, según el cual éstos entraban en la guerra al lado de los diputados, Cromwell fue ascendido al grado de teniente general y fue el artífice de la gran victoria de Marston Moor en 1644, que consolidó la pérdida del norte de Inglaterra para la causa realista. Sin embargo, pronto advirtió que aquel triunfo no era suficientemente explotado, llegando a la conclusión de que era preciso desvincular la actividad bélica del excesivo control político por parte del Parlamento. En consecuencia, su actividad tendió a reorganizar las fuerzas armadas y a la creación de un ejército de nuevo cuño, mandado oficialmente por el conde de Manchester pero del cual él era jefe en la sombra. El éxito de estas

Oliver Cromwell, oscuro puritano descendiente de Thomas Cromwell, que un siglo atrás había promovido el cisma entre Inglaterra y el Vaticano, fue, desde 1642, el catalizador de profundos cambios en la estructura social del país, que cimentaron la nueva Inglaterra. Abajo, óleo de Peter Lely, Galería Pitti, Florencia.

fuerzas en la batalla de Naseby precipitó la aniquilación de los realistas, la captura de Carlos I y el fin de las hostilidades. En 1646, Cromwell era el militar más famoso de Inglaterra y, ya en plena madurez, manifestaba un talento insospechado.

Cromwell, Lord Protector

El verdadero Cromwell comenzó a revelarse a partir de entonces. No sólo era resuelto y decidido en el campo de batalla, sino que como político iba a hacer gala de una sinuosidad y una astucia incomparables. Durante los años siguientes, Cromwell ligó su destino al del ejército que había creado y empezó a distanciarse del Parlamento, que veía cómo la poderosa máquina de guerra creada para luchar contra el rey, dirigida con férrea mano por su general en jefe, se volvía en su contra. La primera medida de Cromwell fue la expulsión forzosa de la Cámara de los Comunes de aquellos diputados que habían colaborado con la monarquía. Luego creó un tribunal para juzgar al soberano, el cual se negó rotundamente a defenderse de los cargos que se le imputaban y fue víctima del hacha del verdugo el 30 de enero de 1649. Recién decapitado el rey, la Cámara de los Lores fue abolida y se declaró extinguida la monarquía.

La nueva república, llamada *Commonwealth*, estaba rodeada de enemigos, de los que Cromwell, incontestable cabeza de su ejército, dio buena cuenta entre 1649 y 1653. Sus tropas intervinieron en Irlanda, invadieron Escocia y aplastaron los últimos reductos realistas en Worcester. Luego pusieron su mirada en el Parlamento, que, a pesar de ser una caricatura de sí mismo tras las purgas promovidas por Cromwell, se resistía a obedecer las órdenes de aquel rey sin corona como antes se había opuesto a los designios de Carlos I. Los diputados propusieron abolir el cargo de generalísimo, pero Cromwell no estaba dispuesto a convertirse en un militar retirado: el 20 de abril de 1653 se presentó de improviso en la Cámara y la desalojó a empellones. Días después era proclamado Lord Protector de la República de Inglaterra, Escocia e Irlanda, con trata-

miento de alteza. Su mandato, que duraría cinco años, iba a ser de hecho una dictadura militar.

Control absoluto

Cromwell fue temido y respetado en las principales capitales de Europa, y durante su mandato Inglaterra recobró la importancia que había tenido con anterioridad al siglo XVII. El Lord Protector puso fin a la guerra con los Países Bajos en términos muy ventajosos y se alió con Francia para continuar la lucha contra España, frente a la que siempre sintió una animadversión visceral. En el interior, declaró obligatorios los impuestos que estimó necesarios para sus empresas militares, creó un ejército permanente de 40.000 hombres y dirigió una eficacísima policía política digna de un Richelieu, el taimado cardenal francés. Aunque ansiaba la corona, su austeridad puritana le obligó a rechazarla cuando un dócil Parlamento, no elegido sino designado por él, se la ofreció llamándolo Padre de la Patria. No obstante, admitió nombrar sucesor a su hijo Richard.

El pueblo vio con recelo el poder militar que se le imponía. Lejos de aclamar a Cromwell, las gentes se sintieron desoladas por sus asfixiantes medidas de rigor y sobriedad. El teatro fue prohibido, así como las fiestas populares, las tabernas, el vestir ostentoso, los deportes y los juegos públicos. Una tediosa monotonía fue impuesta por el terror de un sistema policíaco que cortó de raíz toda sombra de protesta.

Este estado de cosas se mantuvo hasta la muerte de Cromwell, acaecida el 3 de septiembre de 1658. Con su desaparición, el edificio de la república se derrumbó como un castillo de naipes. Richard Cromwell, que no tenía ni el prestigio ni el genio de su padre, renunció a sucederlo. Siguió un confuso período de sordas luchas entre distintos caudillos hasta que uno de ellos, llamado Monck, interpretó certeramente los anhelos de paz y libertad del pueblo y convocó un nuevo Parlamento que no tardó en llamar al trono al hijo de Carlos I. Sin embargo, Oliver Cromwell había dejado en su país una huella indeleble y creado los cimientos de una nueva Inglaterra.

Durante los cinco años que duró la Commonwealth, *república instituida por Oliver Cromwell tras la decapitación de Carlos I, Inglaterra vivió un régimen de terror y oscurantismo. A causa de su exacerbado puritanismo, el Lord Protector de la República no sólo rechazó la corona (arriba), sino que prohibió las fiestas populares, las tabernas, los deportes y los juegos públicos.*

1599	25 de abril: nace **OLIVER CROMWELL** en Huntingdon.
1620	Contrae matrimonio con Isabel Bourchier, hija de un magistrado.
1628	Es elegido miembro del Parlamento por primera vez.
1640	Presenta en la Cámara de los Comunes un proyecto para la abolición del episcopado.
1642	Comienza la guerra civil entre parlamentarios y realistas. Cromwell es nombrado capitán.
1643	Asciende a coronel de las tropas parlamentarias.
1644	Consigue la victoria en la batalla de Marston Moor.
1647	Convertido en virtual jefe del ejército, aprueba la expulsión de los diputados colaboracionistas.
1649	30 de enero: el rey Carlos I es ejecutado. Se proclama la república. Cromwell, cabeza del ejército, emprende las campañas de Irlanda y Escocia.
1653	20 de abril: irrumpe en la Cámara de los Comunes. Es proclamado Lord Protector de la República de Inglaterra, Escocia e Irlanda.
1654	Por el tratado de Westminster, pone fin a la guerra con los Países Bajos.
1655	Rechaza la corona y nombra sucesor en la persona de Richard Cromwell, su tercer hijo.
1658	3 de septiembre: muere en Londres.

DIEGO DE SILVA VELÁZQUEZ
(1599-1660)

Se dice que este retrato de Velázquez (Galería Pitti, Florencia) es en realidad un autorretrato. Esta duda sobre la autoría de la obra no es mayor que los claroscuros que envuelven la compleja psicología de este hombre de melancólica mirada.

Maestro sin par del deleitoso arte pictórico, el sevillano Diego Velázquez adornó su carácter con una discreción, reserva y serenidad tal, que, si bien mucho se puede decir y se ha dicho sobre su obra, poco se sabe y probablemente nunca se sabrá más sobre su psicología. Joven disciplinado y con-

cienzudo, no debieron de gustarle demasiado las bofetadas con que salpimentaba sus enseñanzas el maestro pintor Herrera el Viejo, con quien, al parecer pasó una breve temporada, antes de adscribirse, a los doce años, al taller de ese modesto pintor y excelente persona que fuera Francisco Pacheco. De él provienen las primeras noticias, al tiempo que los primeros encomios, del que sería el mayor pintor barroco español y, sin duda, uno de los más grandes artistas del mundo en cualquier edad.

La mirada melancólica

Fue Diego hijo primogénito de un hidalgo no demasiado rico perteneciente a una familia oriunda de Portugal, tal vez de Oporto, aunque ya nacido en Sevilla, llamado Juan Rodríguez, y de Jerónima Velázquez, también mujer de abolengo pero escasa de patrimonio. En el día de su bautismo, Juan echó las campanas al vuelo, previo pago de una módica suma al sacristán, convidó luego a los allegados a clarete y a tortas de San Juan de Alfarache y entretuvo a la chiquillería vitoreante con monedas de poco monto que arrojó por la ventana. No le había de defraudar este dispendio y estos festejos el vástago recién llegado, que se mostró dócil a los deseos paternos durante su infancia e ingresó en el taller de Francisco Pacheco sin rechistar.

El muchacho dio pruebas precocísimas de su maña como dibujante y aprendía tan vertiginosamente el sutil arte de los colores que el bueno de Pacheco no osó torcer su genio y lo condujo con suavidad por donde la inspiración del joven lo llevaba. Entre maestro y discípulo se estrechó desde entonces una firme amistad basada en la admiración y en el razonable orgullo de Pacheco y en la gratitud del despierto muchacho. Estos lazos terminaron de anudarse cuando el viejo pintor se determinó a otorgar la mano de su hija Juana a su aventajado alumno de diecinueve años.

Sobre las razones que le decidieron a favorecer este matrimonio escribe Pacheco: «Después de cinco años de educación y enseñanza le casé con mi hija, movido por su virtud, limpieza, y buenas partes, y de las esperanzas de su natural y grande ingenio. Y porque es mayor la honra de maestro que la de suegro, ha sido justo estorbar el atrevimiento de alguno que se quiere atribuir esta gloria, quitándome la corona de mis postreros años. No tengo por mengua aventajase el maestro al discípulo, ni perdió Leonardo de Vinci por tener a Rafael por discípulo, ni Jorge de Castelfranco a Tiziano, ni Platón a Aristóteles, pues no le quitó el nombre de divino.»

A la conquista de la corte

Pronto se le hizo pequeña Sevilla a Velázquez e intentó ganar una colocación en la corte, donde se había instalado recientemente Felipe IV, rey de pocas luces diplomáticas aunque muy aficionado a las artes y que con el tiempo llegaría a sentir por el pintor una gran devoción y hasta una rara necesidad de su compañía. En su primer viaje a Madrid no tuvo suerte, pues tenía menester de muchas recomendaciones para acceder a palacio y volvióse a su tierra natal sin haber cosechado el

A Diego de Silva Velázquez le hubiese bastado con pintar sólo Las Meninas *(abajo, detalle de este cuadro, Museo del Prado, Madrid) para ser considerado el mejor pintor del barroco español y uno de los más grandes pintores de todos los tiempos. Al realizar este magnífico lienzo, en el que se pintó a sí mismo retratando a Felipe IV y Mariana de Austria, Velázquez propuso al espectador una reflexión acerca del hecho de pintar.*

A pesar del expresivo carácter de las figuras y la detallada naturaleza muerta que las rodea, producto de la influencia de Ribera, algunos críticos consideran Los Borrachos *(Museo del Prado, Madrid) como una pintura en la que aún no se refleja el verdadero estilo de Velázquez. Es, no obstante, el primer gran cuadro de tema mitológico del pintor sevillano que toma el asunto dedicado a Baco como punto de partida para plasmar las francachelas populares, tan propias del reinado de Felipe IV.*

menor éxito. Hubiera sido una verdadera lástima que su protector y suegro no le hubiese encarecido y animado a intentarlo de nuevo al año siguiente, porque de otro modo el prometedor Diego hubiera quedado confinado en un ambiente excesivamente provinciano, ajeno a los nuevos aires que circulaban por los ambientes cosmopolitas de las cortes de Europa. En Sevilla, durante lo que se ha dado en llamar, con artificio erudito de historiador, su primera época, aunque la obra de Velázquez es el resultado de una búsqueda incesante, su estilo sigue al de los manieristas y los estudiosos del arte veneciano, como Juan de Roelas, pero adoptando los claroscuros impresionantes de Caravaggio, bien que esta última influencia haya sido discutida. No obstante, Velázquez se decantará pronto por un realismo barroco, seguido igualmente por Zurbarán o Alonso Cano, audaz y

estremecido, grave y lleno de contrastes. Dicho realismo, en su vertiente más popular, había sido frecuentado por la literatura de la época y ese mismo aire de novela picaresca aparece en los *Almuerzos* que guardan los museos de Leningrado y Budapest, así como en el *Trío musical* de Berlín, donde, sin embargo, desaparece el humor para concentrarse el tema en la descripción de la maltrecha dignidad de sus protagonistas. Más curioso es aún cómo, también por aquella época, utiliza los encargos de asuntos religiosos para arrimar el ascua a su sardina y, dejando en un fondo remoto el episodio que da título al cuadro, pasa a un primer plano de la representación rudos personajes del pueblo y minuciosos bodegones donde se acumulan los objetos de la pobre vida cotidiana. Es el caso de *Cristo en casa de Marta y María*, cuadro en el que adquiere plena relevancia la cocina y sus habitantes, el pescado, las vasijas, los elementos más humildes.

El Museo del Prado guarda igualmente pinturas del período sevillano, como el espléndido lienzo *La adoración de los Reyes Magos*, fechado en 1619, poco después de su matrimonio y de que Juana le diese descendencia, y donde se ha querido ver, sobre todo en los rasgos infantiles del Niño Jesús, un homenaje a su familia y un hálito de la felicidad del flamante padre.

Es seguro, por lo demás, que los Reyes Magos son auténticos retratos, no idealizaciones más o menos convencionales, y en ello se revela también la verdadera vocación de quien sería el más grande retratista de su tiempo. En su segunda intentona en Madrid, ya convenientemente pertrechado de avales, recibió Velázquez las mercedes y favores del conde duque de Olivares, quien le consiguió su gran oportunidad al recomendarle para que hiciera un retrato del nuevo monarca.

Felipe IV quedó tan complacido por esta obra que inmediatamente lo nombró pintor de la corte, obligando a Velázquez a trasladar su residencia a la capital y a vivir en el Palacio Real. En sus primeros años madrileños el artista fue sustituyendo sus característicos tonos terrosos por una insólita gama de grises que con el tiempo sería su recurso más admirable y un vivo exponente de su genio sutil.

La impresión del paisaje

En 1627 pinta Velázquez su primer gran cuadro de tema mitológico, llamado *Los borrachos*

La Venus del espejo *(National Gallery, Londres) es uno de los escasos desnudos de la pintura española del siglo XVII. Velázquez lo realizó cuando había alcanzado la madurez de su arte y, como en* Las Meninas, *el juego del espejo que propone resulta enigmático, quizás debido a la identidad de la mujer que le sirvió de modelo, que, al parecer, fue la bella actriz Damiana, amante del marqués de Heliche, o bien su propia amante, la pintora italiana Lavinia Triunfi, o, incluso, el hermafrodita Borghese.*

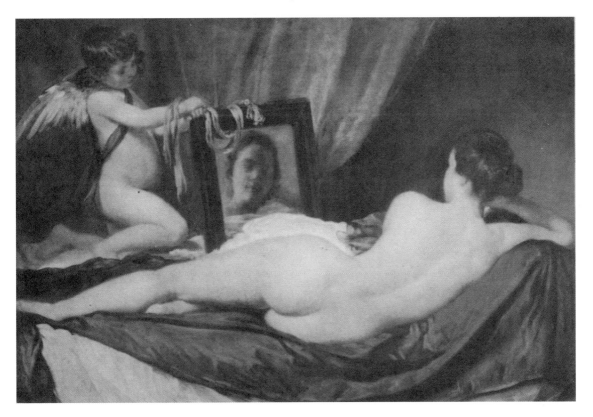

porque el asunto dedicado a Baco se convierte en sus manos en una estampa de las francachelas populares de la época; al año siguiente llega a Madrid Rubens, con quien mantuvo una buena y leal amistad, quien le recomienda que no deje de visitar Italia, donde su arte podrá depurarse y ennoblecerse. Empeñado desde entonces en ello, consigue, tras mucho insistir, licencia del rey, y saliendo del puerto de Barcelona desembarca en Génova en 1629. Visita Verona, Ferrara, Loreto, Bolonia, Nápoles y Roma, sin apenas pintar nada, pero estudiándolo todo, memorizando gamas de colores, audaces composiciones, raras atmósferas, luces insólitas.

Probablemente entonces, aunque hay quien sostiene que fue en su segundo viaje a Roma, pinta las maravillosas *Vistas del jardín de la Villa Médicis en Roma*. En estos deliciosos parajes vivió el español gracias a la recomendación de su embajador y, allí, al aire libre, tomó sus apuntes geniales. Son, en realidad, paisajes románticos, melancólicos, intemporales, casi impresionistas por su libertad de trazo pese a ser en más de dos siglos anteriores a los cuadros de ese estilo, y quizás aún más perfectos en la captura del instante luminoso huidizo, del aire limpio y quieto apresado por la tupida vegetación y la escenográfica arquitectura. Y lo más asombroso es que estas imágenes que hoy conserva el Museo del Prado, inolvidables cuando se han visto una sola vez, fueron pintadas como al desgaire, como ejercicio ocioso y gratuito, sobre pequeños lienzos que no alcanzan el medio metro de alto y poco menos de ancho, pero que resumen, con impecable evidencia, la suprema sabiduría alcanzada en aquellos años por Velázquez.

Bien es cierto que, a su regreso a España, realizó obras de mayor envergadura y empaque, como *La rendición de Breda*, también conocida por «Las lanzas», pero en esta pintura de compromiso, terminada en 1635 para el Salón de los Reinos en el recién inaugurado Palacio del Buen Retiro, también conmueve más lo anecdótico que la pomposa rememoración del pasado triunfo de un predecesor de Felipe IV.

Durante los años treinta y cuarenta del siglo fue Velázquez el pintor no sólo de su abúlico rey, sino de las «sabandijas de palacio», de los bufones como el Bobo de Coria, el Primo y el Niño de Vallecas, y después de su segundo viaje a Italia para comprar obras de arte en nombre de Su Majestad, su paleta produjo tres obras maestras insuperables y sumamente conocidas. La *Venus del espejo*, conservada en la National Gallery de Londres, es célebre por ser uno de los pocos desnudos de autor español de la época que se han conservado, aunque se le supongan hasta tres más al pintor sevillano, para el cual tal vez sirviera de modelo la escandalosa y bella actriz Damiana, amante del alocado marqués de Heliche. Para la realización de *Las Hilanderas*, radicada actualmente en el Museo del Prado, Velázquez plantó su caballete en la Fábrica de Tapices de la calle de Santa Isabel de Madrid y la representación del momento irrepetible de las mujeres alrededor de la rueca giratoria hizo pronto olvidar que se trataba de un tema mitológico, acaso la fábula de Palas y Aracne, creyéndose desde antiguo que se trataba de un cuadro de género. En *Las Meninas*, como todo el mundo sabe, el espectador ocupa ilusoriamente el lugar de los retratados, el lugar de los reyes, y este hecho ha dado pábulo a incesantes especulaciones.

Por empeño personal de Felipe IV, Velázquez recibiría, un año antes de morir en Madrid el 6 de agosto de 1660, la preciada distinción de caballero de la Orden de Santiago, un honor no concedido nunca ni antes ni después a pintor alguno.

Y aunque, al demoler la iglesia, nadie recordaba que sus restos habían sido sepultados en la Parroquia de San Juan Bautista cuando en 1990 se organizó una magna retrospectiva de su obra en el Museo del Prado, miles y miles de personas llegadas de todos los puntos cardinales afluyeron incesantemente para reír el gesto idiota del bufón Calabacillas, admirar la pincelada que plasma el vestido de una infanta, interrogar la estampa ecuestre del conde duque de Olivares y respirar el aire penumbroso del siglo XVII aquietado e inmortalizado en los cuadros de Velázquez.

La rendición de Breda, *cuadro también llamado* "Las lanzas" *(Museo del Prado, Madrid), es, desde el punto de vista técnico, un prodigio de composición pictórica y, desde el punto de vista conceptual, la exposición clara de la idea de Velázquez de humanizar y dignificar a sus personajes. Inspirándose en un grabado de Bernard Salomón, Velázquez, que aparece junto al caballo de la derecha, recreó el momento en que Justino de Nassau entrega las llaves de Breda al general vencedor, Ambrosio de Spínola.*

1599	6 de junio: es bautizado en Sevilla **DIEGO DE SILVA VELÁZQUEZ.**
1611	Su padre lo confía como aprendiz al maestro pintor Francisco Pacheco.
1617	En marzo pasa el examen de los veedores del gremio de pintura en Sevilla.
1618	En abril se casa con Juana Pacheco, hija de su maestro.
1623	Es nombrado pintor de cámara del rey Felipe IV.
1629	Inicia su primer viaje a Italia, donde permanecerá hasta 1631.
1635	Termina su mayor lienzo: *La rendición de Breda.*
1649	En enero inicia su segundo viaje a Italia, de dos años y medio de duración, con objeto de adquirir obras de arte para la colección real.
1656	Pinta *Las Meninas.*
1659	Es nombrado caballero de la Orden de Santiago, siendo el único pintor que ha recibido tan alta distinción.
1660	6 de agosto: fallece en Madrid.

REMBRANDT VAN RIJN
(1606-1669)

*H*e aquí dos episodios de lo que ha llegado a convertirse en una auténtica leyenda donde ha florecido el mito universal del artista como genio desdichado: la vida de Rembrandt.

En el primero vemos al encumbrado pintor, residente en la bella mansión de la Sainte Antoine Breestrat de Amsterdam, recién casado con una opulenta joven de veinte años, dibujando a su esposa con devoción de enamorado, haciéndola posar incansablemente como Flora, como Danae, como ella misma, reproduciendo sus carnes

Rembrandt, el llamado "maestro de la luz", debió a la pasión y sinceridad con que practicó su arte tanto la opulencia como su extrema pobreza. Sus cuadros están dotados de una sutil atmósfera que parece reflejar el misterioso destino de cada hombre. Abajo, Autorretrato *(Wallace Collection, Londres).*

acostumbradas a la molicie con manchas luminosas, tiñendo su labios rosados de una sensualidad provocativa.

En la segunda escena, muchos años después, el arruinado y postergado Rembrandt, tras haber vendido sus precarios bienes en almoneda, envuelto en vejatorios pleitos y en recriminaciones capciosas, habita en un mísero cuartucho del barrio de los buhoneros judíos. Sólo lo acompaña su fiel amante, la linda criada Hendrickje Stoffles, y, como cada poco tiempo, el pintor trabaja en un nuevo autorretrato donde se describe anciano, achacoso, con la nariz bulbosa, los ojos hinchados, los párpados en sombra, las mejillas blandurrias, los cabellos y el bigote enredados, el ceño y la frente fruncidos.

¿Qué ha ocurrido entre estos dos momentos, entre su eventual apoteosis allá por los años treinta del siglo XVII y su irónica y resignada decrepitud en los años sesenta de la misma centuria?

El hombre de las mil caras

Había nacido Rembrandt Harmenszoon van Rijn, hijo de un humilde molinero de Leyden, en los Países Bajos, en 1606, y contra su inapelable vocación se había matriculado en la prestigiosa universidad natal a los catorce años, abandonándola enseguida para entregarse en cuerpo y alma a la pintura. Más tarde estudió la técnica del claroscuro con Pieter Lastman, mantuvo estrechas relaciones con eruditos judíos y, tal vez, con el filósofo Spinoza; abrazó la fe anabaptista y se asoció en Amsterdam con el hábil comerciante en arte Henrich van Uylenburg. Su fama creció como la espuma en la capital holandesa al componer la *Lección de anatomía del doctor Tulp* en 1632, impresionante retrato colectivo de la corporación de cirujanos de Amsterdam en el que aparecía un cadáver sobre la mesa, el de un ajusticiado al que utilizó como modelo. En los años de prosperidad amasó una pequeña fortuna que resistía incluso su imprevisora prodigalidad, con la cual adquirió una hermosa casa y concertó un ventajoso matrimonio con la hija veinteañera de su acaudalado socio.

Desde muy joven pintó casi anualmente su autorretrato, de entre los que se conservan sesenta, y en ellos aparece a menudo disfrazado con ropajes exóticos, con adornos y peinados orientales, con falso *atrezzo* de guerrero o imponente cazador. En el primero que se conoce, fechado en 1621, se presenta como un joven señor de cabellera hirsuta, y en uno de los últimos se exhibe como un viejo payaso. Pese a los camuflajes y oropeles, su paleta es siempre sincera, despiadadamente delatora en los rostros, que muestran algo más que una velada psicología y alcanzan a describir misteriosamente el destino de cada hombre.

Cuando Rembrandt se pinta en edad dichosa, a los treinta y cuatro años, lo hace con cierta vanagloria, pero no oculta su incertidumbre, sus temores secretos. En esa pintura alojada hoy en la National Gallery de Londres apoyaba su brazo derecho en una balaustrada practicando un clásico juego de trampantojo, presentándose ilusoriamente como si saliera del cuadro, artificio ya empleado por Rafael en su *Castiglione* y por Tiziano en el retrato de un hombre desconocido que a la sazón pudo el pintor admirar en una colección privada de Amsterdam. Va vestido ricamente, con delicada camisa de batista, cuello de armiño y airoso sombrero negro; sus mejillas están aún tersas y su nariz menos gordezuela que como aparecerá comúnmente en el futuro; pero en sus ojos se inscribe desazonador un gesto indeciso entre la altanería y la reclamación de piedad y brillan con un titubeante orgullo melancólico.

Podría creerse que esta franqueza y esta lucidez en sus retratos la reservó exclusivamente para sus versátiles autorrepresentaciones, pero no sería cierto, porque, salvo en los casos de su adorado hijo Titus y de su servicial Hendrickje, Rembrandt es inclemente con sus modelos, e incluso ha legado a la posteridad la minuciosa descripción de los efectos que una devastadora efermedad causó en su esposa Saskia, con la que vivió ocho años. Ya desde el principio, cuando la muchacha cuenta sólo veintiún años, la pinta con las mejillas fláccidas y doble papada, con los senos rebosantes sobre el fajín ceñido, con la boca golosa y los ojos lánguidos. Pero no hay crueldad en ello, sino indagación abismada, asombro, inconformismo absoluto para con todo lo que no sea la verdad. Y dado que fatalmente la existencia humana condena a la usura de los años y de las penas, Rembrandt concluyó por preferir, contra sus evidentes intereses crematísticos, esos rostros elocuentes, ensombrecidos y surcados de arrugas de los miserables, de los ancianos y de los desheredados de la tierra. Pronto el pintor dejaría los encargos de sus clientes burgueses, vanidosos y bien alimentados, a sus discípulos, cuyos pinceles amanerados satisfacían a la perfección las exigencias de la época, para entregarse fervorosamente a la búsqueda, por las sórdidas callejuelas de los barrios pobres, de rostros donde se reflejaran tumultuosamente los pecados acumulados o la saña de los acontecimientos, no para complacerse morbosamente en la desdicha ajena sino para desenterrar e inmortalizar en todos sus modelos un sesgo inquebrantable de maltrecha dignidad.

En brazos de la dulce Hendrickje

De los cuatro hijos que le dio Saskia sólo sobrevivió su entrañable Titus, y el año de la muerte de su esposa, 1642, sufrió también su carrera un duro revés. El que es hoy uno de los más admirados cuadros del mundo, *Ronda nocturna*, fue rechazado por los que lo habían encargado. Quiso Rembrandt en esta pintura, según los historiadores del arte Galienne y Pierre Francastel, «transferir al retrato colectivo el principio de la iluminación difusa, cortada con sombras, que había dado renombre a sus pinturas religiosas, lo cual resultó un fracaso financiero: la compañía de guardias del capitán Banning Cocq, que debía asumir los gastos del cuadro, se negó, juzgando el conjunto oscuro y confuso, y los guardias que aparecen en la sombra se negaron también a pagar su parte».

Después de este incidente que deja bien a las claras el razonable conservadurismo del público así como la caprichosa y meritoria rebeldía y experimentación constante del artista, las contrariedades económicas se sucedieron en la vida de Rembrandt, condenado a subastar sus bienes en 1656 y a abandonar su confortable vivienda por un rincón de un sombrío barrio. Para colmo de males, uno de sus servidores, el turbulento y artero Geertje Dirck, haciendo leña sobre el árbol caído, extenuó con sucesivos pleitos el ya menguado patrimonio de Rembrandt, pero el testarudo pintor no dio su brazo a torcer y se refugió en los acogedores brazos de una mujer maravillosa, su dulce y solícita criada Hendrickje. Pese a las penurias materiales, es ahora cuando su arte fluye con mayor intensidad: retrata cariñosamente a su hijo Titus, dibuja sin descanso todo aquello que impresiona su retina, estampa insólitos y oscurísimos aguafuertes y revoluciona el género del paisaje dotándolo de una rara trascendencia. Y, mientras, subviene a sus pocos gastos poniendo su firma a cuadros de su taller.

Hendrickje Stoffles, la compañera de sus últimos años con quien no había contraído matrimonio a causa del testamento de Saskia, en el que estipulaba que en tal caso su cónyuge perdería su herencia en favor de su hijo, le sirve de modelo en numerosos cuadros de los que se enorgullecen hoy los mejores museos del mundo.

La hermosa muchacha tenía las manos finas, los pechos abundantes, la mirada cándida, los labios carmesí y el cuerpo estremecido en el retrato que conserva la National Gallery de Londres. Tiene allí apenas veinte años y su cuerpo se cubre con una tela blanca, deslumbrante, mientras su mano izquierda —un cambio de idea del pintor, pues originalmente, como revelan las radiografías, las dispuso entrelazadas sobre la falda— se esconde entre los ropajes apoyada sobre el vientre, el mismo vientre que daría a Rembrandt una hija, Cornelia.

La casta Susana

Con todo esto se advierte a las claras que Rembrandt pagó onerosamente en sus últimos años su osadía y su independencia, hasta el punto de que pueda incluso hablarse de una auténtica autoinmolación, puesto que acabó por morir en la pobreza en un oscuro rincón olvidado.

No obstante, de nuevo podemos imaginarlo anciano y harapiento pero satisfecho infinitamente por una pequeña pintura de 1664, también conservada en la National Gallery londinense, tal vez un mero boceto para el equívoco tema de *Susana y los viejos*. Como se sabe por el capítulo XIII del bíblico Libro de Daniel, Susana es espiada mientras se baña por un par de viejos sinvergüenzas, que más tarde le exigen impúdico comercio, mas como la joven se resiste la acusan en la Asamblea de haberse entregado a actos impuros, pecado castigado con la muerte. Sólo gracias a la providencial intervención de Daniel, que practica un sagaz interrogatorio por separado de los dos acusadores, avanzándose en miles de años a las técnicas policíacas modernas, hasta hacerlos incurrir en contradicciones, la muchacha se salva de una ejecución infausta.

Este tema bíblico tan recurrente y sugestivo en la historia de la pintura debía serle muy caro a Rembrandt en sus años últimos y no dudó en elegir como modelo a su candorosa Hendrickje. En el cuadro, que se conoce como *Mujer bañándose en un arroyo*, aparece una joven de piel tornasolada, que se destaca luminosa sobre un fondo umbrío y amenazador. Abandonados en la orilla quedan los ropajes en descuidados y ampulosos pliegues. Ella se adentra en las espejeantes aguas, inclinando su cabeza, media luna de sombra, para tender su paso breve y despacioso. Viste apenas un sayón blanquísimo y holgado sobre el cuerpo indeciso, con escote gigante que cae sobre de los senos. Se levanta las faldas con las manos hasta mostrar las claras pantorrillas y hay sombras que le guardan el pudor al cuerpo clamoroso.

Si bien fue al final de su vida cuando Rembrandt realizó sus mejores obras de tema bíblico, en su juventud ya había pintado otros, como este Festín de Baltasar *de 1630 (National Gallery, Londres). En este cuadro, el lujo del ambiente, el expresivo temor de los comensales ante la mano misteriosa que escribe en la pared el aviso del final del reinado de Baltasar y, sobre todo, el contraste de la luz producen el efecto teatral que se aprecia.*

1606	15 de julio: nace en Leiden, Holanda, **REMBRANDT** Harmenszoon Van Rijn.
1620	Se matricula en la universidad de su ciudad natal, pero la abandona para ingresar en el taller del pintor Jacob van Swanenburgh.
1624	Pasa seis meses en Amsterdam en el estudio de Pieter Lastman.
1625	Pinta *La lapidación de San Esteban*, actualmente en el Museo de Lyon.
1626	Pinta *La clemencia de Tito*, todavía influido por el claroscuro de Lastman.
1630	Muere su padre.
1631	Se traslada definitivamente a Amsterdam.
1632	Se asocia con el comerciante en arte Henrych van Uylenburgh.
1634	Se casa con Saskia van Uylenburgh.
1642	Muere su esposa y tiene muy mala acogida su cuadro *Ronda Nocturna*.
1656	Vende sus escasos bienes en pública subasta.
1669	4 de octubre: fallece en Amsterdam.

MOLIÈRE
(1622-1673)

*P*or las fragmentarias descripciones de sus contemporáneos sabemos que Jean-Baptiste Poquelin era de complexión atlética, más bien alto y de nobles modales. Las mujeres consideraban que tenía «hermosas piernas», detalle a tener en cuenta en una época en que no eran ellas sino los hombres quienes lucían las piernas. Mignard pintó su armonioso rostro, en el que destacaban las pobladas cejas, los ojos vivaces y la boca carnosa y expresiva. Por doquier era admirado su carácter

Jean Baptiste Poquelin, llamado Molière, el más grande de los comediógrafos franceses, escribió obras en las que usa la burla como revulsivo de la moral y la conducta de los hombres.

generoso, abierto y vivaz. Donneau de Visé lo retrató así: «Era un actor de pies a cabeza. Parecía que tenía varias voces; todo hablaba en él, y con un paso, una sonrisa, un guiño o un movimiento de cabeza, hacía imaginar cosas que el mayor hablador no hubiera podido expresar en una hora». Este hombre, que para muchos resultaba fascinante y con todos era encantador, nació, vivió y murió por y para el teatro; basta hacer un somero repaso de su biografía para percatarse de que es uno de los escasos ejemplos de la literatura universal en los que se da una absoluta dedicación al quehacer artístico, en este caso una entrega total a la pasión por los escenarios.

Muere Poquelin, nace Molière

Jean-Baptiste Poquelin nació en París durante el reinado de Luis XIII, poco antes de que Richelieu accediese al poder y emprendiera la tarea de consolidar la monarquía absoluta que desembocó en el esplendoroso reinado de Luis XIV. Su padre ostentaba los cargos de tapicero y ayuda de cámara del rey y en 1636 ya había conseguido que su hijo fuera designado su sucesor. Una acomodada vida burguesa favorecida por la realeza era lo que esperaba al joven, y muchos hubieran entregado todo cuanto poseían a cambio de tan cómodo destino. Sin embargo, sus intereses tenían muy poco que ver con brocados y canapés.

Ya en el renombrado colegio de jesuitas de Clermont, Jean-Baptiste había conocido a algunos ilustres condiscípulos con quienes compartía su afición: el príncipe de Conti, que más tarde sería su protector, el futuro médico y viajero François Bernier y un gascón ingenioso y pendenciero llamado Cyrano de Bergerac, inmortalizado después por sus propias obras, literarias y mundanas, y por el autor dramático Edmond Rostand. Los tres asistían embelesados a las representaciones que el cómico Tabarin ofrecía cerca del Pont Neuf, y no les importaba reír junto al buen pueblo los gruesos chistes que mascullaban unos pésimos actores.

En la Universidad de Orléans estudió leyes y frecuentó a los clásicos, necesario contrapunto a las veladas del Pont Neuf. Luego, tras obtener su licenciatura, consideró que había llegado el momento de cambiar de nombre, de familia y de ocupación; ya no sería tapicero, sino cómico, oficio que en aquella época era poco menos que infamante; mas para no avergonzar a sus padres, Poquelin pasó a llamarse Molière, en honor del hoy olvidado autor de una novela titulada *Polixena*; además, hizo suya una nueva familia, la de los Béjart, actores de profesión, que lo emparentaron con la más vasta familia de las gentes de teatro.

Cómicos de la legua

Los Béjart eran una familia de comediantes entre los que destacaba Madeleine, primera compañera del recién nacido Molière. Como todos los cómicos de la época, los Béjart gozaban de una pésima reputación y se ganaban la vida actuando allí donde la fortuna los conducía. Aunque por aquel entonces ya se habían llevado a cabo diversos intentos por dignificar el teatro, aún iba a pasar mucho tiempo antes de que los actores empezaran a ser bien vistos por sus contemporáneos. Molière formó con los Béjart una compañía llamada «El Ilustre Teatro», pero la aventura fracasó y dos años después nuestro hombre fue conducido a prisión rodeado de un coro vociferante de acreedores. De esta forma, el joven dramaturgo conoció los sinsabores de su nueva profesión, pero su ánimo no se enfrió.

A finales de 1645, tras ser puesto en libertad, reunió a los supervivientes de la compañía y abandonó París en busca de un público más indulgente. Durante trece años recorrió prácticamente toda Francia, representando obras de repertorio, sobre todo farsas italianas y piezas es-

En esta famosa escena del Tartufo, *el arquetipo de los hipócritas intenta seducir a la mujer de Orgón, quien, escondido bajo la mesa, comprueba la vileza de aquel a quien tanto ha beneficiado.*

pañolas, y aprendiendo cuanto era menester para su oficio. Los secretos de su arte le iban a ser revelados a través del contacto directo con el público, actuando en decenas de ciudades y pueblos y sufriendo penalidades sin cuento. En este sentido, Molière tiene poco que ver con sus ilustres coetáneos Corneille y Racine, autores formados en bibliotecas, salones y reuniones cortesanas. En su caso, lo aprendió todo de los rostros de sus espectadores, de las compañías con las que compartió los caminos y de los saltimbanquis y titiriteros, herederos de los juglares medievales, que encontraba en las plazas de las aldeas. Además de revelarse pronto como un excelente actor, dirigía las obras y acumulaba en su persona una serie de atribuciones que requerirían hoy en día el concurso de al menos una docena de personas: montaje de los espectáculos,

Molière formó con los Bejart, popular familia de cómicos, la compañía "El Ilustre Teatro", pero la aventura fracasó y él y sus colegas fueron a parar a la cárcel. No será hasta que el rey Luis XIV le brinde su protección que su carrera teatral alcanzará el éxito. Al lado, Molière et sa troupe, *1887, lienzo de G. Mélingue.*

preparación de los viajes, búsqueda de protectores y créditos, contratos a nuevos comediantes, relaciones con carpinteros, sastres y demás proveedores, etcétera.

De esos años datan sus primeras obras cómicas, pequeños *divertissements* que hacían las delicias del público provinciano. Sin embargo, el primer admirador importante de una de estas piezas ligeras iba a ser, por caprichos del destino, el propio rey. Fue después de que el príncipe de Conti le retirase su protección aquejado de repentinos escrúpulos de conciencia. Le sustituyó en el papel de patrocinador de la compañía nada menos que el duque de Orléans, único hermano de Luis XIV. El duque hizo lo mejor que podía hacer: presentar a Molière y sus actores al Rey Sol. El 2 de octubre de 1658, el grupo representó en el Louvre la tragedia de Corneille *Nicomedes*. En el tercer acto el rey había bostezado dos veces y en el cuarto se quedó traspuesto. Molière, siempre ágil de reacciones, solicitó entonces interpretar una de las obritas con las que había triunfado en provincias. Luis XIV accedió; la escenificación de *El doctor enamorado* le hizo reír a mandíbula batiente y la compañía fue autorizada a ocupar el teatro del Petit Bourbon: el éxito había sido total.

Críticas y amenazas

Pero con el triunfo llegaron las envidias. *Las preciosas ridículas* y *La escuela de los maridos* fueron obras que le granjearon tantos aplausos en escena como enemigos fuera de ella. Muchos se sentían ridiculizados en el Petit Bourbon, las gentes de la farándula veían peligrar su futuro con el advenimiento de aquel nuevo astro y los predicadores lo pintaban como un demonio cubierto de carne y disfrazado de hombre, un libertino redomado que sólo merecía desprecio.

Molière hizo frente a las calumnias, los libelos y las amenazas con una gallardía y un temple impresionantes. Además, contaba con la secreta simpatía del soberano, que le otorgó diversas pensiones *en qualité de bel esprit* e incluso llegó a apadrinar a su primer hijo. Pero las injurias redoblaron cuando en 1662 contrajo matrimonio con una muchacha veinte años más joven que él: la actriz Armande Béjart, probable hermana, y quizás hija, de Madeleine. Molière fue acusado de desposar a su propia hija y nuevamente se desató una campaña contra él. Las investigaciones actuales han podido probar que esta ignominiosa acusación carecía de fundamento, pero en aquellos años nadie estaba dispuesto a creer al dramaturgo o a indagar sin prejuicios sobre el supuesto parentesco.

Un nuevo problema vino a sumarse a la larga lista de censuras y condenas: su *Tartufo* fue

prohibido porque, además de escarnecer el vicio de la hipocresía, escondía una feroz crítica a cierta sociedad llamada Compañía del Santísimo Sacramento, cuyos poderosos miembros se dedicaban a espiar las vidas ajenas. Además, los numerosos enemigos de Molière pretendían que el autor atacaba por igual la falsa devoción y la auténtica piedad. Algún cura fanático llegó a pedir para él un último suplicio público y ejemplar: «El fuego de la hoguera, anticipo del eterno fuego del infierno.»

Obras imperecederas

Al tiempo que luchaba por conseguir el permiso regio para representar el *Tartufo*, Molière compuso sus mejores obras. A la audacia y la brillantez de *Don Juan* sucedió una de las piezas más personales y originales de su repertorio, *El mi-*

sántropo, en la que construyó con el personaje de Alceste uno de sus tipos más logrados, el del hombre virtuoso que se obstina en imponer sus principios al mundo chocando con intrigas, traiciones e insinceridades, convirtiéndose a la postre en un ser huraño e inadaptado, obligado a alejarse de todo y de todos y a renunciar al amor y a la amistad. Poco después se estrenaría *El avaro*, obra en la que a través de ese soberbio personaje que es Harpagón se describe la avaricia en estado puro, la avaricia pasional, la avaricia absoluta que pulveriza virtudes, ensombrece cualquier otro vicio y acaba por marchitar el alma misma.

Por fin, el 5 de febrero de 1669, *Tartufo* fue autorizado definitivamente a subir a los escenarios. Convertido en intendente de los espectáculos reales, Molière escribió para Luis XIV *El burgués gentilhombre* y *Psyche*, ésta última en colaboración con el ya anciano Corneille sobre una música de Lully. A éstas seguirían otras obras de éxito que, según sus propios enemigos, «hacían correr en tropel a todo París para verlo.» Sus últimos años, sin embargo, se vieron ensombrecidos por la muerte de un ser muy querido: Madeleine Béjart, su compañera de los primeros años de lucha.

La salud de Molière comenzó a debilitarse paulatinamente y a pesar de los muchos médicos que lo atendían su estado no mejoró. Fue precisamente la desconfianza que le inspiraban aquellos doctores parlanchines y su obsesión por la enfermedad y la muerte lo que lo llevó a escribir *El enfermo imaginario*.

Última representación

La comedia se estrenó el 10 de febrero de 1673 en el teatro del Palais Royal, con Molière en el papel de Argan, y obtuvo un resonante éxito, lo que lo obligó a mantenerla en cartel a pesar de que sus compañeros, viendo su precario estado de salud, le aconsejaron insistentemente suspenderla. El 17 de febrero, en el transcurso de la cuarta representación, Molière sufrió un acceso de tos, aunque, como gran actor experimentado que era, fue capaz de simularlo con algunas muecas. Una vez terminada la función, fue trasladado a su casa de la calle de Richelieu, donde tuvo un vómito de sangre y le sobrevino la muerte alrededor de las diez de la noche.

En principio, se le negó la sepultura cristiana. Desde el punto de vista de la doctrina de la Iglesia, los comediantes, como personas que ejercían una profesión infame, estaban excomulgados. Conforme a las decisiones eclesiásticas, el ritual de París prohibía dar la comunión «... a las personas públicamente indignas, tales como los proscritos, las prostitutas, los concubinarios, los usureros, los comediantes y los hechiceros». Los actores de teatro sólo podían recibir la extremaunción después de haberse retractado de sus errores y prometido solemne y sinceramente renunciar a su profesión.

A pesar de la posición doctrinal inmutable de la Iglesia y de la acción enérgica de los rigoristas, en la práctica estos asuntos tenían arreglo, puesto que se había establecido un *modus vivendi* tácito entre el clero y las gentes de la farándula, debido a un hecho esencial que nadie podía ignorar: la afición que el monarca sentía por la comedia y la ópera. Por ese motivo, aunque el párroco de Saint Eustache, iglesia a la que pertenecía Molière, se negó a inhumar en tierra sagrada los restos de un comediante excomulgado y muerto sin confesión ni retractación, el arzobispo de París revocó la prohibición para complacer al Rey Sol, pero impuso unas condiciones restrictivas para guardar en lo posible las apariencias.

La sepultura religiosa fue concedida «con la condición de que se efectúe sin pompa alguna y sólo con dos sacerdotes, fuera de las horas diurnas y a ser posible en secreto». De este modo, los principios doctrinales quedaban a salvo. Al mismo tiempo, en el acta de defunción se calificaba a Molière de «tapicero ayudante de cámara del rey», ignorándose deliberadamente su condición de actor.

Cuentan las crónicas que, cuando el cortejo pasaba por Montmartre, alguien preguntó a una mujer quién se iba a enterrar.

—¡Bah! ¡Ese es Molière! —respondió ella con desdén.

Otra mujer que se había asomado a la ventana y que la oyó, gritó:

—¿Qué estás diciendo, desdichada? ¡Para ti es monsieur Molière!

De este modo terminaba la singladura por la tierra de un hombre apasionado, optimista y creativo que había dedicado todas sus energías al teatro guiado por un ideal de perfeccionamiento y seguro de que era posible mejorar mediante la burla la condición moral de sus semejantes y de la sociedad entera. Todas sus obras, incluso las más banales, se habían hecho eco de esta creencia, pues como escribió en *El misántropo*: «Quiero que el hombre sea hombre y que en cualquier circunstancia el fondo de nuestro corazón se muestre en nuestros discursos...»

Molière escribió y representó obras memorables como Tartufo, Don Juan, El misántropo, El avaro *y* El enfermo imaginario *(arriba, grabado de la representación de esta última obra en el palacio de Versalles, en una función celebrada ante Luis XIV), que le granjearon la admiración y también el rencor de sus contemporáneos.*

1622	15 de enero: es bautizado Jean-Baptiste Poquelin, **MOLIÈRE**, en la iglesia de Saint Eustache (París), primer hijo del tapicero real.
1635	En el colegio de jesuitas de Clermont conoce a Cyrano de Bergerac.
1642	Se licencia en derecho por la Universidad de Orleáns.
1643	Forma con la familia Béjart la compañía «El Ilustre Teatro».
1645	Molière es encarcelado por deudas. Tras ser puesto en libertad, parte en una larga gira por provincias que durará trece años.
1658	El rey Luis XIV le otorga su protección.
1662	20 de febrero: contrae matrimonio con Armande Béjart.
1663	Escribe *Tartufo*, que es inmediatamente prohibido por atacar los principios religiosos.
1664	Estrena *Don Juan*.
1666	Estrena *El misántropo*.
1668	Representa *El avaro*.
1669	5 de febrero: se autoriza la escenificación de *Tartufo*, obteniendo un éxito apoteósico.
1670	Estrena *El burgués gentilhombre*. Escribe *Psyche*, en colaboración con Corneille, sobre una partitura de Lully.
1673	10 de febrero: *El enfermo imaginario* se estrena en el teatro del Palais Royal. 17 de febrero: mientras interpreta el papel protagonista, Molière se siente enfermo y fallece por la noche.

LUIS XIV
(1638-1715)

Durante sesenta y cuatro años, Luis XIV rigió los destinos de Francia. La personalidad refinada, majestuosa y despótica del llamado Rey Sol encarnó a la perfección el ideal del absolutismo monárquico, según lo proyectara Richelieu, y, desde su castillo de Versalles, arriba en la pintura de Van der Meulen, influyó en los gustos y costumbres de los más encumbrados de sus súbditos.

*T*odos sus biógrafos coinciden en señalar que el Rey Sol, el más extraordinario y deslumbrante monarca de todos los tiempos, tuvo tres virtudes principales: conocía y desempeñaba su oficio a la perfección, poseía una inagotable capacidad de trabajo y sabía rodearse de las personas más adecuadas para resolver cualquier asunto. Estas raras cualidades, que hubieran bastado por sí solas para convertirle en el soberano más poderoso y admirado de su época, no fueron sin embargo las únicas que adornaron su magnífica personalidad, pues Luis XIV era además un hombre atractivo, inteligente, vivaz, refinado y metódico. Por todo ello, su figura pasó por la Historia como un cometa radiante, impregnán-dolo todo de majestad y fulgor, y en vida fue, a la vez, símbolo de la gloria militar, árbitro de gustos y costumbres y representación misma de la ley. Tan sólo su carácter despótico, su megalomanía y el derroche constante que practicó durante su reinado empañan un tanto esta soberbia imagen, aunque para sus contemporáneos fuesen rasgos inherentes a la monarquía y debieran adornar a todo rey que se preciase de serlo.

Una amarga experiencia

Su padre, Luis XIII, y su madre, Ana de Austria, interpretaron como una señal de buen augurio que su hijo naciese ya con dos dientes, lo que quizás presagiaba el poder del futuro rey para hacer presa en sus vecinos una vez ceñida la corona. Muerto su progenitor en 1643, cuando el Delfín contaba cuatro años y ocho meses, Ana de Austria se dispuso a ejercer la regencia y confió el gobierno del Estado y la educación del niño al cardenal Mazarino, sucesor en el favor real de otro excelente valido: el habilísimo cardenal Richelieu. Así pues, fue Mazarino quien inculcó al heredero el sentido de la realeza y le enseñó que debía aprender a servirse de los hombres para que éstos no se sirvieran de él. No hay duda de que Luis respondió de modo positivo a tales lecciones, pues Mazarino escribió: «Hay en él cualidades suficientes para formar varios grandes reyes y un gran hombre.»

Aquel infante privilegiado iba a vivir entre 1648 y 1653 una experiencia inolvidable. En esos años tuvieron lugar las luchas civiles de las Frondas, así llamadas por analogía con el juego infantil de la *fronde* (honda). La mala administración de Mazarino y la creación de nuevos impuestos suscitaron primero las protestas de los llamados parlamentarios de París, prestigiosos abogados que registraban y autorizaban las leyes y se encargaban de que fueran acatadas. Mazarino hizo detener a Broussel, uno de sus líderes, provocando con ello la sublevación de la capital y la huida de la familia real ante el empuje de las multitudes. Era el comienzo de la guerra civil. Para sofocar la rebelión, el primer ministro llamó a las tropas del príncipe de Condé, Gran Maestre de Francia y héroe nacional; los parlamentarios claudicaron inmediatamente, pero Condé aprovechó su éxito para reclamar numerosos honores. Cuando Mazarino lo hizo detener en enero de 1650, la nobleza se levantó contra la corte dando lugar a la segunda Fronda, la de los príncipes. La falta de acuerdo entre los sublevados iba a decidir su fracaso, pero eso no impidió que durante meses el populacho se adueñara otra vez de París; la reina madre y su familia, de regreso al palacio del Louvre, hubieron de soportar que una noche, al correrse la voz de que el joven monarca estaba allí, las turbas invadiesen sus aposentos y se precipitaran hacia el dormitorio donde el niño

Luis XIV fue un político laborioso e inteligente, pero también un hombre megalómano y autoritario. Esta contradicción, similar al esplendor de la corte y la miseria del pueblo, se evidencia en la estudiada pose del monarca y el turbulento paisaje del fondo del lienzo de Jacinto Rigaud (Museo del Prado, Madrid).

yacía inmóvil en su cama, completamente vestido bajo las mantas y fingiendo estar dormido: ante el sonrosado rostro rodeado de bucles castaños, la cólera del pueblo desapareció de pronto y fue sustituida por un murmullo de aprobación. Luego, todos abandonaron el palacio como buenos súbditos, rogando a Dios de todo corazón que protegiera a su joven príncipe.

El noble oficio de la realeza

Aquellos acontecimientos dejaron una profunda huella en el joven Luis. Se convenció de que era preciso alejar del gobierno de la nación tanto al pueblo llano, que había osado invadir su dormitorio, como a la nobleza, permanente enemiga de la monarquía. En cuanto a los prohombres de la patria, los parlamentarios, jueces y abogados, decidió que los mantendría siempre bajo el poder absoluto de la corona, sin permitirles la menor discrepancia.

Luis XIV fue declarado mayor de edad en 1651 y el 7 de junio de 1654, una vez pasado el huracán de las Frondas, fue coronado rey de Francia en la catedral de Reims. A partir de ese momento, su formación política y su preparación en el arte de gobernar se intensificaron. Diariamente despachaba con Mazarino y examinaban juntos los asuntos de Estado. Se dio cuenta de que iba a sacrificar toda su vida a la política, pero no le importó: «El oficio de rey es grande, noble y delicioso cuando uno se siente digno y capaz de realizar todas las cosas a las cuales se ha comprometido.»

No es de extrañar, pues, que comprendiese perfectamente su obligación de casarse con la infanta española María Teresa de Austria, hija de Felipe IV de España, porque así lo exigían los intereses de Francia. Según la Paz de los Pirineos, tratado firmado en 1659 entre ambos países, la dote de la princesa debía pagarse en un plazo determinado. Si no se efectuaba el pago, la infanta conservaría su derecho al trono español. El astuto Mazarino sabía que España estaba prácticamente arruinada y que iba a ser muy difícil cobrar la dote, con lo que Luis XIV podría reclamar, a través de su esposa, los Países Bajos españoles e incluso el trono de España. Al soberano nunca le satisfizo aquella reina en exceso devota y remilgada, pero cumplió con los compromisos adquiridos y con todas sus obligaciones como esposo. Al menos, durante los primeros años de su matrimonio.

Absolutismo y expansionismo

El 9 de marzo de 1661, Mazarino dejaba de existir. Había llegado el momento de ejercer la plena soberanía. Luis XIV escribió en su diario: «De pronto, comprendí que era rey. Para eso había nacido. Una dulce exaltación me invadió inmediatamente». Cuando los funcionarios le preguntaron respetuosamente quién iba a ser su primer ministro, el soberano contestó: «Yo. Les ordeno que no firmen nada, ni siquiera un pasaporte, sin mi consentimiento. Deberán mantenerme informado de todo cuanto suceda y no favorecerán a nadie.»

En efecto, Luis XIV asumió totalmente el ejercicio del poder. Su reinado se convirtió a partir de ese instante en el prototipo de la monarquía absoluta, manifestada en la concentración del poder en manos del monarca, que lo ejercía directamente por derecho divino. Los ministros pasaron a ser funcionarios adictos y obedientes, la nobleza quedó excluida de los asuntos de gobierno y los Parlamentos dejaron de ser considerados cortes soberanas y se suspendieron casi por completo a partir de 1673. Tan sólo la burguesía se benefició de la política desarrollada por ministros como Colbert, Louvois y Lionnes, todos ellos fieles ejecutores de los designios regios. Aunque Luis XIV nunca llegó a decir «el Estado soy yo», tal como se le atribuye, lo cierto es que esta frase legendaria refleja muy bien las condiciones en que se desarrolló su reinado.

Su gran ambición consistía en restaurar el gran imperio de su antepasado Carlomagno, convirtiendo Europa en un escenario donde las tropas francesas fuesen protagonistas. Con este criterio actuó primero en la llamada Guerra de Devolución contra España, basando sus exigencias en el

Luis XIV y su familia fueron así pintados por Carlos Nocret en 1715 (Museo de Versalles, París). El cuadro da una idea idílica de la vida familiar del monarca que había impuesto en Europa su política expansionista y demostrado que su ejército era el más poderoso y mejor preparado del continente. El Rey Sol amaba tanto las fiestas, los pantagruélicos banquetes y los goces de la carne como el esplendor de su reinado.

incumplimiento del contrato matrimonial con María Teresa, tal como el astuto Mazarino había imaginado. El resultado fue la obtención de algunas plazas fuertes en la frontera con los Países Bajos, de gran importancia estratégica para los franceses. Igualmente, se adjudicó Lorena y el Franco Condado en una guerra contra Holanda y anexionó a la corona una serie de territorios que a lo largo de la historia habían pertenecido alguna vez a Francia. En suma, la política expansionista del Rey Sol se impuso en Europa y confirmó a su ejército como el más poderoso y mejor preparado de la época.

Versalles, fiesta ininterrumpida

Luis XIV amaba las fiestas fastuosas, los bailes interminables hasta el amanecer, las representaciones teatrales y los banquetes pantagruélicos.

Pero, por encima de todo, amaba a las mujeres. Dotado de un irresistible atractivo físico y de un corazón apasionado, no podía conformarse con su mortecina esposa y se embarcó en múltiples amoríos que la reina soportó con resignación ejemplar. Su primera favorita declarada fue Louise de la Vallière, la cual, tras darle cuatro hijos, se retiró a un convento. La siguió su rival, la hermosísima y orgullosa madame de Montespan, que acabó siendo acusada de envenenadora y medio bruja; aunque el monarca no creyó nunca en su culpabilidad, no dudó en retirarle su confianza y prohibió terminantemente su acceso a las cocinas donde se preparaban las comidas reales. Además, no tardó en sustituirla por madame de Maintenon, una dama reposada y culta que conseguiría convertir al monarca en un hombre morigerado e impregnado de religiosidad.

Las relaciones entre Luis XIV y la Maintenon coincidieron con el traslado de la corte a Versalles, el inmenso palacio que el soberano había hecho construir para ser sede de la monarquía y el gobierno, lejos de la bulliciosa capital. Nunca antes se había erigido un edificio tan ostentoso, que no sólo debía reflejar la riqueza y magnificencia del rey, sino también deslumbrar a los humildes embajadores que lo visitaban. Jules Hardouin Mansart fue el arquitecto principal, Le Nôtre se ocupó del diseño de los jardines y Charles Le Brun acometió la decoración de los interiores del palacio. El resultado fue un espléndido conjunto que hoy es considerado la cumbre del clasicismo francés. Allí se desarrolló la vida de la corte más rica de Europa; muchos miembros de la aristocracia abandonaron sus propiedades y acudieron en tropel, atraídos por el ininterrumpido espectáculo de Versalles. Ballets, conciertos, danzas en los jardines o en los soberbios salones, misas ceremoniales, partidas de caza en el bosque cercano, paseos junto a las fuentes, ágapes interminables y solemnes recepciones se sucedían sin un momento de reposo. Tan sólo la presencia de madame de Maintenon parecía proyectar un poco de sosiego en aquella continua fiesta.

En el regazo de Madame

En efecto, la Maintenon tenía asegurada su posición como favorita del rey y se había convertido en su confidente, amiga y consejera. Además, se hizo cargo de los hijos ilegítimos del monarca y consiguió transmitirles algo de su religiosidad extrema. La reina era feliz al ver progresar esta benéfica influencia, mantenía unas excelentes relaciones con la favorita y se encontraba a sus anchas en Versalles, pero su felicidad duró poco: en el verano de 1683 se le formó un absceso debajo del brazo izquierdo y en pocos días los médicos terminaron con su vida al aplicarle sus pésimos tratamientos. Luis XIV dijo ante el cadáver: «Pobre mujer. Ésta es la primera vez que me causa algún problema». En el otoño de ese mismo año, el monarca contrajo en secreto matrimonio morganático con madame de Maintenon,

que conservó su nombre y su categoría sin convertirse en reina de Francia.

Entretanto, la brutalidad del ejército francés había dejado horrorizada a toda Europa. En 1686, España, Holanda, Austria, Suecia y varios países de Alemania formaron la Liga de Augsburgo y se enfrentaron a Luis XIV, hartos de su poder y de su *gloire*. La prolongada guerra de desgaste que siguió no hizo sino deteriorar las finanzas francesas, y el Rey Sol se vio obligado a aceptar la paz y a renunciar a casi todos los territorios conquistados anteriormente. Poco después, al morir el enfermizo Carlos II de España, las luchas comenzaron de nuevo a causa del problema sucesorio que se planteaba en la Península; Luis XIV consiguió que el trono español pasase a su nieto Felipe, pero al término de la contienda Francia estaba al borde de la bancarrota y su pueblo se hallaba desmoralizado.

El rey se hacía viejo y se refugió en la oración y en el regazo de su favorita. Durante el invierno de 1709 hubo una marcha contra el hambre entre París y Versalles. Por primera vez desde las Frondas, Luis XIV oyó los gritos de protesta de la muchedumbre. Madame Maintenon escribió: «Las gentes del pueblo mueren como moscas y, en la soledad de sus habitaciones, el rey sufre incontrolables accesos de llanto». La vida en Versalles no tardó en perder todo su esplendor y los enormes salones, antaño llenos de risas, se convirtieron en una gélida tramoya sin vida.

Francia se queda

En pocos años, Luis XIV se transformó en un hombre derrotado, melancólico y sobre todo enfermo. Gracias al *Journal de Santé* del rey, felizmente conservado, sabemos que padecía catarros, dolores de estómago, diarreas, lombrices, fiebres, forúnculos, reumatismo y gota, lo que da cuenta de hasta qué punto su físico imponente se encontraba quebrantado. En agosto de 1715 se quejó de unos dolores en las piernas. A finales de mes le aparecieron en las pantorrillas unas horrendas manchas negras. Los médicos, lívidos, diagnosticaron gangrena.

En 1660, en una ceremonia cuyo boato se correspondía con el lujo de la corte francesa, Luis XIV y María Teresa de Austria, hija de Felipe IV de España, se casaron, boda inmortalizada en este tapiz de Versalles de Ch. Le Brun. Fue una boda de Estado y la reina pronto debió soportar con resignación los amoríos de su esposo.

El monarca supo que iba a morir y recibió la noticia con extraordinaria entereza. Tras dedicar unos días a ordenar sus asuntos y despedirse de su familia, llamó junto a su lecho al Delfín, bisnieto suyo y futuro Luis XV. El soberano moribundo le entregó su reino con estas palabras: «Vas a ser un gran rey. No imites mi amor por los edificios ni mi amor por la guerra. Intenta vivir en paz con tus vecinos. No olvides nunca tu deber ni tus obligaciones hacia Dios y asegúrate de que tus súbditos le honran. Acepta los buenos consejos y síguelos. Intenta mejorar la suerte de tu pueblo, dado que yo, desgraciadamente, no fui capaz de hacerlo».

El 1 de septiembre de 1715, Luis XIV dejaba de existir. Sus últimas palabras fueron: «Yo me voy. Francia se queda.»

Había gobernado durante sesenta y cuatro años, siendo el suyo el reinado más largo de la historia de Europa.

1638	5 de septiembre: nace **LUIS XIV** en el castillo de Saint Germain en Laye, en las afueras de París.
1643	Muere su padre, Luis XIII. Mazarino es nombrado primer ministro.
1648	Estallan las guerras civiles de las Frondas.
1651	Es declarado mayor de edad y asume el gobierno.
1654	Coronación en la catedral de Reims.
1660	Contrae matrimonio con María Teresa, hija de Felipe IV de España.
1661	Muere Mazarino. Luis XIV asume el mando del ejército. Louise de la Vallière se convierte en su amante.
1667	Guerra de Devolución contra España.
1668	Madame de Montespan sustituye a Louise de la Vallière.
1682	La corte se traslada a Versalles.
1683	Muere la reina María Teresa. Matrimonio secreto de Luis XIV con madame de Maintenon.
1686	Se forma la Liga de Augsburgo contra Francia.
1701	Empieza la guerra de Sucesión española.
1709	El hambre azota Francia. Marcha contra el hambre entre París y Versalles.
1715	1 de septiembre: Luis XIV fallece en el palacio de Versalles.

DANIEL DEFOE
(1660-1731)

Al escribir Robinson Crusoe, *Daniel Defoe hizo de la peripecia del naúfrago
Alexander Selkirk una obra maestra de la literatura, que constituye así mismo
una profunda reflexión sobre el ser humano.*

*E*n mayo de 1703 salía de Inglaterra el galeón
Cinque Ports con sesenta y tres hombres a bordo
ávidos de nuevas costas y gloriosas aventuras.
Entre ellos se encontraba el escocés Alexander
Selkirk, un tipo peculiar y huraño a quien el resto
de la tripulación observaba con desconfianza. En
medio del Pacífico, aproximadamente a unos setecientos kilómetros de Chile, estalló una violenta pelea entre el impopular Selkirk y la marinería,
resolviéndose al fin abandonar a tan indeseable
compañero en una de las desiertas islas del archi-

piélago de Juan Fernández, dejándole tan sólo un
fusil, municiones y unas pocas herramientas. El
2 de febrero de 1709, casi cinco años después, el
Duke ancló por puro azar junto a la isla y encontró al solitario pero alegre escocés cómodamente
instalado en su escueto reino. Luego fue llevado
a su patria, donde la publicación de su aventura
en varias versiones iba a mantener despierto el
interés del público durante muchos años.

El 1719, la leyenda de Selkirk llegó a oídos de
un periodista y comerciante llamado Daniel

Defoe. Incansable autor de sátiras políticas, folletos, poemas, ensayos y artículos, este protestante heterodoxo se dejó inspirar por ella y escribió la novela *Robinson Crusoe*, con la que no sólo consiguió hacer sombra al relato original del marino abandonado sino que comenzó a labrar su propia inmortalidad. Aún en nuestros días, esta obra es una de las más solicitadas y queridas tanto por los jóvenes como por los adultos, quienes, sin embargo, ignoran que la existencia de Daniel Defoe no fue menos intensa que la de su famoso héroe.

El joven disidente

Daniel Defoe nació en 1660 en un barrio de comerciantes de Londres. Era uno de los muchos hijos de un carnicero cuyo apellido, Foe, prefirió transformar más tarde en De Foe, quizás pretendiendo darle un noble aire francés. Su familia pertenecía al grupo minoritario de los protestantes disidentes, que defendían la libertad de conciencia como único juez de los actos humanos en contra tanto de la Iglesia Anglicana como de la Católica. Daniel gozó de una buena educación y se formó en un instituto de dicha congregación, aprendiendo unos principios humanitarios, sociales y morales de los que fue ferviente partidario y defensor durante toda su vida. Desde niño mostró una extraordinaria vivacidad y un infatigable interés por cuanto sucedía en la sociedad de su tiempo, dedicando también muchas horas al estudio de los clásicos y, mientras sus obligaciones en la tienda paterna se lo permitían, a la redacción de sus primeros poemas.

A pesar de su apreciable cultura, Daniel nunca despreció su origen pequeñoburgués ni consideró denigrantes para él los medios de vida de sus antepasados, sino que aceptó gustoso instalarse como comerciante y regentar una mercería con su joven esposa poco después de contraer matrimonio. Poseedor de un profundo sentido de la familia, se había casado en los inicios de su madurez y muy pronto llenó su casa con los gritos, juegos y risas de un tropel de criaturas. Así, Defoe emprendió una vida un tanto caótica y no exenta de frivolidad, a menudo afectada por crisis económicas que tuvieron su causa en las múltiples y arriesgadas actividades que su inquieto y polifacético espíritu necesitaba acometer continuamente.

Espadas y deudas

Los intereses sociales de Defoe tomaron pronto un rumbo político y a los veinticinco años se vio involucrado en los acontecimientos que sacudieron la Inglaterra de 1685. El hijo bastardo del fallecido rey Carlos II, el ambicioso Monmouth, se consideraba a sí mismo el heredero de la corona y disputó el trono a su tío Jacobo II en una guerra breve y desigual. Defoe, impresionado por el arrojo del joven pretendiente, ingresó en su ejército, pero poco después los rebeldes eran vencidos y la cabeza de Monmouth separada de su cuerpo, con lo que el asustado Daniel tuvo que esconderse para no compartir el destino de su valeroso jefe. Volvió entonces a dedicarse al desatendido negocio de hilos y botones, curado para siempre de la tentación de cambiar el mundo mediante la espada.

Durante su ausencia, la situación de la tienda había empeorado ostensiblemente debido a que su mujer se veía incapaz de atender al mismo tiempo el comercio y los niños. Las deudas ascendían a unas 17.000 libras esterlinas y era preciso llenar un buen número de bocas hambrientas. Defoe no se dejó arrastrar por el desánimo y puso en juego toda su energía, su habilidad y astucia para salvar de la ruina a su querida familia. Después de tres años de dificultades y privaciones, consiguió que las deudas se redujeran a un insignificante importe y la mercería volvió a florecer. No obstante, había descubierto la pluma como medio de crítica y protesta y, en lugar de disfrutar de una posición de nuevo acomodada, se dedicó a difundir en diversos periódicos sus ideas acerca de la sociedad y la política, exhibiendo un estilo que escandalizó a los poderosos y divirtió hasta la carcajada a cuantos eran capaces de entenderle. Mientras, la mercería reemprendió una fulminante carrera hacia la quiebra.

Un rebelde de tinta y papel

Durante la revolución de 1688, que Defoe saludó con entusiasmo pero instalado prudentemente en la retaguardia, Guillermo III de Orange había ganado el trono pero no la simpatía de los ingleses, principalmente a causa de su origen holandés. Los cortesanos no cesaron de criticar el acento extranjero del nuevo soberano, lo que impulsó a Defoe, contrario a ese rasgo de racismo, a escribir un ensayo satírico titulado *El verdadero inglés*; las gentes rieron, las autoridades se sintieron atacadas y el monarca concedió una audiencia al insolente autor.

Con su pluma afilada y mordaz en las manos, Defoe se encontraba en su elemento. A lo largo de los últimos años del siglo publicó innumerables textos y escritos en los que examinaba todo tipo de asuntos públicos, señalando con causticidad multitud de injusticias, locuras y despropósitos. Evidentemente, esta desvergonzada franqueza no podía acabar bien: recién comenzado el nuevo siglo, el impertinente autor fue condenado a pasar veinticuatro deshonrosas horas en la picota y luego fue encerrado durante una temporada en la cárcel de Newgate, un lugar húmedo, sucio e infame. En el interior de aquel infierno, Defoe no perdió su buen ánimo: consiguió permiso para tener pluma y papel y escribió el brillante *Himno a la picota*, que salió de la prisión por vía secreta y se convirtió en una popular canción fuera de ella. También se le concedió el privilegio de ser visitado regularmente por su inconsolable esposa, amenazada de nuevo por la miseria y el hambre. Tras cumplir su pena, Defoe abandonó la cárcel contando cuarenta y seis años; era ya un hombre maduro, seguro de sí mismo y reafirmado más que nunca en sus convicciones, pero se impuso el deber de ocuparse de su numerosa familia y de actuar con más prudencia en el futuro.

Apenas publicado, Robinson Crusoe *(abajo, escena de la primera edición del libro) fue recibido con especial regocijo por las clases medias, no así por la alta sociedad y la crítica, que expresaron sus reservas sobre el libro, aunque en la intimidad gozaran de su lectura tanto como aquéllos.*

Un hábil periodista

Para mantener al peligroso Defoe y su sutil lengua bajo control, el gobierno inglés lo envió a Escocia con objeto de que realizase algunos informes sobre cuestiones administrativas y económicas. Allí contribuyó activamente a la unión entre los dos países, culminada en 1707, y se ganó la confianza de las autoridades. De vuelta a

Londres escribió diversas obras patrióticas que se distinguen por su estilo claro y moderado, fundando después, según un proyecto elaborado en la cárcel, el periódico *The Review*. También colaboró en otras publicaciones de renombre con decenas de artículos y dos series que pronto alcanzaron la popularidad: la irónica *El consejero de la familia* y una *Historia general del comercio*, donde desarrollaba varias tesis económicas y mercantiles absolutamente novedosas para su tiempo.

La paz entre los poderosos y el audaz periodista, sin embargo, no duró mucho. Tras la coronación de Jorge I, una serie de oscuros intereses llevaron a quienes más se habían aprovechado de sus escritos a apartarlo de su lado. Ofendido por semejante arbitrariedad, Defoe abandonó la capital y se instaló con su familia en una casa de campo, donde redactó su *Apelación al honor y la justicia*, un texto crudamente crítico cuya publicación provocó el escándalo. Herido en su amor propio y agotado por una lucha constante, Defoe sufrió un grave ataque de apoplejía que estuvo a punto de terminar con su vida y del que sólo se recuperó muy lentamente. Este golpe iba a servir para apartarlo definitivamente de la política activa y para inclinar su espíritu hacia el mundo de la literatura, territorio donde acabaría cosechando sus mayores éxitos. Ya durante su convalecencia, Defoe abordó la preparación de la que iba a ser su obra maestra inspirándose en el relato de Alexander Selkirk.

Robinson, héroe solitario

En el año 1719 se editó la primera y sin duda alguna la más sobresaliente novela de Daniel Defoe con el siguiente título: *La vida y las extrañas y sorprendentes aventuras de Robinson Crusoe, marinero de York, que vivió veintiocho años solo, en una isla deshabitada en las costas de América, cerca de la desembocadura del gran río Orinoco, habiendo llegado a la playa por un naufragio, en el que perecieron todos los hombres menos él, con el relato de cómo fue por fin liberado por unos piratas, escrito por él mismo.*

Las aventuras del náufrago Robinson Crusoe durante los veintiocho años que permaneció en "una isla deshabitada en las costas de América" constituyen en sí una forma de ver el mundo, en el que el hombre y su conciencia deben afrontar la lucha contra los imponderables de una naturaleza inabarcable, contando sólo con la ayuda de su inteligencia y de su habilidad y la esperanza de la ayuda divina.

El dinamismo de espíritu y la inteligencia de Defoe siguieron incólumes pese al transcurso del tiempo, por lo que siguió produciendo obras que mantenían vivo el interés del público. Sin embargo, su intensa vida intelectual no fue obstáculo para llevar una agitada vida social, opuesta por completo a las apetencias del solitario Robinson Crusoe.

En el volumen aparecía el nombre del editor pero no el del autor, quien, considerándose un «hombre de letras», temía ver empañada su reputación al firmar un popular libro de aventuras. Defoe no se equivocó con tan prudente actitud: la alta sociedad y la crítica acogieron la novela con reservas, aunque a escondidas los expertos y los señores devoraron cada palabra con el mismo entusiasmo que las clases medias.

Aunque al principio fue general la opinión de que el *Robinson Crusoe* era una nueva versión y casi una copia de la historia de Selkirk, pronto se hicieron evidentes para el público las ostensibles diferencias que había entre las dos narraciones. A Defoe le había entusiasmado la idea básica de un hombre abandonado a su suerte en una isla desierta, pero su obra estaba lejos de ser sólo un entretenido relato de aventuras. Robinson es mucho más que un simple individuo habilidoso y organizado; es el reflejo fiel de toda una filosofía, el representante del ser humano que lucha solo contra la inabarcable naturaleza sin más testigos que su propia conciencia, sin más aliados que su destreza y sin más esperanza que contar con la eventual ayuda de la Providencia.

Como el propio Defoe, Robinson es un personaje a caballo entre dos épocas, la puritana del siglo XVII y la utilitarista y enciclopédica era dieciochesca, pues al mismo tiempo se manifiesta esclavo de la insondable voluntad de Dios y se erige en protagonista de la civilización y del progreso. Con su mensaje social y la minuciosidad de sus descripciones, Defoe renovó la novela inglesa, pintando con insólita viveza unos ambientes exóticos que parecía conocer a la perfección, aunque jamás había cruzado el canal de la Mancha y sus breves viajes nunca le llevaron fuera de su patria; el salvaje horizonte de palmeras y extrañas plantas, las cacatúas, los caníbales, el luminoso sol y el mar tropical nacieron bajo la lluvia, en medio de la campiña inglesa.

Un aventurero de escritorio

Animado por el fulgurante éxito de su primera novela, Defoe escribió poco después una segunda parte: *Las aventuras ulteriores de Robinson Crusoe*, en la que su héroe regresaba años más tarde a su isla, ya civilizada, dispuesto a emprender nuevas aventuras. El autor había visto claramente cuál era el camino que lo conducía hacia la gloria y se dedicó a partir de ese momento con todas sus energías a la creación literaria, publicando en los años siguientes libro tras libro, a cada cual más desbordante de ideas y rico en fantasías y novedades.

De los muchos escritos que brotaron de su pluma en el corto espacio de una década destaca

Moll Flanders, considerada la primera novela social de la literatura inglesa, en la que se cuenta la vida y milagros de la prostituta y ladrona del mismo nombre. La narración, desgranada por la propia protagonista, es un espléndido ejemplo de verismo y objetividad, un relato trágico y amargo cuyo obligado final feliz sirve precisamente para resaltar los aspectos más dramáticos de una peripecia al mismo tiempo ajena a toda morbosidad y a todo exceso de sentimentalismo.

El implacable Defoe no concedió mucho tiempo a sus lectores para masticar este duro alimento intelectual; exactamente cuarenta y nueve días después de la aparición de la audaz *Moll Flanders* publicó otra de sus obras maestras: el *Diario del año de la peste*. En una época en que el solo nombre de la «muerte negra» desataba el pánico entre las gentes, el tema del relato resultó excepcional. Defoe se inspiró en una nueva aparición de la epidemia en Marsella y recordó vagamente sus propias experiencias como espectador de la gran mortandad que la misma plaga había causado en el Londres de 1665. Investigó en profundidad, leyó antiguos documentos y entrevistó a los ancianos supervivientes logrando completar un reportaje crudo, realista y objetivo de cuanto acontece en una ciudad atacada por la terrible enfermedad.

Defoe siguió escribiendo con pasión hasta que la gota lo inmovilizó y le arrebató la pluma de sus infatigables dedos. El dinamismo de su espíritu y su inteligencia seguía incólume, pero su cuerpo, reducido a su dimensión mortal, estaba marcado por la insaciable y agitada vida de su dueño. Tenía setenta y un años cuando murió en su casa rural situada en las cercanías de Londres, inmortalizado por un héroe literario, Robinson Crusoe, cuyo amor por la soledad jamás había distinguido a su autor, permanentemente interesado por la sociedad de su tiempo, dedicado a examinar la apasionante actualidad y pronto a influir en las conciencias de sus contemporáneos.

1660	Nace en Londres **DANIEL DEFOE**.
1685	Ingresa en el ejército del rebelde Monmouth.
1688	Participa en la revolución que lleva al trono a Guillermo III.
1689-1700	Publica numerosas sátiras políticas.
1701	Aparece *El verdadero inglés*.
1702-1705	Sus ensayos y artículos satíricos provocan escándalo. Es condenado a la picota y encerrado en la prisión de Newgate.
1706	Sale de la cárcel y es enviado a Escocia por el gobierno.
1707-1714	Funda el periódico *The Review*. Escribe las series *El consejero de la familia* e *Historia general del comercio*.
1715	Escribe *Apelación al honor y la justicia*. Se retira al campo y sufre un ataque de apoplejía.
1719	Escribe la primera parte de *Robinson Crusoe*.
1720-1721	Publica la segunda parte de *Robinson Crusoe* y otros relatos de aventuras.
1722	En enero publica *Moll Flanders* y en marzo *Diario del año de la peste*.
1731	22 de abril: muere en su casa de campo cerca de Londres.

PEDRO I EL GRANDE
(1672-1725)

Con Pedro I el Grande se consagra definitivamente la vocación europea de Rusia, un inmenso país con un pie en cada continente. Los viajes, alianzas, guerras y reformas del zar estuvieron encaminados a orientar esta política de integración en la cultura ilustrada de Europa, comenzando por su fundación en el norte de la noble ciudad de San Petersburgo, convertida en capital en 1715, y terminando por la sustitución del alfabeto nacional eslavo por otro más similar al latino. Pero para poder realizar todas estas reformas, tuvo que superar graves obstáculos, quebrar la empecinada resistencia de la aristocracia tradicional y recurrir cuando fue necesario a la ejecución de su propio hijo y al encarcelamiento de su esposa Natalia.

Barro en las botas del zar

El Moscú en que nació Pedro el Grande era una ciudad lejana, envuelta en las tinieblas del misterio para los europeos. Los pocos viajeros que se aventuraban por aquellos lares describían una corte ostentosa y unas murallas de mayor longitud que las de París, pero también lo insalubre de las pobres casas de las cien o doscientas mil personas que allí residían, que generalmente eran de madera y formaban calles perennemente embarradas. Sus habitantes eran excesivamente proclives a la embriaguez, aún en un grado superior al muy extendido hábito en el resto de las ciudades y cortes europeas, y a menudo se comportaban de modo sobremanera violento y grosero. La educación era muy restringida, apenas se leían libros y se publicaban menos todavía, y el perezoso clero mantenía al pueblo en un estado de ignorancia y fanatismo.

Occidentalizar Rusia fue la tarea que se impuso, y en alguna medida logró, Pedro el Grande. Era un hombre alto, fornido, bien proporcionado, infatigable en el trabajo, bebedor sin tasa, que se reparaba con apenas tres o cuatro horas de sueño y entraba de nuevo en su combate particular consistente en afeitar las barbas de sus súbditos, recortar sus casacas, coleccionar sus dientes, torturar a los traidores, cortar las cabezas de sus enemigos, imponer en su país el calendario juliano, expropiar al clero holgazán, monopolizar para el Estado el tabaco, la sal, la potasa y la resina, reformar el ejército, la administración y el fisco, y, en definitiva, imponer el surgimiento casi milagroso de una nueva clase trabajadora e intelectual.

Una curiosidad devoradora

Incapaz de sustraerse a la acción, Pedro I experimentaba todo aquello que despertaba su curiosidad, que no era precisamente poca: conocía las labores de albañilería, sabía imprimir, manejaba soberbiamente el hacha y era un hábil carpintero y ebanista; pero apenas se sentía capaz de escribir más que con grandes garabatos. Devoto de la jerarquía, desde pequeño jugaba a los soldados, pero con soldados de verdad, convenientemente uniformados y organizados en regimientos, y cuando fue mayor estructuró jerárquicamente a todo el pueblo ruso, desde los siervos de la gleba hasta los nobles de la guardia. Buscó en el extranjero la ayuda técnica que reclamaba su ambicioso proyecto, y el general Gordon, un brillante militar escocés que había estado al servicio de Alemania, Suecia y Polonia, lo ayudó a reorganizar un ejército cada vez más numeroso. Durante un viaje a Inglaterra visitó la Torre de Londres, la Casa de la Moneda, los muelles y el embarcadero del Támesis..., y a su regreso a Moscú, tras sofocar la revuelta de la guardia, los *streltsí*, dejando durante meses enteros los cadáveres mutilados de los insurgentes colgando

Esta imagen de Pedro I el Grande cruzando el río Neva, acaso ilustra la personalidad del hombre que fue capaz de ejecutar a su hijo y de fundar una ciudad, San Petersburgo, con tal de conseguir el progreso de su pueblo.

en la plaza pública, impuso la vestimenta inglesa, del mismo modo que más tarde impondría los modales de Francia y el modelo administrativo de Alemania.

Pese a todo, el pueblo ruso jamás sintió la menor gana de europeizarse y sólo en un selecto grupo de su círculo dejaron honda y perdurable huella las salvajes y expeditivas reformas de Pedro el Grande. Pero acaso todos sus sueños se vieran felizmente coronados cuando por fin pudo trasladar la corte lejos de la aborrecida Moscú, a una ciudad de nueva planta fundada por él, San Petersburgo, ventana hacia Occidente emplazada sobre un terreno palustre y mefítico, donde escaseaban la piedra y el agua dulce y cuya erección se cobró infinidad de vidas humanas, pero cuya existencia es la mejor prueba de la voluntad de progreso del gran zar Pedro I.

1672	Nace en Moscú **PEDRO I, EL GRANDE**, hijo de Alejo Mijailovich y de sus segunda esposa Natalia Narishkina.
1676	Muere Alejo y sube al trono Teodoro, uno de los hijos del primer matrimonio del zar.
1682	Muere Teodoro. Regencia de su hermana Sofía con su amante Gsalitzín.
1689	9 de septiembre: Pedro I se proclama zar de Rusia.
1694	Muere Natalia, su madre.
1696	Pedro I conquista Azov a los turcos.
1697	Emprende un viaje por Europa.
1698	Sofoca la revuelta de la guardia, los *streltsí*.
1702	Confisca los bienes sobrantes al clero.
1703	Funda San Petersburgo.
1708	Sustituye el alfabeto eslavo por otro más parecido al latino.
1715	San Petersburgo, capital de Rusia.
1718	Hace ejecutar a su hijo Alejo. Encarcela a la zarina Eudoxia.
1720	Paz de Nystad, por la que Rusia mantiene sus conquistas en el Báltico.
1721	Todo el poder del Estado se concentra en el zar.
1725	Pedro I muere en San Petersburgo.

JOHANN SEBASTIAN BACH
(1685-1750)

Determinación y profundidad es lo que revelan los rasgos de J. S. Bach, retratado aquí en su madurez. De ambas dan testimonio su nada fácil vida y sus inmortales obras. El merecido tributo universal no le llegó hasta la publicación por Forkel de su biografía y la ejecución de su Pasión según San Mateo *en 1829, dirigida por Felix Mendelssohn.*

*E*n la biblioteca municipal de Leipzig se conservan aún los antiguos legajos que contienen las listas de exequias realizadas en el siglo XVIII. Uno de estos viejos papeles nos informa escuetamente del siguiente hecho, en apariencia banal: «Un hombre de sesenta y siete años, el señor Johann Sebastian Bach, *Kapellmeister* y *Kantor* en la escuela de la Iglesia de Santo Tomás, fue enterrado el día 30 de julio de 1750». La modestia y simplicidad de esta inscripción, escondida entre otras muchas tan insignificantes como ella, nos

parece hoy incomprensible al considerar que da fe del fallecimiento de uno de los más grandes compositores de todos los tiempos y, sin duda alguna, del músico más extraordinario de su época. La brevedad de estas líneas demuestra con toda claridad el trágico destino de un hombre que fue radicalmente subestimado en su época: pocos reconocieron al gran músico y nadie supo ver al genio. Tras su silenciosa muerte, la labor de quien había dedicado toda su existencia a crear honesta y laboriosamente una excelsa música en alabanza del Creador, fue olvidada por completo durante más de cincuenta años, hasta que, tras ser publicada la primera biografía del músico, otro compositor, Mendelssohn, rescató su obra para sus contemporáneos al dirigir apoteósicamente su *Pasión según San Mateo* en Berlín, en 1829, hecho que fue celebrado como un acontecimiento nacional en toda Alemania.

Los Bach, saga de músicos

Johann Sebastian nació el 21 de marzo de 1685 en Eisenach (Turingia). Su familia era depositaria de una vasta tradición musical y había dado a lo largo de varias generaciones un buen plantel de compositores e intérpretes. Durante doscientos años, los antepasados de Bach ocuparon múltiples cargos municipales y cortesanos como organistas, violinistas cantores y profesores, aunque ninguno de ellos llegaría a alcanzar un especial renombre. Sin embargo, su apellido era en Turingia sinónimo de arte musical; hablar de los Bach era hablar de música.

Johann Sebastian siguió muy pronto la tradición familiar. Su padre, Johann Ambrosius, comprendió rápidamente que tenía ante sí a un niño especialmente dotado y consagró mucho tiempo a su enseñanza, tarea en la que fue relevado tras su muerte por el primogénito, Johann Christoph,

Este delicioso grabado del siglo pasado nos muestra una idealizada escena doméstica protagonizada por la familia Bach en el momento de la oración matutina. El padre Bach, sentado al clavecín, desvía por un instante su atención de las notas para dedicarla, con expresión seria pero sinceramente interesada, a uno de sus hijos pequeños, concentrado en seguir la letra o la partitura de la música.

que ocupaba el puesto de organista en el pueblo de Ohrdruf.

El niño era aplicado, serio e introvertido. Además de la música, sentía una viva inclinación por la lengua latina, cuya estructura rígida y lógica cuadraba perfectamente con su carácter, y por la teología. Estas materias, tamizadas por una intensa educación luterana, acabarían por modelar completamente su personalidad y convertirse en los sólidos fundamentos de su existencia y de su fuerza creadora.

Pero hasta que pudo desarrollar todas sus capacidades pasaron aún varios años de duro aprendizaje y preocupaciones cotidianas. Desaparecidos sus progenitores, el salario del hermano resultaba escaso y la casa demasiado pequeña para una familia cada vez más numerosa. En estas circunstancias, Johann Sebastian decidió a los quince años trasladarse a Lunenburgo e ingresar como corista en el Liceo de la ciudad, con objeto de tener unos ingresos propios y al mismo tiempo continuar con sus estudios y ejercitar su hermosa voz juvenil. Este cambio supuso también la posibilidad de ampliar en extensión y profundidad sus conocimientos musicales: conoció al gran organista Böhm, quien con gusto enseñó nuevas técnicas y estilos a tan aventajado admirador, viajó a Hamburgo y Celle para escuchar a sus grandes ídolos, los organistas Reineken y Buxtehude, y por fin fue contratado como violinista en la orquesta del príncipe de Weimar. De esta época de actividad y entusiasmo data su primera cantata, género que frecuentaría a lo largo de su vida.

Decepciones y alegrías

Una energía aparentemente ilimitada y una fortaleza anímica desbordante son los rasgos esenciales de la personalidad de Bach. Sin estos valores y sin su profunda religiosidad nunca hubiera podido soportar los duros golpes que el destino le tenía reservados. Para las autoridades no era fácil tratar con un hombre impetuoso y excitable que despreciaba las normas establecidas y frecuentemente se mostraba colérico y caprichoso. Ya a los dieciocho años, mientras trabajaba como organista en Arnstadt, se había permitido el lujo de prolongar sus vacaciones durante dos meses: se encontraba en Lübeck escuchando extasiado al gran maestro Buxtehude y no estaba en lo absoluto dispuesto a renunciar a tan extraordinario placer. El consistorio de la ciudad se vio obligado a amonestarlo y aprovechó la oportunidad para hacerle algunos reproches referentes a su también poco sumisa actitud en materia musical: «El señor Bach suele improvisar muchas variaciones extrañas, mezcla nuevas notas en piezas escritas y la parroquia se siente confundida con sus interpretaciones.»

Bach ignoró estos comentarios; Arnstadt tenía ya poco que ofrecerle y sus intereses se dirigían hacia otros objetivos. En primer lugar, pretendía establecerse y formar una familia, lo que hizo al casarse el 17 de octubre de 1707 con su sobrina María Bárbara, una joven vital y encantadora. Además, consiguió el puesto de segundo *Konzertmeister* en Weimar, lo que le proporcionó la estabilidad necesaria para abordar la creación de importantes obras para órgano: *Pastoral*, *Canzona*, *Pasacalle*, etcétera.

Siete hijos fueron el producto de su feliz matrimonio. Todo parecía discurrir según sus deseos cuando, sorprendentemente, Bach fue rechazado en 1717 para el cargo de primer *Konzertmeister* tras la muerte de su antecesor. Un músico insignificante ocupó el empleo y Bach, herido en su orgullo, reaccionó con tal grosería que el duque de Weimar decidió su ingreso en prisión durante cuatro semanas con objeto de que cesaran los terribles insultos y amenazas que el músico dedicaba a los responsables del atropello.

Afortunadamente el disgusto duró poco. El príncipe Leopoldo de Köthen no estaba dispuesto a que un intérprete tan valioso se malgastara en vanas disputas y cursó una invitación a Bach para que desempeñara el cometido de *Kapellmeister* en su corte.

Entre ambos nació una fructífera amistad y el compositor pudo entregarse, en un clima acogedor y sosegado, a la creación de numerosas obras instrumentales y orquestales, entre las que desta-

can sus *Conciertos de Brandemburgo,* partitura cimera de la música barroca.

El dolor no es eterno

Fueron en total seis años de paz absoluta y fecundidad creativa lamentablemente interrumpidos por la tragedia. Al regresar de uno de los frecuentes viajes realizados a instancias del príncipe encontró su casa vacía y silenciosa: María Bárbara había muerto fulminada por una desconocida dolencia y, por temor a la peste, había sido rápidamente enterrada.

Bach se sumió en un profundo abatimiento durante un año y medio. Las fuerzas parecían haberlo abandonado por completo y las musas sólo lo visitaban para inspirarle melancólicas notas que no osaba transcribir. Sólo una mujer podía sacarlo de su estupor y esa mujer fue Anna Magdalena, hija menor del trompetista de la corte, Caspar Wülkens.

Por segunda vez en su vida Bach tuvo la fortuna de encontrar una compañera ideal; Anna no solamente era una muchacha hermosa y amable, sino que además tocaba varios instrumentos con considerable destreza, supo comprender y compartir el complejo mundo espiritual de su marido y lo ayudó como eficiente copista de sus partituras. Testimonio de su recobrada felicidad fue la composición de la primera parte de *El clave bien temperado* en 1722.

Un año después, la unión del príncipe de Köthen con una mujer completamente desinteresada por la música provocó el distanciamiento entre el maestro y su protector. Bach hubo de aceptar el puesto de *Kantor* en la escuela de Santo Tomás de Leipzig, lo que no significaba precisamente un progreso en su carrera, y además se vio obligado a dar clases particulares con objeto de aumentar discretamente sus menguados ingresos. Su empleo de *Kantor* consistía principalmente en asegurar la música necesaria para acompañar los oficios de varias iglesias de la ciudad valiéndose de un coro formado por alumnos de la escuela, lo cual significaba que cada domingo estaba obligado a presentar una nueva cantata compuesta por él: el resultado fueron un total de doscientas noventa y cinco piezas religiosas, de las que sólo han llegado hasta nosotros ciento noventa a causa de la negligencia de sus herederos. Además, de-

Laboriosa y apacible, la ciudad de Leipzig, a orillas del Elster, fue el escenario de los años más ingratos de la vida de Bach, en los que, sin embargo, el genial músico compuso algunas de sus obras más inspiradas.

bía dirigir el coro de los alumnos y dar lecciones a los jóvenes estudiantes como un profesor más.

Un simple funcionario

Esta situación no podía satisfacer a un hombre como él. Resultaba ultrajante que las autoridades ignorasen sus facultades y lo despreciasen como innovador. Durante veinte años, Bach no cesó de luchar contra semejante injusticia. Colérico como era, se enfrentó sistemáticamente a sus aburguesados superiores, quienes pretendieron hacer de él un dócil asalariado e incluso se permitieron castigar su obstinación y su arrolladora originalidad recortando en más de una ocasión sus retribuciones. Los esfuerzos del compositor por cambiar este estado de cosas resultaron baldíos; decepcionado, se convirtió en un ser amargado y pendenciero, cada vez más alejado de sus semejantes y refugiado en sí mismo y en su música.

Sólo su vida familiar era una fuente sólida de mínimas alegrías y de la necesaria estabilidad. Siempre respaldado por su mujer y por una íntima certidumbre en la validez de su genio pudo hacer frente a las adversidades sin perder ni un ápice de

su poder creativo ni caer víctima de la apatía. Infatigable ante sus obligaciones como padre y como músico, Bach nunca desatendió a ninguno de sus hijos, ni tampoco interrumpió la ardua tarea de ampliar sus conocimientos copiando y profundizando en las partituras de sus antepasados.

A partir de 1723, el talento de Bach se encontraba en plena madurez. De esta época datan sus famosas *Pasión según San Juan*, *Pasión según San Mateo*, *Pasión según San Marcos* y la célebre *Oda fúnebre*. En 1733 compuso la magistral *Misa en si menor* para acompañar la solicitud en la que aspiraba a obtener del elector Augusto III el título de compositor de la corte de Sajonia. Tres años después lograba su propósito, lo que le recompensó por todos los sinsabores anteriores y sirvió para mortificar a cuantos lo habían hecho objeto de sus desdenes. Comenzaba la última etapa de su vida, que sería también la más plácida.

Vejez en penumbra y noche eterna

Bach era miope desde su nacimiento y, con el transcurrir de los años, el estado de sus ojos se había ido deteriorando progresiva e imparablemente a causa de miles de interminables noches de trabajo pasadas bajo la insuficiente luz de un pobre candil. Dos operaciones no consiguieron mejorar su visión, sino al contrario: después de la segunda, realizada por un médico inglés en Leipzig, perdió la vista casi por completo. Las fuertes medicaciones a las que se habituó contribuyeron a quebrantar la resistencia y la salud de un cuerpo que había sido robusto y vigoroso. Pero continuó creando y alcanzó nuevas cimas en su arte, como las *Variaciones Goldberg* o el desarrollo de la segunda parte de *El clave bien temperado*, terminada en 1744.

Un año antes de su muerte le iba a alcanzar el mismo destino que estaba reservado a otro genio como él, el famoso Haendel: la ceguera total. Pero una vez más, antes de que la noche eterna le encadene para siempre a su cama, Bach vivirá un momento estelar cuando al fin alguien reconozca su poderoso talento y su maestría: el joven rey de Prusia Federico II. En diversas ocasiones este soberano había expresado su deseo de encontrarse con el conocido compositor. La ocasión llegó en la primavera de 1747. Un lluvioso día de abril Bach emprendió titubeando el camino hacia Potsdam en compañía de uno de sus hijos y se hizo anunciar en el palacio de Federico en el momento en que se interpretaba un concierto de flautas compuesto por el propio soberano. Su Majestad interrumpió inmediatamente la música y salió para recibir calurosamente al recién llegado. Tras enseñarle el palacio y platicar brevemente con Bach sobre temas musicales, el rey quiso maliciosamente someter a su invitado a una pequeña prueba: con una flauta, que era su instrumento preferido, atacó un tema de poco fuste y lo retó a que lo desarrollara según las reglas del contrapunto. En breves instantes, Bach compuso una fuga de seis voces perfecta y maravillosa, ejecutándola a continuación. El rey escuchó admirado aquellas armonías que diríase estaban hechas para los oídos de los ángeles y, al término de

El rey Federico II de Prusia, fue un gran amante de las artes, y su corte, emplazada en Potsdam, acogía con frecuencia eventos artísticos, como el concierto de cámara representado en esta miniatura. En un entorno muy semejante debió desarrollarse el encuentro entre Federico el Grande y el anciano genio de la música.

Página autógrafa de una partitura, que corresponde a una Sonata *para violín solo; el trazo rápido y nervioso delata al compositor prolífico que fue Bach, obligado por sus compromisos profesionales a componer más de una pieza cada semana.*

la interpretación, únicamente pudo exclamar una y otra vez: «Sólo hay un Bach... Sólo hay un Bach.»

Feliz por este encuentro regresó Bach a Leipzig, ciudad que ya no abandonaría hasta su muerte. Su energía y su espíritu creativo estaban aún intactos, pero su vista se extinguía por momentos y su salud le exigía cuidados. El genio luchó en vano contra su fin próximo. Empleó sus últimos días en cumplir sus obligaciones familiares y profesionales con la máxima diligencia posible y desde su lecho de muerte dictó su máxima obra teórica: *El arte de la fuga.*

Un ataque de apoplejía puso fin a su vida el día 28 de julio de 1750. Lo rodeaban sus familiares y su alma grandiosa abandonó sin dolor alguno el cuerpo del que había sido un simple mortal casi ignorado por sus semejantes. Dejaba una ingente obra religiosa y numerosas piezas profanas, un corpus que se ha erigido en ley de toda la producción musical posterior. Años después, en una conversación con Mendelssohn, Goethe fue capaz de concentrar en una sola frase admirativa cuanto hay de mágico en la música de Johann Sebastian Bach: «Es como si la armonía universal estuviera dialogando consigo misma, como si lo hubiera hecho en el pecho de Dios desde la creación del mundo.»

1685	21 de marzo: **JOHANN SEBASTIAN BACH** nace en Eisenach (Turingia).
1700	Ingresa en el Liceo de Lüneburg. Estudios con el maestro Böhm. Realiza varios viajes a Hamburgo y Celle.
1703	Violinista en la orquesta de la corte. Escribe su primera cantata.
1704	Obtiene el empleo de organista en Arnstadt.
1707	17 de octubre: Contrae matrimonio con su sobrina María Bárbara.
1708	Consigue el puesto de segundo *Konzertmeister* en Weimar.
1709-1716	Escribe la mayor parte de sus obras para órgano.
1718	Acepta el puesto de *Kapellmeister* al servicio del príncipe Leopoldo de Köthen.
1721	Tras la muerte de su primera esposa, contrae segundas nupcias con Anna Magdalena Wülkens.
1723	22 de abril: Ingresa como *Kantor* en la Escuela de Santo Tomás de Leipzig.
1724-1731	Escribe sus tres Pasiones y la Oda fúnebre.
1736	Es nombrado compositor de la corte.
1750	28 de julio: Muere en Leipzig.

BENJAMIN FRANKLIN
(1706-1790)

«*N*o era uno de esos hombres que deben su grandeza a las oportunidades de su época. En cualquier edad y en cualquier momento histórico, Franklin hubiera sido un gran hombre. La inteligencia y la voluntad, el talento y el arte, la fuerza, la soltura, el genio y la gracia se reunían en él, como si la naturaleza al formarle se hubiese sentido derrochadora y feliz». Estos elogios, aparentemente exagerados, fueron escritos por Carl van Doren, uno de los biógrafos de Benjamin Franklin, y en verdad no hacen sino expresar con toda justicia y fidelidad el carácter absolutamente deslumbrante de este norteamericano universal. Porque si bien es conocida en todo el mundo su faceta de inventor y científico, son pocos los que han profundizado en sus logros como estadista y escritor. Sólo desde la admiración incondicional es posible aproximarse a su figura, y al mismo tiempo es difícil pensar en Benjamin Franklin sin experimentar una sensación de calor humano. Su apariencia era tan sencilla, su personalidad resultaba tan agradable y su sentido del humor brotaba tan espontáneamente que para la gente resultaba fácil quererlo y respetarlo. Unos grandes ojos grises y una boca fruncida y propensa a la sonrisa adornaban el rostro de este dechado de virtudes, que fue capaz de sobresalir en cuantos campos se propuso.

El «Pobre Richard»

Benjamin fue el número quince entre los diecisiete hijos de un pobre fabricante de velas radicado en Boston. Sólo asistió a la escuela durante un año y a los doce entró como aprendiz en la imprenta de su hermano James. Entre esa época y 1723, cuando dejó su casa y se dirigió a Nueva York, el muchacho se procuró una vasta cultura autodidacta: estudió ciencia y filosofía, aprendió por sí mismo latín, francés, alemán, español e italiano y leyó en profundidad a los clásicos. Luego lo encontramos en Filadelfia trabajando de nuevo en una imprenta y más tarde establecido por su cuenta como director, editor y redactor de *El almanaque del Pobre Richard*, obra que comenzó cuando tenía veintiséis años y que publicaría durante veinticinco más, hasta 1757.

Hacia mediados del siglo XVIII, los almanaques eran el único papel impreso que podía encontrarse en un hogar norteamericano. Solían contener datos astronómicos, predecían el tiempo con un año de antelación y ofrecían informaciones médicas.

Franklin rellenaba los espacios libres de su almanaque con proverbios de su propia cosecha y con algo de filosofía fácil de digerir. Convirtió al Pobre Richard, supuesto autor de la publicación, en un personaje popularísimo a quien todos consideraban real y alcanzó una venta de diez mil ejemplares al año, lo que resultaba extraordinario en aquellos tiempos. Muchos de sus refranes se han incorporado hoy al acervo popular y consiguen expresar a la perfección su peculiar sentido del humor, como los que dicen: «Haber sido pobre no es una vergüenza, pero sentirse avergonzado de ello sí lo es», o, «Es de mala educación hacer callar a un tonto, pero es una crueldad dejar que siga hablando». Otros transmitían un mensaje de confianza en las propias capacidades («Dios ayuda a los que se ayudan a sí mismos»), como era lógico que escribiese alguien que se había labrado un brillante porvenir a costa de su propio esfuerzo, rompiendo con ello los rígidos lazos sociales heredados de los ingleses. En efecto, Franklin fue el típico, y, que sepamos, posiblemente uno de los primeros *self-made man* norteamericanos, y a los cuarenta y dos años había amasado con su almanaque una pequeña fortuna que le permitió retirarse de sus negocios como impresor.

Inventor, músico y estadista

Fue a partir de entonces cuando se dedicó a cultivar con esmero sus facultades científicas. Todo el mundo ha oído hablar de cómo atrajo la electricidad de una nube mediante una cometa, pero es menos conocido que escribió un libro sobre los fenómenos eléctricos que fue aclamado en Europa, que identificó por primera vez los polos negativo y positivo de la electricidad o que a él se deben los términos de batería, carga eléctrica, condensador y conductor.

En otros campos de la ciencia estudió algunos problemas relacionados con el crecimiento demográfico, la contaminación atmosférica y la higiene, investigó la llamada Corriente del Golfo y el desplazamiento de las tormentas, inventó la estufa que lleva su nombre, creó las gafas bifocales y fue el primero en demostrar científicamente que la tela oscura retiene el calor. También era un músico experto, dominaba el arpa, la guitarra y el violín, y escribió sobre los problemas de la composición musical, en particular de los referentes a la adaptación de la música a la letra, para que esta última pudiera ser inteligible. Una relación detallada de sus hallazgos resultaría interminable y agotadora, pues su capacidad creadora y su sentido de anticipación fueron absolutamente extraordinarios.

Su carrera como estadista y político fue tan rica y deslumbrante como los logros obtenidos en el ámbito de la ciencia. Empezó en 1753, al ser nombrado director general de Correos en Filadelfia. Franklin alcanzó una serie de éxitos fulgurantes en la mejora del servicio, amplió considerablemente la frecuencia de los envíos y mejoró los caminos postales. Luego creó la primera agrupación de policía profesional y el primer servicio voluntario de bomberos.

Benjamin Franklin fue un autodidacta de extraordinario talento, que abordó con éxito muy distintas disciplinas y, además, uno de los padres de la independencia estadounidense. Arriba, retratado por J. S. Duplessis en 1778 (Museo Metropolitano de Arte, Nueva York).

Defensor de los Estados Unidos

Pero lo más importante fue su tarea como inspirador y activo factótum de la independencia norteamericana. Puede atribuírsele la idea primigenia de unos Estados Unidos como nación única y no como un grupo de colonias separadas, ya que dos décadas antes de la guerra de Independencia americana concibió un sistema de gobiernos estatales reunidos bajo una sola autoridad federal.

Cuando en 1757 fue enviado a Londres para defender los intereses de las colonias americanas ante la metrópoli, desarrolló una intensa labor política que acabaría dando los frutos apetecidos. En una famosa ocasión estuvo durante todo el día en la Cámara de los Comunes contestando con gran habilidad las preguntas que le dirigían los miembros de tan honorable institución en torno a la resistencia de las colonias ante la muy odiada ley tributaria inglesa, que resultaba nefasta para los intereses de los colonos americanos. El resultado fue que el Parlamento revocó la ley y la guerra se retrasó diez años, dando a los independentistas tiempo suficiente para prepararse. Ante las nuevas presiones fiscales y políticas ejercidas por la metrópoli, dejó Londres y regresó a Filadelfia en 1775 y se adhirió decididamente al movimiento independentista. Ese mismo año fue nombrado diputado por Pensilvania ante el II Congreso Continental, en el que los representantes de las trece colonias norteamericanas decidieron formar un ejército para luchar contra Inglaterra, y al año siguiente redactó, conjuntamente con Thomas Jefferson y John Adams, la Declaración de Independencia.

Debido a su prestigio, se le escogió en diciembre de ese año para efectuar una gira por Europa en busca de apoyo para la causa independentista. Era fundamental conseguir la ayuda de Francia, sin la cual la contienda podía prolongarse indefinidamente e incluso perderse. Washington se había entregado a la organización de un ejército norteamericano pero la metrópoli contaba con todo el poder, las armas e importantes aliados. Era preciso contrarrestar ese poderío consiguiendo el auxilio de Francia. Franklin no sólo convenció al reacio monarca francés, Luis XVI, de que enviara secretamente suministros al general Washington, sino que un año después logró que entrara abiertamente en la guerra como aliado después de firmar un tratado de amistad.

Tras la victoria, Franklin consiguió resolver un problema que amenazaba con dificultar seriamente la formación del nuevo país: los pequeños Estados querían tener idéntica representación en el Congreso que los grandes y, a su vez, éstos pretendían que el número de delegados se eligiera según la población de cada Estado. Franklin resolvió la dificultad aceptando la primera propuesta como base para el Senado y la segunda para la Cámara de Representantes; luego, cuando la Constitución estuvo lista, se encargó personalmente de que fuera ratificada por los distintos Estados, tarea para la que tuvo que poner en juego

todas sus dotes de persuasión y sus capacidades de magistral razonador: ninguno de sus interlocutores se resistió a sus argumentos.

Virtuoso hasta el fin

Una de las razones que lo llevaron a la longevidad fue su profundo conocimiento de los temas relativos a la salud. Daba largas caminatas en cuanto tenía ocasión, era un ejemplo de moderación en la mesa y, en contra de muchos prejuicios acatados por sus contemporáneos, tenía hábitos que resultaban insólitos para el americano medio, como la costumbre, considerada extravagante y perniciosa, de dormir con las ventanas abiertas de par en par. Al mismo tiempo, creía firmemente que era posible modificar los aspectos negativos del carácter mediante una disciplina a la vez suave y constante. En su juventud llevaba siempre consigo una lista de cualidades dignas de admiración, que más tarde se convirtió en un pequeño libro donde cada página estaba consagrada a una virtud. Franklin dedicaba una semana de atención a cada una de ellas, que releía en cuanto tenía ocasión, y volvía a empezar cuando llegaba al final.

A la edad de ochenta y dos años se retiró de la vida pública aquejado de algunos achaques y se dedicó a escribir su autobiografía, publicada póstumamente. Murió al año siguiente, en 1790, convertido en una de las figuras públicas más queridas en su país y en el mundo. Unos meses antes había recibido la siguiente carta: «Si los deseos unidos de un pueblo libre, apoyados por las fervientes plegarias de todos los amigos de la ciencia y de la humanidad, pudieran librar al cuerpo de los dolores y las enfermedades, pronto se pondría usted bien. Si el ser venerado por su benevolencia, el ser admirado por su talento, el ser estimado por su patriotismo y el ser amado por su filantropía pudiera satisfacer la mente humana, tendrá usted el agradable consuelo de saber que no ha vivido en vano. Usted será recordado con respeto, veneración y afecto por nuestro país, por todos los hombre a los que ha llegado un eco de su vida y por éste su sincero amigo y más obediente servidor. Jorge Washington.»

La carrera política de Benjamin Franklin fue tan importante como sus logros científicos. Partidario de la independencia, en 1775 fue nombrado diputado ante el II Congreso Continental que decidió formar un ejército para luchar contra Inglaterra. Al año siguiente, junto con Jefferson y Adams, redactó la Declaración de Independencia, cuya firma recrea este cuadro de Pine Savage (The Historical Society of Pennsylvania, Estados Unidos).

1706	17 de enero: nace **BENJAMIN FRANKLIN** en Boston.
1726	Se establece en Filadelfia como impresor.
1732	Comienza a publicar *El almanaque del Pobre Richard*.
1747	Es elegido miembro de la Asamblea de Pensilvania.
1752	Realiza el famoso experimento de la cometa y la llave.
1753	Es nombrado director general de Correos de Filadelfia.
1757	Viaja a Londres para defender los intereses de las colonias.
1766	Logra la derogación de la ley inglesa del Timbre.
1775	Regresa a Filadelfia. Es nombrado diputado por Pensilvania ante el II Congreso Continental.
1776	Redacta conjuntamente con Jefferson y Adams la Declaración de Independencia Norteamericana. Vuelve a Europa en busca de apoyo para la causa independentista.
1778	Consigue la firma de un tratado de amistad con Francia.
1783	3 de septiembre: firma la Paz de Versalles, fin de la guerra de Independencia norteamericana.
1790	17 de abril: muere en Filadelfia.

FEDERICO II EL GRANDE
(1712-1786)

*F*ederico II, rey de Prusia desde 1740 hasta su muerte, sucedida en 1786, sería el hombre llamado a revolucionar las tácticas militares de su tiempo y conseguir que su pequeño país cobrara una importancia decisiva en el concierto europeo, pero durante su resuelta y desmandada juventud ni siquiera la férrea y proverbial disciplina prusiana, envidiada por todos los ejércitos del mundo, bastó para someter su irreductible y vigoroso carácter, como tampoco fueron suficientes los vejatorios y ejemplificadores castigos a los que fue sometido por su padre, el despótico «Rey Sargento», sobrenombre de Federico Guillermo I. Este hombre rudo y brutal desconfiaba de la refinada educación francesa que había recibido su hijo y siempre temió que su sucesor tuviera la intención de gobernar de manera radicalmente opuesta a los principios que él había establecido. Por su parte, el desvergonzado e ingenioso muchacho se burlaba abierta y francamente de las convicciones religiosas a las que se había adherido el rey, lo que unido a su excesiva afición al juego y su ardoroso trato con las damas no podía por menos sino provocar en su severo padre una abierta antipatía. Este pulso entre el fiero autoritarismo de uno y la indisciplina zumbona del otro constituye el episodio más novelesco de la agitada e indomeñable juventud de Federico.

El «coronel Fritz»

El muchacho había sido educado por una refugiada francesa, Madame de Rocoulles, y un sofisticado preceptor francés, Duhan de Jandun, quienes le inculcaron un gran amor a la literatura, la música y el trato con la gente culta de su época. A los dieciséis años, pasó una temporada en la brillante corte de Dresden, donde terminó de pulirse un carácter que mostraba inmoderada inclinación tanto por el saber como por los seductores lujos de una alegre aristocracia. Por todo ello la ojeriza que su padre le iba tomando cobraba escandalosas proporciones, y Federico Guillermo no dudaba en abofetearle en público ni en someterlo a cualquier humillación incluso delante de los oficiales del regimiento. En una ocasión llegó a ser tan desaforada su ira que lo derribó a empellones, lo arrastró furioso hasta una ventana y se dispuso a estrangularlo frenéticamente con los cordones de las cortinas. De no ser por la providencial intervención de su esposa Sofía y de la princesa Guillermina, nadie hubiera podido arrancárselo de las manos, y aun con todo no amainó su ira sino tras hacer víctimas de su cólera a aquellos que lo habían librado de cometer el filicidio.

Tras esta penosa escena la determinación del joven Federico de huir a Francia se convirtió en perentoria e inaplazable y, con sólo dieciocho años, aprovechando la ausencia de su progenitor, emprendió la fuga. Frustrada la intentona, fue devuelto a Berlín, donde al ser presentado ante su padre éste desenvainó la espada y acaso le hubiera dado muerte allí mismo si no se hubiera interpuesto e intercedido por él uno de sus generales. No obstante, el implacable rey decidió que su hijo, a quien llamaba «coronel Fritz», negándose a reconocerle otro título que no fuera el de desertor, fuese encerrado en la ciudadela de Küstrin, lúgubre presidio donde se le privó de muebles, de libros y hasta de luz, y se le concedió la única compañía de una Biblia. Mientras tanto se formó un tribunal para juzgar a los dos cómplices en la principesca fuga, los tenientes Keith y Katte, logrando el primero escaparse y siendo condenado a trabajos forzados el segundo. Así mismo los jueces se declararon incompetentes para entender en el caso de Federico, exasperando con ello al monarca, que revocó la sentencia, dictó la condena a muerte de Katte y exigió que su hijo presenciara la cruel ejecución.

Pero poco después Federico fue puesto en libertad, no sin antes ceder a las condiciones paternas jurando «obedecer estrictamente las órdenes del rey y de hacer en todo lo que conviene a un fiel servidor, súbdito e hijo» y renunciando, si faltaba a su palabra, a sus derechos como heredero. Federico se entregó entonces con el febril apasionamiento que lo caracterizaba a rigurosos estudios sobre la agricultura, la ganadería y las costumbres del campo, de resultas de los cuales saldrían, más adelante, sus importantes reformas en la vida rural de su país y, en particular, su revolucionaria medida de generalizar en sus territorios el cultivo de la patata como «un recurso admirable para el pobre pueblo».

Dócil ahora a los imperativos y deseos de Federico Guillermo I, se casó contra su voluntad con Isabel Cristina, princesa de Brunswick-Bevern, aunque se sustrajo, en la mayor medida posible, a las obligaciones que implicaba suscribir dicho contrato. Luego trasladó su residencia al castillo de Rheinsberg, donde, rodeado de una pequeña corte de eruditos, aumentaba sus conocimientos sobre filosofía, matemáticas, historia, política, arte militar o cualquier otra disciplina que reclamase su insaciable curiosidad, excepción hecha de la religión, asunto que le enojaba y juzgaba odioso, detestando por superfluo y bárbaro todo culto. Por aquel entonces sostuvo una intensa correspondencia con Voltaire y escribió una refutación de *El Príncipe* que el propio filósofo francés se encargó de publicar con el título de *Anti-Maquiavelo*.

La táctica prusiana

Tras la muerte de Federico Guillermo I en 1740, su hijo le sucedió en el trono y se entregó en cuerpo y alma a la ambiciosa tarea de engrandecer su patria prusiana. Para ello echó mano de dos virtudes sobresalientes que adornaban su carácter: la inteligencia, acrisolada en el estudio y en la intimidad con los pensadores ilustrados de su tiempo, y la habilidad, ejercitada en las controvertidas relaciones que mantuvo con su rígido predecesor durante su juventud. Fruto de la primera fueron las decisivas reformas que introdujo en el orden de batalla de su ejército, que le granjeó sustanciosas victorias y la admiración unánime de Europa. Las ulteriores tácticas que

Federico II de Prusia fue un soberano culto, hábil e inteligente, cuya figura ilustra como pocas la del déspota ilustrado. Aunque díscolo e indisciplinado en su juventud, introdujo revolucionarias innovaciones en las tácticas de batalla de su ejército que le reportaron importantes victorias y lo convirtieron en uno de los más extraordinarios estrategas de la Historia.

fundarían la fama de Napoleón se deben en gran medida a las innovaciones de Federico el Grande, quien escribió en su *Instrución militar*: «Toda la fuerza de nuestras tropas consiste en el ataque y no sería prudente que renunciásemos a él sin razón; el medio más seguro para conseguir la victoria es marchar fieramente y en orden hacia el enemigo y ganar siempre terreno: la infantería marchará a paso largo; los jefes de los batallones procurarán romper el frente enemigo, penetrándolo, cayendo sobre él a la bayoneta; si es preciso hacer fuego lo abrirán a ciento cincuenta pasos; si los soldados empezaran a disparar sin orden, se les hará poner de nuevo las armas sobre el hombro y avanzarán sin detenerse; se harán descargas por batallones cuando el contrario comience a cejar; una batalla empeñada de ese modo será prontamente decidida». Fiando siempre en la ofensiva, Federico II se convirtió en uno de los mayores estrategas de la Historia.

Mientras que lo habitual era ordenar la infantería en dos o tres líneas, él la redujo a una línea solamente, agrupada en batallones de setecientos hombres divididos en seis compañías, cinco de fusileros y una de granaderos. Los soldados avanzaban con paso cadencioso, con lo que se demostró una vez más la importancia del ritmo y de la música en el desarrollo del arte militar. Introdujo reformas en el fusil que permitían a sus tiradores efectuar disparos con mayor velocidad y precisión, unos cinco o seis por minuto a la voz de mando, hasta el punto de otorgarles una superioridad sobre el enemigo de tres a uno. Aprovechó la caballería, dotada con armas blancas principalmente, para imprimir también ligereza y velocidad a sus acciones, procurando siempre mantenerla en movimientos de ataque y en continuas cargas. La proporción de ésta con respecto a la infantería fue progresivamente en aumento, llegando su ejército a contar con mil jinetes y tres mil infantes. Menos desarrollo tuvo la artillería, que se empleaba por lo común para tiros rasantes, siendo raros los tiros curvos; y de aún menor trascendencia fue la ingeniería militar, pues las tácticas de Federico II de Prusia no contemplaban ni fortificaciones ni atrincheramientos.

No obstante, ensayó en 1759 la artillería a caballo, que se convirtió en reglamentaria en 1762. Por último, la modificación más genial que incorporó a las batallas es lo que él llamaba su orden de batalla oblicuo, que también según sus palabras consistía «en rehusar un ala al enemigo y reforzar la que debe dar el ataque», obteniendo con ello: «Primero: hacer frente con pequeño número de tropas a un frente superior. Segundo: atacar al enemigo por un lado en el que el combate resulte decisivo. Y tercero: que aunque el ala sea batida no resultará destrozada más que una parte del ejército.»

Las ventajas de la doblez

Por otra parte, Federico el Grande dio siempre muestras de gran habilidad como diplomático y supo aliarse oportunamente con las naciones cuya amistad le reportaba mayores beneficios. Contra todo pronóstico, invadió Silesia, ensanchando las fronteras de su reino, hecho este que desatará la guerra de los Siete Años, en la que Federico II hubo de enfrentarse a una coalición formada por Francia, Rusia, Suecia, Sajonia, la Confederación Germánica y Austria. Como resultado de la misma y del tratado de Hubertusburg firmado el 15 de febrero de 1763, Federico conservó íntegros sus territorios anteriores al desencadenamiento del conflicto, pero sumando a ellos la enorme reputación alcanzada por Prusia como gran potencia militar y un inédito ascendente sobre toda Alemania.

La muerte le sorprendió tras establecer con Catalina II de Rusia el reparto de Polonia y anexionarse la orilla del Báltico desde el Niemen al Oder. Una confederación de príncipes alemanes, tanto católicos como protestantes, se estaba gestando, y todos ellos reconocían sin disputa la jefatura del rey de Prusia.

El éxito que lo acompañó siempre en su fecunda vida, en la que tuvo tiempo de escribir obras poéticas en francés, tratados militares y óperas al gusto italiano, se debió a su insaciable capacidad de trabajo y a una aguda desconfianza que le impedía delegar nada en sus subordinados. En su habitual residencia de Potsdam, el hombre que impuso la escolaridad obligatoria desde los cinco a los trece años, se levantaba en invierno a las tres y en verano a las cuatro de la madrugada. Un paje le traía entonces un enorme cesto con la correspondencia, cuyos sellos revisaba para evitar que lo engañasen. Luego la leía y ordenaba según las materias y, a vuelapluma, anotaba dos o tres palabras, o a veces algún epigrama picante, indicando la respuesta. Y más tarde, todas las mañanas sin faltar una sola, pasaba revista prolija y minuciosamente a sus tropas.

Lejos quedaba el indisciplinado joven que había sido Federico. El rey había aprendido muy crudamente que el poder de Prusia se cifraba ante todo en aquellos protocolos: en la invariable rutina, en el agotador adiestramiento y en la ciega entrega de sus hombres.

Educado en el amor a la literatura, a la música y al trato con la gente culta de su época, Federico II se interesó por todas las artes y las ciencias, llegando a estudiar agricultura y ganadería y también a escribir una refutación a El Príncipe, *que Voltaire tituló* Anti-Maquiavelo. *Arriba, el lienzo* Federico II hace entrega de la Biblioteca a los sabios, *de A. Kamph, Universidad de Munich.*

1712	24 de enero: **FEDERICO II** nace en Berlín, hijo de Federico Guillermo I y de Sofía Dorotea de Hannover.
1730	Federico intenta huir del ejército y es encerrado en la fortaleza de Küstrin.
1733	Se casa con Isabel Cristina, princesa de Brunswick-Bevern.
1740	31 de mayo: muere su padre y Federico II asume el trono de Prusia.
1747	Federico II compone la ópera *Il re pastore*.
1759	Ensaya por primera vez la artillería a caballo, que en 1762 fue declarada reglamentaria.
1761	España envía una comisión a Prusia para estudiar las tácticas de las tropas prusianas y adaptarlas a su ejército. Toda Europa admira las innovaciones militares de Federico el Grande.
1763	15 de febrero: se firma el tratado de Hubertusburg que pone fin a la guerra de los Siete Años.
1785	Confederación de príncipes alemanes, tanto católicos como protestantes, que reconocen el liderazgo de Prusia.
1786	17 de agosto: muere en Potsdam.

DENIS DIDEROT
(1713-1784)

*E*l genio de Diderot iba unido a una portentosa indiferencia, hija de una lucidez tan atrevida como despiadada. En cierta ocasión paseaba el filósofo con el no menos filósofo Jean-Jacques Rousseau por el retiro de Montmorency de este último, cuando el autor de las *Confesiones*, al pasar cerca de la orilla de un estanque, declaró con honda tristeza:

—Más de veinte veces he sentido la tentación de tirarme aquí y acabar con mi vida.

A lo cual el insensible Diderot replicó deportivamente:

—¿Y por qué no lo hizo?

La impostora candidez de esta interrogación deja entrever también la malicia que con tanta donosura derrochó en su obra el célebre pensador francés. No obstante, Rousseau, tal vez dolido por la liviandad del tono de su interlocutor ante declaración tan grave, supo en esa ocasión hallar una respuesta adecuada:

— Al meter la mano siempre encontré el agua demasiado fría.

La paradoja del militante

Denis Diderot, de quien Voltaire dijo que había venido al mundo para aplastar el fanatismo y la hipocresía, nació en un pueblo francés llamado Langres, hijo de un cuchillero acaudalado que si bien no le legó su arte sí infundió en el muchacho una gran pasión por las técnicas y los oficios. Ingresó pronto en el colegio de los jesuitas, donde dio muestras de una inteligencia sobresaliente que hizo que sus mentores acariciasen la idea de que tomara los hábitos. Sin embargo, tras recibir las órdenes menores, huyó a París, donde lo esperaba una vida de orgullosa bohemia, rebelde y pobre. Allí entró en contacto con los ilustrados de la época y especialmente con Jean-Jacques Rousseau, asiduo del Café de la Regencia, donde el ginebrino perdía infaliblemente al ajedrez con Philidor, notable músico y el primer campeón indiscutible de este juego. En las animadas tertulias de aquel café brillaba el ingenio y la copiosa erudición, volcada sobre los temas más dispares, de Diderot, pero la idea desmesurada de recoger en un solo libro todo el saber universal no llegaría hasta que el librero Le Breton encargase al filósofo la traducción de la *Cyclopaedia* de Chambers. Esta empresa, aun siendo de por sí enorme, al ambicioso Diderot le pareció poco y propuso ampliarla con la realización de un inmenso diccionario que se llamaría *Encyclopédie*, término acuñado por otro escritor, Rabelais, en 1532, que a su vez lo toma de Plutarco, y que viene a significar «círculo de caudalosos conocimientos».

La historia de esta publicación, que desafía permanentemente a la censura de la época, está jalonada de persecuciones y obstáculos, pero la obstinación de Diderot, así como el desinteresado apoyo de la marquesa de Pompadour, permitieron sacarla adelante. Más de cinco mil artículos fueron redactados por este hombre de genio tan variado y de tan formidable vitalidad, y con ellos se ganó el respeto y la admiración de sus contemporáneos.

Peor suerte corrieron otros de sus escritos, muchos de los cuales fueron publicados póstumamente, como *El pájaro blanco, cuento azul; Paseo del escéptico; La religiosa; El sobrino de Rameau; La paradoja del comediante; Jacques el fatalista*, etc., en definitiva, lo más sustancioso de su obra y lo que de manera más nítida lo sitúa en la historia de la cultura como un adelantado capaz de sobrevivir al nuevo gusto romántico, que él ya anuncia en sus mediocres *Comedias lacrimosas*, y de atravesar el siglo XIX hasta ser en nuestra época redescubierto como un insospechado precedente de las vanguardias.

En su tiempo, sin embargo, sus ideas no dejaron de acarrearle numerosas dificultades, incluso la cárcel, como le sucedió tras la publicación de *Carta sobre los ciegos para uso de los que ven* en 1749. Es éste un diálogo imaginario entre un inglés, ciego de nacimiento, llamado Saunderson, y un clérigo. El primero se niega tercamente a aceptar la fe revelada y exclama en la hora de su muerte: «¡Oh Dios de Clarke y de Newton, ten piedad de mí!» El 7 de julio de aquel año, el Parlamento de París juzgó el texto ateo y condenó a su autor a la prisión de Vincennes, pese a que la verdadera posición de Diderot podría resumirse en estas palabras de sus *Pensamientos sobre la interpretación de la naturaleza*: «Oh, Dios, no sé si existes... El curso de las cosas es necesario por sí mismo si no existes o por tu decreto si existes.»

Vano espantajo de las naciones

Lo que en realidad irritaba a Diderot era el mal uso temporal que las jerarquías eclesiásticas hacían de los preceptos religiosos. En un rincón de su obra protesta enérgicamente: «Sufro mortalmente por no poder creer en Dios. ¡Ah, Dios! ¿Sufrirías tú a los monstruos que nos dominan y a los que los han formado si fueras algo más que un vano espantajo de las naciones?» Pero a Diderot, hombre de cien fisonomías, autor de una obra marcada por la ambigüedad más radical, no lo mueven estas dudas a una desaforada inmoralidad, sino que, por el contrario, cree que «sólo corresponde al hombre honrado ser ateo.» Y de honradez hizo gala este asombroso pensador que presumía de que sus auténticas amantes eran la ideas, aunque su vida privada no esté exenta de turbios episodios. Muy joven casó, pese a la oposición de los padres de la novia, con Antoinette Champion, a la que previamente había raptado en donjuanesco lance de un convento. Pero su existencia con la que él llamaba Nanette no fue muy

Denis Diderot fue el sabio de quien Voltaire dijo que había venido al mundo para aplastar el fanatismo y la hipocresía y a quien el pintor Louis Michel van Loo retrató en este famoso cuadro que se conserva en el Museo del Louvre, París.

feliz, al parecer a causa del genio endemoniado de la dama en la intimidad hogareña y más probablemente por la poco reprimida afición de Diderot a los festines licenciosos.

Sintió devoción por el contrario hacia su encantadora hija Angélique y mantuvo estrechas relaciones durante años, a partir de 1755 y hasta la muerte de la dama, anterior en poco a la del enciclopedista, con una intelectual a quien no afeaban los lentes y que se llamaba Sophie Volland. Nadie puede poner hoy la mano en el fuego respecto a la promiscuidad de este trato gracias a la prudente hoguera que la mujer hizo con las cartas presumiblemente más comprometedoras de su corresponsal, pero no cabe duda que las epístolas conservadas revelan una envidiable afinidad entre ambos no exenta de pasión en lo que atañe a Diderot. A su muerte, Sophie legó a su amigo un par de regalos singulares: un anillo y su preciado ejemplar de los *Ensayos* de Montaigne.

El Diderot valetudinario de setenta años viajó a Rusia, llamado por Catalina II, importunando con ello su precaria salud; y para más inri asumió, a petición de la reina, el compromiso de proyectar una radical reforma de la educación en aquel país que, sin embargo, quedó en agua de borrajas. Estos viajes no hicieron sino acentuar sus enfermedades pulmonares arrastrándolo a la tumba, pero debe dejarse constancia de que Catalina II, en los últimos años de la vida del filósofo, fue su leal hada madrina, otorgándole una pensión a cuenta de la biblioteca que poseía Diderot, pero de la cual no había de hacer dejación hasta el término de sus días. Así mismo, la reina subvino a sus postreras necesidades y mitigó en algo su miseria final, disponiendo que habitase el número 39 de la parisina calle Richelieu, en la planta baja del hotel Bezons. Pese a todo llegó a gozar realmente poco del ventajoso acomodo, pues se instaló a mediados de julio de 1784 y falleció unos quince días después.

El hombre plural

Que un par de siglos más tarde de ser escrita la licenciosa obra diderotiana *La religiosa* se convirtiera en un gran éxito cinematográfico no deja de resultar sorprendente. Maravilla también que, o bien por estar escarmentado, o bien por cualquier otra misteriosa razón, Diderot no publicara en vida uno de los diálogos más meritorios de cuantos se hayan escrito nunca, *El sobrino de Rameau*, descubierto y traducido por Goethe en 1805 e inmediatamente leído por Hegel que lo cita en su *Fenomenología del Espíritu* de 1806. Y aún dejará perplejos a los entusiastas de la literatura contemporánea que no lo hayan leído recalar en un texto tan extraordinario, audaz y lejano como *Jacques el fatalista*. Todas estas obras, en mayor medida incluso que los imprescindibles artículos de la *Enciclopedia*, mantienen hoy una absoluta vigencia.

Aunque en menor grado, tampoco deja de admirar su caprichosa composición *Las alhajas indiscretas*, tarea para la que contó con la desparpajada colaboración de madame de Puiseux. Se trata de una curiosísima novela, ambientada exóticamente en Oriente, donde se mezcla una obscena pedagogía y un entretenido argumento. «Las alhajas», que en el original se llaman *les bijoux*, y que se han traducido también al castellano como «los dijes», no son otra cosa que simulacros de los órganos sexuales femeninos que, de pronto y sin temperancia ninguna, rompen a hablar por obra y gracia de un talismán inmisericorde, describiendo con todo lujo de detalles las mil y una experiencias amorosas femeninas.

Y es que este hombre asombrosamente versátil, que inaugura en 1759 la crítica de arte con sus *Salones*, no dejó de afrontar nunca, con una valentía inédita, los más espinosos temas morales. Por ejemplo, en *¿Es bueno? ¿Es malo?*, el protagonista, un trasunto del propio Diderot, arregla las cuitas de sus infortunados próximos convirtiéndose en un adalid del trampantojo. Hardouin, que así se llama el benefactor universal, consigue satisfacer los deseos de sus demandantes dañando la reputación de una dama, falsificando cartas, violando secretos, jugando con ventaja y firmando obras de teatro compuestas por otro. Sin embargo, al ser juzgado por ello y acusado de sus puñaladas traperas, queda absuelto, dado que nadie puede condenarlo al patíbulo por haberse desenvuelto con tan portentosa eficacia y amparado por tan virtuosos propósitos. Frívolo, rococó, genial, ultramoderno, prolífico, apabullante, divertidísimo, paradójico, Diderot fue ante todo un hombre que amaba la vida y su condición siempre efímera, ese terreno fértil que propone irresolubles dudas y enigmas al filósofo honesto, y así alcanzó a escribir, corriendo todavía el siglo XVIII: «Si la naturaleza sigue aún obrando, no hay filosofía. Toda ciencia natural se hace tan transitoria como las palabras.»

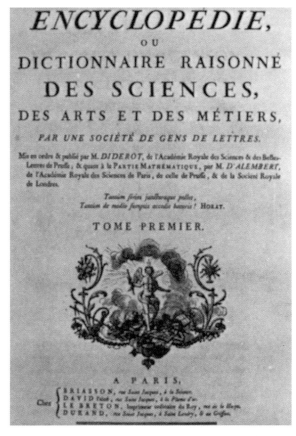

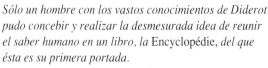

Sólo un hombre con los vastos conocimientos de Diderot pudo concebir y realizar la desmesurada idea de reunir el saber humano en un libro, la Encyclopédie, del que ésta es su primera portada.

De este modo preciso fueron ilustrados los oficios, las máquinas y la mayoría de los temas tratados en ese "círculo de caudalosos conocimientos" que fue la obra de Diderot y los enciclopedistas.

1713	**DENIS DIDEROT** nace en Langres (Francia) como hijo de un cuchillero acaudalado.
1723	Comienza sus estudios con los jesuitas.
1728	Se traslada a París.
1743	Se casa secretamente con Antoinette Champion.
1746	7 de julio: el Parlamento de París condena sus *Pensamientos filosóficos*. Es contratado para adaptar la *Cyclopaedia* de Chambers.
1747	Se compromete a dirigir la *Encyclopédie*.
1748	Publica su primera novela *Las alhajas indiscretas*.
1749	Publica *Carta sobre los ciegos para uso de los que ven*, lo que le acarrea la reclusión en la cárcel de Vincennes.
1759	Publica el primer *Salón*.
1760	Inicia *La religiosa*, que se publicó en 1796.
1762	Emprende la composición de *El sobrino de Rameau*, publicada por primera vez en traducción de Goethe en 1805.
1773	Viaja a Rusia reclamado por Catalina II.
1784	En febrero muere su amante y corresponsal Sophie Volland. 31 de julio: Diderot fallece en París.

IMMANUEL KANT
(1724-1804)

Immanuel Kant, al postular desde el racionalismo cartesiano el doble problema de la filosofía crítica —saber cuál es el origen de nuestros conocimientos y la limitación de nuestros conceptos—, da un giro radical a la filosofía del siglo XVIII.

Al hombre más riguroso y metódico de todos cuantos han hollado nuestro planeta lo solemos imaginar meditando con la mano en la mejilla en su caldeado estudio de Königsberg, la ciudad que lo vio nacer y donde pasó su vida entera. Ahora bien: hubo una ocasión en la que ocurrió algo imprevisto. A través de la ventana, a la hora del crepúsculo, su mirada, que acostumbraba a vagar día tras día, año tras año, década tras década, hacia la antigua torre de Löbenicht, buscó esté-rilmente su remanso habitual. Los álamos de un jardín vecino le tapaban la vista de siempre, por lo que su bien adiestrada mente se nubló y apenas pudo resignarse a ver cómo decaía su probervial serenidad. Kant, tan celoso por lo común de su intimidad rutinaria, confesó entonces su inquie-tud, su malestar insuperable a sus allegados y contertulios, quienes se compadecieron lealmente y comunicaron esta contrariedad al dueño de los árboles. Cómo ya por entonces el gran filósofo se hallaba en la plenitud de su fama y era entre sus compatriotas objeto de sincera reverencia, su buen vecino, con devota diligencia, mandó inmediatamente podar las ramas que estorbaban su visión. Sólo así Kant recobró la calma y pudo reanudar en perpetua paz sus tortuosos silogismos.

Piadoso y flaco

Immanuel Kant nació, vivió, fumó, pensó, enseñó, paseó, bebió café y murió en Königsberg, ciudad de unos cincuenta mil habitantes radicada en la Prusia que Federico el Grande había elevado a potencia militar merced a sus desvelos de ilustrado. El sabio que entregó al mundo la Filosofía Trascendental sintió por el estadista la más viva admiración y cursó sus primeros estudios en la Academia Real que llevaba su nombre, donde abrazó la fe pietista que predicaba la regeneración interior mediante la meditación personal sobre las Sagradas Escrituras. Muchacho enjuto y árido, fue el segundo de seis hijos de una familia muy modesta que sólo, gracias a la ayuda de un pariente cercano y de un munificente caballero a quien admiraba su piedad, pudo cursar estudios superiores. Su madre, mujer de grandes méritos intelectuales, malograda cuando Immanuel contaba apenas trece años, le inculcó muy precozmente el amor al saber y el apego a los hábitos estrictos y fecundos. En 1740 ingresó en la Universidad de Königsberg, centro en el que impartía su magisterio Martin Knutzen, discípulo a su vez del prestigioso Wolff, recién repuesto en su cátedra de Halle por Federico II y filósofo influenciado por Leibniz así como propagador de un método riguroso según el modelo matemático del racionalismo.

Hasta que se doctoró en 1755 se ganó la vida como preceptor, dando clases privadas; a sus cuarenta y seis años obtuvo la cátedra de Matemáticas, que pronto trocaría por la de Lógica y Metafísica, y escribió *Sobre la forma y los principios del mundo visible y del inteligible* (1770). La publicación, relativamente tardía, de este trabajo inaugura lo que será la gran obra de una vida, encauzada a discernir los límites del entendimiento y la razón, tarea que prolongó en su ensayo más leído, *Crítica de la razón pura* (1781) y en los posteriores *Crítica de la razón práctica* (1788) y *Crítica del juicio* (1790).

Varias son las causas de la justa acusación de hermetismo y la impopularidad de estos fatigosos tratados. A las oscuridades propias de los temas metafísicos y epistemológicos sobre los que versan, se añade en la prosa un uso embarazado y retorcido del idioma alemán, de reciente incorporación a la filosofía, puesto que hasta entonces se utilizaba siempre el latín. Sin embargo, esa escritura áspera y enredada, cuyos párrafos se alargan en ocasiones una página entera, posee un enorme valor testimonial y deja constancia tanto de su carácter, igualmente seco y ajeno a toda frivolidad y ligereza, como de la originalidad, novedad, y por ende de la dificultad, de los enjundiosos problemas a los que toreó por primera vez Kant en una magna faena solitaria y ensimismada.

La paloma perezosa

La gran pregunta kantiana es: ¿qué podemos saber? En sus trabajos da una vuelta de tuerca a la reticente búsqueda de principios sólidos donde apoyar la filosofía practicada por Descartes, y establece que si es real o no el yo, si Dios existe o deja de existir, si el mundo es eterno o no lo es puede demostrarse, tanto una cosa como su contraria, mediante la lógica. No obstante, aunque parezca mentira, ese primer paso no lo condena sin más al escepticismo. Hombre de fe, y muy anterior todavía a las honestas y torturantes dudas que llevaron a otro gran filósofo, el preexistencialista Kierkegaard, a problematizar infinitamente el concepto de fe dentro de la temblorosa conciencia individual, Kant probablemente nunca dudó, como el poeta metafísico inglés Alexander Pope, de que: «La infalible Naturaleza, siempre divinamente clara, / debe impartir a todos vida, fuerza y belleza, / ser a la vez la fuente, el fin y la prueba del Arte». O dicho de otro modo: creyó en el raro acuerdo entre

Kant afirma que "los únicos nombres que debemos dar a nuestra relación con la ley moral son los de deber y obligación". Portada de una edición alemana de las Obras completas.

Naturaleza y Arte, sintió los límites de lo humano, no como prisión, sino como regio palacio, pensó, de nuevo con Pope, que «todo lo que es, está bien».

Quizás el meollo de esa extraordinaria revolución de la filosofía kantiana se halle en la paradoja de la paloma que él mismo recoge en el prólogo a la *Crítica de la razón pura*. Dicha insensata paloma, fatigada por el arduo batir de sus alas, advirtiendo la resistencia del aire, reflexionaba melancólicamente sobre lo bien que volaría si no hubiera aire. Kant se encargó de poner en claro cuáles son los límites y, por lo tanto, el irremplazable patrimonio del pensamiento, pero con una inocente confianza de ilustrado en la ciencia y un asombro religioso de

pietista convencido del perfecto orden del mundo. Pese a haber puesto coto a la tendencia de la metafísica a hablar de lo que no podía hablar, Kant no dudó nunca del «cielo estrellado sobre la cabeza y la ley moral en el fondo del corazón», declarando con ello un acendrado sentimiento de la armonía del hombre con el Universo del que dichosa, pero intransferiblemente, gozó el esmerado y sistemático pensador prusiano.

En el corolario de su investigación, la *Crítica del juicio*, escribe extrañamente que la belleza es «símbolo de moralidad», con lo que de hecho pretende hacer recaer en la Estética su intuición básica de que esa armonía fundamental del mundo, percibida oscuramente por la inteligencia y por la moral, se hace palmaria y visible en la desinteresada contemplación del Arte y la Naturaleza, idea que anuncia los poéticos disparates románticos. Pero sea como fuere, ningún filósofo mantuvo nunca una mayor consonancia entre el rigor de su pensamiento y la pureza y monotonía de sus costumbres, conquistando en efecto en su disciplinada vida el desusado ideal que le reveló su sesuda intimidad.

El paseante mecánico

Conocemos por un conspicuo ensayo del inglés Thomas De Quincey, *Los últimos días de Immanuel Kant*, los pormenores cotidianos de la etapa final del filósofo, recogidos escrupulosamente por sus admiradores más próximos. Numerosas anécdotas ilustran los impecables hábitos casi fastidiosos y la inagotable erudición de este soltero irreductible y también contumaz madrugador que no sudaba nunca.

Kant mantuvo como criado durante décadas, hasta las postrimerías de su vida, a un antiguo soldado borrachín y torpe llamado Lampe. Dicho fámulo era el encargado de despertarle faltando exactamente cinco minutos para las cinco de la mañana, tanto en invierno como en verano. Invariablemente entraba en la alcoba a esa hora y con entonación marcial decía: «Señor profesor, es la hora». Sin permitirse la más mínima demora ni laxitud, como un resorte, Kant saltaba de la cama

En la ciudad prusiana de Königsberg, arriba en un grabado de principios del siglo XIX, nació Immanuel Kant el 22 de abril de 1724. Hijo de una modesta familia, el que sería uno de los filósofos más rigurosos y metódicos de la historia del pensamiento humano, nunca salió de su ciudad natal. Una anécdota reveladora de su personalidad cuenta que sus vecinos, al verlo cruzar diariamente la plaza camino de la universidad, aprovechaban su paso para poner sus relojes en la hora justa.

y, a las cinco en punto, ya estaba sentado a la mesa sorbiendo la primera taza de té, colación que solía servirse un cierto número de veces antes de encender su primera pipa, la única que se permitía durante el día. Esta última operación se llevaba a cabo con gran rapidez y no era raro que Kant concluyera su desayuno dejando arrumbada la pipa encendida y el tabaco de la cazoleta sin consumir. Hasta las siete trabajaba, y a esa hora iba a impartir sus clases en la universidad. De regreso, en su estudio, interrumpía sus quehaceres a las doce y cuarto en punto proclamando esta hora a la cocinera, la cual llevaba infaliblemente al comedor una garrafa o jarro con vino de Hungría o del Rhin para que el profesor se sirviera una copa que solía tomar

después de las comidas y que dejaba preparada entonces, aunque cubierta cuidadosamente de un papel para mejor preservar el contenido. Luego volvía a su estudio donde aguardaba, vestido de etiqueta, a sus invitados.

El grupo que reunía para este ceremonioso acto nunca bajaba de los tres comensales, incluido él mismo, ni excedía los nueve, siguiendo una norma establecida en la Grecia clásica según la cual el número no debía ser inferior al de las Gracias ni superior al de las Musas. Cuando estaban preparadas las viandas, Lampe lo anunciaba y Kant y sus contertulios se dirigían al comedor siempre hablando del tiempo, pues el filósofo juzgaba que tanto en ese momento como en la primera parte de la comida un tema banal como el clima era lo apropiado para la digestión. Más tarde llegaba el momento en que con un «¡Bueno, señores!», Kant abría el debate sobre asuntos más graves o de actualidad, conversación versátil que raramente trataba cuestiones locales de Königsberg y que solía girar alrededor de la filosofía natural, la química, la meteorología, la historia natural y la política, materia esta última sobre la que el anfitrión mostraba conocimientos propios de diplomático poseedor de informaciones secretas de gabinete.

Los célebres paseos de Kant inmediatamente posteriores a la comida los llevaba a cabo siempre en solitario y con tal puntualidad que los vecinos y conciudadanos podían poner en hora los relojes a su paso por las calles de costumbre. Durante ese tiempo cuidaba de respirar sin excepción sólo por la nariz, pues sustentaba la teoría de que de ese modo el aire llegaba más filtrado y caliente a los pulmones, evitando en gran medida las infecciones y los catarros. A su vuelta se sentaba en la biblioteca y leía hasta el anochecer, hora indecisa en la que posaba su mirada vagabunda, como sabemos, en la torre de Löbenicht, probablemente obteniendo un exquisito placer en el contraste entre la quietud maravillosa del edificio y la luz huidiza y palpitante, imagen ensoñadora y deleitable que contrasta sobremanera con el espesor de cimiento de sus certidumbres filosóficas. Después le traían las velas y estudiaba hasta las diez en punto de la noche, hora en que se desvestía solo, sin ayuda de criado y ordenadamente. Luego se enfundaba entre las mantas como una momia, según un método personal e inalterable, y dormía, generalmente como un bendito, hasta las cinco menos cinco minutos exactos del día siguiente.

La exactitud marchita

Acaso en virtud de sus inquebrantables hábitos, Kant gozó hasta sus últimos días de una envidiable salud, pero algunos penosos episodios dan fe de la decadencia de un hombre casi octogenario. Llegó un momento en que comenzó a perder la memoria inmediata y a sufrir reiteradas y desazonadoras pesadillas. Si bien podía recitar largos pasajes de la *Eneida* aprendidos en su juventud, no recordaba casi las frases recientemente oídas. Su criado Lampe, que se aprovechaba de la chochez del amo, dio en robarle y hasta en tratarlo con insolencia, por lo que hubo de ser despedido; el anciano tuvo que acomodarse a insoportables caras nuevas y a la vulneración trágica de numerosas minucias que antes lograban hacerle familiar y amable su casa y confortable su existencia. En ocasiones se caía durante sus paseos y tenía que ser puesto de nuevo en pie gracias a la caridad de los transeúntes; al final hubo de resignarse a permanecer largas horas en el lecho.

Resulta conmovedora la anécdota que refiere cómo un amable vecino de Königsberg, sabedor de que en los últimos paseos del filósofo solía apoyarse con la mano en una pared de su casa para contemplar algún tiempo el paisaje, hizo colocar un banco en ese mismo lugar para aliviar los esfuerzos del anciano. Ya por entonces había que enderezar frecuentemente su figura consumida entre los almohadones de la silla para evitar que se quedara dormido cuando recibía visitas. Al final padeció graves dolencias de estómago, se quedó progresivamente ciego y a punto estuvo de morir abrasado por un descuido, cuando su gorro de dormir, negligentemente abandonado en la proximidad de las velas, flameó sobre su cabeza como una hoguera demoníaca.

En su diario dejó anotados los últimos versos de una vieja canción: «Oh febrero feliz, en que el hombre soporta menos; / menos dolor, menos pena, menos remordimientos.»

A las once de la mañana del día 12 de febrero de 1804 expiró en su cama y en su casa de siempre el hombre que había hecho del hábito sacramento y de quien se dice que sólo alteró brevemente sus tesoneras y matemáticas costumbres un día que se enteró de un cataclismo estremecedor que habría de cambiar el mundo. Aquel día había recibido las primeras noticias de algo que la Historia conoce desde entonces como la Revolución Francesa.

Arriba, Kant, en 1770, reunido en su casa de Königsberg con un grupo de intelectuales, quienes escuchan atentamente la lectura de uno de sus trabajos, acaso Sobre la forma y los principios del mundo sensible e inteligible, *en el que apunta la posibilidad de conocer las cosas tal y como son, problema que se desarrollará más tarde en* Crítica de la razón pura *y* Crítica de la razón práctica.

1724	22 de abril: nace **IMMANUEL KANT** en Königsberg, hoy Kaliningrado.
1732	Ingresa en la Academia Real o de Federico.
1737	Pierde a su madre.
1740	Ingresa en la Universidad de Königsberg.
1746	Desde este año hasta 1755 se gana la vida como preceptor privado.
1755	Se doctora con la disertación *Acerca del fuego*.
1770	Recibe la cátedra de Matemáticas. Escribe *Sobre la forma y los principios del mundo sensible e inteligible*.
1781	Publica la *Crítica de la razón pura*.
1788	Publica la *Crítica de la razón práctica*.
1790	Publica la *Crítica del juicio*.
1795	*Proyecto para una paz perpetua*.
1797	*Metafísica de las costumbres*.
1804	12 de febrero: fallece en su ciudad natal.

JAMES COOK
(1728-1779)

*A*ntes de cumplir los trece años, el mar fue para James Cook un sueño hechizador. Luego se convirtió en una pasión irrefrenable. Hasta esa edad sirvió como criado en una probre granja del condado de York. Pertenecía a una familia de nueve hermanos y nunca había visto el océano. La primera vez que contempló aquella vasta inmensidad acuosa que se extendía hasta el horizonte, decidió abandonar la agreste campiña y hacerse marino.

Su primer buque tenía un romántico nombre: *Freelove* (Amor libre), aunque se trataba de un pesado y sucio barco carbonero. En él desempeñó todas las categorías del marinero: grumete, tripulante, contramaestre y finalmente capitán. El brioso Mar del Norte fue el escenario de su aprendizaje. Luego luchó contra los franceses en la guerra de los Siete Años, participando en el sitio de Quebec y distinguiéndose por su inteligencia y mesurado arrojo, lo que le valió el grado de alférez y el mando de una pequeña corbeta con la que, por encargo gubernamental, recorrió las costas de Terranova y exploró el río San Lorenzo. En aguas canadienses pudo estudiar todo aquello que le convertiría en un marino fuera de serie, especialmente astronomía, ciencia que le apasionó.

El hombre que busca un planeta

En 1766, los astros se cruzaron en su camino llevándole la fortuna. El día 3 de junio de 1769 iba a tener lugar un acontecimiento que los sabios calificaban de excepcional: Venus eclipsaría el disco del Sol. Era preciso observar el fenómeno desde el hemisferio sur para, por triangulación, conocer la distancia del Sol a la Tierra. La Armada y la Sociedad Real Científica inglesa escogieron a Cook para dirigir la expedición. El 26 de agosto de 1786, Cook partió a bordo del *Endeavour* (Esfuerzo) llevando con-

James Cook, aquí pintado por John Webber, incorporó al Imperio Británico los vastos territorios de Australia y Nueva Caledonia durante sus viajes científicos a los remotos Mares del Sur.

sigo toda una biblioteca de Historia Natural y un equipo formado por brillantes artistas y hombres de ciencia. Su primer éxito consistió en conjurar la amenaza del escorbuto haciendo ingerir a sus hombres buenas cantidades de vinagre de manzana, zumo de limón, melaza y coles fermentadas. Cuando llegó a Tahití, no había perdido ni un solo marinero.

En sus relaciones con los nativos, Cook manifestó una gran habilidad diplomática. Comprendiendo que entre ellos había hombres honrados y otros que actuaban de mala fe, se alió a los primeros e hizo vigilar a los segundos. Cuando era preciso apelar a las armas, usaba perdigones en vez de balas; a los ladrones les hacía afeitar la cabeza para convertirlos en el hazmerreír de su propia gente y, si los padres de familia, deseosos de agasajarlo, le ofrecían a sus hijas, él explicaba que no estaba allí en viaje de placer, sino con el propósito de realizar ciertas observaciones astronómicas. Por eso, los tahitianos lo llamaron «el hombre que busca un planeta».

Cumplida su misión, Cook se dirigió a Nueva Zelanda y Australia, tierras de las que tomó posesión en nombre de la corona británica. A su regreso, fue recibido en olor de multitudes. Además de incorporar al Imperio nuevos territorios, había trazado mapas de algunos de los más distantes y peligrosos mares del mundo, salvando con sus medidas contra el escorbuto a más marineros de los que Inglaterra había perdido en las guerras napoleónicas.

Sur y Norte inexplorados

El Almirantazgo volvió a encomendarle una expedición en 1772. A bordo de dos barcos, el *Resolution* y el *Adventure,* Cook circunnavegó la Antártida por primera vez en la Historia y negó al existencia de un continente habitable más allá de la barrera de hielo que rodea el Círculo Polar. A lo largo de su viaje, que duró tres años, recaló en multitud de islas, inculcó a los nativos el respeto por la bandera inglesa, les enseñó rudimentos de agricultura y ganadería e intentó sin éxito que algunas tribus caníbales apreciasen las excelencias de la carne asada de animales y del budín de Yorkshire. Su tercera expedición, iniciada a mediados de 1776, tuvo como objetivo llegar hasta el estrecho de Bering, que separa Siberia de Alaska, y descubrir si existía el célebre paso del noroeste o Gran Paso, buscado infructuosamente desde el siglo XVI. En Hawai fue recibido con grandes ceremonias. Una leyenda isleña profetizaba la llegada de un dios blanco sobre una casa flotante.

Cuando Cook desembarcó, los indígenas se arrodillaron ante él y lo adoraron dándole el nombre de Orono. Los festejos duraron varios días, pero el 4 de febrero de 1779 una terrible tempestad arrancó los mástiles e hizo jirones las velas de las embarcaciones inglesas. Los nativos, al descubrir que sus dioses y sus mansiones flotantes eran vulnerables, comenzaron a hostigarlos en la ensenada donde se encontraban. A Cook se le ocurrió contraatacar haciendo uso de sus perdigones, y los hawaianos, al ver que ninguno de los suyos moría, cargaron contra los ingleses causando algunas bajas. En una de las escaramuzas más violentas, cuando Cook estaba a punto de reembarcar, un indígena lo apuñaló por la espalda. Sus hombres no pudieron recogerlo y la multitud vociferante se lanzó contra él. Tal fue el trágico fin de uno de los más ilustres navegantes ingleses, que supo extender la influencia de su país por medio de las artes de la paz y bajo la bandera de la ciencia, explorando mundos tan paradisíacos como peligrosos con arrojo y sutileza ejemplares.

1728	Nace **JAMES COOK** en Marton-in-Cleveland, condado de York (Inglaterra).
1741	Tras ver por primera vez el mar, decide hacerse marino.
1755	Ofrece sus servicios a la Armada e interviene en la guerra con Francia.
1768	Parte en su primera expedición al hemisferio sur.
1769	Llega a Tahití. Toma posesión de Nueva Zelanda y Australia.
1772	Se dirige de nuevo desde Inglaterra hacia el Pacífico Sur.
1773	Navega alrededor de la Antártida.
1774	Recala de nuevo en Tahití. Descubre Nueva Caledonia y explora las Nuevas Hébridas. Emprende regreso a Inglaterra.
1776	Sale de Plymouth con destino al Océano Glacial Ártico.
1778	Descubre las islas Sandwich. Tras diversas exploraciones recala en Hawai, donde es deificado por los indígenas.
1779	4 de febrero: una tempestad destroza sus naves. 14 de febrero: muere a manos de los nativos en medio de una rebelión.

CATALINA II DE RUSIA
(1729-1796)

*E*n la fría mañana moscovita del 22 de septiembre de 1762, una extranjera que ha logrado deshacerse de su marido y emperador se halla engalanada donosamente con un traje de tisú de plata ribeteado de exquisito armiño. No es muy alta, tiene el pelo castaño y sobre la cabeza acaban de ceñirle una maravillosa corona de oro engarzada con brillantes y rubíes. Un vasallo proclama solemne: «Su Majestad Imperial Catalina II, Emperatriz de Todas las Rusias». Sus súbditos, que no han dudado en arrinconar al legítimo Pedro III, aclaman a la elegante princesa alemana de Anhalt-Zerbst. Ella acaricia en su fuero interno el sueño de un feliz y perdurable despotismo.

La Semíramis del Norte

La nueva emperatriz, que mantendrá correspondencia con Grimm y solicitará consejos de Diderot, había recibido una esmerada educación en Alemania, pero fue enviada a los dieciséis años a Rusia con objeto de que contrajera matrimonio con el presunto heredero del trono, el gran duque Pedro. De ese modo, la que sería llamada «Semíramis del Norte» ingresó en la Iglesia Ortodoxa y cambió su primitivo nombre de Sofía Augusta por el de Iekaterina, Catalina, condición preliminar para que pudiese ser celebrada la boda en 1745. Su cónyuge, no obstante, disfrutará de un efímero reinado: promovido al trono en enero de 1762, su desapegada e infiel esposa, a quien había estado a punto de repudiar a causa de sus poco disimuladas intrigas, lo traicionará seis meses después con ayuda de los hermanos Orlov, encargados de sublevar a la guardia. Pedro III fue obligado a abdicar y no sobrevivió mucho tiempo.

Por el contrario, a Catalina le aguardaban más de tres décadas de próspero gobierno amparado en el apoyo de la nobleza y garantizado por su inusual habilidad. Ello le permitió emprender importantes reformas en la administración, suprimir la autonomía ucraniana, confiscar a su antojo los bienes de la Iglesia, imponer a su favorito Estanislao Poniatowski en el trono de Polonia, arrebatar importantes territorios a los turcos en dos guerras victoriosas, fundar Kherson y Sebastopol a orillas del mar Negro, promover el desarrollo de las manufacturas en los Urales, colonizar agrícolamente las estepas meridionales y, al final de su vida, anexionarse parte de Polonia y Lituania. Catalina podía estar satisfecha consigo misma.

El rebelde enjaulado

La oronda Catalina retratada por el pintor Levitzky embutida en pliegues rococós sobre fondo de pomposos cortinajes, era una mujer de descomunal sensualidad, encaprichada con numerosos amantes a los que sin embargo no se sometía en absoluto. Poco proclive a vanos sentimentalismos y aguijoneada por una desmesurada ambición, no fue liberal sino para satisfacer a una aristocracia exigente de la que dependía el equilibrio de su poder, pero mantuvo al pueblo ruso con impecable escrupulosidad en su deplorable estado de postración.

Todavía a finales del siglo XVIII los siervos podían venderse en las plazas como cabezas de ganado, siendo separados de su familia o casados según el gusto de su amo. Carecían de derechos legales o de posible apelación, pues salvo en los casos de asesinato y robo, los terratenientes ejercían plenos poderes como magistrado y policía en sus haciendas. Vivían generalmente en mezquinas chozas de madera de una sola habitación, a menudo sin chimenea y sin ventanas, calentados por un gran horno de ladrillos e iluminados por antorchas, reposando sus molidos huesos en un lecho de pajas y juncos. No faltaba nunca, eso sí, el icono, la imagen sagrada a la que venían obligados a rezar casi a la fuerza, de la misma manera que si faltaban a la Comunión eran castigados con cincuenta azotes.

No es de extrañar, pues, que en 1773 se desatara un furioso levantamiento campesino acaudillado por un presidiario fugitivo llamado Pugachev. Una eficaz guerra de guerrillas desembocó en los más desaforados actos de pillaje, incendios y sumarios ajusticiamientos. Más de mil señores fueron sañudamente asesinados hasta que el pánico llegó a San Petersburgo y fue necesario el envío de un fuerte contingente de tropas para sofocar la rebelión. Pugachev fue pronto hecho preso, trasladado a Moscú en una jaula, ahorcado públicamente y, ya cadáver, descuartizado.

Pero Catalina II, apodada «la Grande» por méritos muy distintos a éstos, permaneció sorda a los aullidos de dolor de su pueblo de la misma manera que era sorda para disfrutar de la música, carencia que lamentaba hasta el punto de dejar escrito en sus *Memorias*: «Suspiro por oír y gozar la música, pero en vano. Para mí no es más que un ruido. Y anhelo enviar a la sociedad de médicos un premio para aquel que invente un remedio eficaz contra la insensibilidad hacia los sonidos armónicos.»

La princesa alemana Anhalt-Zerbst, ya convertida en Catalina II en este cuadro anónimo del Museo del Prado, Madrid, fue una mujer inteligente y caprichosa que hizo gala de un despotismo ilustrado durante los treinta años que rigió el destino de Todas las Rusias.

1729	Nace en Stettin (Prusia), la princesa alemana Anhalt-Zerbst, Sofía Augusta, futura emperatriz de Rusia con el nombre de **CATALINA II**.
1745	Es enviada a Rusia y admitida en la Iglesia Ortodoxa. Se casa con el futuro Pedro III.
1762	Enero: Pedro III es elevado al trono. Julio: Catalina da un golpe de estado y toma el poder. Poco después el emperador muere misteriosamente.
1764	Confisca los bienes de la Iglesia.
1767	Encarga a una comisión la reforma completa del gobierno y de la sociedad.
1774	Tras la victoria sobre Turquía obtiene las estepas que bordean el norte del mar Negro y el mar de Azov. Sofoca la revuelta popular encabezada por Pugachev.
1784	Funda Sebastopol.
1792	Nueva victoria sobre los turcos.
1793	Primer reparto de Polonia.
1795	Segundo reparto de Polonia.
1796	Catalina II muere en San Petersburgo.

GEORGE WASHINGTON
(1732-1799)

George Washington tuvo con el tiempo la certeza de que "las llanuras pacíficas de América han de ser inundadas de sangre o habitadas por esclavos" si se quería la independencia de las colonias. Arriba, G. Washington en Princeton, *de Charles W. Peale.*

*E*n 1775, cuando los partidarios de la independencia norteamericana frente a Inglaterra lo nombraron comandante en jefe de sus tropas, George Washington tenía cuarenta y tres años. Su aspecto resultaba imponente: medía un metro ochenta y siete centímetros, pesaba noventa kilos y sus muslos eran robustos como los de un experimentado jinete. Sus penetrantes ojos azules y su porte de general le daban un aire de autoridad que no se olvidaba fácilmente. A ello contribuía también una actitud reposada que sin embargo irradiaba energía y arrojo.

Washington era también un hombre con sus pequeñas debilidades. Sólo usaba medias de seda importadas de la metrópoli y zapatos con hebilla de plata, aprovechaba cualquier oportunidad para que le cortaran, peinaran y empolvaran sus cabellos color castaño, de los que se sentía orgulloso, y le encantaba bailar. Sufría de una dentadura cariada que en el sitio de Yorktown le hizo padecer una verdadera agonía y su piel era extraordinariamente suave y delicada, por lo que no le importaba protegerla del sol con un paraguas abierto atado a la silla de su caballo.

Terrateniente y soldado

Había nacido caballero en el seno de una familia virginiana rica en tierras y escasa de dinero, por lo que su educación fue breve y accidentada. En su infancia aprendió a leer y escribir, junto a algunas nociones de geografía y matemáticas. A los dieciséis años viajó como ayudante de agrimensor a las salvajes tierras del Oeste e intervino en el reparto del valle de Shenandoah, lo que le reportó extensas y valiosas propiedades con las que aumentó el legado familiar. Luego, cuando cumplió veintiún años, el gobernador de Virginia lo envió de nuevo allí en misión militar para disuadir a los franceses de que cruzaran los límites de las tierras pertenecientes a la corona británica, en el valle del río Ohio. Fue así como en 1754 derrotó a un destacamento francés al que sorprendió cerca de Fort Duquesne, convirtiéndose en involuntario protagonista del incidente que motivó la guerra franco-británica.

La rivalidad entre Francia e Inglaterra en tierras norteamericanas había ido en aumento a lo largo del siglo. Las trece colonias inglesas, situadas en el litoral atlántico, se veían amenazadas por la nueva colonia francesa de Luisiana, que las rodeaba por el Oeste. El intento francés de establecerse en el valle del Ohio fue la piedra que desencadenó el alud de la guerra de los Siete Años. En ella, los ingleses resultaron vencedores, se apoderaron de Quebec y Montreal y establecieron su hegemonía en América del Norte sobre franceses y españoles.

Washington, convertido pronto en jefe de las fuerzas virginianas al servicio de la corona británica, combatió con éxito en diversas campañas. En cierta ocasión, cuatro balas le atravesaron el uniforme sin ocasionarle el menor rasguño; fue entonces cuando empezó a creer que la Divina Providencia lo protegía. Como primer soldado de Virginia, Washington empezó a conocer las dificultades que entrañaba reclutar y mandar norteamericanos, convertidos en soldados de la noche a la mañana. No obstante, supo apreciar sus cualidades y se convenció de que podían ser la materia prima de un extraordinario ejército.

Vientos de revolución

Tras el cese de las hostilidades entre ambas potencias, Washington planteó a los británicos su nombramiento como oficial de alto rango a tenor de lo realizado durante la guerra. No fue escuchado, por lo que dimitió y se retiró a Virginia. En 1759 contrajo matrimonio con Martha Dandridge Custis, enlace que le supuso un considerable aumento de su patrimonio y lo convirtió en uno de los más prósperos propietarios de Virginia, donde fue elegido miembro de la Cámara de los Burgueses.

Engordó y empezó a creer que iba a terminar sus días como un simple hacendado. Sin embargo, los vientos de la revolución llamaron a su puerta y él no pudo negarse a participar en lo que consideraba justo y necesario para su pueblo. En efecto, la política ejército iba a ser una tarea ardua y lenta. autoritaria del rey Jorge III de Inglaterra y de algunos de sus ministros empezaba a resultar insoportable en Ultramar. El déficit financiero creado por la guerra de los Siete Años intentaba ser enjugado

Este famoso cuadro de George Washington cruzando el Delaware *se halla en el Museo Metropolitano de Arte de Nueva York. Aunque los primeros choques bélicos favorecieron a los rebeldes, la reacción británica fue terrible y la guerra de independencia larga. En su curso, la crueldad, o el valor según se mire, con que se luchaba, contrastaba con la caballerosidad que demostraban los generales enemigos. Al fin, el 17 de octubre de 1781, en Yorktown, Cornwallis capituló ante Washington dando fin a la guerra.*

por la metrópoli mediante elevados impuestos que pesaban como una losa sobre la economía de las colonias. Poco a poco, las reivindicaciones administrativas y económicas planteadas por los colonos se convirtieron en políticas debido a la intransigencia de Londres. Inglaterra se dispuso a imponer su autoridad por las armas y los norteamericanos se prepararon para resistir. Fue entonces cuando Washington escribió: «Las llanuras pacíficas de América han de ser inundadas de sangre o habitadas por esclavos. ¿Puede un hombre honesto dudar de su elección?» A pesar de su sensatez, su paciencia y su moderación en asuntos políticos, Washington decidió oponerse sin reservas a la política colonial británica. En 1774 y 1775 asistió a los Congresos Continentales que los independentistas convocaron en Filadelfia, y en el segundo fue designado sin discusión como la persona que habría de organizar y mandar el futuro ejército americano.

La guerra de independencia norteamericana

Era lógico que los generales británicos consideraran que la rebelión era simplemente una exhibición de audacia por parte de un grupo de excitados colonos. Las colonias, poco unidas y sujetas a múltiples rivalidades, tenían poca industria, nula preparación militar, escaso armamento y ningún aliado. Frente a ellas se alzaban las tropas bien entrenadas y equipadas de una gran potencia militar, respaldadas por la mejor marina del mundo, por diversas tribus salvajes y por multitud de americanos leales a la corona.

Sin embargo, los primeros hechos de armas resultaron milagrosamente favorables a los rebeldes: resistieron una serie de feroces ataques británicos en Bunker Hill y, con Washington al frente, tomaron Boston en 1776. A pesar de estos éxitos fugaces, era evidente que formar un verdadero Había que alimentar, disciplinar y enseñar los rudimentos del arte militar a miles de americanos voluntarios propensos a emborracharse y a discutir con sus oficiales, que se alistaban sólo por unos meses y regresaban luego a sus casas tratando de llevarse con ellos los fusiles. Pronto fue patente la

superioridad inglesa, que obligó a Washington a abandonar el acoso a Nueva York y Filadelfia. A partir de ese momento, la pauta de la guerra fue un reparto equitativo de victorias y derrotas entre uno y otro bando. A veces, cuando todo parecía perdido para los rebeldes, Washington asestaba un golpe de audacia que los conducía a la victoria y hacía renacer las esperanzas. El clima de euforia se vivía hasta que los británicos volvían a hacer gala de todo su poderío y preparación. En ocasiones, la guerra se estancaba durante meses y daba paso a la diplomacia: se intercambiaban prisioneros, se respetaban treguas interminables y los comandantes enemigos se cruzaban notas que más bien parecían ejercicios literarios de caballerosidad. Washington llegó a devolver oficialmente el perro del general sir William Howe, capturado heroicamente en Germantown días antes.

Entretanto, el jefe de los rebeldes preparaba a su ejército, consciente de que sus soldados, bien dirigidos, eran capaces de cualquier proeza. Tras librar las batallas de Saratoga y Monmouth y expulsar a los británicos de Filadelfia, la máquina militar que Washington había creado empezó a trabajar a pleno rendimiento. Por fin, el 17 de octubre de 1781, obligó a capitular al general Cornwallis en Yorktown y pudo decirse que los rebeldes habían ganado la guerra.

Washington político

Poco antes de abandonar el ejército, entregar el mando y retirarse a sus plantaciones, el general victorioso escribió: «No quiero ningún premio para mí. Si he sido tan afortunado como para obtener la aprobación de mis compatriotas, me doy por satisfecho. Ahora les toca a ellos completar mis deseos, adoptando un sistema político que asegure la tranquilidad, la felicidad y la gloria de este extenso imperio.»

Durante la lucha, las trece colonias se habían reunido en un nuevo Congreso y promulgado la Declaración de Independencia. Pero la nación aún no había nacido y todo el sufrimiento de la guerra podía resultar estéril si no se actuaba rápidamente. Tras un período de discusiones infructuosas y de declaraciones tan grandilocuentes como vacías, empezó a considerarse perentorio el nombramiento del primer presidente de los recién nacidos Estados Unidos de América. El 30 de abril de 1789, Washington fue unánimemente elegido.

No podía competir, y tampoco trató de hacerlo, con los refinados políticos que lo rodeaban, como Thomas Jefferson o John Adams. Habló poco y sugirió menos, pero la Constitución de los Estados Unidos, aún hoy en vigor, le pertenece más que a cualquier otro hombre y está impregnada de su sentido práctico, su visión clara del futuro y su inteligente conservadurismo. Durante sus años como presidente, revistió el cargo de una dignidad que ha llegado hasta nuestros días. Se oponía a dar la mano porque creía que ese gesto de familiaridad no era digno de un puesto de tan elevado rango; en su lugar hacía siempre una inclinación de cabeza. Se vestía ricamente de terciopelo, viajaba en un coche tirado por seis caballos y se consideraba al mismo nivel que cualquier rey europeo. Tenía algo de esa rústica majestad sin arrogancia que tanto gusta a los norteamericanos y que han heredado sus sucesores. Siempre pensó de sí mismo que era el más obediente y el más humilde servidor del pueblo

Washington jura el cargo en el Federal Hall, *según una pintura de la época. Desde la izquierda se ve a Livingston, St. Clair, Otis, Sherman, Washington y Adams. En 1797, tras su segundo mandato presidencial, Washington se retiró de la vida pública.*

de los Estados Unidos. En 1797 terminó su segundo mandato y se retiró a Mount Vernon, donde murió tres años después viendo hecho realidad el sueño de llevar a su pueblo a la libertad.

1732	**GEORGE WASHINGTON** nace en Wakefield (Virginia).
1748	Viaja al Oeste como ayudante de agrimensor y obtiene extensas propiedades.
1749	Ingresa en las milicias virginianas.
1754	Derrota a un destacamento francés cerca de Fort Duquesne (Ohio).
1758	Finalizada la guerra de los Siete Años, se retira a Virginia.
1759	Contrae matrimonio con Martha Dandridge Custis.
1774	Asiste en Filadelfia al Primer Congreso Continental.
1775	Es elegido comandante en jefe de las tropas independentistas en el Segundo Congreso Continental.
1776	Consigue tomar Boston.
1778	Expulsa a los británicos de Filadelfia tras vencer en la batalla de Monmouth.
1781	17 de octubre: Obliga a capitular al general Cornwallis en Yorktown.
1789	30 de abril: Washington, primer presidente de los Estados Unidos de América.

TÚPAC AMARU
(1740-1781)

*J*osé Gabriel Condorcanqui fue un cacique dieciochesco que se levantó contra las fuerzas militares españolas en Perú representando los intereses indígenas, por lo que su sobrenombre, Túpac Amaru, sirvió luego, numerosas veces, como bandera de revueltas criollas. Había nacido en Surimana en 1738, hijo del cacique Miguel Condorcanqui y era descendiente por línea materna del último soberano de la dinastía de los incas, Túpac Amaru I, promotor así mismo de diversas insurreciones contra el virrey de Toledo, que fueron cruelmente reprimidas por Martín de Hurtado de Arbieto siguiendo las directrices del Consejo de Indias. Siglo y medio después de que su lejano antepasado fuera ejecutado públicamente en 1572, también el vigoroso José Gabriel, hombre de alta y elegante estampa, padecería la misma triste suerte y sería víctima del escarnecimiento de sus poderosos enemigos, a quienes, sin embargo, con sus flacas pero valerosas fuerzas consiguió por un momento poner en jaque.

Mitas y obrajes

Por aquel tiempo se había impuesto a los indígenas de Perú el servicio personal forzoso, o mita, por lo que venían obligados periódicamente a servir en la explotación de las minas, en la agricultura, en las obras públicas y en el servicio doméstico. Curiosamente, se concedían mitayas para la construcción de casas para particulares porque se consideraba de «interés público», pero no así para el cultivo de determinadas plantas juzgadas dañinas, como la coca y la viña. Estas medidas produjeron graves consecuencias en cadena, porque el trasplante del llano a la sierra y viceversa, lo que se ha dado en llamar la

«agresión climática», desencadenó una gran mortandad entre los indios peruanos; las aldeas se iban despoblando, de modo que cada vez les tocaba a los supervivientes con más frecuencia el servicio de mita.

No eran los únicos en ser explotados: los que trabajaban en las fábricas de tejidos, llamadas obrajes, comenzaban su tarea al alba, no la interrumpían hasta que las mujeres les traían la comida, y continuaban hasta que faltaba la luz solar en una extenuante jornada a destajo.

Una rebelión desesperada

Ante este intolerable estado de cosas se levantó, primero pacíficamente, Túpac Amaru, que viajó en 1776 a Lima para rogar que se exonerara a los indios de los servicios de mita y de la despiadada explotación de los obrajes. Pero todas sus reclamaciones fueron desatendidas y regresó a su cazicazgo de Tungasuca en 1778; la revuelta no se haría esperar.

Comenzó en noviembre de 1780 en Tinta, cuando sus partidarios hicieron preso al déspota corregidor Arriaga y él lo mandó ejecutar, ordenando así mismo la destrucción de diversos obrajes. Como respuesta inmediata, las autoridades de Cuzco enviaron una expedición de castigo de 1.200 hombres, pero éstos fueron derrotados el 18 de noviembre en Sangarará. Por razones difíciles de comprender, Túpac Amaru no intentó entonces el asalto definitivo a Cuzco, sino que regresó a Tungasuca, se autoinvistió de la dignidad de soberano legítimo del imperio incaico e intentó ingenuamente negociar la rendición de la ciudad. La reacción fue, como era previsible, militar y no diplomática: esta vez llegó desde

Lima un poderoso ejército que venció a los insurrectos el 8 de enero de 1781. Poco después, en la noche del 5 al 6 de abril, el mariscal José del Valle, al frente de 17.000 hombres, asestaba el golpe definitivo a los sublevados y capturaba a su cabecilla junto con su esposa y otros familiares, a los que sañudamente mandó ejecutar en presencia de Túpac Amaru.

Para él estaban reservadas primero las torturas mandadas ejecutar por un hombre implacable, llamado Areche, cuya misión consistía en averiguar los nombres de los cómplices del vencido caudillo. Mas, pese a los pocos miramientos que tuvo para con el prisionero, no obtuvo sino esta noble respuesta: «Nosotros somos los únicos conspiradores: Vuestra Merced por haber agobiado al país con exacciones insoportables y yo por haber querido librar al pueblo de semejante tiranía.»

El propio Areche hubo de conceder que Túpac Amaru era «un espíritu de naturaleza muy robusta y de serenidad imponderable», pero ello no fue óbice para que, convencido al fin de que no lograría convertir a Túpac Amaru en delator, mandara que en medio de la plaza de Cuzco el verdugo le cortara la lengua, que le atasen luego las extremidades a gruesas cuerdas para que tirasen de ella cuatro caballos y que se procediera a la descuartización. Así se hizo, pero las bestias no consiguieron durante largo rato desmembrar a la imponente víctima, por lo que Areche, según algunos piadosamente, según otro

Las inhumanas condiciones de explotación del pueblo indígena, animaron al cacique José Gabriel Condorcanqui, descendiente de Túpac Amaru I, el último Inca, a rebelarse contra la crueldad de los españoles. Su martirio en la plaza de Cuzco se transformó en símbolo de futuras insurrecciones.

más airado que compadecido, decidió acabar con el inhumano espectáculo de la tortura ordenando que le cortaran la cabeza.

1738	Nace en Surimana, Perú, José Gabriel Condorcanqui, llamado **TÚPAC AMARU**.
1750	Hereda de su padre el cacicazgo de Tungasuca.
1776	Viaja a Lima para pedir que se exonere a los indios de su explotación.
1778	Regresa a Tungasuca después de ser desatendidas sus reclamaciones.
1780	En noviembre se inicia la rebelión en Tinta. Túpac Amaru arresta y manda ejecutar al corregidor Arriaga. 18 de noviembre: triunfo en Sangarará sobre las tropas gubernamentales.
1781	8 de enero: los insurrectos son vencidos. 6 de abril: nueva derrota ante el general del Valle. Túpac Amaru es torturado y decapitado.

THOMAS JEFFERSON
(1743-1826)

Thomas Jefferson contribuyó con su vasta cultura y su ejemplar sentido de la libertad a la formación de los Estados Unidos de América.

Se dice que el aspecto de los más famosos presidentes de la historia de los Estados Unidos de América resultaba impresionante para sus contemporáneos por una u otra circunstancia. Washington era tan robusto y orgulloso que incluso las personas más cercanas a él le tenían un poco de temor. La imagen de Lincoln, con su afilada nariz y sus negrísimas cejas, estaba bañada de una melancólica majestad. Kennedy parecía reunir en sus ojos toda la tristeza y en su sonrisa todo el encanto de las gentes sencillas. Jefferson, sin embargo, podía muy bien pasar desapercibido en tanto no se

conversara con él. Su físico no era especialmente llamativo ni impresionante. Tampoco destacaba como orador o líder de masas. Era en el trato directo y, por ello, sus interlocutores quedaban sorprendidos, porque pocos hombres de Estado han sido tan arrolladoramente inteligentes, tan sabios y perspicaces como él.

Alma de la independencia norteamericana

Thomas era el primogénito de los diez hijos nacidos del matrimonio de Peter Jefferson, agrimensor y coronel de milicia, con Jane Randolph, descendiente de una vieja familia virginiana. Se educó con preceptores religiosos y, a la muerte de su padre, heredó más de mil hectáreas de tierra y treinta esclavos. Luego estudió leyes y obtuvo el derecho de ejercer la abogacía en 1767. Pero, sin duda, lo que más profunda huella dejó en su espíritu durante esos años de formación fue la filosofía que en aquellos momentos se gestaba en Francia. Jefferson tenía veintidós años cuando concluía la publicación de la *Encyclopédie*, por lo que, prácticamente, fue contemporáneo de Rousseau, Voltaire, Diderot y D'Alembert. Es fácil imaginar el efecto producido por las ideas de estos pensadores en la mente de un hombre joven, estudioso, buen conocedor del francés y desde un primer momento comprometido con los ideales que propugnaba la Ilustración.

Su carrera política se desarrolló paralelamente al impulso cobrado por la revolución americana en aquellos tiempos decisivos. Fue elegido para la Cámara Burguesa de Virginia y asistió a los Congresos Continentales de 1774 y 1775, en los que los representantes de las trece colonias norteamericanas promovieron definitivamente el mo-

El solemne acto de la Declaración de la Independencia de los Estados Unidos, aquí en el célebre cuadro de John Trumbull que se halla en el Capitolio de Washington, celebrado en 1776 en Filadelfia, fue especialmente emotivo para Jefferson, principal autor del texto, además de Franklin y Adams.

vimiento independentista. Junto con Benjamin Franklin, el famoso inventor, y John Adams, que sería el segundo presidente de los Estados Unidos, fue el encargado de elaborar la Declaración de Independencia. Él mismo redactó el borrador de tan importante documento, que apenas fue corregido después por sus célebres compañeros. Por ese motivo, muchos lo han considerado el alma de la revolución norteamericana.

Más tarde gobernó el Estado de Virginia, fue nombrado delegado para el Congreso y entre 1785 y 1789 representó a su país en Francia, de donde regresó al ser nombrado secretario de Estado por el recién elegido presidente Washington. Jefferson aceptó el cargo exclusivamente por patriotismo, pues deseaba apartarse de la vida política. A la sazón era secretario de Hacienda Hamilton, cuya política exterior y medidas financieras diferían totalmente de las sostenidas por Jefferson. Ambos defendieron sus posiciones y Jefferson acabó por dimitir de su cargo en 1793. Desde su retiro de Virginia, Jefferson encabezó una campaña contra el partido federalista, cuyos jefes eran Hamilton y John Adams, a los que acusaba de intentar crear una oligarquía financiera a expensas de los agricultores. Su campaña consistió en conversar con decenas de políticos y en enviar centenares de

cartas a quienes podían respaldarlo. Sin embargo, se abstuvo de atacar al presidente Washington, por el que sentía un profundo respeto.

El tercer presidente de los Estados Unidos

Las elecciones de 1796 llevaron a la presidencia al federalista John Adams y a la vicepresidencia al propio Jefferson, que aglutinaba al movimiento republicano. El distanciamiento entre ambos políticos se acentuó por momentos. Jefferson se vio obligado a pasar a un segundo plano en espera de nuevas elecciones. Al fin, en 1800, fue elevado a la presidencia.

Los dos grandes acontecimientos de su mandato fueron la compra de Luisiana a Francia y la expedición a las tierras situadas al oeste del Misisipí. La primera de estas iniciativas puso de manifiesto el instinto comerciante de Jefferson y su capacidad para impulsar la expansión territorial de los Estados Unidos por medios pacíficos. Napoleón había firmado con España, en 1800, un tratado mediante el cual se devolvía a Francia la Luisiana. Informado de este hecho y conocedor de la pésima situación económica del gobierno francés, Jefferson propuso la compra de ese territorio, una inmensa franja de tierra correspondiente a la zona central de lo que hoy son los Estados Unidos. Por quince millones de dólares de aquella época, se adquirían más de dos millones de kilómetros cuadrados. Desde luego, no fue un mal negocio.

En cuanto a los viajes hacia el salvaje Oeste que realizaron los exploradores militares Lewis y Clark, sirvieron para establecer relaciones pacíficas con las tribus autóctonas y para obtener datos relativos a la geografía, los recursos minerales, la vida vegetal y animal, las organizaciones tribales y los idiomas de los pobladores originarios de aquellas tierras. Además, abrieron las puertas de una lenta y constante migración de un buen número de colonos que empezaron poco a poco a ganar espacio para la Unión. Comenzaba la legendaria conquista del Oeste.

Defensor de la libertad

Las realizaciones de Jefferson no fueron obra de la improvisación, sino el resultado de unos planes que habían sido largamente elaborados. A pesar de pertenecer a una casta aristocrática de terratenientes, favoreció el parcelamiento de las grandes propiedades porque convenía a la expansión de su país; aunque era el mayor de los varones de su familia, combatió el derecho de primogenitura para que los propietarios fueran los más aptos; había nacido en el seno de una vieja familia de las primitivas Trece Colonias, pero reclamó el derecho de ciudadanía para los inmigrantes con sólo dos años de residencia; por último, no obstante haber recibido una educación religiosa, se declaró partidario de la libertad de cultos, lo que le atrajo el respaldo de las minorías. Sería difícil entender los logros de Jefferson sin saber que, por encima de todo, se obstinó en ganar para su pueblo una serie de libertades fundamentales y de valores que rigiesen en el futuro la vida política del país. Poseía fe absoluta en la libertad de palabra y de prensa y en la educación del pueblo como base para el asentamiento de una democracia sólida. No gustaba de discutir sus ideas religiosas y un día, al ser preguntado por su fe, contestó: «Mi religión es algo que sólo concierne a Dios y a mí mismo. Si mi vida ha sido honesta, la religión que

la ha animado no puede ser mala, pero esto es algo que pueden decirse muchas personas de credos diferentes». Defensor a ultranza de la libertad, si los Estados Unidos son hoy un país tolerante y emancipado, ello es debido en primer lugar a Thomas Jefferson, que supo inculcar esa tolerancia en sus contemporáneos. Al mismo tiempo, los efectos de su filosofía en torno a la expansión territorial de los Estados Unidos se hicieron sentir muy pronto, hasta el punto de que veinticinco años después de su muerte la unidad continental de la nación era ya un hecho y la mayor parte de la misma se había logrado por medios pacíficos.

Científico y arquitecto

Pero Jefferson era también un erudito polifacético que poseía un profundo conocimiento de los principios científicos y del valor práctico del saber abstracto. Un hombre de menor talla intelectual hubiera atribuido a sus hallazgos en el terreno científico un valor fundamental. Él los consideró, en su mayor parte, intrascendentes. Entre sus estudios más importantes figura el relacionado con la introducción del sistema decimal en las monedas, pesas y medidas norteamericanas. Sus argumentos en contra de la continuación del empleo del sistema de libras y peniques británico fueron tan convincentes que el Congreso terminó por adoptar su sistema monetario, basado en el dólar. También creó un método para determinar longitudes geográficas, inventó un arado completamente distinto a los existentes y se adentró en la historia natural llevado por su interés sobre los fósiles de mamíferos prehistóricos.

Su principal aportación es, sin embargo, el impulso que bajo su mandato experimentaron la observación científica y los estudios de todo tipo. Como buen ilustrado, hijo de su tiempo y amante de la labor de los enciclopedistas, fomentó la invención introduciendo un sistema de patentes que permitiera a los investigadores ver recompensada su labor así como interponer reclamaciones contra los usurpadores. También impulsó la elaboración de un censo detallado de la población del país en el que figuraran la edad, origen y profesión de cada ciudadano, para poder conocer los parámetros fundamentales de cualquier zona del país y encontrar las personas capaces de realizar las tareas apropiadas. Por último, concentró su interés en la educación y contribuyó a la creación de la Universidad de Virginia, cuyos estatutos redactó personalmente. Como arquitecto, Jefferson también influyó decisivamente en los hábitos constructivos de su país. Amante de los clásicos y buen conocedor de su estilo, propugnó una vuelta a los modelos antiguos e instituyó una tipología de edificios que se deja notar en sus obras, entre las que destacan el Capitolio de Virginia, la universidad del mismo Estado y su propia residencia de Monticello.

A ella se retiró en 1808, tras finalizar su segundo mandato y rehusar presentarse a una nueva reelección. Desde allí prodigó sus consejos a los presidentes Madison y Monroe, hasta que el día 4 de julio de 1826, aniversario de la Declaración de Independencia de los Estados Unidos, falleció tras haber legado a la posteridad una ingente obra política e intelectual, caracterizada por la honestidad, la determinación y la tolerancia.

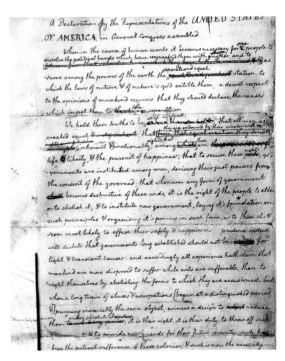

Primera página del borrador de la Declaración de la Independencia americana de puño y letra de Thomas Jefferson, quien, a su vez, escribió varios artículos de la Constitución dejando siempre la simiente de la tolerancia como base de una democracia sólida.

1743	2 de Abril: **THOMAS JEFFERSON** nace en Shadwell (Virginia).
1757	Recibe en herencia las tierras de su padre.
1767	Obtiene el derecho a ejercer la abogacía.
1769	Es elegido miembro de la Cámara Burguesa de Virginia.
1774-1775	Asiste a los Congresos Continentales celebrados en esos años.
1776	Escribe la Declaración de Independencia.
1778	Redacta varios artículos de la Constitución.
1779	Es elegido gobernador de Virginia.
1783	Es nombrado delegado para el Congreso.
1785-1789	Representa a los Estados Unidos en Francia. Es nombrado por Washington secretario de Estado.
1796	Es elegido vicepresidente del país.
1800	Resulta vencedor en las elecciones presidenciales.
1803	Propone y realiza la compra de la Luisiana a Francia.
1804	Promueve las nuevas expediciones hacia el Oeste. Es reelegido presidente.
1808	Finaliza su segundo mandato y se retira a su residencia de Monticello.
1826	4 de Julio: fallece el día del aniversario de la Declaración de Independencia de los Estados Unidos.

FRANCISCO DE GOYA Y LUCIENTES
(1746-1828)

*N*adie fue más sordo que Goya al siglo XIX, pese a haber cumplido en él casi tres décadas y haber sobrevivido a sus feroces guerras. Se quedó sordo de verdad cuando amanecía la centuria, pero no ciego. Y a fuer de mirar a su aire se convirtió en un visionario. Ese hombre cabal, lúcido y baturro gestó las pesadillas que creemos tan nuestras afincado en un Versalles provinciano y en una Ilustración de pueblo. La dieciochesca, acanallada España que le tocó vivir le valió para todo y para nada. Su tozudez y brío fueron su patrimonio: con tales alforjas saltó desde su infancia hasta la infancia de las vanguardias, que en el siglo XX lo reivindicaron como maestro. Nadie se explica aún ese raro fenómeno: fue un pintor y un profeta solitario venido desde antiguo hasta ahora mismo sin pasar por la Historia.

Autorretrato

Nació Francisco de Goya en el año 1746, en Fuendetodos, localidad de la provincia española de Zaragoza, hijo de un dorador de origen vasco, José, y de una labriega hidalga llamada Gracia Lucientes. Avecinada la familia en la capital zaragozana, entró el joven Francisco a aprender el oficio de pintor en el taller del rutinario José Luzán, donde estuvo cuatro años copiando estampas hasta que se decidió a establecerse por su cuenta y, según escribió más tarde él mismo, «pintar de mi invención».

A medida que fueron transcurriendo los años de su longeva vida, este «pintar de mi invención» se hizo más verdadero y más acentuado, pues sin desatender los bien remunerados encargos que le permitieron una existencia desahogada, Goya dibujó e hizo imprimir series de imágenes insó-

litas y caprichosas, cuyo sentido último, a menudo ambiguo, corresponde a una fantasía personalísima y a un compromiso ideológico, afín a los principios de la Ilustración, que fueron motores de una incansable sátira de las costumbres de su tiempo. Pero todavía antes de su viaje a Italia en 1771 su arte es balbuciente y tan poco académico que no obtiene ningún respaldo ni éxito alguno; incluso fracasó estrepitosamente en los dos concursos convocados por la Academia de San Fernando en 1763 y 1769. Las composiciones de sus pinturas se inspiraban, a través de los grabados que tenía a su alcance, en viejos maestros como Vouet, Maratta o Correggio, pero a su vuelta de Roma, escala obligada para el aprendizaje de todo artista, sufrirá una interesantísima evolución ya presente en el fresco del Pilar de Zaragoza titulado *La gloria del nombre de Dios*.

Todavía en esta primera etapa, Goya se ocupa más de las francachelas nocturnas en las tascas madrileñas y de las majas resabidas y descaradas que de cuidar de su reputación profesional y apenas pinta algunos encargos que le vienen de sus amigos los Bayeu, tres hermanos pintores, Ramón, Manuel y Francisco, este último su inseparable compañero y protector, doce años mayor que él. También hermana de éstos era Josefa, con la que contrajo matrimonio en Madrid en junio de 1773, año decisivo en la vida del pintor porque en él se inaugura un nuevo período de mayor solidez y originalidad.

Por esas mismas fechas pinta el primer autorretrato que le conocemos, y no faltan historiadores del arte que supongan que lo realizó con ocasión de sus bodas. En él aparece como lo que siempre fue: un hombre tozudo, desafiante y

sensual. El cuidadoso peinado de las largas gue-
dejas negras indica coquetería; la frente despejada, su clara inteligencia; sus ojos oscuros y
profundos, una determinación y una valentía
inauditas; los labios gordezuelos, una afición sin hipocresía por los placeres voluptuosos y todo ello enmarcado en un rostro redondo,
grande, de abultada nariz y visible papada.

Poco tiempo después, algo más enseriado con
su trabajo, asiduo de la tertulia de los neoclásicos
presidida por Leandro Fernández de Moratín y en
la que concurrían los más grandes y afrancesados
ingenios de su generación, obtuvo el encargo de
diseñar cartones para la Real Fábrica de Tapices
de Madrid, género donde pudo desenvolverse
con relativa libertad, hasta el punto de que las 63
composiciones de este tipo realizadas entre 1775
y 1792 constituyen lo más sugestivo de su producción de aquellos años. Tal vez el primero que
llevó a cabo sea el conocido como *Merienda a
orillas del Manzanares*, con un tema original y
popular que anuncia una serie de cuadros vivos,
graciosos y realistas: *La riña en la Venta Nueva*,
El columpio, *El quitasol* y, sobre todo, allá por
1786 o 1787, *El albañil herido*. Este último, de
formato muy estrecho y alto, condición impuesta
por razones decorativas, representa a dos alba-
ñiles que trasladan a un compañero lastimado,
probablemente tras la caída de un andamio. El
asunto coincide con una reivindicación del trabajador manual, a la sazón peor vistos casi que
los mendigos por parte de los pensadores
ilustrados. Contra este prejuicio se había manifestado en 1774 el conde de Romanones, afirmando que «es necesario borrar de los oficios
todo deshonor, sólo la holgazanería debe contraer vileza». Así mismo, un edicto de 1784 exige
daños y perjuicios al maestro de obras en caso de
accidente, establece normas para la prudente
elevación de andamios, amenaza con cárcel y
fuertes multas en caso de negligencia de los
responsables y señala ayudas económicas a los
damnificados y a sus familias. Goya coopera,
pues, con su pintura, en esta política de fomento
y dignificación del trabajo, alineándose con el
sentir más progresista de su época.

*Francisco de Goya y Luciéntes realizó este autorretrato,
pertenecientes a la colección del conde Villagonzalo, en
1785. La extraordinaria sensibilidad de este pintor le
permitió exponer, a través de la implacable mirada con
que observó la realidad de su época, la naturaleza y
esencia del hombre, así como los elementos de la visión
y el pensamiento de la pintura moderna.*

Don Paco

Hacia 1776, Goya recibe un salario de 8.000 reales por su trabajo para la Real Fábrica de Tapices. Reside en el número 12 de la madrileña calle del Espejo y tiene dos hijos; el primero, Eusebio Ramón, nacido el 15 de diciembre de 1775, y otro nacido recientemente, Vicente Anastasio. A partir de esta fecha podemos seguir su biografía casi año por año. En abril de 1777 es víctima de una grave enfermedad que a punto está de acabar con su vida, pero se recupera felizmente y pronto recibe encargos del propio príncipe, el futuro Carlos IV. En 1778 se hacen públicos los aguafuertes realizados por el artista copiando cuadros de Velázquez, pintor al que ha estudiado minuciosamente en la Colección Real y de quien tomará algunos de sus asombrosos recursos y de sus memorables colores en obra futuras. Al año siguiente solicita sin éxito el puesto de primer pintor de cámara, cargo que finalmente es concedido a un artista diez años mayor que él, Mariano Salvador Maella. En 1780, cuando Josefa concibe un nuevo hijo de Goya, Francisco de Paula Antonio Benito, ingresa en la Real Academia de Bellas Artes de San Fernando con el cuadro *Cristo en la cruz*, que en la actualidad guarda el Museo del Prado de Madrid, y conoce al mayor valedor de la España ilustrada de entonces, Gaspar Melchor de Jovellanos, con quien lo unirá una estrecha amistad hasta la muerte de este último en 1811. El 2 de diciembre de 1784 nace el único de sus hijos que sobrevivirá, Francisco Javier, y el 18 de marzo del año siguiente es nombrado subdirector de Pintura de la Academia de San Fernando. Por fin, el 25 de junio de 1786, Goya y Ramón Bayeu obtienen el título de pintores del rey con un interesante sueldo de 15.000 reales al mes.

A sus cuarenta años, el que ahora es conocido en todo Madrid como Don Paco se ha convertido en un consumado retratista, y se han abierto para él todas las puertas de los palacios y algunas, más secretas, de las alcobas de sus ricas moradoras, como la duquesa Cayetana, la de Alba, por la que experimenta una fogosa devoción. Impenitente aficionado a los toros, se siente halagado cuando los más descollantes matadores, Pedro Romero, Pepe-Hillo y otros, le brindan sus faenas, y aún más feliz cuando el 25 de abril de 1789 se ve favorecido con el nombramiento de pintor de cámara de los nuevos reyes Carlos IV y doña María Luisa. Pero poco tiempo después, en el invierno de 1792, cae gravemente enfermo en Sevilla, sufre lo indecible durante aquel año y queda sordo de por vida.

La maja desnuda

Desde los años de infancia, en las Escuelas Pías de Zaragoza, por donde Goya pasó sin pena ni gloria, une al pintor una entrañable amistad, que pervivirá hasta la muerte, con Martín Zapater, a quien a menudo escribe cartas donde deja constancia de pormenores de su economía y de otras materias personales y privadas. Así, en epístola fechada en Madrid el 2 de agosto de 1794, menciona, bien que pudorosamente, la más juguetona y ardorosa de sus relaciones sentimentales: «Más te balia benirme a ayudar a pintar a la de Alba, que ayer se me metió en el estudio a que le pintara la cara, y se salió con ello; por cierto que me gusta más pintar en lienzo, que también la he de retratar de cuerpo entero...»

El 9 de junio de 1796 muere el duque de Alba, y en esa misma primavera Goya se traslada a Sanlúcar de Barrameda con la duquesa de Alba, con quien pasa el verano, y allí regresa de nuevo en febrero de 1797. Durante este tiempo realiza el llamado *Álbum A*, con dibujos de la vida cotidiana, donde se identifica a menudo retratos de la graciosa doña Cayetana. Así mismo, la magnánima duquesa firma un testamento por el cual Javier, el hijo del artista, recibirá de por vida un total de diez reales al día.

De estos hechos arranca la leyenda que quiere que las famosísimas majas de Goya, la vestida y la desnuda, condenadas por la Inquisición como obscenas tras reclamar amenazadoramente la comparecencia del pintor ante el Tribunal, fueran retratos de la descocada y maliciosa doña

La maja desnuda *(Museo del Prado, Madrid) escandalizó a sus contemporáneos y fue censurada por la Inquisición. El cuadro, pareja de* La maja vestida, *es acaso el retrato de doña Cayetana de Alba, con quien Goya pasó una temporada en Sanlúcar de Barrameda y a la que alude en una carta dirigida a su amigo Martín Zapater diciéndole que "se metió en el estudio a que le pintara la cara, y se salió con ello; por cierto que me gusta más pintar en lienzo, que también la he de retratar de cuerpo entero".*

Cayetana, aunque lo que es casi seguro es que los lienzos fueron pintados por aquellos años. También se ha supuesto, con grandes probabilidades de que sea cierto, que ambos cuadros estuvieran dispuestos como anverso y reverso del mismo bastidor, de modo que podía mostrarse, en ocasiones, la pintura más decente, y en otras, como volviendo la página, enseñar la desnudez deslumbrante de la misma modelo, picardía que era muy común en Francia por aquel tiempo en los ambientes ilustrados y libertinos. Las obras se hallaron, sea como fuere, en 1808 en la colección del favorito Godoy; eran conocidas por el nombre de «gitanas», pero el misterio de las mismas no estriba sólo en la comprometedora posibilidad de que la duquesa se prestase a aparecer ante el pintor enamorado con sus relucientes carnes sin cubrir y la sonrisa picarona, sino en las sutiles coincidencias y divergencias entre ambas. De hecho, la maja vestida da pábulo a una mayor morbosidad por parte del espectador, tanto por la provocativa pose de la mujer como por los ceñidos y leves ropajes que recortan su silueta sinuosa, explosiva en senos y caderas y reticente en la cintura, mientras que, por el contrario, la piel nacarada de la maja desnuda se revela fría, académica y sin esa chispa de deliciosa vivacidad que la otra derrocha.

Los Caprichos del sordo

Un nuevo misterio entraña la inexplicable retirada de la venta, por el propio Goya, de una serie maravillosa y originalísima de ochenta aguafuertes titulada *Los Caprichos*, que pudieron adquirirse durante unos pocos meses en la calle del Desengaño nº 1, en una perfumería ubicada en la misma casa donde vivía el pintor. Su contenido satírico, irreverente y audaz no debió de gustar en absoluto a los celosos inquisidores y probablemente Goya se adelantó a un proceso que hubiera traído peores consecuencias después de que el hecho fuera denunciado al Santo Tribunal. De este episodio sacó el aragonés una renovada antipatía hacia los mantenedores de las viejas supersticiones y censuras y, naturalmente, una mayor prudencia cara al futuro, entregándose desde entonces a estos libres e inspirados ejercicios de dibujo según le venía en gana pero reservándose para su coleto y para un grupo selecto de allegados los más de ellos.

Mientras, Goya va ganando tanto en popularidad como en el favor de los monarcas, hasta el punto de que puede escribir con sobrado orgullo a su infatigable corresponsal Zapater: «Los reyes están locos por tu amigo»; y en 1799, su sueldo como primer pintor de cámara asciende ya a 50.000 reales más cincuenta ducados para gastos de mantenimiento. En 1805, después de haber sufrido dos duros golpes con los fallecimientos de la joven duquesa de Alba y de su muy querido Zapater, se casa su hijo Javier, y en la boda conoce Goya a la que será su amante de los últimos años: Leocadia Zorrilla de Weiss.

Los horrores de la guerra

El 3 de mayo de 1808, al día siguiente de la insurrección popular madrileña contra el invasor francés, el pintor se echa a la calle, no para combatir con la espada o la bayoneta, pues tiene más de sesenta años y en su derredor bullen las algarabías sin que él pueda oír nada, sino para mirar insaciablemente lo que ocurre. Con lo visto pintará uno de los más patéticos cuadros de historia que se hayan realizado jamás, el lienzo titulado *Los fusilamientos del 3 de mayo en la montaña del Príncipe Pío de Madrid*. La solución plástica a esta escena es impresionante: los soldados encargados de la ejecución aparecen como una máquina despersonalizada, inexorable, de espaldas, sin rostros, en perfecta formación, mientras que las víctimas constituyen un agitado y desgarrador grupo, con rostros dislocados, con ojos de espanto o cuerpos yertos en retorcido escorzo sobre la arena encharcada de sangre. Un enorme farol ilumina violentamente una figura blanca y amarilla, arrodillada y con los brazos formando un amplio gesto de desafiante resignación: es la figura de un hombre que está a punto de morir. Durante la llamada guerra de la Independencia, Goya irá reuniendo un conjunto inigualado de estampas que reflejan en todo su absurdo horror la sañuda criminalidad de la contienda. Son los llamados *Desastres de la guerra*, cuyo valor no radica exclusivamente en ser reflejo de unos acontecimientos atroces sino que alcanza un grado de universalidad asombroso y trasciende lo anecdótico de una época para convertirse en ejemplo y símbolo, en auténtico revulsivo, de la más cruel de las prácticas humanas.

El pesimismo goyesco irá acrecentándose a partir de entonces. En 1812, muere su esposa, Josefa Bayeu; entre 1816 y 1818 publica sus famosas series de grabados, la *Tauromaquia* y los *Disparates*; en 1819 decora con profusión de monstruos y sórdidas tintas una villa que ha adquirido por 60.000 reales a orillas del Manzanares, conocida después como la Quinta del Sordo: son las *pinturas negras*, plasmación de un infierno aterrante, visión de un mundo odioso y enloquecido; en el invierno de 1819 cae gravemente enfermo pero es salvado in extremis por su amigo el doctor Arrieta; en 1823, tras la invasión del ejército francés —los Cien Mil Hijos de San Luis—, venido para derrocar el gobierno liberal, se ve condenado a esconderse y al año siguiente escapa a Burdeos refugiándose en casa de su amigo Moratín. Entre tantos avatares y arrastrando una grave y dolorosa enfermedad, Goya siguió pintando aun cuando le fallara hasta el pulso, y murió en Burdeos hacia las dos de la madrugada del 16 de abril de 1828, a los ochenta y dos años de edad.

Goya tenía más de sesenta años cuando tuvo la ocasión de ver en las calles madrileñas los horrores de la guerra de la Independencia. La visión de la matanza de patriotas españoles arrestados por los franceses el 2 de mayo de 1808, en la montaña del Príncipe Pío, le inspiró uno de los cuadros más terribles que se hayan pintado jamás, Los fusilamientos del 3 de mayo *(Museo del Prado, Madrid).*

1746	Nace **FRANCISCO DE GOYA**, hijo del dorador José Goya, en Fuendetodos (Zaragoza), España.
1760	Primeros estudios como pintor en el taller zaragozano de José Luzán.
1770	Viaje de aprendizaje a Italia, pagado de su propio bolsillo.
1773	Se casa con Josefa Bayeu.
1776	Comienza a realizar cartones para la Real Fábrica de Tapices.
1784	Nace Javier, el único de sus hijos legítimos que le sobrevivirá.
1786	Es nombrado pintor del rey.
1796	Pasa una temporada en Sanlúcar de Barrameda con doña Cayetana, duquesa de Alba.
1805	Conoce a la que será su amante, Leocadia Zorrilla de Weiss.
1814	Es llamado para declarar ante la Inquisición. *La maja vestida* y *La maja desnuda*, cuadros incautados a Godoy, son declarados obscenos.
1824	Huye a París, deteniéndose en Burdeos.
1828	16 de abril: muere en Burdeos.

JOHANN WOLFGANG GOETHE
(1749-1832)

Escritor de portentosa inteligencia e inagotable curiosidad, capaz de abarcar y profundizar con brillantez en una ingente cantidad de intereses y actividades, la figura de Goethe fascina al hombre moderno, inmerso en una era de especialización y saberes fragmentados, precisamente por ese talento polifacético y múltiple. Goethe es por antonomasia el representante del genio creador alemán, de la poesía, la novelística y la dramaturgia germana, pero también debe ser considerado el último gran intelecto de su época, el hombre que lo supo todo sobre su tiempo y no reconoció barreras entre la ciencia, el arte y la vida. Una vez, al ser preguntado sobre esta capacidad, que ya sorprendía a sus contemporáneos, señaló que algunas personas calzan botas mentales de siete leguas y salvan con dos pasos la distancia que los mortales ordinarios recorren en un día. Quizás por ello Goethe se convirtió en leyenda mucho antes de su muerte y supo, como evoca magistralmente el escritor Milan Kundera en su novela *La inmortalidad*, que iba a permanecer para siempre en la memoria de los hombres.

Nacido para la cultura

Johann Wolfgang Goethe nació el 28 de agosto de 1749 en la ciudad alemana de Francfort. Su padre era el abogado y consejero imperial Johann Kaspar Goethe, un reconocido burgués de carácter rígido y concienzudo. Su madre, Katharina Elisabeth Texter, joven y rica muchacha, contrastaba con su marido por su personalidad extravertida, espiritual y afectuosa y el cariño que profesaba a su hijo. En su autobiografía, Goethe diría después: «Tengo de mi padre la estatura, la gravedad y el sentido de la corrección; mi madre me ha dado la serenidad de su alma y el gusto por la creación poética.»

Bajo la influencia de estos dos seres casi opuestos, ambos muy cultos, el pequeño Johann Wolfgang recibió una educación esmerada que abarcó desde los autores griegos y latinos hasta las ciencias naturales o los idiomas extranjeros. A los diez años, el despierto y hábil muchacho leía sin dificultad a los clásicos en sus lenguas originales y hablaba correctamente griego, francés, italiano e inglés. También estudió el hebreo, podía citar de memoria numerosos pasajes de la Biblia y asistía a todas las representaciones de las obras de Molière, Racine y Corneille. Puesto que su impresionante intelecto florecía con rapidez, quiso perfeccionar sus conocimientos de letras estudiando lenguas clásicas en la famosa universidad de Gotinga, pero su padre se opuso y lo obligó a matricularse en Derecho en la ciudad de Leipzig. Con poco entusiasmo, el joven Goethe emprendió en 1765 su carrera en la facultad de jurisprudencia.

Su genio se manifestó con fuerza durante esta época de estudiante en Leipzig. Además de leyes, aprendió pintura y las artes del dibujo y el grabado. A juzgar por los cuadros que se conservan, poseía cierto talento como paisajista y retratista. También escribía poemas y ensayos, se divertía con sus compañeros y era admirado por su simpatía y su inteligencia.

Amores imposibles

Tres años más tarde, Goethe estaba de vuelta en Francfort, bastante enfermo y con el corazón roto por sus desafortunados amores con la mofletuda y sencilla hija de un hotelero de Leipzig,

Käthchen Schönkopf. La alegre muchacha había sido incapaz de soportar los bruscos cambios sentimentales de su complicado admirador, que un día la trataba con cruel indiferencia y otro con impetuosa pasión. No será la última vez que Goethe se vea abandonado por una mujer querida, harta de su inestabilidad emocional, y que huya confuso y ofendido del escenario del romance: también escapará de Estrasburgo, donde se licenció en Derecho en 1771, a causa de su imposible relación con la encantadora Friederike Brion; y de Wetzlar, ciudad de su infeliz romance con Charlotte Buff, un año más tarde.

Instalado de nuevo en su acogedora ciudad natal, Goethe empezó a frecuentar un círculo de renombrados filósofos y escritores entre los que se encontraba el famoso Herder, inspirador del movimiento romántico. Entre ambos se estableció una profunda amistad y el célebre pensador guió los pasos del desorientado joven, acompañándolo en una intensiva lectura de Shakespeare, entusiasmándolo por la historia y los acontecimientos sociales y despertando su interés por el rococó y el neoclasicismo. Bajo esta favorable influencia y estimulado por su desgraciada vida amorosa, la vena artística de Goethe floreció: los poemas juveniles y poco trabajados dieron paso en 1773 a su primer drama, titulado *Götz von Berlichingen*. La obra, que cuenta la tragedia de un hombre que lucha incansablemente por la justicia en medio de una sociedad corrupta, se convirtió en un éxito fulminante que los miembros del movimiento cultural y literario prerromántico llamado *Sturm und Drang* (Tempestad y empuje) acogieron con alborozo y fervor.

Si el *Götz* había desencadenado el entusiasmo entre los lectores y espectadores de teatro alemanes, la novela epistolar *Werther*, publicada un año más tarde, provocó una tormenta en los círculos literarios de toda Europa y sentó las bases de la fama internacional de su joven autor. En esta obra, el protagonista se enamora desesperadamente de la encantadora Charlotte, que aunque es la prometida de otro responde a los ígneos sentimientos de Werther provocando en él un irresoluble conflicto entre los afectos y la reali-

Para Johann Wolfgang Goethe, aquí en un retrato de Joseph Karl Stieler, que se halla en la Neue Pinakothek de Munich, la creación no tenía fronteras entre la ciencia y el arte; su genio poético se elevó por encima de cualquier otro de su época.

dad. Cuando la dama se vea obligada a despedirse de él, su amante no verá otra salida que el suicidio. Se trataba de un símbolo para toda la juventud del siglo XVIII, incapaz de adaptarse al prosaico mundo de su tiempo, sumida en sus sueños interiores de amor y arrastrada por el entusiasmo y el fuego de la pasión. Una ola de suicidios siguió a la publicación de la novela.

Un alma liberada

El sosiego que le había proporcionado el proceso creativo de *Werther* y el triunfo obtenido con ella se esfumó al conocer Goethe en Francfort a la graciosa Lili Schönemann, con la que se prometió y mantuvo una turbulenta relación abruptamente concluida, como siempre, con una fuga precipitada. Aceptó entonces la invitación de su amigo el príncipe Carlos Augusto, duque de Weimar, y en noviembre de 1775 se instaló en esta ciudad dispuesto a pasar una larga temporada que se prolongaría durante diez años. Allí llevó una agradable vida cortesana, desarrollando una amplia actividad en la vida pública y ocupando diversos cargos importantes como el de director de minas o el de consejero áulico. Con esta sólida trayectoria de burócrata se ganó una reputación de honesto y respetable ciudadano. Como miembro del Consejo Ducal, Goethe reformó el sistema de impuestos, erradicó la corrupción, redujo el personal del ejército e impulsó la explotación de tierras abandonadas.

Pero en su interior, con el paso de los años, se sentía cada vez más insatisfecho, pues su alma artística anhelaba la libertad. Tampoco en la profunda amistad que lo unió a la culta y dulce Charlotte von Stein, infeliz esposa del caballerizo mayor del duque y ya madre de siete hijos, pudo encontrar la necesaria fuente de tranquilidad y equilibrio. Necesitaba urgentemente escapar en busca de nuevos caminos y estímulos; en 1786 desapareció de la ciudad sin despedirse ni siquiera de sus amigos, viajó a Italia y deambuló de un lugar a otro. Roma, Nápoles, Pompeya y Sicilia lo acogieron y él pasó por cada una de estas ciudades, ricas en historia y tesoros artísticos, con el alma desbordante de entusiasmo, los ojos brillando de fascinación y la pluma de poeta presta entre unos dedos que temblaban por la excitación.

Era el reencuentro consigo mismo. Al igual que cuando era niño, Goethe absorbió con impaciente curiosidad todo saber, todo estímulo y toda impresión que Italia le ofrecía; la Ciudad Eterna despertó en él los ideales de la Antigüedad y cuando regresó a su patria en junio de 1788 se había transformado en un clasicista convencido, en un rendido enamorado de las bellezas romanas y de las tragedias griegas. Fue éste un período de creación intensiva y fructífera: concluyó obras como los dramas *Ifigenia en Táuride*, *Egmont* y *Torquato Tasso*, compuso sus *Elegías romanas*, concibió varios capítulos del *Fausto* y

además realizó trabajos científicos sobre morfología vegetal y óptica.

Amistades decisivas

En 1788 Goethe apareció de nuevo en Weimar, más maduro, más creativo y más genial que nunca y con el corazón lleno de cálidos recuerdos de su estancia en Italia. Weimar, por el contrario, le pareció más fría que anteriormente, sobre todo porque sus amigos, ofendidos ante su imprevista y larga ausencia, se distanciaron de él. Incluso la señora von Stein rompió oficialmente con Goethe, quien para salir de este aislamiento general aceptó el cargo de inspector general de todos los establecimientos de artes y ciencias de la ciudad. Sus nuevas relaciones surgieron en el círculo de los profesores universitarios y de la pléyade de eruditos, artistas y escritores que llenaban los salones. En estos ambientes conoció al gran autor teatral Friedrich von Schiller, con quien más tarde entablaría una sólida amistad y abordaría una profunda colaboración intelectual.

Al mismo tiempo se enamoró de Christiane Vulpius, una muchacha sencilla que trabajaba en una fábrica de flores artificiales. Aquella joven de baja condición social no era ni mucho menos conveniente para el cortesano, burgués y reconocido hombre público que era Goethe; las gentes no cesaron de criticar su elección, pero Christiane, alegre, dulce, práctica e independiente, se convirtió en la compañera ideal para su espíritu indeciso y escéptico. Vivían juntos sin que Goethe, temeroso del juicio público, viese la necesidad de contraer matrimonio, ni siquiera a medida que nacieron los cinco hijos habidos de la unión. De ellos sólo uno, August, sobrevivió a la niñez y gozó de la misma atención y cariño que los padres de Johann Wolfgang le habían dado en su infancia feliz y despreocupada.

A partir de 1794, la amistad entre Goethe y Schiller prosperó notablemente. Los productos de su colaboración fueron múltiples a partir de ese año: la revista *Die Horen* (Las horas), el *Musenalmanach* (Almanaque de las musas), los dísticos críticos *Xenien*, publicados conjunta-

Casa de Weimar, Alemania, donde vivió y trabajó Goethe, hoy convertida en museo. Después de publicar Werther, *la novela que lo haría internacionalmente famoso, merced al espíritu frágil y apasionado de su protagonista, cuyo suicidio haría verter lágrimas a toda Europa, Goethe mantuvo en Francfort una turbulenta relación con Lili Schönemann, a raíz de la cual debió huir de la ciudad, siendo acogido por el mecenas Carlos Augusto, duque de Weimar, en 1776.*

mente, algunos libros de baladas, etc. Además, ambos hicieron posible el florecimiento del teatro de Weimar. Si hasta entonces Goethe había cumplido con sus compromisos dramatúrgicos con regular afán, la presencia de Schiller, que abandonó sus compromisos en la Universidad de Jena para estar al lado de su íntimo amigo, hizo brotar nuevas ideas y dio renovados impulsos a las representaciones. El estreno de las obras de Schiller *María Estuardo, Guillermo Tell* y *La novia de Messina*, junto con la puesta en escena de las mejores piezas de Shakespeare y Calderón de la Barca, convirtieron la pequeña ciudad de Weimar en un centro cultural de primer orden y atrajeron a intelectuales contemporáneos como Novalis, Schlegel, Wilhelm y Alexander von Humboldt, Fichte y Schelling, interesados en sumarse al movimiento romántico.

La prematura muerte de Schiller en 1805 puso fin a una de las épocas más significativas de la cultura alemana y fue un duro golpe para Goethe, que junto al profundo dolor causado por aquella pérdida irreparable se vio confrontado de pronto con el presentimiento de un próximo fin. Goethe se dio cuenta repentinamente de que ya había cumplido cincuenta y seis años, de la proximidad de la vejez y de sus dificultades para entrar en contacto con las nuevas generaciones y sus ideas. Estaba a punto de caer en una profunda crisis cuando intervinieron en partes iguales el azar y los acontecimientos políticos.

Amor y creatividad

En octubre de 1806 las tropas napoleónicas entraron en Weimar, saqueando palacios y ávidas de botín. Unos soldados franceses quisieron forzar también la entrada de la casa en la que vivía Goethe con Christiane y su hijo August. El escritor, furioso, se enfrentó a los militares; todo hubiera terminado en desastre si la valiente Christiane no hubiera mediado en la disputa y calmado tanto a su enojado amante como a los no menos agresivos soldados. Goethe, vivamente impresionado por el valor de su querida compañera, le prometió esa misma noche casarse con ella. Después de dieciocho años de convivencia, el 19 de octubre de ese año Christiane Vulpius adoptó en una sencilla ceremonia matrimonial el nombre de su esposo. Goethe había manifestado su simpatía por Napoleón desde un principio, ya que consideraba que el corso era el único hombre capaz de detener el proceso de desmembramiento que aquejaba al continente europeo. Además, admiraba los aspectos progresistas y racionales que la Revolución Francesa había aportado y de los que Napoleón era valedor. Su estimación mutua quedó bien patente en la entrevista que ambos mantuvieron el 2 de octubre de 1808, cuando el dominador de Europa, tras mirarlo atentamente, le dijo: «*Vous êtes un homme*», legendario halago que Goethe nunca olvidaría.

Estimulado por estos acontecimientos, Goethe inició una nueva época de gran creatividad. Realizó la primera parte del *Fausto*, escribió sus *Sonetos*, concluyó *Las afinidades electivas* y trabajó intensamente en *Los años de aprendizaje de Wilhelm Meister*, que ha sido considerada la novela romántica por excelencia.

El ya viejo escritor llevaba una vida cada vez más retirada, en parte por el rechazo social provocado por su matrimonio, en parte para no verse directamente implicado en la delicada situación política y también debido a su avanzada edad y a la comodidad de su vida al lado de Christiane. Pero el afecto que le unía a su esposa no le impidió enamorarse de nuevo durante alguno de los viajes que emprendió regularmente por Alemania o Italia. En Francfort precisamente, en 1814, conoció a Marianne von Willmerer, esposa de un banquero, que le inspiraría el libro de poemas *West-östlicher Diwan* (Diván occidental-oriental), en cuyos versos los temas del amor y la renuncia volvían a ser tratados con un estilo alegórico, sereno y profundamente conmovedor. La relación fue breve pero fructífera para el anciano poeta, tanto que casi produjo un renacimiento goethiano. Sin embargo, la felicidad no fue duradera: en junio de 1816 fallecía la fiel Christiane, dejando de nuevo a Goethe abatido y sombrío.

El mito de Fausto

Tras la muerte de su esposa, la soledad se convirtió en su compañera constante. Goethe no cesó de viajar y trabajar para olvidarse de su vejez y de la caducidad de la existencia humana. Buscaba una nueva juventud en la pasión, y la encontró en la encantadora Ulrike von Leventzow, que tenía apenas dieciocho años y a la que había conocido en Marienbad, donde ella pasaba las vacaciones en compañía de su madre. Bien pronto circularon rumores de que Goethe tenía intención de casarse con ella, pero Ulrike fue alejada de Marienbad para evitar cualquier escándalo. El anciano escritor sufrió profundamente y de nuevo sublimó su dolor en la poesía: el resultado fue el libro *Elegía de Marienbad*, en el que expresaba su renuncia a las emociones amorosas.

Recuperado de su frustración, se dedicó de forma intensiva a la culminación de su obra maestra: *Fausto*. Este extraordinario texto dramático fue compuesto en sucesivas etapas a lo largo de toda la vida de Goethe. El protagonista, un mago del siglo XVI, lo había sido antes de una tragedia del autor inglés Christopher Marlowe. El drama explica cómo, a cambio de su alma inmortal, un anciano erudito pacta con el diablo y recibe de él la facultad de acceder a todo cuanto es digno de conocerse en este mundo. Esta obra fue considerada la cumbre de la literatura nacional alemana y de la poesía de Goethe, aunque contiene muchos pasajes indefinidos y de impenetrable significado; en ella trabajó nuestro hombre sesenta años, publicó la primera parte cuando tenía cincuenta y nueve y luchó con la segunda hasta el fin de sus días.

A mediados de agosto de 1831 Goethe daba por terminado el *Fausto* y ordenaba que no se publicase hasta después de su muerte. Los meses siguientes los pasó revisando algunas de sus obras y conversando con el más fiel amigo de esta época, Johann Peter Eckermann. El 22 de marzo de 1832, después de mediodía, expiró a la edad de setenta y tres años. Según cuenta la leyenda, al sentir que la oscuridad de la muerte se abatía sobre sus ojos, Goethe exclamó: «¡Más luz!» Tales fueron sus últimas palabras.

Entre 1789 y 1831, Goethe escribió en sucesivas etapas Fausto *de la que se ven dos escenas. En la primera, Mefistófeles invita a Fausto a seguirle y, en la segunda, éste lo rechaza invocando al Señor y a sus ángeles. En este libro Goethe intenta reflejar todos los problemas del hombre, su lugar en el mundo, su relación con Dios y los límites de su poder.*

1749	28 de agosto: nace en Francfort **JOHANN WOLFGANG GOETHE.**
1771	Se licencia en Derecho en la Universidad de Estrasburgo.
1773	Se estrena su primera obra dramática: *Götz von Berlichingen*.
1774	Publica con gran éxito la novela epistolar *Werther*.
1775	Se instala en Weimar, donde ocupa diversos cargos en la corte del príncipe Carlos Augusto.
1786	Sin avisar a nadie, emprende su viaje a Italia.
1788	Regresa a Weimar. Conoce a Christiane Vulpius y a Friedrich von Schiller.
1789	Concluye *Elegías romanas* y escribe varios capítulos de la primera parte de *Fausto*.
1799-1805	Intensa colaboración con Schiller.
1806	Matrimonio con Christiane Vulpius, su compañera durante dieciocho años.
1808	Encuentro con Napoleón.
1809	Aparece la novela *Las afinidades electivas*.
1810	Trabaja en la novela *Los años de aprendizaje de Wilhelm Meister*.
1816	Muere su esposa.
1831	Termina *Fausto*.
1832	22 de marzo: muere en Weimar.

MIGUEL HIDALGO Y COSTILLA
(1753-1811)
JOSÉ MARÍA MORELOS Y PAVÓN
(1765-1815)

*N*árranse a continuación dos vidas entreveradas, unidas por idéntico ideal de patriotismo y justicia: las aventuras en su México natal de los curas revolucionarios Miguel Hidalgo y José María Morelos. Los sangrientos acontecimientos que desencadenaron, las batallas implacables que trabaron con los colonizadores españoles, sus fugaces triunfos y su dolorosa derrota apenas duraron un lustro: aquel que va desde el célebre Grito de Dolores proclamado por Hidalgo, que desató la heroica insurrección de Querétaro en 1810, hasta la despiadada ejecución de Morelos en 1815. Tuvieron a su lado otros jefes tan temerarios como ellos mismos —Ignacio Allende, Juan Aldama, el corregidor Manuel Domínguez—, pero ante todo contaron con el malestar generalizado de miles de hombres ante los atropellos de los españoles, y aunque éstos acabaron por aplastar el levantamiento merced a algunas batallas decisivas, pronto advertirían que si bien era posible vencer por el momento, ya nunca más convencerían: seis años después de aquellas atroces refriegas, el 28 de septiembre de 1821, el trono mexicano quedaba a designio de las Cortes mexicanas y se proclamaba solemnemente la independencia del Imperio de México.

El sacerdote ilustrado

El revolucionario mexicano Miguel Hidalgo y Costilla, oriundo de Coralejo, en el Estado de Guanajuato, pertenecía a una acomodada familia criolla y realizó sus estudios en el Colegio de San Nicolás de Valladolid, donde llegó a ser rector.

En aquella misma institución tendría como alumno a un joven despejado y voluntarioso, a un discípulo ejemplar que lo sucedería no tanto en sus ensueños intelectuales como en sus correrías políticas, y en particular en la epopeya de liberar a los indígenas de la secular y despótica opresión de los colonizadores: José María Morelos.

En 1778 Hidalgo se graduó en filosofía, tomó las órdenes religiosas y prestó servicio, como sacerdote, en algunos curatos. Ya entonces hablaba seis lenguas: español, francés, italiano, tarasco, otomí y náhuatl y a su biblioteca empezaban a llegar las obras de autores franceses entonces considerados contrarios a la religión y la corona española. En su círculo de amistades se discutían con total libertad las ideas políticas de vanguardia, e Hidalgo llegó a ser acusado por la Santa Inquisición de hablar en contra de la religión católica, aunque no se le pudo formar juicio por falta de pruebas.

En octubre de 1802, a la muerte de su hermano José Joaquín, cura de Dolores, pasó a ocupar su lugar. Fue en Dolores donde, además de ejercer generosamente su magisterio eclesiástico, emprendió tareas de gran reformador y de prócer ilustrado. Se ocupó de ampliar el cultivo de viñas, de plantar moreras para la cría de gusanos de seda y de fomentar la apicultura. Así mismo promovió una fábrica de loza, fomentó hornos de ladrillos y animó la construcción de tinas para curtidores y otros talleres artesanos muy útiles para la prosperidad de sus feligreses.

Pero el que sería llamado «Padre de la Patria» e «Iniciador de la Independencia» tenía más altas

José María Morelos, discípulo fiel del cura Hidalgo, se unió, en octubre de 1810, al ejército insurgente de su maestro en calidad de capellán. Dos años más tarde, Morelos, valiente y eficaz, ya era el caudillo máximo del ejército revolucionario mexicano.

El sacerdote Miguel Hidalgo, uno de los padres de la patria mexicana, fue un gran reformador, un legislador inteligente y un general osado en el campo de batalla, pero más preocupado por el sufrimiento de sus hombres que por las tácticas de la guerra.

miras, y a principios de 1810 entró a formar parte de una conspiración de hombres egregios que pretendían derrocar al afrancesado virrey Venegas y reconocer únicamente como soberano al rey Fernando VII.

Aunque el movimiento tenía al principio un carácter moderado y su grito de guerra era «¡Viva Fernando VII y muera el ejército!», pronto adquirió un tinte más radical. La sublevación comenzó la noche del 15 al 16 de septiembre de aquel mismo año en Dolores, donde Hidalgo lanzó la proclama conocida como el Grito de Dolores. Con unos cuantos hombres armados liberó a los presos políticos de la cárcel, reuniendo un total de ochenta seguidores, e inmediatamente después convocó una misa a la que asistieron partidarios de las cercanías, logrando así aunar las voluntades de 300 patriotas. Con estas precarias huestes tomó San Miguel el Grande, donde se

le unió la guarnición, y, al pasar por Atotonilco, Hidalgo hizo fijar en la punta de una lanza la imagen de Nuestra Señora de Guadalupe, que adoptó como enseña de su ejército.

Las vicisitudes de los meses siguientes pueden ser calificadas de vertiginosas. El 21 de septiembre con un numeroso, indisciplinado y turbulento batallón tomó Celaya, donde se repartieron los grados entre los jefes de la revuelta. El honor de ser teniente general recayó en Allende; el sacerdote Miguel Hidalgo fue proclamado sin discusión capitán general.

El terror de los amos

Mientras tanto, las autoridades eclesiásticas condenaron con energía a los insurrectos, en especial a su más visible cabecilla, a quien acusaron de embaucador, hereje y enemigo de la

Juan O'Gorman pintó el mural Grito de Dolores *(reproducido arriba) en el Museo Nacional de Historia de México.*
En él puede observarse a Miguel Hidalgo sosteniendo en su mano la antorcha símbolo de la independencia mexicana,
forjada gracias a la insurrección encabezada por el cura de Dolores, que, aunque fue derrotada por los realistas,
consiguió con su gesto minar el poder español en la colonia y obtener seis años después la anhelada independencia.

propiedad privada, cargos por los que fue excomulgado. De hecho, Hidalgo había afirmado para entonces que debían entregarse a los indígenas sus tierras, ganando con esta declaración numerosos adeptos entre ellos, pero lo que todavía no había defendido —y la actitud de los obispos no hizo sino acelerar su decisión— era que su propósito no era otro que la independencia de su país. Esta fue la violenta y profética respuesta que recibieron sus enemigos, y su desafío llegó hasta el punto de decretar que debía devolverse a los naturales la tierra de cultivo, así como el disfrute en exclusiva de las tierras comunales.

Por otra parte, la aristocracia criolla, temerosa de perder las prebendas que le otorgaba el régimen latifundista, tampoco acogió de buen grado que el 15 de diciembre se aboliese la esclavitud y los tributos con que se gravaba a indios y a mestizos, ni tampoco el ulterior decreto que amenazaba con la confiscación de los bienes de

los europeos, de modo que se unió a las fuerzas del virrey y de las jerarquías eclesiásticas. Las tropas realistas de Trujillo, no obstante, fueron vencidas el 30 de octubre de 1810, el mismo mes que se unía a Hidalgo en Indaparapeo su viejo acólito y eximio sucesor en la tarea de la revolución mexicana, José María Morelos, quien fue inmediatamente comisionado para llevar la insurrección al sur del país.

Un mestizo sin hacienda

Al contrario que Hidalgo, Morelos, nacido en la ciudad que hoy lleva su nombre, Morelia, antigua Valladolid, era de ascendencia humilde, un mestizo que apenas pudo recibir una educación elemental antes de los veinticinco años y que se vio obligado a realizar penosos trabajos de campesino hasta que encontró a su maestro en el Colegio de San Nicolás en 1790. Cinco años después acabó la carrera eclesiástica en el seminario Tridentino de su ciudad natal y en 1797 ofició su primera misa. En octubre de 1810, cuando ejercía como cura en Cuáracaro, volvió a encontrarse con Hidalgo en el pueblo de Charo, y se unió al ejército revolucionario como capellán de los insurgentes. Hidalgo lo nombró brigadier y lo comisionó para que «en la costa sur levante tropas».

En el momento de adoptar su irreversible decisión de abanderar la causa de los independentistas apenas contaba con el apoyo de veinticinco hombres, pero al poco reunió un ejército de tres mil. Con él marchó sobre Zacatula, Petatlán, Tecpan y Coyuca hasta Acapulco, pero no pudo tomar la ciudad y se retiró para seguir avanzando hacia Chilpancingo, Tixtla y Chilapa, siempre con la ayuda de sus lugartenientes Galeana, los Bravo, Ayala, Ávila y Trujano. Tras conquistar Izúcar (la actual Matamoros) y Cuernavaca, llegó a Cuautla, donde, aunque terminaría por abando-

nar la plaza, resistió heroicamente el asedio de 8.000 hombres al mando de Calleja entre febrero y mayo de 1812. Para entonces Morelos era el caudillo máximo de la insurrección, porque su mentor Hidalgo había cometido una imperdonable equivocación táctica que no sólo puso en peligro el éxito de la empresa emancipadora, sino que le costó la vida.

Final de la aventura, ejecución de los sueños

Piadoso en el digno ejercicio de su cargo sacerdotal, admirable por sus reformas en la industria, brillante como legislador progresista, osado en la batalla y pronto siempre a prestar su brazo a la causa más noble y arriesgada de su tiempo, Hidalgo fue, por desgracia, un torpe general, tal vez excesivamente abrumado por el dolor que veía entre sus tropas, por otra parte inexpertas, y quién sabe si poco dispuesto a intercambiar

Imagen de la casa que habitó José María Morelos en Cuautla. En esta ciudad, Morelos, que se había convertido en el líder máximo de los insurgentes, y sus hombres resistieron valerosamente el asedio de las tropas de Calleja durante varios meses. Los realistas, después de la retirada de los rebeldes, se vengaron sin freno en sus habitantes y cometieron verdaderas atrocidades.

La noche del 15 al 16 de septiembre de 1810, Miguel Hidalgo lanzó ante sus feligreses la proclama conocida como el Grito de Dolores, iniciando la insurrección de Querétaro, la cual pondría en jaque al poderoso ejército español durante cinco años.

sacrificios, acaso estériles, por cruentas victorias. Lo cierto es que, después de vencer a Trujillo, Allende recomendó efusivamente que se atacase la capital, pero Hidalgo, desoyendo el excelente consejo compartido por los restantes jefes militares, no quiso atacar la ciudad de México, ordenó la retirada y volvió grupas hacia Guadalajara. Pocos días después, el realista Calleja que le perseguía de cerca lo derrotó en Aculco el 7 de noviembre, y aunque formó un gobierno en Guadalajara que siguió expidiendo excelentes decretos administrativos y tributarios, sin el auxilio de la fuerza su voluntad era papel mojado.

Las tropas de Hidalgo fueron aplastadas en el puente de Calderón por Calleja el 15 de enero de 1811 y el incompetente general, inmediatamente depuesto por sus allegados, se vio obligado a huir en dirección a Estados Unidos. Sin embargo, no llegaría a ejecutar sus planes, porque, detenido en Acatita de Baján por el realista Ignacio Elizondo, fue conducido a Chihuahua donde, tras un sumario juicio tanto civil como eclesiástico, fue hallado culpable por sus enemigos y fusilado el 29 de julio de 1811. No obstante, aún le quedaban energías y caudillos a la revolución, avivada aún más por el ejemplo del cura Hidalgo, cuya entereza, mantenida hasta el último momento, ganó la admiración incluso del pelotón de sus ejecutores. Morelos era ahora el hombre providencial en quien estaban puestas todas las esperanzas, sobre todo tras hacerse con la plaza de Acapulco en agosto de 1813. Al mes siguiente convocó el Congreso de Chilpancingo, que se encargó de elaborar una constitución provisional de Independencia y lo nombró capitán general.

Él mismo quiso ser llamado «Servidor de la nación», pero poca gloria le quedaba ya por saborear ante el implacable avance de las fuerzas realistas. En diciembre de 1813, sus tropas quedaron reducidas a la mitad, y a principios del año siguiente fue derrotado en Puruarán, cayeron Oaxaca y Acapulco. Pronto apenas contó con la fidelidad incondicional de unos pocos hombres y, pese a todo, a finales de 1814 el Congreso proclamó la Constitución de México y estableció el primer gobierno liberal encabezado por Morelos, un presidente electo a quien le quedaban apenas unos meses de vida. En noviembre de 1815 caía en manos de las tropas de Manuel de la Concha y el 22 de diciembre era fusilado. Previamente, el tribunal inquisitorial, que lo juzgó al margen de la vista que contra él se llevó por delitos civiles, le había impuesto la simbólica pena de deposición, consistente en la privación de oficio y beneficio para siempre, con retención del canon y fuero.

No podía quejarse: a su correligionario Hidalgo la Iglesia lo había condenado a una pena mayor, la degradación, por medio de la cual, además de privársele de todos los títulos, privilegios y bienes eclesiásticos, se le despojaba de las señales exteriores de su carácter y rango. Pese a la exquisita sutileza del dictamen de la Inquisición, el estallido de la pólvora realista sonó inmediatamente después para ambos con idéntica rotundidad aniquiladora.

Cuando a finales de 1814 el Congreso proclamó la Constitución de México ofreció a José María Morelos que encabezase el primer gobierno liberal que había formado, el revolucionario aceptó el poder declarándose "Servidor de la nación". Pero su ejercicio fue corto, ya que en noviembre del año siguiente fue capturado por el general Manuel de la Concha y ejecutado el 22 de diciembre.

1753	Nace **MIGUEL HIDALGO Y COSTILLA** en Corralejo, hacienda del Estado de Guanajuato (México).
1765	**JOSÉ MARÍA MORELOS Y PAVÓN** nace en Valladolid, actual Morelia (México).
1779	Hidalgo se traslada a Méjico y toma las sagradas órdenes.
1790	Morelos ingresa en el Colegio de San Nicolás, regentado por Miguel Hidalgo.
1795	Morelos concluye la carrera eclesiástica.
1809	Se aborta un proyecto revolucionario fraguado en Valladolid.
1810	15 de septiembre: Grito de Dolores. Hidalgo, su hermano Mariano, otros tres cabecillas, Allende, Aldama y Abasolo, y 300 hombres inician la revolución. En octubre se les une José María Morelos, quien es comisionado para llevar la insurrección al sur del país.
1811	Derrota del puente de Calderón por el general Calleja. Hidalgo piensa en refugiarse en Estados Unidos, pero es detenido el 21 de marzo en Acatita de Baján. 1 de agosto: es fusilado en Chihuahua.
1815	En noviembre Morelos cae en manos de las tropas de Manuel de la Concha. 22 de diciembre: es fusilado en San Cristóbal Ecatepec.

MARÍA ANTONIETA
(1755-1793)

María Antonieta (arriba, en un retrato de Vigeé-Lebrun, colección particular) fue una de las reinas más bellas de su tiempo. Vital, caprichosa y dada a los placeres, fue menos perversa de lo que creyó su pueblo y más valiente de lo que hubiesen deseado sus detractores a la hora de enfrentar su trágico destino.

A las diez y media de la mañana del día 16 de octubre de 1793, el pintor David, cómodamente instalado en la terraza del café La Régence, en la parisina calle de Saint-Honoré, realizó un apunte del natural de la reina María Antonieta camino del patíbulo. La llevaban sentada en una carreta e iba a ser ejecutada en la guillotina tras más de un año de calvario. El dibujo presenta a la reina como un fantoche patético tocado con una ridícula cofia de fámula bajo la cual asoman unos me-chones de pelo lacio. En sus labios, crispados por la agonía, se muestra aún un orgullo que parece desafiar a la plebe. Es un apunte cruel, en el que el artista ha pretendido desposeer a su víctima de todo residuo de esplendor o hermosura, mostrando en ella la fiera cautiva que ya no podrá ejercer más sus perversidades. Para la multitud que la contempló ese día, María Antonieta era la encarnación del Mal; para muchos otros fue una reina mártir y un símbolo de la majestad y la entereza. Aquel despojo que David vio pasar rumbo al cadalso había sido, sin duda, una de las reinas más bellas y excepcionales que tuvo Europa, la más primorosa joya de Francia.

La princesa gentil

Desde su nacimiento en 1755, María Antonieta Josefa Ana de Austria había vivido sumergida en la suntuosidad de la corte vienesa, rodeada de atenciones y ternura. Su padre, el emperador Francisco I, la adoraba. La emperatriz María Teresa, como el país entero, estaba embelesada por su hija y no podía negarle ningún capricho. Sus dos diversiones preferidas consistían en jugar con sus numerosos hermanos por los jardines del palacio de Schoenbrunn y en esconderse de sus maestros. El compositor Gluck apenas consiguió hacer de ella una ejecutante mediocre de clavecín y sus profesores de idiomas sólo lograron que hablara francés bastante mal y que se expresara en alemán correctamente, pero nunca pudieron enseñarle ortografía, porque la princesa se ponía triste y los desarmaba con encantadores mohínes.

A los 12 años supo que iba a ser reina de Francia. Su madre se dispuso a hacer de ella una perfecta princesa parisina y le asignó dos expertos que se ocuparan a fondo de la futura cabeza real: un preceptor eclesiástico y un ilustre pelu-quero. El primero debía reforzar su fe y su francés; al segundo se le encomendó la no menos delicada misión de edificar en la cabellera de la infanta una versallesca torre dorada llena de bucles. Una semana después, ambos se confesaron derrotados. El preceptor aseguraba que María Antonieta poseía un cerebro ingenioso y despierto, pero rebelde a toda instrucción; el peluquero no podía culminar su obra debido a la frente demasiado alta y abombada de la joven.

A los 14 años, cuando casó con el duque de Berry, entonces Delfín y futuro rey Luis XVI, María Antonieta era ya una deliciosa muchacha espléndidamente formada, con un exquisito rostro oval, un cutis de color entre el lirio y la rosa, unos ojos azules y vivos capaces de condenar a un santo, un cuello largo y esbelto y un caminar digno de una joven diosa. Para el gusto francés, sólo su boca, pequeña y dotada del desdeñoso labio inferior de los Habsburgo, resultaba desagradable. El escritor inglés Horace Walpole, que apreció sus encantos durante la celebración de una boda, escribió: «Sólo había ojos para María Antonieta. Cuando está de pie o sentada, es la estatua de la belleza; cuando se mueve, es la gracia en persona. Se dice que, cuando danza, no guarda la medida; sin duda, la medida se equivoca...»

Entre el aburrimiento y el miedo

El matrimonio con quien sería rey de Francia fue bendecido el 16 de mayo de 1770. Hubo fastos, desfiles, grandiosas fiestas y solemnidades. Poco después, por la noche, no hubo nada. Al menos eso consignaría el Delfín en su diario en la mañana del día 17: «Rien.» Una sola y enojosa palabra que seguirá escribiendo durante siete años, hasta que ella tenga el primero de sus cuatro hijos. María Antonieta, vital y poco inclinada a la santidad, se aburría soberanamente con su esposo y pronto comenzó a salir de incógnito por la noche, oculta tras la máscara de terciopelo o el antifaz de satén, y a resarcirse con algo más que simples galanterías.

En cuanto al Delfín, era robusto y bondadoso, pero también débil y no demasiado inteligente. Convertido en Luis XVI a los 20 años, María Antonieta escribirá a su madre: «¿Qué va a ser de nosotros? Mi esposo y yo estamos espantados de ser reyes tan jóvenes. ¡Madre del alma, aconseja a tus desgraciados niños en esta hora fatídica!»

María Antonieta colocando una corona de laureles al embajador de los Estados Unidos de América, Benjamin Franklin (cuadro de André E. Jolly). La belleza y la simpatía de María Antonieta y también sus extravagancias fueron el foco de atención de la corte de Luis XVI y el origen de exageradas calumnias que la comparaban por sus excesos con la lujuriosa Mesalina.

La leyenda negra

María Antonieta pronto se convirtió en símbolo escandaloso de la más licenciosa corte de Europa. Trataba de agradar y de obrar con acierto, pero no lo conseguía. Sus faltas, exageradas por la opinión pública y consideradas como ejemplo vivo del desenfreno de la corte, no fueron otras que su desprecio a la etiqueta francesa, sus extravagancias y la constante búsqueda de placeres en el fastuoso grupo del conde de Artois, así como sus caprichosas interferencias en los asuntos de Estado para encumbrar a sus favoritas. Derrochadora, imprudente y burlona, la prensa clandestina comenzó a pintarla como un ser depravado y vendido a los intereses de la casa de Austria. La calumnia salpicaba su trono, siendo exagerada hasta el paroxismo por los libelos de la Revolución. Según los panfletos, la lista de sus amantes era interminable y sus excesos dignos de una Mesalina. Pronto fue conocida entre el pueblo con el despectivo mote de «la austríaca».

El collar de la reina

En 1785, un nuevo escándalo atribuido a su codicia vino a deteriorar su ya más que vapuleada fama. Todo el asunto giró alrededor de la más rica joya de la época.

El célebre collar, realizado por los mejores orfebres de París para madame Du Barry, favorita del rey Luis XV, era una pieza insuperable. Sus más de mil diamantes, rubíes y esmeraldas, parecían haber sido forjados pacientemente por los dioses en las entrañas de la tierra con el único fin de recibir la caricia del oro en un lugar preciso de la joya. Muerta la Du Barry antes de que se diera fin a la obra, la condesa de La Motte, aventurera que servía en la corte y pertenecía al círculo del tenebroso conde Cagliostro, embaucó al cardenal Louis de Rohan, rico y disoluto cortesano caído en desgracia, haciéndole creer que María Antonieta deseaba obtener el magnífico collar y que, no disponiendo del dinero suficiente, estaba dispuesta a firmar un contrato de compra si él lo garantizaba.

El cardenal, deseoso de congraciarse con María Antonieta, se entrevistó con quien creía que era la reina, suplantada por una bella joven apellidada d'Oliva, accedió a su petición y el 1 de febrero de 1785 el collar fue trasladado a Versalles. Pero no llegó a manos de la reina, sino que por una sucesión de intrigas fue a parar a la condesa de La Motte, que desapareció de París con su marido y se dedicó a vender afanosamente las gemas por separado. Una vez descubierta la estafa, la condesa aseguró ser favorita íntima de María Antonieta y esgrimió unas cartas comprometedoras de la reina falsificadas.

María Antonieta fue acusada de intrigante y ambiciosa, y aunque el juicio demostró su inocencia, la campaña política orquestada para desprestigiarla tuvo éxito.

El cardenal de Rohan fue desterrado, la condesa de La Motte azotada públicamente y su esposo condenado a galeras, pero el castigo ejemplar no pudo borrar el nuevo baldón que había caído sobre la honorabilidad de la reina.

Revolución, huida y cárcel

La caída de la monarquía se fraguó en pocos meses. Ni Luis XVI ni María Antonieta comprendieron el carácter de los cambios que se avecinaban, provocando así su propia ruina. Ya no había posibilidades de reconciliación entre el pueblo y el rey. El intento de huida de los monarcas no hizo sino acentuar esta ruptura y patentizar que el país había dado la espalda a la corona.

El conde sueco Axel de Fersen, amante fidelísimo de María Antonieta, se encargó de preparar el plan de fuga con un grupo de selectos y secretos monárquicos. La familia real debía huir de París saliendo de las Tullerías durante la noche por una puerta falsa y dejando una proclama de acentos tradicionales dirigida al pueblo de París: «Volved a vuestro rey; él será siempre vuestro padre, vuestro mejor amigo.» Sólo consiguieron llegar hasta Varennes, donde fueron reconocidos y detenidos. Cuando Luis XVI leyó el decreto que le obligaba a regresar, dijo: «Ya no hay rey en Francia». La Asamblea Legislativa no tuvo más remedio que someterse a cabecillas revolucionarios como Robespierre y Danton. No pudo evitar el asalto por las masas de la residencia real, arrebató los poderes al rey y permitió que fuese encarcelado en la torre del Temple. Después, para la realeza, no quedaba sino un trágico epílogo.

El calvario

María Antonieta acompañó a su esposo a la prisión haciendo gala de un valor que ennobleció su figura, rayana luego en el heroísmo al aceptar con patética serenidad la separación de sus hijos y la ejecución de su esposo en enero de 1793. Trasladada a la Conciergerie siete meses después y encerrada en una celda sin luz ni aire, sin abrigo, vigilada en todo momento por guardias muchas veces borrachos, sus nervios estuvieron a punto de quebrarse en vísperas del juicio. Pero resistió. Durante el proceso intentó defenderse con sus últimos restos de dignidad, contestó en términos que confundieron a sus crueles enemigos y, ante la acusación suprema de haber corrompido a sus hijos, guardó primero silencio y luego, dirigiéndose hacia el público, exclamó: «¡Apelo a todas las madres que se encuentran aquí!» Las deliberaciones del tribunal duraron tres días y tres noches, siendo por fin declarada

El 16 de octubre de 1793, María Antonieta murió en la guillotina. Desde el estadillo de la Revolución, en 1789, había instado a Luis XVI a oponerse a ella, ganando simpatías a la causa del rey, de las que no supo sacar provecho por negarse a pactar con los revolucionarios más moderados. Encarcelada junto a su esposo en la prisión del Temple después de una frustada fuga, fue sometida a juicio, encontrada culpable de alta traición y condenada a muerte, hecho que asumió con serenidad y gran dignidad.

culpable de alta traición como «viuda del Capeto». El 16 de octubre de 1793, a media mañana, sería exhibida en carreta por París ante los ojos de la multitud y de Jacques-Louis David, «el pintor de la Revolución».

Ninguna imagen más expresiva ni más elocuente del enorme cambio que se había operado en ella que su famoso dibujo: no hay parecido alguno entre aquella ruina humana que marcha al encuentro de su destino y la mujer que había sido, según apreciara Walpole, la elegancia personificada. Luego subiría lentamente los peldaños del cadalso, redoblarían los tambores, caería la cuchilla y la cabeza ensangrentada, asida por los cabellos por uno de los verdugos, sería mostrada a la multitud vociferante.

1755	2 de noviembre: nace en Viena **MARÍA ANTONIETA**, la decimoquinta hija de la emperatriz de Austria.
1770	Contrae matrimonio con el duque de Berry, Delfín de Francia.
1774	El Delfín accede al trono con el nombre de Luis XVI.
1789	Estalla la Revolución Francesa. María Antonieta insta a su esposo a oponerse a los revolucionarios.
1792	El 10 de agosto es encarcelada, junto con Luis XVI, en la prisión del Temple.
1793	Enero: el Rey es ejecutado. 16 de octubre: María Antonieta muere guillotinada ante el pueblo.

WOLFGANG AMADEUS MOZART
(1756-1791)

Pocos hombres en la historia de la música han sido tan admirados como Wolfgang Amadeus Mozart. Su vasta y genial obra trasciende el tiempo, manteniendo la frescura y originalidad de su autor. Artista precoz, Mozart fue concertista antes de los diez años y compositor a esta misma edad para asombro de sus contemporáneos. El pequeño Mozart exhibió su arte en las cortes de Europa y fue presentado a los grandes de su tiempo. Arriba, madame Pompadour saluda al niño Mozart en una pintura de V. de Paredes.

*E*l compositor más genial, versátil y fecundo de todos los tiempos nació a las ocho de la tarde de un domingo, 27 de enero de 1756, en la casa número 9 de la Getreidegasse de Salzburgo, Austria. Era el séptimo hijo del matrimonio entre Leopold Mozart y Anna Maria Pertl, pero de sus seis hermanos sólo había sobrevivido una niña, Maria Anna, cinco años mayor que él. Wolferl y Nannerl, como se llamó a los dos hermanos familiarmente, crecieron en un ambiente en el que la música reinaba desde el alba hasta el ocaso, pues el padre era un excelente violinista que ocupaba en la corte del príncipe arzobispo Segismundo de Salzburgo el puesto de compositor y vicemaestro de capilla.

Leopold quería convertir a sus dos hijos en músicos de categoría, pero su interés y sus atenciones se concentraron al principio en la formación de la dotadísima Nannerl, sin percatarse de la temprana atracción que el pequeño Wolferl sentía por la música: a los tres años se ejercitaba con el teclado del clavecín, asistía sin moverse y con los ojos como platos a las clases de su hermana y se escondía debajo del instrumento para escuchar a su padre componer nuevas piezas.

Pocos meses después, Leopold se vio obligado a dar lecciones a los dos y quedó estupefacto al contemplar a su hijo de cuatro años leer las notas sin dificultad y tocar minués con más facilidad que se tomaba la sopa. Pronto fue evidente que la música era la segunda naturaleza del precoz Wolfgang, capaz a tan tierna edad de memorizar cualquier pasaje escuchado al azar, de repetir al teclado las melodías que le habían gustado en la iglesia y de apreciar con tanto tino como inocencia las armonías de una partitura.

Un año más tarde, Leopold descubrió conmovido en el cuaderno de notas de su hija las primeras composiciones de Wolfgang, escritas con caligrafía infantil y llenas de borrones de tinta, pero correctamente desarrolladas. Con lágrimas en los ojos, el padre abrazó a su pequeño «milagro» y determinó dedicarse en cuerpo y alma a su educación. Bromista, sensible y vivaracho, Mozart estaba animado por un espíritu burlón que sólo ante la música se transformaba; al interpretar las notas de sus piezas preferidas, su sonrosado rostro adoptaba una impresionante expresión de severidad, un gesto de firmeza casi adulto capaz de tornarse en fiereza si se producía el menor ruido en los alrededores. Ensimismado, parecía escuchar entonces una maravillosa melodía interior que sus finos dedos intentaban arrancar del teclado.

El milagro de Salzburgo

El orgullo paterno no pudo contenerse y Leopold decidió presentar a sus dos geniecillos en el mundo de los soberanos y los nobles, con objeto tanto de deleitarse con las previsibles alabanzas como de encontrar generosos mecenas y protectores dispuestos a asegurar la carrera de los futuros músicos. Renunciando a toda ambición personal, se dedicó exclusivamente a la misión de conducir a los hermanos prodigiosos hasta la plena madurez musical.

En 1762 emprendieron su primer viaje a Munich, a la corte de Maximiliano III, y luego a Viena, ciudad imperial de los Habsburgo. Al año siguiente, Leopold continuó sembrando la fama de los jóvenes en una gira vertiginosa por varios países europeos. Los auditorios de Londres, París, Francfort, Bruselas y Amsterdam se mostraron encantados con las facultades de los niños y les aplaudieron entusiastas, aunque era el gracioso Wolferl quien de verdad maravillaba a la gente con su precioso traje de gala y su peluca dorada. En consecuencia, Nannerl hubo de quedarse más de una vez en Salzburgo mientras padre y herma-

Leopold Mozart, excelente violinista y autor de un famoso método de violín, enseñó a sus hijos Wolfgang y Maria Anna los secretos de la música y, orgulloso de sus extraordinarios talentos, los presentó ante nobles y soberanos capaces de admirar y asegurar sus carreras. Abajo, La familia de Mozart, *grabado de la época en el aparecen Maria Anna y Wolfgang al piano ante la atenta mirada de su padre y, en el retrato, de su madre.*

no seguían recorriendo ciudades. Sin embargo, no todos los viajes estaban alfombrados de éxito y beneficios. Los conciertos, en ocasiones similares a números de circo, no daban todo lo esperado. El monedero del padre Mozart se encontraba vacío con demasiada frecuencia. Como la memoria de los grandes es escasa y caprichosa, algunas puertas se cerraron para ellos; además, la delicada salud del pequeño les jugó diversas veces una mala pasada. El mal estado de los caminos, el precio de las posadas y los viajes interminables provocaban mal humor y añoranza, lágrimas y frustraciones. Leopold reconoció que pedía demasiado a su hijo y en varias ocasiones volvieron a Salzburgo para poner fin a la vida nómada. Pero la ciudad poco podía ofrecer a Wolfgang, aunque recibió a los trece años el título honorífico de *Konzertmeister* de la corte salzburguesa; Leopold no se conformó y quiso que Wolferl continuase perfeccionando su educación musical allí donde fuese preciso, y de nuevo comenzó su peregrinar de país en país y de corte en corte. Wolfgang conoció durante sus giras a muchos célebres músicos y maestros que le enseñaron diferentes aspectos de su arte así como las nuevas técnicas extranjeras. El muchacho se familiarizó con el violín y el órgano, con el contrapunto y la fuga, la sinfonía y la ópera. La permeabilidad de su carácter le facilitaba la asimilación de todos los estilos musicales. También comenzó a componer en serio, primero minués y sonatas, luego sinfonías y más tarde óperas, encargos medianamente bien pagados pero poco interesantes para sus aspiraciones, aceptados debido a la necesidad de ganar el dinero suficiente para sobrevivir y seguir viajando. A menudo se vio también obligado a dar clases de clavecín a estúpidos niños de su edad que le irritaban enormemente.

Entretanto, el padre se sentía cada vez más impaciente. ¿Por qué no ha conseguido todavía la gloria máxima su hijo, que ya sabe más de música que cualquier maestro y cuya genialidad es tan visible y evidente? Ni sus *Conciertos para piano*

Mozart, abajo retratado por Lange, su cuñado, fue un creador que no renunció a ninguna de las formas de expresión musical. A lo largo de su corta vida compuso una obra vasta y diversa, en la que se cuentan cuarenta y una sinfonías, veintiún conciertos para piano y orquesta, seis para violín (abajo, reproducción de una de sus partituras), y unas diez óperas, entre ellas, la sobrecogedora Don Juan. *Esta ópera, (abajo, personaje de la misma pintado por d'Andrade), cuyo título original es* Il dissoluto punito ossia il don Giovanni, *fue estrenada en Praga en 1787, con libreto en italiano de Lorenzo Da Ponte, seudónimo de Emmanuele Conegliano.*

El genio de Mozart, que aparece arriba a la izquierda en uno de sus retratos menos conocidos, le permitió asimilar y sintetizar las influencias más dispares. De entre sus contemporáneos, le influyó especialmente Joseph Haydn, otro de los grandes maestros del clasicismo vienés, junto a quien aparece componiendo en el grabado de la derecha. Mozart adoptó las formas del cuarteto de cuerda, la sonata y la sinfonía de Haydn, pero a su vez tuvo una gran influencia sobre su amigo, evidente en las últimas sinfonías de este último.

ni sus *Sonatas para clave y violín*, y tampoco los estrenos de sus óperas cómicas *La finta semplice* y *Bastián y Bastiana* han logrado situarle entre los más grandes compositores. Ofendido, Leopold se trasladará en 1770 con Wolfgang, que tiene catorce años, a Italia, donde el muchacho gozará al fin de un éxito absoluto: el Papa le otorga la Orden de la Espuela de Oro con el título de caballero, la Academia de Bolonia le distingue con el título de *compositore* y los milaneses acompañan su primera ópera seria, *Mitrídates, rey del Ponto*, con frenéticos aplausos y con gritos de «¡Viva il maestrino!»

La difícil madurez

El 16 de diciembre de 1771 los Mozart regresaban a Salzburgo, aureolados por el triunfo conseguido en Italia pero siempre a merced de las circunstancias. Una mala noticia les esperaba: el benévolo príncipe-arzobispo Segismundo había muerto y Jerónimo Colloredo, hombre de duro corazón y no menos duro oído, ocupaba su lugar. Wolfgang recuperó el cargo de *Konzertmeister* y permaneció seis años en ese puesto, soportando a un injusto e ignorante patrón que le trataba despóticamente y le hacía comer con los criados, creyendo que ese era el mejor método para mantenerlo sometido y obediente. Sólo su naturaleza alegre y despreocupada salvó al joven de la apatía o la rebelión y le permitió crear en esta época más y mejor que nunca.

Era el fin del niño prodigio y el comienzo de la madurez musical. En sus conciertos rompía con las concepciones tradicionales alcanzando un verdadero diálogo entre la orquesta y los solistas. Sus sinfonías, de brillantes efectos instrumentales y dramáticos, eran excesivamente innovadoras para los perezosos oídos de sus contemporáneos. Mozart resultaba para todos a la vez nuevo y extraño. Pero tampoco su siguiente ópera, *La finta giardiniera*, en la que fundía por primera vez audazmente drama y bufonada, constituyó un éxito, aunque había tratado de adaptarse al pie de

Escena de La flauta mágica, *ilustración de 1791, año de su estreno en Viena: Pamina descubre a Tamino, ante la indiferencia de Papageno. Sobre la trascendencia de esta ópera, con libreto de Schikaneder, dijo Goethe que "se necesita más cultura y preparación para reconocer el valor de esta partitura que para negarlo. Aunque la masa de los espectadores sólo goce con el espectáculo en sí, a los iniciados no les pasará por alto el sentido profundo de la obra."*

la letra a todas las reglas de la moda y a los convencionalismos. El joven se sentía frustrado, deseaba componer con libertad y huir del marco estrecho y provinciano de su ciudad natal. Nuevas y breves visitas a Italia y Viena aumentaron sus ansias de amplios horizontes.

En consecuencia, en 1777 se despidió de su patrón y viajó de nuevo, ahora en compañía de su madre, a la capital francesa, que con tanto entusiasmo lo había acogido quince años antes. Sin embargo, esta vez París se mostró fría e indiferente, y las esperanzas de Wolfgang quedaron en nada. Pasaron varios meses antes de que el compositor comprendiese que la vanidosa, frívola y musicalmente ignorante capital del Sena no era propicia para su genio. Tocó ante los nobles y siguió componiendo, sí, pero sin alcanzar el eco que merecía. Cuando decidió marcharse, su madre enfermó; el fallecimiento se produjo el 3 de julio de 1778. Desesperado, Mozart no disponía de dinero suficiente para quedarse en la ciudad ni deseaba volver a la prisión de Salzburgo. Pero no le quedaba otra alternativa.

El éxito y Constance

Salzburgo, 1779. De nuevo el puesto de *Konzertmeister* y de nuevo Colloredo, más autoritario que nunca. La vida familiar, los antiguos conocidos y el fracaso de sus composiciones «demasiado originales» le resultaban aún más insoportables que antes. Wolfgang anhelaba más que nunca romper con su pasado y con los desgraciados años de su adolescencia, de modo que en junio de 1781 hizo sus maletas y se marchó a Viena, desoyendo las protestas paternales y los consejos de sus amigos.

Recién llegado a la ciudad, comenzó a dar lecciones de piano y a componer sin descanso. Muy pronto la suerte se puso de su lado: recibió el encargo de escribir una ópera para conmemorar la visita del gran duque de Rusia a Viena. Como por aquel entonces estaban de moda los temas turcos, exponentes del exotismo oriental con ciertos toques levemente eróticos, Mozart abordó la composición de *El rapto del serrallo*, que, estrenada un año más tarde, se convirtió en su primer éxito verdadero, no solamente en Austria sino también en Alemania y otras ciudades europeas como Praga.

Satisfecho y feliz, Mozart corrió a Estrasburgo para anunciar su triunfo. Allí le esperaba Aloysia Weber, muchacha de la que se había enamorado fugazmente en uno de sus viajes. La familia Weber, compuesta por la madre viuda y sus cuatro hijas, le recibió como antaño con los brazos abiertos. No obstante, Aloysia se mostró un tanto fría. A pesar del rechazo, Wolfgang se sintió como en casa junto a la amable dama y las cuatro doncellas. La señora Weber, que había soñado alguna vez con convertir al prometedor joven en su yerno, intentó despertar el interés de Mozart por su hija menor, Constance, de catorce años. No fue difícil: Wolfgang no pudo ni quiso resistir a la dulce presión y se prometió a la muchacha, que era bonita, infantil, alegre y cariñosa, aunque quizás no iba a ser la esposa ideal para el caótico compositor. Constance tenía aún menos sentido

práctico que él, todo le resultaba un juego y no podía ni remotamente compartir el profundo universo espiritual de su marido, enmascarado tras las bromas y las risas. Aún así, Mozart se consideró el hombre más afortunado del mundo el día de su boda, celebrada el 4 de agosto de 1782, y continuó creyendo que lo era durante los nueve años siguientes, hasta su muerte.

De la felicidad al ocaso

El matrimonio se instaló en Viena en un lujoso piso céntrico que se llenó pronto de alegría desbordante, fiestas hasta el amanecer, bailes, música y niños. Era un ambiente enloquecido, anárquico y despreocupado, muy al gusto de Mozart, que en medio de aquel caos pudo desarrollar su enorme impulso creador. La única sombra en estos años fue la poca salud de su mujer, debilitada con cada embarazo; en los nueve años de su matrimonio dio a luz siete hijos, de los que sólo sobrevivieron dos.

De 1783 es la *Misa en do menor*, a la vez solemne y exultante; de 1784 datan sus más célebres *Conciertos para piano;* en 1785 dedicará a Haydn los *Seis cuartetos*: todas ellas son obras magistrales, pero el público sigue mostrándose consternado ante una música que no acaba de entender y que por lo tanto le ofende. Mozart espera con impaciencia el día del estreno de su nueva ópera *Las bodas de Fígaro*, que tiene lugar en 1786. Los mejores artistas habían sido contratados y todo parecía anunciar un triunfo absoluto, pero después de algunas representaciones los vieneses no volvieron al teatro y la crítica descalificó la obra tachándola de excesivamente audaz y difícil. Viena se distanciaba de su músico y la fortuna le daba de nuevo la espalda. Se iniciaba el trágico declive de un genio incomprendido.

En la casa de los Mozart se instaló de pronto la mala suerte. El dinero faltaba, Constance cayó gravemente enferma, los encargos escasearon y el desprecio de los vieneses se redobló. Mozart se enfrentó a la amenaza de la miseria sin saber cómo detenerla. El matrimonio cambió de casa diversas veces buscando siempre un alojamiento más barato. Sus amigos les prestaron al principio con gesto generoso sumas suficientes para pagar al carnicero y al médico, pero al darse cuenta de que el desafortunado músico no iba a poder devolverles lo prestado, desaparecieron uno tras otro. Los largos inviernos de Viena son inclementes y si la pareja seguía bailando en salas de dimensiones cada vez más reducidas no era por festiva alegría sino para que la sangre circulase por sus heladas piernas. Constance estaba a las puertas de la muerte y Mozart tuvo que enviarla, pese a sus deudas, a un sanatorio. Era la primera vez que los esposos se separaban y el compositor sufrió enormemente; nunca dejó de escribirle cada día apasionadas cartas, como si su amor continuara tan vivo como el día de la boda. A pesar de la penuria y la tristeza, las composiciones de esta época nos hablan de un Mozart tierno, ligero y casi risueño, aunque con algunos toques de melancolía. La *Pequeña música nocturna* y su célebre *Sinfonía Júpiter* son buena muestra de ello. Mientras Constanza está internada, Mozart recibirá desde Praga el encargo de una ópera. El resultado será *Don Giovanni*, estrenada apoteósicamente el 29 de octubre de 1787. Praga, enamorada del maestro, le suplicó que permaneciese allí, pero Wolfgang rechazó la atractiva oferta, que seguramente hubiera mejorado

su posición, para estar más cerca de su esposa. Al fin y al cabo, Viena le atraía como el fuego a la mariposa que ha de quemarse en él.

En 1790 se estrenó en la capital austríaca su ópera *Così fan tutte* y al año siguiente *La flauta mágica*. Inesperadamente, ambas fueron recibidas con entusiasmo por el público y la crítica. Parecía que los vieneses apreciaban al fin su genio sin reservas y deseaban mostrarle su gratitud teñida de arrepentimiento, aunque fuese tarde. El maestro comenzó a padecer fuertes dolores de cabeza, fiebres y extraños temblores. Cuando un misterioso desconocido llame a su puerta para encargarle un réquiem, Mozart le recibirá tiritando y le confundirá con el ángel de la muerte. Ese frío interior que le acongoja y el extraño visitante, se dice a sí mismo, son el anuncio de que su vida toca a su fin. Aunque no le gustaba, las deudas le obligaron a aceptar el tétrico encargo: aquel descono-

Las bodas de Fígaro, a la derecha una escena de la misma según una ilustración de la época, es tenida por una pieza maestra de la música de todos los tiempos. En esta ópera estrenada en Viena, en 1786, con libreto de Da Ponte inspirado en la caústica comedia homónima de Beaumarchais, Mozart logra con su música describir los caracteres y subrayar los momentos dramáticos.

"¡Era tan bella la vida y comenzó con tantas promesas de felicidad! Pero el destino no puede cambiar. Humildemente hay que aceptar la voluntad de la Divina Providencia. Tengo que acabar mi Réquiem. *No lo puedo dejar incompleto", escribió Mozart, cuya voz se apagó con las palabras* homo reus, *hombre culpable, del* Lacrimosa. Arriba, dirigiendo el* Réquiem.

cido mensajero —que no ha revelado el nombre de su patrón: el conde Franz von Walsegg— con su rostro severo, vestido de luto y tocado con un sombrero que le cubre casi toda la cara, ofrece el dinero que Mozart necesita para Constance y sus hijos.

Con muchas interrupciones y con el emisario apremiando a su puerta, Mozart escribió lentamente la angustiosa partitura, convertida en su postrera obsesión. Nunca terminará el *Réquiem*, aunque hasta exhalar su último suspiro dictó con labios trémulos las notas de la trompeta del Juicio Final a su fiel amigo Emmanuele Schikaneder. Según el certificado médico, murió de fiebre reumática. Se le enterró en una fosa común, en un día tan tormentoso que los escasos acompañantes se dispersaron antes de llegar al cementerio.

1756	27 de enero: nace en Salzburgo **WOLFGANG AMADEUS MOZART.**
1760	Primeras lecciones de música a cargo de su padre. Primeras composiciones.
1762-1767	Realiza diversas giras por Europa. Compone sus primeras sinfonías, sonatas y conciertos.
1768	Estreno de sus óperas *La finta semplice* y *Bastián y Bastiana*.
1769	Nombrado *konzertmeister* de la corte salzburguesa.
1770-1771	Recorre Italia. Estrena *Mitrídates, rey del Ponto* en Milán.
1772-1778	Vuelve a la corte de Salzburgo. Al final de este período viaja a París, donde muere su madre.
1781	Se traslada a Viena. Compone *El rapto del serrallo*.
1782	Matrimonio con Constance Weber.
1783	*Misa en do menor*.
1785	*Cuartetos* dedicados a Haydn.
1786	Se estrena *Las bodas de Fígaro*.
1787	Estreno de *Don Giovanni* en Praga. *Pequeña música nocturna. Sinfonía Júpiter*.
1790	Se estrena *Così fan tutte* en Viena.
1791	*La flauta mágica*. 5 de diciembre: muere en Viena, dejando inacabado su *Réquiem*.

MAXIMILIEN DE ROBESPIERRE
(1758-1794)

*T*enía treinta y tres años cuando saltó a la turbulenta palestra política de la Francia revolucionaria. Sus contemporáneos lo describen como un joven de frente huidiza, ojos claros, nariz afilada, mentón prominente y mirada de rapaz. Sus ceñidos trajes, permanente reserva y actitud acompasada asimilaban su aspecto exterior al de un frío maestro de baile. El carácter del que sería llamado «el Incorruptible» se basaba en una absoluta fidelidad a sus convicciones. Mientras Danton era un hombre sin dogmas ni doctrinas y Marat tendía a dejarse llevar por la inspiración del momento, Robespierre no improvisaba nunca, sus principios eran inamovibles y ponderaba sus actos y palabras con la mayor minuciosidad. No se le conocieron debilidades en su vida privada, si es que la tuvo; por eso el escritor Anatole France hizo exclamar a uno de sus personajes: «Robespierre es virtuoso. ¡Será terrible!»

Contra el despotismo

Maximilien de Robespierre pertenecía a una familia de pequeños burgueses de Arrás. Quedó huérfano de madre siendo niño y su padre lo abandonó después, por lo que su carácter se hizo taciturno, introvertido y desconfiado. Luego consiguió una beca para estudiar en París, donde se licenció en Derecho en 1781. Se sabe que volvió a su ciudad natal para ejercer la abogacía y que hizo de la virtud y el trabajo sus más elevadas aspiraciones. El resto de su intimidad es desconocido y sigue perteneciendo al enigma que siempre ha adornado su figura.

La primera expresión pública de sus ideas se produjo con la publicación de un manifiesto titulado *À la nation artésienne*, en el que presentaba su candidatura para los Estados Generales convocados por el rey Luis XVI en 1788. Los Estados Generales eran una asamblea de representantes de los llamados entonces tres estados

(el clero, la nobleza y el tercer estado o pueblo llano) que no había sido convocada desde hacía ciento setenta y cinco años. Ante el desastre económico y social en que se encontraba la nación, el monarca no tuvo más remedio que resignarse a escuchar las numerosas quejas de sus súbditos; uno de sus representantes iba a ser Robespierre, quien en su libelo había escrito: «Mientras nosotros seguimos durmiendo, sumidos en la mayor apatía, quienes nos han esclavizado hasta hoy mueven todos los resortes de la intriga para arrebatarnos los medios de sacudir nuestro vergonzoso yugo. Ya es hora de despertar de este profundo sueño y acabar con el régimen despótico al que estamos sometidos.»

La Historia nos cuenta que aquella reunión de los Estados Generales dio paso a la Revolución. El tercer estado se constituyó en Asamblea Nacional popular al margen de los poderosos y prestó el «juramento del Juego de Pelota», así llamado por celebrarse en un frontón adyacente al palacio donde tenían lugar las sesiones. La revuelta popular vino a sostener esta actitud con la toma el 14 de julio de 1789 de la prisión de la Bastilla, símbolo del despotismo. Cayó el régimen feudal, fueron abolidos los privilegios señoriales y el Antiguo Régimen quedó destruido. Con la Declaración de los Derechos del Hombre y del Ciudadano se pusieron los cimientos de un nuevo orden que quedó consagrado en la Constitución promulgada ese mismo año: Francia seguía siendo un reino, pero los poderes del monarca quedaban muy limitados y la soberanía pasaba de la corona a la nación.

El club de los jacobinos

Mientras se sucedían vertiginosamente estos acontecimientos, el diputado Robespierre se distinguió en el grupo de los «patriotas» por sus tendencias democráticas y su convincente y razonadora retórica, así como por su austeridad personal y su tenacidad en el trabajo. Influido por el filósofo Rousseau, abogaba por una plena democracia política, por el sufragio universal y por dar satisfacción a las aspiraciones de la pequeña burguesía, motor de una sociedad de pequeños productores independientes y libres. Para él, el Estado debía velar por que esta situación fuera permanente y a la vez garantizar la asistencia social para los más necesitados y la gratuidad de la enseñanza. Cuando la Asamblea Nacional se transformó en Constituyente, Robespierre fue uno de los elegidos para elaborar la Carta Magna. Se había puesto en contacto con el Club de los Jacobinos, llamados así por reunirse en un antiguo convento de esa orden, donde se daban cita activistas revolucionarios como Georges-Jacques Danton, que sería llamado «el forjador de la patria». Tras el intento de fuga de la familia real, abortado en la ciudad de Varennes, el rey Luis XVI y la reina María Antonieta fueron acusados de ser enemigos de la Revolución y de Francia; Jean-Paul Marat, en un periódico titulado *L'ami du peuple*, se dedicó a dirigir violentos ataques contra la monarquía y a proponer la República; Robespierre, que hasta entonces se había mantenido en un discreto segundo plano, tomó la palabra en el Club de los Jacobinos y pronunció su primer gran discurso, en el que secundaba a Marat y anunciaba estar dispuesto a dar su vida por la causa revolucionaria. Ante su enérgica perorata, fría e hiriente como el acero, sus compañeros gritaron entusiasmados: «¡Estamos dispuestos a morir contigo!» Aquel fervor revolucionario en el que se ensalzaba la muerte no hacía sino preludiar la del propio rey, cuya sangre no tardaría en derramarse. «En las revoluciones hay días en que es crimen vivir, y es necesario saber entregar la cabeza cuando el bien común lo exige», fueron las palabras proféticas que Robespierre pronunció en su discurso. No se le escapaba que su propia cabeza también estaba en juego.

La guillotina, reina del Terror

La semilla sembrada por radicales como Danton, Marat y el propio Robespierre no tardó en dar fruto. El 10 de agosto de 1792, el pueblo tomó la residencia real de las Tullerías por asalto y la

Maximilien de Robespierre, el Incorruptible, *encarnó las virtudes y contradicciones de la Revolución Francesa. Su fama de virtuoso e insobornable y sus convicciones radicales promovieron medidas que desencadenaron lo que se ha dado en llamar el Gran Terror.*

monarquía dejó de existir. La familia real fue trasladada al Temple, edificio medieval de gruesos muros del que era imposible escapar; Luis XVI, o mejor, el ciudadano Luis Capeto, como pronto le designaría la nueva terminología revolucionaria, quedó prisionero de la Comuna insurreccional de París, dirigida por el jacobino Robespierre. El oscuro abogado de Arras se había convertido en máximo líder del pueblo parisino. En los primeros años de la Revolución y en la Asamblea Nacional nadie le había tomado demasiado en serio. Luego, su reputación de virtuoso, extremista e insobornable lo llevó a ocupar los más altos destinos. Era un fanático que no se cansaba de proclamar que el primer deber del individuo consistía en sacrificarse por los intereses de la patria; sus convicciones iban a convertir la Revolución Francesa en el régimen de «la santa guillotina».

Este aparato, introducido por el doctor Guillotin para aliviar los sufrimientos de los reos de muerte, actuaba de un modo impecable y demostraba ser muy superior a la degollación mediante hacha o espada. Robespierre creyó encontrar en aquella máquina fatídica una aplicación práctica del principio de igualdad: en lo sucesivo, la guillotina ejecutaría de la misma forma rápida e indolora a los condenados de cualquier categoría social.

Uno de los primeros en probar su eficacia fue el propio Luis XVI. La Asamblea había decidido la reunión de una Convención Nacional elegida por sufragio universal para garantizar las conquistas revolucionarias; Robespierre y los jacobinos ocuparon en las reuniones de la Convención los bancos más elevados del hemiciclo, por lo que se llamó a su grupo «la Montaña», y a finales de 1792 consiguieron que se procesara al rey y se le condenase a la pena capital. El 21 de enero de 1793, Luis XVI subió al cadalso erigido en la que es hoy la plaza de la Concordia. El aparato del doctor Guillotin funcionó con toda efectividad y Robespierre se dispuso a seguir alimentándolo mientras tuviera algún poder en sus manos.

Los jacobinos comenzaron a emplearse a fondo contra los demás grupos de la Convención. Por un lado estaban los girondinos, llamados así por ser en su mayoría representantes del departamento de la Gironda, burgueses en cuyo programa se aunaban las ambiciones antiguas y las modernas, por lo que eran considerados el ala derecha de la Convención. También se encontraban allí los moderados, que permanecían a la expectativa entre girondinos y jacobinos. El instrumento empleado por Robespierre para deshacerse de sus enemigos fue el Comité de Salud Pública, creado en abril de 1973 para velar por la seguridad de la nueva Francia republicana.

La Revolución devora a sus hijos

En el otoño de 1793, el número de detenidos en las cárceles parisienses era de unos ocho mil, aunque la guillotina trabajaba eficazmente para vaciar las prisiones. Fue la época del Terror y del apogeo de Robespierre. Éste juzgaba indispensable abatir a los «enemigos del interior» para salvaguardar la República, la Revolución y la libertad. «El Incorruptible» consideraba traidores no sólo a los adversarios manifiestos, sino también a los tibios, los indiferentes y los pusilánimes que había aún en el partido revolucionario, así como a todos aquellos que a su juicio no cumplían plenamente con las exigencias de la patria. La guillotina pronto cambió de clientela; no sólo se veía en ella perder la cabeza a los aristócratas, sino también a los girondinos, los moderados y a algunos jacobinos imprudentes.

Marat había muerto asesinado en su casa por Charlotte Corday y para entonces solamente quedaban dos hombres fuertes en la escena política: Robespierre y Danton. Este último, que había presidido el Comité de Salud Pública hasta su sustitución por Robespierre, cometió el error de propugnar una política de tolerancia y colocarse a la cabeza de la fracción llamada de los «indulgentes». Su hasta entonces compañero le hizo arrestar junto con sus colaboradores más cercanos y no dudó en enviarle al patíbulo. Danton se había alzado contra el miedo purificador y murió el 5 de abril de 1794. Dos meses después, Robespierre se convirtió en presidente de la Convención y en el primer ciudadano de Francia. No obstante, en ese momento ya era consciente de que su política de amedrentamiento repugnaba al pueblo y que, por tanto, estaba completamente separado de él, por lo que según algunos autores «vivía en la espera de una muerte cierta y próxima». Después de firmar un decreto en el que se declaraban innecesarios los testigos y los defensores en los juicios revolucionarios, suprimiendo de un plumazo todo vestigio de Derecho judicial y político, Robespierre empezó a ausentarse de las sesiones de la Convención y a alejarse de la escena política; la guillotina ya trabajaba por él a un ritmo de treinta cabezas por día. Si el decreto se hubiera aplicado con rigor, todos los franceses hubieran tenido su vida amenazada, pues todos eran sospechosos y nadie podía garantizarles un proceso justo, rápido y limpio. Sólo el verdugo podía ofrecerles una muerte de esas características. Hartos de tanta sangre, algunos miembros de la Convención se aliaron para acusar a Robespierre de dictador y traidor. El 27 de julio de 1794, 9 de Termidor según el calendario revolucionario, se organizó un tumulto en la sala de sesiones, se alzaron voces contra el tirano y Robespierre no pudo defenderse; salió a trompicones de la sala, herido e insultado. Sus pocos adeptos fueron también detenidos. Al día siguiente veía por primera y última vez la guillotina desde una perspectiva bien distinta. Con su muerte se cerraba el más negro episodio de la historia de Francia, quedaba extinguida la Comuna y comenzaba un nuevo capítulo de la Revolución.

El 9 de Termidor, 27 de julio de 1794, Robespierre fue detenido a gritos de "¡Abajo el tirano!" y ejecutado en la guillotina al día siguiente junto a sus más inmediatos colaboradores (arriba). A su muerte siguieron sangrientas venganzas contra los jacobinos, durante el período llamado del "Terror Blanco". "En las revoluciones hay días en que es crimen vivir, y es necesario saber entregar la cabeza cuando el bien común lo exige", había dicho proféticamente el exaltado Maximilien de Robespierre.

1758	6 de mayo: nace **MAXIMILIEN DE ROBESPIERRE** en Arrás (Francia).
1767	Muere su madre.
1768	Su padre abandona Arrás y desaparece sin dejar huella.
1778-1781	Estudia la carrera de Derecho, que finaliza con el título de abogado.
1789	Consigue su acta de diputado a los Estados Generales. Inicio de la Revolución francesa.
1790	Ingresa en el Club de los Jacobinos.
1791	Tras el intento de fuga del rey Luis XVI, proclama la necesidad de la República.
1792	Abolición de la monarquía. Robespierre lidera al pueblo de París. Es elegido primer representante por París en la Convención. Vota a favor de la muerte del rey.
1793	Luis XVI es guillotinado. Se crea el Comité de Salud Pública, que Robespierre no tardará en dirigir. Todos los considerados «enemigos de la Revolución» son guillotinados.
1794	Robespierre es nombrado presidente de la Convención. 27 de julio: es detenido a gritos de «¡Abajo el tirano!» y guillotinado al día siguiente.

JOSÉ GERVASIO ARTIGAS
(1764-1850)

El padre de la patria uruguaya, José Gervasio Artigas, aquí retratado por Juan M. Blanes, fue uno de los caudillos más respetados del continente americano. Gracias a sus dotes de mando y a la fidelidad de su pueblo, durante años logró mantener la lucha contra los españoles, los lusobrasileños y el Directorio bonaerense, seguro del triunfo final del federalismo.

«*E*l protector de los pueblos libres», como fue llamado José Gervasio Artigas, el «fundador de la nacionalidad oriental», como le reconoció el gobierno uruguayo a título póstumo, era un hombre apuesto, de rostro aguileño, ojos hermosos y profundos, excelentes maneras y elegante figura. Pertenecía a una de las siete familias fundadoras de Montevideo, donde nació en 1764 y donde recibió una esmerada educación por parte de los franciscanos. Antes de empeñarse en la lucha de liberación de su patria fue un honrado comerciante en pieles y otros productos ganaderos que él mismo compraba en el campo para enviarlos luego a la tienda de su padre en la ciudad. Fue así como empezó a sentir como suyos los problemas de los campesinos. Uno de los más graves era por entonces la proliferación de contrabandistas; Artigas, aunque de forma no oficial, hizo suya la misión de combatirlos y de esta manera se introdujo en círculos militares.

El nuevo Moisés

Siguiendo las costumbres de su clase social, Artigas esperó a haber cumplido los cuarenta años para tomar esposa y escogió a una joven, prima suya, Rafaela Rosalía Villagrán, quien le dio un hijo, pero enloqueció poco después.

Puede que esta desgraciada situación familiar impulsara a Artigas a entregarse en cuerpo y alma a la causa de su nación. Cuando en Buenos Aires estalló la Revolución de Mayo de 1810, no dudó en ofrecerse a la Junta Revolucionaria para luchar contra los españoles y, al año siguiente, cuando la provincia Oriental se levantó contra el gobernador de Montevideo (Grito de Asencio, 18 febrero 1811), fue él quien, al frente de un improvisado ejército, avanzó y a finales de mayo puso sitio a la capital. Montevideo hubiera caído de no ser por la ayuda que los españoles recibieron del ejército portugués.

Artigas dicta las Instrucciones del año XIII, *lienzo de P. Blanes Viale (Consejo Nacional de Administración, Buenos Aires). En estas* Instrucciones *Artigas formuló sus condiciones para reconocer a la Asamblea Constituyente de Buenos Aires, basadas en sus ideas republicanas y federalistas. Los asambleístas las juzgaron inaceptables y la ruptura del caudillo oriental con el Directorio significó a la postre el nacimiento de Uruguay como nación independiente.*

Así las cosas, la junta bonaerense se vio obligada a negociar un armisticio, decisión ante la cual Artigas mostró su más enérgica discrepancia; 16.000 personas, entre soldados y familias, siguieron a Artigas, quien, como un nuevo Moisés guiando un dramático éxodo, los llevó cruzando el río Uruguay hasta Ayuí, donde se establecieron.

Cuando las tropas del Directorio banaerense pusieron de nuevo sitio a Montevideo, Artigas, antes de prestar el juramento que la Asamblea Constituyente de Buenos Aires exigía al ejército, convocó un congreso en su casa de Peñarol (abril 1813) que lo nombró gobernador militar y presidente provisional de la junta municipal que debía administrar la provincia oriental. Envió entonces a Buenos Aires unas *Instrucciones del año XIII* en las que planteaba sus condiciones para reconocer a la Asamblea, y al no ser éstas aceptadas a principios de 1814 Artigas abandonó las filas del ejército sitiador y organizó la sublevación de las provincias federalistas (Entre Ríos, Corrientes y Santa Fe) contra el Directorio bonaerense. Obtuvo varias victorias sobre los centralistas, que en febrero de 1815 se vieron obligadas a cederle Montevideo, y tras delegar el gobierno de la provincia Oriental, estableció en Santa Fe un gobierno federalista.

La postrera cabalgada

La reconciliación con las autoridades bonaerenses fue desde entonces imposible. Nada hicieron para ayudar a los federalistas cuando los luso-brasileños invadieron la Banda Oriental, nada para evitar las derrotas de Carumbé y de la India Muerta, en octubre y noviembre de 1816. A pesar de estos reveses, Artigas siguió resistiendo a los invasores hasta que, en enero de 1820, su último

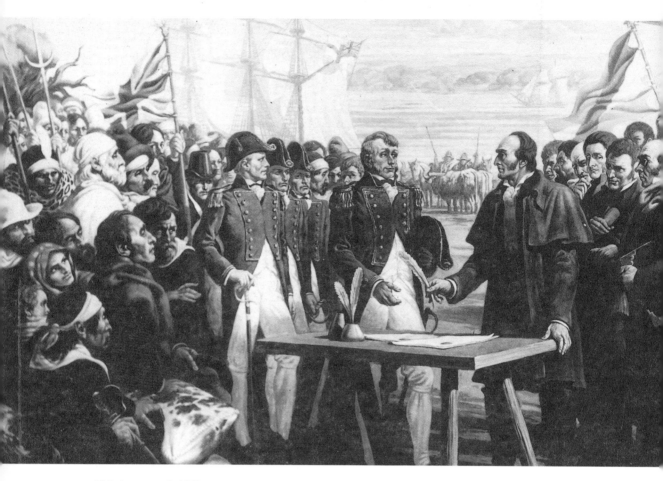

El 2 de agosto de 1817, Artigas y el marino inglés Edward Frankland suscribieron un tratado de comercio (arriba e izquierda, escena de la firma en Mare Liberum, *óleo de J.L. Zorrilla de San Martín). En 1825, exiliado Artigas y Uruguay anexionado al Imperio de Brasil, los Treinta y Tres Orientales al mando de Lavalleja juraron liberar a su país del dominio extranjero (en la página contigua, arriba, a la derecha).*

ejército fue destrozado por los portugueses en Tuacarembó. Al mes siguiente los federalistas de Entre Ríos y Santa Fe derrocaron al Directorio bonaerense, y el caudillo entrerriano Ramírez, que aspiraba a sustituir a Artigas al frente de las provincias federales, atacó a éste, derrotándolo finalmente en la batalla de La Bajada. Vencido, Artigas se asiló en Paraguay.

Del valor de Artigas da cuenta una curiosa anécdota de este período. El caudillo dormía cierta noche en un improvisado ranchito de madera y cuero, cuando sintió que le olfateaban los pies. Medio dormido, creyendo que fuera algún zorro, lo espantó con el pie; pero luego sintió un gran peso encima, se despertó y vio que se trataba de un tigre o jaguar. Al incorporarse, el precario refugio quedó patas arriba, algunos hom-

bres se sobresaltaron y el tigre huyó con un perro como único trofeo. Ante la alarma generalizada, Artigas comentó tranquilamente: «Esa fiera prefiere la raza canina». Artigas nunca quiso regresar a su país. Su largo exilio fue muy duro y empeoró cuando, en 1840, tras la muerte del doctor Francia, se dio la orden de encarcelarlo, pero el nuevo presidente Carlos Antonio López lo liberó y lo instaló en una propiedad suya cerca de Ibiray, donde falleció una tarde de septiembre de 1850. Durante un momento de la agonía abrió desmesuradamente los ojos, se incorporó, miró a su alrededor y gritó con voz fuerte e imperiosa: «¿Y mi caballo?». Luego volvió a acostarse y expiró dulcemente, acaso soñando con una postrera galopada por los valles familiares de su patria.

1764	**JOSÉ GERVASIO ARTIGAS** nace en Montevideo (Uruguay) en el seno de una de las siete familias fundadoras de la ciudad.
1805	Se casa con su prima Rafaela Rosalía Villagrán.
1811	28 de febrero: Grito de Asencio. Artigas derrota a los españoles en Las Piedras y pone sitio a Montevideo.
1811-1814	Éxodo del pueblo oriental y establecimiento en Ayuí.
1813	Envía a Buenos Aires la propuesta federalista *Instrucciones del año XIII*, que es rechazada.
1816	Artigas es vencido por los invasores lusobrasileños ante la inhibición del gobierno bonaerense.
1820	La resistencia de Artigas sufre un definitivo revés en la batalla de Tacuarembó. Se inicia su exilio en Curuguaty (Paraguay).
1840	Es encarcelado, pero al año siguiente el presidente C. A. López lo libera.
1850	Muere en Ibiray, cerca de Asunción.

ALEXANDER VON HUMBOLDT
(1769-1859)

—¡*Q*ué atrevimiento! ¡Qué pecado!

Tal fue la exclamación de la señora Humboldt cuando supo que su bienamado hijo Alexander, a la sazón un muchacho de dieciséis años, pretendía oponerse a la voluntad de Dios instalando sobre el tejado un aparato que desviase los justicieros rayos de su camino natural, para conjurar el peligro. Alexander había oído hablar en una conferencia de las virtudes del pararrayos inventado por Benjamin Franklin y estaba entusiasmado con la idea de construir uno. No cejó hasta vencer los remilgos calvinistas de su progenitora. Cuando los vecinos vieron aquel misterioso artefacto en forma de lanza levantarse desafiante sobre la casa de los Humboldt, se preguntaron para qué podía servir. Ellos no lo sabían, pero se trataba del primer pararrayos instalado en su país.

De funcionario a explorador

Ese país era Prusia. En su capital, Berlín, había nacido Alexander, segundo hijo de una familia culta y aristocrática. Recibió una educación esmerada en la que no faltaron las incursiones en las ciencias de la naturaleza. Pero fue en la finca que sus padres poseían en Tegel, a pocas leguas de Berlín, donde Alexander empezó a perseguir libélulas, a hacer horrendos experimentos con lagartijas y a emborronar decenas de cuadernos con apuntes de insectos, plantas y minerales. Luego estudió en las universidades de Francfort, Berlín y Gotinga y se convirtió en inspector de minas, simultaneando algunos empleos oficiales con su vocación de naturalista.

A los veintiséis años, aquel fornido joven de revuelta cabellera, profundos ojos azules y limpia mirada, recibió una carta de felicitación del propio ministro de Minas, en la que se le concedía un ascenso por su diligencia. La respuesta de Alexander no se hizo esperar: «Estoy pensando, señor ministro, en cambiar totalmente mi modo de vida y retirarme de la Administración. Todo lo que deseo es prepararme para una larga expedición científica. Renuncio al ascenso y a mi puesto.»

Dicho y hecho. A partir de ese instante, Humboldt dedicó todas sus energías a materializar el viaje de sus sueños. Primero intentó embarcarse sin éxito en París. Luego se trasladó a Madrid con la idea de seguir los pasos de Colón y atravesar el Atlántico bajo el patrocinio de un rey español. La fortuna le sonrió. Aun cuando Carlos IV no era un erudito, estimaba a los naturalistas, tenía vocación de coleccionista y la locuacidad de Humboldt lo entretuvo. Así pues, otorgó su beneplácito, disponiendo que se redactasen todos los salvoconductos necesarios, pero se negó en redondo a financiar el viaje. Tal cosa no desanimó a Humboldt, que era rico y contaba con la protección de la banca Mendelssohn, la más poderosa de su país.

En compañía de Aimé Bonpland, un botánico de calidad que había reclutado en París, Alexander partió del puerto de La Coruña el día 5 de junio de 1799 a bordo de la corbeta *Pizarro*. Su objetivo era realizar una gran síntesis que explicase la interacción de todas las fuerzas naturales que obran en la superficie de la Tierra: «Coleccionaré plantas y animales; estudiaré y analizaré el calor, la electricidad, el contenido magnético y eléctrico de la atmósfera; determinaré longitudes y latitudes geográficas; mediré las montañas e intentaré hallar las claves de la naturaleza animal y vegetal.»

Enigmas y amistades

Tras una breve escala en Tenerife, los expedicionarios partieron para Venezuela. Una vez allí, se internaron por el Orinoco y comenzaron una ímproba tarea de recolección de plantas, comprobaciones geográficas y catalogación de especies vivas desconocidas. Humboldt no dejaba de tomar notas para futuros libros, completándolas con meticulosos dibujos de trazo seguro y elegante. Aunque se esforzaba por explicar todos los fenómenos racionalmente, muchas de sus observaciones quedaban veladas por un halo de romántico misterio. ¿Cómo pueden sobrevivir los indios otomacos, que sólo comen bolas de tierra cocida cuando les falta el pescado? ¿Por qué en algunos pueblos caribes las mujeres hablan distinto idioma que los hombres, un idioma que sólo aprenden las niñas y que siempre ignoran los varones? ¿Qué hay de cierto en la leyenda del hombre velludo de la selva, que rapta mujeres, construye chozas y a veces devora carne humana? Humboldt no lo sabía, pero muchas de sus descripciones iban a dejar tan perplejos como encantados a generaciones de lectores ávidos de conocimientos.

En abril de 1801, los viajeros se dirigieron hacia los Andes por el río Magdalena, visitando Bogotá, Quito y Lima. Ante las huellas de la civilización inca, Humboldt formuló por primera vez una teoría que aún es tenida en cuenta por los antropólogos: los primitivos pobladores de América han de proceder del nordeste de Asia, con cuyas antiguas civilizaciones los más puros amerindios guardan un sorprendente parecido en lo que se refiere al idioma, las tradiciones y la constitución física. Más tarde, navegando desde El Callao hacia Acapulco, Humboldt será el primero en medir la temperatura y velocidad de una corriente fría que los futuros navegantes bautizarán con su nombre.

Tras recorrer México de poniente a levante, la siguiente parada de Humboldt fueron los Estados Unidos de América. Recién llegado, escribió una carta al presidente Thomas Jefferson y consiguió ser recibido por él, iniciándose entre ambos una fructífera relación que iba a prolongarse después del regreso del naturalista al continente europeo. Los dos hombres examinaron la posibilidad de construir un canal en Centroamérica entre el Atlántico y el Pacífico y hablaron, durante las largas veladas pasadas en Monticello, residencia campestre de Jefferson, del futuro de América. Para el presidente, la independencia de todas las colonias era el primer paso para la construcción de un continente dividido en tres grandes naciones

Alexander von Humboldt (arriba, óleo de Joseph Stieler), hombre de espíritu universal, se interesó por todas las ramas del saber y en su Cosmos *ambicionó "describir el universo material por entero, cuanto sabemos del firmamento y de la Tierra, desde las nebulosas hasta la geografía de los musgos y de las rocas graníticas", según sus propias palabras.*

amigas: Estados Unidos, de origen inglés, al norte; Brasil, de origen portugués, al este del meridiano 60, y en el centro y el sur, un solo Estado de origen español. A Humboldt, sin embargo, estas cuestiones políticas y especulativas le resultaban menos atractivas que las verdades científicas, acerca de las cuales era difícil equivocarse.

Humboldt, el antipatriota

Alexander regresó a Europa en agosto de 1804 y se estableció en París. Napoleón era por aquel entonces un general victorioso que se disponía a colocar sobre su propia cabeza la corona imperial. El naturalista presenció la ceremonia y asistió

Humboldt, amigo tanto de hombres de ciencia como de reyes y estadistas, fue uno de los más grandes científicos del siglo XIX. Durante sus extraordinarios viajes, que inauguraron la era de las exploraciones científicas modernas, tomó infinidad de notas acerca de todo cuanto veía, completándolas con detallados dibujos de plantas, animales y paisajes, como éste de Venezuela.

a la recepción ofrecida después en las Tullerías. Su encuentro con el emperador fue bien distinto de la acogida que le habían dispensado Carlos IV y el presidente Jefferson. Para el corso, aunque se tratase de un simple científico, Humboldt era prusiano y por tanto poco amigo de Francia. De modo que se limitó a saludarle con el siguiente comentario: «Me han dicho que usted colecciona plantas. También lo hace mi mujer...»

Humboldt decidió no volver a las Tullerías, pero permaneció en París incluso cuando los rescoldos de la guerra se avivaron y sus compatriotas tomaron las armas contra el enemigo francés. No le interesaban la política ni la guerra. No entendía a los patriotas ni estaba dispuesto a abandonar un París en el que era posible relacionarse con los mejores científicos de Europa, pronunciar conferencias y acometer las más diversas investigaciones con el estímulo de un entorno que hervía de sabios e innovaciones.

Esta actitud, criticada por muchos, fue sin embargo perfectamente comprendida por Federico Guillermo III, rey de Prusia, quien al entrar victorioso en París quiso entrevistarse inmediatamente con Humboldt, pidiéndole que fuese su guía en la capital francesa y que le acompañara después como intérprete y consejero en las comprometidas reuniones que debía sostener con otros estadistas europeos.

Humboldt, el amigo de los reyes

Fue así como Humboldt, admirador de Jefferson y Bolívar, convencido demócrata, pasó a realizar su actividad de investigador bajo la protección de cortesanos, aristócratas y absolutistas. No le había importado que lo acusaran de traidor una vez y no le importó ahora que lo llamaran enemigo de la libertad. Su trabajo estaba por encima de todo y debía ser realizado allí donde las condiciones fuesen más favorables. Esta filosofía lo llevó a aceptar un ofrecimiento de Nicolás Romanov, nuevo emperador de Rusia y yerno de Federico Guillermo, consistente en un viaje a los Urales y Siberia, completamente sufragado por Moscú, para explorar la naturaleza extraordinaria del interior de Asia.

La expedición duró un año y fue una inagotable fuente de conocimiento para Humboldt, que más tarde escribiría un monumental libro titulado *Asia Central* dedicado a Nicolás I. Pero su obra culminante, en la que pretendía exponer todos sus conocimientos y deducciones, iba a llevarle el resto de su vida. Habiendo iniciado su redacción a los sesenta y tres años, en 1832, Humboldt se proponía «la ambiciosa tarea de describir el universo material por entero, cuanto sabemos del firmamento y de la Tierra, desde las nebulosas espirales hasta la geografía de los musgos y de las rocas graníticas, todo ello comprendido en un solo trabajo y expresado en un lenguaje vivo que estimule los sentimientos». Se trataba, pues, de describir y examinar toda la obra de la Creación desde la perspectiva del hombre moderno, algo que Goethe, próximo a los ideales científico-literarios de Humboldt, se había propuesto realizar años antes.

El título de esa magna obra fue *Cosmos*. A su autor le llegó la muerte cuando aún no había terminado el quinto volumen, y la obra quedó inconclusa. Los cuatro gruesos tomos publicados entre 1845 y 1858, más el quinto editado póstumamente, fueron considerados una *summa phisica* equiparable por su originalidad, riqueza temática y profundidad de ideas a las obras de Aristóteles, Newton y Darwin. Traducido a decenas de idiomas y leído por miles de lectores, *Cosmos* sigue siendo hoy uno de los libros científicos más bellos y apasionantes jamás escritos. En él, Humboldt demostró que los hombres pueden ambicionar saberlo todo sin caer en el pecado de la arrogancia o creerse dioses, algo que las modernas generaciones no deberían olvidar.

1769	14 de septiembre: **ALEXANDER VON HUMBOLDT** nace en Berlín.
1786-1791	Cursa estudios universitarios en Francfort, Berlín y Gotinga.
1795	Renuncia a su cargo de inspector de minas.
1799	5 de junio: parte de La Coruña para su primera expedición.
1800-1803	En compañía del botánico francés Aimé Bonpland, explora Venezuela, el Orinoco y el río Negro, Cuba, el río Magdalena, Bogotá, Ecuador y México.
1804	Entabla amistad con Thomas Jefferson, tercer presidente de los Estados Unidos. En agosto, fija su residencia en París. Conoce a Napoleón.
1808	Publica *Aspectos de la naturaleza*.
1829	Emprende una expedición al Asia rusa subvencionada por el zar Nicolás I.
1831	Publica el libro *Fragmentos de geología y de climatología asiática*. Acomete la redacción de *Cosmos*, su obra capital.
1843	Publica *Asia Central*.
1845-1858	Aparecen los cuatro primeros volúmenes de *Cosmos*.
1859	6 de mayo: Humboldt muere en Berlín.

NAPOLEÓN BONAPARTE
(1769-1821)

Napoleón Bonaparte (arriba en un óleo de François Gérard que se conserva en el castillo de Versalles) fue un gran genio de la estrategia militar y la política, comparable a Alejandro Magno y a Julio César. Sus ejércitos victoriosos dieron a Francia el dominio de un gran imperio y al mismo tiempo difundieron las ideas de la Revolución.

*C*órcega es una de esas islas maravillosas que salpican el Mediterráneo, un bello conjunto de montañas coronadas por bosques frondosos y valles profundos donde se asientan pequeñas aldeas campesinas. En 1768 los genoveses, cuyo dominio sobre la isla era más ficticio que real, la vendieron a Francia ante la indiferencia de los indómitos corsos, que aspiraban a una total independencia, por lo que les daba lo mismo tener un amo italiano que uno francés. Un año más tarde, el 15 de agosto, nacía en Ajaccio, la población más importante de la isla, un niño al que se bautizó con el nombre griego de Napoleón, antepuesto al apellido de su padre, Buonaparte, y de su madre, Ramolino. Ese infante, convertido más tarde en general, luego en cónsul y por último en emperador de Francia, iba a ser uno de los hombres a la vez más amados y más odiados de Europa, un continente que no volvería a ser el mismo después de ser atravesado, desde Nápoles a Danzig y desde Lisboa a Moscú, por sus terribles ejércitos.

Un artillero prometedor

Carlo de Buonaparte, padre de Napoleón, era de origen italiano y pertenecía a una familia corsa de mediana alcurnia oriunda de la región de Toscana. Casado con Letizia Ramolino a los dieciocho años, tuvo con ella trece hijos, de los que sobrevivieron ocho: José —el mayor—, Napoleón, Luciano, Jerónimo, Luis, Carolina, Elisa y Paulina. Aunque simpatizaba con las ideas de Pasquale Paoli, caudillo independentista de la isla frente a genoveses y franceses, cuando estos últimos ocuparon Córcega prefirió colaborar con el invasor para sacar adelante a su familia. Luego consiguió que el grado de nobleza de su apellido le fuera reconocido y, en 1779, fue nombrado diputado por la isla ante la corte de Luis XVI. Buonaparte partió para la metrópoli con sus dos hijos mayores, José

Pocos meses después de entrar triunfalmente en Varsovia, Napoleón fue derrotado en la sangrienta batalla de Eylau, librada el 8 de febrero de 1807. En esa ocasión, la caballería rusa aniquiló el cuerpo de Augereau y estuvo a punto de hacer prisionero al emperador francés. Napoleón, tras esta matanza y su posterior victoria en Friedland, y el zar Alejandro se entrevistaron en una balsa sobre el Niemen y decidieron aliarse. Arriba, Napoleón en el campo de batalla de Eylau, *óleo de J. A. Gros, Museo del Louvre, París.*

y Napoleón, y los matriculó en el colegio seminario de Autun. El joven Napoleón permaneció muy poco tiempo en él, puesto que le fue concedida una beca para la Escuela Militar de Brienne, donde cursó estudios hasta octubre de 1784, fecha en la que pasó como artillero, gracias a sus excelentes calificaciones, a la Escuela Militar de París.

En aquellos años, el muchacho presentaba un aspecto semisalvaje y apenas hablaba otra cosa que no fuera el dialecto de su añorada isla. Sus compañeros en Brienne y París, hijos de la aristocracia francesa, veían en él a un extranjero raro y mal vestido, al que hacían blanco de toda clase de burlas; no obstante, su carácter indómito y violento imponía respeto tanto a sus camaradas como a sus profesores. Como alumno destacaba en matemáticas, historia y geografía, pero lo que más llamaba la atención era su temperamento y su tenacidad; uno de sus maestros en Brienne diría de él: «Este muchacho está hecho de granito, y además tiene un volcán en su interior». En 1789, al estallar la Revolución, Napoleón era

ya teniente de artillería y había ocupado diversos destinos en las guarniciones de provincia de Valence y Auxonne. Allí el joven militar había empleado su tiempo en completar su formación y en redactar ensayos históricos o morales que revelan su nostalgia por su isla natal y por las luchas en favor de la independencia conducidas por Paoli. Al producirse la conmoción revolucionaria, este jefe corso se unió a ella en un primer momento, pero luego pretendió organizar una insurrección con ayuda de Gran Bretaña, por lo que Napoleón tomó inmediatamente partido contra él. Aunque Paoli fue neutralizado por las autoridades francesas, los muchos seguidores con que contaba en la isla acusaron a los Buonaparte de ser partidarios del Antiguo Régimen, por lo que la familia hubo de abandonar Córcega y establecerse en Marsella. Como el padre había muerto en 1785, Letizia y sus hijas se vieron obligadas a vivir casi en la miseria. Fue entonces cuando Napoleón tuvo su primera relación amorosa conocida: Désirée, hija de un comerciante

A la derecha, Bonaparte en Jaffa, *cuadro de J. A. Gros, Museo del Louvre, París. Esta población, próxima a Tel Aviv, fue ocupada por las tropas napoleónicas durante la campaña de Egipto, cuyo objetivo era cortar a Inglaterra la ruta de la India, adonde Napoleón soñaba llegar, tal como siglos antes lo hiciera Alejandro Magno. Pero su camino a la gloria era otro.*

marsellés llamado Clary. Ese primer amor de Napoleón se casaría más tarde con el general Bernadotte y moriría siendo reina de Suecia.

Hacia la cumbre

La ruptura de Napoleón con su querida isla fue lo que acabó por convertirle en un verdadero francés y le llevó al campo de la Revolución. Su primer éxito militar tuvo lugar a continuación, cuando fue nombrado capitán artillero y se le ordenó reconquistar la estratégica plaza de Tolón, ocupada por los británicos y los realistas y asediada por las fuerzas de la República. En el ataque a la ciudad, Napoleón demostró ser un admirable estratega, lo que le valió un rapidísimo ascenso al grado de general de brigada.

A partir de ese instante, fue consciente de que era precisamente la guerra lo que le iba a permitir conquistar la gloria y el poder. En julio de 1794, un golpe de estado moderado derribará la dictadura del terrorífico Robespierre y el joven general se verá implicado en su caída; pero ni siquiera en esos momentos difíciles Napoleón dudará de su buena estrella, que ha visto brillar claramente en Tolón. En octubre de 1795, la fortuna vuelve a sonreírle: impresionado por su mirada de fuego y por su recién ganada fama, el nuevo hombre fuerte de la República, Paul Barras, lo nombra comandante de la guarnición de París, le encomienda aplastar una insurrección realista y por fin lo asciende a general en jefe del Ejército del Interior.

El destino glorioso de Napoleón empezó a dibujarse portentosamente nítido ante sus ojos, con la misma brillantez que su nombre se imponía entre sus contemporáneos. Tan sólo era preciso colaborar un poco con ese futuro triunfal que se avecinaba, y el corso lo hizo casándose con la bella Josefina de Beauharnais, una mujer encumbrada y asidua de los salones influyentes, a

la que acabaría ciñendo la corona de emperatriz. Josefina, hija criolla de un plantador de la Martinica, se llamaba Marie-Josèphe-Rose Tascher de la Pagerie y era viuda del vizconde de Beauharnais, aristócrata guillotinado por Robespierre, junto al cual había ascendido vertiginosamente en el mundo de la nobleza. Napoleón la vio fascinante, hermosísima, rica y refinada y no dudó en hacerla suya, considerando que era la compañera ideal de un hombre al que esperaba la gloria.

Le petit caporal

Al tiempo que contraía matrimonio con Josefina, Napoleón fue nombrado comandante en jefe del Ejército de Italia, país en cuya mitad norte se encontraba el teatro de operaciones de la guerra que enfrentaba a Francia con Austria. Desde marzo de 1796 hasta abril de 1797, el genio militar del joven Buonaparte se puso de manifiesto en la península italiana; Lodi, Arcole y Rívoli pasaron a la historia como los escenarios de las principales batallas en las que derrotó a los austríacos; Beaulieu, Wurmser y Alvinczy fueron los más

destacados mariscales cuyas tropas fueron barridas por las de Napoleón. El inexperto general llegado de París en la primavera de 1796 despertó la admiración de todos los maestros en estrategia de la época y se convirtió en un tiempo récord en el terror de los ejércitos de Austria. Y en cuanto a sus propios soldados, el recelo de los primeros días pronto se transformó en entusiasmo: comenzaron a llamarle admirativamente *le petit caporal* y a corear su nombre antes de iniciar la lucha. Fue en esos días victoriosos cuando Napoleón varió la ortografía de su apellido en sus informes al Directorio: Buonaparte dejó paso definitivamente a Bonaparte.

Los nombres de Alejandro Magno y Julio César se codeaban con el suyo en los sueños de gloria del general triunfante. Cuando en 1798, tras la firma con la derrotada Austria de la paz de Campoformio, se puso al frente de una expedición contra Egipto, considerado como una posición estratégica en la ruta británica de la India, Bonaparte estaba preparado para emular a aquellos héroes y llevar su fama hasta Oriente. El balance de la incursión, sin embargo, no fue completamente satisfactorio, pues aunque ocupó la isla de Malta y venció en varias ocasiones a los mamelucos, gobernantes del territorio egipcio, el almirante inglés Nelson destruyó la flota francesa en Abukir.

En agosto de 1799, Napoleón pudo esquivar el cerco de navíos británicos en una fragata que le devolvió a Francia. Los ejércitos de la República habían sufrido algunos reveses en Centroeuropa y el Directorio se encontraba en plena crisis; Bonaparte vio con claridad meridiana que ése era el momento propicio para hacerse con el poder, y el 18 de Brumario del año VIII de la Revolución, correspondiente al 9 de noviembre de 1799, derribó al gobierno con un golpe de estado que inauguraba una dictadura moderada en la que el pueblo delegaba en su persona, revestida luego del cargo de primer cónsul, el poder ejecutivo por diez años.

Buen político y sorprendente emperador

El Consulado terminó con una larga etapa de anarquía y desórdenes. En cuanto tuvo todo el poder en sus manos, Napoleón demostró que no era solamente un general audaz, preocupado por manipular mediante la diplomacia o la guerra los complejos resortes de la política internacional, sino que también estaba interesado por procurar bienestar a sus súbditos y podía actuar como un brillante legislador y administrador. En los años inmediatamente posteriores a su proclamación como cónsul, la obra de reforma, recuperación y reparación que realizó fue espectacular y admirable. Bonaparte introdujo cambios en la administración dando a Francia instituciones que han llegado hasta hoy, como el Consejo de Estado, las prefecturas y la organización judicial, acabó con las guerras civiles que asolaban la zona oeste del país e instauró una política financiera eficaz que permitió poner fin al déficit acumulado durante la Revolución.

A estos logros en el interior se sumaron nuevos éxitos en el exterior. El 14 de junio de 1800 volvió a hacer un derroche de su genialidad como militar al aplastar de nuevo a los austríacos en la renom-

brada batalla de Marengo, obligándolos a firmar la paz de Lunéville al año siguiente. Además firmó con el papa el concordato de 1801, que preveía la reorganización de la Iglesia de Francia y favorecía el resurgimiento de la vida religiosa tras los desmanes cometidos en los momentos culminantes del período revolucionario.

Fue el propio pontífice Pío VII quien lo coronó como emperador el 2 de diciembre de 1804. Napoleón había comprendido que se hallaba cerca de la cúspide de su poder y no quiso retrasar por más tiempo su entronización. Ese día, el más suntuoso templo de la ciudad de París, la catedral gótica de Notre-Dame, acogió a los más distinguidos representantes de un pueblo que, según se decía, «odiaba el nombre de los reyes», para que fuesen testigos de la ceremonia: Napoleón, ataviado con su mejor traje de gala, colocó la corona sobre la cabeza de su esposa Josefina y luego

El 2 de diciembre de 1808, Napoleón llegó a las puertas de Madrid, defendida por unos ocho mil soldados y todo su pueblo. Dos días más tarde, la ciudad capituló (abajo, Capitulación de Madrid, *óleo de Horacio Vernet, Museo de Versalles, París), y el emperador entró vencedor en ella. Enseguida repuso a su hermano en el trono y, con el ánimo de ganarse el favor popular, suprimió la Inquisición, los derechos feudales y numerosos conventos, pero, como escribe André Maurois, "una vez más desconoce este país huraño, exaltado y unánime en la insurrección".*

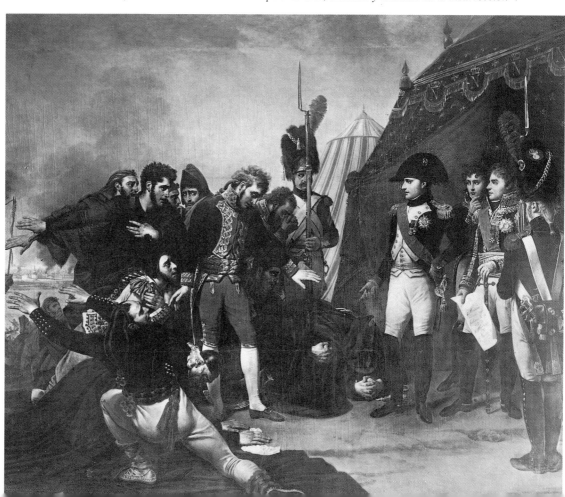

El matrimonio entre Napoleón y María Luisa de Austria, con su consecuente alteración en la relación de fuerzas continentales, y la presencia francesa en el ducado de Varsovia, inquietaron al zar Alejandro, quien, el 25 de abril de 1812 instó al emperador a que abandonase Polonia. Éste, creyendo que su poderoso ejército de seiscientos mil hombres aplastaría a Rusia en tres meses, la invadió, pero la estrategia de tierra devastada y el invierno ruso lo obligaron a retirarse (arriba, en un grabado del siglo XIX, colección Bertarelli, Milán).

recibió de manos del papa la corona imperial, que en un gesto de orgullosa independencia ciñó sobre su frente con sus propias manos.

Sus enemigos llamaron a aquel acto «la entronización del gato con botas». Sus admiradores consideraron que nunca antes Francia había alcanzado mayor grandeza. Se asegura que, cuando el cortejo abandonaba la catedral majestuosamente, Napoleón, al pasar junto a su hermano Jerónimo, no pudo reprimir una sonrisa y le susurró al oído: «¡Si nos viera nuestro padre Buonaparte!»

La Europa de Napoleón

Napoleón se hallaba al frente de uno de los estados más poblados de Europa, en una época en que el potencial demográfico era decisivo a la hora de sostener largas contiendas. Gracias a ello pudo hacer frente a la coalición entre Gran Bretaña, Austria y Rusia, que intentaba acabar con el poderío francés. Aunque frecuentemente fue vencido en el mar (primero en Abukir, luego en Trafalgar), ninguno de los ejércitos enviados contra él pudo hacer nada en tierra. Los nombres de las batallas en las que destrozó a sus enemigos siguen

despertando admiración entre los especialistas en táctica militar: Ulm, Austerlitz, Jena, Auerstadt, Friedland y otras muchas fueron sinónimo de victoria y de gloria para los soldados del *petit caporal.*

Su único tropiezo en esos años se produjo en España, donde su decisión de reemplazar a los Borbones por su hermano José provocó un levantamiento popular. Por vez primera, el ejército napoleónico se mostró incapaz de controlar la situación; acostumbrados a rápidas contiendas contra tropas de mercenarios, sus soldados no pudieron acabar con aquellos guerrilleros que peleaban en grupos reducidos y conocían a la perfección el terreno. El emperador en persona tuvo que trasladarse a la Península para acabar con la resistencia y reponer a su hermano en el trono.

Corría el año 1809 cuando el matrimonio entre Napoleón y Josefina fue declarado nulo. El emperador necesitaba un heredero y la emperatriz, que ya había tenido varios hijos antes de su matrimonio con Napoleón, era estéril desde los treinta y cinco años. Cuando los austríacos, vencidos una vez más en la batalla de Wagram, accedieron a

411

"El vuelo del águila" se denominó la reconquista del poder por parte de Napoleón, cuando, después de desembarcar en Golfe-Juan llegó a las Tullerías sin disparar un solo tiro. Durante su Imperio de los Cien Días, el emperador, aclamado por su pueblo, preparó la que sería su gran batalla y también su derrota definitiva: Waterloo (arriba, en un cuadro de Van Willem Pieneman, Rijksmuseum, Amsterdam).

firmar la paz de Viena, el precio que impuso Bonaparte fue casarse con la hija del emperador Francisco I, la princesa María Luisa. El 20 de marzo de 1811 nació por fin el anhelado heredero y Napoleón supo que se encontraba en el apogeo de su poder. Reinaba sobre un imperio que abarcaba la mitad de Europa. A Francia estaban anexionadas Bélgica, Holanda, la orilla izquierda del Rin, las ciudades hanseáticas y buena parte de la península italiana, incluida Roma. Tres formaciones políticas lo tenían como jefe: la Confederación del Rin, que abarcaba toda Alemania, la Confederación Helvética y el llamado Reino de Italia, con capitalidad en Milán. Nápoles, confiado al mariscal Murat, y España, en manos de José, eran dos estados vasallos. Muy pocos hombres antes de él y muy pocos después llegaron a dominar tan vastos territorios.

El largo adiós

El comienzo del fin fue la campaña de Rusia, que Napoleón emprendió en 1812. Al frente de un ejército de más de medio millón de hombres, el emperador se adentró en las llanuras de Polonia al tiempo que sus enemigos se replegaban a marchas forzadas, obligándole a penetrar profundamente en las estepas rusas. Tras las victorias pírricas de Smolensko y Borodino las tropas francesas entraron en Moscú, pero Bonaparte no pudo permanecer en la ciudad a causa de la falta de víveres y el desaliento de sus soldados. La retirada fue un completo desastre: el hambre y el crudo invierno se abatieron sobre los hombres y causaron aún más estragos que el acoso selectivo a que se vieron sometidos por el ejército del zar. El 16 de diciembre tan sólo 18.000 hombres extenuados regresaban a Polonia; el emperador, cabizbajo sobre su caballo blanco, parecía una triste sombra de sí mismo. Ciertamente, Napoleón fue a partir de ese fracaso una sombra del gran general que había sido. La magnitud de la catástrofe acaecida en Rusia propició que todos sus enemigos se levantasen contra él al unísono, y a pesar de algunos éxitos franceses de carácter episódico, la derrota empezó a ser habitual en el vocabulario del acorralado Bonaparte. La historia que narra el eclipse de su buena estrella es bien conocida: la expulsión de los franceses de España, la invasión de Francia, la entrada de los aliados en París el 31 de marzo de 1814 y la abdicación sin condiciones de Napoleón el 6 de abril de ese mismo año. Desterrado como soberano en la isla de Elba, el que había sido dueño de más de media Europa aún aprovechó los errores de la monarquía restaurada en beneficio de Luis XVIII para regresar a Francia e intentar recuperar el poder en febrero de 1815. Fue lo que se ha denominado Imperio de los Cien Días, durante los cuales Bonaparte tuvo tiempo de ser aclamado de nuevo por las multitudes de su país y preparar lo que sería su última gran batalla y su última derrota estrepitosa: Waterloo. Luego se entregó a los británicos y fue confinado en Santa Elena, una isla perdida en el Atlántico Sur de la que nunca salió en vida. Allí murió el 5 de mayo de 1821, después de escribir un libro de memorias que al ser publicado en Francia hizo renacer su popularidad. Convertido en héroe de epopeya por escritores de la talla de Victor Hugo, Balzac, Stendhal, Heine, Manzoni o Pushkin, su leyenda alcanzó la apoteosis en 1840, cuando sus cenizas regresaron a París para ser depositadas bajo la cúpula de la iglesia del *Hôtel des Invalides*, fundado por Luis XIV para acoger a los viejos soldados maltrechos por la guerra. Él había sido, sin lugar a dudas, uno de ellos.

Confinado por los británicos en la isla de Santa Elena, en el Atlántico Sur, Napoleón murió en ella el 5 de mayo de 1821. Arriba, su último dormitorio, que se conserva en Les Invalides.

1769	15 de agosto: **NAPOLEÓN BONAPARTE** nace en Ajaccio (Córcega).
1779-1784	Estudios en el colegio-seminario de Autun, la Escuela Militar de Brienne y como artillero en la Escuela Militar de París.
1789	Revolución Francesa. Napoleón desempeña un papel activo en la resistencia corsa.
1793	La familia Buonaparte se instala en Marsella. Tolón capitula ante el ataque de Napoleón.
1795	Barras lo nombra general en jefe del Ejército del Interior.
1796	Matrimonio con Josefina. Napoleón inicia la campaña de Italia.
1798	Campaña de Egipto.
1799	Golpe de estado contra el Directorio. Napoleón es designado cónsul.
1800	Derrota de los austríacos en la batalla de Marengo.
1804	Autocoronación imperial de Napoleón y Josefina.
1805	La flota inglesa derrota a la francoespañola en Trafalgar. Napoleón vence a la coalición de austríacos, rusos y británicos en Austerlitz.
1810	Anulado su matrimonio con Josefina, se casa con la princesa María Luisa de Austria.
1812	Campaña de Rusia, que culmina con una catastrófica retirada francesa.
1814	Entrada de los aliados en París. Napoleón abdica y parte como soberano a la isla de Elba.
1815	Regreso a París. Imperio de los Cien Días. Derrota de Napoleón en Waterloo.
1816-1821	Confinado en la isla de Santa Elena.
1821	5 de mayo: muerte de Napoleón.

LUDWIG VAN BEETHOVEN
(1770-1827)

Como músico Ludwing van Beethoven fue uno de los compositores más geniales de todos los tiempos y, como hombre, un rebelde social, un revolucionario que se sabía un gran artista y como tal un ser superior a los demás, incluidos los sobreranos y los nobles.

Viena, 26 de marzo de 1827. A las cinco de la tarde se ha levantado un fuerte viento que momentos después se transforma en una impetuosa tormenta. En la penumbra de su alcoba, un hombre consumido por la agonía está a punto de exhalar su último suspiro. Un intenso relámpago ilumina por unos segundos el lecho de muerte. Aunque no ha podido escuchar el trueno que resuena a continuación, el hombre se despierta sobresaltado, mira fijamente al infinito con sus ojos ígneos, levanta la mano derecha con el puño cerrado en un último gesto entre amenazador y suplicante y cae hacia atrás sin vida. Un pequeño reloj en forma de pirámide, regalo de la duquesa Christiane Lichnowsky, se detiene en ese mismo instante. Ludwig van Beethoven, uno de los más grandes compositores de todos los tiempos, se ha despedido del mundo con un ademán característico, dejando tras de sí una existencia marcada por la soledad, las enfermedades y la miseria, y una obra que, sin duda alguna, merece el calificativo de genial.

El niño prodigio

Ludwig van Beethoven nació a mediados de diciembre de 1770 en una buhardilla pobre, fea y descuidada de la ciudad de Bonn. Su padre era tenor en la corte del elector de Colonia y dilapidaba sus magros ingresos en la adquisición de bebidas alcohólicas que consumía con notoria avidez, pero supo ver en su hijo, excepcionalmente dotado, un genio en ciernes capaz de hacer sombra al mismísimo Mozart. Así pues, entre botella y botella se aplicó a la educación del niño prodigio, alternando una extrema severidad con una característica falta de mesura. Este desequilibrado ambiente hizo de Ludwig un niño meditabundo, solitario y encerrado en sí mismo; con frecuencia, al no mostrar reacción alguna tras haber sido preguntado, respondía: «Estoy ocupado con un pensamiento muy bonito y no quiero ser molestado.»

A los siete años dio un primer concierto de piano que satisfizo grandemente a su progenitor. El organista Christian Gottlob Neefe, un reconocido teórico de la música, se hizo cargo inmediatamente de su formación y abrió para Ludwig las puertas de la creación musical. El resultado no se hizo esperar: Beethoven tenía trece años cuando apareció su primera obra, las *Variaciones para clavecín en do menor*, y a continuación ocupó el cargo de organista en la corte. Varios mecenas de

La reputación de Beethoven como virtuoso del piano y compositor de talento le abrió, a pesar de sus torpes modales y de sus salidas extemporáneas, las puertas de la culta y esplendorosa Viena, donde se hallaban músicos tan brillantes como Mozart y Haydn. Arriba, Beethoven tocando el piano en la fastuosa y exquisita corte de los Habsburgo y, en la parte inferior, el frontispicio de las tres sonatas para piano que el músico de Bonn dedicó a Joseph Haydn, el gran maestro de esta forma musical.

refinado oído se encargaron de eliminar obstáculos del brillante camino que se abría ante él.

Un lobo entre ovejas

Beethoven no tardó en dar la espalda a su ciudad natal, donde había pasado una amarga infancia, y se dirigió a Viena, el más fascinante centro social y cultural de la época. Allí no solamente se encontraban músicos de la talla de Mozart y Haydn dispuestos a instruirle, sino los más distinguidos aristócratas, ricos burgueses de repletas bolsas y bellísimas damas capaces de satisfacer la curiosidad y las necesidades de un joven de turbulento carácter que se encontraba deseoso de nuevas experiencias y sensaciones.

Su fama precoz como compositor de conciertos y graciosas sonatas, y sobre todo su reputación como pianista original y virtuoso le abrieron las puertas de las casas más nobles. La alta sociedad lo acogió con la condescendencia de quien olvida generosamente el origen pequeñoburgués de su invitado, su aspecto desaliñado y sus modales asociales. Porque era evidente que Beethoven no encajaba en aquellos círculos exclusivos; era un lobo entre ovejas. Seguro de su propio valor, consciente de su genio y poseedor de un carácter explosivo y obstinado, despreciaba las normas sociales, las leyes de la cortesía y los gestos delicados, que juzgaba hipócritas y cursis. Siempre atrevido, se mezclaba en las conversaciones íntimas, estallaba en ruidosas carcajadas, contaba chistes de dudoso gusto y ofendía con sus coléricas reacciones a los distinguidos presentes. Y no se comportaba de tal manera por no saber hacerlo de otro modo: se trataba de algo deliberado. Pretendía demostrar con toda claridad que jamás iba a admitir ningún patrón por encima de él, que el dinero no podía convertirlo en un ser dócil y que nunca se resignaría a asumir el papel que sus mecenas le reservaban: el de simple súbdito palaciego. En este rebelde propósito se mantuvo inflexible a lo largo de toda su vida. Cierto día, mientras se hallaba paseando por el parque de Treplitz en compañía de Goethe, vio venir por el mismo camino a la emperatriz acompañada de su séquito; el escritor, cortés ante todo, se apartó para dejar paso a la gran dama, pero Beethoven, saludando apenas y levantando dignísimamente su barbilla, dio en atravesar por su mitad el distinguido grupo sin prestar atención a los saludos que amablemente se le dirigían.

No es extraño que tal actitud despertase las críticas de quienes, aun reconociendo sinceramente que estaban ante un compositor de inmenso talento, lo tacharon de misántropo, megalómano y egoísta. Muchos se distanciaron de él y hubo quien llegó a retirarle el saludo y a negarle la entrada a sus salones, sin sospechar que Beethoven era la primera víctima de su carácter y sufría en silencio tales muestras de desafecto. En su *Diario íntimo*, publicado después de su muerte, escribió: «Oh, hombres que me declaráis hostil, terco y asocial, cuán injustos sois conmigo. No conocéis el origen secreto de mis males. Mi corazón y mis sentimientos estaban en mi primera infancia inclinados hacia la dulce fraternidad, predispuestos a hacer el bien en todo momento... Luego todo cambió». ¿Qué se agitaba en lo más profundo del turbulento espíritu de Beethoven?

El huraño enamorado

Físicamente, Beethoven no tenía nada de notable: era de mediana estatura, regordete y poco atractivo. Tan sólo su larga y salvaje cabellera llamaba la atención, aunque normalmente la llevaba desgreñada y mugrienta. Su aspecto le tenía sin cuidado; unos pantalones rotos y un raído frac eran su atuendo habitual, llegando en más de una ocasión a ser detenido en la calle por los gendarmes al ser confundido con uno de los muchos vagabundos que deambulaban por la ciudad. Este

A los diecisiete años, Beethoven marchó a Viena para estudiar con Mozart, el cual se maravilló del virtuosismo pianístico de aquel joven desgarbado (abajo). Aunque por razones familiares Beethoven tuvo que regresar muy pronto a Bonn, en las sonatas y cuartetos de su primera época es patente la influencia que el maestro de Salzburgo ejerció en su formación.

El 27 de marzo de 1827, Ludwig van Beethoven murió en Viena y a su funeral (arriba en un lienzo de Franz Stöber), en la iglesia de los "Españoles negros", acudieron casi treinta mil personas, entre ellas Franz Schubert, portador de uno de los blandones.

mismo estado de abandono presentaba su domicilio, donde se amontonaban los restos de comida, los platos sucios y las partituras sin terminar. En medio de este caos daba Beethoven lecciones de piano a señoritas distinguidas, a muchachas de rostro sonrosado que se sentían al mismo tiempo turbadas y atraídas por tan indómito maestro. Más de una vez se enamoró Beethoven de alguna de sus alumnas y más de una vez su amor fue correspondido, pues las efusiones de su corazón resultaban irresistibles aun cuando su presencia pudiera desagradar. Beethoven era un hombre lleno de amor; el amor era la fuerza motriz de su creatividad y la razón de ser de su existencia. Deseaba con toda su alma encontrar una mujer que se entregase a él ciegamente para convertirla en su esposa. Soñaba con las bellas damas de la alta sociedad, por las que frecuentemente fue rechazado, y se esforzaba en presentarse ante ellas bien peinado, mejor vestido, galante, seguro de sí mismo y tranquilo.

Pero la imagen de un Beethoven acicalado y manso no despertaba el menor interés; si había algo capaz de seducir en él era precisamente su fiero temperamento del «titán», apelativo con el que se lo nombraba a menudo. Por desgracia, ninguna de sus queridas admiradoras le concedió su mano, y el genio hubo de sufrir en silencio el hecho de que, una y otra vez, fueran otros más guapos, más educados y más estúpidos los elegidos por la dama de turno. Jamás se ha sabido si sus relaciones con el bello sexo pasaron alguna vez a un estadio más íntimo que el simple envío de apasionadas cartas, como la que se encontraría en un cajón secreto tres días después de su muerte: una declaración de amor de diez páginas dirigida a una enigmática «amante inmortal» cuya identidad nunca ha sido revelada.

Por todo ello, Beethoven mostraba a toda hora un humor melancólico y sombrío, se denominaba a sí mismo «el pobre desgraciado» y pensó de muchas maneras en el suicidio, sobre todo cuan-

417

Durante su estancia en Heiligenstadt, en 1802, y en esta casa, Beethoven escribió el llamado Testamento de Heiligenstadt, *en el que expresa, angustiado, el drama de su sordera.*

do las enfermedades se ensañaron con él. De otro lado, no llegó a sentirse atraído por la liturgia ni por las normas eclesiásticas, que consideraba trabas para el libre desenvolvimiento del espíritu. Creía en la obra del Creador y, por encima de cualquier otra cosa, en la Naturaleza, donde a menudo encontraba las verdades que su alma inquieta necesitaba. Rodeado de bosques, praderas y arroyos, hallaba a la vez consuelo y renovado vigor, olvidaba el desaliento y se transformaba en un hombre diferente, más unido a las realidades del mundo que de veras importan; en verano, no era difícil verle paseando por los campos casi sin ropa, llenándose de vida y de horizonte, como un fauno triste al que han rechazado todas las mujeres.

Música para la eternidad

Son ciento treinta y siete las obras clasificadas de Beethoven, entre las que destacan sus nueve sinfonías, los seis conciertos para piano y orquesta, las treinta y dos sonatas para piano, dos misas y su única ópera, *Fidelio*. La mayor parte de estas composiciones fueron escritas cuando su creador estaba ya aquejado de una humillante y trágica dolencia: la sordera. Sus problemas auditivos comenzaron justo cuando Beethoven se hallaba en el punto culminante de su capacidad musical, en el preciso instante en que sus obras empezaban a expresar una madurez magistral y el estilo propio e inconfundible del maestro. Fue en el año 1800, paralelamente a la aparición de la *Gran Sonata Patética en do menor*, que ya mostraba una particular estructura fundamentada en el *leitmotiv:* las cuatro notas iniciales se repiten configurando un tema principal, desarrollado mediante variaciones y otorgando a toda la composición una dinámica muy especial. Seis años después tendría lugar el estreno de la *Tercera Sinfonía en mi bemol mayor*, también llamada *Sinfonía Grande* o *Heroica*, que festejaba las hazañas de Napoleón Bonaparte. Como muchos de sus contemporáneos, Beethoven admiraba al hombre que había sido capaz de recoger el testigo de la Revolución y fundar una nueva república dando sentido a los ideales de libertad y hermandad que recorrían Europa, pero se sintió traicionado cuando el corso se hizo proclamar emperador y hubo de ahogar su cólera en un amargo llanto de decepción.

El estreno de su ópera *Fidelio* le deparó un enorme fracaso. Tras dos accidentadas representaciones en las que abundaron los silbidos y los pateos, Beethoven se vio obligado a retirarla y, en un acceso de cólera, estuvo a punto de destruir libreto y partitura. Sin embargo, pudo más su amor a la obra perfecta y en los años siguientes trabajó minuciosamente con objeto de mejorarla. Cuando en 1814 fue llevada de nuevo a los escenarios, *Fidelio* fue acogida con vítores y el maestro, con amarga ironía, comentó que ello se debía a que «Beethoven no había podido dirigir la orquesta»; en efecto, en esa época ya se encontraba completamente sordo. Su defecto no le desanimó. Continuó trabajando frenéticamente con ayuda de unos audífonos especialmente confeccionados para él y encontró un inestimable colaborador en el recién inventado metrónomo, útil del que se sirvió para consolidar la arquitectura, el ritmo y la dinámica de sus obras. Resultado de su última etapa fueron la soberbia *Missa Solemnis*, en honor del arzobispo de Olmütz, y la *Novena Sinfonía en re menor*, con su grandioso coro final basado en la *Oda a la alegría* de Schiller; era el punto final y la síntesis de toda la fuerza musical que el llamado «general de los músicos», puente de oro entre Mozart y Wagner, fue capaz de desplegar ante los hombres.

Diablos en el cuerpo

En una carta dirigida a su amigo Wegener en 1802, Beethoven había escrito: «Ahora bien, este demonio envidioso, mi mala salud, me ha jugado una mala pasada, pues mi oído desde hace tres años ha ido debilitándose más y más, y dicen que la primera causa de esta dolencia está en mi vientre, siempre delicado y aquejado de constantes diarreas. Muchas veces he maldecido mi existencia. Durante este invierno me sentí verdaderamente miserable; tuve unos cólicos terribles y volví a caer en mi anterior estado. Escucho zumbidos y silbidos día y noche. Puedo asegurar que paso mi vida de modo miserable. Hace casi dos años que no voy a reunión alguna porque no me es posible confesar a la gente que estoy volviéndome sordo. Si ejerciese cualquier otra profesión, la cosa sería todavía pasable, pero en mi caso ésta es una circunstancia terrible; mis enemigos, cuyo número no es pequeño, ¿qué dirían si supieran que no puedo oír?»

Así exponía el músico la trágica verdad. Lo que se había manifestado por primera vez cuando contaba veintiocho años como una ligera molestia era ya preludio del silencio definitivo. En 1814 dejó de ser capaz de mantener un simple diálogo, por lo que empezó a llevar siempre consigo un «libro de conversación» en el que hacía anotar a sus interlocutores cuanto querían decirle. Pero este paliativo no satisfacía a un hombre temperamental como él y jamás dejó de escrutar con desconfianza los labios de los demás intentando averiguar lo que no habían escrito en su pequeño cuaderno.

Su rostro se hizo cada vez más sombrío. Sus accesos de cólera comenzaron a ser insoportables. El destino le humillaba demasiado pero su temperamento le impedía rendirse. La sordera del maestro fue origen de alguna conmovedora anécdota, como la ocurrida con ocasión del estreno absoluto de su *Novena Sinfonía*: Beethoven se había atrevido a dirigirla y, cuando el último sonido del esplendoroso *finale* se extinguía, no se percató del aplauso atronador con que se le obsequiaba y permaneció de espaldas al público, ensimismado en sus pensamientos, hasta que uno de los solistas tocó delicadamente su brazo e hizo que se volviera; quizás por última vez, su rostro se iluminó expresando la más completa felicidad. Moriría tres años más tarde, agotado por las enfermedades y recordando quizás unas frases que había escrito en su diario horas antes: «Tú eres un héroe, tú eres lo que representa diez veces más: un hombre verdadero.»

1770	16 de diciembre: **LUDWIG VAN BEETHOVEN** nace en Bonn.
1777	Primer concierto público. El maestro C. G. Neefe se hace cargo de su formación musical.
1783	Edita su primera obra. Obtiene el puesto de organista en la corte de Colonia.
1792	Se instala en Viena, donde recibe clases de Mozart y Haydn y alcanza una excelente reputación como pianista.
1799-1800	Empieza a componer sus mejores obras: *Sonata Patética en do menor, Seis cuartetos de cuerda* y *Primera Sinfonía.*
1806	Estreno de la *Sinfonía Heroica* y de su ópera *Fidelio.*
1807	*Quinta y Sexta Sinfonías, Missa en do menor.*
1811-1812	*Séptima y Octava Sinfonías.*
1814	Beethoven queda completamente sordo.
1822	Termina la *Misa Solemnis.*
1824	7 de marzo: estrena la *Novena Sinfonía en re menor.*
1827	26 de marzo: muere en Viena.

GEORG WILHELM FRIEDRICH HEGEL
(1770-1831)

La obra de Georg Wilhelm Friedrich Hegel (retrato de Jakob Schlesinger, Berlín) sentó las bases de la filosofía de la Historia, y su formulación dialéctica marcó indeleblemente el pensamiento europeo contemporáneo.

*P*ese a haber sido escrita hace casi dos siglos, la obra de Hegel sigue siendo esencial para entender el espíritu de nuestra época, su oscuridad sigue desazonando a los estudiosos y su luz deslumbrando a quienes persiguen una comprensión global del Universo. Hegel representa en la historia occidental ni más ni menos que la culminación del pensar abstracto, pero incluso antes de

su muerte sus discípulos ya se habían escindido en lo que vino a llamarse la izquierda hegeliana, cuya línea directa conduce a Marx, y la derecha hegeliana, interpretación conservadora alentada por el propio Hegel.

El meollo de la polémica estriba en que se pueden hacer dos lecturas del hecho, postulado por el filósofo alemán, de que la razón se las arregla siempre para salir victoriosa en la Historia. La actitud más reaccionaria entiende que si algo ocurre en la realidad es que es racional y, por ende, sagrado; la posición opuesta, revolucionaria, cree con los ilustrados que la razón triunfará frente a la irracionalidad del pasado y del presente.

Sea como fuere, la obra del mesiánico y metódico Hegel puede ser leída, según José María Valverde, «como el desarrollo del contenido de la palabra *Dios* en sus diversos momentos, y, en general, bajo el gran seudónimo *Idea*». He aquí pues la titánica labor de este ambicioso sabio: la crónica del mismísimo Dios y su formidable hazaña de prodigarse temporalmente en el mundo como naturaleza, historia y cultura. Lo deprimente es que, dentro de este gigantesco plan, el modesto destino del hombre no es sino ser devorado por las palabras mayúsculas, del mismo modo que la estampa del riguroso y abnegado profesor Hegel, con sus largas patillas, el cabello peinado a lo Napoleón y el blanco pañuelo anudado al cuello, puede ser comparada con una de esas figuras que aparecen en las fotografías junto a los grandes monumentos, puestas allí meramente para establecer la escala colosal de las pirámides o las catedrales.

El entusiasmo del romántico

Durante los primeros años de la vida de Hegel, pasados en su ciudad natal, Stuttgart, en Alemania, los inestables regímenes aristocráticos comenzaron a dar muestras de fragilidad, al mismo tiempo que la clase a la que pertenecía el filósofo, la burguesía, se preparaba para tomar el relevo y afincarse en el poder.

Cuando en 1788 pasó a Tubinga para estudiar en la Universidad, la Revolución Francesa estaba a punto de estallar con esa insólita violencia que conmocionó la Historia. Allí, entre su círculo de amigos y compañeros de estudios se contaban aquel poeta genial que murió loco, Hölderlin, y el brillante filósofo que preconizó con sus intuiciones la futura obra de Hegel, Schelling, y juntos recibieron con entusiasmo las asombrosas noticias de lo que ocurría en Francia y así mismo, para celebrarlo, bailaron alegremente en torno del árbol de la libertad.

Primeras ediciones de varias obras de Hegel que se conservan en la Biblioteca Nacional de Berlín. Hegel propuso en su obra una forma nueva e innovadora de pensar, en la que coexisten, según Engels, un sistema conservador y un método revolucionario, causa de que ya antes de su muerte nacieran una derecha y una izquierda hegelianas.

Pese a su exultante estado de ánimo, los primeros tiempos de su vida profesional fueron más bien grises y se vio obligado a ejercer de tutor privado para ganarse el sustento. Durante el período en que enseñaba en Berna (1793-1796), en Francfort (1797-1800) y luego como *Privatdozent* en la Universidad de Jena (1805), ni siquiera era capaz de explicar nada sin seguir sus notas, pero fue precisamente su faceta de escritor la que acabaría ganándole el máximo respeto intelectual cuando tardíamente llegue a ocupar una cátedra en Heidelberg y Berlín.

Dios juega a los naipes

En 1801 había escrito *Diferencias de los sistemas filosófico de Fichte y Schelling*, y la *Fenomenología del Espíritu* la concluyó precipitadamente la misma tarde de 1806 en que se libraba la batalla de Jena, resuelta, como se sabe, a favor de Napoleón, que de ese modo sometía provisionalmente a Prusia. En el ínterin había reunido en un cuaderno de apuntes numerosos fragmentos que sólo más tarde serían desarrollados; en uno de ellos se relata un episodio extraño y fantástico donde Dios aparece como un ser furioso y extravagante: «Dios, habiéndose hecho Naturaleza, se ha extendido en el esplendor y el mudo girar de las formaciones, se da cuenta de su expansión, de que ha perdido su condición de punto y se encoleriza por eso... Su cólera devora sus formaciones haciéndolas entrar en sí. Todo vuestro reino extenso debe pasar por ese punto central: vuestros miembros son así destrozados y vuestra carne es aplastada en esa fluencia...» Esta visión de pesadilla, expuesta de manera tan dramática como enrevesada, ya anuncia de un modo oscuro lo que será la idea de Absoluto para Hegel: un pasatiempo de Dios, un solitario de naipes.

Después de 1806, tras el terremoto provocado por Napoleón, Hegel abandona la cátedra para convertirse en el redactor jefe de la *Gaceta de Bamberg*, actividad que lleva a cabo acompañándola de grandes dosis de café. Más tarde fue educador y administrador de una escuela de enseñanza media, lo que le obligó a dotar de mayor claridad sus exposiciones, pues el público al que iba ahora dirigida su doctrina era muy joven y carecía de formación filosófica. En 1811 contrajo matrimonio con Marie von Tucher, pues había comprendido que la mujer era la gran mediadora

que servía de puente entre el Espíritu y la Naturaleza, opinión que no halagó ni mucho menos a la novia, la cual estuvo a punto de romper el compromiso con el indelicado pensador al verse reducida a mera categoría filosófica. De todos modos, es después de poner en orden estos asuntos mundanos cuando Hegel puede comenzar con calma a edificar su monumental obra filosófica, empezando, como debe ser, por el estudio de la *Ciencia de la Lógica*, texto que redactó entre 1812 y 1816. Y luego, a partir de 1818, año en que se traslada a Berlín para ocupar la cátedra de Fichte, la biografía de este infatigable prusiano se remansa en una testaruda monotonía, se convierte en un dechado de sensatez y perseverancia, porque, como él mismo escribió poco antes de morir de cólera en 1831, las agitaciones políticas perjudican y hasta impiden el perfecto discurrir del «estilo desapasionado del conocimiento pensante». Así, en el último trecho de su vida, por voluntad propia inmolado e inmortalizado en sus abstracciones, el hombre Hegel se desvaneció como un fantasma, acaso extraviado en un laberinto de menudas voces o en la secreta intimidad con ese Dios del que quiso escribir la biografía.

Durante su época de estudiante, Hegel, llamado "el Viejo" por sus compañeros a pesar de su jovialidad, simpatizó abiertamente con los principios de la Revolución Francesa y el espíritu del romanticismo, lo mismo que sus amigos Hölderlin y Schelling. Después de trabajar como preceptor de dos nobles y ricas familias, Hegel se trasladó a Jena para continuar estudiando primero y más tarde para enseñar filosofía como Privatdozent *en la universidad de la ciudad. Arriba,* Hegel dando clase, *litografía de Franz Kugler.*

1770	27 de agosto: **GEORG FRIEDRICH WILHELM HEGEL** nace en Stuttgart (Alemania).
1788	Comienza sus estudios en la Universidad de Tubinga.
1793-1797	Trabaja como preceptor en Berna y Francfort.
1801	Escribe *Diferencia de los sistemas filosóficos de Fichte y de Schelling.*
1805	Es nombrado profesor extraordinario de la universidad de Jena.
1807	Primera edición de la *Fenomenología del Espíritu.*
1811	Se casa con Marie von Tucher.
1816	Concluye *Ciencia de la Lógica.*
1817	*Enciclopedia de las ciencias filosóficas.*
1818	Es llamado a Berlín para ocupar la cátedra de Fichte.
1831	Muere en Berlín dejando inéditas las *Lecciones de Estética*, que su discípulo y secretario G. Hotho publicó entre 1835 y 1838.

BERNARDO O'HIGGINS
(1778-1842)

*Bernardo O'Higgins, el libertador de Chile, se caracterizó por
su arrojo en el campo de batalla y su honestidad en el ejercicio
de los más altos cargos públicos. Arriba, retrato por José Gil.*

Bernardo O'Higgins, prócer de la independencia chilena, provenía de una aristocrática familia española de origen irlandés. Su padre, que obtuvo los títulos de barón de Ballenar y marqués de Osorno en 1795 y 1796 respectivamente, fue virrey de Perú entre 1796 y 1800, pero fueron precisamente las diferencias políticas que Bernardo estableció con su progenitor, así como su ulterior enfrentamiento con la «aristocracia ficticia» de Chile —en descriptiva expresión acuñada por el historiador Diego Barros Arana—, las

que señalan el origen de su revuelta y el declive de su carrera política.

Hijo de la bellísima Isabel Riquelme, derrotado en algunas trágicas campañas y victorioso en la decisiva batalla de Chacabuco, O'Higgins había tomado contacto con las ideas independentistas en Londres, donde conoció al francmasón Francisco Miranda. Nombrado en 1804 alcalde de Chillán, su ciudad natal, participó en la primera Junta organizada después de la revolución de Santiago de 1810, que estuvo dirigida por Mateo

La batalla de Rancagua fue uno de los episodios más destacados de la historia chilena. Ante el avance de las tropas enviadas por el virrey Abascal, el ejército chileno mandado por O'Higgins se refugió en Rancagua, donde fue atacado, el 1 de octubre de 1814, por Mariano Osorio. Los realistas, superiores en número, aniquilaron a los chilenos, pero O'Higgins, al grito de "¡Los valientes, que me sigan!" (arriba), logró abrirse paso y salvar la vida. Esta derrota significó el fin de la llamada Patria Vieja.

del Toro Zambrano. La Junta comenzó a actuar como gobierno independiente, e integró en ella a la minoría republicana que representaba Bernardo O'Higgins, pero aún habrían de transcurrir algunos años de arduos enfrentamientos con los ejércitos españoles hasta lograr la irreversible proclamación oficial de la independencia chilena, el 12 de febrero de 1818.

Historia de una amistad

En el ínterin, O'Higgins obtuvo la victoria de Linares que le ganó la dignidad de general en jefe del ejército en enero de 1814, pero ese mismo año, en octubre, sus tropas cayeron en Rancagua ante un enemigo muy superior numéricamente. Las sucesivas derrotas habían obligado a la Junta a firmar el 7 de mayo de 1814 el tratado de Lircay, por el cual se reconocía la soberanía de Fernando VII y, de hecho, se restablecía el régimen colonial.

No obstante, O'Higgins, descontento con ello, persistía en su empeño de liberar a Chile de la tiranía, por lo que buscó alianzas entre los patriotas que mejor podrían servir a su causa.

Convertido ya definitivamente en un proscrito para el restaurado gobierno colonial, se unió a las tropas que organizaba en los Andes José de San Martín. De la amistad que unió al prócer argentino con el libertador chileno da cuenta su correspondencia, la lealtad que mantuvieron durante toda su vida y los mutuos elogios que se dedicaron. En la primera carta de O'Higgins a San Martín, fechada en Mendoza el 21 de marzo de 1816, el primero le pide al segundo cien pesos para atender a las apremiantes necesidades de su familia, que «igualmente que yo —escribe— se halla envuelta en la persecución del enemigo común».

Esta anécdota revela las precarias condiciones económicas a las que estuvo sometido durante estos años O'Higgins, así como la heroica austeridad de quien acabaría por ser conocido como Director Supremo de Chile, Brigadier de las Provincias Unidas del Río de la Plata y Gran Mariscal de Perú. El epistolario completo, muestra, por otra parte, una cordial efusividad entre ambos patriotas y hasta contiene algunas íntimas confidencias porque, escribe O'Higgins, «no cabe reserva entre los que se han jurado ser amigos hasta la muerte».

La gloria y el destierro

En febrero de 1817, O'Higgins reinició la liberación chilena con la victoria de Chacabuco, a partir de la cual fue nombrado Director Supremo por declinación de San Martín. El proverbial valor de O'Higgins quedó patente una vez más en la batalla de Maipú (5 de abril de 1818), que aseguró definitivamente la independencia de Chile, donde participó en el último ataque contra los realistas pese a haber recibido poco antes un balazo en el brazo derecho.

Como máximo gobernante de su país, habiéndose asegurado el dominio naval del Pacífico, participó en la expedición libertadora de Perú, hizo aprobar una Constitución en 1818, que, junto con el fusilamiento de algunos enemigos políticos, le aseguró el mando, y buscó el apoyo de la burguesía y de la nobleza, la cual le abandonó cuando pretendió sin éxito la abolición de los mayorazgos. Esta circunstancia, unida a la impopularidad de otras decisiones políticas tomadas por O'Higgins, animó al general Ramón Freire a sublevarse y a exigir su dimisión. Agotados los esfuerzos negociadores, O'Higgins no presentó resistencia y, para evitar la guerra civil, se retiró de la vida pública y se exilió en Lima.

Durante los veinte años que duró su exilio, hubo repetidos intentos por parte de sus allegados de reinstaurarlo en la presidencia, pero todo lo que obtuvieron fue su rehabilitación como capitán general y la devolución de todos sus bienes en 1839, tres años antes de que la muerte lo sorprendiera cuando se disponía a regresar a su patria.

Tras el desastre de Rancagua, Bernardo de O'Higgins se integró en el ejército del general San Martín, que cruzó los Andes a principios de 1817. El 12 de febrero de ese mismo año, en la cuesta de Chacabuco (abajo) las tropas patriotas vencieron a los realistas mandados por el general Marcó del Pont, y al día siguiente un O'Higgins victorioso entró en Santiago.

Consolidada la independencia chilena con la victoria de Maipú, Bernardo O'Higgins (arriba, reunido con su gobierno) aceptó el cargo de Director Supremo por declinación del general San Martín. Durante cinco años se aseguró el poder aliándose con la burguesía y la nobleza y fusilando a algunos de sus enemigos políticos, como el guerrillero Rodríguez Erdoiza y los hermanos Juan José y José Miguel Carrera, en 1821. Finalmente, la crisis económica y el descontento popular degeneraron en las sublevaciones que lo condujeron a renunciar al gobierno, primero, y al exilio en Lima, después.

1778	Nace en Chillán, Chile, **BERNARDO O'HIGGINS**.
1799	Conoce en Londres al venezolano Francisco Miranda, precursor de la independencia hispanoamericana.
1804	Es nombrado alcalde de Chillán.
1811	Diputado al Congreso.
1814	General en jefe del ejército independentista.
1817	Victoria de Chacabuco sobre las tropas realistas.
1818	12 de febrero: se proclama oficialmente la independencia chilena. Se inicia el gobierno personal de O'Higgins.
1823	Ramón Freire ocupa el poder. O'Higgins desterrado a Lima.
1839	El gobierno le devuelve todos sus bienes y el título de capitán general.
1842	2 de octubre: muere en el exilio en Lima (Perú).

JOSÉ FRANCISCO DE SAN MARTÍN
(1778-1850)

*L*a gran paradoja del *Libertador de Argentina, Chile y Perú,* José Francisco de San Martín, estriba en que, habiendo alcanzado la máxima gloria militar en las batallas más decisivas, renunció luego con obstinada coherencia a asumir el poder político, conformándose con ganar para los pueblos hispanoamericanos la anhelada libertad por la que luchaban. Sus campañas militares cambiaron el signo de la historia americana durante el proceso de descolonización acaecido a principios del siglo XIX, pero dejó luego a otros menos nobles trabar extenuantes guerras civiles y partidistas que acabaron por malbaratar los más bellos sueños de los patriotas. Achacoso, postergado y ciego, San Martín moriría decentemente en su cama, en un remoto rincón de Francia, cargado de honores, exonerado de toda responsabilidad sobre el destino tortuoso de su patria, lejos de aquellas amadas tierras cuya independencia había ganado con su heroico sable.

El militar púber

En la aldea de Yapeyú (hoy provincia de Corrientes, Argentina), situada en la margen derecha del río Uruguay, vino al mundo José Francisco el 25 de febrero de 1778, quinto hijo del matrimonio del palentino Juan de San Martín, teniente de gobernador en la región, y de la también palentina Gregoria Matorras, prima del gobernador de Tucumán. Crióse pues el futuro libertador en el seno de una familia patricia, perteneciente a una minoría blanca que imponía sus reales sobre la mayoría indígena, pero sus padres no tardaron en preferir volver a España a quedarse en aquellos turbulentos estados coloniales. De este modo, José Francisco pudo ingresar en 1789 en el Seminario de Nobles de Madrid, donde aprendió retórica, matemáticas, geografía, ciencias naturales, francés, latín, dibujo y música.

No obstante, siendo apenas un muchacho de doce años pidió y obtuvo el ingreso como cadete en el Regimiento de Murcia. Fue éste el origen de una brillante y vertiginosa carrera militar que tendría su bautismo de fuego en el sitio de Orán, en la çampaña de Melilla. Conseguiría su primer ascenso a segundo subteniente en la guerra del Rosellón de 1794; en 1804 era ya capitán de infantería en el regimiento de voluntarios de Campo Mayor; su arrojo en la batalla de Bailén contra los invasores franceses le ganaría ser nombrado teniente coronel de caballería.

Ahora bien, la revolución social acaecida en Francia bajo la bandera de la libertad, la igualdad y la fraternidad, había encendido la mecha de un polvorín con alcance internacional, y su espíritu no sólo impregnó a los países europeos, sino que, con inaudita celeridad, cruzó el Atlántico para orientar las ansias independentistas de los territorios colonizados de ultramar. San Martín sintió entonces como suya la responsabilidad de contribuir a la libertad de su patria y solicitó la baja en el ejército español, embarcándose primero para Londres y más tarde para Buenos Aires.

Su experiencia militar en numerosas batallas le permitía rendir excelentes servicios al ideal que animaba a su país, de modo que en 1812 la Junta gubernativa le confirmó en su rango de teniente coronel de caballería y le encomendó la creación del Regimiento de Granaderos a Caballo. Ese mismo año conoció en una tertulia política a la que sería su esposa y compañera, doña María Remedios de Escalada, con quien contrajo matrimonio enseguida, el 19 de septiembre, en la catedral porteña.

La gesta de los Andes

Las batallas contra los realistas no habían hecho más que comenzar, y el general Manuel Belgrano tenía grandes dificultades en el norte para cum-

Después de alcanzar la gloria en el campo de batalla y asegurar la libertad de Argentina, Chile y Perú, San Martín (arriba, retratado por José Gil, Museo Histórico Nacional, Buenos Aires) renunció al poder político.

plir su misión de abrirse paso hacia Lima. En 1813 Belgrano dimitió y fue nombrado en su lugar San Martín, a quien poco después se le encomendaría también el gobierno de Cuyo, que ejerció con tal probidad que el historiador Bartolomé Mitre lo juzgó comparable «al de Sancho en la Insula Barataria, que sentenciaba con buen sentido.»

En Chile la balanza parecía decantarse por los realistas tras la derrota en Rancagua de los partidarios de O'Higgins, quien se había pronunciado por la independencia chilena en 1814. Pero San Martín reorganizó pacientemente el ejército con la ayuda de la población de los Andes y a la empresa se sumó también con celo doña Remedios, que entregó sus joyas para aliviar en algo las penurias de los patriotas. En 1816 esta abnegada mujer dio al general su única hija, Merceditas, que sería el bálsamo de su solitaria vejez, y aquel mismo año los diputados de las Provincias

Unidas de Tucumán decidieron declarar la independencia, el 9 de julio. Poco antes, el general San Martín, impaciente por la demora de los congresistas en hacer esta declaración, había escrito desde Mendoza a Godoy Cruz, uno de sus diputados: «¿Hasta cuándo esperamos declarar nuestra independencia? ¿No le parece a usted una cosa bien ridícula acuñar moneda, tener el pabellón y cocarda nacional y por último hacer la guerra al Soberano de quien en el día se cree dependemos?... ¡Ánimo!, que para los hombres de coraje se han hecho las empresas». Y predicando con el ejemplo, en enero de 1817, desde el campamento de Plumerillo, inició la que pasaría a la Historia como una de las mayores gestas militares del continente americano: el cruce de la cordillera de los Andes, cuyas consecuencias últimas serían las independencias de Chile y Perú.

Después de vencer al ejército realista del capitán general Marcó del Pont en Chacabuco, el ejército libertador entró victorioso en Santiago, el 14 de febrero de 1817. «En veinticuatro días hemos hecho la campaña; pasamos las cordilleras más elevadas del globo, concluimos con los tiranos y dimos la libertad a Chile», escribió San Martín con justo y poco disimulado orgullo. Pero la hazaña sanmartiniana tenía un objetivo mucho más ambicioso y respondía a la estrategia continental del general argentino, que contemplaba el dominio naval del Pacífico y la liberación del Perú. El mismo virrey peruano Pezuela consideró con lucidez la situación creada tras el cruce de los Andes y la batalla de Chacabuco señalando que esta campaña «trastornó enteramente el estado de las cosas, dio a los disidentes puestos cómodos para dominar el Pacífico y cambió el teatro de la guerra para dominar el poder español en sus fundamentos.»

El estandarte de Pizarro

Pese a algunos reveses y éxitos alternativos, la campaña del Perú comenzó en 1820. El llamado Ejército Libertador del Perú, bajo el mando supremo de San Martín, había sido formado, no sin superar graves dificultades, entre ellas la dependencia política de Buenos Aires, con contingentes argentinos y chilenos y una armada dirigida por el marino británico Lord Cochrane. El 7 de septiembre de 1820, en la bahía de Paracas, cerca de

429

El 12 de febrero de 1812 el ejército libertador de San Martín venció a las tropas realistas de Marcó del Pont en Chacabuco. A la derecha, óleo de Pablo Subercaseaux (Museo Histórico Nacional, Buenos Aires) en el que San Martín observa la batalla.

Lima, desembarcaron las fuerzas sanmartinianas y llegaron a Pisco, donde el general las arengó en estos términos: «Vuestro deber es consolar América y no venís a hacer conquista, sino a libertar pueblos. Los peruanos son vuestros hermanos, abrazadlos y respetad sus derechos como respetasteis los chilenos después de Chacabuco». Gracias a la presión que Simón Bolívar ejercía también por el norte, la campaña se coronó con éxito al año siguiente con la declaración de independencia en Lima. A San Martín se le concedió entonces el título de Protector de Perú, dignidad a la que renunció voluntariamente el 20 de septiembre de 1822 esgrimiendo que «con ello no hago sino cumplir con mis deberes y con los votos de mi corazón». Y añadió: «El placer del triunfo para un guerrero que pelea por la libertad

El cruce de la cordillera de los Andes por el ejército de San Martín (abajo) constituye la mayor gesta militar que se haya llevado a cabo en la historia del continente americano. Gracias a ella fue posible liberar a Chile y Perú del dominio español.

de los pueblos sólo se lo produce la persuasión de ser un medio para que gocen de sus derechos».

A pesar de todo, San Martín aceptó de muy buen grado dos presentes simbólicos de la agradecida asamblea peruana: un sello metálico del Santo Tribunal de la Inquisición, ominosa institución que en uno de sus primeros decretos había declarado abolida, y el estandarte de Francisco Pizarro, el conquistador del imperio inca.

Un sombrero de paja ecuatoriana

Cuando aún le quedaba por delante más de un cuarto de siglo de vida y un glorioso porvenir político y militar, el general San Martín prefirió los principios al poder, el símbolo secular al mando momentáneo, el cuidado de la educación de su hija Mercedes al turbio entramado de conspiraciones cortesanas. Tras una cordial pero infructuosa entrevista con Simón Bolívar en Guayaquil en julio de 1822, fue progresivamente retirándose del primer plano de la escena política. Sobre el resultado de esa entrevista San Martín escribió tiempo después: «Bolívar y yo no cabemos en el Perú: he penetrado sus miras arrojadas; he comprendido su desabrimiento por la gloria que pudiera caberme en la prosecución de la campaña. El no excusará medios, por audaces que fuesen, para penetrar en esta República seguido de sus tropas, y quizás entonces no me sería dado evitar un conflicto a que la fatalidad pudiera llevarnos, dando así al mundo un humillante escándalo». Bolívar, a su vez dijo de él que «no quería ser rey, pero tampoco la democracia», lo cual suscitaba recelos de uno y otro bando, hasta el punto de que demoró su vuelta a Buenos Aires y, tras la muerte de su esposa en agosto, decidió que regresaría a Europa.

De momento pensaba permanecer en su pequeña propiedad rural en Mendoza, pero para ello debía cruzar la cordillera de los Andes, hazaña que había realizado con sus ejércitos o en solitario casi una decena de veces. En esta ocasión, en el verano de 1823, lo hizo acompañado de unos pocos asistentes y arrieros, montado a lomos de una mula y cubriendo su cabeza con un airoso y humilde sombrero de paja ecuatoriana. Poco después salió de su patria, porque, como él mis-

Aunque Chacabuco fue decisiva para la independencia chilena, aún debieron librarse otras importantes batallas en el sur del país. Arriba, estandarte español capturado por San Martín en Chacabuco.

mo había observado lúcidamente, «la presencia de un militar afortunado, por más desprendimiento que tenga, es temible a los estados que recién se constituyen», y se instaló modestamente cerca de Bruselas.

Su menguada renta apenas le alcanzaba para pagar el colegio de Mercedes y vivir pobremente. «Vivo —escribió a un amigo— en una casita de campo, en compañía de mi hermano Justo; ocupo mis mañanas cuidando un pequeño jardín y en mi taller de carpintería; por las tardes doy un paseo y a las noches lectura de algunos libros. Usted dirá que soy feliz. Y, sí, amigo mío, verdaderamente lo soy. A pesar de esto ¿creerá usted si le aseguro que mi alma encuentra un vacío que existe en la felicidad misma? El vacío de no estar en Mendoza.»

El exiliado melancólico

Hacia 1827, la situación económica del nostálgico exiliado era muy grave: las rentas apenas le llegaban para su manutención y, además, su salud, resentida por el reumatismo, aumentaba su postración. Pese a todo atendía personalmente la educación de su hija, y acuñó para ella algunas reglas que no dejan de resultar paradójicas en boca de un guerrero. Le mandaba, por ejemplo, «humanizar el carácter y hacerlo sensible, aun con los insectos que nos perjudican. Stern ha dicho a una mosca abriéndole la ventana para que saliese: —Anda, pobre animal: el mundo es demasiado grande para nosotros dos.»

Su última tentativa de reincorporase al servicio activo de su profesión tuvo lugar en 1829, cuando se embarcó para Buenos Aires con la intención de ponerse al servicio de su patria en la guerra contra Brasil. Sin embargo, al llegar encontró el país sacudido por luchas intestinas, lo cual le disuadió de su intento y, pese a los requerimientos de algunos amigos, no puso pie en la añorada costa. En los últimos años, el melancólico, misántropo y avejentado San Martín se convirtió casi en un extranjero: «Hasta a su Plutarco lo lee en francés —escribe su biógrafo Rubens—. Sus últimas palabras, a su hija, serían también en francés.»

Merced a la solicitud de su pródigo amigo don Alejandro Aguado, compañero de armas en España, pudo pasar el postrero tramo de su vida sin vergonzosas estrecheces e instalarse en su definitiva residencia de Boulogne-sur-Mer, Francia, donde moriría en 1850.

En su testamento San Martín se siente orgulloso de los títulos que ha sabido ganar: «Generalísimo de la República del Perú y Fundador de su Libertad; Capitán General de la de Chile y Brigadier General de la Confederación Argentina». Manda que no se le haga ningún funeral, «pero sí desearía —dice— que mi corazón fuese depositado en el de Buenos Aires»; lega todos sus bienes a su amada hija Mercedes; y, al fin, concluye: «Es mi voluntad que el estandarte que el bravo español Francisco Pizarro tremoló en la conquista de Perú, sea devuelto a esa República». Esta postrera voluntad nos delata que en la intimidad del impecable guerrero se escondía un soñador romántico.

Al finalizar la batalla de Maipú, San Martín escribió a O'Higgins: "Acabamos de ganar completamente la acción. Nuestra caballería los persigue hasta concluirlos. La patria es libre. Cuartel General. Lo espero. 5 de abril de 1818." En efecto, esta victoria consolidó la independencia de Chile y dejó el camino expedito para marchar sobre Perú. Arriba, El abrazo de Maipú, *óleo de P. Subercaseux (Museo Histórico Nacional, Buenos Aires).*

1778	25 de febrero: **JOSÉ FRANCISCO DE SAN MARTÍN** nace en Yapeyú, Corrientes (Argentina).
1789	Ingresa como cadete en el Regimiento de Murcia (España).
1791	Recibe su bautismo de fuego en el sitio de Orán, en la campaña de Melilla.
1808	Batalla de Bailén, de la que San Martín salió nombrado teniente coronel de caballería.
1812	Tras solicitar su retiro en el ejército de España, arriba a Buenos Aires y se pone al servicio de la Revolución. Se casa con María Remedios de Escalada.
1816	Apremia a los diputados para que el 9 de julio las Provincias Unidas del Río de la Plata declaren la independencia en Tucumán. 24 de agosto: nace su hija Mercedes.
1821	28 de julio: en Lima se proclama la independencia del Perú.
1822	En julio tiene lugar la Entrevista de Guayaquil entre San Martín y Bolívar, para poner fin a las luchas por la independencia.
1823	Fallece su esposa.
1824	Se embarca hacia Europa para cuidar de la educación de su hija.
1829	Viaja a Argentina para ofrecer sus servicios en la guerra contra Brasil, pero no llega a desembarcar.
1850	17 de agosto: fallece en Boulogne-sur-Mer (Francia).

SIMÓN BOLÍVAR
(1783-1830)

dos; en el ínterin vio cómo caían en combate miles de hombres, entre los suyos y entre sus enemigos. Pese a todo, gallardamente, la obstinación de Bolívar no desfalleció nunca ni aun en medio de un cementerio con miríadas de cadáveres. Estaba hecho de una pasta insólita: la pasta de los héroes temerarios y confiados, la pasta de los hombres de fe inquebrantable, acaso la pasta de los visionarios.

El discípulo de Rousseau

Nació Simón en el seno de una opulenta familia de origen vizcaíno que se había establecido en Hispanoamérica en el siglo XVI. Su más lejano antepasado en el Nuevo Mundo fue Simón Bolívar el Viejo, que se instaló primeramente en Santo Domingo, donde nació su hijo, el Mozo, quien, tras ordenarse sacerdote, fundó el Seminario Tridentino de Caracas.

El abuelo del que sería llamado, por antonomasia, el Libertador, quiso adquirir, mediante el desembolso de una fuerte suma de dinero, el marquesado de San Luis, entonces en manos de los monjes de Montserrat en Cataluña, pero el rey no consintió en concederle ese privilegio. Sus padres fueron Juan Vicente Bolívar y María de la Concepción Palacios, oriunda de Miranda de Ebro, en la provincia española de Burgos. El primero murió cuando Simón contaba apenas tres años y, cuando tenía nueve, también se vio privado de su madre.

Bajo la protección y cuidado de su abuelo materno y tutor, Feliciano Palacios, el niño Simón compartía sus juegos con la pequeña esclava negra Matea y se mostraba particularmente refractario a las lecciones que, por aquel entonces, era obligado que recibiese un muchacho de su posición. Poco amante de la disciplina, sus maestros no sabían hacer carrera de él. El padre Andújar apenas le enseñó a leer y a escribir y los

Simón Bolívar, el Libertador *(arriba, en un dibujo de Krepper), concibió el vasto sueño de proyectar la independencia de las colonias españolas en un único y gigantesco Estado panamericano*

*L*a contramoneda del cauto y soñador José de San Martín fue el pragmático y ambicioso Simón Bolívar, hombre de genio enérgico, reflexivo pero no dubitativo, entregado a un ideal titánico, y tan titán él mismo como su propio ideal, que preveía la conquista de la libertad para un continente entero. La tisis dio cuenta de algunos de sus antepasados y acabó con su salud; antes sufrió por la precoz muerte de su padre y por el repentino fallecimiento de su esposa a poco de casa-

Descendiente de una aristócratica familia vizcaína, que llegó a las colonias españolas de América en el último cuarto del siglo XVI, Simón Bolívar, quien se convertiría en el más grande soldado de la causa americana, nació en Caracas, el 24 de julio de 1783, según consta en el acta de bautismo (arriba, su reproducción facsimilar) archivada en la catedral de la capital venezolana.

rudimentos de las matemáticas; con Guillermo Pelgrón sólo a duras penas consiguió aprender los fundamentos del latín; Andrés Bello le instruyó como pudo en historia y en geografía. Pero hasta que no intervino providencialmente Simón Carreño Rodríguez, el muchacho no dio muestra alguna de curiosidad intelectual. Este ilustrado autodidacta, devoto de Rousseau, un trotamundos a sus jóvenes veintiún años, había tenido una infancia difícil, y quizás por ello supo encarrilar al díscolo muchacho apartándolo de las fastidiosas lecciones convencionales, pero sembrando en su espíritu una gran avidez por conocer el mundo. Su actitud dialogante y su paciencia persuasiva indujeron al joven discípulo a interesarse por todo lo que le rodeaba, y, en particular, por las revueltas que a la sazón sacudían Hispanoamérica.

Una inquietud cosmopolita

A la muerte de Feliciano Palacios, el niño pasó a depender de su tío Carlos Palacios, pero no tardó en huir de su tutela, y a los doce años buscó asilo en casa de su hermana María Antonia. En 1797 pudo por fin entregarse a su auténtica vocación, el ejercicio de las armas, e ingresó como cadete en el batallón de Milicias de blancos de los valles de Aragua, donde había servido años antes su padre. Fue éste un paso que amén de inculcarle la disciplina de que tan necesitado andaba su carácter, lo obligó a tomarse en serio el estudio de materias tales como las matemáticas, el dibujo topográfico o la física, y que además lo animó a emprender fructíferos e instructivos viajes.

Para completar sus estudios se trasladó a Madrid en 1799, donde sus tíos Esteban y Pedro Palacios cuidaron de él. Allí fue presentado a la que sería su efímera y bienamada esposa, María Teresa Rodríguez del Toro y Alayza, con quien residió primero en Bilbao y luego viajó a Francia. La muerte inopinada de María Teresa en 1803, apenas unos meses después de que aquel joven entusiasta y feliz de veinte años se instalara con ella en Caracas, dejó honda huella en su ánimo. Inmediatamente emprendió nuevos viajes a Europa, visitó Madrid y Cádiz y se estableció en París. En aquella primavera de 1804, Simón

435

Bolívar combatiendo en la batalla de Araure, en diciembre de 1813, según el cuadro de Tito Salas conservado en la casa natal del héroe. Meses antes, Simón Bolívar había lanzado el decreto de "Guerra a muerte", liberado el territorio venezolano, en lo que se llamó Campaña admirable, *instaurado la segunda república y recibido con gran solemnidad el título de* Libertador.

intentó restañar sus heridas sentimentales entregándose a una agitada vida social, frecuentando tertulias, teatros, conferencias y trabando relación con los hombres más notables de la época, como el erudito Alexander von Humboldt.

Así mismo tuvo la suerte de reunirse de nuevo con su antiguo mentor Simón Rodríguez, con quien emprendió un apasionado viaje a Italia, país que lo deslumbró por sus bellezas artísticas, su alegre vitalidad y sus cielos límpidos y clementes. Lugar propicio para los heroísmos románticos, fue precisamente en Roma, en el Monte Sacro, donde juró a su maestro no cejar hasta libertar del yugo español a toda Hispanoamérica. Más tarde, acompañado de su admirado Humboldt, ascendió al imponente Vesubio, el volcán al que la civilización le debe el haber conservado para la posteridad la huella casi intacta del mundo antiguo en Pompeya. De vuelta en París, como era previsible en un hombre de su capacidad, fue invitado a formar parte de una logia masónica, empecinada en extender la semilla de la fraternidad y el ideario liberal por todo el orbe, ideas que siempre le acompañarían.

El retorno del juramentado

Pronto tuvo noticias de que en Venezuela Francisco de Miranda estaba luchando contra los realistas, y no dudó en regresar a su país para llevar a cabo su misión. A mediados de 1807, después de atravesar Estados Unidos, entró en su país, donde al principio disfrutó de una vida acomodada, aunque siempre atento a las conspiraciones subterráneas que habrían de acabar con el ominoso dominio colonial sobre el terri-

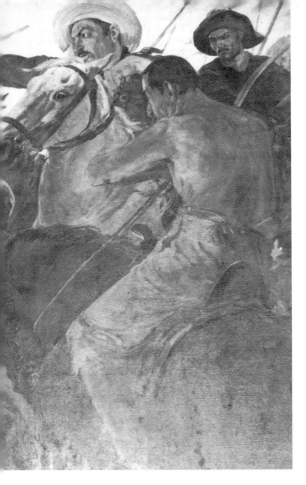

El gran humanista Andrés Bello fue uno de los maestros del futuro libertador americano. Arriba, Una lección de Andrés Bello, *óleo de Tito Salas que se conserva en la casa natal de Bolívar en Caracas.*

torio que sentía suyo. En 1810 fue comisionado para llevar a cabo una misión diplomática ante el gobierno de Gran Bretaña y, enseguida, se distinguió entre la Sociedad Patriótica como uno de los más ardientes partidarios de la independencia, que las Cortes sancionaron el 5 de julio de 1811. Luchó bajo las órdenes de Miranda para someter la resistencia de los que se oponían al nuevo régimen y, en Curaçao, redactó uno de sus textos fundamentales, *Memoria dirigida a los ciudadanos de Nueva Granada por un caraqueño*, donde ya expone lo más sustancial de su visionaria doctrina panamericana.

La ubicuidad del héroe

Hasta 1818, su suerte fue voluble, pues la fortuna unas veces le sonrió y otras le dio la espalda en el campo de batalla, pero a partir de ese año los triunfos que recogen biógrafos e historiadores del gran estadista y militar de genio que fue Simón Bolívar son espectaculares. Todos los estudiantes del mundo han debido aprender que el Napoleón hispanoamericano tomó Cúcuta y, que,

pocos meses después, el 6 de agosto de 1813, entró victorioso en Caracas, hazaña que recibe el nombre de «Campaña admirable». En el octubre siguiente se le proclamó, con toda solemnidad, como *Libertador*, aunque las escaramuzas, las batallas, las traiciones, las conferencias para negociar treguas o acciones comunes, la intervención casi ubicua de su persona en los más variados conflictos se sucedieron luego vertiginosamente. En los dieciséis años posteriores de luchas que el destino le había reservado no tuvo respiro: de la frágil cúpula del ideal que Simón Bolívar había erigido, él era la clave, la piedra sólida e indispensable.

Pero nadie es invencible, y Bolívar fue derrotado por el realista José Tomás Boves en la batalla de La Puerta en junio de 1814 y debió emigrar a Nueva Granada, más tarde a Jamaica, después a Haití...; en julio de 1817 los patriotas tomaron Angostura, que hoy se llama Ciudad Bolívar, donde asumió el poder no sólo para combatir a los realistas sino para librar la batalla interna contra los disidentes, de modo que se vio obligado a fusilar a un prestigioso correligionario de antaño, el general Manuel Piar.

En 1819, tras remontar los Andes, conquistó Nueva Granada, que dejó bajo el mando del general Santander para regresar a Angostura y promulgar la ley fundamental de la República de Colombia, estado que no se configuraba como el actual, sino que incluía el país que lleva hoy ese nombre más Ecuador, Panamá y Venezuela.

El 24 de junio de 1821 los ejércitos realistas quedaron desarbolados por el Libertador en la batalla de Carabobo, y sus despojos, refugiados en Puerto Cabello, se verían obligados a capitular definitivamente en 1823. Tras entrar victorioso, en olor de multitud, en su ciudad natal, fue nombrado presidente de Colombia y emprendió la campaña de Ecuador, que coronó con éxito en 1822. Allá, en Quito, conoció a la que sería su fiel y apasionada amante durante el último tramo de su azarosa vida: la bella Manuela Sáenz.

Dos titanes en una pequeña habitación

El 26 de julio de 1822 Simón Bolívar se entrevistó en Guayaquil con José de San Martín. Los dos guerreros más ilustres de toda América del Sur, los dos campeones de la independencia, los dos semidioses aclamados por las multitudes, se enfrentaron cara a cara. Las relaciones entre ambos prohombres se habían iniciado un año antes bajo el signo de la mutua generosidad y admiración, y Bolívar le había escrito en estos términos: «Nos veremos, y presiento que la América no olvidará el día que nos abracemos». Así mismo recibió afectuosamente al argentino con estas protocolarias palabras: «Al fin se cumplieron mis deseos de conocer y estrechar la mano del renombrado general San Martín». Sin embargo, este último quería negociar sobre todo el destino de Guayaquil, pero Bolívar se le había adelantado anexionándolo a la República de la Gran Colombia.

La misteriosa y breve entrevista que mantuvieron —apenas cuatro horas— fue completamente secreta, a puerta cerrada, sin testigos. De resultas de la misma, San Martín abandonaría al poco la vida pública y Bolívar continuaría llevando a cabo su empresa libertadora por vastos territorios.

Lo cierto es que, aunque San Martín cumplió su palabra de abandonar el Protectorado del Perú para evitar enfrentamientos internos, las facciones se entreveraron en luchas intestinas, y en 1824 Bolívar fue nombrado Dictador con poderes ilimitados para salvar el país. Poco después, en Junín, derrotó al ejército realista de Perú, pero el 10 de febrero de 1825 renunció en Lima a los poderes que se le habían concedido y no aceptó el millón de pesos que se le ofrecía en recompensa y como signo de gratitud. Pero aún redactó la constitución de una nueva república en el Alto Perú, la República Bolívar, actual Bolivia.

En 1827 hubo de sofocar el levantamiento del general Páez en Venezuela; al año siguiente sufrió un atentado contra su vida; cada vez se sentía más cansado, decepcionado y enfermo. Aún así, en 1828 viajó a Ecuador para intervenir frente a la invasión peruana, que ansiaba anexionarse Guayaquil. A principios de 1830 volvió a Bogotá, donde fue testigo de la secesión de Venezuela y de la creciente oposición hacia su persona en Colombia. Renunció a la presidencia y pensó en viajar a Europa, pero la muerte lo sorprendió aquel mismo año en San Pedro Alejandrino, el 17 de diciembre. Una semana antes de morir, hizo pública su última proclama: «...yo he mandado veinte años y de ellos no he sacado más que pocos resultados ciertos: 1º la América es ingobernable para nosotros; 2º el que sirve a una revolución ara en el mar; 3º la única cosa que se puede hacer en América es emigrar...».

El sueño y la realidad

Acaso fueron sus altas miras las que concibieron el vasto sueño de la unidad continental. Un sueño que se rompió con la realidad de los intereses locales y de las ambiciones más cortas que las suyas. El sueño bolivariano pareció factible tras la batalla de Ayacucho, que determinó el fin de la presencia española en el continente americano, la generosa retirada del escenario político de San Martín y la creación de la República de Bolivia. Ante sí Bolívar tenía la posibilidad de crear la Confederación de los Andes, primer paso para la unidad americana total. Por entonces, mientras preparaba la constitución de la nueva república,

El 7 de agosto de 1819, el ejército de Simón Bolívar y Francisco de Paula Santander, después de llevar a cabo la gesta de cruzar la cordillera de los Andes, obtuvo una resonante victoria sobre las tropas realistas de Pablo Morillo, acampadas junto al río Boyacá. Tres días más tarde, Bolívar entró triunfalmente en Bogotá, de donde habían huido precipitadamente las autoridades españolas. La victoria de Boyacá (arriba en un lienzo de Martín Tovar) permitió el nacimiento de la República de Colombia.

Bolívar escribe: «Después de haber pasado infinito, hemos convenido entre las personas de mejor juicio y yo, que el único remedio que podemos aplicar a tan tremendo mal es una federación general entre Bolivia, el Perú y Colombia, más estrecha que la de los Estados Unidos, mandada por un presidente y regida por la constitución boliviana ...»

Sin embargo, aunque era consciente de que los mayores peligros para los países eran «la tiranía y la anarquía (que) forman un inmenso océano de opresión», y que por ello luchaba denodadamente contra ellas, su sueño empezó a trizarse cual un fino cristal. La abolición de la esclavitud y de las prestaciones personales de tipo feudal y la derogación de los privilegios sociales contempla-

das por la constitución de Bolivia y el decreto de repartición de tierras del Estado entre los campesinos supuso la reacción de la oligarquía local, al mismo tiempo que la peruana resistía la aplicación de las medidas reformadoras impulsadas en este país, sobre todo las leyes que sancionaban la libertad del indígena. En Colombia, las fuerzas secesionistas, encabezadas por el general Antonio Páez, iniciaron las hostilidades y, aunque en principio Bolívar logró neutralizarlas, pronto comprobó no sólo la imposibilidad de llevar a cabo la construcción de la Confederación de los Andes, sino también de mantener la unidad de la Gran Colombia. «Cada día me confirmo más en que la República está disuelta, y que nosostros debemos devolver al pueblo su sobe-

La batalla de Carabobo (arriba en un cuadro de Martín Tovar) tuvo lugar el 24 de junio de 1821 y marcó el principio del fin de la presencia realista en Venezuela. Los restos del ejército español se refugiaron en Puerto Cabello, capitulando meses depués.

ranía primitiva, para que él se reforme como quiera y se dañe a gusto», escribe profundamente dolido y decepcionado.

Acabadas las guerras de independencia y lograda ésta, las clases dominantes americanas antepusieron sus privilegios alentando los nacionalismos en detrimento de la unidad continental. «Los hombres y las cosas gritan por la separación, porque la desazón de cada uno compone la inquietud general. Últimamente la España misma ha dejado de amenazarnos: lo que ha confirmado más y más que la reunión no es ya necesaria, no habiendo tenido ésta otro fin que la concentración de fuerzas contra la metrópoli», escribe con lucidez en 1829.

Pero a pesar de todas las contrariedades Simón Bolívar continuó luchando por salvar lo que quedaba de su sueño y lo hizo hasta que las fuerzas disgregadoras se hicieron irresistibles y la Gran Colombia sufrió en 1830 la grave crisis de la desmembración de Venezuela y de Ecuador. Acabado el sueño que lo sustentaba, poco después, Simón Bolívar moría en San Pedro Alejandrino, con una amarga sensación de fracaso y resentimiento en su alma, pero persuadido de la grandeza de sus ideales.

La controvertida personalidad política de Bolívar, el más grande héroe de la independencia americana, acaso la haya dado él mismo en una carta escrita a José Antonio Páez: «Yo no soy Napoleón ni quiero serlo; tampoco quiero imitar a César; aún menos a Iturbide. Tales ejemplos me parecen indignos de mi gloria. El título de Libertador es superior a todos los que ha recibido el orgullo humano. Por tanto, me es imposible degradarlo.»

Pablo Morillo escribió del Libertador, *arriba en el fresco de Mozuro* Bolívar y sus tropas en la batalla de Tarqui *(Colegio Militar Eloy Alfaro de Quito), que "su arrojo y su talento son los títulos para mantenerse en la cabeza de la revolución y la guerra". Pero a la gloria y a las loas de sus contemporáneos, él opuso la lucidez al preferir "el título de ciudadano al de Libertador, porque éste emana de la guerra, aquél emana de las leyes".*

1783	24 de julio: nace **SIMÓN BOLÍVAR** en Caracas (Venezuela).
1799	Embarca con destino a España.
1802	Casa con María Teresa Rodríguez del Toro y regresa a Venezuela.
1804	Muerta su esposa, viaja a París, donde permanecerá hasta 1807, año en que regresa a Venezuela por Estados Unidos.
1812	Crisis de la Primera República en Venezuela y *Manifiesto de Cartagena*.
1817	Bolívar invade Venezuela y proclama la libertad de los esclavos.
1821	Bolívar se erige en presidente de Colombia.
1822	26 de julio: entrevista de Guayaquil con José de San Martín.
1824	Bolívar dictador del Perú. 6 de agosto: batalla de Junín.
1826	Congreso de Panamá y Constitución de Bolivia.
1827	Bolívar somete al general Páez, impulsor de una revolución en Venezuela.
1830	Renuncia a la presidencia de Colombia. 17 de diciembre: muere en San Pedro Alejandrino, cerca de Santa Marta.

LORD GEORGE GORDON BYRON
(1788-1824)

*P*aradigma del poeta romántico por excelencia, muy imitado y admirado en su tiempo, hoy se valora mucho más la mordacidad y la ironía de algunos pasajes de la obra de lord Byron que su poesía inflamada y vehemente. Más que un poeta, el joven descendiente de una lejana aristocracia fue un verdadero personaje literario, más celebrado por su existencia errante y aventurera, esgrimida como un desafío a la pacata sociedad de su época que por la solidez esmerada de sus composiciones. De hecho, en un rincón de su prosa puede leerse: «¿Quién escribiría si tuviera algo mejor que hacer?»

La nobleza del cojo

A los nueve años, con inaudita precocidad, George Gordon, ya lord Byron dado que su padre había muerto hacía seis años, entabló amores prohibidos con una joven escocesa, inaugurando de ese modo la escandalosa serie de provocaciones que habrían de terminar por condenarle al exilio de Inglaterra. También desde muy joven dio pruebas de sobresalientes facultades para los ejercicios deportivos, pese a que arrastraba la desventaja de un pie deforme desde su nacimiento.

De la gran nobleza de su corazón deja constancia así mismo una anécdota sucedida en el Colegio de Harrow, donde cursó sus estudios entre 1801 y 1805, año en que lo abandonó para ingresar en la Universidad de Cambridge. Allí fue condiscípulo de un altanero pero triste muchacho llamado Robert Peel que recitaba versos melancólicos y se refugiaba a menudo en una impenetrable soledad. Su actitud extraña y poco comunicativa no hizo sino desatar la crueldad de sus compañeros, que a menudo le gastaban bromas desagradables y en una ocasión llegaron a propinarle una ensañada paliza. A esta última escena asistió el adolescente Byron, quien, viendo que Robert se retorcía de dolor a causa de los bastonazos, se

decidió a intervenir. Pero como tras una elemental evaluación de las fuerzas en conflicto, el joven se convenció enseguida de que nada podría contra el grandullón que lideraba a los gamberros, se interpuso delante de él muy dignamente y le preguntó cuántos golpes pensaba atizarle a Robert Peel. Como el verdugo le respondiese con insolencia que por qué quería saberlo, le dijo que le rogaba que dividiese por dos el número y que le diese la mitad dc los azotes a él.

No dejó de conmover este gesto a los colegiales, que acabarían por ser seducidos, como tantos otros hombres y mujeres que conocería el poeta a lo largo de su vida, por el indomable carácter de este muchacho de catorce años, quien con su determinación logró aliviar las penas de Robert Peel, más tarde una de las primeras figuras parlamentarias de Inglaterra.

Viaje a la libertad

Su primeros pinitos como poeta constituyeron un estruendoso fracaso. Tras la publicación de un hatillo de triviales poemas bajo el título de *Horas de ocio*, la prestigiosa revista *Edimburgh Review* se despachó a gusto contra el escritor novel. No obstante, lejos de descorazonarse, el maltrecho poeta dejó paso a un prosista de genio para perpetrar una violenta sátira contra quienes le habían denostado, y compuso el gracioso ensayo *Bardos ingleses y críticos escoceses*.

Al alcanzar la mayoría de edad, después de haberse impregnado hasta la médula de amor por los clásicos griegos, lord Byron ocupó el escaño que le correspondía en la Cámara de los Lores; pero a él no le cautivaba lo más mínimo brillar en el ejercicio de la elocuencia parlamentaria, sino que sentía un irreprimible deseo de ver mundo y conquistar lejanos horizontes. Quien encarnaría mejor que nadie el espíritu de libertad y rebeldía y quien habría de consagrar su vida y su obra a la exaltación de la grandeza del individuo emprendió entonces un fecundo viaje por Europa. Quedó encantado con España, con Portugal, con Grecia, con Turquía... y en esos lugares, a la sazón exóticos para un viajero inglés, encontró la inspiración para publicar un extenso poema que le dio una repentina celebridad y le ganó un reconocimiento incondicional, *La peregrinación de Childe Harold*, un curioso documento sobre su experiencia viajera. Igualmente se entregó después a la confección de poemas con argumento medieval y oriental, muy en boga en la época pero que el paso de los años ha perjudicado ostensiblemente y que para el lector actual constituyen ejercicios tan rancios como artificiales. Es el caso de *La desposada de Abydos*, *Lara*, *El infiel*, *Melodías hebreas*, *El sitio de Corinto*, etc. Los temas se centran a menudo en leyendas heroicas, como en el caso de *El corsario* o *Mazeppa*, esta última recreación de la brillante figura de un jinete, atado como represalia y venganza de sus enemigos a su caballo, pero que en su formidable galope termina por alcanzar una libertad más alta.

El donjuán británico

A lord Byron, casado y separado al cabo de un año, se le suponen amores incestuosos con su hermanastra y se le conocen muchísimas amantes. No hay duda de que desde su adolescencia se ganó a pulso la fama de irresistible donjuán. Con tan escandalosos antecedentes, la opinión pública de su país no pudo soportar que se separara de su esposa y su pequeña hija, y la prensa lo trató con dureza e injusticia, publicando falsas acusaciones y calumnias, lo que terminaría por provocar su exilio y no haría sino enriquecer ese mito de poeta cosmopolita, itinerante y siempre insatisfecho con que luego lo aureoló la fama. Sus propios escritos avalan con arrogancia esta leyenda, y en un lugar recuerda que «todos los vicios, sin excluir los más monstruosos, se me atribuyen; mi nombre, ilustre desde que mis antepasados ayudaron a Guillermo de Normandía a conquistar el reino, fue deshonrado. Comprendí entonces que si lo que se murmuraba, insinuaba o susurraba era cierto, yo era indigno de Inglaterra; pero siendo falso, Inglaterra era indigna de mí. Entonces me fui.»

La vida y la obra de lord Byron son emblemáticas del más puro espíritu romántico. Amó las causas perdidas y sus ojos miraron siempre más allá de la mojigata sociedad de su tiempo, como parece indicar este retrato de Philips, de la National Gallery, Londres.

Se fue efectivamente, a Bélgica, pero pronto pasó a Suiza donde estuvo un tiempo conviviendo con el famoso poeta, visionario y profético Percy Bysshe Shelley, con quien inmediatamente congenió por su similar vena satánica y desaforada. Shelley, que murió apoteósica y románticamente durante una tempestad, era también un emigrado que había sufrido la expulsión de Oxford tras publicar un folleto que tituló *La necesidad del ateísmo,* y que igualmente había abandonado a su cónyuge y compartía por entonces su tormentosa existencia con la que sería su segunda mujer, Mary Goodwin, más conocida como Mary Shelley, la autora de *Frankestein*.

Por cierto que son muy conocidas, aunque no por ellos menos curiosas, las circunstancias en que Mary concibió esta romántica historia de miedo. Fue en Villa Diodati, cerca de Ginebra, la residencia junto al lago Leman de lord Byron, en

Percy Bysshe Shelley (arriba en un retrato de Amelia Crinnan) conoció a lord Byron durante su segunda estancia en Suiza, junto a la que ya era su esposa, Mary Goodwin, hija del filósofo inglés y autora del célebre Frankestein. *Lod Byron y Shelley compartieron un espíritu de rebeldía y un afán de notoriedad del que no estaba exento el escándalo, que a la postre los llevó al destierro.*

el verano de 1816. Allí estaban reunidos una serie de ilustres invitados y uno de ellos propuso como diversión un concurso en el que cada cual debería presentar una narración corta inspirada en los cuentos de fantasmas que estaban empezando a proliferar en Alemania. Aunque todos aceptaron al principio, incluidos lord Byron y Shelley, sólo dos llegaron a componerlos. Además de Mary Goodwin, el otro autor fue el médico inglés de origen italiano John William Polidori, el secretario de lord Byron, a quien éste ridiculi-

zaba constantemente por sus aficiones y pretensiones literarias y que a causa de dichas humillaciones vivió ahogado en el rencor hasta convertirse en un paranoico. No obstante, el cuento del doctor Polidori no carecía de mérito, e incluso, al parecer, estaba basado en una idea expuesta brevemente por lord Byron. Titulado *El vampiro*, narraba los siniestros crímenes del malvado lord Ruthwen. Cuando tres años después fue publicado con la firma de lord Byron éste protestó enérgicamente. Sumido en el más absoluto desconsuelo, el aperreado secretario se suicidó a los veintiséis años de edad.

Por aquel entonces el poeta mantenía relaciones amorosas con la hermanastra de Mary, Claire Clairmont, quien incluso le dio una hija llamada Allegra. Pero tres años más tarde, en 1819, y tras vivir un buen número de fugaces aventuras licenciosas, ya se ha convertido en el amante de la joven condesa Guiccioli, con la que, inesperadamente aburguesado, vivió primero en Venecia y luego en Rávena, y ha comenzado a componer su largo poema, a medias grave y a medias bufo, titulado *Don Juan*, donde el héroe español lleva una vida pintoresca y transeúnte, jalonada de lances voluptuosos y también chuscos.

Epopeya final

En 1823 lord Byron emprendió su último viaje, esta vez movido por el más noble, descabellado y glorioso de los proyectos, el de convertirse en combatiente por la libertad de Grecia contra los turcos en homenaje a su inveterado amor por la Antigüedad. Buscando acaso una muerte heroica, falleció en efecto en la tierra de los filósofos y de los dioses olímpicos, pero no en el fragor de la guerra, sino a consecuencia de la peste.

Muchos años antes había dado pruebas de inconsciente temeridad al cruzar a nado el Bósforo, el antiguo Helesponto que separa Europa de Asia, remedando con alarde de plusmarquista la hazaña del enamorado Leandro, que para visitar a la bella Hero, sacerdotisa de Afrodita, cruzaba cada noche el estrecho a nado guiándose sólo por una antorcha que su amante situaba en lo alto de una torre.

Byron no ignoraba, sin embargo, que la luz se había extinguido en una ocasión y que Leandro, perdido en la oscuridad, se ahogó; su cadáver quedó a merced de las olas y terminó por ser arrojado a los pies de la torre, lugar desde donde lo divisó Hero y desde donde se lanzó al vacío por no poder soportar el dolor de la pérdida.

Descabellado romanticismo y cierta atracción abisal por la necrofilia parecen darse la mano en este poeta asombroso que, al día siguiente de cumplir los treinta y tres años, compuso un epitafio de sí mismo. «Aquí yace enterrado en la eternidad del pasado, en la que no hay resurrección para los días, aunque pueda haberla para las cenizas, el trigésimo tercer año de una vida mal empleada, que tras una larga enfermedad de varios meses ha caído en letargia y expirado el 22 de enero de 1821.»

Sobrevivió algunos años a este morboso disparate, pero no llegó a alcanzar los cuarenta, tal vez porque no lo deseaba o porque proféticamente quiso erigirse en el símbolo inmortal de los jóvenes poetas malogrados.

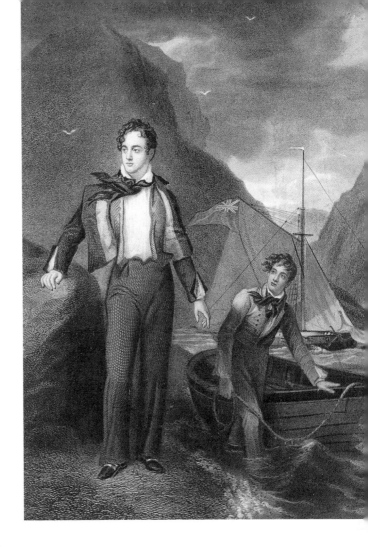

Quizás buscando hallar una muerte heroica en la guerra de independencia que Grecia libraba contra los turcos, lord Byron desembarcó en el país de sus amados poetas y filósofos (a la derecha, en un grabado del siglo XIX) un año antes de su muerte, ocurrida en 1824.

1788	22 de enero: nace en Londres **LORD GEORGE GORDON BYRON**.
1794	Comienza su formación en Aberdeen, Escocia.
1805	Ingresa en la Universidad de Cambridge para completar su educación.
1807	Publica su primer libro de versos *Horas de ocio* que obtiene una mala acogida.
1809	Escribe una sátira contra sus detractores titulada *Bardos ingleses y críticos escoceses*.
1812	A su regreso de un viaje por España, Portugal, Grecia y Turquía publica los dos primeros cantos de *Peregrinación de Childe Harold*.
1814	*El corsario. Lara.*
1816	Se exilia voluntariamente tras la separación de su esposa. Pasa primero a Bélgica, luego a Suiza, donde convive con Shelley, y en octubre se traslada a Italia.
1819	Inicia sus relaciones con la condesa Guiccioli.
1823	Emprende viaje a Grecia para ayudar a este país en su lucha contra los turcos.
1824	19 de abril: muere a causa de la peste en Missolonghi, Grecia.

ANTONIO JOSÉ DE SUCRE
(1795-1830)

*Antonio José de Sucre, libertador de Quito, héroe de Pichincha y
Ayacucho y fundador de la República de Bolivia, es uno de los
próceres más destacados de las guerras de independencia americana.*

—¡*S*anto Dios! ¡Se ha derramado la sangre del inocente Abel!

Simón Bolívar acababa de recibir la noticia del asesinato de Sucre y alcanzó a pronunciar estas palabras al tiempo que sofocaba un sollozo. Aquel al que gustaba de llamar «el más modesto de los grandes hombres», su más estimado colaborador y lugarteniente, había muerto víctima de una emboscada y ya nunca le acompañaría con su sólida presencia, sus consejos y su lealtad a toda prueba. Es muy posible que en esos dolorosos instantes desfilasen ante el Libertador los hechos fundamentales de la vida de su fiel amigo, prócer como él de la independencia hispanoamericana.

Ejemplo de fidelidad y benevolencia

Antonio José de Sucre y de Alda había nacido en Cumaná (Venezuela) en 1795, aunque sobre esta fecha aún no se han puesto de acuerdo sus biógrafos. De origen sefardí en opinión de Salvador de Madariaga, era hijo, nieto y biznieto de militares

El 9 de diciembre de 1824 tuvo lugar en Ayacucho, que en quechua significa «lugar de los muertos», la última gran batalla de la guerra de independencia. Las tropas americanas mandadas por el general Sucre derrotaron al ejército realista del virrey de La Serna asegurando así la independencia de todo el continente. En la imagen de arriba, óleo de Antonio Herrero que refleja el júbilo de los vencedores.

españoles y le fue fácil alcanzar el grado de alférez de ingenieros a edad temprana. Aunque su credo castrense se basaba en la formación de ejércitos profesionales y bien organizados, no dudó en incorporarse a las tropas patrióticas de Miranda al estallar las primeras tentativas independentistas. Dejó así a un lado su preocupación por entablar una contienda «legal» y ortodoxa, para iniciar la guerra de urgencia contra los españoles proclamada por Bolívar, a quien se uniría en 1819 en Angostura siendo ya general y después de haber participado en la liberación de Venezuela.

Con el Libertador, Sucre abordó la campaña sobre Nueva Granada, y consiguió ocupar un puesto de privilegio a su lado, convirtiéndose en su lugarteniente más valioso. Comisionado por Bolívar, actuará con acierto en el oriente venezolano y dará muestras de su talla como político y diplomático al acordar con el jefe de las fuerzas expedicionarias españolas, Pablo Morillo, un tratado para «regularizar la guerra» y evitar en lo posible sus efectos sobre la población civil. «Este tratado —escribiría años después Simón Bolívar— es digno del alma del general Sucre: la benignidad, la clemencia y el genio de la beneficencia lo dictaron; será eterno, como el más bello monumento de la piedad aplicada a la guerra.»

Héroe de Pichincha y libertador de Quito, en septiembre de 1823 marchó junto a su jefe hacia el Perú, reclamado por los partidarios de la independencia. En 1824 ambos emprendieron la campaña definitiva contra los reductos realistas y, tras obtener una primera victoria en la batalla de Junín, Bolívar le confirió el mando del ejército con el que derrotó a los españoles en Ayacucho el 9 de diciembre de ese año, victoria que posibilitó la independencia de todo el continente. Tras la batalla, Sucre hizo lo posible para que se garantizase a los vencidos no sólo la vida, sino también su libertad y su dignidad personal, lo que de nuevo admiró a Bolívar y le llevó a escribir: «Es la cabeza mejor organizada de la Gran Colombia, metódico y capaz de las más elevadas concepciones, el mejor general de la República y el mejor hombre de Estado. Sus principios son excelentes y su moralidad ejemplar.»

El crimen de Berruecos

Convertido en Gran Mariscal de Ayacucho y ascendido a general en jefe, Sucre extinguió los últimos rescoldos realistas en el Alto Perú y promovió la independencia de este territorio con el nombre de República Bolívar. Simón Bolívar será el presidente del nuevo Estado, cargo que en

La batalla de Junín, librada el 6 de agosto de 1824, significó un gran triunfo para el Ejército Libertador del general Bolívar, en el cuadro en el altozano, quien contó con la eficaz colaboración del general Antonio José de Sucre, en primer plano.

La Paz. Tropas de Sucre consiguieron sofocarlos, pero al precio de cargar sobre sus espaldas con una carnicería que avivó aún más el descontento popular contra los denominados «colombianos», cuya intención era constituir una confederación entre Perú y Bolivia que acabara por integrarse en la Gran Colombia, formada por Nueva Granada, Venezuela, Panamá y Ecuador. En 1828, criticado por todos y acosado por sus encarnizados enemigos, Sucre renunció a la presidencia y se retiró a las tierras que su esposa poseía en Quito para dedicarse al estudio y al mejoramiento de la agricultura. Pero el sueño de la Gran Colombia, que compartía con Bolívar, lo llevó de nuevo a empuñar las armas. Secundó la represión practicada por el Libertador contra los partidarios de Santander y se convirtió, con sus tropas, en el principal sostén del régimen dictatorial implantado por Bolívar.

En junio de 1830, cuando se dirigía hacia Ecuador, Sucre se encontró cara a cara con su destino. Tres hombres pagados por el general José María Obando, enemigo de la Gran Colombia, se encargaron de acabar con su vida. En la causa instruida después puede leerse que «... habiéndose reunido los soldados licenciados Andrés y Juan Gregorio Rodríguez y Juan, llamado Cuzco, se disfrazaron poniéndose musgo en la cara y se apostaron en una angostura llamada Jacoba, en la montaña de Berruecos, y en la mañana del día 4 llamaron por su nombre al general en el momento en que pasaba por allí y, en el mismo acto, le dieron muerte haciéndole una descarga con armas de fuego; inmediatamente se dispersaron los asesinos y fueron a reunirse con Obando, quien pagó diez pesos a cada uno de los Rodríguez y al Cuzco, quienes poco después murieron de repente con apariencia de envenenamiento...»

Cuando Bolívar lo supo, un mes después, se encontraba en Cartagena de Indias proyectando realizar un viaje a Europa con objeto de recuperar su salud, muy deteriorada en aquellos días. En lo más profundo de su alma sintió un desgarramiento por la muerte de su estimado colaborador y, con toda seguridad, intuyó que la desaparición de Sucre iba a precipitar de manera irrefrenable su caída y su propia muerte, que en efecto tuvo lugar unos meses después. Sus figuras, profundamente unidas y paralelas en vida, no tardaron en reunirse en el más allá.

su ausencia desempeñará Sucre a pesar de sus protestas, hasta que el Congreso Constituyente le eleve al cargo de presidente vitalicio. Sucre se inspiró en la división administrativa francesa para organizar el país en provincias y departamentos, emancipó a los esclavos, estableció la libertad de imprenta y redujo los privilegios de la Iglesia en favor de una política educativa impulsada por el Estado. Su comportamiento fue acertado, justo y honesto a la vez que enérgico, pero no impidió un progresivo e imparable deterioro de la vida política boliviana.

En noviembre de 1826 estalló un motín militar en Cochabamba y un año después se repitió en

En la madrugada del 4 de junio de 1830, tres asesinos pagados por el general José María Obando, acérrimo enemigo del proyecto de la Gran Colombia, asesinaron al mariscal de Ayacucho, Antonio José de Sucre, en la sierra de Berruecos (arriba). Muerto Sucre se frustraron las esperanzas bolivarianas de construir la federación continental, ya que "el más modesto de los grandes hombres", como lo llamó Bolívar, era, tanto en el campo de batalla como en el diplomático, uno de sus colaboradores más eficacez y leales.

1795	Nace en Cumaná (Venezuela) **ANTONIO JOSÉ DE SUCRE**.
1811	Se incorpora al ejército patriota dirigido por Miranda.
1818	Participa en la conquista de Venezuela.
1819	Se une a Bolívar en Angostura. Interviene en la campaña de Nueva Granada.
1820	Es delegado por Bolívar para que firme con los realistas el armisticio de Trujillo.
1821	Emprende la campaña de Ecuador.
1822	Derrota a los españoles en la batalla de Pichincha. 16 de junio: entra en Quito.
1823	Marcha con Bolívar hacia Perú.
1824	Vence en las batallas de Junín y Ayacucho.
1825	Derrota a los españoles en Tumusla y promueve la independencia de Bolivia.
1826	25 de mayo: Sucre es nombrado presidente de Bolivia.
1828	Tras varias sublevaciones y motines militares, renuncia a su cargo. Se reúne de nuevo con Bolívar y secunda su dictadura.
1830	Mientras se dirige a Ecuador, es asesinado en la montaña de Berruecos.

HONORÉ DE BALZAC
(1799-1850)

Honoré de Balzac (arriba, en un daguerrotipo de 1842) ha sido el novelista más prolífico de la historia de la literatura y su minuciosa descripción de la sociedad de su tiempo significó la introducción del realismo en la novela del siglo XIX.

*B*alzac es el creador de *La Comedia Humana*, gigantesca agrupación de novelas en la que quiso diseccionar y clasificar todas las categorías de especies sociales y tipos humanos, guiándose por su formidable imaginación, su penetrante capacidad de observar y las múltiples experiencias acumuladas a lo largo de su existencia. La ambi- ción de quien es considerado el iniciador del realismo en literatura consistió en congregar y relacionar a todos los personajes concebidos por él para formar con ellos una sociedad completa, un mundo ficticio que fuera reflejo del mundo real, un microcosmos narrativo que configurase lo que ha sido llamado «novela total». El resultado, esos miles de páginas pobladas por cientos de seres que nos transmiten con su peripecia personal una particular enseñanza, hizo exclamar al gran Victor Hugo: «Todos los libros de Balzac no forman más que un solo libro, un libro vivo, luminoso, profundo, en el que vemos ir y venir, andar y moverse con un no sé qué de turbador y de terrible mezclado con lo real, toda nuestra civilización contemporánea; un libro prodigioso que el poeta tituló *Comedia* y que hubiese podido titular *Historia*.»

El emperador de la novela

En el último año del siglo XVIII, la Revolución Francesa concluía su etapa de violencia y convulsión para dar paso a un refulgente personaje que iba a protagonizar las dos décadas siguientes y a dejar una profunda huella en la vida de Europa: Napoleón Bonaparte. La figura del corso parece ejercer una extraña influencia sobre los primeros años de Honoré de Balzac: seis meses después del nacimiento en Tours del futuro escritor, Napoleón encabezaba el golpe de estado que le permitiría acceder al poder y convertirse, cinco años después, en emperador; luego, la ambición sin límites de Bonaparte seguirá presidiendo la infancia de Balzac, quien pronto querrá ser el Napoleón de la literatura y conquistar Europa con su pluma como su inspirador haría con sus ejércitos. Aquellos sueños de grandeza y la ambición de inmortalidad que originó en muchos franceses la quimera napoleónica no se extinguirá en Balzac ni siquiera cuando sea testigo, a los dieciséis años, de la derrota del emperador en Waterloo; la vitalidad desbordante del joven y su sed de triunfo van a ser superiores a cualquier contrariedad política o social. Su genio siempre estará por encima de las circunstancias.

Mas no adelantemos los acontecimientos. Los padres de Honoré, hijo primogénito nacido el 20 de mayo de 1799, eran Bernard François Balzac y Anne-Charlotte-Laure Sallambier. Él tenía cincuenta y tres años y desempeñaba varios cargos de relativa importancia en los cuerpos de intendencia y sanidad del ejército, lo que le otorgaba alguna notoriedad en la pequeña ciudad de Tours. Ella contaba veintiún años, procedía de una acomodada familia de comerciantes y no parece que fuese una madre demasiado cariñosa, a juzgar

por el hecho de que durante cuatro años dejó a su hijo al cuidado de la esposa de un gendarme en una aldea próxima a Tours.

A los ocho años, Balzac fue enviado interno al colegio de Vendôme, donde se le impuso una rígida disciplina. «Fui el alumno menos activo, el más perezoso y el más contemplativo, y por lo tanto el que era castigado con mayor frecuencia», escribirá más tarde. Efectivamente, el colegial rechoncho y huraño, que sufre por la falta de atención de su madre, se refugiará en un sinfín de desordenadas lecturas y realizará sus primeros intentos literarios, consistentes en interminables epopeyas en verso sobre los más variados asuntos. En 1813, cuando debido a su mala salud fue reintegrado al hogar, Balzac tenía ya muy claro que su destino era emular a Napoleón en el mundo de las letras, aunque aún no podía sospechar que realmente estaba llamado a convertirse en un emperador de la novela.

Deslumbrado por París

Al tiempo que se derrumbaba el imperio con la caída de Napoleón, la discreta prosperidad de la familia Balzac empezó a esfumarse. La situación en Tours empeoró a marchas forzadas y el padre decidió trasladarse a París para trabajar en una sociedad recién creada de abastecedores del ejército. De este modo, Honoré empezó a vivir en la capital, escenario privilegiado de la mayor parte de sus obras. El muchacho recorrió tanto los lugares más célebres como los rincones más ocultos de París, llevado por un entusiasmo desbordante, y aceptó seguir la carrera de leyes para no abandonar la ciudad cuando la familia, cada vez más empobrecida, hubo de instalarse en el pueblo de Villeparisis, donde todo resultaba más barato.

Balzac se matriculó en la facultad de Derecho y desempeñó un modesto cargo de pasante en el bufete de un procurador y luego de un notario, todo ello con bastante desgana. En aquellos días su mayor placer consistía en deambular por las calles de la ciudad, recorrer los muelles del Sena, hurgar en los puestos de libros y comprar todos aquellos volúmenes cuyo precio estuviera al alcance de su bolsillo, bien fueran novelas, libros de historia o de ensayo, así como textos de tipo científico o filosófico.

En esta curiosa acuarela de Teophile Gautier, escritor y poeta, pueden verse, de izquierda a derecha, a Balzac, al gran actor Fréderick Lemaître y al mismo Gautier en animada conversación y ataviados según los cánones de la época.

Terminada la carrera y recién licenciado, Honoré declaró sin pestañear su vocación de escritor. El escándalo familiar fue mayúsculo, más aún cuando el padre, deseoso de crearle un porvenir, tenía previsto montarle un despacho de notario y llevarlo con él a Villeparisis. El joven, por supuesto, no quería enterrarse en una pequeña ciudad provinciana después de haber gozado de los esplendores de París. Al fin, los padres transigieron, concediéndole una renta de mil quinientos francos y un período de prueba de dos años para demostrar sus aptitudes. En una buhardilla de la calle Lesdiguières, que luego describiría en la novela *La piel de zapa*, Balzac escribió su primera obra, una tragedia en verso de cinco actos titulada *Cromwell*. Cuando el señor Andrieux, uno de sus antiguos profesores, lea la pieza, dictaminará que «el autor debe dedicarse a lo que sea, excepto a la literatura».

Primeros amores y primeros éxitos

Balzac digirió el fracaso, abandonó su buhardilla y continuó escribiendo denodadamente en casa de sus padres. De esta época datan sus primeras tentativas novelescas, narraciones históricas o de horror que redactaba a una velocidad endiablada siguiendo la moda de la época y que publicará bajo distintos seudónimos, entre los que destaca el rimbombante «Lord R'hoone», anagrama de Honoré. Mientras, encontrará en Villeparisis a la primera mujer que influyó decisivamente en su vida: madame de Berny, ahijada de Luis XVI y madre de nueve hijos, de quien se enamoró con todo su ardor juvenil.

Puesto que ninguna de sus obras alcanzó la difusión que apetecía, Balzac intentó hacer fortuna por otros medios y se lanzó de cabeza a los negocios con la misma pasión que ponía en las letras y en el amor. Trató de hacerse rico editando libros de otros, que tampoco se vendieron, y adquiriendo una imprenta que también fue un fracaso. A finales de 1827 tendrá lugar la quiebra del joven empresario Balzac, que dejará a deber a sus acreedores la nada despreciable suma de sesenta mil francos. Una vez más, el fogoso Honoré no se dará por vencido, sino que haciendo acopio de energías decidirá que aquélla es la mejor ocasión para abordar su primer intento serio en el campo de la novela.

De las contrariedades comerciales surgirá el verdadero escritor, el genio de *La Comedia Humana*, cuyo primer título será *Los chuanes*, relato histórico sobre los realistas bretones que se alzaron contra la Revolución. El libro, publicado en 1829 con un resonante éxito, supuso la revelación de Balzac para el mundo de las letras francesas y el inicio de una nueva etapa en la existencia de nuestro hombre, que se convirtió en un dandy enamoradizo y mundano. Mientras madame de Berny, ya cincuentona, hacía desesperados intentos para retener a su huidizo amante, ahora aureolado por la fama, el espíritu de Honoré se vio turbado por la duquesa de Abrantes, una mujer que al parecer había sido deseada por el propio Napoleón y que contestó a sus inflamadas declaraciones con una concisa e incitante frase: «Seré siempre vuestra amiga... y vuestra amante cuando así lo queráis». La duquesa abrió a Balzac las puertas de su dormitorio y las de muchos salones de la alta sociedad, donde el escritor empezó a desarrollar una intensa actividad.

Su siguiente libro, *Fisiología del matrimonio*, fue acompañado tanto por el éxito como por el escándalo, pues en él trataba con cierto cinismo las intimidades de alcoba y defendía a la mujer dentro del vínculo matrimonial, lo que le valió la simpatía de las damas y originó que llegasen a sus manos ríos de cartas escritas por manos femeninas, entre ellas una remitida desde Polonia y firmada con el misterioso nombre de «La extranjera», sobrenombre de una mujer que más tarde sería fundamental en su vida.

Obras para la eternidad

En 1831 apareció la primera de las grandes novelas de Balzac: *La piel de zapa*, relato de corte fantástico y mensaje filosófico que volvió a impresionar a muchos lectores y provocó un nuevo aluvión de cartas. Una de ellas fue la de la marquesa de Castries, aristócrata que no tardó en convertirse en amante del novelista y a quien se debe un cambio en su ideología política, pues consiguió que abandonase su liberalismo juvenil, atraerlo al partido legitimista y convertirlo en defensor de los Borbones destronados en 1830. También su desconocida admiradora polaca, «La extranjera», continuó su correspondencia y le reveló al fin su nombre: era la condesa Éveline Hanska, una ucraniana casada con un rico aristócrata que en su inmenso dominio de Wierzchownia aliviaba su aburrimiento leyendo literatura de París. A pesar de la distancia que les separaba, entre aquella gran dama y Balzac surgió un idilio que más tarde se consolidó durante varios encuentros en Suiza.

Amantes y nuevas novelas se suceden durante los años treinta, en los que da a la imprenta lo mejor de su producción. *Eugenia Grandet* fue el siguiente éxito del escritor y continúa siendo la más popular de sus obras. En ella asistimos a un inolvidable cuadro de costumbres presidido por el avaro Grandet y su dulce hija, que sacrificará su amor y su futuro a la mezquindad de su codi-

Muchas de las narraciones que componen La Comedia Humana *fueron publicadas en forma de folletines de periodicidad semanal, casi siempre ilustrados con mayor o menor fortuna pero correspondiendo al gusto de los lectores contemporáneos, como esta primera página de* Esplendores y miserias de las cortesanas.

cioso padre. En 1835 vería la luz *Papá Goriot*, narración inspirada en el shakesperiano rey Lear por la que desfilan personajes tan conseguidos como el ambicioso Rastignac, el enigmático Vautrin y las dos frívolas hijas del anciano Goriot, reducido por ellas a la miseria y abandonado por todos al final de su vida. A estas obras siguieron otras muchas a un ritmo asombroso y, lo que constituye una absoluta novedad en un autor, alcanzando una diversidad sorprendente que abarca todos los temas y todos los géneros, desde el misticismo de *Serafita* hasta el refinado análisis de los sentimientos amorosos de *El lirio del valle*, pasando por el retrato del mundo de los negocios de *La casa Nucingen* o la que ha sido llamada por la crítica «la primera y más genial de todas las novelas policíacas», titulada *Un asunto tenebroso*.

Bastaría esta nómina para dar cuenta del talento insuperable de Honoré de Balzac, pero aún es preciso nombrar *Las ilusiones perdidas* y su continuación, *Esplendores y miserias de las cortesanas*, en las que ofrece todo un retablo de los bajos fondos parisinos; tampoco pueden olvidarse *La prima Bette* y *El primo Pons*, dos novelas publicadas en 1848 bajo el título común de *Los parientes pobres* que encierran una visión pesimista de la sociedad a través de Sylvain Pons, expoliado por sus vecinos y humillado por sus familiares.

Todas estas obras y muchas otras, hasta un total de 137 novelas de las que Balzac concluyó un total de 85, debían formar un grandioso fresco de la época bajo el nombre común de *La Comedia Humana*, «summa literaria» cuyo alcance y título se inspiraban directamente en la *Divina comedia* de Dante. Aunque varias narraciones que iban a formar parte del conjunto se quedaron en sucintos bocetos o en simples proyectos, el autor consiguió con lo escrito una de las cimas artísticas, por su magnitud y su brillantez, de toda la historia de la literatura.

Las obsesiones del genio

A una amiga de la condesa Guidoboni-Visconti, con la que Balzac mantuvo relaciones en 1843, debemos la siguiente descripción del escritor: «Al señor de Balzac no puede llamársele apuesto, porque es bajo de estatura, gordo, rechoncho y barrigudo; tiene los hombros anchos y es corpulento; la cabeza es grande, la nariz chata, como si fuese de goma elástica, la boca muy bonita, pero casi sin dientes, los cabellos de un negro jade, lacios y con canas. Pero en sus ojos pardos hay un fuego, una expresión tan intensa que, aun sin quererlo, una se ve obligada a admitir que hay pocos rostros tan atractivos y hermosos. Es bueno como el pan con las personas a las que quiere, pero terrible con las que no le gustan. Posee una voluntad de hierro y una gran energía. Une a la elegancia y a la nobleza del león la dulzura de un niño. Todavía está lleno de ilusiones y de buena fe cuando se trata de algo serio.»

Para Balzac, las mujeres y sus novelas fueron lo más serio de su vida. A las primeras jamás las consideró un pasatiempo. En cuanto a las segundas, nunca dejó de escribir como un galeote hasta llegar al agotamiento. En cierta ocasión, cuando los proyectos se le acumulaban sobre la mesa de trabajo, escribió: «Los días se me funden entre las manos como el hielo al sol; no vivo, me desgasto horriblemente, pero da igual morir de trabajo o de otra cosa». El corazón comenzó a fallarle en torno a 1841, y ante los consejos del médico de que aminorara su ritmo de trabajo, él se limitó a pedirle que le procurara quince años más de vida para concluir su obra. En marzo de ese año recibió una carta que lo llenó de esperanza: la condesa Hanska había enviudado.

Al fin podía casarse con ella. Pero Éveline, su inspiradora y más puro amor durante varios años, empezó a poner dificultades a la celebración de la tan esperada boda, dejándose llevar por los rumores que corrían en París acerca de los innumerables galanteos del escritor. Balzac, hasta entonces siempre fértil, conoció «el infierno del tintero seco y el papel en blanco» durante largos períodos en que se dejó llevar por su obsesión matrimonial. Al fin, en 1847, la condesa accedió a casarse con él, pero para entonces Balzac era ya solamente una sombra del hombre vigoroso e inagotable que había sido: «Me siento viejo, cada vez me resulta más difícil trabajar, y como máximo me queda aceite en la lámpara para iluminar los últimos manuscritos que tengo entre manos.»

Un presagio fatídico

Tras un viaje a Ucrania en compañía de la que iba a ser su esposa, la boda se celebró en marzo de 1850 en un convento cercano a la ciudad de Wierzchownia. Los contrayentes, que contaban ya alrededor de los cincuenta años, salieron de la iglesia bastante maltrechos, él con una crisis cardíaca y ella con un ataque de gota. Su quebrantada salud no les permitió emprender inmediatamente el regreso a París, adonde llegarían por fin el 20 de mayo.

Cuando el coche se detuvo ante la casa de la calle Fortunée, donde debía esperarles su criado Francisco, nadie salió a recibirles. Como no respondían a sus llamadas, fue preciso echar la puerta abajo. En el interior hallaron al sirviente parapetado tras una barricada de muebles, mirándolos con ojos extraviados y murmurando palabras incoherentes: mientras esperaba a sus amos se había vuelto completamente loco. Balzac se llevó las manos al corazón y exclamó: «¡Esto es un mal presagio! ¡No saldré vivo de esta casa!»

Estaba en lo cierto. La felicidad matrimonial del escritor sólo duró tres meses. A las once y media de la noche del día 18 de agosto, Honoré de Balzac dejaba de existir. Al día siguiente era enterrado en el cementerio Père Lachaise, adonde lo acompañaron, entre otros, Victor Hugo, Sainte-Beuve y Alejandro Dumas.

El escultor Rodin, que hizo de él una memorable estatua, lo evocaría después con estas hermosas palabras, dignas de figurar en su epitafio: «Fundador de generaciones y pródigo sembrador de destinos, era el hombre cuyos ojos no necesitaban nada de lo creado: si el mundo hubiese estado vacío, sus miradas lo hubieran hecho brotar a su alrededor.»

La inesperada muerte del escritor, a la edad de 51 años, terminó con su breve matrimonio con la condesa Hanska (a la derecha), unión que Balzac había perseguido durante dieciocho años.

1799	El 20 de mayo nace en Tours (Francia) **HONORÉ DE BALZAC.**
1807-1813	Permanece interno en un colegio religioso de Vendôme.
1816-1819	Se instala con su familia en París, estudia Derecho y trabaja como pasante.
1820	Escribe su primera obra, la tragedia *Cromwell.*
1821-1824	Vive con sus padres en Villeparisis. Conoce a madame de Berny. Publica varias novelas bajo diferentes seudónimos.
1825-1827	Trata de hacer fortuna como editor e impresor, pero fracasa estrepitosamente.
1829	Publica *Los chuanes,* su primera novela importante.
1831	*La piel de zapa* ratifica el éxito de *Los chuanes.* Balzac, convertido en un dandy, recorre los salones de París.
1833	Conoce en Suiza a Éveline Hanska. Se publica *Eugenia Grandet.*
1835	*Papá Goriot. El lirio del valle.*
1841	Organiza un vasto plan de toda su obra bajo el título *La Comedia Humana.* La condesa Hanska se queda viuda.
1847	Éveline Hanska accede a casarse con Balzac.
1850	Viaja a Kiev con la que va a ser su esposa. La boda se celebra en marzo. El matrimonio regresa a París, donde Balzac muere el 18 de agosto.

FERNDINAND DE LESSEPS
(1805-1894)

El sueño de una relación más solidaria entre los hombres y su infatigable empeño permitieron a Ferdinand de Lesseps acometer con éxito la asombrosa obra del canal de Suez

*E*l día 16 de noviembre de 1869 fue inaugurado el canal de Suez bajo la presidencia de la emperatriz Eugenia, esposa de Napoleón III, con la solemnidad y el esplendor que el evento requería. Las celebraciones se prolongaron por espacio de varias semanas y en un grandioso escenario levantado en el desierto tuvo lugar el estreno de la ópera *Aida,* compuesta especialmente para la ocasión por Giuseppe Verdi. De entre todos los grandes hombres que acudieron a los festejos, uno era protagonista indiscutible del aconteci-

miento: Ferdinand de Lesseps, un diplomático francés altruista y soñador que con su empeño había cambiado la geografía del mundo y abierto una hasta entonces infranqueable frontera entre dos mares.

Diplomático y filántropo

Cuando Napoleón Bonaparte conquistó Egipto, en 1798, dispuso que se hicieran los preparativos necesarios para abrir el istmo de Suez. Desgra-

Impresionante panorámica del canal de Suez, que Ferdinand de Lesseps construyó entre 1859 y 1869 a lo largo de 161 km de terreno llano. En el centro se observa el Gran Lago Amargo, lugar donde se unen las aguas del Mar Rojo y las del Mediterráneo. Aunque Lesseps deseó que su obra fuese una vía navegable neutral y abierta a todos, los intereses políticos y estratégicos originaron no pocos conflictos, y el canal fue finalmente nacionalizado por el presidente egipcio Nasser en 1956.

ciadamente, su ingeniero sufrió un error de cálculo: anunció que las aguas del mar Rojo se elevaban casi diez metros por encima de las del Mediterráneo en la marea alta y que, por lo tanto, sólo un canal de esclusas impediría que se anegasen las tierras de Egipto una vez construido el paso. Lesseps, que no era ingeniero, afortunadamente no creyó en la existencia de tal desnivel y en 1847 encargó a un grupo de expertos franceses que revisaran el proyecto. El resultado fue concluyente: la diferencia de nivel era insignificante y el tránsito marítimo mediante un canal directo resultaba perfectamente posible. Hombre de increíbles recursos como negociador, de cautivadora personalidad y de un tesón a prueba de bomba, Lesseps emprendió el proyecto en 1849,

a los cuarenta y cuatro años, después de abandonar su distinguida carrera diplomática. Había nacido en Versalles en el seno de una familia de origen escocés que contaba con varios ilustres antecedentes en el mundo de la diplomacia y con excelentes relaciones en el ámbito de la alta política, por lo que su destino estuvo prefijado desde su juventud. Cónsul en Málaga y Barcelona, su humanitaria intervención a raíz del motín contra Espartero le valió una condecoración del gobierno español. También sirvió en los consulados de su país en Lisboa, El Cairo y Alejandría, donde fue preceptor del futuro jedive de Egipto, Mohamed Said, y ganó la Legión de Honor por su filantrópica y valerosa conducta durante la peste que asoló aquella ciudad en 1834.

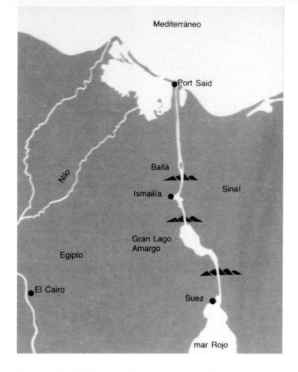

El trazado del Canal de Suez es casi rectilíneo y aprovecha la existencia de diversos lagos salados. En sus orillas se han desarrollado importantes ciudades, la mayor de las cuales es por Port Said.

A pesar de este excelente currículum, los políticos franceses le retiraron su confianza y Lesseps se recluyó en su finca de La Chênaie. Allí leyó todos los informes existentes sobre el hipotético canal de Suez y comenzó a forjar su propio proyecto. La oportunidad llegó cuando en septiembre de 1854 subió al poder Mohamed Said, que había sido su discípulo, y Lesseps acudió a Alejandría a ofrecerle sus servicios.

Éxito en Suez y fracaso en Panamá

El nuevo virrey, que deseaba iniciar su mandato con la realización de algo grande y provechoso para su pueblo, acogió con entusiasmo la proposición de Lesseps. Según el francés, Suez debía ser una vía navegable neutral, abierta para todos, a cuyo cargo estaría la primera empresa del mundo realmente internacional, que iba a llamarse Compañía Universal del Canal Marítimo de Suez. Pero lejos de complacer a todos, la obra suscitó recelos y hostilidad. Gran Bretaña, en particular, considerando que el canal podía beneficiar a flotas rivales que pudieran disputarle la supremacía en Oriente, puso todas las trabas imaginables e influyó poderosamente sobre Ismail Bajá, sucesor de Mohamed a partir de 1863.

A pesar de todo, el tesón de Lesseps y el decidido apoyo de muchas naciones europeas lograron que los trabajos de apertura de la que fue denominada Gran Zanja se desarrollasen a buen ritmo. Doscientos europeos dirigieron durante trece años a cincuenta mil *fellahs* —campesinos egipcios— reclutados por el virrey. Laboriosamente, éstos llenaban capazos que transportaban en mulos o a sus propias espaldas a más de kilómetro y medio de distancia. En este sentido tan penosamente literal, el canal de Suez fue una creación del propio Egipto que recuerda por su magnitud la construcción de las pirámides en tiempos de los faraones. Por último, en agosto de 1869, se abrió el paso ceremoniosamente a las aguas del mar Rojo para que afluyeran a los lagos Amargos, situados en la zona intermedia del canal, y se mezclaran con las procedentes del Mediterráneo. Tres meses después tenía lugar la solemne inauguración y Lesseps, aclamado apoteósicamente incluso en Inglaterra, pasó a ser un héroe a escala mundial.

La continuación de su hazaña, sin embargo, resultó mucho menos gloriosa. Tras el éxito de Suez, Lesseps fue señalado por todos para encargarse de la apertura del canal de Panamá, proyecto que ya existía desde la época de la conquista española. Acometió la empresa en 1881 y, llevado de nuevo por su intuición, no creyó que existiera un considerable desnivel entre las aguas del Atlántico y el Pacífico. En esta ocasión se equivocó. La obra dio comienzo condenada de antemano al fracaso. En 1889, la compañía encargada de los trabajos se declaró en quiebra. Lesseps fue apeado de su pedestal, acusado de fraude y tachado de fantasioso.

El hombre que tantas veces había demostrado su altruismo y su desinterés por el propio enriquecimiento hubo de responder de su buena fe ante políticos y banqueros olvidadizos y faltos de escrúpulos. Al fin de tan desgraciada peripecia, Lesseps fue condenado a cinco años de prisión y al pago de una multa. Aunque su precario estado de salud le impidió cumplir la sentencia, el ilustre diplomático, el emprendedor infatigable, el promotor íntegro y entusiasta cayó en tal estado de depresión que falleció al cabo de un año. El error judicial no pudo empañar su memoria y hoy su existencia es un ejemplo admirable para la Historia contemporánea.

Considerado como un héroe mundial tras la inauguración del Canal de Suez, Ferdinand de Lesseps fue encargado de construir el canal de Panamá, antiguo sueño de los conquistadores españoles. El empresario francés inició las obras en 1881, pero las dificultades originadas por la insalubridad de la región y la imprevisión del proyecto original, que no tenía en cuenta la diferencia de altura de la marea en las costas atlántica y pacífica, llevaron a la compañía concesionaria a la ruina.

1805	El 19 de noviembre nace en Versalles **FERDINAND DE LESSEPS**.
1831-1846	Cónsul en El Cairo, Alejandría y Barcelona.
1848	Embajador en Madrid.
1850	Abandona la carrera diplomática y se retira en su casa de campo de La Chênaie.
1854	Regresa a Egipto y ofrece su proyecto sobre el canal de Suez al bajá Mohamed Said.
1859	Funda la Compañía Universal del canal Marítimo de Suez.
1860	Se inician los trabajos del canal.
1869	El 16 de noviembre se inaugura el canal de Suez.
1881	Acomete la apertura del canal de Panamá.
1889	La empresa encargada de las obras se declara en quiebra.
1893	Lesseps es condenado a cinco años de prisión, que no cumple debido a su frágil estado de salud.
1894	27 de diciembre: muere en La Chênaie.

BENITO JUÁREZ
(1806-1872)

Benito Juárez, el primer gran estadista mexicano, se distinguió por su inquebrantable fe en las libertades civiles y en el ideal democrático, en uno de los momentos más difíciles de la historia de su país.

*T*al vez sea exagerado afirmar, como hacen sus partidarios, que Juárez fue el libertador de México, una especie de santo laico; pero mucho más injusto resulta juzgarlo hoy, cuando ha transcurrido más de un siglo desde su muerte, con las invectivas que hicieron recaer sobre él sus detractores, quienes lo motejaron de ingrato, enemigo de la religión, ambicioso, cruel y traidor a la patria. La patria, formada sobre todo por indígenas margi-

nados y mestizos sometidos a condiciones casi de esclavitud, estuvo siempre en sus pensamientos, y es a ella a quien consagró su vida, su vigorosa inteligencia y su habilidad de estadista, hasta el punto de que la historia de la emancipación de México está inseparablemente ligada al nombre de Benito Juárez.

Era apenas un niño de cuatro años cuando el cura Hidalgo lanzó el Grito de Dolores, que supuso el pistoletazo de salida para la azarosa insurrección antiespañola; tenía nueve cuando, tras el fusilamiento de Morelos, el movimiento independentista quedó fraccionado en impotentes partidas guerrilleras; quince, cuando se declaró la independencia del Imperio Mexicano; dieciocho, cuando, el 4 de octubre de 1824, México se convirtió en República Federal, y veintiocho años recién cumplidos cuando Santa Anna asumió la presidencia, suprimió en gran medida la legislación liberal e inició una etapa de reacción conservadora. Pero faltaban aún ventiún largos años, durante los cuales el país vivió no sólo numerosas vicisitudes políticas sino también una guerra contra Estados Unidos, para que, en diciembre de 1855, tras la renuncia de Santa Anna, Benito Juárez se hiciera con el poder e iniciara su gran tarea reformadora. ¿De dónde provenía aquel presidente tan controvertido que mandó fusilar al emperador Maximiliano?

Un hijo del pueblo

Benito Pablo Juárez nació el 21 de marzo de 1806 en San Pablo de Guelatao, pueblo levantado en la sierra al norte del valle de Oaxaca, hijo de zapotecas. En aquel territorio florecían el naranjo, el limonero y el chirimoyo, y del mismo modo que en las proximidades de Guelatao había una laguna de aguas transparentes que jamás cambiaba de nivel pese a las tormentas, la región había conservado las costumbres y tradiciones prehispánicas sin alterarlas ni un ápice.

En los *Apuntes para mis hijos* que Juárez escribió en 1857, reseña: «Tuve la desgracia de no haber conocido a mis padres Marcelino Juárez y Brígida García, indios de la raza primitiva del país, porque apenas tenía yo tres años cuando murieron, habiendo quedado con mis hermanas María Josefa y Rosa al cuidado de nuestros abuelos paternos Pedro Juárez y Justa López, indios también de la nación Zapoteca. Mi hermana María Longinos, niña recién nacida, pues mi madre murió al darla a luz, quedó al cargo de mi tía Cecilia García.»

Cuando murieron sus abuelos pasó a residir un tiempo con su desabrido tío Bernardino Juárez, hombre impaciente que solía embriagarse los domingos y que poseía una cabaña junto a la laguna encantada y un pequeño rebaño de ovejas. El

Las célebres Leyes de Reforma *tuvieron como objeto separar la Iglesia y el Estado y limitar el poder eclesiástico, suprimiendo las órdenes monásticas, secularizando sus cuantiosas riquezas y creando un registro civil. Arriba, los líderes de la Reforma con Juárez al centro, en un mural de Diego Rivera.*

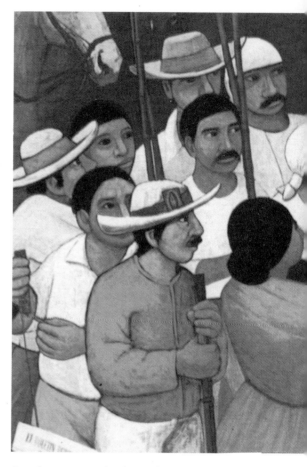

muchacho, que carecía de todo patrimonio heredado de sus padres, debió dedicarse desde temprana edad a las labores del campo, pero su tío le enseñaba a leer a ratos perdidos y le encarecía lo importante que era aprender castellano para prosperar. «Y como entonces —cuenta el propio Juárez— era sumamente difícil para la gente pobre y muy especialmente para la clase indígena, adoptar otra carrera científica que no fuese la eclesiástica, me indicaba sus deseos de que yo estudiase para ordenarme.»

De todo ello se deduce que en aquella región de indígenas levantiscos que habían aceptado de mal grado la intromisión extranjera ni tan sólo se hablaba español, pero que Bernardino calculaba con buen juicio que su pupilo debía dejar atrás el lastre de su propia raza si quería sacudirse la pobreza. Ávido de conocimientos, el muchacho descubrió precozmente que su tío no podía enseñarle más de lo que ya le había enseñado y que debía buscar nuevos horizontes en la capital. Por otra parte, a causa de una negligencia en el cuidado de las ovejas, el jovencísimo pastor temió las represalias de su pariente, así que «el 17 de diciembre de 1818 y a los doce años de edad —cuenta Juárez— me fugué de mi casa y marché a pie a la ciudad de Oaxaca a donde llegué en la noche del mismo día.»

Uno de sus biógrafos, Ramos, lo describe así por aquel entonces: «Era Benito un niño obediente, reservado en sus pensamientos, en general retraído; tenía amigos pero pocos y demostraba para con ellos formalidad y cordura. Mas importa señalar que su prematura seriedad no era misantropía, ni anunciaba un ánimo esquivo. Juárez será taciturno, como los demás hombres de su raza en general, con tendencia a la soledad, pero en manera alguna misántropo ni insensible al cariño y al desamor. Y menos que nada será Benito Juárez indiferente a las pruebas y demostraciones de amistad.»

En la bella y populosa ciudad de Oaxaca, donde se hacía el mejor chocolate de toda Nueva España, buscó Juárez la protección de su hermana María

Josefa, que servía de cocinera en la casa de la familia Maza. La joven veló celosamente por el bienestar y la educación del muchacho, y a su desprendimiento y lealtad deberá en gran parte el futuro presidente de la República haber podido salir adelante. Tras servir algún tiempo en casa de los Maza, que lo acogieron como un ahijado, pasó de aprendiz al taller de Don Antonio Salanueva, un encuadernador que lo puso en contacto con las primeras lecturas —las obras de Feijoo, las *Vidas paralelas* de Plutarco— y le allanó el camino para ingresar como alumno externo en el seminario el 18 de octubre de 1821, el mismo año en que se declaraba la independencia de México.

Un hombre de ley

Trece años después, Benito Juárez se licenciaba en leyes, pero para entonces ya había iniciado su carrera política como diputado por Oaxaca entre 1832 y 1833. Era éste el primer paso de una

actividad que le llevaría a ser el máximo mandatario de la nación, aunque para ello debió ascender lentamente en el escalafón político, sortear dificultades sin cuento, padecer el exilio, sufrir la cárcel, encabezar una guerra civil y atraerse la ira de numerosos enemigos.

En 1846 era miembro del Congreso, y desde el año siguiente hasta 1852 desempeñó el cargo de gobernador del Estado de Oaxaca. Implantada en 1853 la dictadura, fue desterrado a La Habana, de donde regresó en 1855 para asumir el Ministerio de Justicia. Ostentando este cargo promulgó una serie de importantes leyes, las cuales tenían como objetivos la consecución de la reforma agraria y la subordinación del ejército y de la Iglesia a la autoridad civil, y que culminaron en la Constitución liberal moderada de 1857.

Ignacio Comonfort, que trataba de entenderse con los conservadores, dio un golpe de estado, encarceló a Juárez y desató la guerra civil tras el pronunciamiento que elevó a la presidencia al conservador Félix Zuloaga en enero del año siguiente. No obstante, como presidente legítimo de la Suprema Corte de Justicia, Juárez estableció un gobierno constitucional en Guanajuato y, más tarde, en Guadalajara. Presionado por sus enemigos, hubo de refugiarse en Panamá, pero regresó en mayo de 1858 para establecer su cuartel general en Veracruz. Al año siguiente su gobierno fue reconocido por Estados Unidos, y Juárez comenzó a promulgar las célebres *Leyes de Reforma,* que radicalizaban la Constitución de 1857 con la nacionalización de los bienes del clero, la supresión de las órdenes monásticas, la creación del registro civil y la separación definitiva de la Iglesia y el Estado. El gobierno constitucional triunfó en 1860 con la victoria de San Miguel de Calpulalpan, la decisión tomada por Juárez de suspender el pago de la deuda externa provocó la intervención armada en México de Francia, Inglaterra y España y sumió de nuevo al país en una tensa situación de guerra. Pese a que Juárcz consiguió disuadir a estos dos últimos países por medio del convenio de la Soledad,

Las reformas liberales emprendidas por Juárez en 1858 provocaron la reacción conservadora y desencadenaron la guerra civil. Pero, con la ayuda norteamericana y el apoyo de la burguesía y de las clases populares, el ejército liberal logró la victoria en San Miguel de Calpulalpan y, el 25 de noviembre de 1860, con Juárez a la cabeza, entró en la capital, como muestra el grabado.

Francia emprendió la conquista del país y, en 1864, tras ocupar la capital, acabó por imponer al archiduque Maximiliano de Austria como emperador de México.

Juárez, hombre de leyes por encima de todo, prorrogó no sin profunda vergüenza y violencia interna sus poderes presidenciales hasta que terminase la guerra, y emprendió enseguida la ofensiva republicana, que triunfaría tras el sitio de Querétaro en 1867 y se saldaría con el fusilamiento de Maximiliano el 19 de junio en el Cerro de Campanas.

Río revuelto

Inmediatamente después, Juárez fue reelegido, pero el último lustro de su vida política estaría marcado por revueltas y conflictos de toda índole. Por una parte, proliferaban en México brotes de bandolerismo y grupos guerrilleros revolucionarios, y por otra el sistema constitucional, que se había impuesto tras arduas luchas contra las poderosas fuerzas de la reacción, comenzaba a desacreditarse acusado de fraude electoral. Para colmar el vaso, el presidente inició impopulares reformas con objeto de acumular en sus manos un mayor poder efectivo, lo que provocó deserciones en sus propias filas.

Porfirio Díaz, por ejemplo, cuyo nombre resume por sí mismo el siguiente capítulo de la historia de México, se pasó entonces a la oposición, tras haberse destacado como victorioso militar en la guerra contra Maximiliano, y en 1871 Sebastián Lerdo de Tejada, principal colaborador de Juárez en política interior, no aceptó presentarse a las elecciones y fundó el partido lerdista. Durante ese año el presidente debió así mismo sofocar diversos levantamientos, como los de Treviño y Narnajo, agotando en esta extenuante empresa sus ya enflaquecidas fuerzas.

Aunque el 1 de diciembre de 1871 asumía nuevamente la presidencia ante el Congreso de los diputados, y allí reiteraba su fe en la legalidad con su habitual energía, los vientos de la historia se orientaban ya hacia otros derroteros. Porfirio Díaz arengaba a sus partidarios contra Juárez acusándolo de dictador y poniendo en marcha una revuelta inspirada en el llamado Plan de la Noria, cuya más significativa propuesta era la prohibición de que fueran reelegidos los presidentes. Pese a que Juárez sobrevivió también a esta postrera andanada de sus enemigos políticos, reprimir el levantamiento constituyó su último acto público, pues con secreto estoicismo de indígena zapoteca desde tiempo atrás venía soportando una prolongada serie de ataques al corazón que por fin lo llevaron a la tumba el 18 de julio de 1872.

En 1864, a propuesta del emperador Napoleón III, cuyas tropas habían ocupado el centro de México, una junta de notables ofreció el trono al archiduque austríaco Maximiliano, el cual desembarcó en Veracruz ese mismo año. La presión del presidente estadounidense A. Lincoln y sus compromisos en Europa obligaron a Napoleón III a retirar sus tropas, y Juárez pudo entonces recuperar el poder, tras hacer fusilar, en 1867, al emperador Maximiliano y a los generales que lo habían apoyado (arriba).

1806	21 de marzo: nace **BENITO JUÁREZ** en San Pablo de Guelatao, Oaxaca (México).
1818	17 de diciembre: se fuga de casa y se traslada a Oaxaca.
1821	18 de octubre: ingresa en el Seminario de Oaxaca.
1833	Diputado del Congreso del Estado.
1843	31 de agosto: se casa con Margarita Maza.
1853	Es detenido y expulsado del país.
1855	4 de octubre: es nombrado Ministro de Justicia.
1858	4 de mayo: instala su gobierno en Veracruz.
1867	En diciembre es elegido presidente.
1871	Nuevo mandato de Juárez como presidente.
1872	18 de julio: muere en México tras una serie de ataques al corazón.

GIUSEPPE GARIBALDI
(1807-1882)

Valiente, aventurero, idealista y temperamental, Giuseppe Garibaldi encarnó la figura del héroe romántico, pero su lucha tuvo un objetivo político muy concreto: la unidad de Italia.

Si hay un personaje histórico que encarne a la perfección el espíritu aventurero del héroe romántico, ése es sin duda Giuseppe Garibaldi. Era un niño todavía cuando abandonó la escuela para seguir el oficio de su padre, un experto marino. De este modo, el mar fue su compañero de juegos y una fuente inagotable de emociones en su juventud. Navegando en pequeños barcos que arrostraban mil dificultades, Giuseppe forjó su carácter viajero e intrépido, que tan bien cuadraba con el de los ídolos ensalzados en sus poemas por los autores románticos. Altanero, idealista, audaz y siempre leal a sus convicciones, Garibaldi se mantuvo a lo largo de su agitada existencia perpetuamente alejado de los convencionalismos socia-

les y siempre enfrentado al riesgo, como si le gustase desafiar a todo y a todos y no estimase en mucho su propia vida. Vivió intensamente para la lucha y para el amor, lo que encajaba perfectamente con su fogoso temperamento. Era enemigo de la religión y sólo practicaba, según sus propias palabras, «el evangelio de la santa carabina». De haber nacido en otro momento histórico, la inactividad hubiera marchitado su alma, pero su tiempo y su tierra le proporcionaron mil oportunidades para demostrar que esos hombres admirables de los que hablaban las novelas podían encontrarse también en la realidad.

Italia dividida

A mediados del siglo pasado, Italia estaba políticamente fragmentada en mil pedazos. En el norte, el Piamonte, unido a Cerdeña, era regido por la casa de Saboya; la Lombardía y el Véneto pertenecían a Austria. En el centro, los ducados de Parma, Módena y Toscana eran también gobernados por príncipes austríacos; Roma era la capital de los Estados Pontificios; además, la Romaña, las Marcas y la Umbría constituían señoríos familiares, aunque nominalmente fueran tierras del Papa. Al sur quedaba el Reino de las Dos Sicilias, que comprendía Nápoles y Sicilia, con los Borbones al frente.

El movimiento de la Joven Italia, promovido por Giuseppe Mazzini, había hecho que estallasen numerosos movimientos revolucionarios que no alcanzaron sus objetivos. El papado, el invasor austríaco, la aristocracia terrateniente y la monarquía anclada en el antiguo régimen eran los enemigos de la independencia y la unidad italianas. La llegada al trono piamontés de Víctor Manuel II en 1849 marcó un punto de inflexión e hizo reverdecer las esperanzas de los patriotas italianos. El nuevo rey mantuvo el régimen constitucional de Piamonte y desarrolló una oratoria sencilla pero persuasiva en defensa de un liberalismo moderado. Auxiliado por Cavour, aristócrata comprometido con la causa de la unificación y dotado de un considerable genio político, firmó un acuerdo con Francia para arrojar a los austríacos de Italia. Conforme a estos pactos, tendría que haberse constituido un reino de la Alta Italia al norte gobernado por Víctor Manuel, quedando el centro de la península para los franceses. La guerra comenzó con brillantes victorias de las fuerzas aliadas en Magenta y Solferino, donde destacaron los Cazadores de los Alpes, tropas voluntarias que mandaba con extraordinaria energía un destacado general: Giuseppe Garibaldi.

Batalla tras batalla

No era ésta la primera vez, ni fue la última, que Garibaldi combatía en pro de la unidad de su país. Su currículum era impresionante a esas alturas de 1859. Había conocido a Mazzini y militado en su Joven Italia, había ganado los galones de capitán en la marina piamontesa y tenía sobre sus espaldas una enorme experiencia acumulada en muchos campos de batalla. En 1843 había recibido la consigna de insurreccionar Génova, propósito que acabó en fracaso. Condenado a muerte, huyó a Marsella y posteriormente a Brasil, donde luchó en apoyo de los rebeldes contra el rey Pedro I. Se trasladó después a Uruguay y se distinguió en las revueltas contra Oribe, por lo que recibió la graduación de general. De regreso a Italia, había participado en decenas de combates al frente de su Batallón de la Muerte, luchando siempre por su patria contra aquellos que consideraba sus enemigos en los múltiples conflictos independentistas que sacudieron la península. Tanto en su país como fuera de él, Garibaldi había puesto de manifiesto un ardiente liberalismo poco inclinado a las componendas. De su tosca rudeza se desprendía la confianza que sabía transmitir a sus soldados, que le seguían fielmente, al igual que la compañera de turno a la que estaba sentimentalmente unido; generalmente, ella luchaba a su lado como uno más de sus milicianos. Más adelante, también iban a acompañarle sus hijos. Tal era su hoja de servicios cuando Garibaldi intervino en la guerra contra los austríacos. Todo parecía marchar sobre ruedas cuando los franceses decidieron interrumpir las hostilidades y emprender las negociaciones de paz; en ellas, Víctor Manuel II obtuvo de Austria la Lombardía, a la que se unieron poco después Parma, Módena, Toscana y Romaña, cuando sus gobiernos provisionales, constituidos tras una serie de revueltas surgidas al amparo de la guerra, solicitaron su incorporación al Piamonte.

Un luchador leal

El gran protagonista del período que se iniciaba iba a ser Garibaldi, a quien se le encomendó el siguiente objetivo: conseguir la liberación del Reino de las Dos Sicilias, aún en manos de los Borbones. El rey Francisco II de Nápoles, dominado por una camarilla intolerante, no quería ni podía moderar su absolutismo. Los conatos revolucionarios eran constantes en todo su reino. En esa coyuntura se organizó la expedición de los Mil camisas rojas, promovida por Cavour. Garibaldi desembarcó en Palermo, fue acogido con vítores por los isleños y barrió a los resistentes, encabezando luego la marcha de sus tropas hacia Nápoles. Francisco II escapó y buscó asilo en los Estados Pontificios.

Garibaldi nombró un gobierno provisional con el propósito de implantar la república en los territorios conquistados. Además, el sabor de la victoria le hizo concebir la posibilidad de, marchando sobre Roma, derrotar a las tropas francesas que defendían al papa y así conseguir para la causa de la independencia la que debía ser capital de la nueva Italia. Víctor Manuel y Cavour hubieron de maniobrar rápidamente para impedir que el empuje de Garibaldi comprometiese los resultados alcanzados. Las tropas del rey invadieron las Marcas y la Umbría y frenaron el avance de la revolución que se avecinaba impulsada por las conquistas de Garibaldi.

El honesto luchador nacionalista supo renunciar a su empresa y a los laureles de una probable victoria en favor de la casa de Saboya. El 26 de octubre de 1860 se entrevistó en Teano con el monarca y, con tanta gallardía como nobleza, se dirigió a él dándole en todo momento el título de Rey de Italia. Ante este gesto, muchos milicianos y campesinos que estaban dispuestos a seguir a Garibaldi hasta la muerte moderaron sus pasiones revolucionarias y, como había hecho su jefe, reconocieron en Víctor Manuel a su nuevo sobe-

rano. Aun reconciliado con la monarquía, Garibaldi mantuvo su postura anticlerical y continuó considerando el poder temporal del papa como un obstáculo para la unidad italiana.

El crepúsculo del héroe

Garibaldi era tan testarudo como un buen soldado. Nunca cedió en su empeño de entrar en Roma, aunque fuera a costa de indisponerse con el rey y tener que luchar por su cuenta. Lo intentó en 1862 y en 1867. Las dos veces fracasó y fue capturado. Las dos veces hubo de retirarse a la isla de Caprera, donde tenía su refugio. Allí el león curaba de sus heridas y se reponía de sus derrotas. Allí encontraba la tranquilidad y disfrutaba de la vida familiar. Los hijos habidos en sus frecuentes y apasionadas relaciones le rodeaban: Anita, Ricciotti, Teresita, Francisca... Pero su preferido era Menotti, fiel retrato de su padre y su más ferviente admirador. Todos le querían y respetaban, proporcionándole el calor y el sosiego necesario para que pudiera descansar y dedicarse a escribir. Se inició en esta tarea con relatos de aventuras en los que siempre reflejaba sus vivencias y sus batallas, y así fue adquiriendo la soltura necesaria y el oficio imprescindible para emprender la redacción de sus memorias, que acabaría en los últimos años de su vida.

Paradójicamente, Garibaldi no pudo protagonizar la definitiva conquista de Roma, que tuvo lugar en 1870. Se encontraba combatiendo contra los prusianos en Francia, adonde había ido ávido de nuevas emociones y harto de inactividad. A su regreso, comprendió que había desaparecido la principal razón de su lucha. En Caprera reparó en que no había sido un hombre práctico: su idealismo jamás lo había hecho pensar en la necesidad de asegurarse un pequeño patrimonio. Él, que tanto había conquistado con sus tropas, no poseía nada. Tuvo que vivir pobremente, dependiendo de su familia, y el orgullo le hizo negarse a aceptar una pensión vitalicia otorgada por el gobierno. Pero la patria no olvidó a su héroe. En 1874 fue designado diputado y se incorporó a sus nuevas funciones con entusiasmo. Las muestras de afecto con que fue recibido en la Cámara le emocionaron; después de prestar juramento, su primer acto oficial fue entrevistarse con el monarca, que le estrechó en un caluroso abrazo. Su nombre se convirtió en una invocación mítica y en torno a su figura se forjó una emotiva leyenda, aunque a él le molestaba que lo reverenciaran y se exageraran sus méritos.

Entregado a la redacción de sus memorias, el viejo militar pasó sus últimos años en su querida isla, paseando, conversando con quienes viajaban hasta allí para conocerlo y recordando su juventud, sus viajes y sus incontables batallas. Garibaldi vio hecho realidad su sueño de ver a Italia unida y sobrevivió a cuantos habían participado en tan magna empresa. La muerte, a la que tantas veces había esquivado en los campos de batalla, lo alcanzó por fin un plácido día del mes de julio de 1882. Contrariamente a como había vivido, murió sosegado y en paz.

1807	**GIUSEPPE GARIBALDI** nace en Niza, perteneciente entonces al Reino de Cerdeña.
1833	Se enrola en la marina de guerra piamontesa.
1834	Fracasa en su intento de insurreccionar Génova.
1835-1847	Lucha en Brasil contra el emperador Pedro I. Combate en Uruguay contra Oribe.
1849-1855	De nuevo en Italia, combate al frente de su Batallón de la Muerte contra austríacos y franceses.
1856	Se entrevista en secreto con Cavour.
1859	Lucha al frente de los Cazadores de los Alpes en la guerra contra Austria.
1860	Conquista Sicilia y Nápoles encabezando a los Camisas Rojas. 26 de octubre: Se entrevista en Teano con Víctor Manuel II.
1862	Fracasa su primer intento de entrar en Roma.
1867	Vuelve a intentar entrar en Roma.
1868	Se exilia en Caprera.
1874	Es nombrado diputado.
1882	Muere después de concluir sus memorias.

CHARLES DARWIN
(1809-1882)

*D*a risa pensar en la actualidad con cuántas bromas malintencionadas e histéricas recibió la sociedad puritana del siglo XIX la noticia de que el hombre provenía del mono. No sospechaban aquellos buenos burgueses que la historia los juzgaría por sus ridículos aspavientos y por sus injustificables recelos hacia las lúcidas conjeturas científicas de Darwin, verosímiles e inocentes. Precisamente en su escándalo frente a los trabajos del gran naturalista, acaso mejor que en cualquier otra de las protestas ideológicas masivas de la época, se advierte la limitación mojigata de la utopía social de aquellos patricios que otrora habían protagonizado la Revolución, pero cuyas barrigas bien alimentadas y carteras repletas les recomendaron enseguida mayor prudencia, conservadurismo y respeto oportunista a las viejas consignas de la Iglesia. No es de extrañar, por lo tanto, que se sintieran alarmados y temiesen que se tambalearan sus cimientos con la doctrina de ese científico inglés que había venido al mundo un 12 de febrero de 1809 con la histórica misión de poner en entredicho unas fronteras de la verdad que parecían de una vez por todas establecidas, una falaz justificación de la dignidad humana que se creía asentada en áureas, incontrovertibles y celestes razones.

Una infancia burguesa

Mientras se erigían las solemnes chimeneas de las fábricas inglesas y la industrialización aunaba voluntades visionarias, optimistas y crueles en el Imperio Británico, un bebé nacía en el remoto pueblecito de Sherewsbury para contribuir eficientemente al desarrollo de la ciencia. Con apenas ocho años hubo de tomar precipitada conciencia de la triste condición humana, cuando su madre, Susana Wedgwood, falleció precozmente. Quedábanle, sin embargo, otros seres queridos que habrían de acompañarlo en la travesía de esta infancia abruptamente lastimada: su padre, Robert, y sus hermanos, Erasmus, Marianne, Carolinne, Catherine y Susan.

Su progenitor era un calmo y campechano médico de pueblo, tan amigo de favorecer en su derredor un clima apacible y confiado como de entregarse en su tiempo libre al estudio absorbente de las ciencias. Heredero de esta afición inagotable fue su hijo Charles, quien ingresó en 1825 en la universidad de Edimburgo para cursar estudios de medicina como consecuencia del portentoso ascendiente que su padre mantuvo sobre él durante sus primeros años. No obstante, al trabar conocimiento con las teorías evolucionistas de Lamarck, el muchacho se orientó hacia la zoología, lo cual no pudo menos que contrariar al doctor Robert Darwin, quien, habida cuenta de que su hijo no tenía vocación de médico, le recomendó que se hiciera clérigo.

El consejo no fue ni mucho menos desoído por su vástago y Charles consideró esta perspectiva durante algún tiempo con buenos ojos, tal vez imaginándose que aquella previsible vida de vicario rural le permitiría mantener un estrecho y permanente contacto con el campo. Así, en 1828 comenzó en Cambridge los estudios de teología y en 1831 alcanzó sin pena ni gloria el título de Bachiller en Artes, el único logro académico que obtendría durante toda su vida. Durante este período, sin embargo, había compensado el tedio que le producían sus vagos estudios con la asistencia reiterada a las clases de botánica de John Stevens Henslow, las cuales se complementaban con numerosas excursiones didácticas al campo. El erudito profesor, versado no sólo en botánica sino también en entomología, química, mineralogía y geología, acabaría por influir en su aventajado alumno para que se enrolase graciosamente, sin paga, en la aventura de la fragata *Beagle*, que fletada por el Almirantazgo Británico debía viajar por el hemisferio Sur para levantar mapas cartográficos de posibles mercados comerciales o insólitos territorios de los cuales extraer materias primas a bajo costo. Aquella razonable peripecia programada por industriales rapaces duraría cinco años, desde el 27 de diciembre de 1831 al 2 de octubre de 1836.

Las asombrosas islas Galápagos

El chico de veintidós años que se embarcó en la *Beagle* se mareaba un poco, no se conformaba con las explicaciones sencillas e indagaba en cualquier cosa que despertara su curiosidad con una testarudez que no conocía el desaliento. Cuando su barco atracó en las inhabitadas islas Galápagos del Pacífico, que se hallaban separadas por un gran trecho marítimo de las costas de Sudamérica, se sorprendió al descubrir lagartos gigantescos, supuestamente extinguidos, según los geólogos, muchos siglos atrás. Había también desmesuradas tortugas, cangrejos descomunales, gavilanes sin malicia que se dejaban derribar de un árbol con una vara y tórtolas amistosas que se posaban sobre el hombro del perplejo Charles. Al cambiar de una isla a otra, aunque el clima y la geología no variaban, la fauna era inexplicablemente distinta. Si el Génesis llevaba razón, el Creador había actuado con caprichosa e inútil versatilidad en cada uno de aquellos pequeños territorios, pero esa explicación no le resultaba demasiado convincente a Darwin. Entonces escribió en su diario: «Parece que en estas pequeñas islas, rocosas y estériles, nos hallamos más cerca del misterio de los misterios: la primera aparición de nuevos seres sobre la Tierra.»

Los cinco años de travesía le permitieron escrutar territorios tan extraordinarios como Tahití, Nueva Zelanda, Tasmania, Australia, las islas Azores, de la Ascensión y de Cabo Verde; incansablemente, Charles Darwin anotaba en su diario, que más tarde publicó, todo lo que veía: raros fósiles, animales de variadas especies y, sobre todo, intrigantes mensajes que la naturaleza parecía haber dejado, como un náufrago que lanza al mar sin apenas esperanza una botella, para que fueran descifrados por un hombre observador e instruido. Secretamente comenzaba a sospechar el estudioso, no sin quebranto de sus prejuicios morales, que el medio en que se desenvuelve la

Charles Darwin (arriba en un cuadro de John Collier de 1883) convulsionó la comunidad científica de su tiempo al desacralizar el origen del hombre, sentando las bases de la teoría evolucionista en su famosa obra El origen de las especies, a través de la selección natural.

vida es un juez implacable que permite sobrevivir solamente a los más aptos.

Años después, aquellas desazonadoras y maravillosas intuiciones, cobrarían forma en un libro revelador y polémico: *El origen de las especies, a través de la selección natural*, que publicado en 1859 con una tirada de 1.250 ejemplares se agotó en veinticuatro horas. Desde esa fecha hasta que dio a la imprenta el otro texto decisivo que lo consagró como el gran teórico capaz de explicar las leyes naturales (*El origen del hombre y la selección con relación al sexo*, 1871), no dejó de intervenir pública y polémicamente en la

471

El 27 de diciembre de 1831 embarcó en la nave Beagle *para un apasionante viaje de cinco años, durante el cual visitó territorios casi inexplorados, como la Patagonia argentina, las inhabitadas islas Galápagos, donde intuyó estar frente a la "primera aparición de nuevos seres sobre la Tierra", Tahití, Nueva Zelanda, Australia y, entre muchos más, Mauricio, arriba, Port Louis, su capital.*

configuración de la ideología fundamental de su siglo con numerosos artículos y conferencias, aun a costa de un progresivo deterioro de su precaria salud.

La mirada certera

El 29 de enero de 1839, tras regresar a Inglaterra, se casó con su prima Emma Wedgwood, y en su diario confiesa que los tres meses siguientes fueron los más improductivos de toda su vida. Ella era una joven sensual de enormes ojos, frente despejada y labios irónicos, colaboradora inteligente en la trascendental tarea científica de su esposo, y también mujer práctica y apegada a la realidad que se ocupó de cuidar de Charles y lo animó a adquirir en 1842 una residencia en Down, localidad no lejos de Londres, donde pudo llevar a cabo su tarea en condiciones óptimas hasta el fin de sus días. Emma le dio diez hijos, de los que sólo sobrevivieron siete, pero Darwin los amó a todos tierna y minuciosamente, hasta el punto de que anotaba en su diario la más pequeña alegría

o desasosiego que le producían mientras iba viéndolos crecer.

Darwin detestaba la vida mundana y pretextaba siempre su mala salud para eludir los compromisos sociales. Metódico hasta extremos inconcebibles, fue confeccionando una crónica de la evolución de sus ideas, que su hijo Francis publicó en 1892 bajo el título *Memorias del desarrollo de mi pensamiento y carácter.* De sí mismo pensaba que había actuado justamente al consagrar su vida a la ciencia: «No siento ningún remordimiento por haber cometido algún pecado grave, pero muchas veces he lamentado no haber hecho el bien más directamente a mis semejantes». Así mismo su proverbial modestia queda de manifiesto en estas confesiones: «Al leer algo en un libro o en un periódico me siento tan impulsado a la admiración, que únicamente tras reflexión prolongada llego a ver los puntos flacos. La facultad de seguir una larga y abstracta serie de pensamientos es, en mí, extremadamente limitada. En Matemáticas o en Metafísica hubiera fracasado.»

Sin embargo no fracasó en sus facetas de naturalista genial, de esposo considerado y de padre responsable, además de ser efectivamente superior al resto de sus contemporáneos «en observar cosas que escapan generalmente a la atención». Y precisamente por estar convencido y al mismo tiempo asombrado por este don excepcional, al principio ni siquiera se atrevió a dar a conocer sus teorías, guardadas celosamente en el cuaderno de notas que siempre llevaba encima durante sus investigaciones. Aún tenía que corroborarlas y para ello compró palomas de distintas especies que estudió y disecó, descubriendo que aunque todas las palomas domésticas proceden de la paloma silvestre europea, como consecuencia de muchos siglos de selección por parte de los criadores se habían operado notables diferencias entre la buchona, la de cola de abanico, la mensajera y la túmbler.

Por fin se atrevió a hacer pública la tremenda conclusión a la que había llegado, o sea, que «las especies no son inmutables», proposición que coincidía con las intuiciones de un zoólogo perdido en las islas Orientales: Alfred Russell Wallace. Juntos, en una noche memorable de 1858, se presentaron ante la Sociedad Linneana de Londres para dejar boquiabierta a la eximia concurrencia, y a partir de entonces hubieron de revisarse todos los aquilatados preceptos referentes a la pureza originaria del hombre. La interpretación literal de la Biblia, hasta ese momento vigente, quedaba decididamente obsoleta. La comunidad científica se rasgó las vestiduras y mientras unos pocos calificaban a Darwin de genio, eran muchos quienes lo acusaban de loco y se hacían cruces con las gigantescas consecuencias de esas peligrosas ideas.

La disputa adquirió caracteres épicos cuando se enfrentaron el obispo Samuel Wilberforce y el joven biólogo Thomas Huxley en la Universidad de Oxford. El primero, en una concurrida reunión, preguntó insolentemente al científico: «¿Sostiene usted acaso que desciende de un mono por línea materna o paterna?» A lo que Huxley respondió impertérrito: «Preferiría descender de monos, tanto por línea paterna como materna, a descender de un hombre que abusa de sus brillantes dotes intelectuales para traer prejuicios religiosos a la discusión de asuntos acerca de los cuales no sabe absolutamente nada.»

Los estudiantes de Oxford prorrumpieron en ruidosos aplausos. Con la victoria intelectual de Huxley triunfaba no sólo la razón, sino también la empresa a la que había entregado su vida Darwin, el cual pudo saborear las mieles del éxito en sus últimos y apacibles años antes de fallecer a causa de un ataque cardíaco en su casa de Down, el 19 de abril de 1882.

1809	**CHARLES DARWIN** nace el 12 de febrero en Sherewsbury (Inglaterra).
1825	Inicia estudios de medicina en la universidad de Edimburgo.
1828	Comienza en Cambridge estudios de teología.
1831	Obtiene el título de Bachiller en Artes. 27 de diciembre: parte en la fragata *Beagle* en una expedición científica.
1839	Se casa con su prima Emma Wedgwood, quien le dará diez hijos.
1858	Darwin y Alfred Russell Wallace exponen conjuntamente sus teorías sobre la evolución de las especies en la Sociedad Linneana de Londres.
1859	Publica *El origen de las especies, a través de la selección natural*.
1871	Publica *El origen del hombre y la selección con relación al sexo*.
1882	19 de abril: muere en su casa de Down, cerca de Londres. Su cadáver es enterrado en la abadía de Westminster, al lado de la tumba de Newton.

ABRAHAM LINCOLN
(1809-1865)

Abraham Lincoln (arriba), hombre de gran humanidad y patriotismo, llegó a ser uno de los presidentes más carismáticos de los Estados Unidos de América. Sus convicciones antiesclavistas fueron el detonante de la Guerra de Secesión.

*A*braham Lincoln fue el primer presidente estadounidense que murió asesinado. Este hecho bastaría por sí solo para otorgar a su figura una especial significación en la historia de Estados Unidos, aun cuando se tratara de un presidente más. Pero Lincoln fue distinto a los otros. Aquel caballero alto, un tanto desgarbado, ataviado siempre con una levita negra y tocado con una larguísima chistera, poseía un carácter, una elocuencia y una capacidad política que lo llevaron a ocupar un puesto de honor entre los pocos

políticos verdaderamente grandes de la era moderna. Parecía un ciudadano corriente, sus manos eran un tanto rudas y no podía decirse que fuera elegante, pero al observar los rasgos de su rostro se advertía un conjunto magnífico: el cráneo poderoso, la mirada rotunda, la afilada nariz y la boca de labios enérgicos resultaban impresionantes. Eran unas facciones que su asesino conocía bien y por eso su mano no tembló.

Fracasos y casualidades

Lincoln pertenecía a una familia de colonos establecida primero en Kentucky y luego en Indiana. Fue leñador, combatió contra los indios y se hizo abogado. Tenía veinticuatro años cuando inició su carrera política, en la que al principio destacaron más los fracasos que los éxitos. Había sido elegido diputado, pero su oposición a la guerra con México le hizo perder la popularidad y el cargo. Volvió a fracasar por dos veces en su intento de convertirse en senador y tuvo que retirarse a Springfield (Illinois), resignado a ejercer su profesión en una pobre oficina.

En el otoño de 1859, Lincoln había cumplido los cincuenta años, se sentía cansado y experimentaba cierta decepción. Había apostado sus energías y todo su entusiasmo a la política y los resultados sólo eran mediocres. Poseía una casa, 160 acres de tierra en Iowa y cierto crédito como abogado. Pero también tenía deudas y, sobre todo, muchas dudas. Algunos socios y amigos que aún creían en él estaban convencidos de que podía llegar muy alto, incluso a presidente del país, pero Lincoln, aunque la idea le sedujera, la rechazaba con su proverbial sentido de la realidad. «¿Por qué el Partido Republicano habría de considerarme a mí, cuando tiene una docena de líderes destacados?», argumentaba. Tal era la situación cuando el azar quiso que una serie de circunstancias aparentemente inconexas se

A pesar de que deseaba por encima de todo evitar la guerra civil y había planteado como solución la abolición gradual de la esclavitud, Lincoln terminó declarando la libertad de los esclavos en todo el país, el 1 de enero de 1863. Arriba, Lincoln lee a su gabinete el acta de emancipación.

entrecruzasen para acabar dando un nuevo impulso a sus ambiciones. Su hijo Robert había suspendido quince de las dieciséis asignaturas de que constaba el examen de ingreso a la Universidad de Harvard, y a la sazón se encontraba completando su preparación en una academia de New Hampshire. Lincoln se proponía visitarlo, inquieto por el rumbo que tomaban los estudios del joven y decidido a darle ánimos, cuando le ofrecieron dar una conferencia en Brooklyn. La propuesta le interesó porque deseaba seguir en contacto con el público y porque los doscientos dólares que iban a pagarle no podían venir mal a su maltrecha economía. Además, no era preciso que se desviase de su ruta hacia New Hampshire.

Los organizadores de la conferencia, al saber que Lincoln aceptaba hablar de temas políticamente comprometidos, trasladaron el lugar de la convocatoria a un recinto de la ciudad de Nueva York que podía acoger mayor número de personas. Aunque la noche del 27 de febrero se presentó tormentosa, unas dos mil personas acudieron a escucharlo. La entrada valía 25 centavos y la expectación era considerable.

Camino de la presidencia

Uno de los asistentes a la conferencia escribiría después: «El orador mantuvo enmudecido al auditorio durante casi dos horas y, al finalizar, el público estalló en un impetuoso aplauso». Al día siguiente, los periódicos de la capital publicaron su discurso íntegro y los dirigentes republicanos apelaron urgentemente a Lincoln para que hablara a lo largo de toda la ruta que había de seguir para llegar a la academia donde se encontraba su hijo. Durante la semana siguiente, Lincoln pronunció once discursos más en distintas ciudades, obteniendo resultados igualmente clamorosos. Si su hijo hubiera sido más aplicado, quizás Lincoln nunca hubiera llegado a presidente.

El siguiente paso consistía en ser designado candidato en la Convención Nacional Republicana, reunida en Chicago el 16 de mayo de 1860. Lincoln tenía posibilidades, sobre todo después de su triunfal serie de conferencias, pero William Seward parecía el aspirante mejor colocado. La asamblea dio comienzo, hubo largos debates y llegó el momento de las votaciones. Fue en ese instante cuando la fortuna volvió a aliarse con

Abraham Lincoln: las papeletas de voto no estaban listas y la votación hubo de aplazarse hasta la mañana siguiente. Durante la noche, los partidarios de Lincoln trabajaron febrilmente para inclinar la balanza a su favor. Practicando una fulminante política de pasillos, que ya entonces era habitual, negociando apoyos y convenciendo a los dudosos, empezaron a recabar votos de las delegaciones estatales. Lincoln, que imaginaba lo que estaba ocurriendo, les hizo llegar el siguiente mensaje: «No me comprometáis a nada». Los negociadores se quedaron desconcertados; luego tomaron una rápida decisión: imaginarían que el mensaje no se había recibido. Continuaron con sus maniobras hasta el amanecer. Se iniciaron las votaciones y el nombre de Lincoln fue el que más veces apareció en aquellas papeletas que tan oportunamente se habían retrasado la noche anterior.

Su nominación como candidato republicano aseguraba a Lincoln la presidencia, ya que los demócratas se encontraban divididos por la cuestión de la esclavitud y se presentaron con tres candidatos distintos. El 6 de noviembre de 1860, Lincoln fue elegido presidente. Le votaron dos de cada cinco estadounidenses con derecho a acudir a las urnas. Por primera vez alcanzaría un éxito rotundo.

La primera guerra moderna

Abraham Lincoln era un declarado antiesclavista. Su elección fue la causa desencadenante de la secesión de los estados del sur, que constituyeron la Confederación Sudista. Estos once estados alegaron que los gobiernos del norte se oponían a la institución de la esclavitud, calificándola de perversa, permitiendo el establecimiento de sociedades abolicionistas y uniéndose para llevar al alto cargo de presidente de los Estados Unidos a un hombre cuyos propósitos y opiniones eran totalmente contrarios a sus intereses. Además, la política proteccionista que propugnaba Lincoln, con objeto de que la competencia europea no debilitara la naciente industria del país, perjudicaba a los estados sudistas, cuya economía se basaba en el monocultivo del algodón y en la persistencia del latifundio y el librecambismo.

El presidente se negó a reconocer la separación y la guerra estalló inmediatamente. Iba a durar cuatro años y causaría 600.000 muertos que fueron otros tantos golpes en el espíritu patriótico de Lincoln, quien, por otra parte, siempre estuvo seguro de cumplir con su deber. Por su amplitud y duración, esta guerra sería luego considerada la primera guerra moderna, pues combatieron en ella cerca de tres millones de soldados, se emplearon materiales modernos (fusiles de repetición, ametralladoras, minas y acorazados) y se movilizaron todos los recursos de la economía. La famosa batalla de Gettysburg, en la que el general sudista Lee sufrió un completo descalabro, fue la primera de una larga serie de victorias para el Norte; al fin, el 9 de abril de 1865, Lee capituló en Appomattox ante los generales Grant y Sherman, a los que Lincoln había puesto al frente del ejército.

Un nuevo Bruto

Lincoln había sido reelegido poco antes de la conclusión del conflicto. La marcha favorable de la contienda, sus medidas de protección al desarrollo de la industria y su política conciliadora con respecto a los estados díscolos fueron los factores que le ganaron un segundo mandato. Además, era partidario del restablecimiento de la federación en igualdad de derechos para todos los estados, de inscribir en la Constitución el fin de la esclavitud y de iniciar inmediatamente la reconstrucción del país. Una mano asesina le impidió realizar sus propósitos.

Cinco días después de la rendición de Lee, John Wilkes Booth supo que un mensajero de la Casa Blanca había llegado a la Ford's Opera House, un teatro de prestigio, anunciando que a la representación de aquella noche asistirían el presidente y su esposa Mary. Booth era un joven actor bastante estimado por el público que años antes había abrazado la causa sudista. Durante la guerra no había dejado de interpretar sus papeles favoritos, que eran los de Romeo y Bruto, este último asesino de Julio César. Al mismo tiempo, sus simpatías por los confederados se habían transformado en odio contra Lincoln, en el que veía a un tirano y al que acusaba de querer convertirse en «rey de Estados Unidos». Al enterarse de que su enemigo iría al teatro esa noche, supo que había llegado su oportunidad. Abraham y Mary Lincoln ocuparon puntualmente su palco.

La obra dio comienzo después de que los presentes ovacionaran a su presidente y a la primera dama. En el pasillo, el policía encargado de su protección creyó que no eran precisas tantas precauciones y salió a tomar una cerveza en un bar situado junto al teatro. Booth llegó poco después, saludó al empleado de la entrada y se dirigió hacia el palco presidencial sin que nadie le cortase el paso. Iba elegantemente vestido, era un actor reconocido y conocía perfectamente los vericuetos de un teatro en el que había trabajado decenas de veces.

Cuando entró en el palco, el presidente se hallaba inclinado hacia adelante. Sostenía la mano de su mujer en la suya y presentaba su perfil izquierdo al ejecutor. Éste se adelantó sigilosamente empuñando una Derringer, pistola de pequeño tamaño y de un solo disparo. La acercó a la cabeza de Lincoln y disparó. Una humareda azul llenó el palco. El presidente apenas se movió: sólo su cabeza se recostó lentamente contra su pecho. Booth blandió un puñal para que nadie le detuviese y exclamó: «¡Sic semper tyrannis!», palabras puestas en boca de Bruto en el momento de apuñalar a César, que también son la divisa del estado de Virginia. Luego se precipitó hacia la barandilla, gritó de nuevo: «¡El Sur ha sido

"¡Sic semper tyrannis!" palabras de Bruto en el momento de asesinar a Julio César, exclamó el actor John Wilkes Booth tras disparar contra Lincoln (arriba), en la Ford's Opera House.

vengado!», y cayó pesadamente en el palco de butacas, rompiéndose una pierna. Sin embargo, logró levantarse y huyó cojeando. Mary lanzó un chillido y sobrevino una extraordinaria agitación.

Lincoln murió al día siguiente poco después de las siete de la mañana, la hora a la que habitualmente empezaba a trabajar.

1809	**ABRAHAM LINCOLN** nace cerca de Hodgenville (Kentucky), Estados Unidos.
1816	La familia Lincoln se traslada a Indiana.
1826	Abraham Lincoln se establece en Illinois.
1832	Se enrola como voluntario en las campañas contra los indios.
1836	Se licencia en Derecho.
1846	Es elegido diputado.
1849	Al no resultar elegido senador, se retira a Springfield.
1856	Se integra en el Partido Republicano.
1858	Pierde en las elecciones al Senado.
1860	Es nombrado candidato republicano para las elecciones presidenciales. 6 de noviembre: es elegido presidente.
1861	Estalla la Guerra de Secesión.
1863	Proclama la emancipación de los esclavos en los Estados Confederados.
1864	Lincoln es reelegido presidente.
1865	9 de abril: el general Lee se rinde a las fuerzas de la Unión. 14 de abril: John Wilkes Booth le dispara durante una representación teatral. 15 de abril: muere a consecuencia del atentado.

CHARLES DICKENS
(1812-1870)

Charles Dickens (arriba) ha descrito con descarnado y lacrimoso realismo la explotación de los pobres y las miserias sobre las que se asentaba la industrial y biempensante sociedad victoriana.

*C*harles Dickens fue el mayor escritor de la época victoriana, aquel tiempo en que para referirse a los pantalones se decía «los inmencionables» y que se cubría con una púdica faldita las patas de los pianos de cola. En esos honrados hogares ingleses el padre solía leer en voz alta a toda la familia y a los criados historias sentimentales, esperanzadas, humorísticas y edificantes que Dickens escribía a tanto la página por encargo del editor. Con excepción de *Tiempos difíciles*, de periodicidad semanal, por lo común entregaba veinticuatro o treinta y dos páginas al mes que se iban publicando, acompañadas de un par de ilustraciones, durante aproximadamente dos años. Este procedimiento generaba un suspense tan extraordinario que se cuenta que cuando un barco inglés atracaba en Nueva York ya se interrogaba a gritos a los pasajeros desde el muelle qué ocurría con el pobre *David Copperfield*.

Esta famosa novela, como tantas otras del autor, contiene numerosos pasajes autobiográficos, y es que Dickens jamás olvidó nada. De pequeño padeció la miseria y nadie después de él la ha descrito con tanta viveza melodramática ni ha lo-

478

grado arrancar tal caudal de lágrimas a un número tan grande de fieles lectores. A los veinticuatro años, dio el empujón definitivo al género folletinesco el día en que decidió reunir a un ridículo personaje, el erudito aficionado Pickwick, con un sanchopancesco truhán que derrochaba gracejo, el limpiabotas Sam Waller: de la tirada inicial de cuatrocientos ejemplares de *Los papeles póstumos del club Pickwick*, el editor pasó a vender la astronómica cifra de cuarenta mil. A su muerte, Dickens había alcanzado con sus fábulas tan asombrosa popularidad que Inglaterra y América se pusieron de luto. A los niños se les dio la noticia como si se tratara del fallecimiento de un familiar, y un chiquillo, al enterarse, preguntó: «¿El señor Dickens ha muerto? ¿También morirá Papá Noel?»

El pródigo Micawber

Es sabido que Micawber, el inolvidable personaje de *David Copperfield*, es un trasunto del padre del escritor, John Dickens. En la novela, el desdichado David, tras quedarse huérfano, es enviado por su desaprensivo padrastro y la pérfida hermana de éste a trabajar en un almacén de Londres, donde el muchacho vive desamparado por todos salvo por la hospitalaria familia de Micawber, un tipo verboso, alegre y derrochador que acaba siendo encerrado por deudas. En la realidad, Charles había sido el segundo de los hijos del matrimonio formado por un empleado de la Oficina de Pagos de la Armada de Portsmouth, John Dickens, y la joven Elizabeth Barrow. La prodigalidad y el atolondramiento del bondadoso John, muy querido a pesar de todo por cuantos lo conocían, lo llevaron a la cárcel de deudores de Marshalsea junto con toda su familia, a excepción de Charles, que pasó a trabajar durante tres meses en una fábrica de betunes para calzado. Ello ocurría en 1824, y esta vida de pobreza, acarreando unos pocos enseres de un tugurio a otro, la describió Dickens conmovedoramente en *La pequeña Dorrit*, novela que comenzó a escribir en 1855.

Pese a todo, Dickens disfrutó de una notable formación intelectual como autodidacta, pues su padre poseía un centenar de obras clásicas y su madre le enseñó a leer y rudimentos de latín. Aunque pasó por la escuela pública y por la Wellington House Academy de Londres, fueron sus lecturas en las bibliotecas del Museo Británico londinense las que más ayudaron a completar su instrucción. Todo ello, junto a su prodigiosa capacidad de observación, le permitiría en el futuro convertirse en un fiel cronista de su época, pero antes debía desempeñarse como ayudante en el despacho de un procurador de Grav's Inn, como taquígrafo en un colegio de abogados londinense y como periodista parlamentario, empleo este en el que se ocupaba igualmente su padre por entonces, después de que una inesperada herencia hubiera sacado a flote la economía familiar. Por fin, a los ventiún años, en 1833, publicaría su primera narración, por la misma época en que sufría su primera decepción amorosa al romper con Mary Beadnell, de la que se había enamorado locamente tres años antes y cuyo retrato trazó en la joven esposa de David Copperfield, Dora.

Amores difíciles

Charles había conocido a Mary a través de su hermana Fanny y había albergado esperanzas de casarse con ella pese a que, siendo ésta la hija de un hombre que ocupaba un puesto eminente en el banco Smith, Payne and Smith, sabía que su situación financiera, poco floreciente, iba a ser examinada y sometida a inspección por su improbable suegro con la misma escrupulosidad y rigidez que si de un cliente cualquiera se tratara. Durante las veladas musicales que constituían la principal diversión de los jóvenes de aquel entonces, Mary tocaba el arpa y Charles invariablemente entonaba canciones cómicas con desenfado, pero ella, sólo un año mayor aunque mucho más experimentada y astuta, tan sólo coqueteaba por juego con el modesto periodista, reservándose secretamente para un hombre rico. Sus relaciones estuvieron jalonadas de episodios en los que Mary hacía gala de frialdad y displicencia, mientras que Charles perseveraba en estériles demostraciones de cariño, hasta que por último se determinó el joven a abandonarla y le devolvió las cartas que había conservado durante años como preciadas joyas.

Este doloroso amor permaneció cruelmente en su memoria durante mucho tiempo, pero en 1855 volvió a encontrar a Mary convertida en la señora

Los personajes de Charles Dickens llegaron al corazón de los lectores, quienes vieron en él a otro personaje de fábula, al punto que cuando murió un niño preguntó: "¿El señor Dickens ha muerto? ¿También morirá Papá Noel?" Arriba, El sueño de Dickens, *óleo de Buss.*

de Henry Winters, «gorda, con cuarenta y cuatro años», y la angelical e inconsciente muchacha que le había inspirado el personaje de Dora de *David Copperfield* se encarnó después en la ridícula y madura Flora Finching de *La pequeña Dorrit*.

La siguiente elección sentimental de Dickens no fue tan desafortunada, porque reparó en la hija de un compañero de redacción del *Morning Chronicle*, George Hogarth, quien no puso ningún impedimento para que contrajera matrimonio enseguida con Catherine, la mujer que com-

partiría con él veintidós años de su vida y que le daría diez sucesores. Pero si bien al principio la unión fue feliz, con el paso del tiempo se convirtió en insoportable y, después de dos décadas de aparente fidelidad conyugal, sobrevino la ruptura en circunstancias que exacerbaron el nerviosismo y la irritabilidad de un hombre que, en la cumbre de su fama, estaba sometido a demasiadas tensiones y a exigencias editoriales que acabarían por quebrantar su salud.

El detonante de esta separación debió de ser el tercer gran amor de Dickens, la joven actriz de dieciocho años Ellen Ternan, a la que conoció durante la preparación de una de las obras de teatro escritas por él, *La helada profundidad*, y en la que participaban también cuatro de sus hijos.

Corría el año 1857, su matrimonio estaba en crisis y su corazón había reverdecido a causa de una inocente muchacha que tenía la misma edad que su hija Katy. Tratando de escapar de su propio desasosiego, inició un viaje por el norte con su gran amigo Wilkie Collins, extravagante personaje, opiómano, amancebado con dos mujeres y genial narrador de novelas de misterio como *La piedra lunar* y *La dama de blanco*, con quien por ese tiempo borrascoso llegó a escribir Dickens al alimón un curiosísimo relato titulado *La descansada gira de dos aprendices ociosos*. En el célebre capítulo IV de dicho libro, en un cuento intercalado que se conoce como «La cámara nupcial», se describe a la joven amante del escritor, con la que mantuvo contradictorias relaciones, a veces ocultándola con nombres supuestos, otras exhibiéndose con ella públicamente. «Era una Novia —escribe—. Una muchacha hermosa, de cabellos rubios, grandes ojos, que no tenía carácter ni voluntad. Débil, crédula, incapaz, una nulidad desvalida». Asesinada sañudamente la Novia por otro personaje ruin y siniestro, ésta reaparecerá después en la trama convertida en un fantasma de pesadilla empecinado en una venganza eterna.

Sea como fuere, esta catarsis literaria no hizo que los agobios y resentimientos de Dickens se aliviaran, ni tampoco sirvió de nada que, inconvenientemente, el escritor publicara una vergonzosa palinodia donde explicaba las razones de su divorcio de la ahora gordísima Catherine, morboso texto publicado el 12 de ju-

En El almacén de antigüedades, *publicada entre 1840 y 1841 (una de cuyas escenas recrea el grabado de arriba, con evidente malicia en el trazo de los personajes y de la sordidez del ambiente), Charles Dickens describió con gran patetismo la muerte de la pequeña Nell, inspirándose, como en muchas otras de sus obras, en un pasaje de su vida. En este caso fue la muerte de su cuñada Mary Hogarth, cuando sólo tenía diecisiete años. El episodio conmovió a miles de lectores de Gran Bretaña y América.*

nio de 1858 en *Household Words* (*Palabras del hogar*), revista aparecida en 1850 y que durante sus nueve años de vida contó con los más prestigiosos colaboradores. La sociedad puritana de su tiempo jamás se lo perdonó.

El humor melancólico

En la vida como escritor de Dickens, el 10 de febrero de 1836 constituye una fecha clave. Fue el día en que recibió la visita de William Hall, uno de los socios de la flamante casa editorial Chapman and Hall. Quería proponerle que redac-

tase las ridículas aventuras de unos londinenses aficionados a la caza, la pesca y otros deportes, historias bufas que debían ir acompañadas por ilustraciones de un reputado artista algo rancio, Robert Seymour, muy comprometido con el proyecto. Aunque la idea no le resultaba demasiado atractiva, Charles no podía permitirse el lujo de rechazar la modesta oferta económica puesto que ya estaba pensando en casarse con Catherine Hogarth. Aceptó, pues, el encargo, y el 31 de marzo de aquel año, dos días antes de su boda, apareció publicada la primera entrega, no demasiado interesante, de *Los papeles póstumos del*

481

club Pickwick, obra firmada con el seudónimo de *Boz*. Inmediatamente después se produjo la disputa entre escritor, editor e ilustrador, cada uno de ellos con una idea diferente sobre el futuro del proyecto. Por su parte, Seymour concebía a Pickwick como un personaje enjuto y alto, en la tradición quijotesca, mientras que Hall impuso que fuera bajo y gordezuelo, según la iconografía tradicional del shakesperiano Falstaff. Así mismo irritó al grabador que un autor novel, que apenas había alcanzado un pequeño renombre con la reciente publicación de los *Esbozos de Boz*, se apartara abiertamente de la idea original, centrada en la caricatura de escenas deportivas, y dirigiera los destinos de sus héroes hacia otros extraños derroteros. Indignado por su oprobiosa postergación, el inestable Seymour se encerró en su jardín y se pegó un tiro en la cabeza, macabro episodio que además de producir la más viva consternación en Dickens obligó a buscar un nuevo ilustrador, barajándose los nombres de George Cruiksank y del mismísimo William Makepeace Tackeray, el futuro autor de *La feria de las vanidades*. Por fin la designación cayó felizmente en un joven de veinte años y brillante porvenir llamado Hablôt K. Browne, que firmaría sus dibujos con el después famosísimo seudónimo de *Phiz*. Compenetrados ahora autor e ilustrador, el trabajo alcanzó imprevistas cotas

de éxito, como ya se dijo, con la irrupción del pícaro criado Sam Weller, cuyas ocurrencias se repetían por todas partes, y a quien Samuel Pickwick conoce en la posada El ciervo blanco. Este accidente, maravilloso en la historia de la literatura, es igualmente característico de esta escritura errática, desigual, que alterna episodios geniales y otros francamente tediosos, redactados deprisa, sin inspiración, y que a veces hasta olvida la idea inicial, como en este caso, pues si los acompañantes de Pickwick —Winkle, Tupman y Snodgras— eran al comienzo caballeros maduros y remilgados, terminan por metamorfosearse en jóvenes caprichosos y alocados que desean casarse sin consentimiento paterno. Pero lo cierto es que la evolución de esta itinerante historia, que ha proporcionado 3.000 libras a su autor, termina por cautivar masivamente al público, y los editores, que se han hecho de oro, ofrecieron al final un banquete en honor de Dickens a cuyos postres se presentó una tarta coronada por la figura oronda y risible del bueno de Samuel Pickwick. Aun antes de concluir esta novela, Dickens comenzó a relatar las lacrimosas desventuras de *Oliver Twist* (1837-1839), y a esta obra siguieron *Nicholas Nickleby* (1838-1840) y *El almacén de antigüedades* (1840-1841), donde se describe patéticamente la muerte de la pequeña Nell, pasaje para el que se inspiró en el reciente

Dickens, que había sufrido la miseria en su propia infancia, supo reflejar en su obra la situación de desvalimiento de muchos niños de la Inglaterra de su tiempo, ilustrada en este grabado de G. Doré.

fallecimiento de su cuñada Mary Hogarth, muchacha de diecisiete años a la que adoraba, y que conmovió a miles de lectores de Inglaterra y América. No obstante, el público exigía personajes simpáticos y finales felices, de modo que aunque Dickens pensaba que la historia de *La pequeña Dorrit* debía terminar mal, hubo de consentir en buscar una manera esperanzada de acabarla.

En 1842, el encumbrado autor, que había sido nombrado hijo adoptivo de Edimburgo, viajó por primera vez a Estados Unidos, país del que no sacó siempre una buena impresión como se refleja en sus agudas *Notas Americanas*, aunque fue aclamado por las calles y obtuvo un recibimiento inesperado y clamoroso. Pero ya en 1843, año en que vio la luz el espléndido *Cuento de Navidad*, incrementa notablemente sus ventas de la novela *Martin Chuzzlewit* cuando el protagonista se traslada a Estados Unidos, revitalizando así una historia que estaba decayendo.

En los años siguientes viajó mucho, tanto con su familia como para dar conferencias y hacer lecturas públicas de sus libros. De su estancia en Génova saldrá *Estampas italianas*; en París conoce a Dumas, Sue y Gautier; en Birminghan y Escocia participará como actor en obras de Shakespeare y Johnson; en 1863 llega incluso a Australia. También se ve afectado por una cascada de desgracias familiares: en 1851 muere su padre, John Dickens, y su hijita Dora; luego pierde la vida en la India su hijo Walter, y otro de sus hijos, Frank, marcha hacia aquel país; dos hijos más, Alfred y Plorn, emigran a Australia.

1870 será el año del desenlace fatal. En abril apareció el primer cuaderno de su novela *El misterio de Edwind Drood*, pero ese misterio quedaría sin resolver. El 7 de junio sufrió un ataque cerebral y al día siguiente expiró en su casita de Gad's Hill, siendo enterrado inmediatamente en «El rincón de los poetas» de la abadía de Westminster.

Dos años después apareció la primera biografía de Dickens, redactada por su amigo John Foster; desde entonces su personalidad no ha dejado de ser controvertida. Para unos fue el impenitente conformista que contemporizaba, pese a sus lúgubres descripciones, con una época odiosa. Para otros fue el filántropo que escribió contra las ejecuciones públicas tras asistir al ajusticiamiento del asesino Corvoisier, y el hombre caritativo que ayudó en la lucha de Angela Coutts en favor de las «mujeres caídas». Y aun hay quien piensa en un Dickens humano, demasiado humano, escondido tras el disfraz de un humorismo melancólico pero que llevó una vida secreta y disoluta en compañía de amigotes tan poco recomendables como Wilkie Collins.

1812	7 de febrero: **CHARLES DICKENS** nace en Portsmouth, base naval del sur de Inglaterra.
1824	Su padre es encarcelado en Marshalsea por deudas. Charles trabaja en una fábrica de betunes para calzado.
1826	Asiste a la Wellington House Academy de Londres.
1829	Trabaja como taquígrafo en el Doctor's Commons, uno de los colegios de abogados de Londres.
1830	Se enamora perdidamente de Mary Beadnell.
1833	Rompe con Mary Beadnell y se publica su primera narración *Una cena en la alameda*.
1836	31 de marzo: aparece la primera entrega de *Los papeles póstumos del club Pickwick*. 2 de abril: se casa con Catherine Hogarth.
1842	Viaja por Estados Unidos. *Notas americanas*.
1857	Conoce a la joven Ellen Ternan y se enamora de ella.
1858	En mayo se separa de Catherine.
1870	8 de junio: fallece en su residencia de Gad's Hill, dejando *El misterio de Edwin Drood* sin terminar.

DAVID LIVINGSTONE
(1813-1873)

Partiendo de la ciudad de El Cabo, en el extremo sur de África, Livingstone exploró, entre 1840 y 1873, un territorio vastísimo e incógnito, un espacio vacío en los mapas jamás hollado por el hombre blanco, remontándose hasta el norte del lago Tanganica y cruzando el África central desde Luanda, en la costa del océano Atlántico, hasta las islas Comores en el océano Índico. Pero además de uno de los exploradores más célebres del siglo XIX, tanto entre los indígenas africanos, que le conocían por el significativo sobrenombre de «El hombre bueno», como entre los geógrafos y meros lectores de periódicos de Europa y América, Livingstone fue un infatigable luchador contra la esclavitud. Pocos años después de que fuera enterrado con solemnes pompas fúnebres en la abadía inglesa de Westminster (18 de abril de 1874), donde fue aclamado por la propia reina Victoria por su valiente cruzada contra la trata de esclavos, Inglaterra firmaba acuerdos con varios gobiernos africanos para prohibir este ominoso tráfico tanto por tierra como por mar. Mas si su cuerpo yace y es honrado por sus compatriotas en tierras británicas, sus más nobles sentimientos estuvieron siempre y, en cierto modo metafórico aún permanecen, en el centro de África, porque los adoloridos acólitos del predicador, antes de emprender el cortejo fúnebre más largo de la historia, que duró nueve meses y traladó su cuerpo desde Chitambo, en Rhodesia del Norte (Zambia), hasta Zanzíbar, en la costa del océano Índico, embalsamaron el cadáver según métodos secretos e inhumaron su corazón en el mismo corazón de África.

La torpeza en el púlpito

El 19 de marzo de 1813 nacía en un rincón de Escocia, en el seno de una familia pobre, un hombre de voluntad inagotable y de tenacidad sin límites que habría de compadecerse de millones de seres humanos tras superar una ardua niñez dickensiana y una laboriosa adolescencia. En su derredor crecían los horrores de las primeras fábricas de la era industrial, con su secuela de explotación y de condiciones inhumanas impuestas a las clases más desprotegidas, habiéndose de emplear desde los diez años, como un nuevo David Copperfield, en una fábrica de tejidos de algodón cuya jornada se alargaba durante doce horas. No obstante, su obstinación y vigor le incitaban constantemente a superarse y logró satisfacer su vocación de estudiar teología en Edimburgo. Bien parecido y de carácter agradable, el joven parecía destinado, tras salvar los cursos universitarios, a consagrarse con éxito al sacerdocio, pero su primera intervención en el púlpito dejó mucho que desear. Aunque su fe era inquebrantable y no estaba falto de elocuencia, en su bautizo como predicador la timidez le jugó una mala pasada y su mente quedó en blanco, de modo que simplemente confesó: «Amigos, he olvidado todo lo que tenía que decir». Y seguidamente se retiró ruborizado y desalentado.

Fue entonces cuando el prestigioso misionero Robert Moffat, que visitaba providencialmente Edimburgo, lo animó a que abandonara su primera vocación y se dedicase a la medicina, consejo que Livingstone recogió a medias, pues si a partir de ese momento quedó convencido de que debía adquirir conocimientos de medicina para redondear sus planes altruistas, jamás renunció a su misión evangelizadora.

La cruz y la quinina

Convertido ya en teólogo y en médico, Livingstone decidió reunirse con su mentor Robert Moffat en la misión que éste había erigido en el sur de África, concretamente en Kuruman, después que se desechase destinarlo en China, como había solicitado la Sociedad Misionera londinense, al desatarse la sanguinaria Guerra del Opio. Desembarcó en 1840 en la colonia de El Cabo y en la misión entabló relaciones sentimentales con la hija de Moffat, con quien pronto contrajo matrimonio y con quien tuvo cuatro hijos. Merced a su probidad y a las medicinas con que aliviaba la penosa situación de los indígenas, enseguida se ganó entre ellos un enorme reconocimiento y cariño, pero los designios de quien había pasado una infancia tan estrecha eran ahora tan ambiciosos, estaban tan henchidos de pasión por hallar los más remotos horizontes y alcanzar los confines más lejanos, que sus pequeños servicios a una reducida comunidad se le antojaban poco. Si de humilde trabajador había pasado a teólogo, después a médico y después a misionero, ahora se convertiría en explorador.

Las fuentes del Nilo

Durante los primeros cinco años de trabajo, Livingstone sufrió treinta y un ataques de fiebre, y no hubiera podido sobrevivir sin la quinina que tan generosamente administraba a los otros. Después, para explorar una tercera parte del inmenso continente africano, con lo cual hizo accesible una porción de la superficie terrestre más extensa que cualquier otro colonizador, hubo de arrostrar peligros tales como los representados por tribus hostiles, fieras salvajes, parajes intransitables o enfermedades infecciosas, pero él se mantuvo fiel a su irrenunciable sueño: hallar las legendarias fuentes del Nilo.

Desde la Antigüedad, el origen remoto del fecundo río de los egipcios había despertado las más vivas fantasías, y el propio Julio César lamentaba no haber descifrado el enigma y haber descubierto la cuna del gigante. Ya Eratóstenes de Cirene en el siglo III a. C. y Tolomeo en el siglo II sostenían que el caudaloso río nacía de dos grandes lagos cuyas aguas se alimentaban de torrentes que descendían de los montes de la Luna, que hoy denominamos Ruwenzori. Lo cierto es que el Nilo reúne en Jartum las aguas del llamado Nilo Blanco, procedentes del lago Alberto, que a su vez las recoge del lago Victoria a través de las cataratas Murchinson, y del Nilo Azul, que se origina en el lago Tana, en Etiopía. Todo esto era entonces desconocido, pese a las expediciones de Burton y Speke organizadas por

David Livingstone no sólo fue el más célebre explorador del siglo XIX, sino también un idealista que dedicó su vida a la lucha contra la esclavitud. Estatua de David Livingstone en el mirador de las cataratas Victoria, sobre el río Zambeze, por él descubiertas.

En el tercero de sus viajes, Livingstone se internó en el África profunda buscando empecinadamente las fuentes del Nilo. Durante cinco años nada se supo de él, hasta que el periodista Henry M. Stanley, enviado por el New York Herald, *después de nueve meses de intensa búsqueda, lo halló el 10 de noviembre de 1871, en Ujiji, junto al lago Tanganica, momento que recrea el dibujo.*

la Real Sociedad Geográfica londinense, que dejaron bien sentado que el lago Alberto comunicaba con el lago Victoria, pero no lograron resolver el enigma de este último. ¿Había aguas que nutrían por el sur el lago Victoria? Si esto era verdad, como efectivamente hoy nadie ignora, habrían sido descubiertas por fin las fuentes del Nilo. En efecto, remontando el curso del río Kagera, conocido actualmente como Nilo-Kagera, se va a parar al gran lago Victoria, pero Livingstone creía erroneamente que nacía más al sur, en el lago Mweru, al sudoeste del lago Tanganica, por lo que no tuvo éxito en esta empresa. No obstante, levantó numerosos mapas y esbozos cartográficos y remontó grandes ríos que abrieron paso a las ulteriores colonizaciones, fue el primero en llegar al lago Ngami y descubrió unas gigantescas cataratas, el doble de altas que las del Niágara, a las que puso el nombre de Victoria en honor a su reina.

De todo ello rindió cuentas en apasionantes libros tales como *Viajes y búsquedas de un misionero en el África meridional* (1857), *Relación de la exploración del Zambeze y de sus afluentes* (1865) y el póstumamente publicado *Último diario* (1874).

El doctor Livingstone, supongo

En el tercero de sus viajes, Livingstone desapareció misteriosamente en las profundidades del África ecuatorial. Durante cinco años se perdió todo contacto con él; muchos lo daban por muerto, víctima de los innumerables riesgos y asechanzas de la selva, pero en la lejana Norteamérica al megalómano y ambicioso director del *New York Herald* se le ocurrió un día que de ahí podía salir un buen reportaje. De modo que llamó al hombre que necesitaba, un periodista y viajero que respondía al nombre de Henry Morton Stanley, aunque su verdadero nombre era James Gordon Bennet, y le dijo:

—¿Sabe usted donde está Livingstone?

—No —replicó Stanley.

—Pues encuéntrelo.

Para esa expedición no se regateó ni tiempo ni

presupuesto, pero con objeto de mantener la exclusiva Stanley fue muy discreto respecto a la fantástica y temeraria misión que se le había encomendado. Este terco estadounidense de origen galés, que había nacido hijo natural y se había enrolado como grumete a los catorce años, ya había estado en África trabajando como corresponsal durante la campaña de lord Napier en Abisinia en 1867, y ahora, por segunda vez, en febrero de 1871, partía desde Zanzíbar, al mando de una expedición de 192 hombres, en busca del misionero desaparecido.

Durante nueve meses hubo de sortear toda clase de contratiempos, incluyendo el amotinamiento de su caravana, dos intentos de asesinato, lluvias torrenciales que hicieron intransitables los caminos, la malaria y la disentería, pero por fin, el 10 de noviembre había de hallar al extenuado Livingstone en Ujiji, al nordeste del lago Tanganica. Stanley relató de este modo el emocionante encuentro entre los dos únicos hombres blancos en miles de kilómetros a la redonda:

«Mientras avanzaba lentamente hacia él pude observar su palidez y su aspecto de fatiga: llevaba pantalón gris, chaquetón rojo y una gorra azul con galoncillo de oro. Hubiera querido correr hacia él, pero me acobardaba la multitud de negros y de árabes que lo rodeaban. Hubiera querido abrazarle, pero era escocés e ignoraba cómo me recibiría.

Me acerqué hacia él y le dije a la par que me descubría:

—El doctor Livingstone, supongo.

—Sí, señor —contestó con benévola sonrisa y descubriéndose a su vez.

Entonces nos estrechamos las manos.»

Stanley pudo socorrer al escuálido Livingstone, a quien dos años antes se le habían acabado las medicinas, con algunos suministros y ropas nuevas, pero habida cuenta de la gravedad de su estado insistió en que abandonara África. Sin embargo, nadie pudo disuadirlo de que iniciara una nueva expedición en busca de las ignotas fuentes del Nilo, aunque no tardó mucho en agravarse su enfermedad y acabó por viajar en camilla. Y cierta noche su fatiga fue tan grande que ya no pudo hablar y sus ayudantes lo tendieron en el lecho. A la mañana siguiente, el día 1 de mayo de 1873, lo hallaron de rodillas, oculta su cara entre las manos y con los codos apoyados en el catre. Estaba muerto.

1813	19 de marzo: **DAVID LIVINGSTONE** nace en Blantyre, en el condado escocés de Lanarkshire.
1840	Desembarca en la colonia de El Cabo, en el sur de África, y se establece en Kuruman, en la misión del pastor Moffat, con cuya hija se casará.
1845	Se traslada a Kolonbeng, en las inmediaciones de Kalahari, para ejercer como misionero.
1849	Da comienzo a sus viajes de exploración acompañado de Oswell y Murray.
1855	En noviembre descubre las cataratas Victoria.
1857	Publica *Viajes y búsquedas de un misionero en el África meridional*.
1859	16 de septiembre: llega hasta el lago Nyassa después de remontar el curso inferior del Zambeze y de su afluente el Shire.
1865	Publica *Relación de la exploración del Zambeze y de sus afluentes*.
1866	Remonta el río Ruvuma.
1867	Llega al extremo sur del lago Tanganica.
1871	10 de noviembre: el periodista Henry Morton Stanley se encuentra con Livingston en Ujiji, a orillas del lago Tanganica.
1873	1 de mayo: muere de disentería.

GIUSEPPE VERDI
(1813-1901)

Dotado de un prodigioso talento para la composición musical y dramática, Giuseppe Verdi (arriba en un retrato de Boldini, Galería de Arte Moderno, Roma) llevó la ópera italiana a uno de sus momentos de máximo esplendor y popularidad.

Milán, madrugada del 27 de enero de 1901. Al igual que en días anteriores, una apesadumbrada multitud de hombres y mujeres de toda edad y condición se ha congregado ante el céntrico Hotel Milán. Ignorando el frío y la lluvia, las gentes esperan ansiosas nuevas informaciones sobre el estado de salud del músico más popular que, sin duda alguna, ha tenido jamás el país. Giuseppe Verdi, compositor de veintiocho óperas que habían convertido a este género en el más importante de la música italiana, lucha contra la muerte tras sufrir un ataque de apoplejía que ha dejado paralizada la mitad derecha de su cuerpo. Toda

Italia está pendiente de la enfermedad de su héroe y unida en la esperanza, la inquietud y el recogimiento: una emocionada plegaria por su alma se eleva desde todos los rincones de la patria.

No ha terminado de amanecer cuando el maestro exhala su último suspiro rodeado de parientes y amigos. Al conocerse en la calle el fallecimiento, muchos de los presentes rompen en un llanto incontenible, hasta que una voz se eleva temblorosa entre los sollozos y acalla los lamentos entonando un fragmento de la ópera *Nabucco* que cincuenta y nueve años antes ha sido un símbolo de los anhelos de unidad y una proclama de libertad para la dividida y dominada Italia: «Vuela, pensamiento, sobre alas doradas...».

Beppino el organista

Giuseppe Verdi había nacido el 12 de octubre de 1813 en el caserío de Roncole, pequeña y pobre aldea situada en el municipio de Busseto, próxima a Parma. Su padre, el tabernero Carlo Verdi, no fue capaz de apreciar la insólita inclinación que su enjuto y pálido hijo sentía por la música, sino que fueron sus vecinos quienes, después de ver al pequeño de cuatro años tocar tímidamente el órgano de la iglesita de Roncole con el entusiasmo reflejado en sus brillantes ojos grises, lo animaron a adquirir un clavicordio para fomentar tal vocación. Iba a ser el organista local quien diese las primeras lecciones al muchacho, llamado por todos Beppino, consiguiendo que empezase a mostrar su sorprendente talento. Sólo tenía doce años cuando fue nombrado ayudante de su maestro, asignándosele un sueldo de treinta y seis liras al año.

En la escuela primaria, Beppino reveló una inteligencia despierta y un carácter delicado, soñador y reservado. Como su pasión por la música no decrecía, el tabernero decidió enviarle a Busseto con objeto de averiguar cuánto podía dar de sí la capacidad de aquel hijo tan especial. Allí, Giuseppe se alojó en la casa del almacenista Alfredo Barezzi, proveedor de su padre, quien lo empleó en su negocio y le acogió como a un hijo. Barezzi, gran aficionado a la música, estaba convencido del talento del joven y no dudó en pagar sus lecciones con el organista de la catedral, Ferdinando Provesi, animándolo después a ampliar sus estudios en el Conservatorio de Milán.

Beppino tenía ya diecinueve años cuando decidió seguir los consejos de su protector y se dirigió a la capital para probar fortuna. Pero durante el examen de ingreso, los componentes del tribunal del Conservatorio consideraron que en aquel muchacho provinciano no había talento sino unas facultades poco más que mediocres. Desilusionado, Verdi regresó a Busseto y hubo de escuchar con resignación las palabras de aliento de quie-nes seguían creyendo en él a pesar del fracaso. Estaba necesitado de consuelo, y fue la hija mayor de Barezzi, Margherita, quien supo dárselo con más ternura y afecto; pocos años después, en 1836, aquella joven dulce y alegre se convirtió en su esposa.

Tiempos difíciles

Los esposos se instalaron en Milán, donde Verdi había iniciado sus estudios particulares con el célebre maestro Vincenzo Lavigna. El rechazado Beppino trabajaba sin cesar, presa de una fuerte obstinación que sólo tenía un objetivo: ver impugnada la sentencia del Conservatorio poniendo de manifiesto que se trataba de una tremenda equivocación, más aún, de una grave injusticia. Para conseguirlo era preciso darse a conocer y alcanzar cierta fama; animado por esta idea fue a

La fama internacional de Verdi se hizo patente cuando Casimir Périer, presidente de la República francesa, lo presentó al público de la Ópera de París (debajo de estas líneas), con motivo de estrenarse allí, en 1894, su ópera Otello.

En 1879, con ocasión del estreno de su Misa de Réquiem, *Verdi fue aclamado como un héroe nacional por las calles de Milán, en cuyas paredes se escribía "¡Viva Verdi!" recordando el significado nacional de este grito durante la ocupación austríaca.*

Retirado en su casa de Sant'Agata, Verdi compuso entre 1873 y 1874 su magnífica Misa de Réquiem, *que se estrenó en Milán, bajo su propia dirección (a la derecha), en el primer aniversario de la muerte del escritor Alessandro Manzoni, en 1874.*

visitar en 1836 al poderoso y temido Bartolomeo Merelli, empresario de La Scala, y le ofreció su primera ópera, *Oberto*, en la que tenía puestas todas sus esperanzas. Merelli apenas prestó atención al larguirucho joven, uno entre los muchos que diariamente desfilaban por su despacho, ni a la partitura que le entregó con una tímida sonrisa. Luego, como hacía habitualmente, olvidó a ambos y se dedicó a sus múltiples ocupaciones.

Verdi cayó en una profunda crisis a causa de esta nueva decepción. Además, los dos hijos habidos de su matrimonio con Margherita murieron poco tiempo después de su nacimiento. La pareja, sumida en la tristeza, hubo de trasladarse a una vivienda más pequeña y económica, pues, para colmo de males, los ingresos que Verdi obtenía de sus puestos como director en bandas y coros particulares y religiosos resultaban a todas luces insuficientes para los dos. Las joyas de la esposa fueron empeñadas y vendidas; a la desolación se sumó la miseria y Margherita fue presa de una extraña dolencia que la postró en el lecho.

Entretanto, el azar quiso que la partitura de *Oberto* llegase a manos de Giuseppina Strepponi, primera soprano de La Scala, y despertase su interés. La diva convenció a Merelli del valor de la obra y éste accedió a representarla. Sin embargo, a Verdi le estaba negada la dicha, al menos por el momento: a la fría acogida del estreno siguió la muerte de Margherita, incapaz de sobrevivir a la pérdida de sus hijos. Su desaparición, acaecida a principios de 1840, hizo que Verdi perdiera definitivamente la cabeza.

El fragmento clave

Giuseppe se ocultó de todos y vivió como un vagabundo. Su paradero fue un enigma durante meses. Por fin, una noche de diciembre de 1840, mientras una furiosa tormenta de nieve azotaba la ciudad, Merelli distinguió la penosa figura del compositor caminando hacia él en una calle desierta. El empresario la llevó inmediatamente a su despacho y la reconfortó con una bien colmada copa de coñac. Poco después, intentando

entusiasmarlo con un nuevo proyecto, le ofreció un libreto y lo invitó a leerlo. Verdi, sin hojearlo siquiera, lo arrojó al suelo y exclamó: «¡Ahora ya es demasiado tarde!» Por azar, su furiosa mirada tropezó con una frase escrita en el cuaderno abierto a sus pies: «Vuela, pensamiento, sobre alas doradas...» Al instante, el aliento contenido en esas palabras pareció devolverle todo su ánimo y su energía creadora.

Esa misma noche, Verdi devoró apasionadamente el manuscrito y se enamoró de la historia que contenía, un drama sobre Nabucodonosor, rey de Babilonia. La esclavitud a la que este monarca había sometido al pueblo judío era sin duda una velada alusión a la tiranía que Austria ejercía sobre gran parte de la península italiana. Giuseppe, que era un patriota y simpatizaba con los revolucionarios que propugnaban la unificación y la libertad de Italia, abordó inmediatamente la composición de una ópera que fuese a la vez una obra maestra y un himno a la independencia de su país. Al estrenarse *Nabucco* en 1842, el público presente en La Scala entendió al momento su mensaje patriótico y prorrumpió en un apasionado aplauso que pudo escucharse desde el tempestuoso coro inicial hasta el último toque de trompeta. Al día siguiente, todo Milán

silbaba aquel fragmento clave que había conmovido a su autor en señal de protesta contra los odiados ocupantes austríacos. Verdi, convertido de la noche a la mañana en un compositor de fama, se vio obligado a escribir rápidamente nuevas óperas de espíritu revolucionario para satisfacer a sus seguidores, que se multiplicaban por todo el país. Inspirándose en obras de Victor Hugo, Schiller y Shakespeare, Giuseppe compuso en nueve años no menos de doce óperas, entre las que destacan *Ernani*, *Juana de Arco* y *Macbeth*. Fueron meses y meses de trabajo agotador que el propio Verdi denominó «mi época de galeoto», pero que acabaron coronados por el más resonante de los éxitos; el pueblo italiano comenzó a conocerlo como «el maestro de la Revolución» y él hizo honor a ese apelativo contribuyendo a la causa con la adquisición de rifles para los patriotas independentistas.

Fama y vida rural

En 1851, Verdi escribió en sólo cuarenta días la partitura de *Rigoletto*. Dos años después estrenaba *Il Trovatore* y *La Traviata*, obras en las que se manifestaba la plena madurez de su talento y que suponían una auténtica renovación de la ópera italiana. Fue el primer compositor que, a pesar de su vigor romántico, enlazaba por su forma de tratar la naturaleza humana y por la psicología de sus personajes con los grandes novelistas del siglo XIX. Como en Balzac, Stendhal y Tolstoi, su arte mostraba una clara propensión hacia el realismo y rompía con la tradición operística anterior, trufada de bagatelas de capa y espada carentes de profundidad y tensión. Estas cualidades hicieron que el mundo musical europeo acabara por fijarse en sus creaciones: en 1862 el estreno de *La forza del destino* en la Ópera de San Petersburgo le supuso el reconocimiento internacional y le granjeó los elogios de toda la prensa especializada.

Verdi asimiló la gloria más fácilmente que la tragedia originada por la muerte de su esposa. Famoso y siempre rodeado de amigos, patrocinadores y aficionados, no dejó de ser un hombre solitario ni de sentirse un italiano nacido, como tantos otros, en la campiña, amante de los valores tradicionales, de la familia, de la propia tierra y de la tranquilidad de la vida rural. Esta melancólica añoranza encontró eco en Giuseppina Strepponi, la primera persona que había apreciado su música y por la que Verdi sentía un inmenso afecto. Giuseppina, a la vez diva y campesina en el fondo de su corazón, correspondió al esquivo maestro, compartió sus sueños y después de casarse con él aceptó entusiasmada la idea de trasladarse a Busseto para, al lado de su esposo, llevar una existencia retirada ocupándose tan sólo de su finca y de los asuntos domésticos.

Aunque la pareja no llegó a tener descendencia, una tranquila felicidad impregnó su vida en común; Verdi se sentía apegado a la realidad de los campos y se enorgullecía menos de los éxitos y las condecoraciones que de las mejoras que día a día proyectaba para su pueblo con el único objetivo de proporcionar a sus vecinos una vida más cómoda y digna. Durante esta época, pocas composiciones brotaron de la pluma del protector de Busseto. Iba a ser preciso un estímulo excepcional para que Verdi recuperase su espíritu creador; y ese estímulo se materializó en forma de una oferta espectacular y tentadora.

Aida y el espíritu jovial

Para celebrar la apertura del canal de Suez, el jedive de Egipto, Ismail Bajá, había construido un nuevo teatro de ópera en la capital, el Teatro Italiano de El Cairo, y buscaba un célebre compositor a quien encargar la creación de una grandiosa obra que conmemorase tal evento. Naturalmente, se confió la atractiva propuesta a Verdi, que se sintió cautivado por la idea y en cuatro meses escribió, con ayuda del ilustre egiptólogo Mariette, la más espectacular ópera que ha sido concebida jamás. La riqueza y amplitud de los registros musicales que se exige a los intérpretes, el esplendor de la escenografía y la enorme fuerza dramática que se desprende del libreto hacen todavía hoy de Aida una obra triunfal y solicitada en todos los escenarios del mundo. Su estreno, que hubo de celebrarse un año después de lo previsto a causa del estallido en Europa de la guerra franco-prusiana, provocó un aluvión de aplausos y vítores que conmovió el nuevo teatro hasta sus cimientos.

Tras este nuevo triunfo, el maestro regresó a su terruño junto a su querida Giuseppina. Contaba ya cincuenta y ocho años, se sentía cansado después de culminar el gran reto de Aida y no estaba entre sus proyectos la creación de nuevas composiciones: veinticinco óperas eran a su juicio más que suficientes. Sin embargo, el destino le tenía

reservado un nuevo estímulo: durante uno de sus viajes encontró a un joven intelectual y músico, llamado Arrigo Boito, que expresó una desbordante admiración por su persona y su obra e impulsó al maestro a convertirlo en su ayudante. Boito reveló pronto sus dotes como autor de libretos y se convirtió en el colaborador ideal del viejo Verdi. De este modo nacería Otello, cuyo estreno, al ser anunciado, constituyó una verdadera sorpresa y suscitó la expectación en toda la ciudad de Milán. La noche de la primera representación, miles de personas esperaron dentro y fuera de La Scala a que el telón se levantara. En la orquesta, un fogoso intérprete de veinte años templaba su violín: Arturo Toscanini. Otello, la más sombría e intensa ópera de Verdi, dejó a los espectadores sobrecogidos por la emoción. El maestro volvía a triunfar ante su público y demostraba nuevamente el carácter excepcional y siempre innovador de su fuerza creadora.

Aún iba a brotar de la estrecha colaboración entre Verdi y Arrigo Boito una ópera, Falstaff, basada en la comedia de Shakespeare titulada Las alegres comadres de Windsor. Estrenada cuando el maestro contaba ya ochenta años, se trataba de una obra completamente distinta a Otello: alegre, retozona y burlesca, daba la impresión de que su autor volviera a encontrarse en la flor de la juventud. Desgraciadamente, no era así: la ancianidad había traído consigo un sinfín de pequeños dolores y molestias que impedían a Verdi dedicarse con el mismo empeño que antes a las tareas rurales y a las obras de mejora de Busseto, su querido pueblo. En 1897, la muerte de Giuseppina tras una fulminante pulmonía hizo que el maestro perdiera sus deseos de vivir. «¿Qué me queda por hacer todavía en este mundo?», pregunta a los médicos; y cuando éstos aseguran que ninguna dolencia grave le aqueja, él se limita a repetir: «Siento que mi hora está próxima». Abatido y deseoso de terminar con todo, Verdi vendió a finales de 1899 su finca de Busseto, que había sido una Arcadia para él y Giuseppina, y se trasladó al Hotel Milán con objeto de ser atendido adecuadamente durante los últimos días de su vida. Allí moriría el 27 de enero de 1901, contemplado y admirado por todo el pueblo italiano, que ante su tumba entonó al unísono la más bella música que jamás se ha escrito para cantar la libertad: «Vuela, pensamiento, sobre alas doradas...»

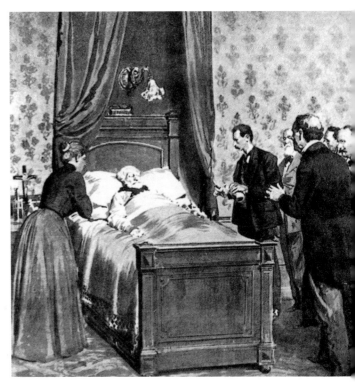

Página autógrafa de la Misa de Réquiem, *cuyo estreno significó un aliciente para que Verdi volviese a componer y produjera dos de sus óperas maestras,* Otello *y* Falstaff, *con libretos de Arrigo Boito.*

El 27 de enero de 1901, en Milán, murió Giuseppe Verdi (arriba, en su lecho de muerte). Sus últimas obras reflejan un sentimiento de alegre ironía ante los hechos cotidianos de la vida.

1813	El 12 de octubre nace **Giuseppe Verdi** en Roncole, caserío de Busseto, pequeño pueblo de Parma.
1825	Es nombrado organista de la iglesia local.
1832	El Conservatorio de Milán lo rechaza como alumno.
1836	Escribe *Oberto*, su primera ópera.
1842	*Nabucco* se estrena en La Scala de Milán.
1843-1849	Escribe varias óperas de espíritu revolucionario, entre ellas *Ernani*, *Juana de Arco* y *Macbeth*.
1851	Estreno de *Rigoletto* en La Scala.
1853	Estreno de *Il Trovatore* y *La Traviata* en el mismo escenario.
1854-1869	Se retira a Busseto. Escribe *Don Carlos* y *La forza del destino*, que le reportan fama internacional.
1871	Estreno de *Aida* en el Teatro Italiano de El Cairo.
1887	Se representa *Otello*, con libreto de Arrigo Boito basado en la tragedia de Shakespeare.
1893	Primera representación de *Falstaff*.
1897	Muere su esposa, Giuseppina Strepponi.
1899	Verdi vende sus tierras en Busseto y se traslada a Milán.
1901	27 de enero: muere en Milán.

RICHARD WAGNER
(1813-1883)

*E*n el año 1868, durante una velada en casa de una amiga común, en Lucerna, se produjo el encuentro entre dos espíritus geniales y análogos: el joven filósofo Nietzsche, recién nombrado profesor de la universidad de Basilea, conoció al célebre Richard Wagner, cuya reputación como músico, escritor y político circulaba por toda Europa. De este encuentro casual nacería una íntima amistad que duró más de siete años, durante los cuales Nietzsche no dejó de sentir una ferviente admiración por aquel hombre extraordinario. En una carta dirigida a su compañero Erwin Rhode, el filósofo escribió: «¡Qué vida tan pro-

La música de Richard Wagner, a la que devolvió su función intencional, y sus dramas inspirados en las más antiguas tradiciones germanas, revolucionaron la ópera alemana.

ductiva, rica y conmovedora, completamente discrepante con el entorno e inaudita entre los insignificantes mortales! Se halla entre nosotros dominador, seguro de su propia fuerza, con la mirada siempre por encima de todo lo efímero, anacrónico en el más bello sentido... Schopenhauer y Goethe, Esquilo y Píndaro, siguen vivos en él, puedes creerme.»

Es preciso estar de acuerdo con Nietzsche al contemplar la figura de Wagner, uno de los personajes más dramáticos, superlativos e inhabituales que ha dado la historia reciente. De él se han escrito miles de biografías que ofrecen otras tantas interpretaciones sobre su personalidad y su obra. Aún quedan múltiples puntos oscuros en su vida que requieren nuevos y profundos análisis, pues Wagner es una fuente inagotable de conocimientos. Parafraseando de nuevo a Nietzsche, puede decirse que examinar a Richard Wagner es penetrar en la historia espiritual del mundo desde sus principios.

Los primeros impulsos

Pocos meses después de su nacimiento, que tuvo lugar el 22 de mayo de 1813 en Leipzig, moría repentinamente el padre de Wagner, probo funcionario aficionado al teatro. Su mejor amigo, Ludwig Geyer, se hizo cargo de la familia y un año después contrajo matrimonio con la viuda, llevándola junto con sus siete hijos a su casa de Dresde. Wagner escribiría luego en su autobiografía: «Fue para los siete huérfanos un padre solícito y cariñoso». No hay duda de que Geyer, apasionado lector y amante del teatro, encarnó el papel de un verdadero padre y concentró sus atenciones educativas en el pequeño Richard, al que prefería por su viva inteligencia y su temprana inclinación hacia las artes. En compañía de su padrastro, Wagner presenció un gran número de ensayos y representaciones en el teatro munici-

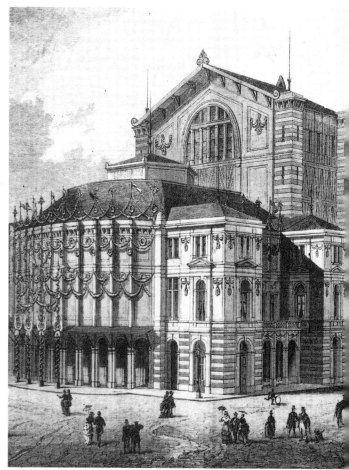

Escena de El ocaso de los dioses *(arriba en una de las primeras representaciones en Bayreuth), obra que, acabada en 1874, pertenece a su célebre tetralogía,* El anillo de los Nibelungos, *de la que también forman parte* El oro del Rin, Las valquirias *y* Sigfrido.

El Gran Teatro de Bayreuth (arriba) fue proyectado en principio para representar toda la ópera alemana, pero terminó dedicándose sólo a la obra de Wagner. El teatro fue inaugurado en 1876, con la primera representación completa de El anillo de los Nibelungos.

pal y con él pasó mañanas enteras en la gigantesca biblioteca de su tío Adolf Wagner, un respetado traductor, estudiando textos clásicos e impregnándose de helenismo.

Richard se sentía también atraído por la música, pero no gozó de una educación musical específica; tan sólo su frecuente asistencia a los conciertos y su ingreso como niño cantor en la *Kreuzschule* de Dresde le proporcionaron un contacto directo con este arte. Nada indicaba hasta ese momento que aquel jovencito que sufría con los héroes de las tragedias griegas, que se exaltaba con los versos de Goethe y que se despertaba bañado en lágrimas tras soñar con Hamlet y Otelo, iba a ser uno de los compositores más grandes de todos los tiempos. El impulso clave lo daría, en su adolescencia, la obra cumbre de Beethoven: «Una noche oí por primera vez la *Novena Sinfonía*. Tuve

fiebre y caí enfermo. Al recobrar la salud me había convertido en músico.»

A consecuencia de esta primera fascinación se matriculó, en 1831, como estudiante de música en la Universidad de Leipzig, recibió lecciones de teoría musical y abordó la composición de algunas oberturas y de sus dos primeras óperas: *Las hadas* y *La prohibición de amar*, que no eran sino un intento juvenil de crear un nuevo drama musical; el poderoso talento que dormía en su interior aún iba a tardar en expresarse.

Un viajero incansable.

Confirmadas su preparación y sus cualidades, Wagner fue nombrado en 1834 director de coro en Wurzburgo y, pocos meses después, director musical en el teatro de Magdeburgo, donde pudo

495

profundizar en los secretos de su arte. En esta ciudad conocería a Christine Wilhelmine Planer, joven actriz con la que contrajo matrimonio en 1836. La pareja, sin embargo, estaba condenada a no entenderse: Wagner poseía un temperamento rebosante, autoritario y orgulloso, Minna, en cambio, era una mujer práctica, necesitada de seguridad, incapaz de entender la difícil personalidad de su marido. Veleidoso y aventurero, Wagner se sentía impulsado a trasladarse continuamente de una ciudad a otra, de una relación amorosa a la siguiente, de un asunto apasionante a otro que lo fuese aún más, buscando insaciablemente un ideal de perfección y belleza que sólo él conocía; la vida de ese matrimonio fue una larga pieza dramática cuyo escenario fueron diversas ciudades europeas. En 1837 los encontramos en Riga, donde Wagner obtuvo el puesto de director de la ópera dc la ciudad tras una breve e insatisfactoria estancia en Königsberg. Pocos meses después, la pareja se trasladó a París y él comenzó a escribir febrilmente una nueva ópera titulada *Rienzi*, recreación magistral del mundo romano que debido a su larga duración fracasó estrepitosamente en la capital francesa. Wagner no se desalentó: *El holandés errante* fue su siguiente obra, con la que triunfó en Dresde y consolidó su fama como compositor extravagante y genial. Nombrado maestro de capilla en la corte de Federico Augusto II de Sajonia a raíz de su éxito, desarrolló entonces con más intensidad que nunca su fuerza creadora y en los cinco años siguientes daría a la luz dos de sus mejores obras: *Tannhäuser* y *Lohengrin*.

La llamada de la revolución

Sin embargo, en 1848 su vida cambió bruscamente de dirección. La idea de una Alemania unida estaba en plena efervescencia y él no se mantuvo al margen. Los primeros intentos tendentes a propiciarla tuvieron lugar en la Revolución de Mayo de ese año en Dresde. Wagner participó en las reuniones de la Asociación de Patriotas, donde se discutía acaloradamente sobre la conveniencia de optar por la monarquía constitucional o la república para el gobierno del nuevo Estado, y allí pudo conocer, entre otros, al líder de los anarquistas, Mijaíl Bakunin, sobre el que circulaban las más tremendas historias y rumores.

Pero el compositor no era de los que ensalzaban las virtudes de las barricadas ni gustaban de parapetarse en ellas, sino que prefería elaborar artículos a la vez prolijos e impetuosos o lucirse como orador en las reuniones revolucionarias, provocando aplausos y vítores con ardientes discursos en los que glosaba brillantemente las utopías socialistas. Los panfletos y octavillas radicales redactadas por Wagner provocaron tales alborotos que sus adversarios pidieron al monarca su expulsión del país, e incluso las representaciones de *Rienzi* llegaron a suspenderse.

La llegada de las tropas prusianas y la orden de detención que se dictó contra él provocaron la huida de Wagner y su esposa, que se refugiaron en Zurich poco antes de saberse la noticia de la condena a muerte de Bakunin y otros compañeros de lucha. Horrorizado y profundamente conmovido, Wagner se distanció de toda acción política y regresó a sus partituras con el firme propósito de reanudar su trabajo y reorganizar su vida.

La musa de Zurich

Nueve años tranquilos y laboriosos pasó Wagner en la capital suiza, entregado a su música y rodeado de un círculo de amigos y protectores entre los que se encontraban el famoso compositor Franz Liszt, su alumno y más tarde director de sus óperas Hans von Bülow, el célebre poeta Georg Herwegh o el no menos admirado pianista Wilhelm Baumgartner. También el matrimonio Wesendonck comenzó a frecuentar su casa; él, Otto, era un comerciante rico y ya maduro que admiraba sin reservas la obra wagneriana; ella, Mathilde, era una joven bellísima que no tardó en confesar a su marido la pasión que Wagner le profesaba, reconociéndose también atraída por la fuerte personalidad del genio. Otto Wesendonck no perdió la cabeza, sino que sin pronunciar palabra sobre esta relación íntima puso sus influencias y su bolsa al servicio del compositor, al que instaló en una lujosa villa construida junto a la suya. Wagner publicó en esa época dos obras teóricas, *El judaísmo en la música* y *Ópera y drama*, pero los ingresos que le reportaron no podían en modo alguno sufragar los gastos originados por una vida jalonada de espléndidas fiestas, fastuosos ropajes, costosísimos viajes y

El recitativo y el leitmotiv, éste como elemento cohesionador del discurso musical, permitieron a Wagner superar la estructura clásica de la ópera y dar origen al drama musical wagneriano. Arriba, Wagner tocando el piano en un salón aristocrático, según grabado de la época.

adquisición de las más exquisitas antigüedades, por lo que no puso reparos al mecenazgo de Otto ni a su tolerancia respecto a sus relaciones con Mathilde: «Ella es el primer y último amor de mi vida, mi heroína perfecta, mi musa y mi inspiración». El resultado de la benéfica influencia de la Wesendonck fue la elaboración de las dos primeras partes de *El anillo de los Nibelungos*, obra que concluiría veintidós años más tarde.

Estos días de felicidad terminaron bruscamente cuando Minna, obligada a mantenerse alejada de su marido y alarmada por la falta de noticias, se presentó en su casa justo cuando un criado traía una carta de su rival. Abierta la misiva subrepticiamente, la esposa se deshizo en llanto y decidió abandonar al traidor y marcharse a Dresde, no sin provocar al mismo tiempo un

sonado escándalo. Una vez más, Wagner hubo de trasladarse y empezar de nuevo en otro lugar; Venecia fue la ciudad elegida.

Afanes y nuevos escándalos

En Venecia compuso su más bella ópera amorosa, *Tristán e Isolda*, vivo reflejo de su corazón doliente y su espíritu abatido por la pérdida de Mathilde. En ella, más que en ninguna otra obra, son el amor y la muerte las claves y el destino de los protagonistas, su finalidad y su fundamento. La plática de amor entre Tristán e Isolda dura cuarenta minutos, la más larga de cuantas se han escrito y puede que la más maravillosa. Wagner trabajó en la partitura como un poseso y, cuando Venecia dejó de ofrecerle el ambiente ideal para

Con Lohengrin, *estrenada en Weimar, en 1850, con libreto del propio autor, Richard Wagner despidió a la ópera romántica, para dedicarse de lleno a la consecución de su proyecto estético de unir todas las artes, tal como lo lograra la tragedia griega. Arriba, carta de Richard Wagner sobre varios periódicos franceses de 1871 que atacan a* Lohengrin, *estrenada en la Ópera de París.*

su tarea creadora, se trasladó a Lucerna, donde terminaría esta última ofrenda para su musa.

Aliviado después de asimilar mediante el proceso creativo este golpe de la fatalidad, viajó a París para asistir al estreno de su drama musical *Tannhäuser*. Pero el público de la capital francesa le rechazó otra vez, entusiasmado como estaba con las populares óperas italianas, con su rica ornamentación y su diáfana melodía, algo muy lejos del difícil mundo wagneriano. Jurando no volver nunca más a París, Wagner recogió sus partituras y se dedicó a recorrer Europa hasta que, en mayo de 1864, recibió una invitación que cambiaría su vida y le aproximaría a la realización de sus más íntimos sueños: la construcción de un gran teatro destinado exclusivamente a la representación de sus dramas musicales en las mejores condiciones.

El rey Luis y la joven Cosima

Apasionado por la música y ferviente admirador de Wagner, el rey Luis II de Baviera llamó al genio a su lado en los siguientes términos: «Haré cuanto esté en mi mano para resarcirle de sus sufrimientos pasados, disiparé todas sus preocu-

paciones y le proporcionaré el reposo a que aspira a fin de que pueda usted desplegar sin traba alguna su talento maravilloso». Wagner, por supuesto, aceptó tan sugerente propuesta, se instaló en la lujosa villa Pellet, a orillas del lago de Starnberg, y entabló una íntima y extraña relación con el extravagante soberano, que le veneraba y consideraba al mismo tiempo un guía espiritual, un maestro y un amigo. El bienestar de Wagner aumentó de forma notable con la llegada de la encantadora Cosima von Bülow, esposa de Hans e hija de Franz Liszt, a la que conocía desde niña y en la que descubrió de pronto a la mujer de sus desvelos. Ella era veinticinco años más joven que él y tenía ya dos hijos, pero no pudo resistirse al tremendo poder de atracción desplegado por Wagner; poco después decidían vivir juntos y separarse de sus respectivos cónyuges, lo que en el caso del compositor se resolvió favorablemente con la muerte de Minna, siempre delicada de corazón, a mediados de 1860; Hans von Bülow, sin embargo, se opuso con todas sus energías a la ruptura. En esta situación se encontraba el escandaloso romance cuando el rey Luis fue forzado por sus consejeros a apartarse de su protegido, ante el temor de que sus relaciones acabasen con la poca cordura que quedaba al monarca. Wagner hubo de abandonar Baviera e instalarse en Lucerna, adonde lo acompañaron Cosima y sus hijos. Allí iba a realizar su próximo proyecto, *Los maestros cantores de Nuremberg*, y a entablar una intensa amistad con Nietzsche. En 1869, Cosima dio a Wagner un hijo al que llamaron Siegfried, y Hans se vio obligado a aceptar el divorcio.

El 25 de agosto de 1870 tuvo lugar por fin la boda entre Cosima y Richard, iniciándose trece años de felicidad matrimonial en los que la joven se reveló como una esposa ideal y supo conducir el talante caprichoso e intranquilo de su marido por los caminos del sosiego y el equilibrio. Con su fuerza creadora de nuevo en actividad, Wagner pudo dedicarse a concluir *El anillo de los Nibelungos*, lo que hizo a mediados de 1872; «A Cosima debo los mejores años de mi vida», diría más tarde en su autobiografía.

El triunfo final

Entretanto, Luis II de Baviera no había dejado de pensar en las quimeras wagnerianas, entre las que destacaba la construcción de un gran teatro para sus óperas. Enfrentándose a sus consejeros, el rey decidió a principios de 1870 iniciar las obras del Gran Teatro de Bayreuth, dedicando a ello grandes sumas de dinero y aceptando con entusiasmo las nuevas ideas, cambios e innovaciones con que su admirado compositor corrigió una y mil veces el proyecto original.

La grandiosa inauguración tendría lugar el 13 de agosto de 1876, con el estreno absoluto de *El anillo de los Nibelungos* en un ambiente jubiloso. Medio año antes de la muerte de Wagner se produciría otro éxito aún mayor: la representación de *Parsifal*, que constituyó la apoteosis mundial de su autor. El *finale* de su vida aconteció en 1883 en el fastuoso Palazzo Vendramin, junto al Gran Canal de Venecia, adonde se había trasladado cinco meses antes con Cosima y los niños. Por la tarde del día 12 de febrero, Wagner leyó junto a su familia unos versos de Goethe y desgranó en el piano algunos fragmentos de *Parsifal*, su última obra. Veinticuatro horas más tarde había muerto, víctima de una fulminante angina de pecho. El telégrafo llevó la noticia por todo el mundo. Cuando Verdi lo supo, exclamó conmovido: «Triste, triste, triste, Wagner è morto!»

1813	22 de mayo: **RICHARD WAGNER** nace en Leipzig.
1834-1837	Ocupa diversos puestos como director musical.
1840	Estreno de *Rienzi* en Dresde.
1843	Es nombrado maestro de capilla de la corte de Sajonia.
1845-1847	Compone *Tannhäuser* y *Lohengrin*.
1848	Participa en la Revolución de Mayo en Dresde. Huye a Zurich, donde escribe *Ópera y drama* y *El judaísmo en la música*.
1852	Termina las dos primeras partes de *El anillo de los Nibelungos*: *El oro de Rhin* y *Las valquirias*.
1859	Se instala en Venecia, donde escribe *Tristán e Isolda*.
1861	Estrena *Tannhäuser* en París. Da diversos conciertos por Europa.
1864	Entabla amistad con Luis II de Baviera.
1866	Acaba en Lucerna *Los maestros cantores de Nuremberg*.
1872	Finaliza la parte tercera y cuarta de *El anillo de los Nibelungos*: *Sigfrido* y *El ocaso de los dioses*.
1876	13 de agosto: inauguración del Gran Teatro de Bayreuth con el estreno de *El anillo de los Nibelungos* en versión completa.
1882	26 de julio: estreno de *Parsifal* en Bayreuth.
1883	13 de febrero: muere en Venecia.

OTTO VON BISMARCK
(1815-1898)

*B*erlín, mediados de septiembre de 1862. En el palacio de Babelsberg, dos protagonistas de la historia alemana del siglo XIX mantienen una acalorada discusión sobre la difícil situación por la que atraviesa la política interior de su país. El rey de Prusia Guillermo I expone ante su interlocutor, el diplomático Otto von Bismarck, sus planes de reforma y potenciación del ejército. En el curso de la conversación llega a convencerse de que ha encontrado en este hábil y enérgico político el factótum adecuado para realizar sus propósitos. Pocos días después, el 23 de septiembre, el rey lo nombra primer ministro de Prusia, lo que provoca una tempestuosa protesta por parte de sus consejeros, que desprecian y, a la vez, temen, al ambicioso Bismarck. El imperturbable diplomático estrenará el 8 de octubre su nuevo cargo con un provocativo alegato pronunciado ante la cámara de diputados de la capital prusiana, un discurso que manifiesta sin tapujos su futura vía política: «Las actuales fronteras de Prusia no son favorables para el desarrollo de una sana vida estatal. Las grandes cuestiones de nuestro tiempo y el futuro de Prusia no se resolverán mediante la oratoria ni con resoluciones mayoritarias, sino con hierro y sangre». Estas últimas palabras han marcado de forma un tanto equívoca la imagen de este gran político, que persiguió y realizó la unidad de Alemania con el llamado II Reich. Todavía hoy se le conoce como «el canciller de hierro» y se le tilda de malvado e inhumano prusiano. Sin duda alguna, estos calificativos resultan parciales y no hacen justicia al impresionante estadista que logró cuarenta años de paz para la turbulenta Europa del siglo pasado.

Prócer o canalla

Otto von Bismarck, nacido el primero de abril de 1815 en el palacio de Schönhausen, cerca del río Elba, descendía por parte de padre de una vieja familia de la nobleza prusiana. Su infancia transcurrió plácidamente junto a sus progenitores y sus hermanos en las extensas propiedades familiares, lo que hizo nacer en él una temprana afición por la vida rural, por supuesto vivida desde el lado de los ricos terratenientes. Tras completar sus estudios preparatorios en Berlín, a los diecisiete años se matriculó en la Universidad de Gotinga, donde empezó la carrera de Derecho. Por primera vez fuera del alcance de sus padres y dueño de sí mismo, Otto se dedicó a gozar de la frívola vida estudiantil; en compañía de sus estimados condiscípulos saboreó su primer cigarro, padeció su primera borrachera, frecuentó salones y fiestas y estableció sus primeros contactos con encantadoras señoritas de aquella antigua y viva ciudad germana. A los estudios prestó solamente una mediana atención, aunque gracias a su inteligencia y habilidad consiguió terminarlos con resultados bastante brillantes.

Su desbordante temperamento tampoco se calmó cuando entre 1835 y 1838 trabajó en los tribunales de Aquisgrán y Berlín. Con la práctica de la abogacía nació en él una fuerte aversión por la opresiva burocracia y el monótono ritmo administrativo, lo que quizás contribuyó a que continuara con su alegre y disoluta vida. Además, el joven Otto contaba con que por muy numerosas que fueran sus deudas, su padre las pagaría religiosamente. Y aunque pronto llegaron las censuras de los superiores, lo dejaron indiferente; Bismarck no era sólo impetuoso y gustaba de los placeres, sino que además sentía bullir en él una enorme fuerza interior que no sabía satisfacer. En esa época escribió: «Hay dos posibilidades: o me convertiré en el más grande canalla o en el hombre más grande del país.»

En 1838, hastiado de sus agotadoras tareas como funcionario judicial, se retiró a las propiedades familiares para llevar una tranquila existencia de agricultor adinerado y «tener contacto con las gentes y no sólo con la tinta y el papel». Al principio todo fue bien; pero pronto se dio cuenta de que las actividades de la vida rural tampoco bastaban para satisfacerlo; se relacionó con otros nobles desocupados como él y volvió a las andadas de su época de estudiante.

El cambio no llegó hasta mediados de los años cuarenta, cuando Bismarck conoció a Johanna von Puttkamer y sus amigos, un grupo de jóvenes de buena familia con fuertes convicciones protestantes. Este círculo acogió amablemente a la oveja negra e influyó de forma decisiva en su conversión a las ideas cristianas, que desde entonces pasaron a formar parte de sus más profundas creencias. Además creció en él un impetuoso amor hacia la encantadora Johanna: sus grandes ojos negros, la palidez de su piel y su serenidad lo fascinaban profundamente. En 1847 Bismarck formalizó la petición de mano y poco después tuvo lugar la boda. Ese mismo año se presentó a las elecciones del Landtag —dieta o asamblea legislativa— de Prusia; tenía treinta y dos años y comenzaba un nuevo capítulo en su vida.

La larga marcha hacia la unidad

Una vez en el Landtag, Bismarck ocupó rápidamente un papel protagonista en la política prusiana al asumir, pese a su juventud e inexperiencia, el liderazgo conservador. Sus escandalosas intervenciones ante la asamblea, sus inconmovibles convicciones y su imperturbable franqueza le hicieron famoso. Odiado por los liberales y los antimonárquicos, trataba a sus adversarios con un no disimulado sarcasmo y una arrogancia capaz de hacer perder los nervios al más calmo diputado, y como no dudaba en insultar y escarnecer a sus interlocutores en sus arrebatados discursos ante la cámara, provocó más de una tormenta de indignación y violenta protesta.

Su ideal político era la unificación de Alemania, atomizada entonces en más de trescientos estados y señoríos, y, al mismo tiempo, el restablecimiento de la potencia y autonomía de Prusia, que habría de ser el motor de la nueva nación. En la Confederación Germánica, organización que agrupaba a los países alemanes desde las guerras napoleónicas, veía una trampa del Imperio austríaco para mantener la hegemonía

Otto von Bismarck, el llamado "canciller de hierro" por su inflexibilidad en la consecución de sus objetivos, convencido de que las grandes cuestiones de Prusia no se resolverían sino con "el hierro y la sangre", fue el artífice de la unidad alemana que culminó con la constitución del II Reich.

de los Habsburgo e impedir una verdadera unión. Cuando en 1851 fue nombrado delegado diplomático en el Bundestag —asamblea de la Confederación, con sede en Francfort—, tenía todavía esperanzas de establecer un equilibrio entre Austria y Prusia, pero pronto se convenció de que los Habsburgo no tenían ningún interés en compartir su hegemonía, que además respaldaban varios estados del centro y del sur.

Durante tres años, Bismarck fue apartado de los centros de decisión porque se le consideraba demasiado molesto e impulsivo. Los liberales tenían las riendas del poder en sus manos y un provocador como él no entraba en sus planes. San Petersburgo y París fueron sus destinos diplomáticos, desde los que asistió impotente al devenir de los acontecimientos. Pero en 1861 Guillermo I asumió el trono y proyectó fortalecer al ejército prusiano, provocando el escándalo en las filas liberales; como el Landtag no votó los créditos solicitados, el monarca formó un nuevo gabinete presidido por el político que consideraba más capaz: Otto von Bismarck.

El nuevo primer ministro gobernó dictatorialmente contra la asamblea, la prensa y la opinión pública. Se convirtió en el hombre más impopular y odiado del país, pero no prestó mucha atención a lo que se decía de él. Inmediatamente aprobó los planes de fortalecimiento del ejército e inició el proceso de creación de un nuevo imperio alemán, el futuro II Reich. Primero luchó contra Dinamarca al lado de Austria para conseguir algunas ganancias territoriales, y luego, en 1866, declaró la guerra a los propios austríacos para poner fin a la hegemonía de los Habsburgo en Alemania. Estaba en juego el dominio sobre los países alemanes, que componían un mosaico de reinos, ducados, principados y ciudades libres. Tras algunas semanas de guerra, el disciplinado y aguerrido ejército prusiano derrotó a Austria, lo que permitió a Bismarck anexionarse el electorado de Hessen, Francfort, Hannover y el principado de Nassau. La Confederación Germánica fue disuelta y en su lugar se constituyó la Confederación de Alemania del Norte.

El canciller de hierro

Se trataba sin duda de un gran paso hacia la soñada construcción del II Reich, pero aún quedaba mucho camino por recorrer. En la nueva Constitución de 1867, Bismarck se reservó la cancillería federal y se dispuso a completar la tarea que se había propuesto. En ese momento, gracias a sus éxitos en el exterior, el político más odiado de Prusia era ahora el más admirado.

La última etapa hacia la unidad se inició el 19 de julio de 1870, cuando Francia declaró la guerra a Prusia. Aunque el pretexto era decidir el futuro del trono español, vacante tras la destronación de Isabel II, en el fondo se trataba de impedir los proyectos de Bismarck. Fue una grave equivocación del emperador Napoleón III, pues todos los países alemanes se asociaron para formar un poderoso ejército. Bismarck, con su fino olfato, había previsto esta respuesta y con aparente indecisión y debilidad había forzado hábilmente el conflicto. La derrota de Francia se produjo rápidamente en la famosa batalla de Sedán durante los primeros días de septiembre de 1870: las tropas germanas, más numerosas y mejor preparadas, destrozaron a los soldados de Napoleón III y el propio emperador francés fue hecho prisionero. De esta forma, el 18 de enero de 1871, Guillermo I recibía de manos del rey Luis II de Baviera la corona de *Deutscher Kaiser* y Bismarck se convertía en primer ministro de Prusia y canciller del reconstituido Reich.

Convertido en héroe del pueblo alemán, Bismarck había logrado hacer realidad su sueño, pero ahora debía emprender el gigantesco proceso de organización y mantenimiento del nuevo Estado. Con prudencia y habilidad diplomática estableció sólidas relaciones con sus vecinos sobre la base de una complicada red de tratados que garantizaban un equilibrio pacífico en Europa. Pero aunque en el extranjero se le consideraba un factor imprescindible para la paz, en política interior cosechó algunos fracasos sonados —enfrentamiento con los católicos, oposición del movimiento obrero— y las críticas a su política aumentaron a ritmo vertiginoso.

Durante veintitrés años Otto von Bismarck desempeñó su cargo de canciller federal con imperturbable fuerza y autoridad, pero el cambio de emperador le privó de su principal sostén: muerto Guillermo I en 1888 le sustituyó Guillermo II, quien conspiró con la mayoría de los partidos contra el viejo canciller, cuyo profundo cansancio le impidió salir airoso de esta nueva prueba. El 18 de marzo de 1890 Guillermo II prescindió de los servicios del forjador de la unidad alemana, algo sólo logrado ocho siglos antes por Otón I el Grande tras recibir la herencia de Carlomagno.

Bismarck pasó los últimos años en su residencia de Friedrichsruh en compañía de su familia, continuó opinando vehementemente e influyendo sobre la política alemana, en crisis tras la ausencia de su más preparado gobernante, y se dedicó a recibir a los diplomáticos extranjeros que lo visitaban para expresarle su respeto y admiración. Tras la muerte de su mujer en 1894, su estado de salud se agravó y el 30 de julio de 1898 Otto von Bismarck falleció, a los ochenta y tres años.

Con su agudo olfato político, Bismarck vio la ocasión de culminar la unidad alemana induciendo al Imperio de Napoleón III a declarar la guerra a Prusia. El poderoso ejército alemán, más numeroso y mejor preparado, destrozó al francés en septiembre de 1870. Arriba, Bismarck en Versalles, *lienzo de Carlos Wagner que presenta al canciller de hierro dictando a Favre y Thiers las condiciones de paz, según las cuales Francia perdió Alsacia-Lorena.*

1815	1 de abril: **OTTO VON BISMARCK** nace en el palacio de Schönhausen.
1832	Se matricula en la Universidad de Gotinga para estudiar Derecho.
1835-1838	Trabaja en los tribunales de Aquisgrán y Berlín.
1838-1846	Se retira a sus propiedades en el campo.
1847	Entra en el Landtag de Prusia. Contrae matrimonio con Johanna von Puttkammer.
1851	En mayo es nombrado delegado diplomático en el Bundestag de Francfort
1859-1861	Desempeña cargos diplomáticos en San Petersburgo y París. 1862 En septiembre es nombrado primer ministro de Prusia.
1863-1864	Guerra de Prusia y Austria contra Dinamarca.
1866	Guerra contra Austria.
1867	Fundación de la Confederación de Alemania del Norte. Bismarck es nombrado canciller federal.
1870	Guerra contra Francia.
1871	18 de enero: se proclama el II Reich, con Guillermo I como emperador.
1890	18 de marzo: Bismarck es destituido por el nuevo emperador, Guillermo II.
1898	30 de julio: muere en Friedrichsruh.

KARL MARX
(1818-1883)

A mediados de abril de 1876, en Hamburgo, un hombre pequeño pero robusto, de larga cabellera y frondosa barba, entra en el despacho del conocido editor Otto Meissner. Lleva bajo el brazo un grueso manuscrito que aprieta fuertemente contra su raída levita, como si se tratara de un ariete y fuese a derribar con él unas enormes puertas invisibles. No se trata de un libro más; se titula *El Capital* y va a revolucionar el mundo. El ardiente brillo de resolución que se percibe en los ojos del hombre inquieta y admira a Meissner. El recién llegado se presenta como Karl Marx, judío alemán de Tréveris, y emprende un monólogo entusiasta a través del cual desgrana ante el asombrado editor los conceptos fundamentales de su obra. Por fin, tras más de media hora de disertación, Marx comenta con sombrío humor: «Dudo que nadie haya escrito nunca tanto sobre el dinero teniendo tan poco». Cuando salga de la oficina, el que es conocido por sus fieles amigos como *el Moro* debido a su tez insólitamente morena, habrá dado un paso de gigante para conmover esas puertas invisibles que tanto detesta, o al menos para hacerlas visibles, y por tanto vulnerables, a los ojos de la mayoría.

Los primeros años

En la época del nacimiento de Marx, Tréveris era una pequeña y hermosa ciudad que se miraba en las verdes aguas del Mosela y en sus monumentos de la época romana, testigos de un esplendoroso pasado. Allí los Marx vivían como hebreos significados; la madre de Karl era una holandesa descendiente de rabinos, y su padre, llamado Hirschel, un culto abogado de origen judío que muy pronto orientaría a su hijo por la senda de la filosofía. Hirschel Marx es consejero de justicia y se verá obligado por la monarquía prusiana que gobierna Renania a renegar de su religión y abrazar el protestantismo para conservar su cargo. En su celo o en su miedo, llegará incluso a transformar su nombre en Heinrich, que suena más cristiano. Así podrá conservar sus ingresos y proporcionar al niño una infancia sin sobresaltos.

Destinado a ejercer una profesión liberal, Karl estudia en el liceo de su ciudad y consigue su diploma a los diecisiete años tras unos exámenes brillantes en todas las materias salvo en religión, asignatura de la que no quiere oír ni hablar. Luego ingresa en la Universidad de Bonn para seguir la carrera de Derecho, pero sus inquietudes le llevan a profundizar en los temas de filosofía, economía e historia que su padre le había propuesto como distracción erudita. Éste comprende que su hijo no es un estudiante del montón, pero se inquieta porque el muchacho pasa los días encerrado en su habitación, devorando aparentemente sin orden ni concierto gruesos volúmenes a la luz de una lamparilla. Por aquel entonces, el joven Marx ha intuido ya cuál ha de ser su destino, que más tarde resumirá en una frase frecuentemente repetida: «Trabajar para la humanidad.»

Pero a Karl no sólo le interesan los libros. A los dieciocho años se enamora de Jenny von Westphalen, hija de un barón amigo de la familia que ejerce como consejero secreto del gobierno. Es una muchacha sensible e inteligente, considerada la más bella de Tréveris, que corresponde a Karl con la misma pasión que éste le profesa. Pero ni los Marx ni el barón aceptan el noviazgo. Mientras el joven prosiga sus estudios universitarios en Berlín y Jena, no tendrá otro consuelo amoroso que enviar a su musa una serie de cuadernos repletos de poesías, única evasión sentimental que se permitirá durante toda su vida.

En 1841, tres años después de la muerte de su padre, Karl presenta su tesis y finaliza sus estudios. El análisis de los problemas sociales se ha convertido en el eje de sus preocupaciones espirituales. Escribe artículos en el *Rheinische Zeitung*, del que pronto se convierte en redactor jefe, y se dispone a fundar la revista francoalemana *Deutsch-französische Jahrbücher*, de la que va a ser director con un sueldo fijo. La existencia de estos ingresos regulares lo anima a casarse con Jenny tras siete años de noviazgo. El barón Von Westphalen también ha fallecido y nadie puede oponerse ya al matrimonio, que se consuma en 1843, cuando Jenny tiene veinticinco años y Karl veintinueve.

Esperanzados por la nueva publicación, los jóvenes esposos se trasladan a París; Marx sabe que en Alemania ha agotado sus posibilidades y ambiciona para sus propuestas sociales un más amplio escenario europeo. Pero de la nueva revista sólo aparecerá un número, y de los tan ansiados como necesarios ingresos, Marx percibirá sólo un anticipo... ¡en ejemplares de la publicación! Karl se ve obligado a recurrir a sus amigos de Colonia, que le prestarán el dinero necesario para cubrir los gastos ocasionados por el nacimiento de su primera hija, que se llamará Jenny, como la madre.

Un revolucionario profesional

En París, Marx ha entablado amistad con alguien que será muy importante para él a lo largo de su vida. Se trata del economista Friedrich Engels, quien por otros caminos ha llegado a las mismas conclusiones que Marx en los temas de economía política. La amistad de Marx y Engels contendrá una serie de rasgos excepcionales. Además de la mutua simpatía surgida de la afinidad de sus caracteres, es una comunidad de ideales lo que los moverá a hermanarse para luchar, hombro con hombro, tanto en la palestra política como en la vida cotidiana, y a emprender juntos una reflexión teórica que originará obras tan fundamentales para el pensamiento marxista como el *Manifiesto comunista*. Además, Engels es hijo de un rico industrial de Manchester y podrá sostener económicamente a Marx en los peores momentos.

Los artículos publicados por Marx son causa de su expulsión de Francia, acusado de agitador. En Bruselas, adonde se trasladará con su esposa y su hija, ingresa en la Liga de los Comunistas, cuya famosa contraseña era «Proletarios de todos los países, uníos», renuncia a la ciudadanía prusiana y se convierte en un apátrida y un revo-

Karl Marx, el filósofo que quería "trabajar para la humanidad", logró con su esfuerzo intelectual y en medio de muchas privaciones económicas descubrir "las leyes de la historia humana", a la que consideró la historia de la lucha de clases, y revolucionar su curso.

lucionario profesional. A partir de este momento, su esfuerzo teórico y su acción política estarán asociados y serán complementarios durante toda su vida.

La febril actividad de estos años es brevemente interrumpida por una nueva expulsión. Alarmado ante los acontecimientos revolucionarios producidos en Francia, el rey Leopoldo de Bélgica ordena en la primavera de 1848 que los soldados despejen las calles y que la policía arreste a cuantos extranjeros resulten sospechosos. Marx es detenido y maltratado. Su esposa, la dulcísima y abnegada Jenny, es encerrada toda una noche en una celda de prostitutas. Al día siguiente se levanta el arresto pero se confirma la expulsión del agitador alemán y de sus familiares. Marx recala en Colonia, donde se le garantiza una relativa libertad de movimientos, y se empeña en la publicación de un gran diario del que será director y que se llamará *Neue Rheinische Zeitung*.

Marx, que a la sazón cuenta treinta años, es ya la cabeza visible de un vasto movimiento popular. También es consecuente con sus teorías en el

Hacia 1852, año en que tiene lugar el proceso a los comunistas en Colonia (arriba), Marx ya había iniciado la reunión y análisis del material destinado a la redacción de El capital, *cuyo primer libro publicó en 1867. Esta obra clave del pensamiento moderno es la culminación crítica de la filosofía alemana, de la economía política británica y del socialismo utópico francés.*

plano familiar. Apasionado enemigo de las tesis de Malthus, según el cual la población humana iba a crecer con mayor rapidez que los medios de subsistencia, es igualmente apasionado amante de su esposa y su descendencia aumenta sin cesar: Laura, su segunda hija, ha nacido en 1845, y Edgar, su primer niño, poco más de un año después. Hijos que son otros tantos lazos que unen estrechamente a los esposos en medio de las tribulaciones.

Ante el éxito alcanzado por el nuevo diario, las autoridades renanas no tardarán en prohibirlo. El dinero conseguido no es suficiente para pagar a los empleados y los suministradores, y Marx vuelve a quedarse sin un céntimo tras empeñar todo cuanto hay en su casa de valor. Sólo queda la cubertería que Jenny ha aportado como dote, que al fin también es empeñada por doscientos florines, indispensables para comer, donde sea posible, el duro pan del exilio.

Enfermedad y miseria

Tras una penosa peregrinación por Alemania y Francia, la familia se establece en Londres. Allí, en el número 28 de Deanstreet, residirán los Marx durante seis largos años. La calle se haya enclavada en el Soho, por aquel entonces el barrio más miserable y sórdido de la gran urbe inglesa; su piso consta de dos habitaciones. Hacinados y pobres de solemnidad, los esposos tendrán el coraje de traer al mundo una nueva niña, Franziska. El único dinero que Marx puede ganar publicando sus artículos en revistas especializadas y políticamente inocuas es inmediatamente destinado a cubrir las necesidades de sus

Tras la derrota francesa en la guerra franco-prusiana, el 18 de marzo de 1871, el pueblo de París se alzó en armas contra el gobierno de Thiers; con el apoyo de la guardia nacional (arriba), se organizó y formó un gobierno insurreccional, la Comuna, que fue aplastado por las tropas de Versalles el 27 de mayo. En su opúsculo La guerra civil en Francia, *Marx convirtió a la Comuna de París en un símbolo de la lucha del proletariado.*

hijos. Además, la madre cae enferma y es preciso apelar a una caridad disfrazada de solidaridad militante entre los escasos amigos londinenses. La única evasión de Marx consiste en refugiarse en las salas de lectura del Museo Británico, entregado a la redacción de su obra magna: *El Capital*.

Por fin, Marx es requerido para publicar algunos de sus artículos en el *New York Tribune* y las privaciones a las que la familia ha estado sometida se suavizan un poco. Pero no tanto como para que, en febrero de 1852, Marx no se vea obligado a permanecer encerrado en su casa toda una semana al haber tenido que empeñar su único traje. La penuria no crece, pero sí la enfermedad, que trae consigo el espectro de la muerte. Cuando aún no ha cumplido un año, Franziska fallece víctima de una bronquitis. El pequeño ataúd es adquirido mediante un préstamo. En septiembre

de ese mismo año, la esposa y la hija mayor caen enfermas. Pero en casa no hay ni un solo penique para el médico o para medicinas. La familia se alimenta de pan y patatas, y Marx no tiene con qué adquirir el diario que le mantenga informado de los sucesos internacionales, ni puede comprar papel para escribir o un sello para enviar sus artículos. Afortunadamente posee un carácter alegre capaz de sobreponerse a las penalidades más extremas. Sigue pidiendo prestado, continúa trabajando en sus textos y aún tiene tiempo de cuidar a Jenny y de pasear con sus hijos los domingos por Hyde Park.

En enero de 1855 nacerá otra niña, Eleanor. Pero poco después fallecerá el único varón de la casa, Edgar, que sólo cuenta nueve años. Es un golpe del que Marx nunca se repondrá. Meses después, en una carta dirigida a su amigo Engels,

507

El infatigable Karl Marx (arriba, posando con una de sus hijas) fue un hombre de carácter alegre, que soportó con estoicismo las muchas penurias sufridas, y que sintió un profundo cariño por su esposa Jenny, a la que acompañó hasta el final, y por sus hijos.

Durante su estancia en París, Marx escribió en colaboración con Friedrich Engels El manifiesto comunista (arriba, portada de la primera edición). Poco después de su publicación en 1848, estalló la revolución que indujo al filósofo a viajar a Alemania.

escribirá: «He sufrido muchos contratiempos, pero sólo ahora sé lo que es una auténtica desgracia».

Una herencia inesperada

Las penurias de los Marx se prolongarán, con algunos altibajos, hasta 1864. Karl y Jenny han estado a punto de dejarlo todo, buscar acomodo para sus hijas mayores y retirarse a un asilo de menesterosos. Una vez más, Engels, que se ha convertido en propietario de la fábrica paterna, los ha salvado de la dramática situación enviándoles cien libras esterlinas. Pero será una herencia inesperada lo que permitirá a la familia vivir en adelante con cierto desahogo en un nuevo domicilio. Un amigo expatriado como ellos, Wilhelm Wolff, nombra a Karl principal herede-

ro de sus bienes. En agradecimiento, Marx le dedicará el primer volumen de *El Capital*.

Entretanto, las hijas han crecido. Jenny cuenta ya veinte años y, como su padre, tiene los cabellos negros, los ojos vivaces y una piel oscura que la distingue entre las pálidas damas londinenses. Laura, en cambio, es idéntica a su madre: cabellos castaños y ojos profundamente azules, siempre risueños. En los años siguientes, ambas contraen matrimonio, y la primogénita tendrá un hijo que llenará de dulzura los últimos años de su abuelo. La tranquilidad financiera y material tiene un resultado inmediato: en 1867 aparece *El Capital*, la obra en la que Marx ha puesto todo su empeño durante dieciocho años de trabajo intelectual y de privaciones humillantes. Sus conceptos fundamentales, originalísimos para la época y bastante abstractos, no despertaron al principio la atención que Marx esperaba. Sería preciso aguardar muchos años para que esta obra cumbre de la economía política, piedra angular del pensamiento marxista, fuera reconocida en su verdadera magnitud.

Al tiempo que publicaba el primer tomo de su obra y preparaba los siguientes, Marx intervino personalmente en el desarrollo y orientación de la Asociación Internacional de los Trabajadores, más conocida como Primera Internacional, pero también hubo de asistir a sus luchas internas y a su ocaso tras la Comuna de París de 1871. Como consecuencia, Marx optó por retirarse paulatinamente de la escena política, consagrándose por entero a escribir encerrado en su cuarto de trabajo. Allí pasea de un lado a otro al tiempo que reflexiona, llegando hasta el punto de marcar sobre la alfombra un pequeño surco con sus pisadas. Aún es un hombre robusto, pero las secuelas de tantos años de privaciones han aflorado en forma de una enfermedad crónica de hígado y de frecuentes y dolorosas jaquecas. Trabaja hasta muy tarde, pero se levanta temprano. Come rápidamente y sin apetito, fuma sin parar y, como el cigarrillo se le apaga constantemente mientras escribe o medita, consume una cantidad ingente de cerillas. Burlonamente comenta que *El Capital* ni siquiera le ha reportado el dinero suficiente para pagar el tabaco consumido mientras lo escribía.

En 1878, Jenny enferma de una dolencia incurable que le hace padecer terribles dolores durante más de tres años. Karl, también enfermo, le hará compañía constantemente. Cuando se produzca el desenlace fatal, Marx quedará sumido en un profundo abatimiento. Un año y tres meses después, el 14 de marzo de 1883, el hombre que cambió con sus obras y con sus actos el curso de la Historia moría sin dolor sentado en la butaca de su estudio y quizás viendo desfilar ante sus ojos toda una vida de lucha y sacrificio.

Ante su tumba, en el pequeño cementerio londinense de Highgate y ante una nutrida concurrencia de familiares y amigos, Engels pronunció las siguientes palabras: «Así como Darwin ha descubierto las leyes de la naturaleza, Marx ha descubierto las leyes de la Historia humana, ocultas hasta ahora bajo el velo de las ideologías, comprendiendo las necesidades imperiosas de los hombres y proponiendo soluciones revolucionarias para satisfacerlas plenamente.»

1818	5 de mayo: **KARL MARX** nace en Tréveris (Alemania) en el seno de una familia judía.
1835	Se inscribe en la Universidad de Bonn.
1841	15 de abril: obtiene su licenciatura en Derecho en la Universidad de Berlín.
1843	Contrae matrimonio con Jenny von Westphalen.
1844	El matrimonio se traslada a París. Conoce a Friedrich Engels.
1845	El gobierno francés decreta su expulsión.
1848	Aparece el *Manifiesto Comunista*. Es expulsado de Bélgica. La familia Marx se instala en Londres.
1864	La inesperada herencia que le deja su amigo Wilhelm Wolff le permite salir de su angustiosa situación económica.
1867	Publica el primer libro de *El Capital*.
1881	El 2 de diciembre fallece su esposa Jenny.
1883	14 de marzo: muere en su casa de Londres.

VICTORIA I DE INGLATERRA
(1819-1901)

*L*a reina Victoria de Inglaterra ascendió al trono a los dieciocho años y se mantuvo en él más tiempo que ningún otro soberano de Europa. Durante su reinado, Francia conoció dos dinastías regias y una república, España tres monarcas e Italia cuatro. En este dilatado período, que precisamente se conoce como «época victoriana», Inglaterra se convirtió en un país industrial y en una potencia de primer orden, orgullosa por su capacidad para crear riqueza y destacar en un mundo cada vez más dependiente de los avances científicos y técnicos. En el terreno político, la ausencia de revoluciones internas, el arraigado parlamentarismo inglés, el nacimiento y consolidación de una clase media y la expansión colonial fueron rasgos esenciales del victorianismo; en lo social, sus fundamentos se asentaron en el equilibrio y el compromiso entre clases, caracterizados por un marcado conservadurismo, el respeto por la etiqueta y una rígida moral de corte cristiano. Todo ello protegido y fomentado por la figura majestuosa e impresionante, al mismo tiempo maternal y vigorosa, de la reina Victoria, verdadera protagonista e inspiradora de todo el siglo XIX europeo.

«Seré una buena reina»

La que llegaría a ser soberana de Gran Bretaña e Irlanda y emperatriz de la India nació el 24 de mayo de 1819, fruto de la unión de Eduardo, duque de Kent, hijo del rey Jorge III, con la princesa María Luisa de Sajonia-Coburgo, descendiente de una de las más antiguas y vastas familias europeas. No es de extrañar, por lo tanto, que muchos años después Victoria no encontrase grandes diferencias entre sus relaciones personales con los distintos monarcas y las de Gran Bretaña con las naciones extranjeras, pues desde su nacimiento estuvo emparentada con las casas reales de Alemania, Rumania, Suecia, Di-namarca, Noruega y Bélgica, lo que la llevó muchas veces a considerar las coronas de Europa como simples fincas de familia y las disputas internacionales como meras desavenencias domésticas.

La niña, cuyo nombre completo era Alejandrina Victoria, perdió a su padre cuando sólo contaba un año de edad y fue educada bajo la atenta y cariñosa mirada de su madre, revelando muy pronto un carácter afectuoso y sensible, a la par que despabilado y poco proclive a dejarse dominar por cualquiera. Como más tarde haría patente en sus relaciones con los ministros del reino, Victoria resultaba indomable si no se conquistaba primero su cariño y se ganaba su respeto. Muerto Jorge III, su abuelo, el mismo año que su padre, no tardó en ser evidente que Victoria estaba destinada a ocupar el trono de su país, pues ninguno de los restantes hijos varones del rey tenía descendencia. Cuando se informó a la princesa a este respecto, mostrándole un árbol genealógico de los soberanos ingleses que terminaba con su propio nombre, Victoria permaneció callada un buen rato y después exclamó: «Seré una buena reina». Apenas contaba diez años y ya mostraba una presencia de ánimo y una resolución que serían cualidades destacables a lo largo de toda su vida.

Bajo la influencia de lord Melbourne

Jorge IV y Guillermo IV, tíos de Victoria, ocuparon el trono entre 1820 y 1837. Horas después del fallecimiento de éste último, el arzobispo de Canterbury se arrodillaba ante la joven Victoria para comunicarle oficialmente que ya era reina de Inglaterra. Ese día, la muchacha escribió en su diario: «Ya que la Providencia ha querido colocarme en este puesto, haré todo lo posible para cumplir mi obligación con mi país. Soy muy joven y quizás en muchas cosas me falte experiencia, aunque no en todas; pero estoy segura de que no hay demasiadas personas con la buena voluntad y el firme deseo de hacer las cosas bien que yo tengo». La solemne ceremonia de su coronación tuvo lugar en la abadía de Westminster el 28 de junio de 1838.

La escena política inglesa estaba dominada a la sazón por William Lamb, vizconde de Melbourne, que ocupaba el cargo de primer ministro desde 1835. Lord Melbourne era un hombre rico, brillante y dotado de una inteligencia superior y de un temperamento sensible y afable, cualidades que fascinaron a la nueva reina. Victoria, joven, feliz y despreocupada durante los primeros meses de su reinado, empezó a depender completamente de aquel excelente caballero, en cuyas manos podía dejar los asuntos de Estado con absoluta confianza. Y puesto que lord Melbourne era jefe del partido *whig* (liberal), ella se rodeó de damas que compartían las ideas liberales y expresó su deseo de no ver jamás a un *tory* (conservador), pues los enemigos políticos de su estimado lord habían pasado a ser automáticamente sus enemigos.

Tal era la situación cuando se produjeron en la Cámara de los Comunes diversas votaciones en las que el gabinete *whig* de lord Melbourne no consiguió alcanzar la mayoría. El primer ministro decidió dimitir y los *tories*, encabezados por Robert Peel, se dispusieron a formar gobierno. Fue entonces cuando Victoria, obsesionada con la terrible idea de separarse de lord Melbourne y verse obligada a sustituirlo por Robert Peel, cuyos modales consideraba detestables, sacó a relucir su genio y su testarudez, disimulados hasta entonces: su negativa a aceptar el relevo fue tan rotunda que la crisis hubo de resolverse mediante una serie de negociaciones y pactos que restituyeron en su cargo al primer ministro *whig*. Lord Melbourne regresó al lado de la reina y con él volvió la felicidad, pero pronto iba a ser desplazado por una nueva influencia.

El príncipe ideal

El 10 de febrero de 1840 la reina Victoria contrajo matrimonio. Se trataba de una unión prevista desde muchos años antes y determinada por los intereses políticos de Inglaterra. El príncipe Alberto de Sajonia-Coburgo-Gotha, alemán y pri-

Durante el reinado de Victoria I (arriba, en un grabado con su esposo, el príncipe Alberto, y sus hijos en Windsor) Gran Bretaña se convirtió en la primera potencia mundial.

mo de Victoria, era uno de los escasísimos hombres jóvenes que la adolescente soberana había tratado en su vida y sin duda el primero con el que se le permitió conversar a solas. Cuando se convirtió en su esposo, ni la predeterminación ni el miedo al cambio que suponía la boda impidieron que naciese en ella un sentimiento de auténtica veneración hacia aquel hombre no sólo apuesto, exquisito y atento, sino también dotado de una fina inteligencia política.

Alberto fue para Victoria un marido perfecto y sustituyó a lord Melbourne en el papel de consejero, protector y factótum en el ámbito de la política. Y ejerció su misión con tanto acierto que la soberana, aún inexperta y necesitada de ese apoyo, no experimentó pánico alguno cuando en 1841 el antaño aborrecido Peel reemplazó por fin a Melbourne al frente del gabinete. A partir de ese momento, Victoria descubrió que los políticos *tories* no sólo no eran monstruos terribles, sino que, por su conservadurismo, se hallaban mucho más cerca que los *whigs* de su talante y sus creencias. En adelante, tanto ella como su marido mostraron una acusada predilección por los conservadores, siendo frecuentes sus polémicas con los gabinetes liberales encabezados por lord Russell y lord Palmerston.

La habilidad política del príncipe Alberto y el escrupuloso respeto observado por la reina hacia los mecanismos parlamentarios, contrariando en muchas ocasiones sus propias preferencias, contribuyeron en gran medida a restaurar el prestigio de la corona, gravemente menoscabado desde los últimos años de Jorge III a causa de la manifiesta incompetencia de los soberanos. Con el nacimiento, en noviembre de 1841, del príncipe de Gales, que sucedería a Victoria más de medio siglo después con el nombre de Eduardo VII, la cuestión sucesoria quedó resuelta. Puede afirmarse, por lo tanto, que en 1851, cuando la reina inauguró en Londres la primera Gran Exposición Internacional, la gloria y el poder de Inglaterra se encontraban en su momento culminante. Es de señalar que Alberto era el organizador del evento; no hay duda de que había pasado a ser el verdadero rey en la sombra.

El triunfo del sentido común

A lo largo de los años siguientes, Alberto continuó ocupándose incansablemente de los difíciles asuntos de gobierno y de las altas cuestiones de Estado. Pero su energía y su salud comenzaron a resentirse a partir de 1856, un año antes de que la reina le otorgase el título de príncipe consorte con objeto de que a su marido le fueran reconocidos plenamente sus derechos como ciudadano inglés, pues no hay que olvidar su origen extranjero. Fue en 1861 cuando Victoria atravesó el más trágico período de su vida: en marzo fallecía su madre, la duquesa de Kent, y el 14 de diciembre expiraba su amado esposo, el hombre que había sido su guía y soportado con ella el peso de la corona. Como en otras ocasiones, y a pesar del dolor que experimentaba, la soberana reaccionó con una entereza extraordinaria y decidió que la mejor manera de rendir homenaje al príncipe desaparecido era hacer suyo el objetivo central

que había animado a su marido: trabajar sin descanso al servicio del país. Desde ese instante hasta su muerte, Victoria nunca dejó de dar muestras de su férrea voluntad y de su enorme capacidad para dirigir con aparente facilidad los destinos de Inglaterra. Mientras en la palestra política dos nuevos protagonistas, el liberal Gladstone y el conservador Disraeli, daban comienzo a un nuevo acto en la historia del parlamentarismo inglés, la reina alcanzaba desde su privilegiada posición una notoria celebridad internacional y un ascendiente sobre su pueblo del que no había gozado ninguno de sus predecesores. Por supuesto, sus preferencias se inclinaron hacia Disraeli, para quien la soberana era la venerada «Hada de Inglaterra»; fue precisamente a instancias de este primer ministro que Victoria se convirtió en la genuina representante del imperialismo británico, al ser coronada emperatriz de la India en 1876.

Durante las últimas tres décadas de su reinado, Victoria llegó a ser un mito viviente y la referencia obligada de toda actividad política en la escena mundial. Su imagen pequeña y robusta, dotada a pesar de todo de una majestad extraordinaria, fue objeto de reverencia dentro y fuera de Gran Bretaña. Su apabullante sentido común, la tranquila seguridad con que acompañaba todas sus decisiones y su íntima identificación con los deseos y preocupaciones de la clase media consiguieron que la sombra protectora de la llamada Viuda de Windsor se proyectase sobre toda una época e impregnase de «victorianismo» la segunda mitad del siglo.

Su vida se extinguió lentamente, con la misma cadencia reposada con que transcurrieron los años de su viudez. Cuando se hizo pública su muerte, acaecida el 22 de enero de 1901, pareció como si estuviera a punto de producirse un espantoso cataclismo de la naturaleza. La inmensa mayoría de sus súbditos no recordaba un día en que Victoria no hubiese sido su reina. Un joven oficial llamado Winston Churchill, inquieto por el incierto futuro, se entrevistó con un viejo político liberal, sir William Harcourt, y le preguntó:

—¿Qué pasará ahora?

—Mi querido Winston —contestó sir William—, la experiencia de mi larga vida me ha convencido de que nunca pasa nada.

Es muy posible que la mismísima reina Victoria hubiese contestado en muy parecidos términos.

La política de hegemonía mundial de Gran Bretaña durante la llamada época victoriana se apoyó en una enorme superioridad naval, tanto en barcos de guerra como en mercantes, y la reina siempre se interesó personalmente en el desarrollo de la marina. Arriba, Victoria I y su esposo visitan un barco de la armada francesa, cuadro de Briard, Versalles, París.

1819	24 de mayo: nace **VICTORIA I DE INGLATERRA** en el palacio de Kensington, Londres.
1820	Muere el duque de Kent, padre de Victoria.
1837	Fallece el rey Guillermo IV.
1838	28 de junio: Victoria es coronada reina de Inglaterra.
1839	Lord Melbourne dimite como primer ministro, pero ante la insistencia de la reina asume de nuevo la dirección del gabinete.
1840	10 de febrero: Victoria contrae matrimonio con su primo Alberto de Sajonia-Coburgo-Gotha. De está unión nacerán nueve hijos.
1841	El conservador Robert Peel es nombrado primer ministro. Noviembre: nace Eduardo, príncipe de Gales.
1851	Se inaugura en Londres la primera Gran Exposición Universal, impulsada por el príncipe Alberto.
1857	Victoria otorga a su marido el título de príncipe consorte.
1861	Marzo: muere la duquesa de Kent, madre de la reina. 14 de diciembre: fallece el príncipe consorte.
1876	A instancias del primer ministro Disraeli, Victoria es coronada emperatriz de la India.
1901	22 de enero: muere la reina Victoria.

LOUIS PASTEUR
(1822-1895)

*E*l 6 de julio de 1885, Joseph Meister, un niño de nueve años, fue conducido al pequeño laboratorio que el doctor Pasteur poseía en la parisina calle de Ulm. Había recibido catorce mordeduras de un perro rabioso y ello significaba, casi con toda seguridad, una muerte próxima. Pasteur había experimentado con una vacuna antirrábica en animales, pero nunca se había atrevido a aplicarla a un ser humano. Ahora se presentaba la ocasión. Pero si fallaba, los enemigos de sus investigaciones podían acusarlo de asesinato, llamarlo falsario y expulsarlo para siempre de la comunidad médica. Mientras inyectaba al niño la vacuna, Pasteur debió de pensar angustiado en los numerosos logros obtenidos a lo largo de su vida de investigador, que en ese instante arriesgaba a una sola carta. Legaba a la posteridad una buena colección de magníficos hallazgos, pero ninguno podía compararse a lo que estaba a punto de averiguar. Todo o nada. El descrédito o la gloria. Tal era la apuesta.

Entre el laboratorio y las aulas

Louis Pasteur no tuvo infancia ni adolescencia. Al menos, ésa es la impresión que se desprende de sus datos biográficos. Su existencia no parece comenzar en la aldea de Dôle, donde nació, sino años después, cuando se inicia su meteórica carrera como químico y bacteriólogo. Primero estudió en la École Normale Supérieure de París y luego recorrió un sinfín de prestigiosas universidades desarrollando siempre labores importantes. Fue profesor de diversas materias, decano, jefe de estudios científicos, administrador y director de laboratorio. Y, sobre todo, nunca dejó de investigar con éxito. Tanto es así, que su vida puede y debe ser contada a través de sus descubrimientos. Ya en 1847 llevó a cabo una importante serie de investigaciones sobre la relación entre la actividad óptica, la estructura cristalina y la composición química de los compuestos orgánicos, lo que acabaría sentando las bases de la estereoquímica, ciencia que estudia la distribución espacial de las moléculas y la incidencia de ésta en sus propiedades. Más familiares son para el profano sus estudios sobre la fermentación, iniciados en 1857, que repercutieron en la introducción de sustanciales mejoras en las industrias del alcohol, el vino, el vinagre y la cerveza, y que dieron origen a su obra *Études sur le vin* y a la implantación del proceso denominado pasteurización, que consiste en tratar mediante calor un líquido alimenticio para eliminar las bacterias patógenas que pueda contener, sin alterar su estructura ni sus componentes. Este descubrimiento había de salvar a millones de niños de los estragos de la tuberculosis ósea. Pasteur sentó también las bases de la cirugía aséptica en un tiempo en que las infecciones reinaban en los quirófanos y consiguió salvar la industria francesa de la seda al averiguar cómo se transmitía la enfermedad del gusano de seda, que amenazaba con ser su ruina.

La vacuna antirrábica

Pero no fue hasta 1877, y de un modo casual, cuando empezó sus trabajos para combatir la rabia, una enfermedad tan letal que ninguna persona en la historia de la medicina había sobrevivido a ella. Pasteur pensó que si se debilitaba suficientemente el virus de la rabia, éste podría emplearse como una vacuna protectora que estimulase al sistema inmunológico a elaborar defensas contra el virus puro, que es necesariamente mortal. Se trataba, pues, de un principio antiguo consagrado por la homeopatía.

Arriesgando su propia vida, Pasteur chupaba con un tubo de vidrio la saliva de las fauces babeantes de un perro rabioso para inyectarla luego en conejos. Cuando el virus comenzaba a hacer presa en éstos, les extraía médula espinal, donde el mal atacaba con más violencia, y la dejaba secar con la esperanza de que el virus se debilitaría hasta volverse inocuo. Los experimentos con animales demostraron la certeza de su hipótesis: una emulsión obtenida de médula desecada durante catorce días ya no provocaba la enfermedad en conejos sanos, sino que los protegía contra ella. ¿Ocurriría lo mismo con los seres humanos? Estaba a punto de conocer la respuesta y aquel niño llamado Joseph Meister iba a dársela. Primero le inyectó una vacuna de médula de conejo desecada durante catorce días. Al día siguiente aplicó al muchacho una dosis más fuerte de médula de trece días. Y así, sucesivamente, continuó el tratamiento. Por último, le trató con una dosis de la médula de conejo que había muerto el día anterior. Tal como esperaba la resistencia del organismo de Joseph había aumentado hasta el punto de que aquella inyección, de ordinario mortal, no produjo en él reacción alguna. El muchacho estaba a salvo.

Nunca con anterioridad fue tanto el interés público ante un descubrimiento científico. La noticia se difundió con rapidez y de una manera espontánea se inició una colecta a nivel mundial para que Pasteur tuviera su propio instituto de investigaciones. En Italia, un periódico de Milán recaudó varios millares de liras entre sus lectores; el zar Alejandro III envió una importante suma en rublos; el emperador del Brasil y el

De las numerosos descubrimientos científicos de Pasteur (arriba, en un óleo de A. Edelfet, Universidad de la Sorbona, París), ninguno fue tan celebrado como el de la vacuna antirrábica.

sultán de Turquía también contribuyeron. Por fin, el 14 de noviembre de 1888, el Instituto Louis Pasteur se hizo realidad. En la ceremonia inaugural, a la que asistió el presidente de la República francesa en persona, aquel hombre de corta estatura, áspera perilla y notoria cojera llamado Louis Pasteur no pudo pronunciar ni una sola palabra. Su hijo tuvo que leer su discurso mientras él se enjugaba las lágrimas. Había ganado la apuesta y alcanzado la gloria.

1822	22 de diciembre: **LOUIS PASTEUR** nace en Dôle (Francia).
1849	Enseña química en la universidad de Estrasburgo.
1854	Profesor y decano en la universidad de Lille.
1857	Enuncia una novedosa teoría sobre la fermentación.
1860	Se opone en diversos estudios a la teoría de la generación espontánea.
1861	Define la fermentación como «vida sin aire».
1865	Emprende la investigación de la enfermedad del gusano de seda.
1866	Publica *Études sur le vin*, dando lugar a la implantación de la pasteurización.
1867	Es nombrado profesor de química de La Sorbona.
1877	Emprende el estudio del carbunco, enfermedad infecciosa de los animales.
1879	Halla el método para inmunizarse contra esta enfermedad.
1881	Presenta públicamente su vacuna para el carbunco. Comienza sus investigaciones sobre la rabia.
1885	Emplea la vacuna contra la rabia por primera vez en seres humanos.
1888	Se inaugura el Instituto Pasteur.
1895	28 de septiembre: muere en Villeneuve-L'Etang.

LEÓN TOLSTOI
(1828-1910)

León Tolstoi (arriba, retratado en su ancianidad por Ilja I. Repin), aristócrata, filántropo y uno de los más grandes escritores rusos, dio a la literatura universal su mayor epopeya moderna, Guerra y paz.

En cierto modo, la biografía de León Tolstoi constituye una infatigable exploración de las claves de esa sociedad plural y a menudo cruel que lo rodeaba, por lo que consagró toda su vida a la búsqueda dramática del compromiso más sincero y honesto que podía establecer con ella. Aristócrata refinado y opulento, acabó por definirse paradójicamente como anarquista cristiano, provocando el desconcierto entre los de su clase; creyente convencido de la verdad del Evangelio, mantuvo abiertos enfrentamientos con la Iglesia Ortodoxa y fue excomulgado; promotor de bienintencionadas reformas sociales, no obtuvo el reconocimiento ni la admiración de los radicales ni de los revolucionarios; héroe en la guerra de Crimea, enarboló después la bandera de la mansedumbre y la piedad como las más altas virtudes; y, en fin, discutible y discutido pensador social, nadie le niega hoy haber dado a la imprenta una obra literaria inmensa, una de las mayores de todos los tiempos, donde la epopeya y el lirismo se entreveran y donde la guerra y la paz de los pueblos cobran realidad plásticamente en los lujosos salones y en los campos de batalla, en las ilusiones irreductibles y en los furiosos tormentos del asendereado corazón humano.

Adolescencia y juventud

A doscientos kilómetros al sur de la alegre ciudad de Moscú se extendía a principios del siglo XIX una vasta finca rural propiedad del conde Tolstoi llamada Yasnaia Poliana. En ella nació, siendo el menor de cinco hermanos, León, hijo del noble propietario y de la acaudalada princesa María Volkonski. El gran novelista viviría siempre escindido entre esos dos espacios simbólicos que son la gran urbe y el campo, pues si el primero representaba para él el deleite, el derroche y el lujo de quienes ambicionaban brillar en sociedad, el segundo, por el que sintió

Lo más llamativo de la existencia y de la obra de los grandes escritores rusos del siglo pasado es probablemente su vehemencia, el tamaño gigante de sus pasiones, tópicamente comparado con la extensión inmensa de las estepas y la vastedad inabarcable de las fronteras de aquel país euroasiático. Pero paralelamente a esa proverbial intensidad de sentimientos, cabe sorprenderse también de la sutileza con que éstos se vivieron y describieron, porque sin duda ellos fueron los creadores de la novela psicológica, los inimitables maestros en el fino análisis de la antojadiza alma humana.

devoción, era el lugar del laborioso alumbramiento de sus preclaros sueños literarios.

El muchacho quedó precozmente huérfano, porque su madre falleció a los dos años de haberlo concebido y su padre dejó este mundo en 1837. Pero el hecho de que después pasara a vivir con dos tías suyas no influyó en su educación, que estuvo durante todo este tiempo al cuidado de varios preceptores masculinos no demasiado exigentes con el joven aristócrata.

En 1843 pasó a la Universidad de Kazán, donde se matriculó en la Facultad de Letras, carrera que abandonó para cursar Derecho. Estos cambios, no obstante, hicieron que mejorasen muy poco sus pésimos rendimientos académicos y probablemente no hubiera coronado nunca con éxito su instrucción de no haber atendido sus examinadores al alto rango de su familia. Además, según cuenta el propio Tolstoi en *Adolescencia*, a los dieciséis años carecía de toda convicción moral y religiosa, se entregaba sin remordimiento a la ociosidad, era disoluto, resistía asombrosamente las bebidas alcohólicas, jugaba a las cartas sin descanso y obtenía con envidiable facilidad los favores de las mujeres. Regalado por esa existencia de estudiante rico y con completa despreocupación de sus obligaciones, vivió algún tiempo tanto en la bulliciosa Kazán como en la corrompida y deslumbrante ciudad de San Petersburgo.

Al salir de la universidad, en 1847, escapó de las populosas urbes y se refugió entre los campesinos de su Yasnaia Poliana natal, sufriendo su conciencia una profunda sacudida ante el espectáculo del dolor y la miseria de sus siervos. A raíz de esta descorazonadora experiencia, concibió la noble idea de consagrarse al mejoramiento y enmienda de las opresivas condiciones de los pobres, pero aún no sabía por dónde empezar. De momento, para dar rienda suelta al vigor desbordante de su espíritu joven decidió abrazar la carrera militar e ingresó en el ejército a instancias de su amado hermano Nicolás. Pasó el examen reglamentario en Tiflis y fue nombrado oficial de artillería.

El enfrentamiento contra las guerrillas tártaras en las fronteras del Cáucaso tuvo para él la doble consecuencia de descubrirle la propia temeridad y desprecio de la muerte y de darle a conocer un paisaje impresionante que guardará para siempre en su memoria. Enamorado desde niño de la naturaleza, aquellos monumentales lugares grabaron en su ánimo una nueva fe panteísta y un indeleble y singular misticismo. Al estallar la guerra de Crimea en 1853, pidió ser destinado al frente, donde dio muestras de gran arrojo y ganó cierta reputación por su intrepidez, pero su sensibilidad exacerbada toleró con impaciencia la ineptitud de los generales y el a menudo baldío heroísmo de los soldados, de modo que pidió su retiro y, tras descansar una breve temporada en el campo, decidió consagrarse por entero a la tarea de escribir.

El terrateniente compasivo

Lampiño en su época de estudiante, mostachudo en el ejército y barbado en la década de los sesenta, la estampa que se hizo más célebre de Tolstoi es la que lo retrata ya anciano, con las luengas y pobladas barbas blancas reposando en el pecho, el enérgico rostro hendido por una miríada de arrugas y los ojos alucinados. Pero esta emblemática imagen de patriarca terminó por adoptarla en su excéntrica vejez tras arduas batallas para reformar la vida social de su patria, empresa ésta jalonada en demasiadas ocasiones por inapelables derrotas.

Durante algún tiempo viajó por Francia, Alemania, Suiza..., y de allí se trajo las revolucionarias ideas pedagógicas que le moverían a abrir

Al año siguiente de la trágica muerte de su hermano Nicolás, acaecida el 20 de noviembre de 1860, Tolstoi se retiró definitivamente a su finca de Yasnia Poliana, a donde llevó a su esposa Sofía Behrs e inició la escritura de Guerra y paz.

El matrimonio de León Tolstoi con Sofía Behrs, hija de un médico de Moscú, duró casi cincuenta años y de él nacieron trece hijos. Arriba, Tolstoi, su esposa y parte de su numerosa prole.

una escuela para pobres y fundar un periódico sobre temas didácticos al que puso por nombre *Yasnaia Poliana*. La enseñanza en su institución era completamente gratuita, los alumnos podían entrar y salir de clase a su antojo y jamás, por ningún motivo, se procedía al más mínimo castigo. La escuela estaba ubicada en una casa próxima a la que habitaba Tolstoi y la base de la enseñanza era el Antiguo Testamento. Pronto fue imitada por otras, pero su peligrosa novedad, junto a los ataques del escritor contra la censura y a su reivindicación de la libertad de palabra para todos, incluso para los disidentes políticos, despertó las iras del gobierno que a los pocos años mandó cerrarla. Era uno de los primeros reveses de su proyecto reformador y uno de los primeros encontronazos con las fuerzas vivas de Rusia, aunque no sería el único. Sus discrepancias con la Iglesia Ortodoxa también se hicieron

notorias al negar abiertamente su parafernalia litúrgica, denunciar la inútil profusión de iconos, los enrarecidos ambientes con olor a incienso y la hipocresía y superficialidad de los popes.

Así mismo, cargó contra el ejército basándose en el Sermón de la Montaña y recordando que toda forma de violencia era contraria a la enseñanza de Cristo, con lo que se ganó la enemistad juramentada no sólo de los militares sino del propio zar. Incluso sus propios siervos, a los que concedió la emancipación tras el decreto de febrero de 1861, miraron siempre a Tostoi, hombre tan bondadoso como de temperamento tornadizo, con insuperable suspicacia.

El admirable príncipe Volkonski

A pesar de ser persona acostumbrada a meditar sobre la muerte, el trágico fallecimiento de su hermano Nicolás, acaecido el 20 de septiembre de 1860, le produjo una extraordinaria conmoción y, al año siguiente, se estableció definitivamente en Yasnaia Poliana. Allá trasladará en 1862 a su flamante esposa Sofía Behrs, hija de un médico de Moscú con quien compartió toda su vida y cuya abnegación y sentido práctico fue el complemento ideal para un hombre abismado en sus propias fantasías.

Sofía era entonces una inocente muchacha de dieciocho años, deslumbrada por aquel experimentado joven de treinta y cuatro que tenía a sus espaldas un pasado aventurero y que además, con imprudente sinceridad, quiso que conociese al detalle sus anteriores locuras y le entregó el diario de su juventud donde daba cuenta de sus escandalosos desafueros y flirteos. Con todo, aquella doncella que le daría trece hijos, no titubeó ni un momento y aceptó enamorada la proposición de unir sus vidas, contrato que, salvando períodos tormentosos, habría de durar casi medio siglo. Merced a los cuidados que le prodigaba Sofía en los primeros y felices años de matrimonio, Tolstoi gozó de condiciones óptimas para escribir su asombroso fresco histórico titulado *Guerra y paz*, la epopeya de la invasión de Rusia por Napoleón en 1812, en la que se recrean nada menos que las vidas de quinientos personajes. El abultado manuscrito fue pacientemente copiado siete veces por la esposa a medida que el escritor corregía; también era ella quien se ocupaba de la educación de los hijos, de presentar a las niñas en sociedad y de cuidar del patrimonio familiar.

La muerte del patriarca

La construcción de este monumento literario le reportó inmediatamente fama en Rusia y en Europa, porque fue traducido enseguida a todas las lenguas cultas e influyó notablemente en la narrativa posterior, pero el místico patriarca juzgó siempre que gozar halagadamente de esta celebridad era una nueva forma de pecado, una manera indigna de complacerse en la vanidad y en la soberbia. Si *Guerra y paz* había comenzado a publicarse por entregas en la revista *El Mensajero Ruso* en 1864 y se concluyó en 1869, muchas fueron después las obras notables que salieron de su prolífica pluma y cuya obra completa puede llenar casi un centenar de volúmenes. La principal de ellas es *Ana Karenina* (1875-1876), donde se relata una febril pasión adúltera, pero también son impresionantes *La sonata a Kreutzer* (1890), curiosa condenación del matrimonio, y la que es acaso más patética de todas: *La muerte de Iván Ilich* (1885).

Al igual que algunos de sus personajes, el final de Tolstoi tampoco estuvo exento de dramatismo y el escritor expiró en condiciones bastante extrañas. Había vivido los últimos años compartiendo casi todo su tiempo con depauperados campesinos, predicando con el ejemplo su doctrina de la pobreza, trabajando como zapatero durante varias horas al día y repartiendo limosna. Muy distanciado de su familia, que no podía comprender estas extravagancias, se abstenía de fumar y de beber alcohol, se alimentaba de vegetales y dormía en un duro catre. Por último, concibió la idea de terminar sus días en un retiro humilde y el octogenario abandonó su hogar subrepticiamente en la sola compañía de su acólito el doctor Marivetski, que había dejado su rica clientela de la ciudad para seguir los pasos del íntegro novelista. Tras explicar sus razones en una carta a su esposa, partió en la madrugada del 10 de noviembre de 1910 con un pequeño baúl en el que metió su ropa blanca y unos pocos libros. Durante algunos días nada se supo de los fugitivos, pero el 14 Tolstoi fue víctima de un grave ataque pulmonar que lo obligó a detenerse y a buscar refugio en la casa del jefe de estación de Astapovo, donde recibió los cuidados solícitos de la familia de éste. Sofía llegó antes de que falleciera, pero no quiso turbar la paz del moribundo y no entró en la alcoba hasta después del final. Le dijeron, aunque no sabemos si la anciana pudo encontrar consuelo en esa filantropía tan injusta para con ella, que su últimas palabras habían sido: «Amo a muchos.»

1828	**LEÓN TOLSTOI** nace en Yasnaia Poliana, heredad situada al sur de Moscú.
1837	Muere su padre, el conde Tolstoi.
1843	Ingresa en la Universidad de Kazán.
1851-1854	Abraza la carrera militar y participa en la guerra de Crimea.
1861	Abre y regenta una escuela progresista para los campesinos.
1862	23 de septiembre: se casa con Sofía Behrs.
1864	Comienza a publicarse *Guerra y paz* en *El Mensajero Ruso*.
1876-1899	Publicación de sus novelas: *Ana Karenina* (1876), *La muerte de Iván Ilich* (1885), *La sonata a Kreutzer* (1890), *Resurrección* (1899).
1901	Es excomulgado.
1910	10 de noviembre: abandona secretamente su casa. 20 de noviembre: muere en la estación de Astapovo.

JULIO VERNE
(1828-1905)

*L*a compleja y hermética personalidad de este profeta de los nuevos tiempos, al que todas las biografías presentan como paradigma del honorable burgués, fue intuida quizás por vez primera en un asombroso análisis grafológico que el polifacético y sensual escritor Pierre Louÿs realizó sobre su correspondencia. Allí, Verne es calificado de «revolucionario subterráneo, genio resuelto, orgulloso, solitario y mudo, guardián insobornable de sus más secretos pensamientos». ¿Qué sueños inconfesables se escondían en el Verne respetable y popular? ¿Qué sublevaciones fermentaban tras su máscara de hombre de orden?

El burgués apacible

Dejando a un lado su faceta de escritor, la vida de Verne es una sucesión de sensateces, jalonadas por alguna tibia y razonable extravagancia, que puede ser narrada en escuetas cifras, de un modo casi telegráfico. Nace en 1828 en Nantes, puerto de estuario situado a cincuenta y seis kilómetros del mar. Su padre, el abogado Pierre Verne, le da una educación sólida, sin estridencias, enviándole a París para que estudie Derecho y se forje como su digno sucesor. Así pues, a los veintidós años, Verne se encuentra solo en la entonces deslumbrante capital del mundo. ¿No es lógico que un joven burgués, por más aplicado que sea, se divierta un poco? Vive durante breve tiempo en una despreocupada pobreza, escribe comedias y operetas, frecuenta los ambientes teatrales y sin duda se entretiene en vanas aventurillas. Pero no olvida sus deberes: estudia con celo y obtiene un empleo en la Bolsa. En 1859 contrae matrimonio con una joven viuda de la buena sociedad de Amiens, se coloca en una agencia de cambio y empieza a escribir con ahínco, ya seguro de su destino. Tras sus primeros éxitos literarios abandona su oficio, se entrega en cuerpo y alma a sus narraciones, viaja por el mundo y es por doquier respetado y admirado. Al terminar la guerra de 1870 se instala definitivamente en Amiens, donde morirá a comienzos de 1905, a los 77 años.

El revolucionario subterráneo

Pero apenas intentamos penetrar en la existencia de Julio Verne más allá de las apariencias y del esquematismo de las enciclopedias, no tardamos en advertir que el intuitivo examen de Pierre Louÿs es, como mínimo, digno de crédito. Ya a los once años, el pequeño Julio había huido de la casa paterna para embarcarse clandestinamente en un velero rumbo a las Indias. Su padre lo atrapó minutos antes de la partida y le administró una paliza magistral; el niño repuso que quería encontrar en algún lugar lejano «un collar de coral para Carolina», una primita a la que amaba. Quizás en este incidente se encuentre el germen de las principales revueltas secretas de Verne, entre las que destaca su misoginia.

Ocho años después del intento de evasión, cuando pida la mano de su deseada prima, ésta se mofará en sus narices y se casará días después con un rico heredero de Nantes. Despechado, Verne abandonó su ciudad natal tras escribir a un amigo la siguiente amenaza inspirada por la venganza: «Unos y otros verán de qué madera está hecho ese muchacho al que llaman Julio Verne». Y en París fundará con otros despechados un cenáculo juramentado contra las damas, los «once-sin-mujeres», que siguió frecuentando aun después de casarse.

A propósito de su matrimonio, las relaciones entre marido y mujer nunca fueron muy íntimas: Verne amaba por encima de todo los barcos, los viajes y los libros, y regresó de uno de sus periplos tan sólo una hora antes de que su esposa diese a luz a su único hijo. Cuando permanecía en Amiens se encerraba en su gabinete bajo llave para no ser molestado; ¿a quién podía apuntar tal precaución?

Respecto a su padre, no sólo intentó huir de él, sino que renunció a sucederlo, y cuando se independizó económicamente jamás regresó al hogar paterno. Las disputas entre ambos fueron constantes, y el padre combatió con todas sus energías las que consideraba veleidades literarias de un vástago indomeñable.

El triunfador fulgurante

Cierto día de octubre de 1862, Julio Verne se presentó ante el editor Jules Hetzel con un manuscrito que era casi una crónica novelada de un supuesto viaje en globo sobrevolando el continente africano. Tiempo antes, Verne había conocido en el Círculo de la Prensa Científica a un viajero y aventurero apasionado por la aerostática y la fotografía llamado Félix Tournachón, que muy pronto alcanzaría la celebridad con el seudónimo de Nadar. La experiencia de Nadar con su colosal globo *Geant* inspiró a Verne el relato que había entregado a Hetzel, quien, quince días más tarde, le devolvió el original con la siguiente recomendación: «Introduzca episodios dramáticos, déle unidad y haga de esto una verdadera novela. Entonces le firmaré el contrato.»

El resultado fue *Cinco semanas en globo,* su primer gran éxito literario, y un contrato por tres libros al año a 1.925 francos por cada uno, que significaría el comienzo de la vida literaria profesional de Verne. Con este libro había iniciado su ambicioso proyecto *Viajes extraordinarios,* que, como el mismo entusiasta escritor había resumido a su editor, consistía en «un paseo completo por el cosmos de un hombre del siglo XIX». Inmediatamente se enfrascó en la redacción de *Viaje al centro de la Tierra,* para lo cual se aplicó a la geología, la mineralogía y la palentología. Las detalladas descripciones de animales antediluvianos maravillaron a los expertos, poniendo de manifiesto su extraordinaria intuición científica. Su tercer gran libro fue *De la Tierra a la Luna,* cuya publicación despertó tal entusiamo por los viajes espaciales que su despacho se inundó de cartas solicitando reservas para el próximo viaje lunar. Con el mismo interés fue recibida *La vuelta al mundo en ochenta días,* publicada por entregas, cuyo éxito fue tal que se llegaron a cruzar apuestas sobre si Phileas Fogg, «el hombre menos apresurado del mundo», lo-

Julio Verne, cuya obra fue considerada por muchos como "literatura de evasión", fue sin duda alguna un gran novelista que siempre supo hacer verosímiles sus fantasías apoyándolas en datos científicos incontrovertibles.

graría llegar a la meta en tan breve tiempo. Incluso las compañías de navegación transatlántica se disputaron el honor de trasladar al inefable viajero, y no faltó quien le desafiara, asegurando estar dispuesto a realizar el viaje en menos tiempo. Hasta una periodista, llamada miss Bly, logró su propósito e hizo la travesía en tres días menos, recibiendo la efusiva e irónica felicitación de Verne, quien en definitiva, no sólo había puesto de moda los viajes alrededor del planeta, sino demostrado a sus contemporáneos que el mundo era casi cuarenta veces más pequeño que a principios de ese siglo.

El sabio cuerdo

Cuentan que, recién llegado a París, Verne se lanzó a la calle y, deslumbrado por el esplendor de la capital, chocó con un viandante de aspecto inocente que lo despojó con habilidad de su reloj. El futuro escritor acudió inmediatamente a la gendarmería más cercana para denunciar al ratero. El policía, suponemos que con una curiosidad de buena ley, le preguntó de qué tipo era el mecanismo del reloj. El joven no supo qué responder, pero la cuestión le intrigó tanto, que más adelante estudiaría por su cuenta el funcionamiento de los relojes, instrumentos dotados de «una especie de corazón que late incesante en el interior de sus cuerpecillos».

Esta anécdota ilustra la atracción absorbente que Verne sentía por la ciencia. Como novelista clarividente que era, previó, atribuyéndolas al dinamismo y la insaciable curiosidad de sus héroes, las aplicaciones prácticas de la ciencia en campos que los hombres soñaban explorar desde siempre: el mundo submarino y el cielo. Sus invenciones más audaces proceden de un razonamiento documentado y lógico que margina las divagaciones y los espejismos de la fantasía. Ninguna de ellas parecía realizable en el futuro, pero la mayor parte fue superada con creces.

El náufrago en tierra

Veinte mil leguas de viaje submarino es, entre su extensísima producción, uno de los libros que conserva más íntegro su encanto. La peripecia se inicia cuando una fragata americana parte en busca de un monstruo marino de extraordinarias proporciones al que se atribuyen múltiples naufragios. El monstruo aparece, se precipita sobre el barco expedicionario y lo echa a pique, llevándose en su espinazo al naturalista Aronnax, a su fiel criado Conseil y al arponero Ned Land. Resultará ser un enorme submarino, el Nautilus, en el cual los tres hombres pasarán cerca de diez meses hospedados por el enigmático capitán Nemo, artífice del invento. Visitarán los tesoros sumergidos de la Atlántida, lucharán contra caníbales y pulpos gigantes y asistirán a un entierro en un maravilloso cementerio de coral. Nemo, hostil e iracundo, no tardará en revelarse como un proscrito, un sublevado solitario cuyo manto de misterio esconde una identidad principesca y una pesadumbre tenebrosa. Se ha señalado que Nemo es un trasunto del propio Verne. Ambos viven encerrados, solos e incomprendidos, el primero en su coraza de acero, el segundo en la burbuja de su gabinete, ambos refugiados tras el disimulo y el secreto. Del mismo modo que Verne dejó estupefactos a propios y extraños presentándose a unas elecciones municipales en Amiens

Grabado de Neuville para Veinte mil leguas de viaje submarino, *en el que se observa a los protagonistas a bordo del "Nautilus".*

por una lista de extrema izquierda, el capitán Nemo, que lucha por la liberación de los pueblos oprimidos, detesta a la convencional y adocenada colectividad que lo persigue y enarbola dos veces el estandarte negro del nihilismo.

Pero si bien puede considerarse a Verne un náufrago en la monotonía de una sociedad prevenida frente a los productos de la imaginación y desconfiada hacia el genio, no menos cierto es que, quizás para burlar tales suspicacias, su aislamiento y sus ensueños literarios fueron siempre razonables. Tras su primera aventura infantil, descubierta y sofocada, Verne aprendió la lección y no volvió a rebelarse, salvo en sus libros y de un modo críptico y elusivo. Como si temiera decir demasiado y lo explícitamente inverosímil, heterodoxo o provocador le aterrorizara, el autor se apresura a exorcizarlo por medio de demostraciones destinadas a confinar la rareza en los límites de la razón humana. Frente a los especulativos, iluminados y taumaturgos, prefirió las personalidades dinámicas, periodistas, industriales, colonos, marinos, químicos e ingenieros. Como resultado, la serie de sus *Viajes extraordinarios* ofrece menos «visiones» del porvenir que «previsiones» establecidas a partir de conocimientos científicos y de un potencial técnico cuya progresión y extensión podía calcularse. Pero la robustez de sus héroes, expresión de optimismo, hace que sus novelas estén inflamadas de una radiante humanidad, de una inmensa confianza en el hombre, en su coraje y en su capacidad de aprender; en ellas, el corazón y la inteligencia triunfan siempre sobre la estupidez y la maldad.

Proust escribió: «Quizás no hay días en la infancia tan plenamente vividos como los que hemos creído dejar sin vivirlos, como los que hemos pasado con un libro preferido, con la zozobra atenta y afiebrada de un niño que lee una novela de Julio Verne». No hay duda de que él fue ese niño, y con él todos nosotros.

El 10 de enero de 1857, Julio Verne se casó con Honorine de Viane, una joven viuda de veintiséis años y madre de dos hijas, que le daría su único hijo, Michel. Arriba, Julio Verne con su esposa Honorine en 1905, año de la muerte del escritor.

1828	8 de febrero: nace en Nantes (Francia) **JULIO VERNE**
1839	A los once años intenta embarcarse en un velero rumbo a las Indias.
1863	Obtiene un gran éxito con su primera novela *Cinco semanas en globo.*
1864	*Viaje al centro de la Tierra.*
1865	*De la Tierra a la Luna.*
1870	*Veinte mil leguas de viaje submarino.*
1873	*La vuelta al mundo en 80 días.*
1874	*La isla misteriosa.*
1876	*Miguel Strogoff.*
1879	*Las tribulaciones de un chino en China.*
1888	*Dos años de vacaciones.*
1897	*La esfinge de los hielos.*
1905	24 de marzo: muere en Amiens a los 77 años.

GERÓNIMO
(1829-1909)

*C*uando en 1609 unos pocos inmigrantes ingleses fundaron la ciudad de Jamestown, en Virginia, entre ellos y el remoto Pacífico se extendía un vasto territorio ocupado por aproximadamente medio millón de indios de distintas tribus. Justo trescientos años después, cuando en 1909 falleció el último gran jefe apache, Gerónimo, el genocidio prácticamente se había consumado y apenas quedaban, reducidos a condiciones de degradación y miseria próximas a la esclavitud, doscientos mil indios confinados en inhóspitas reservas. Habían sido vencidos por millones de inmigrantes, rudos colonos procedentes de todo el mundo que, protegidos por el ejército de los casacas azules, ocuparon sus tierras.

El temible salvaje

Por aquel entonces, el cine, siguiendo el precedente del circo y otros espectáculos populares, estaba convirtiendo a los indios en mero objeto de la curiosidad masiva y morbosa de un público de feria. Desde Edison, que ya en 1884 los utilizaba en producciones precinematográficas como *Sioux Ghost Dance*, hasta los actuales telefilmes, una falaz mitología se ha erigido a costa su secular humillación. Sin embargo, entre sus filas siempre se hallaron bravos guerreros, celosos de su independencia, que se resistieron a la violenta invasión de aquellas tierras por las cuales, hasta donde alcanzaba su memoria, sus antepasados habían cabalgado siempre orgullosos y libres. Así era un indio de la tribu apache llamado Go-Hhla-Ye, que en la ficción era temido por los viajeros de *La diligencia* (John Ford, 1939) y protagonizó numerosos filmes como *Gerónimo* (Paul Sloan, 1939) o *El salvaje* (George Marshall, 1951), pero que en la realidad fue el postrero y noble jefe de un pueblo orillado por la historia, abolido por un nuevo episodio de la incesante crónica de la infamia.

Había nacido en el territorio de Arizona, junto a la frontera de México, la inmemorial tierra de los apaches, por la que hacia 1846 pasaron los soldados de Washington en dirección al sur. Con ocasión de ello, un indio pacífico, un jefe de los apaches mimbreños llamado Dasodahae, criado junto al río Mimbres en las proximidades de una misión hispanomexicana, tomó contacto, sin la más mínima aversión, con un pueblo al que no conocía. Más tarde llegarían a aquellos parajes los mineros atraídos por el oro de Palo Alto, y Dasodahae, a quien un fraile había puesto como sobrenombre Mangas Rojas y que sería conocido por los nortemericanos como Mangus Colorado, fue a visitarles amistosamente. Los mineros lo insultaron y lo amenazaron con sus prepotentes revólveres y fusiles y, en el curso de una segunda visita, lo azotaron cruelmente y lo abandonaron medio muerto.

La venganza de Mangus Colorado no se hizo esperar; en una emboscada segó la vida de diez de los mineros, desatando con ello una guerra abierta que había de concluir con una irreversible y definitiva derrota de su pueblo unos cuarenta años después. Las diversas tribus apaches extendidas por la región —chiricauas, mescaleros, coyoteros, pinals— comprendieron que su territorio iba a ser progresivamente invadido por comerciantes, granjeros y soldados que abusaban de la superioridad de sus armas; entonces, dos grandes jefes de la misma nación se unieron al desafío de Mangus Colorado: Shi-Ka-She, conocido como Cochise, y Go-Hhla-Ye, Gerónimo.

Juntos combatieron contra el coronel James Carleton y sus voluntarios californianos en 1863. Después de una primera victoria apache, Mangus Colorado se entrevistó con el enemigo, sin tener en cuenta los consejos de sus aliados. Violando la bandera blanca de la paz, los oficiales lo hicieron detener y lo entregaron a la tropa. Durante la noche, uno de los soldados que lo custodiaban calentó al fuego su machete y pinchó al prisionero medio dormido, que contuvo su dolor comprendiendo el juego de sus agresores. No obstante, otro centinela le lanzó a las rodillas un leño encendido, Mangus se levantó mecánicamente y una ráfaga de balas, legitimadas por el pretexto de una tentativa de evasión, acribillaron su cuerpo indefenso.

La furia y el rencor

Durante los diez años siguientes, hasta 1873, fue Cochise quien encabezó la lucha, pero los saqueos y los incendios tendentes a reducir la soberbia del invasor resultaron infructuosos. Obtuvo algunas significativas victorias, pero su pueblo también sufrió cruentas represalias. Por ejemplo, el 30 de abril de 1871, ciento ocho ancianos, mujeres y niños apaches fueron exterminados en Camp Grant, aprovechando un día en que ningún hombre útil para la guerra quedaba en el campamento por haber salido todos a cazar a las montañas.

En 1873, el general Cook consiguió firmar un tratado con los apaches para que cesaran las hostilidades, al que se sometió Cochise y por el cual algunas tribus hallaron asilo en la reserva de San Carlos, en las tierras que se extienden a lo largo del río White, pero otras, como los chiricahuas, huyeron a México. Estos últimos, entre cuyos jefes destacaba el vigoroso Gerónimo, ocuparon posiciones inexpugnables en el macizo montañoso de Candelaria y durante un tiempo tuvieron por aliados a los mescaleros, dirigidos por Vittorio, que moriría en combate en 1880, momento en el que Gerónimo asumió también la jefatura del pueblo hermano.

Sus bandas acrecentaron la violencia por el territorio de Sonora en marzo de 1883, mientras otro jefe indio, Chato, imponía el terror a los blancos en Arizona. De ese modo, la frontera de Río Grande se convirtió en un verdadero infierno y el general George Cook se decidió a intervenir de nuevo, esta vez ayudado por un desertor chiricahua, Panayotishn, el cual se ofreció a servir de guía hasta el refugio secreto de los apaches. El 8 de mayo de 1883, la compañía del 6º de caballería, reforzada por doscientos guías indios, penetró en Sierra Madre. Un mes más tarde Gerónimo y Chato fueron conminados a rendirse.

Gerónimo, el último gran jefe apache, huyó en 1873 a México al frente de un grupo de chiricahuas y, en las áridas montañas de Sierra Madre, protagonizó, durante más de diez años, una feroz lucha de resistencia y sin esperanza para su pueblo contra el poderoso ejército de los Estados Unidos de América.

Tras la matanza organizada por los mexicanos durante la conferencia de paz entre los jefes apaches Gerónimo y Nachez, y el capitán Crawford, el ejército estadounidense emprendió una implacable persecución que acabó, en 1866, con la capitulación de Gerónimo, quien fue tratado como un bandido. Arriba, Gerónimo, el segundo por la izquierda, cuando dirigía la lucha de su pueblo.

En julio pasaron a la reserva de San Carlos donde permanecerían durante dos pacíficos años.

El principio del fin

Agotados por una guerra sin esperanza, los apaches parecían resignados a la forma de vida onerosa y precaria impuesta por los vencedores, quienes al principio pagaban a un precio razonable los forrajes y la leña que los indios talaban en los bosques. No obstante, en mayo de 1885, un centenar de disidentes aglutinados alrededor del valeroso Gerónimo, de Nachez, segundo hijo de Cochise, y de Chihuahua Mangas, huyeron de la reserva y se refugiaron en las montañas próximas de Nuevo México.

Durante algún tiempo arreciaron los ataques, pero el gobierno estadounidense no tardó en enviar sus tropas, al mando del capitán Crawford, para reducir a los rebeldes. Meses después, Gerónimo y Nachez solicitaron una entrevista con el militar enemigo mientras Chihuahua, el resentido vástago de Mangus Colorado, permanecía al frente de una decena de guerreros irreductibles y ajeno a toda negociación. Pese a todo, Crawford aceptó las condiciones de capitulación de Gerónimo y Nachez, pero entonces ocurrió algo que nadie esperaba.

Fue en ese momento cuando entraron en escena inopinadamente los mexicanos, quienes rodearon el campamento de los guías indios empleados por el ejército y se entregaron a una auténtica orgía de sangre en la que pereció incluso el capitán Crawford. Los jefes indios pudieron huir, pero este incidente costó el cargo al más alto responsable militar en la zona, el general Cook, quien fue destituido inmediatamente y hubo de ceder su puesto al general Nelson A. Miles. Tras una frenética persecución de los resistentes, el nuevo responsable de la represión, menos sensible aún a los sufrimientos de los apaches que su predecesor, logró que Gerónimo y Nachez se rindieran por segunda vez en junio de 1886 y no concedió a los vencidos otro estatuto que el de malhechores entregados al pillaje, condenándolos por lo tanto a trabajos forzados.

Una equívoca leyenda

El pueblo de Gerónimo, que si las cifras no mienten contaba con veinte mil miembros en 1871, había sido reducido hacia 1890 a unos pocos centenares. Ya no había para el orgulloso jefe apache ninguna batalla que entablar ni ninguna esperanza de futuro. Los veintitrés años de vida que le restaban debían servirle únicamente para que apurase hasta las heces el cáliz de la derrota y para que sus nuevos dueños lo escarneciesen convirtiéndolo en objeto de curiosidad y pasto de desaprensivos gacetilleros.

Los supervivientes fueron malviviendo al principio en la reserva de San Carlos, donde en 1888 los describió así Frederick Remington: «Los apaches fueron siempre los más peligrosos de todos los indios del oeste. En el ardiente desierto y en las vastas extensiones rocosas de su país, ningún hombre blanco pudo jamás capturarlos durante una persecución». Pero allí, en San Carlos, se alimentaban a medias de sus exiguos cultivos y a medias de la caridad racionada del gobierno, vestían con andrajos y su honor yacía por el suelo, quebrada y adolorida su memoria por sus héroes muertos.

Dos episodios vejatorios le restaban por vivir a Gerónimo antes de su muerte, acaecida en 1909. El primero, su presencia oportunista en el desfile que fue organizado en Washington con motivo de la elección como presidente de Theodore Roosevelt; el segundo, a los setenta y siete años de edad, la renuncia a los dioses de sus antepasados para abrazar el cristianismo.

Gerónimo, un anciano piel roja hostigado desde su juventud por los poderosísimos invasores, pasó en los últimos años de su vida a convertirse en un símbolo útil para la flamante conciencia nacional norteamericana. El inclemente punto de vista impuesto por Hollywood se encargó de desposeerlo de los últimos vestigios de su dignidad y así pasó a engrosar la epopeya de los pioneros, tanto más gloriosa cuanto más temibles, salvajes y valientes habían sido los enemigos a los que habían tenido que enfrentarse. El extraño destino de Gerónimo consistió al fin en alcanzar una indeseable popularidad universal y alimentar una de las más engañosas mitologías del siglo XX.

1829	**GERÓNIMO** nace en la actual Arizona, sudeste de Estados Unidos, en una tribu apache.
1850	Combate junto al jefe apache Mangus Colorado.
1871	Matanza de indios en Camp Grant.
1873	Tratado de Cook. Una parte de los chiricahuas, bajo el mando de Gerónimo, huye a México.
1883	Ataques de los chiricahuas en Arizona y en Nuevo México. Primera rendición de Gerónimo, que pasa a la reserva.
1885	Gerónimo huye a Nuevo México. Ataques de los apaches.
1886	Segunda rendición, evasión y capitulación definitiva. Es tratado como un bandido y condenado a trabajos forzados.
1888	Los supervivientes de las tribus son internados en la reserva de San Carlos y luego en Oklahoma: fin de la nación apache.
1901	En Washington, participa en el desfile en honor al nuevo presidente Theodore Roosevelt.
1903	Se convierte al cristianismo.
1909	Muere Go-Hhla-Ye, llamado Gerónimo.

PORFIRIO DÍAZ
(1830-1915)

*F*igura autoritaria que impuso la paz a sangre y fuego en México durante décadas, el general Porfirio Díaz perteneció al ala militarista del partido liberal y nadie como él mismo supo dar cuenta de las vanas esperanzas y de la miseria efectiva de su ejercicio al frente de la nación cuando lo definió como «una política patriarcal, guiando y restringiendo las tendencias populares, en el convencimiento de que una paz forzosa permitiría fomentar la educación, la industria y el comercio». Este despotismo ilustrado, que sólo satisfizo de hecho la parte más autoritaria y represiva del programa, fue llevado a cabo por un hombre a quien sus más insidiosos enemigos negaban la más mínima ilustración, aunque otros datos parezcan confirmar su evidente formación intelectual y una sincera aunque tal vez mal enfocada preocupación por el desarrollo de su país.

En cualquier caso, la contradicción más flagrante de la trayectoria biográfica de Porfirio Díaz consiste en la paradoja de que ingresó en la vida política, tras una brillante carrera militar, enfrentándose a Benito Juárez y defendiendo el principio de no reelección presidencial, pero él mismo, cuarenta años después, exasperó a los más pacientes y desató una revolución en su país al intentar ser reelegido por séptima vez.

El sable patriótico

Nacido en Oaxaca en 1830, desde muy joven sintió una enorme admiración por Benito Juárez, de quien sería firme partidario durante muchos años. Por su influencia abandonó la carrera eclesiástica y pasó a la universidad a estudiar leyes, pero se decidió a ingresar en el ejército con motivo del pronunciamiento contra el presidente Santa Anna por su impuesta reelección.

Parece ser que destacó en sus estudios y que a los diecinueve años era ya auxiliar de la cátedra de latín; en esa época sostuvo a su familia y se pagó los estudios con el dinero que conseguía dando conferencias. Una vez en el ejército, luchó primero contra los Estados Unidos, luego contra los franceses y más tarde contra el emperador Maximiliano, tres guerras en las que tuvo ocasión de dar pruebas de enorme arrojo y valentía, de modo que con poco más de treinta años ya se había convertido en un glorioso general.

En 1871 formó el partido porfirista para denunciar el abuso de poder de Juárez, dando un nuevo giro a su ambición personal y orientándola hacia la asunción del más alto cargo político. No obstante, fue Sebastián Lerdo de Tejada el hombre que accedió a la presidencia cuando Juárez falleció de un ataque al corazón al año siguiente. Porfirio Díaz secundó su estrategia y rindió servicios como diputado por Oaxaca durante algún tiempo y luego se retiró a la vida privada, pero cuando supo que Lerdo pretendía presentarse a la reelección lo combatió y ocupó él mismo la presidencia el 26 de noviembre de 1876.

La legalidad se restableció cuando salió elegido por el Congreso como presidente constitucional el 5 de mayo de 1877. Durante su primer mandato reformó la Constitución para imponer, según había defendido siempre, la no reelección de los presidentes, y congruente con sus ideas, en 1880 cedió el gobierno de la nación al general Manuel González, el cual ocupó el poder hasta 1884, porque en esta fecha Porfirio Díaz volvió para quedarse hasta ¡1911!

El sable por el sable

Los defensores de esta figura histórica, de este hombre voluminoso de ojos altivos, hablan de la paz y del progreso, en las comunicaciones por ejemplo, que trajo a su país, señalan que mantuvo espléndidas relaciones diplomáticas con Francia y que reanudó las enrarecidas con Austria. Incluso recuerdan admirados el hecho notable de que sobre su marcial guerrera luciese condecoraciones de casi todos los países de Europa. Pero para otros muchos, su política se caracterizó por la violenta y sanguinaria represión de los descontentos, por reducir las instituciones liberales a puro formulismo y por la instauración de una férrea dictadura que, aparte de satisfacer a los sectores más privilegiados de la sociedad mexicana, benefició mayormente a los inversores extranjeros, pues pagó religiosamente la deuda externa y permitió que los capitales foráneos, principalmente estadounidenses, se hicieran con el petróleo y con la red ferroviaria, que alcanzaba una extensión de 24.000 kilómetros. Así mismo, despojó sistemáticamente de sus tierras a los campesinos indígenas en favor de los grandes latifundistas, desarrolló la industria textil con capital francés y español y favoreció el establecimiento en el país de poderosas instituciones financieras francesas.

Esta actitud suponía volver la espalda a la desmedrada burguesía nacional, poner en una situación angustiosa a la pequeña burguesía y condenar a la miseria al incipiente proletariado y a la población campesina. Naturalmente los brotes de indignación social iban en aumento y la mano dura se convirtió en la primera y última razón. Aquel sable que tan noblemente se había puesto al servicio de la patria, acabó haciendo molinetes patéticos, dando crueles palos de cie-

Porfirio Díaz (arriba, en un retrato que se encuentra en el Museo Nacional de Historia de México) gobernó México despóticamente durante cuarenta y cuatro años, hasta que lo derrocó la Revolución.

go; como cuando un tal Arnaulfo Arroyo atentó contra la vida del presidente en 1898: fracasado su intento, Arroyo fue detenido y asesinado por la policía aquella misma noche. Por último, la sublevación de Francisco Madero, a quien se unió Emiliano Zapata, motivó que Porfirio Díaz eligiera el camino del exilio y se trasladara a París, donde murió en 1915.

1830	15 de septiembre: nace en Oaxaca (México) **PORFIRIO DÍAZ.**
1849	Abandona la universidad de Oaxaca y abraza la carrera militar.
1854	Toma partido por el general Álvarez para derrocar la tiranía de Santa Anna.
1861	Es ascendido a general.
1862	Se distingue en la batalla de Puebla contra los franceses.
1867	Vence al cabecilla monárquico Leonardo Márquez. El 21 de junio toma la capital mexicana para derrocar a Maximiliano.
1877	Alcanza la presidencia de la nación.
1880	Se retira para dejar paso al general Manuel González.
1884	Nueva reelección de Porfirio Díaz.
1911	Triunfa la revolución que lo obliga a renunciar a la presidencia y a trasladarse a Europa.
1915	Muere en París.

MARK TWAIN
(1835-1910)

*L*a imagen del encantador literato y humorista estadounidense Mark Twain está íntimamente ligada a un largo y caudaloso río, el Misisipí, surcado por nobles y parsimoniosos vapores cuyas sirenas interrumpían la apacible y monótona existencia de los moradores de los pueblecitos del sur de Estados Unidos. Dos de los chicos más traviesos del mundo de la fábula salieron de su pluma y, en cierta medida, Twain encarnó en ellos su propia infancia trapacera, holgazana y salvaje, similar a la de esa criatura de ficción llamada Tom Sawyer, y la de su intrépido compañero de juegos, el pelirrojo Tom Blankeship, inmortalizado en la literatura como Huckleberry Finn.

El truco de la valla encalada

Hombre de cabellos arremolinados, pobladas cejas y mostacho, y ojos risueños y vivaces, Samuel Langhorne Clemens, más conocido por Mark Twain, había nacido en Florida, un pueblecito de Misuri, pero su bulliciosa infancia la padecieron los sufridos habitantes de Hannibal, donde estudió las primeras letras, aunque sin demasiado entusiasmo y ninguna docilidad. Solía hacer novillos con su amigo Tom para irse a bañar al arroyo del Oso, contraviniendo abiertamente las estrictas órdenes de la señora Clemens. De hecho, madre e hijo competían en ingenio, la una para atajar la desfachatez y rebeldía del muchacho y el otro para eludir los severos e impertinentes reglamentos a los que debía atenerse. Así, en una ocasión, la señora Clemens decidió coser con hilo blanco la camisa de su vástago para evitar que pudiera desprenderse de ella, como tenía por costumbre, e ir a zambullirse en el agua, deleitosa actividad que solía preferir a la de permanecer mortalmente aburrido en la escuela local. Pero ni corto ni perezoso, Sam se deshizo del corsé represor y ocupó el día en sus felices vagabundeos habituales, refrescándose en el río cuando le vino en gana, teniendo buen cuidado, eso sí, antes de regresar a casa, de volver a coser primorosamente su camisa. Cuando llegó, hambriento y bien dispuesto a zamparse un monumental almuerzo, su madre se mostró muy complacida por la insólita obediencia de Sam y por la eficacia de su estratagema, y tras comprobar que el hilo guardián estaba en su sitio, lo hubiese tratado a cuerpo de rey de no terciar el bocazas de su hermano pequeño, Henry, quien más memorioso de lo conveniente, señaló la fútil y singular circunstancia de que el hilo blanco se había teñido inopinadamente de negro.

Descubierto el ardid, la señora Clemens condenó implacablemente a Sam a pasar el sábado encalando una larga valla de treinta metros, laborioso y poco estimulante ejercicio que arruinaba los planes que se había forjado para el futuro inmediato el mohíno y desalentado zagal. Mientras hoscamente y con patética lentitud pasaba una y otra vez la brocha por aquellas viejas maderas, se acercó con ánimo de burla el repelente de John Roberts y le manifestó cruelmente y por este orden lo que sigue: que se dirigía a bañarse al río, que le hubiera gustado compartir esa dicha con el probo pintor de brocha gorda, pero que lamentaba de verdad —¡je, je!— que le hubiesen impuesto tan oneroso trabajo.

Pero el incauto John no había previsto la desenvoltura de Sam ni su proverbial capacidad para salvar las situaciones más apuradas, y comenzó por extrañarse de que el condenado se entregase a la faena con aparente alegría, gran esmero y orgullo radiante. ¡La buena disposición de que ahora hacía gala era verdaderamente asombrosa! Lejos de confesar su fastidio, Sam se mostraba entusiasmado por el hecho de que se le hubiera concedido el honor y consentido el inmenso placer de pintar la valla, encargo delicado, dijo, que no podía ponerse en manos de cualquiera y era una bendición para el afortunado elegido. Visto desde este ángulo, John pidió primero, rogó más tarde y por fin compró, tras arduo regateo, el codiciado derecho a poder blanquear durante un rato, aunque para ello hubo de ceder la apetitosa manzana que se estaba comiendo y que pasó a ser deglutida por el ex trabajador agradablemente tendido a la sombra. Con posterioridad se incorporaron a la flamante diversión otros embaucados y enérgicos mozalbetes que en pocas horas dieron tres capas de pintura a la valla y enriquecieron a Sam con un envidiable tesoro consistente en un picaporte de cobre, un gato tuerto, una docena de canicas y el mango de un cuchillo. Por su parte, la señora Clemens, al inspeccionar la concienzuda labor, admiró a su voluntarioso hijo, le regaló otra manzana y le concedió un permiso extraordinario para jugar a su antojo, permiso que Sam se tomó de muy buen grado, mas sin descuidar antes su deber principal, o sea propinar una paliza morrocotuda a su hermano Henry, el impertinente delator.

Samuel L. Clemens, periodista, conferenciante y novelista trotamundos llamado Mark Twain, cuyas obras, plenas de humor y aventuras, reflejan su visión abierta y optimista de la vida.

Buena cara al mal tiempo

La gracia y la ironía irresistibles de Mark Twain, el rasgo más destacado de su carácter arrollador, no fue precisamente consecuencia de una vida regalada y fácil, sino el resultado de un don extraordinario para sobreponerse a las circunstancias más amargas y hallar siempre el lado benévolo y amable de la realidad. De chico vio espantado cómo uno de sus amigos era siniestramente engullido por el río que tanto amó y, a los once años, su padre, un abogado muy querido aunque no muy dotado al que todos llamaban cariñosamente «juez», falleció dejando a la familia sumida en la pobreza. El poco dinero que llegaba a la casa provenía de los exiguos ahorros de su hermano Orion, empleado en una imprenta de San Luis, y de lo que sacaba su hermana Pamela impartiendo clases de piano, por lo que enseguida Sam hubo de ponerse a trabajar como repartidor de periódicos en la *Gaceta* de Hannibal.

A los doce años entró de aprendiz de impresor en otro diario, el *Missouri Courier*, donde componía las líneas a la luz de una vela, penosa labor que trataría de aliviar después a las generaciones venideras invirtiendo hasta arruinarse en un fantasioso proyecto para inventar una componedora automática.

A los dieciséis, en 1853, decidió visitar la Feria Mundial de Nueva York y llegó a la gran urbe con tres dólares escondidos en el forro de la chaqueta. Poco después, su emprendedor e irreflexivo hermano Orion abrió una pequeña imprenta en Keokuk, un pueblo próximo a Hannibal adonde había llevado a la familia, y requirió la ayuda de Sam para fracasar por enésima vez en otro de sus ilusorios negocios. Después de esto, Sam se entregó en cuerpo y alma a la apasionante aventura de hacerse piloto de uno de los barcos que recorrían las traicioneras aguas del Misisipí, el *Paul Jones*, donde estuvo de aprendiz de timonel con Horace Bixby, a quien se comprometió a pagar 500 dólares para que le enseñara el oficio. De aquella experiencia sacaría el seudónimo con que luego se hizo mundialmente célebre como escritor, pues *Mark Twain* era el grito de los sondeadores del río cuando la sonda señalaba dos brazas: «¡Marca dos!»

La navegación por el Misisipí estaba sembrada de escollos y peligros, y no era difícil embarrancar en los restos del naufragio de otro barco hundido, tener que pilotar a ciegas a causa de la niebla, ser víctima de grandes borrascas o chocar contra la orilla. Pero antes de cumplir los veinte años Sam

531

El caudaloso río Misisipí se erige en protagonista en novelas como Las aventuras de Tom Sawyer *y* Las aventuras de Huckleberry Finn, *dos de sus libros más populares. Arriba, carrera de tres típicos barcos a vapor del río Misisipí en tiempos de Mark Twain.*

se había sacado el título de piloto-práctico del río, feliz actividad que ejerció hasta el estallido de la Guerra de Secesión en 1861. Tras una breve y episódica intervención en la contienda formando parte de un grupo de jóvenes de Hannibal que se habían bautizado con el nombre de «Jinetes de Marion», abandonó la causa confederada después de que los medrosos e inexpertos combatientes asesinaran por error a un civil. Más tarde fue buscador de plata en la región de Esmeralda, California, pesquisa infecunda que le imponía tediosas noches de espera en lugares recónditos; allí, para matar el tiempo, escribió unas páginas caricaturescas sobre la vida del minero que mandó al *Diario territorial*, periódico de Virginia City. El director de este rotativo acogió con grandes risotadas las ocurrencias del firmante Mark Twain y le ofreció un contrato de 25 dólares a la semana para que trabajara para él, proposición que Sam aceptó, iniciándose así una fulgurante carrera como escritor que traería aparejada la prosperidad económica.

El heraldo de la risa

Superiores incluso a sus habilidades como narrador fueron en Mark Twain esas dotes innatas para la oratoria y la cómica paradoja que tan útiles le habían resultado en el tramposo e hilarante episodio de la valla acontecido en su mocedad. Ahora, aplaudido ya por un vasto número de devotos lectores, explotaría por todo el orbe sus cualidades de conferenciante fecundo y divertidísimo, glosando primero sus andanzas en Hawai después de una estancia de cuatro meses en las islas, luego todo lo divino y lo humano. La audiencia era siempre concurridísima y entusiasta, se lo reclamaba en todas partes y obtenía pingües ganancias. Con este dinero pudo viajar a Europa, navegar por el Mediterráneo, casarse con una bella veinteañera de ojos y pelo negro llamada Olivia Langdon, alimentar a su enfermizo primogénito, malogrado a los diecinueve meses, a su adorada hija Sussy, y a las más pequeñas Clara y Jean, comprar una casa en Hartford, pasar largas temporadas veraniegas en Quarry Farm, cerca de

Elmira, y consagrarse íntegramente a la literatura. Algunas de su novelas obtuvieron inmediatamente un éxito fabuloso, obligando a los editores a tirar centenares de miles de ejemplares de *Los inocentes en el extranjero*, *La vida primitiva*, *La edad dorada*, *Las aventuras de Tom Sawyer*, *Estampas de hoy y de antaño* o *Un vagabundo en el extranjero*, pero Mark Twain estaba destinado a arruinarse invirtiendo las ganancias en acciones sin valor y dilapidando los grandes beneficios económicos de la publicación de *Las aventuras de Huckleberry Finn* (1885) en la insegura editorial Charles L. Webster Company. Por otra parte, derrochaba el dinero en temerarios proyectos, como el citado de la máquina de componer, se mostraba liberal con cualquier actor o artista necesitado e incluso llegó a costear los estudios de Charles Johnson en la Facultad de Derecho de la Universidad de Yale como «parte de la reparación que todo blanco debe a todo negro». A consecuencia de este proceder llegó la inevitable bancarrota.

Durante estos años tuvieron gran acogida sus maravillosos relatos *Tom Sawyer en el extranjero* y *Cabezahueca Wilson*, pero la Webster quebró en 1894 con una deuda de 94.000 dólares que, Mark Twain, aunque no estaba legalmente obligado a pagar, se comprometió a devolver en su totalidad. Para más inri, mientras redactaba los *Recuerdos personales de Juana de Arco*, le llegó la noticia de que los 190.000 dólares invertidos durante catorce años en la máquina de componer habían constituido un estrepitoso fracaso financiero sin ningún resultado positivo, por lo que el escritor echó mano de su principal habilidad, la oratoria desenfadada y fascinadora, y se determinó a impartir conferencias de nuevo alrededor del mundo (1895 y 1896).

Su ruta, jalonada por un público entregado y agradecido que abarrotaba las salas, comenzó en Elmira y siguió hacia el Oeste. Iba acompañado de su esposa y de la pequeña Clara, con las cuales partió a Australia, desde donde pudo enviar 5.000 dólares para ir saldando sus deudas. Más tarde siguió amortizando sus déficits por el mismo procedimiento desde Tasmania, Nueva Zelanda, India, Inglaterra... Allí alquiló una casa para que se estableciera en ella su familia y llamó a su lado a sus hijas Jean y Sussy. Pero inexplicablemente éstas tardaban en llegar.

En 1889, mientras recorría Europa dando conferencias para recomponer su maltrecha economía, Mark Twain publicó Un yanqui en la corte del rey Arturo, *ilustrada por Dean Beard, arriba.*

Un yanqui en la corte del rey Arturo

Por una carta se enteró de que su preferida Sussy se hallaba indispuesta, y angustiado exigió pormenores por telegrama. La respuesta, sin embargo, fue tranquilizadora, porque el médico había diagnosticado un simple agotamiento a causa de la febril pasión con que se entregaba la muchacha a los estudios de canto. Así las cosas, su esposa e hija tomaron el barco para Estados Unidos, pero él continuó su gira suponiendo que el pequeño incidente no traería mayores consecuencias. Pese a ello, cuando éstas aún no habían emprendido la travesía del Atlántico, Mark Twain recibió un escueto telegrama: «Sussy no pudo resistir congestión cerebral y meningitis y expiró dulcemente hoy.»

Este rudo golpe sumió en la desolación al otrora bienhumorado escritor, que se encerró casi un año con su familia en una residencia secreta de Londres cuya dirección no se facilitaba a nadie que pudiera importunar su sincero y vehemente luto. Su dolor les impidió incluso celebrar aquel

Mark Twain, arriba fotografiado con un grupo de amigos de la infancia, fue un hombre de espíritu tan aventurero como generoso, que disfrutó y compartió los frutos de su éxito con su familia y sus amigos o haciendo disparatadas inversiones que lo condujeron irremisiblemente a la ruina. Como escritor logró con su estilo ágil y desenfadado orientar la prosa norteamericana hacia temas cotidianos, poniéndola en contacto con el folklore y las tradiciones y rompiendo con sus tendencias al formalismo estético.

año el día de Navidad, y su único consuelo fue enfrascarse obsesivamente en su trabajo, un libro de viajes proyectado hacía tiempo que tituló *Siguiendo el Ecuador*. Después marcharon a Suiza, a Suecia, a Austria, tratando inútilmente de huir de su dolor. Permanecieron algún tiempo en Viena para favorecer la carrera de Clara que quería ser concertista de piano. Por fin, en 1898, tras muchos años de trabajos y peregrinación, Mark Twain consiguió saldar su deuda hasta el último centavo con el último de sus acreedores y, en 1900, tras una ausencia de nueve años, regresó a Estados Unidos.

Pero si la juventud está poblada de sueños, la vejez por lo común está poblada de muertos, y, acarreando ya uno muy querido a sus espaldas, el resto de los años que le quedaban por vivir al escritor no harían sino agravar las penas frente a las cuales con tanto vigor y originalidad se había alzado durante toda su vida. La más menuda de sus hijas, Jean, residía prácticamente en el hospital a causa de sus continuos ataques de epilepsia, y la frágil Olivia, su amada esposa a la que él llamaba tiernamente Livy, pasó los dos últimos años de su vida recluida en el lecho después de sufrir un ataque al corazón. Para recuperar su salud la llevó a Florencia, en busca de un clima más templado e idóneo, pero aunque experimentó una ligera mejoría falleció allí el 5 de junio de 1904. A solas ya con sus luctuosos recuerdos, Mark Twain regresó a Estados Unidos y buscó acomodo en el número 21 de la Quinta Avenida de Nueva York, donde pasaba las horas escuchando grabaciones de Beethoven en el fonógrafo y escribiendo, en memoria de su perdida Livy, *El diario de Eva*.

Durante los inviernos se trasladaba a las Bermudas para cuidar de su bronquitis crónica y de sus achaques de corazón, pero harto de no tener residencia fija, se hizo construir una casa en Redding, Connecticut. Una de su hijas, Clara, casó felizmente con un pianista llamado Ossip Gabrilovitch, pero en la Navidad de 1909 recibió la noticia del óbito de la pobre Jean. Volvió entonces, amargamente, a refugiarse en la escritura, y redactó *La muerte de Jean*. Después proclamó que jamás volvería a escribir. Apenas faltaban unos meses, sin embargo, para que él mismo abandonara esta tierra risible y trágica, una tarde de primavera a los setenta y cuatro años de edad.

1835	30 de noviembre: nace en Florida, Misuri, Samuel Langhorne Clemens, más conocido por su seudónimo literario **MARK TWAIN**.
1853	Comienza a pilotar los vapores que surcan el Misisipí.
1861	Participa brevemente en la Guerra de Secesión.
1862	Dirige el periódico *Virginia City Enterprise*.
1865	Se traslada a San Francisco y trabaja como reportero del *Morning Call*.
1866	Visita el archipiélago de Hawai.
1870	Contrae matrimonio con Olivia L. Langdon.
1876	Publica *Las aventuras de Tom Sawyer*.
1884	Entra en sociedad con el editor Carl L. Webster.
1885	*Las aventuras de Huckleberry Finn*.
1889	*Un yanqui en la corte del rey Arturo*.
1895-1896	Tras la quiebra de la editorial Webster, emprende un largo viaje por Europa con objeto de recuperarse económicamente con sus conferencias.
1902	Obtiene el doctorado honorífico en Leyes en Misuri.
1907	La Universidad de Oxford le nombra doctor honorario.
1910	21 de abril: muere en su quinta de Redding, Connecticut.

FRIEDRICH NIETZSCHE
(1844-1900)

Friedrich Nietzsche, el Anticristo, como lo llamaron sus detractores, o el "filósofo del martillo", según él mismo, rechazó la compasión cristiana y fue el profeta del Superhombre.

*L*a filosofía del mostachudo Nietzsche constituyó un torbellino, un vendaval de ideas que venía a barrer todos los mitos edulcorados y las mentiras piadosas, e incluso a anunciar la muerte de Dios. A su paso por el mundo resonaron estas palabras con atronador mesianismo: «Conozco mi suerte. Alguna vez irá unido a mi nombre el recuerdo de algo gigantesco, de una crisis como jamás hubo en la Tierra, de la más profunda colisión de conciencia, de una decisión tomada mediante un conjuro, contra todo lo que hasta este momento se había creído, exigido, santificado... Yo no soy un hombre, soy dinamita...» Friedrich Nietzsche denunció la tergiversación y el encubrimiento de la realidad a manos del pensamiento abstracto, con la firme voluntad de restituir a la vida humana la majestad extraviada en los bosques de las elucubraciones metafísicas. Su estilo admirable, espléndido, brilla en las exposiciones breves y en los aforismos rotundos; el conjunto de su pensamiento será por ello disperso, ramificado, pero infinitamente sugestivo. Ninguna explicación académica ni divulgativa puede resumir sus tesis sin que en el camino se pierda lo más sustancial de ellas: su seductora precisión, su acerada agudeza. Nietzsche más que nadie fue consciente de esa grandeza que ponía en apuros a sus lectores: «Se me ha dicho que no es posible dejar de la mano un libro mío, que yo perturbo aun el reposo nocturno. No existe en absoluto una especie más orgullosa y a la vez más refinada de libros; acá y allá alcanzan lo más alto que se puede alcanzar en la Tierra: el cinismo. De hecho, una de sus célebres sentencias, vertida en *Más allá del bien y del mal*, reza así: «El cinismo es la única forma bajo la cual las almas bajas rozan lo que se llama sinceridad.»

El hijo del pastor

Friedrich nació en la casa parroquial de Röcken, junto a Lützen, en Sajonia, Alemania, el 15 de octubre de 1844, hijo de un pastor luterano. De familia muy religiosa, uno de sus abuelos había escrito muchos años atrás un opúsculo titulado *Sobre la duración del cristianismo, garantizada para siempre, como consuelo a la efervescencia actual.* Tuvo dos hermanos: Elisabeth, que vería la luz en 1846, y un varón, malogrado poco después de nacer y de la muerte prematura del padre. Si durante sus primeros pasos había vivido cobijado por un ambiente de piedad y misticismo, las desgracias sucesivas hicieron que Nietzsche se hallara inmerso desde los cinco años, tras su traslado a Naumburg, en un universo exclusivamente femenino. Por otra parte, el pastor había dejado como herencia genética a Friedrich y a Elisabeth una gran propensión a padecer terribles migrañas y una aguda miopía. La precaria salud del muchacho no haría sino empeorar en el futuro hasta que, en sus últimos años, Nietzsche sucumbió a la locura. Pero su lamentable cuadro clínico —que incluye jaquecas, reumatismo, un brote de meningitis y una infección sifilítica— no le impidió desenvolverse siempre con un aparentemente inexplicable derroche de vitalidad y con un asombroso vigor intelectual. Desde muy joven estudió piano y escribía poemas que mostraba orgulloso a sus parientes; a los catorce años ingresó con una beca en la prestigiosa institución Pforta, fundada por frailes cistercienses y bernardinos, donde habían cursado estudios los filósofos Fichte y Schlegel, así como el gran poeta Novalis, autor de los célebres *Himnos a la Noche*. Allí recibió una excelente formación clásica, pero no contento con esta disciplina, fundó con sus amigos Gustav Krug y Wilhelm Pinder un grupo musical lamado *Germania*, cuyos componentes se comprometían a presentar una composición musical, artística o literaria para exponerla a la crítica de los otros miembros.

En 1866 las precoces intuiciones del muchacho, que cinco años antes ya había redactado un ensayo sobre religión sintiendo su fe disminuida, hallaron un providencial revulsivo en la lectura del sombrío trabajo de Schopenhauer *El mundo como voluntad y como representación*. En esa obra pesimista, nihilista, escéptica, que todo lo negaba y que despedía «un amargo perfume cadavérico», Schopenhauer reflejaba, según escribió Nietzsche más tarde, el mundo como en un espejo, y también su propia alma, llena de horror: «en ella yo veía enfermedad y curación, destierro y refugio, infierno y cielo.»

El profesor apolíneo

El 9 de octubre de 1867 ingresa en un regimiento de caballería para realizar su servicio militar. En el curso del mismo sufre un aparatoso accidente: se cae del caballo y se rompe una costilla, por lo que es dado de baja, y, para entretenerse durante su convalecencia, escribe un ensayo sobre un poema de Simónides: *La lamentación de Dánae*. Al año siguiente comienza su admiración por Wagner tras asistir a la representación de *Los maestros cantores de Nuremberg*, y los dos grandes hombres son presentados en Leipzig, el 8 de noviembre, quedando Nietzsche cautivado por el músico e iniciándose así una amistad que se resolverá con el correr del tiempo en una áspera ruptura.

Poco después de concluido el servicio militar el 15 de octubre de 1868, su maestro Wilhelm Ritschl lo propone para la cátedra de Filología griega de la Universidad de Basilea, cuando sólo cuenta veinticuatro años y aún no posee el título de doctor. No obstante, el 13 de febrero de 1869 obtiene el nombramiento y dos meses después cambia su ciudadanía alemana por la suiza, condición impuesta para ser aceptado.

Comienza para él una de sus épocas más felices y se vuelve un asiduo visitante de la casa de Wagner en Triebsche, a orillas del lago Cuatro Cantones, cerca de Basilea. La amistad entre las dos familias se estrecha hasta el punto que, cuando los Wagner deben salir de viaje, es Elisabeth Nietzsche quien se ocupa del cuidado de los hijos del matrimonio. Pero inmediatamente se desata la guerra franco-prusiana y Friedrich obtiene permiso de la universidad para servir en las ambulancias del ejército alemán. En el curso de estas actividades contrae la disentería y la difteria, y para restablecerse pasa una temporada con su madre en Naumburg. A su regreso a la universidad mantiene amistosas relaciones con otro notable profesor de la misma, Jacob Burckhardt, el autor de la magna obra *La cultura del Renacimiento en Italia*, y sueña con la organización de «claustros laicos», una suerte de seminarios para filósofos jóvenes, aunque abandona pronto la idea por ser del todo irrealizable. Igualmente fracasa en la pretensión de que su amigo Erwin Rohde gane una cátedra en la Universidad de Basilea y su rechazo le mortifica enormemente, lamentando haberle hecho concebir falsas esperanzas. Continúa así mismo su rosario de enfermedades: neuralgias, insomnios, trastornos de la vista, dolores de estómago y, para remate, contrae la ictericia. Y sin embargo, ese mismo año de 1871, el 31 de diciembre, aparece su primer gran ensayo: *El nacimiento de la tragedia en el espíritu de la música*. Esta obra fascinante, que obtuvo una repercusión muy escasa entonces salvo entre sus amigos y simpatizantes, plantea una fructífera y hoy famosa distinción entre lo *apolíneo* y lo *dionisíaco*, designando el primer término al orden y la armonía y el segundo la embriaguez y la vida rebosante. Nietzsche comienza a convencerse de que el mundo se justifica como obra de arte, pero sobre todo ha advertido que cualquier actividad intelectual se desenvuelve sólo y exclusivamente en el lenguaje, por lo que la lógica es, según él, menos decisiva que el estilo. Como estilista, pues, de la filosofía, arremete contra Sócrates y su pretensión de verdad ideal y señala que el pensar es siempre, se quiera o no, una actividad literaria o poética, más o menos afortunada. De ese modo, Nietzsche entroniza la Estética en el meollo central de la Epistemología, o dicho de otro modo, descubre que la belleza, la fealdad, la torpeza, la delicadeza, etc., no constituyen accidentes casi desechables del modo de conocimiento, sino que son el conocimiento mismo, pues no es posible separar el pensamiento del modo como se piensa. Así, la vida, *mater et magistra*, en su desbordamiento dionisíaco, con su ausencia de lindes discernibles, embriagadora e imprevisible, cobra carta de naturaleza en la gran filosofía alemana del siglo XIX. Si hasta entonces la búsqueda de la armonía apolínea había marcado la tradición filosófica, encareciendo el diálogo, la serenidad o el equilibrio, con el intempestivo Nietzsche la moral se volverá del revés: es noble aquello que desata las pasiones de la vida, la voluntad de poder, el instinto; y plebeyo, propio de esclavos, aquello que se encastilla en la debilidad, en la renuncia y en el remordimiento.

Un episodio dionisíaco

En opinión tardorromántica aunque muy matizada de Thomas Mann, el genio de Nietzsche procede de su enfermedad, y en su ensayo sobre el filósofo relata un escabroso episodio que debió constituir un decisivo trauma en la formación de su ulterior temperamento y que después se hizo célebre al inspirarse en él Luchino Visconti para una escena de su película *Muerte en Venecia*. Cuando Nietzsche contaba sólo veintiún años hizo una excursión solitaria a Colonia, donde contrató los servicios de un guía para visitar la ciudad. Al caer la tarde, pidió a su cicerone que le recomendase un restaurante para cenar, pero éste le encaminó, sin advertírselo, a un burdel. Adolescente puro y erudito, Friedrich se halló con toda su timidez a cuestas delante de un plantel de mujeres apenas vestidas con gasas y lentejuelas que lo miraron con expectación y sorna. Ruborizado y perplejo, al joven no se le ocurrió mejor cosa que cruzar con el poco aplomo del que supo hacer acopio el amplio salón para refugiarse, según sus propias palabras, «en el único ser dotado de alma de aquella reunión»: un piano. Después de interpretar unos cuantos acordes se serenó y logró huir. No obstante, un año después volvió a aquel lupanar, acaso como autocastigo y esta vez, sin ser víctima de ningún ardid, y en los contactos mantenidos con esas mujeres «sin alma», contrajo la sífilis, la terrible enfermedad, incurable entonces, que desataría su furiosa locura y lo llevaría a la muerte.

El asesino de Dios

A causa de sus pertinaces y endémicos sufrimientos, en la temprana fecha de 1875 solicitará la baja por enfermedad, y cuatro años después, el 2 de mayo de 1879, la jubilación, abandonando de ese modo, el mismo año que publica *El viajero y su sombra*, la cátedra de Basilea, y comenzando su incesante periplo por Europa. Para entonces ha escrito *Humano, demasiado humano. Un libro para espíritus libres* (primera parte), ensayo dedicado a la memoria de Voltaire que fue criticado sañudamente, e inmediatamente después concibe *Aurora. Reflexiones sobre los prejuicios morales* (1881), sobre el que escribió: «Con este libro comienza mi campaña contra la moral... La humanidad no marcha por el camino recto porque ha sido gobernada por los fracasados, por los astutos vengativos, los llamados «santos», esos calumniadores del mundo y violadores del hombre...»

En 1882 conocerá a la joven rusa de veinte años Lou Andreas Salomé, con quien vivirá el único episodio sentimental de su existencia, pues muchos años atrás, precisamente el 11 de abril de 1876 había sido rechazado en su insólita oferta de matrimonio por Mathilde Trampedach, a la que había visto por primera vez tan sólo cinco días antes. Durante los ocho meses que mantienen relaciones, Friedrich se enamora perdidamente de Lou, pero tampoco ella consentirá en casarse con un genio enfermo.

En 1883, el año de la muerte de Wagner con quien ya había roto, escribe y publica *Así habló Zaratustra. Un libro para todos y para ninguno*, cuya cuarta y última parte no aparecerá hasta 1891. Sobre este libro piensa: «Que hoy no se me oiga, que hoy no se sepa tomar nada de mí, me parece incluso justo. Cuando en una ocasión el doctor Heinrich von Stein se quejó de no entender una palabra de mi Zaratustra, le dije que me parecía natural: haber comprendido seis frases de ese libro, es decir, haberlas vivido, eleva a los mortales a un nivel muy superior al que los hombres *modernos* podrían alcanzar.»

En los últimos años de la década de los ochenta da a la imprenta los frutos de su febril actividad: *Más allá del bien y del mal, preludio de una filosofía del futuro; La genealogía de la moral; El caso Wagner, un problema para amantes de la música; Ditirambos de Dionisio; Crepúsculo de los ídolos o cómo filosofar a martillazos; El Anticristo, maldición contra el cristianismo; Ecce Homo...* En este último libro, casi autobiográfico, Nietzsche aparece como Cristo sacrificado a su ideal, y de hecho, ya por entonces, el filósofo que ha provocado tantos escándalos, va ganando cierto reconocimiento entre unos pocos discípulos, aunque la gloria acabaría por llegarle tarde, cuando ya esté loco.

El 3 de enero de 1889 sufre un colapso en la plaza Carlos Alberto de Turín; sus amigos reciben cartas en las que se declara un asesino y firma como *El crucificado;* lo hallan en su casa aporreando un piano con los codos y cantando a voz en grito. Se lo traslada por fin a una clínica psiquiátrica de Basilea donde se le diagnostica parálisis progresiva, pero su madre se hace cargo de él y lo lleva a Jena.

Once años después, el 25 de agosto de 1900, una de las conciencias más lúcidas de Europa, tras un calvario de inagotables dolores, con la mente sumida en las tinieblas durante más de una década, moría en Weimar el profeta del Superhombre, el asesino de Dios, el enemigo de la compasión, el pobre Friedrich Nietzsche.

1844	15 de octubre: nace **FRIEDRICH NIETZSCHE** en la casa parroquial de Röcken, en Sajonia (Alemania).
1864	Ingresa en la universidad de Bonn para estudiar Teología y Filología.
1867	Servicio militar en un regimiento de caballería.
1868	8 de noviembre: conoce a Richard Wagner.
1869	La Universidad de Basilea lo nombra catedrático extraordinario. Renuncia a la ciudadanía alemana y se hace suizo.
1871	Aparece publicado su libro *El nacimiento de la tragedia*.
1873	*Consideraciones intempestivas: David Strauss, el confesor y el escritor*.
1878	Primera parte de *Humano, demasiado humano. Un libro para espíritus libres*. Rompe definitivamente con Richard Wagner.
1880	Segunda parte de *Humano, demasiado humano*.
1881	*Aurora. Reflexiones sobre los prejuicios morales*.
1882	Conoce a Lou Andreas Salomé. Publica *La Gaya Ciencia*.
1883	Muere Wagner. Publica *Así habló Zaratustra*.
1887	*La genealogía de la moral*.
1889	Cae en un estado de demencia.
1900	25 de agosto: muere víctima de una apoplejía.

LUIS II DE BAVIERA
(1845-1886)

*L*os Witteslsbach, duques de Baviera, fueron desde la Edad Media y hasta mediados del siglo pasado, una de las pocas estirpes germánicas que sobrevivieron a las sangrientas luchas fraticidas.

Luis II de Baviera (arriba) fue un rey desdichado que acabó perdiendo completamente la razón, aquejado según diagnosticaron los médicos "de una forma de enfermedad mental que se llama paranoia".

En 1806, Napoleón, necesitado de firmes aliados en Centroeuropa, los convirtió en reyes con el beneplácito del pueblo bávaro, que aceptó siempre sus excentricidades.

Cuando Maximiliano II accedió al trono en 1848, los muniqueses lo aclamaron jubilosamente y se lanzaron a las calles dando vítores. El frío e inexpresivo Maximiliano, de quien se decía que la única vez que sonrió fue el día de su coronación, era todo lo contrario de su padre y antecesor, el alocado y enamoradizo Luis I, cuyos apasionados amoríos con la bailarina Lola Montes escandalizaron a Europa. Del matrimonio entre Maximiliano II y la bella y alienada María de Prusia nacieron dos vástagos igualmente desequilibrados, Luis y Otón.

En el País del Cisne

El príncipe Luis, que había nacido el 25 de agosto de 1845, en Nymphenburg, pasó toda su infancia yendo de un castillo a otro, aunque él prefería el que servía de residencia veraniega a la familia real, el de Hohenschwangau, que significa «Fortaleza del Alto País del Cisne», situado en los confines de Baviera. El muchacho, apasionado por las leyendas del país y las flores azules, recibió una educación espartana y muy pronto aprendió a comportarse con la altivez de un rey.

A los trece años el príncipe Luis era un bello efebo que despertaba la admiración de los cortesanos. No obstante, su carácter era tímido e introvertido y gustaba de permanecer durante horas ensimismado, con la mirada perdida en sus fantasías, en sombríos rincones del castillo. «No creáis que me aburro. Mientras estoy así pienso en las cosas hermosas, en las fábulas del País del

Cisne, y eso me distrae más que nada en el mundo», explicó en cierta ocasión a uno de sus profesores que le reprochó este comportamiento.

Cuando el 10 de marzo de 1864 murió su padre, Maximiliano II, Luis tenía dieciocho años y las gentes del pueblo no sabían nada de él. Pero al verlo caminar con solemne porte tras el féretro, vistiendo un magnífico uniforme militar y el pecho cruzado por la gran banda de la Orden de San Humberto, pensaron que el soberano era un joven dios de turbadora belleza, un príncipe de cuento de hadas. Desde ese instante fue para los bávaros el más querido de sus reyes.

La divina amistad

Desde el día siguiente de su coronación, las excentricidades de Luis II comenzaron a centrar la atención de sus súbditos. Una de ellas, acaso la más reveladora de su extraña personalidad, fue su pasión por Richard Wagner. Luis, que había quedado fascinado por la música grandiosa y mágica de Wagner tras escuchar una de sus óperas a los dieciséis años, dos meses después de ocupar el trono lo mandó llamar a su lado. El músico, que en esos momentos pasaba por grandes dificultades financieras, no dudó en aceptar el regio ofrecimiento, aunque sería injusto afirmar que sólo fue por este motivo, ya que desde el primer momento se estableció entre los dos hombres una profunda comunicación. «El joven rey es tan bello y encantador, posee un corazón tan generoso y un espíritu tan abierto que siento el temor de ver su vida desvanecerse en este mundo innoble como un divino sueño sin consistencia. Me quiere con la pasión y la profundidad de un primer amor, lo sabe todo de mí y me comprende tan bien como yo mismo», escribía Wagner lleno de admiración.

El tributo del gran músico a su mecenas fue la ópera *Tristán e Isolda*, a cuyo estreno, celebrado el 10 de julio de 1865, en Munich, asistió Luis II. Al oír la música, el rey tuvo terribles convulsiones que hicieron temer un ataque de epilepsia, pero fueron sus palabras afirmando que la música de Wagner le causaba un efecto diabólico, lo que llenó de verdadera inquietud a su entorno, que no veía con buenos ojos la relación de Luis y su protegido, y dio pábulo a las intrigas que degenerarían en una dolorosa ruptura. «Oh, amigo, jamás os abandonaré. Podrán poner tantos obstáculos como quieran entre nosotros, pero siempre seremos fieles uno a otro. El cielo lo ha dispuesto así», había escrito Luis II a su íntimo y admirado amigo Wagner. Pero éste cometió el error de llevar a su nueva casa a su amante Cosima Liszt, hija de Franz y esposa de su discípulo Hans von Bülow, lo cual fue interpretado como una traición por la descarriada mente del monarca. Fue entonces cuando éste cedió a las intrigas palaciegas y a la presión del pueblo, que veía en Wagner al maligno que había rechazado a su rey. No sin desgarro y después de una sorda lucha consigo mismo, Luis II escribió: «Mi querido, mi bienamado amigo: no hay palabras para describir mi dolor...» Wagner partió camino del destierro al alba del día 10 de diciembre de 1865.

El compromiso

En esos momentos de profunda tristeza, Luis II, que no llegaría a reponerse nunca de su despecho, tuvo el apoyo moral y la comprensión de la dulce emperatriz Isabel de Austria, llamada familiarmente Sisí. Entre estos dos seres melancólicos, sensibles y amantes de la belleza, existía un profundo afecto, que se fue acrecentando con los años, según se desprende de la correspondencia que mantuvieron. Ingénuamente, Sisí consideró que una esposa podría paliar la melancolía de su amigo, además de brindar a los Wittelsbach la posibilidad de continuar con su linaje, y vio en su hermana Sofía a la candidata ideal para hacer feliz a Luis.

La princesa Sofía tenía diecinueve años cuando fue presentada a Luis II, por quien parecía estar totalmente fascinada. El rey correspondió a esa fascinación y todo pareció encaminarse hacia una magnífica boda, cuyo solo anunció lleno de regocijo al pueblo, que rodeó el palacio aclamando a la pareja. La fecha del casamiento fue fijada para el 25 de agosto de 1867, onomástica y cumpleaños del rey, pero con el tiempo los desvaríos de éste impidieron que se hiciera efectivo. Sofía, cansada de que su prometido la visitara o le enviara flores a las cuatro de la mañana obligándola a levantarse a esas intempestivas horas para cumplimentar el gesto, y el rey, convencido de que no deseaba el matrimonio, optaron por romper su compromiso.

Tormento y éxtasis

Tras la anulación de sus esponsales, el soberano bávaro inició una discreta relación con Richard Hornig, un apuesto caballerizo del que fue amante durante diecisiete años. Sin embargo, educado en los principios de la moral católica y consciente de su dignidad de rey, se sentía lleno de remordimientos a causa de este vínculo, aunque al mismo tiempo era incapaz de dominar sus sentimientos.

Atormentado por esta situación, en 1871, Luis II recibió un nuevo golpe cuando fue obligado por sus ministros a escribir al rey Guillermo I de Prusia concediéndole el título de káiser, emperador, de la nueva Alemania federada según el proyecto de Otto von Bismarck, y a aceptar el ingreso de Baviera en el II Reich. A pesar de su locura y de su poco interés por los asuntos de gobierno, Luis II se negó a asistir a la coronación, pues comprendió que había perdido su reino al quedar éste reducido a un mero blasón heráldico y que era el fin de la independencia por la que habían luchado sus antepasados.

Recluido su hermano Otón en el castillo de Fürstenried y no teniendo a nadie en quien abdicar, Luis II dedicó sus afanes a la construcción de barrocos edificios inspirados en las obras wagnerianas y en fantasías que mezclaban las leyendas germánicas con el recuerdo del esplendor de Luis XIV. A Luis II se deben el castillo de Neuschwanstein, más propio de un cuento de hadas que de la realidad; el Gran Teatro de Bayreuth, levantado en principio para la representación de ópera nacional alemana, pero que terminó siendo un homenaje a Richard Wagner; el fastuoso castillo de Herrenchiemsee, copia de Versalles, y la fantástica residencia de Linderhof, en la que se hizo construir un estanque de aguas coloreadas químicamente por las que navegaba en una barquilla en forma de cisne, como en la leyenda de Lohengrin. Las asombrosas construcciones que ordenó edificar Luis II son el ejemplo más expresivo de su alma compleja y atormentada y de su mente extraviada en un laberinto sin salida.

Su majestad el loco

A mediados de 1886, las manifestaciones de enajenación mental de Luis II se agudizaron, y en su delirio el rey llegó al extremo de pretender encarcelar a todos sus ministros. Fue entonces cuando intervino directamente su tío, el príncipe Leopoldo, quien convocó una comisión de cinco alienistas para que examinaran al soberano. El resultado de este examen fue dado a conocer en un informe que decía: «La mente de su majestad se halla en un estado de demencia muy avanzado. Su majestad sufre una forma de enfermedad mental que se llama paranoia. Considerando la naturaleza de esta enfermedad, la podemos declarar incurable, y podemos prever que su majestad irá perdiendo progresivamente su capacidad intelectual. Tal enfermedad ha destruido completamente el libre albedrío de su majestad, por lo que no solamente le creemos incapaz de ejercer el poder en la actualidad, sino también durante el resto de su vida.»

En definitiva, su majestad estaba loco. Tras conocerse este diagnóstico, Luis II fue depuesto y entregado al cuidado médico, pero el pueblo se negó a aceptar esta decisión y numerosos aldeanos de las cercanías de Neuschwanstein acudieron armados de hoces y guadañas dispuestos a evitar que se llevaran a su rey. Después de arduas negociaciones, los exaltados súbditos del desdichado monarca se retiraron, aceptando finalmente lo inevitable, y el doctor Gudden, director del asilo de alienados de Munich, pudo trasladar al regio demente al castillo de Berg, otra de sus alucinantes creaciones, a orillas del lago Starnberg.

Dos días más tarde, al atardecer del 13 de julio de 1886, Luis parecía tan sosegado y cuerdo que el doctor Gudden accedió a dar un paseo junto al lago sin la presencia de los vigilantes. La noche cayó rápidamente y con ella las sombras de un enigma nunca aclarado. A la mañana siguiente, los cadáveres de Luis II y del doctor Gudden aparecieron flotando en las azules aguas del lago Starnberg. El anciano príncipe Leopoldo, su tío, se hizo cargo de la regencia ante la imposibilidad de que asumiera el trono Otón, quien continuaba creyéndose un perro, aullando como tal y comiendo hígados y huesos. A Leopoldo le sucedió su hijo Luis III, quien llegó al trono al ser depuesto Otón en noviembre de 1913. Cinco años más tarde, Luis III, el rey de Baviera, fue derrocado por la revolución del 7 de noviembre de 1918.

Arriba, vista del castillo de Hohenschwangau iluminado. En este castillo pasaba los estíos de su infancia el futuro rey Luis II de Baviera, que se convertiría él mismo en un gran constructor de castillos, palacios y edificios civiles en los que dejó la huella más indeleble de su alma atormentada.

1845	25 de agosto: nace en Nymphenburg **LUIS II DE BAVIERA.**
1864	Es coronado rey tras la muerte de su padre, Maximiliano II. Conoce a Richard Wagner.
1865	10 de julio: estreno de *Tristán e Isolda*. Sus ministros amenazan con presentar la dimisión si el rey no destierra a Wagner. 10 de diciembre: Wagner abandona Baviera.
1866	Luis II participa en la guerra austro-prusiana como aliado de Austria.
1867	Sisí, emperatriz de Austria, promueve el compromiso matrimonial de Luis II con su hermana Sofía. A mediados de año, el rey anula los esponsales.
1868	Comienzan las relaciones del soberano con el caballerizo Richard Hornig.
1869	Se inicia la construcción del castillo de Neuschwanstein.
1870	Baviera se suma a la causa de Prusia en el conflicto franco-prusiano. Comienza a edificarse el palacio de Linderhof.
1871	18 de enero: Guillermo I de Prusia es nombrado káiser. Baviera ingresa en el II Reich.
1876	Se inaugura el Gran Teatro de Bayreuth con *El anillo de los Nibelungos* de Wagner.
1886	1 de julio: Luis II es declarado loco y depuesto. 9 de julio: es recluido en el castillo de Berg. 13 de julio: aparece ahogado junto con el doctor Gudden, su psiquiatra.

THOMAS ALVA EDISON
(1847-1931)

El maestro de Port Huron, ciudad del estado norteamericano de Michigan, había echado de la escuela al hijo de Nancy Elliot. Aseguraba que aquel niño tenía una inteligencia tan obtusa que era inútil tratar de enseñarle nada. La madre montó en cólera, fue a ver al maestro y le espetó bien alto que no sabía lo que se decía. Y para demostrarlo se dispuso a dar clases a su hijo ella misma. El muchacho se llamaba Thomas Alva Edison y llegaría a ser el más genial inventor de la era moderna.

Pragmatismo e inventiva

En efecto, fue su madre quien consiguió despertar la inteligencia de Thomas, que era alérgico a la monotonía de la escuela. El milagro se produjo tras la lectura de un libro que ella le proporcionó titulado *Escuela de Filosofía Natural*, de Richard Green Parker; tal fue su fascinación que quiso realizar por sí mismo todos los experimentos y comprobar todas las teorías que contenía. Ayudado por su madre, instaló en el sótano de su casa un pequeño laboratorio convencido de que su verdadera vocación era transformar en realidad las más audaces hipótesis y conjeturas: iba a ser inventor.

Pero a los doce años, Edison se percató además de que podía explotar no sólo su capacidad creadora sino también su agudo sentido práctico. Así que, sin olvidar su pasión por los experimentos, consideró que estaba en su mano ganar dinero contante y sonante materializando alguna de sus buenas ocurrencias. Su primera iniciativa fue vender periódicos y chucherías en el tren que hacía el trayecto de Port Huron a Detroit. Había estallado la Guerra de Secesión y los viajeros estaban ávidos de noticias. Edison convenció a los telegrafistas de la línea férrea para que expusieran en los tablones de anuncios de las estaciones breves titulares sobre el desarrollo de la contienda, sin olvidar añadir al pie que los detalles completos aparecían en los periódicos; esos periódicos los vendía el propio Edison en el tren y no hay que decir que se los quitaban de las manos. Al mismo tiempo, compraba sin cesar revistas científicas, libros y aparatos, y llegó a convertir el vagón de equipajes del convoy en un nuevo laboratorio. Aprendió a telegrafiar y, tras conseguir a bajo precio y de segunda mano una prensa de imprimir, comenzó a publicar un periódico por su cuenta, el *Weekly Herald*. Una noche, mientras se encontraba trabajando en sus experimentos, un poco de fósforo derramado provocó un incendio en el vagón. El conductor del tren y el revisor consiguieron apagar el fuego y seguidamente arrojaron por las ventanas los útiles de imprimir, las botellas y los mil cacharros que abarrotaban el furgón. Todo el laboratorio y hasta el propio inventor fueron a parar a la vía. Así terminó el primer negocio de Edison.

Un compromiso

En los años siguientes, Edison peregrinó por diversas ciudades desempeñando labores de telegrafista en varias compañías y dedicando su tiempo libre a investigar. En Boston construyó un aparato para registrar automáticamente los votos y lo ofreció al Congreso. Los políticos consideraron que el invento era tan perfecto que no cabía otra posibilidad que rechazarlo.

— Mire usted —le explicó un parlamentario—, es estupendo que los diputados no tengan que votar de viva voz a medida que los llama el presidente de la cámara, sino que se limiten a apretar un botón para que su voto quede reflejado unos segundos después en un marcador, pero todo el mundo sabe que la política requiere, precisamente, tiempo, retrasos, y hasta un poco de confusión, de modo que su invento no será adquirido. Lo siento.

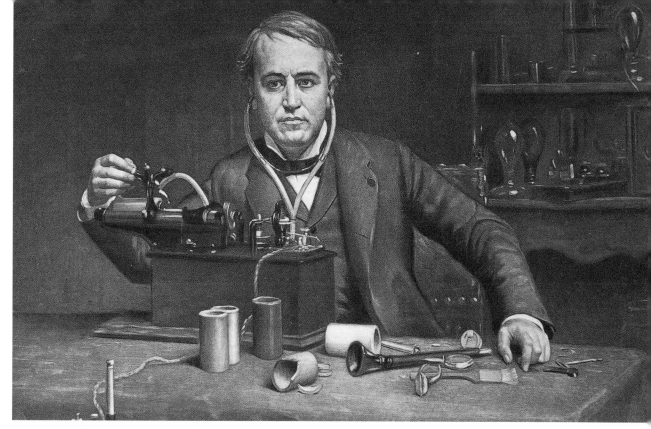

Considerado por su maestro como un niño de pocas luces, Thomas Alva Edison demostró con el tiempo, y a partir de su compromiso público anunciado en un periódico, que era el más genial inventor de la era moderna. Arriba, Edison en un retrato al óleo de A. Anderson que lo muestra escuchando su fonógrafo, uno de sus más famosos inventos, que fue exhibido en el salón de París de 1890.

Ese mismo día, Edison tomó dos decisiones. En primer lugar, se juró que jamás inventaría nada que no fuera, además de novedoso, práctico y rentable. En segundo lugar, abandonó su carrera de telegrafista e hizo publicar en un periódico la siguiente nota: «Thomas Alva Edison ha dimitido de su puesto en la oficina de la Western Union y dedicará todo su tiempo a realizar inventos». No era una bravata sino un firme propósito; además, al hacerlo público Edison contraía un compromiso con la sociedad de su tiempo, un compromiso que iba a cumplir con creces a lo largo de su vida.

Acto seguido formó una sociedad y se puso a trabajar. Perfeccionó el telégrafo automático, inventó un aparato para transmitir las oscilaciones de los valores bursátiles, colaboró en la construcción de la primera máquina de escribir y dio aplicación práctica al teléfono mediante la adopción del micrófono de carbón. Su nombre empezó a ser conocido, sus inventos ya le reportaban beneficios y Edison pudo comprar maquinaria y contratar obreros. Para él no contaban las

horas. Era muy exigente con su personal y le gustaba que trabajase a destajo, con lo que los resultados eran frecuentemente positivos.

Tenía veintinueve años cuando compró un extenso terreno en la aldea de Menlo Park, cerca de Nueva York, e hizo construir allí un nuevo taller y una residencia para su familia. Edison se había casado a finales de 1871 con Mary Stilwell; la nota de sociedad más destacada de la boda fue el ímprobo trabajo que le costó al padrino hacer que el novio se pusiera unos elegantes guantes blancos para la ceremonia. Ahora debía sostener un hogar y se dedicó, con más ahínco si cabe, a trabajos productivos.

La máquina parlante

Su principal virtud era sin duda su extraordinaria capacidad de trabajo. «El secreto consiste en trabajar de firme —solía decir—; el genio es un diez por ciento de inspiración y un noventa por ciento de transpiración.» Cualquier detalle en el curso de sus investigaciones le hacía vislumbrar

A Edison le cupo la satisfacción de ver como sus inventos seguían evolucionando y eran perfeccionados. Así, su bombilla de filamento de bambú carbonizado (en la fotografía en la mano del ya anciano Edison) dio paso a la bombilla de filamento de tungsteno (la que cuelga del techo).

la posibilidad de un nuevo hallazgo. Recién instalado en Menlo Park, se hallaba sin embargo totalmente concentrado en un nuevo aparato para grabar vibraciones sonoras. La idea ya era antigua e incluso se había logrado registrar sonidos en un cilindro de cera, pero nadie había logrado reproducirlos. Edison pretendía hacerlo colocando papel de estaño sobre una especie de diafragma telefónico especial, grabando las vibra-

ciones con un rubí cortado a bisel y empleando para reproducirlas un rubí con punta roma. El aparato debía constar de un rodillo al que mediante una manivela se imprimiría un movimiento de rotación y otro de traslación. En el rodillo se apoyaría el diafragma, prolongado por un pabellón metálico que recogiese y amplificase el sonido. Edison trabajó día y noche en el proyecto y al fin, en agosto de 1877, entregó a uno de sus técnicos un extraño boceto, diciéndole que construyese aquel artilugio sin pérdida de tiempo. Cuando estuvo terminado, el operario le preguntó para qué servía tan extraño objeto. «Esta máquina tiene que hablar», replicó muy serio Edison. Los trabajadores se amontonaron alrededor del invento. Se cruzaron apuestas. Había una mayoría de escépticos. Al fin, Edison conectó la máquina. Todos pudieron escuchar una canción que había entonado uno de los empleados minutos antes. El sonido resultante era aún peor que la voz del improvisado cantor, pero la prueba había sido un éxito. Edison acababa de culminar uno de sus grandes inventos: el fonógrafo.

Pero no todo eran triunfos. Muchas de las investigaciones iniciadas por Edison terminaron en sonoros fracasos. Cuando las pruebas no eran satisfactorias, experimentaba con nuevos materiales, los combinaba de modo diferente y seguía intentándolo.

—¿No es decepcionante —le dijo uno de sus colaboradores después de repetidos reveses— que al cabo de tantos esfuerzos no se haya conseguido nada?

—¿Nada? —replicó sorprendido Edison—. Hemos obtenido muy buenos resultados. Ya conocemos mil procedimientos que no sirven; nos hallamos, por tanto, más cerca de encontrar el que sirve.

Hágase la luz

En abril de 1879, Edison abordó las investigaciones sobre la luz eléctrica. La competencia era muy enconada y varios laboratorios habían patentado ya sus lámparas. El problema consistía en encontrar un material capaz de mantener una bombilla encendida largo tiempo. Después de probar diversos elementos con resultados negativos, Edison encontró por fin el filamento de bambú carbonizado. Inmediatamente adquirió

En 1879 Edison (arriba, fotografiado en su laboratorio de Menlo Park) inició sus investigaciones sobre la luz eléctrica. Se había propuesto demostrar que la luz eléctrica era más rentable que la de gas y lo consiguió después de hallar en el filamento de bambú carbonizado la resistencia que más tiempo mantenía el encendido de la bombilla. Su fama creció tan rápido como la misma luz.

grandes cantidades de bambú y, haciendo gala de su pragmatismo, instaló un taller para fabricar él mismo las bombillas. Luego, para demostrar que el alumbrado eléctrico era más económico que el de gas, empezó a vender sus lámparas a cuarenta centavos, aunque a él fabricarlas le costase más de un dólar; su objetivo era hacer que aumentase la demanda para poder producirlas en grandes cantidades y rebajar los costes por unidad. En poco tiempo consiguió que cada bombilla le

costase treinta y siete centavos: el negocio empezó a marchar como la seda.

Su fama se propagó por el mundo a medida que la luz eléctrica se imponía. Edison, que tras la muerte de su primera esposa había vuelto a casarse, visitó Europa y fue recibido en olor de multitudes. De regreso en los Estados Unidos creó diversas empresas y continuó trabajando con el mismo ardor de siempre. Todos sus inventos eran patentados y explotados de inmediato, y no tar-

Thomas Alva Edison en su casa de Glinmont, en 1916, escuchando un disco reproducido por su Diamond disc phonograph.

daban en producir beneficios sustanciosos. Entretanto, el trabajo parecía mantenerlo en forma. Su única preocupación en materia de salud consistía en no ganar peso. Era irregular en sus comidas, se acostaba tarde y se levantaba temprano, nunca hizo deporte de ninguna clase y a menudo mascaba tabaco. Pero lo más sorprendente de su carácter era su invulnerabilidad ante el desaliento. Ningún contratiempo era capaz de desanimarlo, como demuestra la siguiente anécdota, referida por su hijo Charles en el invierno de 1914: «Una noche se originó un incendio en el laboratorio. En aquellos días, las cosas no marchaban demasiado bien, y mi padre, acostumbrado a repartir dividendos cada semana, pasaba por una difícil situación económica. Cuadrillas de bomberos acudieron desde ocho poblaciones cercanas, pero el fuego era tan intenso y la presión del agua tan débil, que el chorro de las mangueras no producía efecto alguno. Al no ver por allí a mi padre empecé a preocuparme. ¿Le habría sucedido algo malo? La pérdida del laboratorio, ¿no abatiría por completo su ánimo? Tenía sesenta y siete años y no estaba ciertamente en edad de volver a empezar. De pronto vi que se asomaba al patio y venía corriendo hacia mí.

—¿Dónde está tu madre? —me dijo a gritos—.

¡Corre a buscarla! ¡Dile que avise a los amigos! ¡Un incendio como éste sólo se ve una vez en la vida!

A las cinco y media de la mañana, cuando escasamente se había dominado el fuego, mi padre reunió al personal de la empresa.

—Reconstruiremos todo esto —dijo.

Acto seguido encargó a uno de los empleados que contratase el alquiler de toda la maquinaria de los alrededores. Mandó a otro que consiguiese de los funcionarios del ferrocarril una grúa de salvamento. En seguida, como quien repara en un detalle sin importancia, preguntó:

—¿Sabe alguno de ustedes dónde podríamos conseguir dinero?

Y luego dijo:

—A todo desastre se le puede sacar partido. Acabamos de deshacernos de un montón de cosas viejas. Lo que edifiquemos ahora será mucho mejor.

Luego se quitó la chaqueta, la enrolló a guisa de almohada, se acostó encima de una mesa y se quedó dormido.»

El genio se extingue

En los años veinte, sus conciudadanos le señalaron en las encuestas como el hombre más grande de Estados Unidos. Su cerebro fue valorado en más de quince mil millones de dólares. Incluso el Congreso se ocupó de su fama, calculándose que Edison había añadido un promedio de treinta millones de dólares al año a la riqueza nacional por un periodo de medio siglo. Nunca antes se había tasado con tal exactitud algo tan intangible como el genio.

Su popularidad llegó a ser inmensa. En 1927 fue nombrado miembro de la National Academy of Sciences y al año siguiente el presidente Coolidge le hizo entrega de una medalla de oro que para él había hecho grabar el Congreso. «He vivido mi vida —dijo al recibirla—. He realizado mi obra. Si hay un más allá, estoy dispuesto a conocerlo.»

Tenía ochenta y cuatro años cuando un ataque de uremia abatió sus últimas energías. Un gran número de informadores de prensa montó guardia a la puerta de su casa en espera de noticias. De hora en hora recibían partes acerca de su estado. «La lámpara alumbra todavía», les decían. Su postración era absoluta. Caía frecuentemente en estado de coma. El 18 de octubre de 1931, a las tres y media de la madrugada, el mensaje fue: «La lámpara se ha extinguido».

A lo largo de su vida Edison obtuvo más de 2.000 patentes, casi todas ellas sobre dispositivos relacionados con las comunicaciones y la aplicación de la electricidad. Entre estos últimos inventos, el del acumulador alcalino le permitió convertirse en el principal suministrador de baterías para submarinos, y lo llevó a acariciar la idea de montar una fábrica de coches eléctricos (arriba, Edison durante un viaje de pruebas).

1847	**THOMAS ALVA EDISON** nace en Milan (Ohio), Estados Unidos de América.
1854	Se traslada con su familia a Port Huron (Michigan).
1861	Vende periódicos en el ferrocarril.
1863-1869	Trabaja como telegrafista en diversas empresas.
1871	Contrae matrimonio con Mary Stilwell.
1876	Traslada su laboratorio y su casa a Menlo Park (Nueva Jersey).
1877	Edison inventa el fonógrafo.
1879	Invención de la bombilla de incandescencia.
1880	Aborda la instalación de alumbrado eléctrico en un sector de la ciudad de Nueva York.
1882	Se inaugura el alumbrado eléctrico en Nueva York.
1885	Tras la muerte de su primera esposa, contrae segundas nupcias con Mina Miller.
1886	Edison viaja por Europa.
1887	Se traslada a West Orange (Nueva Jersey).
1927	Es nombrado miembro de la National Academy of Sciences.
1928	Recibe la Medalla de Oro del Congreso estadounidense.
1931	18 de octubre: muere en West Orange.

ANTONI GAUDÍ
(1852-1926)

*C*iudad reurbanizada con ocasión de grandes citas internacionales —las Exposiciones Universales de 1888 y 1929, los Juegos Olímpicos de 1992—, Barcelona, como otras ciudades españolas, se mantuvo encorsetada por la vieja muralla de defensa militar hasta su apoteósico y celebrado derribo a mediados del siglo XIX, cuando una burguesía industrial, emprendedora y próspera, sintió necesidad de abandonar los hacinados barrios intramuros para extenderse por el llano que separaba el mar de la montaña del Tibidabo. La construcción de este «Ensanche» coincidió en parte con un momento en que la arquitectura, queriendo renovar el gastado eclecticismo —mezcla desaforada de viejos estilos— buscó insólitas soluciones dentro de una corriente internacional que se llamó *Modernisme* en Cataluña, *Modern style* en Inglaterra, *Art Nouveau* en Francia y *Jugendstil* en Alemania. Como consecuencia, Barcelona es la ciudad modernista por excelencia, con todo lo que ello conlleva de pasión ornamental, de caprichosa originalidad en las formas, de profusión de detalles florales o animales y de síntesis insuperable de todos los oficios —escultor, ceramista, forjador, vidriero, ebanista, etc.— en la concepción y abastecimiento de los edificios. En estas circunstancias irrepetibles, contando con la colaboración de competentes gremios artesanos y con el estímulo prócer de interesados y enriquecidos mecenas, el raro genio del arquitecto Antoni Gaudí pudo desenvolverse con inusual libertad, hasta el punto de que su obra única, neogótica en ocasiones, neomudéjar en otras, con su inevitable ración de modernismo, naturalmente, no puede ser en rigor adscrita a ningún movimiento en concreto, no tiene precedentes inequívocos y careció de continuadores. Sin embargo, sus obras heterodoxas y fantásticas, la iglesia de la Sagrada Familia, la casa Milà, llamada «La Pedrera», o el Palacio y el Parque Güell, constituyen las referencias más

notables de la Barcelona actual, en la misma medida que el urbanismo de Bernini en Roma, la torre Eiffel en París o la cúpula de Brunelleschi en Florencia. Y estos signos de identidad representan el amasijo más heteróclito, desconcertante y fabuloso de cuantos probablemente haya reunido el arte de la arquitectura nunca, pese a que Gaudí no suscribió el ideario del Modernismo ni se interesó por renovar los materiales de construcción, pese a que confesaba que la arquitectura más insólita es la que vuelve a los orígenes, pese a que se instruyó sobre todo en la Naturaleza que la humanidad ha tenido siempre ante sus ojos y pese a que habitó un mundo alucinado y secreto poblado de sueños imposibles.

La arquitectura de la emoción

Nació Antoni Gaudí i Cornet en la ciudad catalana de Reus, en el año 1852, para morir, a causa de su proverbial despiste y ensimismamiento, arrollado por un tranvía barcelonés el 10 de junio de 1926 a la edad de setenta y cuatro años. Entre estas dos fechas hay muy poco que contar de las actividades del hombre y mucho de las del artista, porque salvo algunos esporádicos viajes, siempre justificados también por su trabajo, pasó toda su vida en Barcelona obsesivamente consagrado al ejercicio de su profesión de arquitecto. Su padre era un industrial calderero, oficio tradicional de la familia al que el joven Antoni responsabilizaba de su precoz afición a crear formas espaciales. Estudió con los escolapios, que hallaron en el alumno una persona grave en los asuntos de la fe y muy respetuoso con los dogmas y la doctrina de la Iglesia católica. Se trasladó muy joven a la capital catalana para seguir su auténtica vocación, que fue también una suerte de sacerdocio, o al menos algo más que un mero empleo, pues la arquitectura recoge en su seno no sólo problemas técnicos y estéticos, sino también morales y de carácter social. Estudió en la calle de la Cera de Barcelona con Eudald Puntí y en la Escuela de Arquitectura de la ciudad, pero no fue, ni mucho menos, un discípulo dócil y brillante, sino que tardó nueve años en concluir su aprendizaje académico y no le resultó sencillo asimilar algunas de las ásperas materias obligatorias de la carrera. Sin embargo, antes de 1878, año en el que se graduó, ya había trabajado como proyectista de alguno de sus profesores, así como del maestro de obras Josep Fontserè i Mestres (1829-1897) en la erección de una caprichosa fuente en el Parque de la Ciudadela de Barcelona.

De este modo comienza la vida profesional de quien sería llamado «el brazo del Ciclón» por sus contemporáneos, sobrenombre que le hace justicia a tenor de la magnitud gigantesca de las empresas constructivas que imaginó y llevó a término, pero nada dice de su carácter difícil y poco escrutable que siempre lo mantuvo distante de las personas de su alrededor. Ello no significa que fuera hosco con sus subordinados. Por el contrario, colaboraba estrechamente con los artesanos que participaban en sus proyectos: llegó a estrechar con ellos lazos de leal y prolongada amistad, pero nunca gustó, por ejemplo, de participar activamente en la vida pública, ni se señaló por sus ideas políticas, que, si las tuvo, nunca manifestó. Jamás le interesaron los negocios, porque le hubieran apartado de su pura pasión por la arquitectura.

Fue un soltero recalcitrante al que tampoco se le conocen amores ni devaneos, no militó siquiera en una doctrina estética que lo hubiese obligado a formular un ideario y jamás escribió nada —salvo un artículo titulado *La Renaixença* en 1881— ni impartió conferencias sobre su obra. Era, como ya se ha señalado, sumamente discreto y peligrosamente despistado, pero también frugal en sus hábitos y muy negligente en el vestir, hasta el punto de que fue a veces tomado por un mendigo. Su vida, pues, en mayor medida probablemente que la del resto de los hombres, fue su obra, sus construcciones ilusorias y la dura brega contra los indóciles materiales para modelar con ellos un espacio habitable.

El primer gran edificio que levantó este arquitecto de la emoción fue la casa Vicens en Barcelona, comenzada en 1883. La casa edificada

La magnífica y personal obra del arquitecto Antoni Gaudí (arriba en una de las pocas fotografías suyas) es parte inherente del paisaje urbano de Barcelona, ciudad a la que legó su original concepción artística y su inclasificable estética. Con justicia Gaudí ha sido llamado el arquitecto de la emoción.

para el ceramista Manuel Vicens i Muntaner podrá parecer al visitante, como tantas otras diseñadas por Gaudí, una suerte de fantástico y colorista castillo de hadas, extraña en su nervioso juego de entrantes y salientes, inconcebible en el adamascado de cerámicas blancas y verdes que adornan los muros de ladrillo rojo, y de una belleza hostil en su verja de negro hierro colado con retícula de hojas de palmito; pero es todavía una obra de juventud, donde el artista mantiene una estructura geométrica con líneas predominantemente rectas. En los últimos años de su vida, Antoni Gaudí afirmará que la línea recta es la línea del hombre, pero que la línea curva es la línea de Dios.

La casa Milà, popularmente llamada «La Pedrera» (a la izquierda), y el templo inacabado de la Sagrada Familia (a la derecha), cuya continuación suscita apasionadas polémicas en la Ciudad Condal, son dos obras plenamente representativas del hacer de Gaudí, que muestran claramente que el genial arquitecto siempre buscó en la naturaleza y en la inmensa variedad de formas que ésta ofrece las fuentes de su inspiración.

El templo parsimonioso

La historia del inconcluso templo de la Sagrada Familia de Barcelona estuvo sembrada desde el principio de dificultades. Todavía cien años después de iniciadas las obras suscitaba polémicas en los periódicos y manifestaciones callejeras al encargarse en 1990 al escultor Subirachs que la continuara en su estilo personalísimo, juzgado maliciosamente por algunos como característico del tebeo fantástico. Poco después de 1882, año en que se comenzó a construir en estilo neogótico bajo la dirección de Francisco del Villar y por encargo de Josep María Bocabella, fundador de una Asociación devota de San José, se produjeron disensiones entre el comitente y el artista, lo que movió al primero a contratar en 1891 los servicios de Antoni Gaudí, quien dio un giro copernicano, inusitadamente ambicioso, al proyecto inicial, imaginó una vasta estructura que ha de alcanzar en lo alto los ciento sesenta metros y diseñó la maravillosa fachada del Nacimiento.

Sólo uno de los cuatro campanarios que coronan el pórtico se concluyó antes del fallecimento del arquitecto, pero Gaudí siempre confió, como lo acredita la siguiente anécdota, en que prosiguiesen los trabajos. El célebre dramaturgo y pintor Santiago Rusiñol, le preguntó en cierta ocasión, como, por otra parte, solían hacerlo todos cuantos lo conocían, cuándo creía él que estarían terminadas las obras. Gaudí siempre solía contestar lo mismo: que una catedral no era nunca obra de una generación, que rara vez una catedral la ven terminada aquellos que la iniciaron, que a veces se tarda dos o tres siglos, etc. A lo que Rusiñol replicó: «Pero ¿cree usted que dentro de dos o tres siglos habrá todavía religión?». Gaudí, ante esta escéptica observación, que acaso hería sus íntimas convicciones católicas, quedó mudo, circunspecto y pensativo, pero no era hombre que olvidara fácilmente y, muchos años después, acompañando Rusiñol a unos amigos a visitar las obras de la Sagrada Familia y sirviéndoles Gaudí de guía, uno de los presentes le hizo la consabida pregunta sobre el fin del proyecto. Gaudí se dirigió a Rusiñol y le dijo: «Dígale usted que la basílica estará terminada, gracias a Dios, dentro de trescientos o cuatrocientos años, aunque haya personas que crean que entonces ya no habrá religión.»

La ciudad inexistente

Muchas fueron las obras que, paralelamente a la lenta edificación de la Sagrada Familia, llevó a cabo Gaudí, algunas fuera de Cataluña, como la monumental casa llamada «de los Botines» en León, y otras que no se llegaron a realizar, como el deslumbrante proyecto para una misión en Tánger, donde recogía sugerencias de la arquitectura indígena africana. Pero sin duda la más fecunda de sus relaciones la estableció con el conde Güell, financiero amigo de las Bellas Artes para quien edificó un palacio coronado por un murciélago, una finca en cuya puerta se enseñorea un temible dragón, una gran bodega, próxima a las arriscadas costas mediterráneas, que recuerda una pagoda oriental, una inverosímil cripta, la más perfecta y extraña de sus obras, ubicada en la Colonia Güell de Santa Coloma de Cervelló, con columnas inclinadas, bóvedas convexas, arcos rotos... Además, entre 1900 y 1914, urbanizó para él una ciudad inexistente.

La idea fue del propio Güell, quien en un lugar llamado Montaña Pelada, pensó edificar una ciudad jardín superando la gran inclinación del terreno pizarroso. Gaudí distribuyó el espacio en 60 parcelas de forma triangular, proyectó vías de comunicación de trazado sinuoso, una gran escalinata a la entrada donde el visitante es recibido por una gigantesca rana, un mercado cubierto y una gran plaza multicolor y brillante vestida con trozos de cerámica que se eleva sobre un bosque de 86 columnas. Pero con el tiempo sólo llegaron a edificarse dos casas y la idea original de ciudad jardín fue olvidada. No obstante, convertida en parque en 1922, esta ciudad abocetada e imaginaria, erigida sólo en la loca fantasía de Gaudí, forma parte hoy del patrimonio mundial. Y eso aunque de ella se conserven apenas unos trazos delicados, unos pocos apuntes del maestro, un dibujo hecho como al desgaire sobre el vasto lienzo de la naturaleza.

1852	**ANTONI GAUDÍ** nace en Reus (provincia de Tarragona), España.
1878	Se gradúa en la Escuela de Arquitectura de Barcelona.
1883	Levanta su primer edificio, la casa Vicens.
1885	Comienza el Palacio Güell de Barcelona, concluido en 1890.
1887	Comienza el Palacio episcopal de Astorga, concluido en 1893.
1888	Levanta el colegio de Santa Teresa de Barcelona.
1891	Construye la casa Fernández y Andrés o «de los Botines» en León. Comienza la fachada del Nacimiento de la Sagrada Familia. Proyecto para la misión de Tánger, que no se realiza.
1900-1914	Principales obras en Barcelona: Parque Güell (finalizado en 1914), Casa Batlló (1904-1906), Casa Milà (La Pedrera) (1906-1910).
1908-1914	Iglesia de la Colonia Güell en Santa Coloma de Cervelló.
1910	Gran Exposición Gaudí en París.
1926	10 de junio: muere en Barcelona, atropellado por un tranvía.

VINCENT VAN GOGH
(1853-1890)

*E*s sumamente conocido el sangriento episodio que separó definitivamente a dos de los grandes artistas de finales del siglo XIX, Vincent van Gogh y Paul Gauguin. El primero de ellos, en un furioso arranque de ira, atacó al segundo con una navaja de afeitar, pero más tarde, arrepentido, se cortó el lóbulo de la oreja izquierda y, envuelto en un papel de periódico, se lo envió a su colega por mediación de una prostituta de un burdel cercano. Pese a que su agresor quería expiar de este modo salvaje su pecado, Gauguin no consintió en reconciliarse con Van Gogh ni en seguir conviviendo con un loco que ponía en serio peligro su integridad física. El descorazonado pintor neerlandés, por su parte, pintó entonces su famoso *Autorretrato con la oreja cortada* que conserva el Louvre, donde aparece sombrío, con ojos atormentados, fumando en pipa, tocado con un gorro de piel y con la cara cubierta por una venda blanca. Este lance turbulento da idea del carácter iracundo, tornadizo, angustiado y demente de uno de los mayores pintores de todos los tiempos, un místico exasperado que fue también un hombre compasivo con todos menos consigo mismo.

La tarea evangélica

Vincent van Gogh nació en el pueblecito holandés de Groot-Zundert en 1853, hijo de un pastor protestante y sobrino de ricos comerciantes de cuadros. A esta última profesión se dedicó tempranamente, a los dieciséis años, en 1869, aunque su verdadera vocación, la que procedía del ejemplo paterno, no pudo nunca verla realizada y fracasó, algunos años después, en su desesperado intento de superar los estudios de Teología.

Belleza y virtud confundidas eran para él los más altos exponentes de la existencia humana, lo único que daba sentido al vivir. En 1873, estando al servicio de la galería Goupil de París, fue enviado a Bruselas y luego a Londres, desde donde escribió a su hermano Theo con fecha del 20 de julio: «Encuentra bello todo lo que puedas; la mayoría no encuentra nada suficientemente bello.»

En la capital inglesa sufrió su primer fracaso amoroso al ser rechazado por Ursule Loyer, lo que lo movió a pedir el traslado y fijar su residencia cn París en 1875, pero pronto abandonó la ciudad y también su empleo. Peregrinó entonces por Holanda, Gran Bretaña y Francia desempeñándose como profesor de un colegio en Ramsgate, como ayudante de un pastor metodista en Isleworth, como dependiente de una librería en Dordrecht... Pese a todo, no abandonaba la idea de hacerse pastor, sino que, por el contrario, ésta se volvía con el tiempo más obsesiva; gracias a la generosa ayuda de dos de sus tíos pudo viajar a Amsterdam y matricularse en la Escuela de Teología. Su dramático fracaso en los exámenes, después de un intenso esfuerzo de quince meses, no consiguió hacerle abdicar de su vocación, pero sí que comenzó a tambalearse su fe a causa de las dolorosas experiencias vividas más tarde.

Consiguió que le aceptaran en una escuela de evangelistas de Bruselas, y sus superiores lo enviaron a una zona minera, en los alrededores de Mons, donde los trabajadores eran víctimas de la miseria y padecían condiciones de vida infrahumanas. Estremecido, apiadado, Van Gogh les hizo entrega de todo cuanto poseía, pero no solamente se quebró entonces su confianza en la religión sino que jamás pudo olvidar del todo aquella desolación, aquella penuria escandalosa y oscura.

Van Gogh, que fue además de un gran pintor un notable y sutil escritor, describió su vivencia a su hermano Theo en abril de 1879. «No hace mucho he hecho una excursión muy interesante, he pasado seis horas en una mina. Y además una de las minas más viejas y más peligrosas de los contornos, llamada Marcasse. Esta mina tiene muy mala reputación a causa de los muchos accidentes que allá se producen, tanto en el descenso como en el ascenso, tanto a causa del aire asfixiante o de las explosiones de grisú, como del agua subterránea o del hundimiento de antiguas galerías. Es un lugar sombrío y a primera vista todo en su proximidad tiene un aspecto melancólico y fúnebre. Los obreros de esta mina son generalmente personas demacradas y pálidas de fiebre, tienen el aspecto fatigado, gastado, ajado y viejo antes de tiempo, las mujeres en general están descoloridas y mustias. Alrededor de la mina están las viviendas miserables de los mineros, con algunos árboles muertos y completamente ahumados, hileras de arbustos, montones de basura y de cenizas...»

La angustia y los pinceles

No había cumplido aún los treinta años y el penitente Van Gogh ahondaba en su angustia como si tratara de encontrar enterrada en ella el más preciado de los tesoros. Dibujaba febrilmente, pero todavía no se había decidido a consagrar su vida al arte, y ahora, más que nunca, no sabía qué camino tomar. Su hermano Theo, que acudió en su socorro financiero, fue también quien lo animó a proseguir en sus estudios como pintor, advirtiendo en los pequeños bocetos que incluía en sus largas cartas un talento oculto. Esperaba que esta resolución llenara de contenido la desorientada existencia de Vincent, quien para sentenciar su mala suerte dio en enamorarse de su prima Kate, la cual también lo rechazó y huyó de su lado para radicarse en La Haya. Van Gogh la siguó hasta allí y amenazó con quemarse una mano si no se le permitía verla, automutilación ésta que felizmente no llegó a ejecutar, tal vez porque sus sentimientos se desviaron hacia otra mujer.

Se llamaba Sien y era una prostituta, sumida en la pobreza y el dolor, que sacaba adelante con grandes penalidades a sus hijos. Este nuevo espectáculo de amargura y postergación conmovió al joven, que se hizo cargo de ellos. En el breve período que estuvo en compañía de la agradecida Sien creyó hallar la felicidad, aunque ocultó

El desasosegado y genial Van Gogh (arriba en un Autorretrato, *Museo Van Gogh, Amsterdam) dejó una obra pictórica innovadora y plásticamente audaz que refleja su angustiada personalidad.*

vergonzosamente sus impropias relaciones a su hermano. Theo, no obstante, tuvo conocimiento de la situación en una visita que le hizo en septiembre de 1883; probablemente a causa de su influencia, y no sin remordimiento, Van Gogh abandonó pronto a su amante y a los desvalidos hijos de ésta.

El paisaje del dolor

En 1885, el mismo año en que murió su padre, el artista realizó una de sus primeras grandes composiciones, *Comiendo patatas*. Describe un sórdido interior, iluminado por un quinqué que cuelga del techo sobre una mesa de madera: cuatro adultos grotescos y una niña de espaldas se aprestan a tomar sus pobres alimentos. No será éste el último de sus cuadros que muestre tan crudamente los rincones más ingratos de la realidad, pero, en general, no es a través del tema, sino por el tratamiento formal, nervioso y desasosegado hasta el paroxismo, y por los bruscos colores chillones de su paleta, como Van Gogh expresa su furia y su zozobra. El hombre que

escribió «en mi trabajo arriesgo la vida» pintó en junio de 1889 un paisaje espeluznante que tituló *Cipreses*, hoy en el Museo Metropolitano de Nueva York, cuando ya estaba confinado en un manicomio. Dos llamaradas negras, esos infamados árboles que simbolizaron siempre la hospitalidad, se yerguen verticales desde una espesura de matas bajas, diabólicamente inquietas contra un luminoso cielo azul arremolinado de nubes blancas. Las pinceladas son espesas, se arraciman y se superponen en torbellino y la impresión que causa el ciprés es sobrecogedora: «Es tan bello en líneas y proporción como un obelisco egipcio», escribe a su hermano, «es una mancha negra en un paisaje soleado, pero es una de las notas negras más interesantes y más difíciles de captar que pueda imaginarse.»

Merced a esta puntual y extensa correspondencia con Theo conocemos pormenorizadamente las tribulaciones del pintor, pero hay dos años vacíos en ella, los que convivieron, entre 1886 y 1888 en París. Allí Van Gogh aclaró su paleta por influencia de los impresionistas, cuya obra pasaba por las manos de su hermano, el marchante, y trabó amistad con Toulouse-Lautrec y Paul Gauguin pese a la hosquedad de su carácter.

En febrero de 1888 pasó a Arlés, persiguiendo la dorada luz que para él poseía un sentido espiritual mucho más intenso que para el resto de los hombres. Sin embargo, la soledad le pesaba y sentía la urgencia de llamar a otros colegas para formar un taller colectivo, de modo que pidió a Theo que vendiera algunos cuadros de Gauguin para que éste pudiera también trasladarse a Arlés. Así lo hizo, y en octubre de aquel año Gauguin fue a reunirse con él, pero ya sabemos cuán tortuosa fue su convivencia y de qué modo tan truculento y abrupto concluyó.

Pocos meses después, en mayo de 1889, Vincent van Gogh pidió ser internado en un asilo, donde siguió pintando encarnizadamente, sin darse tregua: «Trabajo como un poseso», escribe, «y creo que eso contribuirá a curarme». Aún le quedaba esperanza y el destino le reservaba dos buenas noticias. En enero de 1890 leyó el único artículo que sobre él se publicó durante su vida, aparecido en *Le Mercure de France* y firmado por Albert Aurier. Por otra parte, Theo logró vender por una suma irrisoria, habida cuenta de que cien años después van Gogh se convertirá en el pintor contemporáneo más cotizado del mundo, el primero y el último de sus cuadros vendidos en vida de su autor: *Viñas rojas*.

Por lo común, cuando no le alcanzaba con la persistente aunque exigua caridad de que su hermano lo hacía beneficiario, Van Gogh se procuraba algún dinero extra vendiendo un buen lote de sus lienzos a un ropavejero que los revendía a su vez como telas para repintar. Se sabe que estas telas se ofertaban en la calle en grupos de a diez por un precio que oscilaba entre los cincuenta céntimos y un franco. «No debemos hacernos ilusiones —escribió—, sino prepararnos a no ser comprendidos, a ser despreciados y a ser deshonrados, y, a pesar de todo, debemos conservar nuestro ánimo y nuestro entusiasmo.»

No obstante, a Van Gogh, sin haber cumplido aún los treinta y siete años, le faltó ese entusiasmo y decidió alcanzar la perseguida y huidiza quietud un día aciago de julio. Tras dispararse una bala en el pecho, reunido al fin con la naturaleza inocente que había escudriñado como un visionario, abandonó los despojos de su naufragio entre las ondulantes espigas de un mar de trigo.

La pintura de Van Gogh destaca por su fuerza plástica, derivada de la vivacidad de los colores y de su técnica de fragmentar las formas con robustas pinceladas, como se observa en su célebre cuadro Girasoles (National Gallery, Londres), *pintado en 1890 para decorar el estudio que compartía con Gauguin en Arlés.*

1853	Nace en Groot-Zundert, Brabante neerlandés, **VINCENT VAN GOGH**, hijo de un pastor protestante.
1869	Comienza a trabajar en una sucursal de La Haya de la galería Goupil de París.
1873	Es trasladado a la sucursal de Bruselas y luego a Londres.
1875	Fracaso amoroso con Ursule Loyer. Se traslada a París.
1883	Recibe en La Haya la visita de su hemano Theo y abandona su convivencia con la prostituta Sien y los hijos de ésta.
1885	Muere su padre. Pinta su primera obra maestra: *Comiendo patatas* (Museo Kröller-Müller).
1888	Se traslada a Arlés para trabajar. Desavenencias con Gauguin.
1889	Pide ser internado en el asilo de Saint-Paul-de-Mausole, cerca de Saint-Rémy, Francia.
1890	El 27 de julio se suicida disparándose un tiro con un revólver.

SIGMUND FREUD
(1856-1939)

Sigmund Freud, el padre del psicoanálisis, al poner al descubierto los íntimos secretos escondidos en la conciencia del hombre, cambió para siempre la imagen que éste tenía de sí mismo.

*F*reud, uno de los hombres que más han escandalizado a las cabezas bienpensantes occidentales, uno de los padres de la cultura moderna, escribió un curioso libro titulado *El chiste y su relación con lo inconsciente*, donde analiza con circunspección y gravedad algunas humoradas que estaban en boca de todos por aquella época. Una de ellas es ésta, que puede aplicarse hoy sarcásticamente a su propia biografía: «Éste es un hombre que tiene un gran porvenir detrás de él». Y otra, la siguiente, en la que los ridiculizados protagonistas son de su propia y escarnecida raza. Dos judíos se encuentran cerca de un establecimiento de baños: «¿Has tomado un baño? — pregunta uno de ellos —. ¿Cómo? —responde el otro— ¿falta alguno?»

También lanzó Freud, como es sabido, la fecunda conjetura de que la mente podría ser mejor comprendida si diferenciásemos entre el *yo*, o la imagen externa que presentamos a los demás, el *superyó*, o la autoridad interiorizada, y el *ello*, o el instinto. La explicación de estas tres instancias es por supuesto mucho más compleja que esta deliberada simplificación, y de hecho es tan compleja que incluso ha suscitado algunas cuchufletas, como la famosa greguería de Ramón Gómez de la Serna: «Frente al *yo* y al *superyó* está el *qué se yo*.»

Caricaturizados y combatidos por sus contemporáneos cuando se atrevieron a exponer sus avanzadas teorías sexuales, Freud y sus seguidores han sido luego objeto de chanza en numerosas películas de Hollywood, donde son asiduos los psicoanalistas estirados y cómicos. Pero con todo ello no han hecho sino aquilatarse y difundirse las hipótesis revolucionarias de este obsceno detective de la intimidad que cambió, acaso como ningún otro pensador en la Historia, la imagen que el hombre tenía de sí mismo.

El niño incestuoso

El médico vienés Semmelweiss fue degradado en 1848, acusado de simpatizar con la revolución burguesa. En realidad, se le postergaba por haber advertido que la fiebre puerperal que mataba a las parturientas era causada por las propias manos, no asépticas, de los médicos que asistían el parto; y todo ello muchos años antes de que esta afirmación insolidaria y antigremial fuera autorizada por los trabajos de Louis Pasteur. Pocos años después, el futuro médico Sigmund Freud nació en una villa católica austríaca, Freiberg, en 1856, cuando se decía que el único medicamento del Hospital General de Viena era el aguardiente. Vino al mundo en el seno de una familia judía formada por el matrimonio en segundas nupcias de su padre Jakob, un hombre maduro que ya tenía un hijo casado, con su madre, la joven Amalie Nathanson. Freud, hijo de una época pletórica de entusiasmo y de promesas, escribió una vez sobre el comportamiento de los hebreos en aquella época: «Todo escolar judío llevaba una cartera de ministro en su portafolios». Y es que ese tiempo en que un esteta llamado Theodor Herzl fundaba el sionismo, el viejo imperio de cartón piedra austrohúngaro iba camino de su desaparición, sentenciada finalmente con su derrota en la Primera Guerra Mundial; pero, mientras, se vivía a ritmo de vals, con frívola despreocupación y como en un «alegre apocalipsis», según lo describió luego Hermann Broch. Los vieneses, pueblo siempre optimista y zumbón, no creían en aquello de «la situación es seria, pero no desesperada», sino que afirmaban ingeniosamente que la situación era desesperada, pero no seria. El pensamiento freudiano posterior no sería ajeno a esa atmósfera ilusoria e irracional, o como también escribió Broch, se erigió «contra esa atmósfera» que el propio Freud había caracterizado en una carta fechada en 1896 como «depresiva».

Sus padres le habían puesto por nombre Sigismund, pero él lo abrevió y lo convirtió en Sigmund. La razón fue que por Sigismund era conocido un personaje cómico, muy popular por aquel entonces, que caricaturizaba ridículamente al judío rural. Aunque interpretando maliciosamente al Freud niño según las teorías que más tarde introduciría el Freud médico podría afirmarse que quiso matar un poco a su autoritario padre llevado por su deseo de poseer por entero a su bella y afectuosa madre, lo cierto, por supuesto, es que no lo hizo y, quizás para sublimar su frustada libido, aquel niño sensible y siempre curioso cursó brillantemente sus estudios en el Gymnasium Sperl, graduándose *suma cum lade*.

El joven mago

En 1873 ingresó en la antisemita Universidad de Medicina de Viena para cursar una carrera que tardó ocho años en concluir, pero que le sirvió para que a los veintinueve años le fuera concedi-

En 1910, Freud fundó con un grupo de discípulos (abajo) la Asociación Internacional de Psicoanálisis, de la que se separaron Alfred Adler, primero, y Carl Jung (en la foto, a su izquierda), más tarde.

da una beca que le permitiría ampliar sus conocimientos de neuropatología asistiendo a las clases magistrales del gran Charcot en la clínica la Salpêtrière de París.

Jean Martin Charcot, indiscutible padre de la neurología contemporánea, se ocupaba de dos temas trascendentales e inéditos que comienzan con la letra *h*, el histerismo y la hipnosis, y éstos fueron los puntos de partida del joven Freud; aunque también un admirado otorrinolaringólogo metido a dramaturgo, Arthur Schnitzler, compatriota suyo, le dio la idea de la hipnosis como terapia eficiente para atender los trastornos psíquicos. Freud se atrevió más tarde a suponer que el desbocado comportamiento denominado clínicamente «histeria», de la raíz griega que significa útero, enfermedad tipificada como femenina desde antiguo por irrefutable testimonio de la etimología, era probablemente una enfermedad que afectaba así mismo al hombre, y la describió como debida a reminiscencias dolorosas, traumas casi olvidados, pero inopinadamente emergentes, que provocan bloqueos emocionales y crisis de ansiedad.

El sexo entronizado

Cabe creer incautamente que Freud sacó a la luz asuntos escabrosos, pérfidos, referidos a nuestros órganos predilectos e históricamente invisibles, que jamás antes se habían mentado, pero esto no es cierto. Sólo es verdad que con Freud el territorio de la psicología deja de ser un aburrido compromiso para pasar a constituir una fiesta inexcusable en la que estamos deseosos de participar, un discurso en el que toda persona está involucrada, una tentación que el hombre no ha dejado de reconocer jamás en sí y que sólo durante el puritano siglo XIX se imaginó que era una afrenta a la moralidad.

Acusado injustamente de pansexualista y, según se dice, desertor del lecho conyugal desde los cuarenta años, Freud supuso, es cierto, que la neurosis podía tener su origen en la represión sexual de los enfermos, pero no que la generalizada insatisfacción sexual supusiera inequívocamente —aunque vaya usted a saber— la enfermedad generalizada. Desgraciadamente, esta sutil distinción no fue suficientemente aclarada y divulgada para la tranquilidad de las generaciones venideras, y quien más y quien menos, freudianamente, no sabe por dónde le da el aire desde que ha oído campanas sobre la libido, el lapsus, la sublimación, la transferencia, el superyó y cosas por el estilo.

Sólo remotamente tiene la culpa de todo esto un hombre barbado, severo y bondadoso, que pasó su juventud sometido a estrecheces económicas y que escribió que deseaba «comprender algunos enigmas del universo y contribuir en algo a su solución», el cual, a su regreso a Viena, tras la experiencia con Charcot, se casó con la también judía Martha Bernays y comenzó a tratar la histeria de sus pacientes por medio de la hipnosis en colaboración con Josef Breuer. Este colega le abandonó cuando el psiquiatra vienés pretendió que existía una sexualidad infantil, hipótesis lanzada cuando Freud tenía ya seis hijos pequeños y que cosechó toda suerte de sarcasmos entre la comunidad científica.

Poco después, en 1903, fundó la Asociación de la Mesa Redonda con un grupo de discípulos entre los que se contaba uno de sus grandes continuadores heterodoxos, Alfred Adler, comenzó a impartir conferencias los sábados y poco a poco fue estableciendo las bases de lo que se llamó el psicoanálisis, que al principio era sólo un método para el tratamiento clínico de la neurosis, porque faltaba por definir el concepto de «libido», un impulso vital que incluye la sexualidad pero que no se reduce a ella y que gobierna las aspiraciones del individuo, y uno de sus motores fundamentales, el «principio del placer», reprimido con los años y las experiencias por el «principio de la realidad».

En 1910 se fundó la Asociación Internacional de Psicoanálisis, pero pronto esta institución produciría cismas y disensiones, la primera la de Adler, en 1911, para quien el complejo de inferioridad era la causa más señalada de la neurosis, y luego la de Jung, en 1912, quien opinaba que la enfermedad tiene su origen en una suerte de subconsciente colectivo, un conglomerado de mitos, instintos y sentimientos arcaicos del que participa en mayor medida todo individuo. No obstante, las teorías freudianas fueron alcanzando paulatinamente gran predicamento, hasta el punto que en 1930 la Sociedad Médica de Viena, su encarnizada enemiga durante tantos años, lo nombró miembro de honor, y la ciudad de Viena, esa capital «depresiva» que no había querido abandonar en toda su vida, le otorgó la dignidad de ciudadano honorario.

Ahora bien, instalado en la cumbre de la fama, en 1933, los nazis quemaron públicamente sus obras y en 1938 se anexionaron Austria. Freud, que contaba 82 años y padecía un cáncer en la mandíbula en estado muy avanzado, debería de haber huido, pero permaneció en su vieja casa de la calle Bergasse número 19. La respuesta de la Gestapo fue confiscar sus bienes, destruir sus libros y apoderarse de la editorial que regentaba su hijo. Cuando quiso escapar, los nazis exigieron un rescate de 250.000 schillings, dinero que fue pagado por una paciente y admiradora suya llamada Marie Bonaparte. Así mismo debió intervenir personalmente el presidente de los Estados Unidos, Roosevelt, llamando al embajador alemán, y por fin Freud pudo abandonar Austria, rumbo a Londres, en junio de 1938.

Sin embargo, los días del insobornable escrutador del inconsciente, del nuevo José bíblico capaz de interpretar los sueños, estaban contados. Un año después de establecer su residencia en Inglaterra, ese cáncer que arrastraba desde hacía dieciséis años y del que se había operado treinta y tres veces, acabó con su vida. El día 23 de septiembre de 1939, presa de atroces dolores, logró que el doctor Schur recordara su promesa de ayudarle «a dejar decentemente la vida» y, tras serle administrada una fuerte dosis de morfina, falleció en la madrugada siguiente.

En este diván Freud hacía reclinar a sus pacientes para que se relajaran y le contaran sus recuerdos, fantasías y sueños, vías de acceso al inconsciente donde residen las causas de los conflictos neuróticos.

1856	6 de mayo: **SIGMUND FREUD** nace en Freiberg, Austria.
1881	Se gradúa en Medicina en la Universidad de Viena.
1885	Acude a los cursos de Charcot en la Salpêtrière de París y aprende las técnicas hipnóticas.
1886	Contrae matrimonio con Martha Bernays.
1900	*La interpretación de los sueños.*
1905	*Tres ensayos sobre la teoría de la sexualidad.*
1913	*Tótem y tabú.*
1920	Es nombrado profesor de la universidad de Viena y publica *Más allá del principio del placer.* Muere su hija Sofía.
1921	*Psicología de las masas y análisis del yo.*
1923	*El Yo y el Ello.*
1927	*El porvenir de una ilusión.*
1929	*El malestar en la cultura.*
1938	Se exilia en Londres tras la invasión alemana de Austria.
1939	*Moisés y el monoteísmo.* 23 de septiembre: fallece en Londres víctima del cáncer.

MARIE CURIE
(1867-1934)

Manya Sklodowska, Marie Curie, descubridora del polonio y del radio, obtuvo en 1903 el premio Nobel de Física, compartido con su esposo Pierre y con Henri Becquerel, y en 1911 el de Química.

*L*os estudiantes de la Universidad parisiense de la Sorbona, al cruzarse en los pasillos con aquella joven polaca que se ha matriculado en otoño de 1891 en la Facultad de Física, se preguntan: «¿Quién es esa muchacha de aspecto tímido y expresión obstinada que viste tan pobremente?» Todos la miran extrañados, con una mezcla de conmiseración y desdén. Algunos saben que se llama Manya Sklodowska y la denominan «la extranjera de apellido imposible»; otros prefieren llamarla simplemente «la estudiante silenciosa». Manya se sienta siempre en primera fila,

no tiene amigos y sólo se interesa por los libros. También llama la atención su hermosa cabellera de color rubio ceniza, que sin embargo suele llevar recogida y semioculta. Nadie sospecha que esa joven esquiva y austera va a convertirse un día, bajo el nombre de madame Curie, en una mujer ilustre y una gloria nacional de Francia.

Una polaca en París

Manya Sklodowska había nacido en Varsovia. Era la menor de cinco hermanos en una típica familia polaca de clase media. Su madre dirigía un pensionado y su padre enseñaba matemáticas en un colegio. Al cumplir dieciséis años, Manya terminó sus estudios secundarios y se propuso estudiar Física. Sabía hablar perfectamente polaco, ruso, alemán y francés. Su sueño era ir a París e ingresar en la Sorbona, donde su hermana Bronia cursaba la carrera de Medicina. En las universidades polacas les estaba prohibido el acceso a las mujeres, así que Manya empezó a aprender Ciencias Naturales, Anatomía y Sociología fuera de las aulas con algunos profesores honorarios y se colocó como institutriz en espera de tiempos mejores.

Sin embargo, su padre se jubiló en 1885 y los ingresos familiares disminuyeron drásticamente. Para ayudar a Bronia, Manya empezó a economizar al máximo y a enviarle sus escasos estipendios. Cuando la hermana mayor, ya licenciada, contraiga matrimonio con un joven colega polaco, invitará a la pequeña a reunirse con ella, dispuesta a compensar sus sacrificios y a lograr que Manya estudie en la ciudad más culta y liberal de Europa.

Una vez en París, Manya se instaló durante un tiempo en casa de su hermana y su cuñado. Luego, para estar más cerca de la universidad, decidió trasladarse a una minúscula buhardilla del Barrio Latino, donde vivía completamente sola de la escasa pensión que le enviaba su padre. Su obsesión era estudiar. Para ahorrar carbón apenas encendía la estufa y pasaba horas y horas haciendo números y ecuaciones con los dedos entumecidos y los hombros temblando de frío. A veces, para entrar en calor, se paseaba por su sórdida estancia con una manta raída sobre los hombros y un libro en las manos. Llegó a pasar semanas enteras sin tomar otro alimento que té con pan y mantequilla. Esta dieta terrible no tardó en provocarle anemia: tenía desvanecimientos y debía tumbarse en su jergón, donde en ocasiones perdía el conocimiento. Al volver en sí, regresaba a sus libros dispuesta a dejar a un lado todo aquello que obstaculizara su trabajo.

Los esposos Curie

En junio de 1893, la «estudiante silenciosa» obtuvo con el número uno de su promoción la licenciatura de Física. Tiene veintiséis años, su pasión es más que nunca la ciencia y no piensa en el amor ni en el matrimonio, pues sabe que si quiere alcanzar sus objetivos debe mantener una férrea independencia personal. Sin embargo, en la primavera de 1894 conoce a Pierre Curie e inmediatamente se siente atraída por él. Pierre es un profesor de Física y Química al que ya se le aprecia como tal en Francia y en el extranjero. A Manya le conmueve su clara mirada, su carácter reflexivo y una sonrisa jovial que inspira confianza. A Pierre le gustan de Manya su entusiasmo, su temple, sus éxitos universitarios, sus ojos tristes y su cabello rubio. Además, le asombra poder hablar con una joven tan encantadora en el lenguaje de la técnica y de las fórmulas más complicadas. La boda se celebra el 26 de julio de 1895 y la señorita Manya Sklodowska se convierte en Marie Curie, esposa del ilustre profesor Pierre Curie.

El matrimonio se estableció en un minúsculo apartamento abarrotado de libros. Marie preparaba también su licenciatura en Matemáticas y en 1896 obtuvo el primer puesto en el concurso para profesores de facultad. Al año siguiente nació su hija Irène y, apenas restablecida, se dispuso a preparar su tesis doctoral. El tema escogido era tan apasionante como difícil: las radiaciones de naturaleza desconocida emitidas por el uranio, recientemente observadas por el físico francés

El 26 de julio de 1895 Manya Sklodowska se convirtió en madame Curie al casarse con Pierre Curie, formando una extraordinaria pareja científica. Arriba, el matrimonio Curie en su laboratorio.

Antoine-Henri Becquerel. Con ayuda de su marido, experto en mineralogía, Marie abordó el estudio del fenómeno. Primero descubrió que los compuestos de otro elemento, el torio, también emitían rayos como los del uranio. Además, en ambos casos la radiactividad era mucho más fuerte de lo que podía atribuirse a la cantidad de torio y uranio contenida en los productos examinados. ¿De dónde provenía esa radiación anormal? ¿Había una sustancia mucho más radiactiva que el uranio y el torio? Marie había trabajado con todos los elementos químicos conocidos, por lo que esa sustancia había de ser... ¡un elemento nuevo! Para sorpresa de los esposos Curie, las arduas investigaciones los llevaron al descubrimiento no de uno sino dos nuevos elementos: el polonio, bautizado así en honor de la patria de Marie, y el radio, que parecía desprender unos invisibles rayos.

Los químicos del mundo entero tuvieron que rendirse a la evidencia cuando, en 1902, Marie y Pierre consiguieron aislar el radio y obtener su peso atómico. El matrimonio había descubierto dos nuevos elementos químicos que hacían misteriosamente radiactivos los compuestos que los contenían y que podían prestar inestimables servicios a las generaciones futuras. En 1903, madame Curie expuso su tesis doctoral, ese mismo año, se le concedió el premio Nobel de Física, compartido con su marido y el físico Becquerel.

La trágica muerte del sabio distraído

Marie no pudo asistir a la solemne recepción de Estocolmo. Entre 1898 y 1902 había trabajado en condiciones infrahumanas, soportando el polvo, las salpicaduras de los ácidos y los gases que atormentaban sus ojos y su garganta. Además, el efecto de las radiaciones, tan poderosas como para dañar las células vivas, le provocó en las manos unas dolorosas llagas incurables. Por otra parte, se acercaba el final de su segundo embarazo y Marie estaba completamente agotada. El 6 de diciembre de 1904 nació otra hija, Eva.

En cuanto se encontró un poco repuesta, Marie volvió a la rutina del laboratorio. Para ambos esposos, su único deseo era continuar trabajando y enseñando. Procuraban eludir los banquetes, fiestas y otros agasajos que se organizaban en su honor por doquier. En julio de 1905, Pierre ingresó en la Academia de Ciencias. Poco antes, la Sorbona había creado para él una cátedra de Física. Todo parecía dispuesto para acometer nuevas y prometedoras investigaciones cuando ocurrió la tragedia.

Hacia las dos y media de la tarde del jueves 19 de abril de 1906, Pierre se despidió de los profesores con quienes había almorzado. Bajo la lluvia, se dispuso a atravesar la calle Dauphine pasando por detrás de un coche de caballos. Iba, como siempre, ensimismado en sus pensamientos. En medio de la calzada, un pesado carro tirado por un caballo que avanzaba a gran velocidad se interpuso en su camino. Sorprendido, trató de asirse al arnés del bruto, que se encabritó; los pies del sabio resbalaron sobre el pavimento húmedo y el enorme carro, que pesaba más de seis toneladas, le pasó por encima.

Marie permaneció como petrificada durante varios días. Cuando comprendió el significado de lo ocurrido, creyó que no tenía sentido seguir luchando. Sin embargo, su pasión por la ciencia acabó siendo más fuerte que el sufrimiento por la muerte de Pierre. Sobreponiéndose al dolor, se convenció de que debía continuar el trabajo que ambos habían iniciado y que aquél era el mejor modo de honrar su memoria.

Una celebridad no corrompida

En 1906 le fue otorgada la cátedra que había desempeñado su esposo en la Sorbona. Era la primera vez que se concedía a una mujer. Ella, que había sido «la estudiante silenciosa», conmovió a estudiantes y profesores iniciando su curso con la misma frase que había pronunciado Pierre Curie al terminar el suyo. Sin embargo, a pesar de reconocérsele el derecho a reemplazar a su esposo en la Academia de Ciencias en función de su labor científica, no fue admitida en ella por el problema burocrático que originaba el hecho de tratarse de una mujer.

La fama de madame Curie se extendió por doquier. Recibía diplomas y honores de academias y universidades de todo el mundo. En 1911, volvió a concedérsele el premio Nobel, esta vez de Química, y poco después, la Sorbona y el Instituto Pasteur fundaron conjuntamente el Instituto Curie de Radio, iniciando las investigaciones para el tratamiento del cáncer.

Al estallar la Primera Guerra Mundial, en 1914, Marie inició un recorrido por todos los hospitales de campaña para ofrecer a los cirujanos su colaboración. Gracias a los rayos X, que ella conocía perfectamente, podían descubrirse las balas y los fragmentos de metralla ocultos en los cuerpos de los heridos. Su ayuda inestimable durante la contienda hizo que se la empezase a llamar «Suprema Bienhechora de la Humanidad», pero ella rechazaba estas manifestaciones, que consideraba inmerecidas: seguía siendo tan modesta y discreta como cuando sólo era una joven

Los esposos Pierre y Marie Curie, a la derecha fotografiados frente a su casa parisina, tuvieron en sus arduas investigaciones compartidas un motivo más de felicidad conyugal.

estudiante polaca en la Sorbona. Einstein, que la conoció una vez terminada la guerra y mantuvo con ella una fructífera relación científica, afirmaría: «Madame Curie es, de todos los personajes célebres, el único al que la gloria no ha corrompido».

Marie sabía que los glóbulos rojos de su sangre estaban dañados. Durante treinta y cinco años había estado manejando el radio, exponiéndose, sobre todo en los primeros años de sus investigaciones, a sus radiaciones. No dio importancia a una ligera fiebre que la molestaba con frecuencia, pero en mayo de 1934, víctima de un ataque de gripe, se vio obligada a guardar cama. Ya no volvió a levantarse. El veredicto de los médicos fue unánime: era víctima de una anemia perniciosa, motivada por una alteración de la médula ósea resultante de las radiaciones invisibles cuyos peligros había preferido ignorar. El 4 de julio de ese mismo año, madame Curie dejó de existir. Dos días después, sin discursos ni desfiles, fue enterrada en la tumba inmediata a la de su marido. Sólo los parientes, los amigos y los colaboradores de su obra científica acudieron al sepelio.

1867	7 de noviembre: nace Manya Sklodowska, **MARIE CURIE**, en Varsovia (Polonia).
1891	Viaja a París y se matricula en la Sorbona.
1893	Se licencia en Ciencias Físicas.
1894	Conoce a Pierre Curie.
1895	26 de julio: al casarse, Manya Sklodowska se convierte en Marie Curie.
1899	Se licencia en Matemáticas.
1902	Consigue aislar el radio y obtener su peso atómico.
1903	Marie Curie lee su tesis doctoral, en la que expone sus descubrimientos y su teoría de la radiactividad. Recibe el premio Nobel de Física junto a su marido y Antoine-Henri Becquerel.
1906	19 de abril: muere Pierre Curie. Marie se hace cargo de la cátedra de su esposo en la Sorbona.
1911	Se le otorga el premio Nobel de Química.
1914	Se funda el Instituto Curie de Radio en París. Estalla la Primera Guerra Mundial y Marie Curie colabora con los médicos destacados en el frente.
1934	4 de julio: muere en París, víctima de los efectos acumulados de las radiaciones.

RUBÉN DARÍO
(1867-1916)

El nicaragüense Rubén Darío, uno de los grandes poetas hispanoamericanos de todos los tiempos, revolucionó con su poesía el ritmo del verso castellano e inició y promovió la corriente modernista.

Precoz versificador infantil, Félix Rubén García Sarmiento, que tomó su apellido Darío del apodo con que se conocía a su padre, no recordaba cuándo empezó a componer poemas. En su ambiente y en su tiempo, las elegías a los difuntos, los epitalamios a los recién casados o las odas a los generales victoriosos formaban parte de los usos y costumbres colectivos, cumplían con inveterada oportunidad una función social para la que jamás había dejado de existir demanda. Por

entonces se recitaban versos como se erigían monumentos al dramaturgo ilustre, se brindaba a la salud del neonato o se ofrecían banquetes a los diplomáticos extranjeros.

Con esa dichosa facilidad para el ritmo y la rima creció Rubén Darío en medio de turbulentas desavenencias familiares, tutelado por solícitos parientes y dibujando con palabras en su fuero interno sueños exóticos, memorables heroísmos y tempestades sublimes. Pero ya en su época toda esa parafernalia de prestigiosos tópicos románticos comenzaba a desgastarse y se ofrecía a la imaginación de los poetas como las armas inútiles que se conservan en una panoplia de terciopelo ajado. Rubén Darío estaba llamado a revolucionar rítmicamente el verso castellano, pero también a poblar el mundo literario de nuevas fantasías, de ilusorios cisnes, de inevitables celajes, de canguros y tigres de bengala conviviendo en el mismo paisaje imposible. Pasadas las décadas, erosionadas ya sus audacias estilísticas por la implacable acción del tiempo, la obra sonora de ese poeta inspirado no es sólo pasto de pacientes eruditos y concienzudos catedráticos, sino que aún es capaz de arrancar la sonrisa cómplice del lector contemporáneo por su pintoresca ironía:

> «... Se ven extrañas flores
> en la flora gloriosa de los cuentos azules,
> y entre las ramas encantadas, los
> papemores, cuyo canto extasiara de amor
> a los bulbules.
> (Papemor: ave rara; bulbules:
> ruiseñores.)»

Las bellaquerías detrás de la puerta

Casi por azar nació Rubén en una pequeña ciudad nicaragüense llamada Metapa, pero al mes de su alumbramiento pasó a residir a León, donde su madre, Rosa Sarmiento, y su padre, Manuel García, habían fundado un matrimonio teóricamente de conveniencias pero próspero sólo en disgustos. Para hacer más llevadera la mutua incomprensión, el incansable Manuel se entregaba inmoderadamente a las farras y ahogaba sus penas en los lupanares, mientras la pobre Rosa huía de vez en cuando de su cónyuge para refugiarse en casa de alguno de sus parientes. No tardaría ésta en dar a luz una segunda hija, Cándida Rosa, que se malogró enseguida, ni en enamorarse de un tal Juan Benito Soriano, con el que se fue a vivir arrastrando a su primogénito a «una casa primitiva, pobre y sin ladrillos, en pleno campo», situada en la localidad hondureña de San Marcos de Colón.

No obstante, el pequeño Rubén volvió pronto a León y pasó a residir con los tíos de su madre, Bernarda Sarmiento y su marido, el coronel Félix Ramírez, los cuales habían perdido recientemente una niña y lo acogieron como sus verdaderos padres. Muy de tarde en tarde vio Rubén a Rosa Sarmiento, a quien desconocía, y poco más o menos a Manuel, por quien siempre sintió desapego, hasta el punto de que el incipiente poeta firmaba sus primeros trabajos escolares como Félix Rubén Ramírez.

Durante su primeros años estudió con los jesuitas, a los que dedicó algún poema cargado de invectivas, aludiendo a sus «sotanas carcomidas» y motejándolos de «endriagos»; pero en esa etapa de juventud no sólo cultivó la ironía: tan temprana como su poesía influida por Bécquer y por Victor Hugo fue su vocación de eterno enamorado. Según propia confesión en la *Autobiografía*, una maestra de las primeras letras le impuso un severo castigo cuando lo sorprendió «en compañía de una precoz chicuela, iniciando indoctos e imposibles Dafnis y Cloe, y según el verso de Góngora, las bellaquerías detrás de la puerta».

Antes de cumplir quince años, cuando los designios de su corazón se orientaron irresistiblemente hacia la esbelta muchacha de ojos verdes llamada Rosario Emelina Murillo, en el catálogo de sus pasiones había anotado a una «lejana prima, rubia, bastante bella», tal vez Isabel Swan, y a la trapecista Hortensia Buislay. Ninguna de ellas, sin embargo, le procuraría tantos quebraderos de cabeza como Rosario; y como manifestara enseguida a la musa de su mediocre novela sentimental *Emelina* sus deseos de contraer inmediato matrimonio, sus amigos y parientes conspiraron para que abandonara la ciudad y terminara de crecer sin incurrir en irreflexivas precipitaciones.

En agosto de 1882 se encontraba en El Salvador, y allí fue recibido por el presidente Zaldívar, sobre el cual anota halagado en su *Autobiografía*: «El presidente fue gentilísimo y me habló de mis versos y me ofreció su protección; mas cuando me preguntó qué es lo que yo deseaba, contesté con estas exactas e inolvidables palabras que hicieron sonreír al varón de poder: 'Quiero tener una buena posición social'.»

Unos zapatos problemáticos

En este elocuente episodio, Rubén expresa sin tapujos sus ambiciones burguesas, que aún vería más dolorosamente frustradas y por cuya causa habría de sufrir todavía más insidiosamente en su ulterior etapa chilena. En Chile conoció también al presidente suicida Balmaceda y trabó amistad con su hijo, Pedro Balmaceda Toro, así como con el aristocrático círculo de allegados de éste; sin embargo, para poder vestir decentemente, se alimentaba en secreto de «arenques y cerveza», y a sus opulentos contertulios no se les ocultaba su mísera condición. Por ejemplo, cuando llegó a Santiago, un personaje envuelto en pieles fue el encargado de recibirlo, y éste no sintió el más mínimo empacho en mirarlo desdeñoso de arriba abajo. «En aquella mirada —escribe Rubén humillado— abarcaba mi pobre cuerpo de muchacho flaco, mi cabellera larga, mis ojeras, mi jacquito de Nicaragua, unos pantaloncitos estrechos que yo creía elegantísimos, mis problemáticos zapatos...» Publica en Chile, a partir de octubre de 1886, *Abrojos*, poemas que dan cuenta de su triste estado de poeta pobre e incomprendido, y ni siquiera un fugaz amor vivido con una tal Domitila consigue enjugar su dolor.

Para un concurso literario convocado por el millonario Federico Varela escribe *Otoñales*, que obtiene un modestísimo octavo lugar entre los cuarenta y siete originales presentados, y *Canto épico a las glorias de Chile*, por el que se le otorga el primer premio, compartido con Pedro

Con Azul, *editado en 1888, Rubén Darío inauguró el modernismo, que alcanzó en él su plenitud con las* Prosas profanas, *publicadas en 1896 y cuyo título está tomado de* Prose pour des Esseintes *de Mallarmé. La obra de Darío pobló el universo poético de una fauna ilusoria en un paisaje imposible, acaso reflejo de la exuberante naturaleza de su patria. Arriba, vista del lago Managua.*

Nolasco Préndez, y que le reporta la módica suma de trescientos pesos. Pero es en 1888 cuando la auténtica valía de Rubén Darío se da a conocer con la publicación de *Azul*, libro encomiado desde España por el a la sazón prestigioso novelista Juan Valera, cuya importancia como puente entre las culturas española e hispanoamericana ha sido brillantemente estudiada por María Beneyto. Las cartas de Juan Valera sirvieron de prólogo a la nueva reedición ampliada de 1890, pero para entonces ya se había convertido en obsesiva la voluntad del poeta de escapar de aquellos estrechos ambientes intelectuales, donde no hallaba ni el suficiente reconocimiento como artista ni la anhelada prosperidad económica, para conocer por fin su legendario París. «¡Cuántas veces —escribirá mucho después— me despertaron ansias desconocidas y misteriosos ensueños de fragatas y bergantines que se iban con las velas desplegadas por el golfo azul hasta la fabulosa Europa!»

Lleno de rosas y de cisnes vagos

El 21 de junio de 1890 Rubén contrajo matrimonio con una mujer con la que compartía aficiones literarias, Rafaela Contreras, pero sólo al año siguiente, el 12 de enero, pudo completarse la ceremonia religiosa, interrumpida por una asonada militar. Más tarde, con motivo de la celebración del cuarto Centenario del Descubrimiento de América, vio cumplidos sus deseos de conocer el Viejo Mundo al ser enviado como embajador a España.

El poeta desembarcó en La Coruña el 1 de a-
gosto de 1892 precedido de una celebridad que le
permitirá establecer inmediatas relaciones con
las principales figuras de la política y la literatura españolas, mas, desdichadamente, su felicidad
se ve ensombrecida por la súbita muerte de su
esposa, acaecida el 23 de enero de 1893, lo que
no hace sino avivar su tendencia, ya de siempre
un tanto desaforada, a trasegar formidables dosis
de alcohol.

Precisamente en estado de embriaguez fue poco
después obligado a casarse con aquella angélica
muchacha que había sido objeto de su adoración
adolescente, Rosario Emelina Murillo, quien le
hizo víctima de uno de los más truculentos episodios de su vida. Al parecer, el hermano de Rosario, un hombre sin escrúpulos, pergeñó el avieso
plan, sabedor de que la muchacha estaba embarazada. En complicidad con la joven, sorprendió a
los amantes en honesto comercio amoroso, esgrimió una pistola, amenazó con matar a Rubén si
no contraía inmediatamente matrimonio, saturó
de whisky al cuitado, hizo llamar a un cura y
fiscalizó la ceremonia religiosa el mismo día 8 de
marzo de 1893.

Naturalmente, el embaucado hubo de resignarse ante los hechos, pero no consintió en convivir
con el engaño: habría de pasarse buena parte de
su vida perseguido por su pérfida y abandonada
esposa. Lo cierto es que Rubén concertó mejor
apaño en Madrid con una mujer de baja condición,
Francisca Sánchez, la criada analfabeta de la
casa del poeta Villaespesa, en la que encontró
refugio y dulzura y a quien dedicó versos como
éstos:

«Ser cuidadosa del dolor supiste
y elevarte al amor sin comprender».

Con ella viajará a París al comenzar el siglo,
tras haber ejercido de cónsul de Colombia en
Buenos Aires y haber residido allí desde 1893 a
1898, así como tras haber adoptado Madrid como
su segunda residencia desde que llegara, ese
último año, a la capital española enviado por el
periódico *La Nación*. Se inicia entonces para él
una etapa de viajes entusiastas —Italia, Inglaterra, Bélgica, Barcelona, Mallorca...— y es acaso
entonces cuando escribe sus libros más valiosos:
Cantos de vida y esperanza (1905), *El canto*

errante (1907), *El poema de otoño* (1910), *El oro
de Mallorca* (1913).

Estos últimos poemarios están llenos de chistes, o al menos hoy resuenan como trivialidades
deliberadas, como bromas maliciosas. ¿Cómo
interpretar si no estos versos que delatan una
audacia caprichosa, un ánimo exultante y una
coquetería irreverente?

«Las mallorquinas usan una
modesta falda,
pañuelo en la cabeza y la trenza
a la espalda.
Esto, las que yo he visto, al pasar,
por supuesto.
Y las que no la lleven no se enojen
por esto.»

Y ¿cómo creer en la conciencia política que se le
ha atribuido a este malabarista de las palabras
cuando, en el gracioso poemilla titulado *Agencia*,
se toma a chirigota los temas más graves del
momento, como son las violentas luchas sociales
que por entonces estallan en el seno de la sociedad española?

«En la iglesia el diablo se esconde.
Ha parido una monja. (¿En dónde?)
Barcelona ya no está *bona*
sino cuando la bomba *sona*...»

Hora crepuscular y de retiro

No obstante, por las fechas en que Rubén Darío
escribe con tanto desparpajo ha debido viajar a
Mallorca para restaurar su deteriorada salud, que
ni los solícitos cuidados de su buena Francisca
logran sacar a flote. Por otra parte, el muchacho
que quería alcanzar una «buena posición social»,
no obtuvo nunca más que el dinero y la respeta-
bilidad suficientes como para vivir con frugalidad
y modestia, y de ello da fe un elocuente episodio
de 1908, relacionado con el extravagante escritor
español Alejandro Sawa, quien muchos años antes le había servido en París de guía para conocer
al perpetuamente ebrio Verlaine.

Sawa, un pobre bohemio, viejo, ciego y enfermo, que había consagrado su orgullosa vida a la
literatura, le reclamó a Rubén la escasa suma de
cuatrocientas pesetas para ver por fin publicada
la que hoy es considerada su obra más valiosa,

Rubén Darío fue un viajero infatigable que visitó numerosos países como diplomático y como corresponsal del diario argentino La Nación. Tierras solares, *arriba portada de una de sus primeras ediciones, es uno de sus libros de viajes más conocidos.*

Iluminaciones en la sombra, pero éste, al parecer, no estaba en disposición de facilitarle este dinero y se hizo el desentendido, de modo que Sawa, en su correspondencia, acabó por pasar de los ruegos a la justa indignación, reclamándole el pago de servicios

prestados. Según declara ahora, él habría sido el autor —o *negro*, en argot editorial— de algunos artículos remitidos en 1905 a *La Nación* y firmados por Rubén Darío. En cualquier caso, será al fin el poeta nicaragüense quien, a petición de la viuda de Alejandro Sawa, prologará enternecido el extraño libro póstumo de ese «gran bohemio» que «hablaba en libro» y «era gallardamente teatral», citando las propias palabras de Rubén.

Y es que al final de su vida, el autor de *Azul* no estaba en disposición de favorecer a sus amigos más que con su pluma, cuyos frutos ni aun en muchos casos le alcanzaban para pagar sus deudas, pero ganó, eso sí, el reconocimiento de la mayoría de los escritores contemporáneos en lengua española y la obligada gratitud de todos cuantos, después que él, han intentado escribir un alejandrino en este idioma.

En 1916, al poco de regresar a su Nicaragua natal, Rubén Darío falleció, y la noticia llenó de tristeza a la comunidad intelectual hispanoparlante. Un poeta español que había aprendido de su voz el «modernismo» de su estilo, Manuel Machado, escribió para él este *Epitafio*:

«Como cuando viajabas, hermano,
estás ausente,
y llena está de ti la soledad que espera
tu retorno... ¿Vendrás? En tanto,
Primavera
va a revestir los campos, a desatar
la fuente.
En el día, en la noche... Hoy, ayer...
En la vaga
tarde, en la aurora perla,
resuenan tus canciones.
Y eres en nuestras mentes, y en
nuestros corazones,
rumor que no se extingue, lumbre
que no se apaga.
Y en Madrid, en París, en Roma,
en la Argentina
te aguardan... Donde quiera tu cítara
divina
vibró, su son pervive, sereno, dulce,
fuerte...
Solamente en Managua hay un
rincón sombrío
donde escribió la mano que ha matado
a la Muerte:
'Pasa, viajero, aquí no está Rubén Darío'.»

Durante su juventud, Rubén Darío residió en León, antigua capital colonial española en territorio nicaragüense (arriba, fotografía de su catedral), alojándose en casa de Bernarda Sarmiento y Félix Ramírez, tíos de su madre, como consecuencia de las desavenencias conyugales de sus padres. A esta ciudad regresó el poeta para morir, en 1916, cuando tenía sólo cuarenta y nueve años.

1867	18 de enero: **RUBÉN DARÍO** nace en Metapa, Nicaragua.
1887	Publica *Emelina*. Escribe *Abrojos, Otoñales, Canto épico a las glorias de Chile*.
1888	*Azul*. Muere su padre.
1891	Boda religiosa con Rafaela Contreras. Nace su hijo Rubén.
1892	Viaja a España, enviado por el gobierno de Nicaragua, con motivo del 4º Centenario del Descubrimiento de América.
1893	Muere Rafaela Contreras. Contrae matrimonio con Rosario Emelina Murillo.
1896	*Los raros. Prosas profanas.*
1898	Viaja a Madrid como corresponsal de *La Nación*.
1900	*La Nación* le envía a París. Su amante Francisca Sánchez lo acompaña.
1905	*Cantos de vida y esperanza.*
1913	Desde París viaja a Valldemosa, en Mallorca: *El oro de Mallorca*.
1916	Muere en León, Nicaragua.

MOHANDAS GANDHI
(1869-1948)

«*H*a demostrado que se puede reunir un poderoso séquito humano, no sólo mediante el juego astuto de las habituales maniobras y trampas políticas, sino también con el ejemplo convincente de una vida moralmente superior. Quizás las generaciones venideras duden alguna vez de que un hombre semejante fuese una realidad de carne y hueso en este mundo». Fue el padre de la teoría de la relatividad, Albert Einstein, quien expresó la admiración que le producía la figura de Gandhi con estas acertadas palabras.

Ciertamente, si bien Gandhi no fue el fundador de ninguna religión, el ascendiente que ejerció sobre sus contemporáneos tuvo un carácter moral y casi religioso, una dimensión espiritual que sólo encontramos en los antiguos profetas, a los cuales igualó en carisma y poder de convocatoria. En este sentido, el papel de Gandhi en la historia del siglo XX no sólo se circunscribe a su influencia en el proceso de independencia de la India o a su testimonio como pacifista, sino que su ascetismo y su idealismo práctico marcaron un hito en un mundo caracterizado por la crisis de los valores del espíritu. Aunque fue sólo un hombre deseoso de perfeccionarse a sí mismo y a sus semejantes, Gandhi acabó siendo venerado y secundado como un santo, y un fanático lo convirtió en mártir al disparar sobre su cuerpo escuálido, semidesnudo e inerme.

Casado a los trece años

El origen de ese ideal de perfeccionamiento que Gandhi persiguió durante toda su vida se encuentra, sin duda, en las creencias de sus padres, pertenecientes a la secta visnuita y a la vez respetuosos de los principios del jainismo. Para los adoradores de Visnú, el dios benevolente y místico del hinduismo, la fuerza espiritual de un hombre depende de su ascetismo, de la pureza de su corazón y de su capacidad para perdonar las injurias y autodisciplinarse; en cuanto al jainismo, doctrina fundada por Vardhamana Mahavira, se asienta en cinco preceptos fundamentales: no hacer daño a ningún ser vivo, decir siempre la verdad, no apropiarse de nada ajeno, permanecer despegado de los bienes materiales y ser casto. Este ideario debió de calar muy hondo en la conciencia del niño Mohandas Karamchand, el benjamín de la familia Gandhi, nacido en Porbandar, en la región india de Gujarat, el 2 de octubre de 1869. Karamchand Gandhi, su padre, era un abogado de cierto renombre casado cuatro veces; su última esposa, Pulitbai, fue la madre de Mohandas.

La infancia y la primera adolescencia de Mohandas transcurrieron caracterizadas por tres hechos: la veneración que sentía hacia sus padres, la mediocridad con que sacó adelante sus estudios y lo apocado de su carácter. Contaba trece años cuando, según los usos y tradiciones del país, se llevó a cabo la ceremonia de su matrimonio, concertado seis años antes, con Kasturbai Makanji, que tenía su misma edad. Con el paso del tiempo, Kasturbai se transformó en una mujer sencilla, tenaz y reservada, quien, siempre en la sombra, nunca dejaría de ser el más firme apoyo para su marido en los momentos difíciles.

En 1887 Gandhi aprobó en Ahmadabad, capital de Gujarat, el examen que le abría la puerta de los estudios superiores y de la universidad. Se había convertido en un alumno aplicado y sus preferencias se inclinaban hacia la Medicina, pero era preciso contar con la opinión de sus familiares. Todos le dieron a entender que un visnuita como él no podía ejercer una profesión en la que se practicaba la disección y se infligía dolor a seres vivos, aunque fuera para sanarlos. Puesto que el padre de Gandhi acababa de morir, lo mejor era honrar su memoria siguiendo sus huellas; debía estudiar abogacía, y la forma más rápida y eficaz de hacerlo era ir a Inglaterra.

Un abogado demasiado tímido

En Londres, Gandhi se propuso metamorfosearse en un verdadero *gentleman* inglés. Encargó varios trajes, adquirió un costoso sombrero de copa, aprendió a hacerse el nudo de la corbata y, para que no sólo su aspecto y su indumentaria fuesen adecuados, quiso refinar también su comportamiento tomando clases de baile y de dicción. Pero lo más importante de la época pasada en la metrópoli no fue este empeño más o menos ridículo, ni siquiera su paso por la universidad, sino el descubrimiento de dos libros que con el tiempo llegarían a ser la base de sus concepciones religiosas y de sus metas espirituales: el Bhagavadgita y la Biblia.

Gandhi leyó el Bhagavadgita por primera vez a los veinte años, experimentando cierto sentimiento de vergüenza por hacerlo tardíamente y en el extranjero. Este libro, que es para el hindú lo que el Antiguo Testamento para los judíos o el Corán para los musulmanes, forma parte del monumental poema épico titulado *Mahabharata* y contiene un diálogo teológico-filosófico entre el dios Krisna y el héroe Arjuna. En él, Gandhi encontró formulados muchos de los problemas morales que le preocupaban, y se impregnó del espíritu de lucha que emanaba de sus páginas.

Del mismo modo le fascinaron ciertos pasajes bíblicos del Nuevo Testamento, en especial unas frases del Sermón de la Montaña que guardaría siempre en su memoria: «Pero yo os digo: amad a vuestros enemigos, haced bien a los que os aborrecen; a quien te hiere en una mejilla, preséntale también la otra, y a quien te quitare la capa, ofrécele la túnica».

El 10 de junio de 1891 Gandhi conseguía el título de abogado y dos días después se embarcaba para su patria. De regreso en la India se dispuso a ejercer su profesión y lo intentó en Bombay y Rajkot, pero su desconocimiento del derecho hindú y su proverbial timidez, que le impedía hablar en público durante los juicios, determinaron el fracaso de la empresa. Sin embargo, descubrió que poseía una capacidad poco común para redactar por escrito todo tipo de solicitudes y dictámenes referentes a cuestiones legales, así que cuando la firma Daba Abdulla & Co. pidió un consultor jurídico para su delegación en África del Sur, Gandhi se presentó sin dudarlo un momento.

Con el carisma y el poder espiritual de un profeta, Gandhi propuso un ideario basado en la "fuerza de la verdad" y en el ejercicio de la no violencia para alcanzar la liberación de su país, y con su ejemplo y su doctrina se convirtió en el mayor líder espiritual y político de la India moderna, al tiempo que ha sido reconocido en todo el mundo como el artífice de la nueva concepción política del pacifismo.

Resistencia pasiva y no violencia

En África del Sur, las tensiones entre colonos ingleses y holandeses (bóers) estaban a punto de desembocar en una guerra civil. En medio de este clima, Gandhi fue testigo de la discriminación racial que pesaba sobre sus compatriotas y, al tiempo que se ganaba la vida practicando la abogacía, comenzó a desarrollar una intensa actividad pública tendente a defender los intereses de la comunidad india. Esto le llevó a fundar en 1894 el partido Natal Indian Congress y a convertirse en el principal dirigente político de los inmigrados hindúes. Cuando cinco años más tarde estalló la guerra entre bóers e ingleses, Gandhi

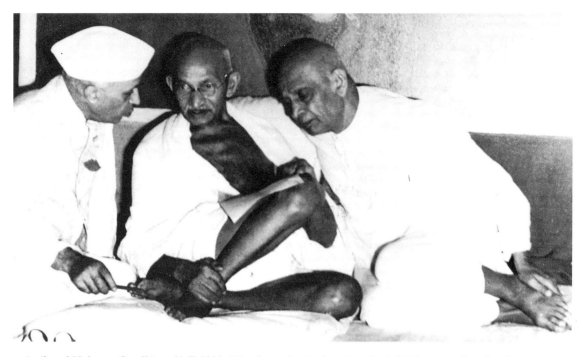

Arriba, el Mahatma Gandhi con Vallabhbhai Patel, a su izquierda, y Jawaharlal Nehru, a su derecha, durante una reunión, en 1947 del Partido del Congreso. Después de la Primera Guerra Mundial, la continuidad del dominio británico sobre la India indujo a Gandhi a colaborar con los nacionalistas del Partido del Congreso y a lanzar su primera campaña de desobediencia civil.

se comprometió con éstos y organizó un cuerpo de ambulancias atendido por voluntarios hindúes. Por aquel entonces todavía consideraba al Imperio Británico como una institución providencial y protectora, y por consiguiente se puso a su disposición con total lealtad y entrega. Esta actitud se manifestaba en su atuendo y en su modo de vida: vestía a la moda europea, residía en un distrito elegante de Durban y tenía unos ingresos profesionales de cinco mil libras anuales.

Del mismo modo que en Londres había descubierto el Bhagavadgita y la Biblia, a lo largo de su estancia en África del Sur Gandhi leyó una serie de textos que lo conmovieron profundamente y lo ayudaron a perfilar los métodos más importantes de su lucha posterior. Fueron influencias tales como la valoración del trabajo manual propugnada por el crítico de arte, escritor y reformador social inglés John Ruskin; la idea de la desobediencia civil defendida por Henry David Thoreau, pensador estadounidense que rechazaba la dependencia del individuo de cualquier institución, o el pacifismo anarquizante del

escritor ruso León Tolstoi, hacia el que Gandhi profesó siempre una gran admiración, las que le impulsaron a reflexionar sobre una nueva visión de las doctrinas y el modo de vida propuestos por el hinduismo. El resultado fue un corpus de pensamiento que fundía las ideas de estos reformistas occidentales con algunos principios del misticismo hinduista y visnuita, un mensaje a la vez social y religioso basado en dos pilares fundamentales: la *satyagraha* o «fuerza de la verdad», base de la resistencia pasiva, entendida ésta no en sentido negativo sino como despliegue del impulso espiritual de quien sitúa la búsqueda de la verdad por encima de cualquier otra circunstancia; y la *ahimsa* o no violencia, que impide responder al mal con el mal y constituye el medio más adecuado para encauzar la *satyagraha*.

Gandhi concibió esta síntesis de principios en torno a 1906 e inmediatamente empezó a ponerlos en práctica contra la legislación discriminatoria de África del Sur: cuando un decreto exigió la inscripción obligatoria de todos los asiáticos en un registro especial, para lo que era preciso tomar a cada uno las huellas dactilares de los diez dedos, el joven abogado Mohandas llamó a la resistencia pasiva. No tardaría en ser encarcelado junto con ciento cincuenta compañeros de su movimiento de resistencia: daba comienzo su lucha y también su interminable peregrinar por las cárceles del Imperio Británico.

Experiencias en comunidad

La realización plena de su ideario requería también una práctica colectiva. Por ello, en 1910 abandonó su actividad como abogado, hizo un voto solemne de renuncia a toda propiedad privada y creó una comunidad autosuficiente en una granja cercana a Durban a la que llamó Granja Tolstói. Todos los miembros aportaban su trabajo para lograr la independencia económica y se comprometían a reducir al mínimo las exigencias de alimentación y vestuario, practicando a rajatabla el riguroso principio de que todo cuanto uno no puede realizar con sus propias manos es superfluo. Al igual que el trabajo diario en los campos, también era obligatoria la participación en los actos religiosos que respondían a las creencias particulares de cada uno de los integrantes de la comunidad.

Al estallar la Primera Guerra Mundial, Gandhi regresó a la India dispuesto a poner en práctica sus ideas en su propio país y luchar sin descanso para encontrar modos de actuación que hicieran posible un cambio de costumbres en sus compatriotas. Precedido por su bien ganada fama de dirigente, las masas le tributaron un caluroso recibimiento y el poeta Rabindranath Tagore le aplicó por primera vez el calificativo de *Mahatma* (Alma grande). Se había convertido en un *karmayogi*, un hombre que busca sin descanso la autorrealización actuando de modo absolutamente desinteresado y sirviendo de guía a quienes lo rodean, y el 20 de mayo de 1915 fundó en Ahmadabad el Sabarmati-Ashram una comunidad similar a la de la Granja Tolstói, desde la cual irradió su influencia por todo el país. Su modo de vida y su vestimenta pasaron a ser estrictamente hindúes y sus necesidades se redujeron a lo imprescindible.

Bajo la dirección y el ejemplo de Gandhi comenzó para la India un período de transformación sin precedentes. En sus palabras y escritos, el *Mahatma* comenzó a fustigar el imperialismo británico, al que consideraba ya como un sistema satánico. Su antigua opinión de que Inglaterra favorecía la prosperidad mundial se había deslizado al polo opuesto al encontrarse de nuevo ante la miseria y la opresión política que sufría su pueblo. El *Mahatma* estaba convencido de que era preciso rechazar la civilización material de Occidente para volver a las costumbres tradiciones, de las cuales la más simbólica era la propia indumentaria.

Un luchador incansable venerado por su pueblo

Tras la Primera Guerra Mundial, los británicos reafirmaron su propósito de mantener el dominio sobre la India y Gandhi, aunque no era exactamente un político, decidió hacer suyas las aspiraciones de los nacionalistas, aglutinados en el Partido del Congreso, y lanzó su primera campaña de desobediencia civil en 1919, en respuesta a una disposición británica que perpetuaba el estado de excepción establecido durante la guerra. Se trataba de una combinación de *satyagraha* y *ahimsa* manifestada en una actitud de no cooperación en la

Mohandas Karamchand Gandhi, llamado el Mahatma, *"alma grande", proyectó su influencia espiritual sobre millones de compatriotas y hombres del mundo entero, al encauzar el movimiento de liberación de la India con la sola fuerza de su pacifismo militante. Arriba, Gandhi con su esposa Kasturbai, en 1915.*

vida pública, de negativa a pagar los impuestos y de boicot a los productos británicos, sin recurrir a la violencia.

A esta primera acción siguieron otras muchas. Gracias a la fuerza de atracción que le proporcionaban su desdén por los bienes materiales, su espíritu de sacrificio y el empuje de su sentimiento religioso, Gandhi despertó a las masas populares y empezó a ser venerado por millones de hombres y mujeres en toda la India. Después de una de sus campañas de desobediencia, en 1922 fue juzgado y condenado a seis años de cárcel, pero por razones de salud salió en libertad y pasó a ocupar la presidencia del Partido del Congreso, la organización política que dirigía la lucha contra los británicos.

Tras la famosa «marcha de la sal», en la que Gandhi fue seguido por la multitud hasta el mar para allí coger con sus manos un puñado de sal y de este modo romper simbólicamente el monopolio colonial sobre una de las principales riquezas de la India, el *Mahatma* empezó a ser reconocido como interlocutor válido por la metrópoli. A pesar de que esta acción le supuso una nueva estancia en la cárcel, Gandhi obtuvo permiso para participar en 1931 en la segunda *Round Table Conference* (Conferencia en Mesa Redonda) sobre la independencia de la India, celebrada en Londres en 1931. Pero la reunión fue un fracaso y Gandhi fue detenido de nuevo a su regreso. A partir de ese momento comenzó una serie de durísimos ayunos para protestar por el tratamiento político que se infligía a los intocables o parias, el grupo de los sin casta considerados impuros por la comunidad hindú. Esta nueva lucha fue coronada por el éxito al firmarse el pacto de Yeravda entre intocables e hindúes el 26 de septiembre de 1932; los parias no volverían a ser discriminados en las cuestiones electorales, aunque todavía hoy siguen siendo marginados en la vida cotidiana por las castas superiores.

2.338 días de cárcel

Al dar comienzo la Segunda Guerra Mundial en 1939, muchos pensaron que Gran Bretaña reconocería a la India como nación libre e independiente. Por el contrario, las autoridades inglesas decidieron incluir al país en los preparativos bélicos sin consultar previamente con los líderes nacionalistas, lo que obligó al Partido del Congreso a radicalizar su actitud. Gandhi, que en septiembre de ese año había dirigido una conmovedora carta a Hitler pidiéndole que siguiera los senderos de la paz, se sumó a las protestas y encabezó una campaña final de desobediencia, llamando al boicot de las actividades preparatorios de la guerra y exigiendo la completa independencia de su país.

En agosto de 1942 fue encarcelado con su esposa Kasturbai y otros dirigentes del Partido del Congreso, y se dispuso a realizar un ayuno que duró veintiún días. Kasturbai murió en prisión en 1943 y él fue puesto en libertad al año siguiente; el *Mahatma* no volvería nunca más a una celda británica, pero había pasado en ellas, durante toda su vida, un total de 2.338 días.

Al concluir la contienda, Gandhi se opuso tenazmente al proyecto inglés de dividir el subcontinente en dos Estados, India y Pakistán, que acogiesen por separado a las comunidades hindú y musulmana, pero no pudo evitar que estallasen violentos disturbios y enfrentamientos entre ambos grupos religiosos. Por ello, cuando el primer ministro inglés Clement Attlee anunció la división de las Indias Británicas en dos países, Gandhi experimentó una de las decepciones más tristes de su vida, pues siempre había luchado por una India unida que acogiese en su seno a todas las confesiones y sectas.

El 30 de enero de 1948 Ghandi se encontraba en Nueva Delhi. Durante todo el día había conversado con el jefe del primer gobierno de la India independiente, su amigo Jawaharlal Nehru, y con su segundo de a bordo, Vallabhbhai Patel. A pesar de las diferencias políticas y religiosas que les separaban del *Mahatma*, ambos lo consideraban el guía espiritual y la verdadera encarnación del pueblo indio. Tras cenar un plato de verduras cocidas y un puding de frutas con jengibre, limón y acíbar, Gandhi se dirigió a orar al jardín de la Birla House, donde se hallaba alojado, apoyándose en dos de sus seguidores. En el pequeño jardín había congregadas unas quinientas personas, y entre ellas se encontraba Hathuram Godse, un fanático afiliado a un grupo radical que proclamaba la superioridad del hinduismo y que consideraba al *Mahatma* un traidor por haber apoyado la integración de los musulmanes. Mientras las gentes abrían paso a Gandhi, Godse

El Mahatma Gandhi, guía espiritual de la India por encima de credos y sectas, tenía setenta y nueve años cuando, el 30 de enero de 1948, fue asesinado. Arriba, su cadáver cubierto de flores y rodeado de miles de personas es conducido a la pira funeraria.

salió a su encuentro y desde muy cerca le disparó tres tiros a quemarropa. La sonrisa de Gandhi se transformó en un gesto de dolor, pero antes de morir aún tuvo tiempo de invocar a Rama (Dios) y bendecir a su asesino. Poco después, Nehru resumía la consternación de todo el país con estas palabras: «La luz que iluminaba nuestras vidas se ha extinguido.»

1869	2 de octubre: **MOHANDAS GANDHI** nace en Porbandar (India).
1882	Se casa con Kasturbai Makanji.
1888	Comienza sus estudios de Derecho en Londres.
1891	Regresa a la India. Ejerce como abogado en Bombay y Rajkot.
1893	Viaja a África del Sur. Se convierte en dirigente político de los inmigrantes hindúes.
1910	Crea una comunidad llamada Granja Tolstói.
1914	Comienza la Primera Guerra Mundial. Gandhi regresa a la India.
1915	Funda una nueva comunidad en Ahmadabad.
1919	Comienza su lucha contra la dominación británica.
1930	«Marcha de la sal» contra el monopolio colonial de las materias primas.
1931	Gandhi llega a Londres para participar en la segunda *Round Table Conference* sobre la independencia de su país.
1932	Desde la cárcel, lucha por la integración política de los intocables, grupo sin casta en la comunidad hindú.
1939	Estalla la Segunda Guerra Mundial. Gandhi escribe a Hitler. Se opone a la intervención de la India en la guerra.
1942	Exige la completa independencia de la India. Es encarcelado junto a su esposa, que morirá en prisión.
1944	Es liberado por motivos de salud.
1947	15 de agosto: se proclama la independencia de Pakistán y la India.
1948	30 de enero: muere en Nueva Delhi asesinado por un hindú fanático.

LENIN
(1870-1924)

Vladimir Ilich Ulianov, Lenin, *fue acaso el mayor revolucionario del siglo XX; sus ideas y acciones transformaron !as anquilosadas estructuras sociales de Rusia y conmocionaron al mundo entero.*

*A*ctor de cine, director de periódicos, revolucionario y fenomenal estadista, Vladimir Ilich Ulianov, *Lenin*, tiene un puesto imperecedero entre los grandes de la Historia. Acaso ningún otro hombre en el siglo XX fue capaz de alterar tan profundamente la vida de su pueblo e influir en el pensamiento de tantos otros revolucionarios de todo el mundo.

¿Qué hacer?

Nacido en el seno de una familia modesta, Lenin se preguntó qué hacer con un pueblo inmenso, sumido en la pobreza y brutalmente reducido a un estado de servidumbre por los popes de la Iglesia ortodoxa y los terratenientes. Lenin sintió nacer su interior el odio hacia la tiranía zarista el día en que presenció la ejecución de su hermano, convicto de haber participado en una conjura contra el zar Alejandro III. A los veintiún años fue expulsado de la Universidad de Kazán, por lo que hubo de concluir sus estudios de Derecho en San Petersburgo. Allí entró en contacto con los círculos marxistas y se abocó a la concienzuda lectura de la obra de Plejánov, a quien conocería en Suiza en 1895. Dos años más tarde el futuro líder revolucionario cayó en una celada del régimen zarista y fue deportado y confinado en Siberia. Exiliado en Suiza, Lenin fundó, en 1900, *Iskra* (La Chispa), periódico en el que exponía sus ideas radicales contra el régimen del zar con la esperanza de que el pueblo ruso, harto de tanta opresión, hiciera estallar la ansiada revolución social.

En 1903, cuarenta y tres delegados de organizaciones revolucionarias rusas, entre ellos Lenin, se reunieron en Bruselas, pero viéndose vigilados por los espías del zar, se trasladaron a Londres, donde diseñaron una estrategia que afectaría profundamente a los partidos políticos. Lenin propuso la organización de un sistema jerárquico rígido, que irritó a un razonable e interesado grupo, que a partir de ese momento se denominaría «menchevique», hombres de la minoría, por oposición a «bolchevique», hombres de la mayoría. A pesar de estas denominaciones, la asamblea votando a mano alzada se opuso a la propuesta de Lenin.

La evitable revolución burguesa

Los burgueses rusos no sólo no habían alcanzado a principios del siglo XX las prebendas y garantías que los acomodaticios gobiernos de Europa habían otorgado a sus burguesías nacionales, sino que la nobleza rococó de San Petersburgo se permitía reprimir sin contemplaciones cualquier conato de protesta. A pesar de ello, Lenin propuso en su opúsculo *Un paso adelante, dos pasos atrás*, un revolución proletaria sin pasar por la revolución burguesa, para acelerar el curso de la Historia de un modo harto voluntarista y, por supuesto, indigerible para la débil burguesía rusa. Pero la praxis revolucionaria le mostró la verdadera magnitud de las dificultades y la insurrección de Moscú de 1905 fracasó estrepitosamente, ganándose la crítica de los moderados mencheviques y la furiosa represión zarista. Ese mismo año la guerra contra Japón emprendida por Nicolás II, presuntamente breve y oportuna, se saldó con una clamorosa derrota que originó una cadena de alzamientos. Éstos culminaron el domingo 9 de enero con el asalto al Palacio de Invierno de San Petersburgo, en el que centenares de personas murieron víctimas de las balas zaristas. Al así llamado Domingo Sangriento siguió la sublevación del acorazado Potemkin y una huelga general que incluyó hasta los artistas del ballet. A este mayúsculo caos siguieron las promesas de Nicolás II de otorgar libertad de asociación y derecho a voto a los mayores de veinticinco años, además de condonar las deudas a los campesinos y abolir la censura. Nada de esto fue cumplido y Lenin comprendió que sólo las armas podrían garantizar la consecución de un cambio político radical.

Los bolcheviques en el poder

El 9 de abril de 1917, a las tres cuarenta y cinco de la tarde, Lenin partió en el tren de Zurich rumbo a Rusia, después de diez años de exilio, dando un rodeo por Alemania, Suecia y Finlandia. Por esas fechas Rusia y Alemania mantenían un enfrentamiento bélico que, en poco más de un año, se había cobrado cuatro millones de soldados rusos. No obstante lo insostenible de la situación, a la que hubo que añadir uno de los inviernos más crudos de Rusia, con temperaturas de hasta cuarenta grados bajo cero, Nicolás II no quiso ceder. Fue así como, cuando el 8 de marzo de 1917 el zar abandonó Petrogrado (San Petersburgo) para visitar el frente y arengar a sus desmoralizadas tropas, la ciudad se rebeló. El ejército y la policía se negaron a sofocar el al-

zamiento y el pueblo asaltó panaderías, incendió edificios públicos y sacó de las cárceles a los presos. Ante estos hechos e incapaz de controlar la situación, Nicolás II se vio obligado a abdicar el 17 de marzo. El nuevo gobierno, presidido por el liberal Kerenski, decretó que no habría más zares y prometió introducir reformas para mejorar la situación de los obreros y los campesinos; pero Lenin quería «todo el poder para los soviets», y el enfrentamiento entre los partidarios de Kerenski y los comunistas de Lenin desembocó en la guerra civil.

Los primeros choques pusieron en evidencia la debilidad militar de los bolcheviques, cuyo líder, Lenin, era escasamente conocido y sospechoso de complicidad con Alemania, de acuerdo con el infundio difundido por sus enemigos políticos. El cuartel de los comunistas fue descubierto, asaltado y destruido y la sede del diario *Pravda* incendiada. Tras decretarse la orden de captura contra Lenin, éste hubo de huir y, disfrazado de fogonero, cruzó la frontera con Finlandia. Pocos meses más tarde regresó, y el 7 y 8 de noviembre los soldados y marineros revolucionarios depusieron al gobierno de Kerenski y anunciaron que

Con la aprobación tácita del alto mando alemán, en abril de 1917 Lenin viajó de Zurich a Petrogrado en un vagón de ferrocarril precintado, y allí se puso al frente de la insurrección. Abajo, trayecto del viaje.

el poder del estado había pasado a manos de los soviets, en los que los bolcheviques habían asumido la dirección política

La primera medida de Lenin fue intentar establecer la paz con Alemania en la ciudad polaca de Brest. Pero Trotski, encargado de negociar el acuerdo, renunció a firmar un tratado en condiciones tan humillantes como las que proponían los germanos. Pese a ello, el 3 de marzo de 1918, Lenin accedió a firmarlo, cediendo una cuarta parte del territorio del imperio de los zares, que incluía sesenta y dos millones de habitantes y casi la mitad de las instalaciones industriales.

Con esta medida Lenin cumplía su promesa de lograr una paz inmediata, pero fueron muchos los que consideraron que las condiciones eran inadmisibles y que el precio que se había pagado era demasiado alto. Siguió una nueva oleada de protestas que amenazaron al precario estatuto del dirigente comunista, acusado, una vez más, desde la izquierda y desde la derecha, de traidor y de haber vendido Rusia a los alemanes. La guerra civil se recrudeció y las potencias aliadas, contrarias a la política de Lenin, apoyaron abiertamente con dinero, armas y tropas a la oposición. Hubo momentos en que tres ejércitos convergían sobre Moscú, y el propio Lenin fue víctima de un atentado del que salió herido en el pecho. Parecía condenado a la derrota cuando intervino Trotski con el Ejército Rojo, reclutado entre los campesinos que veían en Lenin su última esperanza. Aprovechándose de la mala coordinación del enemigo, Trotski lo neutralizó obligándolo a renunciar a sus propósitos en 1920.

La ciudad contra el campo

Finalizada la guerra civil, Lenin procuró llevar a la práctica sus ideas revolucionarias, uno de cuyos fundamentos residía en trasladar la gestión de la propiedad a los trabajadores, de acuerdo con las teorías expuestas por Karl Marx en *El Capital*. Al respecto, Marx consideraba que esta posibilidad era factible en una sociedad industrializada y en la medida en que todos los países europeos hicieran su revolución. Obviamente, ninguna de estas premisas concurrían en el caso ruso. Rusia era un país exhausto después de tres años de guerra y con una población mayoritariamente campesina. Sin embargo, Lenin se propuso llevar a cabo los cambios revolucionarios asumiendo el control y la dirección de toda la mano de obra, la totalidad de la producción industrial, incautando sin compensación los excedentes de grano y alimentos de los campesinos y prohibiendo el comercio privado.

La resistencia que provocó entre los campesinos la implantación de estas medidas económicas del llamado «comunismo de guerra» fue atenuada con la represión y con la Nueva Política Económica de 1921, de acuerdo con la cual se dejaban de lado algunos purismos de la teoría marxista. Al año siguiente, la primera fase del proyecto leninista se había satisfecho plenamente y los bolcheviques eran dueños absolutos de la situación, en un grado jamás alcanzado por los zares. Pero Lenin pudo disfrutar muy poco de su sueño y el 21 de enero de 1924 murió, dejando un testamento en el que recomendaba expresamente apartar del poder a Stalin.

Los soviets, forma de organización espontánea de las masas revolucionarias, fueron el camino a través del cual los bolcheviques alcanzaron el poder. Arriba, Lenin presidiendo un soviet.

La sed de poder de Stalin fue vista por Lenin como un peligro para la Revolución, por lo que en su testamento recomendó que se lo apartara de todos los cargos. Pero, el ambicioso Stalin ya controlaba los puestos claves del partido y, ocultando el testamento y deshaciéndose de Trotski, logró hacerse con el poder. Arriba, Lenin y Stalin con la Guardia Roja en un cuadro de V. Vasiliev (Museo Metropolitano de Arte, Nueva York).

1870	Hijo de un inspector de escuelas, nace en Simbirsk, actual Ulianov, Vladimir Ilich Ulianov, llamado **LENIN**.
1887	Su hermano es ejecutado por participar en un complot contra Alejandro III.
1891	Lenin es expulsado de la Universidad de Kazán.
1894	Redacta el panfleto *Quiénes son los amigos del pueblo.*
1895	Se encuentra por primera vez con su mentor Plejánov.
1897	Es desterrado a Siberia.
1900	Funda el periódico *Iskra* (La chispa).
1902	Publica *¿Qué hacer?*
1905	Insurrección armada de los soviets.
1907	Abandona Rusia.
1917	Abril: regresa a su patria para encabezar la revolución.
1918	30 de agosto: sufre un atentado por parte del socialista Fanny Roid-Caplan.
1920	Publica *El izquierdismo, enfermedad infantil del comunismo.*
1921	Sublevación de los marinos de Kronstadt.
1924	24 de enero: muere en Gorki (act. Nizhnii Novgorod), cerca de Moscú.

ROALD AMUNDSEN
(1872-1928)

Roald Engebrecht Amundsen soñaba con conquistar el polo Norte, pero quiso el destino que fuese el conquistador del polo Sur, al que llegó no sin penurias el 14 de diciembre de 1911.

*F*ridtjof Nansen, uno de los exploradores noruegos más prestigiosos de todos los tiempos, dijo de su compatriota Amundsen: «Como todos los hombres verdaderamente grandes, Amundsen era la sencillez misma. Sus hazañas tienen el sello de la naturalidad, y uno no puede casi imaginar que hubieran podido realizarse de otra manera». Nansen había logrado atravesar Groenlandia en 1888 y siete años después había alcanzado la máxima proximidad al polo Norte conseguida hasta entonces, lo que le valió el sobrenombre de «Néstor de los exploradores polares». Por supuesto, era el ídolo de juventud de Roald Amundsen, quien decidió cambiar su vida para seguir los pasos de su maestro sin suponer que llegaría a superarlo con creces: sería el primero en recorrer el famoso Paso del Noroeste, yendo desde el Atlántico al Pacífico por el norte de América, y también el primero en pisar el polo Sur, en el corazón de la helada Antártida.

La llamada del mar

En Borge, ciudad situada en una isla del fiordo de Oslo, vio la luz Roald Engebrecht Amundsen el 16 de julio de 1872. Era hijo de un pequeño armador, por lo que desde su más tierna infancia conoció el mundo de los fríos mares norteños y pudo efectuar multitud de viajes por las costas noruegas, suecas y danesas. A pesar de su afición por el mar, el padre soñaba con hacer de él un doctor renombrado y determinó que estudiase la carrera de Medicina; pero su muerte sobrevino cuando el muchacho contaba sólo catorce años, y en 1892 la madre falleció también, por lo que tales designios no se cumplieron y Roald pudo entregarse a su vocación enrolándose en un barco que pescaba focas en los mares polares.

Eran los años en que la fama de Nansen había invadido Noruega. Este valeroso naturalista había estado a punto de arribar al polo Norte a bordo de un barco llamado *Fram* (Adelante) y su proeza parecía ser el preludio de otras aún mayores. El joven Amundsen intentó formar parte de aquella expedición, pero su solicitud fue rechazada. A pesar de este revés no se desalentó: poseía un espíritu optimista y resoluto que le confería una extraordinaria confianza en sus posibilidades. Sabía muy bien que su misión era seguir la estela de Nansen y pronto estaría preparado para superarlo.

En 1897 participó como timonel en su primera expedición a la Antártida. Durante cerca de un año permaneció al sur del polo meridional y acumuló una notable experiencia sobre los métodos para sobrevivir en los crudos inviernos de las zonas heladas, lo que más tarde le sería de enorme utilidad en sus propias travesías. A su regreso perfeccionó sus conocimientos en Hamburgo y comenzó a madurar sus planes. El gran sueño de Roald Amundsen era, por supuesto, la conquista del polo Norte.

Primera proeza

Como aproximación a la que debía ser su gran gesta, empezó elaborando un minucioso proyecto para descubrir el mítico Paso del Noroeste, una ruta que cruzaba desde la bahía de Hudson hasta el estrecho de Bering —es decir, desde el océano Atlántico al Pacífico— por los hielos del Ártico. Expertos navegantes habían perecido o fracasado en el intento, por lo que el proyecto de atravesar aquellos mares glaciales era poco menos que temerario y para muchos completamente imposible. Amundsen tenía treinta años cuando dejó atrás Groenlandia a bordo del *Gjöa*, un pequeño barco adquirido a costa de mil sacrificios, que había atiborrado de víveres. Lo acompañaban seis hombres y seis perros, animales cuya eficacia en los largos desplazamientos sobre el hielo iba a comprobar por primera vez.

Tres meses después de su partida, los expedicionarios arribaron a la Tierra del Rey Guillermo IV, donde pasaron los inviernos de 1903 y 1904. Amundsen escribió en su diario de a bordo: «Mientras que nuestros predecesores llegaron hasta aquí sólo al precio de terribles combates con las tempestades y los campos de hielo, nosotros no hemos hallado ni una sola dificultad». Esta inclinación a explicar sus logros como producto del azar o la fortuna será una constante en los relatos de Amundsen, hombre modesto que nunca quiso hablar de sus propios méritos; conocimiento exhaustivo sobre todo lo que concernía

a sus viajes, fortaleza de ánimo, orden, meticulosidad y capacidad de mando se aunaban en él y fueron los verdaderos artífices de sus éxitos. Durante los largos meses que permanecieron sobre los hielos, los miembros del equipo establecieron buenas relaciones con los esquimales, hicieron numerosos desplazamientos en trineo y realizaron diversos estudios científicos, como el que les reveló el desplazamiento del polo magnético. Por fin, el *Gjöa* fue liberado por los hielos y pudo cruzar el estrecho que separa el océano Glacial Ártico del continente americano. En octubre de 1905, navegando ya por el mar de Beaufort, Amundsen divisó una vela en la lejanía. Se trataba de un buque ballenero procedente de San Francisco que había pasado el estrecho de Bering y costeaba ahora el litoral norte de Alaska. No había duda: el encuentro entre ambos barcos demostró que la travesía del Paso del Noroeste era posible.

Los capitanes de los dos buques intercambiaron efusivos saludos. Luego, los estadounidenses informaron a los noruegos de que más adelante encontrarían el paso cerrado por los hielos. Amundsen lo comprobó y prefirió esperar un invierno más en la bahía de King-Point antes que arriesgarse a acabar mal su aventura estando tan cerca del final. Aquella estación precoz e inclemente hizo que uno de sus hombres sucumbiese. Hasta agosto de 1906 no quedó el *Gjöa* libre de las enormes masas de hielo; luego pudo abrirse paso hasta el estrecho de Bering, para llegar a la rada de Nome (Alaska) el 15 de julio de 1907. Se había vencido el Paso del Noroeste.

Hacia el Sur

El nombre de Roald Amundsen saltó a las primeras páginas de la prensa en todo el mundo. La fama le llegó como años antes ocurriera con Nansen, su predecesor. Y fue precisamente el *Fram*, barco con el que éste se había adentrado en el Ártico, el elegido por Amundsen para su nueva expedición: la conquista del polo Sur.

En realidad, el proyecto inicial no era ése, sino el de alcanzar el polo Norte. Pero mientras se hacían los preparativos, llevados con todo sigilo en cuanto al objetivo y la ruta a seguir, Amundsen supo que el norteamericano Robert Peary había logrado esa hazaña. El viejo sueño del noruego se venía abajo, pero en lugar de desanimarse cambió de propósito: aún quedaba un polo por conquistar. Supo también que hacia allí se dirigía el británico Robert Scott, pero esto tampoco lo desalentó. «Quien no se arriesga no gana», escribió en esos días: e inmediatamente zarpó en dirección a la Antártida.

El verdadero destino de la expedición fue comunicado a la tripulación días después de la partida, dándose a los marinos libertad para renunciar al viaje y desembarcar. Ninguno lo hizo, y menos cuando supieron que estaban disputando una verdadera carrera de conquista contra los ingleses de Scott. Al contrario que éste, que había elegido a los pequeños caballos de Manchuria para desplazarse sobre los hielos del sur, Amundsen llevaba consigo noventa y siete perros esquimales, en los que confiaba ciegamente. «Si logro mantener mis perros sanos y fuertes desde Noruega hasta la barrera de los hielos, estoy seguro del éxito», escribió.

Tras cruzar el Ecuador, el *Fram* surcó el Pacífico Sur y se encontró ante la gran muralla gélida de la Antártida el 14 de enero de 1911. Frente a la llamada Bahía de las Ballenas quedó ubicado el campamento, una especie de colonia en la que construyeron todas las instalaciones necesarias y a la que llamaron Framheim. Se encontraban en el paralelo 76, junto a la Tierra del Rey Eduardo VII, y desde allí comenzaron a internarse hacia el sur estableciendo depósitos de carne fresca cada diez kilómetros aproximadamente. Iban a recorrer más de mil cuatrocientos antes de llegar al polo Sur.

Muerte en los hielos

Los hombres que acompañaban a Amundsen eran Bjaaland, Hanssen, Hassel y Wisting. Tardaron veinticuatro días en alcanzar su objetivo y el relato pormenorizado de las dificultades que hubieron de superar sería interminable: nieblas, glaciares, perros maltrechos a los que fue preciso sacrificar, ascenso de muros de hielo... A pesar de todo ello, la presencia de Amundsen no sólo hizo posible sino llevadero su quehacer en medio de las abrumadoras soledades árticas, tal era la fortaleza de ánimo y la confianza que emanaba de aquel jefe insuperable. El día 14 de diciembre de 1911 Amundsen y los suyos llegaron al polo

Sur, donde izaron la bandera noruega con toda solemnidad. Luego levantaron una pequeña tienda y dejaron en su interior algunos alimentos y una carta para el inglés Scott: «Mi querido capitán Scott, probablemente será usted el primero que alcance el polo después de nosotros. Le ruego acepte mis deseos de un feliz retorno...» Lamentablemente, los buenos deseos de Amundsen no se cumplieron: el explorador británico alcanzó su meta treinta y cuatro días después, pero no regresó jamás.

En cuanto a Amundsen y sus cuatro compañeros, tardaron noventa y nueve días en volver a Framheim, su campamento frente a la Bahía de las Ballenas. El mundo supo pronto que el noruego había conquistado el polo Sur y que Scott había sucumbido al retornar del mismo tras hallar el mensaje de su antecesor.

Durante la Primera Guerra Mundial, las actividades polares de Amundsen hubieron de mantenerse en un compás de espera. Pero en cuanto finalizó el conflicto, aquel pionero incansable puso de nuevo manos a la obra. Primero regresó al Ártico y recorrió sus hielos por nuevas rutas jamás holladas por el hombre. Luego, en 1925, intentó sobrevolar el polo Norte a bordo de un avión, pero la aventura quedó truncada a ciento cincuenta kilómetros del objetivo, debido al mal tiempo y a las averías sufridas por el aparato. Este fracaso redobló el deseo de Amundsen de sobrevolar el polo Norte. En la primavera de 1926 volvió a intentarlo, esta vez con el dirigible *Norge* y en compañía de otro valeroso explorador, el italiano Umberto Nobile. El 11 de mayo consiguieron su propósito, permaneciendo durante hora y media a ciento ochenta metros de altura sobre el polo.

Dos años más tarde, Nobile quiso repetir la hazaña sin contar con la experiencia del noruego. El dirigible *Italia* lo trasladó de nuevo al centro del Ártico, pero durante el regreso se desencadenó la tragedia. Nobile y sus compañeros, con la barquilla desprendida, quedaron presos de los hielos; la telegrafía difundió la llamada de socorro de aquellos desventurados y Amundsen sintió que su deber era ir en su auxilio. Despegó a bordo del avión *Latham* en busca de Nobile... y desapareció para siempre en la helada inmensidad. La que había sido su primera y soñada meta, el polo Norte, fue también su tumba.

Roald Amundsen se propuso alcanzar el polo Sur compitiendo con el explorador británico Robert Scott. La expedición de Amundsen logró su objetivo más de un mes antes que la de Scott, la cual acabó trágicamente en su camino de regreso. Arriba, Amundsen y uno de sus compañeros realizando mediciones solares con el sextante en el mismo lugar donde izaron la bandera noruega.

1872	16 de junio: **ROALD AMUNDSEN** nace en Borge, isla cercana a Oslo (Noruega).
1893	Tras estudiar Medicina, se enrola en un barco pesquero.
1897	Participa en su primera expedición polar.
1903	Parte a bordo del *Gjöa* rumbo al Paso del Noroeste.
1907	15 de julio: costea Alaska, habiendo conseguido su propósito.
1910	Se dirige hacia el polo Sur a bordo del *Fram*.
1911	14 de diciembre: llega con cuatro compañeros al polo, más de un mes antes que el inglés Scott.
1912	25 de enero: consigue regresar a su base en la costa antártica.
1918-1920	Recorre de nuevo el océano Glacial Ártico.
1925	Primer intento fallido de sobrevolar el polo Norte.
1926	11 de mayo: logra permanecer más de una hora sobre el polo a bordo del dirigible *Norge*; lo acompaña el italiano Nobile.
1928	Nobile se pierde en el Ártico con el dirigible *Italia*. Amundsen, que va en su auxilio, desaparece en mayo.

RASPUTÍN
(1872-1916)

*¿Q*ué o quién fue Rasputín? ¿Un ambicioso embaucador sin escrúpulos? ¿Un típico *mujik* (campesino ruso) ignorante y fanático? ¿Un místico? ¿Un bufón intrigante de la corte del zar Nicolás II? ¿Un seductor lujurioso? Posiblemente, Rasputín fue a un tiempo todo esto, y cuanto se ha dicho de él, malo o menos malo, está apoyado en pruebas y testimonios. Pero, además, la leyenda le ha conferido un halo de misterio tal, que hoy resulta difícil separar en su vida el mito de la realidad.

Señalado por Dios

Grigori Yefímovich Novoik, llamado Rasputín, nació en la aldea siberiana de Pokrovskoie, en el distrito de Tumen, hacia el año 1872. Hijo de un cochero borrachín dado al latrocinio y a la lujuria, ya en su infancia se ganó el mote de *«raspútnik»*, que significa pillete y también perdido, extraviado, con el que se haría célebre. En su adolescencia sorprendía por su gran estatura, por su extraordinaria fuerza física y por su comportamiento salvaje y sensual. Acaso por el brillo que despedían sus ojos, se decía que había nacido con el don de hipnotizar y que era casi imposible no ceder ante sus deseos. Su poder de seducción se puso de manifiesto cuando, con el aparente objeto de edificar un templo, empezó a mendigar y los campesinos le entregaban cuanto tenían de valor después de mirarlo a los ojos. Hubo incluso quienes, creyéndolo un santo, abandonaron sus campos y sus familias para seguirlo.

Grigori Yefímovich encontró en la secta de los *klistis* o flagelantes el entorno ideal para sus peculiares inclinaciones místicas. Convertido al poco tiempo en un cabecilla de esta curiosa cofradía que sostenía que era preciso pecar para poder después arrepentirse y alcanzar así la salvación, Rasputín lograba fascinar a los aldeanos con misas orgiásticas que acababan invariablemente con flagelaciones masivas. «Pecando conmigo, vuestra salvación es más segura, puesto que yo encarno al Espíritu Santo», decía abriendo los brazos y mirando hacia las alturas. Por toda Siberia comenzó a correrse la voz: Rasputín era un hombre excepcional, «un señalado por Dios».

Camino de San Petersburgo

Tenía treinta y un años cuando decidió abandonar Siberia y dirigirse a San Petersburgo, la dorada capital de los zares, dejando tras de sí una esposa, cuatro hijos reconocidos y una huella imborrable en la memoria de las gentes simples del pueblo. Durante su largo y accidentado camino a la capital no se abstuvo de ejercer su magisterio, y en su ejercicio sedujo mujeres, exorcizó monjas y encandiló monjes, uno de los cuales le entregó una carta para el famoso padre Juan de Kronstadt, del convento de San Alejandro Nevski, que sería la llave que le abriría las puertas de la capital.

Convertido en un verdadero *stáretz*, monje y guía espiritual de almas descarriadas, Grigori Yefímovich se presentó ante el venerable padre Juan cubierto de harapos y precedido de su fama de santón y exorcista. El anciano sacerdote creyó ver en aquel joven siberiano «un resplandor de Dios» y en los días siguientes lo presentó a las damas más influyentes de la buena sociedad de San Petersburgo. A pesar de su falta de aseo y de su «olor a macho cabrío», todas quedaron encandiladas y una de ellas, la señora Virubova, escribió: «Tiene el don de las imágenes y un profundo sentido del misterio...Es sucesivamente familiar, bromista, violento, alegre, absurdo y poético, y todo ello sin pose alguna. Por el contrario, tiene una despreocupación inaudita, un cinismo que aturde y una mirada que quema como el fuego...»

A la sombra del zar

La sorprendente conducta de Rasputín cautivó a la frívola sociedad de San Petersburgo y fue el mismísimo archimandrita Teófanes, rector de la Academia de Teología de la capital y confesor de la zarina Alejandra Fiodorovna, quien lo presentó a la familia imperial con una carta en la que no regateaba su admiración: «He aquí a Grigori Yefímovich, que es un hombre sencillo. Vuestras Majestades sacarán provecho escuchándolo, puesto que la tierra rusa habla por su boca. Conozco todo lo que se le reprocha. Conozco sus pecados; son innumerables...Pero posee tal fuerza de contrición y una fe tan ingenua en la misericordia celeste que incluso garantizo su salvación eterna. Después de cada arrepentimiento queda puro como un niño al que acaban de bautizar...» Inmediatamente, Rasputín se ganó la confianza de los soberanos, con quienes departía en familia haciendo gala de unos entrañables modales.

Pero esta relación con la familia real no libró a Rasputín del escándalo. Habiéndose presentado como curandero milagroso y especializado en tratar a señoras más o menos neuróticas, sus intimidades con las esposas de altos funcionarios fueron la comidilla de los salones. Su consulta permanecía abierta día y noche y siempre se hacía acompañar por un galeno llamado Badmaiev, quien sistemáticamente recetaba a las incautas damas narcóticos, afrodisíacos y estupefacientes, cuyos efectos eran aprovechados por el propio Rasputín, el cual, para más inri, proclamaba que el contacto con su cuerpo tenía efectos curativos y purificadores. Los prelados del Santo Sínodo, hartos de su desvergonzada conducta, recurrieron a la Duma (Parlamento) para intentar librarse de aquel *mujik* intruso. Aprovechando que los zares se hallaban en Polonia, los enemigos de Rasputín lo obligaron a abandonar la corte, lo que hizo tras preferir terribles maldiciones contra aquellos que osaban oponérsele. Sin embargo, el destierro duró muy poco. Meses más tarde, el hemofílico zarevich Alexis sufrió una fuerte hemorragia nasal. Todos creyeron que moriría, pero la zarina llamó a Rasputín y éste se puso a rezar junto al lecho del enfermo. Al cabo de un momento se incorporó y declaró: «Agradeced al Señor que me ha prometido, por esta vez, la vida de vuestro hijo». Al día siguiente, el niño manifestó una notable mejoría,

Grigori Yefímovich Novoik, Rasputín, *hombre enigmático, mezcla de santón y libertino, de quien se decía que estaba "señalado por Dios", escandalizó a sus contemporáneos con sus excesos, pero siempre gozó de la confianza del zar. Un aura de leyenda rodea su controvertida y fascinante figura.*

con lo que la dependencia de la familia imperial respecto al curandero llegó a ser absoluta. Rasputín había logrado convencer al zar de todas las Rusias de que la suerte de la dinastía Romanov estaba ligada a la suya, y en una ocasión llegó a afirmar: «El zar sabe que la vida de su hijo depende de mis plegarias y que yo puedo, si así me place, aplastarlo a él y a los suyos... La zarina hace cuanto quiero y no ignora que si cesase de obedecerme la vida del zarevich peligraría.»

Eliminar a la bestia

El estallido de la Primera Guerra Mundial en 1914 iba a suponer para Rasputín la oportunidad de alcanzar la cumbre de su poder, ya que cuando en septiembre de 1915 el zar Nicolás II se ausen-

En cuanto la familia imperial rusa (arriba) conoció a Rasputín quedó seducida por su personalidad. La zarina Alejandra Fiodorovna dependía de su apoyo moral; el zarevich Alexis, niño enfermizo, sólo reía con Rasputín, quien además lograba que comiese y era capaz de hacer que se durmiera con su cautivadora voz; en cuanto al zar Nicolás, se dejaba aconsejar sin reparos.

tó de San Petesburgo para ponerse personalmente al mando de sus tropas en el frente, dejó a la zarina Alejandra a cargo de los asuntos internos de Rusia y nombró a Rasputín su consejero personal: el amenazado imperio de los zares caía así virtualmente en manos de un autócrata semianalfabeto. Sin embargo, al mismo tiempo crecía entre el clero, la aristocracia y las castas militares el malestar ante el bochornoso espectáculo de este poder omnímodo y caprichoso que desacreditaba al Estado y a la misma Iglesia. El primer ataque frontal contra Rasputín consistió en acusarlo de espiar en favor de los alemanes y de conspirar contra el imperio, pero el intento fracasó por falta de pruebas. El segundo ataque se produjo cuando Rasputín pretendió ser consagrado sacerdote. La Iglesia Ortodoxa, indignada por la desfachatez, lo acusó de fornicador, llamándolo «bestia maloliente». La respuesta de Rasputín fue inmediata: hizo arrestar a todos aquellos que lo habían insultado y los sustituyó por algunos de sus fieles seguidores, a los que sabía a la vez intimidar y recompensar.

«¿Qué se puede hacer cuando todos los ministros y cuantos rodean a Su Majestad Imperial son criaturas de Rasputín? La única posibilidad de salvación sería matar a ese miserable, pero en toda Rusia no se encuentra un solo hombre que tenga el valor de hacerlo. Si no fuera tan viejo, yo mismo me encargaría de ello...» Estas palabras de Rodzianco, presidente de la Duma, pronunciadas ante el pleno del parlamento a principios de 1916, supusieron una condena a muerte para el taumaturgo siberiano. Los diputados rompieron en aplausos y a partir de ese momento la consigna fue «hay que eliminar a ese canalla».

Un cadáver recalcitrante

El príncipe Félix Yusupov, el gran duque Dimitri Pavlovich y el diputado Purishkévich decidieron el plan para asesinar a Rasputín y librar a Rusia

588

de su maléfica influencia. Los conspiradores convinieron en que la acción se llevaría a cabo en la noche del 29 al 30 de diciembre de 1916, en la mansión que Yusupov tenía en Petrogrado, y que la muerte del monje debía ser rápida y limpia. Sabedor de la inclinación de Rasputín por la buena cocina y los buenos vinos de la nobleza, Yusupov invitó al monje a su mansión. Contra lo habitual, Rasputín acudió aseado y luciendo una suntuosa blusa de seda bordada y un pantalón de terciopelo negro. Al entrar, lo primero que vio el *stáretz* fue una mesa servida con exquisitos vinos y licores y deliciosos bizcochos, pasteles y golosinas, que, media hora antes, los cómplices de Yusupov, que esperaban ansiosos en el piso superior, habían espolvoreado con cianuro potásico.

Durante mucho rato los dos hombres dialogaron animadamente, mientras Rasputín, jactándose de su amistad con los zares, saboreaba diversos pastelillos y vinos. Pero, a pesar de que el tiempo transcurría, para asombro de Yusupov, el monje no mostraba ningún signo de envenenamiento. Apenas si evidenció un síntoma de ahogo después de beber una copa de madeira, pero se recobró enseguida e incluso tomó una guitarra y rogó a su anfitrión que cantara alguna alegre romanza. Las más fantásticas leyendas sobre el misterioso monje parecían hacerse realidad.

A las dos y media de la mañana Rasputín se quedó amodorrado y Yusupov corrió adonde se hallaban sus cómplices y juntos decidieron que el príncipe lo matara con su revólver. Al regresar al salón, Yusupov encontró a Rasputín admirando un crucifijo de marfil. Le apuntó al corazón y disparó. Los otros bajaron y comprobaron que la bala había dado en el blanco: Rasputín estaba muerto. Sin embargo, Yusupov sufrió una inesperada y horrible impresión: cuando se acercó a Rasputín, éste abrió los ojos al tiempo que se incorporaba y lo maldecía con voz de ultratumba. Las enormes manos del monje se aferraron al cuello de Yusupov. Al oír sus gritos ahogados, los demás conjurados acudieron y Purishkévich volvió a disparar sobre el terrible Rasputín, quien no obstante aún pudo ganar la puerta y desaparecer en la oscuridad.

Poco después lo encontraron tambaleándose en una esquina. Vomitaba sangre y todavía tuvo tiempo de proferir terribles blasfemias al verlos llegar. Volvieron a oírse las descargas. Rasputín se mantuvo en pie durante unos momentos interminables. Luego rodó sobre la nieve y expiró con sus diabólicos ojos abiertos taladrando la noche. Yusupov y sus compañeros ataron entonces el cuerpo ya sin vida de Rasputín y lo arrojaron por un agujero abierto en la helada superficie del río Neva.

1872	Nace Grigori Yefímovich Novoik, **RASPUTÍN**, en Pokrovskoie (Siberia).
1892	Ingresa en la secta de los *klistis* o flagelantes.
1903	Viaja a San Petersburgo.
1904	Es protegido por el duque Nicolaievich y la gran duquesa Militsa.
1907	El patriarca Teófanes lo presenta al zar Nicolás II y a la zarina Alejandra Fiodorovna.
1912	A finales de año, es expulsado de la capital por la Duma.
1913	Es llamado por la zarina para que se ocupe del zarevich, enfermo de hemofilia.
1914	Al estallar la Primera Guerra Mundial, su influencia se extiende a los asuntos políticos.
1915	Publica el relato de sus andanzas por los Santos Lugares. Es acusado de espiar para Alemania.
1916	Rodzianko, presidente de la Duma, pide su cabeza ante los diputados. Una conspiración para asesinarle encabezada por el príncipe Yusupov se pone en marcha. En la noche del 29 al 30 de diciembre, Rasputín es envenenado y muerto a tiros.

WINSTON CHURCHILL
(1874-1965)

Winston Churchill, el más notable político británico del siglo XX, supo mantener la moral de su pueblo en las más difíciles circunstancias.

A lo largo de su brillante carrera, sir Winston Leonard Spencer Churchill fue sucesivamente el hombre más popular y el más criticado de Inglaterra, y a veces ambas cosas al mismo tiempo. Considerado el último de los grandes estadistas, siempre será recordado por su rara habilidad para predecir los acontecimientos futuros, lo que en ocasiones se convirtió en una pesada carga para sus compatriotas. Durante años, Churchill fue algo así como la voz de la conciencia de su país, una voz que sacudía los espíritus y les insuflaba grandes dosis de energía y valor. Su genio polifacético, además de llevarlo a conquistar la inmortalidad en el mundo de la política, lo hizo destacar como historiador, biógrafo, orador, corresponsal de guerra y bebedor de coñac, y en un plano más modesto como pintor, albañil, novelista, aviador, jugador de polo, soldado y propietario de caballerías.

Un espíritu indomable y despierto

Winston Churchill nació el 30 de noviembre de 1874 en el palacio de Blenheim, por aquel entonces propiedad de su abuelo, séptimo duque de Marlborough. Su padre era lord Randolph Churchill y su madre una joven norteamericana de deslumbrante belleza llamada Jennie Jerome. No hay duda de que en sus primeros años conoció la felicidad, pues en su autobiografía evoca con ternura los días pasados bajo la sombra protectora de su madre, que además de hermosa era culta, inteligente y sensible. Quizás por ello, al ser internado por su padre en un costoso colegio de Ascot, el niño reaccionó con rebeldía; estar lejos del hogar le resultaba insoportable, y Winston expresó su protesta oponiéndose a todo lo que fuese estudiar. Frecuentemente fue castigado y sus notas se contaron siempre entre las peores. Cuando en 1888 ingresó en la famosa escuela de Harrow, el futuro primer ministro fue incluido en la clase de los alumnos más retrasados. Uno de sus maestros diría de él: «No era un muchacho fácil de manejar. Cierto que su inteligencia era brillante, pero sólo estudiaba cuando quería y con los profesores que merecían su aprobación.»

Churchill fracasó dos veces consecutivas en los exámenes de ingreso en la Academia Militar de Sandhurst. Sin embargo, una vez entró en la institución se operó en él un cambio radical. Su proverbial testarudez, su resolución y su espíritu indomable no lo abandonaron, pero la costumbre de disentir caprichosamente de todo comenzó a desaparecer. Trabajaba con empeño, era aplicado y serio en las clases y muy pronto se destacó entre los alumnos de su nivel. Poco después se incorporó al Cuarto de Húsares, regimiento de caballería reputado como uno de los mejores del ejército. Combatió en Cuba, la India y el Sudán, y en los campos de batalla aprendió sobre el arte de la guerra todo cuanto no había encontrado en los libros, especialmente cuestiones prácticas de estrategia que más tarde le servirían para hacer frente a los enemigos de Inglaterra.

Del periodismo a la política

No obstante, la vida militar no tardó en cansarlo. Renunció a ella para dedicarse a la política y se afilió al Partido Conservador en 1898, presentándose a las elecciones un año después. Al no obtener el acta de diputado por escaso margen, Churchill se trasladó a África del Sur como corresponsal del *Morning Post* en la guerra de los bóers. Allí fue hecho prisionero y trasladado a Pretoria, pero consiguió escapar y regresó a Londres convertido en un héroe popular: por primera vez, su nombre saltó a las portadas de los periódicos, pues había recorrido en su huida más de cuatrocientos kilómetros, afrontando un sinfín de peligros con extraordinaria sangre fría. No es de extrañar, pues, que consiguiese un escaño en las elecciones celebradas con el cambio de siglo y que, recién cumplidos los veintiséis años, pudiese iniciar una fulgurante carrera política.

En el Parlamento, sus discursos y su buen humor pronto se hicieron famosos. Pero su espíritu independiente, reacio a someterse a disciplinas partidarias, le granjeó importantes enemigos en la cámara, incluso entre sus propios correligionarios. Así pues, no es de extrañar que cambiara varias veces de partido y que sus intervenciones, a la vez esperadas y temidas por todos, suscitaran siempre tremendas polémicas.

Tras ser designado subsecretario de Colonias y ministro de Comercio en un gobierno liberal, Churchill previó con extraordinaria exactitud los acontecimientos que desencadenaron la Primera Guerra Mundial y el curso que siguió la contienda en su primera etapa. Sus profecías, consideradas disparatadas por los militares, se convirtieron en realidad y sorprendieron a todos por la clarividencia con que habían sido formuladas. Churchill fue nombrado lord del Almirantazgo y se embarcó inmediatamente en una profunda reorganización del ejército de su país. Primero se propuso hacer de la armada británica la primera del mundo, cambiando el carbón por petróleo como combustible de la flota y ordenando la instalación en todas las unidades de cañones de gran calibre. Luego puso en marcha la creación de un arma aérea y, por último, decidido a contrarrestar el temible poderío alemán, impulsó la construcción de los primeros «acorazados terrestres», consiguiendo que el tanque empezase a ser considerado imprescindible como instrumento bélico.

Entre dos guerras

Finalizada la contienda, Churchill sufrió las consecuencias de la reacción de la posguerra y durante un tiempo fue relegado a un papel secundario dentro de la escena política. En 1924 se reconcilió con los conservadores y un año después fue puesto al frente del ministerio de Hacienda en el gobierno de Stanley Baldwin. Era una época de decadencia económica, inquietud, descontento laboral y aparatosas huelgas, y el conservadurismo obstinado de que hacía gala no contentó ni siquiera a sus propios colegas. En una palabra, todo el mundo estaba cansado de él y su popularidad descendió a cotas inimaginables años antes. Entre 1929 y 1939, Churchill se apartó voluntariamente de la política y se dedicó principalmente a escribir y a cultivar su afición por la pintura bajo el seudónimo de Charles Morin. «Si este hombre fuese pintor de oficio —dijo en una ocasión Picasso—, podría ganarse muy bien la vida.»

Churchill siguió perteneciendo al Parlamento, pero durante esos años careció prácticamente de

La tenacidad y clarividencia de sir Winston Churchill (abajo), en unas maniobras militares de 1910 permitieron al Reino Unido combatir con éxito en las dos guerras mundiales.

influencia. Las cosas cambiaron cuando, al observar la creciente amenaza que Hitler constituía, proclamó la necesidad urgente de que Inglaterra se rearmase y emprendió una lucha solitaria contra el fascismo emergente. En reiteradas ocasiones, tanto en la cámara como en sus artículos periodísticos, denunció vigorosamente el peligro nazi ante una nación que, una vez más, parecía aquejada de una ceguera que podía acabar en tragedia.

Tras la firma en 1938 del Acuerdo de Munich, en el que Gran Bretaña y Francia cedieron ante el poderío alemán, la gente se dio cuenta nuevamente de que Churchill había tenido razón desde el principio. Hubo una docena de ocasiones en las que hubiera sido posible detener a Hitler sin derramamiento de sangre, según afirmarían después los expertos. En cada una de ellas, Churchill abogó ardorosamente por la acción. El 1 de septiembre de 1939, el ejército nazi entró con centelleante precisión en Polonia; dos días después, Francia e Inglaterra declararon la guerra a Alemania y, por la noche, Churchill fue llamado a desempeñar su antiguo cargo en el Almirantazgo. Todas las unidades de la flota recibieron por radio el mismo mensaje: «Winston ha vuelto con nosotros.»

Sangre, sudor y lágrimas

Los mismos diputados que una semana antes lo combatían con saña, lo aclamaron puestos en pie cuando hizo su entrada en el Parlamento. Pero aquella era una hora amarga para la historia del Reino. La nación estaba mal preparada para la guerra, tanto material como psicológicamente. Por eso, cuando fue nombrado primer ministro el 10 de mayo de 1940, Churchill pronunció una conmovedora arenga en la que afirmó no poder ofrecer más que «sangre, sudor y lágrimas» a sus conciudadanos. El pueblo británico aceptó el reto y convirtió tan terrible frase en un verdadero lema popular durante seis años; su contribución a la victoria iba a ser decisiva. Churchill consiguió mantener la moral en el interior y en el exterior mediante sus discursos, ejerciendo una influencia casi hipnótica en todos los británicos. Formó un gobierno de concentración nacional, que le aseguró la colaboración de sus adversarios políticos, y creó el ministerio de Defensa para una mejor dirección del esfuerzo bélico. Cuando la Unión Soviética firmó un pacto de no agresión con Alemania, y mientras los Estados Unidos seguían proclamando su inamovible neutralidad, Churchill convocó una reunión de su gabinete y con excelente humor dijo: «Bien, señores, estamos solos. Por mi parte, encuentro la situación en extremo estimulante.»

Churchill hizo todo lo posible para que ambas potencias entrasen en la guerra, lo que consiguió en breve tiempo. Durante interminables jornadas, dirigió las operaciones trabajando entre dieciséis y dieciocho horas diarias, transmitiendo a todos su vigor y contagiándoles su energía y optimismo. Por fin, el día de la victoria aliada, se dirigió de nuevo al Parlamento y al entrar fue objeto de la más tumultuosa ovación que registra la historia de la asamblea. Los diputados olvidaron todas las formalidades rituales y se subieron a los escaños, gritando y sacudiendo periódicos. Churchill permaneció en pie a la cabecera del banco ministerial, mientras las lágrimas rodaban por sus mejillas y sus manos se aferraban temblorosas a su sombrero. A pesar de la enorme popularidad alcanzada durante la guerra, dos meses después el voto de los ingleses lo depuso de su cargo. Churchill continuó en el Parlamento y se erigió en jefe de la oposición. En un discurso pronunciado en marzo de 1946 popularizó el término «telón de acero» y meses después hizo un llamamiento para la creación de los Estados Unidos de Europa. Tras el triunfo de los conservadores en 1951 volvió a ser primer ministro, y dos años después fue galardonado con el Premio Nobel de Literatura por sus *Memorias sobre la Segunda Guerra Mundial*. Alegando razones de edad, presentó la dimisión en abril de 1955, después de ser nombrado Caballero de la Jarretera por la reina Isabel II y de rechazar un título nobiliario a fin de permanecer como diputado en la Cámara de los Comunes. Reelegido en 1959, ya no se presentó a las elecciones de 1964. No obstante, su figura siguió pesando sobre la vida política y sus consejos continuaron orientando a quienes rigieron después de él los destinos del Reino Unido. El pueblo había visto en Churchill la personificación de lo más noble de su historia y de las más hermosas cualidades de su raza, por eso no cesó de aclamarlo como su héroe hasta su muerte, acaecida el 24 de enero de 1965.

Histórica fotografía de febrero de 1945, durante la Conferencia de Yalta, en la que aparecen Stalin, Roosevelt y Churchill, éste con su sempiterno habano en la boca, en distendida charla. En la ocasión los aliados establecieron la división del mundo en bloques, y al año siguiente Churchill acuñó la expresión "el telón de acero".

1874	30 de noviembre: nace **WINSTON CHURCHILL** en el palacio de Blenheim.
1888-1893	Estudios en la escuela de Harrow y en la Academia Militar de Sandhurst.
1895	Se incorpora al Cuarto Regimiento de Húsares, con el que combatirá en Cuba, la India y Sudán.
1898	Se afilia al Partido Conservador.
1899	Viaja a África del Sur como corresponsal del *Morning Post*. Es hecho prisionero, pero consigue escapar y regresa a Londres convertido en héroe.
1900	Es elegido diputado por Oldham.
1904	Abandona las filas conservadoras y se une a los liberales.
1910	Desempeña el cargo de ministro de Comercio.
1914	Es nombrado lord del Almirantazgo. Acomete la modernización del ejército británico al estallar la Primera Guerra Mundial.
1924	Se reconcilia con los conservadores. Es elegido ministro de Hacienda.
1939	El ejército nazi invade Polonia. Churchill es nombrado de nuevo lord del Almirantazgo.
1940	10 de mayo: el rey Jorge lo nombra primer ministro.
1941	Firma con el presidente Roosevelt la Carta del Atlántico.
1945	Participa en las conferencias de Yalta y Potsdam. Pierde las elecciones ante los laboristas.
1951	Gana las elecciones y vuelve a ocupar el cargo de primer ministro.
1953	Recibe el Premio Nobel de Literatura.
1965	24 de enero: muere en Londres.

PANCHO VILLA
(1878-1923)

Esta imagen familiar de Pancho Villa con la última de sus cuatro esposas, Austreberta Rentería, refleja los rasgos más sobresalientes del Robin Hood mexicano. Arrojo y valor indoblegables, junto con un profundo sentido justiciero y un agudo instinto de supervivencia, forjaron la leyenda del "amigo de los pobres", el personaje más carismático de la Revolución Mexicana.

*P*ancho Villa podría ser el paradigma del personaje eclipsado por su leyenda, de igual modo que la leyenda también arroja sombras sobre la realidad histórica de toda la Revolución Mexicana. Y es que los protagonistas de la Revolución, los hombres que creyeron en ella, sus máximos impulsores, eran peones sin instrucción y sin apenas ideario, eran hombres cuyas aspiraciones eran claras y concisas: mayor justicia, mejor reparto de la riqueza y una vida menos dura. Lograr estas aspiraciones significaba luchar, y lucharon. Pero la realidad no fue como esperaban: la Revolución se truncó y el restablecimiento de un equilibrio, de una convivencia, hizo necesario que se forjara una leyenda a gusto de todos, una leyenda que compensara a quienes no habían obtenido todo lo que deseaban y que permitiera la consolidación del nuevo sistema.

Robin Hood en Sierra Madre

Pancho Villa nació en la hacienda de Río Grande, perteneciente al pueblo de San Juan del Río, en el estado mexicano de Durango, el 5 de junio de 1878. Y ya empieza la leyenda porque, en realidad, el niño que nació en la hacienda de Río Grande se llamó Doroteo Arango y fue el primogénito del peón Agustín Arango y de Micaela Quiñones; Pancho Villa nacería más tarde, cuando Doroteo se echó al monte y tuvo que cambiar de nombre.

Agustín Arango murió pronto y la herencia que recibió su hijo Doroteo consistió en ser el máximo responsable de su familia, compuesta por su madre y cuatro hermanos, dos varones y dos hembras. Tuvo que trabajar duro, jamás fue a la escuela y nunca nadie se ocupó de educarlo. A los dieciséis años mató a un hombre y todas las versiones sobre el caso coinciden en tres puntos: por una parte, en que el muerto era un personaje de cierta relevancia —al menos de mucha mayor una de las hermanas Arango; finalmente, en que a resultas de este hecho Doroteo escapó y se refugió en el monte. A partir de estas coincidencias, la leyenda empieza a actuar: el muerto podía haber sido un funcionario gubernamental, un hacendado, un capataz o el propietario de unas tierras que los Arango trabajaban como medieros; Doroteo llegó a tiempo para ver el asalto contra su hermana, fue a buscar un arma y disparó antes de que se consumara la violación o ésta se consumó y al muchacho no le quedó otro remedio que vengarse...

El hecho de haber cometido un asesinato no ponía fuera de ley por mucho tiempo a un mexicano de 1894, aunque el matador fuera un «pelado» y el muerto un personaje relevante. Pero la vida en las montañas tampoco era fácil y había que robar para sobrevivir. Y ese delito se perseguía con dureza, sobre todo cuando un antiguo peón tenía la osadía de robar ganado a los hacendados ricos. Doroteo Arango, a cuya cabeza se había puesto precio, cambió de nombre y adoptó el de Pancho Villa, un nombre como cualquier otro pero con alguna peculiaridad pues, si bien hay muchos Panchos en México, el apellido era el que debería haberle correspondido si su abuelo Jesús Villa hubiera reconocido como legítimo a Agustín, su padre. Acababa pues de nacer Pancho Villa, un hombre con una legitimidad recuperada por la fuerza, que rápidamente se convirtió en un bandido generoso, una especie de Robin Hood mexicano, el «amigo de los pobres», como recoge John Reed en su *México insurgente*; sus hazañas corrían de boca en boca y pasaban a ser temas de corridos que se cantaban en las haciendas, las plazas y las cantinas. Así las cosas, se le atribuían todo tipo de gestas o de delitos, según la óptica de cada cual, independientemente de su simultaneidad en el tiempo o de su distancia en el espacio.

De guerrillero a general

En 1910, Francisco Ignacio Madero presentó su candidatura a la presidencia de la República frente al dictador Porfirio Díaz, que mediante sucesivas parodias electorales ocupaba la máxima magistratura del país desde la década de 1870. Díaz impidió el triunfo de Madero, pero no pudo evitar la difusión de las ideas del Plan de San Luis, el difuso programa político de Madero, cuyo tercer punto trataba de la revisión de la propiedad de las

Un lugarteniente de Madero, Abraham González, convenció a Villa para que abrazara la causa maderista y así fue como el "amigo de los pobres" pasó a ser general, contribuyendo, con su conocimiento del terreno y su carisma ante los "pelaos", a la victoria maderista. Arriba, Óscar Braniff, delegado porfirista a la conferencia de paz, flanqueado por Pascual Orozco, a la izquierda, y Pancho Villa, a la derecha, acompañado de Giuseppe Garibaldi, que participó en la insurrección.

tierras. La presión a la que estaba sometida la sociedad mexicana estalló y se generalizaron los alzamientos. Madero, pese a sus vacilaciones, se convirtió en el aglutinador de la rebelión y uno de sus hombres de confianza, Abraham González, convenció a Pancho Villa, el «amigo de los pobres», de esos pobres que se habían levantado, para que se sumara a la rebelión. Para unos, Villa se unió a Madero para que quedaran olvidados sus delitos; para otros, lo hizo porque no podía dejar de luchar junto a los suyos. Un poco de cada debía de haber, pero el hecho es que Villa, con su banda, su fortuna —que después de todos esos años de bandolerismo ascendía a poco más de 350 pesos— y su gran poder de convocatoria, se comprometió con la revolución.

Casi dos décadas en las montañas, burlando a todos los que le perseguían y desconfiando de aquellos que podían traicionarlo, fueron la escuela guerrillera de Pancho Villa, cuya contribu-

La Revolución trocó las esperanzas en desilusiones y sus defensores acabaron combatiendo entre sí. La Convención de Aguascalientes de 1914 marcó la ruptura entre carrancistas y la alianza de villistas y zapatistas, que ocupó Ciudad de México. En el banquete del Palacio Nacional, de izquierda a derecha: José Vasconcelos, Pancho Villa, Eulalio Gutiérrez, Emiliano Zapata y Felicitas Villarreal.

ción a la victoria maderista fue decisiva. Recibió el nombramiento de capitán del ejército y, después de que el dictador Díaz abandonara el país, viajó a la capital con Madero, convertido ya en presidente efectivo. En la Ciudad de México, con la esperanza de que Pancho Villa se convirtiera en el respetable ciudadano Francisco Villa, fue nombrado general honorario de la nueva fuerza de rurales. Sin embargo, la situación no estaba ni mucho menos consolidada y Madero dio a Victoriano Huerta, un general del viejo ejército porfirista, el mando de las tropas que debían sofocar la rebelión de Pascual Orozco. Este alzamiento se había producido en la zona de la que eran originarios tanto Orozco como Villa, por lo que Huerta no dudó en agregar a su ejército a éste último. Le dio el mando de las fuerzas avanzadas, compuestas por maderistas, en tanto que él mismo, al frente de los federales, se mantenía en la retaguardia. Villa, que comandaba la guarnición de Parral, derrotó a Orozco en Rellano, con una fuerza inferior en número y en la única batalla decisiva librada entre maderistas y orozquistas. Pero Huerta no estaba tan seguro de poder convertir a Villa en lo que él entendía por respetable ciudadano, máxime después de esa victoria sobre Orozco. Lo acusó de insubordinación por no haber obedecido una orden suya —algunas versiones aseguran que tal orden especificaba que Villa debía devolver a su legítimo propietario, un personaje local, un caballo pura sangre del que se había adueñado, mientras que otras hablan vagamente de una orden transmitida por telégrafo y que Villa negó haber recibido— y le hizo comparecer ante un consejo de guerra, el cual decidió en quince minutos que Villa debía ser fusilado. En cualquier caso, la intervención de Gustavo Madero, que pertenecía al estado mayor de Huerta, impidió que la sentencia se cumpliera, pero Villa fue internado en la prisión de la capital. Aprovechó la ocasión para aprender a leer y escribir y en noviembre de 1912 protagonizó una fuga sospechosa: por una parte, Huerta se mostraba cada vez más poderoso y, por otra, sectores opuestos a este general reclamaban una investigación sobre el consejo de guerra a Villa; en estas condiciones, nada podía ser menos conflictivo para Madero que la huida de Villa, el cual, sin ningún tipo de problemas, se refugió en la población estadounidense de El Paso.

El 22 de febrero de 1913 fue asesinado Francisco Madero por orden del general Huerta, quien poco antes se había proclamado presidente de la nación con la complicidad de la embajada de Estados Unidos. Villa, que siempre había sido fiel a Madero, regresó en abril a territorio mexicano con cuatro acompañantes, tres caballos y un poco de azúcar, sal y café. Al cabo de un mes ya había reunido a tres mil hombres y muy poco después no sólo había liberado el estado de Chihuahua sino todo el norte del país. En su zona, Villa llevó a cabo dos de sus grandes ambiciones: la creación de escuelas —sólo en

Chihuahua capital fundó más de cincuenta— y el establecimiento de colonias militares: «Mi ambición es vivir mi vida en una de esas colonias, (...) una fábrica para curtir cueros, donde pudiéramos hacer buenas sillas y frenos, porque sé cómo hacerlos.» Consideraba que «los ejércitos son los más grandes apoyos de la tiranía» y que los soldados deberían trabajar en colonias agrícolas o industriales; laborarían tres días a la semana, «sólo el trabajo duro produce buenos ciudadanos», y el resto lo dedicarían a instrucción militar propia y a instruir a su vez a los ciudadanos.

Pero esas primeras colonias no pudieron cuajar definitivamente porque la lucha continuaba. Y continuaba también en el estado de Chihuahua, donde el comercio languidecía por falta de dinero en circulación. Villa resolvió el problema rápidamente: emitió su propia moneda, con la única garantía de su firma. Nadie daba crédito a tal moneda hasta que Villa promulgó un decreto que castigaba con dos meses de cárcel a todo aquel que no la aceptara. El comercio se reavivó, pero la plata y el papel moneda oficial seguían

ocultos. Dos decretos consecutivos lograron hacer que afloraran los capitales. Por el primero, se condenaba a prisión a quien hiciera circular otra moneda que no fuera la villista; por el segundo, se fijó un día a partir del cual no se cambiaría más plata acuñada ni moneda mexicana. Como la posición de Villa se fortalecía en el terreno político y militar, el cambio se efectuó, su moneda fue aceptada y él pudo comprar suministros con la moneda oficial que había obtenido a cambio de la suya.

Venustiano Carranza, gobernador del estado de Coahuila, recogió la legalidad constitucional a la muerte de Madero, se proclamó «primer jefe del ejército constitucionalista» y dio cierta cohesión a las fuerzas que se oponían a Huerta, entre las que destacaban muy por encima de las demás la suya propia, apoyada en la División del Nordeste, la de Emiliano Zapata, que contaba con un programa político coherente, un plan agrario sólido y un motivado ejército de campesinos, y la de Pancho Villa, cuyo programa era el menos hilvanado pero que contaba con la División del Norte. La lucha por el predominio en el campo constitucionalista se centraba especialmente entre Villa y Carranza, pues los zapatistas, que contaban con aportaciones anarquistas y comunistas, tenían su propio proyecto, bien diferenciado del de los demás, así como su propia zona de operaciones al sur de la capital.

Villa, en un principio, acataba la jefatura de Carranza, pero sucesivas maniobras del primer jefe para encargarle a él y a su División del Norte las misiones más peligrosas y para impedir que tomara las posesiones estratégicas lo llevaron a un progresivo distanciamiento que se hizo especialmente notorio cuando los constitucionalistas tomaron la Ciudad de México y el general carrancista Orozco taponó, ocupando las posiciones de los federales, la entrada de villistas y zapatistas. Orozco, que intentó una aproximación entre Carranza y Villa, fue hecho prisionero por éste, que llegó a condenarlo a muerte para finalmente indultarlo. En octubre de 1914, la Convención de Aguascalientes, que consolidó el acercamiento

El Centauro del Norte entra, al frente de sus "dorados" de la División del Norte, en Ciudad de México en 1914 dispuesto a hacer cumplir el programa revolucionario de la Convención de Aguscalientes.

entre villistas y zapatistas, adoptó un programa político claramente zapatista, pero dio el predominio político y militar a Villa. En diciembre de 1914, Villa y Zapata entraban en la capital de México al mando de las tropas de la Convención, pero sus intereses no podían concordar, las fisuras se hicieron patentes y Carranza pudo tomar la iniciativa.

En enero de 1915, el general Álvaro Obregón ocupó la Altiplanicie Meridional mexicana y dirigió sus fuerzas contra Villa. El «perfumado», como llamaba Villa al hombre que estuvo a punto de fusilar, deseaba plantear batalla en el centro del país. El «reaccionario, traidor y bandido», como llamaba Obregón a Villa, no quiso seguir los consejos de replegarse hacia el norte, hacia su base natural, donde podía reunir gran número de hombres y tener el terreno a su favor. Confió excesivamente en las cualidades de sus «dorados» y de su Divisón del Norte, y fue finalmente derrotado en cuatro grandes batallas entre Celaya y Aguascalientes, batallas en las que llegaron a enfrentarse cuarenta mil hombres de cada lado. En la tercera, una granada villista hizo pedazos el brazo derecho del general Obregón.

De general a guerrillero

En julio de 1915, un derrotado Pancho Villa tuvo que retirarse hacia el norte y su estrella empezó a declinar. Regresó a Chihuahua, pero ya no como general en jefe de un poderoso ejército, sino a la cabeza de un grupo que apenas contaba con mil hombres. En octubre de 1915, tras el reconocimiento por Estados Unidos del constitucionalismo como gobierno de facto de México, Villa decidió jugar una carta arriesgada: provocar una intervención norteamericana que obligara a Carranza, como representante del gobierno mexicano, a pactar con los invasores para poder así presentarse él mismo como jefe máximo de la lucha patriótica y recuperar el terreno perdido. El 10 de enero de 1916 los villistas pararon un tren, hicieron bajar a los 18 viajeros extranjeros, 15 de los cuales eran norteamericanos, y los fusilaron. Como el incidente sólo dio lugar a protestas diplomáticas, el 9 de marzo una partida al mando del propio Villa se presentó a las cuatro de la madrugada en la población estadounidense de Columbus, mató a tres soldados e hirió a otros siete, además de a cinco civiles, y saqueó e incendió varios establecimientos. Esta vez sí se produjo la intervención, pero fue definida como «punitiva» y en teoría quedaba restringida a capturar a Villa. Se produjeron enfrentamientos entre villistas y norteamericanos, y entre norteamericanos y constitucionalistas. Villa, convertido simplemente en guerrillero, no fue aprendido y la fuerza estadounidense se retiró de México en febrero de 1917.

En 1920, en el período comprendido entre el asesinato de Venustiano Carranza y la elección de Álvaro Obregón como presidente de México, Villa depuso las armas en la Convención de Sabinas y se retiró a su hacienda El Canutillo, al norte del estado de Durango, donde con casi ochocientas personas trató de formar una de sus soñadas colonias militares. Sufrió numerosos atentados de los que salió ileso. Sin embargo, el 20 de julio de 1923 subió a su coche acompañado por sus seis escoltas y desde una casa en ruinas, a la entrada de Parral, fue tiroteado por un grupo de hombres al mando de Jesús Salas. Enterrado en Parral, en 1926, su tumba fue profanada, al cadáver se le cercenó la cabeza, que fue robada y nunca más apareció.

En 1920, bajo el mandato profesional de Adolfo de la Huerta, Villa depuso las armas y se retiró a su hacienda El Canutillo para poner en práctica una de sus soñadas colonias militares, experiencia truncada en 1923, en pleno mandato de su enemigo Álvaro Obregón, por las balas asesinas de Jesús Salas y su comando apostado en una casa en ruinas de Parral.

1878	5 de junio: nace Doroteo Arango, llamado **PANCHO VILLA**, en la hacienda de Río Grande, municipio de San Juan del Río, estado mexicano de Durango.
1894	22 de noviembre: Pancho Villa hiere al hacendado Agustín López Negrete, huye a la sierra y, más tarde, se dedica al bandidaje.
1910	Abraham González, uno de los hombres de confianza de Madero, convence a Villa para que se sume a la revolución contra Porfirio Díaz en Chihuahua.
1912	Al mando de la guarnición de Parral derrota a Pascual Orozco en Rellano. Victoriano Huerta lo prende y lo juzga por desobediencia condenándole a muerte. Se le conmuta la pena por reclusión yescapa afincándose en El Paso.
1913	Asesinado Madero (22 febrero 1913), Villa regresa a México y organiza la insurrección contra Huerta en Chihuahua y el norte del país. Se casa con Juana Torres el 30 de mayo.
1914	Octubre. La Convención de Aguascalientes aproxima a villistas y zapatistas. Zapata y Villa se entrevistan en Xochimilco.
1915	La División del Norte con sus «dorados» es derrotada en cuatro batallas entre Celaya y Aguascalientes por Álvaro Obregón. 16 de octubre: Pancho Villa se casa con Luz Corral.
1916	Enero. Los villistas detienen un tren y fusilan a 18 viajeros, de los cuales 15 norteamericanos. Marzo. Villa y sus «dorados» asaltan el cuartel de la población estadounidense de Columbus provocando muertos, saqueos y heridos. La expedición punitiva estadounidense no encuentra a Villa y abandona México en febrero de 1917.
1920	Tras el tratado de Sabinas del 28 de julio, Villa se retira a la hacienda de Canutillo.
1923	A las nueve menos cuarto de la mañana del 20 de julio, Villa es víctima de una emboscada en Parral y muerto a balazos por un grupo de hombres al mando de Jesús Salas.

ISADORA DUNCAN
(1878-1927)

La bella y romántica Isadora Duncan, considerada la creadora de la modern dance *norteamericana, propuso un estilo que rompió con los rígidos esquemas del ballet clásico. Su modo de danzar, con movimientos que parecían evocar los tiempos en que los "hombres y las mujeres bailaban al sol movidos por la simple felicidad de existir", era una perfecta conjunción de cuerpo y espíritu.*

Con motivo de su primer viaje a San Petersburgo, en 1905, la ya entonces famosa Isadora fue invitada por la no menos célebre bailarina rusa Anna Pavlova a visitar su estudio. Allí tuvo el privilegio de contemplar a la gran diva realizando sus ejercicios. La propia Isadora lo relata en sus memorias: «Encontré a Pavlova de pie con su vestido de tul practicando en la barra, sometiéndose a la gimnasia más rigurosa, mientras que un viejo caballero con un violín marcaba el tiempo y la exhortaba a realizar mayores esfuerzos; era el legendario maestro Petipa. Me senté y durante tres horas observé tensa y perpleja los sorprendentes ejercicios de Pavlova, que parecía ser de acero elástico. Su hermoso rostro adoptó las líneas severas del mártir. No paró ni un solo instante. Todo su entrenamiento parecía estar destinado a separar por completo la mente de los movimientos gimnásticos del cuerpo. La mente debía alejarse de esa rigurosa disciplina muscular. Esto era justamente todo lo contrario de las teorías sobre las que yo había fundado mi escuela un año antes. Lo que yo pretendía es que mente y espíritu fuesen los motores del cuerpo y lo elevasen sin esfuerzo aparente hacia la luz.»

No debe sorprender este completo desacuerdo con las más antiguas normas del ballet por parte de quien concebía la danza como un sacerdocio, como una forma sublime de emoción espiritual y como una liturgia en la que alma y cuerpo debían ser arrastrados por la música para transformarse en puro arte. Para Isadora, era el amor a la naturaleza y a la vida lo que había de transmitirse a través del movimiento, siguiendo el ejemplo de las nubes, el mar o las copas de los árboles mecidas por el viento. Enemiga del ballet, al que consideraba un género falso y absurdo, manifestó que la danza debe establecer una armonía calurosa entre los seres y la vida y no ser tan sólo una diversión agradable y frívola. Danzaba descalza, con una simple túnica griega de seda transparente sobre su cuerpo desnudo, como una sacerdotisa pagana transportada por el ritmo. Hoy es considerada la iniciadora de la *modern dance* norteamericana y su figura es evocada con fervor en todos los escenarios del mundo.

Helenismo y naturaleza

Había nacido en San Francisco (California), hija de un matrimonio desunido y finalmente divorciado. Desde niña, su instinto la inclinó hacia el baile. En su autobiografía, titulada *Mi vida*, escribió: «Nací a la orilla del mar. Mi primera idea del movimiento y de la danza me ha venido seguramente del ritmo de las olas...» A los diez años abandonó la escuela para dedicarse a su pasión y a los diecisiete se dirigió a Nueva York, donde se incorporó a la compañía de Agustín Daly. Al actor y empresario no acabaron de convencerlo los experimentos e innovaciones que Isadora le proponía continuamente, deseosa de llevar a la práctica un nuevo método de interpretar plásticamente poemas por medio de la improvisación, que había concebido ya por aquel entonces. Sintiéndose infeliz, la Duncan abandonó la compañía dos años más tarde y partió con su familia hacia Inglaterra, donde se proponía estudiar los movimientos de la danza antigua en los jarrones griegos del Museo Británico. Fue una época de formación, de lecturas entusiastas y de ensayo de nuevas danzas; en busca, sobre todo, de nuevos cauces para la expresión coreográfica y de sendas alternativas para profundizar cada día más en su arte.

Los éxitos comenzaron a llegar de forma inmediata. Con un estilo basado en la danza de la Antigua Grecia, dio una serie de recitales en Londres que despertaron el entusiasmo hacia su persona. La prensa declaraba: «En esta época actual de elaboración y artificialidad, el arte de la señorita Duncan es como un soplo de aire puro procedente de la parte más alta de una montaña poblada de pinos, refrescante como el ozono, bello y verdadero como el cielo azul, natural y genuino. Es una imagen de belleza, alegría y abandono, tal como debió ser cuando el mundo era joven y hombres y mujeres bailaban al sol movidos por la simple felicidad de existir.»

A partir de ese momento, Isadora no dejó de viajar, reclamada por los mejores teatros de Europa. En París se imbuyó del espíritu de Rodin y de Bourdelle. Más tarde descubrió Italia y el Renacimiento, y se embelesó con el leve y sutil Botticelli, cuya influencia en su arte es palmaria a partir de aquellos años. Por fin, en 1902, realizó uno de sus sueños: viajar a Grecia y peregrinar a las fuentes del arte de Occidente. Cerca de Atenas, en la colina de Kopanos, comenzó a construir un templo consagrado a la danza, pero los ingresos percibidos por sus giras se revelaron insuficientes para cubrir los gastos y la empresa hubo de abandonarse.

Durante esos años, las más importantes ciudades europeas pudieron extasiarse ante la nueva estrella, a la que llamaron «la ninfa». En todos lados tuvo amigos pintores, poetas e intelectuales y estuvo rodeada de admiradores que deseaban conocerla. Apasionada, bellísima y maravillosa, ejercía un poder de seducción irresistible entre cuantos la rodeaban. Se comenzó a asociar muchos nombres masculinos con el de Isadora, y pronto nacería la leyenda de un maleficio que parecía emanar de su persona y abatirse sobre todos los seres a los que entregaba su amor, un maleficio que acabaría de forma terrible con su propia vida.

Años dramáticos

La primera «víctima» fue el polaco Iván Miroski, consumido por unas fiebres malignas poco después de separarse de Isadora. Luego, extraños percances y desapariciones salpicaron sus relaciones con sus amantes, fuesen ocasionales o duraderos. En 1913, la oscura influencia se cebó en sus propios hijos, Deirdre y Patrick, cuando Isadora estaba triunfando en París. Un día, agobiada por los ensayos, confió los niños a la institutriz para que los llevara en automóvil a Versalles. Ella misma relata que quizás tuvo un presagio del drama: «Al dejarlos en el coche, mi Deirdre colocó los labios contra los cristales de la ventanilla; yo me incliné y besé el vidrio en el sitio mismo donde ella tenía puesta la boca. Entonces, el frío del cristal me produjo una rara impresión e hizo que me recorriese un estremecimiento». Minutos después, el auto bordeaba el Sena y, al girar para cruzar uno de sus puentes, los frenos no respondieron a la voluntad del chófer. El coche se precipitó en las oscuras aguas y los dos niños perecieron ahogados. Isadora declaró: «Si esta desgracia hubiera ocurrido antes, yo hubiese podido vencerla; si más tarde, no habría sido tan terrible, pero en aquel momento, en plena madurez de mi vida, me aniquiló». En efecto, la bailarina anuló todos sus compromisos y decidió interrumpir su carrera, dedicándose por entero a la enseñanza y tratando de olvidar su desgracia sumergiéndose en un trabajo agotador. Varias veces pensó en quitarse la vida, pero siempre la disuadió la idea de que otros niños, empezando por los alumnos de la escuela que había creado en 1904, estaban necesitados de ella. Comenzó a participar en campañas benéficas y trató de llevar sus enseñanzas a diferentes países, lo que la condujo hasta Moscú en 1921, después de que el gobierno soviético mostrase su interés por recibirla.

Un nuevo desastre

Con el inicio de nuevas peregrinaciones volvieron los romances. En la Unión Soviética conoció a Sergei Esenin, poeta y cantor oficial de la Revolución de 1917, y se entusiasmó con el ambiente pletórico de ilusiones que se respiraba en el país y que Sergei encarnaba a la perfección. Esenin se enamoró locamente de Isadora y consiguió que ésta renunciara a su propósito, repetidamente afirmado, de no contraer matrimonio. Pero su unión resultó catastrófica. Después de viajar por Europa y Estados Unidos, Sergei se hundió en una profunda apatía originada por una fase de infecundidad creativa que achacaba al hecho de vivir lejos de su patria. Lo cierto es que cuando el matrimonio regresó a Moscú, el poeta continuó en el mismo estado y se sumergió de forma

imparable en la misantropía y el alcoholismo. Medio loco, su comportamiento empezó a ser escandaloso hasta para la propia Isadora. Esenin acostumbraba a desaparecer dejando tras de sí un rastro de botellas vacías y muebles rotos. La paciencia de «la ninfa» llegó al límite. A finales de 1924, Isadora, ya divorciada, abandonó la Unión Soviética. Un año más tarde leyó en los periódicos que su ex marido se había suicidado.

El chal homicida

La aventura rusa de la Duncan no sólo terminó en fracaso desde el punto de vista sentimental. Si bien al principio se había compenetrado a la perfección con sus interlocutores, entusiasmados con la idea de poner en marcha su Escuela de Danza Futura, más tarde esta iniciativa no fue bien acogida por ciertos dirigentes soviéticos que ya empezaban a mostrar los síntomas del anquilosamiento burocrático que luego sería proverbial en el sistema comunista.

De regreso a Europa, tampoco los empresarios capitalistas parecieron entusiasmarse con sus proyectos. Además, sus opiniones ateas, su actitud favorable hacia la Revolución Rusa y su evidente aceptación del amor libre no eran cualidades que la opinión pública occidental, a la defensiva después de la eclosión comunista, valorase positivamente. Isadora decidió volver a los escenarios y ofreció una serie de recitales que resultaron un fracaso; el público fidelísimo que hasta la muerte de sus hijos la había llevado en volandas comenzó a fallarle; las salas la recibieron semivacías, silenciosas y heladas. Isadora se refugió en Niza, donde terminó su autobiografía y preparó *El arte de la danza*, libro en el que pretendía ofrecer una síntesis de sus enseñanzas. Se encontraba absorbida por esta tarea cuando, el miércoles 14 de septiembre de 1927, decidió tomarse un respiro y dar un paseo en su Bugatti. El dramático accidente tuvo lugar cuando el automóvil recorría veloz la Promenade des Anglais: su largo chal rojo, el mismo que había agitado ante la multitud que la esperaba a su regreso de la Unión Soviética, se enredó en los radios de una de las ruedas posteriores; Isadora no pudo liberarse del abrazo homicida y murió estrangulada. Ni siquiera ella hubiera podido imaginar un final más acorde con su existencia extravagante y romántica.

Isadora Duncan, "la ninfa" como la llamaron sus contemporáneos, bailaba descalza, con una simple túnica griega de seda transparente sobre su cuerpo desnudo, al igual que una antigua sacerdotisa, improvisando y dejándose arrastrar por la música del mismo modo que los árboles se dejan mecer por el viento o las olas y las nubes llevar por él. Su arte es una síntesis personal del espíritu de Botticelli, Rodin y Bourdelle y, sobre todo, de la danza de la Antigua Grecia, cuyos movimientos estudió observando los jarrones griegos del Museo Británico. Arriba a la izquierda, Isadora Duncan con sus hijos Deirdre y Patrick, pocos meses antes del dramático accidente en que aquellos perdieron la vida; a la derecha, Isadora fotografiada junto a su esposo Sergei Esenin en Nueva York, en 1922.

1878	27 de mayo: **ISADORA DUNCAN** nace en San Francisco (California).
1888	Deja la escuela para dedicarse a la danza.
1895	Viaja a Nueva York e ingresa en la compañía de danza de Agustín Daly.
1897	Se traslada a Londres, donde triunfa como bailarina.
1899-1902	Recorre Francia, Italia y Grecia, donde acomete la construcción de un templo dedicado a la danza.
1904	Abre una escuela de ballet cerca de Berlín.
1905	Visita a Anna Pavlova en San Petersburgo.
1913	Mueren en trágico accidente sus hijos Deirdre y Patrick.
1922	Establecida en Moscú, contrae matrimonio con el poeta ruso Sergei Esenin.
1925	Tras su divorcio, regresa a Europa y se instala en Niza.
1927	14 de septiembre: muere estrangulada por su chal durante un paseo en automóvil.

EMILIANO ZAPATA
(1879-1919)

Emiliano Zapata, la estampa de un líder, forjado en el crisol de los campesinos de Morelos, que con su coraje y valor supo elevar a los humillados campesinos a la condición de luchadores por la divisa de "Tierra y libertad", sin claudicar en ningún momento ni ante los oropeles de la gloria ni ante las prebendas o el acoso de los poderosos, lo que pagaría con su sangre.

*E*l problema de la propiedad de la tierra afectaba a todo el México de principios de siglo, pero era particularmente agudo en el estado de Morelos, situado al sur de la capital de la república. Los hacendados de la zona, apoyados por el general Porfirio Díaz, que ocupaba el poder desde la década de 1870, habían ampliado sus posesiones ocupando las tierras comunales y desalojando a los pequeños propietarios para establecer plantaciones de caña de azúcar. Los campesinos, que no conocían otra forma de ganarse la vida que la de trabajar las tierras de sus antepasados, recurrieron a todas las instancias posibles para conservar su medio de vida, pero todo parecía en vano. En 1910, el anuncio de que el general Porfirio Díaz deseaba prolongar su mandato, asegurándose por séptima vez la reelección como presidente, provocó el estallido de las tensiones sociales hasta entonces reprimidas y el inicio de la Revolución Mexicana. En Morelos, la revolución adquirió características propias, muy determinadas precisamente por la cuestión agraria y por la personalidad y la actividad del máximo dirigente revolucionario de este estado: Emiliano Zapata.

La forja de un líder

En 1909, el estado de Morelos proclamó una nueva ley de bienes raíces que consagraba por completo el predominio de los hacendados sobre los pueblos y las comunidades campesinas. En Anenecuilco, por ejemplo, los cuatro ancianos que componían el consejo regente de la aldea no se sintieron con fuerzas para enfrentarse al reto y el 12 de septiembre de 1909 convocaron a una asamblea de vecinos para elegir nuevos representantes. Ya no se necesitaba la sabiduría de la edad, sino la fuerza y la resolución de la juventud. La asamblea fue convocada de forma clandestina, para que no se enteraran los capataces de

La casa donde nació Emiliano Zapata en Anenecuilco no era, como refleja la fotografía, una choza como las que habitaban los campesinos, pero, a pesar de su posición social, Zapata siempre fue considerado por éstos como uno de los suyos, "el Miliano". Su pasión por los caballos y el amor a su tierra lo retuvieron en Anenecuilco, conviertiéndose en el líder de los campesinos y en el hábil guerrillero que puso en jaque a los federales porfiristas.

las haciendas, y a ella asistieron entre 75 y 80 hombres que representaban a los 400 habitantes de la aldea. Para ocupar el cargo de presidente del consejo se presentaron cuatro candidatos y en la votación Emiliano Zapata fue elegido por amplia mayoría.

Emiliano Zapata vivía en una sólida casa de adobe y tierra, y no en una humilde choza, pese a lo cual era considerado por todos los habitantes de Anenecuilco como uno de los suyos. Nunca lo habían llamado don Emiliano, sino que era simplemente «el Miliano», un hombre que bebía menos que la mayoría y que, aun cuando lo hacía, parecía más dueño de sí mismo que los demás. Era el mejor domador de caballos de la región, y los hacendados se disputaban sus servicios. Los días de fiesta se engalanaba y paseaba por el pueblo con magníficas monturas, espléndidas sillas, buenas botas y relucientes espuelas. Había nacido en Anenecuilco, claro está, y era el noveno de los diez hijos que tuvieron Gabriel Zapata y Cleofás Salazar, de los que sólo sobrevivieron cuatro. En cuanto a la fecha de su nacimiento, no existe acuerdo. La más aceptada es la del 8 de agosto de 1879, pero sus biógrafos señalan otras varias: alrededor de 1877, 1873, alrededor de 1879 y 1883.

Quedó huérfano hacia los trece años y tanto él como su hermano mayor Eufemio heredaron un poco de tierra y unas cuantas cabezas de ganado con lo que debían mantenerse y mantener a sus dos hermanas, María de Jesús y María de la Luz. Eufemio vendió su parte de la herencia y fue revendedor, buhonero comerciante y varias cosas más. En cambio, Emiliano permaneció en Anenecuilco, donde, además de trabajar sus tierras, era aparcero de una pequeña parte del terreno de una hacienda vecina. En las épocas en que el trabajo en el campo disminuía, se dedicaba a conducir recuas de mulas y comerciaba con los animales que eran su gran pasión: los caballos. Cuando tenía alrededor de diecisiete años, tuvo su primer enfrentamiento con las autoridades, lo que le obligó a abandonar el estado de Morelos y a vivir durante algunos meses escondido en el rancho de unos amigos de su familia.

El nuevo concejo de Anenecuilco, con su presidente Zapata al frente, recurrió al procedimiento habitual de tratar con abogados de la capital para defender sus derechos y hacer valer sus títulos de propiedad. La mayor parte de las personas con las que se entrevistaron eran destacados opositores al régimen del general Porfirio Díaz, lo que a buen seguro influyó en que Emiliano Zapata fuera reclutado en el ejército el 11 de febrero de 1910. Sin embargo, sólo permaneció en filas durante un mes y medio, pues Ignacio de la Torre y Mier, yerno del presidente Díaz y «dueño de la mejor hacienda del estado y tal vez de la República», según una crónica de la época, conocía su habilidad con los caballos y logró que le dieran la licencia a cambio de trabajar como caballerizo mayor en sus establos de la Ciudad de México. Zapata pasó poco tiempo en la capital, donde, según sus propias palabras, los caballos vivían en establos que avergonzaban las casas de cualquier trabajador de Morelos. Cuando llegó a Anenecuilco, sus paisanos se encontraban en un callejón sin salida. Era la época de la siembra y gran parte de sus tierras estaba en disputa con la hacienda del Hospital, que apoyada por las autoridades no permitía sembrar en la zona en litigio. La hacienda podía esperar, porque tenía otras tierras y su cultivo era la caña de azúcar. Pero los campesinos luchaban por su subsistencia, pues lo que deseaban plantar era su poco de maíz, de fríjoles... El administrador de la hacienda quiso dar una lección ejemplar y arrendó las tierras en disputa a los agricultores de Villa de Ayala, la cabecera del distrito a la que pertenecía Anenecuilco. Zapata decidió actuar: armó a unos ochenta hombres del pueblo y empezó a repartir lotes entre las familias de su aldea después de obligar a que se retiraran los de Ayala y la guardia de su hacienda. El ejemplo cundió, otros pueblos, entre ellos Villa de Ayala, acudieron a él para recuperar sus tierras y, en el invierno de 1909-1910, Emiliano Zapata, convertido en presidente del comité de defensa de Villa de Ayala, era la autoridad efectiva de una amplia zona, gracias a que había reunido una potencia de fuego suficiente para imponer sus decisiones y también a que el gobierno tenía preocupaciones mayores que atender.

De la caída de Díaz al Plan de Ayala

El general Díaz, que había dejado entender que se retiraría de la política después de gobernar dictatorialmente durante más de treinta años, anunció a principios de 1910 que se presentaba a una nueva reelección. También presentó su candidatura a la presidencia de la república Francis-co Ignacio Madero, un terrateniente del norte del país. Pero Madero fue apresado al iniciar su campaña electoral y tuvo que refugiarse en Estados Unidos. Desde allí lanzó un llamamiento a la rebelión contra Díaz, consiguió aglutinar el descontento contra el dictador e inició la lucha armada. En Morelos, sin embargo, el comité de defensa, que tan buenos resultados obtenía en la recuperación de la tierra, siguió actuando en solitario. Zapata, antes de unirse a la rebelión, quería poner en claro si los maderistas deseaban resolver el problema agrario y, en caso de ser así, quería tener en su poder nombramientos formales que evitaran las acusaciones de bandidismo. Otras partidas de Morelos se lanzaron a la guerrilla, pero Zapata esperó a que no quedara ninguna duda sobre los dos temas que le preocupaban: la tierra y los nombramientos. Finalmente, Madero encargó la dirección de la rebelión en Morelos a Pablo Torres Burgos, quien nombró a Emiliano Zapata coronel. Ya había llegado el momento de lanzarse a la batalla. En marzo de 1911, Torres Burgos fue asesinado por los federales y Zapata fue elegido general y Jefe Supremo del Movimiento Revolucionario del Sur. A mediados de mayo, mientras maderistas y porfiristas ya negociaban en Estados Unidos y los hacendados de Morelos maniobraban políticamente para no perder sus privilegios en la nueva situación que se avecinaba, Zapata decidió reafirmar su posición de máximo dirigente maderista en su estado mediante una acción bélica de envergadura. El 19 de mayo, después de seis días de batalla, conquistó Cuautla, una base sólida para controlar Morelos y una baza política y militar de primera magnitud. A continuación, ordenó el reparto de tierras en su zona.

El 25 de mayo Díaz renunció a la presidencia, que fue asumida interinamente por el porfirista Francisco León de la Barra. Madero entró en Ciudad de México el 7 de junio y al día siguiente conferenció con Zapata, quien quería garantías con respecto a la cuestión agraria. Madero trató de convencerlo de que desarmara a sus hombres. Zapata se levantó, apuntó con su carabina al respetado dirigente y le explicó que como iba armado podía quitarle su cadena de oro y su reloj, pero que no podría hacerlo si ambos llevasen armas. Madero insistió, prometió soluciones y ofreció a Zapata el cargo de jefe de policía del estado de Morelos, cuerpo al que podría incorporar a 400 de sus hombres. Zapata aceptó licenciar sus tropas y el 13 de junio 2.500 zapatistas habían entregado las armas.

Convencido de que la situación estaba normalizada y de que podría abandonar su actividad política, el 26 de junio de 1911 Emiliano Zapata, que tenía al menos un hijo con otra mujer, contrajo matrimonio ante el presidente municipal de Villa de Ayala con Josefa Espejo, su novia desde hacía bastante tiempo. Pero la normalización no había llegado y ya nunca podría dedicarse a su vida privada. Los hacendados impidieron su nombramiento como jefe de policía, ningún zapatista fue aceptado en ese cuerpo y sólo se le permitió conservar una escolta de cincuenta hombres armados. El acoso se incrementó y, pese a un primer intento de mediación de Madero, el ejército empezó a ocupar Morelos y a deshacer la obra de Zapata. El propio Emiliano Zapata estuvo a punto de ser capturado en la hacienda de Chinameca, pero logró escapar y días más tarde fue encontrado solo, a lomos de un burro, camino de las montañas. La brutal intervención del ejército, que aplicó la política de «recolonización», consistente en agrupar obligatoriamente a los campesinos en campos de concentración, en quemar los lugares evacuados y en tratar como enemigo a todo el que se encontrara fuera de esas reservas, dio mayor fuerza a la guerrilla, a la que ahora se unieron también los peones de las haciendas. Los zapatistas se reagruparon y se fortalecieron, y a finales de octubre consiguieron tomar pueblos situados a menos de veinticinco kilómetros de la capital de la república.

Cuando el 6 de noviembre de 1911 Madero asumió la presidencia, Zapata concentró a sus hombres en los alrededores de Villa de Ayala a la espera de negociaciones. Sin embargo, Madero, presionado por los sectores conservadores y por el ejército, que ya preparaba un nuevo ataque contra Morelos, exigió la rendición y la entrega de las armas. Zapata respondió con la publicación del Plan de Ayala, firmado el 15 de noviembre, un plan agrarista que sería su bandera irrenunciable y que años más tarde se convirtió en la base de la reforma agraria mexicana.

Oficialistas y agraristas frente a frente

Se rompieron las hostilidades entre los revolucionarios oficiales y los agraristas. Madero nombró jefe

Los zapatistas esperan en Xochimilco la llegada de los villistas para instaurar el gobierno provisional en 1914. Sentados, de izquierda a derecha: el general Benjamín Argumedo, Emiliano Zapata y Manuel Palafox.

militar de Morelos al general Juvencio Robles, una de cuyas primeras medidas consistió en tomar como rehenes a la suegra, la hermana y dos cuñadas de Zapata. A continuación, aplicó nuevamente y de forma más dura la política de recolonización. La guerrilla creció, pero el gobierno dominaba las ciudades y, tras la sustitución de Robles por el general Felipe Ángeles, trató de poner en práctica una política reformista que restara apoyo social a Zapata, cuya familia fue liberada. Sin embargo, las rebeliones contra Madero y su asesinato en febrero de 1913 por órdenes de Victoriano Huerta, reavivaron el movimiento revolucionario en todo México.

Huerta necesitaba golpear espectacularmente a sus enemigos, por lo que encargó de nuevo a Robles la lucha contra los zapatistas. La recolonización, las levas forzosas y las deportaciones de campesinos volvieron a radicalizar la lucha. Zapata se impuso en Morelos, mientras Venustiano Carranza, que como gobernador constitucional de Coahuila pretendía encarnar la legalidad frente a Huerta, agrupaba fuerzas y Pancho Villa ganaba terreno en el norte del país. Antes de establecer un frente común contra Huerta, Zapata, a cuyas filas se habían incorporado intelectuales procedentes de la semiácrata Casa del Obrero Mundial, exigió a sus posibles aliados la aceptación del Plan de Ayala; en caso contrario, seguiría su lucha agrarista en solitario. Carranza no incluyó en su programa las reivindicaciones obreras y campesinas y, cuando en julio de 1914

La Revolución Mexicana tuvo su momento culminante el 6 de diciembre de 1914. El idilio entre Villa, sentado en el sillón presidencial, y Zapata, se truncaría pronto.

Huerta se vio obligado a abandonar el país, zapatistas y villistas se opusieron a su predominio. La Convención de Aguascalientes, convocada para concertar a las diferentes facciones, terminó con la retirada de los carrancistas y supuso un acercamiento entre Villa y Zapata, que entraron en la capital de México en noviembre de 1914.

La ambición de Villa produjo la ruptura casi inmediata de su coalición con Zapata, el cual se retiró a Morelos y concentró su acción en la reconstrucción de su estado, que vivió dieciocho meses de auténtica paz y revolución agraria mientras luchaban villistas y carrancistas. En 1915, la derrota de Villa permitió que Carranza centrara sus ataques contra Zapata, que por su dedicación exclusiva a Morelos carecía de proyección nacional. En febrero de 1916, Zapata autorizó conversaciones entre representantes suyos y el general Pablo González, encargado por Carranza de la conquista de Morelos. Estas conversaciones terminaron en fracaso y González, con las mismas técnicas empleadas por Juvencio Robles, se adentró en Morelos. En junio de 1916 tomó el cuartel general de Zapata, el cual reanudó la guerra de guerrillas y logró recuperar el control de su estado en enero de 1917. Tras esta nueva victoria, Zapata, que preveía la inmediata caída de Carranza, llevó a la práctica un conjunto de avanzadas medidas políticas, agrarias y sociales, tanto para incrementar su base en Morelos como para buscar apoyos en el resto de México.

Un nombre para la leyenda

Carranza, cuyos proyectos de reforma eran mucho más moderados, no podía permitirse la supervivencia del zapatismo en Morelos y en diciembre de 1917 preparó una nueva ofensiva, que dejó de nuevo al mando de Pablo González. Pese a que en esta ocasión González no entró en Morelos a sangre y fuego, sino que trató de implantar en el estado las reformas carrancistas y de pactar con los zapatistas moderados, la guerrilla siguió activa, lo que representaba para Carranza una continua incitación a la radicalización revolucionaria. Ante la imposibilidad de terminar con el movimiento, Carranza y González planearon el asesinato de Zapata. Con el señuelo de pasarse a su bando con armas y pertrechos, el coronel Jesús Guajardo atrajo a Emiliano Zapata hasta un lugar bien conocido por el líder sureño, la hacienda de Chinameca, de donde años atrás había escapado de otra ofensiva federal. Allí Guajardo tenía apostados a sus casi mil soldados. Zapata y diez hombres de su escolta personal acudieron a la cita. El 10 de abril de 1919, al traspasar la puerta de la hacienda, los soldados que presentaban armas dispararon a quemarropa contra Emiliano Zapata, que cayó acribillado. Su cadáver fue trasladado a Cuautla y González hizo que el entierro fuera fotografiado y filmado. Los morelenses no quisieron creer que hubiera muerto. Unos decían que era demasiado listo para caer en la trampa y que había enviado a un doble; otros encontraban a faltar una característica en el cadáver exhibido. La guerrilla zapatista desapareció poco después de la muerte de su líder, aunque varios de sus principios fueron recogidos en las primeras legislaciones revolucionarias mexicanas.

El 10 de abril de 1919 Emiliano Zapata caía asesinado por los disparos a quemarropa efectuados por más de mil federales comandados por el general Guajardo, brazo ejecutor de la vil traición urdida por el presidente Carranza y el general Pablo González.

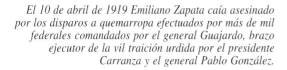

¿1879-1883?	Nace en San Miguel Anenecuilco, Morelos, **EMILIANO ZAPATA**.
1909	Zapata inicia sus actividades revolucionarias como presidente de la Junta de defensa de las tierras de la región de Ayala.
1911	Marzo. Zapata, tras el asesinato de Torres Burgos por los federales, es elegido Jefe Supremo del Movimiento Revolucionario del Sur. 19 de mayo. Conquista Cuautla para controlar todo el estado de Morelos. 26 de junio. Tras licenciar a sus tropas, contrae matrimonio con Josefa Espejo. Noviembre. Ruptura entre Madero, que exige la rendición y la entrega de las armas, y Zapata. Publicación del Plan de Ayala.
1913	Zapata encabeza la rebelión contra Huerta en Morelos tras el asesinato de Madero, pero reforma el Plan de Ayala y se erige en el jefe del mismo para asegurar su cumplimiento por los carrancistas.
1914	Éxito de zapatistas y villistas en la Convención de Aguascalientes, de la que se retiran los carrancistas. Entrada de los convencionalistas en la Ciudad de México en noviembre de 1914. Zapata y Villa se entrevistan en Xochimilco.
1916	Juvencio Robles toma el cuartel general de Zapata, que reanuda la guerra de guerrillas. Contraataque de Zapata y leyes revolucionarias en el estado de Morelos.
1918	Manifiesto de marzo «A los revolucionarios de la república y a los trabajadores de la república», de claro contenido magonista.
1919	10 de abril: Zapata es asesinado tras asistir a una cita en la hacienda de Chinameca, donde había sido convocado por el coronel Jesús Guajardo, bajo el señuelo de pasarse al zapatismo con armas y bagajes, asesinato instigado por Pablo González y el mismo Carranza.

STALIN
(1879-1953)

*E*n octubre de 1961 los dirigentes soviéticos trasladaron el cuerpo embalsamado de Stalin del lugar de honor que ocupaba en la Plaza Roja de Moscú a la muralla del Kremlin, junto a otros difuntos ilustres, para acabar con el culto a la personalidad. El ambicioso hijo de un zapatero georgiano, durante treinta años de implacable gobierno, habrá llegado a acumular un vastísimo poder y, al final de su vida, habrá coronado su megalomanía haciéndose nombrar mariscal de la Unión Soviética y generalísimo.

El estudiante modelo

El joven Iósiv Vissariónovich Dzhugashvili, llamado Stalin, apodo que significa «acero», nació en Gori, Georgia, en el año 1879, en el seno de una familia pobre y analfabeta. Creció en un ambiente de suciedad y miseria junto a un padre alcohólico cuyas «palizas terribles e inmerecidas», según un amigo de infancia de Stalin, «hicieron al niño tan tosco y despiadado como su padre». La madre, que debía trabajar como empleada doméstica para subsistir, quería que su hijo fuese sacerdote, única posibilidad de salir de la pobreza. A los catorce años el joven Stalin ingresó, gracias a una beca, en el Seminario de Tbilisi, donde llevó una existencia rígida y aplicada a los estudios. De este centro teológico fue expulsado antes de cumplir los veinte años, pero, por entonces, ya pertenecía al grupo socialista georgiano.

En 1924, no obstante haberse labrado una pequeña reputación revolucionaria y haber representado un papel importante en la toma del poder por los bolcheviques, nadie creía que este oscuro secretario del partido fuera llamado a sustituir al carismático Lenin al frente del gobierno de la URSS. Pero el maquiavélico Stalin silenciosa y soterradamente había preparado el terreno para que ello sucediera.

El maestro del disimulo

En los años previos al estallido de la Revolución de 1917, Stalin se había movido por toda Rusia conspirando contra el régimen zarista, usando nombres y pasaportes falsos, repartiendo panfletos subversivos, organizando manifestaciones y desencadenando huelgas hasta que fue apresado y desterrado a Siberia, de donde logró huir para sumarse activamente a la lucha revolucionaria. De hecho, desde su puesto de director de *Pravda*, el periódico oficial del partido, dirigió a los bolcheviques durante los meses que precedieron a la llegada de Lenin a Petrogrado. Pero su mayor victoria le llegaría años más tarde, en 1922, cuando logró salir elegido secretario general del Partido. Esto le permitió situar a sus seguidores en los puestos claves del país y preparar su acceso al poder a la muerte de Lenin, a pesar de que éste había dispuesto expresamente en su testamento que Stalin fuera apartado de sus cargos, considerando una amenaza su control sobre la maquinaria del partido. Stalin escamoteó el documento para que no se hiciera público; en 1927, apoyándose en algunos dirigentes históricos del bolchevismo, expulsó del partido y desterró a Trostki, el creador del Ejército Rojo y delfín de Lenin, y, tras desarrollar la teoría del «socialismo en un sólo país», que supuso la identificación de la causa del comunismo con la causa de la URSS, impuso a la fuerza, en 1928, el primer Plan Quinquenal de industrialización.

Decidido a aumentar la producción, para llevar a cabo su política de colectivización de pequeñas fincas rústicas, Stalin no dudó en extender el terror entre los campesinos, practicando deportaciones masivas y numerosas ejecuciones. Los campesinos, resistieron durante un tiempo quemando sus cosechas y matando el ganado antes de que el estado se incautara de ellos, pero la fanática determinación de Stalin terminó por imponerse.

El dictador en la cúspide

La modernización sin contemplaciones del campo produjo resultados espectaculares y en la década de los años treinta, cuando el mundo se debatía en una terrible depresión económica, la URSS construyó las más gigantescas fábricas de tractores y de conservas, altos hornos y refinerías petrolíferas. El segundo y tercer Plan Quinquenal fijaron altísimos objetivos de producción, ejerciendo el estado rigurosas inspecciones en las fábricas, cuyos responsables, en caso de no alcanzar las metas productivas, podían ser acusados de sabotaje y encarcelados. Las implacables exigencias estalinistas sometieron al pueblo soviético a una carrera productiva infernal de la que resultó un aumento fulminante del peso específico del gigantesco país en el escenario internacional, sin que ello comportara una mejora de las condiciones de vida de los trabajadores.

Cuando en 1934 fue asesinado Kirov, secretario general del partido, Stalin aprovechó el crimen para desatar su furia hasta límites de memorable crueldad, llevando a cabo una de las más sangrientas purgas conocidas en la historia contemporánea.

Con y contra Hitler

Mientras tanto la Alemania nazi amenazaba con extender su territorio en busca de «espacio vital» y dicha expansión debía hacerse, naturalmente, a expensas de la Unión Soviética. La estrategia que llevó a cabo Stalin para neutralizarla fue un dechado de doblez y de astucia. En 1939, en un gesto que fue tomado como una traición a Europa, Stalin firmó con Hitler un tratado de no agresión, que dejaba al líder nazi las manos libres para iniciar sus anexiones. Poco después los alemanes invadieron Polonia y Francia e Inglaterra declararon la guerra a Alemania, mientras que el impasible Stalin continuaba aumentando su producción de armamentos. En 1940, toda la Europa continental estaba en manos alemanas e Inglaterra parecía al borde de la derrota. Fue entonces cuando Hitler volvió sus ejércitos hacia el este e invadió Rusia el 22 de junio de 1941. Pero Stalin ya lo estaba esperando. Durante dos años se había preparado para esta eventualidad construyendo una poderosa maquinaria bélica. El pueblo soviético, reaccionó heroicamente y, como en la guerra contra Napoleón, llevó a cabo una feroz

Durante treinta años, el temperamental e inflexible Stalin (arriba con Winston Churchill y Harry Truman durante la conferencia de Postdam en julio de 1945), gobernó despóticamente al pueblo soviético, al cual sometió a duras condiciones de vida, pero también lo condujo a la victoria sobre las tropas nazis.

resistencia cumpliendo la consigna de «tierra quemada» lanzada por Stalin: «El enemigo no debe encontrar una sola máquina, un solo vagón de ferrocarril, una libra de trigo ni un litro de carburante». Kiev retrasó la marcha de Hitler en seis semanas, Odesa en ocho, y los cálculos nazis de que sería una campaña triunfal empezaron a torcerse. Además, Moscú, defendida por el impertérrito Stalin, rechazó dos veces el ataque, y entretanto llegó el crudo invierno ruso.

La ciudad de Stalin

Aprovechando la inmovilización del ejército alemán y sus graves problemas logísticos, Stalin lanzó un contraataque que obligó a los alemanes a retroceder por primera vez e insufló con ello un hálito de esperanza en la victoria: el Ejército Rojo había vencido a la apisonadora nazi.

Sin embargo, en 1942 Hitler desató una tremenda ofensiva, apoyada con millares de tanques y bombarderos, sobre la región del Cáucaso, donde se localizaban las grandes reservas de petróleo

Durante la década de los treinta, Stalin (arriba en esa época rodeado de sus colaboradores) impuso por la fuerza sus duros planes de producción, que lograron colocar a la URSS entre las grandes potencias industriales, pero las condiciones de vida de los trabajadores apenas mejoraron.

ruso. La victoria nazi sólo dependía de la conquista de Stalingrado (Volgogrado), ciudad industrial erigida durante el gran crecimiento de los años treinta. La defensa de esta plaza era vital para Stalin, quien una vez más demostró su astucia y oportunismo. En agosto de 1942 se luchaba en los arrabales de la ciudad y las tropas alemanas avanzaban lenta e inexorablemente hacia el centro urbano, donde las fábricas ya sólo eran ruinas. Los habitantes de Stalingrado, fieles a la consigna staliniana de «Ni un paso atrás», continuaban resistiendo desesperadamente. La lucha en las calles prosiguió hasta que, el 19 de noviembre, el jefe soviético lanzó un gigantesco contraataque cercando al enemigo y causándole infinidad de bajas. Cuando por fin los alemanes se rindieron, en febrero de 1943, apenas les quedaban 90.000 hombres de los 330.000 que habían caído en la celada genial tendida por Stalin.

La victoria cambió el curso de la guerra. En pocos años Stalin logró expulsar a todos los alemanes del territorio ruso y, cuando los aliados invadieron Normandía, en junio de 1944, el Ejér-

cito Rojo inició su avance hacia Alemania, que se rendiría incondicionalmente en mayo de 1945. Los países del este europeo recibieron al principio a los soviéticos como libertadores, pero pronto se apercibieron de las verdaderas intenciones del dictador. Si bien Stalin no se anexionó ninguno de estos países, estableció en ellos gobiernos títeres y fundó así una potencia mundial, sólo aventajada por los Estados Unidos.

El éxito de la política de Stalin era innegable, pero el lanzamiento de las bombas atómicas sobre Hiroshima y Nagasaki significaba una ventaja bélica de los Estados Unidos inaceptable para él. Comenzó entonces el período conocido como la «guerra fría», y el pueblo ruso se vio sometido a nuevos sufrimientos. En 1949, Stalin hizo estallar la primera bomba atómica soviética. El potencial destructivo se había equilibrado. Decididamente, aquel georgiano insaciable de grandes mostachos a quien le gustaban las películas de Charlot puede que, para algunos, tuviera razón, pero nadie podrá decir de él que se dejara llevar por la piedad.

Arriba, el féretro de Stalin llevado a hombros de algunos de sus más directos colaboradores. Ninguno de ellos alcanzaría el poder: el nuevo secretario general fue Nikita S. Jruschov, quien denunció la falsificación de la historia y los excesos del "culto a la personalidad" de la era estalinista en un informe secreto presentado durante el XX Congreso del PCUS (febrero 1956).

1879	Nace Iósiv Vissariónovich Dzhugashvili, llamado **STALIN**, hijo de un zapatero, en Gori, Georgia.
1894	Ingresa en el Seminario de Tbilisi.
1905	Participa en la insurrección armada de este año y conoce a Lenin en el Congreso de Tampere.
1913	Es desterrado a Siberia el 23 de febrero.
1918	En enero elabora la *Declaración de los derechos de los pueblos de Rusia*.
1922	Es nombrado secretario general del Partido Comunista con la oposición de Trotski.
1924	Asume el poder en la URSS tras la muerte de Lenin. Publica *Acerca de los principios del leninismo*.
1928	Impulsa el Primer Plan Quinquenal para la vertiginosa industrialización del país.
1939	23 de agosto: firma un pacto de no agresión con Alemania.
1941	22 de junio: Hitler ataca la URSS. Stalin concentra en sus manos todos los poderes.
1945	1 de enero: se hace nombrar generalísimo. Tras la Segunda Guerra Mundial, en las conferencias de Yalta y de Postdam, se reparte Europa con los aliados.
1953	Fallece en Moscú.

ALBERT EINSTEIN
(1879-1955)

La imagen más conocida del mítico Einstein lo presenta ya anciano, aureolado por una melena leonina, con el blanco bigote muy poblado, los ojos bondadosos y profundos, un cómodo jersey excesivamente ancho, viejos zapatones que usaba siempre sin calcetines y un pantalón arrugado que sostenía a veces por medio de una corbata atada a la cintura a la manera de cinturón. Era extraordinariamente amable con todos y sus colegas reconocían que «incluso cuando discute cuestiones de física teórica irradia buen humor, afecto y bondad».

Siempre vivió con suma modestia. Durante su último período en Pricenton, siendo ya el afamado Premio Nobel de Física de 1921, salía invariablemente todas las mañanas a las diez y media, enfundado en un añoso abrigo deforme y, en invierno, tocado por un gorro de lana de marinero, para llegar a su espacioso despacho, cuya ventana miraba a un agradable bosquecillo, y pasarse el tiempo escribiendo en una libreta que apoyaba sobre sus rodillas. En ocasiones se detenía a reflexionar mientras sus dedos jugaban a ensortijarse con mechones de pelo. Todo su equipo de investigación se reducía a ese aislamiento amable, a ese papel y a ese lápiz, y su laboratorio no era otro que su bien amueblado cerebro.

Un estudiante mediocre

El destino de Einstein fue paradójico. Activo pacifista, vivió para ver cómo su teoría de la relatividad permitía la fabricación de la mortífera bomba atómica; enemigo de la publicidad y de la fama, fue perseguido por los expertos en publicidad para que patrocinase desde callicidas hasta modernos automóviles; gran defensor de la libertad individual, fue calificado de bolchevique por unos y de instrumento del capitalismo simbolizado por Wall Street por otros; científico independiente apenas interesado por la política

práctica, llegaron a ofrecerle la presidencia de un estado, el naciente Estado de Israel.

Lo cierto es que fue un hombre tímido y humilde, pero no huraño, aunque las fotografías que lo retratan de niño muestren a las claras el aislamiento en que vivió precozmente recogido. Nació el 14 de marzo de 1879, en Ulm, Alemania, en el seno de una familia hebrea. Muy pronto pasó a Munich, donde su padre, Hermann, regentaba una pequeña empresa de electricidad. Su madre, llamada Pauline Koch, era una hábil pianista y poseía una educación esmerada.

De crío, Albert se apartaba de sus compañeros y los maestros lo juzgaban un inadaptado. En casa solía componer alguna melodía al piano que luego tarareaba por la calle. Estudiante mediocre, fracasó en los exámenes de ingreso en el Politécnico de Zurich, pese a que logró salvarlos a la segunda intentona. Al final de su carrera, sobre una puntuación máxima de 6 puntos, obtuvo 4,91. Por otra parte, su tesis doctoral, un trabajo de 29 páginas titulado «Una nueva determinación de las dimensiones moleculares», fue evaluado por el tribunal examinador como irrelevante.

Por aquel tiempo tenía la costumbre de pasearse con un viejo violín con el que interpretaba a menudo fragmentos de su compositor preferido, Mozart, y frecuentaba el rincón de un café donde pasaba largas horas solo y ensimismado, fumando siempre en pipa, como un Sherlock Holmes infatigable que resolviera mentalmente enigmas de física teórica.

El peor enemigo, el ejército

Tras licenciarse en Física a los veintiún años y habiéndose nacionalizado suizo en febrero de 1901, perdió sucesivamente tres empleos como profesor a causa de su heterodoxa manera de enseñar. Se casó muy joven con una estudiante de ciencias, Milena Maríc, una muchacha servia que cojeaba a causa de una enfermedad de origen tuberculoso, y tuvo con ella dos hijos, Hans y Eduard, pero el matrimonio no tardó en separarse. A los veintitrés años todo lo que había logrado era un puesto de examinador en una oficina de patentes de Berna, y sin embargo, dos años después, en 1905, revolucionaría el mundo científico con su teoría de la relatividad restringida.

En el célebre artículo en que dio a conocer su teoría, «Sobre la electrodinámica de los cuerpos en movimiento», postuló que la velocidad de la luz es constante para todos los sistemas de referencia y que, como consecuencia de ello, el tiempo es relativo al estado de movimiento del observador. Y en nuevo artículo publicado poco después para clarificar la estructura matemática de la teoría de la relatividad restringida, «¿Depende la inercia de un cuerpo de su energía?», dedujo su conocida fórmula $E = m\,c^2$, la energía es igual a la masa multiplicada por el cuadrado de la velocidad de la luz en el vacío. Lo que a efectos prácticos significaba que si se lograra liberar la energía condensada en una pequeña masa la potencia resultante sería equiparable a millones de toneladas de TNT. Sólo faltaba resolver técnicamente esta dificultad para que pudiera desencadenarse la más colosal de las galernas, el cataclismo más aterrador del planeta. Y a esta orgía apoteósica se entregó la humanidad en Hiroshima el año 1945.

La responsabilidad de tamaño desafuero recae en parte en Einstein, porque, aunque no participó en el desarrollo de la bomba de fisión en Los Alamos (Nuevo México), en 1939 escribió a Roosevelt señalando las inmensas posibilidades de obtener buenos resultados en la investigación atómica con el uranio, y en la misma carta indicaba que «este nuevo fenómeno permitiría la fabricación de bombas». Bien es verdad que su actitud venía impuesta por la carrera armamentística iniciada por Alemania, muy interesada en la obtención de este formidable instrumento de destrucción, pretensión que, de haberse visto satisfecha, hubiera sin duda decantado la balanza de la Segunda Guerra Mundial del lado nazi. Einstein, que como judío había tenido que exiliarse de Berlín cuando comenzaron las persecuciones antisemitas, odiaba la política hitleriana y naturalmente apoyaba los esfuerzos armados de las democracias aliadas para poner fin a su pro-

Albert Einstein, el científico cuyas teorías sentaron las bases del uso de la energía nuclear y revolucionaron el concepto newtoniano del Universo, encarnó también la figura del sabio comprometido con la paz y la defensa de los derechos civiles.

grama expansionista. No obstante, antes y después de la célebre carta que decidió al presidente estadounidense a dar luz verde a las investigaciones en la dirección que apuntaba el reputado físico y Premio Nobel, Einstein fue un ferviente antimilitarista que llegó a escribir: «Quiero hablar del peor engendro que ha salido del espíritu de las masas: el ejército, al que odio. Que alguien sea capaz de desfilar muy campante al son de una marcha basta para que merezca todo mi desprecio, pues ha recibido cerebro por error: le basta con la médula espinal. Habrá que hacer desaparecer lo antes posible a esa mancha de la civilización. Cómo detesto las hazañas de los mandos, los actos de violencia sin sentido y el dichoso patriotismo. Qué cínicas, qué despreciables me parecen las guerras. ¡Antes dejarme cortar en pedazos que tomar parte en una acción tan vil!»

La obra de Albert Einstein (arriba, con su hija) revolucionó la Física del siglo XX, aunque el gran científico se negó durante toda su vida a aceptar el enfoque probabilista de la mecánica cuántica, afirmando en una ocasión que "Dios no juega a los dados con el cosmos". Einstein profesaba una filosofía panteísta y confesó creer en el "Dios de Spinoza que se manifiesta en la armonía de lo que existe".

Una fama relativa

Las condiciones de vida de Einstein no mejoraron gran cosa a partir de 1905, pese a que hoy sepamos que las diversas aportaciones científicas que realizó ese año han resultado decisivas en la historia de la humanidad. En 1908 explicó en la Universidad de Berna una compleja asignatura llamada «Teoría de la radiación», pero en ella sólo se matricularon cuatro alumnos, y al año siguiente sólo uno, por lo que juzgó conveniente renunciar. En octubre de 1909 ingresó como profesor ayudante en la Universidad de Zurich, si bien para impartir asignaturas elementales como Introducción a la mecánica, y hasta 1911 no pudo ofrecer su primera conferencia sobre la teoría de la relatividad. Por fin, en 1916 publicó su artículo «Fundamentos de la teoría de la relatividad generalizada», donde formulaba una nueva teoría de la gravitación.

El 2 de junio de 1919 contrajo matrimonio con su prima Elsa, quien había estado casada previamente y cuidaba de dos hijos. Era una mujer dulce y amable que no tenía, felizmente según Einstein, ni la más remota idea de cuestiones científicas, a diferencia de su primera esposa, la inquieta Milena.

Ese mismo año, el 29 de marzo, una expedición científica ratificó experimentalmente, observando un eclipse de sol, las predicciones de Einstein sobre la influencia del campo gravitatorio respecto a la propagación de la luz, lo que suponía la primera verificación de la teoría de la relatividad generalizada. El inmediato Premio Nobel de Física que le fue concedido por la siempre prudente Academia sueca en 1921 terminó por encauzarlo hacia una celebridad a escala mundial que no acabaría de aquilatarse plenamente hasta los años treinta.

El último sabio

Ningún sabio ha sido glorificado en vida como lo fue Einstein en sus últimas décadas. Su nombre aparecía frecuentemente en los periódicos, su imagen se difundió en carteles antimilitaristas, llegó a convertirse en el símbolo de su raza oprimida cuando los nazis comenzaron sus atroces depuraciones... Y todo ello pese a que por su natural sencillez lo violentaban extraordinariamente estas lisonjas, y hubiese preferido permanecer en el anonimato a ser pasto de una incómoda popularidad que, por entonces, recaía igualmente en su amigo Charles Chaplin, quien en cierta ocasión le dijo: «A usted le aplauden las gentes porque no le entienden, y a mí me aplauden porque me entienden demasiado.»

Instalado desde 1933 en el Instituto de Estudios Avanzados de Princeton, obtuvo la nacionalidad estadounidense en 1940, y en 1952, tras la muerte del presidente Chaim Weizmann se le ofreció, por acuerdo unánime de los israelíes, la presidencia del Estado de Israel, recientemente constituido. Einstein rechazó el honroso requerimiento en una carta donde hacía constar: «Estoy triste y avergonzado de que me sea imposible aceptar este ofrecimiento... Esta situación me acongoja aún más porque mi relación con el pueblo judío ha llegado a constituir para mí la obligación humana más poderosa desde que adquirí la conciencia plena de nuestra difícil situación entre los otros pueblos... Deseo de todo corazón que encuentren un presidente que por su historia y su carácter pueda aceptar responsablemente esta difícil tarea.»

Pocos años después, tras su muerte, acaecida en Princenton en 1955, millares de hombres que lo habían conocido personalmente y otros que sólo habían oído hablar de él, lloraron su pérdida. Entre las celebridades que trató en vida se contaron Franz Kafka, Madame Curie, Rabindranath Tagore, Alfonso XIII de España... El músico catalán Pau Casals escribió al enterarse de su fallecimiento: «Siempre sentí por él la mayor estimación. Ciertamente era un gran sabio, pero aún mucho más que eso. Era, además, un pilar de la conciencia humana en unos momentos en los que parece que se vienen abajo tantos valores de la civilización.»

1879	14 de marzo: **ALBERT EINSTEIN** nace en Ulm, Alemania, en el seno de una familia judía.
1896	Estudia en el Instituto Politécnico de Zurich.
1900	Adopta la nacionalidad suiza. Se casa con Milena Maric.
1902	Obtiene un trabajo en la Oficina Confederal de la Propiedad Intelectual de Berna.
1905	Formula la teoría de la relatividad restringida.
1913	Profesor del Instituto Kaiser Wilhelm de Berlín. Ingresa en la Academia de Ciencias de Prusia.
1916	Publica «Fundamentos de la teoría de la relatividad generalizada».
1919	2 de junio: se casa en segundas nupcias con su prima Elsa.
1921	Obtiene el Premio Nobel de Física.
1933	Abandona Alemania a causa de las persecuciones contra los judíos.
1940	Es nombrado director del Instituto de Estudios Superiores de Princeton, New Jersey.
1952	Rechaza la presidencia del estado de Israel.
1955	18 de abril: muere en Princeton a los 76 años.

KEMAL ATATÜRK
(1881-1938)

*E*l forjador de la Turquía moderna fue uno de los dictadores más sorprendentes que registra la Historia. Poseía un espíritu a la vez refinado y salvaje que se expresaba tanto en la nobleza de sus gestos y actitudes, como en la fiereza contenida de muchas de sus decisiones. Vestía siempre con una extrema elegancia, pero en la guerra olvidaba las ceremonias y se mezclaba con sus soldados polvorientos como si fuera uno más. Podía ser cruel y magnánimo, vengativo e indulgente, despiadado y sentimental. Quienes lo conocieron describen su porte atlético y su rostro fascinante, surcado en la frente y mejillas por profundas arrugas y en cuyos ojos azules parecía ocultarse una inmensa tristeza.

Esa faz, que en ocasiones semejaba una máscara imperturbable, se animaba en otras con una alegría inocente y soñadora. Su pelo rubio era excepcional en un país de hombres oscuros, como lo fue su instinto de estadista en el conflictivo mundo que le tocó vivir.

Un hombre diferente

Su nombre era Mustafá y había nacido en Salónica, a la sazón ciudad turca, en 1881. De familia modesta, estudió en un colegio liberal y al morir su padre siguió la carrera militar en la Escuela de Guerra de Estambul, de donde salió diplomado en 1905. Ya por aquel entonces sus compañeros gustaban de llamarle Kemal, nombre que significa «el Perfecto» y que encajaba exactamente con su carácter, su comportamiento y su aspecto.

En aquellos días, el vasto imperio otomano, que a finales del siglo XVII se había extendido hasta las puertas de Viena, era víctima de las presiones ejercidas por las potencias europeas y se hallaba al borde del desmembramiento total. A la crisis económica y social que aquejaba al país se sumaron los continuos conflictos bélicos que

Mustafá Kemal, llamado Atatürk *(arriba), fue el fundador de la Turquía moderna. Hombre de fascinante personalidad, estadista intuitivo y dictador venerado por el pueblo, Atatürk asumió la organización y modernización de su país después del desmembramiento del imperio otomano, a costa de barrer toda oposición y acabar con tradiciones seculares de una sociedad sumida en el inmovilismo.*

hubo de mantener con sus vecinos, deseosos de anexionarse uno u otro territorio turco. Interesado por la política y angustiado por esta situación, Kemal se reveló como un hombre de tendencias reformistas y patrióticas, y contribuyó a la fundación del movimiento clandestino nacionalista *Vatan ve Hürriyet* (Patria y Libertad). Para castigar este activismo político, las autoridades lo enviaron primero a los destinos más peligrosos, luego lo encerraron temporalmente en prisión y por último lo amenazaron con el pelotón de fusilamiento.

Pero Mustafá Kemal estaba hecho de una pasta muy resistente y sobrevivió a todas las dificultades. Entre 1910 y 1913, cada vez que el imperio se bata exhausto en los campos de batalla contra Italia, Grecia, Bulgaria o Servia, o contra todos ellos al mismo tiempo, Kemal estará allí, en primera línea de fuego, a pesar de que los dirigentes del país le merecen el más profundo desprecio.

Al estallar la Primera Guerra Mundial, el imperio otomano al alinearse con Alemania y Austria , comenzó a desmoronarse por todas sus fronteras. Como había hecho antes, Mustafá Kemal estuvo presente en todas partes donde era necesario (los Dardanelos, el frente del Cáucaso, Palestina, Alepo...), como si poseyera el don de la ubicuidad. Aunque nada podía salvar a su país de la derrota, es de constatar que él nunca fue vencido y que incluso obtuvo algunas victorias, éxitos que no lograron sino retrasar brevemente los planes de los aliados.

Al término de la guerra, el sultán Mehmet VI asistió impotente a la ocupación de su imperio. La desmembración se hizo pronto realidad con el tratado de Sèvres, que no dejó intacta ni siquiera la península de Anatolia o Turquía propiamente dicha, mientras que las provincias árabes se constituían en Estados cuya tutela se confiaba a Gran Bretaña y Francia.

El dictador más amado

Según contaría después uno de sus oficiales, al enterarse de la consumación de la tragedia Kemal se encontraba en su campamento y permaneció reflexionando toda la noche en su tienda, abatido y concentrado. De pronto, un lobo aulló desesperadamente en la oscuridad; Kemal, como movido por un resorte, se enderezó al igual que un animal

Apoyado políticamente por el Partido Republicano del Pueblo, y obsesionado por crear una nueva Turquía, Atatürk no dudó en suprimir los tribunales religiosos y la poligamia, promulgar un código civil y otro penal, incorporar el sistema métrico y el alfabeto latino ni en prohibir el uso del fez y el velo islámico entre las mujeres. Arriba, monumento a Atatürk en Estambul.

salvaje y lanzó un terrible grito de furor que heló la sangre a los centinelas. Dejaba así renacer en él toda la fiereza de sus antepasados turcos y se sacudía la pátina de civilización adquirida desde su nacimiento. A partir de ese instante se le llamó «el lobo gris».

Atatürk acostumbraba a vestir con extrema elegancia, pero en la guerra el hombre que mereció el sobrenombre de "el lobo gris" era un soldado más.

Kemal acometió la lucha por la independencia y la integridad de Turquía con una energía insólita. Durante tres años combatió contra los aliados con un ejército, reclutado entre los campesinos, que lo seguía ciegamente. Derrotados los armenios, los italianos y los griegos, franceses y británicos reconocieron su victoria y firmaron el armisticio de Mudanya, que ordenaba la retirada de las tropas extranjeras de ocupación. La abolición del sultanato y la proclamación de la República Turca vinieron poco después. Mustafá Kemal, a quien se aclamaba como «el Victorioso», era dueño absoluto de los destinos de la nueva Turquía, cuya capital se trasladó a Ankara.

Lá reconstrucción del país era una ardua tarea que Kemal asumió con mano de hierro. No dudó en ejercer el poder de un modo totalmente autoritario y, paradójicamente, el mismo pueblo que sufría las consecuencias de una modernización acelerada e impuesta nunca dejó de amarlo como a un ídolo. Amparado en la mayoría parlamentaria de su Partido Republicano del Pueblo, Kemal suprimió los tribunales religiosos, las escuelas coránicas, las cofradías musulmanas y la poligamia, promulgó un código civil y otro penal, impuso el alfabeto latino y el sistema métrico, introdujo el voto femenino y renovó las ciudades turcas. Leyes como la que declaraba obligatorio llevar sombrero en lugar del tradicional fez (gorro cónico turco) o la que prohibía a las mujeres llevar el velo islámico levantaron ampollas en una sociedad atrasada y apegada a sus creencias, pero acabaron por cambiar el rostro de Turquía.

A pesar de su dureza, de su autoritarismo y de atentar contra todas las tradiciones de su pueblo, Kemal continuó siendo una especie de dios para los suyos. Cuando la Asamblea Nacional le atribuyó el nombre de *Atatürk*, Padre de los turcos, la sorda oposición de los conservadores, los musulmanes y los independentistas ya había sido barrida. A pesar de todos los progresos, Kemal murió sin haber podido completar su tarea; bebedor compulsivo, amante de los placeres hasta el agotamiento y, sin embargo, trabajador incansable por su país, una cirrosis hepática acabó con su vida el 10 de noviembre de 1938, exactamente a las nueve de la mañana. Aún pueden verse en Ankara algunos relojes de edificios oficiales que permanecen inmóviles marcando esa hora, en recuerdo del hombre que dio a su patria un nuevo futuro.

El 10 de noviembre de 1938, Mustafá Kemal Atatürk murió en Estambul víctima de una cirrosis hepática, dejando inconclusa su ambiciosa obra. La muerte del "padre de los turcos", que había logrado secularizar y modernizar Turquía a golpes de decreto, provocó un profundo dolor en su pueblo. Arriba, monumental mausoleo en las afueras de Aubara donde reposan sus restos.

1881	**KEMAL ATATÜRK**, nace en Salónica, ciudad griega perteneciente al imperio otomano.
1905	Se licencia en la Escuela de Guerra de Estambul. Se integra en el movimiento nacionalista.
1910-1913	Toma parte en las guerras que su país sostiene contra Italia, Grecia, Bulgaria, Servia y Montenegro.
1915-1918	Durante la Primera Guerra Mundial lucha en los Dardanelos, en el frente del Cáucaso, en Palestina y en Alepo.
1919	Desmembración del imperio otomano. Kemal comienza la lucha por la libertad e integridad de Turquía.
1922	11 de octubre: se firma el armisticio de Mudanya, en el que británicos y franceses reconocen su victoria. Queda abolido el sultanato.
1923	29 de octubre: la República Turca es proclamada con Kemal como presidente.
1925	Se promulgan nuevos códigos civil y penal inspirados en los occidentales.
1928	Adopción de los caracteres latinos para transcribir la lengua turca.
1934	Concesión del voto a las mujeres.
1938	10 de noviembre: Mustafá Kemal muere en Estambul.

JUAN XXIII
(1881-1963)

Angelo Giuseppe Roncalli, que ha pasado a la historia con el nombre de Juan XXIII, fue uno de los papas más universalmente admirados entre cuantos han ocupado la cátedra de Pedro a través de los siglos. El cardenal polaco Stephan Wyzynski ha escrito de él: «Era extraordinariamente sensible a la vida humana y la contemplaba con ojos de historiador, relacionando todos los fenómenos particulares, impresiones y acontecimientos en una vasta síntesis general. Su manera de pensar era verdaderamente cristiana, impregnada de una gracia que parecía desprenderse del orden natural de las cosas. Pero no solamente pensaba de esta manera, sino que actuaba de esta manera. Emanaban de él bondad y sabiduría». Sólo un hombre de estas características, portentosamente inteligente al tiempo que sencillo y humilde, podía salvar el muro que se había alzado entre la Iglesia y el mundo después de dos guerras mundiales y de la eclosión de los socialismos. Sólo un hombre entrañable, comprensivo y cercano podía recuperar para sus fieles la imagen del padre protector y convertirse en pontífice, esto es, hacedor de puentes, entre el universo cristiano y las demás religiones. Otro heredero del legado de Pedro, Juan Pablo II, ha ensalzado su figura con estas palabras: «Su voz sacudió al mundo. Por su llaneza y por lo directa que era, por su humildad y discreción, por su valentía y su fuerza. Por medio de esa voz se oyó netamente la Palabra de Cristo llamando a la verdad, a la justicia, al amor y a la libertad.»

El sacerdote

Angelo Giuseppe Roncalli nació en Sotto il Monte, pequeña aldea cercana a Bérgamo, el 25 de noviembre de 1881. Era el tercer hijo de los once que tuvieron Giambattista Roncalli y Mariana Mazzola, campesinos de antiguas raíces católicas, y su infancia transcurrió en una austera y honorable pobre-za. Parece que fue un niño a la vez taciturno y alegre, dado a la soledad y a la lectura. Cuando reveló sus deseos de convertirse en sacerdote, su padre pensó muy atinadamente que primero debía estudiar latín con el viejo cura del vecino pueblo de Cervico, y allí lo envió. Lo cierto es que, más tarde, el latín del papa Roncalli nunca fue muy bueno; se cuenta que, en una ocasión, mientras recomendaba el estudio del latín hablando en esa misma lengua, se detuvo de pronto y prosiguió su charla en italiano, con una sonrisa en los labios y aquella irónica candidez que le distinguía rebosando por sus ojos.

Por fin, a los once años ingresaba en el seminario de Bérgamo, famoso entonces por la piedad de los sacerdotes que formaba más que por su brillantez. En esa época comenzaría a escribir su *Diario del alma*, que continuó prácticamente sin interrupciones durante toda su vida y que hoy es un testimonio insustituible y fiel de sus desvelos, sus reflexiones y sus sentimientos. En 1901, Roncalli pasó al seminario mayor de San Apollinaire reafirmado en su propósito de seguir la carrera eclesiástica. Sin embargo, ese mismo año hubo de abandonarlo todo para hacer el servicio militar; una experiencia que, a juzgar por sus escritos, no fue de su agrado, pero que le enseñó a convivir con hombres muy distintos de los que conocía y fue el punto de partida de algunos de sus pensamientos más profundos.

El futuro Juan XXIII celebró su primera misa en la basílica de San Pedro el 11 de agosto de 1904, al día siguiente de ser ordenado sacerdote. Un año después, tras graduarse como doctor en Teología, iba a conocer a alguien que dejaría en él una profunda huella: monseñor Radini Tedeschi. Este sacerdote era al parecer un prodigio de mesura y equilibrio, uno de esos hombres justos y ponderados capaces de deslumbrar con su juicio y su sabiduría a todo ser joven y sensible, y Roncalli era ambas cosas. Tedeschi también se

Angelo Giuseppe Roncalli, Juan XXIII, *fue uno de los pontífices más amados y admirados de todos cuantos han ocupado la silla de San Pedro. Sucesor de Pío XII, su pontificado derribó el muro que separaba a la Iglesia Católica de la realidad, destacando la importancia de la labor pastoral y promoviendo el acercamiento entre las iglesias cristianas. Su doctrina social se tradujo en profundas reformas llevadas a cabo en el seno de la misma Iglesia Católica a través del Concilio Vaticano II.*

sintió interesado por aquel presbítero entusiasta y no dudó en nombrarlo su secretario cuando fue designado obispo de Bérgamo por el papa Pío X. De esta forma, Roncalli obtenía su primer cargo importante.

Designios del destino

Dio comienzo entonces un decenio de estrecha colaboración material y espiritual entre ambos, de máxima identificación y de total entrega en común. A lo largo de esos años, Roncalli enseñó historia de la Iglesia, dio clases de Apologética y Patrística, escribió varios opúsculos y viajó por diversos países europeos, además de despachar con diligencia los asuntos que competían a su secretaría. Todo ello bajo la inspiración y la sombra protectora de Tedeschi, a quien siempre consideró un verdadero padre espiritual.

En 1914, dos hechos desgraciados vinieron a turbar su felicidad. En primer lugar, la muerte repentina de monseñor Tedeschi, a quien Roncalli lloró sintiendo no sólo que él perdía un amigo y un guía, sino que a la vez el mundo perdía un hombre extraordinario y poco menos que insustituible. Además, el estallido de la Primera Guerra Mundial fue un golpe para sus ilusiones y retrasó todos sus proyectos y su formación, pues hubo de incorporarse a filas inmediatamente. A pesar de todo, Roncalli aceptó su destino con resignación y alegría, dispuesto a servir a la causa de la paz y de la Iglesia allí donde se encontrase. Fue sargento de sanidad y teniente capellán del hospital militar de Bérgamo, donde pudo contemplar con sus propios ojos el dolor y el sufrimiento que aquella guerra terrible causaba a hombres, mujeres y niños inocentes.

Concluida la contienda, fue elegido para presidir la Obra Pontificia de la Propagación de la Fe y pudo reanudar sus viajes y sus estudios. Más tarde, sus misiones como visitador apostólico en Bulgaria, Turquía y Grecia lo convirtieron en una especie de embajador del Evangelio en Oriente, permitiéndole entrar en contacto, ya

Juan XXIII no permitió que el rígido protocolo y la pompa vaticana supusieran un obstáculo para acercarse al corazón de los hombres y hacer renacer en ellos la fe cristiana.

El papa Juan XXIII fue ante todo un hombre sencillo y bondadoso cuyo propósito fue poner al día a la Iglesia, adecuando su mensaje a la problemática del mundo moderno.

como obispo, con el credo ortodoxo y con formas distintas de religiosidad que sin duda lo enriquecieron y le proporcionaron una amplitud de miras de la cual la Iglesia Católica no iba a tardar en beneficiarse.

Atenas, París, Roma

Durante la Segunda Guerra Mundial, Roncalli se mantuvo firme en su puesto de delegado apostólico, realizando innumerables viajes desde Atenas y Estambul, llevando palabras de consuelo a las víctimas de la contienda y procurando que los estragos producidos por ella fuesen mínimos. Pocos saben que si Atenas no fue bombardeada y todo su fabuloso legado artístico y cultural destruido, ello se debe a este en apariencia insignificante cura, amable y abierto, a quien no parecían interesar mayormente tales cosas. Una vez finalizadas las hostilidades, fue nombrado nuncio en París por el papa Pío XII. Se trataba de una misión delicada, pues era preciso afrontar problemas tan espinosos como el derivado del colaboracionismo entre la jerarquía católica francesa

y los regímenes pronazis durante la guerra. Empleando como armas un tacto admirable y una voluntad conciliadora a prueba de desaliento, Roncalli logró superar las dificultades y consolidar firmes lazos de amistad con una clase política recelosa y esquiva. En 1952, Pío XII le nombró patriarca de Venecia. Al año siguiente, el presidente de la República Francesa, Vicent Auriol, le entregaba la birreta cardenalicia. Roncalli brillaba ya con luz propia entre los grandes mandatarios de la Iglesia. Sin embargo, su elección como papa tras la muerte de Pío XII sorprendió a propios y extraños. No sólo eso: desde los primeros días de su pontificado, comenzó a comportarse como nadie esperaba, muy lejos del envaramiento y la solemne actitud que había caracterizado a sus predecesores.

La renovación como lema

Para empezar, adoptó el nombre de Juan XXIII, que además de parecer vulgar ante los León, Benedicto o Pío, era el de un famoso antipapa de triste memoria. Luego, abordó su tarea como si se tratase de un párroco de aldea, sin permitir que sus cualidades humanas quedasen enterradas bajo el rígido protocolo, del que muchos papas habían sido víctimas. Ni siquiera ocultó que era hombre que gozaba de la vida, amante de la buena mesa, de las charlas interminables, de la amistad y de las gentes del pueblo. Su propósito pronto fue claro para todos: poner al día la Iglesia, adecuar su mensaje a los tiempos modernos enmendando pasados yerros y afrontando los nuevos problemas humanos, económicos y sociales. Para conseguirlo, Juan XXIII dotó a la comunidad cristiana de dos herramientas extraordinarias: las encíclicas *Mater et Magistra* y *Pacem in terris*. En la primera explicitaba las bases de un orden económico centrado en los valores del hombre y en la atención de las necesidades, hablando claramente del concepto «socialización» y abriendo para los católicos las puertas de la intervención en unas estructuras socioeconómicas que debían ser cada vez más justas. En la segunda se delineaba una visión de paz, libertad y convivencia ciudadana e internacional vinculándola al amor que Cristo manifestó por el género humano en la Última Cena. Ambas encíclicas suponían una revolución copernicana en la visión católica de los problemas temporales, pues aceptaban la herencia de la Revolución Francesa y de la democracia moderna, haciendo de la dignidad del hombre el centro de todo derecho, de toda política y de toda dinámica social o económica.

Poco antes de su muerte, acaecida el 3 de junio de 1963, Juan XXIII aún tuvo el coraje de convocar un nuevo concilio que recogiese y promoviese esta valerosa y necesaria puesta al día de la Iglesia: el Concilio Vaticano II. A través de él, el papa Roncalli se proponía, según sus propias palabras, «elaborar una nueva Teología de los misterios de Cristo. Del mundo físico. Del tiempo y las relaciones temporales. De la historia. Del pecado. Del hombre. Del nacimiento. De los alimentos y la bebida. Del trabajo. De la vista, del oído, del lenguaje, de las lágrimas y de la risa. De la música y de la danza. De la cultura. De la televisión. Del matrimonio y de la familia. De los grupos étnicos y del Estado. De la humanidad toda». Se trataba de una tarea de titanes que sólo un hombre como Juan XXIII fue capaz de concebir e impulsar, y que sus herederos recibirían como un legado a la vez imprescindible y comprometedor. Pablo VI, su sucesor y amigo, declaró tras ser elegido nuevo pontífice que la herencia del papa Juan no podía quedar encerrada en su ataúd. Él se atrevió a cargarla sobre sus hombros y pudo comprobar que no era ligera.

1881	25 de noviembre: nace Angelo Giuseppe Roncalli, **JUAN XXIII**, en Sotto il Monte, Italia.
1892	Ingresa en el seminario de Bérgamo.
1901	Ingresa en el seminario mayor de San Apollinaire.
1904	Es ordenado sacerdote y celebra su primera misa.
1905	Se gradúa como doctor en teología. Monseñor Radini Tedeschi, obispo de Bérgamo, lo nombra su secretario.
1914	Muere monseñor Tedeschi y estalla la Primera Guerra Mundial. Roncalli debe incorporarse a filas.
1925	Se le nombra visitador apostólico de Bulgaria. Es consagrado obispo.
1934	Es enviado como delegado apostólico a Turquía y Grecia.
1944	Tras la Segunda Guerra Mundial, es nombrado nuncio en París.
1952	Patriarca de Venecia.
1953	Es elevado al cardenalato.
1958	Es elegido papa con el nombre de Juan XXIII.
1961	Encíclica *Mater et Magistra*.
1962	Se inaugura el Concilio Vaticano II.
1963	Anuncia la encíclica *Pacem in terris*. 3 de junio: muere en Roma.

PABLO PICASSO
(1881-1973)

Pablo Ruiz Picasso es el pintor más representativo del siglo XX. Su extraordinaria imaginación, su sentido de la libertad creadora y su dominio de las más diversas técnicas pictóricas han dado como fruto una de las obras más geniales de la pintura universal. Aunque también Giotto, Miguel Ángel o Bernini marcan el comienzo de una época de cambios, nunca, ni ellos ni ningún otro artista, fue capaz de transformar tan radicalmente la naturaleza del arte como lo hizo Picasso.

*L*os admiradores de Picasso, que son legión, conocen por la menuda las incidencias de la biografía del genio y saben de su vida itinerante, desde Málaga a La Coruña, de aquí a Barcelona, luego París, más tarde Antibes... También conocen sus escándalos amorosos, se asombran de su portentosa vitalidad, recuerdan sus declaraciones provocativas, lo identifican con su militancia en el Partido Comunista y, naturalmente, no ignoran la versatilidad de su arte, tanto en las técnicas que empleó —óleos, aguatintas, dibujos, escenografías teatrales, esculturas, cerámicas, collages, etc.— como en los numerosos estilos que practicó a lo largo de su longeva existencia, sustituido uno por otro a capricho, sin remordimiento, con un sentido de la libertad creadora que acabaría por convertirlo en el artista más representativo del siglo XX. Pero acaso constituya para muchos curiosos una pequeña sorpresa saber que Picasso también ejerció de literato, y entre sus obras se cuentan dos piezas teatrales —*El deseo atrapado por la cola,* escrita en cuatro días de enero de 1941, y *Las cuatro doncellitas,* una desenfadada comedia de 1952—, así como algunos poemas rebosantes de audacia. Valgan como muestra estos versos de 1935, donde se descubre su españolísima afición a los toros, tema omnipresente así mismo en su pintura y sus grabados, desde el célebre *Guernica* hasta la serie de aguatintas de 1957 titulada *Tauromaquia:*

> «recogiendo limosnas en su plato de oro
> vestido de jardín
>
> aquí está ya el torero
> sangrando su alegría entre los pliegues
> de la capa
> y recortando estrellas con tijeras
> de rosas.»

El pintor recibe la alternativa

Picasso recibió las primeras lecciones artísticas de su padre, José Ruiz Blasco. Este modesto profesor de dibujo pronto descubrió la maravillosa facilidad del muchacho y se cuenta que un día, tras comprobar que Pablo había ejecutado a la perfección unos ejercicios que le había encomendado, con poco contenida emoción le regaló sus pinceles y su paleta y se decidió a abandonar para siempre la pintura. Esta significativa anécdota, en la que el joven pintor, como los toreros, recibía la alternativa de manos de un experimentado maestro de la lidia, sucedía en La Coruña, donde la familia se había trasladado en 1891, diez años después de que Picasso naciera en Málaga, a las nueve y media de la noche de un 25 de octubre.

No obstante, los Ruiz no tardarían tampoco en abandonar la ciudad gallega, y ya en 1895 se instalan en Barcelona, a cuya Escuela de Bellas Artes ha sido destinado el cabeza de familia como profesor y donde prosige sus estudios el joven Pablo. En estos años todavía de aprendizaje traba amistad con artistas catalanes de su generación, como Manuel Pallarés y Grau, Torres García o el escultor Manolo, con quienes forma un círculo artístico que se reúne en un café recién bautizado con el nombre de «Els 4 Gats» (Los cuatro gatos).

Llegado a París, Picasso deja el puntillismo y recurre a las masas lisas o de colores neutros para pintar sus Arlequines *(Museo Picasso, Barcelona).*

El más célebre cuadro de aquella época es un óleo de gran tamaño, excelente técnica y bastante académico, conocido como *Ciencia y caridad,* que en 1897 recibió una Mención Honorífica en la Exposición de Bellas Artes de Madrid. Pese a este éxito precoz, que parecía augurar una convencional y brillante carrera, es precisamente entonces cuando Picasso, por influencia del impresionismo francés que le ha llegado a través de artistas catalanes como Rusiñol, Casas o Nonell, se decide a romper con los viejos corsés estilísticos y va ganando en libertad de expresión y explorando sus singulares dotes artísticas. También aquel mismo año de 1897 mantiene un romance fugaz, que duró lo que duró el veraneo en Málaga, con su prima Carmen Blasco.

627

Les demoiselles d'Avignon (Museo de Arte Moderno, Nueva York), pintado en la primavera y verano de 1907, fue el anuncio de una de las rupturas estéticas capitales del arte occidental. Picasso lo presentó a sus amigos André Derain y Georges Braque, que se mostraron confusos y sorprendidos ante la gran tela. Braque declaró: "Era como si Picasso hubiera querido que cambiásemos nuestra dieta habitual por otra de estopa y petróleo".

El creador del cubismo

En 1904 se instala en París, pero sus comienzos en la seductora capital del arte son muy duros, y en ocasiones no encuentra compradores para sus telas y acaba por quemar dibujos y estudios para no helarse de frío en su pobre habitación alquilada. En estas penosas circunstancias llega a un acuerdo con el industrial catalán Pedro Mañach, quien le ofrece ciento cincuenta francos mensuales a cambio de toda su producción, y por entonces nace su primer estilo personal, la llamada época azul, ese desfile de equilibristas, arlequines y otros personajes excéntricos que constituyen una soberbia galería de retratos, uno de los cuales, el de la escritora vanguardista Gertrude Stein, sus-

citó la perplejidad de la modelo, que reprochó al pintor que el cuadro no se le parecía, a lo que Picasso respondió: «No se preocupe, ya se parecerá». Poco después, su insolencia y creatividad llegaron al paroxismo con *Les demoiselles d'Avignon,* cuadro que supuso la superación del impresionismo y el inicio de la revolución artística picassiana. Es una pintura que une ciertas huellas del arte primitivo africano con la sutil presencia de las formas greco-ibéricas, y que fue incomprendida por sus más allegados, lo cual hizo que Picasso la archivara en su taller. Sin embargo abrió el camino que el pintor transitó inmediatamente después, el cubismo, el estilo que hizo furor durante la segunda década del siglo XX y al que se convirtieron enseguida Georges Braque, Juan Gris y Ferdinand Léger.

Los amores del genio

Para entonces la situación económica de Picasso es mucho más desahogada pero su vida sentimental permanece tan voluble como lo será siempre. De hecho, en 1911 rompe sus relaciones con su amante oficial, Fernande, y comienza un apasionado idilio con Eve, malogrado precozmente por el fallecimiento de la enfermiza muchacha cuatro años después. Después, la lista conocida de las posteriores mujeres de Picasso es larga. La encabeza su esposa Olga Koklova, bailarina de los ballets rusos que actuaban por aquella época en París, con la que contrajo matrimonio en 1918 y de la que tuvo un hijo, Pablo, en 1921. Poco a poco estas relaciones fueron deteriorándose, y en 1927 conoce a la joven suiza de diecisiete años Marie-Thérèse Walter, quien propiciará que el pintor inicie una doble vida que se refleja tanto en la nueva sensualidad de su pintura como en la violencia de su arte, hija esta última también, naturalmente, de las terribles amenazas que se ciernen sobre la Europa prebélica. De 1935, por ejemplo, data su gran composición titulada *Minotauromaquia*, donde reúne elementos de la mitología mediterránea —el toro otra vez— y aparece una mujer violada ante espectadores indiferentes. Dos años después esta figura desencajada del toro se halla igualmente presente en el más celebrado de sus cuadros, el *Guernica*, realizado desde la indignación por el bombardeo de la aviación nazi, al servicio de la causa del general Franco, de una pequeña aldea vasca.

Pero el estímulo de Marie-Thérèse, a quien llegó a poner un piso en el Boulevard Henri IV, sólo le duró hasta 1936, poco tiempo después de que diera a luz a la hija de ambos, Maia. Picasso conoció entonces a Dora Maar, amiga del poeta Paul Eluard, que era de origen croata, pero que hablaba muy bien castellano porque había nacido en Argentina. Mantuvo relaciones con ambas durante algún tiempo, aunque pronto se fue a vivir con Dora y con ella permaneció los dolorosos años de la guerra civil española y de la Segunda Guerra Mundial.

Precisamente en 1945, año del final de la contienda, Dora fue sustituida por una muchacha de veintitrés años que quería ser pintora y que se llamaba Françoise Gilot, la cual le daría dos

La obra artística de Picasso no puede encuadrarse en una corriente determinada, porque sin remordimiento alguno pasaba de una a otra. Arriba, El escultor y su modelo, *grabado de 1933.*

hijos, Claude en 1947 y Paloma en 1949. La conoció una noche durante una cena en el restaurante Le Catalan, donde Picasso estaba acompañado por Dora y por la vizcondesa de Noailles. Ello no impidió que el artista, impresionado por la gracia deslumbrante de la bella desconocida, le hiciera enviar a su mesa un frutero lleno de cerezas.

Pese a tan románticos comienzos y a los muchos días de felicidad que vivieron juntos, Françoise Gilot declaró en 1953 que estaba harta de «vivir con un monumento nacional» y lo abandonó, de modo que Picasso hubo de buscar, y no tardó en encontrar, una nueva compañera sentimental. Esta fue Jacqueline Roque, con la que pasó los últimos diecinueve años de su vida y de la que el historiador del arte Alexandre Cirici, que conoció a la pareja, escribió: «Jacqueline era muy diferente de las otras: no era ni la atractiva Fernande, ni la bonita Eve, ni la elegante Olga, ni la deportiva Marie Thérèse, ni la brillante Dora, ni la joven y alegre Françoise. Era una mujer no muy alta, de cabellos negros, reposada, que vendía cerámica en una tienda y que comprendió que sería una buena colaboradora y una compañera eficiente.»

Consagración y mito

A Jacqueline no pareció importarle demasiado vivir con un «monumento nacional», con ese genio prolífico que en los últimos años de su vida asistió, probablemente divertido, a su propio endiosamiento. Aclamado como el gran animador de las vanguardias, Picasso vivía al final en la opulencia. Todo lo que tocaban sus lápices, como en el caso del rey Midas, se convertía en oro. En 1955, el magnífico director de cine francés Henri-Georges Clouzot realizó una película titulada *Mystère Picasso* que vino a acrecentar más si cabe la fama del creador del cubismo. Además, en 1957 se le dedicaba una gran retrospectiva en Nueva York, en 1960 se abría el Museo Picasso en Barcelona y en 1966 tenía lugar una importante exposición de homenaje en París. Mientras tanto, Picasso estaba en disposición en 1958 de adquirir un lujoso castillo en Vauvernagues para sumarlo a su residencia señorial en Cannes, y desde 1961 pudo residir tranquilamente en su casa de campo de Nôtre-Dame-de-Vie, en Mougins. Allí acabó sus días el 1 de abril de 1973 a los 91 años, pero hasta el último momento mantuvo una actividad creadora febril, y precisamente en esa época postrera es cuando su obra muestra una mayor alegría de vivir, un erotismo más radiante y un universo personal más inocente y feliz. Su himno a la libertad, a veces elevado con agresividad y resentimiento, en el fragor de las batallas y entre las ruinas de las guerras, se entonaba por último con limpia esperanza, profetizando un paraíso terrenal de ninfas y sátiros en gozosa armonía con una naturaleza providencial.

Picasso con Jacqueline Roque, la mujer con la que compartió los últimos diecinueve años de su vida y que fue una cariñosa compañera.

El Guernica *(Casón del Buen Retiro, Museo del Prado, Madrid), posiblemente la obra más conocida de Picasso, fue presentado, en 1937, en la Exposición Universal de París. El cuadro es un enorme lienzo en blanco y negro inspirado en el brutal bombardeo de la villa vasca de Guernica por la aviación alemana. El sombrío estado de ánimo del artista se traduce en imágenes aterradoras y formas dislocadas, que configuran una compleja simbología.*

1881	25 de octubre: nace **PABLO PICASSO** en Málaga (España).
1897	Obtiene una mención en la Exposición de Bellas Artes por su obra *Ciencia y caridad*.
1900	Expone en «Els 4 gats» de Barcelona. Primer viaje a París.
1901-1904	Primer período «azul»: *Mujer en azul*.
1905-1906	Época «rosa»: *Cortesanas en el bar, La vida*.
1907	Abre las puertas del cubismo con *Les demoiselles d'Avignon*.
1913	Relaciones apasionadas con Eve, que morirá en 1915.
1918	Se casa con la bailarina Olga Koklova.
1925	Adhiere a la primera exhibición surrealista en París.
1930	Se vuelca a la escultura, la cerámica y la litografía.
1937	Pinta el *Guernica*, en respuesta al bombardeo de los nazis.
1944	Se afilia al Partido Comunista Francés.
1954	Conoce a la compañera de sus últimos años, Jacqueline Roque.
1957	Termina los estudios completos de *Las meninas*.
1969	Inaugura una gran exposición de Personajes en el Palacio de los Papas de Aviñón.
1973	8 de abril: muere en su casa de Notre-Dame-de-Vie, en Mougin (Francia).

FRANKLIN DELANO ROOSEVELT
(1882-1945)

El presidente Franklin Delano Roosevelt (arriba, retratado por Douglas Chandor) superó la crisis económica con su doctrina del New Deal *e indujo a su pueblo a recuperar la confianza en sí mismo.*

*L*os Estados Unidos de América, la nación más poderosa de la tierra, despertó de su sueño de prosperidad a principios de los años treinta encontrándose sumida en una dramática crisis económica: trece millones de parados, la industria colapsada, la mayoría de los bancos en quiebra y una agricultura incapaz de sobrevivir a la catástrofe. El presidente Herbert Hoover se limita-ba a asegurar que nada grave ocurría y que muy pronto se reactivaría la economía nacional. No obstante sus iniciativas para superar la crisis se revelaron insuficientes. La nación había perdido la confianza en sí misma y las tensiones sociales parecían conducirla irremisiblemente hacia una situación cada día más caótica.

Fue en ese momento crucial cuando entró en escena un hombre que supo devolver al país el optimismo que necesitaba e insuflarle nuevas fuerzas. Ese hombre era un político peculiar y que, por encima de todo, estaba dispuesto, como lo estuvo para superar la enfermedad que lo había condenado a sostenerse en muletas, a que su pueblo venciera todas las contrariedades. Ese hombre era Franklin Delano Roosevelt.

Dinero y simpatía

Su nacimiento tuvo lugar el 30 de enero de 1881, en Hyde Park, estado de Nueva York. Primo lejano de Theodore Roosevelt, que había sido presidente del país entre 1901 y 1909, el joven Franklin creció en el seno de una familia acomodada; James, su padre, era terrateniente y administraba varias sociedades, y la familia de Sara, su madre, poseía minas y una flota de barcos mercantes.

Sus estudios fueron elitistas: primero ingresó en Groton, centro similar al exclusivo Eton británico, y luego siguió Derecho en la prestigiosa Universidad de Harvard. Finalmente obtuvo el título de abogado en Columbia. Pero no era un alumno brillante; por ese entonces se interesaba más por los negocios navieros y los caballos que por los estudios o la política. Sin embargo, por su espíritu emprendedor y arrolladora simpatía, se destacó como el más popular entre sus compañeros y profesores.

En 1905, casó con una prima lejana, Anna Eleanor, sobrina del entonces presidente

Theodore Roosevelt, líder del viejo Partido Republicano, con el cual Franklin no se sentía identificado. Cinco años más tarde, aceptó la propuesta de los demócratas para presentarse a las elecciones para el Senado por el estado de Nueva York, e invirtió en su campaña su dinero y todo su entusiasmo. Elegido senador a los veintiocho años, poco después fue nombrado secretario adjunto de Marina por el nuevo presidente demócrata Woodrow Wilson.

Una tragedia personal

Durante este período, Roosevelt hizo gala de una encomiable lealtad hacia su presidente, aconsejándolo en todo momento con gran lucidez y alineándose con sus posiciones en los asuntos más conflictivos. Cuando Wilson decidió retirarse de la política, Franklin fue instigado por sus amigos a presentarse como candidato demócrata a la vicepresidencia. La victoria correspondió a los republicanos, pero Roosevelt supo aprender de la derrota: se dio a conocer entre el pueblo norteamericano y pudo desentrañar los secretos y los riesgos de la mecánica electoral.

Poco después de acabada la campaña, la tragedia se abatió sobre la persona de Franklin Delano Roosevelt. En agosto de 1921 un ataque de poliomielitis lo mantuvo varias semanas entre la vida y la muerte y paralizó por completo sus piernas durante dos largos años. Todo parecía indicar que la carrera política de Franklin había llegado a su fin y que terminaría sus días en una silla de ruedas como un propietario acomodado. Pero no fue así. El que llegaría a ser elegido cuatro veces presidente de los Estados Unidos, apoyado por la recia personalidad de su esposa Eleanor, volvió a la escena política demostrando una sorprendente entereza y una gran fortaleza moral. «Me he pasado dos años en la cama intentando mover el dedo pulgar de mi pie. Les aseguro que, en mi situación, es la empresa más difícil que pueda imaginarse. Después de esto, todo lo demás me parece sencillo», dijo Roosevelt al intervenir en 1924, en la primera asamblea del partido tras su enfermedad.

La Casa Blanca como meta

Cuatro años más tarde, después de una espectacular campaña, en la que su encanto y su capacidad de persuadir a la opinión pública brillaron por encima de todo, Roosevelt fue elegido gobernador del estado de Nueva York. Su programa de reformas sociales se reveló muy pronto como el más idóneo para paliar los efectos de la crisis y remediar sus causas. Asimismo, supo reunir un eficaz equipo de colaboradores y aparecer ante el pueblo como el único que podía salvar al país del desastre económico en el que estaba inmerso desde 1929. Así fue como la convención demócrata reunida en Chicago, en julio de 1932, lo designó candidato del partido a la Casa Blanca. A pesar de su invalidez, su sueño político estaba a punto de cumplirse.

La campaña electoral demócrata fue modélica y serviría de ejemplo para elecciones posteriores. Empleando toda clase de medios de locomoción, Roosevelt viajó del Atlántico al Pacífico y de la frontera de Canadá a la de México, atrayéndose al electorado con su mensaje esperanzador, su cordialidad y sus ansias de vivir. El mejor aval de sus palabras era él mismo.

Las elecciones, celebradas el 8 de noviembre de 1932, supusieron un rotundo éxito para Roosevelt, quien obtuvo cerca de veintitrés millones de votos contra los quince millones de su rival, el republicano Herbert Hoover.

El *New Deal*

«La única cosa que hemos de temer es al temor mismo, ese temor sin nombre ni fundamento que paraliza los esfuerzos necesarios para transformar en avance una retirada», declaró Roosevelt al tomar posesión del cargo e inmediatamente se dispuso a materializar sus proyectos en un país que se encontraba en el punto más crítico de su depresión económica.

Su programa de gobierno fue bautizado con el nombre de «New Deal», que literalmente significa «nuevo reparto», en referencia a la necesidad de redistribuir la riqueza de una manera más justa entre todos los ciudadanos. Por primera vez, la política de un presidente estadounidense estaba teñida de un innegable contenido social y hacía hincapié en desarrollar la igualdad de oportunidades bajo la tutela del estado, consagrando un moderado intervencionismo frente al salvaje individualismo liberal y proponiendo dar al pueblo una parte de los beneficios que sólo

Durante la Segunda Guerra Mundial, el presidente Roosevelt (arriba, junto a los primeros ministros británico, W. Churchill, y canadiense, W. MacKenzie) encabezó y coordinó la lucha de los aliados.

disfrutaban unos pocos privilegiados. También por primera vez en la historia del país, la administración federal intervino en un vasto programa de obras públicas, apoyó financieramente a los campesinos, estableció códigos de ética empresarial, combatió la especulación, legalizó los sindicatos en las empresas, instauró un primer sistema de seguridad social, acometió un plan de empleo juvenil y abolió la Ley Seca.

Todos los estamentos sociales lo apoyaron sin reservas, excepto los grandes empresarios, los republicanos y los grupos fascistas agrupados en torno al senador Huey Long. Las medidas de Roosevelt, a quien acusaron de izquierdista y de tener pretensiones dictatoriales, les resultaban difíciles de digerir.

Estados Unidos en el exterior

Desde los inicios de su primer mandato, Roosevelt se mostró partidario de terminar con el aislacionismo estadounidense. En la práctica mejoró sus relaciones con Iberoamérica a través de una política de buena vecindad; concedió la plena independencia a Cuba en 1934 y renunció a intervenir en los asuntos internos de Panamá. Asimismo, Roosevelt tomó la inteligente decisión de reconocer diplomáticamente a la Unión Soviética en noviembre de 1933. En su opinión, esta medida debía neutralizar la política rusa de promover la revolución comunista en otros países. Al mismo tiempo, alertó a la opinión pública sobre el peligro que el fascismo y los expansionismos alemán y japonés suponían para la seguridad mundial. Sin embargo, debido a una ley de neutralidad, no intervino en los conflictos que precedieron a la contienda mundial, como la invasión italiana de Abisinia en 1935 y la guerra civil española al año siguiente.

Fue a partir de septiembre de 1939, después que Francia y Gran Bretaña declararan la guerra a Alemania, cuando Roosevelt intervino en el campo internacional, suministrando ayuda a los combatientes contra el totalitarismo y activando la producción del armamento que constituiría el «arsenal de la democracia».

El ataque japonés a Pearl Harbor en diciembre de 1941 fue la chispa que puso en marcha la maquinara bélica estadounidense. Roosevelt organizó una total movilización económica y humana del país y se erigió en líder de los aliados, determinando un cambio en el signo de la lucha.

Lamentablemente, el presidente no pudo ver el fin de la guerra ni presenciar la victoria a la que tanto había contribuido. Murió el 12 de abril de 1945, poco más de dos meses después de participar en la Conferencia de Yalta. Las últimas palabras que escribió para un discurso que debía pronunciar días más tarde, pueden servir de epitafio a su vida ejemplar: «El único límite a nuestras realizaciones del mañana son nuestras dudas de hoy. Avancemos hacia el futuro con fe positiva y vigorosa.»

La muerte de Franklin D. Roosevelt, acaecida en Warm Springs, el 12 de abril de 1945, dio lugar a una impresionante manifestación popular de duelo. Como honor póstumo los periódicos consignaron su nombre en las listas de bajas ocasionadas por la guerra. Arriba, la cureña que transporta sus restos mortales en el momento de pasar frente a la Casa Blanca, en Washington.

1882	30 de enero: **FRANKLIN DELANO ROOSEVELT** nace en Nueva York (EE.UU.).
1904	Se gradúa en Harvard y estudia derecho en la Universidad de Columbia.
1905	Contrae matrimonio con Anna Eleanor Roosevelt.
1913-1920	Desempeña el cargo de secretario adjunto de Marina.
1920	Roosevelt, candidato derrotado a la vicepresidencia.
1921	En agosto sufre un ataque de poliomilitis.
1928	Es elegido gobernador de Nueva York.
1932	Es elegido presidente de los Estados Unidos.
1933	Reconoce a y establece relaciones con la Unión Soviética.
1936	Es reelegido por primera vez.
1940	Segunda reelección.
1941	Hace intervenir a los EE.UU. en la Segunda Guerra Mundial.
1945	Participa en la Conferencia de Yalta. Es reelegido presidente para un cuarto mandato. 12 de abril: muere a causa de una hemorragia cerebral, siendo sucedido por el vicepresidente Truman.

FRANZ KAFKA
(1883-1924)

*K*afka fue uno de los autores más originales y extraños de cuantos, a principios del siglo XX, enriquecieron el caudal de la literatura europea con nuevas ideas, estilos y perspectivas, y lo fue tanto por su obra singular, afortunadamente salvada del destino que el propio creador previó para ella en su testamento —las llamas—, como por las particularidades de su carácter y su breve existencia. Milena Jesenskà-Polak, mujer que lo conoció íntima y profundamente, escribió: «Todos somos capaces de vivir porque alguna vez nos hemos refugiado en la mentira, la ceguera, la euforia, la fe, el nihilismo o cualquier otra cosa. Pero él nunca se refugió en ningún asilo. Era incapaz de mentir, como era incapaz de emborracharse. Por eso estaba expuesto a todo contra lo que nosotros estamos protegidos. Él era como un hombre desnudo entre hombres vestidos. Sé muy bien que nunca se opuso a la vida misma, sino que tan sólo aspiró a defenderse de ella.»

Solitario e incomprendido

Franz Kafka nació el 3 de julio de 1883 en Praga, la antigua y hermosa ciudad checa que entonces pertenecía a la monarquía austrohúngara. Su padre, llamado Hermann, era un sencillo y rudo comerciante de origen judío que pretendía hacer fortuna e incorporarse a los círculos burgueses; su matrimonio con la culta y adinerada Julie Löwy, hija de un cervecero judío alemán, le permitió realizar su sueño y dar a su primogénito Franz una educación de cierto nivel en uno de los colegios alemanes de Praga.

El muchacho era especialmente sensible y tímido, soñador y nervioso. Su piel pálida, casi transparente, y sus enormes ojos sombríos en los que se reflejaba siempre la melancolía lo hacían parecer frágil como una miniatura de porcelana. Incomprendido por su padre y falto del cariño que tanto necesitaba, Franz se refugió en su mundo interior y en sus libros, la única cosa que podía darle un poco de seguridad. La desconfianza y el miedo de todo y de todos hicieron muy pronto de él un ser desesperadamente solitario, sin amigos, huraño e incapaz de relacionarse.

En julio de 1901, al terminar su bachillerato, Kafka dudó entre seguir estudios de Filosofía o inclinarse por Bellas Artes. El padre irrumpió en estas vacilaciones como un elefante en una cristalería y obligó a su hijo a matricularse en Derecho. Franz emprendió con desinterés la carrera jurídica, que superó con facilidad pero profundamente aburrido, lamentando una y otra vez el tiempo perdido en «alimentar la mente con nada más que serrín, por lo demás triturado por miles de bocas anteriormente». En 1906 obtenía el doctorado en Leyes, cumpliendo así con la voluntad paterna.

Pero estos años tuvieron también su vertiente provechosa. Al entrar en contacto con los círculos estudiantiles, que organizaban recitales de poemas y lecturas literarias y filosóficas, Franz pudo satisfacer sus aficiones y familiarizarse con autores como Ibsen, Spinoza, Nietzsche, Kierkegaard y Flaubert. También conoció al escritor y crítico Max Brod, hombre activo y enérgico que rápidamente se sintió fascinado por el introvertido Kafka. La crónica desconfianza del joven quedó en cuarentena y por primera vez pudo disfrutar del privilegio de tener un buen amigo.

El funcionario escribe de noche

Terminada la carrera, Kafka empezó a trabajar. Tras recorrer varios despachos de abogados, encontró un cómodo empleo en una compañía de seguros, donde se ocupó del papeleo referente a los accidentes de trabajo. Como tenía las tardes libres, podía dormir después de comer y dedicar las noches a la literatura, que continuaba siendo su pasión. Kafka fue siempre un funcionario diligente que durante toda su vida no llegó tarde ni un solo día, lo que le granjeó la confianza de sus superiores. En aquella compañía de seguros permaneció hasta su jubilación prematura en 1922, y pudo dedicar sus vacaciones a viajar por Italia, Francia, Alemania y Austria.

Con el transcurrir de los años, el funcionario Kafka llegó incluso a ascender de categoría, aunque carecía de toda ambición profesional. A pesar de que jamás llegó a ser una persona sociable, continuó relacionándose con grupos de intelectuales e incluso se despertó en él cierto interés por los asuntos políticos. Por ese motivo asistió a algunas reuniones socialistas y también entró en contacto con los anarquistas, en aquella época prohibidos y clandestinos; sorprendido por la policía en una de estas ocasiones, fue arrestado y condenado a pagar una multa. Después, esta experiencia lo llevó a evitar todo acto público.

En la noche del 22 al 23 de septiembre de 1912 Kafka escribió su primera obra maestra: *La condena*. Era el primer eslabón de una cadena de narraciones en las que el autor mostraría un modo de hacer desconocido hasta entonces. En sus novelas, escritas con un estilo nítido y casi prosaico, Kafka describirá minuciosamente situaciones en apariencia simples que se transforman en historias de desolación y angustia. El miedo a la invasión del mundo exterior en la propia realidad, la impotencia ante los sucesos que no se comprenden ni pueden ser evitados, la fatalidad que se impone a toda existencia y el temor ante la pérdida de la libertad interior son sus temas recurrentes. La atmósfera descarnada, inquietante y misteriosa de sus obras, esencia de todo lo kafkiano, obedecerá a una intención expresa: «Necesitamos de los libros que nos trastornan del mismo modo que nos causa dolor una desgracia... Un libro ha de ser el hacha que rompa el mar helado que hay dentro de nuestra alma.»

Franz Kafka (arriba), escritor checo que, en palabras de Vladimir Nabokov, "es el mayor escritor alemán de nuestro tiempo". Su estilo hizo de la precisión una forma poética capaz de dar una visión radical e implacable de la vida en la que el hombre se halla perdido en el laberinto de la realidad.

Amores y novelas

Fue también en ese año de 1912 cuando Kafka conoció a través de Max Brod a una berlinesa llamada Felice Bauer, mujer alta y poco atractiva, pero fuerte, segura y tranquila. Con ella entabló una relación amorosa que desembocó meses después en una petición oficial de matrimo-nio. La respuesta de la familia de Felice fue positiva, y entonces Kafka decidió que debía pensárselo mejor; si bien el amor le hacía dichoso, el compromiso le incomodaba. Además, los asuntos del corazón lo distraían de sus novelas: «Si soy feliz por algo no relacionado con la escritura, me siento incapaz de escribir ni una sola palabra.»

A pesar de estas dudas sentimentales, siguió adelante con sus textos y redactó *La metamorfosis*, su narración más célebre. Se trata de una obra con ecos autobiográficos en la que se cuenta la experiencia de Gregorio Samsa, convertido una mañana cualquiera en un monstruoso insecto. Las reacciones paradójicas de la familia y de los superiores de la oficina donde está empleado el protagonista son desgranadas por la pluma del autor, que nos transmite así la imagen que el propio Kafka tenía de su espacio vital y de las personas que lo rodeaban.

Embebido en sus historias, Kafka anuló varias veces el compromiso adquirido con Felice Bauer y varias más reanudó sus relaciones con la paciente muchacha. Después de ver publicado su primer libro, titulado *Contemplación*, en el que había reunido sus mejores cuentos, continuaba escribiendo sin descanso y pensó que era el momento de independizarse de su familia y vivir solo. En una habitación alquilada encontró su refugio y al estallar la Primera Guerra Mundial redactó *El proceso*, relato magistral en el que un tribunal anónimo y misterioso incoa un proceso contra un joven oficinista, bautizado por Kafka con la inicial K, a quien nunca se revela el delito que se le imputa y que finalmente muere ajusticiado por dos curiosos agentes sin haber llegado hasta el tribunal ni desentrañado el misterio.

Esta obra, considerada entre otras cosas una reflexión sobre sus difíciles relaciones con Felice, lo llevó a replantearse su vida amorosa. Kafka pensó que debía decidirse de una vez por todas y en el verano de 1917 tuvo lugar la que parecía definitiva ceremonia de esponsales. El escritor se sentía más seguro; la paciencia de Felice le resultaba enternecedora y sus libros empezaban a publicarse con cierto éxito. Pero todos los planes de emprender una existencia tranquila se esfumaron ante un hecho terrible: una tos pertinaz fue considerada por los médicos síntoma inequívoco de que Kafka padecía tuberculosis.

Breve felicidad final

Curiosamente, el escritor recibió el diagnóstico con tranquilidad y casi con alivio. En el fondo de su alma sabía que aquella era la prueba de su incapacidad para adaptarse al mundo y al devenir común de los mortales. Ahora podía retirarse de todo —trabajo, familia, amor— y refugiarse definitivamente en sí mismo. En esos días escribió a su amigo Max: «Esto es la libertad, sobre todo la libertad». Hasta su jubilación en 1922, Kafka pasó la mayor parte de su tiempo en diversos sanatorios para enfermos pulmonares. En uno de ellos conoció a la joven checa Julie Wohryzek, de la que se enamoró apasionadamente. Sin vacilar se propuso casarse con ella, pero su padre apareció de nuevo en escena y se opuso vehementemente a esta unión, que consideraba desfavorable para su hijo. Las discusiones entre ambos se reanudaron y Kafka escribió su *Carta al padre*, una especie de ajuste de cuentas literario con su progenitor que nunca llegaría a manos del destinatario.

De todos modos, los planes de casarse con Julie cambiaron cuando Kafka conoció a Milena Jesenskà-Polak, una intelectual checa de veinticinco años, casada, bella y vital, que experimentó por el escritor un sentimiento de bondad y comprensión nunca antes despertados por Kafka en persona alguna. Nuestro hombre intentó prevenir a esta mujer excepcional de su desastrosa personalidad, pero ni ella ni él quisieron renunciar al afecto que les unía. En 1921 Kafka dejó a su amiga todos sus diarios en un trascendental acto de entrega, único en la vida de aquel desconfiado solitario. Sin embargo, esta relación tampoco alcanzó la estabilidad, ya que ninguno se atrevió a tomar una decisión clara; Milena esperó vanamente una señal inconfundible de su compañero para abandonar a su marido y Kafka no se sintió capaz de forzarla a dar tal paso. Así, a partir de 1921 la distancia comenzó a alzarse entre ellos, aunque nunca dejaron de escribirse.

Las fuerzas del escritor disminuyeron rápidamente tras la separación. Ello no impidió que Kafka se aplicase a la elaboración de su última obra, *El castillo*, que no llegó a terminar. En esta novela, el agrimensor K abandona su familia, su tierra y su empleo para trabajar en un extraño pueblo adscrito a un castillo. Desde su llegada le comunican en la aldea que sus servicios no son necesarios y él intenta aclarar su situación con los administradores del castillo, lo que se revelará por completo imposible.

En 1923, en una estancia junto al mar, Kafka conoció a Dora Diamant, una muchacha de veinte años encantadora, natural, cálida y atractiva que

Ese ser desesperadamente solitario, ese "hombre desnudo entre hombres vestidos" que fue Kafka, identificaba sus laberintos personales con los de su entorno, con la única pretensión de obtener la mínima felicidad a la que todo individuo tiene derecho. Arriba, la plaza vieja de Praga, su ciudad, con la iglesia de Nuestra Señora de Tynn.

trabajaba en una colonia de vacaciones para niños. Con ella gozó de un último rayo de felicidad y se sintió por primera vez un hombre normal y dichoso. Desgraciadamente, era demasiado tarde. A principios de abril de 1924 su enfermedad se agravó; las semanas finales las pasó en el sanatorio de Kierling, cerca de Viena, acompañado de Dora, Max y su tío Siegfried, hombre al que estimaba y había retratado años antes en su cuento *El médico rural*. El 3 de junio sus ojos se cerraron para siempre, después de haber determinado en su testamento que todos sus escritos fuesen pasto de las llamas. Afortunadamente, Max Brod no cumplió esta última voluntad.

1883	3 de julio: **FRANZ KAFKA** nace en Praga (Checoslovaquia).
1901-1906	Estudia Derecho. Entabla amistad con Max Brod.
1908	Comienza a trabajar en una compañía de seguros.
1912	Conoce a Felice Bauer. Escribe *La condena* y *La metamorfosis*.
1913	Se edita su primer libro: *Contemplación*. Se publica *La condena*.
1914	Escribe *El proceso*.
1915	Aparece *La metamorfosis*.
1916	Escribe *El médico rural* inspirándose en su tío Siegfried.
1918	Los médicos confirman el diagnóstico de tuberculosis. Se publica *La muralla china*.
1919	Noviazgo con Julie Wohryzek. Escribe *Carta al padre*.
1920	Entabla relaciones con Milena Jesenskà-Polak.
1922	Escribe *El castillo*.
1924	Vive con Dora Diamant en Berlín. 3 de junio: fallece en un sanatorio cercano a Praga.

ADOLF HITLER
(1889-1945)

imágenes de espanto y bestialidad producidas por el nazismo han conmovido durante décadas al mundo entero y así seguirá siendo mientras quede un ápice de cordura en la mente de los hombres o una sombra de sentimiento en sus corazones. Pero, ¿quién fue realmente Adolf Hitler? ¿Un loco perverso, un espíritu delirante, un megalómano insaciable o una simple víctima de los acontecimientos?

A mediados de los años setenta, un profesor universitario estadounidense realizó una interesante prueba a sus alumnos. Tras entregarles una copia del testamento del *Führer* sin firma alguna, les pidió que imaginasen al autor. Amparada en el anonimato, la personalidad de Hitler fue calificada de profundamente honesta, sensible e incluso admirable. Esta paradoja quizás explique por qué Hitler llegó a ser un líder querido e indiscutido para muchos que no reconocieron sus horribles actos hasta que fue demasiado tarde, pues no hay duda de que en su complejo carácter no faltaba una innata capacidad para atraer a las masas y un considerable poder de sugestión.

Un niño apaleado

Adolf Hitler nació el 20 de abril de 1889 en Braunau, una pequeña ciudad austríaca situada junto a la frontera con Alemania. Su padre, un funcionario de aduanas llamado Alois, era hijo ilegítimo de la soltera Maria Anna Schickelgruber y había llevado el apellido de su madre durante años antes de tomar prestado de un pariente el más honroso nombre de Hitler. La incertidumbre que rodeaba a la personalidad de su abuelo persiguió e inquietó durante toda su vida a Adolf, sobre todo cuando se desataron ciertos rumores sobre el posible origen judío de su antecesor: paradójicamente, el *Führer* nunca pudo presentar pruebas de que su sangre aria no estuviera contaminada.

El antisemitismo y el sueño autoritario de Adolf Hitler, que cobró forma en la ideología nazi y en la fundación del Tercer Reich, sedujeron a las masas alemanas y marcaron con el signo de la tragedia y el horror la historia del siglo XX.

*E*n nuestro siglo, ningún nombre ha sido tan denostado como el suyo, ninguno se emparenta tan perfectamente con la crueldad y el terror. Invocando ese fatídico nombre se asesinó a millones de inocentes en los campos de concentración, se sacrificaron legiones de jóvenes soldados en los campos de batalla, se destruyeron países enteros y se aniquilaron culturas de un plumazo. Las

Adolf no tuvo una infancia feliz. Su padre fue un hombre de carácter atrabiliario, orgulloso y despótico que educó a aquel «insolente pilluelo» con la máxima rigidez, propinándole con frecuencia brutales palizas auxiliado por una fusta. La madre, Klara Pölzl, era la tercera esposa de Alois y tenía veintitrés años menos que él. Dulce, tierna y permanentemente angustiada, volcó todo su amor en Adolf, el primero de sus hijos que sobrevivió a la niñez. Muy pronto, entre madre e hijo se estableció una íntima relación de complicidad que provocó muchas veces tremendos arrebatos de cólera paternal. Fue la humillante impotencia que Adolf experimentaba frente a la brutalidad de su progenitor lo que hizo crecer en su corazón un odio sanguinario y un poderoso deseo de venganza.

En la escuela, el muchacho mostró una sorprendente facilidad para superar todas las asignaturas con las mejores calificaciones, lo que favoreció una tendencia innata hacia la pereza y la arrogancia. A consecuencia de los frecuentes traslados de domicilio, pasó por diversos colegios y no tuvo oportunidad de consolidar amistades; introvertido y solitario, gustaba de ensimismarse en gloriosos sueños sobre una futura carrera de pintor, pues el dibujo era su materia preferida. A los once años, Adolf había ya decidido y planeado en secreto cómo iba a desarrollarse su destino de artista.

El haragán soñador

A su padre, que ambicionaba hacer de su hijo un probo funcionario del Estado, estas ideas lo disgustaron enormemente. Los enfrentamientos entre ambos conmovieron los cimientos de la casa familiar, pero el joven no cedió en su empeño e incluso hizo patente su rebeldía desatendiendo sus estudios en la escuela católica de Linz, donde había ingresado en 1900, y propiciando la repetición del primer año. La muerte de su padre en 1903 le permitió entregarse por completo a la pereza y a fantasear sin tasa, su entretenimiento favorito. Poco después, una pulmonía lo obligó a abandonar la escuela por un tiempo, pero él decidió aprovechar la ocasión para dar por finalizada su formación escolar. De este modo, Adolf pasaría dos años dibujando indolentemente y haraganeando a conciencia, retirado por completo en su

Las ideas de Adolf Hitler, divulgadas en su autobiografía Mein Kampf *(Mi lucha), acerca del pangermanismo, del espacio vital, de la selección racial y del aniquilamiento de las razas consideradas inferiores fueron adoptadas por la burguesía industrial necesitada de un chivo expiatorio y temerosa del comunismo. Arriba, Hitler es aclamado en Nuremberg, en 1935.*

mundo interior mientras llenaba su cabeza de fantasías que muy pronto empezó a confundir con la realidad.

No obstante, esta ceguera no le impidió percibir en todo su dramatismo los fracasos que estaban a punto de cosechar sus vanas ilusiones. Rechazado por la Academia de Bellas Artes de Viena, a la que se había presentado seguro de su talento arrollador, no quiso aceptar el veredicto y se dedicó a estudiar pintura con ahínco para volver a la carga un año después, pero su solicitud fue denegada por segunda vez. Abatido por este nuevo revés y profundamente afectado por la muerte de su madre en 1907, Adolf reanudó su vida mortecina y ociosa. Sólo las representaciones de las obras wagnerianas, a las que asistía impresionado y conmovido, pudieron sacarlo de su sopor y ofrecerle nuevas perspectivas para sus delirios, favoreciendo su inclinación hacia el heroísmo y la grandeza a través de las brillantes imágenes de la mitología germánica.

Ardor guerrero

Debido a que las autoridades militares austríacas lo buscaban por negarse a cumplir el servicio militar, Hitler pasó tres años prácticamente escondido en Viena. Despreciaba al ejército de su país, al que consideraba débil e irrelevante en el concierto europeo, y admiraba el poderío alemán, por lo que en 1913 se trasladó a Munich y desde allí escribió a la comisión militar que lo perseguía una llorosa carta en la que aseguraba humildemente llevar una miserable existencia y estar obligado a ganarse penosamente el pan, aunque en realidad vivía confortablemente de su pensión de huérfano y con los ingresos obtenidos por la venta de algunos de sus dibujos. La comisión se dejó impresionar pero lo obligó a pasar un examen médico para guardar las apariencias, al que el joven se presentó en un estado tan lamentable que fue declarado inútil. Un año más tarde, Hitler se incorporaba como voluntario al ejército alemán para defender a su patria adoptiva en la Primera Guerra Mundial.

Adolf Hitler fue un excelente soldado, pues no temía el peligro y se encontraba a sus anchas rodeado de hombres rudos. Durante los cuatro años que duró la contienda, actuó con frecuencia

Los "camisas pardas" constituyeron el brazo armado del Partido Nacionalsocialista, y sus acciones violentas crearon la atmósfera propicia para el acceso al poder de Adolf Hitler. Abajo, Hitler con la élite de los "camisas pardas", en Munich, en 1930.

La parafernalia nazi, cargada de símbolos míticos, como la cruz gamada y el saludo romano, alcanzaba su mayor espectacularidad ritual en las teatrales paradas, en las que el Führer *se hacía oír enardeciendo a las multitudes que respondían con el exaltado* Heil Hitler!. *Arriba, concentración de trabajadores nazis, que tenían en la pala su herramienta símbolo, en Nuremberg, en 1938.*

allí donde las batallas eran más duras y sangrientas, se le encomendó la difícil tarea de llevar personalmente los mensajes, recibió diversas condecoraciones y se ganó el respeto de sus compañeros. De aquella camaradería hizo, precisamente, uno de sus ideales sagrados; más tarde, cuando organice las Juventudes Hitlerianas, el compañerismo será la primera ley y el primer deber para los muchachos. Destacado en Francia con su regimiento, Hitler fue herido dos veces. La primera en octubre de 1916, cuando una bala enemiga le atravesó la pierna y lo mantuvo alejado de los frentes todo el invierno. La segunda, en octubre de 1918, cuando sufrió una grave intoxicación por gases que lo dejó ciego durante varios meses.

La ronca voz de la nación

El fin de la contienda, humillante para los alemanes, lo sumió en la decepción. No sólo se desvanecían sus sueños nacionalistas de una Alemania poderosa, sino que también vio concluida su vida aventurera como soldado. Desorientado, permaneció en el cuartel de Munich en espera de una oportunidad. Ésta se presentó cuando los militares le ofrecieron trabajar para ellos como espía y propagandista. Su misión, consistente en velar por los sentimientos patrióticos de la nación introduciéndose en los círculos políticos, lo puso en contacto con el Partido Obrero Alemán (*Deutsche Arbeiterpartei*, DAP), a cuyos dirigentes conmovió con su brillante oratoria. El 19 de octubre de 1919, Hitler se adhería al partido y comenzaba su carrera política.

El DAP era un pequeño partido ultraderechista, antisemita y radical. En su abierta oposición al tratado de Versalles y en su exaltada defensa del racismo y del expansionismo pangermánico, Hitler encontró el camino para plasmar sus hasta entonces difusas ideas. En poco tiempo fue capaz de convertirse en el líder absoluto del partido, al que rebautizó con el nombre de Partido Obrero Nacionalsocialista Alemán (*Nationalsozialistische Deutsche Arbeiterpartei*, NSDAP) o partido nazi, implantó el culto a la personalidad del jefe, se dio a sí mismo el título de *Führer* e instituyó el uso de dos símbolos tristemente célebres: la bandera con la cruz gamada y el saludo, (*Heil!*), con el brazo derecho en alto.

Bien pronto cada alemán conoció la voz exaltada y bronca de Adolf Hitler, entregado a una actividad febril que lo llevó a recorrer el país para reunir tras de sí a un mayor número de seguidores. Y puesto que sus arengas conmovían incuestionablemente a las masas, pensó que había llegado el momento de tomar el poder por la fuerza; el 8 de noviembre de 1923 los nazis intentaron derrocar al gobierno, pero fracasaron ante la oposición del ejército y Hitler fue condenado a cinco años de prisión en la fortaleza de Landsberg.

El germen de la dictadura

El *Führer* no se dejó vencer por este revés y continuó creyendo en su misión política con la misma testarudez que había manifestado en su adolescencia. Aprovechando su estancia en Landsberg dictó a Rudolf Hess, uno de sus más fieles colaboradores, la primera parte del libro *Mein Kampf* (Mi lucha), obra autobiográfica impregnada de antisemitismo donde desarrollaba su visión de la Alemania ideal y trataba de vulgarizar sus bien conocidas tesis en torno al pangermanismo, el espacio vital, la selección racial y el exterminio sistemático de las razas consideradas inferiores. Todo lo que el dictador puso en práctica diez años más tarde se encontraba perfectamente expuesto en este libro, pero a pesar de ello nadie se sintió tan amenazado como para intentar detener, antes de que fuera demasiado tarde, al peligroso fanático que se anunciaba en sus páginas.

Así pues, no sorprende que, en diciembre de 1924, Hitler recobrase la libertad y poco después procediese a la «segunda fundación» del partido nazi, introduciendo en su programa el principio de la dictadura de la raza aria pero asegurando estar dispuesto a conquistar el poder exclusivamente por la vía legal. Había aprendido la lección y estaba seguro de que un golpe de estado no podía culminar con éxito. Por lo tanto, decidió emplear una discreta táctica política consistente en simular seriedad ante la opinión pública y al tiempo preparar a su partido para el asalto definitivo a las urnas, una vez que la sociedad alemana estuviese bajo su poder. En estos años, Adolf Hitler es el líder infatigable que parece realmente estar en varios sitios a la vez, un día en Berlín y esa misma tarde en Munich, dejando oír por doquier sus arengas de visionario aparentemente paciente e invadiendo con su imagen toda ciudad de Alemania. El *Führer* no parece ser un hombre de carne y hueso; se le desconoce toda relación privada, nada se sabe de sus diversiones, sus amistades o sus debilidades íntimas; tan sólo sus colaboradores —Hess, Goebbels, Göring y otros que más tarde ocuparán los cargos importantes del *Reich*— tienen acceso a su persona y lo acompañan como sombras.

Locura y megalomanía

La trágica historia protagonizada por Hitler es bien conocida. La crisis mundial de 1929, con sus efectos de ruina de la clase media, paro masivo y temor a la revolución comunista, decidió la suerte política del nazismo e hizo posible el auge imparable del NSDAP. Aunque en las elecciones de marzo de 1932 fue derrotado por Hindenburg, Hitler consiguió trece millones de votos y meses después fue nombrado canciller. La implantación de un régimen de terror en toda Alemania, la disolución de los partidos políticos y las organizaciones obreras, las purgas masivas de los sectores contestatarios, los campos de concentración y, por último, la más terrorífica guerra que el mundo ha conocido, fueron las consecuencias directas de su megalomanía y su locura. Pero curiosamente, una vez que ha logrado su objetivo, Hitler regresa en cierto modo a su juventud y renueva algunas actitudes características de sus primeros años. El muchacho perezoso, soñador y caprichoso sale de nuevo a flote mientras el *Führer* pasea por las espléndidas montañas de Baviera, donde dispone de varias residencias. Los asuntos de Estado le desagradan y con frecuencia los deja en manos de sus ministros, para luego premiar a éstos con medallas o degradarlos de modo infame si los resultados no convienen a sus veleidades del momento. En su despacho se amontona el trabajo y las decisiones más urgentes quedan aplazadas mientras él es paseado en triunfo por las calles, se reúne con los arquitectos para dar instrucciones precisas sobre las construcciones monumentales que se erigen en su honor y organiza pequeñas veladas mostrándose un anfitrión amable, galante con las damas, simpático e incluso indulgente.

Su principal afición es tomar el té con su gran amor, Eva Braun, a la que había conocido en Berchtesgaden en 1929, cuando ella contaba diecisiete años. Se trata de una joven rubia y sonrosada, de aspecto fresco y sano, tal como le gustan a Hitler y como conviene a su ideal ario. Su carácter alegre y despierto hizo que esta mujer se convirtiese en compañera inseparable del *Führer*, aunque nunca llegaría a ser oficialmente la primera dama de Alemania porque el mito del dictador solitario, abnegado y absorbido en cuerpo y alma por su pueblo no admitía una esposa. Tan sólo al final de la guerra, cuando fuera de los refugios subterráncos de la Cancillería del Reich en Berlín tenía lugar la hecatombe, Adolf Hitler contrajo matrimonio con Eva Braun. Era el 29 de abril de 1945, el mismo día en que redactó su testamento. Veinticuatro horas más tarde, Hitler y su mujer estaban muertos: él la envenenó con una cápsula de cianuro y luego se disparó un tiro en la boca. Física y psíquicamente destrozado, el *Führer* no quiso asistir al catastrófico fin de su obra y mucho menos caer en manos de sus enemigos: se sustrajo con ello, como siempre, a toda responsabilidad.

Hitler creyó haber ganado la guerra cuando sus tropas ocuparon París en 1940. Arriba, el Führer *en la capital francesa.*

1889	20 de abril: **ADOLF HITLER** nace en Braunau (Austria).
1907	Es rechazado por la Academia de Bellas Artes de Viena.
1913	Se traslada a Munich.
1914-1918	Participa como voluntario en la Primera Guerra Mundial integrado en el ejército alemán.
1919	Se inscribe en el Partido Obrero Alemán (DAP) y se hace cargo de la propaganda.
1921	El DAP se convierte en Partido Obrero Nacionalsocialista Alemán (NSDAP) con Hitler al frente.
1923	En noviembre intenta tomar el poder mediante un golpe de estado.
1924	Es encarcelado en la fortaleza de Landsberg. Dicta el libro *Mein Kampf*.
1929	Crisis mundial. El NSDAP comienza su ascenso definitivo.
1933	Hitler es nombrado canciller.
1939	Inicio de la Segunda Guerra Mundial con la declaración de guerra de Francia e Inglaterra después de los ataques alemanes a Polonia.
1941	Fracaso de la campaña de Rusia.
1944	En junio resulta herido leve tras un atentado.
1945	29 de abril: casa con Eva Braun y redacta su testamento. Al día siguiente se suicida. 7 de mayo: se produce la capitulación de Alemania.

JAWAHARLAL NEHRU
(1889-1964)

Heredero político de Mohandas Gandhi, Jawaharlal Nehru (arriba) fue el primer presidente de la India independiente, a la que procuró proyectar en el concierto internacional bajo las banderas del anticolonialismo y de la no alineación.

*C*on el asesinato de Gandhi, acaecido en enero de 1948, la India cerró un capítulo de su larga historia y comenzó otro que iba a tener un único protagonista: Nehru. El primer jefe de gobierno de la India independiente fue considerado heredero político de Gandhi, pero no su hijo espiritual, pues mientras el *Mahatma* se complacía en la visión de un país replegado en sí mismo y de regreso a las técnicas artesanales, Nehru soñaba con una India activa en el concierto internacional e industrializada a la manera de Occidente. Como

padre del neutralismo, Nehru alcanzó un extraordinario prestigio entre los países del llamado Tercer Mundo, cuyos gobernantes vieron en él un ejemplo a seguir para sacudirse definitivamente el yugo del colonialismo y lograr un desarrollo económico, social y político suficiente para sus pueblos.

A la sombra de Gandhi

Nehru procedía de una familia importante de brahmanes, la casta más elevada dentro de la sociedad hindú. Su padre había sido uno de los dirigentes importantes de su Cachemira natal y él fue enviado, al cumplir los dieciséis años, a Gran Bretaña para que se convirtiera en abogado, lo que consiguió en 1912. De regreso a la India ejerció su profesión y pronto quedó fascinado por la figura de Gandhi, que acababa de ser proclamado *Mahatma* (Alma Grande). Entre el inspirador de la resistencia pasiva y aquel joven abogado se produjo una corriente de mutua simpatía; Nehru fue sucesivamente discípulo, favorito y lugarteniente de Gandhi, con quien sin embargo compartía más la pasión nacionalista que las aspiraciones religiosas.

Tras ingresar en 1918 en el Partido del Congreso Nacional Indio, movimiento que agrupaba a todos los partidarios de la independencia frente a los ingleses, Nehru fue elegido presidente de la municipalidad de Allahabad, su lugar de nacimiento, y sufrió varias penas de prisión por sus actividades políticas. Siempre a la sombra de Gandhi, su prestigio creció paulatinamente hasta ser designado primero secretario general y luego presidente del partido. De este modo, los destinos de la India comenzaron a girar alrededor de estas dos figuras; si bien el *Mahatma* era algo así como el santo patrón del movimiento independentista, Nehru pasó a ser considerado su brazo derecho, el ejecutor pragmático y eficaz de

En 1918, Nehru ingresó en el Partido del Congreso Nacional Indio, agrupación que integraba a todos los partidarios de la independencia de la India de la tutela británica. Su entendimiento con Gandhi y su pragmatismo político le abrieron paso al indiscutible liderazgo en la escena política. Arriba, dirigiendo la palabra durante una multitudinaria reunión de sus partidarios.

los designios teñidos de espiritualidad de Gandhi.

Nehru poseía una personalidad jovial, magnética y brillante. Su prestigioso origen y su sólida preparación hicieron de él el dirigente nacional que los indios esperaban y el propio Gandhi lo reconoció como su sucesor. Al iniciarse la Segunda Guerra Mundial, ambos líderes lanzaron una nueva campaña de desobediencia civil y exigieron la completa independencia de la India. Después de una serie de negociaciones que fracasaron, la metrópoli volvió a desencadenar la represión y Gandhi y Nehru dieron una vez más con sus huesos en la cárcel. Aquella fue la última batalla perdida.

Adalid de la no alineación

Londres no pudo resistir la presión por más tiempo. Nehru fue liberado y poco después fue elegido para negociar con lord Mountbatten, último virrey inglés de la India, la independencia de su país, proclamada al fin el 15 de agosto de 1947. Ese mismo día, Nehru se convirtió en primer ministro y asumió la cartera de Asuntos Exteriores del nuevo Estado. La muerte de Gandhi al año siguiente no hizo sino reforzar su papel de líder político imprescindible para su pueblo.

Buena parte de la veneración de que había sido objeto el *Mahatma* pasó íntegramente a Nehru. No solamente era el único superviviente de los padres fundadores de la nación, sino que además poseía algo del aura mágica con que el *Mahatma* había cautivado a las masas y se distinguía por su pasado de dirigente progresista, lo que le ganó el apoyo de las clases sociales menos favorecidas.

Proclamada la República en enero de 1950, Nehru obtuvo un gran triunfo en las elecciones del año siguiente y logró la mayoría absoluta en el Parlamento. Inmediatamente propuesto para el desarrollo de su país un programa de carácter socialista y democrático que le llevó a promover una serie de planes quinquenales y a solicitar ayuda financiera en el exterior. También atacó el latifundismo, con resultados más espectaculares sobre el papel que en la práctica, y aseguró la igualdad de derechos para la mujer autorizando su acceso a la propiedad y legalizando el divorcio. Sus programas de modernización, de beneficencia y de índole social tenían como objetivo poner a la India al nivel del mundo occidental para que, una vez alcanzado el progreso material, se pudiera proceder al crecimiento moral e intelectual de la sociedad india.

En asuntos extranjeros, Nehru quiso que su país desempeñara un papel importante en la palestra internacional y sus principios fueron el anticolonialismo y el neutralismo. Fue el primer estadista que se negó a comprometerse en la «guerra fría» y observó una escrupulosa equidistancia en los conflictos de Corea e Indochina, lo que le reportó un enorme prestigio internacional. En la Conferencia de Bandung, celebrada en 1955 por los representantes de una treintena de países afroasiáticos, impulsó la idea de la no alineación con las grandes potencias y promovió la formación de una «tercera fuerza» constituida por estados en vías de desarrollo.

Por supuesto, la política exterior de Nehru no estuvo exenta de conflictos. A lo largo de su mandato fueron frecuentes los choques con Pakistán, país de mayoría musulmana creado por los ingleses, al mismo tiempo que se concedía la independencia a la India, para acoger a la minoría musulmana del subcontinente. En este sentido, los conflictos giraron en torno a la región fronteriza de Cachemira, reclamada por la India y Pakistán. Tampoco fueron fáciles, al mismo tiempo, sus relaciones con Pekín, que empeoraron en 1959, cuando concedió asilo político al Dalai Lama, cabeza del budismo tibetano enfrentado al régimen comunista chino. Por otra parte, Nehru no dudó en emplear la fuerza en 1961 para arrojar a los portugueses del enclave colonial de Goa, en la costa oeste del país.

Estos conflictos hicieron que su estrella comenzase a declinar ante la comunidad internacional. Se le acusó de autoritario y caprichoso y de intentar mantener a la India bajo un régimen policial, como habían hecho los ingleses. Las críticas no tuvieron tiempo de prosperar, pues a principios de 1964, el 27 de mayo, Nehru falleció en Nueva Delhi de un ataque cardíaco. Al igual que había sucedido con Gandhi, se dijo que con él se extinguía la luz. No en vano había sido Nehru el padre de la India tal y como la conocemos.

Nehru, fiel al principio de neutralidad, fue el primer estadista del mundo que se negó a alinearse con una de las superpotencias enfrentadas en la "guerra fría". Abajo, Nehru es recibido en el aeropuerto de Moscú por Malenkov, Molotov, Mikoian y Jruschov.

El gobierno de Nehru se caracterizó por la reforma de las leyes hindúes y la implantación de una política económica mixta, en el plano interior, y por sus mediaciones en las guerras de Corea y Vietnam y la aportación de tropas a los contingentes pacificadores de la ONU en Palestina, Congo y Chipre, en el exterior. Arriba, Nehru con su hija Indira, quien lo sucedería en la presidencia, y los republicanos españoles Uribe y Álvarez del Vayo.

1889	**JAWAHARLAL NEHRU** nace en Allahabad (India).
1905-1912	Estudios de Derecho en Gran Bretaña.
1918	Ingresa en el Partido del Congreso Nacional Indio.
1920-1927	Es encarcelado varias veces por su actividad nacionalista.
1929	Es nombrado presidente de su partido.
1942	Encarcelado junto a Gandhi y otros dirigentes nacionalistas.
1946	Negocia con lord Mountbatten la independencia de la India.
1947	El 15 de agosto la India alcanza su independencia y Nehru se convierte en el primer ministro.
1948	Gandhi es asesinado. Primer enfrentamiento entre India y Pakistán por la cuestión de Cachemira.
1951	Consigue la mayoría absoluta en el Parlamento.
1955	Defiende los principios del neutralismo en la Conferencia de Bandung.
1959	Concede asilo político al Dalai Lama y se enemista con Pekín.
1961	Expulsa a los portugueses de la colonia de Goa.
1964	Muere en Nueva Delhi de un ataque al corazón.

CHARLES CHAPLIN
(1889-1977)

*J*ean Cocteau escribió que «Chaplin es un buen chico que saca la lengua mientras trabaja», y es que el tierno humor subversivo de este cómico mil veces motejado de genio, es una de las notas más universalmente identificadas de la sinfonía del siglo XX. Su inmortal personaje, Charlot, Carlitos para los hispanoparlantes, nació el 2 de febrero de 1914 cuando un joven actor teatral contratado por Mack Sennett para trabajar en el cine se calzó unos enormes zapatones de clown, más azacanados que las célebres botas pintadas por Van Gogh, un pantalón que le venía grande y un desvencijado chaqué que le venía pequeño. Faltaba añadir a su emblemática indumentaria un cimbreante bastón de junco de bambú, un presuntuoso bombín y un ridículo bigote que luego le copió Adolf Hitler, para que comenzara su andadura fantástica aquel vagabundo imaginario, defensor quijotesco de chicos desprotegidos, valedor de vírgenes apuradas y enemigo juramentado de gigantescos polis armados con negras porras.

Charlot fue un pícaro escurridizo, un lanzador de tartas de crema infatigable, un enamorado sin suerte, un David que debía habérselas en cada esquina con un Goliat, un sandio encantador cuyos andares contrahechos y mohínes maravillosos todos los niños del mundo han imitado. Por eso, desde aquel lejano día en que fue lanzado al mercado de las vidas ilusorias por la fábrica de sueños, el mundo fue para todos nosotros un lugar un poco más cordial y más feliz.

Una infancia dickensiana

Pero quien encarnó la versátil e hilarante figura de Charlot había nacido en realidad en un barrio pobre de Londres, en el seno de una infortunada familia judía, el 16 de abril de 1889. Sus padres fueron unos cómicos sin suerte. Su madre, Hannah Hill, de origen irlandés y español, había huido de casa a los dieciséis años para enrolarse en las filas alegres y desnutridas de la farándula, y llegó a hacerse acreedora de cierta nombradía como cantante y bailarina bajo los seudónimos de Florence Harley y Lili Harley. Siguiendo luego a un hombre por el que estaba colada viajó a África del Sur, donde concibió a su primer hijo, Sidney, con el cual hubo de regresar, soltera y sola, a un Londres neblinoso y victoriano. Allí contrajo matrimonio con un vocalista judío de origen francés llamado Charles Chaplin, padre homónimo del que sería el cómico más célebre de todos los tiempos, quien pronto se entregó a un irreversible alcoholismo, se amancebó con otra mujer y falleció precozmente. Para colmo de desdichas, Hannah perdió la voz, hubo de renunciar al teatro y se refugió en un asilo, viéndose obligada a abandonar a sus pequeños Sidney y Charles Spencer en un orfanato. La suma de infortunios harían que pronto perdiera la razón y fuera internada largas temporadas en siniestros manicomios.

Mientras, Charles, convertido en un golfillo dickensiano, deambula por las interminables calles londinenses, ejerce mil oficios, trabaja donde puede y acaba por emplearse en modestas compañías teatrales. Su primer papel llega con una breve intervención en el melodrama popular *Jim, the romance of a cockney*, de H. A. Sainsbury, con el que cosecha su primer espectacular fracaso a los doce años. Luego participa en la obra *Sherlock Holmes*, adaptación teatral de las novelas de Conan Doyle, se enamora de la primera actriz, Marie Doro, obtiene un papel para su hermanastro Sidney y, gracias al trabajo de ambos, consigue sacar a su madre de su sórdida y obligada residencia. Aún actuará en otros muchos teatros antes de ingresar en la compañía de acróbatas bufos de Charlie Manon, donde lo descubre el próspero empresario Fred Karno y lo contrata. Con este último viajará en compañías ambulantes que ejecutan números de mimo y cantan, porque la ley prohibía hablar si no se representaban obras de teatro, y es durante aquellos años cuando aprende gran cantidad de recursos que le resultarán muy útiles en sus creaciones futuras.

En 1910 cruza por primera a vez el Atántico, pero con el compromiso de volver a Londres y no quedarse en Estados Unidos, porque Karno teme que se deje seducir por los atractivos contratos que la incipiente industria cinematográfica está ofreciendo a los actores de talento. No obstante, en su segundo viaje, en octubre de 1912, aceptará la proposición del gran Mack Sennett, que se ha instalado en Hollywood con una pequeña compañía denominada Keystone, para que trabaje para él.

El hombre superfluo

De este modo Chaplin se emplazó ante ese momento glorioso, irrepetible, de la creación de Charlot, un personaje patético y vulnerable del que en cierto inspirado artículo escribió Manuel Villegas López: «Este hombre solo, sin amigos, sin patria, sin clase social, que no sabe adónde va ni de dónde viene, este hombre sin raíces, sin pasado y sin porvenir, este hombre en continua frustración de todo lo que constituye la vida, es sencillamente esto: el hombre que sobra, el hombre superfluo.»

A principios de 1914, el 2 de febrero, realiza en apenas unas horas su primer film, *Making a Living*, presentado en el ámbito de lengua española como *Charlot periodista* o *Charlot reportero*, película que constaba de un solo rollo, con una duración aproximada de quince minutos, y que fue dirigida por Henry Lehrman. La seguirán *Charlot en el hotel*, *Charlot y el paraguas*, *Charlot en los estudios*, *Charlot camarero*, etc., hasta que el 7 de diciembre de ese año ruede *Un sueño de Charlot*, el último film para la Keystone, ya con guión y dirección de Charlie Chaplin. Ha sido un año de aprendizaje de los trucos del oficio cinematográfico y sus treinta y cinco películas han obtenido un gran éxito, pero las constantes discusiones y discrepancias con Mack Sennett también se han hecho insoportables. Chaplin busca repetir en el cine los efectos y el estilo que ha aprendido en las tablas: un humor a base de reticencias, de insinuaciones, de elipsis, de si-

Charles Chaplin (arriba caracterizado como su famoso personaje Charlot, en una escena de la película Luces de la Ciudad) *fue acaso el más genial cómico de toda la historia del cine.*

tuaciones frustradas. Por su parte, Sennett, más compenetrado con los revolucionarios trabajos del director D. W. Griffith, pionero en la industria y auténtico creador del arte cinematográfico, quiere películas trepidantes, llenas de acciones alocadas, absurdas, caricaturescas: desea una cascada de disparates que cobren un sentido global luego en el montaje, tarea de la que él mismo se encarga.

La ruptura era inevitable, y a principios de 1915 firma un contrato con la productora Esanay para rodar catorce películas de dos rollos con

Charlot, Carlitos, patético y cómico mundo cruel y superficial, es el David que a cada paso encuentra a su quimera del oro; se enfrenta a la en una cadena de montaje, arriba, amor imposible, abajo en la ve a Chaplin en el camerino antes de

símbolo de la dignidad humana en un hombrecillo ridículo y tierno, el Goliat; persigue sueños, abajo La alienación que representa el trabajo Tiempos modernos, *o al drama del crepuscular* Candilejas, *en la que se ponerse la máscara de payaso.*

completa libertad. Descubre a Edna Purviance y la convierte en la rubia heroína de la que el miserable vagabundo siempre se enamora, y así mismo va caracterizando al rudo y volumimoso antagonista con el que siempre ha de pelearse. Su fama crece como la espuma, y en 1916 está en disposición de barajar numerosas ofertas y decide aceptar la que le ofrece la Mutual por la nada despreciable cantidad de 670.000 dólares al año. Para esta productora realiza una película particularmente hermosa, *La calle de la paz*, en la que el ya célebre vagabundo se mete a frágil policía —personaje éste que ha sido hasta la fecha su inveterado enemigo—, demostrando con ello que, merced a la propia estructura del *gag* y a la sabia eficacia de su humor, puede incluso permitirse el lujo de invertir radicalmente sus presupuestos ideológicos.

En 1917 firma por la ya astronómica cifra de 1.200.000 dólares con la First National, y antes de cumplir los veintiocho años es un hecho que Chaplin se ha convertido en uno de los cómicos más populares de Estados Unidos y que el indigente ha pasado a ser millonario. No obstante, esto no le hará ceder un ápice en su insobornable independencia, y alguna de las películas de esta época, como por ejemplo *Armas al hombro*, tendrán un marcado carácter antimilitarista. Por otra parte, en 1918, se casará con una muchacha de origen humilde, Mildred Harris, que sólo cuenta dieciséis años, y de la que se separará en 1920 provocando un enorme escándalo en Hollywood.

El chico

Con *El chico*, Chaplin dio plenamente en el clavo y obtuvo una auténtica obra maestra que siguió siendo su preferida cuando ya era octogenario. Su realización, en la que se gastaron 150.000 metros de celuloide para conseguir los 1.800 definitivos, sufrió numerosos accidentes, en primer lugar a causa de su divorcio de Mildred Harris, contencioso que amenazaba con implicar el embargo del filme, todavía inacabado. Para evitar que pudiera producirse Chaplin debió escapar con el negativo en una camioneta, ayudado por su hermano Sidney y su criado japonés Kino, y se refugió en Salt Lake City, Utah, territorio de los mormones que lo ponía a salvo de la confiscación.

Salvado este escollo y terminado el rodaje, se enfrascó en disputas con los productores para establecer sus ganancias, que, tras el éxito internacional que supuso, alcanzarían el millón de dólares. De todos modos, lo más importante es que en *El chico* el personaje Charlot cobra una nueva dimensión, más dramática, más honda, porque la historia es un prodigioso melodrama que conectó extraordinariamente con la sensibilidad popular de la época. Hay en ella algo de autobiografía, sobre todo en la descripción de la miseria de las calles de Kensington, arrabal donde Chaplin pasó su infancia, del orfanato Hanwell Residential donde fue confinado, de un horrible dormitorio público que la pobreza le había hecho visitar... En la película aparece además una escena singularmente memorable en la que Charlot, que ha recogido y educado esmeradamente —con esa dignidad tan poco a propósito en los desarrapados y que constituye el sello de su estilo— a un niño abandonado, gana el sustento de ambos colocando cristales que previamente ha roto el chico (Jackie Coogan). Todo parece sacado de un folletín de Dickens. Es también antológico el ingenuo sueño del vagabundo, cuando éste se encuentra desesperado por la desaparición del muchacho. En él recrea un mundo imposible y angelical donde Charlot persigue a una doncella purísima, interpretada por Lita Grey, con la que en la vida real el cineasta Charles Spencer Chaplin se casará algún tiempo después, en octubre de 1924.

La caza de brujas

Pero la boda del ya popularísimo actor no fue tan sonada como el divorcio de Lita, madre ya de sus hijos Charles y Sidney, que pidió en enero de 1927. La opinión pública, puritana y desaprensiva, se le echó encima, Hollywood lo anatematizó, hubo de suspender el rodaje de *El circo* —una historia con un final desolador en el que el diminuto personaje se pierde en un gran plano vacío—, se le embargan sus pertenencias y se le amenaza con expulsar a su madre demente del país porque se ha quedado sin bienes para mantenerla. El resultado de la demanda de divorcio es que pierde la custodia de sus dos hijos y que se ve obligado a pagar un millón de dólares en concepto de indemnización. Y para colmo, poco después se implanta el cine sonoro. Chaplin, el mimo, el

Charles Chaplin hizo con El gran dictador *una de las parodias más vitriólicas del nazismo, causante de la persecución judía, ridiculizando la figura de Adolf Hitler, su megalómano líder.*

maestro del gesto elocuente, uno de los grandes innovadores del arte cinematográfico silencioso, se opone con todas sus fuerzas a la incorporación de los diálogos sincronizados, alega que eso supone el fin del gran espectáculo que ha llegado a ser el cine al final del período mudo —y, al principio, no le falta razón— e incluso en 1931 realiza todavía una película muda, *Luces en la ciudad*, una melodramática historia con una florista ciega (Virginia Cherrill) que hace llorar a medio mundo. Pese a todo, muchos profetizan el final de la brillante carrera de Chaplin, porque un buen número de estrellas ha sucumbido al nuevo reto técnico y todo hace presumir que él será uno más. Sin embargo, al genio no se le ha agotado la imaginación ni está en las últimas. Emprende un viaje triunfal por el mundo y es aclamado por las multitudes, recibido por los reyes, admitido en compañía de hombres como Gandhi y Einstein... Durante la gira mantiene un fugaz devaneo con May Reeves, autora de un libro posterior en el que lo llena de improperios, hecho nada excepcional, pues la gran diva Pola Negri tampoco lo deja muy bien en sus *Memorias*.

Aunque decididamente nunca tuvo suerte con las mujeres, pronto hallará un nuevo amor, Paulette Goddard, con la que vive negándose a declarar si están o no casados, firme en una actitud desafiante que habrá de procurarle muchos quebraderos de cabeza, pero que sin duda es la gran lección de independencia que Chaplin quiso legar a la posteridad. Actitud desafiante que le lleva a concluir y distribuir en 1940, pese a toda suerte de amenazas, *El gran dictador*, una valiente sátira contra las tropelías de los nazis y de su antipático y megalómano líder, exterminador de judíos. Pocos años después de la caída del Tercer Reich alemán, brotarían no obstante en el seno de la sociedad norteamericana nuevas y vigorosas ramas del fascismo y el senador McCarthy emprendería en Hollywood una paranoica persecución de comunistas. Naturalmente, Chaplin no podía por menos que resultar sospechoso, y uno de los más vergonzantes delatores de lo que fue justamente llamado la «caza de brujas», Robert Taylor, llegó a decir: «Si me hicieran caso, todos los comunistas serían deportados a la URSS, o a otro lugar tan imposible para vivir», a lo que añadió: «Charles Chaplin es un individuo peligroso, que se toma por un experto financiero y militar, cuando no es más que un emboscado». Por otra parte, se ha vuelto a divorciar, en 1941, de Paulette Goddard, y ha contraído matrimonio, contra la belicosa oposición paterna, con la hija del dramaturgo Eugene O'Neill, que cuenta sólo dieciocho años el día de la boda, celebrada el 16 de junio de 1943. Para más inri, estalla otro escándalo cuando Joan Barry, una jovencita aprendiz de actriz, declara que va a dar a luz un hijo de Chaplin. Todo el país se le pone en contra, interviene el FBI, se piden veintidós años de reclusión para el reo. Felizmente, las pruebas de sangre, realizadas tras el nacimiento del niño, dan negativas, pero el jurado lo declara culpable en 1945, lo condena a una fuerte indemnización y deniega su petición para revisar el proceso.

En 1947, en una moción al Senado norteamericano que no llegó a prosperar, se pide la expulsión de Chaplin del país; luego se lo convoca ante la ominosa Comisión de Actividades Antiamericanas, aunque el requerimiento fue aplazado varias veces y por último sobreseído; por fin, en 1952, hallándose en Londres con su mujer y sus cuatro hijos para presentar su film *Candilejas* se enteró de que se le había declarado culpable de actividades antiamericanas y de que se había dado orden para su internamiento si decidía regresar. El orgulloso Charles Chaplin contestó negándose a volver y con una película extraordinariamente polémica, *Un rey en Nueva York* (1958), penúltimo de sus largometrajes en el que un chiquillo es convertido cruelmente en un delator y donde se burla a las claras del infame tribunal. Tras rodar con Marlon Brando y Sofía Loren en 1966 *La condesa de Hong Kong*, Chaplin, convertido en Sir por la reina de Inglaterra, pasó sus postreros años instalado en Suiza. Misteriosamente, después de su muerte, acaecida el 25 de diciembre de 1977, su tumba fue saqueada, su cadáver fue exhumado y todavía hoy se desconoce su paradero.

Víctima de la caza de brujas desatada por el senador McCarthy, Charles Chaplin, arriba ya octogenario con su esposa Oona O'Neill, acabó apaciblemente sus días en Vevey, Suiza.

1889	El 16 de abril nace **CHARLES CHAPLIN** en East Lane, Walwoord, Londres.
1912	Durante su segundo viaje a EEUU, firma un contrato para trabajar en el cine con Mack Sennett.
1914	El 2 de febrero, Chaplin se caracteriza por primera vez de *Charlot*.
1917	Contrato con la First National por 1.200.000 dólares.
1918	Se casa con la figuranta de dieciséis años Mildred Harris.
1919	Funda la United Artist con Mary Pickford, Douglas Fairbanks y D.W. Griffith.
1920	Se divorcia de su esposa durante la filmación de *El chico*.
1923	Dirige *Una mujer de París*.
1924	En octubre se casa con Lolita McMurray (Lita Grey).
1925	*La quimera del oro.*
1931	*Luces de la ciudad.*
1932	Convive con Pauline Levy (Paulette Goddard).
1936	*Tiempos Modernos.*
1940	*El gran dictador.*
1943	Se casa con Oona O'Neill.
1966	*La condesa de Hong Kong*, su último largometraje.
1975	*The gentleman tramp*, película documental.
1977	25 de diciembre: muere en su residencia de Suiza.

CARLOS GARDEL
(1890-1935)

Carlos Gardel está considerado como el mejor intérprete que ha tenido el tango. Si su cálida voz, su elegante estampa y su fascinante personalidad fueron la clave de su fama, su trágica muerte lo fue de su mito.

*C*omo todo héroe arrabalero y triunfador, Carlos Gardel tuvo una infancia castigada por la adversidad. Su madre, Bèrthe Gardes, nunca llegó a saber con exactitud quién era el padre de aquel hijo nacido el 11 de diciembre de 1890 en el hospital de La Grave (Toulouse) y bautizado con el nombre de Charles Romualdo. Más tarde, en los suburbios de la ciudad de Buenos Aires, adonde huyó en busca de unas migajas de fortuna cuando su hijo aún no había cumplido los tres años, se resignó a ver cómo su vástago correteaba entre las casuchas de Retiro, Montserrat o Los Corrales y se buscaba la vida pateando calles destartaladas y sucias, creciendo con resentimiento, congoja e inseguridad.

Charles se convertirá pronto en Carlitos, un muchacho despierto, simpaticón e irascible cuya única ansia consiste en alcanzar el lujo de los ricos y ganar montañas de dinero. Con dieciocho años desempeña toda clase de pequeños trabajos y ya deja oír su aterciopelada voz en esquinas, reuniones familiares y garitos. Detesta el trabajo duro, rinde culto al coraje, santifica la lealtad a los amigos y se esfuerza por imitar a los adinerados acicalándose con un esmero narcisista y casi femenino.

El rey del tango cantado

Por aquel entonces, ese «pensamiento triste que se baila» de incierto origen, llamado tango, comenzaba a hacer furor en París. Sus intérpretes más destacados viajaban al continente y regresaban con los bolsillos a rebosar. Carlos, a quien le gusta el canto casi tanto como la «guita», cambia la *s* final de su apellido por una *l* y prueba fortuna en algunos cafés de los barrios periféricos bonaerenses, en los que se presenta con el sobrenombre de «El Morocho»; ante la sorpresa de propios y extraños, manifiesta una aguda sensibilidad y un temperamento artístico completamente original. Su interés y sus aptitudes lo inclinan hacia el tango canción o tango con letra, escasamente cultivado hasta ese momento. En efecto, el tango estaba por entonces culminando su proceso evolutivo que lo había llevado de ser una música alegre, en compás de dos por cuatro y origen posiblemente cubano, que se bailaba de forma un tanto procaz en las fiestas de las clases populares de Buenos Aires, a convertirse en un lamento cantado, una música nostálgica y desgarrada que los porteños acomodados habían aprendido a admirar y a bailar y que Gardel estaba destinado a dar a conocer en todo el mundo.

Cuando en 1915 forma pareja con José Razzano, intérprete de tangos que ya goza de alguna fama, ninguno de los dos sospecha que en pocos años van a convertirse en ídolos tanto de los entendidos como de un amplio sector de público. Fue a raíz de una apoteósica actuación en el teatro Esmeralda de Buenos Aires, en 1917, cuando el personal

estilo de interpretar el tango de Carlos Gardel caló hondo en el público porteño y dio al dúo Gardel-Razzano una fulminante celebridad. El tándem se mantendrá hasta 1925, año en que Gardel debió partir solo hacia Europa. José Razzano, aquejado de una enfermedad en la garganta, había decidido abandonar el canto. Esta desgracia de su compañero significará, no obstante, la fama internacional para Gardel. Tres años después de cruzar el Atlántico, escribe a Razzano: «La venta de mis discos en París es fantástica; en tres meses se han vendido setenta mil». Bing Crosby, Charles Chaplin y Enrico

La figura de Carlos Gardel ha entrado en la leyenda y, a más de sesenta años de su desaparición física, sigue siendo objeto de culto y devoción. Los porteños, tan dados a sentenciar, afirman al escuchar sus viejos discos, acaso con necrofílica ironía que alude a las nuevas generaciones de cantores de tango, que "Gardel cada día canta mejor".
Arriba, La canción, *pintura mural de homenaje a Gardel realizada por J.C.Vergottini, en el popular y pintoresco barrio de La Boca, Buenos Aires.*

Caruso se deleitan con canciones como «Mi noche triste», «Volver» o «No habrá más penas ni olvido». Pero si grande había sido el éxito de Gardel en París, no lo fue menos en España. Gardel debutó en solitario en 1925 en el teatro Apolo de Madrid y en el teatro Goya de Barcelona, el 5 de noviembre de ese mismo año. Tal fue el recibimiento y cariño que el público le brindó en la capital catalana al «zorzal criollo», como también se lo llamaba, que hizo de ella su centro de operaciones para sus giras europeas, no obstante sus largas estancias en París. En «Che, papusa, oí» canta Gardel: «Trajeada de bacana, bailás con corte / y por raro esnobismo tomás prissé», acaso evocando las fiestas al estilo parisino que ofrecía por esa época la aristocracia barcelonesa, con esmoquing, champán francés y cocaína o *plis o plissé*, como llamaban a esta droga. La voz, la estampa y la simpatía de Gardel arrollaban, especialmente entre las mujeres. Reveladora es la entrevista «a la sombra de Gardel», que salió publicada en *Tango Moda*, en 1929. La sombra era una bella francesa que seguía al ídolo por todas partes después de haberlo visto actuar una vez en el cabaret de Florida de París. «Cuando por la noche me retiro a mi cuarto del hotel, doy por muy bien pagados mis esfuerzos si le he oído cantar tres o cuatro canciones», confesaba esta admiradora incondicional. Sus películas, como *Flor de durazno*, rodada en Argentina en 1917, *Luces de Buenos Aires* y *Cuesta abajo*, en Francia en 1931 y 1934, y *Tango Bar*, en Estados Unidos en 1935, además de *Melodía de arrabal*, *El tango en Broadway*, *El día que me quieras* y *Cazadores de estrellas*, entre otras, contribuyeron a incrementar su fama, gracias a su magnífica voz y a su fascinante personalidad.

Su forma de cantar los pequeños dramas existenciales de sus tangos va a significar una revolución. Nadie es capaz de imitar el fraseo de Gardel ni su habilidad para metamorfosearse en los personajes de sus canciones. Además, su figura simpática, mezcla de pícaro y castigador siempre bien vestido y repeinado, se convierte en un modelo para los porteños. Ahora es un triunfador nato, modelo de «el que llegó», un mito rioplatense admirado por los hombres y adorado por las mujeres.

A pesar de esta imagen, Gardel es en la intimidad un hombre tortuoso, retraído y contemplativo, atenazado por una oscura tristeza y víctima fácil del abatimiento. En cuanto a su vida sentimental, confesará que nunca se ha enamorado de mujer alguna, «porque todas valen la pena de enamorarse y darle la exclusividad a una es hacerle una ofensa a las otras».

Una muerte misteriosa

En 1934, después de haberse paseado en olor de multitud por escenarios de Europa y Estados Unidos, Carlos Gardel inició una gira por toda Latinoamérica provocando el delirio. Los teatros se llenaban de un público rendido al cantante argentino, que lo aclamaba y lo continuaría aclamando hasta después de su muerte.

El 24 de junio de 1935, cuando se encontraba en la cúspide de su fama, el cantor muere en un accidente de aviación cuyas causas nunca se han aclarado, al menos no para los millones de apasionados del tango que en todo el mundo entonces lloraron la muerte de su ídolo y aún hoy hablan de él en tiempo presente. Gardel viajaba de Bogotá a Cali en un F-31 de la compañía Saco. Hecha escala en Medellín, el avión recorrió la pista para alzar el vuelo, pero apenas había despegado se precipitó a tierra, chocando con otro avión alemán que esperaba en la cabecera de la pista. Un velo de misterio rodeó el suceso. Corrieron rumores acerca de un tiroteo entre Gardel y uno de sus acompañantes, con el piloto del aparato como víctima inocente e involuntario causante de la tragedia. Sin embargo, y según el testimonio de los dos únicos pasajeros que lograron salvarse de los veintiuno que viajaban en el vuelo, la verdadera causa del accidente parece haber sido el fuerte viento reinante que hizo que el piloto perdiera el control del trimotor en el momento del despegue.

A la confusión del accidente se sumaría después la leyenda de un cantor encapuchado cuya voz sorprende por su parecido con la de Gardel; muchos afirman que el ídolo se ha salvado y sigue cantando, pero no desea mostrar su rostro totalmente desfigurado. El cuerpo que fue velado por las multitudes en el estadio del Luna Park quizás no fuese el suyo. Pero es su espíritu lo que cuenta: un mar de melancólicos lo lloró entonces y sigue derramando sus más amargas lágrimas por la pérdida de la voz más triste y cálida que el tango ha dado nunca.

Carlos Gardel, el "zorzal criollo", cantaba como nadie los pequeños dramas existenciales de sus tangos y se metaforseaba con rara habilidad en los protagonistas de los mismos. Así mismo, su imagen impecable, bien vestido y repeinado a la gomina, fue un modelo para los porteños. Arriba, Carlos Gardel acompañado por dos guitarristas y vestido con un sofisticado atuendo gauchesco.

1890	11 de diciembre: Charles Romualdo Gardes, **CARLOS GARDEL**, nace en Toulouse (Francia).
1894	Se traslada a Argentina con su madre.
1908	*El Morocho* empieza a cantar en los cafés de Buenos Aires.
1915	Forma pareja con José Razzano.
1917	Actuación apoteósica en el teatro Esmeralda de Buenos Aires. Protagoniza el filme *Flor de durazno*.
1925-1929	Emprende varias giras por los países iberoamericanos y Europa.
1930	Triunfa en París.
1931	Protagoniza las películas *Melodía de arrabal* y *Luces de Buenos Aires*.
1934	Nuevos éxitos en la pantalla: *El tango en Broadway* y *Cuesta Abajo*.
1935	Estreno de *Tango Bar*. 24 de junio: muere en accidente de avión en el aeropuerto de Medellín.

LOS HERMANOS MARX

*E*s proverbial la confusión que estos locos egregios consiguieron introducir entre la realidad y la ficción, entre los datos incuestionables de lo verdadero y su cascada de mentiras y fantasías, hasta el punto de que no se puede discernir a ciencia cierta qué es auténtica biografía y qué puro camelo. Las falsas memorias de Groucho, *Groucho y yo*, son en parte responsables de ello, pero lo es también la desbordante imaginación de estos cómicos anárquicos y prodigiosos, quienes gustaban de prolongar en la cotidianidad ese inapelable absurdo que los hizo célebres y que dinamitaba la frágil trama lógica de sus películas. Groucho, el más genial y verborreico de los cuatro, que presumía de haber partido de la nada para alcanzar, merced a un tenaz y provechoso esfuerzo, la más absoluta miseria, afirmaba que en cierta ocasión solicitó su ingreso en un club muy selecto y cerrado. Tras largas deliberaciones, la directiva accedió a incluirlo entre sus socios, pero entonces el desconcertante actor renunció con esta impecable paradoja: «Ningún club de buena reputación aceptaría a Groucho Marx, pero Groucho Marx no puede pertenecer más que a un club de excelente reputación». Tal vez la anécdota sea falsa, tan falsa como su inmortal bigote, aunque eso qué más da.

Los hermanos Marx en los billares

Cinco fueron los hijos varones nacidos en el seno de aquella familia judía llegada a Nueva York desde Alemania, pero Milton (Gummo), nacido en 1894, jamás actuó en el cine, de modo que no cuenta para nada en la leyenda entretejida por el desaforado cuarteto. El mayor, y el que al principio parecía mejor dotado para el éxito, fue Leonard (Chico), nacido en 1891, un tipejo capaz de volver inextricable el problema más sencillo. El atuendo que lo hizo famoso está tocado por un sombrero tirolés y su versátil personalidad se

esconde tras una aparente estupidez impasible. Tocaba el piano con virtuosismo bufo, y en todos los films que interpretó es inevitable que aparezcan sus graciosos, aunque hoy un tanto envejecidos y rancios, numeritos musicales.

El otro número musical de rigor era el de Arthur, el segundo hermano, nacido en 1893, que tomó precisamente su nombre artístico, Harpo, de su habilidad para tocar el harpa. No emitió una sola palabra en ninguna de las películas en las que participó, aunque su vertiginosa hiperactividad desencadenaba las situaciones más desesperantes y gracias a una mímica inigualable y chusca conseguía hacerse entender, misteriosamente y a su pintoresco modo, por un Chico cómplice y amistoso. Llevaba siempre una peluca rizada y rubia y un auténtico bazar oculto en los entresijos de su amplia indumentaria, provisto de los más inverosímiles y caprichosos adminículos. A poco que alguien se descuidara, le cortaba los faldones de la levita con unas grandes tijeras, a menudo emitía ruidos enigmáticos e intempestivos con una vieja bocina y perseguía sin descanso, como un sátiro, cualquier falda que cruzara fugazmente por la pantalla.

Pero aún más perdurable que la figura de ese maestro del *nonsense* que fue Chico o la de ese rey de la pantomima burlesca que fue Harpo, resultó la imagen de galán feo, cachondo y hablador que adoptó Groucho Marx. Este desternillante parlanchín nació en Nueva York el 2 de octubre de 1895 y le pusieron el nombre de Julius Henry, aunque por razones inexplicables declaró que hubiera preferido llamarse Man O'War. Sus lentes no lograban apagar los ojos más vivaces, expresivos y erráticos de la historia de Hollywood, solía colgar grandes puros bajo sus mostachos pintados, no supo nunca nada sobre los buenos modales y nadie consiguió jamás meter baza en su imparable y delirante cháchara ni poner freno a sus devaríos. Andaba como un piel roja encorvado danzando

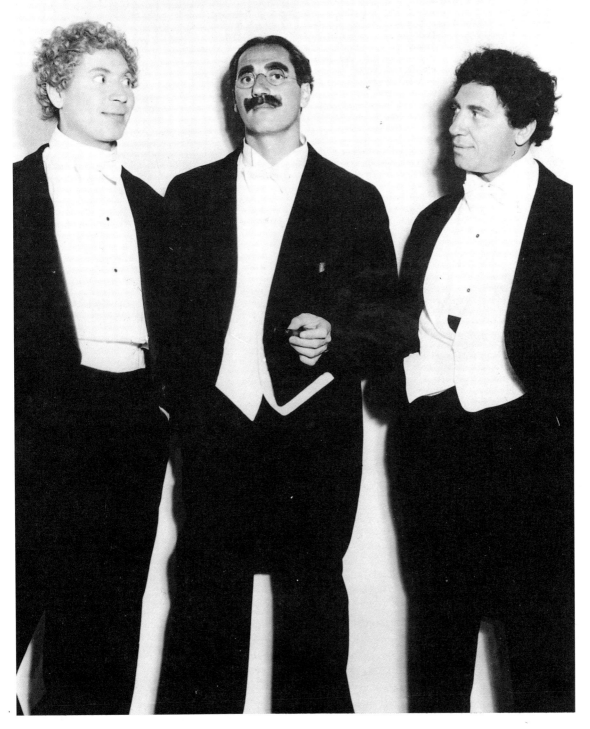

Los hermanos Marx, arriba, Leonnard (Chico), Julius (Groucho) y Arthur (Harpo), que procedían del teatro de revista, aportaron al cine una comicidad anárquica, iconoclasta y anticonformista, que rompió con todos los cánones del humor clásico. Sus exageradas gesticulaciones, sus diálogos demenciales y el frenético encadenamiento de situaciones aparentemente absurdas fueron la clave de su perdurable éxito. El mismo Groucho Marx definió el humor que practicaban como "una batalla contra la homogeneización", un modo de atacar los convencionalismos sociales.

Los cuatro cocos *fue la primera película de los hermanos Marx; la dirigieron, en 1929, Joseph Stanley y Robert Forey y era una traslación al cine de su exitosa revista teatral.*

alrededor del tótem de su propia locura y sus discursos se enroscaban como boas alrededor de su paciente víctima habitual, la gran actriz Margaret Dumont, que en los films de los Marx fue la señora Rittehouse, la señora Teasdale, la señora Claypol, la señora Upjohn o la señora Dukesbury.

Groucho, Gummo y una chica, vestidos de marinero, formaron un grupo infantil, por iniciativa de Minnie, la emprendedora madre de los Marx, que adoptó la cursi denominación de «Los tres ruiseñores», pero sólo en 1910 se reunió el grupo definitivo, «Los cuatro hermanos Marx», añadiéndose a Chico, Harpo y Groucho, su otro her-

mano, Herbert (Zeppo), joven gris, de un talento comparativamente muy inferior al trío, que solía hacer de novio guapo en las primeras películas y que a partir de 1935, después de *Sopa de ganso*, abandonó el plató para abrir una agencia de promoción artística en Hollywood.

Durante su infancia, a causa de la desastrosa mano para los negocios del cabeza de familia, un sastre de poca monta que acarreaba a su mujer y a sus hijos de casa en casa porque resultaba más barato mudarse que pagar el alquiler, los muchachos se criaron en la calle, pateando los arrabales pobres de Nueva York e ingeniándoselas para ganar unos centavos aquí y acullá, ora haciendo trampas en los billares, ora improvisando numeritos teatrales, ora perpetrando pequeñas estafas, inocentes delitos y fructíferas travesuras. Hasta 1923 no lograron debutar en el dorado Broadway, después de recorrer todo el país interpretando breves números musicales, pero seis años después habían alcanzado tal celebridad que fueron contratados por la Paramount para interpretar su primera película.

Un anarquismo vivaracho

Groucho Marx escribió una vez: «Si no fuera por los breves momentos de respiro que damos al mundo con nuestras tonterías, éste vería suicidios en masa, en cantidades que podrían comparase favorablemente con la mortalidad de los conejos en Noruega». El mismo año del crack de la Bolsa en Wall Street, en 1929, cuando los empresarios y financieros arruinados se arrojaban por las ventanas, los Marx irrumpieron en la pantalla con un filme tan malo en su construcción narrativa como insustituible en las mareantes intervenciones de los indisciplinados cómicos, *Los cuatro cocos*. Ni el director ni nadie en el estudio, ni siquiera ellos mismos, sabían a ciencia cierta lo que estaban haciendo o lo que iban a hacer en el instante posterior, dando lugar a productos híbridos con una débil línea argumental continuamente saqueada, avasallada, postergada por las insolencias espontáneas de los Marx. Pero sólo gracias a ellas aquellos viejos films de los años treinta y cuarenta conservan su perenne frescura, su inigualada e irrepetible vitalidad, y configuran una selecta antología de las mejores secuencias humorísticas de todos los tiempos.

Amén del teatro y el cine, Groucho y Chico se sirvieron del medio radiofónico para difundir su hilarante mensaje y atropellar concienzudamente la lógica. Desgraciadamente su serial *Flywheel, Syster y Flyweel,* que comenzó a emitirse el 28 de diciembre de 1932, no se grabó en cinta magnetofónica. Sin embargo, un investigador norteamericano, Michael Barson, dio con la transcripción de los guiones revolviendo en los desordenados archivos de la Biblioteca del Congreso de Nueva York, rescatando para la historia del humor una obra maestra que se creía irremisiblemente perdida. Durante los veintiséis episodios emitidos, W. T. Flywheel (Groucho), verboso, acanallado e insolvente leguleyo, perpetra en compañía del errabundo y holgazán Emmanuel Ravelli (Chico), los más extravagantes desaguisados, y las grotescas situaciones iniciales son sólo el pretexto para una progresiva transgresión del sentido común que llega al paroxismo en diálogos demenciales.

Pero en 1933 algo estaba ocurriendo en la tierra de origen de los Marx, que amenazaba la seguridad y la vida de todos los judíos de Alemania y que no hacía la menor gracia a estos malabaristas del absurdo. Rememorando aquel año escribió Harpo: «Interpretar *Sopa de ganso*, nuestro último film para la Paramount, ha sido el trabajo más difícil que he hecho. Es la única vez que he tenido miedo de caer enfermo. No me sentía molesto por el guión, ni por el director, ni por las caídas que tenía que hacer (jamás he tenido un doble o un especialista que se arriesgara por mí). Lo que en realidad me fastidiaba era Adolf Hitler. Sus discursos se retransmitían en América y siempre había alguien que tenía puesta una radio en el plató. El rodaje se interrumpió dos veces para oír cómo vociferaba». No obstante, *Sopa de ganso*, dirigida esta vez por el gran comediógrafo Leo McCarey, quien puso su sabiduría al servicio de la genialidad imprevisible de sus intérpretes, se convirtió en uno de los films más perfectos de su carrera y en un inolvidable alegato libertario, no tanto organizado como una propuesta ideológica, cosa que implicaba una seriedad ajena al talante de los Marx, sino como un discurso irrespetuoso, despectivo frente a toda autoridad, enemigo de la guerra, destructor de toda pompa y hostil a cualquier poder político o individual. En esta película, Rufus T. Firefly (Groucho Marx) es invitado a

Una noche en la Ópera, *dirigida por Sam Wood, es una obra maestra en la que los Marx dan rienda suelta a su humor descarado.*

asumir el gobierno de Libertonia por la inefable señora Teasdale (Margaret Dumont, naturalmente), para salvar al país de las conspiraciones maquiavélicas y de la voluntad de anexionárselo del embajador Trentino (Louis Calhern), quien cuenta con los inútiles servicios de sus espías Pinkie (Harpo) y Chicolini (Chico), los cuales no tardarán en pasarse al bando contrario, mucho más pródigo en promesas descabelladas y de una corrupción francamente más alegre.

Actuaciones fuera de campo

Después de esta película el cuarteto se convirtió en trío y realizó dos obras maestras dirigidas por

Sam Wood: *Una noche en la ópera* (1935) y *Un día en las carreras* (1936). Ambas fueron producidas por el magnate Irving Thalberg, quien en cierta ocasión los convocó para una reunión y les rogó que lo aguardaran unos minutos en su despacho mientras atendía urgentes menesteres. Los minutos, no obstante, como solía ocurrir, se convirtieron en largas horas, y los Marx, a despecho de las convenciones sociales, se tomaron la revancha por su cuenta. Cuando el importante productor regresó, halló al grupo transformado en un clan prehistórico, completamente desnudos y asando patatas en la chimenea.

En su última película juntos, *Amor en conserva*, dirigida por David Miller en 1949, aparece fugazmente una jovencísima Marilyn Monroe en una breve secuencia sobre la que, sin embargo, se construyó la publicidad del film. Marilyn entra en la oficina del detective privado Sam Grunion (Groucho), el cual se interesa profesionalmente por la muchacha inquiriendo: «¿Qué puedo hacer por usted?», a lo que añade inmediatamente en un aparte que busca la complicidad del público: «¡Como si yo no lo supiera!» Luego escucha sin asomo de sorpresa las quejas de su cliente porque los hombres no la dejan en paz y, cuando la irresistible dama se aleja moviendo las caderas, Groucho enardecido rinde un apasionado homenaje al cuerpo serpentino que habría de caldear la imaginación de las generaciones venideras.

Después de esto, el grupo se separó definitivamente, apareciendo sólo muy de tanto en tanto en la pantalla, sobre todo Groucho, que aún en 1957, a sus sesenta y dos años, intervenía con su natural brillantez en *La rubia explosiva*. Y es que la mente caótica y ágil de Groucho actuaba con idéntica aversión por las normas y disimulos al uso tanto en la pantalla como fuera de campo. En ambos mundos es impertinente e incongruente con las damas, capaz de destrozar un vagón de madera para alimentar la locomotora o de compartir el exiguo camarote de un barco con un número infinito de pasajeros, camareros, damas y caballeros; capaz asimismo de organizar líos en un hotel, en un circo, en el Oeste o en Casablanca. Incluso en una celebración oficial.

Cuando contaba setenta y siete años, Groucho fue invitado por el XXVI Festival de Cine de Cannes a recibir un homenaje. Asistió vestido de gala y subió al escenario para que se le impusiera alrededor del cuello la insignia de la Legión de Honor. Mientras tanto, el director del Festival, el señor Favre Le Bret, dio lectura solemne a una carta de felicitación del ministro de Cultura, pero aprovechando que se tomó un brevísimo respiro después de leer el primer párrafo, Groucho le tendió la mano dando por concluido el pomposo protocolo.

Si las atropelladas incursiones de los hermanos Marx en el mundo de la fantasía hicieron más llevadera la vida a millones de espectadores, la palabra insolente de Groucho aireó los instintos y abatió las prohibiciones con una desfachatada eficacia que las vanguardias plásticas y literarias rara vez alcanzaron. Y si esta afirmación parece exagerada, recuérdese aquella desinhibida réplica a una pregunta convencional:

«—¿Qué desea el señor?
— Mujeres, ¿y usted?»

Groucho Marx, extravagante y megalómano, fue el cerebro del grupo, y su dominio del lenguaje le permitió escribir los devastadores diálogos con los que se burlaba de medio mundo.

Contrariamente a lo que suele suceder con la mayoría de los actores, los Marx son más populares hoy, cuando se aprecia mejor su humor anárquico y malicioso, que en la época en que estrenaron sus películas. Arriba, cartel anunciador de El hotel de los líos, *de 1941.*

1891	22 de marzo: nace en Nueva York (EEUU), como el resto de sus hermanos, Leonard (**CHICO**).
1893	23 de noviembre: nace Arthur (**HARPO**).
1895	2 de octubre: nace Julius (**GROUCHO**).
1901	25 de febrero: nace Herbert (**ZEPPO**).
1910	Forman el grupo de comediantes «Los cuatro hermanos Marx».
1923	Debutan en Broadway.
1929	Primera película: *Los cuatro cocos*.
1930	*El conflicto de los Marx*.
1931	*Pistoleros de agua dulce*.
1932	*Plumas de caballo*. Groucho y Chico comienzan a emitir el serial radiofónico *Flywheel, Shyster y Flywheel* el 28 de diciembre.
1933	*Sopa de ganso*.
1935	Zeppo abandona el grupo para abrir una agencia de promoción artística en Hollywood, y los Marx se convierten en un trío. Interpretan *Una noche en la ópera*.
1936	*Un día en las carreras*.
1949	*Amor en conserva*, última película del trío.
1957	*La rubia explosiva*, película con Groucho en solitario.
1961-1979	Mueren Chico (1961), Harpo (1964) Groucho (1977) y Zeppo (1979).

MAO TSE-TUNG
(1893-1976)

*P*oeta, erudito, político revolucionario, estratega militar, fundador del Partido Comunista Chino, presidente de la República Popular China y promotor de la Revolución Cultural, este hombre longevo y saludable, tres veces esposo y progenitor de una nutrida prole, Mao Tse-tung, fue uno de los líderes más carismáticos e influyentes de nuestro siglo, no sólo en su país sino también en los partidos radicales en todo el mundo.

Nació en el seno de una familia relativamente pudiente, hijo de un propietario rural, en 1893, cuando China era un vasto territorio administrado por un opresivo régimen feudal y con una fuerte dependencia imperialista en política exterior. Antifeudalismo y antiimperialismo fueron las primeras consignas de las que partió para transformar su país en una potencia moderna inspirada en los principios del socialismo; más tarde iría elaborando un pensamiento notablemente más sofisticado, siempre paralelo a una práctica revolucionaria que hubo de soslayar toda suerte de circunstancias adversas y afrontar asombrosos desafíos y siempre también conciliando las más antiguas raíces culturales chinas, el confucianismo, con las nuevas ideologías que traían los «vientos del Oeste».

La forja de un rebelde

La revolución china de 1911 no había transformado el país tanto como se esperaba, pero tuvo la virtud de abolir el imperio y así mismo de introducir ideas occidentales en la enseñanza tradicional. De este nuevo eclecticismo se benefició Mao durante sus estudios en la escuela normal de magisterio en la ciudad de Changsha, donde se graduó en 1918. Más tarde se trasladó a la capital, Pekín, para ejercer de bibliotecario auxiliar en la universidad, y allí entró en contacto con activistas políticos tales como Li Ta-chao y Shen Tu-hsiu. Juntos crearon un grupo germinal para el estudio del marxismo que los llevaría a participar algunos años después en la primera conferencia del Partido Comunista Chino, que tuvo lugar en julio de 1921 en Shanghai y en la que Mao actúa ya en calidad de delegado. En 1923, durante el tercer congreso, sería nombrado miembro del comité central.

El año anterior, el Partido Comunista había entrado a formar parte del Kuomintang de Sun Yat-sen —quien, en calidad de presidente provisional, había proclamado en enero de 1912 en Nankín el gobierno provisional de la República China— con objeto de formar un amplio Frente Unido Democrático que se convirtió, en 1923, en Frente Unido Revolucionario. Esta frágil alianza quedó rota cuando Chang Kai-shek, representando a los terratenientes y a la burguesía dependiente de las potencias extranjeras, aplastó a los obreros y estudiantes en Shanghai y encabezó un gobierno nacional en Nankín que se autoproclamó anticomunista. En 1930, el Kuomintang, partido de los aliados de ayer y a la sazón el más implacable de los enemigos del socialismo, se hizo responsable de la ejecución de la primera esposa de Mao, Yang Kai-hui, hija de un antiguo profesor de Ética del líder político, con la que, sin embargo, no vivía desde 1928, año en que entabló relaciones con la que, ahora, se convertiría en su segunda esposa, Ho Tzu-chen. El tercero de los matrimonios de Mao, contraído en 1939 tras el divorcio de su anterior esposa, sería el más sonado, pues su nueva compañera era una conocida y popular actriz, mucho más joven que él, y que se hacía llamar Chiang Ching, pese a que su verdadero nombre era Lang Ping.

La Larga Marcha

Durante los años veinte, Mao se había revelado como un brillante estratega al postular la rebelión en las zonas rurales —para, progresivamente, ir cercando las ciudades— en contra de las tesis preconizadas en el comité central de su partido por Li Li-san.

Así, tras los reveses sufridos en la guerra contra Chang Kai-shek, organizó la Larga Marcha del Ejército Rojo en octubre de 1934. El 16 de octubre de este año unas ochenta mil personas iniciaron en Riuchin la audaz campaña, y aunque hubieron de librar duros combates en Kiangsi, Fukien y Kuangtung, treinta y cinco mil hombres alcanzaron la ciudad de Tsun-yi en enero de 1935. En octubre, los partidarios de Mao, que encabezaba ya el comité central del Partido Comunista, tomaban Shansi.

Habida cuenta de la guerra que se libraba en el exterior contra los japoneses, en 1937 el Kuomintang de Chang Kai-shek hubo de firmar una tregua con los comunistas para organizar la Guerra Popular de Resistencia, pacto que duró hasta el final de la Segunda Guerra Mundial y la definitiva derrota japonesa, en 1945, pero que inmediatamente después demostró su inviabilidad, desatando la guerra civil al año siguiente.

La República Popular China

Derrotados Chang Kai-shek y su partido, los comunistas se instalaron en Pekín. Mao proclamó en 1949 la República Popular China y fue nombrado presidente del consejo de gobierno por la Asamblea Nacional del Pueblo Chino, pero el título de presidente no lo ostentaría hasta el 30 de diciembre de 1954, como consecuencia de la promulgación de la nueva constitución. Para entonces ya había firmado la decisiva alianza con la URSS en 1950 y se había convertido en el máximo inspirador de la política de su país.

Por otra parte, la reforma agraria que tuvo lugar entre 1950 y 1952 en China fue consecuencia de un verdadero combate, aldea por aldea, de los campesinos pobres contra los antiguos privilegios de los señores feudales, y se adelantó a la campaña de 1955 para el desarrollo de la cooperación agrícola. Esta acción política programada desde el estado socialista provocó, no obstante, una escisión en el Partido Comunista, y aunque la línea predominante fue la de Mao —articulada en su libro *Sobre el desarrollo de la cooperación agrícola*— terminaría por provocar intensas contradicciones que llevarían a una agu-

Mao Tse-tung, arriba, en 1949, durante un desfile militar, fue el guía espiritual de la Revolución China y uno de los padres de la República Popular, su carisma y su poderosa influencia se extendieron más allá de las vastas fronteras de su patria.

da crisis de la revolución china en los años inmediatos.

Saliendo al paso de ella, Mao hizo público su discurso *Sobre la justa resolución de las contradicciones en el seno del pueblo* en 1957, en el que propone la dialéctica entre unidad y crítica, para regresar después a la unidad, como alternativa para mantener la necesaria cohesión frente a los enemigos del socialismo. Pese a todo, al año siguiente, a causa de las dificultades de llevar a cabo su proyecto político, bautizado con el nombre de «gran salto hacia adelante», y del enfriamiento de las relaciones con la URSS, hubo de abandonar la presidencia de la República aunque retuvo el máximo poder en el seno del partido como secretario general.

Desde ese privilegiado puesto de mando, Mao se concentró en el control del ejército, destituyó al ministro de defensa Peng Ten-huai y lo susti-

La guardia roja (arriba portando retratos de Mao por las calles de Pekín) desempeñó un papel fundamental en el desarrollo de la Revolución Cultural inspirada por Mao Tse-tung.

tuyó por su fiel Lin Piao, ganando de ese modo a las fuerzas militares como eficaces sostenedoras de su línea política.

La Revolución Cultural

Durante los años sesenta Mao destacó dentro de la política mundial como uno de los más originales líderes en el área socialista, especialmente a partir de la teorización en 1963 del «movimiento de educación socialista», que fijaría las bases de la Revolución Cultural Proletaria. Este viejo comunista había entrevisto por aquellos años el riesgo real de restauración del capitalismo, inherente a la desmovilización ideológica de las masas, por lo que se impuso la tarea del rearme cultural mediante espectaculares medidas que incluyeron su ruptura, en septiembre de 1965, con el gobierno de Pekín y su paso, con la fracción disidente, a Shanghai, desde donde dirigió personalmente la primera fase de su plan. Dicha estrategia triunfó en agosto de 1966, fecha en que

se hicieron públicos los dieciséis puntos de la «gran revolución proletaria» que habían sido impuestos de hecho gracias a la lealtad de los guardias rojos y al apoyo de las masas trabajadoras descontentas.

Los objetivos principales que se pretendía cubrir con este proceso eran, en primer lugar, la persecución y derrota de todos aquellos que, detentando el poder, seguían la vía capitalista; en segundo lugar, la destitución de las autoridades académicas burguesas y la abolición de su ideología; y, por último, la transformación de aspectos de la superestructura —lugar donde se sitúa la ideología en la teoría marxista— que habían quedado desfasados después de la implantación de la economía socialista.

Aquel mismo año de 1966 se hizo público el célebre *Libro rojo*, recopilación de citas de Mao que sintetizan lo fundamental de su pensamiento y que se extendió entre las masas chinas con el propósito de que sirviera de instrumento para que asumieran el protagonismo de su propia revolución. El libro, traducido a numerosos idiomas, corrió de mano en mano por todo el mundo y se convirtió en un auténtico *best-seller* político de la década siguiente.

Después del noveno congreso del Partido Comunista, celebrado en abril de 1969, el pensamiento maoísta se consolidó como eje de la Revolución China, pero veinte años después, las disidencias internas, sacadas a la luz por la descomposición generalizada de los regímenes imperantes en los países del llamado «socialismo real», y especialmente representadas por los jóvenes estudiantes y la población descontenta de las grandes concentraciones urbanas, fueron violentamente reprimidas en la plaza de Tiananmen. Para entonces, el último de los supervivientes que fundaron el Partido Comunista, Mao Tse-tung, había fallecido en 1976.

Pese al imprevisible desmoronamiento de su gran obra, aún hoy el mundo recuerda con fascinación la asombrosa energía de que hizo gala el maestro chino durante su larguísima existencia. Siendo joven, cuando caía la helada lluvia traída por el viento de Mongolia, Mao se desnudaba para recibirla con objeto de, según sus propias palabras, «domar el esqueleto». Con el mismo rigor espartano y abnegado mantuvo un pulso con la Historia.

668

Mao Tse-tung comprendió que la Revolución China, a diferencia de la Rusa, no debía asentarse en el proletariado industrial, sino en el campesinado. Para llevar a cabo su estrategia se instaló en Kiangsi, pero el empuje del ejército nacionalista lo obligó a iniciar su épica Larga Marcha, en la que participaron casi cien mil campesinos. Arriba, Mao con Chu En-lai y Lin Piao en un cartel conmemorativo.

1893	**MAO TSE-TUNG** nace en Shaoshan, una aldea de la provincia de Hunan (China).
1918	Se gradúa en la escuela provincial de Changsha.
1921	Participa como delegado en el primer congreso nacional del Partido Comunista, celebrado en Shanghai a partir del 1 de julio.
1930	Pierde a su primera esposa, Yang Kai-hui, con la que tuvo dos hijos, al ser ejecutada por el Kuomintang. Contrae matrimonio con Ho Tzu-chen, que le dio cinco hijos.
1934	16 de octubre: se inicia la Larga Marcha.
1935	Mao es elegido máximo dirigente del comité central del Partido Comunista, tras la liberación en enero de la ciudad de Tsun-yi.
1937	Escribe *Acerca de la práctica* y *Acerca de la contradicción*.
1939	Tras su divorcio, se casa con la popular actriz Chiang Ching.
1949	1 de octubre: se instaura el nuevo régimen socialista.
1958	Abandona la presidencia de la República, pero no la del partido.
1963	Mao promueve la Revolución Cultural China.
1966	Se publica el *Libro rojo*.
1976	Muere Mao Tse-tung.

JOMO KENYATTA
(1893-1978)

*J*omo Kenyatta, primer presidente de Kenia independiente, nació aproximadamente en 1893, en la aldea de Ichaweri, al sudoeste del monte Kenia. Este nieto de hechiceros formaba parte de la tribu de los kikuyu, pueblo de agricultores perteneciente a la etnia bantú. Su nombre original fue Kamau wa Ngengi, que cambió por el de Jomo Kamau Johnstone al recibir el bautismo y por el de Jomo Kenyatta, «Lanza de Kenia», cuando inició la lucha por la libertad de su país.

Contra la injusticia

A partir de 1920, Kenyatta actuó como portavoz de su tribu, perjudicada por las arbitrarias confiscaciones de tierras realizadas en beneficio de los colonos europeos. Por ese entonces Kenia era una colonia británica dotada de leyes que protegían las propiedades agrícolas de los blancos, en detrimento de la población indígena, que debía agruparse en reservas situadas en tierras improductivas. Fuera de ellas, los nativos no tenían derecho a poseer tierras, e incluso se les restringía el derecho a abandonarlas mediante un sistema de pases regulado por el gobierno británico. Viendo en peligro su supervivencia, la tribu de los kikuyu decidió luchar por sus derechos creando la Kikuyu Central Association (KCA), de la que Kenyatta fue secretario general en 1928.

Ante el fracaso de sus acciones, Kenyatta decidió esperar el momento oportuno y, entre 1931 y 1946, residió en Gran Bretaña, donde estudió lingüística y antropología, se adhirió al Partido Laborista y ejerció como profesor universitario. Durante esta época de aprendizaje y febril actividad, Kenyatta escribió *Frente al monte Kenia* y *Kenia en conflicto*, en los que denunciaba la situación de su país y abogaba por la igualdad racial de derechos.

A su regreso, Kenyatta se incorporó de inmediato en la Unión Africana de Kenia (KAU), partido nacionalista que unificaba la lucha de las diferentes tribus, y fue elegido presidente del mismo. Lejos de mejorar, la situación de los indígenas se había agravado y el movimiento nacionalista adquirió formas violentas. Los primeros disturbios y atentados se atribuyeron a una organización secreta denominada Mau-Mau, que mezclaba las acciones terroristas con ritos guerreros primitivos y llevaba a cabo sangrientas represalias contra los africanos sospechosos de colaboracionismo. Los británicos desencadenaron una represión implacable, decretaron el estado de emergencia y utilizaron las acciones violentas del Mau-Mau como pretexto para poner fuera de la ley a todos los partidos nacionalistas; Jomo Kenyatta fue arrestado y condenado a siete años de trabajos forzados.

De la cárcel a la presidencia

Desde la prisión, Kenyatta asistió desolado a la espiral de violencia y represión desatada en su país, que se saldó con más de diez mil muertos. La situación llegó a ser insostenible y Londres se vio obligado a hacer una serie de concesiones que desembocaron en la liberación de Kenyatta en 1959 y en el anuncio de la próxima independencia de Kenia.

En mayo de 1960 Kenyatta se hizo cargo de la presidencia de la Unión Nacional Africana de Kenia (KANU), de mayoría kikuyu, nuevo partido nacionalista que en las primeras elecciones generales triunfó sobre el KADU (Unión Democrática Africana de Kenia), de tendencia federalista y apoyado por la administración colonial. La autonomía fue obtenida en 1962 y un año después, el 12 de diciembre, fue proclamada la independencia de Kenia. A establecerse la República, Kenyatta se convirtió en su primer presidente. Su política fue muy pronto tachada de autoritaria y conservadora. Los dominios europeos, progresivamente rescatados a elevado precio, no se distribuyeron a los africanos sin tierras, sino que se vendieron a propietarios privados entre los que figuraban los nuevos dirigentes. El ala izquierda del KANU se separó del partido para formar una organización rival, que pronto fue víctima de la persecución oficial. A pesar de su autoritarismo, las movilizaciones estudiantiles, las huelgas y las acusaciones de corrupción, Kenyatta ganó nuevamente las elecciones y obtuvo del Parlamento la concesión de plenos poderes en 1967. En las elecciones siguientes, celebradas en 1974, el viejo líder fue aún reelegido por tercera vez para un mandato presidencial.

Durante sus últimos años, el empeño más decidido de Kenyatta fue integrar a su país en el seno de las corrientes políticas africanas del momento. Culminó el proceso de africanización de Kenia y procuró, salvo algunos conflictos fronterizos con Uganda y Somalia, mantener una política de buena vecindad.

Al morir en Mombasa, el 22 de agosto de 1978, se alzaron muchas voces condenando su política por dictatorial e injusta. A pesar de ello, Jomo Kenyatta es considerado uno de los más sólidos exponentes de la lucha anticolonialista y un gran líder que su pueblo aún sigue respetando.

El presidente Jomo Kenyatta, arriba con su colega tanzano Julius Nyerere a la izquierda, perteneciente a la tribu de los kikuyu, fue el primer presidente de Kenia independiente y una de las figuras más relevantes del nacionalismo africano del siglo XX.

1893	**JOMO KENYATTA** nace en Ichaweri, en el seno de una familia de la tribu kikuyu.
1920	Es elegido portavoz de su tribu ante los británicos.
1931	Viaja a Gran Bretaña para estudiar lingüística y antropología.
1938	Publica el libro *Frente al monte Kenia*.
1945	Se edita su obra *Kenia en conflicto*.
1946	Regresa a su país. Dirige el partido Unión Africana de Kenia (KAU).
1953	A raíz de los actos terroristas del grupo Mau-Mau, es detenido y condenado a siete años de prisión.
1959	Es liberado ante los movimientos de protesta nacionalistas.
1960	Elegido presidente de la Unión Nacional Africana de Kenia (KANU).
1961	Triunfa en las elecciones.
1963	12 de diciembre: proclamación de independencia de Kenia.
1964	Kenyatta, primer presidente de la nueva República.
1966	Los diputados de la oposición son desposeídos de sus escaños en el Parlamento.
1969	Primera reelección como presidente de Kenia.
1974	Es nombrado presidente vitalicio del KANU. Segunda reelección.
1978	22 de agosto: muere en Mombasa.

FEDERICO GARCÍA LORCA
(1898-1936)

*F*ederico García Lorca dijo que «la poesía es una palabra a tiempo». Le gustaba leer sus composiciones «para defenderlas». Creía en la voz. Lo enmudecieron una oscura noche de verano las escopetas fanáticas de siempre. Millones de voces se alzaron entonces para que sus aullidos de dolor resonaran por todo el orbe civilizado. Fue una de las primeras víctimas de aquella sombra negra que se cernió sobre Europa por aquellos años: el fascismo.

Lorca, el niño

Delicado, angelical incluso, fue Federico criado entre algodones por una madre hospitalaria —la maestra Vicenta Lorca— y un padre comprensivo —el hacendado Federico García—. Su primitiva vocación fue la música y estudió guitarra y piano; luego llenó de palabras aquellos ritmos y melodías sin contenido que le brotaban del corazón como brotan las flores de la tierra. En su Granada natal había pobres y ricos, se fraguaban revoluciones para poner tasa a los latifundistas desaprensivos, pero, mientras, crecía el enfermizo Federico soñando con el mar, ensimismado con los caracoles y los nardos. A punto estuvo de morir a los catorce años por haber contraído el tifus a causa del deplorable estado del antiguo alcantarillado de su ciudad. De haber sido así, algunos de los más cautivadores versos de la literatura española contemporánea jamás hubieran sido escritos.

A los diecisiete años se matriculó en Filosofía y Letras y en Derecho en la Universidad de Granada, aunque lo que verdaderamente le interesaba era la amistad de unos pocos. Lorca fue el contertulio más brillante de El Rinconcillo, el café de la Alameda de su ciudad, donde conoció al gran compositor Manuel de Falla, dechado de rigor, modestia y pulcritud. En febrero de 1917 apareció su primera composición literaria en el *Boletín del*

Centro Artístico de Granada: se titulaba *Fantasía simbólica*.

Jaramagos como lámparas votivas

En 1919 se incorporó a la Residencia de Estudiantes de Madrid, donde pasó los meses lectivos desde esa fecha hasta 1928. Allí conoció a muchos de los jóvenes artistas de su generación, algunos tan relevantes en la cultura del siglo XX como Salvador Dalí y Luis Buñuel. Con el primero compartía una singular habilidad para el dibujo y con el segundo, una afición al cine que lo llevó a escribir algunas escenas imaginarias teniendo como protagonista a Buster Keaton, cómico que en España era conocido como *Pamplinas*. Pero su naturaleza lo orientaba hacia la escritura y su obra acabará por inscribirse dentro de la llamada generación literaria del veintisiete, que contó con los relevantes nombres de Vicente Aleixandre, Rafael Alberti, Pedro Salinas, Gerardo Diego, Dámaso Alonso, Luis Cernuda... Buñuel describió así al poeta: «brillante, simpático, con evidente propensión a la elegancia, la corbata impecable, la mirada oscura... Federico tenía un magnetismo al que nadie podía resistirse.»

En su formación influyó un excepcional profesor de Historia del Arte de nombre Martín Domínguez Berrueta, que organizaba con sus alumnos viajes de estudios. En el curso de una de estas excursiones, conoció en Baeza al poeta más notorio de la generación anterior a la suya, Antonio Machado, un hombre «en el buen sentido de la palabra, bueno», que acudía cotidianamente a su humilde trabajo de profesor de francés en el instituto de aquella localidad andaluza. De estos viajes y de otros que organizó él mismo con sus compañeros a imitación de los de su maestro, salió su primer libro, *Impresiones y paisajes*, que fue publicado en 1918 y en el que se encuentran ecos machadianos:

«Hay un silencio íntimo y doloroso en esta plaza... El palacio del antiguo cabildo, que está en una esquina, es una masa negra y amarilla y verde y sin ningún color. Sus ventanas vacías miran extrañamente y sus escudos medio borrados parecen sombras. Toda la fachada está bordada de cruces, de jaramagos que penden como lámparas votivas y de flores rojas apretadas entre las grietas. Las campanas de la catedral llenan sus ámbitos de acero y dulzura diciendo la señorial melodía que las demás campanas de la ciudad acompañan con su suave plañir. Esta plaza, formidable expresión romántica donde la antigüedad nos enseña su abolengo de melancolías, lugar de retiro, de paz, de tristeza varonil, se proyectaba profanarla cuando visité Baeza...»

Así mismo puede rastrearse el ascendiente de Machado en su primerizo *Libro de poemas*, que compuesto durante varios años no vio la luz hasta 1921. Lorca rendiría más tarde homenaje *A las poesías completas de Antonio Machado*:

> «Dejaría en este libro
> toda mi alma.
> Este libro que ha visto
> conmigo los paisajes
> y vivido horas santas.»

En 1920 estrenó en el teatro Eslava de Madrid su drama *El maleficio de la mariposa*, una caprichosa dramatización de los trastornos que produce el amor en una pacífica comunidad de insectos. Aunque esta obra no obtuvo éxito, sería el comienzo de su carrera como dramaturgo, demasiado pronto malograda. Más adelante entregaría a la escena piezas tan memorables como *Mariana Pineda*, *Bodas de Sangre* o *Yerma*, y crearía una compañía de teatro, *La Barraca*, que difundió a los autores clásicos castellanos por los pueblos de España. Paralelamente a su actividad teatral, Federico siguió durante los primeros años veinte componiendo poemas, a veces publicados en la revista *Índice*, que dirigía Juan Ramón Jiménez, y a veces en forma de libro, como el *Poema del cante jondo* (1921): «¡Oh guitarra!/ ¡Corazón malherido/por cinco espadas!»

Pero el poemario que le hizo ganar mayor fama fue el *Romancero gitano*, que levantó una ola de entusiasmo cuando lo dio a la imprenta en 1928. Su vena de dramaturgo se entrevera aquí con su sensible aprendizaje del folclore popular anda-

Federico García Lorca (arriba), poeta y dramaturgo excepcional. Su obra participa del mito y las tradiciones populares y constituye un hito de la literatura en lengua castellana.

luz, todo ello enmarcado en composiciones de tono tradicional y narrativo. No obstante, a veces se ha querido encontrar en estos versos más que lo que ellos contienen. Es el caso del célebre *Romance sonámbulo* —«Verde que te quiero verde,/ verde viento, verdes ramas./ El barco sobre la mar/ y el caballo en la montaña»— que ha propiciado la redacción de alguna sesuda tesis destinada a desentrañar su trama, cuando es sabido que Federico, tras leerlo personalmente, dijo: «Parece que tiene argumento, ¿verdad? ¡Pues no lo tiene!»

Un huracán de negras palomas

Decisivo en la vida y en la obra de Federico García Lorca fue su desdichado viaje a Nueva York. Allí compuso poemas terribles e insólitos que reflejan su espanto ante la ciudad multitudinaria y cruel. Su probado arte de versificador encontró al otro lado del océano nuevos temas, temas universales que se alejaban de los asuntos enraizados en su tierra que tan brillantemente había desarrollado hasta entonces:

«La aurora de Nueva York tiene
cuatro columnas de cieno
y un huracán de negras palomas
que chapotean las aguas podridas.»

Los títulos de los poemas incluidos en *Poeta en Nueva York* dan cuenta por sí mismos de la desolación y la audacia de su contenido: «Paisaje de la multitud que orina», «Paisaje de la multitud que vomita», «Huida de Nueva York (Dos valses hacia la civilización)»... Federico, que había salido de España con una beca para estudiar durante el curso 1929-1930 en la Columbia University —acaso huyendo, como se ha especulado, de un fracaso amoroso de carácter homosexual— sintió un gran alivio cuando pudo trasladarse por fin a Cuba. Invitado por la Institución Hispanoamericana de Cultura, impartió en La Habana algunas conferencias memorables, como «Son de negros», aunque no tardó en regresar a Madrid ese mismo otoño, donde le aguardaba la consagración definitiva como uno de los mayores dramaturgos de las letras españolas.

De hecho, *La casa de Bernarda Alba* ha sido considerada por el profesor de Estética José María Valverde como «la mejor obra teatral española desde el siglo XVII». El argumento está inspirado en una noticia periodística aparecida en el diario *ABC* de Madrid el 25 de julio de 1928, cuyos titulares rezaban: «Un crimen desarrollado en circunstancias misteriosas». Cuando se levanta el telón se está celebrando un funeral en la casa de Bernarda Alba, una mujer que vive con sus cinco hijas solteras, la mayor de las cuales, Angustias, cuenta ya con treinta y nueve años: un implacable odio se desatará entre ellas al irrumpir en sus vidas el disputado mozo Pepe el Romano. Lo más meritorio de esta negra crónica, definida por García Lorca como «un documental fotográfico», es la veracidad de los diálogos, donde el autor demuestra un oído finísimo para percibir la tragedia escondida en el habla común de las mujeres del pueblo.

No obstante, la obra quedó inédita y este pueblo, el español, trabó una guerra en 1936 contra los militares insurrectos que querían abolir la República. El mismo día en que comenzó la contienda, el 18 de julio, Federico partió de Madrid hacia su Granada natal después de decir a un amigo: «Me voy porque aquí me están

complicando con la política, de la que no entiendo nada ni quiero saber nada. Soy amigo de todos y lo único que deseo es que todo el mundo trabaje y coma. Me voy a mi pueblo para apartarme de la lucha de las banderías y de las salvajadas.»

Desgraciadamente, cuarenta y ocho horas después, Granada caía en manos de los sublevados, por lo que Lorca tuvo que refugiarse en casa de otro poeta, Luis Rosales, cuyo hermano era un destacado miembro de la Falange, acción política de carácter fascista. Rosales no pudo evitar sin embargo que el 16 de agosto Federico fuera detenido y, tras un juicio sumarísimo y oportunista, se lo condenara a muerte. Pese a los desesperados intentos de sus amigos por sustraerlo a ese aciago destino, Federico fue miserablemente asesinado el 19 de agosto de 1936, a los treinta y ocho años de edad, en el barranco de Viznar.

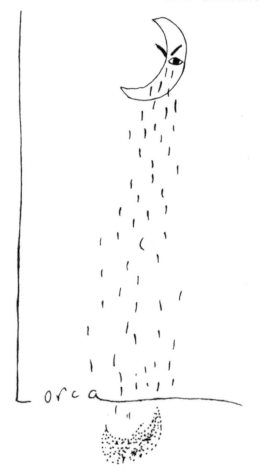

García Lorca compartió con Luis Buñuel su pasión por el cine y con Salvador Dalí una rara habilidad para el dibujo. Abajo, expresiva y poética firma autógrafa de Federico García Lorca.

Federico García Lorca, "el monstruo lírico español del siglo XX", según el poeta León Felipe, fue la figura señera de la llamada generación del veintisiete. Arriba, banquete en homenaje a Luis Cernuda, en el que se ven, de pie de derecha a izquierda, a Vicente Aleixandre, Federico García Lorca, Pedro Salinas, Rafael Alberti, Pablo Neruda, José Bergamín, Manuel Altolaguirre y María Teresa León.

1898	5 de junio: nace **FEDERICO GARCÍA LORCA** en Fuente Vaqueros, en la provincia andaluza de Granada (España)
1914	Estudia Filosofía y Letras y Derecho en Granada.
1917	Publica su primer trabajo literario: *Fantasía simbólica*.
1919	Ingresa en la madrileña Residencia de Estudiantes.
1925	Durante su estancia en Cadaqués (Gerona), lee a la familia de Dalí su drama *Mariana Pineda*.
1928	Publica el *Primer romancero gitano* en la *Revista de Occidente*.
1929	Viaje a América, de donde se traerá *Poeta en Nueva York*.
1932	Funda el grupo teatral *La Barraca*.
1935	Representación de *Yerma* en el Teatro Español de Madrid.
1936	Tras el alzamiento militar contra el gobierno de la Segunda República, el 19 de agosto es ejecutado en Viznar (Granada).

ERNEST HEMINGWAY
(1899-1961)

Ernest Hemingway, el gran novelista norteamericano, creó, a partir de un arte elaborado y consciente, un estilo narrativo claro, preciso y expresivo, que refleja una visión vitalista a través de la cual el hombre conjura su horror a la muerte.

*E*ste popular novelista estadounidense vino al mundo en Oak Park, pequeña ciudad del estado de Illinois, el 21 de julio de 1899. Su padre era un prestigioso médico llamado Clarence Edmonds Hemingway; su madre, Grace Ernestine, ha sido descrita como una mujer enérgica y dominadora que hubo de renunciar a una prometedora carrera como pianista al contraer matrimonio. El escritor sintió siempre poco cariño por ella, y quizás en esta falta de afecto se encuentra el origen de la actitud conflictiva que Hemingway adoptará luego hacia las damas tanto en su vida como en su obra.

Los mejores días de su infancia transcurrieron sin duda en las regiones septentrionales de Michigan, donde la familia disponía de una espaciosa casa de madera situada junto a un lago. Allí, Ernest pudo practicar las actividades que más lo atraían: cazar, pescar, nadar y recorrer como un explorador los profundos bosques de la zona. También tuvo la oportunidad de tratar a los indios, pues su padre los atendía en calidad de médico. A los trece años, cuando su progenitor le regaló la primera escopeta, Ernest debió de sentirse igual que un pionero decimonónico en las salvajes tierras del Norte.

En busca de emociones fuertes

En 1913 Hemingway ingresó en la High School de Oak Park, donde destacó inmediatamente por sus méritos deportivos. La natación, el rugby, el atletismo y el water-polo eran sus especialidades, arrinconadas poco después por el boxeo. De este noble arte recibió lecciones que solía poner en práctica en el salón de música de su madre, a escondidas y cuando no era requerido por ella para acompañarla al violoncelo; de estos «entrenamientos» secretos con sus compañeros de colegio guardó Ernest dos recuerdos imperecederos: la nariz rota y una lesión ocular que dañó para siempre su agudeza visual.

A los dieciséis años empezó a colaborar en revistas escolares con pequeños cuentos ambientados en las escarpadas montañas de Michigan o en el mundo de los boxeadores profesionales, con los que había entrado en contacto tras ingresar en el Sport Club de Chicago. Más tarde, cuando llegó el momento de iniciar su andadura en la universidad, Ernest se rebeló alegando que prefería dedicarse a escribir, valerse por sí mismo sin ayuda de la familia y, en cuanto fuese posible, alistarse en el ejército para combatir en la Primera Guerra Mundial.

Respecto a este último propósito, su vista defectuosa le impidió ser admitido como voluntario y no tuvo otra alternativa que alistarse en el cuerpo de la Cruz Roja. En abril de 1918 fue embarcado para Italia y allí sirvió como enfermero en una ambulancia que operaba cerca del frente de Piave. Como deseaba estar más cerca del peligro, solicitó el traslado a una de las cantinas que la Cruz Roja tenía ubicadas inmediatamente detrás de las trincheras. Pero Hemingway seguía ávido de emociones fuertes y se dedicó a recorrer las posiciones más avanzadas repartiendo chocolate y cigarrillos entre los soldados. A principios de julio de 1918 una granada estalló a sus pies, matando a un soldado e hiriendo a otro. Hemingway, que había sido alcanzado en las piernas, aún tuvo el coraje y la fuerza de cargar con el superviviente para ponerlo a salvo, hasta que una ráfaga de ametralladora lo abatió de nuevo.

Varias operaciones, una rótula artificial y una larga convalecencia fueron el resultado. Además conoció a una enfermera de la que se enamoró. Estas experiencias servirían de trasfondo a la novela *Adiós a las armas,* que Hemingway escribiría diez años después.

Primeros pasos literarios

Terminada la guerra, el futuro escritor regresó a su país con el grado de teniente y varias condecoraciones al valor en su pecho. En Oak Park fue recibido como un héroe. En julio de 1919 se estableció en Michigan y de nuevo pudo dedicarse a la caza y la pesca rodeado de naturaleza. También escribía, pero como los editores le retornaban sistemáticamente sus trabajos, resolvió dedicarse al periodismo.

Hemingway ya había hecho su aprendizaje periodístico antes de la contienda, durante los siete meses que el *Star* de Kansas lo había contratado como redactor. Dado que la experiencia

no había sido mala, solicitó y consiguió a través de un viejo amigo de su padre un puesto en la *Toronto Star Weekly*, una revista de largos artículos, reportajes y cuentos. Hemingway, que tenía entonces veintiún años, comprobó que sus escritos gustaban y en otoño de 1920 se trasladó a Chicago para trabajar en el *Chicago Tribune*. Un año después contrajo matrimonio con Elizabeth Hadley Richardson, pianista como su madre y pelirroja, su color de pelo favorito.

La pareja se instaló en Chicago, pero Ernest deseaba volver a Europa. Tras llegar a un acuerdo con su periódico para realizar funciones de corresponsal, el matrimonio embarcó rumbo a Francia. El Barrio Latino de París fue a partir de entonces escenario de las andanzas de Hemingway; allí conoció a Gertrude Stein, musa protectora de artistas, al poeta Ezra Pound y a Sylvia Beach, propietaria de la librería inglesa donde serían publicadas obras tan importantes para la literatura del siglo XX como *Ulises*, de James Joyce. Para Elizabeth y Ernest fue una época, según el propio escritor, en la que eran «muy pobres y también muy felices».

1924 fue el año en que Hemingway vio impresos sus primeros libros. Se titulaban *En nuestro tiempo* y *Diez relatos* y en ellos se describían en historias muy breves instintos elementales y sentimientos primarios como el valor, el miedo y la violencia, vehiculados a través de un estilo conciso, directo y deliberadamente frío.

Hemingway y España

El matrimonio Hemingway entró en crisis a raíz de un viaje a las fiestas de San Fermín de Pamplona, que para Ernest fue el primero de una larga serie. Los esposos se distanciaron y mientras ella seducía al torero Cayetano Ordóñez él se consolaba con otras compañías y comenzaba a escribir su novela *Fiesta*, donde se proponía retratar a un grupo de bohemios americanos de viaje por España, que en su búsqueda desaforada del placer sólo cosecharán frustración y desengaño. Publicada en 1926, esta obra hizo popular a Hemingway de la noche a la mañana y abrió un nuevo período en la literatura norteamericana.

El escritor se separó de su mujer y el 10 de mayo de 1927 se unió según el rito católico a la periodista Pauline Pfeiffer, con la que peregrinó por Europa y América antes de instalarse en Cayo Hueso, un lugar al sur de los Estados Unidos donde Hemingway encontró el paraje apacible y retirado ideal para dedicarse a la pesca, a nadar y a escribir. Fue entonces cuando comenzó a redactar *Adiós a las armas*.

En la primavera de 1929 Hemingway embarcó otra vez para Europa con el fin de acudir de nuevo a la temporada taurina española. Ese mismo año fue publicada *Adiós a las armas*, donde se narra la relación amorosa de un oficial norteamericano con una enfermera británica sobre un trasfondo de guerra y amargura. La prosa clara y cristalina de Hemingway alcanza en esta narración sus cotas más elevadas y convierte la novela en un hito de la literatura universal: cuatro meses después de salir de la imprenta, se habían vendido ochenta mil ejemplares.

Hemingway continuó residiendo en Cayo Hueso y escribiendo nuevas novelas, entre las que cabe mencionar *Muerte en la tarde*, *Tener y no tener* y *Ganancias de nada*. En noviembre de 1933 realizó su primer viaje a África, un safari por Kenia y Tanganica que constituyó para él una fructífera experiencia y le proporcionó el material para algunos de sus mejores cuentos, entre ellos *Las nieves del Kilimanjaro*. Pero la más apasionante aventura de esta época iba a encontrarla de nuevo en España, donde estalló la guerra civil en 1936.

Con su nuevo amor, la escritora Martha Gellhorn, Hemingway se instaló en Madrid y desarrolló una febril actividad en apoyo de la causa republicana. Recorrió los escenarios de la guerra, recaudó fondos para los combatientes de la República, envió a su país crónicas estremecedoras y brillantes y reunió todas sus experiencias de esta contienda en su novela *Por quién doblan las campanas*, donde refiere la historia de un combatiente estadounidense enamorado de una española, junto a la cual es capaz de sacar a flote el hasta entonces oculto heroísmo que lleva dentro.

Un final trágico

Finalizada la guerra civil española, Hemingway obtuvo su segundo divorcio y se casó con Martha Gellhorn el 20 de noviembre de 1941. Había estallado la contienda mundial y los esposos estuvieron en Hong-Kong, Londres y La Habana como corresponsales al servicio de diversos medios de prensa. Este peregrinar no debió de ser muy beneficioso para sus relaciones, pues el 14 de mayo de 1946 el escritor contraía nuevas nupcias con una periodista de treinta y seis años llamada Mary Welsh.

Cuba sería a partir de entonces el destino definitivo del ya famoso escritor. Aunque la publicación de *Al otro lado del río y entre los árboles* decepcionó a críticos y lectores, Hemingway aún iba a sorprender al mundo literario con una de sus mejores novelas: *El viejo y el mar*. La historia del anciano pescador llamado Santiago que durante varios días lucha encarnizadamente por capturar un enorme pez en la soledad del océano es una de las más bellas fábulas jamás escritas. Inmediatamente tuvo millones de lectores, los beneficios fueron cuantiosos y en mayo de 1953 fue merecedora del Premio Pulitzer.

Hemingway continuó viajando por África y Europa, sin faltar cada año a su cita con España y la fiesta de los toros. Fue precisamente en Pamplona donde recibió la noticia de que se le había concedido el Premio Nobel de Literatura de 1954. Durante los años siguientes continuó siendo asiduo de los ruedos hispanos, e incluso escribió un texto titulado *El verano peligroso* en el que describía la competencia entablada entre los dos diestros más famosos del momento: Ordóñez y Dominguín.

El año 1960 marcó el inicio del fin para la vida de Hemingway. Tenía trastornos nerviosos, sufría una afección en la córnea que amenazaba con dejarle ciego y ya no era capaz de escribir. Durante varios meses estuvo en observación psiquiátrica y, según revelaciones posteriores, le fueron aplicadas hasta tres sesiones diarias de electroshock. Viéndose impotente para coger una pluma y casi reducido a un estado vegetal, la idea del suicidio comenzó a rondar por su maltrecho cerebro a principios de 1961.

De nuevo en casa con su esposa Mary, pareció volver a encontrarse en forma durante la primavera. Pero en la madrugada del día 2 de julio, mientras ella dormía, Ernest abandonó el dormitorio y se disparó en la boca los dos cañones de su escopeta de caza. Oficialmente se dijo que había sido un accidente para no dañar la reputación de un escritor que era ya un ídolo para los lectores norteamericanos.

Las novelas y relatos de Ernest Hemingway son un canto al héroe individualista y estoico, al hombre que no ceja en su empeño de luchar contra la adversidad aun sabiéndose derrotado de antemano, porque en no reconocerse vencido consiste su grandeza. Arriba, Hemingway recibe a un grupo de periodistas en su casa La Vigía, próxima a La Habana, donde residió a partir de 1954.

1899	21 de julio: nace **ERNEST HEMINGWAY** en Oak Park (Illinois, EEUU).
1918	Durante la Primera Guerra Mundial, presta servicio en Italia como enfermero de la Cruz Roja. En julio resulta herido de gravedad.
1921	Primer matrimonio, con Elizabeth Hadley Richardson. Viaje a Francia.
1924	Publica *En nuestro tiempo* y *Diez relatos*.
1926	Aparece *Fiesta*, resultado de su primer viaje a España.
1927	Segundo matrimonio, con Pauline Pfeiffer.
1929	*Adiós a las armas*.
1933	Primer viaje a África.
1936-1939	Participa activamente en la guerra civil española.
1940	*Por quién doblan las campanas*.
1941	Tercer matrimonio, con Martha Gellhorn.
1946	Cuarto matrimonio, con Mary Welsh.
1952	*El viejo y el mar*, por el que al año siguiente consigue el Premio Pulitzer.
1954	Hemingway, Premio Nobel de Literatura.
1961	Se suicida en la madrugada del día 2 de julio.

MIGUEL ÁNGEL ASTURIAS
(1899-1974)

*P*arece casi una novela que la vida de un escritor pueda comenzar con el robo de unas corbatas y coronarse con el Premio Nobel de Literatura, y hasta podría preguntarse uno qué demonios tienen que ver los papeles de ladrón o de galardonado por la Academia Sueca con el noble arte de escribir. Sin embargo, en el caso excepcional del ladrón de corbatas Miguel Ángel Asturias —se las sustraía a su padre para sobornar a los editores y lograr así que le publicasen sus artículos en los periódicos— concurren las circunstancias extraordinarias de que, siendo latinoamericano y un gran escritor, le concedieran el Premio Nobel de Literatura en 1967.

La identidad en las raíces

Nacido en la capital de Guatemala en 1899, Miguel Ángel Asturias era hijo de un abogado que militaba en las filas de la oposición al dictador Estrada Cabrera, odioso personaje que se convertiría en el protagonista de una de las novelas más conocidas del escritor: *El señor presidente*. Ernesto Asturias y su esposa, la maestra María Rosales, de sangre maya, fueron apartados de sus respectivos empleos y debieron refugiarse en Salamá, en la provincia de Baja Verapaz. Allí sobrevivieron modestamente, dedicados al comercio, mientras el muchacho estudiaba las primeras letras y trababa conocimiento con la vida de los campesinos y, sobre todo, de los indígenas, que serían la gran preocupación de toda su vida. Pero en 1907 sus padres decidieron que el chico debía instalarse con su abuela en la ciudad de Guatemala para poder seguir con normalidad sus estudios.

Cuando le llegó la hora de elegir su carrera universitaria, optó por hacerse médico, pero tras un año de clases de Anatomía, se determinó a seguir los pasos de su padre y estudiar Derecho. Paralelamente, comenzó a dar muestras de precoz vocación literaria y política: en 1918 publicaba sus primeros sonetos en *La opinión* y *La Campaña*, mientras participaba activamente en el movimiento popular, civil y pacífico contra la dictadura de Estrada Cabrera.

Joven risueño y ausente, «con cara de estela maya», como lo definió uno de sus contemporáneos, Miguel Ángel Asturias sintió el orgullo de su sangre y quiso ser el intérprete de su pueblo. «Yo soy mestizo —escribió—. Eso no significa que quisiera renegar ni de una gota de sangre india o que no esté orgulloso de ella. Por el contrario, puede estarse orgulloso de saber que por las venas de uno corre mucha sangre india. Nuestros indígenas no han de avergonzarse de su pasado.»

Algún historiador malicioso ha ironizado sobre el hecho de que el descubrimiento de las tradiciones indígenas de su patria lo hiciera Asturias en París, siguiendo en la Universidad de la Sorbona los cursos del americanista Georges Raynaud, pero este insidioso comentario cae por su propio peso si se recuerda que su tesis de licenciatura se tituló *El problema social del indio*. Sin embargo es cierto que fue durante sus viajes a Europa, entre 1923 y 1926, cuando tradujo el *Popol Vuh* y *Los Anales de los Xabil*, dos grandes obras de la cultura maya, además de comenzar la redacción de algunas de sus obras capitales: *Leyendas de Guatemala* y *El señor presidente*.

El diplomático

Primero en México, luego en París y más tarde en Cuba, este viajero infatigable entró en contacto con la vanguardia literaria del momento, pero siempre simultaneó su actividad como escritor con su compromiso político, de suerte que ingresó en la carrera diplomática en 1945, y estuvo destinado en México y Buenos Aires. En 1953 fue nombrado embajador en El Salvador, donde, fiel a sus ideas antiimperialistas, denunció las actividades de Estados Unidos en su área de influencia latinoamericana. Su postura progresista le supuso algunas satisfacciones: en 1959 una invitación de Fidel Castro a la recién liberada Cuba y en 1966 la concesión del Premio Lenin de la Paz, entre otras; pero también lo llevó a situaciones cuando menos desagradables, como el acoso de los norteamericanos en la Conferencia de los Pueblos de Montevideo en 1962, o su encarcelamiento, ese mismo año, en Buenos Aires. La inmediata reacción internacional logró que enseguida se le devolviera la libertad.

Siendo embajador de Guatemala en París fue galardonado así mismo con el Premio Nobel de Literatura, organizó en la capital francesa exposiciones para dar a conocer el arte maya y publicó ensayos sobre la problemática de los países latinoamericanos. En 1970 dimitió como embajador, pero fijó su residencia en Europa, publicando en Madrid su autobiografía: *Lo mejor de mi vida*. Falleció en la capital española el 9 de junio de 1974.

El gran escritor Arturo Uslar Pietri, que lo acompañó en aquella triste jornada de primavera, aunque llegó «en las últimas horas, cuando en la antesala se hablaba en susurros y se repetían las frases y los recuerdos descosidos que se dicen junto a los moribundos», dejó escrito a modo de epitafio: «En un vasto y pululante hospital de Madrid, en la Moncloa misma de los fusilamientos, vino a morir Miguel Ángel Asturias. En un largo delirio final se cerraron todos los soles y las lunas de su maravilloso delirio mágico.»

Miguel Angel Asturias, escritor y diplomático guatemalteco, tradujo las escrituras sagradas de los mayas y vinculó su actividad literaria al compromiso político. Su novela El señor presidente *refleja con vigor la corrupción de un régimen dictatorial.*

1899	El 19 de octubre nace en Ciudad de Guatemala **MIGUEL ÁNGEL ASTURIAS**.
1916-1922	Estudios de medicina y derecho. Primeros sonetos.
1922	Presenta la tesis *El problema social del indio*, que gana la Medalla de Oro de la Universidad Nacional.
1923	Viaja a Europa, contacta con las vanguardias artísticas y comienza a escribir sus novelas.
1946	Publica *El señor presidente*. Agregado cultural en la embajada de Guatemala en México.
1948-1950	Ministro Consejero en la Embajada de Guatemala en Argentina.
1949	Publica la novela *Hombres de maíz* y el libro de poemas *Sien de alondra*.
1953-1954	Embajador en El Salvador. Publica *El papa verde*.
1966-1970	Embajador en París.
1966	Premio Lenin de la Paz. Publica el poemario *Torotumba*.
1967	Premio Nobel de Literatura. *El espejo de Lida Sal*, relatos.
1974	Muere el 9 de junio en Madrid.

ALFRED HITCHCOCK
(1899-1980)

*E*l maravilloso secreto que hizo de Hitchcock el *Tusitala* del cine —*Tusitala*, contador de cuentos, era el nombre con que bautizaron a Stevenson los indígenas de los Mares del Sur— se llamaba *Mac Guffin*. Lo descubrió accidentalmente en un tren. Otro viajero portaba un extraño equipaje. Por curiosidad, Hitchcock preguntó: «¿Qué es ese paquete que ha colocado en la red?» A lo que el otro contestó: «Oh, es un *Mac Guffin*». Naturalmente, aquello requería una explicación. «¿Qué es un *Mac Guffin*?» La respuesta fue contundente: «Pues un aparato para atrapar a los leones en las montañas de Adirondaks». *Hitch* cayó en la cuenta enseguida de que no había leones en las Adirondaks, pero, entonces, ¿qué había en el paquete?

El suspense

Probablemente el mejor libro de cine jamás escrito lo compusieron al alimón François Truffaut y Alfred Hitchcock, el primero preguntando sagazmente al maestro del suspense por los pormenores de su larga carrera y el segundo legando a la posteridad con sus respuestas no sólo las claves de su propio trabajo sino una impagable lección, rebosante de gracia y de sentido común, de cómo hacer interesante una historia, ese arte para el cual quizás nadie como él estuvo mejor dotado en la ya casi centenaria existencia del cine. Aunque Alfred Hitchcock no inventó el suspense, nadie supo manejarlo con mayor habilidad. Para explicarlo puso un ejemplo, muy clarificador, que aparece en el libro citado: «Nosotros estamos hablando, acaso hay una bomba debajo de la mesa y nuestra conversación es muy anodina, no sucede nada especial y de repente: bum, explosión. El público queda sorprendido, pero antes de estarlo se le ha mostrado una escena anodina, desprovista de interés. Examinemos ahora el suspense. La bomba está debajo

de la mesa y el público lo sabe, probablemente porque ha visto que un anarquista la ponía. El público sabe que la bomba estallará a la una y es la una menos cuarto (hay un reloj en el decorado); la misma conversación anodina se vuelve de repente muy interesante porque el público participa de la escena. Tiene ganas de decir a los personajes que están en la pantalla: 'No deberías contar cosas tan banales; hay una bomba debajo de la mesa y pronto va a estallar'. En el primer caso se le ha ofrecido al público quince segundos de sorpresa en el momento de la explosión. En el segundo caso le hemos ofrecido quince minutos de suspense.»

El miedoso

El hombre que sabía en cada película cómo meterse al público en el bolsillo, aquel para quien el cine era un montón de salas vacías que llenar, ese gordinflón flemático y lúcido cuya silueta caricaturesca ha dado la vuelta al mundo, ese demiurgo de la emoción que jugaba frívolamente con el terror de los espectadores, se confesaba muy miedoso. Nació un 13 de agosto de 1899 en el neblinoso Londres de Sherlock Holmes, Jack el Destripador y Scotland Yard. Era hijo de un comerciante de aves al por mayor y numerosas fueron también las aves que acosaron siniestramente a los personajes Mitch Brenner (Rod Taylor) y Melanie Daniels (Tippi Hedren) en un film estremecedor titulado *Los pájaros*. Cuando tenía cuatro o cinco años su padre lo mandó a la comisaría de policía con una carta. El comisario la leyó y lo encerró en una celda durante algunos minutos diciéndole: «Esto es lo que se hace con los niños malos.»

Nunca comprendió la razón de esta broma siniestra, porque su padre lo llamó su «ovejita sin mancha» y vivió una infancia disciplinada, aunque algo excéntrica y solitaria, escudriñando siempre desde su rincón, con los ojos muy abiertos, todo lo que pasaba a su alrededor. Fue educado con severidad por los jesuitas en el Saint Ignatius College de Londres, donde se imponían castigos corporales con una palmeta de goma muy dura. Su administración, no obstante, no era inmediata, sino que el condenado debía esperar todo el día, después de escuchar la sentencia, para pasarse al final de la jornada por el despacho del cura. Esta práctica acentuó el miedo del pequeño Alfred a todo lo prohibido y le descubrió los condimentos más emocionantes del suspense, esa turbia confusión sadomasoquista que florece ante lo inminente y fatal.

No fue un alumno muy brillante, aunque destacaba en Geografía. Comenzó los estudios de ingeniero en la School of Engineering and Navigation y al mismo tiempo siguió cursos de dibujo en la sección de Bellas Artes de la Universidad de Londres. Desde los dieciséis años leía con avidez revistas de cine y no se perdía las películas de Chaplin, Buster Keaton, Douglas Fairbanks y Mary Pickford. Pudo admirar, cuando aquellos films constituían una auténtica revelación de las ilimitadas posibilidades del cine, *El nacimiento de una nación* (1915) e *Intolerancia* (1916), apabullante éxito y estrepitoso fracaso respectivamente del gran Griffith. Años después le impresionó vivamente un film de Fritz Lang, *Der müde Tod* (*Las tres luces*, 1921), historia fantástica que desarrolla el tema romántico de la lucha entre el amor y la muerte mediante tres episodios que suceden en China, Bagdad y Venecia, y que decidió así mismo la vocación cinematográfica del español Luis Buñuel.

En 1920 comienza a trabajar en Inglaterra como dibujante de títulos para el cine mudo y ya en 1922 trabaja como director en *Always tell your wife* y deja inacabada la película *Number thirteen*. Pasa ese mismo año a ser adaptador, dialoguista, decorador y ayudante de dirección en *De mujer a mujer* (*Woman to woman*), dirigida por Graham Cutts, y durante el rodaje conoce a la que será su futura esposa, madre de sus hijos y fiel compañera de toda la vida, la entonces *script* y montadora Alma Reville. En 1925 dirige en Munich para el inteligente y fecundo productor Michael Balcon *The pleasure garden* y *The mountain eagle*, pero no obtiene el éxito definitivo hasta 1926 con *The lodger*, primera película en la que

Alfred Hitchcock, llamado con razón el mago del suspense, conocía a la perfección los mecanismos psicológicos del público y los utilizaba para mantenerlo en vilo ante un suceso inminente y fatal.

él mismo aparece fugazmente, lo que se convertirá luego en un guiño y una costumbre esperada por el público.

Falso culpable

Esta película, estrenada en el ámbito hispanoparlante como *El inquilino*, *El vengador* o *El enemigo de las rubias*, preanuncia los méritos más sobresalientes de Hitchcock. Él mismo manifestó repetidamente que las películas mudas eran la forma más pura de cine y que éste fue su primer film personal. Está narrado desde el punto de vista de una mujer que alquila una habitación amueblada a un misterioso personaje, de quien sospecha que sea el sórdido «Vengador», una suerte de Jack el Destripador a quien se le imputan horrorosos crímenes siempre perpetrados contra jóvenes rubias. En este clima amenazante, numerosos indicios falsos acusan al inquilino, y la trama, progresivamente más dramática, alcanza su clímax en un intento de linchamiento del

En la época en que rodó 39 escalones (arriba una de sus escenas), Hitchcock adoptó la atmósfera propia del expresionismo alemán, pero despojando de "realismo" a sus personajes y acontecimientos y dotándolos de un elemento esencial en sus filmes: la ambivalencia.

inocente. El tema es, pues, el de casi todos sus films: el hombre acusado injustamente de un crimen que no ha cometido, lo que produce una mayor sensación de peligro en los espectadores que si éste fuera culpable y permite una emocionante identificación con el protagonista. Es el caso de *Inocencia y juventud* (1937), *Sospecha* (1941), *Falso culpable* (1957), *Frenesí* (1972), etc., aunque en *La sombra de una duda* (1953), Charlie Oakley (Joseph Cotten), el encantador tío de la candorosa Charlie Newton (Teresa Wright), es efectivamente un despiadado asesino de viudas ricas, lo cual atestigua que no hay que fiarse nunca tratándose del malicioso Alfred Hitchcock.

El hombre que sabía demasiado

En 1929 dirigió su primera película sonora, *Blackmail* (*La muchacha de Londres*), donde incluyó una célebre persecución trucada por el Museo Británico; en *Murder*, película de 1930 con guión de su esposa, utiliza por primera vez, simultáneamente a *L'age d'or* de Buñuel, la voz en *off* como monólogo interior de un personaje. Una muchacha es hallada culpable de haber asesinado a una de sus amigas, pero uno de los miembros del jurado, sir John (Herbert Marsall), cree en su inocencia.

Se trata de una típica película con enigma, lo que los ingleses llaman un *whodunit* (¿quién lo hizo?), fríos rompecabezas a lo Agatha Christie basados siempre en quién es el asesino, que a Hitchcock nunca le interesaron porque pensaba que carecían de emoción. Al respecto el cineasta comentaba una anécdota: «Cuando empezó la televisión había dos cadenas rivales que competían entre sí. La primera cadena anunció una emisión *whodunit*. Y justo antes de esta emisión, un locutor de la cadena rival anunció: 'Podemos decirles ya que en el *whodunit* que emitirá la cadena rival el culpable es el criado'.»

684

Con Psicosis *Hitchcock logró un clásico del suspense; el apuñalamiento de Janet Leigh en la ducha es una de las secuencias más perfectas de la historia del cine. Arriba, la mítica mansión de Alan Bates (Anthony Perkins), el protagonista, y su inquietante silueta.*

Su última película en Inglaterra, aunque luego regresaría para rodar alguna más, fue *Posada Jamaica* (1939). Finalizada ésta firmó un contrato por siete años, tras arduas negociaciones, con el encumbrado productor norteamericano David O'Selznick, que ese mismo año batía todos los récords de taquilla con un film mítico al que había entregado todas sus energías durante mucho tiempo: *Lo que el viento se llevó*. Pese a que había sido llamado para rodar una historia sobre el siniestro del *Titanic*, la primera realización norteamericana de Hitchcock, —que por aquella época, cosa rara en un director, era ya garantía de diversión entre el público como podría serlo una de las grandes estrellas del firmamento de Hollywood— fue *Rebeca* (1940), una historia morbosa acaecida en la vieja mansión de Manderley, en la que la amenazada señora de Winter (Joan Fontaine), que había ocupado el lugar de la primera esposa de lord Winter (Laurence Olivier), llamada Rebeca y muerta en circunstancias oscu-

ras, vestía una característica chaqueta de punto que desde entonces se denominó *rebeca*.

Su actitud beligerante frente a las atrocidades nazis que estaban poniendo en peligro la seguridad de su patria británica es notoria en films como *Enviado especial* (1940) o *Náufragos* (1943), película esta última que constituye todo un reto, porque se desenvuelve íntegramente en un ámbito claustrofóbico y en un espacio rigurosamente acotado que recrea una suerte de microcosmos de la guerra: un bote salvavidas donde ocho personajes, uno de ellos el capitán del submarino alemán agresor, luchan angustiosamente para sobrevivir al naufragio. ¿Cómo se las ingeniaría Hitchcock para llevar a cabo su habitual aparición fugaz en la pantalla dadas estas condiciones tan especiales? Pues muy sencillo, su popular estampa es fácilmente identificable en una fotografía de un periódico que, por un milagroso azar, se cuenta entre los escasos objetos rescatados de la catástrofe.

Con la muerte en los talones

Liberado del acuerdo que lo ligaba a O'Selznick, fundó su propia productora con Sidney Bernstein, opulento distribuidor cinematográfico en Inglaterra, e inmediatamente intentó con precocidad anticipatoria lo que luego sería el estilo clásico de rodaje en televisión, y que se llamó el T.M.T. (*Ten Minutes Take*). Consiste en agotar los trescientos metros de la bobina de una cámara —unos diez minutos de duración— en una sola toma, lo que exige un rodaje férreamente programado y un estilo caracterizado por el plano secuencia.

Esta innovación técnica había sido prevista para abaratar costes y obtener el máximo rendimiento industrial, pero con este método produjo una singularísima, aunque muy discutida, obra maestra, *La soga* (1948), que está narrada en tiempo real y supuestamente —porque la verdad es que tiene que recurrir a trucos para cambiar las bobinas— rodada en un solo plano-secuencia de ochenta minutos.

Durante los años cincuenta Hitchcock realizó algunas de sus películas más célebres: *Extraños en un tren* (1951), sobre una novela de Patricia Highsmith y guión de Raymond Chandler, donde se lleva a cabo un pacto siniestro para intercambiar dos asesinatos y que los crímenes resulten impunes; *Yo confieso* (1952), que describe el drama de conciencia del padre Michel Logan, espléndidamente interpretado por Montgomery Clift; *La ventana indiscreta* (1954), impagable reflexión sobre el lugar del espectador cinematográfico; *Atrapa a un ladrón* (1955), último filme con su actriz preferida, Grace Kelly, que después de interpretar a Frances Stevens conduciendo endiabladamente por unas sinuosas carreteras de la Costa Azul lo abandonó para casarse con el príncipe de Mónaco y más tarde encontrar la muerte en un accidente de tráfico en ese mismo lugar; *Pero ¿quién mató a Harry?* (1956), extrañísima comedia con cadáver donde se dio a conocer Shirley McLaine y que resulta desconcertante por absurdamente lógica; y, en fin, *Falso culpable, Vértigo, Con la muerte en los talones*..., todas historias que mantienen una inusual frescura pasados los años y que siguen avalándolo como el mago indiscutido del suspense.

Trabajó como productor de televisión en los programas *Alfred Hitchcock presenta* y *La hora de Alfred Hitchcock,* algunos de los cuales dirigió, pero que presentó invariablemente entre 1955 y 1965, salvo en una ocasión en la que, por enfermedad, fue sustituido por James Stewart.

En los años sesenta realizó dos films terroríficos, *Psicosis* (1960), donde se cuentan los locos crímenes de Norman Bates (Anthony Perkins) que han seguido proliferando en segundas y terceras partes, y el arriba mencionado *Los pájaros* (1963), sobre una novela de Daphne Du Maurier. Su última película fue *La trama* (1976), aunque la muerte lo sorprendió el 29 de abril de 1980 preparando ansiosamente, con su rigor y meticulosidad habituales, un nuevo guión de hierro para su película número cincuenta y cuatro, sobre la novela de Ronald Kirkbride titulada *The Short Night*.

Sin embargo, pese al homenaje brindado el 7 de marzo de 1979 por el American Film Institute en Beverly Hills y a ser nombrado «sir» en 1980 por la reina Isabel II de Inglaterra, sus postreros años fueron tristes. Para entonces ya se sabía víctima del cáncer, era la sombra de sí mismo y no temía acelerar su muerte con algunos vodkas prohibidos. Hitchcock, que había dicho «mi amor por el cine es más fuerte que cualquier moral», ya no podía hacer cine.

Vértigo final

Y ahora volvamos al *Mac Guffin*. Se recordará que resultaba muy improbable que se tratara de «un aparato para atrapar a los leones en las montañas de Adirondaks», dado que es sabido que no se encuentran leones en esa región. ¿Se decidió por fin Hitchcock a interrogar de nuevo al pasajero sobre el contenido del paquete? Sí. «¡Pero si no hay leones en Adirondaks!», exclamó. A lo que respondió su interlocutor impasible: «En ese caso no es un *Mac Guffin*.»

Con esta anécdota trataba de ilustrar el vacío del *Mac Guffin,* la nada del *Mac Guffin,* y, sin embargo, Hitchcock construía la mayoría de sus films alrededor de esa cláusula secreta, de ese algo —una botella conteniendo uranio, unos documentos privados, un misterio cualquiera— que debía poseer una enorme importancia para los personajes de la película, pero que era sólo un truco, un mero pretexto que carecía completamente de interés para el infalible narrador Alfred Hitchcock.

Los pájaros, rodada en 1963 con guión de Evan Hunter basado en la novela de Daphne Du Maurier, ha sido considerada como la última gran película de Alfred Hitchcock (arriba en un momento del rodaje dando muestras de su humor ante Rod Taylor). En esta película, el resentimiento sordo y contenido de una enigmática mujer, Tippi Hedren, se traduce en el ataque imprevisto y violento de miles de pájaros.

1899	13 de agosto: nace en Londres **ALFRED HITCHCOCK**.
1926-1940	Primer gran éxito: *El inquilino* (1926). Primera película sonora: *La muchacha de Londres* (*Blackmail*, 1929). *El hombre que sabía demasiado* (1934). *39 escalones* (1935). *Alarma en el expreso* (1938). *Posada Jamaica* (1939), última película del período inglés.
1940	*Rebeca*, primera película norteamericana, para el productor David O'Selznick, con Laurence Olivier y Joan Fontaine.
1941-1976	*Sospecha* (1941), *Sabotaje* (1942), *La sombra de una duda* y *Náufragos* (1943), *Recuerda* (1945), *Encadenados* (1946), *El proceso Parradine* (1947), *La soga* (1948), *Atormentada* (1949), *Pánico en escena* (1950), *Extraños en un tren* (1951), *Yo confieso* (1952), *Crimen perfecto* y *La ventana indiscreta* (1954), *Atrapa a un ladrón* (1955), *Pero ¿quién mató a Harry?* y *El hombre que sabía demasiado* (1956), *Falso culpable* (1957), *Vértigo* (1958), *Con la muerte en los talones* (1959), *Psicosis* (1960), *Los pájaros* (1963), *Marnie, la ladrona* (1964), *Cortina rasgada* (1966), *Topaz* (1969), *La trama* (1976).
1980	29 de abril: fallece cuando estaba preparando su película número cincuenta y cuatro.

JORGE LUIS BORGES
(1899-1986)

*F*iel ante todo a los libros y a las fabulosas bibliotecas, que soñó más habitables que la realidad misma, Jorge Luis Borges recorrió un singular trayecto en las letras del siglo XX. Su obra no sólo arranca del modernismo para, cruzando los volubles movimientos de vanguardia, plantar la simiente de futuras literaturas, sino que que se sintió hermana de los más exóticos cuentos redactados en el Japón o en la India, por los israelitas y por los vikingos. La tópica comparación que se ha venido haciendo durante décadas entre este artista singular y su lejano predecesor no es del todo ociosa: Borges fue el remoto albacea del legado de Homero, aquel improbable poeta ciego que prefigura simbólicamente su extraño oficio y su no menos misterioso destino.

Un aprendiz de escritor

Acaso no sea del todo justo comenzar la biografía de este narrador genial por la fecha en que vino al mundo, en la ciudad de Buenos Aires, el 24 de agosto de 1899, sino que se debería arrancar desde mucho antes, desde cuando los nobles militares de la antigua familia de próceres argentinos a la que pertenecía colaboraron decisivamente a la independencia del país. Su antepasado, el glorioso coronel Isidro Suárez, había guiado a sus tropas a la victoria en la mítica batalla de Junín, su abuelo Francisco Borges también había alcanzado el rango de coronel, pero fue su padre, Jorge Borges Haslam, quien rompiendo con la tradición familiar se empleó como profesor de psicología e inglés. Estaba casado con la delicada Leonor Acevedo Suárez, y con ella y el resto de su familia abandonó la casa de los abuelos donde había nacido Jorge Luis y se trasladó al barrio de Palermo, a la calle Serrano 2135, donde creció el aprendiz de escritor teniendo como compañera de juegos a su hermana Norah. En aquella casa ajardinada aprendió Borges a leer

inglés con su abuela Fanny Haslam y, como se refleja en tantos versos, los recuerdos de aquella dorada infancia lo acompañarían durante toda su vida.

Apenas contaba seis años cuando confesó a sus padres su vocación de escritor, e inspirándose en un pasaje del *Quijote* redactó su primera fábula cuando corría el año 1907: la tituló *La visera fatal*. A los diez años comenzó ya a publicar, pero esta vez no una composición propia, sino una brillante traducción al castellano de *El príncipe feliz* de Oscar Wilde.

En el mismo año en que estalló la Primera Guerra Mundial, la familia Borges recorrió los inminentes escenarios bélicos europeos, guiados esta vez no por un admirable coronel, sino por un ex profesor de psicología e inglés, ciego y pobre, que se había visto obligado a renunciar a su trabajo y que arrastró a los suyos a París, a Milán y a Venecia hasta radicarse definitivamente en la neutral Ginebra cuando estalló el atroz conflicto armado.

Borges es ahora un adolescente que devora incansablemente la obra de los escritores franceses, desde los clásicos como Voltaire o Víctor Hugo hasta los simbolistas, y que descubre maravillado el expresionismo alemán, por lo que se decide a aprender el idioma descifrando por su cuenta la inquietante novela de Gustav Meyrink *El golem*.

Hacia 1918 lee así mismo a autores en lengua española —José Hernández, Leopoldo Lugones, Evaristo Carriego— y al año siguiente la familia pasa a residir en España, primero en Barcelona y luego en Mallorca, donde al parecer compuso unos versos, nunca publicados, en los que se exaltaba la revolución soviética y que tituló *Salmos rojos*. En Madrid trabará amistad con un notable políglota y traductor español, Rafael Cansinos-Assens, a quien extrañamente, a pesar de la enorme diferencia de estilos, proclamó como su maestro. Conoció también a Valle-Inclán, a Juan Ramón Jiménez, a Ortega y Gasset, a Ramón Gómez de la Serna, a Gerardo Diego... Por su influencia, y gracias a sus traducciones, fueron descubiertos en España los poetas expresionistas alemanes, aunque había llegado ya el momento de regresar a la patria convertido, irreversiblemente, en un escritor.

Fervor de Buenos Aires

De regreso en Buenos Aires, fundó en 1921 con otros jóvenes la revista *Prismas* y, más tarde, la revista *Proa*; firmó el primer manifiesto ultraísta argentino y, tras un segundo viaje a Europa, entregó a la imprenta su primer libro de versos: *Fervor de Buenos Aires* (1923). Allí dejó escrito, al lado de las ilustraciones de su hermana Norah:

«Esta ciudad que yo creí mi pasado
es mi porvenir, mi presente;
los años que he vivido en Europa son ilusorios,
yo estaba siempre (y estaré) en Buenos Aires.»

Seguirán entonces numerosas publicaciones, algunos felices libros de poemas, como *Luna de enfrente* (1925) y *Cuaderno San Martín* (1929), y otros de ensayos, como *Inquisiciones*, *El tamaño de mi esperanza* y *El idioma de los argentinos*, que desde entonces se negaría a reeditar.

Durante los años treinta su fama creció en Argentina y su actividad intelectual se vinculó a Victoria y Silvina Ocampo, quienes a su vez le presentaron a Adolfo Bioy Casares, pero su consagración internacional no llegaría hasta muchos años después. De momento ejerce asiduamente la crítica literaria, traduce con minuciosidad a Virginia Woolf, a Henri Michaux y a William Faulkner, publica antologías con sus amigos. En 1938 fallece su padre y comienza a trabajar como bibliotecario en las afueras de Buenos Aires; durante las navidades de ese mismo año sufre un grave accidente, provocado por su progresiva falta de visión, que a punto está de costarle la vida.

Al agudizarse su ceguera, deberá resignarse a dictar sus cuentos fantásticos y desde entonces requerirá permanentemente de la solicitud de su madre y de sus amigos para poder escribir, colaboración que resultará muy fructífera. Así, en

Jorge Luis Borges, uno de los más grandes escritores de lengua castellana del siglo XX y una figura fundamental de la literatura universal, fue acaso el albacea del legado homérico. Arriba, Borges tras recibir el doctorado Honoris Causa por la Universidad de Roma en 1984.

1940, el mismo año que asiste como testigo a la boda de Silvina Ocampo y Bioy Casares, publica con ellos una espléndida *Antología de la literatura fantástica*, y al año siguiente una *Antología poética argentina*.

En 1942, Borges y Bioy se esconden bajo el seudónimo de H. Bustos Domecq y entregan a la

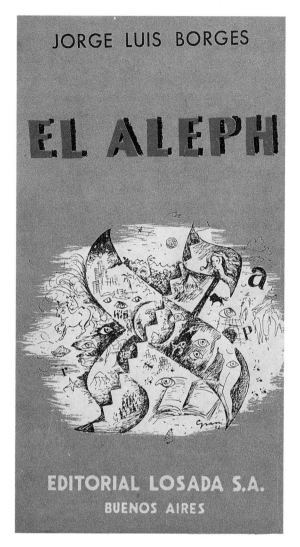

JORGE LUIS BORGES

EL ALEPH

EDITORIAL LOSADA S.A.
BUENOS AIRES

La prosa de Borges convive con el verso, porque, como él mismo afirma, "acaso para la imaginación ambas son iguales. Felizmente, no nos debemos a una sola tradición; podemos aspirar a todas". El Aleph *(arriba portada de su segunda edición) es uno de los libros más originales y difundidos de Jorge Luis Borges, escrito en la época en que polemizaba con el peronismo.*

imprenta unos graciosos cuentos policiales que titulan *Seis problemas para don Isidro Parodi.* Sin embargo, su creación narrativa no obtiene por el momento el éxito deseado, e incluso fracasa al presentarse al Premio Nacional de Literatura con sus cuentos recogidos en el volumen *El jardín de los senderos que se bifurcan,* los cuales se incorporarán luego a uno de sus más célebres libros, *Ficciones,* aparecido en 1944.

Vicisitudes públicas

En 1945 se instaura el peronismo en Argentina, y su madre Leonor y su hermana Norah son detenidas por hacer declaraciones contra el nuevo régimen: habrán de acarrear, como escribió muchos años después Borges, una «prisión valerosa, cuando tantos hombres callábamos», pero lo cierto es que, a causa de haber firmado manifiestos antiperonistas, el gobierno lo apartó al año siguiente de su puesto de bibliotecario y lo nombró inspector de aves y conejos en los mercados, cruel humorada e indeseable honor al que el poeta ciego hubo de renunciar, para pasar, desde entonces, a ganarse la vida como conferenciante.

La policía se mostró asimismo suspicaz cuando la Sociedad Argentina de Escritores lo nombró en 1950 su presidente, habida cuenta de que este organismo se había hecho notorio por su oposición al nuevo régimen. Ello no obsta para que sea precisamente en esta época de tribulaciones cuando publique su libro más difundido y original, *El Aleph* (1949), ni para que siga trabajando incansablemente en nuevas antologías de cuentos y nuevos volúmenes de ensayos antes de la caída del peronismo en 1955.

En esta diversa tesitura política, el recién constituido gobierno lo designará, a tenor del gran prestigio literario que ha venido alcanzando, director de la Biblioteca Nacional e ingresará asimismo en la Academia Argentina de las Letras. Enseguida los reconocimientos públicos se suceden: Doctor Honoris Causa por la Universidad de Cuyo, Premio Nacional de Literatura, Premio Internacional de Literatura Formentor, que comparte con Samuel Beckett, Comendador de las Artes y de las Letras en Francia, Gran Premio del Fondo Nacional de las Artes de Argentina, Premio Interamericano Ciudad de São Paulo...

Inesperadamente, en 1967 contrae matrimonio con una antigua amiga de su juventud, Elsa Astete Millán, boda de todos modos menos tardía y sorprendente que la que formalizaría pocos años antes de su muerte, ya octogenario, con María Kodama, su secretaria, compañera y lazarillo, una mujer mucho más joven que él, de origen japonés y a la que nombraría su heredera universal. Pero la relación con Elsa fue no sólo breve, sino desdichada, y en 1970 se separaron para que Borges volviera de nuevo a quedar bajo la abnegada protección de su madre.

JORGE LUIS BORGES

POEMAS

[1922 - 1943]

EDITORIAL LOSADA, S. A.
BUENOS AIRES

Después de residir en Europa, a los veinte años Borges regresó a Buenos Aires, donde, en 1921, fundó con otros jóvenes intelectuales la revista Prisma *y, más tarde, la revista* Proa, *y firmó el primer manifiesto ultraísta argentino, movimiento que pretendía reunir todas las tendencias de la vanguardia poética, revalorizando la imagen y la metáfora en detrimento del confesionalismo y las efusiones sentimentales. Arriba, edición de* Poemas (1922-1943).

Los últimos reveses políticos le sobrevinieron con el renovado triunfo electoral del peronismo en Argentina en 1974, dado que sus inveterados enemigos no tuvieron empacho en desposeerlo de su cargo en la Biblioteca Nacional ni en excluirlo de la vida cultural porteña. Dos años después, ya fuera como consecuencia de su resentimiento o por culpa de una honesta alucinación, Borges, cuya autorizada voz resonaba internacionalmente, saludó con alegría el derrocamiento del partido de Perón por la Junta Militar argentina, aunque muy probablemente se arrepintió enseguida cuando la implacable represión de Videla comenzó a cobrarse numerosas víctimas y empezaron a proliferar los «desaparecidos» entre los escritores. El propio Borges, en compañía de Ernesto Sábato y otros literatos, se entrevistó ese mismo año de 1976 con el presidente de la Junta para interesarse por el paradero de sus colegas «desaparecidos».

De todos modos, el mal ya estaba hecho, porque su actitud inicial le había granjeado las más firmes enemistades en Europa, hasta el punto de que un académico sueco, Artur Ludkvist, manifestó públicamente que jamás recaería el Premio Nobel de Literatura sobre Borges por razones políticas! Ahora bien, pese a que los académicos se mantuvieron recalcitrantemente tercos durante la última década de vida del escritor, se alzaron voces, cada vez más numerosas, denunciando que esa actitud desvirtuaba el espíritu del más preciado premio literario.

Para todos estaba claro que nadie con más justicia que Borges lo merecía y era la Academia Sueca quien se desacreditaba con su postura. La concesión del Premio Cervantes en 1979 compensó en parte este agravio. En cualquier caso, durante sus últimos días Borges recorrió el mundo siendo aclamado por fin como lo que siempre fue: algo tan sencillo e insólito como un «maestro».

Tras la caída del peronismo, en 1955, Jorge Luis Borges fue nombrado director de la Biblioteca Nacional e ingresó en la Academia Argentina de Letras. En 1967, sorprendentemente, se casó con su amiga de juventud, Elsa Astete Millán, de quien, tras un desdichado matrimonio, se divorció en 1970. Arriba, el escritor y su primera esposa, fotografiados al día siguiente de la boda.

El Premio Cervantes de 1979 palió en parte la obstinada e injusta negativa de la Academia Sueca a reconocer con el Premio Nobel la portentosa obra de Borges. El hombre que cultivó como nadie las palabras fue víctima de ellas, cuando aplaudió a los militares que derrocaron al corrupto régimen peronista e iniciaron la represión más feroz de la historia argentina. Arriba, el rey de España Juan Carlos I, Borges y María Kodama, durante la entrega del Premio Cervantes, en Alcalá de Henares.

1899	24 de agosto: **JORGE LUIS BORGES** nace en Buenos Aires (Argentina).
1914	La familia Borges reside en París, Milán, Venecia y Ginebra.
1919	Estancia en Barcelona y en Palma de Mallorca.
1921	Regresa a Buenos Aires. Funda la revista *Prisma*.
1923	Primer libro de poemas: *Fervor de Buenos Aires*.
1925	Segundo libro de poemas: *Luna de enfrente*.
1931	Se incorpora a la revista *Sur*, fundada por Victoria Ocampo.
1935	Aparece *Historia universal de la infamia*, y, al año siguiente *Historia de la eternidad*.
1942	Bajo el seudónimo de H. Bustos Domecq, publica con Bioy Casares *Seis problemas para don Isidro Parodi*.
1944	*Ficciones*, cuentos.
1949	*El Aleph*, novela.
1960	*El hacedor*, libro mixto de prosa y poesía.
1967	21 de septiembre: contrae matrimonio con Elsa Astete Millán.
1974	El peronismo lo obliga a abandonar su puesto en la Biblioteca Nacional.
1976	El académico Artur Ludkvist declara que Borges no obtendrá nunca el Premio Nobel de Literatura por razones políticas.
1986	14 de junio: muere en Ginebra.

LUIS BUÑUEL
(1900-1983)

Luis Buñuel (arriba dirigiendo Belle de jour)*, el mayor cineasta español, imprimió a sus películas su fuerte personalidad y un espíritu de salvaje iconoclastia que revolucionaron el cine*

*E*n la memoria de todos cuantos han asistido alguna vez a las fiestas de Semana Santa de Calanda, un pueblecito de la provincia de Teruel, permanece indeleble el recuerdo de un atronador, monótono y persistente redoble de tambores. Esta música primitiva y sobrecogedora, ejecutada por una muchedumbre de jóvenes, viejos y niños a quienes termina por sangrarles las manos, comienza el Viernes Santo a las doce y continúa durante toda la noche hasta el Sábado Santo a mediodía. La tripa tensada de los bombos acaba también por romperse a fuerza de golpes, pero el sonsonete no cesa; los tímpanos parecen estallar, pero la voluntad de los tamborileros no se quiebra; y cuando, al fin, se hace el silencio, cuando concluye el rudo festejo, comienza el eco a vivir para siempre en la estremecida conciencia de los partícipes en el ritual.

Los tambores de Calanda, el pueblo natal de Luis Buñuel, están presentes en algunas de las películas del gran cineasta aragonés: en *La edad de oro*, en *Simón del desierto*... Fiel a esa primera papilla que nunca se digiere, este director vigoroso y rebelde en su juventud, reducido al ostracismo en su madurez y por último encumbrado en sus años postreros, no se deshizo jamás, a pesar de su vida itinerante y cosmopolita, de ese espíritu valiente y salvaje que impregnó su infancia, ni de aquel carácter que distingue a los hombres de su tierra, irreductiblemente original, noble, independiente y obstinado.

Ateo, gracias a Dios

Leonardo Manuel Buñuel, un indiano fantasioso que regresó de Cuba enriquecido y se instaló en Calanda, solía relatar numerosas aventuras ilusorias a los lugareños y afirmaba con bravuconería que sería para él la mujer más bella del pueblo. La elegida fue una muchacha delicada, que tocaba el piano y que tenía diecisiete tiernos años, llamada María Portolés, para quien mandó construir una suntuosa mansión. No estaba todavía terminada la casa cuando María dio a luz su primer hijo, Luis, precisamente poco antes de que comenzaran las fiestas de Semana Santa del año 1900. Don Leonardo, convertido en un burgués severo y justo de ideas liberales, se cansó enseguida del pueblo y se trasladó a Zaragoza, donde entró en contacto con los círculos intelectuales de la capital, aunque mantuvo la costumbre de veranear en Calanda con toda la familia, con su mujer, sus siete hijos, las sirvientas y los amigos de la casa.

Entre los primeros recuerdos de Luis Buñuel está la escena, verdaderamente feudal, de grupos de pordioseros que acudían a la puerta de su hogar a mendigar un panecillo y una moneda de diez céntimos. Los que lo conocieron en su infancia cuentan de él numerosas travesuras, como una escapada con otros muchachos que duró más de veinticuatro horas y cuyo itinerario pasaba por los nichos del cementerio y concluía en una sórdida y oscura cueva. Allá estallaron los lamentos y las lágrimas, de modo que para tranquilizar a sus compañeros Luis se ofreció en sacrificio para ser comido. Felizmente ello no fue necesario y pudo regresar sin mayores contratiempos a su casa, donde no obstante seguiría practicando juegos peregrinos, tales como decir solemnes misas ante la arrobada concurrencia de pequeños feligreses.

Contagiado del ambiente familiar, Luis Buñuel confesó haber sido de niño muy religioso y creyente, pero hacia los catorce o quince años cayeron en sus manos libros de Spencer, Kropotkin, Nietzsche y Darwin, especialmente *El origen de las especies*, y comenzó a perder la fe. Con el tiempo, el hombre que declaró «soy ateo, gracias a Dios» llegaría a ser el emblema viviente de un arte blasfemo e iconoclasta, se acercaría al ideario anarquista, ingresaría en el grupo parisino de jóvenes revolucionarios que abanderaban la estética del surrealismo y trabajaría al servicio de la República montando documentales durante la guerra civil española.

El orgullo y la furia

Buñuel estudió el bachillerato con los jesuitas de Zaragoza y luego su padre lo envió a Madrid para que se hiciera ingeniero agrónomo. Providencialmente fue a parar a la Residencia de Estudiantes, lugar donde confluyeron algunos de los poetas y artistas más relevantes de la época, como Ramón Gómez de la Serna, Federico García Lorca o Salvador Dalí, con los que trabó fecunda amistad. De este modo descubrió pronto que su auténtica vocación no era la ingeniería, y ni siquiera la entomología, a la que se aficionó extraordinariamente, sino el arte. Bullía en su interior un ansia de novedades, una fiebre de vida que no podía desahogarse en el mezquino ambiente académico; prefería las tertulias a las aulas, y en ellas brillaba tanto su desbordante imaginación como su poderosa envergadura física, derrotando a todos sus compañeros cuando entablaban un pulso sobre las mesas de mármol de los cafés. Además, practicaba con notoria pericia el boxeo, e incluso a punto estuvo de proclamarse campeón amateur de este deporte.

Por último se decidió por la carrera de Filosofía y Letras, que pudo terminar en 1923, el mismo año en que falleció su padre, y dos años después se trasladó a París. En 1926 le impresionó vivamente una película de Fritz Lang, *Der müde Tod* (*Las tres luces*), y decidió dedicarse al cine, para lo cual se ofreció como ayudante de Jean Epstein, con quien colaboró en el rodaje de *Les aventures de Robert Macaire*, *Mauprant* y *La Chute de la Maison Usher*, aunque en este último filme no llegó al final. La razón fue una discrepancia surgida entre los dos cineastas respecto a la auténtica valía de otro gran director francés, Abel Gance, muy admirado por Epstein y escasamente respetado por el joven vanguardista Buñuel. De hecho, éste estaba a punto de ingresar en las filas belicosas del grupo surrealista, que dirigía con mano férrea André Breton y en el que militaban, en un primer momento, Benjamin Péret, Louis Aragon, Paul Eluard, Max Ernst, René Char, Man Ray, etc. Todavía no se incluía entre ellos Salvador Dalí, el amigo de Buñuel, que por aquel tiempo se dedicaba a la pintura en su residencia de Cadaqués, y con quien realizará su primer guión cinematográfico: *El perro andaluz*.

La cuchilla en el ojo

«En 1927 o 1928 —cuenta Luis Buñuel en sus memorias— yo estaba muy interesado en el cine. En Madrid presenté una sesión de películas de vanguardia francesa. Estaban en el programa *Rien que les heures* de Cavalcanti, *Entr'acte* de René Clair y no recuerdo que otras películas. Tuvieron un enorme éxito. Al día siguiente me llamó Ortega y Gasset y me dijo: 'Si yo fuera joven, me dedicaría al cine'. Luego, pasando la Navidad con Salvador Dalí en Figueras, le dije que quería hacer una película con él. Teníamos que buscar el argumento. Dalí me dijo: 'Yo anoche soñé con hormigas que pululaban en mis manos'. Y yo: 'Hombre, pues yo he soñado que le seccionaba el ojo a alguien. Ahí está la película, vamos a hacerla'. En seis días escribimos el guión. Estábamos tan identificados que no había discusión.

Aunque enrolado en el surrealismo, Luis Buñuel no desdeñó acercarse a la realidad social a través de documentales como Las Hurdes, tierra sin pan *(arriba, una escena de esta película que muestra con gran crudeza la miseria extrema y la barbarie de una España primitiva). A raíz de esta obra Hollywood se interesó por Buñuel, pero éste no se avino al sistema de los grandes estudios.*

Escribíamos acogiendo las primeras imágenes que nos venían al pensamiento y, en cambio, rechazando todo lo que viniera de la cultura o de la educación. Por ejemplo: la mujer agarra una raqueta para defenderse del hombre que quiere atacarla. Entonces, éste, mira a su alrededor buscando algo para contraatacar y (ahora estoy hablando con Dalí) '¿Qué ve?' 'Un sapo que vuela'. '¡Malo!' 'Una botella de coñac'. '¡Malo!' 'Pues ve dos cuerdas'. 'Bien, pero qué viene detrás de las cuerdas'. 'El tipo tira de ellas y cae, porque arrastra algo muy pesado'. 'Ah, está bien que se caiga'. 'En las cuerdas vienen dos grandes calabazas secas'. '¿Qué más?' 'Dos hermanos maristas'. 'Eso es, dos hermanos maristas'. '¿Y después?' 'Un cañón'. 'Malo. Que venga un sillón de lujo'. 'No, un piano de cola'. 'Muy bueno, y encima del piano de cola un burro... no, dos burros podridos'. '¡Magnífico!' O sea, que hacíamos surgir representaciones irracionales sin ninguna explicación.»

El filme, rodado en París por Luis Buñuel con dinero que le dio su madre, fue un escándalo, pero también un éxito en ciertos círculos que lo aplaudieron como el gran cineasta de vanguardia del momento. Más tarde, tras enfriarse sus relaciones con Dalí a causa de la influencia que sobre éste ejercía su nueva compañera Gala, vendría otra película surrealista, *L'age d'or* (La edad de oro), donde se incluyen frases tan provocativas como «¡Qué alegría haber asesinado a nuestros hijos!» Y el siguiente filme sería *Las Hurdes, tierra sin pan*, documental sobre la barbarie y la miseria de la España profunda, producido con el dinero que había ganado a la lotería su amigo Ramón Acín. Hollywood se interesó inmediatamente por el prometedor y provocador director cinematográfico, pero aunque llegó a viajar a Estados Unidos en calidad de observador, Buñuel no se plegó a las tiránicas reglas de los productores y pronto abandonó La Meca del cine. Tampoco duró mucho su alineación en las huestes surrealistas, ni fue demasiado feliz su colaboración como documentalista al servicio de la República española durante la guerra civil, de la que muchos años después incluso se negaba a hablar. En 1933 Buñuel se había casado con Jeanne Rucar de Lille, que le dio dos hijos, Jean Louis (1934) y Rafael (1940). En 1944 está trabajando como conservador de películas en el Museo de Arte Moderno de Nueva York, y tres años después se traslada a México, que sería su segunda patria, para rodar un filme con Jorge Negrete, *Gran Casino*, que constituyó un estrepitoso fracaso. No obstante, pactó con la productora que realizaría dos películas económicamente rentables para que le dejasen llevar a cabo un proyecto personal. Éste fue *Los olvidados* (1950), que acaparó premios a la mejor dirección, argumento y guión en los festivales de Cannes y México. Pese a las precarias condiciones en las que se desenvolvía allí su trabajo, siguió coleccionando galardones y asombrando al mundo con *Subida al cielo* (1951), *Las aventuras de Robinson Crusoe* (1952), *Nazarín* (1958) y otras, pero por razones económicas también se vio obligado a dirigir algunas películas de mucha menos monta. Regresó a España para dirigir *Viridiana* (1961), con un argumento basado en una novela de Pérez Galdós, igual que su otro film español, *Tristana* (1970). Aunque en las últimas décadas de su vida pudo trabajar con mayor libertad y mayores medios en Francia, su obra completa se caracterizó precisamente por una formidable coherencia pese a todas las circunstancias adversas. Hasta el último día de su vida fue leal a la fiera y ambiciosa estética de su juventud: «Yo quería cualquier cosa, menos agradar». Pero también a un escrupuloso sentido moral, esa gran lección que Luis Buñuel quiso legar al mundo, porque, como él mismo decía, «la imaginación humana es libre, el hombre no».

Fernando Rey, Amparo Soler Leal y Luis Buñuel en el rodaje de El discreto encanto de la burguesía, *premiada con el Oscar a la mejor película extranjera.*

1900	22 de febrero: **LUIS BUÑUEL** nace en Calanda (Teruel), España.
1917	Ingresa en la Residencia de Estudiantes de Madrid.
1929	Realiza *Le chien andalou* (El perro andaluz), con guión de él mismo y Salvador Dalí.
1930	*L'age d'or* (La edad de oro).
1933	*Las Hurdes, tierra sin pan*, documental.
1940-1946	Trabaja en el Museo de Arte Moderno de Nueva York y es contratado por la Warner Brothers.
1947	Se traslada a México y rueda *Gran Casino*, con Jorge Negrete.
1950	*Los olvidados*, éxito en el festival de Cannes.
1951-1965	Principales películas del período mexicano: *Susana* (1951), *El bruto* (1952), *Las aventuras de Robinson Crusoe* (1952), *Él* (1952), *Abismos de pasión* (1953), *La ilusión viaja en tranvía* (1953), *El río y la muerte* (1954), *Ensayo de un crimen* (1955), *Nazarín* (1958), *El ángel exterminador* (1962), *Simón del desierto* (1965).
1961-1970	Películas en España: *Viridiana* (1961) y *Tristana* (1970).
1966-1977	Principales películas rodadas en Francia: *Belle de jour* (1966), *La vía láctea* (1969), *El discreto encanto de la burguesía* (1972), *El fantasma de la libertad* (1974), *Ese oscuro objeto del deseo* (1977).
1983	Muere Luis Buñuel a los ochenta y tres años de edad.

RUHOLLAH JOMEINI
(1900-1989)

*R*uhollah significa «espíritu o soplo de Alá»; Jomeini quiere decir «nacido en Jomein», que a su vez puede traducirse como «pueblo de las dos jarras». En esta pequeña aldea situada a unos trescientos kilómetros al sur de Teherán vino al mundo el líder de la Revolución Islámica iraní, el jefe mesiánico de los chiítas, el imam que instauró en su patria uno de los regímenes más rígidos del siglo XX. Se desconoce con exactitud la fecha de su nacimiento, aunque una mayoría de expertos la sitúan en torno al 17 de mayo de 1900. El peso de la tradición religiosa de su familia, en la que había varios *ayatollahs*, determinó muy pronto la vocación de Jomeini, que sintió la llamada de la fe musulmana cuando era todavía un niño. Él también quería convertirse en *ayatollah*, que significa «signo de Dios» y es para los chiítas el teólogo dotado de infalible autoridad moral.

Llamado a la santidad

El padre de Ruhollah, Sayed Mustafá Mussavi, fue asesinado durante un peregrinaje a Irak el mismo año en que nacía su hijo menor. Al parecer, su muerte fue ordenada por los iraquíes, enemigos tradicionales del chiísmo, lo que influyó decisivamente en la vida de Jomeini. El chiísmo es la confesión más extendida en Irán y una de las principales corrientes del islamismo, históricamente escindido entre sunnitas y chiítas. Mientras que los sunnitas, mayoritarios en Irak, consideran que todo imam o caudillo musulmán ha de ser elegido por la comunidad entre los descendientes de Mahoma, los chiítas sólo reconocen a los descendientes de Alí, yerno de Mahoma, como verdaderos imames, siendo para ellos un cargo hereditario. Así, frente a la ortodoxia práctica sunnita siempre se ha alzado la teología chiíta, carismática e irreductible.

Ruhollah, el más pequeño de seis hermanos, asistió a la escuela coránica y en 1918 fue a la

Ruhollah Jomeini, carismático líder espiritual y político de los chiítas iraníes y fundador de la República Islámica, alentó los movimientos fundamentalistas en todo el mundo árabe.

ciudad de Arak para iniciar los estudios islámicos avanzados bajo la dirección de un *ayatollah* tradicionalista, Mohsen Araki, y luego de Abdul Karim, uno de los líderes religiosos más importantes del momento. Con este último maestro se trasladó hacia 1920 a Qom, ciudad célebre por sus santuarios, sus reputados círculos de estudios islámicos y los miles de peregrinos que se dan cita allí con la esperanza de obtener dones y curaciones milagrosas. En Qom, Jomeini profundizó en los principios de la ley y la jurisprudencia islámicas y conoció a los clásicos de la cultura musulmana. En 1922 era ya considerado uno de los discípulos más brillantes de Abdul Karim y con él fundó al año siguiente el Madresseh Faizieh, un centro de enseñanza y difusión del chiísmo. Tenía veintisiete años cuando realizó su primera peregrinación a La Meca y comenzó a ejercer él mismo como maestro. A lo largo de este período de apacible religiosidad, llegó a escribir más de veinte libros sobre teología islámica.

En cuanto a su matrimonio, los datos oficiales no permiten dilucidar ni la fecha en que tuvo lugar ni el nombre de su esposa; sí es cierto que tuvo con ella un hijo llamado Mustafá y una hija fallecida a los pocos años. También se sabe que su primera mujer murió y que Jomeini aún tuvo más hijos: varias niñas y un segundo hijo varón, Sayed Ahmed.

Desarrollo y tradición

Cuando nació Jomeini, Persia era un país atrasado con un tercio de su población nómada y sumido en el más puro colonialismo, principalmente británico y ruso. En 1909 se descubrieron los primeros yacimientos petrolíferos y las potencias occidentales incrementaron su presencia en el país, gobernado desde tiempos inmemoriales por un *sha*, nombre que designa en persa el título de rey. Desde 1917 Irán disponía de una Constitución y un Parlamento, pero en 1921 el general Reza Jan dio un golpe de estado, disolvió el Parlamento y obligó al sha Ahmed a abandonar el país. Tras un período de convulsiones, en 1926 Reza Jan se autoproclamó sha con el nombre de Reza Pahlavi, iniciando de esta forma la dinastía que años más tarde sería derrocada por Jomeini.

Reza Jan se propuso modernizar el país y, siguiendo las huellas de Kemal Atatürk en Turquía, crear un estado y una sociedad laicos y desarrollados, aun a costa de promulgar leyes que atentaban contra la sensibilidad religiosa de su pueblo. Por supuesto, Jomeini se oponía a todas estas reformas y reivindicaba el fundamentalismo chiíta, basado en el advenimiento de un nuevo imam capaz de dirigir el renacimiento del Islam. Al mismo tiempo reclamaba el protagonismo de Irán en este proceso y postulaba la indisociabilidad de política y religión.

Durante la Segunda Guerra Mundial, la Unión Soviética ocupó el norte del país y Gran Bretaña el centro y el sur. El sha Reza, acusado de apoyar a las potencias del Eje, fue obligado a abdicar en favor de su hijo primogénito, Muhammad Reza Pahlevi, que a la sazón contaba veintidós años de edad. El nuevo sha, impuesto por soviéticos y británicos, se inclinó inmediatamente del lado de las fuerzas aliadas y negoció con habilidad la retirada de los ocupantes, consiguió la ayuda económica de Churchill, Roosevelt y Stalin e impulsó decididamente el desarrollo del país, emprendiendo una serie de audaces reformas que incluían la extensión de la enseñanza a las mujeres, la redistribución de las tierras y la instauración de una sociedad industrial moderna y consumista.

Contra el sha

Desde Qom, Jomeini vivió este proceso sumido en la más profunda indignación. Comenzó a criticar abiertamente las iniciativas gubernamentales de aproximación a Occidente y, en 1953, cuando el sha visitó la ciudad santa de Qom, fue el único *ayatollah* que no acudió a recibirlo, manifestando así su oposición. Paulatinamente, el prestigio de Jomeini fue en aumento y su postura radical encontró eco en la inmensa mayoría de dirigentes musulmanes. A principios de los años sesenta era ya el jefe indiscutible de la comunidad chiíta y el primer enemigo del régimen, de cuyas prohibiciones religiosas y políticas hacía caso omiso. Las huelgas y enfrentamientos protagonizados por sus seguidores culminaron en 1963, cuando el sha impuso la ley marcial y ordenó el arresto del caudillo chiíta, lo que originó una espectacular insurrección que costó más de cien muertos a las filas jomeinistas. El *ayatollah* hubo de exiliarse en Turquía y luego en Irak, desde donde organizó con la connivencia de las autoridades una fuerte oposición contra el sha. Sus tesis eran claras: era necesario crear una República Islámica establecida en base a la tradición musulmana y destruir el corrupto régimen de Reza Pahlevi, vendido a los demonios occidentales. Sus ideas, extraídas de las más antiguas leyes islámicas, revelaban una intransigencia religiosa llevada hasta las últimas consecuencias: «Necesitamos a un líder que sea capaz de cortar la mano de su propio hijo si lo descubriese robando, o que lapide a su esposa si supiese que ha fornicado.»

Entretanto, Irán experimentaba un vertiginoso crecimiento económico basado en la venta de petróleo y que contrastaba con una injusta distribución de la renta nacional. El pueblo continuaba sumido en la miseria mientras el sha, convertido en gendarme del golfo Pérsico por los Estados Unidos, celebraba con grandes ceremonias su coronación y la de su esposa Farah Diba como emperadores de Irán. Al mismo tiempo, toda oposición a su política era duramente reprimida por la Organización de Seguridad e Información (SAVAK), la temible policía política y espina dorsal del régimen. El 23 de octubre de 1977, Mustafá, primer hijo de Jomeini, murió en circunstancias nunca aclaradas; el *ayatollah* culpó a la SAVAK y, en una carta distribuida en cientos de miles de copias por todo Irán acusó de asesino al sha y efectuó un llamamiento para que el ejército y el pueblo liberasen al país de su nefasto gobierno.

Las explosiones de fanatismo religioso estallaron por todo el territorio y se alternaron con brutales intervenciones de la policía y el ejército. En 1978, el gobierno iraquí, presionado por el sha, expulsó a Jomeini, quien marchó a Francia y se instaló en Neauphle-le-Château. Desde allí, el líder chiíta pudo utilizar los medios de comunicación de un país occidental para difundir su lucha por todo el mundo.

El imperio del fanatismo

Los acontecimientos se precipitaron a principios de 1979: el sha abandonó el país en unas denominadas eufemísticamente vacaciones dejando tras de sí un gobierno que apenas pudo sostenerse un mes; el 1 de febrero Jomeini regresaba triunfante a Teherán y el Consejo de la Revolución Islámica tomaba las riendas del poder ante una declaración de neutralidad del ejército. El *ayatollah* se instaló en Qom y convocó un referéndum en el que el 97 por 100 de los iraníes apoyaron la implantación de una República Islámica, denominada por Jomeini «el gobierno de Dios».

Desde el principio fue el propio Jomeini quien ejerció el poder absoluto por encima de los sucesivos gobiernos surgidos de las convocatorias electorales. El régimen teocrático basado en su figura se asentó en el principio de que oponerse a las decisiones del imam y sus seguidores suponía ir en contra del Islam y de Alá. Los antiguos colaboradores del sha fueron ejecutados, al igual que muchos homosexuales, mujeres adúlteras y otros muchos acusados de no respetar las nuevas leyes. En noviembre de 1979, los jóvenes estudiantes chiítas asaltaron la embajada norteamericana en Teherán y tomaron como rehenes a cincuenta y dos ciudadanos estadounidenses. Tras muchos meses de gestiones, amenazas y sanciones económicas, y después de un fracasado intento de rescate por parte de un comando militar enviado por el presidente Carter, en enero de 1981 se llegó a un acuerdo que ponía fin a la reclusión de los rehenes.

En septiembre de 1980, aprovechando la confusión reinante en los primeros meses de la Revolución, el presidente iraquí Sadam Husein atacó Irán dispuesto a lograr algunas ganancias territoriales y a derrocar a Jomeini. Hasta 1988 no cesaron las hostilidades, habiendo quedado de manifiesto que el fervor religioso de los chiítas era también irreductible en los campos de batalla. La última proeza de Jomeini fue decretar desde Teherán la muerte del escritor británico de origen indio Salman Rushdie, a raíz de la publicación de su libro *Versos satánicos*. En esta novela, el autor atribuía a Mahoma actividades poco acordes con su santidad, lo que inmediatamente provocó la ira del imam; Rushdie fue declarado blasfemo y condenado a la pena máxima, por lo que hubo de pasar a la clandestinidad y manifestar poco después su conversión a la fe musulmana, lo que no le valió el perdón, pese al apoyo de escritores de todo el mundo.

El santón de poblada barba cana, iracundas cejas, mirada de iluminado y gesto adusto pertenece ya a la imaginería del fundamentalismo, cuya práctica política sigue provocando la repulsa de Occidente e inspirando movimientos radicales del mismo signo en todos los países con población musulmana. Ni siquiera su muerte, acaecida el 4 de junio de 1989, ha disipado esta influencia, para unos peligrosa y para otros esperanzadora.

El ayatollah *Jomeini (arriba) encontró en el descontento popular contra el régimen autoritario del sha Reza Pahlevi el campo propicio para el desarrollo de una revolución basada en el fundamentalismo islámico, que alteró la relación de fuerzas de la región.*

1900	17 de mayo (?): nace **RUHOLLAH JOMEINI** en Jomein (Persia).
1918-1920	Estudios en el seminario chiíta de Arak y en la ciudad santa de Qom.
1926	Reza Jan instaura una nueva dinastía en Irán al proclamarse sha.
1929	Fecha probable del primer matrimonio de Jomeini.
1941	Muhammad Reza Pahlevi, hijo de Reza Jan, nombrado sha. Jomeini se declara su adversario.
1962	Dirige la revuelta del clero chiíta contra el sha. .
1963	Arresto domiciliario en Qom.
1964	Exilio en Turquía.
1965	Comienza un largo exilio en Qom.
1970	Publica el libro *Gobierno islámico*, donde exige la destitución del sha y la instauración de una República Islámica.
1977	Muere su hijo Mustafá en misteriosas circunstancias. La policía política del sha es acusada de asesinarlo.
1978	En octubre se traslada a las cercanías de París.
1979	El sha abandona Irán. 1 de febrero: Jomeini regresa a Teherán. Triunfo de la Revolución Islámica. Asalto de la embajada de EEUU.
1980-1988	Guerra entre Irán e Irak.
1989	4 de junio: muere en la ciudad santa de Qom.

SALVADOR DALÍ
(1904-1989)

Salvador Dalí pintó con asombrosa precisión las extrañas formas del subconsciente. Su mundo es un inquietante sueño poblado de figuras humanas del tamaño de insectos y de objetos cuya materia ha degradado el tiempo. En cierto modo fue un genio que halló en la mixtificación del inconsciente el camino idóneo para su desbordante imaginación.

*E*l estupendo novelista Italo Calvino escribió que «nada es más falsificable que el inconsciente»; acaso esta verdad paradójica y antifreudiana sea la gran lección del creador del método paranoico-crítico, de ese maestro del histrionismo y la propaganda, de ese pintor desaforado y perfeccionista, de ese eximio prestidigitador y extravagante ciudadano que fue Salvador Dalí. El chiflado prolífico del Ampurdán, la llanura catalana barrida por el vertiginoso viento del norte que recoge las suaves olas del Mediterréneo en una costa tortuosa y arriscada, descubrió el arte de la mixtificación y el simulacro, de la mentira, el disimulo y el disfraz antes incluso de aprender a manejar su lápiz con la exactitud disparatada y estéril de los sueños. Su longeva existencia, tercamente consagrada a torturar la materia y los lienzos con los frutos más perversos de su feraz imaginación, se mantuvo igualmente fiel a un paisaje deslumbrante de su infancia: Port-Lligat, una bahía abrazada de rocas donde el espíritu se remansa, ora para elevarse hacia los misterios más sublimes, ora para corromperse como las aguas quietas. Místico y narciso, Dalí, quizás uno de los mayores pintores del siglo XX, convirtió la irresponsabilidad provocativa no en una ética, pero sí en una estética, una lúgubre estética donde lo bello ya no se concibe sin que contenga el inquietante fulgor de lo siniestro.

Las travesuras del fingidor

Salvador Dalí nació en una madrugada de la primavera de 1904 en el seno de una familia burguesa, hijo de un notario bienpensante y de una sensible dama aficionada a los pájaros. Más tarde escribiría: «A los tres años quería ser cocinero. A los cinco quería ser Napoleón. Mi ambición no ha hecho más que crecer y ahora es la de llegar a ser Salvador Dalí y nada más. Por otra parte, esto es muy difícil, ya que, a medida que me acerco a Salvador Dalí, él se aleja de mí». Puesto que la persecución sería incesante y el objetivo no habría de alcanzarse nunca y, dado que en ningún recodo de su biografía estaba previsto que hallara el equilibrio y la paz, decidió ser excesivo en todo, intrepetar numerosos personajes y sublimar su angustia en una pluralidad de delirios humorísticos y sórdidos. Se definió a sí mismo como «perverso polimorfo, rezagado y anarquizante», «blando, débil y repulsivo», aunque para conquistar esta laboriosa imagen publicitaria antes hubo de salvar algunas pruebas iniciáticas, y si el juego favorito de su primera infancia era vestir el traje de rey, ya hacia sus diez años, cuando se pinta como *El niño enfermo*, explora las ventajas de aparentar una constitución frágil y nerviosa. Su precocidad es sorprendente: a los doce años descubre el estilo de los impresionistas franceses y se hace impresionista, a los catorce ya ha trabado conocimiento con el arte de Picasso y se ha hecho cubista y a los quince se ha convertido en editor de la revista *Studium*, donde dibuja brillantes pastiches para la sección titulada «Los grandes maestros de la Pintura».

En 1919 abandona su Cataluña natal y se traslada a Madrid, ingresa en la Academia de Bellas Artes y se hace amigo del gran poeta granadino Federico García Lorca y del futuro cineasta surrealista Luis Buñuel, de quien sin embargo se distanciará irreversiblemente en 1930. En la capital adopta un extraordinario atuendo: lleva los cabellos largos, una corbata desproporcionadamente grande y una capa que arrastra hasta los pies. A veces luce una camisa azul cielo, adornada con gemelos de zafiro, se sujeta el pelo con una redecilla y lo lustra con barniz para óleo. Es difícil que su presencia pase desapercibida. En los revueltos y conflictivos meses de 1923 sufre un desafortunado contratiempo. En la Academia de Bellas Artes a la que está adscrito se producen manifestaciones en contra de un profesor, y antes de que dé comienzo el discurso oficial y se desate la violenta polémica, Salvador abandona la sala. Las autoridades creen que con este gesto ha sido él quien ha dado la señal de ataque y rebelión y deciden expulsarlo durante un año. Después, de nuevo en Figueras, los guardias vienen a detenerlo y pasa una tem-

Dalí tuvo de la pintura religiosa una concepción muy personal, alejada de cualquier interpretación moral, en la que conjunga elementos surrealistas y naturalistas. Arriba, La madona de Port-Lligat *(Museo Dalí, Figueras, España), cuadro en el que una vez más su modelo es la enigmática Gala, su mujer.*

porada en la cárcel. A la salida de prisión recibirá dos alegrías. La primera, una prensa para grabado que su padre le regala, y la segunda, la visita de su excelente compañero de la Residencia de Estudiantes de Madrid Federico García Lorca, quien, en las calurosas noches del verano de Cadaqués, lee a toda la familia Dalí sus versos y dramas recién compuestos. Es allí, junto al Mediterráneo, donde García Lorca redacta la célebre «Oda a Salvador Dalí», publicada unos años después, en 1929, en *la Revista de Occidente*. Pronto será también Luis Buñuel quien llegue a Cadaqués para trabajar con su amigo Salvador en un guión cinematográfico absolutamente atípico y del que surgirá una película tan extraña como es *El perro andaluz*.

Dalí, como afirma Jacques Lassaigne, "manifiesta su voluntad de superar y agotar la realidad por una misma operación. Coloca en la base de su obra elementos reproducidos de la manera más mecánica, por ejemplo la instantánea fotográfica de una figura o un rostro tomado en su más pasajera inexpresión". Cara y florero en la costa (Museo Dalí, Figueras, España) es un cuadro paradigmático de la estética daliniana.

Avida dolars

En 1927 Dalí viaja por primera vez a París, pero es al año siguiente cuando se instala en la capital francesa y se une al grupo surrealista que lidera el poeta André Breton. Este último terminará expulsándolo del movimiento algunos años después, en una memorable sesión de enjuiciamiento a la que Dalí compareció cubierto con una manta y con un termómetro en la boca, aparentando ficticiamente estar aquejado de fiebre y convirtiendo así el opresivo juicio en una ridícula farsa. La triple acusación a la que tuvo entonces que enfrentarse Dalí fue: coquetear con los fascismos, hacer gala de un catolicismo delirante y sentir una pasión desmedida e irrefrenable por el dinero. A esto precisamente alude el célebre apodo anagramático con que fue motejado por Breton, *Avida dolars*, acusación que lejos de desagradar al pintor le proporcionaba un secreto e irónico placer. De hecho, después de conocer a

la que sería su musa y compañera durante toda su vida, Gala, entonces todavía esposa de otro surrealista, el poeta Paul Eluard, Dalí declaró románticamente: «Amo a Gala más que a mi madre, más que a mi padre, más que a Picasso y más, incluso, que al dinero.»

Salvador se enamoró de Gala en el verano de 1929 y con ella gozó por primera vez de las mieles del erotismo. Es la época en que pinta *Adecuación del deseo*, *Placeres iluminados* y *El gran masturbador*, pintura esta última que fue atacada y desgarrada por el fanático grupo puritano los Camelots du Roy. Mientras tiene lugar una exposición de sus obras en la Galería Goemans de París, la joven y apasionada pareja se refugia y aísla en la Costa Azul, pasando los días y las noches encerrados en una pequeña habitación de un hotel con los postigos cerrados. Enterado el padre de Salvador de la vida disoluta de su hijo por un artículo de Eugenio d'Ors

En el verano de 1929, Salvador Dalí se enamoró de la bella esposa del poeta Paul Eluard. Ella era la joven rusa Helena Deluvina Diakonoff, llamada Gala, quien inició al pintor en el conocimiento de un refinado erotismo que se refleja en varios cuadros de la época. Arriba, el pintor catalán y su musa fotografiados durante la presentación del libro El mundo de Salvador Dalí.

aparecido en *La Gaceta Literaria*, rompe relaciones con su vástago; pero ello no debió afectarlo demasiado, o quizás sí, puesto que es en esa época en que el artista realiza lo mejor de su obra, como el célebre cuadro *Persistencia de la memoria* (1931), donde blandos relojes cuelgan de la rama de un árbol, del borde de un pedestal y sobre una misteriosa forma tendida en la vasta extensión de la playa.

En 1934 viaja con su ya inseparable Gala a Estados Unidos, donde desembarca y se presenta ante los periodistas con un enorme pan cocido por el cocinero del trasatlántico que les ha transportado. En sus erráticas manifestaciones no duda en asociar el mito hitleriano con el teléfono y a Lenin con el béisbol. Son todas bromas absurdas que tratan de quitar hierro a una situación política amenazante. Dos años después se desata la atroz guerra civil en España y una de las primeras muestras de la probidad de los militares insurrectos

es el infame asesinato de su amigo Federico García Lorca, crimen que conmocionó a la opinión pública internacional. Dalí escribió: «Lorca tenía personalidad para dar y vender, la suficiente para ser fusilado, antes que cualquier otro, por cualquier español.»

En 1938 conoce por fin, gracias al escritor vienés Stefan Zweig, a Sigmund Freud, quien había sido el gran inspirador de la estética surrealista, de la que Dalí no se siente marginado pese a las bravatas de Breton, sino que por el contrario se considera el único y más genuino exponente. El padre del psicoanálisis había dado pábulo a la nueva indagación del inconsciente con su libro *La interpretación de los sueños* (1900), pero nunca se había tomado demasiado en serio a sus jóvenes admiradores de París. No obstante, el 20 de julio de 1938, tras el encuentro, Freud anotó en su diario: «Hasta entonces me sentía tentado de considerar a·los surrealistas,

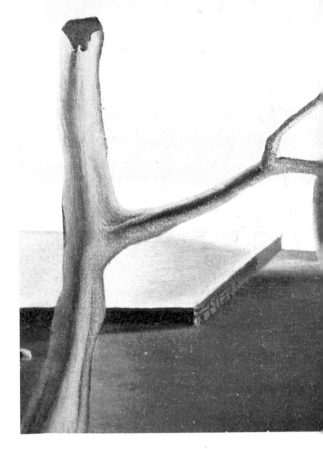

En Persistencia de la memoria *(Museo de Arte Moderno, Nueva York), cuadro pintado en 1931, Dalí crea una alegoría de la permanencia de la identidad personal a través del tiempo.*

que aparentemente me han elegido como santo patrón, como locos integrales (digamos al 95%, como el alcohol puro). Aquel joven español, con sus espléndidos ojos de fanático e innegable dominio técnico, me movió a reconsiderar mi opinión». Por su parte, el artista realizó asombrosos y alucinantes retratos del «santo patrón» de los surrealistas.

El escaparate y el museo

Instalado otra vez en Nueva York en 1939, Dalí acepta un encargo para decorar unos escaparates comerciales. El tema que elige es el del Día y la Noche, el primero evocado por un maniquí que se mete en una bañera peluda y la segunda, por medio de brasas y paños negros extendidos, pero la dirección modifica el decorado sin consultar al autor. Dalí, iracundo, vuelca la bañera de astracán llena de agua y la lanza contra los cristales del escaparate produciendo un gran estrépito y un notable destrozo. Pese a que la opinión pública norteamericana le aplaude el vigor con que ha sabido defender la propiedad intelectual, es juzgado por los tribunales y condenado a pagar los desperfectos. Tampoco consigue concluir su siguiente proyecto para decorar un pabellón de la Feria Internacional de Nueva York, el cual debía llevar el significativo título de *Sueño de Venus*.

A España regresó después de la Segunda Guerra Mundial, en 1948, fijando su residencia de nuevo en Port-Lligat y hallando en el régimen del general Franco toda suerte de facilidades. El gobierno incluso declaró aquel rincón catalán que tanto fascinaba al pintor «Paraje pintoresco de interés nacional». Para muchos historiadores del arte lo mejor de su obra ya había sido realizado y, sin embargo, aún le quedaban cuarenta años de caprichosa producción y de irreductible endiosamiento y exhibicionismo, con apariciones públicas del estilo de la que protagonizó en diciembre de 1955, cuando se personó en la Universidad de la Sorbona de París para dar una conferencia en un Rolls Royce repleto de coli-

flores. En vida del artista incluso se fundó un Museo Dalí en Figueras; ese escenográfico, abigarrado y extraño monumento a su proverbial egolatría es uno de los museos más visitados de España.

Durante los años setenta, Dalí, que había declarado que la pintura era «una fotografía hecha a mano», fue el avalador del estilo hiperrealista internacional que, saliendo de su paleta, no resultó menos inquietante que su prolija indagación anterior sobre el ilimitado y equívoco universo onírico. Pero quien más y quien menos recuerda mejor que sus cuadros su repulsivo bigote engominado, y no falta quien afirme haberlo visto en el Liceo, el lujoso teatro de la ópera de Barcelona, elegantemente ataviado con frac y luciendo en el bolsillo de la pechera, a guisa de vistoso pañuelo, una fláccida tortilla a la francesa.

En su testamento, el controvertido artista legaba gran parte de su patrimonio al Estado español, provocando de ese modo, incluso después de su muerte, acaecida en 1989, tras una larga agonía, nuevas y enconadas polémicas.

1904	11 de mayo: a las 8 y 45 horas, **SALVADOR DALÍ** nace en Figueras (España).
1914	Autorretrato: *El niño enfermo*.
1919	Ingresa en la Academia de Bellas Artes de Madrid.
1923	Es expulsado de la Academia. Pasa un mes en la cárcel de Figueras. Recibe en Cadaqués la visita de García Lorca.
1928-1929	En París, se une a los surrealistas. Conoce a Gala.
1933	Expone en la Galería de Arte Catalán de Barcelona y en la Julien Levy Gallery de Nueva York.
1934	Viaje a Estados Unidos.
1938	Conoce a Sigmund Freud por mediación de Stefan Zweig.
1948	Regreso a España con Gala. Sc establecen en Port-Lligat, que el gobierno de Franco declara «Paraje pintoresco de interés nacional».
1965	Pinta *La apoteosis del dólar*.
1970-1980	El pintor influye en el hiperrealismo.
1989	Fallece tras una larga agonía y varias intervenciones quirúrgicas. El legado de su obra al Estado español provoca una enconada polémica.

PABLO NERUDA
(1904-1973)

*D*iseminada en miles de versos ha quedado para la posteridad la biografía, íntima y pública, secreta y militante, del gran poeta chileno Pablo Neruda. Así mismo, nos legó la crónica de sus días agitados y viajeros en unas líricas memorias tituladas *Confieso que he vivido*, y sobre su figura han escrito numerosos amigos del escritor, su apasionada viuda Matilde Urrutia y centenares de críticos e historiadores. La abrumadora personalidad de este hombre de credo comunista, resuelta y tozuda hasta el sacrificio por todo aquello en lo que creía, estalla en su obra con un aliento vital que apenas deja entrever las muchas tribulaciones y las muchas horas sombrías que hubo de atravesar. Para algunos que lo conocieron, especialmente para aquellos que compartieron con él la lucha contra la miseria y la opresión de los pueblos, Pablo Neruda gozó del carisma excepcional de aquellos elegidos a quienes encaja como un guante la palabra ejemplaridad; pero para la mayoría de los lectores que no gozaron de la fortuna de su abrazo, el poeta será siempre aquel personaje tímido, invisible y agazapado que se ocultaba tras los barrotes horizontales y tenues de sus lindas canciones de amor.

El poeta secreto

Quien nació en Parral con el nombre de Neftalí Reyes Basoalto, estuvo durante toda su vida profundamente enraizado en su tierra chilena pese a haber llevado una existencia de viajero incansable. Su madre, Rosa Basoalto, murió de tuberculosis poco después de dar a luz, y su padre, conductor de un tren que cargaba piedra, José del Carmen Reyes Morales, se casó dos años después con Trinidad Cambia Marverde, de quien Neruda escribiría: «Era una mujer dulce y diligente, tenía sentido del humor campesino y una bondad activa e infatigable». Para el pequeño Neftalí fue

su nueva madre como el hada buena, y tuteló al muchacho con una solicitud incluso mayor que su auténtico padre, con quien, en su adolescencia, no tardaría en mantener graves disputas.

Residiendo en Temuco, ingresó en el Liceo de la ciudad en 1910, y cuando aún no había salido de esta institución, el 18 de julio de 1917, pudo leer emocionadamente en un periódico local, *La Mañana*, el primero de sus artículos publicados, que tituló «Entusiasmo y perseverancia». Para entonces había tenido la suerte de conocer a una imponente señora, «alta, con vestidos muy largos», que no era otra sino la célebre poetisa Gabriela Mistral, quien le había regalado algunos libros de Tolstoi, Dostoievski y Chéjov, decisivos en su primera formación literaria. No obstante, su padre se oponía abiertamente a que siguiera esta vocación, de modo que cuando el 28 de noviembre de 1920 obtuvo el premio de la Fiesta de Primavera de Temuco ya firmaba sus poemas con seudónimo, un ardid para desorientar a su progenitor. El nombre elegido, *Neruda*, lo había encontrado por azar en una revista y era de origen checo, pero el joven poeta no sabía que se lo estaba usurpando a un colega, un lejano escritor que compuso hermosas baladas y que posee un monumento erigido en el barrio de Mala Strana de Praga.

Cuando concluye sus estudios en el Liceo pasa a Santiago para seguir la carrera de profesor de francés en el Instituto Pedagógico, pero continúa preparando libros de versos. Al poco tiempo se vincula a la revista *Juventud* de la Federación de Estudiantes, donde toma contacto con el movimiento anarquista y, en particular, con uno de los líderes del grupo, formidable y valeroso, llamado Juan Gandulfo. En 1922, habiendo trabado una buena amistad, que se revelaría fecunda y duradera, con el director de la revista *Claridad*, se incorpora a la redacción, y así comienza a escribir como un poseso hasta cinco poemas diarios. Al año siguiente edita a sus expensas su primer libro de poemas, *Crepusculario*.

Para poder pagarse esta publicación, Pablo Neruda, por entonces un joven ávido de lecturas y vida, extravagante y delgado, vestido a lo poeta bohemio del siglo XIX con un traje negro, debe vender sus muebles, empeñar el reloj que le ha regalado su padre y recibir la ayuda in extremis de un crítico generoso. Este último, un tal Allone, se prestó a saldar la deuda cuando el editor se negó a entregar un solo ejemplar antes de que estuviera satisfecha completamente la factura.

Una canción desesperada

Crepusculario fue en realidad una miscelánea de otros proyectos, una reordenación precipitada de poemas que inmediatamente dejaron insatisfecho al autor. A partir de entonces, Neruda se entregó, con más ahínco si cabe, a la confección de otro libro, éste sí, orgánico y mucho más personal, que terminaría publicándose en 1924 con el título *Veinte poemas de amor y una canción desesperada*. La última de las canciones de amor es la que se ha hecho más famosa, y arranca de este modo:

> «Puedo escribir los versos más tristes esta noche.
> Escribir por ejemplo: 'La noche está estrellada,
> y tiritan, azules, los astros, a lo lejos'.
> El viento de la noche gira en el cielo y canta...»

Luego relata la desolación del amante ante el amor perdido y al final concluye brillantemente:

> «Ya no la quiero, es cierto, pero tal vez la quiero.
> Es tan corto el amor, y es tan largo el olvido.
> Porque en noches como ésta la tuve entre mis brazos,
> mi alma no se contenta con haberla perdido.
> Aunque éste sea el último dolor que ella me causa
> y éstos sean los últimos versos que yo le escribo.»

A partir de esta época la politización de la poesía de Neruda será progresivamente mayor y,

Pocos poetas han logrado escribir versos tan sonoros, íntimos e irreverentes como el chileno Neftalí Reyes Basoalto, Pablo Neruda.

paralelamente, su vida se verá enfrentada a adversas circunstancias económicas. De momento, al abandonar sus estudios, su padre le retira toda ayuda material, por lo que abraza la esperanza de conseguir algún cargo diplomático. Sin embargo, todo lo que obtiene en 1927 es un oscuro y remoto destino consular en Rangún, Birmania.

Allí, en aquellas tierras fantásticas, «entre hombres que adoran la cobra y la vaca», conoció Pablo Neruda a la tan bella como peligrosa Josie Bliss, una nativa que sin embargo vestía a la manera inglesa. Tras visitar en su compañía los más exóticos rincones de aquellas tierras, se trasladó a vivir a casa de ella, pero pronto la muchacha trocó su dulzura en celos, y la vida de la pareja se hizo intolerable. «Sentía ternura hacia sus pies desnudos», escribió el escritor, pero también contó cómo Josie le escondía las cartas y cómo, en una ocasión, se despertó sobresaltado y la encontró vestida de blanco, al otro lado del mosquitero, tenebrosa, blandiendo un cuchillo mortífero y sin determinarse a asestar el golpe fatal: «Cuando te mueras se acabarán mis temores», balbuceó con amargura la mujer enferma.

Asustado, Pablo Neruda no tardó en huir de aquella situación que cada vez se volvía más amenazante, y cuando recibió un telegrama en el que se le comunicaba su traslado a Ceilán, preparó el viaje en el más absoluto secreto y se marchó sin despedirse, abandonando en el desolado hogar de Josie sus ropas y sus libros.

El destierro y el éxito

En 1930, Pablo Neruda se casó con María Antonieta Agenaar, una joven holandesa con la que regresó a Chile dos años después y que le dio una hija, Malva Marina, el 4 de octubre de 1934. Por estos años, y tras conocer a Federico García Lorca en Buenos Aires, se trasladó a España, donde llevó a cabo una intensa actividad cultural y conoció a poetas como Miguel Hernández, Luis Cernuda, Vicente Aleixandre, Manuel Altolaguirre, etc.; pero al estallar la guerra civil española en 1936 tuvo que trasladarse a París. Su pesadumbre por los infames asesinatos perpetrados por las fuerzas insurrectas, entre ellos el de su amigo García Lorca, lo movieron a escribir un libro de poemas titulado *España en el corazón* y a editar la revista *Los Poetas del Mundo Defienden al Pueblo Español*.

A partir de 1946, afiliado ya al partido comunista, su actividad política se desarrollaría en su propia patria, donde fue elegido senador de la República por las provincias de Tarapacá y Antofagasta. Ese mismo año obtuvo también en Chile el Premio Nacional de Literatura, pero no tardarían en complicársele las cosas cuando hizo pública su enérgica protesta por la persecución desencadenada contra los sindicatos por el presidente González Videla. La lectura ante el Senado de su alegato *Yo acuso*, motivó que se ordenara su detención y sólo gracias al refugio que le ofrecieron sus allegados logró Neruda evitarla y salir del país el 24 de febrero de 1949.

Durante el tiempo que estuvo oculto escribió febrilmente otra de sus obras mayores, *Canto general*, que, aparte de distribuirse clandestinamente en Chile, se editará en México con ilustraciones de los grandes muralistas Siqueiros y Diego Rivera, en 1950, poco antes de que se le conceda, junto a Picasso y al poeta turco Nazim Hikmet, el Premio Internacional de la Paz. Comienzan entonces los dolorosos años del destierro, cuya tristeza apenas puede ser enjugada por los numerosos homenajes, calurosas recepciones e importantes galardones con que se reconocen sus méritos como poeta y como hombre íntegro. Sin embargo, una mujer, la que sería su compañera hasta su muerte, viene en su auxilio, Matilde Urrutia; con ella vivirá casi clandestinamente, a veces en circunstancias patéticas, hasta que Neruda se separe definitivamente en 1956 de su anterior mujer, Delia del Carril.

En 1958 aparece editada otra de sus obras más notables, una de las preferidas del poeta, *Estravagario*, que «por su irreverencia —escribió Neruda— es mi libro más íntimo». Durante los años sesenta siguió escribiendo incansablemente memorias, testimonios, nuevos versos, e incluso dramas, como *Fulgor y muerte de Joaquín Murieta*, y en el último año de la década fue proclamado candidato para la presidencia de Chile.

«Mi razón ha vivido a la intemperie»

En 1970 Salvador Allende logra una trascendental victoria electoral y llega al poder en Chile, pero este triunfo político se transforma en una siniestra derrota cuando el legítimo presidente de la nación es derrocado por un golpe militar en el que pierde la vida, el 11 de septiembre de 1973. Doce días después moría Pablo Neruda, que había obtenido el Premio Nobel de Literatura en 1971, y el mundo no tardó en enterarse, entre la indignación, el estupor y la impotencia, de que sus casas de Valparaíso y de Santiago habían sido brutalmente saqueadas y destruidas. En *Confieso que he vivido* había dejado escrito: «Cada uno tiene su debilidad. Yo tengo muchas. Por ejemplo, no me gusta desprenderme del orgullo que siento por mi inflexible actitud de combatiente revolucionario». Pero su destino había estado quizás mejor descrito en unos versos de su libro *Aún*:

«Nosotros, los perecederos, tocamos los metales,
el viento, las orillas del océano, las piedras,
sabiendo que seguirán, inmóviles o ardientes,
y yo fui descubriendo, nombrando todas las cosas:
fue mi destino amar y despedirme.»

Pablo Neruda, hombre de abrumadora personalidad, supo traducir en su poesía la peripecia contemporánea del hombre latinoamericano. Arriba, el poeta, junto a su esposa Matilde Urrutia, entrevistado poco después de recibir el Premio Nobel de Literatura de 1971.

1904	12 de julio: nace Neftalí Reyes Basoalto, **PABLO NERUDA**, en Parral, Chile.
1917	18 de julio: primer artículo periodístico, «Entusiasmo y perseverancia».
1920	28 de noviembre: premio de poesía de la Fiesta de Primavera de Temuco (Chile), con el seudónimo Pablo Neruda, que legalizará en 1946.
1923	Primer libro de poemas: *Crepusculario*.
1924	*Veinte poemas de amor y una canción desesperada.*
1927	Viaje a Birmania. Relación amorosa con Josie Bliss.
1933	*Residencia en la tierra.*
1934	Viaje a España. Comienza a ser conocido en Europa.
1946	Ingresa en el partido comunista.
1950	Publica en México *Canto general*. 22 de noviembre: recibe, junto a Picasso, el Premio Internacional de la Paz.
1958	*Estravagario.*
1971	Obtiene el Premio Nobel de Literatura.
1973	11 de septiembre: un golpe militar derriba al presidente constitucional Salvador Allende. 23 de septiembre: muere Pablo Neruda.

JEAN-PAUL SARTRE
(1905-1980)

Admirado como el gran filósofo existencialista de la segunda mitad del siglo XX y también por sus obras literarias, en especial por su teatro, Jean-Paul Sartre fue ante todo un hombre público, se mantuvo siempre en la brecha tomando posición ante los avatares políticos contemporáneos y teorizó el compromiso del intelectual con el mundo y la realidad. Pero si su aproximación al Partido Comunista concluyó abruptamente tras la represión de Budapest, como escritor fue con los años afinando un estilo exquisito que lo hizo merecedor del premio Nobel de Literatura en 1964, aunque rechazaría el preciado galardón por razones éticas. Sartre fue profesor en El Havre y, posteriormente, en París, hasta que renunció, en 1945, para consagrarse plenamente a la tarea de liderar entre una pléyade de allegados el movimiento existencialista, del cual él mismo era su principal valedor.

Como filósofo, reflexionó a menudo sobre la soledad, la angustia, el fracaso y la muerte, y dejó escrito que «la existencia precede a la esencia», que «el infierno son los otros» y que el hombre «es una pasión inútil». En 1964 publicó el primer volumen de sus memorias, *Las palabras*, acaso el más hermoso de sus libros, donde recordando su infancia confesaba: «Empecé mi vida como sin duda la acabaré: en medio de los libros.»

La virtud de la orfandad

Al poco de nacer Jean-Paul, a quien su madre, Anne-Marie Schweitzer, llamaba cariñosamente Pou-lou, falleció de fiebre intestinal su padre, Jean-Baptiste Sartre. La pareja, que se había conocido en Cherburgo en 1904, contrajo matrimonio rápidamente y tuvo enseguida a su unigénito, pero con la misma celeridad la muerte destruyó su frágil unión. Anne-Marie, que se volvió a casar nueve años después, pasó entonces a residir de nuevo con sus padres, y así el pequeño huérfano vivió su infancia bajo la cuidadosa y suave tutela de sus abuelos. Muchos años después no lamentaba Sartre en absoluto estas circunstancias, porque «mi triste condición imponía respeto, fundaba mi importancia; yo contaba a mi luto entre mis virtudes.» De hecho, Sartre creía que la precoz orfandad había sido decisiva en la formación de su carácter: «Como dice la regla, ningún padre es bueno; no nos quejemos de los hombres, sino del lazo de paternidad, que está podrido. ¡Qué bien está hacer hijos: pero qué iniquidad es *tenerlos*! Si hubiera vivido, mi padre se habría echado encima de mí con todo su peso y me habría aplastado. Afortunadamente, murió joven; en medio de los Eneas que llevan a cuestas a sus Anquises, pasé de una a otra orilla, solo y detestando a esos genitores invisibles, instalados encima de sus hijos para toda la vida; dejé detrás de mí a un muerto joven que no tuvo tiempo de ser mi padre y que hoy (1964) podría ser mi hijo. ¿Fue un mal o un bien? No sé; pero acepto con gusto el veredicto de un eminente psicoanalista: no tengo superyó.»

Sartre extrae de su especial situación numerosas consecuencias, entre las que se cuentan una infancia que ignoraba la violencia y el odio: «Mi madre era mía; nadie me discutía su tranquila posesión; me libraron del duro aprendizaje que son los celos; al no haber chocado con sus aristas, al principio sólo conocí la realidad por su risueña inconsistencia. ¿Contra quién, contra qué hubiera podido rebelarme? El capricho de otro nunca había pretendido convertirse en ley para mí.»

El espejo del mundo

Desde muy pequeño, Jean-Paul se sumergió en la literatura con verdadera pasión: «Nunca he arañado la tierra ni buscado nidos, no he hecho herbarios ni tirado piedras a los pájaros. Pero los libros fueron mis pájaros y mis nidos, mis animales domésticos, mi establo y mi campo; la biblioteca era el mundo atrapado en un espejo; tenía su espesor infinito, su variedad, su imprevisibilidad.»

Sin embargo, en el seno de su ceremoniosa familia se discutía sobre la conveniencia de dejar en manos del pequeño toda suerte de lecturas. Un día, por ejemplo, argumentando su madre delante de Jean-Paul en contra de las opiniones de una visita que sostenía que «un libro nunca hace daño si está bien escrito», dijo refiriédose a *Madame Bovary*, la novela de Flaubert donde se relata minuciosamente las condiciones de vida y las fantasías de una mujer que terminará por cometer adulterio: «Pero si mi hijito lee ese género de libros a su edad ¿qué hará cuando sea mayor?» «¡Los viviré!», interrumpió con determinación el chiquillo, obteniendo con ello un éxito inesperado entre las personas mayores.

Pero Jean-Paul Sartre no estaba destinado a llevar una vida aventurera en el mismo sentido que sus adorados héroes literarios, sino a recorrer un camino más abstracto, aunque no exento de riesgos y sobresaltos: el camino tortuoso y sin horizonte de la búsqueda de la verdad.

El polemista de café

Desde sus primeros escritos —*La imaginación* (1930), *Lo imaginario* (1940)—, Sartre descubrió la portentosa libertad de la mente, pero también comenzó a sospechar la tragedia que ello comportaba. Ya en *El Ser y la Nada* (1943), advierte que la mente crea un hueco, un vacío, y que aunque se quiere objetiva, solipsista, es dependiente en realidad de los «otros», se avergüenza y se refrenda ante los «otros». Por esta vía no podía llegar a otra conclusión que no fuera la necesidad de que el escritor adquiriese un compromiso con su tiempo, participase activamente en la vida pública, opiniones que teorizó tardíamente en *Crítica de la razón dialéctica* (1960), conciliando el marxismo y el existencialismo.

Sartre había vivido durante la guerra una pequeña tragedia, porque, movilizado en 1939, había sido hecho prisionero y no fue puesto en libertad hasta 1941. Durante la posguerra, se convirtió en todo un símbolo para los intelectuales europeos, y su pontificado no sólo se ejerció por

Jean Paul Sartre fue un hombre comprometido con su tiempo, que como filósofo inspiró el existencialismo y como escritor mereció el Premio Nobel, que rechazó por coherencia ética.

medio de sus escritos, sino también gracias a representar un cierto estilo de vida, desesperada y brillante, que iba gastándose por los cafés del barrio parisino de Saint-Germain-des-Prés, donde la bohemia se reunía a beber, discutir y escuchar canciones desgarradas.

Su influencia en el pensamiento francés arranca de la fundación de la revista *Les Temps Modernes* (1946) y de la publicación ese mismo año de su ensayo *El existencialismo es un humanismo*, aunque para entonces ya había dado a la imprenta una de sus novelas más célebres: *La náusea* (1938). En ella se cuenta, a través del diario íntimo de su protagonista, Antoine Roquentin, cómo era la vida provinciana francesa por aque-

La biografía de Jean Paul Sartre está íntimamente unida a la de sus discípulos y colaboradores. Entre estos se encontraba la escritora Simone de Beauvoir, quien fue su compañera hasta su muerte. Arriba, Sartre y Beauvoir en París, en 1970.

resonancia de Sartre provino de sus obras de teatro, entre las que destacó especialmente su obra maestra *A puerta cerrada* (1944), drama donde describió el triste infierno en el que está inmerso el hombre contemporáneo, atormentado por la mirada de sus semejantes, reveladora de la distancia entre lo que es y lo que quisiera ser. Esta tragedia absurda es congruente con la filosofía sartreana, según la cual «el hombre es por naturaleza conciencia desgraciada, sin superación posible de su estado de desventura». Pero es que, además, esta conciencia es decididamente antimetafísica, atea, contingente, porque «la conciencia no tiene nada de sustancial; es pura apariencia, en el sentido de que no existe sino en la medida en que se aparece».

De hecho, nada resume mejor el proyecto intelectual de Jean-Paul Sartre, que había arrancado de la filosofía de Husserl y recibió la influencia directa de Heidegger, como esta frase: «El existencialismo no es más que el esfuerzo para sacar todas las consecuencias de una posición atea coherente.»

En la estela del pensador

Como patriarca de una secta de filósofos y escritores, la biografía de Sartre va íntimamente ligada a sus acólitos y detractores. Así, desde los años de su juventud rebelde en que conoció a Simone de Beauvoir, la compañera de su vida, mantuvo una especial relación con la escritora que llegó a hacerse célebre con su libro *El segundo sexo* (1949). «Éramos de una misma especie» diría Simone de Beauvoir, «y nuestro entendimiento duraría tanto como nosotros mismos». También fue especial su relación con Jean Genet, inclasificable autor patrocinado por Sartre, y a quien en 1952 dedicó su libro *Saint-Genet, dramaturgo y mártir*, en el que expuso los principios de una crítica de la creación literaria que consideraba la obra de arte como una manifestación de la personalidad neurótica de su autor. Por otra parte, su actitud polémica con las posiciones políticas sartreanas militaba en aquella época un extraordinario humanista francés nacido en Argelia, Albert Camus, quien, pese a compartir en gran medida los postulados existencialistas, reprochaba al adalid del movimiento su contradictoria alianza con el Partido Comunista.

llos años. Roquentin mantiene una economía saneada y vive entregado a la tarea de redactar una biografía de un personaje del siglo XVIII, pero aunque lee todo lo que cae en sus manos —todos los libros de la biblioteca desde la A a la Z— es víctima de la desesperación y la apatía. Decepcionado con el amor, asqueado de todo, acaba por pensar que lo único que puede justificar su existencia es escribir un libro.

En realidad, este personaje es un inequívoco trasunto, apenas disimulado, de su autor, quien desde 1945 a 1949 dio a la imprenta una serie de novelas que, utilizadas como instrumento para difundir sus tesis, aumentaron considerablemente su fama de escritor. Sin embargo, la máxima

No obstante, durante los años sesenta, Sartre acabó por distanciarse de sus habituales compañeros de viaje, principalmente a raíz de las represiones habidas en los países del socialismo real y a los acontecimientos que tuvieron por escenario un París revuelto y festivo en mayo de 1968. Tres años después, en 1971, abandonó también como escritor un irrealizable proyecto, el más ambicioso que había emprendido nunca, una voluminosa biografía de Flaubert titulada *El idiota de la familia* donde logró fundir con extraordinaria precisión y amplitud de miras la vida y la obra del personaje.

Habiendo alcanzado ya la vejez, el filósofo permaneció fiel hasta el final, como había pronosticado, a sus ideas y a sus libros: «mis ideas: he ahí mis amantes», declaró dos siglos atrás su compatriota Diderot.

Por su parte, Sartre, ese hombre que se desenvolvió toda su vida como pez en el agua en la pecera de la cultura, dejó escritas estas sagaces palabras: «Durante mucho tiempo tomé la pluma como una espada; ahora conozco nuestra impotencia. No importa, hago, haré libros; hacen falta; aun así sirven. La cultura no salva nada, ni a nadie, no justifica. Pero es un producto del hombre: el hombre se proyecta en ella, se reconoce; sólo le ofrece su imagen ese espejo crítico. Por lo demás ese viejo edificio en ruinas, mi impostura, es también mi carácter; podemos deshacernos de una neurosis, pero no curarnos de nosotros mismos.»

En defensa de la libertad de prensa, Sartre colabora con La Cause du Peuple, *periódico prohibido por el gobierno francés en 1970.*

1905	21 de junio: nace en París **JEAN-PAUL SARTRE**.
1931	Profesor de Filosofía en El Havre.
1938	Publica la novela *La náusea*.
1939	Colección de cuentos: *El muro*.
1941	Es liberado, tras caer prisionero durante la Segunda Guerra Mundial.
1943	*El Ser y la Nada*, ensayo donde expone los principios de la filosofía existencialista.
1944	*A puerta cerrada* (teatro).
1946-1960	Obras: *El existencialismo es un humanismo, La p... respetuosa* (1946); *Baudelaire* (1947); *¿Qué es la literatura?* (1948); *El Diablo y el Buen Dios* (1951); *Situaciones* (1959); *Crítica de la razón dialéctica* (1960).
1964	Publica el primer volumen de sus memorias: *Las palabras*. Se le concede el Premio Nobel de Literatura, pero lo rechaza.
1971	Deja incompleto su vasto proyecto de una biografía total de Flaubert titulada *El idiota de la familia*.
1980	15 de abril: fallece en París.

ORSON WELLES
(1915-1985)

Muchas fueron las voces que, durante la vida de Orson Welles, se alzaron para calificar su *opera prima* cinematográfica, *Ciudadano Kane*, como la mejor película de todos los tiempos, así como para lamentar las persistentes dificultades que el singular director encontraba a la hora de poder rodar sus películas. Su biografía estuvo jalonada por un cúmulo de circunstancias desdichadas que impidieron que su genio formidable se prodigara con la libertad y profusión que su activo temperamento reclamaba: únicamente un pequeño ramillete de historias pudieron pasar a la pantalla mientras que numerosos proyectos se veían lamentablemente abortados. Por lo demás, pese al enorme reconocimiento del que gozó en vida, sólo después de su muerte la crítica internacional ha decidido desbancar de su antiguo trono a *El acorazado Potemkin,* de S. M. Eisenstein, para colocar en la cumbre del *ranking* mundial al insólito filme de Orson Welles, matriz de un estilo visual revolucionario a cuya influencia sucumbieron después todos los grandes directores, hasta el punto de que no falta quien aventure, con un ápice de exageración pero con justificada admiración, que la historia del cine puede dividirse en el antes y después de la irrupción en ella de esa personalidad arrolladora, de ese niño prodigio que fue Orson Welles.

Las travesuras del histrión

En cierta ocasión declaró riendo: «Lo primero que oí cuando aún lloriqueaba en la cuna fue la palabra *genio* murmurada a mi oído. ¡Por eso no se me ocurrió pensar que no lo era hasta que fui un hombre hecho y derecho!» Había nacido el 6 de mayo de 1915 en Kenosha, en el estado norteamericano de Wisconsin, en el seno de una pintoresca familia formada por un acaudalado industrial, ingeniero, inventor, viajero infatigable y también infatigable bebedor, casado con

Beatrice Ives, luchadora por el sufragio femenino, encarcelada por pacifista y una excelente intérprete de piano, habilidad que heredaría precozmente el pequeño Orson, quien a los cuatro años ya leía y escribía perfectamente, interpretaba a Shakespeare y gozaba de un continente gigantesco para sus años.

A una edad inverosímil se licencia en Letras, pero su vocación no se orienta hacia una carrera convencional, sino que ocupa sus días aprendiendo ilusionismo con el mago Houdini y vive muy apegado a su padre, siguiéndolo en sus itinerantes y caprichosas actividades. No obstante, Dick Welles fallece pronto y el muchacho queda bajo la tutela de tres personas, como luego le ocurre a su célebre personaje, el ciudadano Kane; practica un poco la pintura en el Chicago Art Institute, en el taller de Boris Anispield y en Irlanda; y allí se pasa al teatro, regresando a su país convertido en actor.

En Estados Unidos edita a precios módicos la obra de Shakespeare y, a los dieciocho años, obtiene un gran éxito en Nueva York con su interpretación de *Romeo y Julieta.* Este triunfo le abre las puertas del Federal Theatre, donde se empleará tanto de actor como de director, y ya en 1937 funda su propio teatro con Jane Houseman, al que ponen por nombre Mercury Theatre y con el que se mete al público de Broadway en el bolsillo. Mientras promueve compañías populares por todo el país trabaja también en la radio, donde alcanza un extraordinario renombre tras la emisión el 30 de octubre de 1938 de *La guerra de los mundos,* un programa inspirado en la novela de ciencia ficción de H. G. Wells en el que hizo la crónica de una invasión de los extraterrestres sin advertir a los oyentes que se trataba de una historia fantástica. Esta pequeña broma provocó oleadas de histeria y pánico entre la población, pero produjo un enorme regocijo al malicioso estafador, quien a partir de esta audacia obtuvo condiciones insólitas, tanto por libertad de acción como por el elevado presupuesto, para rodar su primera película.

La talla del megalómano

Junto con la rechoncha figura de Alfred Hitchcock, la estampa de Welles fue la más célebre de aquella época dorada de Hollywood a causa de su aspecto descomunal y, aunque en sus primeros tiempos de actor juvenil a veces se chupaba las mejillas por dentro para parecer más delgado, interpretando al ciudadano Kane se presentó en la pantalla caracterizado con los más diversos continentes, desde el joven moderadamente esbelto, emprendedor y entusiasta, aunque siempre díscolo yególatra, hasta el anciano obeso, torpe, enloquecido y solitario.

Puesto que la RKO lo había llamado en agosto de 1939 para que dirigiese el filme que él quisiera, en un primer momento se decidió por una adaptación de una novela de Joseph Conrad, *El corazón de las tinieblas (Heart of Darkness)*, que varias décadas después serviría de inspiración a Francis Ford Coppola para su película *Apocalpsis Now*. Para interpretar esta película Orson Welles se dejó barba, excentricidad que desató las burlas de los envidiosos de Hollywood, aunque no de los influyentes cronistas de la prensa, como la chafardera Louella Parson, al servicio del magnate William Randolph Hearst, quien lo apoyó al principio incondicionalmente.

El proyecto, que pretendía que estuviera rodado íntegramente en cámara subjetiva, fue arrumbado al estallar la guerra a causa de la desmesurada inversión que requería, y Welles pensó entonces en una novela policíaca de Nicholas Blake, que también fue imposible de realizar cuando las grandes actrices de Hollywood se negaron a ponerse bajo las órdenes de un director novel e inexperto. Por fin, el 30 de julio de 1940, pudo comenzar el rodaje de su tercera tentativa, *Ciudadano Kane*, sobre un guión propio en colaboración con J. Mankiewicz. El material filmado estaba listo para el montaje a final del año, aunque esta última tarea se demoró nueve meses.

Concluida la película, llegaron a los atentos oídos de Louella Parson noticias de que en el protagonista de la historia se reconocía paladinamente a su patrón William Randolph

Hombre de teatro, director, autor, guionista y actor, Orson Welles encarna al artista total dentro del arte cinematográfico. En 1971, Claude Chabrol dirigió La década prodigiosa, *en la que Welles (arriba en una escena) intervenía junto a Anthony Perkins.*

Hearst, propietario de diecisiete periódicos y un buen número de emisoras de radio, quien inició una campaña para impedir su estreno y distribución. Para ello recurrió a toda suerte de presiones, incluyendo la paradójica de acusar de «comunista» a una compañía que representaba una obra radiofónica de Welles, la Free Company, la cual, curiosamente, actuaba por aquel entonces en una de las emisoras del propio Hearst.

La temeraria respuesta de un Orson Welles de veinticinco años frente a la paranoica persecución de la que estaba siendo víctima reunió la desfachatez y el ingenio malicioso. Declaró solemnemente que su próxima película sí que trataría en efecto de la figura de William Randolph Hearst. Pese a todo, el film se estrenó en el Broadway Theatre de Nueva York y en el Ambassador de Los Angeles el 9 de abril de 1941, obteniendo el aplauso de una crítica asombrada, que saludó *Ciudadano Kane* como una verdadera revolución estética para el arte cinematográfico que enlazaba magistralmente con la vanguardia anterior del cine mudo.

El 30 de octubre de 1938 la emisión radiofónica de La guerra de los mundos, *basada en la novela H.G. Wells, marcaría un hito en la historia de la radio. En esa ocasión, Welles (arriba, dirigiendo el memorable programa) relató una supuesta invasión de marcianos a la Tierra con tales visos de realismo que provocó el pánico en la población de todo el país.*

El fingidor errante

De todos modos, la actitud desafiante del rebelde Welles no fue nunca su mejor carta de recomendación para desenvolverse por entre los laberintos de intereses mezquinos de la industria de Hollywood, y su siguiente filme, *El cuarto mandamiento*, reflejaba la decadencia de la vieja aristocracia sureña frente a la nueva burguesía industrial —simbolizada en un emprendedor fabricante de automóviles, interpretado por su inseparable Joseph Cotten— fue mutilado por la productora. Así mismo, un proyecto sobre la amistad de un niño con un toro de lidia, donde Welles pretendía volcar su apasionada afición por las corridas de toros, fue cancelado; la película *Estambul*, que ya había comenzado, se le encargó a otro director, Norman Foster, y la RKO no tardó en despedirlo. Aunque todavía rodó en América y en tan sólo cuatro semanas una versión cinematográfica de *Macbeth*, enseguida debió buscar nuevos horizontes para llevar a cabo su trabajo: *Otelo* fue producida en Marruecos e Ita-

lia, *Campanadas a medianoche* en España, *El proceso*, en Francia, *Mr. Arkadin* en Alemania, Italia, Francia y España...

Al tiempo que la industria entorpecía su trabajo como director, Welles fertilizaba su leyenda con algunos amores sonados. De su primera esposa, Virginia Nicholson, proclamó años más tarde que «a decir verdad nos casamos para vivir juntos, pero ninguno de los dos se lo tomó muy en serio». Sin embargo, la prensa del corazón siguió muy de cerca su segundo matrimonio, la unión del genio indiscutible y de la diosa de la procacidad insinuante, su romance con la inolvidable intérprete de *Gilda*: Rita Hayworth.

La dama de Shanghai

Hija de españoles, su verdadero nombre era Margarita Carmen Cansino. Tres años más joven que Orson, fue una modesta bailarina hasta que la creadora de moda Maggie Mascel la convirtió en el tipo latino y sofisticado. En *Sangre y arena*,

Ciudadano Kane *(arriba una escena de la misma)*, opera prima *de Welles rodada en 1940, ocupa el primer lugar entre las mejores películas de todos los tiempos. "Lo fundamental que aprendimos de Welles fue el poder de la ambición. En cierto modo es el hombre que más vocaciones de director cinematográfico ha despertado a lo largo de toda la historia del cine", señala Martin Scorsese.*

película basada en la novela de Blasco Ibáñez y dirigida en 1941 por Rouben Mamoulian, interpretaba a una aristócrata, Doña Sol, que en un momento del filme toreaba a un torero simbolizando así su conquista y teatralizando su humillación erótica. Después, en uno de los relatos de *Seis destinos* (Julien Duvivier, 1942) se acentuó el mito de su perversidad en una sensacional secuencia en que traiciona alternativamente a su marido y a su amante, encarnado este último por un apuesto Charles Boyer enfundado en un flamante frac, prenda que desencadena diversas peripecias al pasar de mano en mano y que constituye el leitmotiv del filme. Pero es *Gilda* (Charles Vidor, 1946) la película que consagra a Rita como la diosa de celuloide más sensual de aquella época, porque en ella desnuda su brazo de un largo guante negro, en una suerte de *strip-tease* seductor y licencioso, y recibe una contundente bofetada del burlado Glenn Ford. El nombre y la efigie de *Gilda* se estampará poco después en la bomba nuclear que los norteamericanos arrojaron en el atolón de Bikini. Divorciada de Edward

C. Judson, Rita se casa en 1943 con Orson Welles, y de él concibe una hija, Rebeca; pero este matrimonio durará poco, porque en 1948 consumará su segundo divorcio arguyendo que «es imposible vivir siempre con un genio». Cuando sus relaciones estaban ya bastante deterioradas, interpretaron juntos un extraordinario film dirigido por Orson Welles y que se tituló *La dama de Shangai* (1947). Sobre aquellos días declaró el cineasta: «Mi sensación de fracaso con ella había llegado a un punto imposible de superar. Había hecho todo lo imaginable, y me parecía que no podía causarle ya más que sufrimiento». De la película se recuerda sobre todo, además de la atmósfera extraña y obsesiva, el asesinato de la mujer en la cámara de los espejos, donde las figuras de la pareja se multiplican infinita y siniestramente, como ya había ocurrido, en otra impresionante secuencia, con la imagen del ciudadano Kane en su mansión de Xanadú.

Rita aún sería más tarde pasto de cotilleos al casarse con Ali Khan, el heredero de un fabuloso monarca oriental, con el cantante Dick Haymes,

El temperamento arrollador y el indiscutible genio artístico de Orson Welles dieron al cine una serie de obras maestras, que, no obstante, son sólo la punta del iceberg de su enorme talento. Arriba, Welles y Rita Hayworth, con quien vivió un tormentoso matrimonio, fotografiados en 1947, antes de iniciar el rodaje de
La dama de Shanghai.

con el productor James Hill, con el ex marido de Bette Davis..., pero sus caminos y los de Orson Welles se separaron para siempre.

El tercer hombre

Welles encarnó a menudo personajes gigantescos en películas que no dirigió, y solía ser reclamado para dar vida en la pantalla a seres como César Borgia, Cagliostro, Kublai Khan o John Silver el Largo, el equívoco pirata de Stevenson. No obstante, es probable que una de sus interpretaciones más felices fuera la de Harry Lime, el desaprensivo, misterioso y malvado agente de la ley de *El tercer hombre,* una película de 1949 firmada por Carol Reed, con guión de Graham Green, música de cítaras de Anton Karas, la devastada ciudad de Viena como espléndido marco y una composición de imagen, pletórica de inquietantes angulaciones y de sórdidos claroscuros, que sin duda se deben al propio Orson Welles, quien también introdujo algunos suculentos diálogos de su cosecha. Muchos años después, en *Fraude* (1973), Orson Welles interpretó a Orson Welles en una nueva vuelta de tuerca de la experimentación con el relato y el montaje cinematográficos. En ella se dan cita diversos falsificadores de arte, entre los cuales no es el menos notorio nuestro simpático gordinflón —recuérdese el caso de *La guerra de los mundos*—, que hacen gala durante dos horas de sus habilidades delictivas, admirables y mixtificadoras. Al mismo tiempo, *Fraude* es una nueva confirmación del vigoroso e iconoclasta estilo de Welles, quien treinta años después de haber revolucionado el cine con su primera película reúne y lleva al paroxismo la mayoría de las conquistas y provocaciones de las vanguardias cinematográficas posteriores.

Poco antes de morir seguía todavía enfrascado en audaces proyectos y peleando contra las adversidades, aunque, como le solía suceder a menudo, impertinentes peripecias kafkianas le impedían llevarlos a término.

Él mismo se lamentó una vez: «He sufrido una de las suertes más adversas de la historia del cine». Sin embargo pocos son los críticos que le regatearon el consabido título de «genio» y era consciente en su ancianidad de que se trataba de una leyenda viva. En cualquier caso, Welles tuvo un sentido tan agudizado de su propia independencia que para el epitafio que había de ponerse en su tumba eligió las siguientes palabras: «Nunca pienso en que alguien se acuerde algún día de mí. Encuentro tan vulgar trabajar para la posteridad como trabajar por dinero.»

En 1958, Orson Welles rodó en España Falstaff, *interpretando al personaje shakespeareano junto a Jeanne Moreau, Margaret Rutherford y John Gielgud. Welles encarnó a menudo a personajes gigantescos, inquietantes o de equívoca conducta.*

1915	6 de mayo: **ORSON WELLES** nace en Kenosha (Wisconsin), Estados Unidos.
1931	Se presenta como actor en el Gathe Theatre de Dublín.
1933-1934	El escritor Thornton Wilder le presenta a la actriz Catherine Cornell e ingresa en su compañía. Obtiene un gran éxito con su interpretación en Nueva York de *Romeo y Julieta*.
1935	Director y actor del Federal Theatre.
1937	Funda con Jane Houseman el Mercury Theatre.
1938	30 de octubre: aterroriza a la nación con la emisión radiofónica de *La guerra de los mundos*, basada en la obra de H. G. Wells.
1939	Consigue un contrato millonario para rodar una película con la RKO.
1940-1975	Filmografía como director: *Ciudadano Kane* (1941), *El cuarto mandamiento* (1942), *Estambul* (1942), *El extranjero* (1946), *La dama de Shanghai* (1947), *Macbeth* (1950), *Otelo* (1952), *Mr. Arkadin* (1956), *Sed de mal* (1957), *El proceso* (1962), *Campanadas a medianoche* (1966), *Dead reckoning! Dead calm* (1967), *Una historia inmortal* (1969), *Fraude* (1973), *The other side of the wind* (1975),

JOHN FITZGERALD KENNEDY
(1917-1963)

La historia norteamericana del clan Kennedy se remonta a 1848, cuando un irlandés llamado Patrick Kennedy llegó a la prometedora tierra de los Estados Unidos y se estableció como tonelero. Uno de sus nietos, Joseph Patrick Kennedy, se hizo cargo más de medio siglo después del discreto patrimonio reunido por su abuelo y por su padre y construyó con él una de las mayores fortunas de Norteamérica.

Joseph Patrick, llamado familiarmente Joe, mostró desde la infancia una gran aptitud para los negocios y un decidido deseo de medrar. Casado con Rose, una emprendedora joven hija de John Fitzgerald, ex alcalde de Boston, comenzó a amasar su patrimonio en esta ciudad, cimentándolo en la administración de viviendas, la especulación en Bolsa y la industria cinematográfica. Joe era astuto, frío y en extremo inteligente para los asuntos de dinero; como había ayudado a Roosevelt durante su campaña presidencial, consiguió durante el período de Ley Seca un permiso especial de importación de licores para «fines terapéuticos»; cuando sus bodegas estaban repletas, la ley fue derogada y Joe pudo despachar todo el licor comprado a bajo precio como si fuera oro. Al desatarse la crisis económica de 1929, fue de los pocos que salió a flote e incluso pudo conseguir algunas ganancias. Uno de sus hijos, llamado John Fitzgerald como su abuelo materno, había nacido el 29 de mayo de 1917 en Brookline (Massachusetts).

La sombra de Joe.

John era el segundo hermano de una larga prole compuesta por Joe, Rosemary, Kathleen, Eunice, Pat, Jean, Bobby y Teddy. Con el fin de prepararlos desde la más tierna infancia para convertirse en verdaderos Kennedy, el padre se encargó de fomentar en todos ellos una firme disciplina y un sano espíritu de competencia: «No me importa lo que hagáis en la vida, pero hagáis lo que hagáis, sed los mejores del mundo. Si habéis de picar piedra, sed los mejores picapedreros del mundo.»

Para John, pronto estuvo claro que no tenía nada que hacer frente a su hermano Joe, un muchachote musculoso, inteligente, de brillante verbo y gran magnetismo personal. Por el contrario, él era más bien debilucho, tímido e introvertido. Mientras estudiaba en la Canterbury School de Connecticut y luego en la Universidad de Harvard, la sombra de Joe, «el preferido», planeó continuamente sobre la conciencia de John Fitzgerald Kennedy. Al mismo tiempo que su hermano cosechaba triunfos académicos en Gran Bretaña, él contrajo la hepatitis y se vio obligado a interrumpir sus estudios durante largas temporadas. Aunque acabó por reponerse, a pesar de sus esfuerzos por destacar nunca consiguió demasiados éxitos en las aulas.

En 1937 su padre fue nombrado embajador en Gran Bretaña. Aquel descendiente de inmigrantes, ferviente católico y siempre ambicioso, había hecho una enorme fortuna y ahora triunfaba también en el ámbito de la política. Sus dos hijos mayores lo acompañaron a Europa en calidad de ayudantes y John pudo viajar a la URSS, Turquía, Polonia y otros países de cuya situación informó puntualmente al patriarca de la familia.

Fue a raíz de esta gira cuando John empezó a interesarse seriamente por la política. De regreso a los EE.UU. se volcó sobre sus estudios y logró que sus calificaciones académicas mejoraran considerablemente. Al comenzar la Segunda Guerra Mundial su hermano se alistó en la aviación y él quiso ingresar en la marina, para lo que hubo de vencer los obstáculos médicos derivados de una lesión en la espalda que había sufrido de niño. Tenía veinticinco años cuando recibió el nombramiento de comandante de una lancha torpedera que actuaba en el Pacífico.

El nacimiento del político

Los dos oficiales y diez soldados a sus órdenes compartieron con él numerosos éxitos combatiendo contra los japoneses. Pero el día 2 de agosto de 1943, mientras cumplía una misión para la que se había ofrecido voluntario, un destructor japonés los abordó en medio de la noche y partió la patrullera en dos mitades. Varios tripulantes murieron en el encuentro. Los supervivientes naufragaron durante quince horas y John se comportó encomiablemente al arrastrar hasta la costa a uno de sus soldados herido en las piernas. Aunque hay quien ha atribuido el percance a una imprudencia de John, lo cierto es que el joven comandante Kennedy fue considerado un héroe de guerra.

La convalecencia fue larga. Su lesión dorsal se había agravado y John pensó que su maltrecho físico no estaba para demasiados sueños de gloria política. Sin embargo, el destino salió a su encuentro: su hermano Joe murió el 12 de agosto de 1944, en un accidente aéreo cuando intentaba destruir las bases alemanas de las bombas volantes V-1 y V-2. El patriarca volvió sus ojos hacia él y decidió que ocupase la vacante de Joe en la lucha por conquistar la presidencia de los Estados Unidos.

John tuvo que aprender a dominar su timidez y su retraimiento para convertirse en un político profesional. Estrechar las manos de desconocidos, sonreír ante los periodistas y tener siempre en los labios una frase más o menos ingeniosa para ellos comenzó a ser su pan de cada día. Su amplia sonrisa, su aspecto de niño y sus ojos melancólicos pronto encontraron adeptos en el seno del Partido Demócrata y entre los electores, fascinados por su juventud y por su imagen de brillante y honrado universitario.

Elegido congresista a los veintinueve años y senador a los treinta y cinco, John ocupó rápidamente un lugar descollante en la escena política estadounidense. En septiembre de 1953 contrajo matrimonio con una joven esbelta y culta llamada Jacqueline Lee Bouvier, por aquel entonces redactora del *Washington Times-Herald*. Poco después publicaría el libro *Perfiles de coraje*, en el que narraba el sacrificio de muchos prohombres de América por el bienestar de la nación. Esta obra lo haría merecedor del Premio Pulitzer.

Su imagen de brillante joven universitario y un mensaje liberal lleno de optimismo y fe en el futuro del país granjearon a John F. Kennedy la presidencia de los Estados Unidos de América.

La Alianza para el Progreso

En 1956 creyó llegado el momento de optar por la vicepresidencia de los Estados Unidos, pero su partido lo rechazó por escaso margen. El patriarca Kennedy no permitió que cayera en el desaliento y lo animó a volver a la carga, esta vez por la presidencia. Tras ser nominado candidato oficial por su partido, se enfrentó en las urnas al republicano Richard Nixon en 1960.

El núcleo de su campaña electoral cristalizó en torno a la idea de una nueva época que había de iniciar América, la denominada «Nueva Frontera», que evocaba el espíritu pionero de la conquista del Oeste. Con su sola presencia Kennedy empezó a infundir esperanzas de renovación a un país cansado de una administración anquilosada desde el *New Deal* de Roosevelt. Frente al empuje de John, Nixon no pudo hacer nada.

El 8 de noviembre de 1960 Kennedy fue elegido presidente de los EE.UU. Rápidamente puso manos a la obra y trató de formar un equipo competente que materializase las orientaciones de su «Nueva Frontera». Su programa, de corte liberal, se basó en la recuperación económica, la mejora de la Administración, la diversificación de los medios de defensa y el establecimiento de una alianza para el desarrollo integral del continente. Este último objetivo se plasmó en la formación de un frente común con los países de Centro y Sudamérica, la llamada Alianza para el Progreso, cimentada en los siguientes puntos: 1) apoyo a las democracias contra las dictaduras; 2) concesiones de créditos a largo plazo; 3) estabilización de precios en la exportación; 4) programas de reforma agraria; 5) estímulos a la inversión privada; 6) ayuda técnica e intercambio de información y estudiantes; 7) control de armas, y 8) fortalecimiento de la Organización de Estados Americanos.

Para llevar adelante esta política, Kennedy convocó a los dirigentes del hemisferio invitándoles a unirse formalmente a la Alianza. Todos quedaron deslumbrados por aquel joven cargado de ilusiones y de ideas de regeneración y reforma. Pero uno no acudió a la cita: Fidel Castro, que desde 1959 era jefe del gobierno cubano.

Problemas con Cuba

Con Eisenhower como presidente, la CIA ya había preparado un plan de invasión de la isla de Cuba, al tiempo que se adiestraban en Guatemala guerrillas anticomunistas. Lo cierto es que la ineptitud de los gobernantes norteamericanos había cerrado las puertas al dirigente cubano empujándolo a radicalizar su revolución. Los EE.UU. no hicieron nada para ayudar a Cuba en su necesidad de progreso económico y cuando Kennedy llegó al poder era ya demasiado tarde.

El presidente se resistió a aceptar el plan de ataque de la CIA en varias ocasiones, pero acabó cediendo ante las presiones de los militares. En abril de 1961 la operación comenzó, pero la resistencia de las tropas castristas y del pueblo de Cuba convirtieron el desembarco en la Bahía de Cochinos en un estrepitoso fracaso. Kennedy y su administración sufrieron un duro golpe y Castro anunció que Cuba se había convertido en una república democrática socialista; la invasión tuvo, pues, un efecto completamente opuesto al deseado.

Respecto a la URSS, Kennedy intentó un cierto acercamiento que se plasmó en junio de 1961 en una entrevista con Nikita Jruschov realizada en Viena. Pero la invasión abortada de la Bahía de Cochinos, la erección del muro de Berlín y, sobre todo, el descubrimiento de una base de misiles con carga nuclear en Cuba instalada por los soviéticos interrumpieron las negociaciones. El temple de Kennedy se puso de manifiesto cuando exigió al dirigente soviético el desmantelamiento de aquellas bases; durante varios meses angustiosos se temió que el conflicto desencadenara una guerra nuclear, pero Jruschov terminó por ceder y «la crisis de los misiles» acabó constituyendo un éxito indudable para el presidente norteamericano.

A pesar de todo, posteriormente se produciría un entendimiento definitivo entre las dos superpotencias, plasmado en 1963 con la firma del Tratado de Moscú sobre el control y disminución de las pruebas nucleares en la atmósfera. En cuanto a la Alianza para el Progreso, destinada en principio a favorecer el surgimiento y consolidación de regímenes democráticos en el hemisferio americano, no impidió la extensión del militarismo ni el apoyo de los EE.UU. a los gobiernos dictatoriales que respaldaron las posiciones de Washington.

En 1963, Kennedy comenzó a preparar el terreno para las siguientes elecciones e inició una gira por diversas ciudades del país. En noviembre llegó a Dallas y, cuando recorría sus calles en un coche descubierto, unos disparos sonaron por encima de los vítores y segaron su vida. Poco después moría en el hospital, desatando la consternación del mundo entero.

Según el informe Warren, el autor del magnicidio fue Lee Harvey Oswald, que desde lo alto de un edificio disparó con un fusil de repetición dotado de mira telescópica. Sin embargo subsistieron serias dudas sobre la exactitud de esta versión, y desde entonces han sido señalados como culpables desde la mafia hasta la sociedad racista Ku Klux Klan, pasando por los trust petrolíferos y armamentistas o la propia CIA. El enigma sigue abierto y probablemente nunca llegará a resolverse.

El asesinato de John Kennedy, el 22 de noviembre de 1963, en la ciudad de Dallas, significó un rudo golpe para el pueblo estadounidense y para el mundo entero. Los autores intelectuales del magnicidio aún permanecen en la sombra. Arriba, Kennedy y su esposa Jacqueline en el coche en el que poco después fue alcanzado por los disparos presuntamente efectuados por Lee Harvey Oswald.

1917	29 de mayo: nace **JOHN FITZGERALD KENNEDY** en Brookline (Massachusetts).
1929	Se matricula en la Canterbury School de Connecticut.
1937	Viaja a Europa con su padre, nombrado embajador en Gran Bretaña.
1943	Es herido en el Pacífico durante la Segunda Guerra Mundial.
1946	Consigue su acta de congresista.
1952	Es elegido senador demócrata por Massachusetts.
1953	Se casa con Jacqueline Lee Bouvier.
1956	Intenta sin éxito ser designado a la vicepresidencia de los EE.UU.
1960	8 de noviembre: Kennedy presidente de los EE.UU.
1961	Desembarco estadounidense en la Bahía de Cochinos (Cuba), que termina en fracaso. Kennedy se entrevista con Jruschov en Viena.
1962	«Crisis de los misiles»: Kennedy consigue que los soviéticos desmantelen sus bases de misiles nucleares en Cuba.
1963	En agosto, firma del Tratado de Moscú sobre limitación de pruebas nucleares. 22 de noviembre: es asesinado en Dallas.

GAMAL ABDEL NASSER
(1918-1970)

Al finalizar la Segunda Guerra Mundial, Egipto era un inmenso desierto con sólo un 5 por 100 de superficie cultivable. La mayor parte de las escasas tierras fértiles estaban en manos de unas cuantas familias de pachás enriquecidos a costa de los miserables y paupérrimos *fellahs*, campesinos sin tierra que formaban la inmensa mayoría de la población. En la cumbre de esa pirámide social se hallaba encaramado el rey Faruk, el hombre más rico del país y más ambicioso aún que los mismos pachás terratenientes. Ésta fue la deplorable situación que Nasser combatió con todos los medios a su alcance, hasta llegar a ser el líder más prestigioso de los países árabes y uno de los más destacados del llamado Tercer Mundo. Con su ejemplo, los pueblos más pobres de la Tierra aprendieron a combatir el colonialismo, a dejar oír su voz en los foros internacionales y a adentrarse, bien que con paso titubeante, en la senda del desarrollo.

Los Oficiales Libres

Gamal Abdel Nasser, en árabe Yamal Abd al-Nasir, nació en un pequeño pueblo del Alto Egipto llamado Beni-Mor, donde su padre era empleado de correos. De pequeño vivió en Alejandría y concluyó sus estudios secundarios en El Cairo, donde vivió con su tío Hussein Khalil, hombre que le influyó con sus ideas nacionalistas y lo puso en contacto con el grupo de los Hermanos Musulmanes, fundamentalistas radicales que abogaban por la desvinculación total entre el mundo árabe y Occidente. Tras un intento fracasado de seguir la carrera de Derecho en El Cairo, Nasser ingresó en la Academia Militar de Abassieh en 1937. Destinado a Mankabad, Alejandría y más tarde a una guarnición del Sudán, sus inquietudes nacionalistas fueron consolidándose y, poco antes de que estallara la Segunda Guerra Mundial, reunió a su alrededor a una serie de oficiales que compartían sus puntos de vista. Fue el embrión de lo que más tarde sería el movimiento de los Oficiales Libres.

¿Qué había sido de Egipto durante esos años? Tras formar parte del Imperio Otomano, los británicos hicieron del país del Nilo un protectorado dotado de cierta autonomía pero dependiente de Londres. En 1919, poco después del nacimiento de Nasser, la presión nacionalista encabezada a regañadientes por el partido moderado obligó a la metrópoli a declarar Egipto reino independiente, aunque reservándose privilegios tales como el mantenimiento de guarniciones militares, el control sobre el canal de Suez y la política exterior del nuevo reino. Hasta 1936 esta situación no varió sustancialmente, pero ese año Gran Bretaña y Egipto llegaron a un acuerdo en virtud del cual las tropas británicas permanecerían acantonadas en la zona del canal durante veinte años a cambio de la plena soberanía. Para Nasser, este pacto no dejaba de ser una claudicación ante la potencia colonial. Pertenecía a un ejército que hasta entonces había estado controlado por los británicos, pero una nueva clase de jóvenes militares que como él habían nacido en el seno de la pequeña burguesía egipcia se incorporaban ahora a las fuerzas armadas, constituyendo el grupo de la oficialidad. Esos militares recién salidos de las escuelas se identificaban por su nacionalismo, por su oposición al colonialismo británico y por su crítica a la corrupta clase dirigente egipcia. En 1945 Nasser inspiró el movimiento de los Oficiales Libres, cuyo objetivo era acabar con este estado de cosas, derrocando al rey Faruk y eliminando todo vestigio colonial de su país.

Un líder nato

El detonante de esta explosiva situación fue la creación del Estado de Israel en 1948. Los países miembros de la Liga Árabe, formada tres años antes por Egipto, Argelia, Arabia Saudita, Iraκ, Jordania, Yemen, Siria y Libia, fueron humillados en una breve guerra mediante la cual trataron de impedir la formación del Estado de Israel y esta derrota aumentó la xenofobia contra Gran Bretaña al tiempo que los Oficiales Libres la atribuían a la ineficacia de la monarquía.

Durante la contienda, Nasser había combatido en Palestina y mereció por su valor el apodo de «El tigre de Faluja». Pero al advertir la indiferencia con que los gobernantes egipcios enviaban a sus tropas a la batalla con pertrechos inadecuados, juzgó que la situación era intolerable. Prisionero en Israel tras el descalabro de las fuerzas panárabes, cuando regresó a su patria creó el Comité Ejecutivo de los Oficiales Libres y publicó *La Voz de los Oficiales Libres*, periódico clandestino representante de la nueva ideología: nacionalismo árabe, lucha contra cualquier potencia colonial y en especial contra los británicos, instauración de una república laica y defensa de los principios del socialismo.

El 23 de julio de 1952 se produjo un golpe de estado contra Faruk encabezado por Nasser. El monarca fue depuesto y hubo de exiliarse. No obstante, Nasser prefirió permanecer en la sombra y apoyó la elección de Muhammad Naguib, general más antiguo del ejército, como primer ministro, al tiempo que creaba el Consejo Directivo de la Revolución (CDR), organismo que de hecho iba a detentar el poder una vez derrocada la monarquía. Cuando en junio de 1953 fue proclamada la República de Egipto, Naguib fue nombrado presidente y Nasser decidió salir de su discreto segundo plano y aceptar los cargos de viceprimer ministro y ministro del Interior.

Pero las tensiones entre Naguib y los Oficiales Libres, liderados por Nasser, no se hicieron esperar. El presidente trató de hacer del primer aniversario de la revolución una especie de triunfo personal, se atrajo las simpatías de los jefes musulmanes y, frente a la «aventura» socialista que preconizaban los hombres del CDR, defendió la vuelta de los políticos civiles a la vida pública. Los propósitos nasseristas eran mucho más radicales. Para él, la democracia corría el riesgo de ser un instrumento para los mismos terratenientes feudales que se trataba de combatir, por lo que era preciso profundizar en las conquistas de la revolución.

La formidable figura política de Gamal Abdel Nasser, ideólogo del golpe que derrocó al rey Faruk, se proyectó sobre Egipto, el mundo árabe y los países del Tercer Mundo, con su mensaje nacionalista, panárabe y de "neutralismo positivo".

Del político al ídolo

Durante la primera mitad de 1954, los Oficiales Libres se dedicaron a preparar a la opinión pública para el golpe definitivo. En octubre Nasser resultó ileso de un atentado perpetrado por los Hermanos Musulmanes, para quienes era ahora el representante de una ideología, el socialismo, que iba a acabar con su influencia en la sociedad egipcia. Nasser aprovechó la ocasión para destruir la fuerza de esta organización. Al mes siguiente Naguib era acusado de tener veleidades de dictador y fue destituido. Nasser se hizo con el poder.

Después del atentado, Nasser había dicho: «¡Podéis matar a Gamal! ¡El pueblo egipcio cuenta con cientos de Gamales que se alzarán y os mostrarán que más vale una revolución roja que una revolución muerta!» Sus proclamas calaron hondo en la conciencia de los egipcios, tanto que la autoridad del nuevo *Raïs* (Guía) no fue discutida por ningún estamento de la sociedad. Su mandato tomaría carácter legal el 23 de junio de 1956, cuando fue elegido presidente de la República. La impresionante figura de Nasser se impuso en Egipto e inmediatamente comenzó a planear sobre todo el mundo árabe. En la Conferencia de Bandung, que reunió a los representantes de una treintena de países afroasiáticos, su voz se alzó en apoyo del «neutralismo positivo» y del no alineamiento, doctrinas de las que era un ferviente partidario. Sus profundos ojos negros, su corpulencia no falta de desenvoltura, su refinado verbo y, en suma, su indudable atractivo personal, contribuyeron a difundir su mensaje por todo el Tercer Mundo, del que Nasser devino pronto una especie de ídolo intocable. Esta fama llegaría a su punto culminante con el asunto de la presa de Asuán, momento en el que Nasser se rebeló contra las potencias occidentales y confirmó su papel de líder de los países en vías de desarrollo. Se trataba de paliar la ancestral falta de superficie irrigable en Egipto con la construcción de una gigantesca presa sobre el Nilo, en Asuán, que no sólo extendiese las tierras cultivables, sino también abasteciese al país de energía eléctrica. Era pues, una cuestión vital para la nación.

«Tú eres nuestro guía»

Nasser acudió a Occidente para obtener los créditos necesarios, pero los EE.UU. retiraron sus ofertas anteriores alarmados por la orientación neutralista y socialista del *Raïs*. Su respuesta fue fulminante: al cabo de una semana, Nasser anunció en un discurso en Alejandría ante millares de egipcios que los fondos para financiar la presa de Asuán saldrían de la nacionalización del canal de Suez. Los beneficios del tráfico del canal, en manos de la Compañía Universal del Canal de Suez, constituida con capital anglofrancés, servirían para financiar la presa. Esta acción desencadenó la movilización militar de Francia, Gran Bretaña e Israel con objeto de desembarcar en Port Said, recuperar el canal y efectuar una marcha sobre El Cairo para destituir a Nasser. Sin embargo, la agresión se volvió contra los agresores: la expedición duró dos días y fue desmantelada por las presiones de la opinión pública internacional y el ultimátum lanzado por la Unión Soviética. El verdadero triunfador de la crisis era Gamal Abdel Nasser. La nacionalización del canal de Suez afianzó la autoridad del *Raïs* en el interior y disparó su prestigio en el exterior. A partir de finales de 1956 aceleró el proceso de nacionalizaciones, liquidó los bienes británicos y franceses y aceptó la ayuda soviética, al tiempo que impulsaba la distribución de tierras consagrada por la reforma agraria y decretaba la constitución de un nuevo partido, la Unión Nacional, organización de masas que debía cimentar la nueva sociedad socialista egipcia. Su panarabismo se materializó con la creación en enero de 1958 de la República Árabe Unida (RAU), resultante de la unión de Egipto y Siria. Para Nasser estaba llamada a ser la primera piedra de una gran nación árabe que acabase con las fronteras artificales impuestas por la descolonización. Aunque esta utopía se reveló inviable en los años siguientes, se mantuvo en el ideario de muchos activistas árabes e incluso Nasser conservó simbólicamente para su país el nombre de RAU, a pesar de reconocer el fracaso de tal proyecto.

La política de enfrentamiento con Israel llevó a Nasser a buscar un acercamiento a las monarquías árabes y una cooperación más estrecha con los soviéticos, lo que hizo posible la inauguración de la presa de Asuán en 1964. El *Raïs* continuó apoyando los movimientos de liberación nacional de África y defendiendo la causa del neutralismo, al tiempo que secundaba la causa palestina y se oponía al sionismo israelí.

En 1967, dos años después de ser reelegido presidente, asistió a la debacle de su ejército en la llamada Guerra de los Seis Días, cuando el 5 de junio los israelíes, lanzaron un ataque relámpago que destruyó la fuerza aérea egipcia en pocas horas. Cuatro días después Nasser presentaba su dimisión, pero hubo de retirarla ante las grandiosas manifestaciones en su favor que se convocaron a lo largo y ancho de los países árabes: «Tú eres nuestro guía y permanecerás mientras nosotros vivamos», decían las pancartas. Tras esta resurrección política, Nasser quiso afrontar un proceso de radicalización de la revolución egipcia, pero el 30 de septiembre de 1970 una crisis cardíaca acabó con su vida y truncó bruscamente sus proyectos. Alguien dijo que, más que resolver los problemas de Egipto, Nasser los había encarnado.

La vital necesidad de construir la presa de Asuán para aumentar el área de tierras cultivables y la negativa de los EE.UU. a financiarla indujeron a Nasser a nacionalizar el canal de Suez, consiguiéndolo a pesar de la presión militar de Francia, Gran Bretaña e Israel. Arriba, Nasser es aclamado en las calles de Port Said tras izar la bandera egipcia en la Zona del Canal.

1918	**GAMAL ABDEL NASSER** nace en Beni-Mor (Egipto).
1937	Ingresa en la Academia Militar de Abassieh.
1945	Ejerce de profesor en la Academia Militar de Alejandría.
1948-1949	Lucha en Palestina para impedir la formación del Estado de Israel. Es hecho prisionero.
1950	Crea el Comité Ejecutivo de los Oficiales Libres. Publica el periódico clandestino *La Voz de los Oficiales Libres*.
1952	23 de julio: dirige un golpe de Estado contra el rey Faruk. Se crea el Consejo Directivo de la Revolución (CDR).
1953	Se proclama la República de Egipto. Nasser es nombrado viceprimer ministro y ministro del Interior con Muhammad Naguib como presidente.
1954	Publica el libro *La filosofía de la revolución*. En noviembre toma el poder y depone a Naguib.
1955	Defiende el neutralismo en la Conferencia de Bandung.
1956	23 de junio: es nombrado oficialmente presidente de la República. Nacionaliza el canal de Suez.
1958	Creación de la República Árabe Unida (RAU) entre Egipto y Siria.
1961	Golpe de estado en Siria. Desaparición de la RAU.
1964	Inauguración de la presa de Asuán, construida con la ayuda soviética.
1967	Guerra de los Seis Días con Israel. 9 de junio: tras la derrota, Nasser presenta la dimisión, pero la retira ante el apoyo recibido en Egipto y muchos países árabes.
1970	30 de septiembre: muere de un ataque al corazón en El Cairo.

ANDREI SAJAROV
(1921-1989)

Con estas palabras evoca Andrei Sajarov su origen en sus *Memorias*, publicadas póstumamente en 1990. Este hombre modesto, tímido y melancólico, considerado el padre de la bomba de hidrógeno soviética, pasó la primera mitad de su existencia embebido en sus investigaciones, hasta que tomó conciencia de la situación política de su país y decidió emprender una lucha infatigable en defensa de los derechos humanos, lo que le ocasionó la pérdida de sus privilegios, la acusación de traidor y, finalmente, algo tan doloroso como la deportación.

El científico despierta

Sajarov eligió la carrera de su padre y a los veintiséis años se doctoró en Física por la Universidad de Moscú. Durante la Segunda Guerra Mundial había trabajado como un joven más en una fábrica de municiones, pero al terminar la contienda pudo proseguir sus estudios y culminarlos con tal brillantez que inmediatamente entró a formar parte del escogido grupo de científicos dirigidos por Igor Tamm, en el prestigioso Instituto Lebedev de Física. Este equipo tenía como misión investigar las reacciones termonucleares y profundizar en el control de la fusión atómica.

Sajarov no tardó en destacar entre sus pares y fue seleccionado para desarrollar la bomba de hidrógeno, que los soviéticos necesitaban para igualar el potencial armamentístico estadounidense. El 12 de agosto de 1953 tuvo lugar con éxito la primera prueba nuclear soviética, y Sajarov, a quien en buena parte se debía ese logro, recibió una lluvia de felicitaciones y honores. Ese mismo año sería nombrado miembro de la Academia de Ciencias de la URSS y recibiría la medalla al Mérito Científico, la Orden de Lenin y el Premio Stalin, entre otros muchos galardones.

Andrei Sajarov, padre de la bomba de hidrógeno soviética, se erigió en símbolo de la defensa de los derechos humanos y de la democracia en la URSS. Arriba, en su destierro en Gorki.

«Nací el 21 de mayo de 1921 en el monasterio de Navodevichy, cerca de Moscú. Fui el mayor de dos hermanos. Heredé mi físico de la familia materna, especialmente el rasgo mongol de los ojos, así como una cierta torpeza para tratar con la gente, algo que me ha molestado durante toda mi vida. Mi madre era hija de un soldado y enseñó gimnasia durante unos cuantos años en Moscú. Mi padre, un excelente pianista y compositor, descendía de popes, pero la mayor parte de sus días enseñó física y escribió libros científicos populares y de texto.»

Andrei Sajarov (arriba con su esposa Elena Bonner), uno de los científicos soviéticos más brillantes de este siglo, cuando tomó conciencia del irracional poder destructivo de las armas nucleares que él había contribuido a desarrollar, dedicó su vida a luchar en favor del desarme, influyendo en el cese de las pruebas nucleares en la atmósfera, y a exigir mejores condiciones de vida para el pueblo soviético.

Pero, como él mismo ha declarado, a partir de ese momento comenzó a comprender la naturaleza criminal de las armas nucleares y a tener remordimientos de conciencia ante el posible efecto devastador del mal uso de sus investigaciones. Al mismo tiempo, el científico absorto en sus trabajos y ajeno a la realidad dio paso al hombre inquieto por el futuro de su país y por las condiciones de vida de los hombres y mujeres de la Unión Soviética. Sus críticas al totalitarismo del sistema comunista hicieron que el gobierno le volviese la espalda y lo relegase a un oscuro puesto de profesor de instituto.

A pesar de todo, a partir de 1956 presionó públicamente en favor de la desestalinización y trató de convencer a Jruschov de que suspendiera las pruebas nucleares, al tiempo que propiciaba la firma del tratado que en 1963 prohibía los ensayos nucleares en la atmósfera. Coincidiendo con la Primavera de Praga de 1968, en la que un osado intento democratizador del régimen checoslovaco fue barrido por los tanques soviéticos, publicó clandestinamente sus *Reflexiones sobre el progreso, la coexistencia y la libertad intelectual*, texto en el que insistía en su toma de conciencia contra el régimen y que le supuso ser

víctima de una furibunda campaña oficial de difamación y acoso.

El disidente desterrado

Lejos de desistir de su lucha, el científico se reafirmó en sus convicciones. En noviembre de 1970 fundaba con otros disidentes el Comité Ruso para la Defensa de los Derechos Humanos, del que fue presidente, y poco después envió al Kremlin un manifiesto en el que exigía reformas democráticas para su país. Comenzó entonces un largo rosario de atrevidos actos de inconformismo, declaraciones reivindicativas y huelgas de hambre, la más célebre de las cuales coincidió con la visita del presidente norteamericano Richard Nixon a Moscú en 1974.

Convertido en principal abogado de los disidentes y presos políticos soviéticos, hubo de afrontar un sinfín de sanciones y represalias contra sus familiares, amigos y colaboradores. Cuando en 1975 le fue concedido el Premio Nobel de la Paz, el dirigente soviético Leonid Brezhnev acentuó notablemente las medidas coercitivas contra él. Al año siguiente, Sajarov y su esposa Elena Bonner fueron detenidos. Su marginación de la comunidad científica era ya total y su postura crítica siguió granjeándole enemigos dentro del aparato soviético. Como última medida, el 22 de enero de 1980 Sajarov fue arrestado en su domicilio de Moscú y conducido a la ciudad de Gorki, a cuatrocientos kilómetros de la capital. Allí iba a permanecer varios años, vigilado día y noche y sin poder recibir visitas de nadie. Sólo su esposa consiguió autorización para verlo.

Tras la muerte de Brezhnev en noviembre de 1982, las cosas no mejoraron para el científico. Durante los breves mandatos de Andropov y Chernienko continuó recluido en Gorki, lo que provocó la indignación de los países occidentales. Su preocupante estado de salud, agravado por las huelgas de hambre, y las continuas vejaciones a las que fue sometido a lo largo de su confinamiento forzoso hicieron que en numerosas capitales europeas se organizasen comités de ayuda pro Sajarov en las que se reclamaba su libertad.

Este clamor, que llegaría a provocar un clima de tensión entre el Este y el Oeste, no encontró eco en la Unión Soviética hasta el ascenso al poder de Mijaíl Gorbachov en la primavera de 1985. Con el inicio de la *perestroika* (renovación) de la Unión Soviética, el acoso a que había sido sometido cesó y Sajarov pudo abandonar su exilio revestido del prestigio del viejo luchador. No sólo fue autorizado a dejar Gorki e instalarse en Moscú, sino que pudo viajar al extranjero, entrevistarse con los líderes occidentales y defender libremente sus ideas sobre la democratización de la Unión Soviética, los derechos humanos y el control de armamentos.

En enero de 1989 Sajarov fue propuesto por el Instituto de Fisiología de Leningrado como candidato oficial del distrito de Moscú para las elecciones generales al Congreso Popular de la URSS. El 26 de marzo consiguió en las urnas su acta de diputado y comenzó a defender su programa, basado en la democratización radical de la vida política y social soviética, la protección del medio ambiente y la lucha contra las subidas de precios. Pero, de forma inesperada, el 14 de diciembre de ese año, la muerte interrumpió esta nueva etapa en la agitada existencia de Andrei Sajarov, justo cuando se abría ante él y ante la Unión Soviética un futuro lleno de incógnitas y, sobre todo, de esperanzas.

El 9 de diciembre de 1988, Sajarov (arriba, rodeado de periodistas) llega a París con motivo del cuadragésimo aniversario de la Declaración Universal de los Derechos Humanos, de los que él fue un activo e indoblegable defensor. Su obstinada lucha le valió constantes persecuciones por parte del régimen soviético, que le impidió recoger el Premio Nobel de la Paz de 1975 y lo desterró a Gorki (actualmente, Niznii Nóvgorod) en 1980, donde permaneció hasta el ascenso al poder de Mijaíl Gorbachov, en 1985.

Tras su liberación, Sajarov (arriba, dirigiéndose al Parlamento) pudo viajar, dar conferencias y ser elegido diputado al Congreso Popular de la URSS, en marzo de 1989. Desde esta tribuna, el científico defendió una radical democratización de la vida política y social soviéticas, pidió medidas de protección del medio ambiente y luchó contra la subida de los precios.

1921	21 de mayo: nace **ANDREI SAJAROV** cerca de Moscú.
1947	Doctor en Física. Ingresa en el Instituto Lebedev.
1953	12 de agosto: se realiza con éxito la primera prueba nuclear soviética, desarrollada por Sajarov.
1956	Habla públicamente en favor de la desestalinización.
1968	Publica *Reflexiones sobre el progreso, la coexistencia y la libertad intelectual*.
1970	Funda y preside el Comité Ruso para la Defensa de los Derechos Humanos.
1975	Obtiene el Premio Nobel de la Paz. Las autoridades soviéticas le impiden recoger el galardón.
1976	Es detenido con su esposa, Elena Bonner.
1980	Es deportado a la ciudad de Gorki.
1985	El presidente soviético Mijaíl Gorbachov pone fin a su confinamiento.
1986	Es nombrado presidente de la Liga de los Derechos Humanos.
1988	Se entrevista en Washington con Ronald Reagan.
1989	Es elegido diputado del Congreso Popular de la URSS 14 de diciembre: fallece en Moscú.

MARILYN MONROE
(1926-1962)

La frágil e inestable Norma Jean Baker logró con su belleza física y su provocadora frivolidad convertirse en Marylin Monroe, el mayor sex-symbol *del cine, pero ello no le significó ser feliz.*

*H*ija sin padre de Gladys, una pobre mujer que pasó la mayor parte de su vida en un manicomio, Norma Jean Baker fue acogida por caridad en diversos hogares adoptivos a los que el estado de California subvencionaba con veinte dólares mensuales. Con el tiempo no habrá hogar donde no haya estado alguna vez el fantasma y la voz de

Marilyn Monroe: en fotografías, en pósteres, en la televisión, en la radio, en el tocadiscos. Bob Dylan denunció su suicidio, al que la indujo el desamor y la cruel maquinaria hollywoodense, en una inolvidable canción:

«¿Quién mató a Norma Jean?
'Yo', respondió la ciudad,
'Como deber cívico,
yo maté a Norma Jean'.»

Desde 1962, año en que se quitó la vida con una sobredosis de nembutal dos horas después de llamar insistente e infructuosamente a la Casa Blanca reclamando unas migajas de ternura, han corrido ríos nostálgicos de tinta para llorar a la estrella vulnerable, a la diosa incomprendida, a la bella muchacha de los calendarios que flameará por siempre en la imaginación de las generaciones enfundada en un vestido rojo, cerca de las cataratas del Niágara, o con las faldas de un radiante vestido blanco alzadas hasta la pantorrilla en medio de cualquier noche imprevisible.

El cuerpo de nadie

Parece ser que cuando, siendo una niña, mataron a su perro Tippy, fue víctima de una repentina pérdida del habla que se tradujo más tarde en una insuperable tartamudez. Fue violada a los nueve años por un extraño, un hombre no identificado que pasaba por ser un «amigo de la casa» o acaso uno de sus eventuales padrastros. Los otros «amores» de su vida fueron sus tres esposos, James Dougherty, un tipo grandullón que acabó como policía retirado; Joe Di Maggio, un deportista que enfermó de celos hasta convertir el matrimonio en un infierno, y, por último, Arthur Miller, el venerado intelectual, el dramaturgo íntegro e inclemente, al que se aferró con desesperación hasta sucumbir a la locura. Se supone que también jugaron con sus sentimientos coleccionistas de bellas y famosas como Frank Sinatra o Robert

Kennedy, y que se acostó con numerosos hombres; quizás porque, como ella misma declaró con su deslumbrante superficialidad: «El sexo es una parte de la naturaleza, y yo estoy del lado de la naturaleza.»

Precisamente su irreprimible franqueza fue la causa de muchas de sus desgracias, del fracaso de sus matrimonios y de la incomodidad que provocaba entre los poderosos de Hollywood. Su precoz relación con James Dougherty, iniciada en 1942, concluirá abruptamente cuatro años después, pero durante esos años juveniles ya se ha convertido en modelo profesional posando para fotografías destinadas a la propaganda del ejército. A los diecinueve años, Earl Moran le hizo unas célebres fotografías semidesnuda que luego utilizó para pintar aquellos excitantes pasteles para calendarios que hicieron furor en la época. El 16 de agosto de 1946 cambia su nombre por el de Marilyn Monroe, y poco después Tom Kelley la fotografía desnuda sobre fondo rojo, confeccionando una imagen emblemática de la historia del erotismo que fue el primer desplegable de la revista *Play Boy*. También por aquellos años se rodaron películas de Marilyn desnuda, pero éstas permanecieron secretas y ocultas durante más de cuarenta años hasta que por fin fueron desenterradas en 1990. Y con ello, su cuerpo frágil, sensual, procaz, festivo, apoteósico, su cuerpo de todos y de nadie, de algún modo misterioso ha desafiado al tiempo, ha resucitado en la misma forma en que vivió para tantos millones de espectadores, reencarnada, igual que el halcón maltés de Houston, en «la materia de los sueños».

Un burdel abarrotado

Con esas credenciales y apenas veinte años llega la inestable y seductora Marilyn a Hollywood, ese «burdel abarrotado», como alguien lo definió. Allí es descubierta por el multimillonario Howard Hughes, y el productor Zanuck le hace unas pruebas para la 20th Century Fox. Su primera oportunidad le llega en 1947 con un papel en el que debe aparecer como figurante entre una multitud. Se trata de la olvidada película de Frederick Hugh Herver *Scudda Hoo, Scudda Hay*, con June Harver; y en un momento del film, Marilyn se separaba del grupo para saludar a la actriz principal. Sin embargo esta escena se cortó luego en el montaje, y Marilyn recordaba algunos años después: «Una parte de mi espalda es visible en un plano, pero nadie lo supo aparte de mí y algunos amigos íntimos.»

En *Ladies of the Chorus* (Phil Karlson, 1948), Marilyn era una modesta bailarina de *strip-tease* llamada Peggy Martin y cantaba dos canciones. Para preparar este papel recibe lecciones del director musical de la Columbia, Fred Karger, con quien se cree que mantuvo relaciones íntimas. Luego interviene en una película de los Marx, *Amor en conserva* (David Miller, 1948), donde contonea sus caderas con tanta donosura que Groucho, quien interpreta al detective Sam Grunion, manifiesta por ella con su proverbial histrionismo un bullicioso deseo.

Pero su verdadera consagración vino de manos de John Houston, quien en *La jungla del asfalto* (1950) la dirigió en el papel de Angela, la falsa «sobrina» de un gángster mucho mayor que ella,

Abajo, Marylin Monroe, John Huston y su esposo Arthur Miller, durante un descanso del accidentado rodaje de Vidas rebeldes, *película en la que también intervenían Clark Gable y Montgomery Clift.*

pródiga en ademanes infantiles y provocativos, que termina por traicionar ingenuamente a su protector. Por el contrario, lo único memorable relacionado con su aparición en la gran película de Fritz Lang *Clash by Night* (1952), con Barbara Stanwyck, fue que la futura gran estrella se mostraba por primera vez vistiendo *blue jeans*.

En *Niebla en el alma* (1953), una interesante película de Roy Baker con Richard Widmark como protagonista, Marilyn está espléndida en su papel de Neill, una eventual niñera que ha intentado suicidarse en el pasado, desesperada y medio loca tras haber perdido a su gran amor, y que se disfraza ahora con las joyas de su señora para seducir a un atractivo piloto. La niña a la que debe cuidar aquella noche, Benny, interviene negativamente en sus planes, por lo que la alucinada muchacha primero la amenaza con destriparla con tanta facilidad como a una muñeca y más tarde la amordaza y la ata a la cama. En esta sádica y desquiciada relación con la pequeña, Marilyn dio muestras de una convincente crueldad que, al tiempo que desvelaba sus excelentes dotes dramáticas, tal vez le trajo a la memoria los horrores sufridos durante su propia infancia. Neill, la suicida, fue uno de los mejores papeles de su carrera.

Triste y solitario final

Marilyn fue la gran intérprete de comedias de los años cincuenta: el irresistible objeto del deseo que recibía una ráfaga de sifón en sus redondas posaderas en *Me siento rejuvenecer* (Howard Hawks, 1952), esa parte de su anatomía que también quedaba atascada en el ojo de buey de un barco en *Los caballeros las prefieren rubias* (Howard Hawks, 1953). En *Cómo casarse con un millorario* (Jean Negulesco, 1953), borda su papel de tonta fenomenal, ambiciosa y miope, pero es en *La tentación vive arriba* (Billy Wilder, 1955) donde su arrolladora naturaleza erótica se convierte en mito perdurable en escenas tan famosas como aquella en que una accidental ventolera ·desnuda sus piernas o en la otra en que se descubre que refresca su ropa interior en la nevera.

Billy Wilder también dirigió a Marilyn en *Con faldas y a lo loco*, donde intervenía Toni Curtis, el cual declaró luego groseramente que besar a la Monroe era como besar a Hitler. Por el contrario,

el director justificó los continuos retrasos con que llegaba al trabajo la estrella, comportamiento que al convertirse en habitual fue ganándole toda suerte de enemistades: «Llegaba muchas veces tarde al rodaje, pero no porque se le pegaran las sábanas. Era porque debía forzarse a sí misma a presentarse en el estudio. Se sentía trastornada emocionalmente todo el tiempo...» Durante el rodaje de *El multimillonario* (1960), Marilyn tuvo un romance con el protagonista masculino que compartía con ella la cabecera del cartel, Ives Montand, quien estaba casado por entonces con la actriz Simone Signoret. De hecho, las relaciones de la estrella con Arthur Miller, con quien había contraído matrimonio en 1956, estaban deteriorándose a marchas forzadas, aunque el dramaturgo preparaba, a modo de cínico epitafio, un guión para lucimiento de su esposa, *The Misfits* (*Vidas rebeldes*), que dirigirá John Houston.

Fue acaso ésta la película más accidentada de todas cuantas rodó Marilyn, desgarrada por su divorcio, que se hizo efectivo en enero de 1961. La operadora del film era una tal Inge Morath, que se casó con Arthur Miller en febrero del año siguiente. Antes incluso de rodar el primer plano, el film fue atacado por la prensa a causa de su argumento progresista. Todos los dardos fueron lanzados inclementemente contra Marilyn, que había sido ingresada en un psiquiátrico a finales de 1960 y a quien incluso se llegó a acusar de la muerte de Clark Gable, acaecida inmediatamente después del final del rodaje.

Tampoco tardaría mucho en quitarse la vida la actriz, dejando inacabado un film de George Cukor, una comedia musical con Cyd Charisse y Dean Martin que debía titularse *Something's Got to Give* donde aparecía Marilyn desnuda bañándose en una piscina. Esta escena llegó a rodarse, y las fotografías que la muestran poniéndose un albornoz azul se han hecho justamente célebres.

Pero el sueño, el rentable producto de la fábrica de sueños, el sueño de papel o celuloide, la frágil existencia imaginaria de Marilyn cayó de repente en el abismo de la realidad, se vio arrastrada por el torbellino del vacío, se trocó inesperadamente en pesadilla. En una cálida noche de agosto, aquella mujer que había contestado a un periodista que sólo se ponía Chanel número 5 para dormir, abofeteó al mundo con la siniestra imagen de su cadáver desnudo.

El turbador y a la vez alegre erotismo de Marylin Monroe y la maliciosa ironía del director de La tentación vive arriba, *Billy Wilder, hicieron posible esta escena ya clásica, en la que un repentino golpe de viento de un conducto subterráneo desnuda las hermosas piernas de Marylin y ella, con pícaro desenfado, intenta cubrirlas ante la mirada divertida del vecino, Tom Ewell.*

1926	1 de junio nace Norma Jean Baker, verdadero nombre de **MARILYN MONROE**, en el antiguo Hospital General de Los Ángeles (EE.UU.).
1935	Es violada a los nueve años por un «amigo de la familia».
1947	Actúa como figurante en *Scudda Hoo, Scudda Hay* de F. H. Herbert.
1948	Aparece con los Hermanos Marx en *Amor en conserva*.
1950-1962	Principales películas: *La jungla del asfalto* (John Huston, 1950), *Eva al desnudo* (Joseph L. Mankiewicz, 1951), *Me siento rejuvenecer* (Howard Hawks, 1952), *Niágara* (Henry Hathaway, 1953), *Los caballeros las prefieren rubias* (Howard Hawks, 1953), *Cómo casarse con un millorario* (Jean Negulesco, 1953), *Río sin retorno* (Otto Preminger, 1954), *La tentación vive arriba* (Billy Wilder, 1955), *Bus Stop* (Joshua Logan, 1956), *El príncipe y la corista* (Laurence Olivier, 1957), *Con faldas y a lo loco* (Billy Wilder, 1959), *El multimillonario* (George Cukor, 1960), *Vidas rebeldes* (John Huston, 1961).
1956	En julio se casa con el dramaturgo Arthur Miller.
1960	A fines de este año ingresa en un hospital psiquiátrico.
1961	Se divorcia de Arthur Miller.
1962	La noche del 4 de agosto se suicida con una sobredosis de nembutal.

GABRIEL GARCÍA MÁRQUEZ

(1927)

*García Márquez en una fotografía de finales de los
años cincuenta, en su época de París.*

Gabriel García Márquez nació en Aracataca (Magdalena, Colombia), el 6 de marzo de 1927. Creció
como niño único entre sus abuelos maternos y sus
tías, pues sus padres, el telegrafista Gabriel Eligio
García y Luisa Santiaga Márquez, se fueron a vivir,
cuando Gabriel sólo contaba con cinco años, a la
población de Sucre, donde don Gabriel Eligio montó una farmacia y donde tuvieron a la mayoría de
sus once hijos. Gabriel García Márquez aprendió a
escribir a los cinco años, en el colegio Montessori

de Aracataca. En 1940, gracias a una beca, ingresó
en el internado del Liceo Nacional de Zipaquirá.

A las historias, fábulas y leyendas que le contaron sus abuelos, sumó una experiencia vital que años
más tarde sería temática de la novela escrita después
de recibir el premio Nobel: el recorrido del río
Magdalena en barco de vapor. En 1946 terminó sus
estudios secundarios.

Estudiante de leyes

En 1947, presionado por sus padres, se trasladó a
Bogotá a estudiar derecho.

El estudio de leyes no era propiamente su pasión,
pero logró consolidar su vocación de escritor, pues
en 1947 publicó su primer cuento, *La tercera resignación*, en el suplemento *Fin de Semana*, nº 80,
de *El Espectador*, y a las pocas semanas apareció
un segundo cuento: *Eva está dentro de un gato*.

En la Universidad Nacional permaneció sólo hasta el 9 de abril de 1948, pues a consecuencia del
«Bogotazo» la Universidad se cerró indefinidamente
y se vio obligado a pedir traslado a la Universidad
de Cartagena donde inició una de sus principales actividades periodísticas: la de columnista.

El Grupo de Barranquilla

A principios de los años cuarenta Gabriel García
Márquez se vinculó al Grupo de Barranquilla, cuya
cabeza rectora era don Ramón Vinyes. El «sabio catalán», dueño de una librería en la que se vendía lo
mejor de la literatura española, italiana, francesa e
inglesa, orientaba al grupo en las lecturas, analizaba autores, desmontaba obras y las volvía a armar,
lo que permitía descubrir los trucos de que se servían los novelistas. En esa época del Grupo de
Barranquilla, García Márquez leyó a los grandes escritores rusos, ingleses y norteamericanos, y perfeccionó su estilo directo de periodista.

Macondo es el pueblo convertido en mito donde transcurre su primera novela, La hojarasca *(arriba)*, y la mayoría de sus obras. Allí lo real y lo fantástico se unen en un maravilloso microcosmos.

GABRIEL GARCIA MARQUEZ
LA INCREIBLE Y TRISTE HISTORIA DE LA CANDIDA ERENDIRA Y DE SU ABUELA DESALMADA
SIETE CUENTOS

EDITORIAL SUDAMERICANA

Portada del libro de cuentos La increíble y triste historia de la Cándida Eréndira y de su abuela desalmada, *con siete cuentos escritos entre 1961 y 1972.*

La hojarasca

A principios de 1950, tras un viaje a Aracataca, con el fin de vender la vieja casa en donde él se había criado. Cambió el título de la obra que estaba escribiendo *"La casa"* por *La hojarasca*, y el pueblo ya no fue Aracataca, sino Macondo.

En 1955 apareció en Bogotá el primer número de la revista *Mito* en la que García Márquez publicó un capítulo de *La hojarasca*, «Monólogo de Isabel viendo llover en Macondo» (1955), y *El coronel no tiene quien le escriba* (1958). En ese año publicó *La hojarasca* y un extenso reportaje, por entregas, *Relato de un náufrago*, el cual fue censurado por el régimen del general Gustavo Rojas Pinilla, por lo que salió del país y viajó primero a Ginebra y luego a Roma, donde asistió al Centro Sperimentale di Cinema.

Rondando por el mundo

Vivió una larga temporada en París, y recorrió Polonia y Hungría, la República Democrática Alemana, Checoslovaquia y la Unión Soviética como corresponsal de *El Espectador* y escribió dos novelas, *El coronel no tiene quien le escriba* y *La mala hora*.

Su vivencia de Europa le permitió a García Márquez ver América Latina desde otra perspectiva. Se dio cuenta de que Europa era un continente viejo, en decadencia, mientras que América, y en especial Latinoamérica, era lo nuevo, la renovación, lo vivo.

En marzo de 1958, contrajo matrimonio en Barranquilla con Mercedes Barcha. En 1959 fue nombrado director de la recién creada agencia de noticias cubana Prensa Latina. En 1960 vivió seis meses en Cuba y al año siguiente fue trasladado a

La decisión de García Márquez de recibir el premio Nobel de Literatura vestido con un liquiliqui en lugar del acostumbrado frac rompió la austeridad de la etiqueta en la solemne ceremonia de entrega de los premios de 1982 (arriba, el escritor galardonado por la Academia Sueca, con el rey Carlos Gustavo).

Nueva York. Luego de recorrer el sur de Estados Unidos se fue a vivir a México donde ha vivido muchos años de su vida.

Cien años de Macondo

En 1967 apareció *Cien años de soledad*, novela cuyo universo es el tiempo cíclico, en el que suceden historias fantásticas: pestes de insomnio, diluvios, fertilidad desmedida, levitaciones... Es una gran

Este hombre sencillo y sin complicaciones ceremoniales se fue convirtiendo sin quererlo en un personaje célebre, siempre rodeado de una abigarrada muchedumbre de admiradores (debajo, el escritor en Barcelona, donde se trasladó a vivir en 1973, después del éxito de Cien años de soledad*).*

metáfora en la que, a la vez que se narra la historia de las generaciones de los Buendía en el mundo mágico de Macondo, desde la fundación del pueblo hasta la completa extinción de la estirpe, se cuenta de manera insuperable la historia colombiana después del Libertador hasta los años treinta del presente siglo. De ese libro Pablo Neruda, el gran poeta chileno, opinó: «Es la mejor novela que se ha escrito en castellano después del Quijote». Con tan calificado concepto se ha dicho todo: el libro no sólo es la *opus magnum* de García Márquez, sino que constituye un hito en Latinoamérica, como uno de los libros que más traducciones tiene, treinta idiomas por lo menos, y que mayores ventas ha logrado, convirtiéndose en un verdadero *bestseller* mundial.

Luego del éxito de *Cien años de soledad*, García Márquez se radicó en Barcelona y por temporadas ha vivido en Bogotá, México, Cartagena y La Habana. Durante las tres décadas transcurridas, ha escrito cuatro novelas más, se han publicado tres volúmenes de cuentos y dos relatos, así como importantes recopilaciones de su producción periodística y narrativa.

Premio Nobel de Literatura

En 1982, la Academia Sueca le otorgó el premio Nobel de Literatura, noticia que el autor recibió en su exilio de México. A la ceremonia de entrega, acudió vestido con un clásico liquiliqui de lino blanco, traje de etiqueta caribeño. Luego del Nobel, se ratificó como figura rectora de la cultura Colombiana, latinoamericana y mundial. Sus conceptos sobre diferentes temas pesan mucho. Durante el gobierno de César Gaviria Trujillo (1990-1994), junto con otros sabios como Manuel Elkin Patarroyo, Rodolfo Llinás y el historiador Marco Palacios, formó parte de la comisión encargada de diseñar una estrategia Colombiana para la ciencia, la investigación y la cultura. Pero, quizás, una de sus más valientes actitudes ha sido el apoyo permanente a la revolución cubana y a Fidel Castro, la defensa del régimen socialista impuesto en la isla y su rechazo al bloqueo norteamericano, que ha servido para que otros países apoyen de alguna manera a Cuba y que ha evitado mayores intervenciones de los estadounidenses.

1927	6 de marzo. Nace **GABRIEL GARCÍA MÁRQUEZ** en Aracataca (Magdalena, Colombia).
1955	Publica su primera novela, *La hojarasca*, que había comenzado a escribir en 1950.
1958	En la revista *Mito* publica *El coronel no tiene quien le escriba*, libro que terminó en enero de 1957 en París.
1962	Publica *La mala hora* y *Los funerales de la Mamá Grande*.
1967	Publica en Buenos Aires la novela *Cien años de soledad*.
1970	Publica *Relato de un náufrago*.
1973	Publica *La increíble y triste historia de la Cándida Eréndira y de su abuela desalmada*.
1975	Publica *El otoño del patriarca*, novela que escribió durante ocho años y para la cual leyó durante diez años sobre la historia de América Latina y sus dictadores.
1981	Publica *Crónica de una muerte anunciada*.
1981-1982	Aparecen los volúmenes *Textos costeños* y *Entre cachacos*, recopilación periodística.
1982	La Academia Sueca le concede el Premio Nobel de Literatura.
1985	Publica *El amor en los tiempos del cólera*, con una edición inicial de 750 000 ejemplares.
1986	Publica *La aventura de Miguel Littín clandestino en Chile*.
1989	Publica la novela *El general en su laberinto*.
1992	Publica *Doce cuentos peregrinos*.
1994	Publica el monólogo *Diatriba de amor contra un hombre sentado*.
1994	Publica *Del amor y otros demonios*.
1996	Publica *Noticia de un secuestro*.

MARTIN LUTHER KING
(1929-1968)

Martin Luther King tenía un sueño y luchó hasta morir por alcanzarlo. Con la fuerza de su palabra y el ejemplo de su valor enseñó a la gente de su raza que la libertad no era una vana esperanza.

*N*o fue un soñador aunque perseguía un sueño. Bajo su dirección, millones de norteamericanos negros se liberaron de su miedo, de su esclavitud mental y de su apatía y se atrevieron a salir a las calles para proclamar sus derechos. Thomas Jefferson declaró indigno poseer esclavos y Abraham Lincoln los libró de sus cadenas, pero hubo que esperar hasta Martin Luther King, el combatiente pacífico, para que los hombres y mujeres de color fuesen conscientes de su verdadera fuerza. Él consiguió desenmascarar a los violentos y movilizar a los oprimidos con el solo

poder de las palabras. Pero el líder negro más importante de la historia no fue únicamente un modelo para su pueblo, sino también para miles de blancos que aprendieron a considerar envilecedor para sí mismos la degradación a que estaban sometidos sus conciudadanos de color. El retrato de Martin Luther King puede verse hoy en muchos hogares sencillos de los Estados Unidos, cuando él mismo prohibió a su organización que lo difundiese: no quería ser idolatrado. Quería ser escuchado.

Influencias decisivas

El 15 de enero de 1929 nacía Martin Luther King Jr. en Atlanta (Georgia). Su padre era un clérigo baptista preocupado por la segregación racial existente en los Estados Unidos y a lo largo de su vida participó en muchas actividades tendentes a conseguir la igualdad entre razas. Este ejemplo iba a ser recogido por su heredero e impulsado hasta cotas jamás alcanzadas, pues Martin estaba destinado a ser uno de los dirigentes más importantes del siglo XX.

A los trece años el muchacho asistía a la escuela y ganaba algunos dólares repartiendo periódicos. Tenía un carácter equilibrado e independiente, pero también cariñoso y sensible. En 1944 inició sus estudios en el Morehouse College de Atlanta, en aquel tiempo único instituto para negros de la ciudad. Siempre por encima de la media, su inteligencia se desarrollaba a buen ritmo. Quería ser médico para ayudar a los demás, pero esta primera vocación cambió poco después a raíz de algunas lecturas, entre las que destacó el libro *Desobediencia civil*, del pensador Henry David Thoreau, donde había frases como ésta: «No puedo reconocer ni por un momento a una organización política como mi gobierno, que es también un gobierno esclavista. La prisión es el lugar adecuado para un hombre justo, la única casa donde un hombre libre puede vivir con honor en un estado esclavista.»

En 1946, Martin decidió hacerse pastor y seguir las huellas de su padre. Fue ordenado un año después, al tiempo que nuevos libros e ideas calaban en su espíritu y lo preparaban para afrontar su destino. Platón, Aristóteles, Rousseau, Hobbes, Stuart Mill y Locke le transmitieron sus tesis sobre las cuestiones sociales y éticas de la vida colectiva de los hombres. También leyó a Marx, pero en sus páginas echó de menos la figura de Dios, a quien según sus creencias el hombre pertenecía, tanto como a él mismo y por supuesto más que al estado. Pero la influencia más poderosa brotó de la vida y enseñanzas del Mahatma Gandhi. Martin quedó fascinado por los conceptos de *satyagraha*, fuerza de la verdad, y *ahimsa* o no violencia, a la vez que vio un camino a seguir en los enfrentamientos que Gandhi había sostenido con toda clase de ejércitos y policía sin hacer ni un solo gesto de violencia. Aquella actitud a la vez pacifista y enérgica sería pocos años después el fundamento de su propia actividad.

La primera batalla

Martin realizó estudios de Teología en el Seminario Teológico Crozer y en 1951 obtuvo su licenciatura, tras lo cual ingresó en la Universidad de Boston para doctorarse. En febrero del año siguiente conoció a Coretta Scott, una joven nacida en Alabama que abandonó sus estudios de concertista de piano para unir su vida a la de Martin Luther King. La boda tuvo lugar el 18 de junio de 1953.

Después de casarse y conseguir su título de doctor, Martin aceptó el cargo de pastor en una iglesia baptista de la ciudad de Montgomery, donde iba a comenzar su lucha por la integración racial. A finales de agosto de 1955, la modista negra Rosa Parks se negó a ceder su asiento en el autobús a un viajero blanco. El conductor llamó a la policía y la mujer fue detenida. El hecho puso de manifiesto una vez más las condiciones de segregación a que estaban sometidas las gentes de color, cuyo acceso estaba prohibido a piscinas, escuelas, restaurantes y un gran número de servicios públicos exclusivos para los blancos.

Martin Luther King, que poco antes se había adherido a la National Association for the Advan-

cement of Colored People (Asociación Nacional para la Promoción de la Gente de Color, NAACP), tuvo la primera ocasión de poner en práctica sus creencias y no rehuyó su responsabilidad. Elegido por la comunidad negra presidente del movimiento de protesta suscitado a raíz de la detención de Rosa Parks, Martin aplicó las tesis de Thoreau y Gandhi, sus inspiradores principales, y exhortó a la población negra a no utilizar los autobuses ni ningún otro servicio público segregado; el término elegido no fue «huelga» ni «boicot», sino la palabra gandhiana *noncooperation* (no colabo-

El carisma de Martin Luther King arrastró a miles de negros y blancos en su lucha contra la segregación racial en los Estados Unidos de América. Arriba, el líder negro en Washington, encabezando la Marcha pro derechos civiles, en agosto de 1963.

ración). El resultado de la protesta fue un éxito: Rosa Parks salió de la prisión y las autoridades se comprometieron a garantizar un tratamiento digno a los negros y no discriminarlos en los servicios públicos.

Contra la violencia

Martin Luther King se había significado como jefe del movimiento, y los grupos racistas violentos no tardaron en pasarle la factura. El 30 de enero de 1956 estalló una bomba en su casa de Montgomery, afortunadamente sin causar daño a su esposa ni a su hija Yolanda. Por primera vez, sus principios cristianos y su teoría de la no violencia hubieron de pasar una dura prueba; el atentado suscitó las iras de la comunidad negra y algunos hombres de color se reunieron armados con palos clamando venganza, pero Martin los aplacó con estas palabras: «Por favor, regresad a casa y dejad vuestras armas. No podemos resolver este problema mediante la venganza. Hemos de tratar la violencia con la no violencia. Hemos de amar a nuestros hermanos blancos independientemente de lo que nos hagan. Hemos de transformar el odio en amor». El triunfo logrado en Montgomery dio al pastor negro fama a escala nacional. Entre 1957 y 1960 Martin Luther King asumió su papel de líder de la minoría negra y desarrolló una febril actividad organizativa plasmada en la fundación de dos grupos políticos que tendrían una enorme importancia en el futuro: la Conferencia de Dirigentes Cristianos del Sur (SCLC) y el Comité Coordinador Estudiantil No Violento (SNCC), ambos de tendencia moderada.

No fue ése el único atentado contra su vida. El 20 de septiembre de 1958 una mujer negra, al parecer desequilibrada, le clavó un abrecartas en el pecho mientras firmaba ejemplares de su primer libro, titulado *Marcha hacia la Libertad*. La herida le afectó la aorta, pero Martin tuvo suerte y pudo salvarse. En cuanto estuvo curado, realizó uno de sus más grandes sueños: viajar a la India siguiendo las huellas y el espíritu de Gandhi, muerto en un atentado diez años antes. En su lucha y en su trágico final, las existencias de estos dos hombres acabarían siendo paralelas. A su regreso comenzó un breve período de peregrinaje por las cárceles norteamericanas. Primero fue arrestado en Atlanta y luego en Albany por promover manifestaciones no autorizadas. Días después de la primera detención, el senador y candidato a la presidencia por los demócratas John F. Kennedy intervino en su favor y consiguió su liberación; era el comienzo de una amistad que se prolongó por espacio de tres años, hasta que Kennedy, elegido ya presidente de los EE.UU., fue asesinado en Dallas en 1963.

Tengo un sueño...

Fue precisamente 1963 el año de las grandes movilizaciones por los derechos civiles encabezadas por Martin Luther King. Primero tuvo lugar la campaña de Birmingham, donde, tras varios días de manifestaciones y protestas que fueron violentamente reprimidas por la policía local, se logró un amplio acuerdo según el cual quedaba abolida la segregación racial, se procedía a promocionar el empleo y el desarrollo profesional de la comunidad negra y quedaban en libertad todos los detenidos durante la campaña, al tiempo que los responsables de la policía eran relevados de sus cargos.

Como consecuencia de estos hechos, el presidente Kennedy presentó en el Congreso una nueva legislación de derechos civiles destinada a consagrar por escrito una mejora en la posición laboral, social y legal de los negros. Con objeto de apoyar esta propuesta, Martin Luther King promovió la que se llamaría Marcha sobre Washington, una gigantesca manifestación que el 28 de agosto de 1963 congregó en esa ciudad a más de doscientas cincuenta mil personas procedentes de todos los estados de la Unión. Fue allí donde King, erigido en líder moral de la nación, pronunció el más emotivo discurso salido de sus labios:

«Tengo un sueño... Sueño que mis hijos podrán vivir un día en una nación donde nadie será juzgado por el color de su piel sino según su carácter. Tengo el sueño de que un día los niños y niñas negros estrecharán las manos de los niños y niñas blancos y todos se reconocerán como hermanos y hermanas. Sueño que un día se levantarán los valles y cada montaña será sometida. Los lugares ásperos serán aplanados y los lugares desnivelados serán rectificados...»

Pocos meses después de la entrada triunfal en Washington, el asesinato del presidente Kennedy afectó duramente al movimiento por los derechos civiles. King estaba ligado personalmente al presidente y con él perdió a un amigo. El 10 de diciembre de 1964 le fue concedido el Premio Nobel de la Paz; tenía treinta y cinco años y era el hombre más joven que recibía tal honor. Pero no todo eran condecoraciones y parabienes. Edgar Hoover, a la sazón director del cuasi todopoderoso servicio secreto norteamericano FBI, había llamado a King «el mentiroso más notable del país» y lo consideraba un adversario peligroso. Si bien su política pacifista lo había apartado de los radicales del SNCC desde 1965, sus relaciones con la administración del presidente Johnson se deterioraron considerablemente a causa de sus repetidas denuncias del «genocidio de Vietnam».

Al mismo tiempo, los dirigentes extremistas del SNCC renunciaron a sus principios de no violencia y fomentaron la creación del movimiento Poder Negro, que no tardaría en convertirse en brazo armado de los grupos antisegregacionistas. Graves disturbios raciales estallaron en Nueva York y Detroit, pero King no pudo hacer nada para detenerlos. Su última posibilidad consistía en aglutinar a negros y blancos en una nueva movilización, dejar de ser el representante de los negros para convertirse en representante de los pobres, fuesen del color que fuesen. Se encontraba en Memphis preparando esta nueva «marcha de los pobres» cuando un criminal profesional llamado James Earl Ray disparó sobre él y acabó con su vida. Era el 4 de abril de 1968.

Martin Luther King murió como había vivido, luchando hasta su último aliento por la justicia. En tan sólo doce años de lucha ganó para su comunidad más consideración y respeto que la conseguida en todos los siglos precedentes.

1929	15 de enero: **MARTIN LUTHER KING** nace en Atlanta (Georgia, EE.UU.)
1947	Se ordena como sacerdote. Inicia sus estudios de Teología.
1951	Ingresa en la Universidad de Boston para doctorarse.
1953	Se casa con Coretta Scott el 28 de junio.
1954	Toma posesión de su cargo de pastor en Montgomery (Alabama).
1955	Se inicia en Montgomery el boicot a los transportes públicos.
1957	Funda la Conferencia de Dirigentes Cristianos del Sur (SCLC).
1958	Primer atentado contra su vida.
1959	Viaja a la India siguiendo las huellas del Mahatma Gandhi.
1960	Funda el Comité Coordinador Estudiantil No Violento (SNCC). Es detenido en Atlanta y puesto en libertad gracias a la intervención de John F. Kennedy.
1963	Impulsa la campaña de Birmingham por los derechos civiles de la población negra. Promueve la Marcha sobre Washington.
1964	Le es concedido el Premio Nobel de la Paz.
1966	Denuncia la guerra de Vietnam. Comienza el movimiento Poder Negro.
1967	Enfrentamientos raciales en Nueva York y Detroit.
1968	Prepara la «marcha de los pobres» a Washington. 4 de abril: muere asesinado en Memphis.

ELVIS PRESLEY
(1935-1977)

*P*oseía una voz que unas veces era de terciopelo y otras semejaba al rugido desesperado de un joven tigre. Con esa voz, el movimiento de su cuerpo atlético y una personalidad que durante su juventud desbordaba naturalidad, Elvis Presley hizo accesible a millones de personas una nueva música que se llamó *rock and roll*, de la cual llegó a ser rey indiscutible. Su imagen y sus discos, transmutados en mito por arte de la industria, sirvieron para ejemplificar el deseado «sueño americano» y aún nos hablan del magnífico ímpetu de los primeros años del *rock*; pero la leyenda Elvis también estuvo cargada de oscuridad y contradicciones, de elementos estremecedores que al final de su existencia llegarían a ser trágicos.

Loco por la música

Los Presley eran una familia de granjeros de humildísimo origen. El 8 de enero de 1935, en una pequeña ciudad del conservador estado de Misisipí llamada Tupelo, Gladys Smith Presley dio a luz a dos niños gemelos: uno murió a las pocas horas y el otro fue bautizado con el nombre de Elvis Aaron. El padre, llamado Vernon, poseía unos pocos acres de tierra prácticamente improductiva, que no daba lo suficiente para vivir, por lo que en 1948 decidió venderlo todo y trasladarse a Memphis, la capital del vecino estado de Tennessee: Elvis era la joya de la familia y cualquier sacrificio sería pequeño si lograba procurarle un futuro mejor.

Vernon y Gladys consiguieron trabajo en sendas fábricas de la ciudad y el muchacho empezó a ir a la escuela. Al principio, aquel pueblerino apocado y sujeto a las faldas de su madre fue el blanco preferido de las burlas de sus compañeros. No mostraba excesiva afición por los libros, pero era un buen jugador de béisbol y adoraba la música; no es de extrañar que, con el paso del tiempo, estas tres características le granjearan algunos amigos tan malos alumnos, tan buenos deportistas y tan locos por los ritmos de moda como él. En cuanto a la música, Elvis no desdeñaba a nadie: le gustaban tanto los solistas románticos como los *bluesmen*, el *country* o los himnos de los católicos negros.

De 1950 datan sus primeros pinitos con un grupo vocal de aficionados que se reunía sólo los fines de semana, pues el resto de los días estaban consagrados a la escuela y pronto lo estuvieron al trabajo. Elvis era ante todo un buen hijo y en cuanto obtuvo su graduación se colocó como conductor en una empresa de electricidad. Corría el año 1953 cuando aparcó su camioneta frente al estudio de grabación de Sun Records, un modesto sello local, y grabó un disco para regalar a su madre que le costó cuatro dólares. Sam Phillips, propietario del estudio, no se sintió demasiado impresionado por las aptitudes de aquel joven, pero supo apreciar la calidad de su voz y decidió orientarlo; al fin y al cabo, siempre decía que «hay una fortuna esperando a quien descubra a un cantante blanco con el sonido y el sentimiento de los negros» y, si aquella era la ocasión de demostrarlo, él no iba a desperdiciarla.

Salto a la fama

Elvis empezó a pasar horas y horas de interminables ensayos en el estudio, apoyado por dos buenos músicos: el contrabajista Bill Black y el guitarrista Scotty Moore. En julio de 1954, el jefe decidió que era el momento de grabar algunas de las canciones que el trío interpretaba mejor y editó un disco con un *blues*, «That's all right, mama», y una pieza *country*, «Blue moon of Kentucky». Ninguna de las dos alcanzaron el éxito absoluto, pero su difusión fue suficiente para que Elvis se animase a abandonar el volante para profesionalizarse como cantante de una música que más tarde se conocería como *rockabilly*. Pronto iba a demostrarse que se trataba de una resolución acertada.

Al primer disco siguieron otros y también actuaciones en directo que daban una medida más justa de las posibilidades de Elvis. Las melodías que tocaba el trío se basaban en la música vaquera, pero la fiereza con que aquel veinteañero las interpretaba era completamente novedosa. Era evidente que los temas rápidos y desenfadados eran lo suyo; en el escenario, Elvis los convertía en mensajes, contestatarios y bienintencionados a la vez, que encandilaban a las adolescentes. Ellas iban a convertirse rápidamente en artífices de su triunfo. A finales de ese año, el cantante hubo de presentarse ante el juez acusado de dejar embarazada a una de las socias fundadoras de su primer club de fans. Afortunadamente, fue declarado inocente.

El fenómeno incipiente de Elvis, por el momento circunscrito a un nivel local, llamó la atención de Tom Parker, empresario avezado del mundo del espectáculo. Aunque se trataba de un artista de apenas veinte años que sólo había conocido el éxito en algunas zonas sureñas, Parker supo ver las inmensas posibilidades que atesoraba y convenció al cantante y a su madre de que aceptasen sus servicios como representante y mánager. No había terminado 1955 cuando consiguió que la Radio Corporation of America (RCA), una de las cinco grandes casas discográficas norteamericanas, lo contratase por cuarenta mil dólares; además, organizó una importante campaña publicitaria en torno a su figura. El éxito absoluto estaba tan sólo a la vuelta de la esquina y ya casi podía tocarlo con las manos.

A principios de 1956, Elvis desembarcó en Nashville, capital del *country*, para trabajar con los habilidosos músicos de la ciudad. De esa colaboración nacieron sus primeras canciones de calidad, y una de ellas, «Heartbreak hotel», alcanzó en pocas semanas el número uno de las listas. El mismo año rodó su primera película, *Love Me Tender*, y empezó a pulverizar todos los récords de ventas: ninguna de sus discos vendió menos de un millón de copias. El cantante y las *teenagers* entraron en contacto plenamente durante esos días, con tanta fuerza que los medios de comunicación no tuvieron más remedio que volcarse ante el nuevo fenómeno, aunque a mu-

Elvis Presley, el rey del rock, *fue un ídolo que supo encarnar la rebeldía iconoclasta de una generación cansada de guerras y bienestar económico, pero terminó domesticado por el sistema al que inconscientemente pretendió dinamitar con su ritmo frenético, su voz de negro y sus contoneos de cadera que le valieron el mote de* Elvis, the pelvis.

chos padres de familia les pareciese repugnante y provocador. Elvis era ya el «rey» en el corazón de las jovencitas.

Soldado e hijo ejemplar

Los meses que siguieron fueron vertiginosos. La compañía RCA inundó el mercado con discos de Elvis sin conseguir saciar la demanda. Las canciones memorables se sucedieron: «Love me tender», «Jailhouse rock», «Teddy bear», «All shook up»... Un disco inspirado como *Hound dog* llegó a vender seis millones y medio de copias en pocos días. Elvis demostró que podía cantar con dulzura, de forma insinuante o deliberadamente salvaje, sonriendo seductoramente a sus seguidoras, electrizándolas con su ritmo o expresando una profunda tristeza. No es sólo su voz sino también su imagen lo que llega al público con fuerza. Las numerosas giras que realiza durante 1957 le reportan un éxito tras otro y ponen de manifiesto que el producto funciona tanto enlatado como en vivo.

En 1958, el ídolo ha de hacer frente a sus deberes con el ejército. Elvis no quiere separarse de sus coches y de sus chicas, pero Tom Parker lo convence de que no debe aspirar a conseguir un servicio militar privilegiado sino ausentarse durante el tiempo que haga falta. Será una jugada maestra: a lo largo de los dos años que permanezca en una base de la República Federal Alemana, sus fans se multiplicarán como hongos, pues nada puede sustituir en sus corazones a su dios. Además, mientras él está lejos continúan apareciendo discos grabados con anterioridad y, aunque abundan los imitadores, nadie puede compararse en genio y figura al que ya empiezan a llamar «rey del *rock*». A su regreso, en 1960, Parker explotará la imagen del patriota e hijo amantísimo (su madre ha muerto poco antes y Elvis ha derramado por ella abundantes lágrimas en público), consiguiendo que el tigre del *rock and roll*, al que adoran miles de jóvenes, se convierta en un cantante capaz de agradar también a sus padres. Será otro rutilante ídolo, Frank Sinatra, el encargado de presentarlo en un especial de televisión en el que Elvis aparece tierno, pero no sensual, trepidante mas no agresivo: domesticado. Ese estilo más melódico le permitió ser aceptado por todo tipo de públicos pero conjuró cuan-

to había de rebelde en el fondo de su alma de artista.

A partir de 1961 abandonó prácticamente el directo y se concentró en el cine. Si sus primeras películas no habían carecido de atractivo, en especial *Jailhouse Rock*, las siguientes se rodaron como churros a un ritmo de tres por año, con escasos presupuestos y nula creatividad. Pero no sólo alimentaban el mito, sino que resolvían la faceta discográfica al editarse las bandas sonoras, plagadas de canciones impresentables que, sin embargo, seguían vendiéndose frenéticamente.

El canto del cisne

Con el transcurrir de los años sesenta, Elvis se acostumbró a vivir de sus malas películas instalado en las nubes del éxito. Se construyó en Memphis una mansión a la que llamó Graceland y no quiso enterarse de la irrupción de nuevas figuras como Bob Dylan o los Beatles, que profundizaban en la senda que él había preparado. En 1967 se casó con Priscilla Beaulieu y al año siguiente tuvo su primera hija, Lisa Marie. Parecía que la fiera había perdido definitivamente su fuerza. El ímpetu de sus primeros años empezaba a ser evocado con nostalgia por aquellos que habían visto nacer el fenómeno Elvis. Pero él no había dicho aún su última palabra.

En las Navidades de 1968, Elvis vuelve a aparecer en un programa especial de televisión con sus viejas canciones y su estilo primigenio. El éxito es clamoroso y tiene un inmediato correlato discográfico: «Don't cry daddy», «Suspicious minds» y, en especial, «In the ghetto», lo proyectan de nuevo a la cima de las listas de superventas. En 1969 volverá al directo, iniciando un rito que se repetirá cada año: el concierto aparatoso de Elvis en un enorme hotel de Las Vegas, espectáculo en la frontera entre la ceremonia de masas, el culto al ídolo y el más apabullante mal gusto.

En sus últimos años, el mito adquiere visos de tragedia. La salud de Elvis se deteriora tras años de dietas rigurosas y píldoras de todas clases. Al tiempo que quiere ser el adalid de la lucha contra los estupefacientes y pretende ser nombrado agente especial antinarcóticos por el presidente Nixon, ingiere más de veinticinco pastillas diarias para tenerse en pie. Para salir al escenario, se ciñe apretados corsés que disimulen su obesidad no sin antes ponerse unos pañales especiales, ya que ocasionalmente pierde el control de sus intestinos. Su existencia está completamente desquiciada y él no es más que una sombra grotesca del adorado Elvis de antaño.

Durante la noche del 16 al 17 de agosto de 1977, Elvis se encuentra en Graceland en vísperas de una gira. No consigue conciliar el sueño, se levanta y se encierra en el baño con sus píldoras preferidas y un libro escogido al azar de su extensa biblioteca sobre temas esotéricos. Su última novia, dormida en el lecho, lo encontrará por la mañana, rígido y doblado en posición fetal. Puesto que se trata de un héroe nacional, el forense dictaminará que ha fallecido «de muerte natural», sin mencionar la mezcolanza de fármacos encontrados en sus vísceras. En la actualidad, Graceland continúa siendo un santuario al que cada año peregrinan millares de amantes del *rock and roll* procedentes de todos los rincones del mundo.

En los últimos años de su vida, Elvis siguió gozando del éxito, pero por entonces ya era una penosa sombra de sí mismo. Arriba, en uno de sus conciertos para viejas fans en Las Vegas.

1935	8 de enero: **ELVIS PRESLEY** nace en Tupelo (Misisipí).
1948	Los Presley se instalan en Memphis (Tennessee).
1950	Elvis trabaja como chófer en una empresa de material eléctrico.
1953	Graba su primer disco para hacerle un regalo a su madre.
1954	La firma Sun Records edita sus primeras canciones.
1955	Realiza una gira por varios estados del sur de los Estados Unidos. Tom Parker se hace cargo de su carrera y le consigue un contrato con la Radio Corporation of America (RCA).
1956	Éxito clamoroso. Rueda su primera película: *Love Me Tender*.
1958	Se incorpora al servicio militar en la República Federal Alemana.
1960	Se licencia y vuelve a los EEUU en olor de multitudes. Su estilo agresivo se hace más dulce, apto para todos los públicos.
1961-1968	Rueda un total de veinticinco películas. A finales de 1968 reaparece en un programa de televisión con sus antiguas canciones.
1969	De nuevo en la cresta de la ola con «Suspicious minds» e «In the ghetto».
1977	Muere en Graceland, su mansión de Memphis, en la noche del 16 al 17 de agosto.

JOHN LENNON
(1940-1980)

Músico imaginativo, rebelde y ecléctico, John Lennon no sólo fue el alma de los Beatles, sino también un pacifista militante, "un genio del espíritu", como lo calificó el novelista Norman Mailer.

*L*e obsesionaba el peso de la fama, carecía de pudor y no se distinguía por su prudencia. Deseaba mantener su libertad por encima de todo y nunca ocultó su espíritu rebelde. Tampoco le importaba llevar la contraria: durante el turbulento mayo francés de 1968 polemizó con los ideólogos marxistas y defendió «la revolución en nuestras cabezas» frente a la violencia de las barricadas. Era un ecléctico que especuló con cuantas ideas se cruzaron en su camino, predicando soluciones para luego retractarse sin buscar excusas. Era un autodidacta que no tenía miedo a caer en situaciones embarazosas, de las que salía con su pecu-

liar arrogancia y grandes dosis de franqueza. Así fue John Lennon, alma de los Beatles, el grupo musical que transformó por completo el mundo del *rock*.

Aprendizaje acelerado

John Winston Lennon nació en Liverpool el 9 de octubre de 1940, mientras los aviones nazis bombardeaban la ciudad. Su padre, llamado Alfred, era un marino que visitaba poco el hogar, hasta que desapareció por completo. Luego fue su madre, Julia Stanley, la que desapareció, dejando el niño al cuidado de una hermana suya llamada Mary. Fue ella quien enseñó a John los primeros acordes en un viejo banjo del abuelo de éste. Liverpool era entonces una ciudad portuaria que se hallaba en plena decadencia. Con una población heterogénea, la vida allí no deparaba grandes alegrías. Sin embargo, el constante trajín originado por el tráfico marítimo también tenía sus ventajas: en el equipaje de los marinos procedentes del otro lado del océano llegaban abundantes discos de *country* y *rhythm and blues*, que se incorporaban inmediatamente a la innata afición de los liverpoolianos por la música.

John creció escuchando discos de Little Richard, Chuck Berry, Ray Charles y Buddy Holly, ilustres representantes de las corrientes musicales de aquella época. Durante unos años estudió en la escuela de Bellas Artes y al cumplir los quince resolvió sus dudas entre la pintura y la música a favor de ésta última. En 1956 conoció a un muchacho que, como él, sólo se sentía plenamente realizado con una guitarra en las manos: James Paul McCartney. Con Paul formó su primer grupo amateur, The Quarrymen, dando comienzo a un período de aprendizaje acelerado de los ritmos del *rock and roll*.

John y Paul se dedicaron a componer sus propias canciones como si se tratara de un entreteni-

George Harrison, Ringo Starr, Paul McCartney y John Lennon integraron los Beatles, el grupo musical que forjó la epopeya más rica de la historia del rock and roll, a cuya tradición, si bien se mantuvieron fieles, imprimieron un cambio de rumbo introduciendo innovaciones de cuño muy personal, que les permitieron sintonizar con la juventud de una época de constantes cambios y estar siempre en la cumbre del éxito.

miento. Dos años después se les unió George Harrison y se atrevieron a actuar en algunos pequeños locales. Se denominaron sucesivamente Johnny and the Moondogs y The Nurk Twins. Fueron tiempos difíciles: la madre de John murió en 1958 atropellada por un policía borracho franco de servicio y el escaso peculio del muchacho desapareció por completo. A lo largo de 1959, John buscó trabajo infructuosamente y vivió como un parado más. Pero su vitalidad, su juventud y su amor por la música hicieron que no perdiese la esperanza.

Un nuevo fenómeno: la histeria de las *fans*

A principios de 1960 el grupo renació con el nombre de Long John and the Silver Beatles, prolijo nombre que se redujo a The Silver Beatles antes de quedarse en The Beatles. El término provenía de un juego de palabras inventado por el propio Lennon: el grupo de acompañamiento de Buddy Holly se llamaba The Crickets (saltamontes) y John se inspiró en ellos para mezclar el término musical *beat*, característico de toda una generación, y la palabra *beetles* (escarabajos).

John, Paul y George, junto con algunos músicos profesionales, iniciaron una gira por Escocia como acompañantes de Johnny Gentle, un cantante de segunda fila. También pusieron fondo musical a los movimientos de una bailarina de *strip-tease* y aceptaron viajar a Alemania para tocar en varios locales del barrio chino de Hamburgo. Cualquier cosa era mejor que buscar algún trabajo, aburrido y mal remunerado, en Liverpool. Más tarde, de vuelta a su ciudad natal, se convirtieron en el grupo habitual de The Cavern, club subterráneo donde pudieron exhibir las tablas adquiridas durante sus peculiares giras.

En 1961, el propietario de una tienda de discos llamado Brian Epstein los descubrió en ese antro. Fue una revelación; aunque no tenía ninguna experiencia en ese terreno, Epstein se ofreció como mánager a cambio de un 25 por 100 de los ingresos. A partir de ese momento, la carrera de los

Beatles se disparó hacia el éxito. Con la incorporación como batería de Ringo Starr en 1962, el grupo ya estaba completo y preparado para hacer frente a lo que se avecinaba: la más loca vorágine de triunfos y gloria.

Sus canciones, editadas por el sello EMI, empezaron a copar las listas de superventas. Los conciertos de los Beatles provocaban escenas de histeria entre las *groupies* y la policía se veía incapaz de contener a la juvenil masa vociferante. La «beatlemanía» se difundió por Europa, luego por Estados Unidos y más tarde llegaría al resto del mundo, incluidos los países socialistas. Las piezas de los Beatles, compuestas en su mayor parte por John y Paul, se caracterizaban por los hallazgos melódicos y armónicos, dentro de lo que después se ha llamado el «sonido Liverpool». Además, los miembros del grupo se distinguían por un nuevo estilo en la indumentaria y el corte del cabello y por una actitud alegremente desafiante, protagonizada en especial por Lennon: en las conferencias de prensa y las entrevistas, aquellos muchachos tomaban el pelo a sus interlocutores y se manifestaban como tipos ingeniosos, divertidos y despreocupados.

La separación

McCartney era el apuesto romántico, Harrison el serio y Ringo el gracioso de la banda. En cuanto a Lennon, ejercía de rebelde con inquietudes y era sin duda el más incisivo. Después de ser nombrados, en 1965, Caballeros de la Orden del Imperio Británico, John desencadenará una escandalosa polémica con una de sus célebres frases: «Los Beatles son más populares que Jesucristo». Éxitos, drogas, disputas y reconciliaciones se sucederán a lo largo de los años sesenta. Y también películas, entre otras *A hard day's night* y *Help!*, ambas dirigidas por Richard Lester.

Brian Epstein falleció en 1967 por sobredosis de barbitúricos. Lennon contrajo matrimonio en Gibraltar al año siguiente con la japonesa Yoko Ono, enigmática mujer cuyo nombre significa «Hija del Océano». Ambos hechos fueron jalones de una separación anunciada. Problemas financieros, celos artísticos entre John y Paul, deseos de crear sin el lastre de acomodarse al grupo... todos estos elementos decretaron la disolución del conjunto en abril de 1970. Lennon pronunciará

el epitafio del grupo y de la llamada «década prodigiosa» con otra frase escueta y expresiva: «El sueño se ha acabado». A lo largo de los años setenta, mientras sanan las heridas de la ruptura con la reconciliación pública de John y Paul, circulará periódicamente el rumor de una próxima reunión. Varios empresarios llegarán a ofrecer sumas fabulosas para congregarlos en un escenario, pero todo será en vano: cada uno vuela por su cuenta, libres ya del yugo de los Beatles.

Para Lennon, los años setenta iban a ser de una enorme vitalidad. Por un lado, se convirtió en un activista del pacifismo. Las fotos de su luna de miel en la habitación de un hotel de Amsterdam, donde aparecía desnudo con su esposa en un gesto de elemental naturalidad, dieron la vuelta al mundo. Con Yoko había formado la Plastic Ono Band y con ella publicó una docena de discos de larga duración. Su talento como compositor y letrista siguió manifestándose en temas como «Give peace a chance», «Power to the people» o «Some time in New York City».

Imagina...

Pero su éxito indiscutible fue *Imagine*, un *elepé* intensamente personal, editado en 1971, que contenía la canción del mismo nombre cuyo texto llegaría a ser todo un manifiesto pacifista en aquella década conflictiva:

«Imagina que no hay países,
que no hay por qué hacer daño,
nada por lo que morir o matar.
Imagina a todo el mundo
viviendo sus vidas en paz.
Puede que digas que soy un soñador,
pero no soy el único
y espero que algún día te unas a nosotros
y el mundo será uno.
Imagina todas las posesiones,
me pregunto si puedes,
sin necesidad de gula ni hambre;
una hermandad de seres humanos.
Imagina a toda la humanidad compartiendo el mundo.»

En 1975, cuando termine felizmente su batalla contra la administración del presidente Nixon —empeñada en expulsarlo de los EE.UU. por «extranjero indeseable»— y nazca Sean Ono Lennon, único hijo del matrimonio, John desaparecerá totalmente de la circulación y se dedicará a la vida familiar. Durante cinco años, sus comparecencias en público fueron escasas y extraordinarias. Parecía que ni una sola nota ni una palabra más iban a salir de su hasta entonces inquieto espíritu. Pero en 1980 el famoso *beatle* enclaustrado salió de su mutismo para grabar con Yoko el álbum titulado *Double Fantasy*. En él pregonaba su eterno amor por su esposa y su hijo con los simples y pegadizos estribillos de siempre. En otoño de ese año, al explicar los motivos de su regreso a los estudios, Lennon aseguraba: «Hay gente irritada conmigo porque no hago música. Si yo hubiera muerto en 1975, sólo hablarían de lo fantástico que era y cosas así. Lo que les enfurece es que yo seguí viviendo y decidí que lo más importante era hacer exactamente lo que me apetecía. En estos cinco años de silencio he aprendido a librarme de mi intelecto, de la imagen de mí mismo que yo tengo. Las canciones que hago surgen de forma natural, espontánea, sin pensar conscientemente en ellas. En cierta forma, es como volver al comienzo. Tengo la sensación de que estoy ante mi primer disco.»

Días después, el 8 de diciembre de 1980, las balas asesinas de un adorador perturbado termi-

La relación de John Lennon con la artista plástica Yoko Ono, nombre que significa "Hija del Océano", fue el detonante que motivó la separación de los Beatles. Arriba, Lennon y su esposa.

naron con su vida y lo convirtieron, si es que aún no lo era, en un dios de la modernidad. El escritor Norman Mailer afirmó: «Hemos perdido a un genio del espíritu». Como reacción inmediata a su muerte, los seguidores de Lennon llevaron póstumamente «Imagine» al número uno de las listas. Nunca tal número de seres humanos habían llorado tanto al escuchar una canción.

1940	9 de octubre: nace **JOHN LENNON** en Liverpool (Inglaterra).
1956	Conoce a Paul McCartney y forma con él un grupo llamado The Quarrymen.
1958	George Harrison se une al conjunto. Nuevos nombres: Johnny and the Moondogs y The Nurk Twins. Muere su madre en accidente.
1959	Busca trabajo sin éxito mientras vive en la penuria.
1960	Renacimiento del grupo con el nombre de Long John and the Silver Beatles, acortado poco después en los Beatles. Realizan diversas giras por Europa.
1961	Brian Epstein se hace cargo de la carrera de los Beatles. Comienzan los éxitos.
1962	El batería Ringo Starr se incorpora al grupo.
1964	Los Beatles ruedan la película *Qué noche la de aquel día*.
1965	Se lleva a las pantallas su film *Help!* Los Beatles son nombrados caballeros de la Orden del Imperio Británico.
1967	Fallece su mánager, Brian Epstein. Comienzan los problemas financieros.
1968	John Lennon contrae matrimonio con Yoko Ono.
1970	Los Beatles se separan definitivamente. Lennon y Yoko Ono crean la Plastic Ono Band.
1971	Se edita *Imagine*, la más popular creación de Lennon.
1980	8 de diciembre: muere asesinado ante su casa en Nueva York.

ÍNDICE DE LOS PERSONAJES

ÍNDICE ONOMÁSTICO

* Las cifras arábigas en negrita indican las páginas correspondientes a la biografía de este personaje cuya semblanza aparece en esta obra.